COLLECTION

DE

LOIS MARITIMES

ANTÉRIEURES AU XVIII.ᵉ SIÈCLE.

TOME I.

COLLECTION

DE

LOIS MARITIMES

ANTÉRIEURES AU XVIII.ᵉ SIÈCLE,

DÉDIÉE AU ROI,

Par J. M. PARDESSUS,

CONSEILLER À LA COUR DE CASSATION, PROFESSEUR DE DROIT COMMERCIAL À LA FACULTÉ DE PARIS, CHEVALIER DE L'ORDRE ROYAL DE SAINT-MICHEL, OFFICIER DE LA LÉGION D'HONNEUR.

TOME PREMIER.

IMPRIMÉ,
PAR AUTORISATION DU ROI,
A L'IMPRIMERIE ROYALE.

MDCCCXXVIII.

AU ROI.

Sire,

Votre Majesté a daigné encourager l'entreprise que j'ai faite de recueillir les lois maritimes de tous les peuples, depuis les temps anciens jusqu'à la fin du xvii.ᵉ siècle, signalé par l'ordonnance de 1681, monument de la sagesse d'un de vos plus illustres ancêtres.

Un ouvrage destiné à offrir aux législateurs les moyens d'introduire dans les lois du commerce maritime le caractère d'uniformité qui leur est essentiel devoit paroître

I.   *a* sous les auspices d'un Roi sans cesse occupé du soin d'encourager la navigation et de perfectionner la législation de ses peuples.

Je n'ose espérer, SIRE, que l'exécution de mon entreprise réponde à son importance, et que le travail dont VOTRE MAJESTÉ veut bien recevoir l'hommage soit digne d'une si haute protection. L'indulgence de VOTRE MAJESTÉ pouvoit seule me rassurer.

Je suis avec un profond respect,

SIRE,

DE VOTRE MAJESTÉ

Le très-humble, très-obéissant serviteur
et très-fidèle sujet,

PARDESSUS.

TABLE

DES CHAPITRES CONTENUS DANS CE VOLUME.

FIN DE LA TABLE DES CHAPITRES.

INTRODUCTION.

Tableau du Commerce maritime antérieurement à la découverte de l'Amérique.

Le titre du recueil que j'offre au public suffit pour annoncer que je n'entreprends pas une histoire du commerce maritime [1]. D'habiles écrivains ont publié sur cette intéressante et immense matière des ouvrages que je n'ai ni l'intention de copier, ni les moyens de remplacer par un travail plus parfait. Mais, avant de mettre sous les yeux du lecteur la législation maritime d'un grand nombre de peuples distincts par leurs mœurs, leur position territoriale, le temps où ils ont existé et les révolutions qu'ils ont subies, peut-être n'est-il pas inutile que je présente un tableau de la marche du commerce. La place qu'il occupe en fera une sorte de carte géographique des pays dont je dois rechercher et tâcher de faire connoître le droit maritime; les dissertations relatives aux divers documens qui forment le corps de mon ouvrage s'y rattacheront pour le compléter.

Objet et Plan de cette introduction.

Malheureusement, dans l'état où nous est parvenue l'histoire ancienne, lorsqu'on veut suivre les opérations des hommes et compter leurs pas dans la carrière des découvertes utiles, on rencontre presque toujours des fables ou des incertitudes. Des indices très-abrégés, des faits isolés, ou quelques observations accidentelles éparses et jetées comme au hasard dans les écrivains, sont tout ce qui reste; encore ces indices ou ces observations se rapportent souvent à des époques peu reculées, comparativement à celles vers lesquelles il s'agit de se reporter. Mais il faut bien se contenter d'indices dans une matière où les sources de l'instruction sont aussi rares qu'imparfaites, et se décider par l'analogie pour deviner ce qui a pu ou dû être pratiqué dans des siècles que la perte des monumens historiques a couverts d'un voile impénétrable. Les faits existent long-temps

---

[1] Neque enim historiam proposui mercaturæ mihi scribendam, sed tantummodo illius umbram legenti exhibere. Murator. *Antiq. Ital. med. ævi*, t. II, col. 904.

avant d'être recueillis, et l'antiquité en présente un grand
nombre que n'atteste aucun témoignage contemporain, mais
qui n'ont pas moins de certitude aux yeux de l'observateur
raisonnable.

L'histoire du commerce présente deux grandes périodes. La
première embrasse tout le temps qui s'est écoulé avant celui où
deux importantes découvertes, contemporaines puisqu'elles sont
à peine séparées par un intervalle de vingt-cinq ans, celle d'un
passage aux Indes par le Cap de Bonne-Espérance et celle de
l'Amérique, ouvrirent au commerce des routes et des régions
inconnues, déplacèrent tous les intérêts, créèrent des positions
nouvelles, détruisirent les anciennes, et changèrent la face
du monde.

La seconde, commençant par ces deux grands événemens et
se prolongeant jusqu'à nos jours, montre le commerce lié avec
toutes les existences, tant celles des particuliers que celles des
nations, et déroule sans cesse sous nos yeux des phénomènes
dont il n'est donné ni à la politique ni à la prévoyance humaine de calculer les effets.

Il n'entre point dans mon intention de tracer le tableau de
cette seconde période : peut-être le moment d'en écrire l'histoire
n'est-il pas encore venu; et d'ailleurs ce ne seroit pas le tableau
du commerce qu'il faudroit offrir, ce seroit celui de la civilisation, de la politique, de l'existence sociale du monde entier.

La première période présente quatre époques, très-inégales
dans leur durée et très-distinctes par leurs caractères spéciaux.

La première époque commence aux temps historiques et se
termine au moment où, les armes romaines ayant successivement
détruit l'indépendance de tous les états navigateurs, le commerce n'eut plus d'autre but que de répondre aux besoins et de
satisfaire aux jouissances de la capitale du monde. Cette époque
coïncide précisément avec celle de la transformation de la république romaine en empire, et se trouve à peu de distance de la
fondation du christianisme, qui, plus tard, ne fut point étranger
aux destinées du commerce.

La seconde époque finit à la chute de l'empire romain dans
l'Occident, catastrophe qui brisa le seul lien politique par lequel
les différens peuples étoient unis, et menaça d'y anéantir la civilisation.

La troisième embrasse l'espace qui s'est écoulé depuis ce grand événement jusqu'aux croisades, époque de ténèbres et de malheurs, je dirois presque de barbarie, si de temps à autre la civilisation, et le commerce qui en est le compagnon fidèle, n'avoient paru; comme des aurores boréales au milieu des glaces du Nord, pour jeter sur l'Europe quelques lueurs de consolation, et pour lui apprendre qu'elle n'étoit pas irrévocablement condamnée à rentrer dans la vie sauvage.

La quatrième commence aux croisades, qu'une critique sévère a pu accuser lorsqu'on les a considérées dans le but religieux que leur nom semble annoncer, mais dont les résultats, qu'ils aient été ou non prévus, méritent d'être étudiés lorsqu'on voit leur influence sur la civilisation et le commerce de l'Europe. Cette époque se termine à la découverte de l'Amérique, événement qui coïncide avec la chute de l'empire d'Orient.

Tous les monumens, toutes les traditions, l'histoire enfin, dès I.ʳᵉ Epoque. l'instant où elle offre quelques apparences de certitude, attestent que l'Asie, la partie du monde la plus étendue et la plus remarquable par la variété de ses climats et de ses productions, fut le berceau des premiers empires [1].

Deux grandes chaînes de montagnes qui la traversent dans la direction de l'ouest à l'est la divisent en trois parties, qui ne diffèrent pas moins entre elles par la nature du sol que par le genre de vie et les mœurs de leurs habitans.

La partie septentrionale n'a été entrevue par les anciens qu'à travers les ténèbres et les glaces dans lesquelles ils la considéroient comme ensevelie [2].

Le centre, habité par des hordes nomades qui tant de fois ont figuré dans l'histoire des révolutions des empires et des grandes migrations des peuples, ne produit presque rien de ce qui peut fournir aux besoins de la civilisation et servir aux développemens de l'industrie et du commerce.

Mais le reste de l'Asie présente sous un climat doux et sous un ciel toujours serein un grand nombre de contrées dont la fécondité et la richesse forment le plus étonnant contraste avec les déserts qui les séparent les unes des autres.

---

[1] *Genes.* cap. x , vers. 8 et 10. — [2] Herod. lib. ɪv, ʃʃ 28 *et seqq.* Virg. *Georg.* lib. ɪɪɪ, v. 352 *et seqq.* Plin. *Hist. nat.* lib. ɪv, cap. xɪɪ.

Il se compose des provinces qui au temps d'Alexandre formoient l'empire des Perses; de la Chine, où les anciens peuples
navigateurs ne paroissent pas avoir eu de relations directes,
quoiqu'ils en reçussent et en répandissent les produits en tous
lieux; et enfin de l'Inde et de l'Arabie, qui ne furent jamais
entièrement explorées avant les Romains, ni même de leur temps.
Ces trois derniers pays sont remarquables par la variété de leurs
productions : c'est la patrie de la soie, du coton, des épices, de
l'encens; l'or, les pierreries de toute espèce, les perles, y abondent :
et comme pour inviter les habitans de ces riches contrées à se
lier par le commerce, la nature a diversifié ses dons; prodigue
envers quelques-unes de tout ce qui peut procurer les agrémens
de la vie ou alimenter le luxe, elle leur a refusé les denrées de
première nécessité qu'elle a départies aux autres en abondance.

Ancien
commerce
de l'Asie.

Si l'on excepte quelques notions très-incomplètes et en partie
très-inexactes données par Hérodote [1], les plus anciennes qui
nous soient parvenues sur l'Inde sont du temps d'Alexandre,
et ne méritent pas toute notre confiance [2]. Il est donc impossible
d'indiquer avec précision les premiers développemens du commerce dans ce pays. Ce qu'il y a de probable, c'est qu'à des
époques bien antérieures à celles dont parlent les historiens grecs,
des gouvernemens réguliers et une organisation protectrice favorisèrent dans l'Inde les progrès de l'agriculture et de l'industrie [3], et créèrent naturellement des relations avec les pays voisins [4]. Au premier moment où les écrivains de l'antiquité nous
parlent d'un peuple civilisé et de ses consommations de luxe, ils
nomment les produits de l'Inde [5]. D'un autre côté, les traditions
les plus anciennes de ce pays attestent qu'on y faisoit usage de
tissus de laine, de soieries, de pelleteries, qui ne pouvoient venir
que de la Chine et de l'Asie supérieure [6], et qu'on y consommoit
des aromates et de l'encens, produits d'une contrée de l'Arabie
qui à travers les siècles a conservé le nom d'Heureuse [7].

Les mêmes causes ont dû faire naître et développer le commerce de l'Inde et de l'Arabie avec les autres parties de l'Asie.

[1] Lib. III, §§ 98 et seqq. — [2] Strab. lib. II, cap. 1, § 4; lib. XVI, cap. 1, §§ 1 et 2. — [3] Strab.
lib. XV, cap. 1, §§ 10, 19, et passim. — [4] Herod. lib. III, § 102. Strab. lib. XV, cap. 1, § 33.
— [5] Reg. lib. III, cap. X, passim. Job. cap. XXVIII, vers. 16. Ezech. cap. XXVII, vers. 6 et 15.
Jerem. cap. VI, vers. 20. Cantic. cantic. cap. IV, vers. 14. Plutarch. de Iside et Osiride, Opp.
t. II, pag. 383. — [6] Ramayuna, t. I, pag. 125, 145, 329, 417, et passim. Ctesias, ad calc.
Herod. Wesseling. pag. 387. Strab. lib. XV, cap. 1, § 40. — [7] Strab. lib. I, cap. II, § 8.

Dès que l'empire des Assyriens eut atteint le haut degré de puissance dont le souvenir nous a été transmis nonobstant les nuages qui couvrent son origine [1], il subit la condition de tous les peuples parvenus aux richesses, et par les richesses au luxe. Les délicieux parfums de l'Arabie, l'ivoire, les bois précieux, les perles, les diamans, les épices et tout ce que l'Inde produit avec une étonnante profusion, ses étoffes élégantes et ses riches tissus, les ouvrages variés de ses manufactures, devinrent pour les voluptueux sujets de Ninus et de Sémiramis des objets de première nécessité [2].

La plupart de ces besoins sont, il faut en convenir, enfans de la frivolité, de la vanité; mais ils ont pour résultat de donner de la valeur aux produits du travail et de la terre, d'établir des rapprochemens entre les divers pays : lorsqu'ils ont été introduits dans un état, ils ne sont pas moins impérieux que le besoin des objets indispensables à la vie.

Les royaumes de Babylone, de Ninive et des Mèdes, qui se formèrent des débris de l'empire d'Assyrie, celui des Perses qui les réunit sous une même domination et y joignit d'immenses conquêtes [3], ne furent ni moins adonnés au luxe, ni moins empressés de le satisfaire, et d'y chercher les alimens d'une industrie qui fut anciennement et de tout temps célèbre [4].

Mais les peuples de l'Asie entre lesquels s'établirent ces relations se trouvoient séparés par de vastes espaces voués à une stérilité perpétuelle, ou dont quelques parties moins arides nourrissoient seulement des bestiaux. Livrés à la culture et à l'industrie, ils étoient peu propres à la vie pénible et errante qu'exigent des transports faits à de longues distances. Les pasteurs nomades en devinrent les intermédiaires [5]. C'est ainsi que la Genèse [6] nous les représente transportant à travers le désert des aromates et d'autres marchandises précieuses, sur des chameaux que la Providence semble avoir créés exprès pour parcourir des mers de sable [7].

D'heureuses expériences apprirent tout ce que les fleuves et les rivières pouvoient offrir de facilités pour diminuer la fatigue

---

[1] Justin. lib. I, cap. I. — [2] Herod. lib. I, § 195; lib. III, § 97. Xenoph. *De instit. Cyri*, lib. VII, cap. III *et seqq.; De exped. Cyri*, lib. I, cap. II. — [3] Esdras, lib. III, cap. III, vers. 2. Esther, cap VIII, vers. 9. — [4] Ezech. cap. XXVII, vers. 16. Strab. lib. XVI, cap. I, § 13. Plin. *Hist. nat.* lib. VIII, cap. XLVIII, Martial. lib. XIV, epigr. CL. — [5] Strab. lib. I, cap. II, § 8. — [6] Genes. cap. XXXVII, vers. 25 et 28. — [7] Diod. Sic. lib. III, cap. XLV.

et les frais des voyages; et les peuples de l'Inde ne dûrent point tarder à reconnoître les avantages de ce mode de communication pour leur commerce intérieur[1]. Bientôt la navigation des fleuves donna aux hommes l'idée de se confier à la mer, et de faire servir à leur rapprochement ce qui sembloit destiné à les séparer par des barrières insurmontables.

Les premiers essais en ont peut-être été faits dans l'Inde, où la disposition du pays, coupé par des baies immenses, sembloit y inviter. On peut le conjecturer d'après d'anciens monumens de leur littérature[2]; la législation de Menu constate même l'usage du prêt à la grosse[3]. Néanmoins la navigation des Indiens fit peu de progrès, soit qu'ils en fussent détournés par la défense que leurs premiers législateurs leur avoient faite d'affronter la haute mer[4], soit que dans un pays où tout semble marqué d'un type invariable, où les usages des ancêtres demeurent après plusieurs siècles ceux de la postérité, on ait continué de donner la préférence aux transports intérieurs.

Les habitans des contrées auxquelles on donne aujourd'hui le nom de Chine n'étoient peut-être pas éloignés du commerce maritime par des habitudes ou des préjugés aussi forts que les Indiens; mais, malgré la grande renommée de perfection que l'enthousiasme, je dirois presque la mode, a essayé d'attribuer aux institutions et à l'industrie des Chinois, il faut reconnoître que les navigateurs de cette contrée n'avoient pas beaucoup plus de hardiesse que leurs voisins[5]. L'un et l'autre peuple, contens de livrer leurs productions aux commerçans étrangers, n'avoient ni l'ambition ni l'habileté nécessaires pour entreprendre de les porter eux-mêmes dans les lieux de consommation.

Des tentatives couronnées de succès furent faites par les souverains de Babylone[6] pour commercer avec l'Inde par le golfe Persique, à l'aide des deux grands fleuves qui s'y rendent après avoir traversé leurs états : il est même assez probable qu'une colonie établie dans le pays des Gerrhéens, dont Strabon attribue l'origine à des Chaldéens fugitifs et exilés[7], étoit un établissement formé dans cette intention.

---

[1] Strab. lib. xv, cap. I, §§ 3 et 33. — [2] *Ramayuna*, t. I, pag. 59 et 60. *Rajavali*, in *Ann. of Orient. lit.* t. I, pag. 387 *et seqq.* — [3] *Instit. of Hindu law, or the Ordin. of Menu*, by Will. Jones, ch. VIII, art. 156 et 157. — [4] Colebrooke, *A digest of Hindu law*, book v, § 173. — [5] De Guignes, *Mém. de l'Acad. des inscr.* t. XLVI, pag. 578. — [6] Isaï. cap. XLIII, vers. 14. Polyæn. *Stratag.* lib. VIII, cap, xxv. — [7] Strab. lib. xvi, cap. I, § 5, et cap. III, § 1.

La navigation s'établit aussi avec assez d'activité sur les côtes de l'Arabie. Les écrivains de l'antiquité apprirent dès les premiers momens où ce pays fut exploré, que de temps immémorial des peuplades faisoient, à l'aide de barques sans voiles [1], dans la construction desquelles le fer n'étoit pas même employé [2], un commerce qui avoit accumulé chez elles de grandes richesses [3], tandis que d'autres se livroient à la piraterie [4].

Il faut reconnoître néanmoins que la navigation maritime ne pouvoit être exclusivement employée dans le commerce de l'Asie. Les côtes sur lesquelles les marchandises arrivoient par la voie de mer étoient séparées des lieux où la consommation en faisoit sentir le besoin, par des espaces considérables qui ne pouvoient être franchis qu'au moyen de routes intérieures. Ainsi pendant long-temps les marchandises que les navigateurs du golfe Persique introduisoient dans la Babylonie par les embouchures du Tigre et de l'Euphrate, ne parvinrent aux parties septentrionales de l'Assyrie, aux provinces de l'Asie mineure ou sur les bords de la mer Méditerranée, que par les voies de terre. Ainsi celles que produisoit l'Arabie, ou que ses navigateurs alloient chercher dans l'Inde, ne furent long-temps conduites dans la Palestine, la Syrie et la Phénicie, qu'à travers d'immenses déserts.

Il existoit même des contrées entre lesquelles les communications ne pouvoient pas, comme pour celles qui viennent d'être indiquées, commencer par des voies maritimes. Le commerce de l'Inde et de la Sérique avec le nord et l'ouest de l'Asie étoit dans ce cas. Le pays qui, dès le temps de Sémiramis, portoit le nom de Bactriane [5], sembloit destiné par la nature à en être le centre. Des voies purement terrestres ou combinées avec la navigation intérieure facilitoient les échanges vers le haut Indus; et de ce point les marchandises qu'on y apportoit étoient dirigées vers les bords de la Méditerranée, dans l'Asie mineure, dans les lieux qui entourent la mer Caspienne, et même dans des contrées plus septentrionales [6].

Il est plus facile de démontrer la certitude de ces premières communications commerciales que d'en indiquer exactement les

---

[1] Plin. *Hist. nat.* lib. xii, cap. xix. — [2] *Peripl. mar. Erythr.* pag. 29. — [3] Agatharch. *De Rubro mari*, pag. 64, 65. Strab. lib. xvi, cap. iii, § 5. — [4] Strab. lib. xvi, cap. iii, § 4. Diod. Sic. lib. iii, cap. xliii. Plin. *Hist. nat.* lib. vi, cap. xxviii. *Peripl. mar. Erythr.* pag. 12. — [5] Diod. Sic. lib. ii, cap. vi. — [6] Herod. lib. iv, §§ 24 et 26.

routes. Les révolutions qui ont amené dans le centre de l'Asie
tant de changemens dont les historiens ne nous ont appris qu'un
petit nombre et les moins anciens, ont dû avoir une grande
influence sur les directions du commerce; des villes florissantes
qui nécessairement étoient le but de ses opérations ont disparu
sans laisser de traces; des déserts même ont été le siége de puissans empires; des lieux fertiles, et par conséquent susceptibles
d'offrir des stations favorables aux voyageurs, ont été frappés
d'une stérilité qui a dû forcer le commerce à chercher et à suivre
des directions nouvelles [1]. Je ferai connoître, lorsque j'exposerai l'état et la marche du commerce sous les successeurs
d'Alexandre, ce que les historiens de ce siècle ou des derniers
temps de l'empire des Perses nous ont appris : je dois me contenter dans ce moment d'indiquer une importante modification que
cette marche éprouva dans le centre de l'Asie lors de la conquête
de l'Assyrie par les Perses. A cette époque, la navigation maritime de ce pays cessa entièrement. Les conquérans ne se bornèrent pas à l'interdire, ils la rendirent impossible en plaçant
vers l'embouchure du Tigre et de l'Euphrate des digues qui ne
permettoient plus d'y entrer par le golfe Persique [2]. Cette mesure,
qu'il ne s'agit point d'apprécier aujourd'hui et qui subsista plusieurs siècles, dut exciter le commerce à multiplier les moyens
de communication par les voies de terre. Il les trouva principalement dans l'établissement des routes construites par les rois
de Perse [3], non moins empressés que les monarques d'Assyrie
de se procurer les productions de l'Inde et de l'Arabie, en
même temps qu'ils renonçoient aux moyens de les obtenir à peu
de frais par la voie de mer. Leurs conquêtes dans l'Inde septentrionale, et la navigation de l'Indus faite par leurs ordres [4],
donnèrent dans la suite une plus grande activité et une direction
plus fixe aux communications dont on a vu que la Bactriane étoit
l'intermédiaire entre l'est et l'ouest, le midi et le nord de l'Asie.

La marche du commerce des Arabes, décrite seulement par
des auteurs du siècle d'Alexandre ou d'un âge postérieur,
mais indiquée dans les livres hébreux, est peut-être celle qui
éprouva le moins de variations. La nature des lieux s'y opposoit; et jusqu'à l'époque célèbre où la religion du fanatisme et

---

[1] Plin. *Hist. nat.* lib. vi, cap. xxviii. — [2] Strab. lib. xv, cap. iii, § 4; lib. xvi, cap. i, § 6.
Amm. Marcell. lib. xxiii, cap. vi.— [3] Herod. lib. v, § 52.— [4] Herod. lib. iii, § 94; lib. iv, § 44.

des conquêtes appela cette contrée à une nouvelle existence, elle paroît avoir été à l'abri des grandes révolutions qui tant de fois en Asie ont créé ou détruit les empires et changé les directions du commerce.

Les Arabes septentrionaux appelés Nabatéens[1], les mêmes que les Madianites, Iduméens ou Nabuthéens des livres saints[2], se rendoient au pays des aromates, situé au centre de l'Arabie, à peu de distance de Maccoraba, grand marché[3] devenu célèbre dans la suite sous le nom de la Mecque; ils se dirigeoient vers Mariaba, principale ville du pays des Sabéens[4], où ils s'approvisionnoient des productions du pays et de ce que le commerce étranger y apportoit.

Les navigateurs de Gerrha et de Regma sur le golfe Persique alloient à la côte de l'Inde chercher les productions de ce pays[5]. Ces marchandises prenoient trois directions : une partie étoit transportée dans la Babylonie, d'où elles étoient répandues dans les contrées voisines[6]; une autre étoit expédiée pour le pays des Sabéens[7]; une autre enfin parvenoit, soit par Maccoraba, soit par une route directe à travers le désert, chez les Nabatéens. C'est là que Pétra, marché immense, voyoit affluer des commerçans de tous les pays[8], qui se rendoient ensuite à Gaza, d'où une route conduisoit en Égypte et une autre en Phénicie[9].

Dans ces longs voyages, les dangers résultant de l'état naturel des lieux qu'il falloit traverser, et la crainte des hordes accoutumées à vivre de pillage[10], firent connoître la nécessité de réunions assez nombreuses pour se procurer des secours mutuels et pour se défendre[11]. Ces caravanes se formoient à des époques déterminées, parce qu'il falloit choisir les saisons favorables et prévenir les intéressés du moment et du lieu du départ; elles étoient soumises à des réglemens dont l'expérience faisoit successivement connoître l'utilité. L'habitude, et plus encore la disposition des lieux, qui ne laissoit presque rien à la liberté ou à l'inconstance des choix, indiquoient les routes les plus sûres

[1] Strab. lib. xvi, cap. iii, § 5. Plin. *Hist. nat.* lib. xii, cap. xvii.— [2] *Genes.* cap. xxv, vers. 13; cap. xxviii, vers. 9. *Machab.* lib. i, cap. v, vers. 25. —[3] Strab. lib. xvi, cap. iii, § 6. —[4] Strab. lib. xvi, cap. iii, § 4. —[5] Ezech. cap. xxvii, vers. 22. Plin. *Hist. nat.* lib. xii, cap. xvii. —[6] Strab. lib. xv, cap. iii, § 4 ; lib. xvi, cap. iii, § 1. —[7] Schult. *Imper. Joctan. ex Mesoud.* pag. 181 ; *Monum. vetust.* pag. 68. —[8] Strab. lib. xvi, cap. iii, § 4. Diod. Sic. lib. ii, cap. xlviii ; lib. iii, cap. xlii. —[9] Plin. *Hist. nat.* lib. vi, cap. xxviii. —[10] Strab. lib. xvi, cap. i, § 21 ; cap. ii, § 15 ; cap. iii, § 1. Plin. *Hist. nat.* lib. vi, cap. xxvi et xxviii. Diod. Sic. lib. ii, cap. xlviii. —[11] Strab. lib. xvi, cap. iii, § 6.

et les stations les plus commodes sur des points dont la nature sembloit avoir marqué la destination en y réunissant l'ombrage et l'eau. Une sorte de consentement mutuel en rendoit le territoire inviolable; des temples élevés à la Divinité ne tardèrent pas à le rendre sacré. Des lois revêtues de l'autorité de la religion y assuroient l'ordre et la bonne foi. Le séjour des commerçans y donna naissance à une multitude de professions industrielles. Les arts et les sciences y furent cultivés; leurs progrès s'accrurent par le rapprochement des hommes appartenant à des nations diverses, et de là, bien plus que du sein des voluptueuses capitales des empires, la civilisation s'étendit sur tous les points.

Le temps et les barbares ont détruit ces villes; mais leurs ruines, objet d'admiration pour les voyageurs, se trouvent encore sur les routes que les caravanes ne cessent de parcourir depuis tant de siècles, pour attester les miracles du commerce et conserver des souvenirs dont les documens nous ont été ravis d'une manière irréparable.

Ancien commerce de l'Afrique.

L'Afrique, dont une grande partie produit ou recèle des richesses aussi précieuses et aussi variées que celles de l'Asie, vit également se former des états où la civilisation fit naître des besoins que le commerce peut seul satisfaire. Nous connoissons le nom de l'Éthiopie, sur laquelle on trouve dans les auteurs anciens quelques traditions obscures faites pour éveiller notre curiosité sans nous instruire [1]. Celui de l'Égypte nous est parvenu entouré de moins de nuages; les écrits de Moïse, dont l'ancienneté et l'exactitude commanderoient notre confiance s'ils n'avoient d'autres titres à nos respects, représentent ce pays, dès les temps les plus reculés, comme abondant et policé.

L'Éthiopie et l'Égypte ne tardèrent point à se lier [2] par des relations qui s'étendirent successivement aux côtes de la Libye et probablement aux contrées encore aujourd'hui peu connues du centre et du midi de l'Afrique. La nature des lieux indiqua promptement les routes qu'il me sera facile de faire reconnoître lorsque je parlerai du commerce de Carthage et de l'Égypte.

A leur tour l'Asie et l'Afrique, jointes du côté du nord par un isthme de peu d'étendue, séparées du côté du midi par un détroit qu'on peut franchir en quelques heures, ne pouvoient

---

[1] Herod. lib. III, § 114. Diod. Sic. lib. I, cap. XXXIII; lib. III, cap. I et seqq. — [2] Herod. lib. II, §§ 29 et seqq.

tarder à former des rapports commerciaux. La Genèse en offre des témoignages[1] : dès le temps du patriarche Joseph, les Arabes septentrionaux étoient les intermédiaires du commerce qui se faisoit par les voies de terre[2]; ils ne cessèrent point de l'être dans la suite, et même ils avoient à cet effet formé des établissemens en Égypte[3].

Les relations maritimes furent plus tardives. On les dut encore aux Arabes méridionaux[4]. Du point de la côte le plus voisin de l'Afrique, une courte navigation, qui n'étoit pas sans danger[5], les conduisoit à un port dont les noms divers de Saba et d'Assab semblent indiquer l'origine[6]. La route qu'il falloit parcourir pour arriver, à travers de vastes déserts, à Thèbes, capitale de la haute Égypte, qui peut-être fut originairement une colonie d'Arabes et d'Éthiopiens[7], offre encore à Axum et à Méroé des ruines d'édifices qui paroissent avoir été des lieux de grandes réunions commerciales. Furent-ils l'ouvrage de ces Éthiopiens dont les poètes et les historiens s'accordent à vanter la civilisation[8]? Auroient-ils été construits, comme un mot de Pline peut le faire conjecturer[9], par les Arabes eux-mêmes, qui accompagnoient leurs marchandises pour emporter l'or, l'ivoire et les autres produits précieux de l'Afrique qu'ils recevoient en échange? Voilà une question dont il faut laisser la décision aux savans.

Les progrès de l'industrie et du luxe en Égypte, l'immense consommation d'aromates et de parfums qu'exigeoient le culte des dieux et la sépulture des morts, ne purent qu'accroître ces relations; et le besoin de blé que les contrées voisines éprouvoient sans cesse, les entretint avec une activité que ne ralentirent jamais les révolutions dont ce pays fut souvent le théâtre.

Presque toujours dans ces premiers temps on trouve le commerce, surtout celui qui se faisoit par la voie de mer, accompagné de la piraterie, qui en formoit en quelque sorte une branche; c'étoit la conséquence naturelle de l'état habituel d'hostilité dans lequel une civilisation imparfaite plaçoit les

---

[1] Genes. cap. XII, vers. 10; cap. LXII, vers. 2. — [2] Genes. cap. XXXVII, vers. 25. — [3] Plin. Hist. nat. lib. VI, cap. XXIX.— [4] Peripl. mar. Erythr. pag. 15.—[5] Strab. lib. XVI, cap. III, § 3. Diod. Sic. lib. III, cap. XX. Plin. Hist. nat. lib. XII, cap. XIX.— [6] M. Gosselin, Recherches sur la géographie des anciens, t. II, pag. 206, assure que le nom de Saba signifie, en langue éthiopienne, réunion d'hommes. — [7] Herod. lib. II, § 15. Euseb. Chron. ad ann. CCCC Abrahami.— [8] Diod. Sic. lib. III, cap. II. Strab. lib. I, cap. II, § 8. — [9] Plin. Hist. nat. lib. VI, cap. XXIX.

peuples, et surtout du trafic des esclaves, qui paroît avoir existé de toute ancienneté, qui ne cessa point et s'accrut même chez les nations les plus policées.

L'époque à laquelle l'Europe, civilisée plus tard que l'Asie et une partie de l'Afrique, fut appelée à connoître les avantages du commerce et acquit par cette connoissance le goût des productions étrangères, devint celle où la navigation commença à prendre véritablement son essor. Elle étoit le principal, je pourrois dire l'unique moyen de communication entre les deux autres parties du monde et l'Europe, et même entre les diverses contrées continentales et les îles qui la composent.

Commerce des Phéniciens.

Une plage à peu près stérile, située sur une des côtes de l'Asie qui borde la mer Méditerranée, fut la première appelée à donner au monde l'idée des ressources immenses que le commerce maritime peut procurer, et des vastes entreprises auxquelles est en état de se livrer un peuple navigateur [1].

Lorsque l'on considère de combien de difficultés furent hérissés les premiers pas des hommes dans cette carrière périlleuse, combien d'essais infructueux et de dangers dûrent les décourager et suspendre leurs essais, combien d'obstacles nouveaux l'imperfection des moyens d'exécution et l'inexpérience faisoient naître à chaque tentative, on ne peut s'empêcher d'admirer le courage de ceux qui les premiers se sont confiés à la mer, et se défendre d'une sorte de surprise que leurs progrès aient surpassé tout ce qu'on pouvoit raisonnablement attendre d'aussi foibles ressources.

Privés du secours de la boussole, sans laquelle les peuples modernes seroient obligés de suivre servilement les traces de l'ancienne navigation; réduits dans leur marche timide et incertaine à se diriger par l'observation du soleil et de quelques étoiles [2], ils craignoient de quitter le rivage; et lors même qu'ils furent parvenus à entreprendre des voyages dont la longueur est étonnante si l'on considère le peu de perfection que la manœuvre avoit acquise, ils ne se hasardoient point à braver l'inclémence des hivers [3]. Cependant c'est avec de si foibles moyens que les Phéniciens sont devenus les plus hardis et les plus riches navigateurs de l'antiquité.

[1] Strab. lib. xvi, cap. ii, § 16. — [2] Plin. *Hist. nat.* lib. vii, cap. lvi. — [3] Cæsar, *De bello Gall.* lib. v, cap. xxiii. Veget. *De re milit.* lib. iv, cap. xxxix. Horat. *Odar.* lib. i, od. iv, v. 2.

Quel qu'ait été le lieu de leur origine[1], le nom générique de *Chananéens* qui leur est attribué dans le plus ancien livre connu[2], désigne leur habitude de se livrer au commerce. Nous ne savons rien sur leurs premiers essais ; les monumens de l'histoire attestent seulement que l'existence de Sidon a précédé celle de Tyr[3] : mais ils ne nomment cette dernière ville que dans un temps où déjà ses navigateurs avoient acquis une grande habileté[4], où, pour employer leurs expressions, les Tyriens étoient devenus les princes de la terre[5], et avoient atteint un degré de puissance que ne purent anéantir les forces des rois de Babylone[6].

Rome n'existoit point encore ; la Grèce, qui devoit un jour, par le charme de la littérature et des arts, adoucir la rudesse et subjuguer la fierté de ses vainqueurs, étoit dans un tel état d'ignorance sur la navigation, qu'elle prenoit pour des vérités les voyages fabuleux décrits par Homère, et plaçoit au rang des événemens miraculeux le retour d'un de ses princes des côtes de l'Afrique aux rivages du Péloponnèse, quand déjà les habitans de la Phénicie étoient en quelque sorte les facteurs universels du commerce[7]. Placés dans un territoire étroit[8], c'est par l'industrie qu'ils pouvoient subsister. Ils trouvèrent dans la laine de leurs troupeaux de quoi fabriquer des tissus qu'ils parvinrent bientôt à porter au plus haut degré de perfection[9] ; une sorte de hasard leur fit découvrir les coquillages qui servoient à donner aux étoffes ces riches couleurs dont le souvenir a traversé les siècles, et un prix qui égaloit celui de l'or[10] ; le sable du rivage leur fournit les matières propres à faire le verre, dont ils passent pour être les inventeurs[11] ; ils avoient aussi porté fort loin l'art d'extraire les parfums du suc des fleurs[12].

Le besoin d'échanger les produits de leur industrie[13] contre

---

[1] Voir, sur cette question, Herodote, lib. I, § 1, et VII, § 89 ; Strabon, lib. I, cap. II, § 8, et lib. XVI, cap. III, §§ 1 et 8 ; Mignot et de la Nauze, *Mém. de l'Acad. des inscript.* t. XXXIV ; M. de Pastoret, *Hist. de la législ.* t. I, pag. 613 ; M. Gosselin, *Recherches sur la géographie des anciens,* t. III, pag. 105 et 106. — [2] *Genes.* cap. X, vers. 15. — [3] *Genes.* cap. XLIII, vers. 13. Isaï. cap. XXIII, vers. 12. Justin. lib. XVIII, cap. III. — [4] *Reg.* lib. III, cap. XXIX, vers. 27. — [5] Isaï. cap. XXIII, vers. 7 et 8. — [6] Joseph. *Antiquit. Judaïc.* lib. IX, cap. XIV ; lib. X, cap. XI. — [7] Isaï. cap. XXIII, vers. 7. Ezech. cap. XXVII, vers. 2. — [8] Scylax, *Peripl.* pag. 41. Strab. lib. XVI, cap. II, § 15. — [9] Hom. *Ilias,* lib. V, v. 289 ; lib. VI, v. 29 et 743 ; lib. VII, v. 438 ; lib. XIII, v. 189 ; *Odyss.* lib. IV, v. 228 ; lib. XV, v. 164. — [10] Strab. lib. XVI, cap. II, § 16. Athen. lib. XII, pag. 526. — [11] Plin. *Hist. nat.* lib. V, cap. XIX ; lib. XXXVI, cap. XXVI. — [12] Plin. *Hist. nat.* lib. XIII, cap. I. Athen. lib. XV, pag. 688. — [13] Ezech. cap. XXVII, vers. 15 et 16.

les denrées ou les matières que leur travail mettoit en œuvre, et d'étendre leurs relations, quelquefois même leurs pirateries[1], les rendit navigateurs, et la navigation les conduisit à l'étude de l'astronomie[2]. Ils avoient acquis une si grande habileté dans les manœuvres, que plus d'une fois ils devinrent d'utiles auxiliaires pour les rois de Perse[3].

En même temps qu'ils trafiquoient par les voies de terre avec la Palestine et les contrées arrosées par le Tigre et l'Euphrate, ils formoient sur les rivages de l'Asie mineure, de la Grèce et des îles voisines, à des époques qui passent pour être antérieures à la guerre de Troie[4], des établissemens destinés à favoriser leur navigation et leur commerce. Ils les portèrent jusque dans la Thrace et le Pont-Euxin[5]; et à mesure que les habitans de ces pays sortoient de la barbarie, ils leur inspiroient le goût des objets de luxe[6]. Bientôt ils franchirent le détroit qui joint la Méditerranée à l'Océan, et fondèrent un grand nombre de comptoirs sur les côtes de l'Espagne et dans ses îles[7]; le plus célèbre fut Cadix, qui devint le centre de leurs communications sur les deux mers[8]. Ils naviguèrent aussi vers les côtes de la Gaule et jusqu'aux îles Britanniques[9]; peut-être avoient-ils pénétré dans la mer Baltique, et peut-être l'Hercule Tyrien, allégorie sous laquelle il n'est pas possible de méconnoître la navigation phénicienne, avoit-il planté ses colonnes au détroit du Sund[10]. Au moins, il est évident que, par des échanges avec quelques peuples plus rapprochés, ils s'en procuroient les productions. Ils recueilloient de tous ces pays l'ambre, l'or et l'argent[11], dont ils se servoient pour fabriquer des ornemens[12] et pour solder leurs échanges, ainsi que le fer[13], qui n'étoit pas moins utile pour les besoins de leur navigation que pour ceux de leur industrie manufacturière.

Ce fut surtout sur les côtes de l'Afrique qu'ils fondèrent des villes importantes[14], entre autres cette superbe Carthage qui

---

[1] Thucyd. lib. I, cap. VIII. — [2] Strab. lib. XVI, cap. III, § 16. — [3] Herod. lib. III, § 19; lib. VII, § 89. — [4] Herod. lib. I, § 105; lib. II, § 44; lib. VI, § 47. Pausan. lib. V, cap. XXV. Conon, ap. Phot. pag. 446. Athen. lib. VIII, § 360. Steph. Byzant. voc. Μῆλος. Calmet, Commentaire sur l'anc. et le nouv. Test. t. II, pag. XVII et suiv. — [5] Lucian. Toxaris. — [6] Herod. lib. I, § 1. Cicer. De rep. ap. Non. Athen. lib. IX, pag. 402; lib. XV, pag. 689. — [7] Strab. lib. III, cap. IV, §§ 5, 6 et 7. — [8] Vell. Paterc. lib. I, cap. II. Plin. Hist. nat. lib. V, cap. XIX. — [9] Strab. lib. III, cap. V, § 8. — [10] Tacit. De morib. Germ. cap. XXXIV. — [11] Herod. lib. III, §§ 115 et 116; lib. VI, § 47. Strab. lib. III, cap. II, § 3. — [12] Hom. Odyss. lib. XV, v. 459. — [13] Ezech. cap. XXVII, vers. 12 et 19. — [14] Plin. Hist. nat. lib. V, cap. XIX. Diod. Sic. lib. V, cap. XX.

devoit soutenir contre Rome la lutte la plus longue et la plus sanglante, et marquer par sa chute les premiers instans du déclin de son heureuse rivale [1].

Le résultat de ces immenses communications étoit de rendre la Phénicie, et notamment la ville de Tyr qui en étoit comme la capitale, le centre du commerce universel, et d'y faire affluer de toutes parts les marchandises les plus recherchées [2].

La situation de leur pays mit promptement les Phéniciens en état de recevoir les productions de l'Arabie et des Indes [3], soit par le grand marché de Pétra, soit par l'Égypte, où ils avoient des établissemens [4], et où ils apportoient, entre autres objets d'échange, des vins que ce pays ne produisoit pas [5].

Bientôt une alliance avec les Juifs leur procura des communications plus directes. David, dont le règne jeta un brillant éclat sur la Judée, Salomon son fils, que sa sagesse et ses écrits ont placé au rang des plus grands philosophes, avoient compris l'importance du commerce, et surtout du commerce maritime. Maîtres de deux ports situés à l'extrémité septentrionale du golfe Arabique [6], ils les ouvrirent aux sujets du roi de Tyr, et les flottes réunies des Phéniciens et des Juifs exécutèrent ces voyages fameux [7] sur le terme desquels on a long-temps disputé [8]. Dans les mêmes vues commerciales, et pour faciliter des communications avec la Babylonie, Salomon fonda, sur les confins du désert de Syrie [9], Tadmor, qui, sous le nom de Palmyre, devoit parvenir un jour à ce haut point de grandeur et d'opulence que ses ruines attestent encore [10].

Le commerce maritime des Juifs fut de courte durée [11]; mais les Phéniciens conservèrent tous les avantages que cette alliance momentanée leur avoit procurés. Ils continuèrent de naviguer dans le golfe Arabique, de se rendre sur les côtes de l'Éthiopie, dans le golfe Persique [12], et d'en tirer abondamment toutes les marchandises précieuses de l'Inde et de l'Arabie [13]. Le port

---

[1] Vell. Paterc. lib. II, cap. I. Plin. *Hist. nat.* lib. v, cap. XIX. — [2] Isaï. cap. XXIII, vers. 3. Ezech. cap. XXVII, *passim.* — [3] Ezech. cap. XXVII, vers. 6, 15, 22, 23. — [4] Herod. lib. II, § 12. — [5] Herod. lib. III, § 6. — [6] *Reg.* lib. III, cap. IX, vers. 26. — [7] *Paralip.* lib. II, cap. XXIX, vers. 4; lib. II, cap. VIII, vers. 18. — [8] Voir, à ce sujet, Fabric. *Bibl. antiq.* cap. XVI, § 8; M. Gossellin, *Recherches sur la géogr. des anciens*, t. II, pag. 91. — [9] *Reg.* lib. III, cap. IX, vers. 18. Paralip. lib. II, cap. VIII, vers. 4. Plin. *Hist. nat.* lib. v, cap. XXIV et XXV; lib. VI, cap. XXVIII. — [10] Wood, *Ruins of Palmyra*, pag. 37. — [11] *Reg.* lib. III, cap. XXII, vers. 49. — [12] Scylax, *Peripl.* pag. 54 et 55. — [13] Ezech. cap. XXVII, vers. 20, 21, 22, 23 et 24. Agatharch. *De Rubro mari*, pag. 65.

c..i

de Rhinocolura[1], sur le rivage septentrional de l'isthme qui joint l'Asie à l'Afrique, étoit le principal entrepôt de ce commerce au moyen d'un court trajet par la voie de terre.

Le secret dont ils couvroient, à quelque prix que ce fût, leurs opérations[2], les récits fabuleux[3] qu'ils faisoient pour prévenir ou détourner des tentatives de concurrence, ont laissé beaucoup d'incertitude sur le point de savoir s'ils ont porté leur navigation vers les rivages et les îles de l'Inde : quelques auteurs ont cru même qu'habitans primitifs de ce pays ils étoient venus du golfe Persique s'établir sur les côtes de la Méditerranée[4]. Il seroit plus important pour l'histoire de la navigation et du commerce de connoître s'ils ont fait le tour de l'Afrique en partant du golfe Persique pour se rendre dans la Méditerranée par les colonnes d'Hercule. Un passage d'Hérodote[5] donne de grandes probabilités sur la réalité de cette navigation, qui, je dois l'avouer, a paru fabuleuse à quelques savans[6]. Mais, quand elle seroit véritable, les guerres que les Phéniciens furent obligés de soutenir vers l'époque à laquelle on place cette expédition maritime empêchèrent sans doute qu'elle n'eût des résultats. Il ne faut pas se dissimuler aussi, dans la même hypothèse, qu'ils auroient éprouvé des difficultés insurmontables pour se rendre de la Méditerranée à la mer des Indes, dans le sens inverse de la route qu'on leur attribue.

On ne doit point être surpris de l'imperfection de cette esquisse. Hérodote, le seul historien ancien qui ait vécu à l'époque où le commerce de Tyr étoit florissant, ne nous a rien appris à ce sujet, et probablement il fit des efforts inutiles pour en être instruit. Les autres n'ont écrit que dans un temps où le commerce des Phéniciens étoit presque anéanti[7]. Cependant, tout incomplètes que sont les notions qu'ils nous ont transmises, elles prouvent qu'on ne sauroit taxer d'exagération le brillant tableau que deux éloquens écrivains, si, dans une matière historique, il ne m'est pas permis de dire deux grands prophètes, ont tracé de la prospérité de Tyr, dont ils étoient témoins oculaires[8].

---

[1] Strab. lib. xvi, cap. ii, § 19. — [2] Strab. lib. iii, cap. v, § 8. — [3] Herod. lib. iii, § 111. Plin. *Hist. nat.* lib. xii, cap. xix. Ptolem. *Geogr.* lib. i, cap. vi. Suidas, voc. Φοινικών. — [4] Strab. lib. xvi, cap. iii, §§ 1 et 8. — [5] Herod. lib. iv, § 42. — [6] M. Gossellin, *Recherches sur la géographie des anciens*, t. I, pag. 199 *et suiv.* — [7] Plin. *Hist. nat.* lib. v, cap. xix. — [8] Isaï. cap. xxiii, *passim.* Ezech. cap. xxvii, *passim.*

Les richesses de cette ville tentèrent l'avidité des rois de Babylone. Salmanasar essaya sans succès de s'en emparer [1] : Nabuchodonosor renouvela cette entreprise ; mais, après un siége long et mémorable, dans lequel le vainqueur, pour employer les expressions d'un prophète, *fatigua son armée et ne reçut pas sa récompense* [2] , les Tyriens, forcés d'abandonner des ruines, fondèrent une ville nouvelle qui surpassa la première en éclat [3]. Cette seconde Tyr succomba sous les coups de l'homme qui sembloit né pour être le souverain du monde [4] ; mais depuis long-temps Carthage existoit, et devoit encore pendant quelques siècles conserver avec gloire le souvenir du commerce et de la navigation des Phéniciens.

L'époque à laquelle Carthage a été fondée, soit qu'on la reporte aux migrations des peuples chananéens, dont les Hébreux conquirent le pays sous la conduite de Josué [5], soit qu'on s'arrête à la célèbre fuite de la veuve de Sichée [6], est très-ancienne [7]. *Commerce des Carthaginois.*

Carthage, intimement liée avec Tyr sa métropole par les mœurs, le langage, la religion, les intérêts, l'imita dans les soins qu'elle donna au commerce [8]. Plus favorablement située que Tyr, elle occupoit un point qui formoit le lien des trois parties du monde ancien. Son territoire, l'un des plus fertiles de l'Afrique, nourrissoit une population immense, alimentoit un nombre infini de manufactures et d'ateliers, et fournissoit encore aux exportations. Le tableau de l'opulence et de la grandeur de Carthage seroit un hors-d'œuvre ; il suffit de dire que cette opulence étoit le fruit du commerce.

Ce commerce, d'autant plus considérable que les plus grands empires alors existans, la Perse et l'Égypte, ne se livroient point à la navigation, s'accrut par les interruptions qu'éprouvoit celle de Tyr, successivement attaquée par les rois d'Assyrie, de Babylone et d'Egypte. Lorsqu'enfin Alexandre eut détruit cette reine de la mer, Carthage, qui depuis long-temps étoit admise en concurrence dans les établissemens de sa métropole, en eut la direction exclusive. Les Phéniciens avoient encore formé d'autres colonies sur les rivages de l'Afrique [9] : si Carthage ne

---

[1] Joseph. *Antiq. Judaïc.* lib. IX, cap. XIV. — [2] Ezech. cap. XXIX, vers. 18. — [3] Zachar. cap. IX, vers. 3 et 4. — [4] Justin. lib. XVIII, cap. III. Quint. Curt. lib. IV, cap. IV.— [5] Schult. *Imper. Joctan. ex Neuwerio*, pag. 55. Procop. *De bello Vandal.* lib. II, cap. X. — [6] Justin. lib. XVIII, cap. V. — [7] Voir M. Gossellin, *Recherches sur la géographie des anciens*, t. I, pag. 137 *et suiv.*— [8] Polyb. *Hist.* lib. III, § 22 ; lib. VI, § 50.— [9] Sallust. *Jugurtha*, cap. XIX.

les mit pas au rang des conquêtes qu'elle avoit faites dans cette
partie du monde[1], elle acquit sur ces villes une prépondérance
qui les lioit intimement à ses intérêts.

La jalousie des colonies grecques situées sur le littoral de l'Italie mit toujours obstacle aux établissemens que les Carthaginois
auroient pu faire sur le continent. La puissance de Rome rendit dans la suite toute tentative impossible. Ils ne purent aussi
s'établir sur les côtes méridionales de la Gaule, où Marseille leur
offroit une rivale redoutable : mais ils fréquentoient les côtes
occidentales de ce pays, et, sur les traces des Phéniciens, ils
portèrent leur commerce dans les îles Britanniques et jusque
dans l'Irlande[2].

Ils s'établirent dans la Corse, ainsi que dans la Sardaigne, à la
conservation de laquelle ils mirent toujours une grande importance[3]. La plupart des autres petites îles voisines étoient sous
leur domination; les plus fertiles leur fournissoient les objets
nécessaires à leur commerce et à leur industrie, les autres étoient
des stations pour leurs navires[4]. La Sicile, par son étendue, ses
richesses, sa fertilité et sa situation favorable, devoit aussi à
juste titre inspirer aux Carthaginois le désir d'en faire la conquête; mais ce désir fut la source de leurs malheurs.

C'est à l'Ibérie surtout qu'ils ont dû leurs richesses. Ce pays,
fécond en denrées de toute espèce, en mines inépuisables,
et justement considéré par les anciens comme la plus importante contrée de l'Europe, avoit été découvert par les
Phéniciens[5] dans un temps où les peuples qui l'habitoient,
simples, grossiers et presque tous sauvages, ignoroient la valeur
des biens qu'ils possédoient[6]. Carthage, après avoir partagé
long-temps le commerce de l'Ibérie avec Tyr, et dans la suite
avec Marseille, conçut le vaste projet d'en faire la conquête.
La défense de Cadix, attaquée par les naturels, lui fournit un
prétexte spécieux[7], et dès ce moment elle ne cessa d'y étendre
son empire[8], lentement d'abord, parce qu'il falloit combattre
des nations belliqueuses, mais enfin avec succès, parce que la

[1] Polyb. *Hist.* lib. III, § 39. Strab. lib. XVII, cap. III, § 13. Plin. *Hist. nat.* lib. v, cap. I.
— [2] Plin. *Hist. nat.* lib. II, cap. LXVII. Avien. *Ora marit.* v. 111 *et seqq.* — [3] Pausan. lib. x,
cap. XVII. Strab. lib. v, cap. IV, § 5; lib. XVII, cap. I, § 9. — [4] Thucydid. lib. VI, cap. II. Strab.
lib. XVII, cap. II, § 14. Diod. Sic. lib. v, cap. IX *et seqq.* — [5] Appian. *De belle Hispan.*
procem. — [6] Arist. *De mirab. ausoult.* Opp. t. II, pag. 735. Diod. Sic. lib. v, cap. XXXV. —
— [7] Justin. lib. XLIV, cap. v. — [8] Strab. lib. I, cap. I, § 1.

discorde lui livra ces peuples, invincibles s'ils avoient été unis [1].

Carthage méconnut sans doute ses véritables intérêts, lorsqu'elle entra dans la carrière des conquêtes; elle ne sentit pas assez qu'un peuple commerçant est plus riche par les pays qu'il ne possède pas que par ceux sur lesquels il étend sa domination. Cependant ses conquêtes n'eurent point pour les peuples soumis des résultats aussi funestes que celles des Romains. Rome a toujours conquis pour s'agrandir et piller [2]; Carthage, pour créer de nouveaux alimens à son commerce, par conséquent pour produire et augmenter la prospérité des pays qu'elle acquéroit. Sans doute elle mettoit tous ses soins à éviter ou à prévenir la concurrence des autres nations; mais ce système a été et sera presque toujours le résultat du commerce d'échange avec des peuples qu'on a une sorte d'intérêt à ne pas éclairer sur la valeur véritable des choses qu'ils donnent pour des objets d'un foible prix.

La position géographique des Carthaginois s'opposoit à ce qu'ils essayassent de partager avec les Phéniciens la navigation du golfe Arabique. Les relations habituelles qu'ils entretenoient avec Tyr [3] et avec l'Égypte [4] les mirent sans doute à portée de s'y procurer les productions de l'Arabie et de l'Inde, dont il semble presque impossible qu'un peuple riche et civilisé ne connoisse pas le besoin : peut-être aussi les recevoient-ils par les voies de terre qui traversoient la Perse, s'il est vrai, comme on peut le conjecturer, qu'ils avoient formé quelques établissemens sur le territoire de cet empire [5]; ou par le Pont-Euxin, vers lequel leur navigation étoit également dirigée [6].

Du reste, on a peu de renseignemens sur le commerce des Carthaginois, qui semblent avoir été poursuivis par la haine de Rome jusque dans les livres de ses écrivains; et ce qui nous a été conservé ne présente rien sur ce qui concerne les relations avec l'intérieur de l'Afrique. Le seul Hérodote offre quelques notions qui peuvent fournir matière à des conjectures. Il nous apprend que du rivage de la grande syrte, habité par un peuple qu'il appelle les Nasamons [7], une route commerciale se dirigeoit au

---

[1] Strab. lib. III, cap. IV, § 5. — [2] Diod. Sic. lib. v, cap. XXXVIII. — [3] Ezech. cap. XXVII, vers. 12. Aristot. *De republ.* lib. VI, cap. V. Euseb. in Isaïam, apud Montf. *Collect. nova patr.* t. II, pag. 503. — [4] Scylax, *Peripl.* pag. 129. — [5] Justin. lib. XIX, cap. I. — [6] Aristot. *De cura rei famil.* Opp. t. I, pag. 503. — [7] Herod. lib. II, § 32; lib. IV, § 172.

midi à travers le pays des Garamantes[1] ; il donne des détails
qui semblent établir que cette route s'avançoit dans la direction
du sud, un peu inclinée à l'ouest, vers des salines [2]. Cette route
avoit évidemment pour but d'arriver aux bords du Niger [3] et dans
le centre de l'Afrique, habité par des peuples possesseurs indif-
férens d'une foule d'objets auxquels les pays civilisés et le luxe
attachoient un grand prix. Le même auteur indique une autre
route qui, partant du pays des Lotophages, situé entre la petite
et la grande syrte, venoit se joindre dans le pays des Garamantes à la précédente [4].

A moins de supposer que ces Nasamons et ces Lotophages
étoient des peuples puissans, civilisés, pour les besoins desquels
ces routes commerciales avoient été ouvertes du nord vers le
midi, ou du moins vers le centre de l'Afrique, il faut reconnoître que dans la partie septentrionale Carthage seule réunis-
soit les conditions de civilisation et de puissance commerciale
qui devoient la rendre le but des voyages faits par les caravanes parties des pays des Lotophages et des Nasamons. Le
premier de ces peuples habitoit précisément à l'extrémité du
territoire de Carthage, et paroît lui avoir été assujetti [5]. Peut-
être en étoit-il de même du second, plus éloigné à l'orient, établi près d'un désert [6] dont la possession avoit souvent fait l'objet
de contestations sérieuses entre Carthage et Cyrène, et que la
première de ces villes avoit acquis par l'illustre dévouement des
frères Philènes, dont les historiens de Rome n'ont pas dédaigné
de conserver la mémoire [7]. Ce qu'il y a de certain, c'est que si
les Nasamons n'étoient pas dans la dépendance de Carthage, ils
y portoient les productions de leur territoire [8].

Il n'est pas possible non plus, d'après les notions qu'Hérodote
a recueillies, de méconnoître une communication commerciale
entre Carthage et la haute Égypte. De Thèbes, que cet auteur
prend pour le point de départ de ses descriptions, il indique
une route qui se dirigeoit au nord-ouest par les oasis [9] vers
le lieu où étoit bâti le célèbre temple d'Ammon, dont les habitans étoient un mélange d'Égyptiens et de peuples voisins de

[1] Herod. lib. IV, § 183. — [2] Herod. lib. IV, § 184.— [3] Herod. lib. II, § 32. — [4] Herod. lib. IV,
§ 183. — [5] Strab. lib. XVII, cap. II, § 15. — [6] Strab. lib. XVII, cap. II, § 16. — [7] Sallust.
Jugurtha, cap. LXXIX. Val. Max. lib. V, cap. VI, sect. II, § 4.— [8] Strab. lib. XVII, cap. II, §§ 11
et 16. Plin. Hist. nat. lib. XXXVII, cap. VII. — [9] Herod. lib. III, § 26.

l'Égypte [1]. D'Ammonium la route, en se dirigeant vers la grande syrte, alloit à Augiles, lieu fertile et surtout abondant en dattes, d'où partoit une route sud-ouest pour le pays des Garamantes [2]. Cette voie, la plus longue, mais peut-être la plus sûre, donnoit aux caravanes parties de Thèbes les moyens d'aller rencontrer celles des Nasamons et des Lotophages. Une autre route, qu'Hérodote indique avec moins de détails, conduisoit à l'ouest d'Augiles vers un territoire appartenant aux Grecs et aux Phéniciens, c'est-à-dire, aux Cyrénéens, colonie grecque, et aux Carthaginois, colonie phénicienne [3], à travers le désert acquis par le dévouement des Philènes; elle se dirigeoit, de l'est à l'ouest, de Thèbes vers les colonnes d'Hercule et le cap Soloès, le premier de la côte occidentale d'Afrique qu'on rencontrât lorsque de la Méditerranée on entroit dans l'Océan atlantique [4]. C'étoit peut-être sur cette route, ou sur une autre qui avoit la même direction, qu'existoit, entre le territoire de Carthage et celui de Cyrène, à l'ouest d'Augiles, une place de commerce appelée Charax, où les Carthaginois se rendoient pour trafiquer [5].

Mais, quelque opinion qu'on adopte à cet égard, la certitude des communications de Carthage avec la haute Égypte par Augiles n'en est pas moins constante. Il est même probable que le peu de détails qu'Hérodote a donnés sur les pays voisins de Carthage à l'occident de l'Égypte, et sur le commerce des Carthaginois dans ces lieux [6], il les devoit aux Égyptiens, puisqu'il n'annonce point qu'il ait visité Carthage. Cette république étoit tellement connue en Égypte, que Cambyse, après la conquête de ce pays, avoit conçu, par ambition ou par avidité, l'idée d'y porter ses armes [7].

Il résulte de ces documens précieux que, par les voies qui viennent d'être indiquées, Carthage s'étoit assuré autant de communications que la nature des lieux le permettoit pour recevoir par les voies de terre les produits de l'Inde, de l'Arabie, de l'Afrique intérieure et méridionale [8] et de l'Égypte.

Mais les Carthaginois étoient trop habiles et trop hardis pour n'avoir pas conçu l'idée de chercher une communication avec l'Inde et l'Arabie, en faisant le tour de l'Afrique. Il paroît assez

---

[1] Herod. lib. II, § 42. — [2] Herod. lib. IV, §§ 182 et 183. — [3] Herod. lib. II, § 32. — [4] Herod. lib. IV, § 43. — [5] Strab. lib. XVII, cap. II, § 16. — [6] Herod. lib. IV, §§ 195 et 196. — [7] Herod. lib. III, § 17. — [8] Plin. *Hist. nat.* lib. V, cap. V.

I.   *d*

constant que, par ordre du sénat, Hannon avoit entrepris dans cette vue un voyage pour étendre de ce côté les relations commerciales de sa patrie, tandis qu'Himilcon parcouroit dans les mêmes vues l'Océan septentrional.[1] Les Carthaginois avoient formé sur la côte occidentale d'Afrique un grand nombre d'établissemens[2] où se rendoient leurs navigateurs pour faire avec les naturels des échanges dans lesquels les intéressés s'accordoient sans se parler[3]. Ils ne se seroient pas sans doute contentés de ces essais, si la guerre avec les Romains n'eût pas donné une autre direction à leur marine. L'histoire du commerce a conservé du moins le souvenir de la découverte qu'ils ont faite[4], peut-être après les Phéniciens[5], des célèbres îles Fortunées, objet de tant de controverses, sujet de tant de fictions ingénieuses[6], et dernier terme de la navigation des anciens vers des contrées dont la découverte devoit, vingt siècles après, changer les destinées de l'univers.

Commerce des Grecs. Tandis que les Phéniciens et les Carthaginois faisoient un commerce véritablement universel, une carrière moins vaste, mais qui cependant ne fut pas sans importance, s'ouvroit à la navigation des Grecs.

Les auteurs anciens qui ont quelquefois, mais toujours occasionellement et d'une manière peu détaillée, parlé du commerce des peuples dont ils écrivoient l'histoire, confondent sous la dénomination générique de commerçans grecs ceux des villes maritimes de l'Asie mineure, de la Grèce proprement dite et des îles qui les avoisinent. La Grèce fut de tous ces pays celui qui se livra le plus tard au commerce maritime. Long-temps les peuples qui en habitoient les côtes se bornèrent à exercer une piraterie[7] même si peu expérimentée, qu'elle n'osoit porter au loin ses excursions[8]; et la fameuse expédition des Argonautes, tant célébrée par les poètes, si elle n'est pas une fable, fut probablement une piraterie plus hardie et plus éclatante que les courses auxquelles les Grecs se livroient habituellement[9]. Ils avoient, il est vrai, fondé un grand nombre de colonies, mais ce

[1] Plin. *Hist. nat.* lib. II, cap. LXVII. — [2] Scylax, *Peripl.* pag. 51, 52 et 54. Strab. lib. XVII, cap. III, § 3. Fest. Avien. *Ora marit.* v. 117 et 383. — [3] Herod. lib. IV, § 196. Pomp. Mela, lib. III, cap. VI. — [4] Aristot. *De mirab. auscult.* Opp. t. II, pag. 735. — [5] Diod. Sic. lib. V, cap. XIX et XX. — [6] Plat. *Tim. et Crit.* Opp. t. III, pag. 21 et 113. — [7] Strab. lib. XVII, cap. I, § 5. — [8] Hom. *Odyss.* lib. III, v. 319 *et seqq.* — [9] Voir Larcher, *trad. d'Hérodote*, livre IV, note 385, et Banier, *Mém. de l'Acad. des inscript.* t. IX, pag. 69.

n'étoit pas dans des vues commerciales : ces migrations étoient causées par la nécessité de se débarrasser d'une population surabondante[1], ou par les guerres qui forçoient les vaincus à s'expatrier[2]; et lorsque ces colonies se livrèrent au commerce maritime, ce fut comme états indépendans, et non comme partie intégrante ou sujette des peuples qui les avoient fondées.

On ne trouve point de traces du commerce maritime des Grecs avant les guerres qu'ils soutinrent pour la liberté contre les rois de Perse[3]. Long-temps les vaisseaux qui avoient vaincu à Salamine furent employés aux guerres qu'excitoit la rivalité des divers états du continent de la Grèce, bien plutôt qu'à des entreprises commerciales lointaines, dont l'amour des plaisirs et les délices de leur climat éloignoient ses habitans.

Les villes et les îles de l'Asie mineure, au contraire, entourées de campagnes fertiles, disséminées sur des côtes que diversifioient un grand nombre de baies et de golfes favorables à la navigation, peu distantes les unes des autres, et cependant très-variées par leurs produits agricoles, profitèrent promptement de toutes les facilités que cette position leur donnoit, pour échanger leurs denrées et pour les porter dans la Phénicie, qui étoit une sorte d'entrepôt général. Leur navigation s'accrut avec leur industrie et leur prospérité; les développemens n'en furent même point arrêtés par les conquêtes des rois de Lydie[4] et de Perse[5], qui détruisirent l'indépendance d'un grand nombre de ces villes sans y anéantir le commerce.

On a peu de renseignemens sur leur navigation, si ce n'est un document très-imparfait[6], et dont il est difficile de connoître l'objet ou de justifier l'exactitude, dans lequel on voit dix-sept de ces états décorés du titre pompeux de maîtres de la mer; ce qui probablement, puisqu'on y parle à peine des Phéniciens et qu'on passe sous silence les Carthaginois et d'autres peuples navigateurs, doit s'entendre uniquement de la mer Égée.

Parmi les villes du continent de l'Asie mineure, on a conservé le souvenir de Milet, qui forma un grand nombre de colonies vers le Pont-Euxin[7] et le premier établissement grec en Égypte[8],

---

[1] Plat. *De legib.* lib. v. — [2] Herod. lib. I, §§ 56, 57; lib. VI, § 157. Strab. lib. III, cap. IV, § 3. Thucyd. lib. I, cap. I. — [3] Thucyd. lib. I, cap. XIV. — [4] Herod. lib. I, §§ 6, 14, 15, 16, 27. — [5] Herod. lib. I, § 41. — [6] Castor, in Euseb. *Chron.* cap. XXXVI. — [7] Strab. lib. XVI, cap. I, § 4. Plin. *Hist. nat.* lib. V, cap. XXIX. Senec. *Cons. ad Helv.* cap. VI. — [8] Strab. lib. XVII, cap. I, § 8.

d..

mais dont le commerce sembloit n'avoir pour but que le luxe, la mollesse et les délices de la vie [1]; de Cymé, qui, pour attirer les commerçans dans son port, fut long-temps sans percevoir de droits de douane [2]; de Smyrne, dont les rois de Lydie avoient impitoyablement détruit le port, l'un des plus favorables de cette contrée [3]; de Gnide, où le chef-d'œuvre de Praxitèle n'appeloit pas moins les étrangers que les intérêts commerciaux [4]; de Phocée, qui avoit fondé plusieurs colonies sur les côtes de la mer Adriatique, de la mer Tyrrhénienne, de l'Ibérie [5], et notamment Marseille dans les Gaules [6]; d'Éphèse, célèbre par son temple et son luxe, et l'un des plus grands marchés de l'Asie mineure [7].

Les pratiques religieuses et le commerce avoient procuré de semblables avantages à l'île de Délos, où les femmes adressoient à la déesse des vœux pour la conservation des navigateurs [8], et que son heureuse position destinoit à devenir le centre du commerce de ces contrées lorsque les Romains auroient détruit Corinthe [9].

La situation de l'île de Crète entre la Grèce et l'Asie, l'étendue de ses côtes maritimes, le grand nombre de ses ports et sa fertilité dûrent y attirer promptement les peuples voisins et les exciter à y former des établissemens [10]. Les traditions attribuent à Minos, premier législateur de ce pays, une prépondérance maritime [9] qui probablement résultoit de ce qu'il avoit avec quelque succès employé ses soins à étendre les relations commerciales de son empire [11]. La marine des Crétois dégénéra dans la suite en piraterie; des hommes plus hardis leur arrachèrent ce genre de puissance, et les pirates de Cilicie finirent par s'établir dans la Crète jusqu'au moment où les Romains, détruisant les repaires de ces brigands, s'emparèrent de cette île [12].

Samos dut à son commerce quelques années de prépondérance maritime; ses habitans avoient fondé un établissement dans une oasis de la haute Égypte, à sept journées de Thèbes [13]; une sorte de hasard en avoit conduit d'autres sur les rivages de l'Ibérie, mais cette découverte n'eut point de suites [14]. Égine se

---

[1] Athen. lib. I, pag. 28.— [2] Strab. lib. XIII, cap. III, § 6.— [3] Strab. lib. XIV, cap. I, § 24.— [4] Plin. *Hist. nat.* lib. XXXVI, cap. V — [5] Herod. lib. I, § 163. Appian. *De bello Hispan.* proœm. — [6] Strab. lib. IV, cap. I, § 3. — [7] Strab. lib. XII, cap. I, § 11; lib. XIV, cap. I, § 15. Athen. lib. XV, pag. 688 et 689.— [8] Athen. lib. VIII, pag. 335.— [9] Strab. lib. X, cap. VIII, § 2; lib XIV, cap. V, § 3. — [10] Strab. lib. X, cap. VII, § 1. — [11] Herod. lib. III, § 122. Thucyd. lib. I, cap. X. Diod. Sic. lib. V, cap. LXXXIV. — [12] Strab. lib. X, cap. VII, § 3. — [13] Herod. lib. III, § 26. — [14] Herod. lib. IV, § 152.

livra aussi avec succès au commerce maritime [1]. Les poètes, prodigues d'éloges envers les pays qu'ils vouloient célébrer, lui ont attribué l'invention des navires [2]; il est mieux prouvé qu'elle fonda quelques colonies [3] et qu'elle se rendit redoutable dans des guerres avec les peuples de la Grèce [4]. Eubée comptoit parmi ses villes Chalcis et Eretrium, dont le commerce fut considérable [5]. Il en a été de même de Lesbos, célèbre par ses vins, et dont une des villes, Mitylène, soutint plusieurs guerres maritimes [6]; de Chio, de Clazomène, et de quelques autres qu'Hérodote met au nombre des états grecs qui avoient un comptoir commun en Égypte [7]. Rhodes enfin avoit acquis une célébrité qui est parvenue jusqu'à nous, par la sagesse d'une législation commerciale qu'elle emprunta sans doute aux Phéniciens [8], et par la fondation de plusieurs établissemens sur les côtes de l'Italie et de l'Ibérie [9].

La Grèce proprement dite n'eut d'abord qu'un trafic intérieur; lorsqu'elle eut fait quelques pas vers le commerce maritime, elle s'occupa de l'importation des blés, qu'elle ne produisoit pas en quantité suffisante pour la nourriture de ses habitans [10]. Les Phéniciens et les navigateurs voisins apportoient la plupart des objets de luxe qu'on y consommoit [11]. Corinthe fut long-temps le centre et le principal entrepôt de ce commerce [12], qui lui procura les immenses richesses dont Rome s'empara dans la suite [13].

Les relations que les pays dont je viens de parler entretinrent sur les côtes d'Afrique furent bornées à l'Égypte [14], où ils s'approvisionnoient de blé [15], de toiles de lin [16], en échange de l'huile et des vins qu'ils y portoient [17]; ils avoient obtenu la faveur d'établir à Naucratis une sorte de comptoir commun, d'y bâtir un temple et d'y avoir des juges de leur nation [18]; il est même probable qu'ils entretenoient quelques rapports avec les

---

[1] Ælian. *Var. Hist.* lib. xii, cap. x. Pausan. lib. viii, cap. v.— [2] Hesiod. *Fragm.* pag. 445, et apud schol. Pind. *Nem.* iii, v. 21.— [3] Strab. lib. viii, cap. vi, § 16.— [4] Herod. lib. v, §§ 81 et 83.— [5] Strab. lib. x, cap. i, § 5.— [6] Herod. lib. vi, §§ 89 *et seqq.* Strab. lib. xiii, cap. ii, § 2. Ælian. *Var. Hist.* lib. vii, cap. xv. Plin. *Hist. nat.* lib. v, cap. xxxi.— [7] Herod. lib. ii, §§ 178 et 179.— [8] Athen. lib. viii, pag. 360.— [9] Strab. lib. xiv, cap. ii, § 6.— [10] Herod. lib. vii, § 147.— [11] Herod. lib. iii, §§ 107 et 115. Xenoph. *De reditib.* Athen. cap. i et iii. Aristot. *De cura rei famil.* Opp. t. I, pag. 396. Athen. lib. iv, pag. 173.— [12] Thucyd. lib. i, cap. xiii. Strab. lib. viii, cap. vii, § 1. — [13] Strab. lib. viii, cap. i, § 7. — [14] Herod. lib. iii, § 139.— [15] Demosth. *in Dionysiod.*, *in Lacrit.* passim.— [16] Herod. lib. ii, § 105. — [17] Strab. lib. xvi, cap. ii, § 8. Plutarch. *Vita Solon.* § 3. — [18] Herod. lib. ii, § 179.

Éthiopiens de Méroë [1]. Mais la haine des Grecs contre Carthage, qui se manifesta dans toutes les occasions, les éloignoit de ses ports.

Des habitans de l'île de Théra, ancienne colonie de Lacédémone, obligés de quitter une patrie qui ne pouvoit les nourrir, avoient, par le conseil d'un oracle, fondé sur les côtes de Libye, à Cyrène, une ville qui se livra au commerce maritime [2] et fut toujours en inimitié avec Carthage [3]; mais elle ne resta point dans la dépendance de ses fondateurs, et l'on ne voit pas que les Grecs y aient entretenu de relations commerciales.

Ce fut principalement vers l'Hellespont, le Pont-Euxin, et même les Palus-Méotides [4], que se porta le commerce maritime des villes de l'Asie mineure, de la Grèce et des îles voisines. Les navigateurs de ces états différens y étoient tous connus sous le nom générique de commerçans grecs, de manière qu'il n'est pas possible de faire de distinction.

Des colonies établies à l'embouchure de l'Ister [5] leur ouvroient les vastes pays arrosés par ce fleuve, et même il est probable qu'une route commerciale par les voies de terre conduisoit de ces lieux à la mer Adriatique [6]. Byzance, qui étoit célèbre par ses richesses et son luxe [7] avant que l'admirable situation de son port l'appelât à devenir une seconde Rome, avoit été aussi fondée par les Grecs [8]. Il en est de même de Tanaïs, que sa position à l'embouchure du fleuve de ce nom rendoit un entrepôt commun aux nomades tant européens qu'asiatiques, et aux commerçans venant de la Grèce et des pays méridionaux [9], d'Olbia, de Panticapée, de Théodosie, d'Héraclée, de Sinope, de Priapus, de Percote, de Lampsaque, de Parium, d'Amisus, de Trapezus, de Chersonèse, et d'un grand nombre [10] de villes qui long-temps ont conservé les avantages de leur position et dont quelques-unes subsistent encore. Les Grecs avoient fondé la plupart de ces villes après en avoir enlevé le territoire aux anciens habitans connus sous le nom de Scythes [11].

[1] Diod. Sic. lib. III, cap. VII. — [2] Herod. lib. IV, §§ 152, 153, 180. Strab. lib. XVII, cap. II, § 17. — [3] Sallust. Jugurtha, cap. LXXIX. — [4] Diod. Sic. lib. III, cap. XXXIV. — [5] Herod. lib. IV, § 51. Strab. lib. VII, cap. VII, § 2. — [6] Herod. lib. IV, § 33. Callimach. Deliac. vers. 280. Plin. Hist. nat. lib. IV, cap. XII. — [7] Athen. lib. XII, pag. 526. — [8] Polyb. Hist. lib. IV, § 38. Vell. Paterc. lib. II, cap. XV. Just. lib. IX, cap. I. Amm. Marc. lib. XXII, cap. VIII. — [9] Strab. lib. VII, cap. V, § 1; lib. XI, cap. II, § 2. — [10] Herod. lib. IV, § 13. Aristot. De cura rei famil. Opp. t. I, pag. 583. Strab. lib. VII, cap. IV, §§ 2 et 4; lib. XII, cap. II, §§ 2, 11, 14 et 17; lib. XIII, cap. I, §§ 18, 20 et 28. Peripl. Pont. Eux. pag. 6, 15 et seqq. Plin. Hist. nat. lib. IV, cap. XII et XXIV; lib. V, cap. XXIX. Seneo. De cons. ad Helviam, cap. V. — [11] Strab. lib. XI, cap. II, § 3.

Les révolutions qui les soumirent successivement à Mithridate et aux Romains ne portèrent, à ce qu'il paroît, aucune atteinte à leur activité commerciale. Du temps des Ptolémées, Dioscurias étoit un port où l'on prétend que se rendoient des peuples parlant trois cents langues différentes : cette assertion pourroit être une exagération de celui qui avoit été chargé d'explorer le pays ; mais il paroît certain qu'à l'époque où Pompée en fit la conquête il y existoit cent trente interprètes [1].

Les Grecs portoient dans tous ces lieux des vins, des étoffes, et en exportoient du blé, des cuirs, des salaisons, du miel, de la cire, des laines, des bois propres à la construction des navires, des esclaves [2] ; leur commerce paroît avoir été très-actif, malgré les guerres qu'il falloit quelquefois soutenir contre les habitans, ou les pirateries auxquelles on étoit sans cesse exposé [3]. Ils alloient aussi chercher des pelleteries dans le Nord, où ils avoient formé des établissemens [4]. On peut croire que Gelonus, ville construite en bois [5], dans le pays des Budines, bien au-delà des Palus-Méotides, vers le nord-est, n'étoit pas, comme le suppose Hérodote, l'asile de commerçans grecs obligés de fuir les villes établies près de la mer, mais un entrepôt pour le commerce des pelleteries, ou une colonie destinée à s'y livrer particulièrement et à en exercer en quelque sorte le monopole.

Du Pont-Euxin, une route conduisoit à travers des déserts et des montagnes dans les parties orientales de l'Asie septentrionale, chez les Issédons, qui servoient d'intermédiaires aux échanges des marchandises du pays des Sères et de l'Inde [6].

Les Grecs fondèrent aussi des colonies sur les rivages de l'Italie, long-temps connus sous le nom de Grande Grèce [7]. Ces villes profitèrent de leur position pour exercer une navigation bornée, dans ses limites, à la partie de mer qui les avoisinoit, et dans son objet, à quelques échanges locaux et à la piraterie. Elles trouvèrent d'ailleurs un obstacle insurmontable à leur accroissement, d'abord dans la rivalité de Carthage, bientôt dans les guerres qu'elles eurent à soutenir contre les Romains, qui

---

[1] Strab. lib. XI, cap. III, § 2. Plin. *Hist. nat.* lib. VI, cap. V.— [2] Herod. lib. IV, §§ 17 et 18. Demosth. *in Lacrit., in Phorm.* passim. Aristot. *De cura rei famil.* Opp. t. I, pag. 502. Polyb. lib. IV, § 38. Strab. lib. VII, cap. III, §§ 6 et 8, et cap. V, § 3 ; lib. XI, cap. II, § 2. Athen. lib. I, pag. 27 ; lib. III, pag. 116 ; lib. VI, pag. 275.— [3] Strab. lib. VII, cap. V, §§ 3, 4, 6 ; lib. XI, cap. II, § 2.— [4] Herod. lib. IV, § 104.— [5] Herod. lib. IV, §§ 108 et 109.— [6] Herod. lib. IV, §§ 24 et 26. — [7] Strab. lib. VI, cap. I, § 1. Senec. *De cons. ad Helviam*, cap. VI.

finirent par les subjuguer, ou par les incorporer, sous le nom d'alliés, dans un système de guerres d'invasion peu favorable aux développemens du commerce maritime.

Mais une colonie de Phocéens, établie sur la côte méridionale de la Gaule, près du pays des Liguriens, fut appelée à de plus hautes destinées, et ne tarda pas à devenir l'émule de Tyr et de Carthage.

Les Phocéens étoient, de tous les peuples de l'Asie mineure, ceux qui avoient porté le plus loin leur navigation. On a vu qu'ils avoient visité les côtes de l'Adriatique, de la Tyrrhénie et de l'Ibérie. Ce fut dans le cours de ces voyages qu'ils fondèrent Marseille [1]. Cette ville prit un accroissement assez prompt et assez considérable pour être en état d'offrir, un demi-siècle après sa fondation, un asile à ceux des Phocéens qui préférèrent l'exil au joug des Perses [2].

Son territoire étroit et presque stérile [3] lui donnoit ce caractère de ressemblance avec la Phénicie, qu'elle recueilloit peu d'objets propres à l'exportation, bornée au vin [4], à l'huile [5], à des plantes que la médecine employoit avec succès [6], au corail que l'industrie des Marseillais savoit mettre en œuvre [7], et au savon qu'ils paroissent avoir fabriqué les premiers [8].

Marseille, placée, sous les rapports géographiques, dans une situation presque semblable à celle de Carthage, avoit cependant un avantage que la nature des lieux refusoit à cette dernière. La Gaule et les vastes contrées qui en sont limitrophes étoient peuplées, fertiles, et les communications de Marseille avec leurs habitans n'étoient pas arrêtées par les difficultés que Carthage éprouvoit pour pénétrer dans l'intérieur de l'Afrique.

Les Gaulois avoient sans doute été primitivement tels que César et Tacite nous ont peint les Germains, éloignés de toute industrie commerciale et n'ayant de relations avec ceux qui exerçoient cette profession, en quelque sorte vile à leurs yeux, que pour se procurer, par l'échange du butin qu'ils faisoient à la guerre, les moyens de satisfaire un luxe grossier [9]. Mais

[1] Aristot. apud Harpocr. voc. Μασσαλία. Strab. lib. IV, cap. I, § 4. — [2] Isocrat. *Archid.* — [3] Strab. lib. IV, cap. I, § 3. Justin. lib. XLIII, cap. III. — [4] Athen. lib. I, pag. 27. — [5] Justin. lib. XLII, cap. IV. Strab. lib. IV, cap. I, § 3. — [6] Plin. *Hist. nat.* lib. XX, cap. V. — [7] Plin. *Hist. nat.* lib. XXXII, cap. II. — [8] Plin. *Hist. nat.* lib. XXVIII, cap. XII. — [9] Cæsar, *De bello Gall.* lib. I, cap. II. Tacit. *De moribus Germ.* cap. V et X. Diod. Sic. lib. V, cap. XXVI et XXVII.

les côtes occidentales, très-anciennement visitées par les Phéniciens et les Carthaginois, devoient à ces circonstances, ou même à leur situation, l'habitude de se livrer à la navigation [1].

L'intérieur de la Gaule reçut de proche en proche les bienfaits de la civilisation, qu'il est dans la nature du commerce de répandre, en liant les hommes par des rapports mutuels et en leur faisant connoître le prix du travail. Aussi étoit-elle, à l'époque des invasions romaines, habitée par une population nombreuse et active, cultivée, couverte de villes dont quelques-unes formoient de grands marchés [2]; et les triomphes des vainqueurs attestèrent qu'elle possédoit des richesses [3] qui ne pouvoient être que le fruit de l'industrie et le résultat d'un commerce intérieur.

Les Marseillais concoururent à la civilisation des Gaulois [4] beaucoup plus que les Phéniciens et les Carthaginois. Rien ne nous apprend en effet que ces peuples aient construit des villes sur les côtes où ils abordoient. Marseille, au contraire, dans son exemple non moins que dans ses rapports avec l'intérieur et les provinces maritimes, offroit aux habitans de la Gaule tout ce qui pouvoit les exciter à tirer profit des richesses de leur territoire. Sa position avantageuse la mettoit à portée d'y pénétrer par la Durance, le Rhône et la Saone [5]. Ses victoires sur les peuples voisins, qui avoient conçu de la jalousie contre sa prospérité naissante [6], et de prudentes négociations, assurèrent à ses commerçans la faculté de s'établir dans les lieux de marché où les naturels se réunissoient périodiquement pour leurs échanges. Ces lieux, presque toujours situés sur les bords des fleuves ou sur les points les plus propres à faciliter les communications, devinrent des villes qui adoptèrent les usages commerciaux des Marseillais, leurs poids, leurs mesures, leurs monnaies, et jusqu'à leur alphabet et leur langage [7]. La navigation intérieure de ces contrées reçut une activité dont on trouve des preuves dans le nombre considérable de barques, de radeaux et de pontons qu'Annibal parvint à se procurer lorsqu'il s'acheminoit vers l'Italie [8]. La même influence fit servir aussi à créer et entretenir des relations commerciales les barques que les

---

[1] Cæsar, *De bello Gall.* lib. III, cap. VIII; lib. IV, cap. XXI. Strab. lib. IV, cap. I, § 6. — [2] Cæsar, *De bello Gall.* lib. VI, cap. XVII; lib. VII, cap. III et LV. — [3] Vell. Paterc. lib. XXI, cap. LVI. — [4] Tit. Liv. lib. XXXVIII, cap. XVII. — [5] Justin. lib. XLVII, cap. IV. Strab. lib. IV, cap. I, § 18. — [6] Justin. lib. XLIII, cap. III. — [7] Strab. lib. IV, cap. I, § 3. — [8] Polyb. lib. III, § 41. Tit. Liv. lib. XXI, cap. XXVI et XXVII.

Liguriens employoient avec autant d'habileté que de hardiesse pour exercer la navigation et surtout la piraterie [1].

Devenue ainsi l'ame et le but unique du commerce intérieur de la Gaule, et même de celui que les habitans des côtes occidentales faisoient avec les îles Britanniques et avec des contrées plus septentrionales [2], Marseille entra en relation avec le Bosphore, la Grèce, l'Asie mineure, la Syrie, l'Égypte. Le voisinage de l'Italie la mit à portée de faire presque exclusivement le commerce dans ce pays, où les armes romaines détruisoient successivement les petits états, et d'où les hostilités sans cesse renaissantes éloignoient les Carthaginois et les autres peuples navigateurs.

Le soin que Marseille eut d'entretenir avec Rome l'alliance la plus constante dont l'histoire ancienne ait transmis le souvenir [3], contribua surtout à l'accroissement de sa prospérité. Elle fut souvent utile aux Romains [4], et cette fidélité ne se démentit pas dans les circonstances les plus périlleuses [5]; elle en reçut aussi des secours [6]: mais la sage réserve avec laquelle on voit qu'elle acceptoit les dons de territoire que Rome lui offroit, la mit à l'abri d'une jalousie que le temps auroit facilement fait succéder à la plus ancienne amitié.

Plus prudente et plus heureuse que Carthage, Marseille n'essaya jamais de porter au loin sa domination; et des deux villes qui se partageoient le commerce du monde, Tyr est celle dont elle paroît avoir plus particulièrement suivi l'exemple. Mais elle l'emporta sur ses deux rivales par la culture des sciences et des beaux-arts, qui la firent appeler l'Athènes des Gaules; par les vertus de ses habitans et la sagesse de ses institutions, que Cicéron trouvoit plus facile de vanter que d'imiter [7]. Tandis que toutes les républiques qui jetoient de l'éclat sur la scène du monde, Rome, Carthage, la Grèce, étoient sans cesse déchirées par les factions, et placées par leur organisation vicieuse sur les bords d'un précipice, la population de Marseille, active, industrieuse, respectoit et aimoit un gouvernement ferme, juste

---

[1] Tit. Liv. lib. XL, cap. XVIII et XXVIII. Diod. Sic. lib. V, cap. XXXIX. — [2] Diod. Sic. lib. V, cap. XXXVIII. Strab. lib. III, cap. II, § 3. — [3] Tit. Liv. lib. XXI, cap. XX. Amm. Marcell. lib. XV, cap. II. Florus, lib. III, cap. II. Justin. lib. XLIII, cap. V. — [4] Cic. *De officiis*, lib. II, cap. VIII. — [5] Tit. Liv. lib. XX, cap. XXIII et XXVI; lib. XXXII, cap. XIX. — [6] Polyb. *Excerpt. legat.* cap. CXXXIV. Strab. lib. IV, cap. I, § 3. Tit. Liv. lib. XXXVII, cap. LIV. Justin. lib. LXIII, cap. IV. — [7] Cic. *Pro Flacco*, § 26. Tacit. *Agric.* cap. IV.

et modéré, qui méritoit l'estime des étrangers et les éloges des philosophes [1].

Marseille se distingua surtout par sa justice et son respect pour les droits des autres peuples. Dans un temps où c'étoit presque un phénomène qu'un état navigateur ne dirigeât pas son ambition vers un commerce exclusif, Marseille ne combattit jamais que pour assurer la liberté des mers [2]. Lorsque la politique constante de Carthage, héritière de celle des Phéniciens, tendoit à couvrir d'un voile impénétrable la connoissance de ses découvertes et des lieux où s'exerçoit son commerce, Marseille sembloit n'encourager les entreprises hardies de ses navigateurs que pour jeter de nouvelles lumières dans le monde.

Les écrivains de l'antiquité ont conservé la mémoire de Pythéas et d'Euthymène. Le premier de ces voyageurs a été l'objet de jugemens fort contradictoires. Strabon l'a accusé de mensonge dans ses récits et d'inexactitude dans ses observations [3]. Eratosthène et Hipparque lui ont accordé une grande confiance [4]. Mais, à travers ces divergences d'opinions, il reste constant que, le premier de l'antiquité, il avoit deviné la véritable théorie des marées [5] : ses observations astronomiques ont reçu la sanction de Cassini [6] ; ses relations donnent des renseignemens sur des pays dont aucun écrivain n'avoit parlé avant lui, et sur lesquels ceux qui n'ont pas voulu ajouter foi à ses récits ont été obligés d'avouer leur ignorance.

Ses voyages furent probablement entrepris par ordre et aux frais de l'état, ou du moins d'un corps de commerçans auquel il importoit de connoître avec exactitude les pays septentrionaux, dont ils recevoient par des intermédiaires les productions qu'ils avoient intérêt à aller chercher directement. Au surplus, quand on croiroit, avec un savant académicien français [7], que Pythéas, comme beaucoup de géographes, et Strabon lui-même, son plus grand détracteur, n'a pas visité tous les pays qu'il a décrits, son ouvrage auroit été du moins le résumé des récits ou le résultat des itinéraires de commerçans qui avoient voyagé dans ces pays.

---

[1] Cic. *Philipp.* VIII, § 19. — [2] Thucyd. lib. I, cap. XIII. Justin. lib. XLIII, cap. V. Strab. lib. IV, § 4. — [3] Strab. lib. I, cap. IV, § 1 ; lib. II, cap. II, § 7, et cap. III ; lib. IV, cap. II, § 1 ; lib. VII, cap. III, § 2. — [4] Eratosth. apud Strab. lib. II. Hipparch. *Astr. instit.* pag. 232. — [5] Plutarch. *Placita philos.* lib. III, cap. XVII. Plin. *Hist. nat.* lib. II, cap. XCIX. — [6] *Mém. de l'Acad. des sciences*, t. VIII, pag. 11. — [7] M. Gossellin, *Géographie des Grecs*, pag. 46 et suiv.; *Recherches sur la géographie des anciens*, &c. t. IV, pag. 173 *et suiv.*

Il n'a pu inventer des détails dont la plupart ont été reconnus vrais. Ces détails ne se trouvent dans aucun livre antérieur au temps de Pythéas : ceux qui lui ont refusé la qualité de voyageur ont eux-même puisé dans ses 'écrits, malheureusement perdus, ce qu'ils trouvoient de favorable à leurs opinions; peut-être même ne l'ont-ils pas cité exactement lorsqu'ils y trouvoient quelque chose d'opposé à leurs systèmes [1]. Il reste donc évident que, soit qu'on regarde Pythéas comme historien de ses propres voyages, soit qu'on suppose qu'il a écrit sur des mémoires, les Marseillais ont porté leur navigation très-loin vers le nord de l'Europe; car prétendre que Pythéas n'a pas même parlé d'après les relations de ses compatriotes, mais d'après ce qu'il avoit appris des Carthaginois [2], c'est peut-être pousser le scepticisme trop loin. On sait avec quelles précautions ces derniers cachoient leurs découvertes et leurs routes commerciales; on connoît la haine, fondée sur l'intérêt, qui divisoit les deux peuples.

Les auteurs anciens offrent moins de renseignemens sur Euthymène; on sait seulement qu'il avoit dirigé ses courses dans l'Océan atlantique, vers les côtes de l'Afrique [3].

Les commerçans de Marseille n'essayèrent point d'aller chercher directement les productions de l'Arabie et de l'Inde. La simplicité des mœurs de leurs concitoyens [4] et l'état des Gaules n'en exigeoient pas une grande consommation [5]; ou s'ils ont senti le besoin de s'en procurer, ils les ont reçues des peuples qui étoient en possession de ce commerce.

Marseille fonda des établissemens sur les côtes de l'Ibérie, non-seulement dans son voisinage, mais encore jusqu'auprès de Cadix [6], ainsi que sur les côtes de la Gaule et de la Ligurie [7]. A la différence de Carthage, qui retenoit ses colonies dans une étroite soumission, Marseille suivoit l'exemple des Phéniciens et surtout des Grecs [8]. Chacun de ses établissemens formoit une ville libre, indépendante, qui, par le sentiment de la reconnoissance autant que pour son propre intérêt, contractoit avec la métropole l'engagement de garder sa religion [9], ses lois, sous

---

[1] Sainte-Croix, *Examen critique des hist. d'Alex.* pag. 555. — [2] M. Gossellin, *Recherches sur la géogr. des anc.* &c. t. IV, pag. 179. — [3] Senec. *Nat. Quæst.* lib. I, cap. II. Plutarch. *Placita philos.* lib. IV, cap. I. Marcian. *Peripl.* pag. 63. — [4] Strab. lib. IV, cap. I, § 3. Valer. Max. lib. II, cap. VI, § 7. — [5] Diod. Sic. lib. V, cap. XXXVII. — [6] Scylax, *Peripl.* pag. 1. Plin. *Hist. nat.* lib. III, cap. III. Scymn. Chi. *Orb. descr.* v. 201 *et seqq.* — [7] Plin. *Hist. nat.* lib. III, cap. V. — [8] Plat. *De legibus,* lib. VI. — [9] Strab. lib. III, cap. IV, § 6; lib. IV, cap. I, § 3.

les seules modifications que commandoient l'état des lieux et les circonstances, de la consulter dans les affaires importantes, et de contribuer de tout son pouvoir à sa prospérité; la métropole, à son tour, s'obligeoit à protéger et à défendre ses colonies, et à leur procurer tous les avantages qui étoient en son pouvoir [1]. Presque tous ces établissemens passèrent sous la domination des Romains, lorsque Marseille eut été obligée de subir le joug de César [2].

Si cet exposé avoit pour objet de faire connoître l'histoire chronologique des empires, l'antiquité de l'Égypte auroit dû lui assurer une place bien antérieure à celle de Carthage, de la Grèce, de Marseille, et peut-être même des Phéniciens : mais je n'ai entrepris qu'un tableau rapide de la marche du commerce maritime, et l'Égypte s'y livra beaucoup plus tard que les peuples dont je viens de parler.

Commerce
des Egyptiens.

On ne peut nier qu'elle n'ait eu très-anciennement un commerce intérieur. Son agriculture [3] et l'industrie de ses habitans [4], après avoir satisfait à leur consommation, fournissoient un superflu que recherchoient les autres nations [5] et dont l'exportation n'étoit pas moins nécessaire à la prospérité de l'Égypte [6].

Comme tous les peuples riches et civilisés, les Égyptiens éprouvèrent une sorte de besoin des produits de l'Arabie et de l'Inde; et l'emploi qu'ils en faisoient, soit pour embaumer les morts, soit pour le culte de leurs innombrables divinités, rendoit cette consommation considérable. L'Égypte en fut d'abord approvisionnée par l'entremise des peuples établis vers la partie septentrionale du golfe Arabique [7], chez lesquels les Hébreux trouvèrent des richesses fruits de ce commerce [8].

Des communications plus importantes s'établirent entre la haute Égypte, l'Éthiopie et la Libye, soit par l'intermédiaire de Méroé, soit par la voie d'Ammonium, dont les richesses tentèrent Cambyse et lui inspirèrent la plus folle des entreprises [9]. Ces lieux étoient le rendez-vous des caravanes venant des côtes méridionales du golfe Arabique, de l'intérieur de l'Afrique et du

---

[1] Strab. lib. IV, cap. I, § 3.— [2] Strab. lib. IV, cap. I, § 7. Plin. *Hist. nat.* lib. III, cap. IV.— [3] Plin. *Hist. nat.* lib. XXI, cap. XV.— [4] Isaï. cap. XIX, vers. 9. — [5] *Genes.* cap. XLI, vers. 57; cap. XLII, vers. 2. Isaï. cap. XXIII, vers. 3. Ezech. cap. XXVII, vers. 7. — [6] Aristot. *De cura rei famil.* Opp. t. I, pag. 507. — [7] *Genes.* cap. XXXVII, vers. 25. Strab. lib. XVI, cap. III, § 2. Plin. *Hist. nat.* lib. VI, cap. XXIX. — [8] *Num.* cap. XXXI, vers. 22 et 50. *Judic.* cap. VIII, vers. 21, 24, 25 et 26. — [9] Herod. lib. III, § 17.

territoire de Carthage. Les produits de l'Égypte, expédiés de
Thèbes, y étoient échangés contre les marchandises de l'Inde,
de l'Arabie, de l'Éthiopie, de l'Afrique, qui se répandoient
ensuite dans le reste de l'empire par le moyen du Nil, dont la
navigation étoit assez considérable pour qu'il existât une classe
particulière d'hommes livrés à ce genre d'occupations [1].

Mais quoique l'Égypte eût un littoral assez étendu, elle ne
se livra que très-tard au commerce maritime. Long-temps des
préceptes religieux, que peut-être la politique avoit introduits,
l'en avoient détournée [2]. On doit reléguer parmi les fables ce
que dit Philostrate [3] d'un traité entre les anciens rois d'Égypte et
ceux de l'Arabie, relatif à la navigation du golfe Arabique; il en
est de même [4] des voyages qu'on a attribués à Bacchus, Hercule,
Osiris, qu'on supposoit partis d'Égypte pour envahir l'Inde [5].

Sésostris avoit sans doute employé des navires pour faire
plusieurs des conquêtes sur la réalité desquelles il ne s'élève pas
de doutes [6]; car celle de l'Inde qu'on lui attribue a paru fabuleuse à la plupart des historiens [7]. On peut croire même qu'il
avoit deviné tout ce que l'Égypte deviendroit par le commerce
maritime, et conçu l'idée d'un canal pour joindre le Nil au
golfe Arabique [8]; mais il ne changea pas l'esprit de son peuple, et
ce n'est ni la première ni la seule fois que le génie des hommes
extraordinaires échoue devant ce genre de résistance.

Plusieurs siècles s'écoulèrent avant que des rois éclairés
sur les vrais intérêts du pays essayassent de nouveau d'appeler
les Égyptiens au commerce maritime [9]. Ils s'occupèrent des
moyens d'avoir des flottes; et comme l'Égypte manquoit de bois
de construction, ils tentèrent la conquête de la Phénicie et de
l'île de Chypre, qui en produisoient beaucoup [10]; ils attirèrent les
étrangers [11], et favorisèrent leurs établissemens: mais ces tentatives furent long-temps infructueuses, et même les précautions
dont elles étoient entourées [12] prouvent que la nation n'avoit pas
entièrement abjuré ses préjugés. D'ailleurs, lorsqu'une branche

[1] Herod. lib. II, § 164. — [2] Herod. lib. II, §§ 152 et 153. Plut. *Sympos.* lib. VIII, cap. VIII. Strab. lib. XVII, cap. I, § 5. Diod. Sic. lib. I, cap. LXVII. — [3] *Vita Apoll. Tyan.* lib. III, cap. XXXV. — [4] Strab. lib. XV, cap. I, § 2. — [5] Diod. Sic. lib. I, cap. X. Plin. *Hist. nat.* lib. VI, cap. XVII. — [6] Herod. lib. II, §§ 101 *et seqq.* Strab. lib. XVII, cap. I, § 3. Tacit. *Ann.* lib. II, cap. LX. — [7] Arrian. *Rer. Indic.* Opp. pag. 172. Strab. lib. XV, cap. I, § 2.— [8] Strab. lib. I, cap. II, § 8; lib. XVII, cap. I, § 12. Diod. Sic. lib. I, sect. II. Plin. *Hist. nat.* lib. VI, cap. XXIX.— [9] Herod. lib. II, §§ 158 et 159. — [10] Herod. lib. II, §§ 157, 159, 181.— [11] Herod. lib. IV, § 42. — [12] Herod. lib. II, § 179.

de commerce a pris une direction, quoique cette voie ne soit ni la plus commode ni la moins coûteuse, il faut un temps et des efforts considérables pour lui en donner une nouvelle. L'Égypte enfin devint la conquête des Perses[1], dont l'aversion pour la navigation dut concourir avec les anciens préjugés à l'éloigner de ce genre d'industrie.

Après une alternative d'invasions et de révolutions qui seules auroient suffi pour anéantir le commerce maritime si les Égyptiens y eussent été adonnés, une dernière révolution devoit les appeler à prendre place parmi les peuples navigateurs, et même, on peut le dire sans exagération, à devenir presque les seuls commerçans du monde.

Alexandre, qui mérita le nom de Grand dans l'acception véritable de ce mot, si nous considérons uniquement la révolution commerciale que préparoit la vaste combinaison de ses entreprises, avoit détruit la ville de Tyr par la seule ambition des conquêtes : une politique noble et éclairée lui inspira l'idée de réparer les suites du coup funeste qu'il avoit porté au commerce. Ce ne fut pas assez pour lui de tolérer que Tyr se repeuplât et reprît ses anciennes relations[2] : maître d'une grande partie de l'Asie, et déjà, dans sa pensée, conquérant de l'Inde et de l'Arabie, instruit par la longue et glorieuse résistance des Tyriens de l'immensité des ressources que la navigation peut procurer aux états les plus foibles en apparence, il conçut le projet d'établir dans l'Égypte, qu'il avoit ajoutée à ses vastes possessions, le siége du commerce universel. La ville à laquelle il donna son nom, bâtie près d'une des embouchures du Nil, devint promptement ce qu'il avoit voulu qu'elle fût en effet. La dissolution du colosse que la fortune du conquérant et l'intrépidité de ses soldats avoient créé ne changea rien aux destinées d'Alexandrie.

Par les soins du premier des Ptolémées, un phare, qui mérita d'être placé parmi les merveilles du monde, fut élevé, suivant les expressions mêmes de son inscription, AUX DIEUX SAUVEURS POUR L'UTILITÉ DES NAVIGATEURS [3]. La marine militaire, portée à un degré de force dont on n'avoit pas encore vu d'exemple [4], garantissoit le commerce contre les ennemis et les pirates. Une

---

[1] Herod. lib. III, §§ 13 et seqq. — [2] Justin. lib. XVIII, cap. IV.— [3] Strab. lib. XVII, cap. I, § 5. Plin. *Hist. nat.* lib. XXXVI, cap. XII. — [4] Athen. lib. V, pag. 203.

protection éclairée attira les étrangers, encouragea les savans, et fit sortir de la célèbre école d'Alexandrie les précieuses connoissances géographiques et astronomiques dont les Phéniciens, les Carthaginois et les Marseillais avoient jusqu'alors été seuls dépositaires.

La conquête de plusieurs contrées d'Afrique génériquement connues sous le nom d'Éthiopie, la plupart situées sur les bords du golfe Arabique et depuis long-temps liées par le commerce avec l'Inde, ajouta au territoire de l'Égypte des provinces riches en métaux précieux [1], et lui procura un littoral sur lequel Ptolémée construisit des villes, sans doute pour accoutumer les peuples nomades à la vie sédentaire; il y entretint les grands édifices d'Axum et d'Assab, dont on a vu que la construction remontoit à des temps plus anciens, et créa de nouveaux établissemens du même genre.

Les grains de l'Égypte étoient considérés comme de la meilleure qualité et de la conservation la plus durable [2]. Les arts et la médecine faisoient une grande consommation des plantes et du miel qu'elle produisoit [3]. Le papyrus, qui, indépendamment de divers autres usages, étoit employé à l'écriture [4], le lin, le coton, les laines de la plus belle qualité, y abondoient [5]; Péluse et Canope fabriquoient des toiles employées pour la navigation, pour les usages domestiques les plus communs et pour le goût et l'ornement du luxe le plus recherché [6]; Arsinoé, des étoffes qui, pour la finesse des tissus, la richesse et la variété des couleurs, ne le cédoient point à celles de Tyr [7]; Mendès étoit renommée pour les parfums et les essences que les femmes employoient à leur toilette [8]; Naucratis et Coptos, pour des poteries d'un travail exquis, dans la confection desquelles on employoit des aromates qui leur donnoient une odeur suave [9]; Diospolis, pour ses fabriques d'un verre dont les couleurs éclatantes ne permettoient pas à l'œil le plus exercé de les distinguer des pierres précieuses [10].

---

[1] Diod. Sic. lib. III, cap. VI. — [2] Theophr. *Hist. plant.* lib. VII, cap. IV et V. Plin. *Hist. nat.* lib. XVIII, cap. X. — [3] Salm. *Exercit. Plin.* pag. 918 *et seqq.* — [4] Caylus, *Mém. de l'Acad. des inscr.* t. XVI, pag. 267. — [5] Plin. *Hist. nat.* lib. VIII, cap. XLVIII; lib. XIX, cap. I.— [6] Plin. *Hist. nat.* lib. XIX, cap. I. — [7] Plin. *Hist. nat.* lib. VIII, cap. XLVIII; lib. XII. *Peripl. mar. Erythr.* pag. 6. — [8] Plin. *Hist. nat.* lib. XIII, cap. I. Athen. lib. XV, pag. 689. — [9] Athen. lib. XI, pag. 464 et 480. — [10] Plin. *Hist. nat.* lib. XXXVI, cap. XXVI; lib. XXXVII, cap. IX. Strab. lib. XVI, cap. II, § 17. *Peripl. mar. Erythr.* pag. 4.

Les provinces que les rois avoient conquises sur l'Ethiopie offroient aussi des objets d'importation recherchés des étrangers : des pierres précieuses de toute espèce et d'un grand prix [1]; des marbres, des porphyres variés, qu'on employoit à la construction et à l'ornement des édifices [2]; l'albâtre surtout, dont les Égyptiens faisoient des vases qui avoient la réputation de conserver les parfums dans leur état naturel [3]; l'ébène, l'ivoire, l'or, l'argent, des fossiles de toute espèce, et jusqu'au sable du Nil, étoient l'objet d'un commerce considérable [4], et celui des esclaves n'étoit pas le moins important [5].

La multitude des canaux dont l'Égypte étoit coupée dirigeoit ces divers objets vers Alexandrie, qui elle-même, réunissant tous les genres d'industrie disséminés dans le royaume [6], étoit appelée à juste titre le plus grand marché de l'univers [7]. C'étoit là qu'on fabriquoit les magnifiques tapisseries qui l'emportoient sur celles de Babylone [8].

Les Ptolémées ne se bornèrent point à assurer à leurs états le commerce de toutes ces choses, qui seul auroit suffi pour y accumuler d'immenses richesses [9]; ils encouragèrent et rendirent plus commodes et moins dispendieux les rapports entre l'Égypte et l'Asie. Philadelphe tenta de réaliser les projets des anciens rois [10] pour la construction d'un canal destiné à joindre la Méditerranée à l'extrémité septentrionale du golfe Arabique [11]; mais, reconnoissant qu'une si grande entreprise ne pouvoit avoir le degré d'utilité qu'on en avoit espéré, à cause des dangers que cette partie du golfe présente aux navigateurs [12], il ouvrit une voie plus sûre par la construction du port de Bérénice, bien plus méridional. Une route conduisoit les marchandises à travers le désert jusqu'à Coptos, d'où elles entroient dans le Nil par un canal qui les faisoit parvenir à Alexandrie [13]; de là elles étoient distribuées dans tous les pays par la navigation de la Méditerranée [14]. En même temps, sa politique s'occupoit

[1] Strab. lib. xvii, cap. i, § 23. Plin. *Hist. nat.* lib. xxxvii, cap. v. Olympiod. apud Phot. col. 193, 194. — [2] Plin. *Hist. nat.* lib. xxxvi, cap. vii. Senec. *Epist.* lxxxvi et xvii. — [3] Plin. *Hist. nat.* lib. xxxvi, cap. viii. — [4] Plin. *Hist. nat.* lib. xii, cap. iv; lib. xxxv, cap. xii et xv. Suet. *Vit. Ner.* cap. xlv. — [5] Stat. *Silv.* lib. v, carm. v, v. 66 *et seqq.* — [6] Strab. lib. xvii, cap. i, § 5. Athen. lib. v, pag. 203. — [7] Plin. *Hist. nat.* lib. viii, cap. xlviii. Martial. lib. iv, epigr. cxlviii. — [8] Strab. lib. xvii, cap. i, § 8. — [9] Strab. lib. xvii, cap. i, § 7. — [10] Herod. lib. ii, § 158. — [11] Strab. lib. xvii, cap. i, § 12. — [12] Diod. Sic. lib. i, cap. xix. Plin. *Hist. nat.* lib. vi, cap. xxix. — [13] Strab. lib. xvi, cap. iii, § 6; lib. xvii, cap. i, § 19. Plin. *Hist. nat.* lib. vi, cap. xxiii. — [14] Strab. lib. xvii, cap. i, § 7.

d'ouvrir à ses sujets des rapports avec l'Inde qui assurassent l'extension de leur commerce dans cette riche contrée, vers laquelle ils n'avoient point encore osé naviguer avant son règne [1]. Cependant il est douteux que ces rapports aient été étendus et directs [2]. Les navires égyptiens, construits de matériaux peu solides, n'osoient s'avancer, même en petit nombre, que jusqu'à Taprobane [3]. Ils fréquentoient plus généralement les côtes du golfe Arabique [4], où les Indiens, et principalement les Arabes, apportoient les parfums, les épices, les étoffes et les autres productions de leur pays.

Il n'y a rien de vrai, ni même de vraisemblable, dans ce qu'assurent quelques écrivains [5], que le tour de l'Afrique fut exécuté sous les Ptolémées ; mais il est certain que la navigation, et peut-être des voies terrestres, avoient mis les Égyptiens en relation avec la côte orientale de l'Afrique appelée *Cinnamomifère*, où ils se procuroient la myrrhe et l'encens qu'elle produisoit [6], et les marchandises de l'Inde apportées de Taprobane dans les établissemens formés sur les côtes du golfe Avalites et du promontoire dit *des Aromates*. Ils en tiroient aussi de l'ivoire et des écailles de tortue, dont le commerce étoit si considérable en Egypte, que César, après la prise d'Alexandrie, en fit l'ornement principal de son triomphe [7]. Ils donnoient en échange les produits de leur agriculture et de leur industrie, ou des choses qu'ils importoient des îles et des côtes de la Méditerranée [8].

Ce que l'Egypte étoit pour le commerce de l'Asie par le golfe Arabique, le royaume de Syrie, l'un des quatre empires formés des conquêtes d'Alexandre, le devint pour ce même commerce par le golfe Persique et par le haut Indus [9].

La grande révolution qui avoit renversé l'empire persan, fatale à la famille de Darius, mais indifférente pour les peuples, avoit été, dans les pays que le Tigre et l'Euphrate arrosent, une source de prospérité, en y rappelant le commerce maritime. Alexandre avoit fait détruire les écluses qui défendoient l'accès de ces fleuves [10], et une multitude de communications intérieures

---

[1] Arrian. *Rer. Indic.* cap. XLIII. — [2] Plin. *Hist. nat.* lib. VI, cap. XVII. — [3] *Peripl. mar. Erythr.* pag. 15.— [4] Eratosth. apud Strab. lib. XVI, cap. III, § 2. Artemid. *ibid.* § 3. Agatharch. *De Rubro mari,* pag. 8 et 9.— [5] Posidon. apud Strab. lib. II, cap. II, § 5. Pomp. Mela, lib. III, cap. IX et X. — [6] Plin. *Hist. nat.* lib. VI, cap. XXIX. — [7] Vell. Paterc. lib. II, cap. LVI. — [8] *Peripl. mar. Erythr.* pag. 4. Strab. lib. VI, cap. II, § 8. —[9] Agatharch. *De Rubro mari,* pag. 64 et 65. — [10] Arrian. *De exped. Alex.* lib. VII, cap. II. Strab. lib. XVI, cap. I, § 6.

conduisoient à la mer Méditerranée, à la mer Caspienne et au Pont-Euxin, les productions de l'Inde, dont les expéditions d'Alexandre avoient répandu le goût dans l'Europe.

Les rois de Syrie mettoient d'autant plus d'importance à favoriser cette direction du commerce, que, persuadés, comme les anciens le furent long-temps, que la mer Caspienne étoit une partie de l'Océan septentrional[1], ils espéroient que leurs états approvisionneroient bientôt l'Europe avec autant d'avantages que le faisoit Alexandrie. En attendant le résultat d'une exploration dont la pensée appartenoit à Alexandre, Séleucus Nicanor, le premier et le plus habile de ces rois, projetoit de joindre la mer Caspienne au Pont-Euxin par un canal[2].

Commerce des Syriens.

C'est donc ici naturellement le lieu de résumer dans un ensemble les indications que les écrivains nous ont laissées sur les voies du commerce dans l'intérieur de l'Asie. Plusieurs de ces voies sans doute étoient établies et bien connues avant l'époque à laquelle je suis parvenu; mais, si l'on en excepte quelques renseignemens obscurs donnés par Hérodote et Ctésias, les historiens d'Alexandre et les écrivains de Rome sont les seuls qui les fassent connoître avec quelque précision.

Deux points principaux de départ nous sont indiqués pour les communications de l'Inde avec le reste de l'Asie : le golfe Persique, et le pays du haut Indus.

Les marchandises entroient par le golfe Persique dans l'embouchure commune de l'Euphrate et du Tigre : celles qui remontoient l'Euphrate arrivoient à Babylone, et plus tard, après la destruction de cette ville, à Batné[3]. De là elles étoient expédiées par deux routes. L'une conduisoit par la navigation de l'Euphrate jusqu'à Thapsaque, d'où les marchandises étoient portées en tout lieu par les voies de terre[4], ou à travers le désert de la Babylonie vers Palmyre[5] pour se rendre à Tyr, qui, relevée de ses ruines, jouissoit d'une sorte d'indépendance sous la protection des rois de Syrie[6]. L'autre voie conduisoit par le pays des Scénites à Séleucie et Ctésiphon[7], où arrivoient sans doute aussi les marchandises qui remontoient le Tigre à partir

[1] Plin. *Hist. nat.* lib. II, cap. LXVII; lib. VI, cap. IX et XII. Arrian. *De exped. Alex.* lib. III, cap. LXXIV; lib. V, cap. CIV. Strab. lib. XI, cap. VII, § 1. — [2] Plin. *Hist. nat.* lib. VI, cap. V. — [3] Amm. Marcell. lib. XIV, cap. III. — [4] Strab. lib. II, cap. I, § 7; lib. XVI, cap. III, § 1. — [5] Strab. lib. XVI, cap. I, § 21. Appian. *De bello civili*, pag. 676. — [6] Strab. lib. XVI, cap. II, § 16. — [7] Strab. lib. XVI, cap. I, § 13.

f..

de son confluent avec l'Euphrate. De Séleucie, une route traversant la Mésopotamie du midi au nord arrivoit à Anthémusie,
où l'on passoit l'Euphrate pour se diriger à l'ouest vers les ports
de la Syrie proprement dite [1], et notamment dans ceux des
Aradiens, qui faisoient un commerce régulier, sans se laisser
entraîner à la piraterie par l'exemple des Ciliciens [2].

Il est probable que les marchandises de l'Inde et de l'Arabie
étoient conduites aussi à Suses, soit par les fleuves qui tombent
dans le golfe Persique, soit par les routes terrestres de Babylone à Suses [3], qui s'étoient établies à l'époque où les Perses
avoient fermé l'entrée du golfe [4]. La route qui de Suses conduisoit à travers l'empire persan aux côtes occidentales de l'Asie
mineure, servoit à les répandre dans l'intérieur, et à les faire
arriver jusqu'à la mer Egée [5].

Il y a également lieu de croire que des embranchemens de
cette route ou de celle qui conduisoit à Anthémusie, et peut-être
aussi le cours de l'Euphrate, servoient à la direction des marchandises vers le Pont-Euxin, par l'intermédiaire de Comana,
marché considérable du royaume de Pont [6].

La contrée du haut Indus étoit, comme je l'ai dit, le second
point de communication. Les marchandises de la presqu'île en
deçà du Gange y étoient dirigées par des voies terrestres et par
l'Indus; celles du pays arrosé par le Gange et des contrées
situées au-delà de ce fleuve arrivoient principalement par la
navigation intérieure à Palibothra [7], d'où elles étoient conduites
vers le haut Indus. De là les expéditions étoient dirigées dans le
pays des Parthes. Deux routes y conduisoient : en abandonnant
l'Indus à un point qui étoit peut-être celui de son confluent avec
l'Hydaspe, on se dirigeoit à l'occident vers une ville qu'Alexandre
avoit bâtie dans l'Arachosie, de là à Prophthasie et à Aria Alexandrie. En remontant davantage l'Indus, probablement jusqu'à
Caspatyra, on se rendoit dans la ville d'Ortospane, et, après
avoir traversé le mont Paropamise, on arrivoit au même point
d'Aria Alexandrie [8].

Une seule route par le pays des Parthes conduisoit aux portes

[1] Strab. lib. XVI, cap. I, § 21. — [2] Strab. cap. XVI, cap. II, § 12. — [3] Arrian. De exped. Alex. lib. III, cap. VI. — [4] Strab. lib. XV, cap. III, § 4. — [5] Herod. lib. V, § 52. — [6] Strab. lib. XII, cap. II, § 25. — [7] Strab. lib. XV, cap. I, § 3. — [8] Strab. lib. XI, cap. II, § 6; lib. XV, cap. II, § 6. Plin. Hist. nat. lib. VI, cap. XVII.

Caspiennes [1]. Peut-être les marchandises étoient-elles dirigées par des voies terrestres vers les rivages du Pont-Euxin. Ce qui est mieux démontré, c'est qu'elles étoient embarquées sur la mer Caspienne jusqu'à l'embouchure du Cyrus; elles remontoient ce fleuve tant qu'il se trouvoit navigable; on les conduisoit ensuite au Phase, par le moyen duquel elles arrivoient au Pont-Euxin [2]. La traversée du Cyrus au Phase offroit quelques dangers à cause de la propension au pillage qu'avoient les peuples de cette contrée [3]; mais, nonobstant ces difficultés et celles que présentoit le passage des montagnes, où de fréquens éboulemens de neiges ensevelissoient les voyageurs [4], des habitans du Caucase se livroient à ces transports et en tiroient un grand profit [5].

Une troisième voie conduisoit du pays du haut Indus à Bactres, soit par une route qui s'y rendoit de la ville d'Ortospane [6], soit en entrant de l'Indus dans le Gureus, et en prenant les voies de terre. De Bactres, la navigation de l'Icare et de l'Oxus faisoit arriver les marchandises à la mer Caspienne [7].

Cette dernière direction par l'Oxus est, je dois l'avouer, un objet de controverse. Des savans pensent que ce fleuve n'a jamais versé ses eaux dans la mer Caspienne [8]; d'autres assurent, sur la foi des anciens, qu'il y avoit son embouchure à l'époque dont il s'agit [9], et cette opinion me paroît la plus vraie. Quelque sentiment qu'on adopte, il est incontestable qu'une route commerciale communiquoit de Bactres à Maracande; elle se dirigeoit ensuite vers l'ouest, et, tournant la mer Caspienne au nord, elle arrivoit au Pont-Euxin [10].

Bactres étoit aussi l'entrepôt des marchandises que produisoient la Sérique et les pays plus orientaux connus aujourd'hui sous le nom de Chine, sur lesquels les anciens n'ont eu que des notions très-imparfaites, puisqu'ils croyoient que la Sérique étoit le pays le plus oriental de l'Asie et confinoit à l'Océan [11]. Des caravanes venant de différens lieux, et surtout des parties septentrionales de la mer Caspienne, se dirigeoient

---

[1] Strab. lib. xv, cap. ii, § 6. — [2] Strab. lib. ii, cap. i, § 4; lib. xi, cap. viii, § 1, et cap. ix, § 4. — [3] Strab. lib. xi, cap. viii, § 3. *Peripl. Pont. Eux.* pag. 11. — [4] Strab. lib. xi, cap. xix, § 2. — [5] Strab. lib. xi, cap. vii, § 3. — [6] Strab. lib. xv, cap. ii, § 6. — [7] Strab. lib. ii, cap. i, § 4; lib. xi, cap. xi, § 6. Plin. *Hist. nat.* lib. vi, cap. xvii. — [8] Malte-Brun, *Précis de géogr. univ.* t. I, pag. 211. — [9] M. Gossellin, *Note de la trad. franç. de Strabon*, t. I, pag. 193. M. Heeren, *Essai sur les croisades*, trad. franç. pag. 355. — [10] Strab. lib. xi, cap. ii, § 3. — [11] Plin. *Hist. nat.* lib. vi, cap. xvii.

à l'orient vers un point désigné dans les auteurs sous le nom de
Turris lapidea, et de là aux monts Imaüs, où existoit un lieu
de repos et de réunion appelé *Statio mercatorum ad Seras pro-
ficiscentium* [1]. En se dirigeant par le pays appelé *Casia regio*
vers Issédon ou Essédon, ville principale d'un peuple qui dès
les temps les plus anciens étoit l'intermédiaire du commerce
dans ces contrées [2], les caravanes atteignoient la Sérique, d'où
elles exportoient un fer très-estimé, des tissus de laine fine, des
pelleteries et de la soie [3]. Les auteurs ne donnent point d'indications sur la direction des voies commerciales au-delà de ce
terme [4]; on sait seulement que les Sères attendoient ceux qui
venoient chercher leurs produits [5], et que ce trafic s'opéroit par
signes [6].

II.ᵉ ÉPOQUE.   Tel étoit l'état du commerce, lorsqu'un concours de circonstances qui appartiennent à l'histoire générale fit tomber
devant les armes romaines Carthage, la Grèce et la Syrie.
L'Égypte devint la conquête de l'heureux vainqueur d'Antoine
et de Cléopatre. Peu avant ce grand événement, Marseille, première victime d'une guerre impie, succomba sous les coups de
César, dont le triomphe affligea les gens de bien et fit rougir la
philosophie [7]; elle perdit son indépendance, parce qu'elle n'avoit
pas voulu violer ses sermens [8]: glorieux exemple que cette illustre
cité devoit, dix-huit siècles plus tard, donner encore au monde,
lorsque son commerce seroit détruit, la franchise de son port,
ouvrage de Louis XIV, abolie, sa population décimée, ses meilleurs citoyens dépouillés, proscrits, égorgés, pour n'avoir pas
voulu devenir esclaves ou complices d'une Convention régicide!

L'histoire de la navigation et du commerce se confond maintenant avec celle de Rome.

Commerce
des Romains.   Dans les premiers temps de la république, les Romains,
pauvres et soldats, sans cesse en guerre avec leurs voisins et
s'essayant par la conquête de l'Italie à celle du monde, n'obtenoient, ni d'une agriculture qui suffisoit à peine pour leur subsistance, ni d'une foible et imparfaite industrie, aucun objet

[1] Amm. Marcell. lib. XXIII, cap. VI. — [2] Herod. lib. I, § 201; lib. IV, §§ 16 et 26. — [3] Plin.
Hist. nat. lib. VI, cap. XVII; lib. XII, procem.; lib. XXXIV, cap. XIV. *Peripl. mar. Erythr.* pag. 22.
— [4] Herod. lib. IV, § 40. — [5] Plin. *Hist. nat.* lib. VI, cap. XVII. Amm. Marcell. lib. XXIII,
cap. VI. — [6] Plin. *Hist. nat.* lib. VI, cap. XXII. — [7] Cic. *De officiis*, lib. II, cap. VIII; *Philipp.*
VIII, § 18. — [8] Lucan. *Phars.* lib. III, vers. 301 *et seqq.*

que le commerce pût exporter. La simplicité des mœurs ne leur faisoit connoître le bésoin des productions étrangères que pour le culte des dieux et l'ornement des magistrats. Deux traités qu'à des époques fort anciennes ils firent avec les Carthaginois, ont plus de rapport avec la guerre et la piraterie qu'avec un trafic véritable et actif : les Romains paroissent s'y être occupés moins d'un commerce qui leur fût propre que du soin de protéger leurs alliés d'Italie; ou s'ils furent guidés par un intérêt personnel, ce fut peut-être dans des vues ultérieures que la marche des événemens ne leur permit pas de réaliser. Ce qui peut le faire conjecturer, c'est l'oubli dans lequel étoient tombés ces traités, qu'une sorte de hasard fit découvrir, écrits en caractères usés par le temps et dans un style qu'on ne pouvoit déjà plus comprendre [1].

La guerre seule semble avoir donné aux Romains l'idée d'une marine; ils ne sentirent la nécessité de construire des vaisseaux qu'au moment où il ne leur fut plus possible de conquérir sans traverser les mers [2].

L'issue glorieuse de la première guerre punique leur assura la Sardaigne et une partie de la Sicile, les deux îles les plus fertiles de la Méditerranée. Rien ne sembloit s'opposer à ce qu'ils dirigeassent vers le commerce maritime une activité de génie et une force de volonté qui jusqu'alors avoient eu pour objet les invasions armées : bientôt l'amour insatiable de la domination, ou, si l'on en croit les historiens de Rome [3], le desir que Carthage eut de réparer ses défaites, ranima une guerre qui ne pouvoit finir que par la ruine de l'une des deux rivales.

La chute de Carthage ouvrit aux Romains une carrière de conquêtes dans laquelle ils ne devoient plus s'arrêter qu'au moment où ils tourneroient leurs armes contre eux-mêmes, et ces conquêtes leur procurèrent d'immenses richesses dont les possesseurs n'étoient pas moins étonnés qu'embarrassés [4].

Mais, ainsi que dans un pays où la fortune acquise par quelques particuliers est le produit du commerce les autres citoyens sont excités à se livrer aux spéculations lucratives, ainsi dans Rome les trésors et les triomphes des vainqueurs de la Grèce et de l'Asie n'inspirèrent que le desir effréné de ravir de nouvelles

---

[1] Polyb. lib. III, cap. XXII, XXIII, XXIV. Sainte-Croix, *Mém. de l'Acad. des inscr.* t. XLVI, pag. 1 *et suiv.*— [2] Florus, lib. II, cap. II.— [3] Tit. Liv. lib. XXI, cap. I.— [4] Florus, lib. III, cap. I.

dépouilles [1]. Adoptant pour leur devise ce que plus tard un de leurs grands écrivains a dit des peuples barbares et guerriers, les Romains crurent qu'il étoit ignoble de se procurer par le travail ce qu'on pouvoit acquérir par les armes [2]. Le commerce, quoiqu'indispensable pour satisfaire le luxe dont les richesses avoient été la source [3], ne fut point un objet d'émulation pour eux; ils en laissèrent l'exercice et les profits aux peuples vaincus ou à ceux que d'heureuses circonstances avoient soustraits au joug, s'en remettant aux concussions de leurs magistrats [3], ou à la victoire, pour faire rentrer dans la capitale les richesses qu'absorboit ce commerce passif et ruineux de sa nature.

L'état lui-même ne mit point à entretenir une marine les soins qu'une saine politique sembloit exiger. Les navires de Carthage avoient été brûlés, au lieu d'entrer dans les arsenaux des Romains [4]; et cette imprévoyance rassuroit, pendant les guerres d'Orient, un roi qui défendoit contre eux ses trésors et son indépendance [5].

Un système si imprudent produisit ses fruits. Les pirates devinrent une puissance plus redoutable que toutes celles dont Rome avoit triomphé. Les tributs de l'univers destinés à nourrir le peuple-roi étoient enlevés jusque dans les ports de l'Italie; les côtes étoient dévastées [6]; et le *Forum* entendit Cicéron avouer qu'il étoit honteux pour la république d'avoir négligé de s'assurer une marine [7]. Ce ne fut qu'à l'aide de navires mis en réquisition chez les alliés et les peuples soumis, que Pompée parvint à former une flotte pour vaincre les pirates; et c'étoit avec les vaisseaux de la Grèce contre ceux de l'Égypte et de l'Asie, qu'Antoine et Octave se disputoient à Actium l'empire du monde.

Le résultat de cette bataille fameuse fut de substituer à la république, succombant en quelque sorte sous son propre poids, une monarchie dont l'organisation imparfaite devoit assujettir les Romains à la plus terrible comme à la plus humiliante tyrannie. Mais la situation dans laquelle le monde se trouva eut une influence qui mérite d'autant plus d'être remarquée, qu'elle subsista aussi long-temps que l'empire lui-même. Le commerce

[1] Sall. *Catil.* proœm. Vell. Paterc. lib. II, proœm. — [2] Tacit. *De mor. Germ.* cap. XVI. — [3] Sall. *Catil.* cap. XII. Cic. *De officiis*, lib. II, cap. VIII; *Pro domo sua*, §§ 23 et 43; *Pro lege Manilia*, §§ 14 et 22; *in Verrem*, passim. Juven. *Sat.* I, v. 49 et 50; VIII, v. 87 *et seqq.* — [4] Tit. Liv. cap. XLV, cap. III. Florus, lib. II, cap. XV. — [5] Appian. *De bello Syriac.* pag. 100. — [6] Florus, lib. III, cap. VI. — [7] Cicero, *Pro lege Manilia*, §§ 11, 17, 18.

des peuples assujettis aux Romains sous le nom de vaincus ou
d'alliés avoit été long-temps comprimé dans son essor par la
jalousie réciproque d'états indépendans que l'intérêt de chacun
portoit à traverser les spéculations d'un pays rival, ou à lui cacher les siennes propres : souvent il avoit été arrêté dans sa
marche par les hostilités ou les restrictions qui en étoient la
conséquence naturelle. L'établissement de la puissance romaine
le plaça sous une influence unique qui donnoit une impulsion
active et uniforme à toutes les industries, et leur assuroit une
protection efficace, en même temps qu'elle en attiroit les produits
pour les consommer.

Jamais le concours de tous les efforts du commerce universel
n'avoit été plus nécessaire. L'Italie, jadis si fertile, étoit hors
d'état de nourrir ses habitans. Une partie étoit occupée par les
maisons de plaisance et par les vastes domaines des grands,
toujours mal cultivés[1] : l'autre, arrachée aux anciens propriétaires, avoit été la récompense des soldats qui s'étoient successivement vendus à toutes les tyrannies[2] ; ces hommes, transportés
dans un pays devenu leur proie[3], et dont ils ne surent pas se
faire une patrie, dédaignoient la vie laborieuse des champs[4].
Rome, où chaque palais d'un riche contenoit un peuple de serviteurs[5], où toutes les causes de corruption, dont les grandes
capitales sont le foyer, attiroient une multitude d'hommes sans
existence, rassembloit une immense population qu'il falloit
nourrir afin qu'elle laissât ses maîtres en paix[6]. C'est vers ce
but unique que tendoient les mesures prises en faveur de la
navigation par tous les empereurs bons ou mauvais, éclairés ou
stupides ; c'est dans cette seule vue qu'ils donnoient des encouragemens au commerce[7] ; et les Romains, peu touchés de la
misère dans laquelle les exactions des gouverneurs plongeoient
les provinces, ne demandoient grâce que pour les peuples agri-
culteurs, dont le travail nourrissoit une ville uniquement occupée de jeux et de spectacles[8].

D'un autre côté, le luxe, qui avoit vaincu Rome et vengé

---

[1] Tacit. *Annal.* lib. II, cap. LIII. Horat. *Odar.* lib. II, od. XV, v. 1 *et seqq.* — [2] Virgil. *Ecl.* I,
v. 71.— [3] Appian. *De bello civili*, pag. 516, 578, 710. — [4] Tacit. *Annal.* lib. XIV, cap. XLIII.
— [5] Senec. *De benef.* lib. VII, cap. X ; *Epist.* XC. Amm. Marcell. lib. XIV, cap. VI.— [6] Vopisc.
Vita Aurelian. cap. XLVII. Appian. *De bello civili*, pag. 504. — [7] Tacit. *Annal.* lib. II,
cap. XXXIX et LI. Suet. *Vita Claud.* cap. XX. Senec. *Epist.* LXXVII. Lamprid. *Vita Commod.*
cap. XVII. — [8] Juven. *Sat.* VIII, v. 117.

l'univers de ses défaites[1], ne cessa de s'accroître [2]. Les tableaux qui nous sont parvenus des excès auxquels se livroient les Romains, sembleroient une exagération de rhéteur s'ils n'étoient offerts que par un seul écrivain : l'unanimité de ceux qui ont tracé l'histoire de cette mémorable époque en fait une vérité incontestable [3].

La multiplicité des divinités auxquelles la politique, l'orgueil, les plus honteux déréglemens et jusqu'aux sentimens les plus vils, avoient élevé des temples, exigeoit une consommation d'aromates et d'encens dont il est difficile que la comparaison avec l'état actuel des sociétés puisse donner une idée. La vanité et l'adulation, plus avides encore et plus prodigues que la superstition, consommoient en monceaux ce qu'on n'offroit que grain à grain aux divinités [4].

L'usage des parfums étoit au rang des jouissances les plus vantées[5]; des femmes il avoit passé aux hommes, des villes dans les camps [6]. Le fameux baume de la Judée fut, comme on sait, l'occasion d'une bataille sanglante et l'objet d'un triomphe [7].

Le goût des pierreries et des perles étoit devenu une passion violente [8]. La soie, qui n'avoit été employée, et encore au temps de la décadence des mœurs[9], qu'à relever la pompe des spectacles publics, étoit le vêtement habituel des dames romaines; elles recherchoient avec avidité les tissus dont la transparence [10] leur permît de paroître habillées sans cesser d'être nues[11]. Quelque temps encore la pudeur publique en interdit l'usage aux hommes qui ne bravoient pas toute honte [12]; l'exemple de l'infame Héliogabale détruisit ces restes de réserve [13]. Ajoutons à ces premiers aperçus ce qu'exigeoient les profusions de la table, pour laquelle les gens riches mettoient à contribution toutes les parties du monde et tous les élémens [14]; la somptuosité des

[1] Juven. *Sat.* vi, v. 293. — [2] Amm. Marcell. lib. xxii, cap. iv. — [3] Vell. Paterc. lib. ii. Val. Max. lib. ix, cap. i. Sall. *Catilin.* cap. xii; *Hist.* lib. i, apud August. *De civit. Dei*, lib. ii, cap. xviii. — [4] Plin. *Hist. nat.* lib. xii, cap. xviii. Herodian. *Hist.* lib. iv, cap. iii. Plin. jun. *Epist.* lib. v, ep, xvi. — [5] Plin. *Hist. nat.* lib. xiii, cap. i; lib. xxi, cap. iii. — [6] Amm. Marcell. lib. xxiii, cap. iv. Plin. *Hist. nat.* lib. xiii, cap. iii.—[7] Plin. *Hist. nat.* lib. xii, cap. xxv. — [8] Plin. *Hist. nat.* lib. ix, cap. xxxv; lib. xii, procem.; lib. xxxiii, cap. iii; cap. xxxvii, cap. i. — [9] Dio Cass. *Hist.* lib. xliii, pag. 226. — [10] Plin. *Hist. nat.* lib. vi, cap. xvii.— [11] Horat. *Satir.* lib. i, sat. ii, v. 100. Plin. *Hist. nat.* lib. xi, cap. xxii. Senec. *Epist.* xc; *De benefic.* lib. vii, cap. ix. Pers. *Sat.* v, v. 135. — [12] Tacit. *Annal.* lib. ii, cap. xxxiii. Juven. *Sat.* ii, v. 66 et 76. Plin. *Hist. nat.* lib. xi, cap. xxiii.— [13] Lamprid. *Vita Heliogab.* cap. xxiii. Amm. Marcell. lib. xxiii, cap. vi. — [14] Senec. *Epist.* xc; *De cons. ad Helviam*, cap. x. Mart. lib. iii, epigr. xxii. Suet. *Vita Vitell.* cap. xiii. Juven. *Sat.* iv, v. 13 *et seqq.*; ix, v. 14.

édifices et de leurs ornemens[1]; la richesse des meubles, fabriqués des bois les plus rares et les plus variés[2]; le goût des vases précieux, porté jusqu'à une sorte de frénésie[3]; l'or et l'argent, consacrés aux usages les plus habituels et même les plus vils[4]; l'emploi des tapis, des draperies et des riches étoffes, pour des ameublemens que le caprice ou la mode faisoit renouveler sans cesse[5]; la recherche des ajustemens somptueux et des parures, dans laquelle les hommes disputoient de prodigalité avec les femmes[6]; l'acquisition journalière et à des prix exorbitans d'une foule d'autres objets qu'il seroit trop long d'énumérer[7], surtout des esclaves, dont il n'étoit pas rare qu'un seul particulier possédât jusqu'à dix et vingt mille[8]; et l'on n'aura encore qu'une idée imparfaite des consommations de Rome.

Dans une telle situation, le commerce et la navigation de l'empire entier étoient uniquement occupés à entretenir dans cette ville l'abondance des vivres et à satisfaire aux demandes du luxe. Les ports de l'Italie agrandis et rétablis recevoient sans cesse des flottes du Pont-Euxin, de l'Asie mineure, de la Grèce, des îles de l'Archipel, de la Syrie, de la Libye, de l'Égypte surtout, sans laquelle Rome ne pouvoit plus subsister[9].

L'Ibérie, la Gaule, les îles Britanniques, si long-temps le théâtre des guerres, se consolant par l'agriculture et l'industrie de la perte de leur indépendance[10], étoient devenues nécessaires aux consommations de la capitale[11], et dûrent comme une nouvelle existence au commerce[12]. Les fleuves rendus navigables et joints par des canaux[13], les voies romaines, dont les vestiges attestent encore la grandeur du peuple qui les a construites, offroient des communications à l'aide desquelles les productions de ces pays étoient dirigées vers les ports; les navires qui les enlevoient rapportoient à ces peuples des objets de luxe

[1] Senec. *Epist.* LXXXVI, XC, XCIV; *De benef.* lib. VII, cap. X. Plin. *Hist. nat.* lib. XXXVI, cap. II. — [2] Plin. *Hist. nat.* lib. V, cap. I. Horat. *Satir.* lib. II, sat. VI, v. 102 et 108. Vell. Paterc. lib. I, cap. LVI. Senec. *De benef.* lib. VII, cap. IX. — [3] Plin. *Hist. nat.* lib. XXXIII, procœm. et cap. II. — [4] *Dig.* lib. XXXIV, tit. II¦, *De auro et arg. legat.* fr. 27, § 5. Mart. lib. I, epigr. XXXVII. — [5] Plin. *Hist. nat.* lib. IX, cap. XXXIX; lib. XXXIII, cap. X et XI. Jul. Capitol. *Vita Pertin.* cap. VIII. — [6] Senec. *Epist.* CXXII; *Nat. Quæst.* lib. VII, cap. XXXI. — [7] Mart. lib. III, epigr. LXI. *Dig.* lib. XXXIX, tit. IV, *De public. et vectig.* fr. 6, § 7. — [8] Athen. lib. VI, pag. 274. — [9] Tacit. *Hist.* lib. III, cap. XLVIII. — [10] Strab. lib. III, cap. I, §§ 1 et 2; lib. IV, cap. I, § 3. Plin. *Hist. nat.* lib. XXXIV, cap. XVII; lib. XXXVI, cap. XXVI. — [11] Tacit. *Vita Agr.* cap. XXIV. — [12] Cic. *Pro Quinct.* § 3; *Pro Fonteio*, § 1. Strab. lib. IV, cap. III, §§ 1 et 2. Plin. *Hist. nat.* lib. VII, cap. XLVIII. — [13] Diod. Sic. lib. V, cap. XXVI.

dont leur nouvelle situation leur avoit inspiré le goût [1]. Le
Nord lui-même prit une part directe et active au commerce universel [2]; et ces communications, qui apprenoient à ses habitans
combien les pays méridionaux et civilisés offroient de douceurs,
jetèrent sans doute les semences d'un esprit d'invasion dont
Rome devoit quelques siècles plus tard être la victime.

Mais toutes les productions naturelles et industrielles de cet
empire immense, quelque riches et variées qu'elles fussent,
n'étoient pas encore suffisantes [3]. Rome avoit besoin d'épuiser
l'univers pour satisfaire à ses besoins réels ou factices, et son
avidité sembloit défier la fécondité de la nature [4]. L'orgueil lui
avoit presque persuadé qu'il n'y avoit plus de monde au-delà
des lieux où elle avoit porté ses aigles triomphantes; elle mesu-
roit sa géographie sur ses conquêtes : avant qu'une catastrophe
effroyable lui révélât que des peuples nombreux et guerriers
avoient échappé à la victoire, ses profusions la forcèrent de
reconnoître que l'Asie renfermoit de vastes et florissantes contrées indépendantes de l'empire. Auguste essaya vainement de
s'emparer du pays des Sabéens, où de simples particuliers possédoient, au dire de quelques historiens, des richesses égales à
celles des rois [5]; il espéroit s'ouvrir par là une voie à la conquête de l'Arabie entière et de l'Inde [6]. Les poètes, qui prodiguoient l'encens au maître du monde, furent obligés de convenir que les trésors de l'Inde et de l'Arabie étoient restés intacts [7],
et des empereurs plus belliqueux n'eurent pas dans la suite plus
de succès [8].

Mais le commerce réussit mieux que les légions; l'appât du
gain conduisit les marchands bien - delà des lieux où ils
s'approvisionnoient sous le règne des Ptolémées. Malgré l'imperfection des moyens de navigation, qui étoit telle, qu'on osoit
rarement tenir la mer depuis le mois de décembre jusqu'au mois
d'avril [9], et que l'hiver on ne laissoit point les navires dans les
ports, le nombre des expéditions pour l'Inde devint immense [10];

___

[1] Strab. lib. II, cap. IV, § 3; lib. VII, cap. III, § 6. Diod. Sic. lib. V, cap. XXVI. — [2] Tacit.
Germ. cap. XVII et XLV. Plin. Hist. nat. lib. IV, cap. XIII; lib. XXXVII, cap. III. — [3] Voir les
savans mémoires de M. de Pastoret, Sur le commerce et le luxe des Romains, dans l'Histoire
et les Mémoires de l'Institut, classe d'histoire, t. III, V et VII.— [4] Tacit. Vita Agric. cap. XII.
— [5] Agatharch. De Rubro mari, pag. 65.— [6] Strab. lib. XV, cap. III, § 6. Plin. Hist. nat. lib. VI,
cap. XXVIII et XXXV. — [7] Horat. Odar. lib. I, od. XXIX, v. 2; lib. III, od. II, v. 1 et 2. —
[8] Amm. Marcell. lib. XXVIII, cap. VIII.— [9] Plin. Hist. nat. lib. II, cap. XLVII.— [10] Strab. lib. II,
cap. IV, § 5; lib. XVII, cap. I, § 8.

et, comme si tout avoit dû concourir à favoriser cette grande impulsion, d'importantes découvertes nautiques abrégèrent la durée des voyages, en diminuèrent les dangers[1], et rapprochèrent l'Inde du reste du monde[2].

Les ports de Patala, de Barygaza, de Tyndis, de Musiris[3], situés à l'ouest de la presqu'île en deçà du Gange, jusqu'alors presque inconnus, furent fréquentés. Indépendamment des diamans, des perles et de l'ivoire, que cette côte produit en abondance, on y trouvoit les tissus de laine et de soie et les fourrures expédiés de la Sérique, les toiles, les étoffes et les vases murrhins que fournissoient Ozenne, Tagara, Pultana, et les autres marchés de l'intérieur[4].

Quelques navigateurs s'avancèrent jusqu'au pays du Gange[5], où de grands marchés, notamment celui de Palibothra, réunissoient les productions diverses de l'Inde et des contrées orientales. Peut-être même des côtes plus éloignées furent-elles visitées[6]; mais on a peu de renseignemens à ce sujet. Long-temps les écrivains de Rome considérèrent l'embouchure du Gange comme la limite presque extrême du monde vers l'Orient[7], et supposèrent qu'à peu de distance au-delà l'Océan occupoit les vastes espaces qui forment la Chine, la Mongolie et la Sibérie[8]. Le Périple de la mer Érythrée, composé vers le temps d'Adrien par un commerçant ou d'après l'itinéraire d'un commerçant, donne lieu de présumer que les navigateurs n'alloient pas plus loin que le golfe du Gange; tout ce que les ports de ce golfe recevoient des points plus éloignés y étoit apporté par la navigation locale, assez active malgré l'imperfection des barques indiennes[9]. Quelques géographes ont cependant nommé la Chersonèse d'or et Catigara sur la côte occidentale de la presqu'île au-delà du Gange[10].

Il est certain du reste que les commerçans de l'empire eurent des relations avec l'île de Taprobane[11], où ils s'approvisionnoient d'une grande quantité d'ivoire, d'écailles de tortue et d'autres marchandises précieuses[12].

[1] Peripl. mar. Erythr. pag. 32. — [2] Plin. Hist. nat. lib. vi, cap. xxiii. — [3] Plin. Hist. nat. lib. vi, cap. xxiii. Peripl. mar. Erythr. pag. 29.— [4] Strab. lib. i, cap. i, § 1. Peripl. mar. Erythr. pag. 23, 28, 29, 30. Marcian. Peripl. pag. 30, 31 et 32. — [5] Strab. lib. xv, cap. i, § 1. — [6] Peripl. mar. Erythr. pag. 36. — [7] Plin. Hist. nat. lib. vi, cap. xiii et xvii.— [8] Plin. Hist. nat. lib. ii, cap. lxvii et cviii. — [9] Strab. lib. xv, cap. i, § 6. — [10] Ptolem. Geogr. lib. i, cap. xiii et xiv. — [11] Strab. lib. i, cap. ii, § 4.— [12] Plin. Hist. nat. lib. vi, cap. xxii. Marcian. Peripl. pag. 36.

Le commerce avec les côtes occidentales de l'Afrique, au midi du golfe Arabique, continua comme au temps des Ptolémées, et même il acquit plus d'extension. Les côtes fréquentées par les Égyptiens jusqu'au promontoire des Aromates continuoient d'être le lieu d'importation de la myrrhe d'Afrique [1] et des productions variées qu'on y apportoit des lieux voisins [2]; mais une contrée déserte et sans eau, située au sud de ce promontoire, connue sous les noms divers d'Azanie et de Barbarie, qui avoit arrêté les navigateurs du temps des rois d'Égypte, fut dépassée, et les commerçans de l'empire se rendoient jusqu'au promontoire de Prasum à un port appelé Rapta et à l'île de Menuthias [3]. Au-delà de Rapta et de Menuthias, on ne connoissoit rien du reste de l'Afrique [4]. La partie de cette côte qui produisoit le plus d'aromates et d'ivoire étoit dans la dépendance des Arabes, maîtres de presque tout le commerce; un de leurs souverains s'y étoit attribué une sorte de monopole [5]. Arrivées dans les ports de l'Égypte situés sur les côtes du golfe Arabique, les marchandises étoient dirigées par les voies que j'ai déjà indiquées vers Alexandrie, d'où on les expédioit pour l'Italie. Il paroît que les routes terrestres qui de l'Azanie et du pays des Nubiens passoient par Axum et Méroé étoient moins fréquentées qu'autrefois [6].

On ne peut douter que la marche du commerce dans l'intérieur de l'Afrique, tracée par les Carthaginois, n'ait continué [7]; car, en ce qui concernoit leurs établissemens sur les côtes de l'Océan atlantique, les naturels avoient épargné aux Romains le soin de les détruire [8]. Les relations avec ce pays devinrent même plus fréquentes lorsque le luxe des grands et les plaisirs barbares du peuple obligèrent d'y acheter des esclaves et des bêtes féroces [9] : quelques voyages furent entrepris pour explorer cette contrée dans la direction du nord au midi, la même que suivoient les caravanes de Carthage pour arriver aux bords du Niger [10].

Les communications par le golfe Persique n'étoient pas moins

---

[1] Plin. *Hist. nat.* lib. xii, cap. xv et xvi. — [2] Plin. *Hist. nat.* lib. vi, cap. xxix.— [3] *Peripl. mar. Erythr.* pag. 10, 11 et 18. Marcian. *Peripl.* pag. 10, 12 et 28. — [4] *Peripl. mar. Erythr.* pag. 11.— [5] Plin. *Hist. nat.* lib. xii, cap. xix. *Peripl. mar. Erythr.* pag. 10. — [6] Plin. *Hist. nat.* lib. vi, cap. xxix. — [7] Strab. lib. xvii, cap. ii, §§ 2 *et seqq.* Plin. *Hist. nat.* lib. v, cap. i *et seqq.* Hieron. *Epist. ad Dard.* Opp. t. II, pag. 609. — [8] Strab. lib. xvii, cap. ii, § 8.— [9] Strab. lib. ii, cap. iv, § 8. Herodian. *Hist.* lib. i.— [10] Ptolem. *Geogr.* lib. i, cap. viii.

actives; Pétra et Palmyre continuoient d'être les entrepôts qui dirigeoient les marchandises de l'Inde sur les côtes de la Syrie[1]; elles y étoient portées non-seulement par la Babylonie et les routes intérieures de l'Arabie, mais encore par la navigation sur les côtes occidentales du golfe Arabique[2], quelque difficile que la rendissent les écueils et les pirates[3]. Une partie des marchandises qui arrivoient par cette voie étoit conduite au port de Rhinocolura sur la Méditerranée[4].

Les routes qui, du haut Indus et de la Bactriane, conduisoient à la mer Caspienne et de là au Pont-Euxin, offroient un nouveau secours aux consommations des Romains[5]. Leurs conquêtes sur Mithridate avoient même contribué à multiplier leurs relations dans les pays situés entre les deux mers, pays qui, aujourd'hui pauvres et presque sauvages, étoient alors couverts de villes florissantes et d'une population nombreuse. Les annales chinoises constatent que les peuples de ces contrées mettoient un grand prix à la possession des objets qui leur venoient de la Chine[6]. Des alliances, ou la crainte qu'inspiroient les armes romaines, servoient à donner de la sécurité aux commerçans[7].

Quelques objets fabriqués, une foible quantité de denrées, étoient tout ce que l'empire offroit en échange à des peuples qui trouvoient sur leur propre sol et dans leur admirable industrie de quoi satisfaire à leurs besoins[8]; l'or et l'argent pouvoient seuls solder ces marchandises[9], que des prélèvemens et des impôts de toute espèce exigés par les souverains des lieux rendoient encore plus coûteuses[10]. On ne doit donc point être surpris du soin que ces peuples mettoient à conserver et accroître d'aussi lucratives relations. Ce motif, bien plus que la crainte d'invasions, dont le sort de Crassus et la situation des Romains ne permettoient pas de concevoir l'idée, explique les ambassades envoyées par les Indiens, les Sères et les Scythes, à l'empereur Auguste[11], ambassades que l'adulation des poètes, dont il ne

[1] Strab. lib. XVI, cap. III, § 6. Appian. *De bello civili*, pag. 1079. — [2] Strab. lib. XVI, cap. III, § 6. Plin. *Hist. nat.* lib. VI, cap. XXVIII. *Peripl. mar. Erythr.* pag. 11. — [3] Strab. lib. XVI, cap. III, § 4. — [4] Strab. lib. XVI, cap. III, § 6. Diod. Sic. lib. II, cap. XLVIII; lib. III, cap. XLI. Plin. *Hist. nat.* lib. VI, cap. XXVI. — [5] Pers. sat. V, v. 134 *et seqq.* — [6] De Guignes, *Mém. de l'Acad. des inscr.* t. XLVI, pag. 563. — [7] Polyb. *Excerpt. de virt. et vit.* pag. 1318. — [8] Plin. *Hist. nat.* lib. XIX, cap. I. *Peripl. mar. Erythr.* pag. 28 et 29. — [9] Plin. *Hist. nat.* lib. XII, cap. XVIII. — [10] Plin. *Hist. nat.* lib. XII, cap. XIV et XVIII. — [11] Suet. *Vita August.* cap. XXI. Florus, lib. IV, cap. XII. Horat. *Carm. sec.* v, 55 et 56. Strab. lib. XV, cap. I, §§ 1 et 52.

faut pas toujours attendre une grande exactitude historique, essaya de faire considérer comme des triomphes [1].

On ne voit pas que les souverains de Rome, si l'on excepte Tibère [2], en qui ce ne fut peut-être qu'une preuve d'hypocrisie, aient jamais ouvert les yeux sur l'appauvrissement que ce commerce devoit amener à la longue [3] : ce fut même un empereur sage et ami de la simplicité qui eut le projet d'entrer en relation avec les souverains de la Chine pour procurer aux Romains une plus grande abondance d'étoffes de soie [4].

Cette marche du commerce étoit toujours la même à la décadence de l'empire [5]; mais elle éprouva une importante modification sous le règne d'Aurélien. Palmyre, après avoir été long-temps assez utile aux Romains pour que son premier magistrat méritât d'être revêtu de la pourpre impériale [6], excita leur jalousie ou leur défiance : le courage de Zénobie ne put la sauver [7]; Rome compta encore les ruines de cette ville magnifique parmi celles dont elle avoit couvert le monde, et l'une des routes commerciales qui de la Babylonie conduisoient à la Méditerranée cessa d'exister.

Une révolution plus importante eut lieu lorsque la résidence impériale eut été transportée à Constantinople. La navigation se dirigea principalement vers la nouvelle capitale ; rien ne fut négligé pour lui assurer tous les avantages du commerce de l'Inde [8] : Rome n'eut plus que la seconde place dans les soins du gouvernement, et la division de l'empire en deux états indépendans devint le dernier avant-coureur de sa chute.

III.ᵉ ÉPOQUE. Cette ville superbe, dont la grandeur étoit le résultat d'une si profonde politique, de tant d'actions d'éclat et de tant de crimes, arriva enfin au terme que la Providence avoit marqué. Des peuples refoulés et comprimés dans leurs déserts essayoient depuis long-temps leurs forces par des incursions foiblement repoussées : au signal donné ils s'élancent sur la proie qui leur est livrée; il n'est pas moins versé de sang pour abattre la puissance de Rome qu'elle n'en a répandu pour la fonder. Mais les consé-

---

[1] Horat. *Odar.* lib. I, od. XII, v. 55 et 56. — [2] Tacit. *Annal.* lib. III, cap. LIII. — [3] Strab. lib. XVI, cap. III, § 6. Plin. *Hist. nat.* lib. XII, cap. XVIII. — [4] De Guignes, *Mém. de l'Acad. des inscript.* t. XXXII, pag. 359. — [5] Vopisc. *Vita Firmi*, cap. III. — [6] Trebel. Poll. *Vita Gallien.* cap. XII. — [7] Vopisc. *Vita Aurel.* cap. XXVI *et seqq.* — [8] Euseb. *Vita Constant.* lib. IV, cap. L.

quences de ces deux grands événemens n'ont rien qui se ressemble. Rome, en détruisant l'indépendance des états européens, leur avoit donné en échange les arts, la civilisation : les barbares qui envahissent ces riches pays ne songent point à y maintenir l'état social, ou du moins à le modifier dans l'intérêt de leur domination; ils adoptent tous les vices des nations policées sans en avoir acquis les lumières; ils se livrent au luxe, dont ils ne savent pas entretenir les sources, et le commerce ne trouve avec eux ni sûreté ni encouragement.

L'empire d'Orient, luttant dans une longue agonie contre les agressions de ses ennemis et les germes de dissolution qu'il portoit dans son propre sein, conserva le dépôt de la civilisation; ses commerçans continuoient d'être en relation avec l'Inde et le reste de l'Asie[1], et les malheurs publics ne ralentissoient pas leur activité[2]. *Commerce de l'empire d'Orient.*

Cette époque est celle où l'on commence à connoître avec quelque certitude le commerce de la Chine. Les rapports de cet empire avec le continent de l'Asie par la Bactriane et le haut Indus, et même avec les pays du Gange par les déserts qui le séparent de l'Inde, étoient anciens sans doute[3]; mais on ne trouve dans les auteurs aucune indication des routes que suivoient les caravanes. Un passage assez équivoque de Pline semble attester que de son temps on y alloit par la voie de mer[4]. Il est mieux prouvé que les Romains ont connu la Chine dans le ii.e et le iii.e siècle[5], mais on ignore par quelles voies ils y pénétroient. Les premières notions précises sont du vi.e siècle; elles nous sont offertes par l'ouvrage de Cosmas surnommé *Indicopleustes.* Cet auteur atteste qu'indépendamment des communications terrestres par la Perse, dont il trace l'itinéraire jusqu'à la Méditerranée, les navigateurs du golfe Persique se rendoient à la Chine par un trajet long et difficile, parce qu'on étoit obligé de suivre les contours d'un rivage semé d'écueils[6]. Les Chinois, de leur côté, venoient dans les ports de l'Inde et du golfe Persique. Sérendib, qui, selon quelques écrivains, étoit la même que la Taprobane des anciens, appelée aujourd'hui

---

[1] Auteur ancien cité par Saumaise, *in Vopisc.* pag. 456. — [2] Hieron. *in Ezech.* cap. xxvii, vers. 16; *epist. xcvii,* ad Demetr. — [3] Herod. lib. iii, § 102. Ctesias, apud Ælian. *De nat. anim.* lib. iv, cap. xxvii. — [4] Plin. *Hist. nat.* lib. vi, cap. xxii. — [5] De Guignes, *Mém. de l'Acad. des inscript.* t. XXXII, pag. 357 *et suiv.* — [6] Cosmas, ap. Montf. *Collect. nov. patrum,* t. II, pag. 173 *et seqq.* De Guignes, *Mém. de l'Acad. des inscript.* t. XLVI, pag. 457.

I. *h*

Ceylan, et, selon d'autres, la même que Sumatra[1], étoit le rendez-vous des navires expédiés de la Chine, de l'Inde et de l'empire d'Orient.

Cette navigation des Chinois avoit sans doute pour eux beaucoup d'importance, en ce qu'elle procuroit aux produits de leur industrie le plus grand débouché qu'elle pût trouver; cependant il paroît qu'à cette époque, et même plus anciennement, ils avoient des rapports commerciaux avec le Japon[2]. Leurs historiens tracent même assez exactement une route qui conduisoit les navigateurs à l'île de Jéso, et de là au Kamtschatka et à la Californie[3]. Peut-être en rapportoient-ils des pelleteries, dont ils fournissoient les Indiens avec lesquels leur voisinage a dû les mettre promptement en communication[4], et que les commerçans romains venoient chercher dans les ports de cette contrée[5].

Le commerce de l'empire d'Orient avec les parties de l'Afrique situées au sud du golfe Arabique continua de suivre la marche ancienne. Le christianisme, porté dans l'Abyssinie, avoit même servi de lien entre les souverains et les sujets des deux pays[6]. Axum, Méroé et Thèbes étoient, comme du temps des Ptolémées, le lieu de passage et de repos des caravanes; et malgré les révolutions ou les guerres dont l'Égypte avoit été déjà le théâtre, Alexandrie conservoit un commerce qui ne devoit lui être enlevé qu'à l'époque où de hardis navigateurs découvriroient ou peut-être retrouveroient la route de l'Inde à travers les tempêtes de l'Océan atlantique.

Mais les Grecs avoient des rivaux puissans dans les Perses, qui, ayant conquis leur ancien pays sur les Parthes et abjuré les préjugés de leurs ancêtres contre la navigation, s'emparèrent de celle du golfe Persique. Ils profitèrent de leur position intermédiaire entre l'empire grec et les pays d'où la soie y étoit amenée par les voies de terre, pour se rendre maîtres exclusifs du commerce de cette marchandise, qu'ils élevèrent à un prix exorbitant[7]. Bientôt cependant la découverte des procédés pour produire et fabriquer la soie[8] procura aux Grecs un dédomma-

---

[1] Cosmas, ap. Montf. *Collect. nov. patrum*, t. II, pag. 137 et 336. *Anc. Relat. des Indes et de la Chine*; &c. pag. 135. — [2] De Guignes, *Mém. de l'Acad. des inscript.* t. XXVIII, pag. 505; t. XLVI, pag. 569 *et suiv.* — [3] De Guignes, *Mém. de l'Acad. des inscript.* t. XXVIII, pag. 503 *et suiv.* — [4] De Guignes, *Mém. de l'Acad. des inscript.* t. XXXII, pag. 358; XLVI, pag. 555. — [5] *Peripl. mar. Erythr.* pag. 22. — [6] Cosmas, ap. Montf. t. II, pag. 179. — [7] Vopiscus, *Vita Aurel.* cap. XLV. — [8] Procop. *De bello Goth.* lib. IV, cap. XVII; *Hist. arcan.* cap. XXV.

gement qui ne fut pas sans importance, et dont les résultats devoient, quelques siècles plus tard, influer singulièrement sur l'industrie de l'Europe.

L'empire d'Orient ne tarda point à éprouver dans son commerce un plus rude échec, funeste présage de ses derniers instans. Mahomet publia sa religion; les Arabes, qui la reçurent, abandonnèrent leur vie nomade pour devenir des guerriers fanatiques et intrépides. A mesure qu'ils étendoient leurs conquêtes, ils se livroient au commerce avec l'enthousiasme qui étoit la source de leurs étonnans succès. Le précepte qui impose à tous les sectateurs de Mahomet l'obligation de faire le voyage de la Mecque donna une impulsion nouvelle aux caravanes, qui servirent et à transporter les marchandises et à remplir un devoir religieux; l'esprit de prosélytisme et l'intérêt s'unirent pour donner à leur commerce une extension que je ferai connoître dans la suite de cet exposé. Maîtres d'une partie de la Syrie et de toute la Perse, ils construisirent, sur la partie occidentale du grand confluent de l'Euphrate et du Tigre, Bassora, qui, dominant ces deux fleuves, devint, pour les communications avec l'Inde par l'intérieur de l'Asie, un entrepôt rival d'Alexandrie. Vers le même temps l'Égypte tomba en leur pouvoir, et ce double événement priva Constantinople des communications qu'elle entretenoit avec l'Inde par la mer Rouge et la Mésopotamie.

Une défiance que la politique explique suffisamment, et qui pouvoit d'ailleurs être accrue par la haine religieuse et l'état habituel d'hostilité, porta les Arabes à fermer leurs ports aux commerçans grecs. Mais il en est souvent des besoins factices comme des besoins réels : dès qu'ils sont évidens et généraux, ils doivent être satisfaits, et les obstacles disparoissent devant le génie patient et inventif de l'homme. Les sujets des empereurs de Constantinople ne pouvoient supporter la privation de productions depuis long-temps devenues pour eux un objet de première nécessité. Les communications avec l'Asie par la mer Noire (le Pont-Euxin des anciens), la mer Caspienne et les pays situés au nord de cette mer, que la facilité des autres voies et surtout de celles qu'offoient le golfe Persique et le golfe Arabique avoit fait négliger, furent reprises avec ardeur.

C'étoit, comme on l'a vu, vers ces lieux que les anciens Grecs

h..

avoient principalement dirigé leur commerce. Constantinople l'avoit entretenu pendant sa prospérité : lorsque la plus grande partie des conquêtes romaines lui eut été enlevée, elle fut réduite à y concentrer sa navigation.

Les peuples qui occupoient ces pays du temps d'Hérodote, et même à l'époque où Rome étoit le centre et le but du commerce universel, avoient disparu : des invasions suivies d'autres invasions les avoient ou chassés ou détruits. Sur les rives du Dniéper (le Borysthène des anciens), peut-être à la place de la ville qu'Hérodote appeloit Gelonus, existoit Kiow, que les écrivains du Nord n'hésitent point à présenter comme la rivale de Constantinople [1]. Elle étoit un lieu de grand commerce de pelleteries [2], que le fleuve servoit à conduire vers la mer Noire avec les autres productions de l'intérieur. La Chersonèse Taurique et les pays jusqu'au Volga (le Rha des anciens) étoient habités par la nation des Khazares, si puissante qu'elle avoit donné son nom à la mer Caspienne [3] : souvent alliés, quelquefois en guerre avec l'empire d'Orient [4], ces peuples faisoient un commerce considérable avec Constantinople, et Sahrat, située à l'embouchure du fleuve, servoit d'entrepôt [5]. Vers le point où le Volga se rapproche du Don (Tanaïs des anciens), Boulgar, ville principale du peuple de ce nom, recevoit les marchandises de l'Inde et de la Chine [6].

Constantinople en fut approvisionnée par cette voie : malgré la longueur, les difficultés, les dangers des routes, et le surhaussement du prix des marchandises, qu'occasionoient les bénéfices commerciaux et les tributs exigés par les habitans des pays qu'on étoit obligé de traverser, elle les reçut en abondance, et se trouva en état d'en fournir l'Occident à l'époque où des jours meilleurs y ramenèrent le commerce.

Commerce de l'Europe après les invasions des barbares. La France fut le pays où cet heureux changement se manifesta le plus tôt. Les rois Mérovingiens, plus habiles que les chefs des hordes qui avoient fait les premières invasions, donnoient à l'agriculture et à l'industrie [7] des encouragemens qui ne tar-

[1] Adam. Brem. *Hist. eccl.* lib. II, cap. XIII. — [2] Bolland. *Vita S. Marian.* cap. IV, Febr. t. II, pag. 369. — [3] Bakoui, *Notices et Extraits des manuscrits* &c. t. II, pag. 502 *et suiv.* — [4] Keri, *Epitome hist. Byzant.* lib. II, ann. 938.— [5] Const. Porphyr. *De adm. imp. Orient.* lib. II, cap. XLII. — [6] Bakoui, *Notices* &c. t. II, pag. 541. — [7] Hieron. *ad Jovian.* lib. II, app. t. IV, pag. 214. Greg. Tur. *Hist.* lib. III, cap. XXXIV. Bolland. *Vita S. Radeg.* cap. I et II, Aug. t. III, p. 67 et 70. Audoen. *Vita S. Eligii*, cap. V, XXXI et XXXII, ap. Surium die 1.ª decembris.

dèrent pas à y rétablir l'ancienne prospérité ; et cette énergie
nationale augmenta les richesses de manière à faire renaître le
goût du luxe et le désir d'en aller chercher les alimens dans
les pays étrangers. Lorsque ces princes eurent conquis sur les
Visigoths les provinces méridionales, où se trouvoient les ports
les plus importans de la Méditerranée[1], la France devint dès
le v.ᵉ siècle le pays le plus commerçant de l'Europe. Quelques
villes maritimes d'Italie seulement, échappées comme par mi-
racle aux invasions des barbares et restées sous la dépendance
de l'empire d'Orient, entretenoient avec Constantinople de
foibles relations, dont les pirates, enhardis et multipliés à la
faveur des désordres, troubloient la sécurité : Venise, fondée
par des familles fugitives dans les lagunes de l'Adriatique pour
disparoître après douze siècles de gloire devant une nouvelle
barbarie, commençoit aussi à former sa marine[2] ; mais elle
n'étoit point encore en état de se livrer à d'importantes opérations[3] : le commerce de l'Espagne, borné d'abord à des relations avec la France[4], n'avoit point tardé à se confondre dans
celui des Mahométans, devenus maîtres de ce pays.

Les rois de France, en paix et quelquefois même alliés avec
les empereurs d'Orient, par qui ils avoient eu la sage politique
de faire légitimer leurs conquêtes[5], ne se contentèrent pas
d'encourager le commerce intérieur dans les villes qu'il avoit
rendues florissantes sous les Romains[6], et surtout à Paris,
résidence des souverains et principal siége du luxe[7] : ils établirent des foires dont les immunités attiroient les marchands
de toutes les contrées[8], et mirent tous leurs soins tant à repousser les pirates du Nord qui venoient attaquer les côtes[9], qu'à
protéger leurs sujets sur les mers ou dans les pays étrangers[10].

Les navigateurs entreprenans et actifs de l'Aquitaine, de la
Neustrie et de la Bretagne[11], alloient chercher, et les habitans
des îles Britanniques, de la Saxe, de la Frise, des bords du
Danube, apportoient les pelleteries, les toiles, le fer, le plomb,

---

[1] Procop. *De bello Goth.* lib. III, cap. XXXIII. — [2] Cassiod. *Variar.* lib. XII, epist. XXIV. — [3] Murator. *Antiq. Ital. medii ævi*, t. II, col. 882. — [4] Greg. Tur. *Hist.* lib. VIII, cap. XXXV; lib. IX, cap. XXII.— [5] Procop. *De bello Goth.* lib. I, cap. XII ; lib. III, cap. XXXIII.— [6] Trebell. Pollio, *Vita Gallien.* cap. VI. Vopisc. *Vita Carin.* cap. XX. Greg. Tur. *Hist.* lib. VII, cap. XLVI. — [7] Greg. Tur. *Hist.* lib. V, prolog.; lib. VI, cap. XXII; lib. VIII, cap. XXXIII. — [8] *Gesta Dagobert. reg.* cap. XXXIV. — [9] Greg. Tur. *Hist.* lib. III, cap. III. — [10] Greg. Tur. *Hist.* lib. VIII, cap. XXXV. Aimoin. *Chron.* lib. II, cap. II. Fredeg. *Chron.* cap. LXVIII.— [11] *Vita S. Maclov.* inter *Acta Sanct. ord. S. Ben.* sæc. I, pag. 218 et 219. Greg. Tur. *Hist.* lib. X, cap. IX.

l'étain, l'ambre et les autres marchandises du Nord, qu'ils échangeoient contre des vins et divers produits de l'agriculture ou de l'industrie française [1].

Le commerce des marchandises d'Orient n'étoit ni moins actif ni moins étendu. Les Syriens, dont un grand nombre avoit formé des établissemens en France [2], y apportoient les étoffes de soie de Damas, les vins de la Palestine [3]. Les commerçans français alloient aussi en Syrie [4]; ils avoient des relations plus suivies encore avec Alexandrie [5], d'où ils rapportoient les toiles de lin [6], le papyrus [7], les parfums, les perles, les pierreries, les autres objets précieux que produisent l'Égypte, l'Éthiopie, l'Inde, l'Arabie [8], et surtout les épiceries, dont la consommation étoit et fut long-temps considérable chez les Français [9].

Marseille étoit le principal intermédiaire de ce commerce [10]; les étrangers y étoient attirés par la bonté de son port [11], par la sécurité qu'une police sévère y entretenoit [12], par l'aménité des mœurs et la probité de ses habitans [13]. Arles et Narbonne, qui devoient leur fondation et leur prospérité aux Romains [14], partageoient avec Marseille le commerce de la Méditerranée [15].

Tandis que la France se livroit à la navigation avec autant d'activité que l'état de la société le permettoit, la haute Italie, soumise, après de sanglantes invasions, à la domination impartiale et modérée des Lombards, recouvroit avec la paix le goût et le besoin du commerce. Il se réveilla principalement dans les villes situées aux bords de l'Adriatique; et Venise, quoique souvent troublée par des dissensions domestiques, commença

---

[1] *Vita S. Columban.* inter *Acta Sanct. ord. S. Ben.* sæc. II, pag. 24. Mabill. *De re diplom.* pag. 482. — [2] Greg. Tur. *Hist.* lib. VII, cap. XXXI; lib. VIII, cap. I; lib. X, cap. XXVI. Aimoin. lib. III, cap. LXVII. *Chron. de Saint-Denis*, liv. III, chap. XXV. — [3] Greg. Tur. *Hist.* lib. VII, cap. XXIX; *De glor. confess.* cap. LXV. — [4] Bolland. *Vita S. Genovefæ*, cap. VI, Jan. t. I, pag. 140. Greg. Tur. *Hist.* lib. X, cap. XXIV; *De glor. martyr.* cap. XXXII. — [5] Greg. Tur. *Hist.* lib. VI, cap. VI; *De glor. confess.* cap. XCVII. — [6] Audoen. *Vita S. Elig.* part. I, cap. XIII, in *Spicileg.* Acher. t. II, in-fol. — [7] Greg. Tur. *Hist.* lib. V, cap. V. Mabill. *De re diplom.* pag. 33. — [8] Greg. Tur. *Hist.* lib. IX, cap. IX; X, cap. II; *De mirac. S. Julian.* cap. XXXI; *De glor. conf.* cap. CXI et CXII; *Vitæ patrum*, cap. VIII, § 2; *Testam. S. Arid.* Bolland. *Vita S. Mauri*, Jan. t. I, pag. 148. Audoen. *Vita S. Eligii*, part. I, cap. V, X, XII; *De mirac. S. German.* in Labb. *Bibl. Mss.* t. I, pag. 542. — [9] Greg. Tur. *Hist.* lib. V, cap. V. Du Cange, *Gloss. med. et inf. lat.* voc. *Aromata, Species.* — [10] Greg. Tur. *Vitæ patr.* lib. III, cap. VIII, § 6. — [11] Sidon. Apoll. *Epist.* lib. VII, epist. VII. Greg. Tur. *Hist.* lib. VI, cap. II. — [12] Greg. Tur. *Hist.* lib. IV, cap. XLIV. — [13] Agathias, *De reb. Justin. imp.* lib. I, cap. XX; lib. IX, cap. LXII. — [14] Strab. lib. IV, cap. V, §§ 4 et 10. *Constit. Honor. et Theod.* ap. Dubos, *Établissement de la monarchie française* &c. liv. II, ch. V. Auson. *Ord. clar. urb.* cap. VIII et XII. — [15] Theodorici reg. epist. XVII. Bolland. *Vita S. Cæsar.* Aug. t. VI, pag. 69.

à paroître dans une carrière qu'elle devoit long-temps parcourir avec éclat. Ce fut avec Constantinople qu'elle établit ses premières relations ; elle les suivit avec une constance et une habileté remarquables. Il est difficile de fixer avec précision l'époque à laquelle ces relations furent assez fréquentes pour constituer un commerce réglé. S'il est douteux qu'il existât dès le vi.ᵉ siècle [1], il étoit évidemment en pleine activité [2] au ix.ᵉ Mais alors l'Égypte appartenoit aux Arabes : la haine politique et religieuse qui avoit porté les vainqueurs à fermer leurs ports aux Grecs s'étendit naturellement à des villes qui reconnoissoient la suprématie de l'empire d'Orient [3]. L'état perpétuel d'hostilité entre les Arabes et l'Italie, dont ils ne cessoient de tenter la conquête, dut accroître cet éloignement ; on peut croire qu'il étoit réciproque, puisqu'au ix.ᵉ siècle les Vénitiens interdisoient encore à leurs sujets toute communication avec l'Egypte [4].

Des écrivains dont l'opinion est d'un grand poids ont même cru que tous les pays de la chrétienté furent exclus des ports égyptiens, et que les villes maritimes de France cessèrent leurs relations avec Alexandrie [5]. Les annales des règnes malheureux qui amenèrent la fin de la dynastie Mérovingienne n'offrent, à ce sujet, aucun de ces témoignages positifs qu'on ne trouve pas même pour des temps sur lesquels il ne s'élève aucune objection. Mais, indépendamment des traditions anciennes qui ne sauroient être dédaignées [6], on trouve des indices assez précis en faveur de l'opinion contraire [7]. Le récit du voyage de S. Arculfe au vii.ᵉ siècle atteste qu'il visita Alexandrie, où se rendoient les commerçans de toutes les parties du monde [8] ; il donne de cette ville une description extrêmement détaillée, et alors l'Egypte étoit depuis près d'un demi-siècle sous la domination des Arabes. S. Willibald fit un semblable voyage au milieu du viii.ᵉ siècle [9]. Le moine Bernard visita dans le commencement du siècle suivant Alexandrie, avec des passe-ports pour le gou-

---

[1] Cassiod. *Variar.* lib. xii, epist. xiv. — [2] Monach. S. Gall. *De gest. Car. Magn.* lib. ii, cap. xxvii. Murator. *Antiq. Ital. medii ævi*, t. II, col. 882. — [3] Murator. *Antiq. Ital. medii ævi*, t. III, pag. 832. Dandul. *Chron.* in Murat. *Script. rerum Ital.* t. XII, pag. 156. Murator. *Ann. Ital.* ad ann. 1084. Const. Porphyr. *De adm. imp. Orient.* cap. xxviii.— [4] Murator. *Script. rerum Ital.* t. XII, pag. 170. — [5] Robertson, *An historical disquisition* &c. note 39. M. Heeren, *Essai sur l'influence des croisades,* trad. franç. pag. 321. — [6] Vales. *Notit. Gall.* voc. *Massilia.* — [7] Guill. Tyr. lib. xviii, cap. iv. — [8] Adamnan. *De locis sanctis,* inter *Acta Sanct. ord. Ben.* sæc. iii, part. ii, pag. 517 et 518. — [9] Bolland. *Vita S. Willib.* Jul. t. II, pag. 504.

verneur de cette ville, qui lui en donna pour celui de Memphis [1]. Les Français naviguoient certainement sur la côte d'Afrique au temps de Charlemagne, puisque l'archevêque Adon raconte qu'ils en rapportèrent les reliques de plusieurs martyrs [2]. Alexandrie enfin est nommée par les annalistes comme une des villes où ce grand monarque envoyoit des secours à ceux de ses sujets qui s'y rendoient [3]; les souverains d'Afrique sont du nombre de ceux avec qui il entretenoit des rapports d'amitié. Je ne parle point de la Syrie et notamment de Jérusalem, parce qu'il n'y a aucun doute à cet égard, et qu'il est même probable que les Grecs avoient la faculté de pénétrer dans cette partie des conquêtes mahométanes.

La nécessité d'éclaircir un point assez controversé pour que je ne dusse pas me borner à une simple assertion m'a fait anticiper sur les événemens qui se rattachent au règne de Charlemagne.

Le commerce français avoit suivi sous les derniers rois Mérovingiens la marche que j'ai indiquée. S'ils furent trop foibles pour conserver la couronne, l'administration, usurpée par les maires du palais, qui bientôt s'assirent sur le trône, n'éprouva point de ces révolutions dont l'effet est de comprimer ou d'anéantir le commerce, et la France avoit continué d'être en relation avec les pays voisins [4] et de recevoir les marchandises du Nord et de l'Orient [5], jusqu'à l'époque où Charlemagne commença son règne glorieux.

Ce grand prince acheva ou exécuta tout ce qui avoit été commencé ou projeté avant lui. Ses conquêtes n'eurent rien de fatal pour la civilisation; les opérations du commerce acquirent plus d'importance et d'activité, à mesure que les limites de son empire s'étendirent jusqu'à la Baltique, l'Elbe, le Danube, l'Ems, les Alpes et l'Ebre [6]; des traités avec les souverains étrangers garantirent la sécurité des commerçans français [7]; il établit en faveur de la navigation des phares sur les points dangereux [8]; il créa sur les côtes de son empire un système de défense

---

[1] Bernard. *Itiner.* inter *Acta Sanct. ord. S. Ben.* sæc. III, part. II, pag. 523 — [2] *Chron.* ad ann. 807; *Martyrol.* XIV decembris 807. — [3] Eginh. *Vita Caroli Magni*, cap. XXVII. Poeta Saxo, lib. V, v. 493. Sigebert. *Chron.* ann. 790. — [4] Bolland. *Vita S. Modoald.* cap. V et XLII, Maii t. III, pag. 61. — [5] *Capitul.* ann. 808. Bolland. *Vita S. Aldeg.* cap. III, Jan. t. II, pag. 1039; *Vita S. Ansbert.* cap. VI et X, Febr. t. II, pag. 353. Monach. S. Gall. *De rebus Caroli Magni*, lib. I, cap. XVIII; lib. II, cap. XXVII. — [6] Eginh. *Vita Caroli Magni*, cap. XV et XVI. — [7] Baluz. *Capit. reg.* t. I, pag. 193 et 273. — [8] Ado, *Chron.* ad ann. 811. *Chron. de Saint-Denis sur les gestes de Charlemagne*, liv. II, ch. VI.

contre les incursions des pirates du Nord et des Sarrasins[1] : j'exposerai plus bas ce qu'il fit dans l'intérêt de l'Allemagne.

Devenu maître d'une partie de l'Italie, il donna ses soins au commerce maritime, qui avoit eu peu d'activité sous les rois lombards[2]. Venise, de plus en plus adonnée à la navigation et fière de ses premiers succès, commençoit à manifester la prétention de dominer sur la mer Adriatique; Charlemagne fit respecter les droits des autres cités commerçantes[3]. Nonobstant la jalousie des Grecs, exprimée par ce proverbe, « Il faut « avoir les Français pour amis et jamais pour voisins », Charlemagne avoit su entretenir la bonne harmonie avec les empereurs de Constantinople[4]. Il prit des mesures pour multiplier en faveur de ses sujets des moyens d'accès et de sûreté dans les pays occupés par les musulmans; l'histoire a conservé surtout le souvenir des témoignages d'estime que lui donna le célèbre Aaroun al Raschild[5].

Le voyage et les conquêtes en Palestine que lui attribuent quelques chroniques[6], sont sans doute des fables; il ne faut pas non plus donner un sens trop étendu à ce que les historiens ont dit de la transmission qui lui fut faite des clefs du saint Sépulcre[7], et en conclure avec Éginhard[8] que les saints lieux lui appartenoient : mais on peut très-raisonnablement y voir la preuve que le calife avoit autorisé les sujets de Charlemagne à former des établissemens permanens à Jérusalem, où effectivement les Français possédoient des monastères[9], des églises, des hospices, et jusqu'à une bibliothèque[10]. Il n'est peut-être pas inutile de faire observer que de temps immémorial les Européens sont désignés dans les pays musulmans sous le nom de *Francs*, dénomination que les hommes les plus instruits font remonter au temps de Charlemagne[11].

Les conventions qui durent intervenir pour donner au sou-

---

[1] Ado, *Chron.* ad ann. 809. Eginhard. *Vita Caroli Magni*, cap. xvii. *Capitul.* ann. 802, cap. xiv; *Capitul. gen.* lib. iv, cap. v. — [2] Murator. *Antiq. Ital. medii ævi*, t. II, col. 881. — [3] Ado, *Chron.* ad ann. 810. *Epist. Adriani papæ*, apud D. Bouquet, *Hist. de France*, t. V, pag. 588. — [4] Eginhard. *Vita Caroli Magni*, cap. xvi. — [5] Eginhard. *Vita Caroli Magni*, cap. xvi. Poeta Saxo, lib. iv, v. 81 ; lib. v, v. 305. Sigebert. *Chron.* ad ann. 807. Monach. S. Gall. *De rebus Caroli Magni*, lib. ii, cap. xiv. — [6] Sanut. *Secreta fidelium crucis*, lib. iii, part. iii, cap. vi et vii. — [7] *Annal. Franc.* ad ann. 799. Ado, *Chron.* ad. h. ann. *Annal. Metens.* ad h. ann. — [8] Eginhard. *Vita Caroli Magni*, cap. xvi. — [9] Constant. Porphyr. *De admin. imper. Orient.* cap. xxvi. — [10] Bernard. *Itiner.* inter *Acta Sanct. ord. S. Bened.* sæc. iii, part. ii, pag. 524. — [11] D'Herbelot, *Bibl. Orient.* voc. *Frank.* De Guignes, *Mém. de l'Acad. des inscr.* t. XXXVII, pag. 487.

verain territorial et aux Français qui résidoient en Palestine des
garanties réciproques, ne sont pas connues. Quelques renseignemens historiques les font deviner. Celui qui vouloit se rendre
dans un pays soumis aux musulmans devoit y être autorisé par
son souverain ; cette lettre de créance, remise au prince ou au
gouverneur du pays, lui servoit à recevoir des passe-ports ou
sauvegardes pour aller plus loin. Ces sûretés n'étoient souvent
accordées que moyennant une rétribution, et les commerçans
achetoient aussi la faculté d'étaler dans les marchés publics [1]. A
ces traits, on reconnoît les capitulations qui existent encore entre
les Rois de France et la Porte Ottomane ; la nécessité où sont
les Français qui vont s'établir au Levant d'y être autorisés par
le Roi ; les firmans ou saufconduits qui sont encore en usage,
et ces avanies ou perceptions arbitraires dont on a plus d'un
exemple moderne de la part des autorités musulmanes.

Ces concessions, qui furent dans la suite exécutées ou restreintes avec plus ou moins de faveur, selon les circonstances,
le caractère ou la politique des princes mahométans, ont probablement été l'origine d'une institution dont on ne connoît pas
les premières traces, et dont nous verrons dans la suite les importantes et utiles conséquences, je veux dire la juridiction des
consuls européens dans le Levant et la Barbarie.

La différence de mœurs et de religion la rendit nécessaire.
Dans la règle, sans doute, la juridiction appartient au territoire ; mais l'intérêt du commerce avoit introduit une dérogation dont les anciens historiens ont conservé le souvenir [2] : cette
dérogation avoit été adoptée en Europe dès le v.e siècle [3]. Les souverains arabes dûrent être d'autant moins éloignés de faire ces
concessions qu'elles étoient conformes à leurs propres usages.
Sans parler d'un privilége par lequel Mahomet auroit promis
aux chrétiens, entre autres avantages, *de protéger leurs
juges* [4], document sur l'authenticité duquel les savans ne sont
pas d'accord [5], on verra bientôt qu'au ix.e siècle les Arabes
avoient obtenu dans la Chine qu'un cadi de leur choix rendît
la justice à leurs sujets établis dans ce pays. Les Grecs, bien
plus en aversion que les Français aux yeux des musulmans,

---

[1] Bernard. *Itiner.* inter *Acta Sanct. ord. S. Ben.* sæc. III, part. II, pag. 523 *et seqq.*— [2] Herod.
lib. II, § 178.— [3] *Cod. Wisigoth.* lib. XI, cap. IV.— [4] Ricaut, *The present state of the Ottoman
empire,* book II, ch. II.— [5] Grot. *Epist.* CCLVIII. Renaudot, *Hist. patriarch. Alexand.* pag. 169.

jouissoient de ces avantages dans la ville de Jérusalem [1]. On peut donc sans témérité croire que Charlemagne les avoit obtenus en faveur de ses sujets; ce qui a fait dire à un historien que Jérusalem sembloit être sous sa domination non moins que sous celle du calife [2].

Malheureusement Charlemagne ne laissa point d'héritiers de son génie. On doit cependant rendre à Louis le Débonnaire la justice de reconnoître qu'il eut l'intention de suivre les traces de son père : il repoussa les incursions des Sarrasins sur les côtes et les mers de la Provence, maintint la sécurité des côtes occidentales [3], et réprima les perceptions abusives de droits de péage [4]. Une charte de 828 [5], mal interprétée par quelques auteurs, a laissé croire qu'il employoit des agens nombreux à faire le commerce pour son compte; il est plus vraisemblable, quoique du reste cette question soit indifférente en ce moment, que cette charte soumettoit les associations qu'elle concerne à la surveillance de l'autorité.

Mais bientôt les malheurs dont Louis fut accablé ne lui permirent plus de protéger ses peuples; il ne put empêcher que Marseille, la plus importante de ses places maritimes, ne fût pillée par les Sarrasins [6]. Ce déplorable état de choses s'accrut après sa mort. Charles le Chauve prit quelques mesures en faveur du commerce [7]; mais les séditions, les guerres, l'insubordination des grands et l'incapacité des souverains amenèrent la dissolution de l'empire de Charlemagne. Les invasions des Normands d'une part, les incursions et les pirateries des Sarrasins de l'autre, accumulèrent de nouvelles calamités sur l'Europe.

Cependant, après avoir été une seconde fois menacée de perdre la civilisation, elle recouvra le calme : le commerce reparut avec ses bienfaits; il devint la base de la prospérité et de la puissance que les villes d'Italie acquirent dans la suite; ce fut l'aurore d'une situation qui ne peut être bien connue qu'après qu'on a jeté un coup d'œil sur l'Europe entière.

Une simple inspection topographique suffit pour apprendre

---

[1] Guénée, *Mém. de l'Acad. des inscript.* t. L, pag. 202. — [2] Guill. Tyr. *Hist.* lib. I, cap. III. — [3] Eginhard. *Chron.* ad ann. 820. *Vita Lud. Pii,* ad ann. 820. — [4] *Præcept. Lud. Pii,* ann. 819, 828, in Baluz. *Capit.* t. I, col. 603. *Præcept. Lud. Pii,* ann. 836, apud Schannat. *Cod. probat. Hist. Fuld.* pag. 116. — [5] *Charta Lud. Pii,* ann. 828, in Carpent. *Alph. Tiron.* cart. XXXI. — [6] *Annal. Bertin.* ad ann. 838. — [7] *Capit. Car. Calvi,* ann. 854 et 864.

que cette partie du monde peut être divisée, sous les rapports de la navigation, en deux régions principales. A la première appartiennent tous les pays septentrionaux qu'eu égard aux temps je désigne sous le nom générique de Scandinavie ; les côtes orientales et méridionales de la mer Baltique ; les côtes de la mer d'Allemagne, jusques et y compris la Flandre ; les îles Britanniques ; les côtes de la France et de l'Espagne sur l'Océan atlantique ; le Portugal. La seconde comprend les côtes d'Espagne et de France sur la Méditerranée ; l'Italie, ses îles et les deux rivages du golfe Adriatique. On sent par quels motifs il ne peut être question des parties de l'Europe qui composoient l'empire d'Orient.

Je comprends sous le nom de Scandinavie les contrées qui forment aujourd'hui les îles de Danemarck, la Suède, la Norvége et l'Islande, sans me jeter dans des divisions géographiques ou dans des développemens historiques pour lesquels je reconnois toute mon insuffisance.

Les Grecs n'eurent point connoissance de ces contrées[1] : Pythéas avoit, le premier, pénétré jusqu'à un pays qu'il nomme Thulé. Quelque choix qu'on fasse entre les différentes opinions sur cette découverte, qu'on y reconnoisse le Jutland, la Norvége ou l'Islande, ou qu'enfin on suppose que la totalité de la Scandinavie a été visitée par le navigateur marseillais[2], le résultat en est le même pour le fait dont il s'agit. Pline et Tacite ont parlé d'un pays qu'à raison de son étendue on appeloit une autre partie du monde[3], situé dans l'Océan, au sud d'une mer dormante, presque immobile[4], et dont les habitans étoient exercés à la navigation et connoissoient le prix des richesses[5]. Cette courte et sans doute imparfaite esquisse sembleroit, nonobstant l'opinion d'un savant académicien français[6] dont les recherches ont rendu les plus grands services à la géographie ancienne, se rapporter à l'ensemble des contrées que je viens de désigner.

On ne sait point au juste si ces pays, peu connus des Romains, ont continué d'être occupés par les peuples qui existoient

---

[1] Herod. lib. III, § 114. — [2] Agathemer. pag. 56. Procop. *De bello Goth.* lib. II, cap. xv. Adam. Brem. *De situ Dan.* cap. xxxv. Rudbeck, *Atlant.* t. I, pag. 501. D'Anville, *Mém. de l'Académie des inscriptions*, t. XXXVII, pag. 436 *et suiv.* — [3] Plin. *Hist. nat.* lib. IV, cap. XIII. — [4] Plin. *Hist. nat.* lib. IV, cap. XIII et XVI. — [5] Tacit. *De mor. German.* cap. XLV. — [6] M. Gossellin, *Recherches sur la géographie des anciens*, t. IV, pag. 133, 138.

au temps de Pline et de Tacite, ou si la grande commotion qui
lança vers le iv.ᵉ siècle les hordes asiatiques sur l'Europe leur
a donné de nouveaux habitans; mais, en laissant de côté ces
questions, encore obscures et indécises même dans le Nord,
patrie de la science et des solides et patientes recherches, on
doit reconnoître comme un fait incontestable que leur situation
dut les rendre navigateurs.

Leur marine étoit-elle uniquement appliquée au commerce,
et leurs richesses en étoient-elles le fruit? N'employoient-ils
qu'à la piraterie, qui paroît avoir été en honneur chez eux, ces
vaisseaux dont la forme singulière a été décrite par Tacite, et
devoient-ils leurs richesses à des rapines sur la mer, que leurs
anciennes poésies appellent *le champ des pirates*[1]? L'un et
l'autre est probable. Parmi les habitans de ces vastes contrées
dont les côtes seulement étoient peuplées[2], quelques-uns sans
doute exerçoient le commerce et se trouvoient exposés aux attaques des pirates[3], contre lesquels ils étoient obligés de prendre
des précautions en formant de petites escadres qui se prêtoient
une mutuelle défense[4]; car, si le commerce peut exister et fleurir
quoiqu'inquiété par les pirates, il seroit difficile de concevoir
que la piraterie pût être exercée là où il n'y auroit rien pour
l'exciter et l'alimenter.

Ce n'est guère qu'à compter du ix.ᵉ siècle que les notions sur
le commerce de ces pays acquièrent de la certitude. A cette
époque, leurs habitans se livroient à de lointaines et périlleuses
expéditions. Ils visitèrent l'Écosse, les îles Hébrides, et le nord
de l'Irlande, dont la partie méridionale seulement avoit été
connue des Carthaginois et des Romains : ils s'avancèrent vers
les îles Féroé et l'Islande[5].

Les Islandais à leur tour portèrent à cette époque leur navigation dans le Groenland, et peut-être leurs excursions en
Amérique ont-elles précédé de plusieurs siècles la fameuse découverte qui a transmis à la postérité le nom de Christophe
Colomb[6]; mais elles furent sans résultat.

[1] Snoro Sturletson, *Edda Island.* voc. *Maris nomina.* — [2] Adam. Brem. *De situ Daniæ*,
cap. I. — [3] Eginhard. *Vita Caroli Magni*, cap. XIV. *Annal. Franc.* ad ann. 808 et 810. Adam.
Brem. *Hist. eccles.* cap. LXXIII *et seqq.* — [4] *Heims-Kringla, Konung Oláf Helges Haraldsons,
Saga*, cap. CXLII. Langebeck, *Script. rerum Danic.* t. I, pag. 344. — [5] Torfæus, *Hist. rer.
Norveg.* part. II, lib. II, cap. I, II *et seqq.* Peringskiold, *Præfat. ad Heims-Kringla.*— [6] Shum,
Mém. de la société royale de Copenhague, t. VIII, pag. 80 *et suiv.*

On doit avouer que la vie aventureuse et le goût de la piraterie étoient le mobile principal de ces expéditions; mais il n'est
pas possible aussi de méconnoître l'existence d'un commerce
véritable entre ces différentes contrées. L'Islande, par sa position, entretenoit plus particulièrement des relations avec la
Norvége [1], dont les ports recevoient une grande affluence de
navires venant de la Suède et des pays connus sous le nom de
basse Saxe [2]; les Danois et les Norvégiens fréquentoient les
côtes de l'Estionie [3], où Truzo étoit un marché considérable [4].
Dans la Norvége, Biorgo ou Berghen, sur la côte occidentale [5]; Tungsberg et différens ports de Vikie, sur la côte méridionale [6]; dans le Jutland, déjà soumis au Danemarck, Hætum
ou Sleswick, Ripen et Arhusen [7]; dans les îles danoises, Hale-
rik [8], Odensée et Roschildée [9], peut-être même Copenhague,
connue seulement sous le nom de *port des marchands*, qu'exprime le nom qu'elle a conservé [10]; dans la Scanie, Helsinbourg,
et Lund plus célèbre alors comme rendez-vous de pirates que
comme lieu de commerce [11]; dans la Suède, Sigtuna ou Birca [12],
étoient des ports ou des marchés fréquentés par les navigateurs
et les commerçans. Les îles d'Holm ou Bonholm et de Gothlande, dans la Baltique [13], étoient le rendez-vous des navires
expédiés pour Garderike, nom que portoit alors la Russie. On
alloit y chercher, outre les productions locales, les objets de
luxe qu'elle recevoit de l'Asie [14]. Le peu de sûreté des routes,
à travers des contrées qu'habitoient des peuples barbares,
forçoit les commerçans à s'exposer aux périls de la navigation [15]. Ils se rendoient à Aldeyenbourg, port situé entre le lac
Ladoga et la mer Baltique [16], et de là à Holmgar, ville de l'inté-

[1] Torfæus, *Hist. rer. Norveg.* part. III, lib. V, cap. X et XII. — [2] *Heims-Kringla, Konung Hårald Harfagers, Saga*, cap. XXXVII.— [3] *Heims-Kringla, Konung Olåf Triggwasons, Saga*, cap. LVII. — [4] Langebeck, *Script. rer. Danic.* t. II, pag. 120. — [5] Torfæus, *Rer. Orcad.* lib. I, cap. XXXIII. — [6] *Heims-Kringla, Konung Hårald Harfagers, Saga*, cap. XXXVIII. — [7] Other. et Wulfst. apud Langebeck, *Script. rer. Danic.* t. II, pag. 116. Adam. Brem. *Hist. eccl.* lib. II, cap. XIII; *De situ Daniæ*, cap. I et II. Rembert. *Vita S. Ansch.* cap. IX et XXIX. — [8] *Flat jar bok*, in Barthol. *De causa contemptæ mortis* &c. lib. II, cap. I, pag. 222. — [9] Adam. Brem. *De situ Daniæ*, cap. II et III.— [10] Saxo Gramm. *Hist. Dan.* lib. XIV, sect. IV. —[11] Adam. Brem. *De situ Daniæ*, cap. XXV. —[12] Adam. Brem. *Hist. eccl.* lib. I, cap. XLVIII. Rembert. *Vita S. Ansch.* cap. XVI. Adam. Brem. *De situ Daniæ*, cap. XXIV. Other. et Wulfst. apud Langebeck, *Script. rer. Dan.* t. II, pag. 118. — [13] *Heims-Kringla, Konung Olåf Helges, Saga*, cap. LXIV. — [14] Adam. Brem. *De situ Daniæ*, cap. VIII. — [15] *Heims-Kringla, Konung Magnus then Godes, Saga*, cap. I. — [16] *Heims-Kringla, Konung Hårald then Hår-dråbes, Saga*, cap. XV et XVI.

rieur, renommée par un grand nombre de réunions pieuses et commerciales, qui correspondoit avec Constantinople.

Les parties septentrionales de la Scandinavie étoient habituellement en relation avec la Biarmie, appelée depuis Permie, située sur les rivages de la mer Glaciale [1]. Ce pays, autrefois siége du grand empire des Tschoudes, communiquoit avec les contrées de la mer Noire par la Bulgarie, soit que les commerçans se rendissent dans le marché de Boulgar, soit que les Bulgares arrivassent chez les Permiens, avec lesquels ils faisoient des échanges sans se parler, attendu la différence du langage et le défaut d'interprètes [2].

Cette double communication des Scandinaves avec les contrées orientales leur procuroit les marchandises asiatiques dont ils faisoient usage. La consommation de ces objets est attestée par les anciennes chroniques. Le sarcophage du roi Olaüs le Saint fut orné de soie et de pierres précieuses [3]; les pierreries entroient dans la parure des femmes [4]; la soie et la pourpre servoient à l'habillement des grands [5], et le roi Magnus en étoit revêtu même dans les combats [6].

C'est aux efforts que les missionnaires de la religion chrétienne ont faits pour éclairer ces peuples, que nous devons les premiers renseignemens sur leur navigation et leurs relations commerciales. A cette époque, le commerce fut le moyen qui servit le plus à la propagation de la religion [7]. On trouve aussi quelques notions sur ces pays dans les géographes arabes [8], et personne ne peut douter qu'ils ne les aient obtenues par le résultat des communications de l'Asie avec la Scandinavie.

Mais, avant que ces peuples fussent unis avec le centre de l'Europe par le double lien de la religion et du commerce, l'un et l'autre auteurs de toute civilisation, ils étoient destinés à y paroître sous les plus sinistres auspices.

Ils avoient déjà fait des invasions sur les côtes belgiques du temps des rois de la première race. Quelques incursions sur

---

[1] Torfæus, *Hist. rer. Norveg.* part. I, lib. III, cap. XXV. Langebeck, *Script. rer. Danic.* t. II, pag. 111. — [2] Bakoui, *Notices et Extraits des manuscrits de la Bibliothèque du Roi*, t. II, pag. 543. — [3] *Heims-Kringla, Konung Oláf Helges Haraldsons, Saga*, cap. CCLVII. — [4] *Heims-Kringla, Konung Oláf Helges Haraldsons, Saga*, cap. XXX. — [5] *Heims-Kringla, Konung Oláf Helges Haraldsons, Saga*, cap. LXIV. — [6] *Heims-Kringla, Konung Magnus then Godes, Saga*, cap. XXIX. — [7] Rembert. *Vita S. Ansch.* cap. IX, XXVIII et XXIX et not. Langebeck, *Script. rer. Dan.* t. I, pag. 343, 480 *et seqq.* — [8] *Geogr. Nub.* pag. 273 *et seqq.* Bakoui, *Notices et Extraits* &c. t. II, pag. 537.

l'empire de Charlemagne avoient été repoussées par ce grand prince et par son fils Louis le Débonnaire. A la fin du règne de celui-ci et sous les règnes suivans, ils y exercèrent pendant l'espace d'un siècle des ravages dont l'histoire feroit seule un ouvrage considérable et qu'il n'est point dans mon plan de décrire [1].

Soit que leur établissement dans la Neustrie ait ouvert un lieu de repos à des hommes dont l'activité inquiète avoit besoin d'être fixée; soit que les pertes, considérables eu égard à la population de ces pays, dont leurs victoires mêmes étoient accompagnées, aient fini par épuiser en quelque sorte ce volcan; soit que des mœurs plus douces, résultant des progrès de la religion chrétienne, aient été la cause qui mit fin à leurs incursions, il est de fait qu'elles cessèrent sur les côtes de Flandre et de France à la fin du x.ᵉ siècle.

Des relations régulières s'établirent entre les pays d'où tant de maux étoient sortis et ceux qui en avoient été victimes; elles s'accrurent à mesure que l'irritation et les souvenirs des précédentes animosités s'effacèrent.

Mais les développemens de ce commerce et l'habitude des communications furent lents, et c'est à compter du xii.ᵉ siècle seulement qu'on les voit assez importans pour devenir l'objet d'une attention spéciale.

Les pays situés à l'orient de la mer Baltique, d'où les Grecs et les Romains tiroient l'ambre [2] et les pelleteries [3], étoient, à l'époque dont je m'occupe, habités en partie par des peuples qui pilloient et massacroient ceux qui abordoient sur leurs côtes, en partie par des hommes doux et hospitaliers qui, ne mettant aucun prix à la possession de l'or et de l'argent, recevoient des étoffes grossières en échange de leurs productions [4].

Il y avoit dans les contrées situées au midi de la Baltique, habitées du temps des Romains par des peuples navigateurs [5], quelques ports que fréquentoient les commerçans [6] et surtout les pirates [7]. L'existence ou l'identité de la plupart de ces villes

---

[1] L'académie des inscriptions et belles-lettres en a fait l'objet du prix de l'année 1821. — [2] Tacit. *De mor. German.* cap. xlv. Plin. *Hist. nat.* lib. iv, cap. xiii; lib. xxxvii, cap. iii. — [3] Jornand. *De rebus Geticis*, cap. iii. — [4] Adam. Brem. *De situ Daniæ*, cap. viii. — [5] Plin. *Hist. nat.* lib. xvi, cap. i. Tacit. *Annal.* lib. xii; *De mor. German.* cap. xxxv. — [6] Adam. Brem. *Hist. eccl.* cap. lxvi *et seqq.* Helmod. *Chron. Sclav.* lib. i, cap. vii, n. 4. — [7] Lamb. Alard. *Res Nordalbing.* in Westph. *Mon. ined.* t. I, col. 1783.

est, encore aujourd'hui, un objet de controverse [1]. Parmi celles
qui subsistent, on trouve dans les écrivains du moyen âge le
nom de Brême, dont l'ancienneté est également controversée [2],
mais dont il paroît certain qu'au IX.ᵉ siècle le port recevoit tous
les navigateurs du Nord [3]. Lubeck et Hambourg, si célèbres
dans la suite par la confédération anséatique, dont elles furent
les fondatrices, ne paroissent pas avoir eu à cette époque une
grande importance commerciale [4].

La navigation des habitans de la Frise avoit été active du
temps des Romains ; elle continua de servir aux communications du nord de l'Europe avec la France. Quant au reste
des côtes qui depuis ont formé la Hollande et la Flandre, le
commerce maritime paroît n'y avoir été important que vers le
XIII.ᵉ siècle. L'industrie manufacturière commença sans doute
à y fleurir plus tôt; mais les voies de terre suffirent long-temps
au débouché de ses produits. Quelques embarcations alloient
probablement dans les ports d'Angleterre enlever les laines
dont les fabriques flamandes s'alimentoient.

Le reste de l'immense contrée connue sous le nom d'Allemagne n'étoit point appelé par sa situation au commerce maritime. Mais les pays situés à l'orient, vers les bouches du Danube
et sur une partie de son cours, après avoir été successivement
le siége de la domination des Goths, avoient servi de théâtre et
de passage aux invasions des hordes qui fondirent sur l'empire
romain. A mesure que quelques peuples, bientôt chassés par
d'autres, ou s'avançant eux-mêmes vers de nouvelles conquêtes,
y fixoient leur séjour, la disposition des lieux les excitoit à se
livrer à la navigation, qui le plus souvent n'étoit qu'une piraterie [5]. Les Esclavons et les Avares furent remplacés par les Bulgares, auxquels succédèrent les Hongrois, qui entrèrent en relation avec Constantinople [6]; et le même pays, après avoir ouvert
la voie aux invasions qui détruisirent la civilisation européenne,
devint l'intermédiaire du commerce qui la faisoit renaître. Sous

[1] Langebeck, *Script. rer. Danic.* t. I, pag. 52, not. *k.* — [2] Just. Winckelm. *Exsequiæ Rulandi Bremensis,* in Westph. *Mon. ined.* t. III, col. 2051 *et seqq.* — [3] Adam. Brem. *Hist. eccl.* cap. CLXXXIII. — [4] Bangert. *Orig. Lubec.* in Westph. *Mon. ined.* t. I, col. 1200. Ad. Tratziger, Der alten weltberühmten statt Hamburg *Cronica* in Westph. *Mon. ined.* t. II, col. 1266 *et seqq.* — [5] Eumen. *Panegyric.* IV, cap. XVIII; *Panegyric.* VI, cap. VI. Nazar. *Panegyr.* IX, cap. XVII. Vopisc. *Vita Probi,* cap. XVIII. — [6] Suidas, voc. Βύλγαροι. Schwandtner, *Script. rer. Hungar.* t. I, pag. 420.

les rois de la première race, des commerçans français formoient des sociétés qui fréquentoient habituellement ces contrées; l'un d'eux même eut occasion de rendre aux Esclavons des services assez importans pour qu'ils lui déférassent la royauté [1].

Ce commerce acquit plus d'étendue au temps de Charlemagne. Ce grand monarque essaya de rendre les communications plus faciles, en construisant une route le long du Danube [2], et fit exécuter des travaux pour joindre ce fleuve au Rhin [3]. Un capitulaire de 805 [4] indique la direction de ce commerce et nomme les grands marchés par le moyen desquels on arrivoit jusqu'à la Baltique. Il existoit aussi des relations entre les pays de la mer Adriatique et ceux du Danube; et le commerce suivoit sans doute les mêmes voies que du temps des Romains, sous l'empire desquels Scardon et Salon étoient des ports fréquentés, et Aquilée, l'intermédiaire entre l'Adriatique et l'Ister [5], au moyen d'une route qui n'étoit pas inconnue d'Hérodote [6]. Des actes des successeurs de Charlemagne constatent que la marche tracée dans ses capitulaires continua d'être suivie [7]; ils attestent aussi que les Esclavons s'étoient établis vers la partie supérieure de la mer Adriatique, et que leur commerce maritime intéressoit assez celui des Français pour que Louis II sentît la nécessité de le protéger contre les attaques des Grecs [8].

Toutefois l'intérieur de l'Allemagne étoit encore sans industrie. Les Romains y avoient fait peu de conquêtes et ne le connoissoient qu'imparfaitement [9]. Leurs écrivains n'en parlent que comme d'un pays où la grande quantité de forêts et de lacs mettoit obstacle aux essais du commerce [10], qui se bornoit à quelques échanges de peu d'importance [11] et à des ventes ou achats d'esclaves [12]. Il n'avoit pas acquis beaucoup plus d'étendue jusqu'au XII.ᵉ siècle. Le peu de marchandises étrangères que l'on consommoit en Allemagne y étoit apporté des pays voisins du Danube ou de la France. Lyon, habituellement en

---

[1] Fredeg. *Chron.* cap. XLVIII. — [2] Mabillon, *Museum Italic.* t. I, part. II, pag. 140. — [3] Eginh. *Annal. Caroli Magni*, ad ann. 793. *Annal. Fuld.* ad. h. ann.— [4] Baluz. *Capitul. reg. Franc.* lib. III, cap. IV. *Addit. ad. leg. Longob.* cap. VII et XI.— [5] Strab. lib. IV, cap. VI, § 7; lib. V, cap. II, § 3; lib. VII, cap. VI, §§ 3, 5 et 7. Plin. *Hist. nat.* lib. XXXVII, cap. III. — [6] Herod. lib. IV, § 33. — [7] *Capitul. Caroli Calvi*, tit. XXXVI, cap. XXV.— [8] *Epist. Lud. II*, ap. Duchesne *Script. rer. Gall.* t. III, pag. 559. — [9] Plin. *Hist. nat.* lib. IV, cap. XIV. — [10] Tacit. *De mor. German.* cap. II, V. Pomp. Mela, lib. III, cap. VII. — [11] Cæsar. *De bello Gallico*, lib. IV, cap. III. Tacit. *De mor. German.* cap. III, V, XLI; *Annal.* lib. II, cap. XLII. — [12] Tacit. *Vita Agricolæ*, cap. XXVIII.

relation avec les villes maritimes de la Méditerranée, faisoit des
expéditions vers le Rhin, et l'on voit par d'anciens documens [1]
que Trèves étoit à cette époque, comme du temps des Romains [2],
un entrepôt très-florissant.

Quant à l'Angleterre, divisée en petits royaumes et sans cesse
en proie à des guerres intestines, dont les invasions étrangères
augmentoient les maux [3], elle étoit encore loin du temps où
commenceroient les premiers essais de ce commerce universel
qui a fondé sa puissance : tout se bornoit pour elle à quelques
relations avec la Frise [4], où ses produits agricoles étoient ex-
portés pour être fabriqués, et avec la France, pour s'y procurer
quelques objets de luxe ou d'industrie [5].

Mais la brillante situation de la France au temps de Charlemagne avoit fait place à la plus horrible confusion. Les Normands s'y étoient jetés avec fureur. L'étendue de ses côtes et
la facilité de pénétrer dans l'intérieur à l'aide des fleuves leur
avoient ouvert toutes les voies pour s'emparer des richesses que
le commerce et l'industrie avoient accumulées. Cependant,
quelque considérables qu'aient dû être les trésors enlevés par ces
barbares, cette perte pouvoit être promptement réparée si la
paix avoit ramené l'industrie. On doit même reconnoître que
les Normands, une fois établis dans la riche province maritime
qui leur fut abandonnée, ne tardèrent pas à s'y livrer à l'agriculture et au commerce [6]. Malheureusement un fléau plus
grand, et dont les suites devoient être plus durables, étoit
tombé sur la France. Sous les derniers rois de la seconde race,
le système féodal démembra la monarchie, et l'autorité royale,
devenue un vain titre, n'offroit aucune protection aux peuples.
Lorsque Hugues Capet reçut un sceptre dont ces foibles monarques ne pouvoient plus porter le poids, la France étoit
partagée presque en autant de souverainetés qu'il y avoit de provinces; ces souverainetés elles-mêmes étoient subdivisées en un
nombre infini de dominations. Une foule de petits tyrans, sous
toute sorte de prétextes, percevoient dans leur territoire des
droits qui élevoient le prix des marchandises et décourageoient

[1] Bolland. *Mirac. S. Gourd.* cap. II, Jul. t. II, pag. 333.— [2] Auson. *Ord. clar. urb.* cap. III.
— [3] Beda, *Hist. eccl. gent. Angl.* lib. I, cap. XII *et seqq.* — [4] Bolland. *Vita S. Ludger.*
cap. II, Mart. t. III, pag. 644. — [5] Bolland. *Vita S. Bened. Biscop,* Jan. t. I, pag. 746.
Concil. Calchuthense, ann. 785, can. IV, in Wilkins *Conc. Magn. Brit.* t. I, pag. 147.—
[6] Rodulph. Glab. *Histor.* lib. I, cap. V, in Duchesne, *Script. rer. Franc.* t. IV, pag. 9.

le commerce : quelques-uns ne se contentoient pas de cet abus
de la souveraineté ; ils abusoient aussi de la force et pilloient les
marchands que d'autres s'étoient contentés de rançonner [1]. Les
variations perpétuelles du système monétaire appauvrissoient le
peuple sans enrichir le fisc pour long-temps ; le commerce intérieur, dédaigné, lorsqu'il n'étoit pas pillé, par des seigneurs sans
cesse occupés de leurs guerres intestines, devenu impossible à
un peuple asservi, sans émulation parce qu'il étoit sans espoir,
sans courage parce qu'il étoit sans ressource, étoit la proie des
aventuriers et des Juifs, et, partageant presque la haine qu'inspiroient ces hommes avides, il étoit confondu avec les monopoles et les moyens illégitimes d'acquérir de l'argent. Les usures
des Juifs devinrent intolérables ; leurs excès portèrent souvent
les souverains à confisquer leurs biens, mesure dont tout le
résultat étoit de faire changer de main les sommes volées à la
misère des peuples, et d'exciter les Juifs, lorsqu'à prix d'argent
ils obtenoient la faculté de rentrer, à vendre encore plus cher
leurs services et leurs marchandises.

Dans une situation si propre à décourager le commerce, on
doit être moins surpris de son peu d'étendue que de ce qu'il n'a
pas été entièrement anéanti : lorsqu'on voit qu'il a subsisté, on
ne peut en trouver la cause que dans le désir du gain qui porte
les hommes à braver tous les dangers, et dans la force de l'habitude qui ne leur permet plus de supporter la privation des
jouissances du luxe une fois qu'ils les ont goûtées. Il faut reconnoître aussi que la position de la société, tout oppressive qu'elle
fut pour une grande partie de la nation, offroit un aliment au
commerce. Les riches ne méconnoissoient pas les jouissances
du luxe. Les détails que les écrits contemporains nous donnent
sur la vie privée des Français apprennent que pour leur habillement, leur ameublement, leur nourriture, ils consommoient
une quantité considérable d'objets [2] que le commerce extérieur
pouvoit seul procurer. Sans doute il étoit foible, parce qu'en
général tout ce qui n'est pas consommé par la presque totalité
de la population d'un état n'y sauroit être un objet considérable d'importation. Il étoit moins le fruit de la sagesse des
lois, des encouragemens et de la protection du gouvernement,

---

[1] Lupus Ferrar. *Epist.* CIV. — [2] Petr. Damian. t. III, opusc. XXXI, cap. III. Petr. Vener.
Statuta congr. Clun. cap. XVI, XVII et XVIII. Ivo Carnut. *Epist.* CIV.

que l'effet du luxe et des profusions de ceux qui avoient concentré en eux la propriété ; mais enfin, tel qu'il pouvoit être, les relations qui en résultoient n'étoient pas sans importance [1].

Les côtes occidentales et septentrionales de la France continuèrent de se livrer à la navigation, et quelquefois les seigneurs qui les possédoient en favorisoient le développement [2]. Marseille, à la faveur des troubles et des usurpations partielles qui détruisoient l'unité de la souveraineté, avoit acquis une sorte d'indépendance, souvent contestée il est vrai, mais à l'aide de laquelle ses citoyens conservoient la franchise de leurs personnes, la propriété de leurs biens et des fruits de leur industrie, ces deux grands mobiles du commerce ; elle entretenoit les anciennes relations de la France avec l'Orient et l'Égypte. Arles avoit aussi recouvré une partie de sa prospérité, et, dans le x.ᵉ siècle, les navigateurs étrangers, surtout ceux de l'empire grec, affluoient dans son port [3].

On ne peut donc douter de la continuation du commerce maritime de la France, et la preuve s'en trouve dans le grand nombre des navires que les souverains armoient pour leurs expéditions ; car à cette époque, où il n'existoit point de marine militaire, tous ces navires, ou, si l'on veut, ces barques, étoient empruntées ou requises à la marine marchande.

Les royaumes qui portent maintenant les noms d'Espagne et de Portugal, placés sous le joug des Maures depuis le vii.ᵉ siècle, ne peuvent être comptés parmi les états commerçans de l'Europe. Les Maures, unis par des rapports d'origine et de religion avec les maîtres de l'Égypte et des autres pays musulmans, y avoient sans doute formé des relations commerciales ; mais ce qui les concerne se confond naturellement avec le commerce des Arabes en général.

Barcelone seule entra d'une manière remarquable dans le commerce européen. Successivement délivrée du joug des Sarrasins dès la fin du ix.ᵉ siècle par le secours de la France [4], dont elle fut long-temps une dépendance, souvent attaquée et pillée, elle commença sous Raimond Bérenger, à la fin du xi.ᵉ siècle,

[1] Murat. Antiq. Ital. medii ævi, t. II, col. 886. — [2] Bolland. Vita S. Berthulphi, cap. xxi et xxii, Febr. t. I, pag. 914. — [3] Dipl. Lud. imp. ann. 920, in Gall. Christ. t. I, prob. pag. 94. — [4] Ado, ad ann. 801. Eginh. Vita Lud. Pii, ad ann. 838. Epist Lud. Pii, in Baluz. Capit. reg. t. II, col. 817 et 818.

une ère de prospérité dont j'essaierai de donner une idée par la suite. Son commerce maritime avoit alors acquis assez d'importance pour exciter les encouragemens du souverain, qui eut la sagesse de garantir protection et secours à tous les navires étrangers, même à ceux des Sarrasins [1]. Les côtes de Provence, les îles et les côtes d'Espagne et d'Italie, étoient principalement fréquentées par les navigateurs de Barcelone. Rien n'atteste qu'avant l'époque des croisades ils aient visité les ports d'Égypte, de Syrie et des autres états musulmans.

L'Italie entra avec plus d'ardeur qu'aucune autre contrée de l'Europe dans la carrière du commerce maritime. Venise s'avançoit avec rapidité vers une grandeur dont les siècles suivans devoient être témoins. Son commerce avoit été originairement partagé du temps de Charlemagne par les autres villes de l'Adriatique; elle n'eut bientôt plus de rivale qu'Amalfi [2]. Mais les commerçans de cette ville, entravés dans leurs opérations avec l'empire grec par la jalousie des Vénitiens, qui ne cessoient d'y obtenir des priviléges avantageux et des exemptions de droits au moyen desquels ils pouvoient vendre à meilleur compte que leurs rivaux les marchandises de l'Orient, essayèrent de se lier avec les provinces de Syrie occupées par les musulmans. Ils sont en effet les premiers Italiens que les historiens annoncent s'être introduits et établis dans la Syrie et la Palestine [3].

Le commerce se développa plus lentement et plus difficilement dans le reste de l'Italie. La partie qui avoit formé le royaume de Lombardie étoit déchirée par les guerres des grands feudataires qui se disputoient le vain titre de roi; et les provinces restées aux empereurs d'Orient étoient en proie aux incursions des Sarrasins. Cependant l'excès du mal en amena en quelque sorte le remède. Les villes, abandonnées à elles-mêmes par des souverains exclusivement occupés de leurs querelles d'ambition, foibles ou insoucians, n'eurent, pour échapper aux maux de l'anarchie qui se joignoient à ceux des guerres domestiques et des invasions, d'autre ressource que de se gouverner elles-mêmes : elles firent ainsi les premiers pas vers une indépendance qui devoit amener leur grandeur.

---

[1] *Usatici Barcinonenses*, cap. *Omnes quippe.* — [2] Luitprand. *Legat. ad Niceph. Phoc.* Opp. pag. 155. — [3] Guill. Tyr. *Hist.* lib. XVIII, cap. IV.

Les causes primitives dont le développement graduel amena ce résultat étoient anciennes. La plupart de ces villes avoient été, pendant leur soumission aux Romains, ou municipes, ou colonies : dans les unes et dans les autres l'organisation étoit républicaine ; elles avoient même conservé ces avantages jusque sous le gouvernement absolu des empereurs [1]. Les conquêtes des peuples qui détruisirent l'empire d'Occident et s'en partagèrent les débris avoient violemment suspendu cet état de choses, mais elles ne l'avoient pas remplacé; il ne falloit qu'une occasion pour faire renaître un amour de l'indépendance d'autant plus naturel qu'il se rattachoit à d'anciens souvenirs et à des droits qui n'avoient jamais été volontairement abdiqués. Les premiers fruits de cette indépendance furent, il est vrai, des dissensions domestiques et des guerres qu'excitoit la rivalité de ces villes; ces malheurs nouveaux ne les empêchèrent pas néanmoins de devenir commerçantes [2]. Dès le XI.e siècle, Pise fut assez puissante pour conquérir la Sardaigne; les chroniques attestent qu'au XII.e siècle elle recevoit une grande affluence de navigateurs étrangers [3].

On peut croire que l'état habituel d'hostilité entre les Sarrasins établis en Sicile et les Italiens n'empêchoit pas toujours les relations commerciales entre ces peuples [4]; on en auroit même l'assurance, s'il étoit possible d'ajouter foi à des actes attribués aux conquérans de la Sicile dans un recueil publié par Airold [5]: mais les savans ont démontré que les pièces qu'il contient étoient apocryphes [6], et Canciani n'a pas fait preuve d'une critique judicieuse en les publiant dans sa collection des lois du moyen âge [7].

L'exactitude historique ne permet pas de dissimuler qu'à cette époque le commerce des esclaves étoit général en Europe; qu'un grand nombre de ces malheureux étoient vendus aux Mahométans et souvent mutilés pour être employés au service des sérails de l'Asie [8]. Elle veut aussi qu'on ajoute que, dans tous les pays

[1] Novel. 11 Majoriani, ann. 458, De defens. civit. — [2] Murator. Antiq. Ital. medii œvi, t. II, col. 400 et seqq. — [3] Murat. Antiq. Ital. medii œvi, t. II, col. 883. — [4] De Guignes, Mém. de l'Acad. des inscript. t. XXXVII, pag. 489. — [5] Cod. Arab. Sic. — [6] Hager, Relation d'une insigne imposture littéraire &c. M. de Sacy, Magas. encyclop. VI.e année, t. VI, pag. 360 et suiv. — [7] Barbarorum leges, t. V, pag. 313 et seqq. — [8] Sermo ad Anglos, in Langebeck Script. rer. Dan. t. II, pag. 460. Adam. Brem. De situ Dan. cap. v. Luitprand. lib. VI, cap. III. Anastas. Vita Zach. papœ, ad ann. 747.

où la religion chrétienne étoit connue, l'église et les gouvernemens employèrent tous leurs efforts pour adoucir[1] et dans
la suite pour abolir cet odieux trafic[2].

Commerce
des
Mahométans. Je n'aurois pu, sans interrompre l'exposé de la marche du
commerce européen, parler de celui des régions soumises à
l'islamisme. Le moment est venu de m'en occuper.

A peine le siècle dans lequel Mahomet publia sa religion
étoit écoulé, que toutes les contrées de l'Asie autrefois possédées par les Perses et les Romains, l'Égypte et le nord de
l'Afrique jusqu'à l'Océan atlantique, étoient tombés au pouvoir
des Arabes, successivement appelés Sarrasins, Mahométans et
Musulmans. Bientôt ils occupèrent une partie de l'Italie et ses îles
les plus considérables; l'Espagne leur obéissoit au VIII.ᵉ siècle,
et l'Europe entière auroit peut-être subi le même sort si la valeur française, dirigée par Charles Martel, n'avoit opposé une
digue à ce torrent.

De quelques malheurs que ces grands événemens aient été
accompagnés, on ne peut nier que les Arabes n'aient fait beaucoup en faveur de la civilisation. Aux guerriers ignorans et
farouches dont le fanatisme détruisit à Alexandrie les trésors de
la science de vingt siècles, avoient succédé des califes amis des
arts et des lettres. Sous leur protection et par leur influence, les
Arabes, plus habiles peut-être à s'emparer des lumières acquises
qu'à en augmenter la masse, répandirent l'instruction dans
tous les lieux où ils portoient leurs conquêtes, et furent pendant
quelque temps le centre et le lien du commerce universel.

Profitant de la position où la victoire les avoit placés, ils ne
se contentèrent pas de donner une plus grande extension au
commerce qu'ils avoient fait de toute ancienneté sur leurs
propres côtes et sur celles de l'Inde[3]; ils pénétrèrent dans l'intérieur de ce pays, dont les anciens se bornoient à fréquenter
les ports, et commencèrent par y trafiquer en attendant qu'ils
pussent y entrer en conquérans.

Cependant les historiens arabes ne nous apprennent rien à
ce sujet; ils avouent même que l'Inde leur étoit peu connue[4];

[1] *Capit. Car. Magni*, ann. 779, cap. XIX. — [2] *Capit. Lud. Pii de insol. Judæorum. Epist.
S. Greg. ad Brunesch.* ap. Duchesne, *Script. rerum Franc.* t. I, pag. 902. Rembert. *Vita
S. Ansch.* cap. XXXII. Audoen. *Vita S. Elig.* part. I, cap. x. Dandul. *Chron.* ad ann. 878.
— [3] Bakoui, *Notices et Extraits* &c. t. II, pag. 404 et 406. — [4] Abulfed. *Chorasm. et
Mawaralnah. descript.* pag. 20.

et nous serions réduits uniquement à des conjectures, si deux
relations traduites par Renaudot, et dont l'authenticité, d'abord
contestée, a été prouvée par un académicien français [1], ne nous
donnoient quelques détails.

A l'époque indiquée dans ces relations, au ix.ᵉ siècle, Caboul
dans le haut Indus et Canuge sur le Gange étoient les principaux marchés que fréquentassent les Arabes, et l'on y voyoit
arriver des commerçans de tous les pays [2]. Les navigateurs
continuoient de se rendre dans les ports de la presqu'île en-
deçà du Gange et jusqu'à l'embouchure de ce fleuve. Il est
probable, quoique nous manquions de preuves à cet égard,
qu'ils se rendoient aussi dans ceux de la presqu'île au-delà du
Gange, dont les anciens n'eurent qu'une idée imparfaite. On
peut fonder cette conjecture sur ce que les Arabes alloient par
mer dans la Chine, où ils ne pouvoient parvenir qu'en dou-
blant cette presqu'île. Sérendib étoit, comme autrefois, un point
important de commerce; les Arabes s'y procuroient des perles,
des épiceries, du bois de sandal, et le bois de teinture [3] si connu
dans les documens commerciaux d'Europe au moyen âge sous
le nom de *lignum Brasile* [4]. Les îles de Socotora, de Sumatra
et de Java, les Maldives, dont ils portoient le nombre jusqu'à
dix-neuf cents [5], leur étoient connues; ils en tiroient des métaux précieux, des aromates, du camphre, du bois d'aloès, de
l'ambre, et des vases de la Chine [6].

Les relations traduites par Renaudot donnent aussi des notions sur le commerce des Mahométans avec ce dernier pays,
que leurs historiens et leurs géographes ont peu connu [7]. Les
négocians s'y rendoient par les voies de mer et de terre. Le golfe
Persique, devenu par la fondation de Bassora le centre du
commerce maritime du midi de l'Asie, étoit le point de départ
des navires, qui, indépendamment de leurs expéditions pour
les îles et les côtes de l'Inde, doubloient les deux presqu'îles
de cette contrée et se rendoient à Canfut [Quen-tong des

[1] De Guignes, *Journal des savans*, nov. 1764; *Notices et Extraits* &c. t. I, pag. 156.
— [2] *Anc. Relat. des Indes* &c. pag. 24 et 79.—[3] *Anc. Relat. des Indes* &c. pag. 3. Bakoui,
Notices et Extraits &c. t. II, pag. 400.— [4] *Murat. Antiq. Ital. medii ævi*, t. II, col. 898.—
[5] *Anc. Relat. des Indes* &c. pag. 1. Bakoui, *Notices et Extraits* &c. pag. 399. — [6] Bakoui,
Notices et Extraits &c. t. II, pag. 397 *et suiv.*, 410 et 411. —[7] Abulfed. *Chorasm. et
Mawaralnah. descript.* pag. 20. Ouardi, *Notices et Extraits* &c. t. II, pag. 34. Bakoui, *ibid.*
pag. 401 et 403.

modernes] [1]. Il ne paroît pas qu'ils aient porté plus loin leur navigation; car l'ancienne opinion d'une communication de l'Océan avec la mer Caspienne subsistoit chez les géographes arabes [2], et une navigation plus prolongée sur les côtes de la Chine auroit dû la détruire.

Les relations que j'ai citées attestent qu'à cette époque, et sans doute plus anciennement, le gouvernement chinois prenoit de grandes précautions contre les étrangers [3] : elles nous donnent les premières notions sur le thé, qui est devenu depuis un important objet de commerce avec ce pays [4], et sur la porcelaine [5], dont quelques auteurs ont cru que les anciens avoient connoissance sous le nom de vases murrhins [6]. Le nombre des Arabes établis à Canfut étoit si considérable, qu'ils avoient obtenu la permission d'y avoir un cadi pour l'exercice de leur religion et pour l'administration de la justice [7]. Les navigateurs chinois, de leur côté, se rendoient au golfe Persique; mais leurs navires étoient d'une construction si imparfaite, qu'ils ne se hasardoient point à aller jusqu'au golfe Arabique [8].

Les communications par les voies de terre étoient toujours celles que j'ai indiquées en parlant des relations que les Romains, et après eux les sujets de l'empire d'Orient, entretenoient avec la Sérique et la Chine. On a vu que vers le v.ᵉ siècle les Perses s'en étoient presque exclusivement emparés; les Arabes n'eurent qu'à les continuer. De la province du Chorasan (une partie de l'Ariane et de la Bactriane des anciens), les commerçans se rendoient, par une voie presque directe vers l'Orient, à Caboul, dans l'Inde supérieure. Ils atteignoient le Thibet (Sérique des anciens), qui porte dans les géographes arabes les noms divers de Tobbat et Abotton, et qu'ils divisoient, comme les modernes, en supérieur, du milieu et inférieur [9]; ils s'y approvisionnoient de pelleteries, de tissus de laine qui ont conservé jusqu'à nos jours le nom de Cachemire, de borax et de musc [10]. De là, en traversant un vaste et aride désert, ils

---

[1] *Anc. Relat. des Indes* &c. pag. 10, 24, 25, 31, 51, 74, 86 et 94. — [2] *Anc. Relat. des Indes* &c. pag. 73, 74, 164.— [3] *Anc. Relat. des Indes* &c. pag. 24.— [4] *Anc. relat. des Indes* &c. pag. 31, 94.— [5] Ouardi, *Notices et Extraits* &c. t. II, pag. 34. Bakoui, *ibid.* pag. 397.— [6] Larcher, *Mém. de l'Acad. des inscript.* t. XLIII, pag. 230 *et suiv.* — [7] *Anc. Relat. des Indes* &c. pag. 9, 14, 180.— [8] *Anc. Relat. des Indes* &c. pag. 10, 74, 111, 116, 300.— [9] Abulfed. *Chorasm. et Mawaralnah. descr.* pag. 33. *Geograph. Nub.* pag. 143. — [10] *Geograph. Nub.* pag. 144.

arrivoient à la Chine [1]. Une voie plus septentrionale les conduisoit à Samarcande [Maracande des anciens], et de là à Cash-
gar [2] [*Casia regio* des anciens], d'où ils atteignoient les parties
septentrionales de la Chine. Cette route avoit été probablement
celle que dès les vi.ᵉ et vii.ᵉ siècles les missionnaires avoient
suivie pour porter le christianisme dans ce pays, où effectivement les deux commerçans arabes dont j'ai cité les relations
trouvèrent un grand nombre de chrétiens [3].

Il est facile, en se reportant à ce qui a été dit du commerce
intérieur de l'Asie au temps des Perses et des successeurs d'A-
lexandre, de reconnoître les voies qui servoient à distribuer les
marchandises de l'Inde et de la Chine dans les vastes possessions des califes, et à les faire parvenir sur les côtes de Syrie
et de la mer Noire, où les peuples européens s'en approvisionnoient. Les révolutions qui démembrèrent l'empire des califes
vers le x.ᵉ siècle n'interrompirent point ces relations commerciales. Si quelquefois les caravanes furent obligées de changer
de routes, soit pour éviter les dangers que leur faisoient
craindre quelques circonstances accidentelles, soit lorsque des
villes de station et d'entrepôt étoient ruinées et remplacées par
d'autres qui attiroient le commerce, la direction générale subsista toujours. Les marchandises partant du grand entrepôt de
Bassora alloient par le Tigre à travers la Perse à Tauris ou
Tibris, et par l'Arménie elles arrivoient à la mer Noire, dont
la navigation servoit à les conduire à Tana [Tanaïs des an-
ciens]. On suivoit aussi une route terrestre dans les pays qui
séparent la mer Noire et la mer Caspienne, par l'intermédiaire
de Tiflis. Les possessions mahométanes s'étendoient, de ce côté,
jusqu'à Derbent, lieu célèbre par cette immense barrière qu'on
appelle le mur du Caucase [4]. Une partie des marchandises rendues à Tauris étoit dirigée vers Aïas ou Ajazzo, port de la
petite Arménie sur la mer Méditerranée [5]. Probablement aussi,
avant qu'elles eussent remonté jusqu'à Tauris, des expéditions en étoient faites de Bagdad vers la même mer par le
désert où Palmyre avoit été si long-temps un grand entrepôt [6],

[1] *Anc. Relat. des Indes* &c. pag. 93.— [2] Abulfed. *Chorasm. et Mawaralnah. descript.* pag. 80.
— [3] *Anc. Relat. des Indes* &c. pag. 51, 52, 180.— [4] Bakoui, *Notices et Extraits* &c. t. II,
pag. 507. Edrisi, *Africa, curante Hartmann.* pag. 310.— [5] Marc. Paul. *De reb. Orient.* lib. I,
cap. II. — [6] Sanut. *Secreta fidelium crucis*, lib. I, part. I, cap. I.

puisque Damas, Alep, Tyr, Antioche, étoient, ainsi que l'attestent les premiers historiens des croisades, des villes florissantes habitées par de riches marchands qui fournissoient à l'Europe les productions de l'Orient [1].

Les contrées du haut Indus servoient, comme autrefois, d'entrepôt des productions de l'Inde, qui étoient dirigées vers la mer Caspienne à Strava [l'Asterbadt moderne], près de la rivière et du golfe de ce nom; de là vers la mer Noire par les fleuves et les routes qui traversent les pays situés entre les deux mers [2]. Enfin, en s'avançant plus au nord, Samarcande expédioit les marchandises de l'Orient dans les pays voisins de la mer Caspienne, qui forment aujourd'hui la Russie méridionale; les géographes arabes nomment un grand nombre de villes de ce pays, qu'il me seroit aussi difficile qu'inutile de chercher à faire reconnoître. Cette seconde voie dut être suivie avec d'autant plus d'avantages qu'elle servoit, comme on l'a vu, à fournir le nord de l'Europe de tous les objets de luxe dont il commençoit à faire usage et à éprouver le besoin. En échange des marchandises de l'Inde et de la Perse, les habitans de ces pays donnoient, comme au temps du commerce avec les Grecs, des esclaves, des blés, les produits de leurs pêches, des laines, des cuirs, quelques métaux précieux de l'Ural, et surtout des pelleteries, auxquelles les peuples mahométans paroissent avoir toujours attaché un grand prix [3].

Les relations des Arabes en Afrique ne furent pas moins étendues. Indépendamment de la Nubie et de l'Abyssinie, longtemps confondues chez les anciens sous le nom générique d'Éthiopie, où les Arabes faisoient un grand commerce [4], ainsi qu'en Égypte [5], ils portèrent leurs conquêtes ou du moins leurs établissemens vers le midi, bien au-delà des pays connus aux Romains. Ils alloient à la côte de Zanguebar, où ils s'approvisionnoient de l'ivoire le plus estimé, et à Sofala, qui leur fournissoit de l'or en abondance [6]; peut-être même s'étoient-

---

[1] Guill. Tyr. *De bello sacro*, lib. XIII, cap. VI. Alb. Aquens. *Hist. Hierosol.* ap. Bongars. t. I, pag. 247. — [2] *Geogr. Nub.* pag. 243. — [3] *Geogr. Nub.* pag. 245. — [4] Edrisi, *Africa, curante Hartmann.* pag. 76, 86 *et seqq.*, 480 et 528. Ouardi, *Notices et Extraits* &c. t. II, pag. 38 *et suiv.* — [5] *Anc. Relat. des Indes* &c. pag. 297. Edrisi, *Africa, curante Hartmann.* pag. 72, 75, 450 *et seqq.* — [6] Masoudi, *Notices et Extraits* &c. t. I, pag. 15. Ouardi, *ibid.* t. II, pag. 40. Bakoui, *ibid.* pag. 394 et 401. *Anc. Relat. des Indes* &c. pag. 305 et 306. Edrisi, *Africa, curante Hartmann.* pag. 100, 105, 109 *et seqq.*

ils avancés encore plus loin au midi. Il paroît certain en effet qu'ils fréquentoient l'île de Madagascar [1], dont il est possible néanmoins que les anciens aient eu quelque connoissance sous le nom de Phebol [2], peu différent de celui de Phanbol que lui donnent les géographes arabes [3]. On doit croire qu'ils ne s'avancèrent pas plus loin [4]; car ils n'ont pas connu la véritable configuration de l'Afrique, ni la possibilité d'en faire le tour : ils croyoient au contraire qu'une grande terre méridionale s'étendoit de la côte de Zanguebar à la presqu'île au-delà du Gange, connue par les géographes arabes sous le nom de côte de Sin.

Dans l'intérieur de l'Afrique, les caravanes s'avancèrent, en suivant les anciennes routes commerciales [5], jusqu'à la Nigritie et au pays du Soudan [6]. Tocrur, Sala, Samkara, Ghana, sont indiquées par leurs géographes comme des lieux voisins du Niger, d'où l'on rapportoit de l'or, de l'ivoire, des peaux de tigre et des esclaves [7]. Ce que nous savons de la manière dont s'opéroient les échanges avec les naturels, rappelle le commerce muet des Carthaginois dans le même pays [8].

Le siége principal de ce commerce avec l'intérieur de l'Afrique étoit dans la partie septentrionale, connue déjà sous le nom de Barbarie qu'elle a conservé, et dans les pays qui forment aujourd'hui les états de Fez et de Maroc [9]. Ces provinces étoient aussi le lieu des communications maritimes de l'Espagne, soumise aux Mahométans [10].

Il est probable que la navigation des Arabes sur l'Océan atlantique ne dépassa point les lieux que les Carthaginois et les Romains avoient visités; et s'ils ont atteint les Canaries, si même quelques aventuriers sont allés dans des îles plus éloignées [11], rien n'atteste qu'ils y aient entretenu des relations commerciales.

Dans les premiers temps de l'occupation de l'Égypte par les Arabes, le commerce d'Alexandrie éprouva quelque ralentissement. J'ai dit que ce port fut entièrement interdit aux sujets

---

[1] Masoudi, *Notices et Extraits* &c. t. I, pag. 15. Edrisi, *Africa, curante Hartmann.* pag. 115 et seqq. — [2] Aristot. *De mundo,* Opp. t. III, pag. 850. — [3] Masoudi, *Notices et Extraits* &c. t. I, pag. 15. — [4] Ouardi, *ibid.* t. II, pag. 35. — [5] Edrisi, *Africa, curante Hartmann.* pag. 33. — [6] Edrisi, *Africa,* pag. 302. Ouardi, *Notices et Extraits* &c. t. II, pag. 35, 36 et 37. — [7] Ouardi, *Notices et Extraits* &c. t. II, pag. 35, 36 et 37. Edrisi, *Africa,* pag. 49 et 60. — [8] Ouardi, *Notices et Extraits* &c. pag. 37. Bakoui, *ibid.* pag. 400 et 404. — [9] Edrisi, *Africa,* pag. 319. Ouardi, *Notices et Extraits* &c. t. II, pag. 23, 24 et 25. — [10] Edrisi, *Africa,* pag. 145 *et seqq.* — [11] Edrisi, *Africa,* pag. 197.

des empereurs de Constantinople et des pays tombés sous leur
dépendance; et s'il est vrai, comme je crois l'avoir prouvé, que
la France ne fut pas comprise dans cette mesure, il faut avouer
que le commerce avec ce pays ne présentoit point assez d'importance pour offrir à l'Égypte une véritable compensation.

Tout le commerce de l'empire des califes étoit concentré à
Bassora. Les productions de l'Arabie, des côtes de l'Éthiopie,
du centre de l'Afrique et de l'Égypte, étoient dirigées vers cette
ville pour servir aux consommations intérieures, aux échanges
avec l'Inde, la Chine et les contrées de l'Asie septentrionale,
ainsi qu'aux expéditions vers les côtes de Syrie.

Dans cette situation, le commerce d'Alexandrie étoit en quelque sorte anéanti; mais, dès la fin du IX.ᵉ siècle, les Fatimites,
qui dominoient en Égypte, se rendirent indépendans, et leur
haine contre les califes de Bagdad dut les porter à ouvrir aux
Européens le port d'Alexandrie pour balancer l'importance de
Bassora [1].

Quoique la position des musulmans les rendît, en quelque
sorte, maîtres de tous les objets de luxe dont l'Europe avoit besoin, il ne paroît pas qu'ils aient essayé de faire eux-mêmes un
commerce d'importation qui, en augmentant leurs profits, eût
élevé au plus haut degré leur puissance maritime, et sans doute
avancé de quelques siècles la chute de Constantinople. Le goût
des conquêtes dans les premiers temps, celui des jouissances
paisibles dans la suite, bientôt enfin les discordes intestines et
les révolutions de toute espèce dont l'empire des califes fut le
théâtre, s'y opposèrent sans doute. On trouve, il est vrai, quelques notions sur l'Europe dans les géographes arabes [2]; mais
leur imperfection et leur incohérence prouvent qu'elles n'ont
été recueillies que d'après les récits de quelques voyageurs qui
visitoient les ports méridionaux de la France [3], ou d'après les
communications des Européens, qui alloient en grand nombre
chez les musulmans. L'histoire de l'Europe ne parle de la navigation des Arabes dans cette partie du monde que sous le rapport
des incursions armées ou des pirateries.

Mais, si les Arabes ne se lièrent point avec l'Europe en fré-

---

[1] De Guignes, *Mém. de l'Acad. des inscript.* t. XXXVII, pag. 478, 492 et 493.— [2] *Geogr. Nub.* pag. 215 et seqq. Bakoui, *Notices et Extraits* &c. pag. 527 et suiv.— [3] Monach. S. Gall. *De rebus bellicis Caroli Magni*, lib. II, cap. XXII.

quentant ses ports pour y amener directement les marchandises
asiatiques et africaines, il est impossible de méconnoître qu'ils
étoient la première source de ce commerce. La Syrie étoit le lieu
où se rendoient principalement les navigateurs européens, et
les sentimens religieux se réunissoient à l'intérêt pour les y
attirer en foule.

Dès les premiers siècles de l'Église, l'usage s'étoit introduit
parmi les chrétiens de faire des pélerinages à la Terre sainte [1].
Les malheurs accumulés sur l'empire d'Occident dès la fin du
v.e siècle, et qui en changèrent entièrement la face, n'interrompirent pas ces pieuses pratiques. Les conquérans eux-mêmes,
devenus chrétiens, les adoptèrent; leur caractère entreprenant et
aventureux y trouvoit une nouvelle occasion d'activité [2]. Bientôt
la dévotion ne fut plus le seul objet de ces voyages. Les pélerins devinrent commerçans; ils portoient dans l'Asie quelques-
uns des produits de l'Europe; ils en rapportoient les marchandises d'Orient. Les commerçans des villes maritimes d'Europe
avoient des comptoirs dans les ports de la Syrie, et des établissemens dans la plupart des villes de la Terre sainte. La prise de
Jérusalem par les musulmans ne put détruire ces habitudes [3].
On a vu quelle activité avoit ce commerce au temps de Charlemagne et du calife Aaroun.

Mais la dynastie des Abassides eut en Orient le sort de celle
de Charlemagne en Europe. La Palestine devint successivement
la conquête de califes qui se disputoient l'empire de Mahomet,
et se succédoient avec tant de rapidité que l'histoire peut à peine
connoître quel prince y dominoit. Les efforts de l'empire grec
pour conquérir la Syrie et la Palestine furent sans succès. Jérusalem, un instant délivrée du joug des califes de Bagdad, retomba
sous celui des Fatimites qui régnoient en Égypte. Quelque
temps elle jouit de la paix et du commerce qu'y entretenoient les
pélerinages; bientôt une révolution qui donna aux Turcs l'empire de l'Asie mit le comble aux persécutions et aux malheurs
dont les chrétiens étoient victimes [4]. Les restrictions que le commerce éprouvoit excitoient l'inquiétude des gouvernemens et le
mécontentement des peuples déjà accoutumés aux jouissances

---

[1] Greg. Tur. *De mirac. S. Mart.* lib. III, cap. XX. *Vitæ patr.* cap. III. — [2] Radulph. Glab.
lib. I, cap. IV. — [3] Jacob. Vitriac. lib. III, part. VIII, cap. III. Sanut. *Secreta fidelium crucis,*
lib. III, part. VII, cap. III. — [4] De Guignes, *Mém. de l'Acad. des inscr.* t. XXXVII, pag. 493.

qu'il leur procuroit. La piété des fidèles étoit continuellement
affligée par le récit de la profanation des lieux saints et des
outrages ou des cruautés exercés envers les pélerins. La religion
et l'intérêt se réunissoient pour appeler un remède aux maux
des voyageurs et des commerçans : tout-à-coup la voix d'un
solitaire se fait entendre ; l'Europe, à qui une grande révolution
étoit nécessaire, se réveille, et, pour me servir des expressions
d'un historien grec, elle s'arrache de ses fondemens pour se
précipiter sur l'Asie [1].

Ce grand événement ouvre la dernière des époques dont j'ai
entrepris de tracer le tableau. Son importance, puisqu'elle comprend le temps où doit être placé l'usage de la boussole, des
lettres de change, des assurances, puisque ce fut alors que
le commerce européen acquit les grands développemens qui
présageoient ses futures destinées, exige quelque chose de plus
qu'une esquisse sommaire et un tableau rapide. J'en ferai l'objet
d'un travail qui précédera l'un des volumes suivans, si la bienveillance du public daigne encourager mon entreprise.

[1] Ann. Comn. *Alexias*, lib. x, pag. 283.

COLLECTION

DE

LOIS MARITIMES

ANTÉRIEURES AU XVIII.ᵉ SIÈCLE.

CHAPITRE PRÉLIMINAIRE.

Objet et Plan de l'Ouvrage.

Les ouvrages nombreux et justement estimés que nous possédons sur l'origine et les progrès de la navigation chez les peuples anciens et modernes, ne font point connoître la législation qui régissoit dans chaque pays les transactions du commerce maritime. Peut-être faut-il en attribuer la cause à l'esprit dans lequel on a long-temps traité l'histoire. Les écrivains, exclusivement occupés du soin de répandre un grand intérêt sur leurs narrations, d'éblouir les lecteurs par la vivacité des tableaux, ou de les attacher par les charmes d'une composition dramatique, semblent avoir dédaigné d'entrer dans quelques détails sur les lois et les usages dont se composoit le droit civil des peuples (1). Les grands événemens qui ont tant de fois élevé ou renversé les empires et changé la face politique du monde, offroient sans doute à leur génie un champ plus vaste, et à la curiosité des lecteurs un attrait plus piquant, que l'exposé froid et méthodique de la législation et de ses développemens successifs.

On a reconnu, mais seulement à une époque assez rapprochée de nous, que cet exposé formoit une partie essentielle de l'histoire générale, et qu'on ne pouvoit utilement étudier cette histoire si l'on mettoit de côté les institutions et les lois dont l'influence a produit l'agrandissement ou préparé la décadence, assuré la prospérité ou causé la ruine des nations.

Ce que des écrivains dont je n'ai ni les talens ni la science, et dont je ne

_____

(1) Versatur.... infelicitas quædam inter historicos vel optimos, ut legibus et actis judicialibus non satis immorentur, aut, si fortè diligentiam quamdam adhibuerint, tamen ab authenticis longè variant. Baco, *De justitia universali, sive de fontibus juris*, aph. 29.

I.   1

peux espérer d'égaler les succès, ont fait pour la législation générale, j'ai osé le tenter pour la partie de cette législation qui concerne le commerce maritime.

Je ne me suis pas dissimulé les difficultés de mon entreprise. Plus d'une fois, dans le cours de mon travail, j'ai reconnu la vérité de cette réflexion de Pline, *Res ardua, vetustis novitatem dare. . . . obsoletis nitorem, obscuris lucem, fastiditis gratiam, dubiis fidem* (1); mais j'ai cru que je ferois une chose utile. Je ne sais si le public en jugera de même, et s'il trouvera dans les dissertations historiques jointes aux documens dont je présente le recueil, ou dans ces documens eux-mêmes, l'intérêt que je leur suppose.

Cependant, si je ne suis point abusé par mon goût particulier, la législation maritime est digne de quelque attention, non-seulement de la part des jurisconsultes, mais encore de la part des philosophes.

Sans cesse occupés du soin de tout ramener à des principes généraux et uniformes, ces derniers ont été souvent rebutés par l'incroyable variété des lois civiles dans les différens états, et quelquefois dans les provinces du même état; et, quoiqu'en essayant d'expliquer cette variété par l'influence des temps, des mœurs, du gouvernement, de la position territoriale ou du climat, plus d'une fois ils ont demandé comment, la nature de l'homme étant la même partout, les lois qui règlent les intérêts privés et qui posent les limites du juste et de l'injuste, étoient si diversifiées (2).

Ces reproches ne sauroient atteindre le droit maritime; l'uniformité est, j'oserois le dire, de son essence. Indépendant des variations qu'amènent les siècles ou les révolutions, et des divisions que produisent les rivalités nationales, ce droit, immuable au milieu des bouleversemens des sociétés, nous est parvenu après trente siècles tel qu'on le vit aux premiers jours où la navigation établit des relations entre les peuples.

Dans ces temps mêmes auxquels notre orgueilleuse délicatesse donne le nom de barbares, à mesure que le commerce maritime recevoit un développement qui produisoit des négociations jusqu'alors inconnues, et donnoit naissance à des transactions pour lesquelles les seuls principes du droit civil ne pouvoient suffire, nos ancêtres avoient senti, beaucoup mieux qu'on ne paroît le faire aujourd'hui, la nécessité de règles uniformes; et, sans être retenu par de vaines considérations d'amour-propre national, chaque peuple s'empressoit d'adopter la même jurisprudence. La force irrésistible du vrai, ou, si l'on veut, le sentiment impérieux du besoin, avoit triomphé de l'attachement que les hommes ont en général pour les coutumes de leur pays.

Si les lois civiles, destinées à régler l'état des personnes, l'ordre de la famille, la transmission des biens, les modifications dont le droit de propriété est susceptible, la rédaction ou la garantie des engagemens, et les formes judiciaires, sont intimement liées à la nature du gouvernement, aux

---

(1) *Historia naturalis*, præfat. § 55.
(2) Pascal, *Pensées*, part. I, art. VI, § 8. — Daguesseau, VII.ᵉ *Mercuriale*.

mœurs et aux habitudes nationales, il n'en est point ainsi des lois du commerce maritime. Produites en tout pays par des besoins semblables, elles tiennent de cette circonstance même un caractère d'universalité qui permet de leur appliquer ce que Cicéron a si bien dit du droit naturel, *Non opinione, sed naturâ jus constituitur* (1) : et comme elles intéressent l'univers, dans lequel les navigateurs forment, pour ainsi dire, une seule famille, leur esprit ne sauroit changer avec les démarcations territoriales; elles doivent être partout les mêmes, parce que partout leur prévoyance hospitalière doit offrir les mêmes garanties aux étrangers qu'aux nationaux.

Le plus mauvais code civil seroit sans contredit celui qu'on destineroit à tous les peuples indistinctement; le plus mauvais code maritime, celui qui n'auroit été dicté que par l'intérêt spécial et l'influence particulière des mœurs d'un seul peuple.

On trouve dans les anciens monumens de la législation indienne, au sujet du prêt à la grosse, des règles semblables à celles que nous avons reçues des Grecs (2). Les Romains, qui se vantoient d'avoir des institutions telles qu'il n'en existoit chez aucune autre nation (3), empruntèrent les lois maritimes d'un pays tributaire; et les Césars, qui se disoient maîtres du monde, déclarèrent la loi rhodienne souveraine de la mer (4). Des usages qui portent le nom d'une île presque imperceptible de l'Océan occidental, les Rôles d'Oléron, passèrent de la France, où ils avoient pris leur origine, dans l'Espagne, l'Angleterre, les Pays-Bas, le littoral de la Baltique, et jusqu'aux extrémités du Nord; le Consulat de la mer, dont on ne connoît ni le rédacteur, ni même le lieu et le temps de rédaction, sert encore de règle chez tous les peuples navigateurs. L'Europe entière, armée contre Louis XIV, dispute à ce grand Roi quelques parcelles de territoire, et veut lui faire expier trente années de gloire et de prospérités : mais l'ordonnance de 1681 devient la règle des jugemens dans tous les tribunaux maritimes de cette même Europe; et plus d'un siècle et demi après cette victoire incontestable de la sagesse et du génie, cette ordonnance présidoit aux transactions de tous les peuples que les excès de la révolution et les entreprises d'une ambition insensée avoient soulevés contre la France.

Quant aux jurisconsultes, à ceux du moins qui ne croient pas que toute la science de leur profession consiste à classer dans la mémoire les dates ou les textes des lois positives et les décisions supplémentaires de la jurisprudence, ils savent que les lois anciennes sont la source des nouvelles, et qu'elles peuvent seules en faciliter l'étude ou en préparer l'intelligence. Si cette vérité souffre peu d'exceptions quand on l'applique au droit privé d'une

(1) *De legibus*, lib. 1, cap. x.
(2) *Institutes of Hindoo laws, or the ordinances of Menu*, Œuvres de W. Jones, t. III, pag. 297.
(3) *Instit.* lib. 1, tit. ix, § 2.
(4) *Dig.* lib. xiv, tit. 11, *De lege rhodia de jactu*, lr. 9.

1..

nation , elle acquiert une plus grande force dans son application à la
législation maritime. « Les recherches sur les antiquités de cette législa-
« tion , dit un jurisconsulte français qui a beaucoup approfondi cette matière,
« ne paroîtront pas inutiles aux personnes qui remarqueront que ces an-
« ciennes doctrines, dont plusieurs sont actuellement hors d'usage, sont
« cependant le fondement de celles qui sont en vigueur aujourd'hui, et qu'il
« est par conséquent difficile de comprendre sans avoir recours aux an-
« ciennes (1). »

L'origine du droit maritime se rattache aux premiers temps de la civilisation. L'agriculture, en assurant la subsistance des hommes, a produit le
commerce ; elle a donné l'idée et fourni les premiers moyens des échanges
dont il se compose essentiellement. Mais les choses ne naissent pas toujours
telles, qu'elles puissent immédiatement satisfaire à tous les besoins ; l'industrie manufacturière a donc dû naître promptement de la nécessité d'accommoder aux usages des hommes ce que la terre avoit accordé à leurs travaux ;
et comme en tout temps et en tout lieu les arts suivent naturellement la
marche et la progression des besoins, l'échange des produits de l'industrie
ne tarda pas à devenir aussi indispensable que celui des fruits de l'agriculture. Les échanges se multiplièrent avec les produits ; les richesses, avec les
échanges ; le goût du superflu vint avec les richesses. Le commerce, intermédiaire de ces négociations, porta chez tous les peuples les mêmes arts ,
les mêmes usages ; et les communications qui en furent le résultat accélérèrent
les progrès de la civilisation.

> Navigia atque agri culturas, mœnia, leges ,
> Usus et impigræ simul experientia mentis
> Paulatim docuit pedetentim progredientes.
>
> Lucret. *De rerum natura* , lib. v, vers. 1447 et seqq.

Les premiers peuples qui ont joui de ces bienfaits seroient-ils ceux qui
habitoient les rivages de la Méditerranée , dont la navigation, moins dangereuse que celle de l'Océan , trouvoit dans la multitude des îles et dans la
proximité des rivages les asiles nécessaires à une époque où de frêles embarcations n'osoient perdre de vue la terre ? Les mêmes causes et des situations semblables ont-elles aussi donné naissance au commerce maritime dans
tous les autres pays que leur position littorale mettoit à portée d'en profiter ?
Cette question dépend des opinions qu'on peut adopter sur la manière dont
la terre a été peuplée. Je ne commettrai point l'imprudence d'entreprendre
une discussion dans laquelle les conjectures des naturalistes et les récits des
historiens , les traditions sacrées et les systèmes philosophiques, sont trop
souvent en opposition.

Du moins, personne ne peut contester que les habitans des rivages de la

---

(1) Émérigon, *Traité des assurances* , préface, page xv.

Méditerranée n'aient été les premiers, j'oserai dire les seuls, dont l'histoire nous ait fait connoître la navigation. Les monumens relatifs aux expéditions maritimes des navigateurs qui les premiers ont franchi les colonnes d'Hercule et se sont avancés dans le redoutable Océan, n'attestent point l'existence, sur les bords de cette mer, de peuples dont la civilisation fût assez avancée pour qu'on puisse leur supposer des lois ou des coutumes maritimes. L'histoire ancienne n'a conservé aussi aucun souvenir d'expéditions qu'à leur tour ces peuples aient faites dans la Méditerranée, pour aborder aux rivages de l'Orient.

Au surplus, quelque part que le commerce maritime ait reçu des développemens et donné lieu à des négociations, soit entre les habitans du même pays, soit avec des étrangers, on a éprouvé le besoin d'assurer l'exécution des conventions qui en étoient le résultat.

Un peuple, une agrégation d'hommes, ne peut se livrer à l'exercice d'une industrie, sans que l'expérience indique des règles conformes à la nature des diverses négociations et aux intérêts respectifs des contractans; sans qu'il s'élève des contestations sur lesquelles les tribunaux aient à prononcer; sans qu'il se forme dans ces tribunaux une jurisprudence et ce qu'on nomme *series rerum perpetuò et similiter judicatarum*. L'art a précédé les règles, la pratique a devancé la théorie, et la législation n'a point été exempte de cette destinée commune.

Les coutumes existent et font loi bien avant d'être écrites; presque toujours c'est après une longue expérience que l'on songe à rédiger des règles dont la fixité dispense les juges de recourir à des enquêtes de commune renommée (1).

L'importante question qui divise depuis quelques années les jurisconsultes publicistes, et qui consiste à savoir si des codes sont, ou non, préférables à des usages, seroit d'un foible intérêt dans son application au droit maritime (2). C'est principalement aux usages qui en ont été la source, et qui le constituent encore dans une grande partie du monde, même dans les pays les plus florissans par le commerce, qu'on peut appliquer les argumens qu'un jurisconsulte célèbre de notre âge a fait valoir, quoique sous un point de vue différent, pour justifier la préférence qu'il accorde aux coutumes ou usages sur les codes généraux ou lois systématiques (3). C'est surtout du droit

(1) Ce fut pour obvier à ces inconvéniens que Charles VII, par l'article 125 de l'ordonnance du mois d'avril 1453 (*Recueil du Louvre*, t. XIV, pag. 313), prescrivit la rédaction des diverses coutumes de France. Cependant l'usage des enquêtes sur les usages, appelées *enquêtes par turbes*, subsista jusqu'à l'ordonnance de 1667, qui les a interdites.

(2) On peut consulter sur cette intéressante controverse le discours préliminaire de l'ouvrage de M. Meyer, intitulé, *Esprit, Origine et Progrès des institutions judiciaires*. Lorsque j'ai composé ce chapitre, je ne connoissois ce savant que par ses travaux littéraires. Je dois à la bienveillante entremise de M. Désaugiers, consul général de France à Amsterdam, d'être entré en correspondance avec lui, et j'aurai plus d'une fois à citer des marques de son obligeance envers moi.

(3) M. de Savigny, Vom Beruf unser Zeit für Gesetzgebung und Rechtswissenschaft.

maritime qu'il faut dire que, quelque soin qu'on apporte à la rédaction des lois positives ou des codes (et les personnes chargées d'y concourir peuvent dire si ce soin égale l'importance de l'objet), il est impossible de prévoir tous les cas. Au contraire, des usages fondés sur l'expérience et l'intérêt de ceux qui les pratiquent, les constatent ou les rectifient, pourvoient à tous les cas, quelque multipliés ou variés qu'ils soient. Cette sorte de loi, gravée dans les esprits d'une manière plus durable que sur des tables législatives, doit sa force à l'évidence de l'équité qui l'a suggérée ou du besoin qui l'a produite; elle persuade sans paroître commander, et la conviction lui assure un empire que l'autorité obtient plus difficilement. Aussi tous les peuples, et principalement les modernes, ont-ils été pendant plusieurs siècles régis par des usages, plus puissans chaque jour par cela même qu'ils étoient plus anciens; établis et perfectionnés peu à peu, à mesure que la nécessité s'en faisoit sentir, et par cela même toujours adaptés au véritable état des choses. L'introduction des coutumes ne me paroît pas avoir été, comme on l'a dit quelquefois, une conséquence de l'ignorance des peuples, ou de la foiblesse des souverains. Une raison éclairée par l'expérience, ou, si l'on veut, une sorte d'instinct, avoit appris que les intéressés savoient beaucoup mieux que les gouvernemens ce qu'il falloit faire, et plus d'une fois ces mêmes gouvernemens ont tout compromis, tout perdu, en voulant régir ce qu'ils devoient se borner à protéger.

Je n'ai garde cependant de conclure que l'intervention du législateur soit toujours inutile ou nuisible. S'il doit respecter des usages auxquels leur ancienneté et leur universalité ont imprimé un caractère vénérable et pour ainsi dire sacré; s'il est vrai qu'il court le danger d'être trompé par la vaine apparence du mieux; enfin, si presque toujours on a vu l'usage ancien triompher d'une loi intempestive destinée à l'abroger, il est souvent indispensable que l'autorité publique intervienne pour constater l'existence des coutumes, et les entourer d'une sanction capable de les protéger contre une licence d'opinions qui finiroit par rendre tout problématique.

Les coutumes ou les lois du commerce maritime, quoique rédigées dans des états divers et à des époques fort éloignées les unes des autres, offrent un caractère de similitude qui contraste singulièrement avec l'extrême variété des lois civiles; on peut en donner deux motifs également vrais : d'abord, comme je l'ai déjà dit, il s'agissoit partout de résoudre des questions produites par les mêmes circonstances, et chaque état étoit en quelque sorte forcé d'être juste pour obtenir la réciprocité chez les étrangers; en second lieu, les intéressés ayant la liberté de se donner une législation particulière, les usages d'une ville devenoient promptement ceux des autres, dès qu'elles en reconnoissoient la sagesse.

Un recueil de tout ce qu'il seroit possible de réunir de documens relatifs au commerce maritime, auroit donc par lui-même, et, si je peux employer ce mot, dans sa matérialité, l'avantage d'épargner beaucoup de recherches. Je n'entends toutefois parler que du droit maritime dans ses rapports avec les intérêts privés, parce que c'est en l'envisageant sous ce point de vue seulement que les réflexions précédentes me paroissent exactes. Tout ce qu'il est possible et permis de dire sur l'universalité du droit maritime, ne concerne point, on le sent bien, les lois sur la marine militaire, sur les douanes, et sur ce qu'on est convenu d'appeler l'économie politique commerciale (1).

Mais, indépendamment de l'avantage de faciliter la connoissance d'un grand nombre de documens rares et anciens, il me semble qu'un recueil tel que je le suppose, et tel que j'essaie de l'exécuter, peut acquérir un autre degré d'utilité.

Soit qu'on veuille envisager la législation dans son ensemble ou s'attacher à quelques branches spéciales, soit qu'on passe en revue celle de tous les peuples ou qu'on se borne à celle d'une seule nation, cette étude peut être considérée sous deux points de vue parallèles.

Le premier consiste dans la chronologie des lois, ou même des usages qui les ont précédées, interprétées ou modifiées; c'est ce que plusieurs jurisconsultes ont appelé l'histoire extérieure du droit. Elle a évidemment ses avantages; néanmoins l'utilité en seroit bornée, j'oserai même dire imparfaite, si l'on n'étudioit aussi les principes mêmes de la législation, c'est-à-dire, les causes qui ont introduit les usages, rendu les lois nécessaires, amené les modifications; en un mot, si, en s'occupant des dates, on ne s'occupoit aussi du fond des choses. Il importe surtout d'examiner comment les principes ont pris naissance, comment ils se sont développés, dans quelles circonstances ils ont disparu, soit pour faire place à des règles nouvelles créées par de nouveaux besoins, soit pour tomber dans l'oubli comme se rattachant à un état de choses qui auroit cessé d'exister. C'est ce que les jurisconsultes appellent l'histoire intérieure du droit (2).

On a trop souvent séparé ces deux rapports; il en est résulté que les auteurs, entraînés par cette préoccupation naturelle qui les porte à voir dans l'objet de leurs travaux la branche la plus intéressante des connoissances humaines, n'ont mis d'importance qu'à la partie dont chacun d'eux avoit préféré l'étude. Ce système me paroit défectueux. L'histoire purement chronologique n'est rien sans celle des sources, et celle-ci ne peut avoir pour base solide que l'histoire chronologique.

J'ai essayé de réunir ces deux objets dans mon travail sur le droit maritime. Les documens que je publierai seront accompagnés de dissertations dans lesquelles j'essaierai d'indiquer, à l'aide de l'histoire et de la critique, l'époque et le lieu de leur origine; de déterminer quel en a été le caractère,

(1) Quelquefois, je l'avoue, pour ne pas m'exposer à rendre un document inintelligible, je serai obligé de m'écarter de cette règle ; mais ce sera le plus rarement que je pourrai.
(2) M. Hugo, Lehrbuch der Geschichte des Römischen Rechts, § 2.

c'est-à-dire, s'ils ont été faits ou du moins sanctionnés par des actes de l'autorité publique, ou s'ils n'ont été que de simples usages, adoptés par le seul sentiment de leur utilité. Je m'appliquerai à faire connoître l'ensemble de la législation maritime de chacun des peuples chez lesquels ces usages ou ces lois ont pris naissance, et les circonstances ou les causes qui en ont porté la connoissance ou étendu l'empire chez d'autres peuples.

Cette marche n'a pas été suivie dans les ouvrages qui ont précédé le mien. Les uns n'offrent que des notices historiques, les autres ne sont que des recueils de pièces. Je vais essayer de les faire connoître. Il est utile, je crois, que celui qui traite une matière présente une sorte d'inventaire de l'état où il a trouvé les choses. La bonne foi et la justice y gagnent également ; car cet auteur, en évitant tout reproche de plagiat, met ses lecteurs à portée de comparer, et de lui départir en connoissance de cause la portion de critique ou d'éloge qu'il a pu mériter.

Je ne connois que six ouvrages sur l'histoire de la jurisprudence maritime ; car on me pardonnera sans doute de ne pas parler, en ce moment, des auteurs qui, s'étant occupés seulement de quelques lois ou usages locaux, ne peuvent être cités qu'à l'occasion de ces lois ou de ces usages.

André Lange, docteur en droit à Lubeck, publia en 1713 (1) un volume *in-8.°*, sous le titre, *Brevis Introductio in notitiam legum nauticarum et scriptorum juris reique maritimæ*, divisé en seize chapitres. — I.ᵉʳ Des écrivains qui ont traité du droit maritime. — II. Des anciennes lois maritimes et du droit rhodien. — III. Du droit maritime publié par les empereurs romains et par ceux d'Orient. — IV. Du Consulat de la mer. — V. Du droit maritime de Wisby. — VI. Du droit maritime d'Oléron. — VII. Des lois maritimes de Westcapelle. — VIII. Du droit maritime anséatique. — IX. Du droit maritime de Lubeck. — X. Des lois maritimes de Charles V et de Philippe II pour la Flandre ; des lois maritimes de France, d'Espagne, d'Angleterre, de Danemarck, de Suède, de Prusse, de Venise, des Pays-Bas et de Hambourg. Les six autres chapitres étant consacrés à faire connoître les écrivains qui, avec plus ou moins d'étendue, ont traité de la navigation et de la jurisprudence maritime, et le chapitre I.ᵉʳ ayant le même objet, il n'y en a dans la réalité que neuf relatifs à l'histoire de la législation, lesquels forment quatre-vingt-dix pages.

Michel de Jorio, magistrat connu à Naples par un grand nombre d'écrits sur la théorie, l'histoire et la jurisprudence du commerce, rédigea en 1781, par ordre du roi Ferdinand IV, un projet de code maritime, en quatre volumes *in-4.°*, contenant chacun plus de cinq cents pages (2). On ne sera

---

(1) L'édition de 1724, quoiqu'annoncée *correctiùs edita*, est la même que celle de 1713 ; le frontispice a été seulement réimprimé, avec une notice sur la vie de l'auteur.

(2) Cet ouvrage, qui n'est point dans le commerce, ne fut imprimé qu'à vingt-cinq exemplaires. J'en dois un à l'obligeance de M. le comte de Bourcet, qui étoit consul de France à Naples en 1818.

peut-être pas fâché de connoître comment un projet de code maritime, rédigé simplement en articles, sans commentaire, a pu acquérir cette étendue. Le premier volume contient, en six titres, le plan du code, l'histoire des peuples navigateurs, et des notions d'économie politique. Une partie du tome II est consacrée à faire connoître l'histoire de la législation et les sources du droit maritime. Le reste de ce volume et les suivans sont une compilation, qui n'est pas sans mérite, de fragmens du corps de droit romain, de l'ordonnance française de 1681, et de quelques autres lois maritimes. C'est donc dans le tome II, depuis la page 1 jusqu'à la page 164, que se trouvent les notions analogues à la matière dont je m'occupe. Elles forment douze titres. — I.er Observations tendant à prouver qu'il est nécessaire d'indiquer les sources du droit. — II. Des lois rhodiennes. — III. Des lois maritimes des Romains. — IV. Du Consulat de la mer. — V. De la table amalfitaine. — VI. Des lois d'Oléron. — VII. Des lois de Wisby. — VIII. Des lois anséatiques. — IX. Des lois maritimes du royaume de Naples. — X. Des traités de navigation de ce royaume avec les autres états. — XI. Des lois maritimes de Hambourg, des Pays-Bas, d'Angleterre et de Gênes. — XII. De l'ordonnance de Louis XIV du mois d'août 1681.

M. Azuni publia en 1795 un ouvrage italien, en deux volumes in-8.e, sous le titre, *Sistema universale dei principii del diritto marittimo dell' Europa*. Le chapitre IV de cet ouvrage, consacré à des notions sur les diverses législations maritimes, est divisé en vingt-neuf articles. Le 1.er traite de la navigation et du commerce maritime en général; le 2.e, des lois rhodiennes; le 3.e, des lois maritimes des Romains contenues dans le Digeste; le 4.e, des lois maritimes contenues dans le Code Théodosien; le 5.e, des lois maritimes contenues dans le Code de Justinien; le 6.e, des lois maritimes contenues dans les Basiliques; le 7.e, des lois maritimes promulguées par l'empereur Léon; le 8.e, du Consulat de la mer; le 9.e, des lois amalfitaines; le 10.e, des lois d'Oléron; le 11.e, des lois de Wisby; le 12.e, des lois de Marseille; le 13.e, des lois de la Hanse teutonique; le 14.e, des lois de France; le 15.e, des lois d'Angleterre; le 16.e, des lois de la Hollande; le 17.e, des lois de l'Espagne; le 18.e, des lois du Portugal; le 19.e, des lois d'Anvers; le 20.e, des lois de la Suède; le 21.e, des lois du Danemarck; le 22.e, des lois de la Russie; le 23.e, des lois des autres pays septentrionaux de l'Europe; le 24.e, des lois ottomanes; le 25.e, des lois de Naples; le 26.e, des lois de Venise; le 27.e, des lois de la Toscane; le 28.e, des lois de Gênes; le 29.e, des lois sardes. Ce chapitre forme dans la traduction française, publiée par l'auteur en 1805, cent soixante pages, qu'il a fait réimprimer séparément en 1810, sous le titre, *Origine et Progrès du droit maritime*, un volume in-8.e Tout ce qui, dans les titres transcrits ci-dessus, se réfère aux objets traités par Jorio, est une copie littérale et textuelle de cet écrivain. M. Azuni ne l'a pas cité une seule fois; ce qui lui a mérité le reproche de plagiat dans une dissertation de l'avocat Pagano, imprimée à Naples en 1798, un volume *in-4.*'

M. Boucher, dans sa traduction du Consulat de la mer, publiée en 1808, en deux volumes *in-8.*', a consacré les cent trente-quatre premières pages du tome Ier à traiter de l'origine du droit maritime, des lois rhodiennes, du Consulat, des Rôles d'Oléron, et de la compilation de Wisby.

M. Van Hall, professeur de droit à Amsterdam, dans les quatre-vingt-onze premières pages de sa dissertation *De magistro navis,* publiée en 1822, *in-8.*', a traité, en dix paragraphes distincts, 1.° du droit maritime des Grecs, et notamment des Athéniens; 2.° du droit maritime des autres peuples riverains de la Méditerranée, et notamment du droit rhodien; 3.° du droit maritime des Romains; 4.° du sort qu'éprouva ce droit au moyen âge; 5.° de l'influence des croisades sur la navigation et le droit maritime; 6.° du Consulat de la mer; 7.° des Rôles d'Oléron; 8.° du droit de Wisby; 9.° de quelques autres lois maritimes de la même époque; 10.° de l'introduction du contrat d'assurance, et des lois maritimes des Pays-Bas, de France et de quelques autres pays.

M. Meyer, de Brême, dans une dissertation académique imprimée à Goettingue en 1824, sous le titre, *Historia legum maritimarum medii ævi celeberrimarum,* a traité de l'histoire des anciennes lois maritimes, et notamment du droit rhodien, du Consulat de la mer, des lois d'Oléron et de celles de Wisby (1).

Quant aux recueils de lois ou d'usages, je n'en connois que huit relatifs au droit maritime (2).

Le plus ancien est celui qui porte pour titre, *Libre appellat Consolat de mar.* La bibliothèque royale de France en possède un manuscrit, le seul que je connoisse; car il ne paroit pas, d'après les recherches que j'ai faites, qu'il en existe à Barcelone et en Espagne. Cet ouvrage a été imprimé pour la première fois à Barcelone en 1494, un volume *in-fol.* (3), souvent réimprimé dans ce format et quelquefois *in-4.*' Ces éditions contiennent douze pièces, dont quelques-unes sont étrangères au droit maritime et au plan que je me suis proposé : 1.° une série de trois cent trente-quatre chapitres, vulgairement connue sous le nom de *Consulat,* qu'on pourroit diviser en trois parties distinctes, savoir : quarante-trois chapitres relatifs à la compétence et à la procédure des juges de commerce de Valence, suivis de

(1) Je dois, pour ne rien omettre, indiquer un petit discours sur le droit maritime par Groult, procureur du Roi à l'amirauté de Cherbourg, imprimé en 1786, et une dissertation de M. Güldemeister, publiée à Goettingue en 1803, sous le titre, *Sitne aliquod fueritve jus maritimum universale.* Les recueils de Cleirac et de Capmani contiennent aussi des notions historiques sur quelques-uns des documens qu'ils ont recueillis.

(2) Lipenius et quelques catalogues de droit indiquent un ouvrage anglais intitulé, *The ancient sea-laws,* par Miege, que je n'ai pu me procurer. Un autre ouvrage anglais, *Abridgment of all sea-laws,* par Veivold, n'est qu'une courte analyse de quelques anciens usages maritimes.

(3) Il pourroit se faire qu'une édition sans date, indiquée au n.° 814 du Catalogue de la bibliothèque de Gaignat, publié par de Bure en 1769, fût plus ancienne.

dispositions de pur intérêt local relatives au calcul des portées des navires expédiés pour Alexandrie (1); le Consulat proprement dit, commençant au chapitre XLV et finissant avec le chapitre CCXCVII; enfin un réglement sur les courses maritimes, comprenant le reste, jusques et y compris le CCCXXXIV.ᵉ chapitre (2); — 2.º une ordonnance de Pierre d'Arragon, du 10 décembre 1340, sur divers objets de droit maritime, connue sous le nom de chapitres du roi Pierre; — 3.º un réglement des magistrats de Barcelone sur les droits et devoirs de leur consul en Sicile, sans date (3); — 4.º une ordonnance des magistrats de Barcelone, du 21 novembre 1435, sur divers objets de droit maritime (4); — 5.º deux chapitres, sans date, sur le droit maritime, extraits d'un livre intitulé *Recognoverunt proceres*, et contenant des coutumes barcelonaises, confirmées par le roi Pierre III en 1283; — 6.º une loi du roi Jacques I.ᵉʳ de 1271, relative aux marchandises données en commande à des navigateurs (5); — 7.º une ordonnance des magistrats de Barcelone sur l'acceptation des lettres de change, sans date (6); — 8.º une ordonnance du 25 mai 1432 sur les faillites; — 9.º un chapitre arrêté le 8 octobre 1481, dans les états tenus à Barcelone, pour obvier à quelques abus relatifs à la juridiction des juges de commerce; — 10.º des priviléges et sauvegardes donnés par le roi Ferdinand, en 1481, aux navigateurs qui trafiquoient avec l'Égypte; — 11.º une ordonnance des magistrats de Barcelone, du 3 juin 1484, sur les assurances maritimes; — 12.º un réglement de 1488 sur les droits et tarifs des douanes pour la Catalogne. Toutes ces pièces sont en langue *romane*, vulgairement appelée *catalane*.

Le second ouvrage est un recueil hollandais, intitulé, *'t Boeck der Zee-Rechten*, ce qui signifie *Livre des lois de la mer*. Il forme un petit volume *in-4.º*, dont la plus ancienne édition indiquée par les écrivains est de 1594. Il contient, soit en texte total, soit en extraits, et le plus souvent en simple indication de titres, trente-cinq pièces. Les seules qu'on puisse considérer comme véritables monumens de droit maritime, sont : la compilation de Wisby; l'ordonnance des villes anséatiques de 1591; l'ordonnance maritime de Charles V, de 1551, dont on a omis le titre I.ᵉʳ; celle de Philippe II, de

---

(1) Dans toutes les éditions imprimées, ces dispositions forment le chapitre XLIV, de manière qu'il n'y en a pas de XLV.ᵉ, le Consulat commençant sous le n.º XLVI; mais, dans le manuscrit de la bibliothèque royale, elles forment une partie entièrement distincte du Consulat.

(2) Cette série est entièrement séparée du Consulat, dans le manuscrit de la bibliothèque royale.

(3) Capmani, *Memorias historicas sobre la marina, commercio y artes de Barcelona*, t. 1, part. II, page 188, donne à cette ordonnance la date de 1341.

(4) A la suite de cette pièce, le manuscrit de la bibliothèque royale contient une ordonnance sur les assurances, du même jour 21 novembre 1435, qui n'est dans aucune des éditions imprimées.

(5) Ces trois pièces sont en latin dans le manuscrit de la bibliothèque royale. Elles y sont précédées d'un chapitre inédit du *Recognoverunt proceres*, et suivies d'une pragmatique d'Alphonse, de 1428, concédant des priviléges à ceux qui l'ont accompagné dans ses expéditions navales, et d'une ordonnance des magistrats de Barcelone sur les assurances, du 14 août 1436, lesquelles deux pièces ne se trouvent point dans les éditions imprimées.

(6) Capmani, qui a inséré cette pièce dans le tome II, page 382, de ses *Memorias historicas*, la date du 18 mars 1394. Ni cette pièce ni les suivantes ne sont dans le manuscrit.

1563 ; un extrait d'un statut sur le droit maritime, publié le 20 août 1494 ; un réglement sur les avaries et les prêts à-la grosse, du 23 août 1527. Le reste est relatif à des mesures de police locale (1).

Le troisième ouvrage est une nouvelle collection de la compilation de Wisby et des ordonnances de Charles-Quint et de Philippe II, publiée en 1711, avec des commentaires par Adr. Verwer, en un volume *in-4.°*

Le quatrième ouvrage est celui qu'Étienne Cleirac, avocat au parlement de Bordeaux, publia en 1647, sous le titre *Us et Coutumes de la mer*, un volume *in-4.°* Ce recueil est divisé en trois parties, qui contiennent les pièces suivantes : 1.° les Rôles d'Oléron ; 2.° une traduction peu exacte de la compilation de Wisby, avec quelques notes ; 3.° une traduction de l'ordonnance anséatique de 1591, datée mal-à-propos de 1597 ; 4.° des extraits en français de l'ordonnance maritime de Philippe II de 1563, datée mal-à-propos de 1565 ; 5.° une traduction de l'ordonnance sur les assurances d'Amsterdam, de 1598, laquelle, par une singularité assez remarquable, ne se trouve pas même dans le *Boeck der Zee-Rechten* ; 6.° le Guidon de la mer, accompagné de quelques notes ; 7.° une compilation de différentes lois sur la juridiction maritime de l'amirauté de France en temps de paix et en temps de guerre ; 8.° un travail semblable pour la navigation des rivières.

Le cinquième recueil est un ouvrage anglais intitulé *A general Treatise of the dominion of the sea*, imprimé *in-4.°*, sans date, mais probablement dans les premières années du XVIII.° siècle. Il contient la traduction, 1.° de la compilation dite droit rhodien, avec un commentaire ; 2.° des Rôles d'Oléron et du commentaire de Cleirac ; 3.° de la compilation de Wisby ; 4.° de l'ordonnance de la Hanse teutonique de 1591 ; 5.° de l'ordonnance de Louis XIV, du mois d'août 1681. Les autres pièces sont des documens politiques ou des décisions des tribunaux d'Angleterre. Cet ouvrage a été traduit, en 1757, en hollandais, par Leclercq, sous le titre, *Algemeene Verhandeling van Heerschappy der See, en een compleet Lichaam van de Zeerechten*, &c., un volume *in-4.°*

(1) En voici les titres sommaires, d'après l'édition de Middelbourg de 1664 : réglement, sans date, relatif aux convois des navires destinés à la navigation en Norvége ; ordonnance sur le droit de naufrage, de 1577 ; réglemens sur la décharge des navires devant le *Vlack* et sur les jours de planche, &c. de 1556 et 1591 ; arrété au sujet des marchandises livrables par compte, de 1576 ; tarif des droits de palan et autres, de 1563 ; réglement des états généraux au sujet des ports francs des matelots, de 1597 ; ordonnances sur les bateaux de transport entre Amsterdam et Harlem, de 1599 ; autres de 1583 et 1598 sur le même objet, entre Amsterdam et Utrecht ; autres sur le même objet, de 1599 et 1641, entre Amsterdam et Leyde ; autres du 20 avril et du 17 juillet 1610 pour le même objet, entre Anvers, la Zélande et Rotterdam ; autre du 1.ᵉʳ juin 1611 pour le même objet, entre Amsterdam et Dorth ; autres sur les caboteurs pour Londres, Hambourg et Rouen, des 15 décembre 1640, 19 février 1611 et 27 juillet 1613 ; arrété sur les messagers ou postes, de 1612 ; autre sur les propriétaires d'alléges, du 24 avril 1598 ; autre sur les propriétaires de grands bateaux chalands, du 23 décembre 1569 ; autre sur la fabrication des ancres, du 3 août 1591 ; ordonnance relative aux capitaines de port, du 27 avril 1562 ; ordonnance, sans date, qui défend de jeter des pierres dans le port ; arrété de 1599, relatif aux dommages causés aux palissades ; instruction du 24 décembre 1642, faite par les bourgmestres et sénateurs d'Amsterdam sur les fonctions des commissaires chargés de juger les contestations relatives au commerce et à la navigation. L'édition de 1740 contient quelques autres pièces plus récentes, également de pur intérêt local.

Le sixième ouvrage est intitulé *Biblioteca di gius nautico* , en deux volumes *in-4.*', commencé en 1785 à Florence et non achevé. Il contient la traduction de la compilation dite droit rhodien ; de quelques constitutions du Code Théodosien relatives au droit maritime ; des fragmens dont le livre LIII des Basiliques est composé dans l'édition de Fabrot; de quelques lois navales de l'empereur Léon ; des Rôles d'Oléron avec le commentaire de Cleirac ; de la compilation de Wisby ; de l'ordonnance des villes anséatiques de 1591 ; de quelques fragmens de l'ordonnance de Philippe II de 1563 ; d'articles dé- crétés par les états généraux de Hollande en 1702 , relativement à la disci- pline des vaisseaux de l'état; de l'ordonnance de Pierre d'Arragon de 1340 ; de l'ordonnance des conseillers de Barcelone pour le consulat de Sicile; des chapitres du *Recognoverunt proceres;* de l'ordonnance d'assurance de Bar- celone de 1484 ; de l'ordonnance française de 1681 et du commentaire de Valin jusqu'au titre VIII du livre Ier seulement. Il contient en outre un extrait des statuts civils et criminels de Venise, suivi de vingt-six lois additionnelles, et le statut de Florence de 1512 sur les assurances.

Un septième recueil a été publié en allemand à Lubeck en 1790 par Engelbrecht, en un volume *in-4.*', sous le titre de *Corpus juris nautici,* oðer Sammlung aller See-Rechte. Il contient une traduction de la compilation dite droit rhodien ; des textes du Digeste et du Code que Peckius, professeur à Louvain, avoit publiés en 1556 (1); des Rôles d'Oléron, avec le com- mentaire de Cleirac ; de la compilation de Wisby, d'après l'édition hollan- daise de Verwer; de l'ordonnance de Pierre d'Arragon de 1340 ; du régle- ment de Barcelone relatif aux consuls en Sicile ; de l'ordonnance maritime du 21 novembre 1435 ; de celle de Florence de 1512; du Consulat de la mer. Il contient en outre les textes de l'ordonnance maritime de Hambourg de 1266, de celle de Lubeck de 1299, du droit maritime contenu dans le statut civil de Lubeck de 1586, des ordonnances maritimes de Brème de 1433 et 1533, des ordonnances maritimes des villes anséatiques de 1591 et 1614, de l'ordonnance maritime de Riga de 1542, et de l'ordonnance maritime de Danemarck, de Frédéric II, de 1561.

Le huitième et dernier recueil a été publié à Madrid en 1791, en deux volumes *in-4.*', sous le titre, *Codigo de las costumbres maritimas*, par Cap- mani. Il contient le texte en langue romane avec la traduction espagnole du Consulat proprement dit, c'est-à-dire, les chapitres XLVI à CCXCVII du docu- ment connu sous ce nom, ainsi que le réglement sur la procédure consu- laire de Valence ; une traduction espagnole de la compilation dite droit naval des Rhodiens, des Rôles d'Oléron , de l'édit de France de 1563 sur la juridiction des tribunaux consulaires, et d'une ordonnance publiée en latin

---

(1) Ce recueil peu complet de textes du droit romain sur les matières maritimes a été annoté par Vin- nius , et imprimé en 1637 et 1668. Je ne l'ai point indiqué parmi les collections , parce qu'il ne contient aucune autre pièce , si ce n'est le texte grec avec une version latine de la compilation rhodienne.

par Jacques L.[er], en 1258, pour la police de la navigation ; les textes d'un extrait des *Partidas* d'Alphonse X, de 1266 ; la traduction de l'ordonnance de Pierre d'Arragon de 1340, et de celles des magistrats de Barcelone, de 1343, 1465 et 1471, sur la police de la navigation ; la traduction des chapitres de 1283 et du statut de 1271 ; le texte des priviléges et sauvegardes de 1481, et des ordonnances de Burgos de 1494, 1511 et 1537 ; la traduction des ordonnances sur les assurances de Barcelone, de 1436, 1458, 1461, 1484 ; des extraits des cédules royales relatives aux réglemens maritimes de Séville, de 1553, 1554 et 1555, et au consulat de Bilbao, de 1737 ; les chapitres CCXCVIII à CCCXXXIV de la compilation du consulat, relatifs aux armemens en course ; un extrait des *Partidas* d'Alphonse X sur le même objet.

On voit par ce tableau, qu'en supposant même qu'il ne fût pas possible de réunir d'autres pièces que celles dont ces recueils sont formés, aucun n'est complet. Mais il s'en faut de beaucoup que les documens de l'ancien droit maritime privé soient réduits à un si petit nombre.

Les recueils dont je viens de parler ne contiennent pour l'Italie qu'une partie des lois de Venise et de Florence, et même ce ne sont pas les plus anciennes. On n'y trouve point les lois de Trani, de Pise, d'Ancône, de Rimini, de Naples, de Sicile, de Sardaigne, de Portugal. Ils ont omis, pour l'Espagne, plusieurs ordonnances de Barcelone, et des lois générales contenues dans les *recopilacions;* pour la France, le droit maritime établi par les croisés dans le royaume de Jérusalem, les statuts de Marseille et autres villes maritimes de France, et diverses ordonnances générales antérieures à celles de 1681. On n'y trouve rien de relatif à l'Angleterre. Ils n'ont point recueilli pour la Hollande les lois de Rotterdam, de Middelbourg, d'Utrecht ; pour le nord de l'Europe, les lois d'Islande, de Norvége, de Suède, de Dantzig, du duché de Prusse ; enfin ils ont omis une grande partie de celles du Danemarck, de Hambourg, de Lubeck et autres villes anséatiques.

Déjà mes recherches et la bienveillance de plusieurs savans étrangers m'ont fourni plus de cent pièces non contenues dans ces recueils (1), la plupart inédites et les autres extraites d'ouvrages historiques où elles étoient, en quelque sorte, ensevelies. De plus, en recourant aux sources pour les pièces déjà publiées ou traduites, j'ai eu le bonheur de trouver des textes plus anciens et des fragmens inédits. Puissent ces avantages racheter aux yeux des savans les défauts qu'ils auroient à me reprocher sous d'autres rapports !

Peut-être me demandera-t-on pourquoi je prends le XVII.[e] siècle plutôt que toute autre époque pour terme de ma collection. Cette observation m'a été faite avec beaucoup d'obligeance par M. Falck, professeur de l'académie de Kiel, à qui mon plan a été communiqué, à la fin de 1824, par M. Hach,

_____

(1) Le nombre de celles que fournissent ces recueils, omission faite de huit à dix absolument étrangères au droit maritime, ne s'élève pas à cinquante.

premier juge à la cour d'appel des villes libres d'Allemagne séant à Lubeck.
Ne seroit-il pas mieux et plus utile, m'a fait dire ce savant professeur, de
recueillir le droit maritime de chaque pays jusqu'au temps actuel? Une collection qui scinderoit ainsi le corps de chaque législation, en omettant les actes
des XVIIIe et XIXe siècles, ne paroîtra-t-elle pas incomplète?

Cette objection a quelque chose de vrai en elle-même : d'autres personnes
moins bienveillantes que M. Falck peuvent la faire ; je dois y répondre, et
voici toute ma justification.

La vie de l'homme, ses forces, ses moyens d'exécution, sont bornés. C'est
en divisant et en subdivisant un tout, en étudiant séparément chacune des
parties dont il se compose, qu'on peut parvenir à le bien connoître soi-même
et à le faire connoître aux autres.

Un choix de pur caprice ne m'a pas décidé à m'arrêter à la fin du
XVIIe siècle. Une collection du même genre que celle dont je m'occupe a été
commencée par le célèbre Martens, et précisément la fin du XVIIe siècle est
son point de départ. Il en a paru un volume en 1800, et peut-être les manuscrits laissés par ce professeur si justement regretté seront-ils publiés par
ses héritiers. En second lieu, le feu Roi Louis XVIII a ordonné, par décision du 19 juin 1822, qu'il seroit fait une collection des lois commerciales
actuellement en vigueur en Europe, et a daigné me charger de ce travail.
Dans le plan de cette collection, destinée à réunir principalement les lois sur
le change, sur le commerce maritime et sur les faillites, il a été convenu de
la commencer au XVIIIe siècle, parce que maintenant il y a peu de pays
où les lois en vigueur sur ces matières soient antérieures à cette époque.
Je m'occupe, autant que mes forces et mon temps le permettent, de réunir
et de classer les matériaux de cette collection. Lorsqu'elle sera publiée par
moi, ou par d'autres, si je ne suis pas destiné à en voir la fin, elle deviendra
pour la partie maritime le complément de l'ouvrage dont je commence la
publication.

Quoique je n'aie négligé aucune précaution pour obtenir les meilleurs
textes, pour les publier, les traduire ou les faire traduire avec exactitude,
peut-être n'aurai-je pas toujours réussi, et des fautes graves échappées
à mon attention, ou résultat presque indispensable de ma position, pourront me faire accuser de témérité. Mais, s'il falloit céder à cette crainte, on
n'entreprendroit jamais de collections de documens originaux appartenant
à des temps et à des pays divers; et l'histoire générale, ou celle de quelque
branche des connoissances humaines, y perdroit. La chance de commettre
des fautes est presque inhérente à ces sortes d'entreprises. Quelque part que
ma collection eût été projetée et exécutée, l'auteur se seroit trouvé dans
l'obligation de recueillir des documens étrangers à son pays natal et à sa
langue propre.

J'espère que les savans, et surtout ceux d'Allemagne et du Nord, appli-

queront en ma faveur les judicieuses réflexions d'un de leurs compatriotes,
et diront avec Dreyer, dans le jugement qu'il portoit sur un écrivain qui
avoit essayé de réunir un grand nombre de documens anciens : « Vicem
« saltem dolemus et rerum conditionem quæ. . . . invisit vel authentica, vel
« ad fidem eorum exactas probatæque notæ copias. Admodum inhumanus
« et indignissimus censor esset, qui ad tribunal criticum vocaret editorem, si
« quid lacunarum, hiatuum, si quid malè redditum et à sensu originis
« recedens in editis animadverteret (1). » D'ailleurs la science véritable est
indulgente; elle sait mesurer et apprécier des difficultés qu'elle-même a
connues; et, comme la bienfaisance, elle a pour devise : *Non ignara mali,*
miseris succurrere disco.

Mon travail n'est pas sans doute exempt d'imperfections; je dois cependant avouer qu'il m'auroit été impossible d'obtenir le résultat auquel je suis
déjà parvenu sans le secours du ministère des affaires étrangères. M. le duc
Mathieu de Montmorency, dont les amis de la religion, du Roi, de l'humanité
et des sciences, ne cesseront de pleurer la perte, avoit bien voulu, par une
circulaire du 20 décembre 1822 (2), inviter les consuls de France à me fournir
tous les documens dont je leur ferois la demande, et à faciliter ma correspondance avec les savans étrangers. M. le vicomte de Chateaubriand m'a
continué la bienveillance de son prédécesseur. Je dirois aussi tout ce que je
dois à M. le baron de Damas, ministre actuel, si les éloges qu'on donne aux
hommes en place, lors même qu'ils sont le mieux mérités, n'avoient pas de
tout temps ressemblé à la flatterie. Qu'il me soit au moins permis de déclarer que tous les ambassadeurs et consuls français auxquels je me suis adressé
m'ont secondé avec un zèle dont je ne peux trop leur exprimer ma vive reconnoissance.

Le public jugera si, avec tant de secours, j'ai répondu à l'idée qu'on pouvoit
se faire de mon entreprise. Dans le cas où je n'aurois pas réussi, j'aurai du
moins offert les élémens d'un travail qui ne seroit ni sans intérêt ni sans utilité. Peut-être ne me refusera-t-on pas le mérite des premières difficultés
vaincues. La perfection est l'ouvrage de la patience et du temps; on n'y parvient que par une suite de degrés plus ou moins rapides, dont les derniers ne
sont pas toujours les plus difficiles à franchir; et je me trouverai heureux
d'avoir pu réunir quelques matériaux d'un édifice que des mains plus habiles
construiront d'une manière plus parfaite.

---

(1) Dreyer, *Specimen juris publici Lubecensis circa inhumanum jus naufragii*, § 4, not. 13.
(2) Ce n'est cependant qu'en 1825 que j'ai pu profiter de cette autorisation, après que le Roi eut, sur la
proposition de M. le garde des sceaux, permis, au mois de juin 1824, que l'imprimerie royale imprimât un
plan qui fut adressé à MM. les consuls, dont l'objet étoit d'indiquer les documens que j'avois déjà, et de
faciliter la recherche de ceux qui me manquoient.

CHAPITRE PREMIER.

Des Peuples anciens dont il n'existe aucun monument de législation maritime.

L'HISTOIRE a conservé les noms de la plupart des peuples anciens qui se sont adonnés au commerce maritime (1) : mais les écrivains dont les ouvrages sont parvenus jusqu'à nous, plus appliqués à peindre des situations politiques, ou à décrire des révolutions, qu'à faire connoître l'administration intérieure des nations dont ils transmettoient le souvenir à la postérité, parlent avec étendue de la puissance et des richesses qu'elles dûrent à la navigation, des prétentions qu'elles eurent à la domination des mers, et des guerres nées de ces prétentions; ils nous laissent dans une ignorance presque absolue sur les lois par lesquelles étoient régies les transactions que le commerce maritime devoit nécessairement produire.

Ce seroit aller contre toutes les règles de la vraisemblance et de l'analogie, que de croire avec quelques auteurs que ces peuples n'ont jamais eu de lois positives, et qu'ils furent dirigés par des usages vagues et incertains (2). Il seroit plus facile de supposer qu'ils ont vécu en paix avec leurs voisins, et que, paisibles concurrens sur les mers, ils n'ont point essayé d'interdire ou de restreindre la navigation des autres nations.

L'expérience apprend, en effet, que plus un état est commerçant, plus il faut de lois pour diriger les efforts et accroître les progrès de l'industrie, surtout pour terminer les contestations qui se multiplient en raison directe des négociations dont le commerce est la cause (3).

Quelques peuples anciens, il est vrai, paroissent avoir eu de grandes préventions contre le commerce extérieur. Habitans d'un territoire dont les productions suffisoient à leurs besoins, ils étoient peu désireux d'aller chercher au dehors un superflu dont ils ne sentoient pas les avantages. Une politique qui trouve peu d'imitateurs aujourd'hui, mais que nous ne pouvons condamner, puisque nous n'en saurions apprécier sainement les motifs, leur faisoit aussi craindre les dangers d'une hospitalité dont les pirates abusoient trop souvent (4). On ne cite que comme des exceptions les législateurs qui, voyant dans le commerce une occasion de corruption par les rapports trop fréquens qu'il amenoit avec les étrangers, l'ont prohibé ou restreint

(1) Euseb. *Chronic.* lib. 1, cap. XXXVI.
(2) *Hist. univ.* par une société de gens de lettres anglais, liv. 1, ch. VIII, sect. II; ch. IX, sect. II.
(3) Plat. *De leg.* lib. VIII. — Godefroy, *De imperio maris*, cap. VII. — Montesq. *Esprit des lois*, liv. XX, ch. XVIII.
(4) Strab. lib. XVII, cap. 1, § 5.

I.   3

dans les pays qu'ils gouvernoient (1). C'est ainsi que Plutarque parle des
Épidamniens, chez qui les négociations avec les étrangers étoient interdites,
en faisant remarquer néanmoins qu'ils avoient institué un préposé public qui
faisoit tous les marchés nécessaires au nom de ses concitoyens (2). Du reste,
ces exceptions sont trop rares pour que nous nous y arrêtions.

Quelle que soit l'époque à laquelle le commerce maritime, après avoir
satisfait aux besoins des habitans du même état, a créé des communications
entre eux et les étrangers, par une conséquence de ce sentiment qui rend les
hommes sociables en leur inspirant le désir de trouver dans l'échange et la
vente ce que leur propre pays leur refuse (3), des usages ont dû s'établir sur les
engagemens réciproques de ceux qui expédioient les navires, et des matelots
dont ils employoient les services ; sur les conventions entre les armateurs ou
les patrons, et ceux qui leur confioient des marchandises à transporter ; sur
les associations que formoient les conducteurs de navires, dans un temps où,
la science de la navigation étant peu avancée et les mers fréquentées par des
pirates, il falloit multiplier les moyens de défense et de secours mutuels (4).

Ces usages ont dû prendre une sorte d'uniformité dans tout ce qui étoit
relatif au même genre de transactions. La mauvaise foi, ou diverses circonstances, ayant fait naître des contestations, l'autorité des jugemens a
consacré ces usages ; et bientôt les législateurs ont senti la nécessité d'offrir,
par des actes de la puissance souveraine, aux particuliers, des garanties
pour l'exécution de leurs engagemens respectifs ; aux magistrats, des règles
précises pour maintenir la bonne foi et réprimer les injustices.

C'est principalement aux Phéniciens qu'on peut appliquer cette observation. Tous les monumens de l'histoire et de la géographie nous les montrent
comme les plus habiles, peut-être même les plus anciens (5), mais assurément les plus hardis (6) et les plus riches navigateurs (7). Leurs institutions
publiques accordoient la plus grande liberté aux commerçans, dont la profession étoit honorée et dont les transactions étoient affranchies d'impôts (8).

J'ignore jusqu'à quel point il faut ajouter foi à ce que dit Aristote, qui lui-
même ne le rapporte que comme un ouï-dire, qu'ils ne connurent d'autre
loi que la force, et que ceux qui refusoient leurs offres en matière de commerce, devenoient victimes de leur insatiable avarice (9). Il est probable
que cela ne peut s'entendre que de l'ambition qu'ils eurent de se rendre

(1) Plut. *Apophthegm. lacon.* §§ 84 et 90.
(2) Plut. *Quæst. græc.* § 20.
(3) Plut. *Vita Solon.* § 3. — Plin. *Hist. nat.* lib. XXXIII, cap. I.
(4) Grotius, *De jure belli ac pacis*, lib. II, cap. XII, § 4 ; Van der Müllen et Cocceii, *ad hunc loc.*
(5) Herod. lib. I, § I.—Strab. lib. III, cap. II, § 4. — Dionys. *Descript. orbis*, vers. 907 et 908 ;
Eustath. *ad hunc loc.*
(6) Herod. lib. IV, § 42.
(7) Isaï. cap. XXIII. Ezech. cap. XXVII. — Plin. *Hist. nat.* lib. V, cap. XIII.
(8) M. de Pastoret, *Hist. de la législation*, t. I, pag. 439.
(9) Aristot. *De mirabil. auscult.* Opp. t. II, pag. 734.

dominateurs de la mer, et d'interdire la navigation à ceux dont ils craignoient la concurrence; mais ce point de vue, tout politique, ne peut empêcher qu'on ne suppose avec fondement que la multiplicité et la variété des négociations auxquelles ils se livroient, leur donnèrent lieu d'établir une législation privée, d'autant plus sage et plus juste qu'ils mettoient plus d'importance au commerce maritime. Aussi les livres qui contiennent à-la-fois le dépôt de nos traditions sacrées et les plus anciens monumens historiques, ne nous parlent de la puissance et de l'industrie de ce peuple qu'en célébrant la sagesse de ses lois. Le prophète éloquent qui nous a laissé une si magnifique description de l'ancienne Tyr, place au premier rang, dans cet admirable tableau, la science de ses magistrats et les institutions destinées à protéger le commerce (1).

Après avoir été gouvernés par des usages que le besoin avoit introduits et que l'expérience a dû perfectionner, les Phéniciens possédèrent sans doute une législation maritime fixe, à l'époque où les progrès d'une industrie toujours croissante et les accidens inséparables d'une longue navigation en firent sentir plus vivement la nécessité.

Carthage, fondée par les Phéniciens, et à qui l'immensité de ses richesses(2) ne fit jamais oublier son origine (3), n'eut pas moins d'ambition en ce qui concerne le désir de dominer sur les mers; et, sans doute aussi, à mesure qu'elle étendit ses relations et sa puissance, elle développa les principes de la législation que ses fondateurs lui avoient transmise.

S'il faut en croire les écrivains de Rome, Carthage portoit la jalousie commerciale jusqu'au point d'interdire aux peuples qui lui contestoient la suprématie sur mer, la faculté d'aborder dans les lieux de sa domination; ils prétendent même qu'elle faisoit couler bas tous les navires que les siens rencontroient se dirigeant vers la Sardaigne et vers le détroit qui porte aujourd'hui le nom de Gibraltar (4). Mais ce n'est qu'avec défiance, ce me semble, qu'on doit accueillir ces sortes d'accusations faites par des écrivains naturellement portés à exagérer tout ce qui pouvoit rendre odieuse une rivale si long-temps redoutable aux Romains. Le commerce maritime établit nécessairement des rapports entre les peuples; et Carthage n'auroit pu être puissante par ce commerce, si elle avoit été en un tel état d'hostilité avec le monde entier.

Les lois maritimes des Phéniciens et des Carthaginois ne nous sont point parvenues: comme les premiers n'étoient déjà plus connus à l'époque où Rome commença d'avoir des historiens, et que, d'un autre côté, cette république

(1) Sapientes tui, Tyre, facti sunt gubernatores tui........ In sapientia et prudentia tua fecisti tibi fortitudinem, ... In multitudine sapientiæ tuæ et in negotiatione tua multiplicasti tibi fortitudinem. Ezech. cap. XXVII, v. 8; cap. XXVIII, v. 4 et 5.
(2) Polyb. *Hist.* lib. VI, § 50.
(3) Quint. Curt. lib. IV, cap. IV. — Polyb. *Excerpt. Legat.* § 114.
(4) Strab. lib. XVII, cap. I, § 9.

3..

eut pour principe de ne pas se croire en sûreté tant que le nom et les murs de Carthage subsisteroient, il en est naturellement résulté qu'elle n'a ni daigné ni voulu conserver la législation maritime de ces peuples. Il peut même se faire que, plus occupés de nuire à leurs ennemis que d'étudier leurs institutions et leurs lois, les Romains n'aient eu, dans le fait, aucune connoissance de celles que Carthage avoit reçues de ses fondateurs, ou rédigées d'après sa propre expérience.

Les livres saints et les historiens profanes attestent la splendeur et les richesses que le commerce procura aux Assyriens (1), chez qui l'art de travailler le bois, les métaux, et de fabriquer des étoffes riches et variées, paroit avoir été porté au plus haut degré (2). Sans doute les souverains de Babylone et de Ninive, fondateurs de tant d'établissemens, auteurs de si vastes entreprises pour créer et développer la navigation dans leurs états (3), n'avoient point laissé sans législation fixe des négociations qui devoient se multiplier ou se varier à l'infini, puisque leur objet étoit d'aller chercher dans les pays les plus éloignés tout ce qui pouvoit satisfaire les besoins de la vie, ou même contenter les fantaisies du luxe. On peut croire aussi que le commerce maritime dut quelques réglemens à cette célèbre Sémiramis, sur le tombeau de laquelle les historiens assurent qu'on lisoit qu'avant elle aucun Assyrien n'avoit vu la mer (4). Néanmoins tout ce qu'on sait de la législation civile des Assyriens n'est relatif qu'au commerce intérieur (5). Ils dûrent cependant avoir des règles pour juger les contestations que le commerce ▸maritime faisoit naître, s'il est vrai, comme l'a dit un illustre savant, que l'Euphrate fût, en quelque sorte, une mer qui servoit de port à toutes les nations de l'Orient (6).

Des monumens irréfragables constatent que les Égyptiens avoient apprécié les immenses avantages du commerce (7); car il y a évidemment quelque exagération dans ce qu'on a dit de leur haine pour les étrangers: cependant ils s'adonnèrent à la navigation (8) plus tard que les peuples voisins de leur empire. Mais, dès qu'une fois ils eurent connu la nécessité d'établissemens destinés à en faciliter les entreprises (9), on ne peut douter qu'ils n'aient eu des lois sur cette matière, et que ces lois ne se soient ressenties de la sagesse tant vantée de leurs autres institutions. Nous connoissons celles qui concernoient la police des rivages et des lieux de débarquement (10); qui

---

(1) Isaï. cap. XLV, v. 15. — Jerem. cap. XLI, v. 44.
(2) Aristoph. *Ranæ*, act. v, sc. I. — Plaut. *Stich.* act. II, sc. II. — Plin. *Hist. nat.* lib. VIII, cap. XLVIII.
(3) Herod. lib. I, §§ 185 et 193. — Diodor. Sic. lib. II, §§ 16 et 17. — Strab. lib. XVI, cap. I, § 2.
(4) Polyœn. *Stratag.* lib. VIII, cap. XXVI.
(5) M. de Pastoret, *Hist. de la législ.* t. I, pag. 71, 72 et 111.
(6) Sainte-Croix, *Diss. sur la ruine de Babylone*, Mém. de l'Acad. des inscript. t. XLVIII, pag. 34.
(7) *Gen.* cap. XXXII, v. 25. — Herod. lib. II, § 158; lib. IV, § 42. — Diod. Sic. lib. I, § 33.
(8) Herod. lib. II, §§ 154 et 164. — Diod. Sic. lib. I, § 28.
(9) Strab. lib. I, cap. I, § 8; lib. XVII, cap. I, § 12.
(10) Herod. lib. II, § 179. — Diod. Sic. lib. I, § 67.

assuroient protection aux étrangers que les vents forçoient à relâcher sur leurs côtes (1); qui accordoient aux peuples attirés chez eux par les relations du commerce, la faculté de choisir et d'établir des magistrats pour terminer leurs différends suivant leurs lois (2). D'aussi sages réglemens font vivement regretter l'oubli dans lequel les autres sont ensevelis.

Lorsque les Juifs se livrèrent au commerce maritime, ce qui eut lieu principalement sous le règne de Salomon, les lois du Lévitique et du Deutéronome, destinées à assurer la bonne foi des transactions intérieures (3), devinrent insuffisantes. Mais les livres saints et les annales judaïques n'ont rien conservé des réglemens qu'ils ont dû adopter; à moins qu'on ne suppose, ce qui n'est pas sans vraisemblance, que les Phéniciens, en leur apprenant l'art de la navigation (4), leur communiquèrent aussi les lois d'après lesquelles ils se conduisoient eux-mêmes dans les négociations qu'elle produit.

On pourroit faire de semblables réflexions et proposer les mêmes probabilités au sujet des Lydiens (5), des Crétois (6), et d'un grand nombre de peuples qui, pendant une époque plus ou moins longue, ont réclamé ou exercé ce qu'on appelle l'empire de la mer (7), c'est-à-dire, le droit de protéger les navigateurs contre les pirates, ou de limiter, dans leur intérêt, la navigation de leurs rivaux. Je crois aussi qu'on peut en dire autant au sujet des peuples qui se sont livrés au commerce maritime sans aucune vue d'ambition, tels que les Arabes, les Indiens, dont le sol heureux fournissoit les plus riches produits (8); mais la puissance maritime ou l'importance commerciale de ces nations a été trop courte ou trop foible, pour qu'on suppose qu'elles aient pu s'occuper de rédiger des lois positives.

Je crois devoir aussi placer les Rhodiens au nombre des peuples dont les lois maritimes ne subsistent que dans le souvenir qu'elles ont laissé; mais ce point exige une discussion plus étendue.

Le haut rang que les Rhodiens ont occupé parmi les nations commerçantes, et même parmi celles qui prétendirent à une navigation exclusive, est attesté par tous les historiens (9), qui s'accordent à vanter la sagesse de leur législation (10). Cicéron lui rendit hommage en présence du peuple romain (11); les plus grands jurisconsultes n'ont pas dédaigné d'en déve-

(1) Herod. lib. II, § 115.
(2) Herod. lib. II, § 178.
(3) *Levit.* cap. XIX, v. 35 et 36. *Deut.* cap. XXV, v. 13 *et seqq.*
(4) *Reg.* lib. III, cap. IX, v. 27 et 28; cap. X, v. 22; cap. XXII, v. 49. — *Paralip.* lib. II, cap. VIII, v. 17; cap. XX, v. 36 — Joseph. *Hist.* lib. VIII, cap. II, § 3, et *Antiq. judaïc.* lib. VIII, cap. I, § 2.
(5) Stevech. *ad Veget.* lib. V, cap. III.
(6) Herod. lib. III, § 122. — Thucyd. lib. I, cap. IV. — Diod. Sic. lib. V, cap. LXV.
(7) Euseb. *Chronic.* lib. I, cap. XXXVI. — Casaubon, *ad Polyb.* pag. 192.
(8) Strab. lib. XVI, cap. III, § 6. — Plin. *Hist. nat.* lib. VI, cap. XXII.
(9) Tit. Liv. lib. XLIV, cap. XXIII. — Strab. lib. XIV, cap. II, § 4. — Florus, lib. II, cap. VII. — Aul. Gell. *Noct. att.* lib. VII, cap. III; lib. XV, cap. XXXI.
(10) Strab. lib. XIV, cap. II, § 4.
(11) Cic. *Pro lege Manil.* § 18.

lopper les principes, et plusieurs titres du Digeste contiennent des extraits de ces commentaires ou traités.

Cependant M. Meyer, dans une dissertation intitulée *Historia legum medii ævi celeberrimarum*, imprimée à Gottingue à la fin de 1824, pense que les Rhodiens n'ont point eu de lois maritimes écrites, mais seulement des coutumes successivement développées, accrues et corrigées par les décisions des juges ou des arbitres. Cette opinion avoit été soutenue déjà dans une très-courte dissertation de Gildmeister, imprimée à Gottingue en 1803, sous le titre *Dissertatio quâ disquiritur sitne aliquod fueritve jus maritimum universale*, que j'ai vue souvent citée comme une sorte d'autorité dans beaucoup d'ouvrages allemands, mais qui, à mon avis, est loin d'avoir le mérite de celle de M. Meyer.

Les dissertations académiques qui se publient dans la plupart des universités d'Allemagne, n'étant pas aussi répandues par la voie du commerce que les autres livres, je crois faire une chose agréable pour ceux qui désirent connoître dans son ensemble l'opinion de M. Meyer, de transcrire le passage où il la développe.

« In dubium vocari potest utrùm leges navales Rhodiorum in scriptum
« redactæ fuerint, an potiùs tantùm in consuetudinibus exstiterint, quibus
« per certas externas formas judicii, ut ferè in recentiori ævo secundùm
« Consulatum maris, ex bonis viris, seu arbitris, conjuncti, stabilitas firmata,
« illi autem judicio juris corrigendi, adjuvandi supplendique facultas tributa
« erat; cujus opinionis rationes in sequentibus ferè contineri affirmaverim.

« 1.° Leges navales Rhodiorum si scriptæ fuissent, certè apud earum
« præcones aliquam allegationem legissemus, et Servius Sulpitius, aut
« M. Tullius Cicero, aut Julius Cæsar, qui Rhodi studiis vacaverant, de iis
« certè aliquid retulissent, cùm Romanus librum ejusmodi legum memo-
« ratu dignum putasset, præcipuè cùm in illis temporibus jurisconsulti romani
« de iis (hoc est, de aliqua consuetudine Rhodiorum auctoritate orta) jam
« responderent : nusquam autem ejusmodi allegatio legis alicujus Rhodio-
« rum navalis invenitur. Laudes verò quibus Cicero aliique illorum tem-
« porum auctores Rhodios extulerunt, tantùm ad instituta Rhodiorum quæ
« causas maritimas decidebant, vel ad curam commercii [Handels-Politif]
« spectabant, referri posse, facilè intelligitur. Rhodii enim non, ut Phœnices
« ferè et Carthaginienses, alios populos à mercatura excludere operam
« dederunt; cura eorum rei navalis potiùs in eo conspiciebatur, ut extraneos
« quoque populos tuerentur et prædones mari amoverent. Apud Græcos
« generatim ejusmodi instituta, à jurisdictione civili separata, nonnunquam
« inveniuntur (e. g. apud Athenienses, qui, ad maturandas in rebus commer-
« cialibus et maritimis lites, proprium aliquod judicium constituebant),
« qualia et in medio ævo, imò nostris temporibus, reperiuntur. Si autem
« per judicum illorum institutorum decisiones certa principia fundata erant,

« verosimillime est, per magnas illas commercii conjunctiones Rhodiorum,
« et per eos qui eorum negotiis curandis præpositi erant [2(gcnten], quibus
« fortasse et lites inter Rhodios decidendi facultas erat, illa principia populis
« extraneis innotuisse. Plures ejusmodi decisionum in scriptum redactas fuisse
« fieri potest; sed perfectam eam et absolutam legislationem, cujusmodi
« recentioribus temporibus liber Consulatûs exstat, non fuisse, vix dubitan-
« dum est. 2.° Antonio imperante subditi Romanis Rhodii fuerunt : attamen
« ille his, testibus pluribus scriptoribus, jus ac dominium maris, quasi jus
« in rebus maritimis subsidiarium (ut vocant), suæ legislationi oppositum,
« addixit.

« Si consuetudines Rhodiorum scriptæ fuissent, neque verò in frequen-
« tatione nationum exstitissent, ille imperator, tantùm jussu, jus illud mari-
« timum proprium sibi facere, et ut jus romanum publicare, potuisset.

« Sanè multò verisimilius esse videtur, omnes populos, frequente com-
« mercio et navigatione ac famâ Rhodiorum in rebus maritimis peritiæ com-
« motos, quamlibet consuetudinem aliquo modo ad res navales referendam,
« pro lege ex aliquo Rhodiorum jure scripto effluente habuisse, et omnibus
« quæ quidem ad rem maritimam spectabant, nomen legis rhodiæ attri-
« buisse. Si postea jurisconsulti romani singulas illarum consuetudinum
« illustrarent, hoc *de lege rhodia respondere* nominabatur....

« Putaverim ergò illam peritiæ rei navalis Rhodiorum celebritatem ad
« certa lites in causis maritimis decidendas instituta referendam esse; jus
« autem eorum navale nunquam scriptum fuisse, sed tantùm è consuetudi-
« nibus maritimis, tanquam jus universale agnotis, constitisse. »

Je ne saurois partager le sentiment de M. Meyer. Quelque ingénieux
que soient ses argumens, ils tendroient à renverser une des bases les plus
respectables de crédibilité, la foi due aux monumens qui subsistent.

Le corps de droit romain a un titre intitulé *de lege rhodia;* ce qui
signifie évidemment que les textes de ce titre sont tirés de réponses ou de
commentaires faits par des jurisconsultes sur une loi, et peut-être même
sur un ensemble de législation maritime rhodienne. Cela seul suppose des
textes existans et qui ont dû être connus de ceux qui les ont commentés.

Le premier fragment de ce titre dans le Digeste emploie expressément le
mot *loi : LEGE rhodiâ cavetur,* la LOI rhodienne *décide, prévoit.* Ce qui
suit ces mots est imprimé dans les éditions les plus estimées en caractères
qui annoncent un texte cité et transcrit : aussi Vinnius, dans sa première
note, n'hésite point à le considérer comme texte du droit rhodien. On sait
qu'un grand nombre d'autres fragmens du Digeste présentent sous la même
forme des passages de sénatus-consultes, de constitutions des empereurs,
ou de documens divers; et personne ne doute, à l'égard de ces citations,
qu'elles ne soient des textes : cependant on n'en a pas souvent d'autre preuve
que la manière dont ils sont imprimés dans les éditions du Digeste. Pourquoi

n'éleveroit-on de doutes qu'au sujet de la loi rhodienne citée de la même manière? Les termes de ce fragment ne sont-ils pas précisément l'*allegatio legis*, que M. Meyer suppose ne se trouver nulle part?

Le fragment 9 du même titre est pris dans un livre de Mæcianus, *ex lege rhodia*, c'est-à-dire, sans doute, d'extraits d'un ouvrage sur la loi rhodienne. Dans ce fragment, qui contient la célèbre réponse d'Antonin, l'empereur emploie le mot νόμῳ : le Digeste dit, *lege rhodiâ judicetur*. Seroit-ce donc par ces expressions que les jurisconsultes et les législateurs romains auroient désigné des usages vagues et incertains, de simples coutumes, qui, dans le pays d'où on les annonce originaires, n'auroient pas eu le caractère d'authenticité et de précision qui n'appartient qu'aux actes de la puissance législative, ni d'autre dépôt que la mémoire ou l'opinion des hommes? Comment les Servius, les Labéon, auroient-ils pris pour base et pour objet de leurs commentaires, des usages étrangers non écrits? Qui leur auroit garanti l'exactitude d'un texte, la certitude d'une coutume, qui n'auroient pas été rédigés? Comment surtout, dans le cas spécial du fragment 9 que je viens d'indiquer, auroit-on pu connoître l'opposition ou la conformité de la loi rhodienne avec les lois de l'empire sur les naufrages, si cette loi rhodienne n'avoit pas été écrite?

Si, des témoignages qu'offre le Digeste, nous passons aux preuves historiques, ne voyons-nous pas Strabon attribuer aux Rhodiens une *législation admirable*, εὐνομίαν πρὸς τὰ ναυτικὰ (1); Cicéron employer, pour désigner le droit maritime des Rhodiens, le mot *disciplina*, qui, dans le sens que lui attribuent d'autres passages de cet orateur (2), signifie l'ensemble d'une législation fondée non-seulement sur des usages, mais encore sur des lois qui en sont la base?

Un autre point qui n'a pas moins d'importance, divise les jurisconsultes. Il s'agit de savoir si ces lois nous sont parvenues, sinon en texte précis, du moins traduites en grec plus récent, dans une compilation qui porte le nom de *Droit maritime rhodien;* l'examen de cette question me paroît n'être pas sans intérêt pour la science.

Je vais essayer de la discuter.

Les premiers jurisconsultes qui ont commenté le droit romain, et fait des recherches sur ses antiquités, ne connoissoient des lois rhodiennes que leur nom, leur célébrité, et ce que les fragmens du Digeste en avoient conservé. Il paroit, toutefois, qu'au XVI.ᵉ siècle il existoit, dans les bibliothèques des curieux, quelques manuscrits de différens morceaux composés en grec, relatifs au droit maritime, et portant le titre de *Lois rhodiennes*, ou *Droit naval des Rhodiens*.

François Baudouin, célèbre jurisconsulte de cette époque, en avoit eu

---

(1) Lib. XIV, cap. II, § 4.
(2) *De orat.* lib. I, cap. I et XXXIV; *in Verrem*, orat. III, § 69.

communication. Il en parle dans un commentaire, imprimé en 1559, sur plusieurs lois romaines, du nombre desquelles est le titre *De jactu;* il ne considère ces fragmens que comme un assemblage indigeste de matériaux relatifs
au droit maritime (1). Antoine Augustin en porte le même jugement dans
son traité *De legibus et senatus-consultis,* imprimé à Paris en 1584 (2).

Schard [*Schardius*] est le premier qui les ait rendus publics dans un
recueil imprimé à Bâle en 1591, contenant, en outre, des lois agraires et
militaires attribuées à Justinien, pièces que depuis long-temps on s'accorde
à considérer comme apocryphes. Je ne dois pas oublier de faire remarquer
que Schard tenoit une copie de cette compilation d'Antoine Augustin lui-
même, ainsi qu'il l'atteste, page 272; mais il ne dit rien de l'opinion de ce
jurisconsulte.

Les fragmens publiés par Schard sont au nombre de quatre : 1.° un
préambule que les auteurs appellent ordinairement *confirmations impériales,*
contenant un exposé des mesures qu'on dit avoir été prises par divers empereurs romains pour recueillir les usages maritimes des Rhodiens, et l'indication des approbations successives que ce droit auroit reçues ; 2.° une série
d'articles, dont le nombre varie selon les manuscrits et les éditions, relatifs
à la police intérieure des navires et à quelques conventions maritimes,
sous le simple titre Ναυλικὸς Νόμος ; 3.° une nouvelle série d'autres articles
sur le droit maritime, dont le nombre varie aussi selon les manuscrits et les
éditions , portant le titre Νόμος Ῥοδίων ναυτικὸς ; 4.° un extrait d'un livre sur
le droit par Docimius ou Docimus, relatif à l'autorité des lois rhodiennes.
Je décrirai plus amplement ces pièces dans le chapitre VI, consacré à l'examen de la compilation dont il s'agit.

Loewencklau [*Leunclavius*] les inséra dans le tome II, page 265, d'une
collection d'ouvrages sur le droit grec-romain, imprimée en 1596, sous le
titre *Jus græco-romanum,* les annonçant comme extraites des manuscrits
de François Pithou.

Cette publication, qui n'étoit accompagnée dans l'ouvrage de Schard et
dans celui de Loewencklau d'aucune dissertation, où l'authenticité de ces
articles et des manuscrits qui les avoient fournis fût discutée suivant les
règles de la critique, ne pouvoit suffire pour détruire les objections de
Baudouin et d'Antoine Augustin.

Cujas étoit plus que personne en état de traiter la question, et de donner
un avis décisif : mais on ne voit pas dans ses ouvrages qu'il ait connu les
manuscrits de la compilation dont il s'agit ; elle n'a été imprimée qu'après

_____

(1) Incidi aliquando in quosdam commentarios græcos manuscriptos quorum inscriptio erat, Νόμος
Ῥόδιος : sed incondita erat farrago de rebus nauticis.

(2) Exstat etiam Venetiis, in Bessarionis Marciana bibliotheca, imperatorum Leonis et Constantini epi-
tome juris, in cujus initio de hac lege aliquot capitibus agitur, quorum partem in calce lib. 11, Πρόχειρον,
Harmenopuli, habemus. Sed, ut diligentiùs Romæ in alio libro animadverti, effictum argumentum esse à
Græcis cognovi.

sa mort. Les articles qu'il cite ne sont que ceux dont on trouve l'extrait dans la *Synopsis* des Basiliques, livre LIII, titre VIII, selon l'édition de Loewencklau. Du reste, le jugement qu'il en porte se rapproche beaucoup de l'opinion de Baudouin et d'Antoine Augustin : car il déclare en termes formels dans son commentaire intitulé *Pauli ad edictum,* titre XXXIV, qu'il ne lui paroît pas possible de reconnoître dans ces textes les anciennes lois rhodiennes ; que, tout au plus, c'est une rédaction moderne (1).

D'autres jurisconsultes défendirent l'authenticité de la compilation.

Mornac, dans son commentaire sur le fragment 9 du titre II du livre XIV du Digeste, l'a considérée comme recueil des véritables lois rhodiennes (2).

Godefroy, dans le chapitre IX de sa dissertation *De imperio maris*, imprimée en 1637 et comprise dans la collection de ses petits ouvrages, paroît accorder une grande foi à la première pièce, c'est-à-dire, au préambule : non qu'il le croie authentique ; mais, suivant ce qu'il dit dans le chapitre VIII, il présume que cette pièce, telle qu'elle existe aujourd'hui, est un extrait ou un abrégé, fait par Psellus, des constitutions ou confirmations émanées des divers empereurs qui y sont nommés (3). Il emploie dans le chapitre IX tous les efforts de la critique pour faire disparoître les anachronismes et les erreurs dont je parlerai dans une autre dissertation ; mais il n'entre dans aucune explication sur l'antiquité et l'authenticité des articles dont se composent les II.ᵉ et III.ᵉ parties de la compilation.

Vinnius, dans la préface du commentaire qu'il a publié, en 1647, sur l'ouvrage de Peckius, contenant des lois nautiques extraites du Digeste et du Code, n'hésita point à y voir les véritables lois rhodiennes (4).

Il est assez probable que ce sentiment domina jusqu'au moment où Bynkershock, l'un des plus grands magistrats et des plus célèbres jurisconsultes que la Hollande ait produits, a cru que la question méritoit d'être traitée d'une manière spéciale. Il y consacre le huitième chapitre de sa dissertation, *ad legem rhodiam de jactu*, imprimée en 1703, et comprise dans toutes les collections de ses œuvres. Il y démontre avec beaucoup d'érudition que ce droit appelé rhodien n'a rien d'authentique ; il va jusqu'à dire que c'est l'ouvrage de quelque pauvre Grec affamé (5).

Pierre van der Schelling, dans une dissertation qu'il publia sur le même

(1) Exstant autem leges rhodiæ de negotiis nauticis complures, lib. LIII Βασιλικῶν, tit. VIII. Verùm non illæ vetustissimæ, sed novissimæ quædam.

(2) Cujus libri pretiosum fragmentum habent hodie studiosi ad finem Juris græco-romani, tomo secundo.

(3) Non esse id exemplar integrum auctoritatis illius, verùm eclogam tantùm ejus.... sive Michaël Psellus, sive quis alius, nauticarum legúm collectioni præmittenda putavit (cap. VIII, *in princip.*).

(4) In qua legum navalium collectione multa sanè sunt egregia, et scitu, transmarina negotia tractantibus, utilissima........ jus illud ex Rhodiorum institutis jussu Tiberii descriptum.

(5) Istâ enim eclogâ nihil est absurdius. Profectam dicas ex eodem penu ex quo illæ leges georgicæ quæ sub Justiniani imperatoris nomine circumferuntur, et quarum stultitiam dicere nemo potest..... Ego puto verum, ne quidem leges Rhodiorum novellas eo fragmento contineri, sed fucum nobis fecisse mendacem Græciam quo etiam ineptias illas veneremur...... Opportunè admodùm submovimus jus illud rhodium, quod nescio quis *Græculus esuriens* finxit.

objet en 1722, balança les raisons respectives, et se décida aussi contre l'authenticité de la compilation.

Heineccius adopta sans restriction l'opinion de Bynkershoek dans son *Historia juris civilis*, § 296 (1); et même il témoigne, dans une note sur ce paragraphe, son étonnement de ce que Godefroy, jurisconsulte si instruit, ne se fût pas aperçu de l'imposture (2).

Gravina, dans une note sur le paragraphe CXI de son traité intitulé *Origines juris civilis*, paroit être du même sentiment.

Cependant l'opinion favorable à l'authenticité de cette compilation conserva ses partisans. Outre Mornac, Godefroy et Vinnius, déjà cités, Giannone, dans son *Histoire du royaume de Naples*, livre I.er, chapitre VI, Valin lui-même, dans la préface de son *Commentaire sur l'ordonnance de* 1681, en ont parlé comme si elle n'étoit ni douteuse, ni controversée.

Il est à regretter que ce dernier jurisconsulte, qui a montré une critique si judicieuse dans ses ouvrages, n'en ait pas fait usage dans l'étude de cette compilation, pour discuter les raisons qu'avoient données Baudouin, Antoine Augustin, Heineccius, et surtout Bynkershoek, dont il n'est guère possible de croire que les ouvrages lui aient été inconnus; que surtout il n'ait pas comparé ce que le Digeste a conservé du véritable droit rhodien, avec celui qui en usurpe le nom. Il lui eût été facile de reconnoître combien il se trompoit en disant « que la compilation dont il s'agit, avoit été la source de ce « que les Romains nous ont laissé sur le droit maritime », puisqu'on verra bientôt que ces deux droits sont diamétralement opposés.

Émerigon, dans la préface de son *Traité des assurances*, ne s'est pas dissimulé ce fait, et, sans se livrer à de grands développemens, il exprime la même opinion que Bynkershoek et Heineccius. Elle a été également suivie par Bouchaud, dans sa *Théorie des traités de commerce entre nations*, page 169; par Terrasson, quoique d'une manière moins affirmative, dans une petite dissertation sur les lois rhodiennes qui fait partie de ses *Mélanges d'histoire et de littérature*, page 264; par Lange, dans son ouvrage intitulé *Brevis Introductio in notitiam legum nauticarum*, pages 7 et 10; par Pierre Rainutio, dans sa dissertation intitulée *De jure naufragii*, chapitre IV, pag. 41 et 42; par Jorio, dans sa compilation publiée sous le titre *Codice Ferdinando*, tome II, page 13; par Azuni, qui a littéralement traduit Jorio, dans son *Droit maritime de l'Europe*, tome I.er, page 339; par M. van Hall, aujourd'hui professeur à Amsterdam, dans une dissertation, *De magistro navis*, qu'il a faite en 1822 pour l'obtention du grade de docteur, pages 16 et suivantes; enfin par M. Meyer, dans sa dissertation déjà citée, pages 6 et 7.

---

(1) Enimverò, ipsam congeriem illam quæ legum rhodiarum nomine superbit, esurientis cujusdam Græculi commentum esse, præclarè demonstravit Bynkershoek.

(2) Fucum ergò fecit viris doctis, quisquis illas leges nauticas in lucem protrusit, mirumque est, Jac. Gothofredum, cui alioquin nasus rhinocerotis erat, id non olfecisse.

M. le marquis de Pastoret, à qui, plus qu'à tout autre, il appartenoit d'approfondir cette question et de la résoudre, paroît, dans sa *Dissertation sur l'influence des lois rhodiennes,* couronnée en 1784, avoir cédé à l'autorité de ceux qui font remonter aux Rhodiens la compilation qui porte aujourd'hui leur nom. Il a consacré les pages 26 jusqu'à 44 à en offrir une analyse dans laquelle il a très-habilement fait disparoître les incohérences, les contradictions, et même les erreurs palpables, qu'elle contient, et termine par ces mots : « Telles sont ces lois célèbres, monument éternel de « la sagesse des Rhodiens, qui, tour à tour adoptées par les Grecs et par « les Romains, sont venues ensuite se fondre, pour ainsi dire, dans les or- « donnances maritimes des peuples de l'Europe, et jouissent encore, par « conséquent, de la gloire de présider, au moins en partie, au commerce « de l'univers. »

Presque tout ce que M. de Pastoret dit à ce sujet, a été reproduit par Alex. Schomberg, dans un opuscule intitulé, *Treatise of the maritime laws of Rhodes,* et publié à Oxford en 1786.

Néanmoins M. de Pastoret a été conduit par la justesse de son esprit à reconnoître, dans une note de la page 26, que la compilation qui porte aujourd'hui le nom rhodien, étoit récente, et que le véritable droit n'étoit pas parvenu jusqu'à nous.

Je consacrerai, comme je l'ai annoncé, le chapitre VI à l'examen de cette compilation en elle-même, et je chercherai à déterminer l'époque de sa rédaction et son véritable caractère. Je dois me borner, dans ce moment, à établir que l'on ne peut raisonnablement y voir les véritables lois qui régissoient Rhodes, au temps de sa puissance et de sa liberté, et même au siècle où vivoient Cicéron et les jurisconsultes qui les ont commentées, sous la république, sous le règne d'Auguste et sous celui de ses successeurs.

Parmi les preuves nombreuses qu'on peut en donner, mais dont la plupart exigeroient une critique de mots et une discussion grammaticale difficiles à saisir pour un grand nombre de lecteurs (1), je me borne à une seule dont l'évidence dispense des autres. Je la ferai résulter de la comparaison du droit romain avec la troisième partie de la compilation publiée par Schard, la seule, par parenthèse, qui porte la dénomination de *loi rhodienne,* et je ne choisirai mes exemples que dans les différences les plus remarquables.

Un fait incontestable, c'est que les Romains ont emprunté aux Rhodiens, si ce n'est toute leur législation maritime, au moins celle qui concerne le jet et la contribution : le titre II du livre XIV du Digeste en offre la preuve; il est intitulé, *De lege rhodia de jactu.*

____

(1) On y trouve des mots latins transformés en grec, tels que σαβούρατον, traduction du latin *saburratus;* φισκός, traduit du latin *fiscus;* πραίδα, du latin *præda;* et quelquefois des mots grecs achevés par une terminaison latine, tels que παραθήκη, transformé en παραθηκάειος, qui n'a jamais été un mot grec.

Un second fait non moins certain, c'est que, du temps de Cicéron, les jurisconsultes avoient décidé des questions sur le jet et la contribution, d'après la loi rhodienne; c'est encore ce qu'attestent les fragmens 2 et 4 du même titre II du livre XIV, où l'on cite Servius, Ofilius, Labéon, contemporains du grand orateur.

Un troisième, c'est qu'Auguste avoit autorisé cet usage; on en trouve la preuve dans le fragment 9 du même titre du Digeste.

Si la compilation publiée par Schard et Loewencklau contenoit les véritables lois rhodiennes, elle devroit donc être conforme à celles dont le sens, et peut-être même quelques expressions, se trouvent conservés par le Digeste : elle pourroit, sans doute, offrir plus; mais elle ne contiendroit ni moins, ni autre chose.

Or d'importantes dispositions qui, d'après les fragmens du Digeste, devoient nécessairement exister dans les lois rhodiennes alors connues, ne se trouvent point dans la compilation actuelle; et, ce qui est tout-à-fait remarquable, elle en offre d'entièrement contraires (1).

En voici quelques exemples qu'il sera facile au lecteur de vérifier.

Le fragment 2, § 1, du Digeste, *De lege rhodia de jactu*, décide que, si le navire reçoit quelque dommage dans ses mâts, dans ses voiles ou dans ses agrès, par la violence des vents, par la chute de la foudre, l'armateur n'a pas le droit de demander que les chargeurs y contribuent. Les fragmens 3 et 5 ajoutent que la contribution n'a lieu qu'autant que le dommage ou la perte a été le résultat d'une délibération qui a jugé le sacrifice nécessaire pour sauver le navire, conserver les marchandises et la vie des passagers, en écartant le danger dont ils sont menacés. Au contraire, les chapitres XXIX, XXXI, XXXII, XXXIII, XXXVIII, XLI de la III.e partie de la compilation intitulée *Droit naval des Rhodiens,* décident d'une manière absolument opposée. Ils établissent entre le navire et le chargement, et même entre tous les chargeurs respectivement, une sorte de communauté de tous risques; ils rejettent ainsi la distinction des avaries en *communes* et en *particulières,* qui forme la base essentielle du titre II du livre XIV du Digeste, et qui est exprimée par un texte

(1) J'ai trouvé plusieurs de ces argumens dans la dissertation de M. van Hall, dont je n'ai eu connoissance que long-temps après que ce chapitre avoit été écrit et même lu à l'ouverture de mon cours de 1821. Je me félicite de pouvoir invoquer cette nouvelle autorité. Cette dissertation présente, à la page 19, un argument qui seroit d'une grande force, s'il étoit possible d'en adopter la base. M. van Hall remarque que le chapitre VIII de la troisième pièce dont la compilation est composée, admet une distinction entre les choses mobilières, qui se meuvent par elles-mêmes, et les meubles, qui ne peuvent être déplacés que par une force extérieure; distinction qui, selon lui, appartient à un état du droit assez récent, et bien postérieur au temps où les véritables lois rhodiennes furent adoptées à Rome. Il en résulteroit sans doute une nouvelle preuve du peu d'antiquité de la compilation. Mais, s'il est vrai que la distinction dont parle M. van Hall se trouve dans le fragment 1, § 1, *De rei vindicatione,* qui est d'Ulpien, dans le fragment 93, *De verborum significatione,* qui est de Celsus, dans le livre IV, § 16, des Institutes de Gaius, tous trois jurisconsultes postérieurs au siècle d'Auguste, et qu'elle existe bien plus fréquemment dans les constitutions impériales qui forment le Code et les Novelles, il est vrai aussi que cette distinction est littéralement écrite dans le premier fragment du Digeste, *De ædilitio edicto,* et que ce fragment d'Ulpien est copié de Labéon, contemporain de Cicéron.

des véritables lois rhodiennes, le seul qui nous ait été conservé dans le premier fragment de ce titre : *Lege rhodiâ cavetur : si levandæ navis gratiâ jactus mercium factus est, omnium contributione sarciatur quod pro omnibus datum est.*

Le fragment 5, § 1.ᵉʳ, du Digeste, *De lege rhodia de jactu,* décide que les marchandises sauvées d'un naufrage ne contribuent point à la réparation des pertes faites par d'autres chargeurs dans cet événement. La raison qu'en donne le jurisconsulte Hermogénien, est que la contribution ne doit avoir lieu que dans le cas où des marchandises ont été sacrifiées en vue du salut commun, et le navire sauvé par l'effet de ce sacrifice : la même décision est rappelée dans le fragment 7, extrait des ouvrages d'Alfénus Varus, contemporain d'Auguste. Au contraire, la compilation établit dans les chapitres x, xxvii, xxxiii et xl, une contribution entre le navire qui a péri et les marchandises que les autres chargeurs parviennent à sauver du naufrage.

Le fragment 2, § 3, du Digeste, *De lege rhodia de jactu,* décide, d'après le sentiment de Servius, Ofilius et Labéon, qui vécurent aussi du temps d'Auguste, que, dans le cas où des pirates enleveroient quelque chose à un chargeur ou à un passager, la perte doit retomber sur lui seul. Au contraire, le chapitre ix de la compilation met cette perte au compte commun, et veut qu'elle soit réparée par contribution.

Je ne sais s'il peut y avoir une plus forte preuve, que la compilation connue aujourd'hui sous le nom de *Droit naval des Rhodiens* n'offre point les véritables lois qui existoient du temps de Servius, Ofilius et autres jurisconsultes indiqués par le Digeste comme auteurs de traités sur ces lois, et même du temps de Paul, dans les écrits duquel sont puisés les principaux fragmens du titre II du livre xiv.

Cette opposition entre les principes du droit romain et ceux de la compilation qui porte le nom de lois rhodiennes, n'a point échappé aux auteurs qui ont paru le plus convaincus de son authenticité. Kuricke et Vinnius l'ont remarquée en plusieurs endroits, le premier, de son commentaire latin sur le droit maritime anséatique (1), et le second, de ses annotations sur Peckius (2).

Ne sachant comment l'expliquer dans leur système, ils ont pensé que les jurisconsultes romains avoient dérogé au droit rhodien ; mais cette solution, purement *divinatoire,* pour me servir d'une expression familière à l'école, est détruite par la lecture du premier fragment du titre du Digeste *De lege rhodia de jactu.* Le jurisconsulte Paul indique évidemment un texte de la loi rhodienne, lorsqu'il se sert de ces expressions remarquables, *Lege rhodiâ cavetur,* et il traduit lorsqu'il continue, *si levandæ navis* &c. Ce jurisconsulte, et ceux qui l'ont précédé ou suivi, n'auroient-ils fait des com-

(1) *Comment. ad jus marit. Hans.* tit. VIII, art. 2 et 4.
(2) Note B sur le § 2 du fr. 2, *De lege rhodia ;* note B sur le § 3 du même fragment ; note E sur le fr. 9, *De lege rhodia.*

mentaires ou des traités sur la loi rhodienne que pour adopter des principes diamétralement opposés? Qu'étoit-il besoin d'avoir dans les Pandectes un titre portant le nom de cette loi, honneur qu'aucune autre législation étrangère n'a obtenu chez les Romains, si leur droit propre étoit précisément le contraire du droit qu'on annonçoit avoir emprunté?

Ce point avoué et constant, il faut donc reconnoître qu'à l'exception du peu de mots que j'ai cités, et qui ne nous sont parvenus qu'en une traduction latine faite par le jurisconsulte Paul, il ne reste plus de textes véritables des lois rhodiennes; à moins qu'on ne considère comme tels, et je suis porté à le croire, la loi citée par Strabon (1), qui punissoit de mort l'entrée dans certains arsenaux maritimes, et, ce qui est plus douteux, une autre loi citée par Cicéron dans son traité *de l'Invention oratoire* (2), qui confisquoit tout navire de guerre entrant dans le port, loi qui a paru à Cujas n'être qu'une sorte de lieu commun inventé par les auteurs de rhétoriques (3).

Mais, à ces fragmens près, dont les deux derniers se rapportent d'ailleurs plus à la police et à la défense de l'État qu'au droit privé, je pense qu'on doit tenir pour constant que le texte des lois rhodiennes a disparu, et qu'il n'est possible d'en trouver des traces que dans le droit maritime des Grecs et des Romains, dont les deux chapitres suivans offriront l'exposé.

Au surplus, que le droit maritime des Rhodiens ait consisté en simples usages ou en actes émanés de la puissance législative, qu'il ait été plus ou moins conforme à la compilation qui en porte le nom aujourd'hui, il me reste à chercher l'époque à laquelle on peut en assigner la formation.

Quelques auteurs, cédant au désir de relever par une haute antiquité ce qui étoit l'objet de leur admiration, plutôt que dirigés par des preuves historiques, font remonter l'existence du droit maritime des Rhodiens à neuf cents ans avant J. C. (4); ils n'en rapportent aucune preuve, aucune présomption déduite de témoignages anciens. On peut, au contraire, leur opposer celui des historiens, qui fixent la fondation de la ville de Rhodes à l'an 408 (5) avant J. C.

Il est vrai que l'île de ce nom étoit connue bien plus anciennement; qu'Homère et Pindare en parlent comme d'un pays florissant (6); que Strabon assure qu'avant l'institution des jeux olympiques, les Rhodiens avoient entrepris de longs voyages pour protéger les navigateurs, et fondé des colonies sur plusieurs côtes éloignées, jusqu'au pied des Pyrénées (7) : il

---

(1) Lib. XIV, cap. II, § 5.
(2) Lib. II, cap. XXXII.
(3) *Pauli ad edict.* lib. XXXIV.
(4) Selden, *Mare clausum*, lib. I, cap. V, § 5. — Fournier, *Hydrographie*, liv. V, chap. IV.
(5) Diod. Sic. lib. XIII, § 75. — Strab. lib. XIV, cap. II, § 6.
(6) Hom. *Iliad.* lib. II, v. 654 et 656. — Pind. *Olymp.* VII, v. 131 à 136.
(7) Strab. lib. III, cap. IV, § 6, et lib. XIV, cap. II, § 6.

ne seroit donc pas hors de vraisemblance que, dans une telle position, l'expérience, le retour fréquent des mêmes cas, le besoin de résoudre les difficultés et de terminer les contestations, de réformer des usages vicieux ou de prévenir des abus, eussent fait sentir aux Rhodiens la nécessité de lois fixes, et leur en eussent fourni les élémens.

On peut répondre néanmoins qu'il est assez probable que la construction de la ville de Rhodes par les habitans des villes anciennes qui abandonnèrent leurs foyers pour se réunir dans une même enceinte, fit principalement acquérir aux Rhodiens ce haut degré de puissance commerciale qui les a rangés parmi les dominateurs de la mer; qu'il est à croire que ce fut aussi à cette époque qu'ils rédigèrent des lois maritimes.

Cette probabilité reçoit une nouvelle force de ce que les témoignages historiques sur ces lois sont tous postérieurs à cette époque. Ce sont en effet, comme on l'a vu, les écrits de Tite-Live, Cicéron, Strabon, Florus, Aulu-Gelle. Les auteurs qui ont parlé des Rhodiens avant la fondation de la ville de Rhodes, n'ont rien dit de leur législation maritime.

Il seroit donc naturel d'en conclure que les lois rhodiennes n'ont été rédigées qu'à une époque où Athènes jouissoit depuis long-temps de la plus grande prospérité, où l'étendue même et les besoins de son commerce avoient nécessité les lois dont je présenterai le tableau dans le chapitre suivant. Néanmoins je n'offre à ce sujet que des conjectures qui peut-être paroî-tront à de plus habiles que moi n'être pas à l'abri d'une réponse; et, pour ne pas trop m'écarter de l'opinion commune, dont la tendance a toujours été de reconnoître une grande antiquité à la législation de Rhodes, j'ai cru que je pouvois sans inconvénient en parler avant d'exposer celle des Athéniens.

En résumant cet essai, qui, après tout, n'est qu'une réunion de conjectures sur le droit maritime des peuples anciens dont la législation ne nous est point parvenue, on peut supposer avec une grande apparence de proba-bilité que le fond de toutes leurs lois étoit le même. Le plus ou moins de civilisation explique des différences de détail. Ainsi l'on verra dans le cha-pitre suivant que les lois d'Athènes, auxquelles la plupart de nos réglemens modernes se sont conformés, déclaroient incapable de service le patron qui avoit perdu un navire par imprudence. Le même délit donnoit lieu à une peine différente chez les Cercètes, nation où chacun avoit le droit de cracher à la figure du patron qui avoit donné cette preuve d'impéritie (1).

Ce qui reste de la législation de quelques peuples moins anciens, leur étoit parvenu par la tradition et peut faire deviner ce qui nous manque. Mais, à cet égard, on est réduit à des suppositions, et l'on me pardonnera de n'avoir rien de plus à offrir sur une époque qu'il y a près de deux mille ans le plus savant des Romains (2) plaçoit dans la classe des temps

---

(1) Stob. *Sentent.* serm. 42, *De lege et consuet.* pag. 202.
(2) Varro, apud Censorin. *De die natali*, cap. xxi. — Aul. Gell. *Noct. att.* lib. xxvii, cap. xxi.

inconnus : surtout il ne faut pas perdre de vue que, la navigation étant alors assez bornée, les négociations maritimes n'avoient point l'importance qu'elles doivent à la découverte de la boussole et aux progrès de la civilisation ; et plus elles étoient rares ou restreintes, moins il falloit de lois pour les régir.

Je crois qu'on peut supposer également que la législation de ces peuples anciens, relativement à la piraterie et aux biens des naufragés, ne différoit pas beaucoup de celle des Grecs, dont je parlerai dans le chapitre suivant.

La piraterie, considérée comme un genre de guerre avoué par la nation, ou autorisé par le souverain, fut long-temps l'état habituel des sociétés politiques, à une époque où l'on ne connoissoit aucun droit public entre les peuples, où la loi du plus fort étoit presque la seule du genre humain (1). Mais, considérée comme un vol sur mer, exercé par des hommes qui n'étoient avoués par aucune nation, la piraterie a dû être rangée parmi les crimes par tous les peuples qui mettoient quelque prix au commerce maritime (2).

C'est à l'aide de cette distinction, qu'on peut expliquer ce qui paroît contradictoire dans les auteurs anciens, au sujet de la piraterie. Dans l'état actuel des sociétés, cette distinction n'est point inconnue ; et quoique la piraterie des Barbaresques n'ait rien qui mérite des éloges et des imitateurs, on ne les confond point avec les gens qui, de leur autorité privée, et sans l'aveu d'un souverain, exercent le brigandage sur la mer (3).

A mesure que la civilisation faisoit quelques progrès, et que la nécessité de se garantir mutuellement étoit sentie non-seulement par les citoyens du même état les uns à l'égard des autres, mais encore par les états respectivement entre eux, la piraterie générale, de peuple à peuple, fit place aux guerres régulières ; à plus forte raison, les particuliers qui exerçoient le métier de pirates, furent considérés comme des ennemis communs. Aussi voit-on dans les historiens que les peuples qui avoient obtenu ce qu'on appelle l'empire ou la protection de la mer, mirent tous leurs soins et souvent réunirent leurs efforts pour faire cesser ce brigandage.

C'est aussi en raison de l'état de civilisation des différentes nations, que l'on peut conjecturer ce qu'elles pratiquoient à l'égard des biens des naufragés. Lorsque des peuplades demi-barbares étoient en guerre permanente, et que la piraterie formoit en quelque sorte leur droit des gens, il ne pouvoit y avoir aucun motif de protection en faveur des naufragés. On trouvoit tout naturel de prendre ce qui étoit, en quelque sorte, offert par la tempête, lorsqu'on se croyoit le droit d'aller attaquer et piller au-dehors. Mais,

---

(1) Herod. lib. 1, *passim.* — Thucyd. lib. 1, *passim.* — Diod. Sic. lib. v, § 34. — Justin, lib. XLIII, cap. III.
(2) Quint. Curt. lib. IV, cap. v et VIII. — Cic. *De offic.* lib. 1, c. XXIX ; *Orat. post red. in senat.* cap. v.
(3) Bynkershoeck, *Quæst. jur. public.* lib. 1, cap. XVII.

après que la piraterie eut cessé d'être un état habituel des peuples les uns à l'égard des autres, que le besoin d'une protection et d'égards réciproques eut été senti, et que chaque état ne ferma plus son territoire aux étrangers, il n'est pas présumable qu'on traitât moins favorablement ceux qu'une force majeure jetoit sur le rivage avec les tristes débris de leur fortune, que ceux qui abordoient volontairement dans la vue de trafiquer avec avantage. La coutume barbare de piller les naufragés, de les réduire en esclavage (1), ou même de les immoler (2), n'étoit qu'une exception, qui supposoit l'absence de toute civilisation ; et, sans doute, chez les nations policées par le commerce, les naufragés pouvoient dire avec Ménélas, dans le tragique grec (3) :

Ναυαγὸς ἥκω ξένος, ἀσύλητον γένος.

Sum naufragus, spoliare quod genus est nefas.

Ainsi, chez les Égyptiens, où des raisons de sûreté, peut-être même d'intérêt commercial, dont il existe des exemples analogues dans plusieurs états modernes, ne permettoient aux étrangers d'entrer avec des navires ou des marchandises que dans certains ports, celui qui étoit contraint par la tempête, ou par une force majeure, d'aborder sur d'autres points du territoire, étoit tenu seulement d'affirmer qu'il avoit été réduit à cette nécessité (4); ce qui suppose une législation humaine et protectrice pour les naufragés.

Cette législation ne fut pas, selon moi, particulière aux Égyptiens; et ce que j'aurai à dire sur le même sujet en traitant de la législation des Grecs, me paroît en offrir la preuve.

(1) Xenoph. *Exped. Cyr.* lib. VII, cap. III et V.
(2) Herod. lib. IV, § 103. — Pomponius Mela, *De situ orbis*, lib. II, cap. I.
(3) Euripid. *Helen.* act. I, sc. II.
(4) Herod. lib. II, §§ 115 et 179.

CHAPITRE II.

Législation maritime des Grecs, et principalement des Athéniens.

Les Grecs sont, dans l'ordre des temps, les premiers peuples dont nous connoissions assez le droit maritime pour n'être pas réduits, à cet égard, au seul souvenir de sa célébrité. Cependant, des divers états qui formoient la confédération grecque, la république d'Athènes est la seule sur la législation de laquelle il soit possible de parler avec quelque certitude. A l'égard des autres qui se livroient à la navigation, on ne peut que présenter des présomptions et raisonner par analogie.

Il est bien vrai que l'état florissant de Corinthe est attesté par tous les auteurs. Les traditions les plus anciennes nous apprennent ce que cette ville dut de richesses au commerce dont elle étoit l'entrepôt, dans le temps où la crainte des pirates qui couvroient la mer forçoit à se borner aux transports par terre. A mesure que les relations de la Grèce avec les îles et les pays baignés par la Méditerranée prirent de l'accroissement, Corinthe, devenue le centre des communications entre l'Asie et l'Europe, assura par toute sorte de moyens le développement de l'industrie de ses habitans et forma une marine pour protéger son commerce (1).

D'autres pays de la Grèce dûrent à leur situation et à l'industrie de leurs habitans une navigation très-active. On peut nommer surtout les Phocéens, les premiers des Grecs qui aient entrepris de longs voyages sur mer, et qui aient fondé des villes sur les côtes d'Italie, dans la Corse, dans la Gaule et l'Espagne (2). Mais les lois ou les usages qui régissoient chez ces peuples les négociations auxquelles le commerce donnoit lieu, nous sont inconnus.

Il n'en est point heureusement ainsi de la république d'Athènes. Le plus grand de ses orateurs fut aussi le plus savant de ses jurisconsultes; et les plaidoyers de Démosthène nous ont conservé le fond d'une législation dont l'injure des temps a fait disparoître les textes (3).

Le commerce extérieur et la navigation furent le fondement véritable de

---

(1) Hom. *Iliad.* lib. II, v. 570. — Thucyd. lib. I, cap. XIII.

(2) Herod. lib. I, §§ 163 et 165. — Aristot. apud Athen. *Deipnosoph.* lib. XIII, cap. V. — Tit. Liv. lib. XXVI, cap. XIX, et lib. XXXIV, cap. IX. — Justin. lib. XLIII, cap. III. — Strab. lib. IV, cap. I, § 3. — Plin. *Hist. nat.* lib. III, cap. III.

(3) Je crois devoir prévenir, une fois pour toutes, que je citerai les orateurs grecs d'après l'édition de Reiske, à l'exception d'Isocrate, que Reiske n'a pas publié, et pour lequel je suivrai l'édition donnée par Battie en Angleterre. Les plaidoyers ou discours n'étant point divisés par chapitres ou sections, j'ai dû me borner à indiquer le volume et la page.

5..

la puissance des Athéniens (1). Ils prétendirent à ce qu'on nomme l'empire de la mer (2); ils soutinrent à ce sujet des guerres contre Lacédémone (3) et contre Philippe (4); le plus habile de leurs magistrats, Périclès, répétoit souvent que, pour eux, tout autre intérêt devoit céder devant celui d'être puissance maritime (5).

Fondateurs ou maîtres de colonies riches et nombreuses, les Athéniens eurent long-temps la sage politique (6) de ne pas les tenir dans cette dépendance presque servile que d'autres peuples avoient établie (7). Le Pirée étoit fréquenté non-seulement par leurs vaisseaux et ceux des autres états de la Grèce, mais encore par ceux des peuples étrangers (8). La sécurité et l'ordre qu'y entretenoient des magistrats spécialement préposés (9), le soin qu'on avoit eu d'en confier la garde à la jeunesse d'Athènes pour le préserver de l'attaque des pirates (10), la précaution d'y construire de vastes édifices pour l'usage des navigateurs (11), la sévérité avec laquelle on punissoit les vols qui y étoient commis (12), en avoient fait une sorte de marché universel où les productions de divers pays se trouvoient en abondance (13).

Des relations commerciales existoient habituellement entre les Athéniens et les habitans de la Thrace, du Bosphore, du Pont, de l'Égypte, de l'île de Rhodes, de l'Asie mineure, des côtes de l'Adriatique, de la Sicile et de Marseille (14). Leur alliance avec quelques-uns de ces états leur avoit même assuré la faveur d'être admis les premiers à en extraire les produits, sans acquitter les droits d'exportation auxquels les autres peuples étoient assujettis (15).

La ville étoit ouverte aux étrangers qui vouloient s'y établir pour se livrer au commerce (16); Solon avoit même assuré le droit de cité à ceux qui abandonnoient leur patrie pour embrasser à Athènes une profession commerciale (17); et si quelques restrictions leur étoient imposées dans l'exercice du menu trafic sur la place publique (18), ce n'étoit que par des raisons particulières qui ne diminuoient en rien la protection des lois à leur égard.

---

(1) Justin. lib. vi, cap. i. — Oros. *Hist.* lib. v, cap. iii.
(2) Isocrat. *ad Philipp.* t. I, pag. 144.
(3) Xenoph. *Hist. græc.* lib. I, *passim.* — Cornel. Nep. *Vita Aristid.* cap. ii, et *Vita Timoth.* cap. ii.
(4) Demosth. *Philipp.* passim; *in Leptin.* passim.
(5) Thucyd. lib. I, cap. cxl *et seqq.*
(6) M. de Pastoret, *Histoire de la législation*, t. VII, pag. 207 *et suiv.*, pag. 489 *et suiv.*
(7) Arist. *De mirab. auscult.* Opp. t. I, pag. 708. — Tit. Liv. lib. xxxiv, cap. lxii.
(8) Xenoph. *Rat. red.* cap. I et iii.
(9) Lysias, *Accusat. Dardan.* t. V, pag. 723.
(10) Xenoph. *Rat. red.* cap. iii.
(11) Terent. *Eunuchus*, act. ii, sc. ii, v. 60, et ibi Donat.
(12) Demosth. *in Timocrat.* t. I, pag. 736.
(13) Thucyd. lib. ii, cap. xxxviii. — Isocrat. *Panegyr.* t. I, pag. 115. — Xenoph. *Rat. red.* cap. iii.
(14) Demosth. *in Zenoth.* t. II, pag. 884; *in. Apatur.* t. II, pag. 896; *in Phorm.* t. II, pag. 909. — Lysias, *in Diogit.* t. V, pag. 908. — Lycurg. *in Leocrat.* t. IV, part. ii, pag. 145.
(15) Demosth. *in Leptin.* t. I, pag. 467; *in Phorm.* t. II, pag. 918. — Isocrat. *Trapezit.* t. II, pag. 479.
(16) Xenoph. *Rat. red.* cap. iii.
(17) Plutarch. *Vita Solon.* § 33.
(18) Demosth. *in Eubulid.* t. II, pag. 1308.

Les douanes étoient à-la-fois un moyen de garantie pour le pays, en prohibant l'exportation des denrées qu'il ne produisoit pas au-delà des besoins (1), et une source de revenus pour le trésor de l'état, en percevant des droits sur les productions étrangères dont une évidente nécessité n'exigeoit pas l'importation (2).

Cette prodigieuse activité du commerce avoit nécessité un grand nombre de lois, dont la plupart nous seroient inconnues sans les plaidoyers de Démosthène, qui en rappellent fréquemment l'objet et le sens ; car deux ou trois textes seulement ont été conservés. Je ne crois pas devoir en rédiger, comme l'a fait Samuel Petit dans son ouvrage intitulé *Leges atticæ :* je me bornerai à tracer un tableau de ce que la lecture des anciens écrivains m'a mis à portée de réunir ; et, pour mieux répondre à la curiosité des lecteurs, j'offrirai l'ensemble de la législation commerciale d'Athènes.

Il sera, par le fait, celui de la législation commerciale de la Grèce entière, puisque le petit nombre de notions qui subsistent sur celle des autres états de la confédération présentent des dispositions semblables à ce que nous savons des Athéniens (3). Je crois même que la conformité de ce qui en est connu, avec les lois romaines, fournira les moyens de suppléer à ce dont il n'existe plus de vestiges.

A l'exception de quelques réglemens relatifs à l'intérêt politique, tels que celui qui, comme je l'ai déjà fait entendre, restreignoit le droit des étrangers d'exercer le menu trafic sur la place publique ; à l'exception aussi d'une défense souvent renouvelée, sous peine de mort, aux commerçans athéniens d'acheter du blé destiné à approvisionner d'autres villes qu'Athènes, ou d'en transporter ailleurs que dans un marché de l'Attique (4), et aux simples citoyens d'en amasser pour leur provision au-delà d'une certaine quantité (5), on peut, sans rien hasarder, croire que cette législation différoit peu de celles qui régissent nos sociétés modernes (6). La nature des choses ne permet pas, en effet, de supposer que les lois commerciales, les lois maritimes surtout, présentent de grandes variétés dans leurs principes généraux. C'est en cette matière, plus qu'en toute autre, qu'on peut dire avec Cicéron : *Non erit alia lex Romæ, non alia Athenis* (7).

(1) Plutarch. *Vita Solon.* § 32.
(2) Demosth. *in Leptin.* t. I, pag. 475 ; *in Lacrit.* t. II, pag. 932.
(3) Hesych. verbo Ἐμπίλωρες. — Cragius, *De repub. laced.* lib. II, cap. VIII et X.
(4) Demosth. *in Phorm.* t. II, pag. 918 ; *in Lacrit.* t. II, pag. 941 ; *in Dionysiod.* t. II, pag. 1295. — Lycurg. *in Leocr.* t. IV, part. II, pag. 157.
(5) Lysias, *Accusat. Dardan.* t. V, pag. 716.
(6) C'étoit aussi par des motifs qui tenoient principalement à la politique et à l'intérêt public, que les lois avoient interdit aux armateurs athéniens de recevoir des exilés (Demosth. *in Polycl.* t. II, pag. 1221), et qu'on avoit obligé tous les citoyens à armer des vaisseaux en cas de guerre (Demosth. *in Leptin.* t. I, pag. 465). On prêtoit alors à ceux qui en avoient besoin des agrès ou apparaux tirés des magasins publics, à la seule condition de les rendre fidèlement ; et des peines très-sévères étoient prononcées contre ceux qui se les approprioient (Demosth. *in Everg.* t. II, pag. 1146). Mais tout cela est sans rapport à la législation privée.
(7) *De republica,* lib. III, cap. XVII.

La faculté indéfinie pour tous les citoyens de se livrer au commerce étoit probablement restreinte à l'égard des femmes et des mineurs, auxquels il n'étoit pas permis de contracter au-delà d'une certaine somme (1). Du reste, le commerce, quelque peu considérable qu'il fût, étoit encouragé à un point tel, que des peines étoient prononcées contre ceux qui reprochoient à un citoyen la médiocrité du trafic auquel il se livroit (2); on voit même que cette protection étoit portée jusqu'à punir de fortes amendes ceux qui intentoient une action mal fondée contre un commerçant (3).

La tenue et la police des marchés, la surveillance de l'exactitude des mesures et de l'observation des réglemens sur la qualité des choses vendues (4), quelquefois même sur le prix ou la trop grande quantité des achats, étoient confiées à des magistrats spéciaux (5); des lois sévères punissoient le monopole des subsistances, ou les manœuvres qui tendoient à en faire élever ou baisser le prix (6), et l'altération du titre des monnoies (7).

L'exploitation des mines, considérée comme un des instrumens de richesse commerciale, étoit soumise à une législation qui avoit pour but, en l'encourageant, d'assurer des revenus à l'état, au moyen des droits que le trésor public percevoit sur leur produit (8).

L'industrie manufacturière s'exerçoit avec une assez grande activité pour produire non-seulement les choses de première nécessité, mais encore des objets de luxe (9). Les artisans pouvoient former entre eux des corporations, dont l'existence n'étoit soumise qu'à la condition de ne point porter atteinte au droit et à l'ordre publics (10). On croit qu'une loi attribuoit à ceux qui se distinguoient dans leur état, l'honneur des repas dans le Prytanée et les premières places au théâtre (11); Xénophon avoit proposé d'étendre cet honneur aux commerçans et aux armateurs qui exerçoient honorablement leur profession (12).

On ne s'étoit pas dissimulé les avantages de la preuve écrite, même dans les matières de commerce (13). L'acte qui la contenoit étoit déposé entre les mains d'un tiers, lorsque les contractans ne jugeoient pas à propos de le laisser à l'un d'eux (14), et la preuve de ce dépôt étoit faite par témoins

---

(1) Isœus, *De heredit. Aristarch.* t. VII, pag. 259; et Reiske, *ad h. loc.* — Dio Chrysost. pag. 638.
(2) Demosth. *in Eubulid.* t, II, pag. 1308.
(3) Demosth. *in Apatur.* t. II, p. 892 et 893; *in Lacrit.* t. II, p. 940; *in Dionysiod.* t. II, pag. 1284; *in Theocrin.* t. II, p. 1326.
(4) Athen. *Deipnosoph.* lib. VI, cap II.
(5) Suidas, verbo Ἀγορανόμος. — Aristoph. *Acharn.* act. III, sc. I.
(6) Lysias, *Accusat. Dardan.* t. V, pag. 723 *et seqq.*
(7) Demosth. *in Timocrat.* t. I, pag. 766.
(8) Demosth. *in Pantenet.* t. II, pag. 978. — Xenoph. *Rat. red.* cap. IV.
(9) Demosth. *in Aphob.* t. II, pag. 816.
(10) Pollux, *Onomasticon,* lib. VII, cap. I et XXIII. — Gaius, *in fragm.* 4, *Dig.* lib. XLVII, tit. XXII.
(11) Aristoph. *Ranœ,* act. IV, sc. I. — Sam. Pet. *Leg. att.* lib. V, tit. VI, § 6.
(12) Xenoph. *Rat. red.* cap. III.
(13) Demosth. *in Apatur.* t. II, pag. 904.
(14) Demosth *in Zenoth.* t. II, pag. 886; *in Apatur.* t. II, pag. 904. — Isocrat. *Trapezit.* t. II, pag. 463.

ou par la déclaration du dépositaire (1). Cependant, à moins qu'une loi n'eût expressément exigé la rédaction d'un contrat (2), les obligations et surtout les libérations pouvoient être prouvées par témoins (3), qui devoient déposer de ce qui étoit à leur connoissance personnelle et non de simples ouï-dire (4). Les auteurs remarquent même que les commerçans, dans la vue d'assurer leur crédit et d'acquérir ou de conserver une grande réputation d'exactitude, prenoient beaucoup de témoins des paiemens qu'ils effectuoient (5).

Des lois garantissoient la fidélité de la part des vendeurs, soit dans la fixation des prix (6), soit dans l'exacte livraison de ce qui étoit, ou expressément ou par la nature des choses, compris dans la vente (7); mais il ne paroit pas qu'elles eussent pris des précautions contre l'abus des prêts usuraires (8), dont l'excès, si funeste au commerce, étoit seulement flétri dans l'opinion publique, ressource trop foible pour réprimer l'avidité d'un gain illicite (9).

La commission, telle que nous connoissons ce contrat, étoit une branche importante de négociations commerciales. Le correspondant qui demeuroit dans un pays faisoit connoître à son correspondant d'un autre pays le prix courant des marchandises; et, par ce moyen, ils savoient quand il y avoit avantage à expédier ou à faire acheter (10).

Les commerçans se chargeoient aussi de recevoir ou de payer les uns pour les autres; c'est en cela surtout que consistoit la profession des banquiers. Indépendamment de ce qu'ils faisoient valoir, en les prêtant à d'autres, les fonds que des particuliers leur déposoient avec ou sans stipulation d'intérêts (11), ils se livroient à l'échange des différentes monnoies (12). Ils servoient d'intermédiaires pour recouvrer des créances, constater les emprunts ou les libérations réciproques (13), faire des paiemens (14); et, pour éviter les fraudes, ils avoient l'habitude de se faire certifier par des témoins connus l'identité des personnes qui se présentoient devant eux (15). Ils se livroient aussi à des négociations dont l'objet étoit de faire compter des fonds dans un lieu, pour des valeurs reçues dans un autre (16); ce qui est, à proprement parler, notre contrat de change.

(1) Demosth. *in Apatur.* t. II, pag. 897; *in Lacrit.* t. II, pag. 928.
(2) Demosth. *in Zenoth.* t. II, pag. 883; *in Dionysiod.* t. II, pag. 1288.
(3) Demosth. et alii orat. *passim.*
(4) Demosth. *in Eubulid.* t. II, pag. 1300.
(5) Demosth. *in Phorm.* t. II, pag. 915.
(6) Demosth. *in Leptin.* t. I, pag. 459.
(7) Diog. Laërt. *Vita Solon.* § 57.
(8) Lysias, *in Theomn.* t. V, pag. 360.
(9) Theophr. *Charact.* cap. VI. — Demosth. *in Pantenet.* t. II, pag. 981.
(10) Demosth. *in Dionysiod.* t. II, pag. 1285.
(11) Demosth. *pro Phorm.* t. II, pag. 945. — Herald. *Animadv. ad Salmasium*, pag. 178 et 182.
(12) Pollux, *Onomast.* lib. III, cap. IX, § 84, et lib. VII, cap. XXXIII, § 170. — Menand. apud Phrynich. pag. 192. — Herald. *Animadv. ad Salmasium*, pag. 176 et 177.
(13) Demosth. *in Callip.* t. II, p. 1236; *in Dionysiod.* t. II, pag. 1288.
(14) Demosth. *in Everg.* t. II, pag. 1155.
(15) Demosth. *in Callipp.* t. II, pag. 1237.
(16) Isocrat. *Trapezit.* t. II, pag. 459.

Ces banquiers étoient, plus particulièrement que les autres commerçans, tenus d'avoir des registres, sur lesquels ils devoient inscrire, jour par jour, ce qu'ils recevoient et ce qu'ils payoient (1), de qui ils avoient emprunté et à qui ils devoient rendre (2). Ces livres servoient non-seulement dans les contestations qui leur étoient personnelles, mais dans celles des tiers à qui des prêts, des paiemens, ou toutes autres sortes de versemens de fonds, avoient été faits par leur entremise ou en leur présence (3).

Les avantages des sociétés commerciales pour des établissemens dans l'Attique, dans les pays alliés, et même en pays étranger (4), avoient été justement appréciés; et ce genre de négociation assuroit l'extension et l'activité du commerce intérieur et extérieur.

Les prêts sur nantissement étoient assez fréquens (5). Celui qui prêtoit ainsi avoit droit de faire vendre l'objet qui lui avoit été donné en gage lorsque le débiteur ne s'acquittoit pas à l'échéance (6). Il paroît même que, jusqu'au remboursement du capital prêté, il avoit droit d'employer ou de louer les objets qui en étoient susceptibles, tels que des esclaves (7); et ni le débiteur, ni ses héritiers, ne pouvoient exiger la remise du gage tant qu'ils n'avoient pas payé la dette (8). Les navires n'étoient pas exempts de ces dispositions; et lorsqu'on en avoit affecté un au paiement d'une dette, le créancier pouvoit, à l'échéance du terme, en empêcher le départ, y mettre des gardes, le faire saisir et vendre (9).

Le cautionnement étoit aussi un moyen de sûreté que les lois avoient admis et favorisé; néanmoins l'action contre la caution d'un commerçant ne duroit qu'un an (10).

Ce qui vient d'être dit est commun au commerce de terre et au commerce de mer; mais ce dernier avoit, par la force des choses, donné lieu à des règles spéciales pour les contrats dont il se compose particulièrement.

A cette époque où la navigation étoit peu avancée, le propriétaire d'un navire en étoit, la plupart du temps, le patron; aussi trouve-t-on fréquemment dans les auteurs la même expression, ναύκληρος, pour désigner le propriétaire et le patron (11) : le mot ἐπιβάτης désignoit indistinctement les simples passagers et les propriétaires d'objets chargés sur le navire, qui souvent

---

(1) Demosth. *in Timoth.* t. II, pag. 1186.
(2) Demosth. *in Callipp.* t. II, pag. 1237.
(3) Demosth. *in Dionysiod.* t. II, pag. 1288.
(4) Demosth. *in Phorm.* t. II, pag. 909; *in Callipp.* t. II, pag. 1236.
(5) Demosth. *in Aphob.* t. II, pag. 821; *in Timoth.* t. II, pag. 1190.
(6) Demosth. *in Apatur.* t. II, pag. 894.
(7) Demosth. *in Aphob.* t. II, pag. 816.
(8) Demosth. *in Spud.* t. II, pag. 1030.
(9) Demosth. *in Apatur.* t. II, pag. 895.
(10) Demosth. *in Apatur.* t. II, pag. 901.
(11) Demosth. *in Aristocrat.* t. I, pag. 690; *in Lacrit.* t. II, pag. 927 et 934; *in Dionysiod.* t. II, pag. 1284.

les accompagnoient (1). La portée des navires étoit exprimée par la quantité de ballots qu'on pouvoit y charger (2).

Les conventions pour le transport de marchandises par mer étoient soumises à la règle commune, qui veut que tout engagement soit fidèlement rempli (3); et des peines étoient prononcées contre ceux qui, s'étant engagés pour un lieu de destination, ne s'y rendoient pas exactement (4).

L'état avoit cru devoir, en outre, prendre quelques précautions d'ordre public pour éviter les suites de l'impéritie de ceux qui se proposoient pour la direction d'un navire. La loi contre les nautoniers de Salamine, qu'Eschine cite dans une de ses harangues, ordonnoit que celui qui auroit renversé sa barque, même sans sa faute, ne pourroit plus être employé (5). On avoit aussi établi des mesures de protection pour les navigateurs, en entretenant des navires de l'état pour les défendre contre les ennemis et les pirates (6). La désertion des matelots engagés pour le service d'un navire paroît avoir été punie avec une grande sévérité; il est probable néanmoins que les peines afflictives dont parlent quelques auteurs (7), n'étoient prononcées que contre les déserteurs des navires employés au service public. De son côté, l'armateur devoit accomplir fidèlement envers eux l'engagement qu'il avoit pris de leur payer des loyers (8).

Les obligations réciproques des chargeurs d'un navire de contribuer à la réparation des sacrifices faits pour le salut commun, dans une tempête, supposent des règles sur le jet qui ne nous sont pas connues; mais évidemment elles étoient les mêmes que celles qui, dans la suite, furent empruntées par les Romains à la législation rhodienne (9). Les lois imposoient aussi la même obligation lorsqu'il avoit été nécessaire de racheter le navire pris par l'ennemi ou par les pirates (10); c'étoit la plus sûre précaution contre les dangers de l'égoïsme. C'est probablement par le même motif qu'on avoit décidé que si, dans un naufrage, quelqu'un abandonnoit le navire, il perdoit tout ce qu'il y possédoit, et que la propriété en étoit attribuée à ceux qui y restoient (11). Je ne dois pas dissimuler cependant que cette loi n'est ni citée ni supposée comme existante par les orateurs qui m'ont fourni tant de vestiges précieux du droit athénien, ni même par aucun historien. Peut-être

(1) Demosth. *in Zenoth.* t. II, pag. 883; *in Phorm.* t. II, pag. 909.
(2) Thucyd. lib. VII, cap. XXV.
(3) Demosth. *in Dionysiod.* t. II, pag. 1283 et 1286.
(4) Demosth. *in Dionysiod.* t. II, pag. 1286.
(5) Æschin. *in Ctesiphon.* t. III, pag. 545.
(6) Xenoph. *Hist. græc.* lib. I, cap. I. — Demosth. *in Polycl.* t. II. p. 1211.
(7) Demosth. *Pro corona*, t. II, pag. 1230. — Suidas, verbo Λειποναῦται.
(8) Demosth. *in Polycl.* t. II, pag. 1209.
(9) On voit dans le plaidoyer de Démosthène contre Lacritus, que le consentement ou du moins la délibération des chargeurs devoit autoriser le jet (t. II, p. 927), et la même règle se trouve dans le fragment 2, § 1, tit. II, liv. XIV du Digeste, *De lege rhodia de jactu.*
(10) Demosth. *in Lacrit.* t. II, pag. 927.
(11) Cicer. *De invent. rhetor.* lib. II. — Curius Fortunat. *Rhetor.* lib. I, pag. 70.

I.   6

est-elle, comme je l'ai déjà fait remarquer dans le chapitre précédent, un lieu commun inventé par les auteurs de rhétoriques.

Le contrat d'assurance, dont il est assez difficile de trouver des traces, même légères, dans les monumens de l'histoire et de la législation romaine, ne paroit pas avoir été connu des Grecs. Le peu d'étendue de la navigation, le soin qu'on avoit de ne pas tenir la mer pendant les six mois de l'année où elle offre le plus de dangers (1), en est sans doute la cause principale. Les conventions de secours et de défense commune, que nous connoissons encore sous le nom de *conserve*, et les diverses clauses dont elles étoient susceptibles, furent ou du moins parurent suffisantes pour qu'on n'ait pas eu l'idée de recourir à d'autres moyens.

Mais la théorie des risques maritimes étoit développée avec assez d'étendue dans la législation sur le prêt à la grosse, genre de placement très-fréquent de la part des pères de famille, qui, par ce moyen, avoient la chance de se procurer de grands profits (2).

On donnoit le nom de *contrat à la grosse* à la convention par laquelle une personne empruntoit une somme pour servir à des opérations maritimes, et s'obligeoit à la rendre avec un intérêt nautique ou profit dont le taux étoit arbitraire : il pouvoit, suivant quelques écrivains, être stipulé à *tant* par mois ou par jour (3); mais le plus souvent il étoit d'une somme fixe, plus ou moins considérable, selon que la navigation devoit finir dans un lieu ou dans un autre (4). L'emprunteur affectoit à cette dette, soit un navire et ses agrès considérés comme accessoires; soit les agrès séparément (5); soit des marchandises seulement (6), et même des esclaves (7) qu'il justifioit avoir chargés ou qu'il s'obligeoit à charger sur le navire; soit enfin le navire et le chargement ensemble (8). On pouvoit aussi y affecter des objets précieux non destinés à la vente (9).

La condition essentielle étoit que l'emprunteur ne seroit obligé de payer le capital et l'intérêt maritime que si les objets affectés arrivoient à bon port (10). Le prêteur prenoit souvent la précaution de se faire hypothéquer les biens de l'emprunteur, pour sûreté des droits qu'il auroit à exercer, au moment où, le navire étant heureusement arrivé, sa créance seroit affranchie de tous risques (11).

---

(1) Andocid. *De mysteriis*, t. IV, part. III, pag. 68.
(2) Lysias, *in Diogit*. t. V, pag. 895 et 902. — Demosth. *in Apatur*. t. II, pag. 893 ; *in Pantenet*. t. II, pag. 982. — Diog. Laërt. *Vita Zen*. § 11.
(3) Sam. Pet. *Leges atticæ*, lib. V, tit. IV.
(4) Demosth. *in Lacrit*. t. II, pag. 926.
(5) Demosth. *in Polycl*. t. II, pag. 1209 et 1223.
(6) Demosth. *in Lacrit*. t. II, pag. 926.
(7) Demosth. *in Apatur*. t. II, pag. 894.
(8) Demosth. *in Apatur*. t. II, pag. 894.
(9) Lysias, *Pro bonis Aristoph*. t. V. pag. 630.
(10) Demosth. *in Zenoth*. t. II, pag. 883 et *passim* in aliis orat.
(11) Demosth. *in Lacrit*. t. II, pag. 926.

Cet emprunt n'avoit pas lieu dans le cas unique où, un navire éprouvant des besoins dans la traversée, il devenoit urgent d'y satisfaire (1). On empruntoit aussi avant l'expédition, soit pour se procurer les marchandises qu'on vouloit charger; soit pour aller acheter en pays étranger, avec l'argent emprunté, des marchandises destinées à être rapportées à Athènes (2), ou même à être vendues dans un autre pays, et remplacées par des objets qu'on devoit rapporter à Athènes. Ce cas est celui du contrat à la grosse, dont je donnerai plus bas une traduction.

Le prêteur stipuloit ordinairement que la valeur des choses affectées seroit double du montant du capital prêté (3); et l'emprunteur devoit déclarer s'il avoit ou non emprunté déjà sur la chose affectée (4).

L'emprunt étoit constaté par un acte, qu'on déchiroit ensuite lorsque le débiteur s'étoit entièrement acquitté (5). Il en résultoit que celui qui formoit une demande, non justifiée par titre, étoit repoussé par une fin de non recevoir (6). L'acte restoit entre les mains du prêteur ou étoit déposé chez un tiers (7), comme dans tous autres cas où des engagemens étoient rédigés par écrit. Le plus souvent, l'armateur ou le patron en recevoit communication, et alors il avoit droit de signifier à l'emprunteur qu'il eût à placer sur le navire des effets de valeur suffisante pour répondre du prêt (8).

Le chargement étoit prouvé par les registres des contrôleurs publics (9), ou par des témoins, en présence desquels l'emprunteur déclaroit quels objets il mettoit en mer aux risques du créancier (10). L'emprunteur ne pouvoit plus, sans le consentement de celui-ci, emprunter à d'autres sur les objets affectés au prêt, à moins qu'il n'en augmentât la quantité, en proportion du nouvel emprunt, ou à moins que les choses affectées au premier ne fussent suffisantes pour répondre de l'un et de l'autre (11); et même, dans ce dernier cas, il n'en avoit pas le droit, s'il y avoit renoncé par l'acte d'emprunt (12).

L'emprunteur s'obligeoit à rendre au lieu déterminé le capital, l'intérêt nautique, et même à payer une amende, qui quelquefois étoit le double de la chose prêtée (13), en cas d'infraction au contrat, soit par défaut d'emploi des fonds empruntés à l'objet indiqué; soit par non-chargement des marchandises stipulées; soit par non-arrivée du navire dans le port convenu, résultant

(1) Demosth. *in Polycl.* t. II, pag. 1211.
(2) Demosth. *in Phorm.* t. II, pag. 908 et 914.
(3) Demosth. *in Lacrit.* t. II, pag. 926.
(4) Demosth. *in Lacrit.* t. II, pag. 926.
(5) Demosth. *in Apatur.* t. II, pag. 896; *in Phorm.* t. II, pag. 916.
(6) Demosth. *in Dionysiod.* t. II, pag. 1288.
(7) Demosth. *in Apatur.* t. II, pag. 899; *in Phorm.* t. II, pag. 908; *in Lacrit.* t. II, pag. 927.
(8) Demosth. *in Phorm.* t. II, pag. 909.
(9) Demosth. *in Phorm.* t. II, pag. 917.
(10) Demosth. *in Phorm.* t. II, pag. 915.
(11) Demosth. *in Phorm.* t. II, pag. 913.
(12) Demosth. *in Lacrit.* t. II, pag. 926.
(13) Demosth. *in Dionysiod.* t. II, pag. 1329 *et seqq.*

de sa faute ou de son fait; soit par violation de la défense d'emprunter deux fois sur les mêmes effets; soit en cas de fausse déclaration que les objets affectés étoient libres (1). Ces infractions pouvoient être prouvées par témoins (2).

Le préteur n'avoit souvent d'autre garantie contre des pertes simulées, ou des naufrages combinés par un emprunteur qui n'auroit rien chargé sur le navire, que la probité de celui avec qui il contractoit et la sévérité des lois (3) : mais il pouvoit indiquer à un correspondant le montant, les conditions du prêt et les objets affectés, faire surveiller ainsi le chargement du navire, s'assurer si les marchandises s'y trouvoient véritablement, et en suivre le débit (4).

Le prêt étoit fait, soit pour aller en un lieu convenu, où les risques du préteur finissoient (5), soit pour l'*aller* et le *retour* (6); et le contrat ou l'usage servoit à décider dans quel temps le voyage devoit être accompli, selon la destination du navire. L'emprunteur pouvoit vendre les marchandises affectées, et les remplacer par des marchandises de *retour*, qui étoient substituées aux premières pour les risques (7) : le commissionnaire du préteur veilloit à ce qu'il n'abusât pas de cette faculté (8). Quelquefois on prévoyoit la possibilité que le voyage se terminât dans un lieu où les Athéniens ne jouissoient pas du droit de faire saisir les biens de leurs débiteurs; et le préteur stipuloit dans ce cas ce qu'il croyoit convenable à son intérêt (9).

On a vu déjà qu'il étoit défendu aux commerçans athéniens de transporter du blé ailleurs qu'en Attique; une autre loi, dont le texte a été conservé par Démosthène, avoit porté encore plus loin les prohibitions : « Il n'est « permis, disoit-elle, à aucun Athénien, ni à aucun étranger domicilié à « Athènes et soumis à ses lois, de prêter de l'argent sur un navire destiné « à transporter du blé ailleurs qu'à Athènes.... Si quelqu'un en prête, les « inspecteurs du commerce pourront confisquer l'argent comme ils peuvent « confisquer le navire et le blé. Celui qui auroit prêté son argent pour un « autre port que celui d'Athènes, ne peut le répéter en justice; il n'obtiendra « aucune action d'aucun magistrat (10). » Il paroit même que les juges étrangers maintenoient l'exécution de ces règles, lorsqu'au cours du voyage l'emprunteur cherchoit à éluder ses obligations et à ne pas revenir à Athènes (11).

(1) Demosth. *in Phorm.* t. II, pag. 915 et 916; *in Dionysiod.* t. II, pag. 1283, 1286, 1289, 1293 *et seqq.*

(2) Demosth. *in Zenoth.* t. II, pag. 886; *in Phorm.* t. II, pag. 909; *in Lacrit.* t. II, pag. 929 et 930; *in Dionysiod.* t. II, pag. 1294.

(3) Demosth. *in Dionysiod.* t. II, pag. 1283 et 1297.

(4) Demosth. *in Phorm.* t. II, pag. 908.

(5) Demosth. *in Phorm.* t. II, pag. 913.

(6) Demosth. *in Lacrit.* t. II, pag. 924 et 925; *in Dionysiod.* t. II, pag. 1291. — Pollux, *Onomast.* lib. VIII, cap. XII.

(7) Demosth. *in Phorm.* t. II, pag. 909; *in Lacrit.* t. II, pag. 926.

(8) Demosth. *in Phorm.* t. II, pag. 900.

(9) Demosth. *in Lacrit.* t. II, pag. 926.

(10) Demosth. *in Lacrit.* t. II, pag. 941; *in Dionysiod.* t. II, pag. 1289.

(11) Demosth. *in Zenoth.* t. II, pag. 884, 886 et 888.

Du reste, la force majeure excusoit et justifioit cette rupture de voyage (1).

A l'arrivée du navire au lieu indiqué par la convention, le prêteur avoit droit d'exiger son paiement sur tout ce qui étoit son gage, et cette poursuite s'exerçoit par voie de saisie et de vente forcée (2). Souvent l'armateur du navire étoit autorisé par le contrat à recevoir le paiement au nom du prêteur (3). A cet effet, ce dernier prenoit quelquefois la précaution de faire rédiger l'acte en double, pour en remettre une copie à l'armateur (4), et la preuve testimoniale de ce paiement libéroit l'emprunteur, encore que le contrat fût resté entre les mains du prêteur (5). Mais si, par l'effet du jet, d'une composition avec des pirates, ou de tout autre événement de force majeure, les objets affectés au prêt avoient été diminués ou avoient payé une contribution, le prêteur supporteroit cette perte à la décharge de l'emprunteur (6).

Quelquefois on stipuloit que celui-ci jouiroit, à compter du retour, d'un délai pour se libérer, et que, pour sa sûreté, le créancier seroit nanti de tous les effets chargés, jusqu'à parfait paiement (7). Il pouvoit arriver que l'emprunteur ne payât qu'un à-compte : le créancier n'étoit point obligé d'anéantir son titre, puisqu'il n'étoit pas entièrement satisfait ; mais il devoit se présenter devant un banquier, qui recevoit et constatoit la déclaration qu'une partie de la dette étoit acquittée (8).

L'emprunteur étoit déchargé si les objets affectés avoient péri, et les droits du prêteur étoient réduits à la valeur des choses sauvées, sans qu'il pût les exercer, pour l'excédant, sur les biens hypothéqués à sa créance (9); sauf au prêteur à prouver, par exception, que le chargement n'avoit pas eu lieu (10), ou que le navire, ayant été conservé, avoit fait son déchargement ailleurs qu'au port convenu (11). Il s'ensuit qu'on ne pouvoit punir avec trop de sévérité l'emprunteur qui, ayant eu la mauvaise foi de détourner les marchandises affectées à la dette, faisoit périr le navire afin de se dispenser de payer la somme empruntée (12).

Presque toutes les notions que je viens de présenter sont réunies dans le texte d'un acte de prêt à la grosse que nous a conservé le plaidoyer de Démosthène contre Lacritus (13).

En voici la traduction aussi exacte qu'il m'a été possible de la faire.

(1) Demosth. *in Zenoth.* t. II, pag. 883; *in Dionysiod.* t. II, pag. 1294.
(2) Demosth. *in Zenoth.* t. II, pag. 887; *in Apatur.* t. II, pag. 893, 895 et 896.
(3) Demosth. *in Phorm.* passim.
(4) Demosth. *in Phorm.* t. II, pag. 916.
(5) Demosth. *in Phorm.* t. II, pag. 916.
(6) Demosth. *in Lacrit.* t. II, pag. 927.
(7) Demosth. *in Lacrit.* t. II, pag. 926; *in Dionysiod.* t. II, pag. 1288.
(8) Demosth. *in Dionysiod.* t. II, pag. 1289 et 1291.
(9) Demosth. *in Lacrit.* t. II, pag. 927.
(10) Demosth. *in Phorm.* passim; *in Lacrit.* t. II, pag. 929.
(11) Demosth. *in Dionysiod.* t. II, pag. 1292 *et seqq.*
(12) Demosth. *in Zenoth.* passim.
(13) T. II, pag. 925 *et seqq.* — Le plaidoyer contre Dionysiodore contient aussi quelques extraits d'un acte semblable.

« Androclès de Sphette et Nausicrate de Caryste ont prêté à Artémon
« et à Apollodore de Phasélis trois mille drachmes d'argent sur des effets
« à transporter d'Athènes à Mende ou à Scione, de là dans le Bosphore,
« et, s'ils le veulent, à la côte gauche jusqu'au Borysthène, pour revenir
« à Athènes.

« Les emprunteurs paieront l'intérêt à raison de 225 par 1000; mais,
« s'ils ne passent du Pont au temple [des Argonautes] qu'après le coucher
« de l'arcture, ils paieront 300 d'intérêt par 1000. Ils engagent, pour la
« somme prêtée, trois mille amphores de vin de Mende, qu'ils transpor-
« teront de Mende ou de Scione sur un navire à vingt rames, dont Hyblé-
« sius est armateur. Ils ne doivent et n'emprunteront rien à personne sur le
« vin affecté à ce prêt.

« Ils rapporteront à Athènes sur le même navire les objets qu'ils auront
« achetés avec le prix de ce vin; et lorsqu'ils seront arrivés, ils paieront,
« en vertu du présent acte, aux prêteurs, la somme convenue, dans les
« vingt jours à compter de celui où ils seront entrés dans le port d'A-
« thènes, sans autre déduction que les pertes ou sacrifices consentis par
« le commun accord des passagers, ou celles qu'ils auroient essuyées de
« la part des ennemis. Sauf cette seule exception, ils paieront la totalité, et
« livreront, sans aucune charge, aux créanciers, les objets affectés, jusqu'à
« ce qu'ils aient payé intégralement l'intérêt et le principal convenus par le
« présent acte.

« Si cette somme n'est pas payée dans le temps marqué, les créanciers
« pourront faire vendre ces objets; et s'ils n'en tirent pas la somme qui leur
« est promise par le présent acte, ils pourront exiger le reste d'Artémon
« et d'Apollodore, ou de l'un des deux, ou de tous les deux en même temps,
« saisir leurs biens sur terre ou sur mer, en quelque lieu qu'ils soient,
« comme s'ils eussent été condamnés, et qu'il s'agît de l'exécution d'une sen-
« tence des tribunaux.

« Si les emprunteurs ne chargent point de retours dans le Pont, ou que,
« restant dans l'Hellespont dix jours après la canicule, ils déchargent leurs
« marchandises dans un pays où les Athéniens ne peuvent poursuivre la
« vente des gages qu'on leur a donnés (1), revenus à Athènes ils devront

_____

(1) Auger, le seul traducteur français que je connoisse, rend cette expression par *pays où les Athéniens ne peuvent exercer le commerce*, et paroît, dans une note, douter de l'exactitude de sa traduction.
On peut voir les diverses explications qu'en donnent Samuel Petit, *Leges atticæ*, lib. v, tit. iv, § 2;
et Saumaise, *De modo usurarum*, cap. v. Wolf, qui a traduit *ubi Atheniensibus pignora capere non
licet*, m'a paru adopter le sens le plus simple et le plus conforme au droit. Il est naturel que le créancier prévoie la possibilité que l'emprunteur décharge dans un lieu où il ne pourra faire saisir les objets
affectés à sa créance, soit parce que ce lieu ne seroit point sous la juridiction d'Athènes, soit parce qu'on
n'y reconnoîtroit point aux actes faits à Athènes le droit d'exécution, *comme chose jugée*, que l'acte lui
assure. Dans cette prévoyance, ce créancier avoit intérêt à stipuler que l'arrivée dans ce lieu, quoique
susceptible, puisqu'elle est prévue, de mettre fin aux risques, fera courir les intérêts, sans autre stipulation.
En effet, on sait que, même chez les Athéniens, où l'usure paroît avoir été tolérée, les sommes prêtées
ne produisoient point d'intérêt sans convention.

« payer l'intérêt de leur dette au taux de l'année précédente (1). S'il arrive
« quelque accident considérable au navire sur lequel sont chargées les
« marchandises, le droit des créanciers sera limité aux effets qui auront
« échappé. Pour toutes ces conventions, rien ne pourra infirmer le présent
« acte. »

On voit que cette négociation ne diffère en rien de celles qui portent le
même nom parmi nous, et qu'elle se réduit à ces bases essentielles :

1.º Que le navire est désigné par ce qui peut en faire connoître l'identité et éclairer le prêteur sur ses chances ;

2.º Que le navire suivra la route convenue dans le contrat, sans pouvoir
débarquer ailleurs qu'aux lieux déterminés ;

3.º Qu'on placera sur le navire des marchandises affectées au prêt, qui,
en cas de déchargement, seront remplacées par d'autres ;

4.º Qu'en cas de force majeure les droits du créancier se réduiront aux
marchandises sauvées, et que la contribution aux avaries communes, telles
que jet ou rachat payé, sera déduite des sommes promises par l'emprunteur ;

5.º Qu'un profit maritime sera payé au prêteur pour l'indemniser des
chances qu'il a courues ;

6.º Que l'argent prêté sera remboursable après l'arrivée ;

7.º Qu'à défaut de paiement le prêteur aura le droit de faire vendre les
marchandises affectées, et que, s'il n'est pas pleinement remboursé par leur
prix, il aura un recours sur les autres biens du débiteur ;

8.º Que toutes ces clauses sont de rigueur, et que, pour sûreté de leur
exécution, le débiteur oblige ses biens tant meubles qu'immeubles, comme
s'il y avoit été condamné par jugement.

Il n'est pas facile de décider si cette législation fut propre à Athènes,

(1) Je dois faire remarquer qu'aucun traducteur ne donne ce sens à ce passage. Wolf le traduit par
ces mots, *usuras reddant, anno superiori tabulis inscriptas ;* Reiske adopte cette interprétation dans ses
notes sur ce plaidoyer, *Apparat. critic. ad Demosth.* t. XI, pag. 1349. Auger traduit : « Ils paieront l'in-
« térêt marqué dans l'acte qui aura été fait l'année précédente » ; et dans sa note il avoue que le passage
est obscur. Auger a suivi le sens que donne Saumaise, *De modo usurarum,* cap. v.

Il ne me convient pas de lutter avec des hommes si savans. Je ne peux cependant m'empêcher de
dire que je n'ai trouvé rien de satisfaisant dans leurs explications ; car se référer à l'année précédente,
c'est supposer que les contractans avoient déjà fait des négociations ensemble : or Demosthène dit expressément dans ce plaidoyer, pag. 925, que, jusqu'au contrat dont il s'agit, ses cliens n'avoient jamais connu
les emprunteurs. Comment donc auroient-ils fait avec eux un contrat *l'année précédente ?*

A la vérité, les savans dont je viens de rapporter le sentiment se fondent sur ce que, l'année des Athéniens commençant à la nouvelle lune qui suivoit le solstice d'été, et la navigation prévue par le contrat passé
au printemps devant finir après le solstice, le terme de paiement tomboit dans une année nouvelle, d'où ils
concluent que l'intérêt de l'année précédente, auquel le contrat se réfère, est l'intérêt même qui avoit été
stipulé dans ce contrat souscrit avant le solstice. Mais ne peut-on pas répondre que lorsqu'on stipule dans
un acte et qu'on s'y réfère à *l'année précédente,* cette clause doit s'entendre de l'année déjà écoulée au
moment où l'on contracte, et non de l'année qui, à l'époque où le paiement sera dû, se trouveroit avoir précédé le terme de ce paiement ? Au reste, je ne présente que des doutes, et je les soumets au jugement des
hommes plus éclairés que moi. Ma traduction suppose, ce qui n'a rien d'invraisemblable, que, l'intérêt
de terre (car il ne peut plus être question de cet intérêt dès que le débarquement a fini les risques)
étant arbitraire à Athènes, comme on l'a vu plus haut, les banquiers en constatoient le cours ; ce qui
devoit être indispensable pour régler les parties et offrir un guide aux tribunaux dans les cas où, l'intérêt
étant dû en vertu de la loi ou d'un jugement, il falloit en déterminer le taux.

ou si, comme l'ont pensé quelques auteurs, cette république l'a empruntée aux Rhodiens. La question seroit promptement résolue en faveur des Athéniens, si l'on adoptoit le sentiment, dont j'ai fait connoître les motifs dans le chapitre précédent, que la législation rhodienne ne remonte point au-delà de l'an 408 avant J. C., époque où la ville de Rhodes fut fondée par la réunion des anciennes villes de l'île; parce qu'alors le commerce et la puissance maritimes d'Athènes étoient déjà portés au plus haut degré. Mais, en offrant cette conjecture, je n'ai point dissimulé les conjectures contraires qui pouvoient la combattre.

Du reste, il est certain qu'il existe une grande ressemblance entre ces deux législations. La preuve en résulte de la comparaison, facile à faire, entre ce que nous connoissons sur la législation athénienne, et les fragmens du droit maritime romain, qui, sans le moindre doute, a été emprunté en tout, ou du moins en grande partie, aux Rhodiens. On verra dans le chapitre suivant que si l'on en excepte quelques dispositions d'intérêt local, telles que la défense de prêter à la grosse sur des navires qui ne devoient pas revenir à Athènes, dispositions qui n'ont pas été adoptées par les Rhodiens placés dans une situation différente, et à plus forte raison par les Romains maîtres du monde, les principes du droit athénien sur le prêt à la grosse, la contribution aux avaries et les autres conventions, se trouvent littéralement dans les lois romaines. La ressemblance entre les lois d'Athènes et celles de Rhodes sur le droit maritime est donc constante; le seul point sur lequel il puisse rester quelque doute est de savoir qui des Athéniens ou des Rhodiens a la priorité, et la solution de cette question est ici d'un foible intérêt.

Quelques lois, dont les textes sont rapportés d'une manière assez vague et assez obscure (1), ont servi de fondement à l'opinion que chez les Grecs le fisc s'attribuoit la propriété des objets échoués à la suite d'un naufrage (2). Mais ces lois, si tant est qu'elles aient existé et que les citations qu'on en trouve ne soient pas des inventions d'auteurs de lieux communs de rhétorique, ne me paroissent pas avoir le sens qu'on leur suppose. Je n'y vois rien qui exclue ceux qui ont éprouvé un naufrage du droit de recueillir leurs effets; et il me semble plus probable qu'elles se bornoient au cas où, les objets naufragés étant restés sans maître, il étoit naturel d'établir la préférence du fisc sur les particuliers qui les avoient recueillis au bord du rivage. J'ai déjà, dans la dissertation précédente, expliqué les motifs de mon opinion, et je crois pouvoir y ajouter quelques argumens qui, pour être négatifs, ne me semblent pas avoir moins de force. Dans plusieurs plaidoyers de Démosthène et des autres auteurs grecs, il est souvent parlé de pertes

---

(1) Curius Fortunat. *Rhetor.* lib. 1. — Sopater et Syrianus, *in Hermogen.* pag. 107.
(2) Selden, *Mare clausum*, lib. 1, cap. xxiv et xxv. — Gryphiand. *De insulis*, cap. xxxi, § 106. — M. de Pastoret, *Hist. de la législ.* t. VII, pag. 245.

arrivées par des tempêtes, de l'abord des naufragés soit sur les côtes de la Grèce proprement dite, soit dans des lieux tels que Rhodes, dont le droit maritime étoit semblable à celui des Grecs : nulle part on ne voit un mot qui suppose que le fisc s'emparât des effets naufragés ; ce que n'auroient pas manqué de faire valoir les emprunteurs à la grosse, qui excipoient contre les prêteurs de la perte des choses chargées aux risques de ces derniers. L'acte que j'ai transcrit plus haut déclare formellement qu'en cas de force majeure le droit des créanciers sera limité à ce qui aura échappé ; d'où il semble naturel de conclure que le fisc ne s'en emparoit pas. L'orateur Andocide cite comme des peuples non civilisés ceux qui pilloient les naufragés (1). Xénophon, dans son traité, *De l'amélioration des finances d'Athènes*, énumère avec un détail très-exact tous les revenus du fisc ; et sans doute il n'auroit pas omis d'y parler de ceux qu'auroit produits le droit de naufrage, s'il eût existé tel qu'on le suppose.

Nous avons peu de renseignemens sur l'état de la législation en ce qui concerne le droit de course et de prises maritimes : on sait seulement qu'il existoit (2) ; que le commerce avec les ennemis étoit interdit (3) ; que leurs navires et leurs marchandises étoient frappés de confiscation (4), et souvent leurs personnes exposées à des traitemens barbares qui entraînoient d'affreuses représailles (5). Un passage de Démosthène donne lieu de conjecturer qu'en cas de reprise sur l'ennemi ou sur les pirates, on suivoit, relativement au droit de revendication par le propriétaire dépouillé, des principes semblables à ceux qui régissent les sociétés modernes (6).

Une législation qui avoit pris, comme on l'a vu, les plus sages et les plus exactes précautions pour assurer la fidélité dans l'exécution des engagemens, auroit été incomplète sans une sanction pénale capable de contenir ceux en qui le sentiment de la justice, et la crainte de l'opinion publique, qui influe si activement sur le crédit d'un commerçant (7), n'eussent pas été assez forts.

La plus grande rigueur étoit exercée contre le débiteur qui ne satisfaisoit pas à ses engagemens (8). Ses créanciers pouvoient faire saisir ses biens (9), même le constituer prisonnier (10) ; et la seule ressource qui lui restât pour échapper aux poursuites étoit de se cacher, ou de céder à ses créanciers les biens qui lui restoient (11). On étoit si convaincu de la nécessité, dans l'intérêt du commerce, de donner les plus fortes garanties aux prêteurs, sans

(1) *De mysteriis*, t. IV, pag. 69.
(2) Demosth. *in Timocrat.* t. I, pag. 703 et 741. — Aristoph. *Acharn.* act. IV, sc. II.
(3) Aristoph. *Acharn.* act. III, sc. IV.
(4) Isocrat. *Trapezit.* t. II, pag. 458.
(5) Herod. lib. VII, § 137. — Thucyd. lib. II, cap. LXVII.
(6) Demosth. *de Halones.* t. I, pag. 77.
(7) Isocrat. *Trapezit.* t. II, pag. 471.
(8) Demosth. *in Timoth.* t. II, pag. 1204.
(9) Demosth. *in Apatur.* t. II, pag. 893 et 895.
(10) Demosth. *in Apatur.* t. II, pag. 891 ; *in Lacrit.* t. II, pag. 939.
(11) Demosth. *in Apatur.* t. II, pag. 895, 900.

le secours desquels il seroit impossible de faire et d'achever des entreprises considérables (1), qu'on étoit allé jusqu'à punir de mort celui qui avoit contracté des dettes au-delà de ses facultés, et ne représentoit pas les objets sur lesquels il avoit emprunté (2).

De sages précautions étoient prises pour assurer l'exacte et prompte distribution de la justice.

La décision des procès relatifs à des contrats passés à Athènes ou en pays étranger pour une navigation qui devoit finir au port d'Athènes (3), étoit renvoyée par les magistrats devant une juridiction à peu près semblable à celles qui existent dans la plupart des états modernes sous le nom de *juges de commerce* ou *tribunaux d'amirauté* (4). Ces juges, appelés ναυτοδίκαι et choisis chaque année (5), prononçoient sans appel (6); et lorsque des traités l'avoient stipulé, les étrangers y étoient jugés conformément aux lois de leur pays (7). Les héritiers d'un commerçant décédé étoient soumis à cette juridiction pour les actes qu'il avoit consentis (8). Mais le défendeur contre qui l'on ne justifioit pas, par écrit, que la négociation eût été faite à Athènes ou pour le port d'Athènes, pouvoit décliner la compétence du tribunal (9).

Ces juges tenoient leurs audiences pendant les six mois où la navigation étoit interdite, c'est-à-dire, depuis le mois d'octobre jusqu'au mois d'avril, afin que les navigateurs pussent partir sans être arrêtés par la nécessité de comparoître en justice (10). La décision étoit presque toujours prononcée dans le mois de l'introduction de l'instance (11). Xénophon étoit d'avis que la république accordât des récompenses aux juges qui, mettant une grande célérité dans l'expédition des procès, donnoient ainsi aux navigateurs la faculté de partir pour se livrer à de nouvelles opérations (12). Il paroît même qu'en général le demandeur étoit tenu d'agir dans un très-bref délai, sous peine d'être déclaré non recevable (13).

Le serment pouvoit être déféré par une partie à l'autre (14); et lorsque celui à qui il étoit déféré acceptoit cette proposition, on convenoit d'une somme qu'il devoit payer s'il ne prêtoit pas serment (15). D'ailleurs, ce

___

(1) Demosth. *in Phorm.* t. II, pag. 922; *in Dionysiod.* t. II, pag. 1297.
(2) Demosth. *in Phorm.* t. II, pag. 922.
(3) Demosth. *in Zenoth.* t. II, pag. 886; *in Phorm.* t. II, pag. 907 et 919.
(4) Demosth. *in Lacrit.* t. II, pag. 938. — Lucian. *Dialog. meretric.* dial. II.
(5) Lysias, *De publicat. bon.* t. V, pag. 593 et 595.
(6) Demosth. *de Halones.* t. I, pag. 79.
(7) Demosth. *de Halones.* t. I, pag. 79.
(8) Demosth. *in Lacrit.* t. II, *passim.*
(9) Demosth. *in Zenoth.* t. II, pag. 882; *in Apatur.* t. II, pag. 892; *in Phorm.* t. II, pag. 907; *in Lacrit.* t. II, pag. 939.
(10) Demosth. *in Apatur.* t. II, pag. 899.
(11) Demosth. *de Halones.* t. I, pag. 79.
(12) Xenoph. *Rat. red.* cap. III.
(13) Meursius, *Them. att.* cap. II, lib. xxvi.
(14) Demosth. *in Callipp.* t. II, pag. 1244.
(15) Demosth. *in Apatur.* t. II, pag. 896.

refus entrainoit pour lui la perte du procès (1). L'héritier d'un commerçant mort, poursuivi en exécution d'une obligation verbale de son auteur, pouvoit aussi offrir d'affirmer qu'il ne croyoit pas que le défunt eût pris l'engagement allégué (2).

Les contestations, lors même qu'elles étoient déjà pendantes devant les tribunaux (3), donnoient souvent lieu à un arbitrage volontaire, qu'il ne faut pas confondre avec le renvoi devant des arbitres publics, prononcé par le magistrat dans certains cas (4). La loi s'exprimoit ainsi : « Les citoyens sont, dans « leurs démêlés particuliers, maîtres de prendre tel arbitre qu'ils voudront : « lorsqu'ils l'auront choisi de concert, ils devront s'en tenir à ce qu'il aura « décidé, et ne pourront porter leur demande à aucun tribunal, la sentence « de l'arbitre devant avoir force de chose jugée irrévocablement (5). » Un écrit déposé entre les mains d'un tiers ou de l'un des arbitres (6), et quelquefois même présenté au magistrat pour être revêtu d'une forme plus solennelle (7), constatoit ce compromis, et les parties se donnoient respectivement des cautions pour répondre de l'exécution des condamnations qui seroient prononcées (8). Elles convenoient le plus habituellement de trois arbitres, dont la décision n'avoit pas besoin d'être unanime (9).

Les arbitres, avant de prêter serment de rendre fidèlement justice, essayoient quelquefois de concilier les parties, et pouvoient, lorsqu'ils n'y avoient pas réussi, renvoyer la cause devant les juges ordinaires (10). Ce refus de statuer ne les exposoit pas à être poursuivis, de même que l'étoient en pareil cas les arbitres publics (11) ; mais, comme eux, ils pouvoient être condamnés pour avoir manqué à leurs devoirs (12). Le jour marqué pour la décision étant arrivé et les formalités préliminaires remplies, si l'une des parties ne comparoissoit pas et si l'autre refusoit une remise, les arbitres, après avoir attendu la fin du jour (13), donnoient contre le non-comparant une décision par défaut, qui pouvoit être attaquée par la voie d'opposition (14).

Mais ces compromis n'étoient pas sans inconvéniens. Par une distinction que peuvent expliquer les institutions politiques ou la forme du gouvernement, et que la droite raison ne sauroit admettre, le faux témoignage devant

(1) Demosth. *in Callipp.* t. II, pag. 1243.
(2) Demosth. *in Callipp.* t. II, pag. 1241.
(3) Demosth. *in Apatur.* t. II, pag. 897.
(4) Herald. *Animadv. ad Salmas.* lib. v, cap. xiv. — M. de Pastoret, *Hist. de la législ.* t. VI, p. 402.
(5) Demosth. *in Midiam.* t. I, pag. 545.
(6) Demosth. *in Apatur.* t. II, pag. 897.
(7) Demosth. *in Callipp.* t. II, pag. 1243.
(8) Demosth. *in Apatur.* t. II, pag. 897 ; *in Neaeram*, t. II, pag. 1360.
(9) Demosth. *in Apatur.* t. II, pag. 897. — Isaeus, *De hered. Dicaeogit.* t. VII, pag. 107.
(10) Demosth. *in Phorm.* t. II, pag. 913 et 920.
(11) Pollux, *Onomast.* lib. viii, cap. ix, § 126.
(12) Demosth. *in Midiam*, t. I, pag. 542 ; *in Phorm.* t. II, pag. 913 ; *in Callipp.* t. II, pag. 1244.
(13) Demosth. *in Midiam*, t. I, pag. 542.
(14) Demosth. *in Midiam*, t. I, pag. 543 ; *in Boeot.* t. II, pag. 1006.

des arbitres n'étoit pas puni comme celui qu'on auroit fait devant des juges choisis par le peuple (1).

On seroit porté à croire, d'après l'état d'hostilité presque habituel des peuples de la Grèce, soit entre eux, soit avec les nations qu'ils appeloient *barbares*, qu'on ne doit trouver dans leurs institutions aucune trace de celles que les états modernes ont généralement adoptées, sous le nom de *consuls*, pour protéger leurs sujets en pays étranger. Il n'en est point ainsi; et cette institution, que la civilisation moderne a répandue presque en tout lieu, dont la législation française surtout a porté la perfection au plus haut degré, n'étoit pas tout-à-fait inconnue aux Grecs.

Souvent un état faisoit choix, dans un autre état, d'un citoyen notable, appelé *proxène*, qui, en qualité de protecteur et d'hôte commun (2), étoit chargé d'aider de ses conseils et de son crédit les sujets de l'état qui l'avoit choisi, et de gérer leurs affaires (3). Ces proxènes jouissoient de diverses prérogatives chez ce peuple, telles que l'entrée dans les assemblées politiques, le droit d'occuper des places distinguées aux sacrifices et aux fêtes publiques (4); il paroît même qu'ils étoient autorisés à se servir d'un sceau où étoient gravés les emblèmes ou armoiries du pays ou de la ville qui leur avoit donné sa confiance (5). Quoique ces fonctions, sous quelques rapports, ressemblassent à celles des consuls modernes, il y avoit néanmoins cette différence, que ces proxènes n'étoient pas des envoyés; ils étoient citoyens du pays où ils exerçoient leur ministère, et le choix de leurs personnes devoit être approuvé par le peuple de ce pays.

Du reste, on a vu dans le chapitre précédent que les rois d'Égypte avoient accordé aux étrangers attirés par le commerce dans leurs états la faculté d'avoir des juges de leur nation et de leur choix pour régler suivant leurs lois les contestations qui s'élevoient entre eux; et les Grecs paroissent avoir joui spécialement (6), peut-être même exclusivement, de ce privilège *.

---

(1) Demosth. *in Phorm.* t. II, pag. 912; *in Dionysiod.* t. II, pag. 1288.
(2) Thucyd. lib. I, cap. LXXX.—Demosth. *pro Rhod.* t. I, pag. 192; *in Leptin.* t. I, pag. 496.—Pollux, *Onomast.* lib. III, cap. IV, § 59.—Paciaudi, *Monumenta peloponnes.* t. II, pag. 137.—Valckenaer, *ad Ammon.* pag. 153.—Reiske, *Index græcit.* Demosth. pag. 646.
(3) Demosth. *in Callipp.* t. II, pag. 1237.
(4) Delior. Decret. *in Marmor. Oxon.* App. n.º 156, 157, 158. — Reines. *Syntagma inscript. antiq. class.* VII, n.º 23.
(5) Antig. Carystius, *Hist. memorab.* cap. XV.
(6) Herod. lib. II, § 178. — Chishull, *Antiquit. asiat.* pag. 100.

* On peut consulter sur la législation et l'ordre judiciaire des Grecs, et surtout des Athéniens, les ouvrages de Meursius, de Samuel Petit, de Cragius, d'Emmius, de Sigonius, de Potter, de M. de Pastoret, et surtout l'admirable *Voyage du jeune Anacharsis*. En les lisant, on verra que, s'ils m'ont quelquefois servi de guides, j'ai été livré à mes propres recherches, et par conséquent à ma foiblesse, dans tous les détails relatifs au droit maritime.

CHAPITRE III.

Législation maritime des Romains.

La destinée de Rome semble avoir été de commander sans cesse à l'univers. Elle a porté ses armes et sa domination dans la plus grande partie du globe connu des anciens : lorsqu'elle n'a plus régné par la victoire, elle est restée la capitale du monde chrétien; et ses lois régissent encore, comme droit positif, ou comme bases de législation, tous les peuples civilisés, même ceux qui ont cessé de reconnoître en elle le centre ou la métropole de la religion qu'ils professent.

La constitution romaine ne fut jamais favorable au commerce. Romulus, qui vouloit que son peuple comptât, en quelque sorte, autant de soldats que d'habitans, avoit interdit les opérations commerciales aux citoyens et ne les permettoit qu'aux esclaves (1). L'agriculture seule étoit en honneur; seule elle avoit mérité les encouragemens de la société et la sollicitude des lois (2).

Mais la nécessité devint plus puissante que la politique, et la force des choses l'emporta sur celle des institutions; car le peuple le moins industrieux ne peut se passer d'un grand nombre d'objets dont la fabrication devient nécessairement l'occupation habituelle d'un certain nombre d'individus. Les ouvriers de toute espèce, les débitans des objets que ceux-ci avoient fabriqués, durent se multiplier dans Rome, à mesure que la population croissoit et que les besoins augmentoient. On sait que, dès le règne de Numa, ils se formèrent en corporations (3) dont le nombre et l'importance s'accrurent successivement (4).

L'approvisionnement de la ville donna lieu à l'établissement des marchés, aux lois qui en assuroient la police et la sûreté, et même à la création de magistrats chargés de leur surveillance. Le besoin de prévenir des spéculations qui auroient produit la rareté ou le renchérissement des objets de première nécessité, dicta aussi des lois contre les monopoles, seules mesures qu'on pût prendre dans un temps où les principes sur les avantages de la liberté n'étoient pas compris. Ce qui n'avoit d'abord concerné que la capitale, fut étendu aux pays que chaque année les victoires ou la politique ajoutoient à la domination romaine. On peut donc dire, sans témérité, que les fragmens du Digeste et

---

(1) Dionys. Halic. lib. II, § 28.
(2) Plin. *Hist. nat.* lib. XVIII, cap. III.
(3) Plut. *Vita Numæ*, § 28. — Plin. *Hist. nat.* lib. XXXIV, cap. I.
(4) Tit. Liv. lib. II, cap. XXVII.

les constitutions des empereurs, relatifs aux foires et aux marchés, à la sûreté des approvisionnemens et à la répression des monopoles (1), rappellent des règles et des principes anciens, plutôt qu'ils ne contiennent des dispositions récentes.

On doit croire cependant que les transactions commerciales se réduisirent long-temps à des échanges (2) : la monnoie, agent nécessaire du commerce, ne commença d'être connue à Rome que sous le règne de Servius-Tullius, et encore elle ne consistoit qu'en pièces de cuivre; le métal d'argent, si commun chez les peuples qui avoient alors le sceptre des mers, ne servit aux monnoies romaines que cinq ans avant la première guerre punique; les monnoies d'or un peu moins d'un siècle après (3).

A mesure que les conquêtes amenèrent les richesses, et les richesses le goût du luxe, les négociations, bornées d'abord aux objets de première nécessité, s'étendirent à tout ce qui pouvoit satisfaire les besoins nouveaux, qui se développèrent et s'accrurent avec cette incroyable progression dont Salluste nous a laissé l'effrayant tableau dans plusieurs de ses écrits (4). Le commerce dut prendre alors un développement que la frugalité et la vertu des premiers siècles de la république avoient suspendu.

Cependant l'agriculture continua encore quelque temps d'être considérée comme la seule profession véritablement honorable et conservatrice des bonnes mœurs (5). Elle ne devoit perdre cette noble prérogative qu'à l'époque où les terres du Latium, si long-temps fières, suivant la poétique expression de Pline, d'être cultivées par des mains triomphantes, et labourées par un soc orné de lauriers, seroient abandonnées au travail mercenaire d'hommes flétris et d'esclaves courbés sous le fouet (6). Quelque temps encore, l'idée d'une fortune gagnée par le trafic blessa l'orgueil ou l'austérité des mœurs patriciennes (7); et le second Scipion, accusé par l'histoire, avec trop de sévérité sans doute, d'avoir introduit dans Rome le luxe et la corruption qui en fut la suite (8), put dire que le même peuple ne devoit pas être le roi et le facteur de l'univers (9).

Mais la révolution nouvelle rompit bientôt ces foibles barrières. Les citoyens de Rome, les grands eux-mêmes, s'emparèrent avec avidité d'une industrie qui présentoit une source abondante et presque inépuisable de profits. L'orgueil ne se retrancha plus que derrière l'importance des opérations et l'étendue

---

(1) Dig. lib. XLVIII, tit. XII, *Ad leg. Jul. de annona;* lib. L, tit. XI, *De nundinis.*— Cod. lib. IV, tit. LX, *De nundinis et mercationibus;* lib. IV, tit. LIX, *De monopoliis et conventu negotiationum illicitarum.*
(2) Dig. lib. XVIII, tit. I, *De contrahenda emptione,* fr. 1.
(3) Plin. *Hist. nat.* lib. XXXIII, cap. XIII.
(4) *Bellum Catilin.* proœm.; Ad Cæsarem, *de republica ordinanda,* passim.
(5) Cato, *De re rustica,* proœm.
(6) Plin. *Hist. nat.* lib. XVIII, cap. IV.
(7) Tit. Liv. lib. XXI, cap. LXIII.
(8) Velleius Paterculus, lib. II, c. 1.
(9) Cicer. *De republica,* apud Festum, verbo *Portitor.*

des bénéfices : le commerce, pour me servir des termes de Cicéron, fut plus ou moins estimé, selon qu'il étoit plus ou moins considérable (1); et ce qu'un reste de fierté, ou la volonté des lois anciennes, ne permettoit pas de faire directement, on parvint à l'exécuter par des esclaves qui travailloient pour le compte de leurs maîtres.

C'est probablement à cette époque que le magistrat, obligé de prévoir des cas qui n'avoient pu être prévus par les lois, se trouva dans la nécessité d'introduire les actions appelées *institoria* et *tributoria*, pour donner à ceux qui avoient traité avec un esclave, autorisé par son maitre à faire le commerce, le droit de contraindre ce dernier à l'exécution des engagemens du préposé; ou du moins, pour empêcher qu'il ne s'attribuât tous les profits de négociations dont il refuseroit d'acquitter les charges (2).

J'ai dit *probablement*, parce que le silence des historiens, et, ce qui est plus étonnant, celui des jurisconsultes, dont les écrits ont développé et commenté avec tant de science et d'étendue les édits des préteurs, nous apprennent rarement l'époque à laquelle les règles nouvelles ont été introduites et ont pris une place fixe dans le droit coutumier des Romains. Nous en connoissons le sens et quelquefois le texte; mais nous ne les connoissons que par des ouvrages composés long-temps après, et l'histoire du droit manque à cet égard de documens, auxquels il n'est possible de suppléer que par des conjectures.

Tant que le commerce des Romains fut intérieur et terrestre, le droit civil fut suffisant pour régler les négociations dont il se composoit et pour donner les moyens de décider les contestations qu'elles faisoient naître. Les principes généraux sur les choses qu'il étoit permis ou interdit de vendre (3) et sur les diverses clauses dont le contrat de vente étoit susceptible, les lois sur la répression des infidélités dont les vendeurs se rendoient coupables (4), pouvoient s'appliquer aux achats et ventes faits avec intention de spéculer, les seuls qui soient proprement des actes de commerce, comme à ceux qui n'avoient que la consommation individuelle pour objet. Il en étoit de même des règles sur la validité, les effets ou la rescision des contrats; sur les qualités et les risques de la chose vendue, mise en gage, déposée, transportée d'un lieu dans un autre; et c'étoit aussi par le droit commun sur la capacité de contracter que dut être réglée celle des mineurs, des fils de famille, des femmes qui se livroient au commerce. On ne connoît de règles spéciales sous ce rapport, que celles qui interdisoient aux femmes la profession de banquier (5).

Tout porte à croire que la condition d'étranger n'étoit point, comme l'ont

(1) *De officiis*, lib. I, cap. XLII.
(2) Dig. lib. XIV, tit. III, *De instit. actione*; tit. IV, *De tribut. actione*.
(3) Dig. lib. XVIII, tit. I, *De contrah. empt.* fr. 34 § 2, et 35 § 2. — Cod. lib. IV, tit. XL, *Quæ res vendi non possunt*, const. 1 et 2.
(4) Dig. lib. XLVII, tit. XI, *De injuriis*, &c. fr. 6; lib. XLVIII, tit. XIX, *De pœnis*, fr. 37.
(5) Dig. lib. II, tit. XIII, *De edendo*, fr. 12.

pensé quelques auteurs (1), un obstacle au droit d'exercer le commerce,
puisqu'il ne se compose que des négociations nommées par les jurisconsultes
contrats du droit des gens. Du reste, les mœurs, plus encore que les lois,
avoient déterminé les interdictions fondées sur la dignité, les convenances
sociales (2), ou la crainte de l'influence que donnoit l'exercice de la puissance
publique (3).

J'ai dit que, dès le règne de Numa, des corporations d'individus livrés à
un même genre de trafic ou d'industrie s'étoient établies; à mesure qu'elles
se multiplièrent et qu'elles se composèrent d'un plus grand nombre de personnes (4), la nécessité de coordonner leur existence à l'ordre et à l'intérêt
publics dut les placer sous l'inspection de l'autorité souveraine (5). Elles
ne tardèrent pas à être assujetties à des réglemens qui long-temps ont conservé leur influence dans les sociétés modernes; plusieurs de ces professions
obtinrent même, sous les empereurs, des priviléges et la dispense de certaines charges publiques (6). Mais les contestations relatives aux engagemens
individuels de ces ouvriers ou commerçans n'en étoient pas moins soumises
aux règles du droit commun, qui, en effet, contient un nombre infini de décisions sur cette matière.

Le besoin d'employer des intermédiaires pour préparer les transactions réciproques étoit sans doute plus fréquent dans le commerce que dans les affaires
civiles : toutefois les principes généraux relatifs aux devoirs et aux droits de
ceux qu'on appeloit *proxénètes* (7), ainsi qu'à l'effet des conventions faites
par leur entremise, n'étoient point modifiés par le genre des affaires auxquelles ils prêtoient leur ministère; et, par conséquent, des règles spéciales
ne furent pas nécessaires dans l'intérêt du commerce.

Les négociations du genre de ce que nous appelons actuellement le change,
usitées chez les Athéniens, comme on l'a vu dans le chapitre précédent,
étoient certainement connues des Romains. Un grand nombre de textes
prouvent qu'ils pratiquoient non-seulement celles qui consistoient dans le
change de monnoies de valeurs diverses (8), ou marquées au coin de souverainetés différentes (9), mais encore celles qui avoient pour objet de faire trouver
des fonds dans un lieu pour une contre-valeur fournie dans un autre (10).

(1) Bouchaud, *Théorie des traités de commerce*, pag. 137.
(2) Cod. lib. IV, tit. LXIII, *De comm. et mercat.* const. 3.
(3) Cicer. *in Verr.* act. II, lib. IV, § 5, et lib. V, § 18.—Dig. lib. XVIII, tit. I, *De contrah. empt.* fr. 46 pr., et fr. 62 pr.; lib. XLIX, tit. XIV, *De jure fisci*, fr. 46, § 2; lib. L, tit. V, *De vacat. et excusat. munerum*, fr. 3, fr. 9 § 1, fr. 10 § 1.
(4) Gruter, *Inscript.* CCCCXXX, 2.
(5) Dig. lib. III, tit. IV, *Quod cujuscumque* &c. fr. 1; lib. XLVII, tit. XXII, *De collegiis illicitis*, fr. 3.
— On peut consulter à ce sujet la savante dissertation d'Heineccius, *De collegiis opificum.*
(6) Dig. lib. L, tit. VI, *De jure immunitatis*, fr. 5, § 12.
(7) Dig. lib. L, tit. XIV, *De proxeneticis.*
(8) Cicer. *ad Atticum*, lib. XII, epist. VI.
(9) Cicer. *in Verr.* act. II, lib. III, § 78.
(10) Cicer. *ad Atticum*, lib. V, epist. XV; lib. XII, epist. XXIV; lib. XV, epist. XV.

Le professeur Ayrer a réuni tous ces textes dans une dissertation intitulée, *De vestigiis cambii apud Romanos*, publiée en 1735, qui n'est pas susceptible d'analyse.

Cependant, le contrat de change, tel qu'il existe de nos jours, et à plus forte raison l'admirable invention des lettres de change et de leur négociation sûre et rapide, qui est devenue le principal mobile du commerce, n'ayant pas été en usage chez les Romains, les principes qui se trouvent dans le Digeste au titre *De eo quod certo loco* et dans quelques textes analogues, furent suffisans.

L'intermédiaire des banquiers, pour payer et pour justifier les paiemens, étoit habituel dans les transactions ordinaires entre les citoyens (1). Ces banquiers remplissoient une sorte de fonction publique (2); ils avoient des lieux particuliers de réunion appelés *Basilicæ* (3); ils étoient sévèrement punis lorsqu'ils abusoient des dépôts qui leur étoient confiés (4); ils tenoient des livres par ordre de dates (5), qu'ils devoient représenter en justice (6), même lorsque la contestation intéressoit des tiers (7), sous peine de dommages-intérêts envers ceux à qui cette représentation pouvoit être utile (8). A mesure que les négociations commerciales s'agrandirent et se multiplièrent, l'emploi de leur ministère devint sans doute plus fréquent et presque indispensable; mais cette direction nouvelle et cette extension de leurs opérations, n'en changeant pas la nature, n'exigeoient pas des dispositions spéciales.

Les personnes qui se livroient aux entreprises et aux spéculations de commerce, connurent les avantages qui pouvoient résulter de sociétés où plusieurs intéressés réunissoient leurs capitaux et leur industrie (9); mais les règles dont elles pouvoient avoir besoin ne dûrent pas être différentes de celles qui existoient déjà pour les sociétés étrangères au commerce. Dans le fait, nos législations modernes n'ont apporté que de légères modifications aux principes que contiennent les titres du Digeste et du Code *Pro socio*, et ces modifications n'ont même été rendues nécessaires que par l'introduction de quelques sociétés qui ne paroissent pas avoir été en usage chez les Romains.

La rigueur que les créanciers exerçoient contre leurs débiteurs, dès les premiers temps de la république, est connue: la législation n'admettoit pas même de distinction entre l'infortune non méritée provenant de force majeure, et l'insolvabilité occasionée par l'inconduite (10).

(1) Dig. lib. II, tit. XIII, *De edendo*, fr. 4, § 1; lib. XLVI, tit. III, *De solutionibus et liberationibus*, fr. 88.
(2) Dig. lib. II, tit. XIII, *De edendo*, fr. 10, § 1.
(3) Plaut. *Curculio*, act. IV, sc. I. — Dig. lib. XXXIV, tit. II, *De auro et arg. leg.* fr. 32, § 4.
(4) Dig. lib. XLVII, tit. II, *De furtis*, fr. 52, § 16.
(5) Dig. lib. II, tit. XIII, *De edendo*, fr. 4, pr. et § 5, fr. 6, §§ 1 et 3.
(6) Dig. lib. II, tit. XIII, *De edendo*, fr. 6, §§ 7, 8, 9, 10, et fr. 7, pr. et § 1.
(7) Dig. lib. II, tit. XIII, *De edendo*, fr. 8, fr. 9, § 2, fr. 10, pr. et § 2.
(8) Dig. lib. II, tit. XIII, *De edendo*, fr. 6, § 4.
(9) Dig. lib. XVII, tit. II, *Pro socio*, fr. 44, fr. 52 §§ 2, 4 et 15, fr. 58 § 1, fr. 69. — Cod. lib. IV, tit. XXXVII, *Pro socio*, const. 1.
(10) Senec. *De beneficiis*, lib. VII, cap. XVI.

I.

8

Les nombreuses et savantes dissertations publiées à ce sujet sont entre les mains de tout le monde ; et, si les auteurs sont partagés sur le sens de la fameuse loi des douze Tables, qui semble avoir permis aux créanciers d'attenter aux jours de leurs débiteurs (1), il est incontestable du moins qu'ils avoient le droit de les réduire en servitude. Une loi rendue en l'an de Rome 428, après une sédition causée par l'abus effroyable de ce droit, paroît, il est vrai, l'avoir restreint à la seule faculté de s'emparer des biens du débiteur (2) : mais, soit que cette loi n'eût pas le sens qu'on lui attribue communément, comme l'ont cru quelques savans avec assez de vraisemblance (3), soit que les circonstances dans lesquelles le peuple l'avoit obtenue, l'eussent fait modifier ou tomber en désuétude, il paroît certain que l'emprisonnement pour dettes avoit lieu (4) ; que plus d'une fois des mesures extraordinaires furent prises pour adoucir le sort des débiteurs (5) ; qu'une loi (6), attribuée par les uns à César et par d'autres à Auguste, leur accorda la grâce de recouvrer leur liberté, en usant de la triste ressource d'une cession de biens dont les constitutions impériales développèrent successivement les effets ; qu'enfin cet état d'insolvabilité frappoit le débiteur de certaines incapacités politiques (7) et l'entachoit d'une sorte d'infamie (8).

Le droit civil avoit, du reste, prévu avec une admirable sagacité tous les cas que cette position d'un débiteur insolvable pouvoit faire naître, relativement à l'annullation des actes faits en fraude des créanciers (9), à leurs droits sur les biens abandonnés par le débiteur ou dont le juge leur avoit attribué la possession (10), à l'ordre de préférence ou de collocation des diverses classes de créanciers (11), au pacte rémissoire (12), &c. Toutes ces règles, qui sont encore la base des législations modernes, ne dûrent éprouver aucune modification par la circonstance que le débiteur étoit commerçant, ou que les engagemens qui avoient causé son insolvabilité appartenoient au commerce.

Mais la navigation donna naissance à des négociations d'une espèce nouvelle. Si le désir de s'agrandir par des conquêtes fut le premier mobile qui excita les Romains à construire et à entretenir des vaisseaux, si l'approvisionnement de la capitale, auquel les produits de l'Italie, transformée presque tout

---

(1) Aul. Gell. *Noct. att.* lib. xx, cap. 1.
(2) Tit. Liv. lib. viii, cap. xxviii. — Cicer. *pro Quinctio*, § 15.
(3) Hoffman, *Quæst. illustr.* cap. xxiv. — Luc. Raffin. *Ad leg. 24 Dig. de re judic.*
(4) Tit. Liv. lib. xxxviii, cap. l. — Valer. Maxim. lib. iv, cap. 1, § 8. — Aul. Gell. lib. vii, cap. xix, et lib. xx, cap. i. — Plaut. *Bacchides*, act. v, sc. 11, v. 87. — Terent. *Phormio*, act. iv, sc. iv, v. 14.
(5) Varr. *De lingua latina*, lib. vi. — Sueton. *Vita Cæsaris*, cap. xlii.
(6) Cod. lib. vii, tit. lxxi, *Qui bonis cedere possunt*, const. 4.
(7) Cicer. *Philipp.* 1, § 2.
(8) Cicer. *Philipp.* 1, § 17. — Valer. Maxim. lib. vi, cap. ix, § 12. — Plin. *Hist. nat.* lib. xxxiii, cap. iii. — Spartian. *Vita Adriani*, § 18.
(9) Dig. lib. xlii, tit. viii, *Quæ in fraudem creditorum.*
(10) Dig. lib. xlii, tit. v, *De rebus auctoritate judicis possidendis.*
(11) Dig. lib. xlii, tit. vi, *De privilegiis creditorum.*
(12) Dig. lib. ii, tit. xiv, *De pactis*, fr. 7, § 10 ; lib. xvii, tit. 1, *Mandati vel contra*, fr. 58, § 1.

entière en maisons d'agrément et en jardins de luxe, ne pouvoient plus suffire, donna lieu aux premières spéculations maritimes et devint le motif des encouragemens de toute espèce accordés à ceux qui s'y consacroient (1), les jouissances que ce commerce offroit aux uns, les bénéfices qu'il assuroit aux autres, en multiplièrent les opérations : bientôt les grands avantages qu'en retiroit l'état, le placèrent au plus haut degré de faveur (2). Un reste des anciennes mœurs, ou des considérations d'ordre public qui ne sont pas inconnues chez les modernes, interdisoient, il est vrai, aux hommes constitués en dignité et en pouvoir, le droit de posséder et d'expédier des navires (3) : mais il est assez probable qu'ils éludoient ces lois avec la même facilité qu'ils éludoient celles qui ne leur permettoient pas de faire le commerce de terre, et que leurs esclaves se livroient aux négociations maritimes pour eux et à leur profit.

Alors des positions nouvelles, des négociations et des événemens qui différoient de ceux que peut offrir le commerce de terre, autant que ce commerce diffère lui-même du commerce maritime, éveillèrent la sollicitude des magistrats chargés de rendre la justice, ou d'entretenir l'ordre dans les diverses parties de la domination romaine, et fixèrent l'attention des jurisconsultes. Le même temps, ou du moins des époques assez rapprochées l'une de l'autre, virent paroître l'édit prétorien, dont l'objet étoit d'obliger l'armateur à l'exécution des engagemens contractés par le patron qu'il avoit préposé (4), et ceux qui rendoient cet armateur responsable des vols commis par les gens de mer employés sur son navire, ou même des simples négligences du patron (5).

De leur côté, les jurisconsultes, dont Cicéron, entraîné par la nécessité de sa cause, dans la défense de Muréna, paroît avoir traité la science et les travaux avec quelque injustice, ajoutèrent aux développemens que le droit civil recevoit successivement par leurs décisions, des règles sur le louage appliqué aux transports par mer (6), sur les dommages qui pouvoient être causés par un navire à un autre (7), sur le prêt aléatoire appelé *nauticum fœnus* (8), sur le jet et les cas dans lesquels il peut donner lieu à une contribution (9), sur un grand nombre d'autres questions relatives au droit maritime, disséminées dans le Digeste : le nom des auteurs de ces décisions, ou des conjectures très-probables, les reportent à des jurisconsultes antérieurs à l'établissement de l'empire.

On ne trouve dans ces fragmens aucune règle sur les obligations mutuelles

---

(1) Dig. lib. L, tit. v, *De vacat. et excus. mun.* fr. 3, fr. 9, § 1; lib. L, tit. vi, *De jure immunitatis*, fr. 5, §§ 3, 4, 5, 9, 13.
(2) Dig. lib. xiv, tit. i, *De exercitoria actione*, fr. 1, § 20. — Ulpian. *Fragmenta*, tit. iii. § 6.
(3) Tit. Liv. lib. xxi, cap. xliii. — Dig. lib. xlix, *De jure fisci*, tit. xiv, fr. 46, § 2.
(4) Dig. lib. xiv, tit. i, *De exercitoria actione*, fr. 1, § 19.
(5) Dig. lib. iv, tit. ix, *Nautæ, caupones*, &c. passim; lib. xlvii, tit. v, *Furti adversus nautas*, passim.
(6) Dig. lib. xix, tit. ii, *Locati, cond.* fr. 13 §§ 1 et 2, fr. 15 § 6, fr. 31, fr. 61 § 1.
(7) Dig. lib. ix, tit. ii, *Ad legem Aquiliam*, fr. 29, §§ 2, 3, 4, 5.
(8) Dig. lib. xxii, tit. iv, *De nautico fœnore*, tot. tit.
(9) Dig. lib. xiv, tit. ii, *De lege rhodia de jactu*, tot. tit.

des navigateurs qui formoient une association de défense commune ou de secours réciproques pour les dangers du voyage, et surtout contre les pirates : mais des lettres de Cicéron à Atticus prouvent qu'elles étoient connues de son temps (1); et le nombre infini de pirates qui couvroient la mer avant la célèbre expédition de Pompée, porte à croire que ces associations existèrent dès les premiers momens où le commerce maritime devint une branche importante de l'industrie romaine.

Les magistrats et les jurisconsultes ne tirèrent point ces règles de leur propre fonds. Les plus sûres et les meilleures en cette matière sont celles dont l'expérience a déjà garanti la bonté. Les Romains aimèrent mieux adopter les usages des autres peuples navigateurs que de hasarder des théories nouvelles. La république, à sa naissance, avoit dû la plupart de ses premières lois civiles à la Grèce ; la république, parvenue à ce haut point de gloire qui faisoit souhaiter à Scipion qu'on n'adressât plus de prières aux dieux pour son agrandissement (2), crut encore devoir emprunter à la Grèce, déjà presque entièrement subjuguée, les lois dont le besoin se faisoit sentir.

L'alliance que les Romains contractèrent avec les Rhodiens, au moment où ils se disposoient à la conquête de l'Orient, leur donna occasion de connoitre les lois de ces navigateurs célèbres. Frappés de leur sagesse, les jurisconsultes en firent l'objet particulier de leurs études, et bientôt ils en adoptèrent les principes, en les appropriant aux besoins et aux mœurs des Romains, ainsi qu'aux formes de leur jurisprudence.

Les monumens du droit antijustinien n'offrent point d'actes, ayant les caractères législatifs, qui aient placé les lois rhodiennes parmi celles qui servoient de règles dans la distribution de la justice : mais le fait, qu'elles étoient connues antérieurement au règne d'Auguste, est prouvé par les Pandectes ; on y voit au nombre des jurisconsultes qui ont écrit sur ces lois, Servius, Labéon, Ofilius et Alfénus Varus, contemporains de Cicéron. Il est probable que ce grand homme, à-la-fois jurisconsulte, orateur et philosophe, fait allusion aux principes connus sur le jet, lorsque, dans ses Offices, il donne pour maxime qu'il n'est pas permis de jeter à la mer des esclaves, dans la vue de soulager un navire prêt à périr (3); et Salluste y fait encore une allusion plus expresse, lorsque, dans ses conseils à César, vainqueur et maître de la république, il rappelle que l'usage est, dans le cas de jet, de sacrifier les choses de moindre prix (4).

On voit, par ce que je viens de dire sur l'introduction du droit rhodien à Rome, que je ne partage pas l'opinion de M. le marquis de Pastoret (5),

---

(1) Lib. XVI, epist. I et III. — Stevech. ad Vegetium, lib. V, cap. XV.
(2) Valer. Max. lib. IV, cap. I.
(3) De officiis, lib. III, cap. XXIII.
(4) Ad Cæsarem, de republica ordinanda, epist. II, § 9.
(5) Dissertation sur l'influence des lois rhodiennes, pag. 115 et 119.

ni des auteurs qu'il cite, pour fixer seulement au règne de Claude l'adoption du droit rhodien. Je suis en cela d'accord avec le savant Haubold,
dont l'amitié m'honoroit, et dont les conseils m'eussent été si précieux pour
confirmer ou rectifier les conjectures auxquelles je suis forcé de me livrer sur
plusieurs points historiques de la jurisprudence romaine. Cet illustre jurisconsulte, dans ses *Tables chronologiques du droit romain*, place entre les années
699 et 703 de Rome [55 à 51 ans avant J. C.] l'adoption du droit rhodien.
Je crois même qu'on pourroit remonter plus haut, et dire avec quelque vraisemblance que les jurisconsultes romains ont pu en avoir connoissance, dès
le temps où les relations furent assez habituelles pour qu'un philosophe de
Rhodes, Panétius, également versé dans la philosophie et dans les matières
politiques, fût devenu le précepteur et l'ami du premier Scipion (1). L'adoption des principes rhodiens sur le droit maritime dut être le complément
naturel et nécessaire des édits rendus par les préteurs sur les obligations des
armateurs et des patrons; et il n'est pas possible, quoique nous n'ayons rien
de certain à cet égard, de croire que ces édits ne soient pas de beaucoup
antérieurs à l'an 699 de Rome. Caton l'Ancien (2), qui faisoit habituellement
des prêts à la grosse, dit quelques mots sur les profits et les dangers du commerce qui ne peuvent s'entendre que du commerce maritime.

Quelque parti qu'on adopte sur mes conjectures, le fait de l'adoption du
droit rhodien dès le temps de la république reçoit une confirmation qui ne
doit laisser aucun prétexte à l'incertitude, par le fragment 9 du Digeste,
De lege rhodia de jactu, qui paroit avoir été puisé dans un document authentique émané d'Antonin (3) : on y lit expressément qu'Auguste avoit répondu
que la loi rhodienne devoit servir de règle pour les contestations maritimes,
chaque fois qu'une loi de l'empire ne décideroit rien de contraire.

Que la réponse attribuée dans ce fragment à Auguste fasse partie du
rescrit d'Antonin, conservé par le jurisconsulte Volusius Mæcianus (4),
comme tout porte à le croire, puisque le corps de droit romain offre un grand
nombre d'exemples de rescrits d'empereurs qui rappellent les décisions de
leurs prédécesseurs; qu'elle soit une réflexion de ce jurisconsulte, comme
l'ont dit quelques écrivains, la conséquence est la même : car supposer,
comme l'a fait Godefroy, que, dans ce fragment, les mots *Divus Augustus*
désignent un empereur autre qu'Auguste (5), c'est véritablement abuser du
droit d'élever des doutes. Les successeurs d'Auguste ont joint son nom à celui

(1) Cicer. *De legibus*, lib. III, cap. VI; *De officiis*, lib. I, cap. XXVI.
(2) *De re rustica*, prooem. — Plutarch. *Vita Cat.* § 33.
(3) Bynkershoek établit très-bien ce fait contre l'opinion de Godefroy, dans sa dissertation *Ad legem rhodiam de jactu*. On peut aussi le consulter pour connoître toutes les conjectures ou critiques auxquelles ce fragment a donné lieu.
(4) Ce jurisconsulte paroît avoir vécu sous les Antonins. Le fragment qui lui est attribué par les Pan-dectes apprend qu'il avoit fait un traité ou commentaire sur la loi rhodienne. Godefroy, dans sa dissertation *De imperio maris*, a essayé d'établir le contraire, et a été réfuté par Bynkershoek, *Dissert. laud.* cap. I.
(5) Godefroy, *De imperio maris*, cap. IX.

qu'ils portoient ; il est même devenu un surnom, un titre que la flatterie donnoit à l'empereur vivant : mais, dans l'histoire, dans les ouvrages des jurisconsultes, le nom d'Auguste, seul, appliqué à un empereur décédé, n'a jamais
désigné qu'Octavien, premier empereur.

On voit aussi que je ne partage pas l'opinion de ceux qui ont pensé que
les Romains s'étoient bornés à adopter la législation rhodienne sur la seule
matière du jet (1). Ces auteurs se fondent, en général, sur ce que le Digeste
contient un titre spécial *De lege rhodia de jactu*, et pensent que si les
rédacteurs avoient extrait le surplus des règles relatives au droit maritime, de
quelques commentaires sur les lois rhodiennes relatives à d'autres objets,
ils l'auroient également fait connoître.

Mais, indépendamment de ce qu'il est constant que la plupart des ouvrages
dont on a tiré des extraits pour composer les Pandectes, et beaucoup d'autres,
ne nous sont point parvenus ; indépendamment de ce que cette objection en
elle-même a peu de force, parce qu'on sait que le travail confié à Tribonien
et à ses coopérateurs fut exécuté avec trop de précipitation et de négligence,
on peut répondre par le texte même du titre *De lege rhodia de jactu*.
Les huit premiers fragmens et leurs subdivisions sont seuls relatifs au jet et
à la contribution ; le dixième et ses subdivisions sont relatifs aux droits et
obligations du patron qui a pris l'engagement de transporter des marchandises. Le neuvième, dont je viens de parler, traite une question de naufrage et
même de droit public, relativement à ce genre d'accident. La réponse d'Antonin annonce d'une manière formelle, qu'à l'exemple d'Auguste il veut que
toute controverse maritime soit jugée d'après le droit de Rhodes, en tout ce
qui n'est pas contraire à des textes positifs des lois de l'empire. Il est donc probable, comme l'a judicieusement remarqué Jorio (2), copié en cette partie
par Azuni (3), que la jurisprudence romaine emprunta aux Rhodiens non-
seulement des règles sur le jet, mais encore sur les autres matières maritimes.
Cujas est de ce sentiment et le fortifie d'un fait assez remarquable, c'est que,
dans divers manuscrits de l'ouvrage du jurisconsulte Paul, connu sous le nom
de *Pauli receptarum sententiarum*, le titre VII du livre II, contenant des dispositions tout-à-fait semblables à celles du Digeste, est intitulé, *Ad legem
rhodiam de nauticis* (4).

D'ailleurs, divers contrats essentiels au droit maritime qui sont l'objet de
titres spéciaux dans le Digeste et le Code, étoient connus avant les Romains.
On peut citer notamment le prêt à la grosse, qui avoit été, comme on l'a
vu au chapitre précédent, l'un des principaux objets de la législation athénienne. Puisque les principes de cette législation se retrouvent identiquement

(1) Lange, *Brevis Introductio ad notitiam legum nauticarum*, pag. 8.
(2) *Codice Ferdinando*, t. II, pag. 18.
(3) *Droit maritime de l'Europe*, chap. IV, art. 2, § 7.
(4) Cujas, *Ad Pauli recept. sent.*

dans le Digeste et dans le Code, il est naturel de croire que les Romains les ont également empruntés aux Rhodiens, soit que ceux-ci les tinssent des Athéniens, comme je suis porté à le croire, soit qu'Athènes, au contraire, dût son droit maritime aux Rhodiens.

Il est très-vrai que certaines règles du droit maritime des Grecs ont été plus ou moins modifiées par les jurisconsultes ou les magistrats romains, surtout pour les coordonner au système des actions et de la procédure; mais cette circonstance ne change rien au fait en lui-même, et ne sauroit détruire la très-grande probabilité que le droit maritime des Romains a été emprunté aux Grecs.

Au surplus, quelque parti qu'on prenne sur cette question, ce qu'il y a de constant, c'est que le corps de droit présente un ensemble de règles sur les négociations maritimes, qui prouve qu'en ce point, comme dans toutes les autres parties de la législation civile, les jurisconsultes romains n'ont laissé aux modernes que la gloire de les imiter. Il sera facile d'en juger par l'analyse suivante, dans laquelle je ne présenterai que les principes généraux extraits des textes qui seront recueillis à la suite de ce chapitre.

On ne voit pas que des règles spéciales aient été adoptées sur les acquisitions de navires par construction (1) ou par vente (2), et, dans le fait, elles n'étoient pas nécessaires.

Mais ce genre de propriété dut faire naître des questions spéciales que les jurisconsultes romains n'ont pas manqué de résoudre. Le navire, ayant sa consistance et en quelque sorte son individualité, étoit toujours considéré comme le même corps, quelles que fussent les réparations qu'il avoit reçues (3): par conséquent, celui qui, après avoir légué un navire, l'auroit réparé à neuf, n'étoit pas censé avoir révoqué son legs (4); mais, si, après avoir légué son navire, il l'avoit détruit, les pièces de bois provenues de cette démolition n'auroient pu être réclamées par le légataire (5): à l'inverse, si quelqu'un avoit légué des bois ou autres matériaux, que, depuis son testament, il auroit employés à construire un navire, le légataire de ces matériaux n'auroit pu réclamer ce navire (6).

La règle, que l'accessoire suit le sort du principal, s'appliquant aux navires comme à tous autres objets, si le propriétaire d'un navire l'avoit réparé avec les pièces de bois d'autrui, il continuoit d'en être le maître exclusif (7); sauf l'action en paiement et indemnité de celui à qui les matériaux appartenoient: mais, lorsqu'une personne avoit entièrement construit un navire avec des pièces de bois appartenant à une autre, les opinions paroissent avoir été

---

(1) Dig. lib. XLIV, tit. VII, *De obligat. et action.* fr. 44, § 6.
(2) Dig. lib. XIX, tit. I, *De action. empti et venditi*, fr. 13, § 13; lib. XLV, tit. I, *De verb. oblig.* fr. 83, § 5; lib. XLVI, tit. III, *De solut. et liberat.* fr. 98, § 8.
(3) Dig. lib. V, tit. I, *De judiciis* &c. fr. 76; lib. VII, tit. IV, *Quibus modis ususfructus* &c. fr. 10, § 7.
(4) Dig. lib. XXX, *De legatis et fideicommissis* 1°, fr. 24, § 4.
(5) Dig. lib. XXXII, *De legatis et fideicommissis* 3°, fr. 88, § 2.
(6) Dig. lib. XXXII, *De legatis et fideicommissis* 3°, fr. 88, § 1.
(7) Dig. lib. VI, tit. I, *De rei vindicatione*, fr. 61.

partagées sur la question de savoir qui en étoit propriétaire, ou du constructeur, ou de celui à qui les matériaux appartenoient (1).

Un navire, considéré dans son ensemble, comprenoit tout ce qui étoit destiné et appliqué à son service (2); mais cela n'empêchoit pas que les agrès
ne pussent être considérés comme des objets distincts, et, par conséquent,
être affectés particulièrement à des dettes, être vendus séparément, être revendiqués sans le navire (3). La combinaison de ces principes rendoit assez
problématique la question de savoir si celui à qui un navire avoit été vendu
avec ses agrès et apparaux pouvoit prétendre que la chaloupe étoit comprise
dans la vente (4).

Toute personne libre, sans distinction de sexe (5), même un mineur, pouvoit être propriétaire de navire; toutefois l'intérêt de la navigation n'étoit pas
porté jusqu'au point de permettre que le mineur s'obligeât, en ce qui concernoit son navire, sans l'autorité de son tuteur (6). Lorsqu'un navire appartenoit en commun à plusieurs individus, cette propriété formoit une sorte de
société (7) : ce n'est pas qu'ils fussent obligés solidairement à l'exécution des
engagemens pris par chacun d'eux, parce qu'ils n'étoient point présumés s'être
établis, à moins d'une stipulation expresse, préposés les uns des autres (8); mais,
lorsqu'ils l'avoient, en commun, confié à un patron, ils pouvoient être poursuivis solidairement pour ses engagemens ou pour les délits des matelots (9).

Les navires n'étoient pas moins que les autres propriétés d'un débiteur
susceptibles d'affectation au paiement de ses dettes : mais la nature de quelques-unes leur assuroit un privilége; telle étoit la créance de celui qui auroit
prêté de l'argent pour construire, acheter ou équiper le navire, ou pour les
besoins de la navigation (10). Ce n'étoit point, comme dans les cas ordinaires,
l'antériorité du temps qui produisoit l'antériorité du droit : ainsi le privilége
de celui qui avoit prêté pour armer ou réparer le navire, pour la nourriture de
l'équipage, ou pour toute autre cause semblable, l'emportoit même sur celui
du vendeur, parce que, dans le fait, ce prêt conservoit aux précédens créanciers un gage qui sans cela eût probablement péri (11).

Le gouvernement du navire étoit confié à un préposé connu sous le nom
de *patron*, quelquefois même à plusieurs, entre lesquels les fonctions étoient
partagées, ou qui étoient obligés d'agir en commun (12).

---

(1) Dig. lib. vi, tit. i, *De rei vindicatione*, fr. 61; lib. xli, tit. i, *De adquir. rerum dominio*, fr. 26.
(2) Dig. lib. xxi, tit. ii, *De evictionibus et duplæ stipulatione*, fr. 44.
(3) Dig. lib. vi, tit. i, *De rei vindicatione*, fr. 3, § 1.
(4) Dig. lib. xxxiii, tit. vii, *De instructo vel instrumento legato*, fr. 29.
(5) Cod. lib. iv, tit. xxv, *De instit. et exercit. actione*, const. ..
(6) Dig. lib. xiv, tit. i, *De exercit. actione*, fr. 1, § 16.
(7) Dig. lib. xiv, tit. i, *De exercit. actione*, fr. 3.
(8) Dig. lib. xiv, tit. i, *De exercit. actione*, fr. 4, § 1.
(9) Dig. lib. xiv, tit. i, *De exercit. actione*, fr. 1, § 25; fr. 2.
(10) Dig. lib. xlii, tit. v, *De rebus judicis auctoritate possidendis*, fr. 26 et 34.
(11) Dig. lib. xx, tit. iv, *Qui potiores in pignore*, fr. 5, pr. et § 1.
(12) Dig. lib. xiv, tit. i, *De exercit. actione*, fr. 1, § 13.

Ce patron, et, sous ses ordres, les gens de l'équipage de diverses classes, destinés à la direction et à la manœuvre du navire (1), avoient, comme locateurs de services, action contre l'armateur, pour être payés de leurs loyers (2).

On donnoit le nom d'*armateur* à celui qui, soit comme propriétaire, soit comme usufruitier, soit comme locataire pour un temps plus ou moins long, jouissoit d'un navire ou en percevoit les produits (3). S'il arrivoit qu'un navire eût été possédé par une personne qui n'avoit aucun droit à cette jouissance, on suivoit les règles du droit commun : ainsi l'héritier devoit rendre au légataire le fret ou prix de loyer qu'il avoit touché (4); ainsi le possesseur de mauvaise foi devoit tenir compte au propriétaire, du loyer que celui-ci auroit perçu s'il n'eût été injustement privé de la possession (5).

Le plus souvent la location du navire consistoit dans la concession du droit d'y placer des personnes, ou une certaine quantité de marchandises, et dans l'obligation contractée par celui qui faisoit cette concession de transporter ces personnes ou ces objets dans un lieu déterminé; ce qui formoit un contrat composé de la location de choses et du louage de services (6). Presque toujours, dans ce cas, la location étoit faite par le patron, sauf les restrictions apportées à ses pouvoirs; par exemple, s'il n'avoit été autorisé qu'à se charger de denrées, et non de matériaux pesans, ou de personnes, et non de marchandises : la qualité ou la destination habituelle du navire servoit aussi à régler l'étendue des droits du patron (7). La portée d'un navire étoit déterminée par le nombre de boisseaux ou d'amphores qu'il pouvoit contenir (8).

On inséroit quelquefois dans la convention une clause pénale pour le cas où le patron ne rempliroit pas son obligation à l'époque désignée; mais il en étoit affranchi par la force majeure, par exemple, lorsqu'il étoit tombé malade, lorsque son navire étoit arrêté par l'autorité publique, ou hors d'état de tenir la mer, sans qu'il y eût faute ou négligence qui lui fût imputable (9). Si la convention donnoit à quelqu'un le droit d'occuper le navire entier, quelque petite quantité de marchandises qu'il y plaçât, la totalité du fret promis étoit due : si au contraire la location étoit au poids ou au nombre de mesures, le fret n'étoit payé que dans la proportion de ce qui avoit été chargé (10); et

(1) Dig. lib. IV, tit. IX, *Nautæ, caupones*, &c. fr. 1, §§ 2 et 3; fr. 7, § 2.
(2) Dig. lib. XIV, tit. 1, *De exercit. actione*, fr. 1, § 7.
(3) Dig. lib. VII, tit. 1, *De usufructu, et quemadmodum quis utatur fruatur*, fr. 12, § 1; lib. XIV, tit. 1, *De exercit. actione*, fr. 1, § 15.
(4) Dig. lib. V, tit. III, *De hereditatis petitione*, fr. 20; lib. XXX, *De legatis et fideicommissis*, fr. 39, § 1.
(5) Dig. lib. VI, tit. 1, *De rei vindicatione*, fr. 62; lib. XII, tit. VI, *De condict. indebiti*, fr. 55.
(6) Dig. lib. XIV, tit. II, *De lege rhodia de jactu*, fr. 2, pr.; lib. XIX, tit. V, *De præscriptis verbis*, fr. 1, § 1.
(7) Dig. lib. XIV, tit. 1, *De exercit. actione*, fr. 1, § 12.
(8) Dig. lib. XIV, tit. II, *De lege rhodiade jactu*, fr. 10; lib. L, tit. V, *De vacat. et excusat. mun.* fr. 3. — Ulpian. *Fragmenta*, tit. III, § 6. — Vossius, *ad Pomp. Melam*, lib. III, cap. VII.
(9) Dig. lib. XIV, tit. II, *De lege rhodia de jactu*, fr. 10, § 1.
(10) Dig. lib. XIV, tit. II, *De lege rhodia de jactu*, fr. 10, § 2.

même, si une femme accouchoit pendant la traversée, il n'étoit pas dû de fret pour son enfant, parce qu'il n'augmentoit point l'encombrement et n'usoit pas des choses destinées aux passagers (1).

On ne payoit aucun fret pour ce qui périssoit par force majeure ; et s'il avoit été payé d'avance, il devoit être restitué (2) : mais, si ces choses périssoient par la faute du chargeur, par exemple, par la confiscation qu'il auroit encourue, le fret n'en étoit pas moins dû (3). Il en étoit de même, si la perte des choses avoit été occasionée par leur vice propre : ainsi, lorsqu'un patron avoit reçu un chargement d'esclaves, le fret lui étoit dû en raison du nombre mis à bord, sans déduction de ceux qui seroient morts en route, à moins qu'il ne résultât de la convention que le chargeur n'avoit entendu payer que pour les esclaves qui arriveroient à leur destination (4).

Le patron étoit privilégié sur les marchandises pour le prix de leur transport, et, par une conséquence naturelle, le même privilége appartenoit à celui qui avoit prêté pour payer le fret (5).

Le patron n'étoit responsable que des objets qui lui avoient été remis personnellement, soit sur le rivage, soit dans le navire ; la remise faite à un matelot ne l'obligeoit qu'autant que ce matelot les avoit reçus de son consentement exprès ou présumé (6). Cette responsabilité s'étendoit à toute perte ou dommage arrivé par une faute quelconque ; par exemple, lorsqu'étant entré dans une embouchure de rivière, sans avoir un pilote à bord, le navire périssoit (7) ; ou lorsqu'ayant pris l'engagement de transporter des marchandises par un navire désigné, il les plaçoit, sans l'agrément du chargeur, sur un autre moins sûr, qui seroit péri, tandis que le navire qui devoit porter les marchandises étoit conservé (8). Mais à l'inverse, si la nécessité avoit contraint le patron de transborder, si, par exemple, il n'étoit pas possible d'entrer dans le port de destination sans placer les marchandises sur un navire qui tiroit moins d'eau, ce second navire périssant avec les marchandises, le patron n'en étoit pas responsable, à moins qu'il n'eût fait ce transbordement malgré le chargeur, ou sans nécessité, ou qu'il eût agi par imprudence ou mauvaise foi (9). En général, la force majeure, par le fait de laquelle les objets avoient été détruits, ou avoient été enlevés par des pirates, étoit une exception que le patron pouvoit invoquer (10).

Le patron étoit aussi obligé de veiller à la conservation des objets qu'il

---

(1) Dig. lib. xix, tit. ii, *Locati, conducti*, fr. 19, § 7.
(2) Dig. lib. xix, tit. ii, *Locati, conducti*, fr. 15, § a.
(3) Dig. lib. xix, tit. ii, *Locati, conducti*, fr. 61, § 1.
(4) Dig. lib. xiv, tit. ii, *De lege rhodia de jactu*, fr. 10, pr.
(5) Dig. lib. xx, tit. iv, *Qui potiores in pignore vel hypotheca*, fr. 6, § 1.
(6) Dig. lib. iv, tit. ix, *Nautæ, caupones*, &c. fr. 1, §§ 1, 2, 3 et 8 ; fr. 3, pr.
(7) Dig. lib. xix, tit. ii, *Locati, conducti*, fr. 13, § 2.
(8) Dig. lig. xiv, tit. ii, *De lege rhodia de jactu*, fr. 10, § 1.
(9) Dig. lib. xix, tit. ii, *Locati, conducti*, fr. 13, § 1.
(10) Dig. lib. xiv, tit. ii, *De lege rhodia de jactu*, fr. 2, § 3.

s'étoit chargé de transporter (1), et répondoit de tous les dommages qui n'auroient pas été l'effet d'une force majeure (2). Il n'étoit point affranchi de cette responsabilité, en prouvant que les dommages ou les vols avoient été commis par les matelots, ou même par des passagers (3), soit dans le navire, soit sur le port, depuis le moment où la garde lui en avoit été confiée (4), à moins que, par une précaution qui ne lui étoit pas interdite, il n'eût annoncé aux chargeurs qu'il n'entendoit pas encourir cette dernière responsabilité, et que ceux-ci n'y eussent adhéré (5).

Le droit de réclamer les objets chargés sur le navire, ou de poursuivre la réparation des dommages, pouvoit être exercé par celui qui les avoit donnés à transporter, moyennant un fret, ou même gratuitement (6), soit qu'ils lui appartinssent, soit qu'il ne les eût qu'en garde, cette circonstance lui donnant intérêt à leur conservation (7).

Les armateurs étoient tenus des engagemens du patron, d'une manière plus étendue que les préposans dans le commerce de terre, parce que, si, dans ce dernier cas, celui qui contracte avec le préposé, peut vérifier l'étendue de ses pouvoirs, il ne sauroit en être de même dans la navigation, le lieu et le temps ne permettant pas toujours de prendre des informations (8). Ceux qui avoient contracté avec le patron, pouvoient en conséquence, indépendamment de leur action directe contre lui, poursuivre l'armateur (9), et, si le patron avoit été préposé par plusieurs, l'action pouvoit être intentée solidairement (10). L'armateur étoit également tenu des engagemens contractés par la personne que le patron s'étoit substituée, même quand la faculté lui en auroit été interdite (11). Il importoit peu quel fût l'âge du patron, s'il étoit libre ou esclave, et même, dans ce dernier cas, à qui il appartenoit (12).

Toutefois le patron n'obligeoit l'armateur que pour ce qu'il avoit fait dans les limites de sa préposition, et cette préposition n'étoit, en général, présumée que pour acheter les approvisionnemens et objets nécessaires au service du navire, pour le louer, pour entreprendre des transports, engager des matelots et emprunter l'argent indispensable à l'acquit de ces dépenses (13). Dans ce cas, l'infidélité du patron qui auroit détourné de sa destination ce qu'il avoit acheté ou emprunté, ne libéroit point l'armateur envers le créancier

---

(1) Dig. lib. IV, tit. IX, *Nautæ, caupones*, &c. fr. 5, § 1.
(2) Dig. lib. IV, tit. IX, *Nautæ, caupones*, &c. fr. 3, § 1.
(3) Dig. lib. IV, tit. IX, *Nautæ, caupones*, &c. fr. 1, § 8; fr. 3.
(4) Dig. lib. IV, tit. IX, *Nautæ, caupones*, &c. fr. 1, § 8.
(5) Dig. lib. IV, tit. IX, *Nautæ, caupones*, &c. fr. 7, § 1.
(6) Dig. lib. IV, tit. IX, *Nautæ, caupones*, &c. fr. 6, pr.
(7) Dig. lib. IV, tit. IX, *Nautæ, caupones*, &c. fr. 1, § 7; lib. XLVII, tit. V, *Furti adversùs nautas*, fr. unic. § 4.
(8) Dig. lib. XIV, tit. I, *De exercit. actione*, fr. 1, pr.
(9) Dig. lib. XIV, tit. I, *De exercit. actione*, fr. 1, § 17.
(10) Dig. lib. XIV, tit. I, *De exercit. actione*, fr. 1, § 25; fr. 2.
(11) Dig. lib. XIV, tit. I, *De exercit. actione*, fr. 1, § 5.
(12) Dig. lib. XIV, tit. I, *De exercit. actione*, fr. 1, § 4.
(13) Dig. lib. XIV, tit. I, *De exercit. actione*, fr. 1, §§ 3, 7, 8 et 11.

de bonne foi (1). Une autorisation spéciale auroit été nécessaire pour acheter ou pour vendre des marchandises (2). Quelquefois l'armateur interdisoit au patron certains actes qui rentroient dans la limite naturelle de ses pouvoirs, ou, s'il y avoit plusieurs patrons, il exigeoit leur concours; et alors ceux qui avoient connu ces restrictions devoient s'imputer d'avoir traité avec une personne qui excédoit les limites de sa préposition (3).

Si l'armateur devoit naturellement être engagé par le patron, il n'étoit pas présumé avoir entendu l'être par les matelots, à moins d'un consentement exprès ou tacite à la convention faite avec l'un d'eux (4). Mais il répondoit de leurs délits, lors même qu'il n'y avoit aucune complicité de sa part (5); il pouvoit en conséquence être poursuivi par celui dont la chose avoit été volée, et pouvoit de son côté agir contre les voleurs (6).

L'imminence d'un danger et la nécessité de s'y soustraire imposent à tous les intéressés l'obligation des sacrifices propres à l'éviter. Ce principe avoit été étendu jusqu'au point, lorsque les vivres manquoient dans le navire, d'obliger ceux qui en avoient de les mettre en commun (7). Réciproquement, tous ceux dans l'intérêt desquels un sacrifice avoit été fait, devoient réparer par une contribution la perte qu'il avoit occasionée (8).

Les cas les plus fréquens étoient le jet en mer d'objets du chargement ou d'agrès pour alléger le navire (9), ou leur emploi pour le racheter lorsqu'il avoit été pris par des ennemis ou par des pirates (10). La nécessité faisant la loi en pareil cas, il n'y avoit aucune action en dommage contre celui qui disposoit ainsi de la chose d'autrui; mais il falloit une juste cause, et la crainte d'un danger imaginaire n'auroit pas été une excuse (11).

On assimiloit au cas de jet celui où, le patron ayant été obligé, pour alléger le navire, qui ne pouvoit entrer dans un port ou dans une rivière, parce qu'il tiroit trop d'eau, de placer des marchandises sur une chaloupe, ce chargement auroit péri; les objets restés dans le navire et arrivés à bon port devoient contribuer à réparer cette perte, qui avoit opéré leur conservation : mais l'inverse n'avoit pas lieu; si le navire périssoit, quoique la chaloupe fût sauvée, les objets qui y avoient été placés ne contribuoient point à la perte des choses restées dans le navire, cette perte ne pouvant plus être considérée comme un sacrifice fait pour les sauver (12).

(1) Dig. lib. XIV, tit. 1, De exercit. actione, fr. 1, §§ 9, 10; fr. 7.
(2) Dig. lib. XIV, tit. 1, De exercit. actione, fr. 1, § 3.
(3) Dig. lib. XIV, tit. 1, De exercit. actione, fr. 1, §§ 12, 13, 14.
(4) Dig. lib. IV, tit. IX, Nautæ, caupones, &c. fr. 1, § 2.
(5) Dig. lib. XIV, tit. 1, De exercit. actione, fr. 1, § 2.
(6) Dig. lib. XLVII, tit. V, Furti adversus nautas, fr. unic. pr.
(7) Dig. lib. XIV, tit. II, De lege rhodia de jactu, fr. 2, § 2.
(8) Dig. lib. XIV, tit. II, De lege rhodia de jactu, fr. 1, fr. 2, pr. et § 2.
(9) Dig. lib. XIV, tit. II, De lege rhodia de jactu, fr. 1, fr. 2, fr. 3, fr. 5, § 1.
(10) Dig. lib. XIV, tit. II, De lege rhodia de jactu, fr. 2, § 3.
(11) Dig. lib. XIX, tit. V, De præscriptis verbis, fr. 14, pr.
(12) Dig. lib. XIV, tit. II, De lege rhodia de jactu, fr. 4, pr.

La contribution étoit due, pour tout sacrifice fait en vue du salut commun, à ceux dont la propriété avoit été sacrifiée, soit qu'une délibération l'eût ordonné, soit que l'imminence du danger n'eût pas permis une délibération préalable (1). Mais il n'en étoit pas ainsi des accidens ou dommages arrivés au navire ou à ses agrès par le seul fait de la navigation, même par des événemens extraordinaires et imprévus, quelque considérables qu'ils fussent (2); et de même, lorsque des pirates s'emparoient par violence ou pillage de quelques objets appartenant à des chargeurs (3), ou lorsque, par l'effet de la tempête, leurs marchandises, leurs esclaves, périssoient, ils n'étoient point admis à prétendre que la contribution eût lieu pour réparer ces pertes (4). En un mot, tout sacrifice qui n'avoit pas été fait dans la vue du salut commun, et qui n'avoit pas procuré le résultat qu'on en attendoit, ne donnoit lieu à aucune contribution. Mais aussi, dès que le navire avoit échappé au danger dont il étoit menacé, le droit à l'indemnité étoit acquis, et par conséquent le naufrage arrivé par un accident postérieur n'affranchissoit pas de la contribution qu'ils devoient déjà, les objets sauvés de ce nouveau désastre; d'un autre côté, si, des objets ayant été jetés dans un premier accident, il en survenoit un autre qui exigeoit un jet, ces objets, lors même qu'ils étoient recouvrés par la suite, ne devoient aucune contribution pour le nouveau jet, puisqu'il n'avoit point servi à les sauver (5).

Pour opérer la contribution dans une juste proportion entre les choses perdues et les choses conservées, on constatoit la quantité et la valeur des pertes, et l'on y comprenoit le dommage causé par l'effet du jet aux marchandises restées dans le navire (6). L'évaluation des choses perdues n'étoit faite que d'après le prix qu'elles avoient coûté, parce qu'il s'agissoit seulement d'indemniser, et non de procurer un bénéfice : quant aux objets conservés, les seuls sur lesquels la contribution devoit porter, on les estimoit au prix qu'ils pouvoient être vendus (7); et, par conséquent, ceux qui avoient été endommagés n'étoient estimés qu'eu égard à cette détérioration (8).

L'armateur devoit contribuer en raison de la valeur de son navire, mais non pour les vivres; chaque chargeur contribuoit pour ses marchandises, de quelque espèce qu'elles fussent : mais les passagers ne devoient rien pour leurs personnes, parce qu'un homme libre n'est pas susceptible d'évaluation; ils n'étoient tenus que pour leurs vêtemens et bijoux (9).

Le jet étant une perte forcée, qui, loin de supposer dans celui qui le

(1) Dig. lib. xiv, tit. ii, *De lege rhodia de jactu*, fr. 2, § 1.
(2) Dig. lib. xiv, tit. ii, *De lege rhodia de jactu*, fr. 2, § 1; fr. 5, pr.
(3) Dig. lib. xiv, tit. ii, *De lege rhodia de jactu*, fr. 2, § 3.
(4) Dig. lib. xiv, tit. ii, *De lege rhodia de jactu*, fr. 2, § 5.
(5) Dig. lib. xiv, tit. ii, *De lege rhodia de jactu*, fr. 4, § 1.
(6) Dig. lib. xiv, tit. ii, *De lege rhodia de jactu*, fr. 4, § 2.
(7) Dig. lib. xiv, tit. ii, *De lege rhodia de jactu*, fr. 2, § 2.
(8) Dig. lib. xiv, tit. ii, *De lege rhodia de jactu*, fr. 4, § 2.
(9) Dig. lib. xiv, tit. ii, *De lege rhodia de jactu*, fr. 2, § 2.

supporte l'intention d'abdiquer la propriété des choses sacrifiées, suppose, au
contraire, la volonté de les recouvrer dès qu'il le pourra, nul ne pouvoit licite-
ment se les approprier par droit d'invention ; la possession de celui qui les
avoit trouvées, n'étoit même pas un titre qui pût lui en faire acquérir la propriété par prescription (1) : mais le propriétaire qui les avoit recouvrées, devoit
rapporter l'indemnité qu'il avoit reçue, déduction faite de leur détérioration,
pour être répartie en dégrèvement sur tous ceux qui avoient contribué (2).

Le patron pouvoit être poursuivi par ceux dont les effets avoient été sacrifiés, pour leur en payer le prix, et, à son tour, il pouvoit agir contre ceux
qui devoient supporter une part dans la contribution, et même exercer un
droit de rétention sur leurs effets ou marchandises pour sûreté de cette dette ;
mais il ne répondoit pas de leur insolvabilité (3).

Les abordages, genre d'accidens fréquent dans la navigation, c'est-à-dire,
les dommages qu'un navire pouvoit causer à un autre en le heurtant ou en
coupant ses câbles, avoient été également prévus ; si la force du vent ou des
flots, si la nécessité de se sauver avoit causé cet événement, il n'y avoit lieu à
aucune responsabilité (4).

Les règles sur le prêt à la grosse étoient absolument les mêmes que celles
qu'on a vues dans le tableau du droit maritime des Athéniens (5). Il consistoit
dans la livraison d'une somme que le prêteur faisoit à l'emprunteur, soit pour
acheter des marchandises destinées à être chargées sur un navire, soit pour
employer cet argent dans le lieu pour lequel ce navire étoit expédié, avec
affectation du navire seul, ou des marchandises achetées au lieu du départ,
et en remplacement, soit de l'argent ou des objets transportés au lieu de
destination, soit quelquefois du navire et du chargement, sous la condition
que le prêteur ne seroit payé qu'en cas d'heureuse arrivée (6). La somme ainsi
prêtée s'appeloit argent *trajectice* ou *nautique* (7).

Le prêt pouvoit être fait pour aller d'un lieu à un autre, ou pour aller
dans un lieu et revenir à celui du départ, ou pour une certaine durée de la
navigation. Le contrat déterminoit l'époque à laquelle le navire devoit mettre
à la voile (8) ; quelquefois aussi l'époque à laquelle l'emprunteur arrivé au lieu

---

(1) Dig. lib. xiv, tit. ii, *De lege rhodia de jactu*, fr. 2, § 8, et fr. 8 ; lib. xli, tit. i, *De adquirendo rerum dominio*, fr. 9, § 8 ; tit. ii, *De adquirenda vel amittenda possessione*, fr. 21, § 2 ; tit. vii, *Pro dere-licto*, fr. 7 ; lib. xlvii, tit. ii, *De furtis*, fr. 43, § 11.

(2) Dig. lib. xiv, tit. ii, *De lege rhodia de jactu*, fr. 2, § 7.

(3) Dig. lib. xiv, tit. ii, *De lege rhodia de jactu*, fr. 2, pr. et § 6.

(4) Dig. lib. ix, tit. ii, *Ad legem Aquiliam*, fr. 29, §§ 2, 3, 4 et 5.

(5) Dig. lib. xxii, tit. ii, *De nautico fœnore*, tot. tit.— Cod. lib. iv, tit. xxxiii, *De naut. fœnore*, tot. tit.

(6) Dig. lib. xxii, tit. ii, *De nautico fœnore*, fr. 1.

(7) Dig. lib. xxii, tit. ii, *De nautico fœnore*, fr. 3 ; lib. xlv, tit. i, *De verborum obligationibus*, fr. 122, § 1. Quelques textes du droit romain donnent aussi le nom de *pecunia trajectitia* à l'argent compté dans un lieu pour être payé dans un autre (Dig. lib. iii, tit. i, *De negotiis gestis*, fr. 13 ; lib. xiii, tit. iv, *De eo quod certo loco*, fr. 2), mais sans chance aléatoire subordonnée aux événemens de la navigation ; la plupart des autres textes appellent l'argent prêté à la grosse, *pecunia nautica*.

(8) Dig. lib. xlv, tit. i, *De verborum obligationibus*, fr. 122, § 1.

de destination devoit en partir avec les retours, passé laquelle la créance du prêteur deviendroit exigible (1).

Le prêteur ne prenoit à son compte que les risques maritimes, et pouvoit exiger le capital et les intérêts, pourvu que les choses affectées fussent conservées, quand même elles auroient éprouvé une dépréciation, ou n'auroient procuré aucun bénéfice à l'emprunteur; en conséquence, la perte survenue par le fait ou la faute de ce dernier, par exemple, par confiscation pour contravention aux lois, n'étoit pas à la charge du prêteur (2).

Il en résultoit, en faveur de l'emprunteur, une dérogation au principe, que la perte de sa fortune ne libère pas un débiteur; mais aussi le créancier pouvoit légitimement stipuler et exiger sous le nom d'*intérêt maritime* (3) un intérêt supérieur à celui du prêt ordinaire (4).

C'étoit cette condition aléatoire qui formoit le caractère distinctif et essentiel du prêt à la grosse, et qui ne permettoit pas d'y assimiler un prêt fait avec une condition quelconque, mais non aléatoire (5).

Quelquefois le créancier exigeoit des sûretés autres que le navire ou les marchandises affectées au prêt par le contrat : mais cette circonstance ne changeoit pas la nature de la convention; et si les choses principalement affectées périssoient, le débiteur étoit libéré, la condition d'heureuse arrivée, d'où dépendoit l'obligation de payer la dette, n'étant pas accomplie (6).

L'exigibilité, et la cessation des risques à la charge du créancier, avoient lieu de plein droit par la seule échéance du terme convenu ou indiqué pour la durée des risques (7). Une nouvelle convention entre le prêteur et l'emprunteur auroit été nécessaire pour prolonger les conditions primitives du contrat (8). A la vérité, le créancier stipuloit souvent des intérêts en cas de retard dans le paiement : il pouvoit se réserver le droit de placer un esclave sur le navire de l'emprunteur, soit pour veiller à ce que son gage ne fût pas détourné, ou que des fraudes n'eussent pas lieu à son préjudice, soit pour exiger le paiement au temps convenu; souvent même il stipuloit une indemnité pour les salaires de cet esclave, s'il étoit obligé d'attendre le paiement (9). Mais cette stipulation pénale n'avoit rien de commun avec la convention principale, et n'étoit pas soumise aux mêmes règles (10); du reste, elle avoit son effet, encore qu'à l'échéance le débiteur n'eût pas été sommé

(1) Dig. lib. xxii, tit. ii, *De nautico fœnore*, fr. 3.—Cod. lib. iv, tit. xxxiii, *De nautico fœnore*, const. 4.
(2) Cod. lib. iv, tit. xxxiii, *De nautico fœnore*, const. 3.
(3) Dig. lib. xxii, tit. ii, *De nautico fœnore*, fr. 4.
(4) On voit par les textes du Digeste et par le fr. 3 du livre ii du titre xiv, *Pauli Recept. sentent.*, que ce taux fut arbitraire jusqu'à la constitution de Justinien, qui est la 26.e au titre xxv du livre iv du Code, *De usuris*, qui la fixa à douze pour cent.
(5) Dig. lib. xxii, tit. ii, *De nautico fœnore*, fr. 5.
(6) Dig. lib. xxii, tit. ii, *De nautico fœnore*, fr. 6.
(7) Dig. lib. xxii, tit. ii, *De nautico fœnore*, fr. 9.
(8) Dig. lib. xlv, tit. i, *De verborum obligationibus*, fr. 122, § 1.
(9) Dig. lib. xxii, tit. ii, *De nautico fœnore*, fr. 4, § 1; fr. 8, fr. 9.
(10) Dig. lib. xxii, tit. ii, *De nautico fœnore*, fr. 4, § 1.

de payer (1), à moins qu'il ne fût prouvé qu'il n'avoit tenu qu'au créancier de recevoir, sans que le débiteur y eût apporté d'obstacles (2).

Il est assez douteux que le contrat d'assurance, au moins tel que nous le connoissons, ait été en usage chez les Romains. Quelques auteurs l'ont cru cependant (3), et l'on peut invoquer à l'appui de leur sentiment plusieurs témoignages historiques qui attestent que, dans le cours d'une guerre, des entrepreneurs chargés de transporter ou de fournir des munitions stipuloient que la république supporteroit les pertes occasionées pendant le voyage par les ennemis ou par la tempête. Ainsi on lit dans Tite-Live ces deux passages remarquables : *Ut quæ in naves imposuissent, ab hostium tempestatisque vi, publico periculo essent* (4).... *Publicum periculum erat à vi tempestatis in iis quæ portabantur ad exercitus* (5). Ainsi l'on voit dans la Vie de l'empereur Claude, que, pour exciter les négocians à accélérer l'importation des grains en Italie dans un moment de famine, il se chargea des pertes et dommages qui arriveroient par tempête : *Suscepto in se damno si cui per tempestatem accidisset* (6).

Il semble qu'une telle convention est une véritable assurance, et a tous les caractères que nous reconnoissons à ce contrat. Cependant il faut avouer que dans ces cas et dans quelques autres analogues, dont les fragmens du Digeste offrent plusieurs exemples, la convention de se charger des risques étoit accessoire à une autre convention principale, purement commutative. Ainsi, dans ceux dont parlent Tite-Live et Suétone, l'objet du contrat principal intervenu entre l'état et les fournisseurs étoit que ceux-ci livreroient des approvisionnemens dans un lieu déterminé. Puisque ces entrepreneurs n'avoient pas vendu des corps certains, qui auroient alors voyagé aux risques de l'état acheteur, le droit commun les laissoit aux risques des vendeurs; mais, par une dérogation à ce principe, l'état consentoit à s'en charger. C'étoit précisément l'inverse du cas prévu dans quelques fragmens du Digeste, où le vendeur d'un corps certain se charge des événemens fortuits par l'effet desquels cet objet pourroit périr, quoique, suivant le droit commun, les risques soient à la charge de l'acheteur (7).

On trouve dans le Digeste une foule d'exemples semblables, où celui qui n'est point naturellement tenu des risques d'une chose, consent à les prendre pour son compte. Ainsi l'ouvrier qui entreprenoit de monter des pierres

---

(1) Dig. lib. III, tit. v, *De negotiis gestis*, fr. 13 ; lib. xv, tit. 1 , *De peculio*, fr. 3, § 8 ; lib. xxii, tit. 11 , *De nautico fænore*, fr. 9 ; lib. xliv, tit. vii , *De obligationibus et actionibus*, fr. 23.

(2) Dig. lib. xxii, tit. 11 , *De nautico fænore*, fr. 3.

(3) Lynker, *De Bodemeria*, § 39. — Werloff, *De instrumento assecurationis*, sect. 1, § 3. — Cocceii, *De assecuratione*, § 4. — Loccenius, *De jure maritimo*, lib. 11 , cap. v, § 2. — Kulpis, *Colleg. Grotian.* exercit. vi , § 6. — Reimer, *Handlungs Bibliothek*, Busch's und Ebeling's , t. III , pag. 119.

(4) Tit. Liv. lib. xxiii , cap. xlix.

(5) Tit. Liv. lib. xxv, cap. iii.

(6) Sueton. *Vita Claudii*, cap. xviii.

(7) Dig. lib. xviii , tit. vi , *De periculo et commodo rei vend.* fr. 1 , pr.

précieuses, pouvoit se charger de la perte, par cas fortuit, de la matière qui lui étoit confiée (1). Ainsi, quoiqu'un objet déposé, prêté à usage ou mis en gage, fût, par le droit commun, aux risques du déposant, du prêteur, du débiteur, le dépositaire, l'emprunteur, l'engagiste, pouvoient se charger des cas fortuits (2).

Mais on doit remarquer qu'il étoit d'abord intervenu une convention principale dont les effets naturels étoient que l'une des parties courût les risques de la perte par force majeure des objets sur lesquels cette convention avoit porté; et seulement, par une clause que le législateur avoit déclarée licite (3), l'autre partie prenoit ces mêmes risques pour son compte.

C'étoit assurément être arrivé aussi près que possible du contrat d'assurance, tel qu'il est connu. Cependant on ne peut se dissimuler que ces textes ne parlent point d'une convention principale par laquelle un des contractans, au moyen d'une prime, *pretium periculi,* qui lui est donnée ou promise par l'autre contractant, s'oblige à réparer le dommage que des événemens de force majeure occasioneront à la propriété de ce dernier. Le peu d'étendue de la navigation, dont les plus grands risques étoient d'ailleurs prévenus par l'interdiction de tenir la mer depuis le mois d'octobre jusqu'au mois d'avril (4), a sans doute retardé les développemens que les jurisconsultes auroient donnés, si le besoin du commerce l'eût exigé, à l'idée première dont il est impossible de méconnoître l'existence dans les Pandectes. C'est l'opinion d'un grand nombre d'auteurs (5).

Toutefois un passage des lettres de Cicéron pourroit laisser croire que la stipulation d'assurance, faite d'une manière principale et non accessoire, comme dans les cas ci-dessus, étoit connue à Rome. Cicéron, ayant remporté en Cilicie une victoire qui lui auroit procuré les honneurs du triomphe, si la guerre civile entre César et Pompée ne fût survenue, écrivit au pro-questeur Caninius Salluste qu'il espéroit se procurer à Laodicée des *répondans* pour les deniers publics dont il faisoit l'envoi à Rome : *Laodiceæ me prædes accepturum arbitror omnis pecuniæ publicæ, ut et mihi et populo* CAUTUM SIT SINE VECTURÆ PERICULO (6).

Des jurisconsultes de la plus haute réputation ont dit que ce passage et quelques autres des lettres de Cicéron (7) étoient plutôt relatifs au change qu'à l'assurance : c'est le sentiment d'Heineccius, *Elementa juris cambialis,*

---

(1) Dig. lib. xix, tit. ii, *Locati, conducti,* fr. 13, § 5.
(2) Dig. lib. xvi, tit. iii, *Depositi vel contra,* fr. 1, § 35 ; lib. xvii, tit. i, *Mandati vel contra,* fr. 39.
(3) Dig. lib. ii, tit. xiv, *De pactis,* fr. 7, § 5.
(4) Dig. lib. vi, tit. i, *De rei vindic.* fr. 16, § 1, et fr. 36, § 1.—Cod. lib. i, tit. xl, *De officio rect. prov.* const. 6 ; lib. xi, tit. ii, *De naviculariis,* const. 8; et tit. v, *De naufrag.* const. 3. —Veget. lib. iv, cap. xxxix, et lib. v, cap. ix. — Plin. *Hist. nat.* lib. ii, cap. xlvii.
(5) Stypman, *De jure maritimo,* part. iv, cap. vii. — Kurike, *Diatribe de assecurationibus,* proœm. —Meier, *De assecurationibus mercatorum,* cap. i, § 1.
(6) *Ad famil.* lib. ii, epist. 17.
(7) Lib. xii, epist. 14, et lib. xv, epist. 15.

chapitre I, § 7; d'Ayrer dans sa Dissertation, déjà citée; de M. Hugo, dans le *Civilitisch Magazin*, t. III, pag. 126.

Il ne faut pas néanmoins méconnoître la force que donnent à l'opinion contraire les termes qu'emploie Cicéron dans sa lettre à Caninius Salluste. Qu'on voie une négociation de change dans les autres lettres dont Ayrer a si bien développé le sens et l'acception philologique, rien de mieux; ces lettres s'appliquent sans équivoque à une remise de fonds d'un lieu sur un autre lieu.

Mais ce n'est point là ce dont il s'agit dans la lettre de Cicéron à Salluste. Il annonce son intention d'envoyer à Rome les deniers publics et de les faire voyager par mer; il redoute les dangers de la navigation, *vecturæ periculum;* il desire que le peuple et lui soient garantis contre ce risque, *ut mihi et populo cautum sit;* il cherchera des garans, *prædes :* il y a donc une grande probabilité que sa lettre se réfère à une convention d'assurance plutôt qu'à une convention de change, ou, si cette expression ne sent pas assez l'antiquité, qu'à une convention de faire payer une somme dans un lieu pour une somme ou une valeur comptée dans un autre.

Il existe une grande diversité de sentimens parmi les jurisconsultes sur le sens du passage que je viens de discuter; quant aux commentateurs, ils ne paroissent pas s'en être occupés.

Les auteurs qui pensent qu'il n'a aucun rapport avec la négociation connue aujourd'hui sous le nom d'assurance, le supposent relatif à un cautionnement que Cicéron avoit exigé ou espéroit se faire donner par les acheteurs auxquels il avoit vendu la portion du butin revenant au trésor de la république; et, il faut en convenir, cette opinion peut être défendue par le sens du mot *præs*, qui désignoit un cautionnement donné pour sûreté des deniers publics.

On peut répondre cependant que ce mot est employé aussi dans le droit romain pour signifier des garanties données, même à des particuliers, contre les chances d'un dommage éventuel. On peut ajouter que, dans le cas où Cicéron auroit vendu la portion du butin revenant au trésor de la république, à des acheteurs qui devoient en compter le prix à Rome, ou se seroit proposé de verser les sommes qu'il en avoit obtenues à des capitalistes ou banquiers chargés de les faire payer à Rome, il n'y avoit, de sa part, aucune précaution à prendre contre les risques du voyage. C'est cependant ce qu'il annonce bien clairement par les mots, *sine vecturæ periculo,* expression parfaitement en harmonie avec celles dont Tite-Live se sert dans les passages cités ci-dessus en parlant des risques maritimes, et avec celles qu'on trouve dans les fragmens du Digeste relatifs au prêt à la grosse.

L'argument que fournit ce passage de Cicéron acquerroit plus de force, s'il étoit bien possible de connoître le cas qu'envisageoit le jurisconsulte Ulpien, dans le fragment 67 du titre I du livre XLV du Digeste, *De verborum obligationibus.* En voici le texte : *Illa stipulatio, decem millia salva fore promittis ? valet.* Il pourroit en résulter que l'assurance, comme stipulation principale, n'étoit pas inconnue aux Romains; les mots *salva fore* supposent un risque, et la promesse est précisément celle que, dans nos mœurs, fait celui qui assure une chose.

Je ne dois pas dissimuler qu'on pourroit voir dans cette dernière stipulation un cautionnement analogue à celui dont parle le titre v du livre XLVI du Digeste, *Rem pupilli salvam fore;* et c'est même le sentiment de Pothier dans ses Pandectes. Mais ne peut-on pas répondre aussi que les textes du titre *Rem pupilli salvam fore* sont relatifs aux sûretés données par le tuteur, comptable envers le mineur; qu'ils supposent et prouvent que ce tuteur lui-même fournissoit un répondant de sa bonne administration ou de sa solvabilité, ce qui n'étoit qu'un cautionnement pour une dette éventuelle et indéfinie; et que rien n'annonce ni même ne laisse supposer que la stipulation *rem salvam fore* fût faite avec un tiers, par ou pour le mineur, à l'effet de le mettre à couvert des pertes dont pouvoit le menacer la mauvaise gestion de son tuteur, ce qui eût été une véritable assurance de solvabilité?

Le fragment 67 du titre *De verborum obligationibus* paroît être une stipulation faite par un homme qui craint de perdre la somme exposée à un risque quelconque. Il stipule, *illa stipulatio;* et il ne peut stipuler que pour lui, dans son intérêt : les principes du droit romain ne sont pas douteux à cet égard. Il stipule qu'une somme, un capital de dix mille, ou, si l'on veut même, ce qui seroit encore plus favorable à la présomption, qu'une quantité de dix mille sera conservée, ou ne périra pas pour son compte, *salva fore.* On le lui promet, car il n'y a de stipulation qu'autant que la réponse a été conforme à l'interrogation ; et le jurisconsulte, consulté sur la validité de cette stipulation, qui avoit quelque chose d'extraordinaire et de peu conforme aux principes exacts du droit romain, répond, elle est valable, *valet.* Or le contrat d'assurance tel que nous le connoissons est-il autre chose? N'est-ce pas la stipulation dans laquelle une personne dit à une autre, *rem salvam fore promittis?* et dans laquelle celle-ci répond, *promitto.* On pourroit donc en induire avec quelque fondement que le texte cité a tous les caractères d'une assurance (1).

Je laisse l'appréciation de ces conjectures aux hommes plus instruits que moi : mais je m'empresse de dire qu'en supposant même que le contrat d'assurance, comme convention principale, ait été connu des Romains, on ne voit pas, dans le corps de droit, d'exemples de son application aux expéditions maritimes et à la navigation ; ce qui prouve qu'au moins ce genre de convention étoit rare.

Ce n'est pas assurément que les jurisconsultes romains aient ignoré les principes, et omis de poser des règles sur la théorie des risques. Ils ont

_____

(1) Straccha, *De assecurationibus*, proœm. § 8, est de cet avis.

connu le contrat à la grosse, ils en ont fait l'objet de leurs méditations; il a donc été nécessaire qu'ils examinassent tout ce qui concerne les risques maritimes, base essentielle de ce contrat comme du contrat d'assurance. On a vu aussi qu'ils connoissoient, au moins comme convention accessoire d'un autre contrat, celle qui avoit pour objet de se décharger sur autrui de l'incertitude des événemens. D'un autre côté, divers textes du Digeste parlent de conventions, de legs subordonnés à l'événement de l'arrivée d'un navire. La nature des choses exigeoit dans tous ces cas des règles pour distinguer entre les événemens susceptibles de causer la perte de la chose ou d'empêcher le retour du navire, ceux qui dérivoient des risques prévus nécessairement par les contractans, et ceux qui, devant être imputés à l'obligé, ne pouvoient atténuer les droits du créancier (1). C'est encore à l'aide des principes qu'ils ont proclamés et développés sur cette matière délicate, que nos législations et notre jurisprudence sont fondées : ainsi l'on peut croire qu'il n'a manqué aux Romains que la pratique habituelle du contrat d'assurance, dont les principes ne leur ont point été étrangers. C'étoit, si l'on me permet de citer l'expression d'Émerigon, « un sauvageon non encore cultivé, auquel « l'esprit du commerce a donné les développemens et la consistance dont il « jouit actuellement (2). »

En adoptant et en appropriant à leur droit des règles empruntées aux législations étrangères sur les négociations maritimes, les Romains dûrent nécessairement s'occuper de ce qui concernoit les naufrages.

On leur a reproché d'avoir admis, sous le règne des empereurs, un système qui attribuoit au fisc la propriété des objets naufragés, échoués sur le rivage; tout le monde connoit les vers de Juvénal :

> *Quidquid conspicuum pulchrumque est æquore toto,*
> *Res fisci est, ubicumque natat* (3).

Mais une déclamation n'est pas une preuve; et Cujas a très-sagement remarqué que les textes du droit romain détruisoient cette assertion (4). Il ne me paroit pas d'ailleurs que ces vers aient le sens qu'on leur prête vulgairement; il suffit de lire la satire dont ils font partie. Juvénal s'élève avec sa véhémence ordinaire contre les prétentions de quelques avocats impériaux, d'attribuer au fisc la propriété des choses jetées sur le rivage, choses qui, n'ayant point de maître, devoient, d'après les règles du droit romain, appartenir au premier occupant : mais il ne dit pas et ne fait pas entendre que cette prétention fût consacrée par les lois; il ne paroit pas même supposer aux avocats dont il parle, l'intention de revendiquer pour le fisc les objets naufragés, à l'exclusion des propriétaires victimes de la tempête.

(1) Dig. lib. XLV, tit. 1, *De verborum obligationibus*, fr. 53 et 124.
(2) *Traité des assurances*, t. I, pag. 2.
(3) Sat. IV, vers. 53 et 54.
(4) *Ad lib. XXXIV Pauli ad edictum.*

Il y a en effet deux points parfaitement distincts et sur lesquels il est bon de considérer la législation romaine : 1.° ce qui concerne les objets échoués, sur lesquels personne ne prétend un droit antérieur de propriété, en un mot ce que nos législations modernes appellent *épaves*; 2.° ce qui concerne les objets naufragés, susceptibles d'être revendiqués par les propriétaires auxquels le naufrage en a enlevé la possession, sans leur en faire perdre le domaine.

Sous le premier rapport, comme, dans le véritable état du droit romain, les choses abandonnées et sans maître appartenoient au premier occupant, il est possible que les avocats du fisc aient souvent cherché à lui attribuer cette propriété et à faire abolir l'acquisition par occupation; c'est sans doute à cette prétention nouvelle que Juvénal fait allusion, non pas même pour attester que la loi l'eût consacrée, mais pour la tourner en ridicule ou pour la flétrir dans l'opinion.

Sous le second rapport, il ne paroit pas que jamais la législation romaine ait attribué au fisc le droit de s'emparer des objets naufragés. Si le plus ancien des textes conservés par le Digeste, sur le droit reconnu aux propriétaires des choses jetées dans un naufrage ou dans tout autre accident, de les revendiquer, est de Minucius (1), qui paroit avoir vécu au temps de Trajan, on ne peut douter que le principe consacré par cette décision ne soit très-ancien, puisque Plaute y fait allusion dans la scène VII du IV.ᵉ acte de la pièce intitulée *Rudens*. Ce fut sans doute par une conséquence de ces principes, rappelés par des jurisconsultes postérieurs à Minucius, dont le Digeste a conservé des fragmens (2), et pour en assurer le maintien par une sanction pénale, qu'un sénatus-consulte rendu sous le règne de Claude avoit sévi contre ceux qui s'emparoient d'objets échoués par suite d'un naufrage; qu'un autre sénatus-consulte dont la date est incertaine, spécifioit tous les torts qu'on pouvoit causer aux naufragés et prononçoit contre les coupables les peines de la loi *Cornelia de sicariis*. Une foule de textes attestent et déclarent que ce qui appartient à une personne, ne peut, sans son consentement exprès ou tacite, appartenir à une autre, et que, l'intention d'abdiquer la propriété de ce qu'on jette dans une tempête, ne pouvant être supposée, ces choses appartiennent toujours à celui qui les a possédées, et ne doivent point devenir la proie du premier occupant; que nul ne peut acquérir par prescription un objet naufragé, et que celui qui s'en empare dans le dessein de le garder, commet un vol (3).

Ce système, comme on le voit, exclut l'idée que les objets naufragés pussent être attribués au fisc. Aussi voit-on qu'Adrien consacra de nouveau

(1) Dig. lib. xiv, tit. ii, *De lege rhodia de jactu*, fr. 8.
(2) Lib. xli, tit. i, *De adquir. rerum domin.* fr. 8 et 44; tit. ii, *De adquir. et amitt. poss.* fr. 1, § 1; tit. vii, *Pro derelicto*, fr. 7; lib. xlvii, tit. ii, *De furtis*, fr. 43, § 11.
(3) Dig. lib. xlvii, tit. ix, *De incendio, ruina, naufragio*, fr. 3, § 8.

par un édit le droit des naufragés de réclamer leurs marchandises contre les propriétaires du terrain où elles auroient échoué, voulut que ceux qui auroient participé au pillage fussent punis, et défendit à tout soldat, citoyen, affranchi ou esclave du prince, de s'emparer des objets provenant d'un naufrage ; en un mot, la législation, suivant les expressions du jurisconsulte Callistrate, avoit pris toutes les mesures qui étoient en son pouvoir, pour empêcher que les naufragés ne fussent pillés (1). Il est même assez probable que l'état avoit formé ou du moins autorisé et encouragé les corporations d'hommes qui se consacroient au soin de rechercher et de pêcher au fond de la mer les choses naufragées, pour les rendre aux propriétaires (2). La cupidité des habitans des rivages donna lieu, sans doute, au renouvellement fréquent des lois que je viens de citer, puisqu'on voit qu'Antonin et son père rendirent un nouvel édit pénal (3), et déclarèrent dans un rescrit que nul n'avoit droit d'empêcher un naufragé de recueillir les débris de sa propriété (4). Cette dernière décision sert, à mon avis, à expliquer le sens qu'il faut donner au fragment 9 du titre II du livre XIV du Digeste, où se trouve la réponse à Eudémon, qui se plaignoit d'avoir été pillé après son naufrage. Cette réponse, telle qu'elle nous est parvenue, peut par sa brièveté laisser quelque incertitude sur ce que les lois rhodiennes décidoient dans ce cas, et ce n'est plus le lieu de revenir à ce que, dans le chapitre précédent, j'ai dit du droit des Grecs relativement aux choses naufragées : mais, en supposant qu'il s'écartât de l'équité et du respect que toutes les législations doivent au malheur et à la propriété, la réponse d'Antonin atteste que ce droit ne pouvoit l'emporter sur celui des Romains.

Il se peut cependant que de temps à autre le fisc essayât d'élever quelques prétentions. Constantin les repoussa, et proclama la belle maxime : « Que le « fisc ne devoit pas s'enrichir par la misère et la ruine des citoyens (5). » Rien ne porte à croire que les successeurs de Constantin aient introduit d'autres principes : le contraire est attesté par la constitution d'Honorius et Théodose de 412 (6) ; et les recueils de Justinien déterminent clairement trois actions accordées aux naufragés pour recouvrer leurs biens : 1.° l'action en revendication ; 2.° l'action du vol ; 3.° l'action prétorienne au quadruple.

Les législateurs et les jurisconsultes romains n'avoient point aussi négligé de traiter les questions de droit maritime qui concernent la haute administration, et ce qu'on peut appeler le droit public. On trouve dans le Digeste

(1) Dig. lib. XLVII, tit. IX, *De incendio, ruina, naufragio*, fr. 7.
(2) Dig. lib. XIV, tit. II, *De lege rhodia de jactu*, fr. 4, § 1. — Lucan. *Pharsal.* lib. III, v. 695 *et seqq.* — Manil. *Astronom.* lib. v, v. 428 *et seqq.* — Gruter, *Inscript.* pag. 354 et 391.
(3) Dig. lib. XLVII, tit. IX, *De incendio, ruina, naufragio*, fr. 4.
(4) Dig. lib. XLVII, tit. IX, *De incendio, ruina, naufragio*, fr. 12.
(5) Cod. lib. XI, tit. v, *De naufragiis*, const. 1. Les raisons que quelques auteurs ont données pour établir que cette constitution étoit d'Antonin et non de Constantin, ne me paroissent pas assez décisives pour que je m'écarte du Code Justinien, qui l'attribue à Constantin.
(6) Cod. lib. XI, tit. v, *De naufragiis*, const. 6.

un grand nombre de décisions sur la police des rivages. Suivant les principes du droit romain, admis avec peu de modifications par les législations modernes, la mer étoit considérée comme un objet resté dans la communauté universelle (1); et son rivage, c'est-à-dire, le terrain que les plus grands flots couvrent en hiver (2), rangé parmi les choses qui n'appartenoient à personne (3). Chacun avoit la liberté d'y aborder, d'y recueillir les objets que la mer produit ou que le flot apporte (4); d'y pêcher, et, à cet effet, d'y construire un abri pour sécher ses filets; même d'y établir des pêcheries, en se conformant aux conditions imposées par les réglemens (5). On pouvoit également y construire des édifices, pourvu qu'ils ne préjudiciassent pas à la sûreté du rivage, ou à l'intérêt public (6) : mais cette construction ne donnoit pas à celui qui l'avoit faite un droit de propriété perpétuel, et, l'édifice étant détruit, le terrain qu'il occupoit redevenoit commun; chacun avoit le droit de s'en servir (7). Une conséquence de ces principes étoit d'obliger les particuliers à détruire toute construction qui pouvoit rendre plus difficiles ou plus incommodes la navigation, l'abord du rivage, ou le séjour dans les ports (8). Des peines sévères étoient portées contre les scélérats qui allumoient des feux trompeurs pour faire échouer les navires (9).

Le libre usage des rivages de la mer étoit aussi restreint dans l'intérêt privé, soit par la servitude légale d'observer certaines distances, lorsqu'on vouloit construire en avant ou sur le côté d'un édifice qui avoit vue sur la mer (10), soit par la servitude conventionnelle de n'établir sur un point déterminé du rivage ni constructions ni pêcheries (11).

Mais on ne trouve dans le Digeste, ni même dans le Code et les Novelles, que peu de traces de la surveillance exercée par l'autorité publique sur la navigation. On a vu déjà que des lois interdisoient la mer pendant un certain temps de l'année : c'est, à vrai dire, le seul exemple d'un réglement général, du genre de ceux qui, parmi nous, tiennent à la police maritime; à moins qu'on ne suppose d'après le fragment 13, § 2, du titre II du livre XIX du Digeste, *Locati, conducti*, que l'institution de pilotes locaux destinés à guider les navigateurs à l'entrée des fleuves et sur des côtes dangereuses existoit déjà; ce qui ne seroit pas sans vraisemblance. On peut cependant aussi placer au même rang les réglemens pour autoriser ceux qui faisoient la profession d'armateurs et de marins à former des corporations, dont les recueils

---

(1) Dig. lib. I, tit. VIII, *De divisione rerum et qualitate*, fr. 2, § 1.
(2) Inst. lib. II, tit. I, *De rerum divisione*, §§ 1, 3.— Dig. lib. L, tit. XVI, *De verb. signif.* fr. 96 et 112.
(3) Inst. lib. II, tit. I, *De rerum divisione*, § 15.—Dig. lib. XLI, tit. I, *De adquir. rerum domin.* fr. 14.
(4) Dig. lib. I, tit. VIII, *De rerum divisione et qualitate*, fr. 3.
(5) Nov. LVII, CII, CIII, CIV.
(6) Dig. lib. XLIII, tit. VIII, *Ne quid in loco publico* &c. fr. 3, § 1; fr. 4.
(7) Dig. lib. I, tit. VIII, *De divisione rerum et qualitate*, fr. 6.
(8) Dig. lib. XLIII, tit. XII, *Ne quid in loco publico* &c. fr. 1, § 17.
(9) Dig. lib. XLVII, tit. IX, *De incendio, ruina, naufragio*, fr. 10.
(10) Nov. LXIII, CLXV.
(11) Dig. lib. VIII, tit. IV, *Communia prædiorum*, fr. 13.

d'inscriptions anciennes ont conservé la mémoire (1), et pour leur accorder divers priviléges (2), entre autres la faveur spéciale que la corporation recueillit la succession de ses membres qui étoient décédés sans avoir fait de testament et sans héritiers au degré successible (3). Quelques textes du Digeste parlent aussi de certaines exemptions de charges publiques accordées aux navigateurs; mais j'ai déjà fait entendre que tous ces avantages étoient limités à ceux qui servoient au transport des grains dans la capitale (4). On voit enfin par la Novelle CXXII que la manie des réglemens avoit été poussée jusqu'au point de taxer les salaires des matelots.

Nous ne pouvons douter du soin avec lequel l'autorité publique s'occupoit de protéger les navigateurs contre les attaques des pirates (5). L'histoire a conservé le souvenir des excès auxquels l'audace de ces brigands s'étoit portée à la faveur des guerres civiles (6). Il ne fallut rien moins que le génie de Pompée et toutes les forces maritimes de la république, mises à sa disposition, pour rendre la sûreté à la navigation (7). On sait aussi qu'Auguste mit au rang des actes les plus importans de son gouvernement d'avoir purgé les mers de pirates (8).

Quant à la législation, elle plaçoit les vols faits par les pirates au nombre des cas de force majeure qui fournissoient à un armateur une légitime exception contre la demande des choses qui lui avoient été confiées (9), et, parmi les sacrifices faits pour le salut commun, les sommes ou valeurs données pour racheter le navire qu'ils avoient pris (10). Elle considéroit le pirate moins comme un ennemi que comme un brigand (11), qui ne pouvoit acquérir, par quelque laps de temps que ce fût, la propriété de ce dont il s'étoit emparé, ni la transmettre légitimement; et Cicéron, qui, dans son admirable traité des devoirs, enseigne si éloquemment qu'il n'est pas permis de manquer à sa parole, même envers l'ennemi, quelque danger personnel qu'on puisse courir en l'exécutant, déclare expressément qu'on ne doit point appliquer ces règles aux promesses faites à des pirates (12).

L'objet de cette dissertation étant de faire connoître le droit maritime des Romains dans les rapports avec les intérêts privés, je m'écarterois de mon plan si je me livrois à des recherches sur la marine militaire et les institutions

---

(1) Reines. *Inscript.* CCCCXCII, n.° 5.
(2) Cod. Theod. lib. XIII, tit. V et VI.
(3) Cod. lib. VI, tit. LXII, *De hereditatibus decurionum, naviculariorum*, &c. const. 1.
(4) Dig. lib. L, tit. V, *De jure immunitatis*, fr. 3; et tit. VI, *De excusationibus munerum*, fr. 5, §§ 3, 4, 5, 6.
(5) Tit. Liv. lib. XCIX, cap. IV, V, VI, VII. — Florus, lib. I, cap. XX.
(6) Cicer. *Pro lege Manilia*, §§ 31, 32, 33.
(7) Plutarch. *Vita Pompeïi*, § 25.
(8) *Monumentum Ancyranum*, tab. II, in Chishul. *Antiquit. asiat.* pag. 175.
(9) Dig. lib. IV, tit. IX, *Nautæ, caupones*, &c. fr. 3, § 1.
(10) Dig. lib. XIV, tit. II, *De lege rhodia de jactu*, fr. 2, § 3.
(11) Cicer. *in Verrem*, act. II, lib. V, §§ 26, 29, 30. — Dig. lib. XLIX, tit. XV, *De capt. et postlimin.* fr. 24.
(12) Cicer. *De officiis*, lib. III, cap. XXIX.

destinées à la régir. Ce n'est que par occasion qu'il est parlé dans le corps de droit des commandans généraux ou particuliers (1) qui, sous les empereurs, remplacèrent les *duumviri navales*, créés en l'an 309 avant J. C. (2), et dont les historiens parlent de temps à autre dans le récit des guerres de la république (3). Les livres XI du Code de Justinien, et VII, X, XIII et XIV du Code Théodosien, contiennent un grand nombre de constitutions qui défendoient aux particuliers de charger leurs propres marchandises sur les vaisseaux destinés à un service public (4), qui assujettissoient les navires des particuliers, d'une portée de deux mille boisseaux, équivalens à treize de nos tonneaux de mer, aux réquisitions pour le service public, quel que fût le rang ou la qualité du propriétaire (5); et des réglemens relatifs à la sûreté du territoire et à la garde des côtes (6), sans intérêt pour la jurisprudence et l'histoire. Le seul qui mérite d'être remarqué sous ce dernier point de vue, est la constitution des empereurs Honorius et Théodose de 419, qui défend, sous peine de mort, d'enseigner aux ennemis l'art de fabriquer des navires (7) : depuis long-temps il étoit interdit, sous la même peine, de leur vendre du fer, du blé et autres matières (8). Je ne dois pas laisser ignorer cependant que plusieurs des mesures qu'on prenoit dans ce double intérêt de la sûreté du territoire et des approvisionnemens de la capitale, ont pu donner l'idée des congés, passe-ports et lettres de chargement dont les navires doivent être porteurs (9), de leur visite pour s'assurer s'ils sont en bon état, de l'obligation des patrons de ne pas s'écarter de la route (10), des rapports qu'ils doivent faire (11), et de leur vérification par l'audition de l'équipage (12).

Il ne paroit pas que la connoissance des contestations commerciales ait été attribuée à Rome à des juges spéciaux. Un écrivain moderne prétend, il est vrai, que l'empereur Claude avoit accordé aux commerçans de Cadix le privilége d'être affranchis de la juridiction des tribunaux que César avoit établis en Espagne (13); mais, outre que cette assertion n'est appuyée d'aucune autorité, on ne pourroit voir en cela qu'une exception locale, dont il

(1) Dig. lib. xxxvi, tit. i, *Ad senatusconsult. Trebell.* fr. 46.
(2) Tit. Liv. lib. ix, cap. xxx.
(3) Tit. Liv. lib. xl, cap. xviii et xxvi; lib. xli, cap. i.
(4) Cod. lib. xi, tit. iv, *Ne quid oneri publico.* — Cod. Theod. lib. xiii, tit. viii; tit. xxvi, *De nautis tiberinis.*
(5) Dig. lib. xlix, tit. xviii, *De veteranis*, fr. 4. — Cod. lib. i, tit. ii, *De sacrosanctis ecclesiis*, const. 10; lib. xi, tit. iii, *De navibus non excusandis*, const. 2.
(6) Cod. lib. xii, tit. xlv, *De litt. et itin. custod.* — Cod. Theod. lib. vii, tit. xvi; lib. x, tit. xxiii.
(7) Cod. lib. ix, tit. xlvii, *De pœnis*, const. 25.
(8) Dig. lib. xxxix, tit. iv, *De publicanis*, fr. 11.
(9) Cod. lib. xi, tit. i, *De naviculariis*, &c. const. 4; lib. xii, tit. xlv, *De litt. et itin. custod.* const. 4. — Cod. Theod. lib. vii, tit. xvi, const. 3; lib. xiii, tit. v, const. 8.
(10) Cod. lib. xi, tit. i, *De naviculariis*, &c. const. 7. — Cod. Theod. lib. xiii, tit. i, const. 8.
(11) Cod. Theod. lib. vii, tit. xvi, const. 3, qui se trouve en partie dans la const. i du titre xlv du livre xii du Code de Justinien.
(12) Cod. Theod. lib. xiii, tit. ix, const. 1, 2, 3, qui se trouvent en partie dans la const. 2 et 3 du titre v du livre xi du Code de Justinien.
(13) M. Peuchet, *Dictionnaire de géographie commerciale*, au mot *Espagne*.

I. 11

ne seroit pas possible de tirer une conclusion générale. Quelques indices nous apprennent toutefois qu'on avoit pris des précautions pour que la justice fût rendue promptement aux commerçans; Sénèque l'atteste dans sa lettre CVI, et l'on en trouve la preuve, au moins pour les contestations maritimes, dans la constitution 5 du titre V du livre XI du Code, *De naufragiis.*

Quelques auteurs (1) ont cru que la législation romaine avoit fourni l'idée des consuls actuellement établis par toutes les nations commerçantes dans les pays étrangers pour protéger leurs sujets, et souvent même pour leur rendre la justice; mais je crois qu'ils se sont trompés. Il suffit de connoître, même superficiellement, les principes politiques de Rome, pour croire que jamais son gouvernement n'eût permis à des envoyés étrangers d'exercer quelque autorité dans le territoire romain, même sur les individus de leur nation (2).

Il est bien vrai qu'il existoit à Rome un préteur chargé de rendre la justice aux étrangers (3); mais, sans qu'il soit besoin d'examiner quelle étoit l'étendue des pouvoirs de ce préteur, et les règles sur l'exercice de sa juridiction, on sait qu'il étoit choisi par les Romains, et ensuite par les empereurs. Ainsi ce magistrat ne ressembloit, ni aux consuls que des souverains entretiennent en pays étranger, parce que ces fonctionnaires sont nommés par le gouvernement qui les envoie et sont pris parmi ses sujets; ni aux consuls de marchands qui, dans plusieurs pays, statuent sur les causes de commerce, parce que ces juges ont une juridiction spéciale et d'exception pour les affaires commerciales, soit qu'elles concernent les nationaux, soit qu'elles concernent les étrangers, tandis que le magistrat appelé à Rome *prætor peregrinus* jugeoit toute sorte de causes entre étrangers. On pourroit plutôt le comparer aux conservateurs qui existent dans certains pays, et auxquels est attribué, exclusivement aux magistrats territoriaux, le droit de juger les étrangers suivant leurs lois ou les principes du droit des gens, mais qui sont choisis et institués par les souverains du lieu où ils exercent leurs fonctions (4).

Quelqu'abrégée et imparfaite que soit cette notice sur le droit commercial et maritime des Romains, elle le seroit bien davantage si je négligeois d'examiner quelle autorité ce droit a conservée en Occident jusqu'à l'introduction des usages, et, bientôt après, des législations régulières, dont je présenterai les textes : je m'en occuperai dans le chapitre suivant.

Quant au droit maritime des peuples qui habitoient le littoral de l'Italie avant la fondation de Rome, et même jusqu'au moment où l'Italie entière fut soumise par les Romains (5), je n'aurois pu en parler que pour déclarer qu'il est inconnu. Probablement il fut le même que celui des Grecs, dont

---

(1) Bouchaud, *Théorie des traités de commerce,* pag. 138.
(2) De Cormis, *Recueil de consultations,* t. II, pag. 1313.
(3) Dig. lib. I, tit. II, *De orig. juris,* fr. 2, § 28. — Lex de Gall. Cisalp. col. I, §§ 24 et 53. — Calvin. *Lexicon,* verb. *Prætor peregrinus.*
(4) Marquard. *De jure mercat.* part. III, cap. VI, n. 38, et cap. XI, n. 66.
(5) Strab. lib. V, cap. IV, VII, IX; lib. VI, cap. I.

plusieurs de ces peuples étoient des colonies, ou en relation habituelle de commerce avec la Grèce (1).

Il me reste à rendre compte du plan que j'ai suivi dans la compilation des lois romaines relatives au droit maritime.

La première idée en est due à Peckius, professeur de droit à Louvain. Il publia, en 1556, son recueil, qui consistoit dans le texte, accompagné d'un commentaire presque toujours rempli de choses étrangères au sujet. Vinnius donna en 1647 une édition du travail de Peckius, qui a été réimprimée en 1688 par les soins de Laurent. Les notes de Vinnius sont assez étendues, et la plupart savantes et utiles (2).

L'éditeur de la *Bibliothèque de droit maritime*, imprimée à Florence en 1785, et Engelbrecht dans son *Corpus juris nautici*, imprimé en 1790, ont publié, le premier en italien, le second en allemand, la traduction des lois que Peckius avoit extraites, sans en ajouter d'autres et sans commentaire.

A leur exemple, je ne crois pas devoir réimprimer toutes les notes de Peckius et de Vinnius, parce qu'il entre dans mon plan, moins de présenter la doctrine pratique, que de recueillir des pièces en quelque sorte historiques; cependant un texte nu auroit aussi ses inconvéniens. Le droit romain contient un grand nombre de dispositions qui sembleroient opposées entre elles, si une explication ne levoit l'incertitude : d'autres sont difficiles à entendre à la première lecture, parce qu'elles supposent la connoissance de principes dont le rapprochement ou l'indication devient indispensable. C'est dans cette double vue que je joins au texte, des notes dans lesquelles j'ai tâché d'éviter une prolixité qui les feroit dégénérer en dissertations, et une brièveté qui ne seroit qu'un surcroît d'obscurités et d'incertitudes. Je n'ai pas cru devoir rédiger ces notes en latin; l'exemple des jurisconsultes d'Allemagne qui ont écrit en leur langue des commentaires bien plus étendus sur le corps entier du droit romain, me servira de justification.

Quelle que soit l'opinion que les savans portent de cette partie de mon travail, j'ose espérer qu'il leur paroîtra préférable à celui de Peckius et des auteurs qui l'ont copié, parce qu'ils ont omis beaucoup de fragmens et quelquefois même des titres entiers qui, par leur objet, doivent nécessairement figurer dans une collection de lois maritimes. On ne sait en effet comment s'expliquer que Peckius, et après lui Vinnius, interprète si habile du droit romain, aient omis dans un recueil de fragmens *ad rem nauticam pertinentia*, les titres du Digeste et du Code *De nautico fœnore;* qu'après avoir publié le titre *Nautæ, caupones*, &c., ils aient oublié le titre *Furti adversùs nautas*, qui en est le complément.

(1) Strab. lib. IV, cap. II.
(2) Lipenius, *Bibliotheca juridica realis*, t. II, pag. 70, indique une collection des lois du Digeste et du Code sur les matières maritimes, par Ant. Padilla, Amst. 1688. Je n'ai pu la découvrir, et je présume qu'il a commis une erreur.

D'un autre côté, ces auteurs ont réuni ou divisé des paragraphes que je crois utile de présenter tels qu'ils se trouvent dans les éditions usuelles, et ne paroissent pas s'être servis d'un bon texte (1). J'essaierai de faire mieux, sans croire toutefois qu'un autre ne trouvera pas, à son tour, qu'il y a aussi des additions et des corrections à faire dans mon travail.

Quoique les compilations de Justinien aient été précédées de celle qui porte le nom de *Code Théodosien*, où se trouvent plusieurs titres sur le droit maritime, je crois devoir me borner à présenter les extraits du Digeste et du Code de Justinien qui offrent les règles les plus anciennes et les plus complètes : les plus anciennes, puisque tout le monde sait que le Digeste est un extrait des ouvrages de jurisconsultes qui avoient écrit longtemps avant la rédaction du Code Théodosien, dont plusieurs même se réfèrent à ceux des jurisconsultes du temps de la république; les plus complètes, puisque non-seulement les Pandectes, mais même le Code de Justinien, embrassent une plus vaste étendue de matières que le Code Théodosien. Cependant je crois qu'il est convenable d'indiquer dans des notes les fragmens de ce Code semblables à ceux du Code de Justinien, et même ceux que cet empereur n'a pas jugé à propos d'insérer dans sa compilation.

J'ai balancé si je devois employer les fragmens connus sous le nom de *Jus antijustinianæum*, qui, nous étant parvenus par la compilation appelée vulgairement *Breviarium Aniani*, ont probablement été altérés, au moins dans le style, et quelquefois même dans le fond (2). Je me suis néanmoins décidé à en extraire ce qui concerne le droit maritime privé. Quant aux interprétations d'Anien sur quelques-uns de ces fragmens, je les publierai dans le chapitre suivant.

La langue française ne me semble pas se refuser à l'exactitude d'une traduction du droit romain, autant qu'on le croit, et surtout autant qu'on pourroit le supposer d'après les traductions remplies de contre-sens et d'absurdités qui ont été publiées depuis quelques années; néanmoins j'aurois cru faire injure à mes lecteurs de traduire les textes recueillis dans ce chapitre : ceux à qui la langue latine est moins familière, ou qui seroient rebutés par les difficultés assez sérieuses que présente l'explication ou la conciliation de plusieurs textes, trouveront assez de notions dans l'analyse que contient cette dissertation.

(1) J'ai suivi l'édition florentine, en m'aidant de celles des Elzevirs de 1663 et 1664, et de Gebäur de 1776.

(2) Cette preuve est facile aujourd'hui à l'égard de Gaïus, en comparant ses Institutes récemment découvertes, avec ce que lui fait dire le jurisconsulte du roi Alaric. Mon plan ne me permet que d'offrir un exemple relatif au cas où un navire a été construit avec les matériaux d'autrui. Gaïus exposoit les sentimens des deux écoles, et l'on peut croire qu'il inclinoit pour attribuer le navire au propriétaire des matériaux (*Comm.* lib. II, § 79). Anien lui prête une décision affirmative pour l'opinion des Sabiniens, supprime l'exposé des sentimens des deux écoles, et travestit évidemment la pensée et le style de Gaïus.

EXCERPTA JURIS ROMANI

AD REM NAUTICAM SPECTANTIA.

EX DIGESTIS.

Ex lib. I, tit. VIII, *De divisione rerum et qualitate.*

Fr. 2. MARCIANUS, lib. III *Institutionum.*

§ 1. Et quidem naturali jure omnium communia sunt illa : aër, aqua profluens, et mare, et per hoc littora maris (1).

Fr. 3. FLORENTINUS, lib. VI *Institutionum.*

Item lapilli, gemmæ, cæteraque, quæ in littore invenimus, jure naturali nostra statim fiunt (2).

Fr. 4. MARCIANUS, lib. III *Institutionum.*

Nemo igitur ad littus maris accedere prohibetur piscandi causâ, dum tamen villis, et ædificiis, et monumentis abstineatur (3), quia non sunt juris gentium, sicut et mare. Idque et Divus Pius piscatoribus Formianis et Capenatis rescripsit.

Fr. 5. GAIUS, lib. II *Rerum quotidianarum sive Aureorum.*

§ 1. In mare piscantibus liberum est casam in littore ponere, quâ se recipiant (4).

Fr. 6. MARCIANUS, lib. III *Institutionum.*

In tantum, ut et soli domini constituantur qui ibi ædificant, sed quandiu ædificium manet : alioquin, ædificio dilapso, quasi jure postliminii revertitur locus in pristinam causam (5); et si alius in eodem loco ædificaverit, ejus fiet.

---

(1) Ce fragment est littéralement conforme au § 1 du titre I du livre II des Institutes. Les fr. 96 et 112 du titre XVI du livre L du Digeste, *De verb. signif.*, définissent ce qu'on entend par rivage, *littus*.

(2) Ce fragment et le suivant sont presque littéralement conformes au § 18 du titre I du livre II des Institutes, et au fr. 1, § 1, du titre II du livre XLI du Digeste, *De adquir. et amitt. poss.* Mais il ne faut pas séparer ces principes de ceux qui concernent les objets provenant d'un naufrage; ils seront indiqués au titre II du livre XIV du Digeste, *De lege rhodia de jactu.*

(3) Voir le fr. 6, pr., de ce titre, et le fr. 50 du titre I du livre XLI du Digeste, *De adquir. rer. dominio.*

(4) Ce texte est conforme au § 5 du titre I du livre II des Institutes.

(5) Ces principes sont développés dans le fr. 14 du titre I du livre XLI du Digeste, *De adquir. rer. dom.*

Ex lib. IV, tit. IX, *Nautæ, caupones, stabularii, ut recepta restituant.*

Fr. 1. ULPIANUS, lib. XIV *ad Edictum.*

Ait Prætor : « Nautæ, caupones, stabularii, quod cujusque salvum fore recepe-
« rint (1), nisi restituant, in eos judicium dabo (2). »

§ 1. Maxima utilitas est hujus edicti, quia necesse est plerumque eorum fidem
sequi, et res custodiæ eorum committere. Ne quisquam putet graviter hoc adversùs eos constitutum, nam est in ipsorum arbitrio ne quem recipiant (3); et nisi hoc esset
statutum, materia daretur cum furibus adversùs eos quos recipiunt coëundi, cùm ne
nunc quidem abstineant hujusmodi fraudibus.

§ 2. Qui sunt igitur qui teneantur videndum est. Ait Prætor, *Nautæ* (4). *Nautam* accipere debemus eum qui navem exercet; quamvis *nautæ* appellantur omnes
qui, navis navigandæ causá, in nave sint. Sed de exercitore solummodo Prætor sentit :
nec enim debet, inquit Pomponius, per remigem (5) aut mesonautam obligari,
sed per se, vel per navis magistrum; quanquam, si ipse alicui è nautis (6) committi
jussit, sine dubio debeat obligari.

§ 3. Et sunt quidam in navibus qui custodiæ gratiâ navibus præponuntur, ut

---

(1) Dans ce texte de l'édit du préteur, *recipere* est employé avec le sens du mot *promittere*; on en trouve
des exemples dans les Commentaires de César, livre III, chapitre XVII. Voir Nonius, *De proprietate verborum*, n. 309.

(2) Cette action est, comme on le voit dans le fr. 3, § 1, de ce titre, une action *in factum*. Le préteur avoit
aussi donné une autre action *in factum* contre les armateurs pour les vols commis par les gens de mer; elle
fait l'objet principal des fr. 6 et 7 de ce titre, et de quelques dispositions du fragment unique dont se compose le titre v du livre XLVII du Digeste, *Furti adversùs nautas*. Les effets de l'une et de l'autre action étoient
bien différens. La première, *ex contractu*, suivant Peckius et Vinnius *ad h. l.*, ou *ex quasi-contractu*, selon
l'opinion la plus accréditée, se bornoit à la demande en restitution des choses confiées, *rei persecutionem*,
comme il est dit au § 4 du fr. 3, et rien de plus; elle étoit *in simplum*. La seconde, née du délit commis
par les gens de mer, dont l'armateur étoit responsable, *quasi ex delicto*, pour avoir choisi des préposés infidèles, comme le dit expressément le § 4 du fr. 7 de ce titre, avoit pour objet *simul rem et pœnam*; elle étoit
in duplum, suivant le § 1 du même fragment. Cette distinction, que Noodt a très-bien développée, *Observ.*
lib. II, cap. IX, est indispensable pour l'intelligence de ce titre. En effet, il offre quelque confusion, les
rédacteurs des Pandectes n'ayant transcrit que la première partie de l'édit, et néanmoins ayant employé des
fragmens qui se rapportent à la seconde.

(3) Ces expressions paroissent au premier coup d'œil opposées au § 6 du fragment unique composant le
titre v du livre XLVII, *Furti adversùs nautas*, où l'on suppose qu'un aubergiste ne peut refuser personne.
On ne résoudroit pas la difficulté en répondant qu'il ne s'agit ici que des aubergistes, et non des armateurs,
dont je m'occupe exclusivement : car, d'un côté, certains armateurs dont le service ressembloit à ce que nous
appelons *paquebot*, existoient probablement chez les Romains, comme le fait entendre le fr. 1, § 12, du
titre I du livre XIV du Digeste, *De exercitoria actione*, et se trouvoient dans une position identique à celle
des aubergistes; de l'autre, le § 8 du fr. 1 et le fr. 2 du présent titre placent l'armateur et l'aubergiste sur la
même ligne. Mais il faut répondre, avec Vinnius *ad. h. l.*, et Soarez, note 8 sur le titre XI du livre II
du *Procheiron* d'Harménopule, que cet *arbitrium ne quem recipiant* s'entend de la faculté qu'ils ont de
ne point embrasser une profession qui les oblige à ne pouvoir refuser, sans motifs valables, quiconque
se présente; ils savent à quoi ils s'exposent lorsqu'ils se mettent ainsi au service du public.

(4) L'expression *nauta* désigne souvent, comme on le verra dans la suite et comme le jurisconsulte le
dit lui-même, quiconque est employé au service et à la manœuvre d'un navire. Dans d'autres passages, et
notamment dans le fr. 31 du titre II du livre XIX du Digeste, *Locati, conducti*, il signifie le patron, *magister
navis* : ici, il est employé pour désigner l'armateur, *exercitor navis*.

(5) Les auteurs ont beaucoup écrit sur la signification de ces mots et de quelques autres du § 3; il suffit
de dire qu'ils désignent des gens de l'équipage subordonnés au patron. Voir Alciat, *Dispunct.* lib. III,
cap. XXI, et *Parerg. jur.* lib. I, cap. XLIII; Cujas, *Observ.* lib. XXVII, cap. XXXI; Noodt, *Comment. ad
h. tit.*; Bynkershoek, *Observ. jur. rom.* lib. II, cap. XIV.

(6) Ce mot est ici la qualification générique de tous ceux qui servent dans le navire.

ναυφύλακες, id est, *navium custodes*, et dietarii. Si quis igitur ex his receperit, puto in exercitorem dandam actionem, quia is qui eos hujusmodi officio præponit, committi eis permittit; quanquam ipse navicularius (1) vel magister id faciat quod χειρέμβολον (2) appellant. Sed et si hoc non extet, tamen de recepto navicularius tenebitur.

§ 4. De exercitoribus ratium, item lintrariis (3), nihil cavetur. Sed idem constitui oportere Labeo scribit; et hoc jure utimur.

§ 5. *Caupones* autem et *stabularios* æquè eos accipiemus qui cauponam vel stabulum exercent, institoresve eorum. Cæterùm, si qui operâ mediastini fungitur, non continetur; utputa atriarii et focarii, et his similes.

§ 6. Ait Prætor: *quod cujusque salvum fore receperint:* hoc est, quamcunque rem sive mercem receperint. Inde apud Vivianum relatum est, ad eas quoque res hoc edictum pertinere, quæ mercibus accederent; veluti vestimenta quibus in navibus uterentur, et cætera quæ ad quotidianum usum habemus.

§ 7. Item Pomponius, libro XXXIV, scribit, parvi referre res nostras an alienas intulerimus, si tamen nostrâ intersit salvas esse: etenim nobis magis, quàm quorum sunt, debent solvi (4). Et ideò, si pignori merces accepero ob pecuniam nauticam (5), mihi magis quàm debitori nauta tenebitur, si antè (6) eas suscepit.

§ 8. *Recipit* autem *salvum fore*, utrùm si in navem res missæ ei adsignatæ sunt, an, etsi non sint adsignatæ, hoc tamen ipso quòd in navem missæ sunt, receptæ videntur? Et puto omnium eum recipere custodiam quæ in navem illatæ sunt; et factum non solùm nautarum præstare debere, sed et vectorum (7),

Fr. 2. GAIUS, lib. V *ad Edictum provinciale.*

Sicut et caupo, viatorum.

(1) On trouvera quelquefois ce mot employé pour désigner le patron; il est évident qu'il signifie ici l'armateur, *exercitor*, qui étoit plus haut désigné par le mot *nauta.* Les mots *navicularius, nauclerus*, paroissent avoir servi plus généralement, du moins dans les derniers temps, à désigner ceux qui étoient consacrés au service maritime des approvisionnemens et autres objets d'utilité publique.

(2) Signe de consentement donné par geste. Voir Alciat, *Parerg. jur.* lib. I, cap. XLIV; et Cujas, *Observ.* lib. XXVII, cap. XXXI.

(3) Voir, sur les diverses expressions employées dans le droit pour désigner des navires, Brisson, *De verborum significatione*, au mot *Navem.* Le § 14 du fr. 1 du titre XII du livre XLIII, *De fluminibus*, apprend aussi que le mot *navigium* a la même acception.

(4) Quelques auteurs ont cru qu'il existoit une antinomie entre ce texte et le fr. 31 du titre II du livre XIX du Digeste, *Locati, conducti.* J'essaierai d'expliquer en son lieu ce fragment, qui présente une espèce toute particulière. D'autres ont cru qu'il étoit contraire au § 1 du fr. 31 du titre III du livre XVI, *Depositi vel contrà;* mais il y est question du dépôt qu'un voleur a fait de la chose qu'il a volée, et l'on décide avec raison qu'elle doit être rendue au véritable propriétaire qui se fait connoître: ici, il s'agit de celui qui a légitimement acquis un droit de gage sur la chose par lui confiée à l'armateur.

(5) Ces mots, qui ne se trouvent pas dans toutes les éditions, ne sont point limitatifs. On peut, pour toute autre cause qu'un prêt maritime, acquérir un gage sur des choses qu'on a intérêt de faire transporter par mer.

(6) Haloandre et Vinnius proposent de lire *à me.* Mais la leçon vulgaire peut être défendue: des objets déjà chargés sur un navire peuvent être affectés par gage; et le créancier a droit de les exiger du patron.

(7) C'est ce que répète le fr. 3 de ce titre. On pourroit croire que cette décision est modifiée par le fr. 6, § 1, qui semble excepter le cas où des voyageurs ne sont reçus que pour quelques momens de repos. Ces textes se concilient par la distinction faite ci-dessus. L'armateur qui a pris sous sa garde des objets, doit les représenter, et le seul fait de la non-représentation donne lieu contre lui à l'action *in simplum*, action *quæ persecutionem rei continet*, sans qu'il puisse s'excuser en alléguant que des passagers ont volé ou ont pu voler les choses: il n'est admis à faire valoir d'autre exception que celle du *damnum fatale*, comme on le voit fr. 3, § 1, en la prouvant, ainsi que le décide la constit. 2 du titre V du livre XI du Code, *De naufragiis.* Cette perte, imputable seulement à son défaut de surveillance, ne donne pas lieu à l'action *in duplum*, qui est pénale. Voir Vitalis, *Variar. Resolut.* lib. I, cap. II, *in Thes. Otton.* t. II, p. 624.

Fr. 3. Ulpianus, lib. xiv *ad Edictum.*

Et ita de facto vectorum etiam Pomponius, libro xxxiv, scribit. Idem ait, etiamsi nondum sint res in navem receptæ, sed in littore perierint (1), quas semel recepit, periculum ad eum pertinere.

§ 1. Ait Prætor : *nisi restituant, in eos judicium dabo.* Ex hoc edicto in factum actio (2) proficiscitur. Sed an sit necessaria videndum, quia agi civili actione ex hac causa poterit; si quidem merces intervenerit, ex locato vel conducto : sed, si tota navis locata sit, qui conduxit, ex conducto etiam de rebus quæ desunt agere potest; si verò res perferendas nauta conduxit, ex locato convenietur. Sed, si gratis res susceptæ sint, ait Pomponius depositi agi potuisse. Miratur igitur cur honoraria (3) actio sit inducta, cùm sint civiles (4) : nisi fortè, inquit, ideò ut innotesceret Prætorem curam agere reprimendæ improbitatis hoc genus hominum, et quia in locato conducto culpa, in deposito dolus duntaxat præstatur : at hoc edicto omnimodo qui recepit tenetur, etiamsi sine culpa ejus res periit, vel damnum datum est; nisi si quid damno fatali contingit (5). Inde Labeo scribit, si quid naufragio aut per vim piratarum perierit, non esse iniquum exceptionem ei dari. Idem erit dicendum et si in stabulo aut in caupona vis major contigerit.

§ 2. Eodem modo tenentur caupones et stabularii, quo exercentes negotium suum recipiunt. Cæterùm, si extra negotium receperint, non tenebuntur (6).

§ 3. Si filiusfamilias aut servus receperit, et voluntas patris, domini, intervenit, in solidum erit conveniendus (7). Item, si servus exercitoris subripuit, vel damnum

---

(1) Quelques auteurs ont cru voir une opposition entre ce texte et le fr. 7, pr. Elle disparoît en lisant les mots qui suivent : *quas semel recepit.* La règle est bien que l'armateur ne réponde que de ce qui est entré dans son navire; mais souvent on lui livre sur le port et l'on confie à sa garde des objets avant qu'ils soient chargés.

(2) Cette action est la première de celles que le préteur avoit accordées, comme on l'a vu ci-dessus.

(3) Chacun sait qu'on désignoit ainsi les actions données par les édits des magistrats, par opposition à celles qui naissoient du droit civil, *actiones civiles.*

(4) En général, le préteur ne donnoit d'action qu'à défaut du droit civil, et pour y suppléer; l'objection n'est donc pas sans force : mais la suite du fragment la résout, en expliquant les motifs qui ont décidé le préteur, et en montrant que le droit civil n'étoit pas suffisant.

(5) Le reste de ce paragraphe énonce plusieurs des cas que dans le droit on appelle *vis major, vis divina.* Le fr. 18 du titre vi du livre xiii, *Commodati vel contrà,* contient une énumération plus étendue. On en trouve aussi dans d'autres fragmens du Digeste.

(6) Dès que le motif d'exception que a dicté l'édit du préteur cesse, on rentre dans le droit commun, qui donnoit des actions civiles suffisantes.

(7) Pour l'intelligence de ce paragraphe, qui ne seroit que d'une application très-éloignée dans le droit moderne, il faut se souvenir que, chez les Romains, le père dont le fils, placé sous sa puissance, avoit fait une négociation à son escient et sans opposition de sa part, n'étoit tenu envers les créanciers qu'à leur représenter le pécule qu'il avoit constitué à son fils; et sur ce pécule il entroit lui-même en contribution pour ce qui lui étoit dû personnellement. C'est ce qu'expliquent les différens titres du corps de droit *De peculio, De tributoria actione.* Si le père avoit profité de la négociation, il étoit débiteur personnel, jusqu'à concurrence de ce qu'il en avoit tiré; c'est l'objet du titre *De in rem verso.* Mais, si le père avoit autorisé formellement son fils, s'il y avoit, comme dit le texte, *voluntas patris,* et non simplement, comme pour le cas de l'action tributoire, *patientia,* le père étoit tenu de tous les effets de la négociation *in solidum* : c'est l'objet du titre *Quod jussu.* Les mêmes principes étant applicables à l'esclave qui avoit un pécule, le jurisconsulte a réuni les deux cas par ces mots, *si filiusfamilias aut servus.* Dans l'espèce prévue ici, il y a lieu à l'action *Quod jussu,* parce que le fils ou l'esclave sont supposés s'être faits armateurs, *voluntate patris vel domini interveniente.* Dans l'espèce prévue à la fin de ce paragraphe, le fils de famille ou l'esclave sont supposés s'être faits armateurs *sine voluntate patris aut domini :* mais il y a eu *patientia,* et alors c'est le cas de l'action *de peculio.*

dedit, noxalis actio cessabit (1), quia ob receptum suo nomine dominus convenitur. Sin verò sine voluntate exerceant, de peculio dabitur.

§ 4. Hæc autem rei persecutionem continet (2), ut Pomponius ait ; et ideò et in heredem (3) et perpetuò (4) dabitur.

§ 5. Novissimè videndum an ejusdem rei nomine et de recepto honorariâ actione, et furti agendum sit ; et Pomponius dubitat : sed magis est, ut vel officio judicis, vel doli exceptione, alterutrâ esse contentus debeat (5).

Fr. 4. Paulus, lib. xiii *ad Edictum.*

Sed et ipsi nautæ furti actio competit, cujus sit periculo ; nisi si ipse subripiat, et postea ab eo subripiatur, aut, alio subripiente, ipse nauta solvendo non sit (6).

§ 1. Si nauta nautæ, stabularius stabularii, caupo cauponis res receperit, æquè tenebitur.

§ 2. Vivianus dixit, etiam ad eas res hoc edictum pertinere, quæ post impositas merces in navem locatasque inferentur, etsi earum vectura non debetur (7), ut vestimentorum, penoris quotidiani ; quia hæc ipsa cæterarum rerum locationi accedunt.

Fr. 5. Gaius, lib. v *ad Edictum provinciale.*

Nauta, et caupo, et stabularius, mercedem accipiunt, non pro custodia, sed nauta ut trajiciat vectores, caupo ut viatores manere in caupona patiatur, stabularius ut permittat jumenta apud eum stabulari ; et tamen custodiæ nomine tenentur. Nam et fullo et sarcinator non pro custodia, sed pro arte, mercedem accipiunt, et tamen custodiæ nomine ex locato tenentur.

§ 1. Quæcunque de furto diximus, eadem et de damno debent intelligi : non enim dubitari oportet quin is qui salvum fore recipit, non solùm à furto, sed etiam à damno recipere (8) videatur.

(1) Le cas dont il s'agit ici n'a rien de semblable au précédent. Ce n'est point l'esclave qui est armateur, c'est le maître ; et l'esclave a volé les objets déposés. On pouvoit alors douter s'il convenoit d'appliquer les principes sur l'action noxale, et sur le droit du maître dont l'esclave avoit causé du tort à quelqu'un, de lui abandonner cet esclave, comme l'explique le titre iv du livre ix du Digeste, *De noxalibus actionibus.* Mais cette ressource est refusée ici à l'armateur, par le même motif qui ne l'a pas admis à exciper du vol fait par un voyageur. Quelques auteurs pensent qu'Ulpien, auteur de ce paragraphe, s'est contredit dans le § 6 du fr. 7 du présent titre. Je ne le crois pas. Dans ce fr. 7, il s'agit de l'action pénale *quasi ex maleficio et in duplum,* qui étoit le second objet de l'édit : ici, il s'agit de l'action *ob receptum* ; de l'obligation de l'armateur de représenter ce qui lui a été confié, quelle que soit la cause de la perte, dès qu'elle n'est pas une force majeure.

(2) C'est la première action de l'édit, comme on l'a vu dans les notes sur le fr. 1 de ce titre.

(3) L'opposition qu'on a cru voir entre ce texte et celui du § 6 du fr. 7, disparoît au moyen de la distinction des deux actions. Voir Regius, *Enantiophanon juris civilis,* lib. ii, cap. vii, *in Thes. Otton.* t. II, pag. 1499 ; Coccei, *Jus civile controv.* t. I, pag. 369 ; Leyser, *Meditat. ad Pandect.* t. I, pag. 713.

(4) Dans la règle, les actions données par le préteur étoient annales comme sa juridiction. Le Digeste offre un grand nombre d'exemples des modifications apportées à cette règle ; et le cas dont il s'agit en est un.

(5) Voir ce qui sera dit sur le § 4 du fr. 6 ci-après.

(6) Car c'est le seul moyen qu'ait ce chargeur de recouvrer ce qui lui est dû ; ce principe est consacré par le fr. 2 du titre iii du livre xiv du Digeste, *De institoria actione.*

(7) Voir la note sur le fr. 6, pr., ci-après.

(8) Une correction marginale dans l'édition florentine substitue ce mot *recipere* au mot *recedere* qu'offrent d'anciennes éditions ; ce qui me semble plus exact d'après ce que j'ai fait remarquer sur le fr. 1, pr.

Fr. 6. Paulus, lib. xxii ad Edictum.

Licèt gratis (1) navigaveris, vel in caupona gratis deverteris, non tamen in factum actiones tibi denegabuntur, si damnum injuriâ passus es.

§ 1. Si servo meo in nave vel in caupona utaris, et damnum mihi det, vel furtum faciat, quanquam et furti actio et damni injuria mecum sit, hæc tamen actio, quia in factum est, etiam servi mei nomine adversùs te competit (2). Idem dicetur, et si communis sit. Tu tamen, quod mihi præstiteris ejus nomine (3), vel communi dividundo, vel pro socio actione, aut si partem ejus vel totum conduxisti, etiam ex conducto habebis me obligatum.

§ 2. Sed, si damnum in eo datum sit ab alio qui in eadem nave vel caupona est, cujus factum Prætor æstimare solet, non putat Pomponius ejus nomine hanc actionem utilem futuram (4).

§ 3. In factum (5) actione caupo tenetur pro his qui habitandi causâ in caupona sunt : hoc autem non pertinet ad eum qui hospitio repentino (6) recipitur, veluti viator.

§ 4. Possumus autem furti vel damni injuriæ actione uti cum nautis (7), ut certi hominis factum arguamus (8) : sed unâ contenti esse debebimus (9) ; et, si cum exercitore egerimus, præstare ei debemus actiones nostras, quamvis ex conducto actio

---

(1) On pouvoit douter, d'après les principes du droit romain, si celui qui avoit reçu un dépôt sans être salarié, répondoit d'autre chose que de son dol personnel. Cette question tient à la théorie de la prestation des fautes dans le droit romain, qu'il est hors de mon sujet de traiter. C'est pour lever toute incertitude que le préteur a donné la même action que si l'armateur recevoit un prix de transport. On en a vu les motifs dans le fr. 3.

(2) Quoique ce passage soit relatif à des principes particuliers du droit romain sur la puissance dominicale, il ne seroit pas tout-à-fait sans application dans nos mœurs. Par exemple, un particulier loue à un autre un de ses serviteurs, qui endommage, chez celui à qui il a été loué, des objets que son maître y avoit mis en garde. Celui qui a pris le domestique à loyer n'en sera pas moins passible de l'action *ex recepto*, comme dans les autres cas prévus ci-dessus.

(3) Le reste de ce paragraphe contient des principes particuliers du droit romain sur les rapports respectifs des copropriétaires d'une chose, soit à titre de simple copropriété, qui donnoit lieu à l'action *communi dividundo*, soit à titre de société, qui donnoit lieu à l'action *pro socio*. Voir Suarez, *Comment. ad leg. Aquil.* lib. 1, cap. vi, sect. vi, *in Thes. Otton.* t. II.

(4) La raison est que, suivant le § 2 du fr. 7, l'armateur n'est pas responsable du tort qu'un matelot cause à un autre matelot.

(5) Jusqu'ici il a été spécialement question de la première des actions, dont j'ai indiqué les caractères dans les notes sur le fr. 1. L'action dont il s'agit maintenant a en quelque sorte pour but de punir l'armateur d'avoir employé des hommes infidèles. Il ne s'agit plus, pour la fonder, du seul fait qu'on a déposé des objets dans le navire, leur non-représentation ne donnant que l'action *in simplum,* et l'armateur y étant soumis par cela seul qu'il s'en est chargé, *ob receptum.* Il s'agit, pour fonder cette action et obtenir la condamnation pénale *in duplum,* d'établir que l'objet non représenté a été volé, et volé par *tel homme* dont l'armateur doit répondre *quasi ex maleficio*, et comme on le voit dans le fr. 7, §. 4, *culpæ suæ imputaturus quòd tales adhibuit.* Il faut donc prouver le vol, *certi hominis factum arguere.* Aussi Pothier a-t-il placé tout le reste de ce titre dans le titre v du livre xlvii du Digeste, *Furti adversùs nautas.*

(6) Voir les notes sur le fr. 1, § 1, de ce titre.

(7) Ce mot ne signifie plus, comme dans presque tous les textes précédens, l'armateur, ni même le patron, mais les gens de l'équipage, dont l'armateur répond relativement aux délits ou torts qu'ils commettent.

(8) On a droit de poursuivre directement l'homme de l'équipage qui a volé ou causé un dommage ; on peut aussi n'agir que contre l'armateur, qui en répond.

(9) C'est ce qu'on a déjà vu dans le fr. 3, § 5. Le jurisconsulte en donne pour motif que le même fait du même individu ne doit pas donner lieu à diverses actions. Il me seroit facile, par une discussion qui m'éloigneroit trop de mon sujet, de prouver que ce principe souffre beaucoup d'exceptions ; mais il est incontestable dans le cas dont il s'agit. En effet, l'action intentée contre l'armateur consiste en ce qu'on articule que *tel* de ses gens a volé *tel* objet, *certi hominis factum arguimus* ; s'il est jugé avec l'armateur, que le fait n'est pas vrai, on ne peut plus agir contre l'individu *cujus factum arguebatur ;* et réciproquement.

adversùs eos competat exercitori (1). Sed, si absolutus sit exercitor hac actione, deinde agatur cum nauta, exceptio dabitur, ne sæpiùs de ejusdem hominis admisso quæratur. Et contrà, si de admisso unius hominis actum sit, deinde in factum actione agatur, exceptio dabitur.

Fr. 7. ULPIANUS, lib. XVIII *ad Edictum.*

Debet exercitor omnium nautarum suorum, sive liberi, sive servi, factum præstare : nec immeritò factum eorum præstat, cùm ipse eos suo periculo adhibuerit; sed non aliàs præstat quàm si in ipsa nave damnum datum sit. Cæterùm, si extra navem, licèt à nautis, non præstabit. Item, si prædixerit, *ut unusquisque vectorum res suas servet, neque damnum se præstaturum,* et consenserint vectores prædictioni, non convenitur (2).

§ 1. Hæc actio in factum in duplum est.

§ 2. Sed, si quid nautæ inter se damni dederint, hoc ad exercitorem non pertinet (3). Sed, si quis sit nauta et mercator, debebit illi dari? Quòd si quis, quos vulgò ναυπκάπας [id est, *remum pro naulo et vecturæ pretio solventes*] dicunt, et huic tenebitur; sed hujus factum præstat, cùm sit et nauta.

§ 3. Si servus nautæ damnum dederit, licèt servus nauta non sit, æquissimum erit in exercitorem actionem utilem dare (4).

§ 4. Hac autem actione suo nomine exercitor tenetur; culpæ scilicet suæ, qui tales adhibuit : et ideò, et si decesserint, non relevabitur (5). Servorum autem suorum nomine, noxali duntaxat tenetur (6) : nam, cùm alienos adhibet, explorare eum oportet cujus fidei, cujus innocentiæ sint; in suis veniâ dignus est, si qualesquales ad instruendam navem adhibuerit.

(1) L'armateur auroit bien contre l'homme de mer, pour le fait duquel il est poursuivi, une action *ex conducto,* et le jurisconsulte se fait cette objection; mais elle ne seroit pas pénale, elle seroit moins étendue. Il faut donc que l'action *furti* ou *damni,* que le propriétaire lésé auroit pu diriger contre cet homme de mer, lui soit cédée, parce que, dans la règle, elle n'appartient qu'au propriétaire de la chose. Voir Suarez, *Comment. ad leg. Aquil.* lib. II, cap. II, sect. III. Il ne faut cependant pas se dissimuler que le § 4 du fragment unique du titre V du livre XLVII du Digeste, *Furti adversùs nautas,* reconnoît au patron le droit d'agir contre le voleur, sans exiger une cession d'actions : mais on peut dire qu'il suppose qu'elle sera demandée et ne pourra être refusée; peut-être même, qu'elle est suppléée par l'équité.

(2) On ne pourroit insérer dans une convention des clauses qui en détruiroient l'essence : ainsi l'armateur ne pourroit stipuler qu'il ne sera pas tenu de rendre ce qu'il a reçu, sans prouver la perte par force majeure; mais il peut s'affranchir par convention de la responsabilité pénale des faits de personnes dont il est naturellement responsable.

(3) C'est le principe dont on a déjà vu une application dans le fr. 6, § 2. Il n'est intervenu entre eux et l'armateur aucune convention d'où l'on puisse induire que celui-ci a voulu les garantir de toute atteinte ou tort de la part de leurs compagnons, comme il est réputé avoir donné garantie aux chargeurs pour leurs marchandises. Ils restent dans le droit commun, et ils agiront, soit contre l'auteur du tort, s'il est libre, soit contre le maître de celui-ci, s'il est esclave.

(4) Dans la rigueur, cet esclave n'est pas matelot; mais l'équité veut que l'armateur en réponde, puisqu'il lui en tient lieu. On sait que l'action utile étoit accordée *ex æquo et bono,* quand le droit civil ou l'édit du magistrat ne fournissoit point d'action. C'est ce qu'explique le fr. 19, § 2, du titre IV du livre IX du Digeste, *De noxalibus actionibus.*

(5) Ceci est la conséquence de ce qui a été dit dans le fr. 6, § 3.

(6) Dans la phrase précédente, le jurisconsulte suppose que l'armateur a loué des matelots étrangers à sa maison, *alienos,* et n'admet aucune restriction à la responsabilité; il doit s'assurer de leur fidélité, *explorare eum oportet.* Mais, s'il emploie ses propres esclaves, *veniâ dignus est;* il sera tenu moins rigoureusement : on n'aura contre lui que l'action noxale, et il se libérera en abandonnant l'auteur du tort. Cette décision, uniquement relative à l'action pénale, qui n'a rien de commun avec la première, n'est donc point contraire au § du fr. 3 ci-dessus, comme je l'ai expliqué dans la note sur ce paragraphe. Voir Suarez, *Comment. ad leg. Aquil.* lib. II, cap. II, sect. III.

§ 5. Si plures navem exerceant, unusquisque pro parte quâ navem exercet, convenitur (1).

§ 6. Hæc judicia, quamvis honoraria sunt, tamen perpetua sunt; in heredem autem non dabuntur (2). Proinde, et si servus navem exercuit (3), et mortuus est, de peculio non dabitur actio in dominum, nec intra annum. Sed, cùm voluntate patris vel domini servus vel filius exercent navem, vel cauponam, vel stabulum, puto etiam hanc actionem in solidum eos pati debere, quasi omnia quæ ibi contingunt, in solidum receperint (4).

Ex lib. v, tit. i, *De judiciis, et ubi quisque agere vel conveniri debeat.*

Fr. 76. ALFENUS, lib. vi *Digestorum.*

.... Navem, si adeò sæpè refecta esset ut nulla tabula eadem permaneret quæ non nova fuisset, nihilominùs eandem navem esse existimari (5).

Ex lib. vi, tit. i, *De rei vindicatione.*

Fr. 3. ULPIANUS, lib. xvi *ad Edictum.*

§ 1. Armamenta navis singula erunt vindicanda (6); scapha (7) quoque separatim vindicabitur.

Fr. 16. PAULUS, lib. xxi *ad Edictum.*

§ 1. Culpa non intelligitur, si navem petitam tempore navigationis (8) trans mare misit, licèt ea perierit; nisi si minùs idoneis hominibus eam commisit.

(1) Cela n'a rien d'opposé avec le § 20 du fr. 1 du titre II du livre XIV du Digeste, *De exercitoria actione.* Il y est question d'une convention faite par le patron, de nature à obliger les armateurs; ils peuvent être poursuivis solidairement, *ne in plures adversarios destringatur qui cum uno contraxit.* Dans celui-ci, il s'agit d'un délit dont la responsabilité ne doit être poursuivie que contre chacun des coarmateurs.

(2) Parce que c'est une action pénale; c'est la différence de la première action qui a lieu contre l'héritier, comme on l'a vu dans le fr. 3, § 4.

(3) C'est la conséquence de ce qui vient d'être dit. Il s'agit de l'action pénale, et jamais elle n'est donnée contre les héritiers. Il en sera de même, et par conséquence de ce principe, pour l'action pénale qui auroit pu être intentée à cause du fait de l'esclave armateur. Il n'y aura pas même lieu à l'action *de peculio :* cette action n'étoit jamais donnée pour des causes pénales, comme on le voit par le fr. 58 du titre XVII du livre L du Digeste, *De regulis juris.* Vinnius a très-bien démontré, *ad. h. l.,* que les interprètes s'étoient donné beaucoup de peines inutiles pour expliquer autrement ce passage.

(4) Il s'agit ici de ce que l'esclave ou le fils de famille ont fait *voluntate domini vel patris interveniente;* on en revient alors aux principes expliqués sur le § 3 du fr. 3.

(5) Les diverses applications de ce principe, et les questions que son application faisoit naître, sont expliquées dans plusieurs fragmens qu'on trouvera dans la suite.

(6) Ils sont censés revendiqués, lorsqu'on revendique en entier le navire dont ils font partie, comme le décide le fr. 44 du titre II du livre XXII du Digeste, *De evictionibus.* Mais ils pourroient avoir été usurpés séparément : alors on doit les revendiquer, en les désignant chacun individuellement et par leur consistance; ce qu'explique le fr. 6 du même titre, et ce qui concilie ces textes en apparence opposés.

(7) Le fr. 44 du titre II du livre XXII du Digeste, *De evictionibus,* en donne une raison *à fortiori,* puisqu'il déclare qu'une chaloupe n'est pas censée faire partie du navire qu'elle sert.

(8) On a vu, dans la dissertation qui précède ces extraits, que les réglemens interdisoient la navigation pendant un certain temps de l'année. Cette précaution de l'autorité publique indiquoit assez qu'il y avoit faute grave à naviguer à ces époques, comme le prouvent le fr. 36, § 1, du présent titre, et le § 2 du fr. 13 du titre II du livre XIX du Digeste, *Locati, conducti.* On n'étoit pas réputé en faute, au contraire, si l'on faisoit naviguer le navire en temps opportun, quand même il périroit par quelque accident.

Fr. 36. Gaius, lib. vii *ad Edictum provinciale.*

§ 1. Culpæ... reus est possessor... qui navem à se petitam adverso tempore navigatum misit, si ea naufragio perempta est.

Fr. 61. Julianus, lib. vi *ex Minicio.*

Minicius, interrogatus, si quis navem suam alienâ materiâ refecisset, num nihilominùs ejusdem navis maneret, respondit manere. Sed si in ædificanda ea idem fecisset, non posse, Julianus notat : nam proprietas totius navis carinæ causam sequitur (1).

Fr. 62. Papinianus, lib. vi *Quæstionum.*

Si navis à malæ fidei possessore petatur, et fructus æstimandi sunt, ut in taberna et area quæ locari solent. Quod non est ei contrarium , quòd de pecunia deposita, quam heres non attingit, usuras præstare non cogitur ; nam, etsi maximè vectura, sicut usura, non naturâ pervenit, sed jure percipitur, tamen ideò vectura desiderari potest, quoniam periculum navis possessor petitori præstare non debet , cùm pecunia periculo dantis fœneretur (2).

Ex lib. vii, tit. i, *De usufructu, et quemadmodum quis utatur fruatur.*

Fr. 12. Ulpianus, lib. xvii *ad Sabinum.*

§ 1. Navis usufructu legato, navigandum mittendam puto, licèt naufragii periculum immineat : navis etenim ad hoc paratur ut naviget (3).

Ex lib. vii, tit. iv, *Quibus modis ususfructus vel usus amittitur.*

Fr. 10. Ulpianus, lib. xvii *ad Sabinum.*

§ 7. In navis quoque usufructu Sabinus scribit, si quidem per partes refecta sit,

---

(1) La première partie de ce fragment est fondée, comme on le voit dans le fr. 14 du titre i du livre xli, *De adquir. rerum dominio*, sur le principe que l'accessoire suit le principal , puisqu'il s'agit d'un navire simplement réparé avec les matériaux d'autrui , sauf l'action du propriétaire des matériaux pour s'en faire payer le prix. Quant à la seconde partie , quelques auteurs ont cru qu'elle étoit en opposition avec le fr. 26 , pr., du titre i du livre xli du Digeste, *De adquir. rer. dom.*, où l'on décide que le navire construit avec les matériaux d'autrui appartient au constructeur. Il me semble qu'il n'y a point d'opposition , au moins pour le fond. Minicius avoit fait une distinction entre la réparation et la construction : Julien la rejette par un motif qui peut paroître obscur, et qui cependant s'explique à l'aide du fr. 26 que je viens de citer : c'est qu'il n'y a plus de matériaux, mais un *navire*, et que tout ce qui a servi à le former en suit le sort, c'est-à-dire, reste , en cet état de navire , à celui qui l'a construit. On sait que , dans l'opinion des Proculéiens, adoptée en partie par Justinien dans le § 25 du livre ii des Institutes, l'objet qu'une personne avoit formé avec la matière d'autrui appartenoit au fabricateur, lorsque cette matière ne pouvoit *ad pristinam formam reduci*. Il est vrai que la décision de Julien peut paroître contraire à l'opinion qui , sur la foi de Pomponius (Dig. lib. i , tit. ii , *De orig. jur.* fr. 2, § 47) , rangeoit Julien parmi les Sabiniens , dont Minicius avoit adopté le sentiment dans la première partie de ce fragment. Mais il paroît que Julien n'étoit pas toujours de l'avis des Sabiniens , comme on le voit, entre autres, dans le fr. 1, § 14, du titre ii du livre xxxv, *Ad leg. falcid.* et dans le fr. 6 du titre ii du livre xxviii , *De lib. et posth.* On peut voir à ce sujet Cujas , in lib. xxxvi *Pauli ad edict.* ; Favre , *Conjectur.* cap. xv; Marq. Freher. *Verosimil.* part. ii , cap. xxi, *in Thes. Otton.* t. I , pag. 934; Nerii *Analect.* lib. ii , cap. xxii, *in Thes. Otton.* t. II , pag. 439; Chesii *Interpret. juris*, lib. i , cap. xxxi , in Heinecc. *Jurispr. Att. et Rom.* t. II , pag. 163; et Schulting , *Jurispr. antejustinian.* pag. 83.

(2) La raison décisive seroit plutôt, ce me semble , que la destination naturelle d'un navire est de naviguer et de produire des loyers, comme le décide le fr. 12 , § 1, du titre i du livre vii , *De usufructu.*

(3) Voir la note précédente. Voir aussi Noodt, *Observ.* lib. i , cap. iii , et Mornac , *ad h. l.*

usumfructum non interire (1) : si autem dissoluta sit, licet iisdem tabulis, nullâ præterea adjectâ, restaurata sit, usumfructum extinctum (2) ; quam sententiam puto veriorem.

Ex lib. VIII, tit. IV, *Communia prædiorum tam urbanorum quàm rusticorum.*

Fr. 13. ULPIANUS, lib. VI *Opinionum.*

Venditor fundi Geroniani, fundo Botroiano, quem retinebat, legem dederat, *ne contra eum piscatio thynnaria exerceatur.* Quamvis mari, quod naturâ omnibus patet, servitus imponi privatâ lege (3) non potest, quia tamen bona fides (4) contractûs legem servari venditionis exposcit, personæ possidentium, aut in jus eorum succedentium, per stipulationis vel venditionis legem obligantur.

Ex lib. IX, tit. II , *Ad legem Aquiliam.*

Fr. 27. ULPIANUS, lib. XVIII *ad Edictum.*

§ 24. Si navem venaliciarum mercium perforasset, Aquiliæ actionem esse (5), quasi ruperit, Vivianus scribit.

Fr. 29. ULPIANUS, lib. XVIII *ad Edictum.*

§ 2. Si navis tua impacta in meam scapham damnum mihi dedit, quæsitum est quæ actio mihi competeret. Et ait Proculus, si in potestate nautarum fuit ne id accideret, et culpâ eorum factum sit, lege Aquiliâ cum nautis agendum; quia parvi refert, navem immittendo, aut servaculum (6) ad navem ducendo, an tuâ manu damnum dederis, quia omnibus his modis per te damno adficior : sed, si fune rupto, aut, cùm à nullo regeretur (7), navis incurrisset, cum domino agendum non esse.

§ 3. Item Labeo scribit, si cùm vi ventorum navis impulsa esset in funes anchorarum alterius, et nautæ funes præcidissent, si nullo alio modo, nisi præcisis funibus,

(1) C'est la conséquence du principe posé dans le fr. 76 du titre I du livre V du Digeste, *De judiciis.*

(2) Cette décision paroît contraire à celles que présentent les fr. 83, § 5, du titre I du livre XLV, *De verb. oblig.*, et 98, § 8, du titre III du livre XLVI, *De solutionibus.* Barbeyrac a essayé d'offrir une explication dans la note 8 sur le § 3 du chapitre IX du livre II de Grotius, *De jure pacis et belli;* mais elle est évidemment en contradiction avec le texte d'Ulpien. Celle d'Averan, *Interpret. jur.* lib. V, cap. XXVII, § 7, me semble préférable. Il pense que tout doit dépendre des circonstances : si le navire est démonté pour être reconstruit, ce désassemblement momentané ne mettra pas fin à l'usufruit; mais, si on l'a désassemblé dans le but de le détruire, et si, par un changement de volonté, on le reconstruit, l'usufruit aura pris fin.

(3) Voir la note sur le fr. 2 du titre VIII du livre XLIII, *Ne quid in loco publico* &c.

(4) Ce ne sera point à titre de servitude, mais par l'obligation qu'impose la bonne foi d'exécuter ce qui a été promis, dès que l'ordre public n'y est point intéressé.

(5) La peine étoit *in simplum* contre celui qui avouoit le tort, et *in duplum* contre celui qui le nioit, conformément au § 1 du fr. 2 et au §. 10 du fr. 23 de ce titre, et à la const. 4 du titre XXXV du livre III du Code, *De lege Aquilia.*

(6) C'est-à-dire, selon Noodt, *ad h. l.,* un petit gouvernail dont les matelots se servent. Cujas, *Observ.* lib. IX, cap. X, propose, d'après les Basiliques, de lire *serraculum,* c'est-à-dire, un instrument capable de briser ou de percer le navire. Ce mot est aussi imprimé en marge de l'édition florentine.

(7) Ces mots ne peuvent signifier que le navire a été laissé sans gardien ou sans guide, lorsque cette précaution étoit prescrite par l'usage ou par les réglemens; car ce seroit une imprudence, et l'objet de la loi *Aquilia* étoit de réparer les torts commis par imprudence. On doit supposer que le navire est dans un lieu de sûreté, où il a été licite de le laisser sans pilote. Bynkershoek, *Observ. jur. rom.* lib. IV, cap. XVI, propose de lire *ut à nullo regeretur;* c'est-à-dire que la rupture du câble ne permettoit plus à personne d'être maître d'empêcher l'abordage. Vinnius, *ad h. l.,* pense que *à nullo regeretur* se rapporte au navire qui a éprouvé le choc et le dommage; mais, dans ce sens, il n'y auroit pas eu de question, puisque l'armateur lésé auroit en ce cas à s'imputer d'avoir laissé son navire sans gardien.

explicare se potuit, nullam actionem dandam (1). Idemque Labeo et Proculus, et circa retia piscatorum, in quæ navis [piscatorum] (2) inciderat, æstimarunt. Planè, si culpâ nautarum id factum esset, lege Aquiliâ agendum. Sed, ubi damni injuria agitur, ob retia, non piscium, qui ideò capti non sunt, fieri æstimationem, cùm incertum fuerit an caperentur.

§ 4. Si navis alteram contra se venientem obruisset, aut in gubernatorem, aut in ducatorem, actionem competere damni injuriæ, Alfenus ait. Sed, si tanta vis navi facta sit, quæ temperari non potuit, nullam in dominum dandam actionem : sin autem culpâ nautarum id factum sit, puto Aquiliæ sufficere.

· § 5. Si funem quis, quo religata navis erat, præciderit, de nave quæ periit in factum agendum.

Ex lib. IX, tit. III, *De his qui effuderint vel dejecerint.*

Fr. 6. PAULUS, lib. XIX *ad Edictum.*

§ 3. Si de nave dejectum sit, dabitur actio utilis in eum qui navi præpositus sit (3).

Ex lib. IX, tit. IV, *De noxalibus actionibus.*

Fr. 19. PAULUS, lib. XXII *ad Edictum.*

§ 2. Si servus tuus navem exercuerit, ejusque vicarius et idem nauta in eadem nave damnum dederit, perinde in te actio danda est ac si is exercitor liber, et hic vicarius servus ejus esset, ut de peculio servi tui ad noxam dedere vicarium damneris : ut tamen, si servi tui jussu, vel sciente et patiente eo, damnum vicarius dederit, noxalis actio servi tui nomine esse debeat; idemque sit etiam, si nautam facere jusserit (4).

---

(1) Ce principe, qui tient aux premières règles du droit naturel, se retrouve dans le fr. 49, § 1, de ce titre, et dans le fr. 3, § 7, du titre IX du livre XLVII du Digeste, *De incendio, ruina,* &c. On y décide que celui qui, pour empêcher les progrès de l'incendie qui menace sa maison, endommage ou même détruit celle d'un autre, n'est pas sujet à l'action de la loi *Aquilia.* Mais n'y aura-t-il pas lieu à contribution entre les deux navires, par argument de divers textes du titre II du livre XIX, *De lege rhodia?* Les mots *nullam actionem* n'y seroient point obstacle par eux-mêmes; car on les trouve aussi, pour le cas du jet nécessaire, dans le fr. 14 du titre V du livre XIX du Digeste, *De præscriptis verbis,* qui n'exclut point la contribution. C'est le sentiment de Lauterbach, dans sa dissertation *De æquitate et extensione legis rhodiæ,* pag. 12. Mais je ne saurois le partager; c'est ici le cas d'un abordage par force majeure.

(2) Je crois que ce mot, qui néanmoins se trouve dans l'édition florentine, est inutile, et même qu'il forme un contre-sens. Le cas prévu est celui où un navire quelconque est poussé par force majeure vers des filets de pêcheurs qu'il endommage : ce n'est donc pas du navire de ces pêcheurs qu'il peut être question, mais de celui qui endommage leurs filets.

(3) Dans les principes du droit romain adoptés par toutes les législations modernes, un navire est meuble; c'est par ce motif que le fr. 20, § 4, du titre XXIV du livre XLIII du Digeste, *Quod vi aut clàm,* n'accordoit pas l'interdit de ce nom à l'occasion d'un navire. On pouvoit douter si l'édit du préteur *De ejectis et effusis* étoit applicable au cas où quelque chose avoit été jeté du navire et avoit blessé quelqu'un. Ce texte décide la question.

(4) Ce fragment, relatif aux principes particuliers du droit romain sur la puissance dominicale, est le complément de ce qui a été dit dans les fr. 3, § 3, et 7, § 4, du titre IX du livre IV, *Nautæ, caupones,* &c. Un esclave peut être armateur. Si c'est *ex voluntate domini,* ce dernier est obligé *in solidum* pour les engagemens pris par l'esclave; si c'est simplement *patiente domino,* celui-ci n'est tenu que *intra peculium* : mais cette obligation ne s'étend pas aux délits de l'esclave; le maître n'est tenu que de l'abandonner *noxæ.* Si donc l'esclave armateur avoit lui-même dans son pécule un esclave appelé *vicarius,* et si cet esclave a, sans ordre ni consentement de celui à qui il appartient, commis un tort envers quelqu'un, le maître du premier esclave est obligé de distraire du pécule l'esclave *vicarius,* pour l'abandonner *noxæ* à la personne lésée, de la même manière que l'esclave maître de ce *vicarius* auroit été obligé de faire l'abandon, si lui-même eût été libre. Mais, si ce tort a été commis par ordre ou par consentement de l'esclave qui avoit le *vicarius* dans son pécule, le tort est alors censé commis par lui, et son maître, justement poursuivi, ne peut se libérer qu'en l'abandonnant lui-même *noxæ.*

Ex lib. XIV, tit. I, *De exercitoria actione* (1).

Fr. 1. ULPIANUS, lib. XXVIII *ad Edictum.*

Utilitatem hujus edicti (2) patere nemo est qui ignoret (3): nam, cùm interdum, ignari cujus sint conditionis vel quales , cum magistris (4) propter navigandi necessitatem contrahamus , æquum fuit eum qui magistrum navi imposuit teneri, ut tenetur qui institorem tabernæ vel negotio præposuit, cùm sit major necessitas contrahendi cum magistro quàm institore (5); quippe res patitur ut de conditione quis institoris dispiciat , et sic contrahat : in navis magistro non ita ; nam interdum locus , tempus, non patitur plenius deliberandi consilium.

§ 1. Magistrum navis accipere debemus , cui totius navis cura mandata est.

§ 2. Sed, si cum quolibet nautarum sit contractum , non datur actio in exercitorem ; quanquam ex delicto cujusvis eorum qui navis navigandæ causâ in nave sint , detur actio in exercitorem : alia enim est contrahendi causa, alia delinquendi;

---

(1) Cette action ne doit pas être confondue avec celles qui ont fait l'objet du titre IX du livre IV du Digeste, *Nautæ , caupones*, &c. Celles-ci sont directes et proviennent de l'engagement de l'armateur, qui doit rendre ce qu'il a reçu et répondre des torts commis par les préposés, dont il doit s'imputer le choix. L'action exercitoire est une action indirecte, provenant d'un contrat consenti par un autre que celui contre qui on l'exerce ; c'est une dérogation faite, dans l'intérêt du commerce maritime, aux règles générales du droit romain , que nul n'est engagé par un contrat qu'il a personnellement consenti. Il ne faut pas non plus la confondre avec l'action *quod jussu*, qui, sans doute , produit , dans les circonstances où elle a lieu, des effets presque identiques avec ceux de l'action exercitoire, mais qui provient d'une cause bien différente. Cette action suppose la puissance dominicale ou paternelle sur celui dont l'engagement la produit, *nascitur ex potestate ;* l'action exercitoire, comme l'action institoire , qui est régie par des principes presque semblables, ne suppose point nécessairement cet état de dépendance, *nascitur ex præpositione ;* et , comme le remarque Grotius, *De jure pacis ac belli,* lib. II , cap. XI , § 12 , elle est fondée sur la présomption qu'un armateur ne prépose un patron que pour que celui-ci fasse ce que lui-même il feroit s'il gouvernoit son navire , avec l'intention d'accomplir ce que le préposé aura promis *intra fines præpositionis.* Le nom de cette action est pris de celui qui prépose, appelé *exercitor,* tandis que l'action *institoria,* fondée sur les mêmes principes pour le commerce de terre , tire son nom du préposé appelé *institor.*

(2) Les termes de l'édit du préteur qui avoit introduit cette action , ne nous ont pas été littéralement conservés. Il contenoit évidemment deux chefs : le premier , relatif aux engagemens pris par un patron qui n'étoit pas *in potestate exercitoris,* comme le prouve spécialement le fr. 1 de ce titre , pr. , et §§ 1 , 6 , 7 et 12 ; le second , relatif aux engagemens pris par un patron , fils ou esclave de l'armateur, comme le prouve le § 19 de ce fragment.

(3) Les raisons de cette observation sont expliquées dans la suite de ce fragment, et surtout dans le § 20.

(4) Les §§ 1 , 3 et 5 de ce fragment, expliquent la signification de ce mot , qui désigne la personne à qui le commandement du navire est confié, que nous appelons *capitaine, patron , maître.* Dans plusieurs des titres précédens , le mot *nauta* est employé pour la même désignation. On trouvera encore quelquefois ce même mot substitué à *magister navis,* notamment dans le fr. 31 du titre II du livre XIX , *Locati, conducti.* Dans d'autres textes on lui donne le nom de *navicularius,* qui souvent aussi est employé pour désigner l'armateur, assez généralement appelé dans ce titre *exercitor navis,* comme on le verra § 15. Ce droit de préposer un *magister navis* est exercé non-seulement par celui à qui le navire appartient, mais encore par celui qui en a l'usufruit, conformément au § 2 du fr. 12 du titre I du livre VII du Digeste , *De usufructu ;* par celui à qui le navire a été loué en totalité, conformément au § 15 de ce fragment, au § 2 du fr. 10 du titre II du livre XIV , *De lege rhodia,* et au § 1 du fr. 61 du titre II du livre XIX , *Locati, conducti ;* même par celui qui n'en a que la possession, conformément au § 1 du fr. 16 et au § 1 du fr. 36 du titre I du livre VI, *De rei vindicatione.*

(5) L'action institoire donnée à celui qui a contracté avec un préposé pour un commerce de terre a beaucoup d'analogie avec l'action exercitoire dont il s'agit ici. Mais le jurisconsulte a soin, après avoir indiqué le point de ressemblance, d'ajouter, et même il répète dans le § 20 de ce fragment, que celui qui a contracté avec le patron d'un navire a contre l'armateur des droits plus étendus que celui qui auroit contracté avec un préposé à un commerce de terre. Ce qu'il dit ici de l'action institoire n'est qu'un argument *à fortiori ;* c'est ce qu'on voit encore dans le fr. 7, § 2.

siquidem qui magistrum præponit, contrahi cum eo permittit; qui nautas adhibet, non contrahi cum eis permittit, sed culpâ et dolo carere eos curare debet (1).

§ 3. Magistri autem imponuntur locandis navibus, vel ad merces, vel vectoribus conducendis, armamentisve emendis (2) : sed etiam, si mercibus emendis vel vendendis fuerit præpositus, etiam hoc nomine (3) obligat exercitorem.

§ 4. Cujus autem conditionis sit magister iste, nihil interest; utrùm liber an servus, et utrùm exercitoris an alienus : sed nec cujus ætatis sit intererit; sibi imputaturo, qui præposuit (4).

§ 5. Magistrum autem accipimus, non solùm quem exercitor præposuit (5), sed et eum quem magister (6); et hoc consultus Julianus in ignorante exercitore respondit. Cæterùm, si scit, et passus est eum in nave magisterio fungi, ipse eum imposuisse videtur ; quæ sententia mihi videtur probabilis : omnia enim facta magistri debet præstare, qui eum præposuit; alioquin contrahentes decipientur; et faciliùs hoc in magistro quàm institore admittendum propter utilitatem. Quid tamen, si sic magistrum præposuit, ne alium ei liceret præponere (7)? An adhuc Juliani sententiam admittimus videndum est. Finge enim et nominatim eum prohibuisse *ne Titio magistro utaris;* dicendum tamen erit eò usque producendam utilitatem navigantium.

§ 6. Navem accipere debemus (8), sive marinam , sive fluviatilem, sive in aliquo stagno naviget, sive schedia sit.

§ 7. Non autem ex omni causa Prætor dat in exercitorem actionem, sed *ejus rei nomine cujus ibi præpositus fuerit,* id est, si in eam rem præpositus sit (9), utputa si ad onus vehendum locatum sit, aut aliquas res emerit utiles naviganti, vel si quid reficiendæ navis causâ contractum vel impensum est, vel si quid nautæ, operarum nomine (10), petent.

§ 8. Quid, si mutuam pecuniam sumpserit? An ejus rei nomine videatur gestum?

(1) On a déjà vu ce principe dans le § 4 du fr. 7 du titre IX du livre IV du Digeste, *Nautæ, caupones,* &c. Les gens de l'équipage ne sont pas réputés avoir l'autorisation d'engager l'armateur par les conventions qu'ils font; mais il répond de leurs délits. Il s'ensuit que l'armateur, tenu des engagemens du patron par l'action exercitoire, le sera de ses délits par les actions résultant des autres édits du préteur, mais avec les différences qu'emporte chacune de ces actions.

(2) Non-seulement s'il en est besoin au cours du voyage, comme dans le cas prévu au fr. 6 du titre II du livre XIV du Digeste, *De lege rhodia,* mais encore pour mettre le navire en état de partir, comme on le voit dans le § 8 de ce fragment, et comme cela paroît résulter d'un passage de Columelle, lib. IV, cap. III.

(3) Le patron n'est pas présumé avoir par sa seule qualité le pouvoir d'acheter des marchandises; mais, s'il lui a été donné spécialement, c'est une ampliation de préposition qui se confond dans la préposition principale , dont elle est l'accessoire et qui devient sujette aux mêmes règles.

(4) Parce que ceux qui ont traité sont présumés n'avoir suivi que la foi du préposant, qui a été le maître de donner, à ses risques, sa confiance à qui bon lui sembloit. C'est ce qu'explique très-bien Vinnius, *Comment. in Instit.* § 2, tit. VII, lib. IV, *Quòd cum eo* &c.

(5) Le jurisconsulte en donne les motifs dans le reste du paragraphe. L'armateur doit *omnia facta magistri præstare,* sauf son action contre lui s'il a excédé les instructions particulières qu'il avoit reçues, comme on le voit dans le § 18.

(6) Celui que le patron s'étoit substitué portoit le nom de *submagister.*

(7) Le jurisconsulte donne les motifs de cette disposition rigoureuse : c'est l'intérêt de la navigation. On peut y ajouter l'impossibilité où se trouvent les tiers de savoir en quoi consistent les instructions de l'armateur. Mais, si elles leur sont connues, il semble qu'on doit appliquer la règle qui se trouve dans le § 3 du fr. 11 du titre III du livre XIV du Digeste, *De institoria actione,* et décider que l'armateur ne sera pas obligé si la défense *palàm proscripta fuerit.*

(8) Voir le fr. 4 du titre IX du livre IV, et Festus, au mot *Schedia.*

(9) C'est ce qu'explique le fr. 7, pr., ci-après.

(10) On trouve la confirmation de ce principe dans les fr. 5 et 6 du titre IV du livre XX du Digeste, *Qui potiores in pignore;* 26 et 34 du titre V du livre XL, *De rebus auctoritate judicis possidendis.*

Et Pegasus existimat, si ad usum ejus rei in quam præpositus est fuerit mutuatus, dandam actionem; quam sententiam puto veram. Quid enim, si ad armandam instruendamve navem, vel nautas exhibendos,- mutuatus est?

§ 9. Unde quærit Ofilius, si, ad reficiendam navem mutuatus, nummos in suos usus converterit, an in exercitorem detur actio. Et ait, si hac lege accepit, quasi in navem impensurus, mox mutavit voluntatem, teneri exercitorem, imputaturum sibi cur talem præposuerit : quòd si ab initio consilium cepit fraudandi creditoris, et hoc specialiter non expresserit, *quod ad navis causam accipit*, contrà esse (1) : quam distinctionem Pedius probat.

§ 10. Sed et si in pretiis rerum emptarum fefellit (2) magister, exercitoris erit damnum, non creditoris.

§ 11. Sed, si, ab alio mutuatus, liberavit eum qui in navis refectionem crediderat, puto etiam huic dandam actionem, quasi in navem crediderit (3).

§ 12. Igitur præpositio certam legem dat contrahentibus. Quare, si eum præposuit navi ad hoc solum ut vecturas exigat, non ut locet quod fortè ipse locaverat, non tenebitur exercitor (4), si magister locaverit ; vel si ad locandum tantùm, non ad exigendum, idem erit dicendum, aut si ad hoc ut vectoribus locet, non ut mercibus navem præstet, vel contrà, modum egressus, non obligabit exercitorem (5). Sed et, si, ut certis mercibus eam locet, præpositus est, putà legumini, cannabæ, ille marmoribus vel aliâ materiâ locavit, dicendum erit non teneri ; quædam enim naves onerariæ, quædam, ut ipsi dicunt, ἐπιϐάτηγοὶ [id est, *vectorum ductrices*], sunt : et plerosque mandare scio *ne vectores recipiant*, et sic ut certâ regione et certo mari negotietur, ut ecce sunt naves quæ Brundusium à Cassiopa vel à Dyrrachio vectores trajiciunt, ad onera inhabiles; item quædam fluvii capaces, ad mare non sufficientes.

(1) Le fr. 7 ci-après contient une espèce qui offre l'application de ce principe. Un navire ne peut servir s'il n'est équipé et réparé : le droit d'emprunter à cet effet n'est donc pas seulement *permissum* pour le patron, il fait partie de sa préposition ; il est *commissum*, comme l'observent très-bien Favre, *in Rational.*, et Vinnius, *ad h. l.* On suppose ici qu'il n'y a pas eu dans le contrat d'emprunt la clause exigée par ce paragraphe et par le fr. 7, *eum accepisse in navem, in refectionem navis;* le préteur n'a donc pas d'action contre l'armateur. Mais, s'il peut prouver que le préposé a eu ordre ou autorisation expresse de faire un emprunt pur et simple, c'est-à-dire, sans destination spéciale aux besoins du navire, il aura contre le préposant l'action exercitoire; ce qu'on doit décider par argument *à fortiori* du fr. 13 du titre III du livre XIV, *De instit. actione*, parce que, comme le dit le § 12 du fr. 1 ci-dessus, *præpositio certam legem dat contrahentibus* ; et même, quand il ne feroit pas cette preuve, s'il établit que l'armateur a tiré une utilité quelconque de l'emploi de l'argent emprunté, il aura l'action *de in rem verso*, dans le cas où le patron seroit fils de famille ou esclave, et l'action *negotiorum gestorum*, si le patron étoit un homme libre.

(2) Favre, *Rational. ad h. l.*, combat cette distinction, qu'il soutient même n'être ni de Pédius ni d'Ulpien, mais une intercalation de Tribonien. Ses argumens, qui sont loin d'être décisifs, ont été combattus par Huber, *Eunomia romana*, pag. 550.

(3) Favre, *Rational. ad h. l.*, croit que le mot *fefellit* signifie si le patron a été trompé, s'est trompé, et, comme on dit vulgairement, s'est laissé surprendre. Mais le véritable sens du verbe *fallere* répugne à cette interprétation.

(4) L'emprunt destiné à payer les réparations faites n'est pas moins favorable que celui qui doit servir à les faire. Les interprètes du droit romain ont été divisés sur le point de savoir si l'hypothèque étoit tacite, et résultoit du seul fait de ce prêt joint à la certitude de sa nécessité, ou si elle ne devoit pas être accordée par la convention. Voir Vinnius, *in Peckium, ad h. l.*

(5) Ce texte semble présenter quelque contradiction avec le § 5, où l'on voit que la prohibition faite par l'armateur au patron de se substituer quelqu'un n'empêche pas que le substitué ne l'oblige. On peut les concilier par l'explication que j'ai déjà donnée. Il faut distinguer ce qui est de simple instruction de l'armateur au patron, sans être connu des tiers, et ce que ceux-ci peuvent et doivent savoir, parce que l'armateur a pris les moyens nécessaires pour qu'ils en fussent instruits, ou parce que la chose parle d'elle-même, telle que l'habitude du patron de ne se charger que de voyageurs et non de matériaux, ou la construction même du navire, qui en indique la destination.

§ 13. Si plures sint magistri, non divisis officiis, quodcunque cum uno gestum erit, obligabit exercitorem : si divisis, ut alter locando, alter exigendo, pro cujusque officio obligabitur exercitor.

§ 14. Sed et si sic præposuit, ut plerumque faciunt, *ne alter sine altero quid gerat,* qui contraxit cum uno, sibi imputabit (1).

§ 15. Exercitorem (2) autem eum dicimus, ad quem obventiones et reditus omnes perveniunt (3), sive is dominus navis sit, sive à domino navem per aversionem (4) conduxit, vel ad tempus, vel in perpetuum (5).

§ 16. Parvi autem refert, qui exercet, masculus sit an mulier (6), paterfamilias an filiusfamilias, vel servus (7): pupillus autem si navem exerceat, exigemus tutoris auctoritatem (8).

(1) Il faut remarquer avec Vinnius, *ad h. l.*, que celui qui a traité avec un seul des patrons, constitués pour agir ensemble, n'a de tort qu'autant qu'il connoissoit les conditions de la préposition, ou qu'il peut être taxé d'imprudence pour ne pas avoir pris des informations suffisantes. J'ai déjà eu occasion de m'expliquer sur ce point dans une note sur le fragment 5.

(2) On a vu dans les notes précédentes qu'il étoit quelquefois désigné par le mot *nauta* ou *navicularius*. Il reste à faire remarquer que la faculté d'être armateur étoit interdite à certaines personnes. On peut voir à ce sujet le fr. 46, § 2, du titre XIV du livre XLIX du Digeste, *De jure fisci;* et le fr. 3 du titre V du livre L, *De vacatione munerum,* et ce que j'ai dit, page 59. On peut voir aussi Cujas, *Observ.* lib. VI, cap. XXXVIII.

(3) Ou, comme le dit le § 2 du titre VII du livre IV des Institutes, *ad quem quotidianus navis quæstus pertinet.* Ces mots, *obventiones, reditus, quæstus,* désignent tout ce qu'on peut retirer d'un navire en le louant ou en l'appliquant à la navigation; car, comme disent les fragmens 62 du titre I du livre VI, *De rei vindicatione,* et 13, § 1, du titre I du livre VII, *De usufructu,* un navire *ad hoc paratur ut naviget.* Dans ces textes et dans quelques autres, les produits du navire sont appelés *vectura,* comme on le voit dans les fragmens 19 du titre II du livre XIX du Digeste, *Locati, conducti,* et 39 du livre XXX, *De legatis,* 1°.

(4) Cette expression a donné lieu à un grand nombre d'opinions diverses que rapporte Brisson, dans son ouvrage *De verborum significatione,* au mot *Aversio;* je ne crois pas toutefois qu'on puisse en donner une meilleure explication que celle même qu'on trouve dans le Digeste, fr. 10, § 2, du titre II du livre XIV, *De lege rhodia de jactu.*

(5) Le sens de ce mot peut présenter quelques difficultés, sur lesquelles aucun auteur, à ma connoissance, ne s'est expliqué. La location perpétuelle d'un objet, qui, dans nos mœurs, seroit une sorte d'aliénation, n'étoit pas inconnue dans le droit romain, comme le prouvent divers textes. Cependant ce mode de location, qui ne devoit pas être exempt de difficultés lors même qu'il ne s'appliquoit qu'aux immeubles, devoit en présenter de bien plus délicates pour un objet mobilier et sujet à dépérissement comme un navire. Voir Calvin, *Lexicon,* au mot *Perpetuum.*

(6) La même décision se trouve dans la const. 4 du titre XXV du livre IV du Code, *De institoria et exercitoria actione.* Ce mot *mulier,* par opposition à *masculus,* semble ne faire porter la décision que sur un seul point, qu'il importe peu de quel sexe est l'armateur. Mais, parmi les personnes du sexe, les unes sont entièrement libres, telles que les filles, les veuves; les autres sont engagées dans le mariage. Sous ce dernier rapport, une femme mariée pouvoit, dans le droit romain, être armateur, en son nom et pour son propre compte, d'un navire qui faisoit partie de ses biens paraphernaux. Du reste, dans aucun cas, la femme armateur ne pouvoit invoquer le bénéfice du sénatusconsulte Velléien, parce que l'obligation de tenir les engagemens de son préposé est une obligation principale de la femme, et non un cautionnement pour un autre, et que *in obligationibus principalibus mulier viro comparatur.*

(7) On verra le développement de ce texte dans les §§ 19 et 21. Il paroit que cet usage de laisser des esclaves exercer la profession d'armateur devoit son origine aux moyens pris par les sénateurs pour éluder la prohibition de la loi qui leur interdisoit le commerce maritime, comme je l'ai fait remarquer dans une note précédente, et à la page 59.

(8) Je ne crois pas qu'il soit nécessaire d'entrer dans les développemens que comporteroit cette matière. Il suffit de dire que les principes en sont expliqués au titre VIII du livre XXVI du Digeste, *De auctoritate tutorum,* et de faire observer que le pupille qui auroit ainsi contracté *sine tutoris auctoritate,* seroit obligé *in quantum ex ea re locupletior factus est,* comme le décide le fr. 10 du titre III du livre XIV, *De institoria actione;* et que le pupille, lors même qu'il a contracté *tutoris auctoritate,* peut se faire restituer *causâ cognitâ,* comme le décide le § 1 du fr. 11, *eod. tit.*

13..

§ 17. Est autem nobis electio, utrùm exercitorem an magistrum (1) convenire velimus (2).

§ 18. Sed, ex contrario, exercenti navem adversùs eos qui cum magistro contraxerunt, actio non pollicetur(3), quia non eodem auxilio indigebat. Sed, aut ex locato cum magistro, si mercede operam ei exhibet, aut si gratuitam, mandati agere potest (4). Solent planè præfecti propter ministerium annonæ, item in provinciis præsides provinciarum, extra ordinem eos juvare ex contractu magistrorum (5).

§ 19. Si is qui navem exercuerit, in aliena potestate erit (6) ejusque voluntate navem exercuerit, quod cum magistro ejus gestum erit, in eum in cujus potestate is erit qui navem exercuerit, judicium datur (7).

§ 20. Licèt autem detur actio in eum cujus in potestate est qui navem exercet, tamen ita demùm datur, *si voluntate ejus exerceat:* ideò autem ex voluntate in solidum tenentur (8), qui habent in potestate exercitorem, quia ad summam rempublicam navium exercitio pertinet. At institorum non idem usus est; ea propter in tributum duntaxat vocantur, qui contraxerunt cum eo qui in merce peculiari, sciente domino, negotiatur : sed, si, sciente (9) duntaxat, non etiam volente, cum magistro contractum

(1) Pourvu toutefois que ce soit une personne libre; car on ne peut intenter d'action contre un esclave, suivant ce qui est dit au fr. 14 du titre VII du livre XLIV du Digeste, *De oblig. et action.; au fr. 107 du titre XVII du livre L, *De regulis juris;* en la constit. 6 du titre I du livre III du Code, *De judiciis.* Dans ce cas, il ne peut y avoir d'action que contre le maître qui a préposé l'esclave.

(2) Dans les principes du droit romain, le mandataire étoit obligé seul envers ceux avec qui il avoit contracté, et ceux-ci n'avoient point d'action directe contre le mandant, contre qui le mandataire avoit seul droit d'agir, *actione contrariâ mandati,* pour être indemnisé de toutes les suites de sa gestion. L'utilité du commerce a fait déroger à cette règle, en donnant à celui qui avoit contracté avec le patron, préposé de l'armateur, une action directe contre celui-ci, mais sans déroger à la règle que le mandataire peut être poursuivi directement. C'est ce qui conduit le jurisconsulte à dire, *est autem electio.* Cependant quelques auteurs, entre autres Favre, *Cod.* liv. XXXV, pag. 1154, n'admettent pas que le droit romain donnât action contre le patron. Il me semble que le texte est suffisant pour combattre leur opinion. Il est probable toutefois, comme le pense Heineccius, *Recit. ad Instit.* § 1216, qu'elle ne pouvoit plus être intentée contre le patron lorsque la préposition étoit terminée.

(3) Il sembleroit que, par suite de ce qui vient d'être dit, l'armateur contre qui une action est acquise par le contrat qu'on a fait avec son préposé, devroit en acquérir une par le même moyen contre ceux qui ont traité avec lui. On sent toutefois que, dans les principes du droit romain, cela n'implique pas contradiction. En thèse générale, ceux qui ont traité avec le préposé ne devroient point avoir d'action contre le préposant : l'intérêt dû à la navigation, et l'impossibilité dans laquelle les tiers sont presque toujours de prendre des renseignemens, ont fait déroger au principe, qu'on n'acquiert pas d'actions contre une personne par le contrat qu'elle a fait avec une autre; mais il n'y avoit pas le même motif en faveur de l'armateur, *qui non eodem auxilio indigebat.*

(4) On retrouve la même chose dans le fr. 5, pr.

(5) C'est une dérogation en faveur des approvisionnemens de la capitale. Mais on ne peut douter que, dans les autres cas, l'armateur ne pût aussi être admis à agir directement contre ceux avec qui le patron avoit contracté, lorsque, celui-ci étant insolvable, l'armateur n'avoit pas d'autre moyen de recouvrer ce qui lui étoit dû. On en a déjà vu un exemple dans le fr. 4, pr., du titre IX du livre IV du Digeste, *Nautæ, caupones,* &c. C'est l'opinion de Cujas, sur le fr. 79 du titre I du livre XLV du Digeste, *De verb. oblig.;* c'est aussi celle de Duaren contre Accurse, sur le fr. 1 du titre III du livre XIV du Digeste, *De instit. actione.*

(6) Tel qu'un fils de famille ou un esclave, comme l'explique le § 23.

(7) Le père ou le maître sont tenus de la totalité des obligations, parce qu'ici le fils ou l'esclave étoient armateurs *ejus voluntate.* L'opinion la plus générale est que ce paragraphe contient les termes mêmes de l'édit du préteur.

(8) C'est-à-dire, pour le montant total de la créance, sans pouvoir exiger que l'action soit réduite dans les termes des actions *de peculio* ou *de in rem verso,* comme il est dit aux notes précédentes.

(9) La faveur du commerce maritime n'a pas dû aller jusqu'à méconnoître les principes. Une distinction est donc établie ici : lorsque le fils ou l'esclave qui a un pécule et qui est armateur, n'a entrepris ce commerce qu'au su de celui sous la puissance duquel il est placé, *sciente,* il n'y aura lieu qu'à l'action tributoire, dont les effets ont été expliqués dans les notes sur le § 3 du fr. 3 du titre IX du livre IV, *Nautæ, caupones,* &c.; s'ils ont agi *voluntate patris vel domini,* ce dernier sera tenu *in solidum.*

sit, utrùm quasi in volentem (1) damus actionem in solidum, an verò exemplo tributoriæ dabimus? In re igitur dubia melius est verbis edicti servire, et neque scientiam solam et nudam patris dominive in navibus onerare, neque in peculiaribus mercibus voluntatem extendere ad solidi obligationem. Et ita videtur et Pomponius significare : si sit in aliena potestate, si quidem voluntate gerat, in solidum eum obligari ; sin minùs, in peculium (2).

§ 21. In potestate autem accipiemus utriusque sexûs, vel filios vel filias, vel servos vel servas.

§ 22. Si tamen servus peculiaris, volente filiofamilias in cujus peculio erat, vel servo, vicarius ejus navem exercuit, pater, dominusve, qui voluntatem non accommodavit, duntaxat de peculio tenebitur ; sed filius ipse in solidum (3). Planè, si voluntate domini vel patris exerceant, in solidum tenebuntur ; et præterea et filius, si et ipse voluntatem accommodavit, in solidum erit obligatus.

§ 23. Quanquam autem, *si cum magistro ejus gestum sit*, duntaxat polliceatur Prætor actionem, tamen, ut Julianus quoque scripsit, etiam si cum ipso exercitore sit contractum, pater dominusve in solidum tenebitur.

§ 24. Hæc actio ex persona magistri in exercitorem dabitur; et ideò, si cum utro eorum actum est, cum altero agi non potest (4) : sed, si quid sit solutum, si quidem à magistro, ipso jure minuitur obligatio (5); sed et si ab exercitore, sive suo nomine, id est, propter honorariam obligationem, sive magistri nomine, solverit, minuetur obligatio, quoniam et alius pro me solvendo me liberat.

§ 25. Si plures navem exerceant, cum quolibet eorum in solidum agi potest (6);

(1) L'extension ne seroit pas juste; lorsqu'il y a eu *voluntas*, c'est moins le fils ou l'esclave qui agit que le père ou le maître. Peckius, dans son commentaire sur ce paragraphe, et Schnedewin, *in Instit.*, se sont donc évidemment trompés en disant *scientiam et patientiam solam sufficere*. D'ailleurs le texte de ce paragraphe y est contraire, et Vinnius *ad h. l.* en a justement fait la remarque.

(2) Favre, *Rational. ad h. l.*, fait remarquer, avec raison, que ces mots *sin minùs*, présentent précisément l'opposé de l'hypothèse où il y avoit *voluntas* : dans ce cas, l'obligation seroit *in solidum*; dans l'autre, elle ne sera que *intra peculium*.

(3) C'est en cela que consiste la différence entre le fils de famille et l'esclave. Celui-ci ne pouvant être condamné personnellement, tout se réduisoit à des actions contre son maître, suivant les règles ci-dessus : mais le fils de famille, lors même que son engagement ne donnoit aucune action contre son père, étoit obligé et pouvoit être condamné personnellement; son pécule, *castrense* ou *quasi-castrense*, pouvoit être saisi malgré le père; en un mot, la condamnation contre lui étoit valable, sauf à ne l'exécuter que quand et comme on pourroit.

(4) Ce texte n'a rien de contraire au principe que lorsqu'on a plusieurs actions contre une personne, l'usage de l'une n'interdit pas toujours celui de l'autre. Ici, c'est la même action que, par un sentiment d'équité, le préteur a permis d'exercer, au choix du demandeur, contre l'un ou l'autre des obligés, non pour servir son caprice, comme le remarque Vinnius, mais pour mieux assurer ses droits. Voir Cujas, *Observ.* lib. VIII, cap. XXIV.

(5) C'est l'application du principe consacré par le fr. 23 du titre III du livre XLVI du Digeste, *De solutionibus et liberationibus*.

(6) Ce texte n'est point en opposition avec le fr. 4, pr., ni avec les principes qui n'admettent point la solidarité entre coobligés si l'on n'en est convenu, ou si la chose promise par plusieurs n'est indivisible. Lorsque plusieurs ont en commun nommé un préposé, ce qu'il a fait est réputé fait par chacun d'eux; chacun est *exercitor* à l'égard des personnes avec qui le préposé a contracté. D'ailleurs, quand on ne voudroit voir ici qu'une règle spéciale, elle ne pourroit être méconnue, puisque le fr. 2 a précisément pour objet d'en expliquer les motifs. L'équité et les avantages de cette disposition ont été fortement combattus par Grotius, *De jure pacis et belli*, lib. II, cap. II, § 13; par Wesembec, *Disp. ad Instit.* XLVII, n. 4 et 5; et par Voët, *Comment. ad Pand.*, *in h. t.*, n. 5. Elle a été justifiée par Huber, *Eunom. roman.* pag. 551, et par Heineccius, *Recitat. ad Instit.* § 1215. Mais n'est-elle pas en contradiction avec le fr. 7, § 5, du titre IX du livre IV du Digeste, *Nautæ, caupones*, &c., qui est aussi d'Ulpien? La conciliation me semble facile. Dans ce dernier paragraphe, il s'agit d'une action pénale, *ex facto vel delicto alterius* ; il n'y avoit pas les mêmes motifs que pour le cas présent, où il s'agit d'un contrat réputé consenti par tous les préposans, puisqu'il l'a été par leur préposé commun.

Fr. 2. Gaius, lib. IX ad Edictum provinciale.

Ne in plures adversarios destringatur qui cum uno contraxerit.

Fr. 3. Paulus, lib. XXIX ad Edictum.

Nec quicquam facere, quotam quisque portionem in nave habeat, eumque qui præstiterit, societatis judicio à cæteris consecuturum.

Fr. 4. Ulpianus, lib. XXIX ad Edictum.

Si tamen plures per se navem exerceant, pro proportionibus exercitionis conveniuntur; neque enim invicem sui magistri videntur (1).

§ 1. Sed, si plures exerceant, unum autem de numero suo magistrum fecerint (2), hujus nomine in solidum poterunt conveniri.

§ 2. Sed, si servus plurium (3) navem exerceat voluntate eorum, idem placuit quod in pluribus exercitoribus. Planè, si unius ex omnibus voluntate exercuit, in solidum ille tenebitur; et ideò puto et in superiore casu in solidum omnes teneri (4).

§ 3. Si servus sit qui navem exercuit voluntate domini, et alienatus fuerit, nihilominùs is qui eum alienavit, tenebitur. Proinde, et si decesserit servus, tenebitur; nam et magistro defuncto tenebitur (5).

§ 4. Hæ actiones perpetuò et heredibus et in heredes dabuntur : proinde, et si servus qui voluntate domini exercuit, decessit, etiam post annum dabitur hæc actio, quamvis de peculio ultra annum non detur (6).

Fr. 5. Paulus, lib. XXIX ad Edictum.

Si eum qui in mea potestate sit, magistrum navis habeas, mihi quoque in te competit actio, si quid cum eo contraxero. Idem est si communis (7) servus nobis erit.

---

(1) Ce n'est plus le cas prévu par le § 25 du fr. 1; il ne s'agit plus d'une action qui prend sa source dans le contrat fait par le préposé de plusieurs personnes. Les copropriétaires du navire le gouvernent eux-mêmes, *per se*, pour faire ensemble les conventions que dans l'usage le patron fait seul : comme ils ne sont point délégués du patron, et que chacun d'eux n'est pas le patron nommé par les autres; comme, d'un autre côté, on ne suppose pas qu'ils ont déclaré s'obliger solidairement, chacun ne sera tenu que pour sa part. Mais il est évident que si un seul avoit contracté, il seroit obligé pour le tout, et même que les autres ne le seroient point.

(2) On rentre dans la règle posée par le § 25 du fr. 1; il y a eu préposition, et tous les préposans sont tenus *in solidum*.

(3) C'est ce que décide encore le § 1 du fr. 6. L'esclave est commun; tous ont voulu qu'il fût armateur; tous sont obligés, chacun pour le tout, *ne in plures adversarios destringatur qui cum eo contraxit*: on leur applique les mêmes principes qu'au maître dont l'esclave est armateur *voluntate domini*.

(4) Ce texte présente un nouveau cas qui se rattache aux décisions précédentes. On y suppose que plusieurs copropriétaires d'un navire en ont confié l'administration à un seul d'entre eux; on décide qu'il sera obligé pour le tout, et que même, dans ce cas, les autres, *quorum voluntate exercuit*, le seront également.

(5) On a vu les mêmes principes dans le § 5 du fr. 7 du tit. IX du liv. IV du Digeste, *Nautæ*, *caupones*, &c. Dans le fait, l'action ne sera pas, à proprement parler, l'action exercitoire, mais l'action *quod jussu*, qui produit les mêmes résultats.

(6) Si l'esclave avoit été armateur sans l'autorisation de son maître, il n'y auroit lieu contre celui-ci qu'à l'action du pécule; et cette action, qui, dans la règle, ne devroit plus exister dès que l'esclave est mort, puisqu'alors il n'y a plus de pécule, avoit été prorogée à un an par l'équité du préteur, ainsi qu'on le voit dans le fr. 1, § 3, du titre II du livre XV du Digeste, *Quando de peculio* &c. Ce cas est prévu par le fr. 6 ci-après. Mais ici on suppose l'autorisation du maître; il est réputé avoir été armateur par son esclave: la mort de celui-ci n'a aucune influence.

(7) Ces règles sont les mêmes que dans le § 1 du fr. 6 du titre IX du livre IV du Digeste, *Nautæ*, *caupones*, &c.

Ex locato (1) tamen mecum ages, quòd operas servi mei conduxeris; quia, etsi cum alio contraxisset, ageres mecum, ut actiones quas eo nomine habui, tibi præstarem, quemadmodum cum libero, si quidem conduxisses, experieris. Quòd si gratuitæ operæ fuerint, mandati ages.

§ 1. Item, si servus meus navem exercebit, et cum magistro ejus contraxero, nihil obstabit (2) quominùs adversùs magistrum experiar actione quæ mihi vel jure civili vel honorario competit: nam et cuivis alii non obstat hoc edictum quominùs cum magistro agere possit; hoc enim edicto non transfertur actio, sed adjicitur.

§ 2. Si unus ex his exercitoribus cum magistro navis contraxerit, agere cum aliis exercitoribus poterit (3).

Fr. 6. PAULUS, lib. VI brevis Edicti.

Si servus non voluntate (4) domini navem exercuerit, si sciente eo, quasi tributoria; si ignorante, de peculio actio dabitur.

§ 1. Si communis servus voluntate dominorum exerceat navem, in singulos dari debebit in solidum actio.

Fr. 7. AFRICANUS, lib. VIII Quæstionum.

Lucius Titius Stichum magistrum navis præposuit (5); is, pecuniam mutuatus, cavit se in refectionem navis eam accepisse : quæsitum est an non aliter Titius exercitoriâ teneretur quàm si creditor probaret pecuniam in refectionem navis esse consumptam. Respondit, creditorem utiliter acturum, si, cùm pecunia crederetur, navis in ea causa fuisset ut refici deberet : etenim, ut non oportet creditorem ad hoc adstringi, ut ipse reficiendæ navis curam suscipiat et negotium domini gerat,

---

(1) Ce texte ne peut être bien compris qu'en se reportant aux principes du droit romain sur les effets de la puissance dominicale et les caractères des actions. En voici, ce me semble, l'espèce. Caïus a loué à Titius un esclave que celui-ci a préposé à la direction de son navire; et Caïus vend à ce patron des objets nécessaires à l'armement. Caïus a contre Titius l'action exercitoire résultant de la préposition : mais la négociation impose réciproquement des obligations à Caïus, obligations qui naissent du contrat fait par son esclave, et qui, dans la règle, appartiennent à son maître; alors Titius agira *ex locato* contre Caïus, maître et locateur de cet esclave, pour qu'il lui cède son action, afin que par ce moyen il puisse poursuivre Caïus de la même manière que si l'esclave avec qui il a traité n'eût pas appartenu à ce dernier.

(2) L'obstacle véritable proviendroit de ce qu'un maître ne pouvant pas avoir d'action contre son esclave, qui est sa chose, on auroit pu en conclure qu'il n'en avoit point contre le patron que cet esclave armateur avoit préposé. Mais le jurisconsulte répond que tel n'est point l'esprit de l'édit, et que le maître de cet esclave armateur aura droit d'agir contre le patron, sans doute par suite de la faculté que lui accorde le § 17 du fr. 1; et il en donne les motifs pris du caractère et de l'objet de l'action exercitoire.

(3) Ce paragraphe n'a plus rien de commun avec les précédens, comme sembleroit le laisser croire le mot *his*, qui suppose une relation. Il prévoit le cas où plusieurs armateurs ont préposé un patron : un d'entre eux a traité avec lui; il aura action contre ses coarmateurs, bien entendu sous la déduction de sa part dans la responsabilité.

(4) Ce cas est l'opposé des cas prévus dans le fr. 1, § 20, et dans le fr. 4, § 4. On suppose ici que le maître n'a point autorisé son esclave à être armateur, et l'on distingue. Le maître a-t-il connu le commerce de cet esclave; encore bien qu'il ne l'ait pas autorisé, il y aura lieu à l'action *tributoria*, c'est-à-dire que le maître devra représenter le pécule entier aux créanciers, sans déduction de ce qui lui est dû par l'esclave, et seulement avec la faculté d'y concourir au *prorata* de ce qui lui est dû. Le maître a-t-il entièrement ignoré le commerce fait par son esclave, il n'y a contre lui que l'action *de peculio :* les créanciers pourront exiger de lui la représentation du pécule; mais il ne sera tenu de le représenter que déduction faite de tout ce qui lui est dû par l'esclave. Une décision semblable se retrouve dans le fr. 42 du titre II du livre XLVII, *De furtis ;* c'est l'effet de la différence entre *voluntas* et *simplex scientia*, qui a déjà été expliquée.

(5) Ce texte présente le développement du principe qui se trouve dans le § 9 du fr. 1. Cujas l'a expliqué dans son huitième traité *ad Africanum.*

quod certè futurum sit, si necesse habeat probare pecuniam in refectionem erogatam esse (1), ita illud exigendum, ut sciat in hoc se credere, cui rei magister quis sit præpositus; quod certè aliter fieri non potest quàm si illud quoque scierit, necessariam refectioni pecuniam esse : quare, et si in ea causa fuerit navis ut refici deberet, multò tamen major pecunia credita fuerit quàm ad eam rem esset necessaria (2), non debere in solidum adversùs dominum navis actionem dari.

§ 1. Interdum etiam illud æstimandum, an in eo loco pecunia credita sit in quo id propter quod credebatur comparari potuerit : quid enim, inquit, si ad velum emendum in ejusmodi insula pecuniam quis crediderit, in qua omninò velum comparari non potest? Et in summa aliquam diligentiam in ea creditorem debere præstare.

§ 2. Eadem ferè dicenda ait, etsi de institoria actione quæratur : nam tunc quoque creditorem scire debere, necessariam esse mercis comparationem cui emendæ servus sit præpositus, et sufficere si in hoc crediderit; non etiam illud exigendum, ut ipse curam suscipiat an in hanc rem pecunia eroganda est.

Ex. lib. xiv, tit. ii, *De lege rhodia de jactu.*

Fr. 1. Paulus, lib. ii *Sententiarum.*

Lege rhodiâ cavetur (3), « ut, si levandæ navis gratiâ jactus mercium factus est, « omnium contributione sarciatur, quod pro omnibus (4) datum est. »

Fr. 2. Paulus lib. xxxiv *ad Edictum.*

Si, laborante nave, jactus factus est, amissarum mercium domini, si mercedes vehendas locaverant, ex locato (5) cum magistro navis agere debent; is deinde cum reliquis, quorum merces salvæ sunt, ex conducto, ut detrimentum pro portione communicetur, agere potest. Servius quidem respondit, ex locato agere cum magistro navis debere, ut cæterorum vectorum merces retineat, donec portionem damni

---

(1) Cette preuve ne sera pas nécessaire pour fonder son action contre l'armateur; mais elle le sera pour obtenir la préférence sur d'autres créanciers. C'est ce qui sert à concilier ce texte avec le fr. 5 du titre iv du livre xx du Digeste, *Qui potiores in pignore* &c.

(2) Automne, *Censura gallica, ad h. t.*, a combattu cette opinion du jurisconsulte, et il a été réfuté par Huber, *Eunom. roman.* pag. 553. Il faut, au surplus, ne pas perdre de vue le § 10 du fr. 1, qui pose le principe dont on trouve ici l'application et même les modifications résultant des circonstances.

(3) Ce qui suit est probablement la traduction du texte même de la loi rhodienne, que les fragmens suivans ont pour objet de développer; les éditeurs les plus estimés du corps de droit m'ont paru être de cette opinion. On trouve littéralement le même texte dans le fr. 1 du titre vii du livre ii, *Pauli receptæ sententiæ.*

(4) Vinnius, *ad h. l.*, croit que les copistes ont omis le mot *damnum.* On peut cependant défendre la leçon vulgaire, soit en sous-entendant ce mot, soit en considérant le mot *datum* comme une sorte de substantif signifiant *tout sacrifice fait.*

(5) Tout ce paragraphe est fondé sur les diverses qualifications des actions dans le droit romain, et l'importance pour celui qui en vouloit intenter une de ne pas se tromper dans le choix. Le principe qui en résulte est, au surplus, très-simple. Les chargeurs auront action contre le patron, non-seulement *ex locato,* comme il est dit ici, ou, s'il y a quelque incertitude sur le caractère du contrat intervenu entre eux et le patron, *in factum præscriptis verbis,* comme le décide le § 1 du fr. 1 du titre v du livre xix du Digeste, *De præscriptis verbis,* mais même l'action *ex recepto,* comme on l'a vu dans le titre ix du livre iv du Digeste, *Nautæ, caupones,* &c. pour qu'il rende ce qui lui a été confié. Si, pour se dispenser de représenter quelques objets, il allègue le jet, le demandeur agira contre lui pour qu'il soit tenu de conserver, *ure pignoris,* les objets appartenant à ceux qui devoient contribuer.

præstent. Imò, etsi retineat (1) merces magister, ultrò ex locato (2) habiturus est actionem cum vectoribus : quid enim si vectores (3) sint qui nullas sarcinas (4) habeant ! Planè commodius est, si sint, retinere eas. At, si non, [et] totam navem conduxerit (5), ex conducto aget, sicut vectores qui loca in nave conduxerunt : æquissimum enim est commune detrimentum fieri eorum (6) qui, propter amissas res aliorum, consecuti sunt ut merces suas salvas haberent.

§ 1. Si conservatis mercibus deterior facta sit navis, aut si quid exarmaverit (7), nulla facienda est collatio, quia dissimilis (8) earum rerum causa sit, quæ navis gratiâ parentur, et earum pro quibus mercedem aliquis acceperit : nam et si faber incudem aut malleum fregerit, non imputaretur ei qui locaverit opus ; sed, si voluntate vectorum, vel (9) propter aliquem (10) metum, id detrimentum factum sit, hoc ipsum sarciri oportet.

§ 2. Cùm in eadem nave varia mercium genera complures mercatores coëgissent, prætereaque multi vectores servi liberique in ea navigarent, tempestate gravi ortâ,

(1) Quelques auteurs préfèrent *etiam si non retineat.* Cujas, *Observ.* lib. III, cap. II, et Noodt, *ad h. l.,* ne sont pas de ce sentiment. Dans le fait, les mots *etiam si non retineat* paroissent contraires à l'intention du jurisconsulte. Encore bien que le patron ne retienne pas les objets des chargeurs, il peut agir contre eux, et cela ne présentoit aucun doute sérieux. Mais, en retenant leurs effets, aura-t-il l'action *ex contractu locati conducti?* C'étoit peut-être ce qui, dans les principes du droit romain, présentoit matière à quelque doute, et le jurisconsulte décide la question affirmativement. Voir au surplus, pour l'opinion contraire, Duaren, *ad h. tit.* cap. 1, et Vinnius, *ad h. l.*

(2) En comparant la fin de ce paragraphe avec le commencement, on voit que *ex locato* est pour *ex conducto.* Mais il ne faut pas perdre de vue que les textes du droit romain, qui présentent souvent l'exemple de ces mots pris l'un pour l'autre, même dans le cas du louage d'une chose pour s'en servir, se prêtent bien davantage à cette confusion dans un contrat qui, intervenant entre le patron et le chargeur, a pour objet *aliquid faciendum.* Chacune des parties étoit à-la-fois *locator* et *conductor; c'est même ce que reconnoît formellement le § 1 du fr. 1 du titre v du livre XIX du Digeste, *De præscriptis verbis.* Voir Brisson, *De verborum significatione,* au mot *Locare.*

(3) *Chargeurs* ou *passagers.* Voir Brisson, *De verborum significatione,* au mot *Vector.*

(4) Ils pourroient n'avoir que des bijoux sur leur corps, qui doivent contribuer, comme on le verra plus bas, mais qui ne peuvent être l'objet d'une rétention, puisqu'elle n'auroit lieu qu'en dépouillant ces passagers de vive force.

(5) Cujas, *Observ.* lib. III, cap. II, et lib. XXI, cap. XXII, propose de lire *et si non totam navem conduxerint, ex locato conducto agent.* Favre, *in Rational. ad h. l.,* et Vinnius, *ad h. l.,* défendent son opinion. Je ne crois pas cette correction nécessaire. Le patron a deux sortes de droits contre le chargeur dont les effets ont été conservés : l'action résultant de la convention faite entre lui et ce chargeur, le droit de rétention. Mais il peut n'avoir pas usé de ce dernier moyen, qui, pour être *commodius,* n'est pas tellement indispensable, que, s'il n'est pas employé, l'autre soit perdu ; il pourra donc agir *ex locato,* comme on l'a vu au commencement de ce fragment.

(6) Suit-il de là que ces chargeurs auront une action contre les autres? Je le croirois ; et c'est ce que semble prouver l'emploi du mot *sicut* dans le texte. Cependant Huber, *Eunomia romana,* ne le pense pas ; Pagentescher, *Admon. ad Digesta,* part. II, § 43, est d'un sentiment opposé, et va jusqu'à dire que l'action de ces chargeurs s'appeloit *condictio ex lege rhodia.*

(7) Pour *exarmata fuerit.* C'est ainsi que nous disons *le navire désarme,* pour exprimer qu'on le désarme.

(8) Cujas, *Observ.* lib. XXIII, cap. XXXV, propose de substituer *similis* à *dissimilis,* ou de placer une négative avant ce dernier mot. Mais cette correction est-elle bien nécessaire? Je ne le pense pas. Le jurisconsulte romain répond à ceux qui voudroient que la contribution eût lieu pour les agrès, sous prétexte qu'il n'en est point de ce cas comme de celui où la personne qui loue ses services use les instrumens dont elle se sert; et précisément il décide qu'il doit en être de même.

(9) Cujas, *Observ. laud.,* propose de supprimer le mot *vel.* Mais est-il bien sûr que le consentement des chargeurs soit indispensable pour opérer des sacrifices commandés par le salut commun ? L'évidence du danger ne peut-elle pas décider le patron à faire le jet, même malgré eux ? C'est l'opinion d'Huber, *Eunomia romana,* pag. 555, et je la crois fondée.

(10) Ce mot ne signifie pas une crainte vaine, *meticulosus jactus;* c'est ce qu'explique le fr. 14 du titre v du livre XIX du Digeste, *De præscriptis verbis,* par ces mots *servandarum mercium causâ.*

I.

14

necessariò jactura facta erat. Quæsita deinde sunt hæc : an omnes jacturam præstare oporteat ; et si qui tales merces imposuissent quibus navis non oneraretur, velut gemmas, margaritas, et quæ portio præstanda est ; et an etiam pro liberis capitibus dari oporteat, et quá actione ea res expediri possit. Placuit, omnes quorum interfuisset jacturam fieri conferre oportere, quia id tributum observatæ res deberent : itaque dominum etiam navis pro portione obligatum esse ; jacturæ summam pro rerum pretio distribui oportet ; corporum liberorum (1) æstimationem nullam fieri posse ; ex conducto dominos rerum amissarum cum nauta, id est, cum magistro, acturos (2). Itidem agitatum est an etiam vestimentorum cujusque et annulorum æstimationem fieri oporteat (3) ; et omnium visum est, nisi si qua consumendi causá imposita forent, quo in numero essent cibaria, eò magis, quòd, si quando ea defecerint in navigationem, quod quisque haberet in commune conferret (4).

§ 3. Si navis à piratis redempta sit (5), Servius, Ofilius, Labeo, omnes conferre debere aiunt. Quod verò prædones abstulerint, eum perdere, cujus fuerint : nec conferendum ei qui suas merces redemerit (6).

§ 4. Portio autem pro æstimatione rerum quæ salvæ sunt, et earum quæ amissæ sunt, præstari solet : nec ad rem pertinet, si hæ quæ amissæ sunt pluris veniri poterunt, quoniam detrimenti, non lucri, fit præstatio (7). Sed in his rebus quarum nomine conferendum est, æstimatio debet haberi, non quanti emptæ sint, sed quanti venire possunt.

§ 5. Servorum (8) quoque qui in mare perierunt, non magis æstimatio facienda est, quàm si qui ægri in nave decesserint, aut aliqui sese præcipitaverint.

(1) On ne pourroit leur donner aucun prix d'estimation, puisqu'ils ne peuvent être vendus. C'est la conséquence d'un principe qui se trouve dans le fr. 3 du titre 1 du livre ix du Digeste, *Si quadrupes pauperiem* &c.

(2) C'est ce qu'on a déjà vu dans le commencement de ce fragment.

(3) Automne, *Censura gallica, ad h. l.*, trouve qu'il y a de l'injustice à faire contribuer les objets qui ne chargent pas beaucoup le navire. Il a été réfuté par Huber, *Eunomia romana*, p. 556, parce qu'en effet il ne s'agit pas de savoir ce qui pesoit plus ou moins, mais de réparer un sacrifice sans lequel le navire eût péri, et avec lui ce qu'il contenoit.

(4) Quintilien, dans sa cinquième déclamation, fait allusion à cette règle justifiée par la nécessité.

(5) C'est-à-dire, si le navire et le chargement sont rachetés ; car si, ce qui doit arriver rarement, les chargeurs sauvent leurs marchandises, tandis que le navire seul est pris, le rachat qui en seroit fait ne donne point lieu à contribution. Voir Huber, *Eunomia romana*, p. 556.

(6) Godefroy induit de ce texte une différence entre le *pirate* et le *voleur*, pirata et prædo. Je ne crois pas que la décision du jurisconsulte ait ce fondement. Les pirates qui se sont emparés d'un navire, et qui le relâchent moyennant rançon, n'acquièrent pas plus légitimement ce qui leur est donné ainsi par violence que les voleurs qui s'emparent de quelques objets. Mais, dans le premier cas, il y a eu sacrifice pour racheter le navire dans l'intérêt de tous ; au second cas, il n'y a eu qu'un pillage particulier qui n'a pas produit le salut commun : c'est sur cette distinction que la décision du jurisconsulte est fondée.

(7) Il y a néanmoins dans ce mode d'évaluation une injustice qui n'avoit pas échappé aux jurisconsultes romains, comme on le voit dans le § 2 du fr. 2 du titre iv du livre xiii du Digeste, *De eo quod certo loco :* car on prive le propriétaire des objets sacrifiés, de ce qu'Ulpien appelle *loci utilitas ;* on ne lui paie ce qu'il a perdu qu'au prix qu'il l'a acheté. A la vérité, cette lésion est compensée en ce que ce propriétaire ne contribue point à la perte, par confusion sur lui-même. Voir Favre, *Rational. ad h. l.*, et Cujas, *ad h. l.* Voir aussi Straccha, *De assecurationibus*, gl. 6, n. 2.

(8) Vinnius, *ad h. l.*, remarque avec raison qu'il ne s'agit pas du jet d'esclaves ; ce qui n'étoit pas autorisé, même dans les principes du droit romain, qui considère les esclaves comme des marchandises et des meubles, ainsi que je l'ai dit page 60. En effet, si le jet des esclaves étoit permis, la décision de ce fragment seroit en opposition manifeste avec le reste du titre ; car, dès qu'on les auroit sacrifiés pour le salut commun, la perte en devroit être réparée par la contribution. Il ne s'agit que de la mort occasionée par le naufrage ou par tout autre accident de la navigation. Sans doute, après ce qu'avoit décidé le § 3, ce qu'on dit ici étoit inutile : mais le corps de droit romain est rempli de répétitions ou d'espèces déjà résolues par un principe général ; et ce titre en fournit plusieurs exemples.

§ 6. Si quis ex vectoribus solvendo non sit, hoc detrimentum magistri navis non erit : nec enim fortunas cujusque nauta excutere debet (1).

§ 7. Si res quæ jactæ sunt apparuerint (2), exoneratur collatio (3): quòd si jam contributio facta sit, tunc hi qui solverint agent ex locato cum magistro, ut is ex conducto experiatur, et quod exegerit reddat (4).

§ 8. Res autem jacta domini manet, nec fit apprehendentis, quia pro derelicto non habetur (5).

Fr. 3. PAPINIANUS, lib. XIX Responsorum.

Cùm arbor, aut aliud navis instrumentum, removendi communis periculi causâ, dejectum est, contributio debetur.

Fr. 4. CALLISTRATUS, lib. II Quæstionum.

Navis onustæ levandæ causâ, quia intrare flumen vel portum non potuerat cum onere, si quædam merces in scapham (6) trajectæ sunt, ne aut extra flumen periclitetur, aut in ipso ostio vel portu, eaque scapha submersa est, ratio haberi debet inter eos qui in nave merces salvas habent, cum his qui in scapha perdiderunt, proinde tanquam si jactura facta esset. Idque Sabinus quoque lib. II Responsorum probat. Contrà, si scapha cum parte mercium salva est, navis periit, ratio haberi non debet eorum qui in navi perdiderunt, quia jactus in tributum nave salvâ venit.

§ 1. Sed, si navis quæ in tempestate jactu mercium unius mercatoris levata est, in alio loco submersa est, et aliquorum mercatorum merces per urinatores extractæ sunt datâ mercede, rationem haberi debere ejus cujus merces in navigatione levandæ navis causâ jactæ sunt, ab his qui postea sua per urinatores servaverunt, Sabinus æquè respondit : eorum verò qui ita servaverunt, invicem rationem haberi non debere ab eo qui in navigatione jactum fecit, si quædam ex his mercibus per urinatores extractæ sunt; eorum enim merces non possunt videri servandæ navis causâ jactæ esse, quæ periit.

(1) Mais il répond de sa négligence pour n'avoir pas retenu ce qui leur appartenoit dans le chargement, comme on a vu qu'il en avoit le droit au commencement de ce fragment. Il est probable, du reste, que les chargeurs sur qui les sacrifices étoient tombés, pouvoient exiger qu'il cédât ses actions, ainsi qu'on peut le décider par argument du § 7 du fr. 16 du titre III du livre V du Digeste, *De heredit. petit.*, du fr. 51 du titre I du livre XV, *De peculio*, et du § 3 du fr. 2 du titre IV du livre XVIII, *De hereditate vel actione vendita.*

(2) De quelque manière qu'elles soient recouvrées, elles doivent être rendues à ceux qui en ont souffert le sacrifice, parce que leur droit de propriété subsiste toujours, comme on le voit dans le paragraphe suivant.

(3) Les propriétaires rendront à ceux qui ont supporté cette contribution, le prix des objets recouvrés, tels qu'ils se trouvent valoir, eu égard à leur détérioration et aux frais du sauvetage.

(4) On a déjà vu ce qui concerne ces actions *ex locato*, *ex conducto*, dans le commencement de ce fragment. La fin de ce paragraphe suppose que les objets sacrifiés n'ont été recouvrés que depuis la contribution faite et soldée; il résulte de la note précédente que les propriétaires de ces objets ne recevront que l'indemnité de la dépréciation et des frais faits pour les recouvrer.

(5) Cette règle est conforme au § 48 du titre I du livre II des Institutes, et au fr. 8, ci-après. On la retrouve dans le § 8 du fr. 9 du titre I du livre XLI du Digeste, *De adquirendo rerum dominio*; dans le § 2 du fr. 21 du titre II du même livre, *De adquirenda vel amittenda possessione*; dans le fr. 7 du titre VII du même livre, *Pro derelicto.*

(6) Vinnius, *ad h. l.*, croit qu'il ne résulte pas de ce texte que le propriétaire de la chaloupe ait droit à la contribution. Il me semble que l'affirmative est la conséquence de ce qui est dit au § 1 du fr. 5. La chaloupe a été sacrifiée dans ce cas, comme le mât peut l'être dans d'autres. Voir Bynkershoek, *Quæst. jur. priv.* lib. IV, cap. XXIV.

14..

§ 2. Cùm autem jactus de nave factus est, et alicujus res quæ in navi reman-serunt, deteriores factæ sunt, videndum an conferre cogendus sit, quia non debet duplici damno onerari, et collationis, et quòd res deteriores factæ sunt. Sed defen-dendum est, hunc conferre debere pretio præsente rerum : itaque, verbi gratiâ, si vicenûm merces duorum fuerunt, et alterius aspargine decem esse cœperunt, ille cujùs res integræ sunt, pro viginti conferat, hic pro decem. Potest tamen dici (1) etiam illa sententia, distinguentibus nobis deteriores ex qua causa factæ sunt; id est, utrùm propter jacta nudatis rebus damnum secutum est; an verò alia ex causa, veluti quòd alicubi jacebant merces in angulo aliquo, et unda penetravit ; tunc enim conferre debebit : an ex priore causa, collationis onus pati non debet, quia jactus etiam hunc læsit. Adhuc numquid et si aspargine propter jactum res deteriores factæ sunt ! Sed distinctio subtilior adhibenda est, quid plus sit in damno, an in collatione : si, verbi gratiâ, hæ res viginti fuerunt, et collatio quidem facit decem, damnum autem duo ; deducto hoc quod damnum passus est, reliquum conferre debeat? Quid ergò, si plus in damno erit quàm in collatione, utputa decem aureis res dete-riores factæ sunt, duo autem collationis sunt ! Indubitatè utrumque onus pati non debet. Sed hìc videamus num et ipsi conferre oporteat : quid enim interest, jactatas res meas amiserim, an nudatas deteriores habere cœperim ? nam sicut ei qui per-diderit subvenitur, ita et ei subveniri oportet qui deteriores propter jactum res habere cœperit. Hæc ita Papirius Fronto respondit.

Fr. 5. HERMOGENIANUS, lib. II *Juris Epitomarum.*

Amissæ navis damnum collationis consortio non sarcitur per eos qui merces suas naufragio liberaverunt ; nam hujus æquitatem tunc admitti placuit, cùm jactûs remedio cæteris in communi periculo, salvâ navi, consultum est.

§ 1. Arbore cæsâ, ut navis cum mercibus liberari possit, æquitas contributionis habebit locum.

Fr. 6. JULIANUS, lib. LXXXVI *Digestorum.*

Navis adversâ tempestate depressa, ictu fulminis deustis armamentis et arbore et antennâ, Hipponem delata est, ibique tumultuariis (2) armamentis ad præsens comparatis, Ostiam navigavit et onus integrum pertulit. Quæsitum est an hi quorum onus fuit, nautæ (3) pro damno conferre debeant. Respondit non debere : hic enim sumptus instruendæ magis navis quàm conservandarum mercium gratiâ factus est.

Fr. 7. PAULUS, lib. III *Epitomarum Alfeni Digestorum.*

Cùm depressa navis aut dejecta esset, quod quisque ex ea suum servasset, sibi servare (4) respondit, tanquam ex incendio.

---

(1) Favre, *Rational. ad h. l.,* prétend que le reste de ce fragment contient des interpolations dans le texte de Callistrate. Il entre, à cet égard, dans une discussion qui ne me paroît point satisfaisante, et qui d'ailleurs est inutile ; car, à quelque temps qu'appartienne cette décision, elle est équitable, et a été admise par toutes les législations. Voir Huber, *Eunomia romana,* pag. 557 et 558.
(2) C'est-à-dire, achetés avec précipitation, et, comme ajoute le texte, *ad præsens comparatis.*
(3) Au patron, comme le dit expressément le fr. 2, § 2.
(4) C'est-à-dire qu'il n'y aura pas lieu à contribution, comme le décide déjà le § 1 du fr. 5.

Fr. 8. JULIANUS, lib. II *ex Minicio.*

Qui levandæ navis gratiâ res aliquas projiciunt, non hanc mentem habent ut eas pro derelicto habeant (1); quippe, si invenerint eas, ablaturos, et, si suspicati fuerint in quem locum ejectæ sunt, requisituros : ut perinde sint ac si quis onere pressus in viam rem abjecerit, mox cum aliis reversurus ut eandem auferret.

Fr. 9. VOLUCIUS MÆCIANUS, *ex lege rhodia* (2).

Ἀξιώσης Εὐδαίμονος Νικομηδέως πρὸς Ἀντωνῖνον βασίλεα. Κύριε βασιλεῦ Ἀντωνῖνε, ναυφρα-γίον ποιήσαντες ἐν τῇ Ἰταλίᾳ, διηρπάγημεν ὑπὸ τῶν δημοσίων τῶν τὰς Κυκλάδας νήσους οἰκούντων. Ἀντωνῖνος εἶπεν Εὐδαίμονι· Ἐγὼ μὲν τοῦ κόσμου κύριος, ὁ δὲ νόμος τῆς θαλάσσης. Τῷ νόμῳ τῶν Ῥοδίων κρινέσθω τῷ ναυτικῷ, ἐν οἷς μήτις τῶν ἡμετέρων αὐτῷ νόμος ἐναντιοῦται. Τοῦτο δὲ αὐτὸ καὶ ὁ θειότατος Αὔγουστος ἔκρινεν. *Id est :* Deprecatio Eudæmonis Nicomediensis ad Antoninum imperatorem. « Domine imperator Antonine, naufragium in Italia fa- « cientes, direpti sumus à publicanis Cyclades insulas habitantibus. » Respondit Anto- ninus Eudæmoni : « Ego quidem mundi dominus, lex autem maris. Lege id rhodiâ, « quæ de rebus nauticis præscripta est, judicetur, quatenus nulla nostrarum legum « adversatur. Hoc idem Divus quoque Augustus judicavit (3). »

Fr. 10. LABEO, lib. I *Pithanôn à Paulo epitomatorum.*

Si vehenda mancipia conduxisti, pro eo mancipio quod in nave mortuum est vec- tura tibi non debetur. Paulus : Imò quæritur quid actum est : utrùm ut pro his qui impositi, an pro his qui deportati essent, merces daretur; quòd si hoc apparere non potuerit, satis erit pro nauta, si probaverit impositum esse mancipium (4).

§ 1. Si eâ conditione navem conduxisti, *ut eâ merces tuæ portarentur,* easque merces nullâ nauta necessitate coactus in navem deteriorem, cùm id sciret te fieri nolle, transtulit, et merces tuæ cum eâ nave perierunt in qua novissimè vectæ sunt, habes ex conducto locato cum priore nauta actionem. Paulus : Imò contrà ; si modò eâ navigatione utraque navis periit, cùm id sine dolo et culpa nautarum factum esset (5). Idem juris erit, si prior nauta, publicè retentus, navigare cum tuis mer- cibus prohibitus fuerit. Idem juris erit, cùm eâ conditione à te conduxisset, *ut certam pœnam tibi præstaret, nisi ante constitutum diem merces tuas eo loci expo- suisset in quem devehendas eas merces locasset* (6), nec per eum staret quominùs

---

(1) C'est ce qu'on a déjà vu au fr. 2, § 8, ci-dessus.

(2) Ce fragment a donné lieu à un grand nombre de commentaires. Les uns sont relatifs au droit rhodien en général ; j'ai traité ce premier point de vue, pag. 21 et suiv. Les autres ont discuté le texte, soit relativement à son sens grammatical, soit relativement à son interprétation légale. Je n'en citerai aucun, parce qu'il faudroit nommer tous ceux qui ont commenté les Pandectes ou écrit sur le droit-maritime ; on peut con- sulter la bibliothèque qui est à la tête du premier volume de mon *Cours de droit commercial.* Je me borne à faire observer qu'il ne s'agit plus d'une question de contribution, mais d'un point de droit public.

(3) Cette traduction latine ne se trouve point dans l'édition florentine ; j'ai adopté celle des éditions usuelles.

(4) A l'inverse il ne sera rien dû pour l'augmentation de têtes que la naissance auroit produite dans le cours de la traversée, comme le décide le § 7 du fr. 19 du titre II du livre XIX du Digeste, *Locati, conducti.* Voir l'explication de ce fragment dans Cujas, *Observ.* lib. III, cap. II.

(5) Mais il ne sera pas nécessaire que les deux navires aient également péri, si le changement de navire a été le résultat d'une force majeure ; c'est ce qui résulte du § 1 du fr. 13 du titre II du livre XIX du Digeste, *Locati, conducti.*

(6) Cujas, *Observ.* lib. III, cap. II, propose de lire *locasses ;* ce qui me semble indifférent, parce que, dans ce genre de louage, l'une et l'autre partie est *locator* et *conductor.*

remissa sibi ea pœna spectaret (1). Idem juris in eodem genere cogitationis (2) obser-
vabimus, si probatum fuerit nautam morbo impeditum navigare non potuisse. Idem
dicemus, si navis ejus vitium fecerit sine dolo malo et culpa ejus.

§ 2. Si conduxisti navem amphorarum duo millium, et ibi amphoras portasti, pro
duobus millibus amphorarum pretium debes. Paulus : Imò, si aversione navis conducta
est, pro duobus millibus debetur merces (3) : si pro numero impositarum amphorarum
merces constituta est, contra se habet; nam pro tot amphoris pretium debes quot
portasti.

Ex lib. XIX, tit. II, *Locati, conducti.*

Fr. 13. ULPIANUS, lib. XXXII *ad Edictum.*

§ 1. Si navicularius onus Minturnas vehendum conduxerit, et, cùm flumen Mintur-
nense navis ea subire non posset, in aliam navem (4) merces transtulerit, eaque
navis in ostio fluminis perierit, tenetur primus navicularius. Labeo, si culpâ caret,
non teneri ait : cæterùm, si vel invito domino fecit, vel quo non debuit tempore, aut
si minùs idoneæ navi [imposuit], tunc ex locato agendum.

§ 2. Si magister navis sine gubernatore (5) in flumen navem immiserit, et tempestate ortâ temperare non potuerit, et navem perdiderit, vectores habebunt adversùs
eum ex locato actionem.

Fr. 15. ULPIANUS, lib. XXXII *ad Edictum.*

§ 6. Item, cùm quidam nave amissâ vecturam, quam pro mutua (6) acceperat, re-
peteretur, rescriptum est ab Antonino Augusto, non immeritò procuratorem Cæsaris
ab eo vecturam repetere, cùm munere vehendi functus non sit : quod in omnibus
personis similiter observandum est.

Fr. 19. ULPIANUS, lib. XXXII *ad Edictum.*

§ 7. Si quis mulierem vehendam navi conduxisset, deinde in nave infans natus
fuisset, probandum est pro infante nihil deberi, cùm neque ejus vectura magna sit,
neque is omnibus utatur quæ ad navigantium usum parantur.

---

(1) Cujas, *Observ.* lib. III, cap. II, propose de lire *remissam sibi eam pœnam.* Je ne vois pas trop la
nécessité de ce changement.

(2) Cujas, *Observ. laud.*, propose *cognitionis ;* Vinnius, *ad h. l.*, propose *conventionis.* On peut, ce me
semble, entendre le texte avec la leçon que j'ai suivie. La pensée du jurisconsulte est d'indiquer qu'on se déci-
dera d'après les principes exposés ci-dessus dans une autre espèce que l'on peut inventer, *cogitare.* Cette
espèce, qui n'est point semblable, mais analogue, c'est le cas où le patron qui s'est engagé n'a pu tenir son
engagement par maladie. Il ne s'agit plus de substitution d'un navire à un autre, comme Pothier paroît le
supposer dans ses notes sur ce fragment.

(3) Le prix total convenu, quelque peu qu'on ait chargé. Voir Cujas, *Observ.* lib. IV, cap. XXVI.

(4) C'est ici le cas opposé à celui qui a été prévu dans le fr. 10, pr., du titre II du livre XIV, *De lege rhodia
de jactu.* Le patron a été forcé au changement de navire par nécessité ; il n'est obligé que de choisir
navem etiam idoneam, comme le prouve la suite de ce paragraphe.

(5) Suppose-t-on ici que le navire étoit complétement dépourvu d'un pilote ? J'en douterois. Alors ces
mots, *sine gubernatore,* signifieroient-ils que le patron n'a pas pris un pilote spécialement instruit des
localités, ce que nous nommons pilotes *locmans ?* Il s'ensuivroit que cette institution auroit été connue des
Romains, et je suis porté à le croire.

(6) Prix du transport payé d'avance, comme on le voit dans le § 3 du fr. 34 du livre XXXII du Digeste, *De
legatis* 2°; dans le § 5 du fr. 40 du titre VII du livre XL, *De statu liberis ;* dans la const. II du titre XXIII
du livre XI du Code, *De frumento urbis Constantinopolitanæ ;* dans la const. I du titre XLVII du livre VII
du Code, *De sententiis quæ pro eo* &c. Voir Cujas, *Observ.* lib. III, cap. I.

Fr. 31. ALFENUS, lib. v *Digestorum à Paulo epitomatorum.*

In navem Saufeii (1) cùm complures frumentum confunderant, Saufeius uni ex
his frumentum reddiderat de communi, et navis perierat : quæsitum est an cæteri pro
sua parte frumenti cum nauta agere possunt oneris aversi (2) actione. Respondit, rerum locatarum duo genera esse : ut aut idem redderetur, sicuti cùm vestimenta fulloni
curanda locarentur ; aut ejusdem generis redderetur, veluti cùm argentum pusu-
latum fabro daretur, ut vasa fierent, aut aurum, ut annuli : ex superiore causa rem
domini manere ; ex posteriore in creditum iri. Idem juris esse in deposito ; nam, si
quis pecuniam numeratam ita deposuisset, *ut neque clusam neque obsignatam tra-
deret, sed adnumeraret,* nihil aliud eum debere apud quem deposita esset, nisi
tantumdem pecuniæ solveret : secundùm quæ videri triticum factum Saufeii, et rectè

(1) Ce fragment présente une espèce assez singulière, ou plutôt un exemple de l'embarras où étoient
quelquefois les jurisconsultes romains pour accommoder au système des actions les diverses contestations
qui s'élevoient. Voici l'espèce. Plusieurs propriétaires de grains en ont chargé chacun une certaine quantité
dans le navire de Saufeïus, qui devoit rendre ce blé à une destination quelconque. Ce blé n'a point été
enfermé par chacun d'eux dans des sacs ou enveloppes marqués de quelque signe distinctif ; en un mot,
tout le blé des chargeurs a été mêlé. Saufeïus livre à l'un de ces chargeurs une quantité égale, sans doute,
car le jurisconsulte ne s'explique pas nettement sur cette circonstance, à celle que ce chargeur avoit mise
dans le navire. Le surplus du blé périt ensuite par force majeure. On demande si les chargeurs qui ont
été moins diligens que le premier, ont droit de poursuivre le patron Saufeïus, comme ayant détourné ce
volé ce qui avoit été chargé dans son navire. Le jurisconsulte sent très-bien que cela n'est pas possible ;
mais, avant d'arriver à la solution véritable, il entre dans une discussion qui, si j'ose le dire, n'a rien d'exact.
Il fait ce dilemme : ou le blé chargé a été renfermé dans des sacs, et alors le patron, qui ne représente pas
les sacs de chacun des chargeurs, peut être poursuivi par l'action de vol, ou, si l'on veut, par l'action
oneris aversi, sur le caractère de laquelle on n'est pas bien d'accord ; ou le blé a été donné sans cette
précaution, et alors il est devenu la propriété du patron, qui n'est tenu de rendre qu'une pareille quantité
à chaque chargeur devenu son créancier d'autant. C'est ici, ce me semble, qu'est l'erreur. Le blé a été
confié pour être rendu à une destination : le patron n'en est point devenu propriétaire, à la charge de rendre
pareille quantité ; et si la force majeure le fait périr, il ne doit rien, comme le décident plusieurs textes :
voilà ce qui est certain dans les rapports des chargeurs avec le patron. A la vérité, dans les rapports des
chargeurs entre eux, il pouvoit s'élever une question fort délicate. Leur blé avoit été confondu : ce qui
avoit péri, n'avoit-il pas péri pour le compte commun ? Ce que l'un d'eux avoit enlevé le premier dans cette
masse formée par l'amalgame de tout leur blé, n'étoit-il pas rapportable ? C'est sur ce point délicat, qu'il
seroit trop long de traiter ici, qu'on auroit pu connoître l'opinion du jurisconsulte romain.

(2) Les interprètes du droit romain ne sont pas d'accord sur ce qu'il faut entendre par action *oneris aversi.*
Les auteurs de la glose prétendent que cette action est d'une nature toute particulière ; qu'elle diffère
de l'action *locati,* principalement parce qu'elle ne concourt pas, comme celle-ci, avec l'action de vol,
et qu'elle doit avoir lieu *quoties onus alienum vel dolo vel culpâ submergeretur.* Paul de Castres, *Comment.
Digest. ad h. l.,* pense que cette action étoit accordée lorsque l'engagement formé entre les parties,
sans être un louage, offroit quelque analogie avec ce contrat : il cite pour exemple le contrat d'assurance,
qui donne, selon lui, au chargeur le droit d'intenter l'action *oneris aversi* contre l'assureur, en cas de perte des objets
assurés. Je ne crois dispensé de prouver qu'il n'y a rien de commun entre ces deux positions. Franç.
Conan, *Comm. juris civil.* t. II, pag. 523, pense que, l'action *furti* ne pouvant être accordée contre celui
qui a dérobé sa propre chose, on avoit dû établir une action particulière contre le patron qui ne restitue-
roit pas les objets qui lui avoient été confiés *avec translation de propriété ;* et comme l'action *furti* n'étoit
pas admissible dans ce cas, on avoit imaginé l'action *oneris aversi.* Mais c'est décider, dans l'espèce dont
il s'agit, la question par la question ; d'ailleurs peut-on croire que, dans aucun temps, les jurisconsultes
romains aient eu l'opinion qu'un patron à qui du blé étoit confié pour le transporter dans un lieu, en devenoit
propriétaire, à la seule condition de rendre pareilles quantité et qualité ? Cujas, *Observ.* lib. VII, cap. XL,
assimile l'action *oneris aversi* à l'action *furti adversùs nautas.* Le Caron, *Verosimilium* lib. III, cap. V,
pense au contraire que le défaut de restitution des marchandises confiées au patron, lorsqu'on ne pouvoit
alléguer ou prouver en lui *animum furandi,* ne pouvoit donner lieu à l'action *furti ;* qu'en conséquence
l'action *oneris aversi* avoit été créée pour réclamer la chose détournée par le patron. Cette opinion paroît avoir été partagée par Bynkershoek, *Observ. jur. rom.* lib. VIII, cap. III, IV, V, VI et VII. Cette interprétation a moins d'invraisemblance que les précédentes : mais on peut cependant répondre que l'action
existoit en vertu de l'édit du préteur, qui fait l'objet du titre IX du livre IV, *Nautæ, caupones,* &c. ; à moins
que ce ne fût précisément cette action qu'on auroit appelée *oneris aversi.*

datum. Quòd si separatim tabulis, aut heronibus, aut in alia cupa, clusum uniuscujusque triticum fuisset, ita ut internosci posset quid cujusque esset, non potuisse nos permutationem facere, sed tum posse eum cujus fuisset triticum quod nauta solvisset vindicare : et ideò se improbare actiones oneris aversi ; quia, sive ejus generis essent merces quæ nautæ traderentur ut continuò ejus fierent, et mercator in creditum iret, non videretur onus esse aversum, quippe quod nautæ fuisset; sive eadem res quæ tradita esset reddi deberet, furti esse actionem locatori, et ideò supervacuum esse judicium oneris aversi. Sed, si ita datum esset, *ut in simili re solvi possit*, conductorem culpam duntaxat debere : nam, in re quæ utriusque causâ contraheretur, culpam deberi; neque omnimodo culpam esse, quòd uni reddidisset ex frumento, quoniam alicui primùm reddere eum necesse fuisset, tametsi meliorem ejus conditionem faceret quàm cæterorum.

Fr. 61. Scævola, lib. viii Digestorum.

§ 1. Navem conduxit, *ut de provincia Cyrenensi Aquileiam navigaret, olei metretis tribus millibus impositis, et frumenti modiis octo millibus, certâ mercede :* sed evenit ut onerata navis in ipsa provincia novem mensibus retineretur, et onus impositum commisso (1) tolleretur. Quæsitum est an vecturas quas convenit à conductore secundùm locationem exigere navis (2) possit. Respondit, secundùm ea quæ proponerentur, posse.

Ex lib. xix, tit. v, De præscriptis verbis.

Fr. 1. Papinianus, lib. viii Quæstionum.

§ 1. Domino mercium in magistrum navis, si sit incertum utrùm navem conduxerit an merces vehendas locaverit, civilem actionem in factum esse dandam, Labeo scribit.

Fr. 14. Ulpianus, lib. xli ad Sabinum.

Qui servandarum mercium suarum causâ alienas merces in mare projecit, nullâ (3) tenetur actione. Sed, si sine causa (4) id fecisset, in factum; si dolo, de dolo tenetur.

Ex lib. xx, tit. iv, Qui potiores in pignore vel hypotheca habeantur, et de his qui in priorum creditorum locum succedunt.

Fr. 5. Ulpianus, lib. iii Disputationum.

Interdum posterior potior est priori : utputa si in rem istam conservandam

---

(1) Par confiscation. On suppose sans doute que le retard n'est point imputable au patron ; c'est le seul moyen de concilier ce fragment avec le § 8 du fr. 15, ci-dessus.

(2) Il faut, ou remplacer ce mot par *nauta* ou *navicularius*, comme le remarque Cujas, *Observ.* lib. iii, cap. i, ou suppléer le mot *magister.*

(3) Pour ce fait en lui-même ; car il pourra y avoir lieu à la contribution d'après les fragmens ci-dessus du titre ii du livre xiv, *De lege rhodia de jactu.*

(4) Car s'il a eu *aliquem metum*, c'est-à-dire, une crainte fondée et non une vaine terreur, comme le décide le § 1 du fr. 2 du titre ii du livre xiv, *De lege rhodia de jactu*, toute responsabilité cesse.

impensum est, quod sequens credidit, veluti si navis fuit obligata, et ad armandam eam vel reficiendam (1) ego credidero.

Fr. 6. ULPIANUS, lib. LXXIII *ad Edictum.*

Hujus enim pecunia salvam fecit totius pignoris causam : quod poterit quis admittere, et si in cibaria nautarum fuerit creditum, sine quibus navis salva pervenire non poterat.

§ 1. Item, si quis in merces sibi obligatas crediderit, vel ut salvæ fiant, vel ut naulum exsolvatur (2), potentior erit, licèt posterior sit ; nam et ipsum naulum potentius est.

Ex lib. XXI, tit. II, *De evictionibus.*

Fr. 36. PAULUS, lib. XXIX *ad Edictum.*

Nave aut domu emptâ, singula cæmenta vel tabulæ emptæ non intelliguntur : ideòque nec evictionis nomine obligatur venditor, quasi evictâ parte (3).

Fr. 44. ALFENUS, lib. II *Digestorum à Paulo epitomatorum.*

Scapham non videri navis esse respondit, nec quidquam conjunctum habere; nam scapham ipsam per se parvam naviculam esse (4) : omnia autem quæ conjuncta navi essent, veluti gubernacula, malus, antennæ, velum, quasi membra navis esse (5).

Ex lib. XXII, tit. II, *De nautico fœnore.*

Fr. 1. MODESTINUS, lib. x *Pandectarum.*

Trajectitia ea pecunia est quæ trans mare vehitur : cæterùm, si eodem loci consumatur, non erit trajectitia (6). Sed videndum an merces ex ea pecunia comparatæ

(1) Mais une convention pour donner cette affectation est nécessaire. Il ne s'agit plus de l'action que le créancier aura contre l'armateur; elle a fait l'objet de divers fragmens du titre I du livre XIV, *De exercit. actione.* Il s'agit d'une préférence entre les créanciers : or Cujas, Noodt et Vinnius, *ad h. l.,* ont très-bien prouvé, contre l'opinion d'Accurse et de quelques anciens interprètes, qu'il n'y avoit point de gage tacite. C'est ce qu'on verra encore dans les fr. 26 et 34 du titre V du livre XLII, *De rebus auctorit. jud. poss.* On en trouve encore la preuve dans le fr. 6 suivant, qui se sert des mots *merces sibi obligatas, ut* &c.

(2) Le patron a sans doute sur ces objets un droit de rétention, comme on l'a vu dans le fr. 2 du titre II du livre XIV, *De lege rhodia de jactu,* et comme l'explique Cujas, *Observ.* lib. IX, cap. VIII : mais celui qui a prêté pour le payer, a dû stipuler l'hypothèque; et lorsqu'il l'a acquise, il obtient la préférence.

(3) Ce fragment est fondé sur des règles particulières au droit romain, relatives aux évictions et aux prestations dues par le vendeur à l'acheteur évincé. Dans le cas prévu par ce fragment, le vendeur n'auroit pas été obligé au *duplum,* parce que ce n'étoient pas précisément les pièces de bois qui étoient vendues, mais le navire. Si quelque action étoit formée par une personne à qui auroient appartenu quelques-uns des matériaux dont le navire étoit formé, elle ne pouvoit revendiquer le navire, comme on l'a vu dans le fr. 61 du titre I du livre VI du Digeste, *De rei vindicatione.* L'acheteur n'auroit donc pas contre le vendeur l'action *evictionis nomine;* mais, comme l'observe Pothier, *ad h. l.,* il aura l'action *ex empto.* On voit aussi, dans le fr. 30 du titre II du livre XLI, *De adquirenda et amittenda possessione,* que je n'ai pas cru nécessaire de recueillir, que le possesseur d'un navire n'est pas, à l'égard de l'usucapion, présumé posséder séparément et individuellement chacune des pièces de bois dont il est formé.

(4) On retrouve les mêmes principes dans les fr. 3, § 1, du titre I du livre VI du Digeste, *De rei vindicatione,* et 29 du titre VII du livre XXXIII, *De instructo et instrumento legato.*

(5) Voir la note sur le fr. 242, pr., du titre XVI du livre L du Digeste, *De verborum significatione.*

(6) J'ai fait observer, dans une des notes de la page 70, que les mots *trajectitia pecunia* sont employés quelquefois par le corps de droit romain pour désigner l'argent emprunté dans un lieu pour être payé dans un autre; ce qui a de l'analogie avec le contrat de change : mais ici ils sont synonymes de *pecunia nautica.*

I.

in ea causa habentur; et interest utrùm etiam ipsæ periculo creditoris navigent (1) : tunc enim trajectitia pecunia fit.

FF. 2. POMPONIUS, lib. III *ex Plautio*.

Labeo ait, si nemo sit qui à parte promissoris interpellari trajectitiæ pecuniæ possit, idipsum testatione complecti debere, ut pro petitione id cederet (2).

Fr. 3. MODESTINUS, lib. IV *Regularum*.

In nautica pecunia ex ea die periculum spectat creditorem, ex quo navem navigare conveniat (3).

Fr. 4. PAPINIANUS, lib. III *Responsorum*.

Nihil interest, trajectitia pecunia sine periculo (4) creditoris accepta sit, an post diem præstitutum et conditionem impletam periculum esse creditoris desierit; utrobique igitur majus legitimâ usurâ fœnus non debebitur : sed in priore quidem specie semper, in altera verò discusso periculo; nec pignora, vel hypothecæ, titulo majoris usuræ tenebuntur.

§ 1. Pro operis servi, trajectitiæ pecuniæ gratiâ secuti, quod in singulos dies in stipulatum deductum est (5), ad finem centesimæ, non ultra duplum debetur (6). In stipulatione fœnoris post diem periculi, separatim interposita, quod in ea legitimæ usuræ deerit, per alteram stipulationem operarum supplebitur (7).

(1) Ce fragment et le fr. 4 offrent la théorie du prêt maritime, ou contrat à la grosse, tel que les Athéniens le connoissoient, comme je l'ai expliqué page 42. Mais on verra, dans le fr. 5, que les Romains en avoient étendu l'application à d'autres prêts absolument étrangers à la navigation, et néanmoins régis par les mêmes principes.

(2) On trouve dans ce texte l'origine d'un principe développé par les législations modernes, que les diligences d'un créancier pour prouver qu'il n'a trouvé personne chargé de payer dans le lieu où le paiement devoit être fait, sont suffisamment constatées par la preuve qu'il s'est présenté.

(3) Réciproquement le risque du créancier finit par l'accomplissement du voyage, ou du terme pendant lequel il devoit durer, comme on le voit dans le fragment suivant, et dans la const. 1 du titre XXXIII du livre IV du Code, *De nautico fœnore*.

(4) Il ne faut pas en conclure, comme l'a fait Vinnius sur le fr. 9 du titre II du livre XIV, *De lege rhodia de jactu*, que, dans le droit romain, on pût prêter à la grosse, sans risques du créancier. Le contraire est formellement décidé par ce fragment et par la const. 2 du titre XXXIII du livre IV du Code, *De nautico fœnore*.

(5) C'étoit une stipulation pénale pour le cas de retard dans le paiement, qui n'avoit rien de commun avec l'intérêt maritime. Voilà pourquoi elle ne pouvoit pas excéder le taux de l'intérêt de terre, ni le doublement du capital. Voir les notes sur le fr. 23 du titre VII du livre XLIV du Digeste, *De obligationibus et actionibus*.

(6) Ces mots, que quelques auteurs prétendent avoir été intercalés par Tribonien, font allusion peut-être à la constitution 26 de Justinien, dans le titre XXXII du livre IV du Code, *De usuris*, qui avoit fixé le taux de l'intérêt maritime au double de l'intérêt de terre. Cujas paroît avoir varié sur ce point, *Observ.* lib. V, cap. XXXVIII.

(7) On voit par les fr. 8 et 9 que les préteurs étoient dans l'usage de stipuler un intérêt de retard, en cas de non-paiement au terme. Cet intérêt n'étoit plus *nautique*, puisque le risque étoit fini, et le droit du créancier indépendant des chances aléatoires; il ne pouvoit donc excéder l'intérêt de terre, *legitimas usuras*. Mais cette stipulation pouvoit être réunie à celle d'un salaire, pour l'esclave chargé de recevoir, lorsqu'il éprouvoit un retard préjudiciable à son maître. Les deux stipulations pouvoient être cumulées, pourvu qu'elles n'excédassent pas un pour cent par mois. Straccha essaie, dans son traité *De assecurationibus*, introd. n. 16, de donner une autre interprétation à ce fragment; il croit que ni l'intérêt maritime, ni les salaires pour l'esclave, cumulés, ne pouvoient excéder un pour cent : mais il me semble que le texte se refuse à cette explication.

Fr. 5. Scævola, lib. vi *Responsorum.*

Periculi pretium (1) est, etsi, conditione quamvis pœnali non existente, recepturus sis quod dederis, et insuper aliquid præter pecuniam, si modò in aleæ speciem non cadat, veluti ea ex quibus conditiones nasci solent, ut, *si manumittas, si non illud facias, si non convaluero,* et cætera. Nec dubitabis, si piscatori erogaturo in apparatum plurìmùm pecuniæ dederim, ut, *si cepisset, redderet;* et athletæ, unde se exhiberet exerceretque, ut, *si vicisset, redderet.*

§ 1. In his autem omnibus et pactum (2) sine stipulatione ad augendam obligationem prodest.

Fr. 6. Paulus, lib. xxv *Quæstionum.*

Fœnerator, pecuniam usuris maritimis mutuam dando, quasdam merces in nave pignori accepit, ex quibus si non potuisset totum debitum exsolvi, aliarum mercium aliis navibus impositarum, propriisque fœneratoribus obligatarum, si quid superfuisset (3), pignori accepit : quæsitum est, nave propriâ peremptâ, ex qua totum

(1) On voit par ce fragment, que le droit romain admettoit les prêts aléatoires, hors le cas de commerce maritime. Tous les interprètes s'accordent à le considérer comme très-difficile. Cujas, *Observ.* lib. ix, cap. xxviii, propose des corrections que je n'ai pas cru devoir adopter, parce qu'il me semble qu'en général il ne faut corriger le texte que lorsqu'il y a évidence d'une erreur des copistes. Hottman, *Observ.* lib. v, cap. i, ne trouve pas non plus d'autre ressource; c'est l'opinion universelle, et Pothier l'a adoptée dans ses Pandectes; il a même corrigé le texte, pour s'y conformer. Zinzerling a réuni presque tout ce qu'on a dit avant lui à ce sujet dans une dissertation intitulée *Opinationes variorum de intellectu legis quintæ, de nautico fœnore.* Van Eck l'a aussi discutée dans le chapitre vi de sa dissertation *De septem damnatis legibus.* On peut y joindre ce que disent Straccha, *De assecurationibus,* introd. n. 12, et Stypman, *Jus maritimum,* part. iv, cap. ii. Il seroit trop long d'indiquer le nom des auteurs qui se sont livrés à la discussion de ce fragment, devenu célèbre par le nombre de ceux qui l'ont commenté et par la multitude d'opinions diverses qu'il a occasionées. Quoiqu'il y ait quelque témérité de ma part à me mettre sur les rangs, je vais aussi essayer de présenter mon explication. Quelle est, de l'aveu de tous les interprètes, l'intention du jurisconsulte Scævola, auteur de ce fragment? De prouver qu'il peut y avoir des négociations, autres que les prêts maritimes, réglées par des principes analogues à ceux du prêt à la grosse : c'est ce que Pothier a soin de faire remarquer. Dans ces sortes de prêts, dit Scævola, on considère comme prix du risque dont se charge le prêteur, ce qu'il stipule *insuper, præter pecuniam.* Mais il ne faut pas s'y méprendre, continue-t-il ; s'il est vrai qu'on puisse stipuler quelque chose *insuper pecuniam,* lorsqu'on stipule, par clause pénale, qu'à défaut de paiement au jour fixé le débiteur paiera une somme quelconque outre le principal, c'est à titre d'indemnité, et non *ut periculi pretium.* Pour qu'il y ait prix de risque, il ne suffit pas que le droit du créancier dépende d'une sorte d'incertitude, *cadat in aleæ speciem,* telle que sont les conventions d'où naissent des conditions, soit purement casuelles, *si non convaluero,* soit dépendantes de la volonté du débiteur qui s'oblige à payer, au cas où il fera ou ne fera pas une chose, *si manumittas, si non illud facias ;* car il n'y a pas là un prix de risque, *periculi pretium.* Mais ce risque existe, *nec dubitabis,* lorsqu'on prête une somme à un pêcheur qui ne rendra rien, s'il ne prend pas de poisson, et qui, s'il en prend, rendra le capital *et insuper aliquid.* Cet *insuper aliquid* est évidemment l'indemnité du risque qu'a couru le prêteur de ne rien recevoir, et, par conséquent, c'est le *periculi pretium.* En proposant cette interprétation, qui ne change ni un mot ni une lettre au texte de l'édition florentine, tandis que Cujas, Hottman et autres, substituent à *aleæ speciem* les mots *aliam speciem,* et au mot *conditione* le mot *conditiore,* &c., je ne dois point dissimuler que je suis d'un sentiment opposé à celui d'un grand nombre d'interprètes plus habiles que moi; je peux donc craindre qu'on ne m'applique ce que Straccha disoit de lui-même en une semblable situation : *Rarò benè loquitur qui contra omnes loquitur.*

(2) Ce paragraphe est relatif à des principes particuliers au droit romain, qui n'admettoient pas le droit de percevoir des intérêts en vertu d'un simple pacte, et qui exigeoient une stipulation. Le fr. 7 annonce que c'est un cas d'exception à la règle.

(3) Mais ces objets n'étoient qu'une sûreté pour le paiement, au cas où il seroit dû par l'événement du contrat ; ils n'ont point été ce que nous appelons, en termes de commerce maritime, *l'aliment du risque:* c'est ce qui résulte du reste de ce fragment.

solvi potuit, an id damnum ad creditorem pertineat, intra præstitutos dies amissâ nave (1), an ad cæterarum navium superfluum admitti possit. Respondi : Aliàs quidem pignoris diminutio ad damnum debitoris, non etiam ad creditoris, pertinet; sed, cùm trajectitia pecunia ita datur, *ut non aliàs petitio ejus creditòri competat quàm si salva navis intra statuta tempora pervenerit*, ipsius crediti obligatio, non exsistente conditione, defecisse videtur; et ideò pignorum quoque persecutio perempta est, etiam eorum quæ non sunt amissa : si navis intra præstitutos dies periisset, et conditionem stipulationis defuisse videri; ideòque sine causa de pignorum persecutione quæ in aliis navibus fuerunt quæri. Quando ergò ad illorum pignorum persecutionem creditor admitti potuerit ? Scilicet tunc cùm conditio exstiterit obligationis, et alio casu pignus amissum fuerit, vel vilius distractum, vel si navis postea perierit quàm dies præfinitus periculo exactus fuerit.

Fr. 7. PAULUS, lib. III ad Edictum.

In quibusdam contractibus etiam usuræ debentur, quemadmodum per stipulationem : nam, si dedero decem trajectitia, *ut salvâ nave sortem cum certis usuris recipiam*, dicendum est, posse me sortem cum usuris recipere.

Fr. 8. ULPIANUS, lib. LXXVII ad Edictum.

Servius ait, pecuniæ trajectitiæ pœnam peti non posse, si per creditorem stetisset quominùs eam intra certum tempus præstitutum accipiat.

Fr. 9. LABEO, lib. V Pithanôn à Paulo epitomatorum.

Si trajectitiæ pecuniæ pœna, uti solet, promissa est, quamvis eo die qui primus solvendæ pecuniæ fuerit nemo vixerit qui eam pecuniam deberet, tamen perinde committi pœna potest ac si fuisset heres debitoris (2).

Ex lib. XXX, De legatis et fideicommissis 1°.

Fr. 24. POMPONIUS, lib. V ad Sabinum.

§ 4. Si navem legavero, et specialiter meam adscripsero, eamque per partes totam refecero (3) carinâ eâdem manente, nihilominùs rectè à legatario vindicaretur.

(1) Car, si le terme des risques est arrivé, par exemple, si le prêt a été fait jusqu'à un certain lieu, et que le navire périsse dans un trajet postérieur, le créancier n'en court pas les risques, comme on le voit dans le fr. 122 du titre I du livre XLV du Digeste, *De verborum obligationibus*, et dans la const. 3 du titre XXXIII du livre IV du Code, *De nautico fœnore;* tandis que, si la perte arrive *antequam navis ad destinatum locum perveniat*, le risque est pour le créancier, comme le décide la const. 4 du même titre du Code.

(2) Ce fragment est relatif à des principes particuliers au droit romain sur les effets des obligations d'un débiteur décédé.

(3) Cette décision est souvent répétée dans le Digeste, et la théorie est facile à comprendre. Un navire a été légué; et depuis cette époque le testateur l'a si souvent réparé, qu'il ne subsiste plus aucune partie des matériaux dont il était formé au jour du testament: peu importe, c'est toujours le même navire. Ainsi le décide le fr. 76 du titre I du livre V, *De judiciis.* Mais si, après avoir légué un navire, le testateur le démolit, le navire n'existe plus, les matériaux qui en restent n'appartiennent point au légataire; car on lui a légué un navire, et non des matériaux : c'est ce que décide le fr. 88, § 2, du livre XXXII, *De legatis* 3°. A l'inverse, des pièces de bois et de charpente ont été léguées, le testateur en a construit un navire; il ne pourra être réclamé par le légataire, car on lui a légué des matériaux, et non un navire : c'est ce que décide le § 1 du même fr. 88. On a vu dans le fr. 10, § 7, du titre IV du livre VII du Digeste, *De usufructu et quemadmodum* &c., l'application de ces principes à l'usufruit d'un navire : cette même application aux stipulations avait donné lieu à des questions très-difficiles, décidées par le fr. 83, § 6, du titre I du livre XLV, *De verborum obligationibus*, et par le fr. 98, § 6, du titre III du livre XLVI, *De solutionibus et liberationibus*, que j'ai cru inutile de recueillir.

Ex lib. XXXII, *De legatis et fideicommissis* 3°.

Fr. 88. PAULUS, lib. V *ad legem Juliam et Papiam.*

§ 1. Sed et materiâ legatâ, navis, armariumve ex ea factum, non vindicetur.

§ 2. Nave autem legatâ dissolutâ, neque materia, neque navis, debetur.

Ex lib. XXXIII, tit. VII, *De instructo vel instrumento legato.*

Fr. 29. LABEO, lib. I Πιθανῶν.

Si navem cum instrumento emisti, præstari tibi debet scapha navis. Paulus : Imò contrà; etenim scapha navis non est instrumentum navis : etenim mediocritate, non genere, ab ea differt; instrumentum autem cujusque rei necesse est alterius generis esse atque ea quæque sit (1); quod Pomponio, lib. VII Epistolarum, placuit.

Ex lib. XXXIX, tit. I, *De operis novi nunciatione.*

Fr. 1. ULPIANUS, lib. LII *ad Edictum.*

§ 18. Quòd si quis in mare vel in littore ædificet, licèt in suo non ædificet, jure tamen gentium suum facit (2). Si quis igitur velit ibi ædificantem prohibere, nullo jure prohibet : neque opus novum nunciare, nisi ex una causa, potest, si fortè damni infecti velit sibi caveri (3).

Ex lib. XXXIX, tit. IV, *De publicanis et vectigalibus et commissis.*

Fr. 11. PAULUS, lib. V *Sententiarum.*

§ 2. Dominus navis si illicitè aliquid in nave, vel ipse vel vectores imposuerint, navis quoque fisco vindicatur. Quòd si, absente domino, id à magistro, vel gubernatore aut proreta, nautave aliquo, id factum sit, ipsi quidem capite puniuntur, commissis mercibus; navis autem domino restituitur (4).

Fr. 15. ALFENUS VARUS, lib. VII *Digestorum.*

Cæsar, cùm insulæ Cretæ cotorias locaret, legem ita dixerat, *Ne quis præter redemptorem post idus martias cotem ex insula Creta fodito, neve eximito, neve avellito :* cujusdam navis onusta cotibus, ante idus martias ex portu Crètæ profecta, vento relata in portum erat; deinde iterùm post idus martias profecta erat : consulebatur num contra legem post idus martias ex insula Creta cotes exisse viderentur.

---

(1) Ces principes, particuliers au droit romain, se trouvent déjà dans le fr. 3, § 1, du titre I du livre VI du Digeste, *De rei vindicatione*, et dans le fr. 44 du titre I du livre XXI, *De evictionibus*.

(2) On a déjà vu ces principes dans le fr. 6 du titre VIII du livre I, *De divisione rerum et qualitate*. Mais le fr. 50 du titre I du livre XLI, *De adquirendo rerum dominio*, y appose une condition qui doit être remarquée.

(3) Voir, sur ces règles particulières au droit romain, le fr. 50 du titre I du livre XLI du Digeste, *De adquirendo rerum dominio*, et le fr. 2, § 8, du titre VIII du livre XLIII, *Ne quid in loco publico* &c.

(4) Le fisc n'a point d'action contre l'armateur qui n'est pas personnellement coupable, parce que ce n'est point ici un cas semblable à ceux qui ont été prévus dans les fragmens du titre IX du livre IV, *Nautæ, caupones*, &c.

Respondit, tametsi portus quoque qui insulæ essent, omnes ejus insulæ esse viderentur, tamen eum qui ante idus martias profectus ex portu esset, et relatus tempestate in insulam deductus esset, si inde exisset, non videri contra legem fecisse : præterea, quòd jam initio evectæ cotes viderentur, cùm et ex portu navis profecta esset (1).

Ex lib. XLI, tit. I, *De adquirendo rerum dominio.*

Fr. 9. GAIUS, lib. II *Rerum quotidianarum sive Aureorum.*

§ 8. Alia causa est earum rerum quæ in tempestate maris, levandæ navis causà, ejiciuntur. Hæ enim dominorum permanent, quia non eo animo ejiciuntur, quòd quis eas habere non vult, sed quòd magis cum ipsa nave periculum maris effugiat : qua de causa, si quis eas fluctibus expulsas, vel etiam in ipso mari nanctus, lucrandi animo abstulerit, furtum committit (2).

Fr. 14. NERATIUS, lib. v *Membranarum.*

Quod in littore quis ædificaverit, ejus erit : nam littora publica non ita sunt, ut ea quæ in patrimonio sunt populi, sed ut ea quæ primùm à natura prodita sunt et in nullius adhuc dominium pervenerunt (3)....

§ 1. Illud videndum est, sublato ædificio quod in littore positum erat, cujus conditionis is locus sit, hoc est, utrùm maneat ejus cujus fuit ædificium, an rursùs in pristinam causam recidit, perindeque publicus sit ac si nunquam in eo ædificatum fuisset : quod propius est ut existimari debeat, si modò recipit pristinam littoris speciem.

Fr. 26. PAULUS, lib. xiv *ad Sabinum.*

... Si meis tabulis navem fecisses, tuam navem esse (4), quia cupressus non maneret, sicuti nec lana vestimento facto; sed cupresseum aut laneum corpus fieret.

Fr. 30. POMPONIUS, lib. xxxiv *ad Sabinum.*

§ 4. Si pilas(5) in mare jactaverim, et supra eas inædificaverim, continuò ædificium meum fit. Item, si insulam in mari ædificaverim, continuò mea fit, quoniam id quod nullius sit, occupantis fit.

Fr. 44. ULPIANUS, lib. xix *ad Edictum.*

... Pomponius ait, et si naufragio quid amissum sit, non statim nostrum esse desinere (6) ; denique quadruplo teneri eum qui rapuit.

(1) Ce cas est l'opposé de celui qui a été prévu dans le fr. 61 du titre II du livre xix, *Locati, conducti;* il offre l'exemple d'une force majeure qui exempte de toute peine, et, par conséquent, de responsabilité.

(2) On a vu ces principes dans le fr. 2, § 8, et dans le fr. 9 du titre II du livre xiv, *De lege rhodia de jactu;* on les retrouvera dans le fr. 21, § 2, du titre II de ce livre, ainsi que dans le fr. 7 du titre vii.

(3) On a déjà vu les mêmes principes dans le § 18 du fr. 1 du titre I du livre xxxix, *De operis novi nunciatione.*

(4) Voir la note sur le fr. 61 du titre I du livre vi du Digeste, *De rei vindicatione.*

(5) Il ne faut pas séparer cette décision de celle du fr. 2, § 8, et du fr. 3 du titre viii du livre xlvii du Digeste, *Ne quid in flumine.*

(6) Ce fragment applique aux objets naufragés ce qui a été dit plus haut relativement aux choses sacrifiées par un jet; on retrouve cette décision dans le fr. 58 ci-après, et dans le fr. 21, § 1, du titre suivant.

Fr. 50. Pomponius, lib. vi *ex Plautio.*

Quamvis quod in littore publico vel in mari extruxerimus nostrum fiat, tamen decretum Prætoris adhibendum est, ut id facere liceat. Imò etiam manu prohibendus est (1), si cum incommodo cæterorum id faciet (2) : nam civilem eum actionem de faciendo nullam habere non dubito.

Fr. 58. Javolenus, lib. xi *ex Cassio.*

Quæcunque res ex mare extracta est, non antè ejus incipit esse qui extraxit, quàm dominus eam pro derelicto habere cœpit.

Ex lib. XLI, tit. II, *De adquirenda vel amittenda possessione.*

Fr. 21. Javolenus, lib. vii *ex Cassio.*

§ 1. Quod ex naufragio expulsum est, usucapi non potest, quoniam non est in derelicto, sed in deperdito.

§ 2. Idem juris esse existimo in his rebus quæ jactæ sunt, quoniam non potest videri id pro derelicto habitum, quod salutis causâ interim dimissum est.

Ex lib. XLI, tit. VII, *Pro derelicto.*

Fr. 7. Julianus, lib. ii *ex Minicio.*

Si quis merces ex nave jactatas invenisset, num ideò usucapere non possit, quia non viderentur derelictæ, quæritur; sed verius est eum pro derelicto usucapere non posse.

Ex lib. XLII, tit. v, *De rebus auctoritate judicis possidendis.*

Fr. 26. Paulus, lib. xvi *brevis Edicti.*

Qui in navem extruendam, vel instruendam, credidit, vel etiam emendam, privilegium habet (3).

Fr. 34. Marcianus, lib. v *Regularum.*

Quod quis navis fabricandæ, vel emendæ, vel armandæ, vel instruendæ causâ, vel quoquo modo crediderit, vel ob navem venditam petat, habet privilegium post fiscum (4).

Ex lib. XLIII, tit. VIII, *Ne quid in loco publico vel itinere fiat.*

Fr. 2. Ulpianus, lib. lxviii *ad Edictum.*

§ 8. Adversùs eum qui molem in mare projecit interdictum utile competit ei cui

(1) Mode de prohibition particulier au droit romain, expliqué dans le titre xxiv du livre xliii du Digeste, *Quod vi aut clàm.*
(2) C'est ce que développent le fr. 2, § 8, et le fr. 3, § 1, du titre viii du livre xliii, *Ne quid in loco publico,* et le § 17 du fr. 1 du titre xii du même livre, *De fluminibus* &c.
(3) Voir la note sur le fr. 5 du titre iv du livre xx, *Qui potiores in pignore* &c.
(4) Le fr. 17 du titre xiv du livre xlix, *De jure fisci,* et divers autres textes du droit romain, attestent cette préférence du fisc sur les autres créanciers.

fortè hæc res nocitura sit, si, antem nemo damnum sentit, tuendus est is qui in
littore ædificat, vel molem in mare jacit.

§ 9. Si quis in mari piscari aut navigare prohibeatur, non habebit interdictum;
quemadmodum nec is qui in campo publico ludere, vel in publico balineo lavare,
aut in theatro spectare, arceatur : sed in omnibus his casibus injuriarum actione
utendum est.

Fr. 3. Celsus, lib. xxxix Digestorum.

Littora in quæ populus romanus imperium habet, populi romani esse arbitror.
§ 1. Maris communem usum omnibus hominibus, ut aëris : jactasque in id pilas
ejus esse qui jecerit; sed id concedendum non esse, si deterior littoris marisve usus
eo modo futurus sit.

Ex lib. XLIII, tit. XII, De fluminibus, ne quid in flumine &c.

Fr. 1. Ulpianus, lib. lxviii ad Edictum.

§ 14..... Navigium solemus dicere etiam ipsam navem... Navigii appellatione
etiam rates continentur, quia plerumque et ratium usus necessarius est.
§ 17. Si in mari aliquid fiat, Labeo ait competere tale interdictum : « Ne quid in
« mari, inve littore, quo portus, statio, iterve navigio deterius fiat. »

Ex lib. XLIV, tit. VII, De obligationibus et actionibus.

Fr. 5. Gaius, lib. iii Aureorum.

§ 6. Item exercitor navis, aut cauponæ, aut stabuli, de damno aut furto quod in nave
aut caupona aut stabulo factum sit, quasi ex maleficio teneri videtur, si modò ipsius
nullum est maleficium, sed alicujus eorum quorum operá navem, aut cauponam, aut
stabulum, exerceret : cùm enim neque ex contractu sit adversùs eum constituta hæc
actio, et aliquatenus culpæ reus est, quòd operá malorum hominum uteretur (1), ideò
quasi ex maleficio teneri videtur.

Fr. 23. Africanus, lib. vii Quæstionum.

Trajectitiæ pecuniæ nomine, si ad diem soluta non esset, pœna, uti adsolet, ob
operas ejus (2) qui eam pecuniam peteret, in stipulationem erat deducta : is qui eam
pecuniam petebat, parte exactá petere desierat; deinde interposito tempore interpellare instituerat. Consultus respondit, ejus quoque temporis quo interpellatus
non esset, pœnam peti posse; amplius etiam si omninò interpellatus non esset : nec
aliter non committi stipulationem quàm si per debitorem non stetisset (3) quominùs

---

(1) On a déjà vu les mêmes principes dans le fr. 7 du titre ix du livre iv du Digeste, Nautæ, caupones, &c.
(2) Hérauld, dans son ouvrage intitulé Animadversiones ad Salmasium, lib. ii, cap. xx, § 9, croit que ces
mots et les suivans sont une intercalation de quelque glossateur ignorant. On ne peut se dissimuler qu'en
les supprimant, cette partie du fragment seroit littéralement conforme au premier alinéa du § 1 du fr. 4 du
titre ii du livre xxii, De nautico fœnore. Mais la suppression est-elle nécessaire ? Si le préteur avoit droit de
stipuler un intérêt pour le retard du paiement, il pouvoit aussi stipuler une indemnité pour le retard de son
esclave; il pouvoit même, comme le prouve la fin du paragraphe cité, stipuler l'un et l'autre, pourvu que
le tout cumulé n'excédât pas un pour cent par mois. Voir Cujas, Tract. vii ad Africanum.
(3) C'est ce qu'a déjà décidé le fr. 8 du titre ii du livre xxii du Digeste, De nautico fœnore.

solveret; alioquin dicendum est, si is qui interpellare cœpisset, valetudine impeditus interpellare desisset, pœnam non committi. De illo sanè potest dubitari, si interpellatus ipse moram fecerit, an, quamvis pecuniam postea offerat, nihilominùs pœna committatur; et hoc rectiùs dicitur.

Ex lib. XLV, tit. I, *De verborum obligationibus.*

Fr. 122. SCÆVOLA, lib. XXVIII *Digestorum.*

§ 1. Callimachus (1) mutuam pecuniam nauticam accepit à Sticho servo Seii in provincia Suria, civitate Beruto usque Brentesium, idque creditum esse in omnes navigii dies ducentos, sub pignoribus et hypothecis, mercibus à Beruto comparatis et Brentesium perferendis, et quas Brentesio empturus esset, et per navem Beruto invecturus; convenitque inter eos, uti, *cùm Callimachus Brentesium pervenisset, inde intra idus septembres quæ tunc proximæ futuræ essent, aliis mercibus emptis et in navem missis, ipse in Suriam per navigium proficiscatur; aut, si intra diem suprascriptam non reparasset merces, nec enavigasset de ea civitate, redderet universam continuò pecuniam, quasi perfecto navigio, et præstaret sumptus omnes prosequentibus eam pecuniam, ut in urbem Romam eam deportarent;* eaque sic rectè dari fieri fide roganti Sticho servo Lucii Titii promisit Callimachus : et cùm ante idus suprascriptas, secundùm conventionem mercibus in navem impositis, cum Herote conservo Stichi, quasi in provinciam Suriam perventurus enavigavit; quæsitum est, nave submersâ, cùm secundùm cautionem Callimachus merces [debito] perferendas in navem misisset eo tempore quo jam pecuniam Brentesio reddere Romæ perferendam deberet, an nihil prosit Herotis consensus, qui cum eo missus erat, cuique nihil amplius de pecunia suprascripta post diem conventionis permissum vel mandatum erat, quàm ut eam receptam Romam perferret, et nihilominùs actione ex stipulatu Callimachus de pecunia domino Stichi teneatur. Respondit, secundùm ea quæ proponerentur, teneri. Item quæro si, Callimacho post diem suprascriptam navigante, Heros suprascriptus servus consenserit, an actionem domino suo semel adquisitam adimere potuerit. Respondit, non potuisse; sed fore exceptioni locum, si servo arbitrium datum esset eam pecuniam quocunque tempore in quemvis locum reddi.

Ex lib. XLVII, tit. II, *De furtis.*

Fr. 42. PAULUS, lib. IX *ad Sabinum.*

Si servus navem exerceat non voluntate domini (2), de eo quod ibi periit, vulgaris formula in dominum danda est : ut quod alter admisit, duntaxat de peculio, quod ipse exercitor adjiciatur ut noxæ dederet. Igitur, si manumissus sit, perse-

---

(1) Ce texte a donné lieu à une controverse entre les interprètes. Alciat, *Parerg.* lib. IX, cap. X, croit qu'il faut lire *non ante idus.* Pothier adopte ce sentiment; et le second alinéa peut servir à justifier sa conjecture. Duaren place ailleurs la correction et substitue *misisset* au mot *mansisset.* Si l'on adopte l'une ou l'autre leçon, l'interprétation est facile, puisque, le départ n'ayant pas eu lieu avant les ides de septembre, ce seul fait a rendu la somme exigible à Brindes : mais Robert, *Recept. sent.* cap. IX, et Cujas, *Observ.* lib. II, cap. XI, n'admettent aucune correction; ils pensent que toute la difficulté est résolue par les mots *quasi in provinciam Suriam enavigaturus,* et je crois leur opinion préférable.

(2) C'est la décision qu'on a déjà vue dans le fr. 1, § 20, du titre I du livre XIV, *De exercitoria actione.*

cutio quidem in peculio manebit adversùs dominum intra annum; noxalis ipsum sequetur.

Fr. 43. ULPIANUS, lib. XLI ad Sabinum.

§ 11. Si jactum ex nave factum alius tulerit, an furti teneatur? Quæstio in eo est an pro derelicto habitum sit. Et si quidem derelinquentis animo jactavit, quod plerumque credendum est, cùm sciat periturum, qui invenit suum fecit, nec furti tenetur (1). Si verò non hoc animo, sed hoc, ut si salvum fuerit, haberet; ei qui invenit auferendum est. Et si scit hoc qui invenit, et animo furandi tenet, furti tenetur. Enimverò, si hoc animo ut salvum faceret domino, furti non tenetur. Quòd si putans simpliciter jactatum, furti similiter non tenetur.

Ex lib. XLVII, tit. V, *Furti adversùs nautas, caupones, stabularios.*

Fr. 1. ULPIANUS, lib. XXXVIII ad Edictum.

In eos qui naves, cauponas, stabula exercebunt, si quid à quoquo eorum, quosve ibi habebunt, furtum factum esse dicetur, judicium datur (2), sive furtum ope, consilio exercitoris factum sit, sive eorum cujus qui in ea navi navigandi causâ esset.

§ 1. Navigandi autem causâ accipere debemus eos qui adhibentur ut navis naviget, hoc est, nautas.

§ 2. Et est in duplum actio.

§ 3. Cùm enim in caupona, vel in navi, res perit, ex edicto Prætoris obligatur exercitor navis, vel caupo; ita ut in potestate sit ejus cui res subrepta sit, utrùm mallet cum exercitore honorario jure, an cum fure jure civili, experiri.

§ 4. Quòd si *receperit salvum fore* caupo vel nauta, furti actionem non dominus rei subreptæ, sed ipse habet (3) qui recipiendo periculum custodiæ subiit.

§ 5. Servi verò sui nomine exercitor noxæ dedendo se liberat. Cur ergò non exercitor condemnetur, qui servum tam malum in nave admisit; et cur liberi quidem hominis nomine tenetur in solidum, servi verò non tenetur? Nisi fortè idcircò quòd liberum quidem hominem adhibens statuere debuit de eo qualis esset; in servo verò suo ignoscendum sit ei, quasi in domestico malo, si noxæ dedere paratus sit (4). Si autem alienum adhibuit servum, quasi in libero tenebitur.

§ 6. Caupo præstat factum eorum qui in ea caupona ejus cauponæ exercendæ causâ ibi sunt; item eorum qui habitandi causâ ibi sunt. Viatorum autem factum non præstat; namque viatorem sibi eligere caupo vel stabularius non videtur, nec

---

(1) Quelques auteurs pensent qu'Ulpien s'est contredit dans le fr. 44 du titre I du livre XLI, *De adquirendo rerum dominio.* On peut répondre qu'il a prévu ici une hypothèse de pure théorie en laissant au juge l'appréciation des circonstances, et que le jet dont il parle n'est pas celui qui est fait dans le danger d'un navire, mais l'action volontaire d'un homme qui lance dans la mer un objet qui lui appartient.

(2) C'est l'action pénale dont il a déjà été parlé dans les fr. 6 et 7 du titre IX du livre IV, *Nautæ, caupones*, &c. Voir les notes sur ces fragmens.

(3) Godefroy pense que ces motsne sont pas limitatifs, qu'ils n'excluent pas le propriétaire volé du droit d'agir contre le voleur. Mais ne peut-on pas dire que ce droit, reconnu dans le paragraphe précédent, est précisément dénié dans celui-ci, à cause de la circonstance que le patron a promis *salvum fore?* ce qui est confirmé par les fr. 12 et 14, § 17, du titre II du livre XLVII, *De furtis.* Du reste, il est évident, d'après ce dernier fragment et le fr. 4 du titre IX du livre IV, *Nautæ, caupones*, &c., que, si le patron est insolvable, celui à qui la chose a été volée peut agir directement contre le voleur.

(4) Cette décision est conforme à celle du fr. 7, § 4, du titre IX du livre IV, *Nautæ, caupones*, &c.

repellere potest iter agentes : inhabitatores verò perpetuos ipse quodammodo elegit, qui non rejecit, quorum factum oportet eum præstare. In navi quoque vectorum factum non præstatur (1).

Ex lib. XLVII, tit. IX, *De incendio, ruina, naufragio*, &c.

Fr. 1. ULPIANUS, lib. I ad Edictum.

Prætor ait : « In eum qui ex incendio, ruina, naufragio, rate, nave expugnata, « quid rapuisse, recepisse dolo malo, damnive quid in his rebus dedisse dicetur (2), « in quadruplum in anno quo primùm de ea re experiundi potestas fuerit, post « annum in simplum judicium dabo; item in servum et in familiam judicium dabo. »

§ 1. Hujus edicti utilitas evidens et justissima severitas est; si quidem publicè interest, nihil rapi ex hujusmodi casibus; et quanquam sint de his facinoribus etiam criminum executiones, attamen rectè Prætor fecit, qui forenses (3) quoque actiones criminibus istis præposuit....

§ 5. Item ait Prætor : *si quid ex naufragio.* Hìc illud quæritur utrùm si quis eo tempore tulerit quo naufragium fit; an verò et si alio tempore, hoc est, post naufragiumque : nam res ex naufragio etiam hæ dicuntur quæ in littore post naufragium jacent. Et magis est ut de eo tempore,

Fr. 2. GAIUS, lib. XXI ad Edictum provinciale.

Et loco ,

Fr. 3. ULPIANUS, lib. LVI ad Edictum.

Quo naufragium fit vel factum est, si quis rapuerit, incidisse in hoc edictum videatur. Qui autem rem in littore jacentem, posteaquam naufragium factum est, abstulit, in ea conditione est, ut magis fur sit quàm hoc edicto teneatur (4) : quemadmodum is qui, quod de vehiculo excidit, tulit; nec rapere videtur qui in littore jacentem tollit.

§ 1. Deinde ait Prætor : *rate, navi expugnatâ.* Expugnare videtur, qui in ipso quasi prælio et pugna adversùs navem et ratem aliquid rapit, sive expugnet, sive prædonibus expugnantibus rapiat....

§ 3. Non tantùm autem qui rapuit, verùm is quoque qui recepit (5), ex causis suprascriptis tenetur, quia receptores non minùs delinquunt quàm aggressores : sed enim additum est *dolo malo*, quia non omnis qui recipit, statim etiam delinquit, sed qui dolo malo recipit. Quid enim si ignarus recipit; aut quid, si ad hoc recipit ut custodiret, salvaque faceret ei qui amiserat? Utique non debet teneri.

§ 4. Non solùm autem qui rapuit, sed et qui abstulit, vel amovit, vel damnum dedit vel recepit, hac actione tenetur.

---

(1) Voir les notes sur les §§ 1 et 8 du fr. 1 du titre IX du livre IV, *Nautæ, caupones*, &c.
(2) Mais il ne faut pas perdre de vue qu'il n'y a de délit qu'autant qu'on a voulu s'approprier la chose, *lucri faciendi causâ*, comme il est dit au fr. 43, § 4, du titre II du livre XLVII du Digeste, *De furtis*. C'est, du reste, ce que décide l'édit par les mots *dolo malo.*
(3) C'est-à-dire, comme on le verra dans la suite, des actions privées, sans préjudice des peines.
(4) La différence est importante, en droit romain, entre le voleur, *fur*, et le ravisseur, *raptor*; la peine de ceux *qui ex naufragio quid rapuerunt* étoit plus grave que pour ceux qui avoient simplement volé.
(5) Les recéleurs contre lesquels il y a un titre spécial, qui est le XVI.e de ce livre, *De receptatoribus.*

§ 5. Aliud autem esse rapi, aliud amoveri, palàm est : siquidem amoveri aliquid etiam sine vi possit; rapi autem sine vi non potest.

§ 6. Qui ejectà nave quid rapuit, hoc edicto tenetur. Ejecta, hoc est, quod Græci aiunt ἐξεϐολῶν.

§ 7. Quod ait Prætor de damno dato, ita demùm locum habet si dolo malo damnum datum sit (1); nam, si dolus malus absit, cessat edictum....

§ 8. Senatusconsultum Claudianis temporibus factum est, ut, si quis ex naufragio clavos vel unum ex his abstulerit, omnium rerum (2) nomine teneatur. Item alio senatusconsulto cavetur, eos quorum fraude aut consilio naufragi suppressi per vim fuissent, ne navi vel iis periclitantibus opitulentur, legis Corneliæ (3), quæ de sicariis lata est, pœnis adficiendos. Eos autem qui quid ex miserrima naufragiorum fortuna rapuissent, lucrative fuissent, dolo malo, in quantum edicto Prætoris actio daretur, tantum et fisco dare debere.

Fr. 4. PAULUS, lib. LIV *ad Edictum.*

Pedius, posse etiam dici ex naufragio rapere, qui, dum naufragium fiat, in illa trepidatione (4) rapiat.

§ 1. Divus Antoninus de his qui prædam ex naufragio diripuissent, ita rescripsit : « Quod de naufragiis navis et ratis scripsisti mihi, eò pertinet, ut explores quâ pœnâ « adficiendos eos putem, qui diripuisse aliqua ex illo probantur : et facilè, ut opinor, « constitui potest. Nam plurimùm interest, peritura collegerint, an quæ servari pos- « sint, flagitiosè invaserint : ideòque, si gravior præda vi adpetita videbitur, liberos « quidem fustibus cæsos in triennium relegabis, aut, si sordidiores erunt, in opus pu- « blicum ejusdem temporis dabis; servos flagellis cæsos in metallum damnabis : si non « magnæ pecuniæ res fuerint, liberos fustibus, servos flagellis cæsos dimittere poteris. « Et omninò, ut in cæteris , ita hujusmodi causis, ex personarum conditione et « rerum qualitate, et diligenter sunt æstimandæ, ne quid aut durius aut remissius con- « stituatur quàm causa postulabit. »

§ 2. Hæ actiones heredibus dantur : in heredes (5) eatenus dandæ sunt, quatenus ad eos pervenit (6).

(1) C'est en effet ce qu'on a vu dans le fr. 29 du titre II du livre IX, *Ad legem Aquiliam :* le jurisconsulte développe cette pensée par des exemples relatifs à l'incendie, que je n'ai pas cru nécessaire de recueillir.

(2) Ces mots semblent en opposition avec le fr. 21, § 5, du titre II du livre XLVII, *De furtis,* où l'on décide que celui qui n'a enlevé qu'une portion d'un tas de blé, ou une partie du vin contenu dans un tonneau, n'est tenu que pour ce qu'il a enlevé. Mais on peut dire qu'ici la différence est prise dans la nature des choses : voler le gouvernail d'un navire, c'est l'exposer à tous les accidens qui peuvent résulter de ce vol. Les mots *omnium rerum nomine* ne signifient pas qu'il devra payer le prix du navire et celui des choses chargées, mais qu'il répondra de tous les dommages arrivés par suite de ce vol, lesquels, dans le droit strict, auroient pu n'être considérés que comme des dommages éloignés.

(3) Il faut y ajouter la peine indiquée au § 1 du fr. 1 du titre VII du livre XLVIII, *Ad legem Juliam de vi privata.*

(4) Ce fragment, le fr. 1, § 5, les fr. 2 et 3 ci-dessus, et 5 ci-après, offrent une même théorie. Celui qui vole au moment et sur le théâtre du naufrage, est sujet aux peines spéciales de l'édit et des lois postérieures; celui qui, après le naufrage, vole des objets naufragés, subit les peines ordinaires du vol.

(5) C'est l'application d'un principe qui se trouve dans le fr. 5 du titre VI du livre VI du Digeste, *De calumniatoribus;* dans le fr. 19 du titre II du livre IV, *Quod metûs causâ;* dans le fr. 1 du titre I du livre XLVII, *De privatis delictis,* et dans un grand nombre d'autres textes semblables.

(6) Mais si la demande avoit été formée contre le défunt, les héritiers pourroient être poursuivis, comme on le voit dans les fr. 26, 33 et 58 du titre VII du livre XLIV du Digeste, *De obligationibus et actionibus;* et dans le fr. 164 du titre XVII du livre L, *De regulis juris.*

Fr. 5. GAIUS, lib. XXI *ad Edictum provinciale.*

Si quis ex naufragio vel ex incendio ruinave servatam rem, et alio loco positam, subtraxerit aut rapuerit, furti scilicet, aut aliàs vi bonorum raptorum judicio tenetur; maximè si non intelligebat ex naufragio vel incendio ruinave eam esse. Jacentem quoque rem ex naufragio, quæ fluctibus expulsa sit, si quis abstulerit, plerique idem putant : quod ita verum est, si aliquod tempus post naufragium intercesserit; alioquin, si in ipso naufragii tempore id acciderit, nihil interest utrùm ex ipso mari quisque rapiat, an ex naufragiis, an ex littore (1). De eo quoque quod ex rate, nave expugnata, raptum sit, eandem interpretationem adhibere debemus.

Fr. 6. CALLISTRATUS, lib. I *Edicti monitorii.*

Expugnatur navis, cùm spoliatur, aut mergitur, aut dissolvitur, aut pertunditur, aut funes ejus præciduntur, aut vela conscinduntur, aut anchoræ involantur de mare.

Fr. 7. *Idem*, lib. II *Quæstionum.*

Ne quid ex naufragiis deripiatur, vel quis extraneus interveniat colligendis eis, multifariàm prospectum est. Nam et Divus Hadrianus edicto præcepit, ut hi qui juxta littora maris possident, scirent, si quando navis vel inficta vel fracta inter fines agri cujusque fuerit, ne naufragia deripiant, in ipsos judicia præsides his qui res suas direptas queruntur, reddituros (2), ut quidquid probaverint ademptum sibi naufragio, id à possessoribus recipiant; de his autem quos deripuisse probatum sit, præsidem, ut de latronibus, gravem sententiam dicere. Ut facilior sit probatio hujusmodi admissi, permisit his, et quidquid passos se hujusmodi queruntur, adire præfectos, et ad eum testari, reosque petere, ut, pro modo culpæ, vel vincti, vel sub fidejussoribus, ad præsidem remittantur. A domino quoque possessionis in qua id admissum dicatur, satis accipi, ne cognitioni desit, præcipitur. Sed nec intervenire naufragiis colligendis aut militem, aut privatum, aut libertum servumve principis, placere sibi ait senatus.

Fr. 10. ULPIANUS, lib. I *Opinionum.*

Ne piscatores nocte, lumine ostenso, fallant navigantes, quasi in portum aliquem delaturi, eoque modo in periculum naves, et qui in eis sunt, deducant, sibique execrandam prædam parent, præsidis provinciæ religiosa constantia efficiat.

Fr. 12. ULPIANUS, lib. VIII *De officio Proconsulis.*

Licere unicuique naufragium suum impunè colligere constat; idque imperator Antoninus (3) cum divo patre suo rescripsit.

(1) Voir la note sur les premiers mots du fragment précédent.
(2) Le propriétaire aura le droit d'exiger la réparation du dommage que l'enlèvement a pu ou pourra causer à son héritage, conformément au fr. 5 du titre IV du livre X du Digeste, *Ad exhibendum*, au fr. 9 du titre II du livre XXXIX, *De damno infecto*, et au fr. 8 du présent titre. Ces textes n'ayant pas de rapport direct avec le droit maritime, je ne les ai pas recueillis.
(3) Ces mots servent de fondement à ceux qui attribuent à Antonin la const. 1 du titre V du livre XI du Code, *De naufragiis*, qui porte le nom de Constantin. Mais peut-être la constitution d'Antonin dont il est parlé ici, n'est-elle que celle dont fait mention le § 2 du fr. 1 du titre VII du livre XLVIII du Digeste, *Ad legem Juliam de vi privata.*

Ex lib. XLVII, tit. x, *De injuriis et famosis libellis.*

§ 7. Si quis me prohibeat in mari piscari, vel everriculum, quod græcè σαγήνη dicitur, ducere, an injuriarum judicio possim eum convenire? Sunt qui putent injuriarum (1) me posse agere : et ita Pomponius..... Si quem tamen ante ædes meas, vel ante prætorium meum, piscari prohibeam, quid dicendum est ; me injuriarum judicio teneri, an non? Et quidem mare commune omnium est, et littora sicuti aër ; et est sæpissimè rescriptum, non posse quem piscari prohiberi ; sed nec aucupari, nisi quòd ingredi quis agrum alienum prohiberi potest. Usurpatum tamen et hoc est, tametsi nullo jure, ut quis prohiberi possit ante ædes meas vel prætorium meum piscari : quare, si quis prohibeatur, adhuc injuriarum agi potest.

Sanè, si maris proprium jus ad aliquem pertineat (2), uti possidetis interdictum ei competit, si prohibeatur jus suum exercere : quoniam ad privatam jam causam pertinet, non ad publicam, hæc res.

Ex lib. XLVIII, tit. VII, *Ad legem Juliam de vi privata.*

De vi privata damnati, pars tertia bonorum ex lege Julia publicatur ; et cautum est ne senator sit, ne decurio, aut ullum honorem capiat, neve in eum ordinem sedeat, neve judex sit; et videlicet omni honore, quasi infamis, ex senatusconsulto carebit (3).

§ 1. Eâdem pœnâ adficiuntur qui ad pœnam legis Juliæ de vi privata rediguntur, et si quis ex naufragio, dolo malo, quid rapuerit.

§ 2. Sed et ex constitutionibus principum extra ordinem, qui de naufragiis aliquid diripuerint puniuntur : nam et Divus Pius rescripsit nullam vim nautis fieri debere; et si quis fecerit, ut severissimè puniatur.

Ex lib. XLVIII, tit. VIII, *Ad legem Corneliam de sicariis et veneficis.*

§ 4. Item.... qui naufragium suppresserit.... senatusconsulto pœnâ legis Corneliæ punitur (4).

(1) Le mot *injuria* n'est pas pris ici dans l'acception privative que lui donnent les divers fragmens de l'édit du préteur disséminés dans ce titre. Il ne peut signifier ici que ce que le jurisconsulte a dit plus haut dans le fr. 1 : *quod non jure fit, etiam sine contumelia.*

(2) Le jurisconsulte ne veut pas dire que la mer, en elle-même, puisse être une propriété privée ; le contraire est établi par un grand nombre de textes : mais il décide que, dans des cas analogues à celui qui est prévu au fr. 13 du titre IV du livre VIII du Digeste, *Communia prædiorum* &c., un particulier a des droits qui l'autorisent à réclamer contre le trouble qu'on lui fait éprouver.

(3) J'ai transcrit ce texte, sans lequel on ne pouvoit comprendre le suivant, qui est spécial contre ceux qui volent dans un navire.

(4) Ce sénatusconsulte est celui qui fut rendu sous le règne de Claude ; on en a vu les dispositions dans le § 8 du fr. 3 du titre IX du livre XLVII du Digeste, *De incendio, ruina, naufragio,* &c.

Ex lib. L, tit. XVI, *De verborum significatione.*

Fr. 59. ULPIANUS, lib. LXVIII *ad Edictum.*

Portus (1) appellatus est conclusus locus, quò importantur merces et inde exportantur.

Fr. 96. CELSUS, lib. XXV *Digestorum.*

Littus est quousque maximus fluctus (2) à mari pervenit; idque Marcum Tullium aiunt, cùm arbiter esset, primum constituisse.

Fr. 112. JAVOLENUS, lib. XI *ex Cassio.*

Littus publicum est eatenùs quà maximè fluctus exæstuat.

Fr. 242. JAVOLENUS, lib. II *ex posterioribus Labeonis.*

Malum (3) navis esse partem, artemonem (4) autem non esse, Labeo ait : quia pleræque naves sine malo inutiles essent, ideòque pars navis habetur; artemo autem magis adjectamento quàm pars navis est.

EX CODICE JUSTINIANEO.

Ex lib. IV, tit. XXV, *De institoria et exercitoria actione.*

Const. 4. Impp. DIOCLETIANUS et MAXIMIANUS AA. et CC. Antigonæ. (Ann. 294.)

Et si à muliere magister navi præpositus fuerit, ex contractibus ejus ea, exercitori actione, ad similitudinem institoriæ tenetur (5).

Ex lib. IV, tit. XXXII, *De usuris.*

Const. 19. Imp. PHILIPPUS A. Hyreniæ. (Ann. inc.)

Acceptam mutuo sortem cum usuris licitis, creditoribus post contestationem offeras ; ac, si non suscipiant, consignatam in publico depone, ut cursus legitimarum

---

(1) Il est considéré selon le § 1 du fr. 4 du titre IX du livre II, *De divisione rerum et qualitate,* que j'ai cru inutile de recueillir, comme placé dans le domaine public.
(2) Il faut compléter cette définition par celle des Institutes, livre II, titre I, § 3, qui ajoute le mot *hybernus.*
(3) C'est ce qui est déjà décidé par le fr. 44 du titre II du livre XXI, *De evictionibus.*
(4) Il y a quelque diversité d'opinions sur ce qu'on entend par ce mot. Isidore, *Origin.* lib. XIX, cap. III, croit que c'est une espèce de voile de réserve, et son opinion est fortifiée par un passage des *Actes des apôtres,* chap. XXVII, vers. 40. C'est aussi l'opinion de Cujas, *ad h. l.* Mais alors pourquoi cette voile ne feroit-elle pas partie du navire, d'après le fr. 44 du titre II du livre XXI du Digeste, *De evictionibus ?* Vitruve, *De architect.* lib. X, croit que c'est une machine à poulie, et ce sentiment faciliteroit la conciliation des deux fragmens.
(5) On trouve le même principe dans le fr 1, § 16, du titre I du livre XIV du Digeste, *De exercitoria actione.*

usurarum inhibeatur. . . . cùm Serviana etiam actio manifestè declaret, pignoris inhiberi persecutionem, vel solutis pecuniis, vel si per creditorem steterit quominùs solvantur. Quod etiam in trajectitiis servari oportet (1).

Const. 26. Imp. Justinianus A. Mennæ P. P. (Ann. inc.)

§ 1. In trajectitiis. . . . . contractibus, vel specierum fœnori dationibus, usque ad centesimam (2) tantummodo licere stipulari, nec eam excedere, licèt veteribus legibus hoc erat concessum (3). . . . .

Ex lib. IV, tit. XXXIII, De nautico fœnore.

Const. 1. Impp. Dioclet. et Maxim. AA. Honorato. (Ann. inc.)

Trajectitiam pecuniam, quæ periculo creditoris datur, tamdiu liberam esse ab observatione communium usurarum, quamdiu navis ad portum adpulerit (4), manifestum est.

Const. 2. Iidem AA. Chosimaniæ. (Ann. inc.)

Cùm dicas te pecuniam eâ lege dedisse, ut in sacra urbe tibi restitueretur, nec incertum periculum, quod ex navigatione maris metui solet, ad te pertinuisse profitearis (5), non est dubium pecuniæ creditæ ultra licitum modum te usuras exigere non posse.

Const. 3. Iidem AA. Juniæ. (Ann. inc.)

Cùm proponas te nauticum fœnus eâ conditione dedisse, ut post navigium quod in Africam dirigi debitor adseverabat, in Salonitanorum portum nave delatâ, fœnebris pecunia tibi redderetur, ita ut navigii duntaxat quod in Africam destinabatur periculum susciperes, perque vitium debitoris, nec loco quidem navigii servato, illicitis comparatis mercibus quæ navis continebat, fiscum occupasse ; amissarum mercium detrimentum, quod non ex marinæ tempestatis discrimine, sed ex præcipiti avaritia et incivili debitoris audacia, accidisse adseveratur, adscribi tibi juris publici ratio non permittit (6).

---

(1) Je n'ai recueilli ce fragment que parce que les derniers mots appliquent au prêt à la grosse les règles du droit commun sur la cessation des intérêts par des offres suivies de consignation, conformément au principe expliqué dans le fr. 8 du titre II du livre XXII du Digeste, *De nautico fœnore*. Mais il ne faut pas perdre de vue que l'intérêt maritime, *major usura*, cesse par l'événement qui rend le prêt exigible, comme on l'a vu dans le fr. 4 du même titre. L'intérêt ordinaire est le seul qui puisse être dû en cas de retard du débiteur, et c'est cet intérêt dont le cours sera arrêté par la consignation.

(2) Le centième du capital par mois, parce qu'on sait que l'usage des Romains étoit de percevoir les intérêts chaque mois; c'est donc *douze pour cent* par an. Voir Dumoulin, *De usuris*, n. 9, et les auteurs, dont la citation seroit trop longue, qui ont traité du prêt à intérêt chez les Grecs et les Romains.

(3) On a vu dans les notes sur le fr. 4 du titre II du livre XXII du Digeste, *De nautico fœnore*, qu'avant cette constitution de Justinien le taux de l'intérêt maritime étoit illimité. Par la novelle CVI, il rétablit l'ancien droit; mais bientôt il abrogea cette novelle par la CX.ᵉ J'ai cru qu'il n'y auroit aucune utilité à recueillir ces deux derniers documens.

(4) Voir la note sur le fr. 4 du titre II du livre XXII du Digeste, *De nautico fœnore*.

(5) Voir la note sur le fr. 1 du titre II du livre XXII du Digeste, *De nautico fœnore*.

(6) On a déjà vu dans le fr. 51, § 1, du titre II du livre XIX du Digeste, *Locati, conducti*, que la confiscation pour délits du chargeur n'étoit pas considérée comme un cas fortuit.

Const. 4. Impp. Dioclet. et Maxim. AA. Eucharisto. (Ann. inc.)

Trajectitiæ quidem pecuniæ, quæ periculo creditoris mutuo datur, casus, antequam ad destinatum locum navis perveniat, ad debitorem non pertinet. Sine hujusmodi verò conventione, infortunio naufragii debitor non liberabitur (1).

Ex lib. VI, tit. II, *De furtis et servo corrupto.*

Const. 18. Impp. Dioclet. et Maxim. AA. et CC. Dionysiodoro. (Ann. inc.)

In eum qui ex naufragio vel incendio cepisse, vel in his rebus damni quid dedisse dicitur (2), intra annum utilem ei cui res abest, quadrupli, post annum in simplum actionem proditam præter pœnam olim statutam, edicti forma perpetui declarat.

Ex lib. XI, tit. V, *De naufragiis.*

Const. 1 (3). Imp. Constantinus A.

Si quando naufragio navis expulsa fuerit ad littus, vel si quando aliquam terram attigerit (4), ad dominos pertineat; fiscus meus sese non interponat. Quod enim jus habet fiscus in aliena calamitate, ut de re tam luctuosa compendium sectetur?

Const. 2. Imppp. Valentinian. Valens et Grat. AAA. ad Modestum P. P. (Ann. 372.)

Si quis navicularius naufragium se sustinuisse adfirmet, provinciæ judicem, ejus videlicet in qua res agitur, adire festinet, ac probet apud eum testibus eventum (5);

---

(1) On a vu le même principe dans les fr. 3 et 4 du titre II du livre XXII du Digeste, *De nautico fœnore.*

(2) On a vu, dans les notes sur les titres II et IX du livre XLVII du Digeste, les lois nombreuses qui avoient été faites en faveur des naufragés; la nécessité où l'on étoit de les renouveler prouve la grandeur du mal et l'absence de protection locale. On voit par la const. 29 du titre V du livre XIII du Code Théodosien, et par la const. 5 du titre I du livre XI du Code de Justinien, que la défense de piller les naufragés étoit toujours maintenue.

(3) J'ai déjà eu occasion, pag. 78 et 125, de faire observer que plusieurs commentateurs attribuoient cette constitution à Antonin.

(4) Saumaise, *De modo usurarum,* livre V, assure que plusieurs anciens manuscrits portent les mots *vel si quando reliquam terram attigerint,* ce qui ne forme aucun sens raisonnable, d'où Vinnius *ad h. l.* conclut qu'il faut lire, *vel si quando RELIQUA terram attigerint.* La leçon de Vinnius seroit évidemment préférable; cependant je ne vois aucun motif pour s'écarter du texte vulgaire. Le navire peut être brisé et les débris portés par la tempête sur le rivage, c'est-à-dire, sur ce qui forme le bord de la mer, qui n'est la propriété de personne; il peut être porté contre des terrains qui, par une cause quelconque, seroient propriété privée, et ce cas même est prévu par le fr. 7 du titre IX du livre XLVII du Digeste, *De incendio, ruina, naufragio.* La constitution embrasse l'une et l'autre hypothèse.

(5) Cette constitution est spécialement relative aux patrons, *naviculariï,* chargés du transport des grains ou autres approvisionnemens de l'état. J'aurois donc pu l'omettre, par les motifs qui m'ont porté à omettre les titres I, II, III et IV de ce livre; mais on ne peut se dissimuler que le principe qu'elle contient est devenu la base des règles adoptées par les législations modernes sur la nécessité d'un rapport affirmé et vérifié, et sur les courtes prescriptions qui éteignent les réclamations ou exceptions fondées sur des naufrages. C'est le motif qui m'a porté à la recueillir. La const. 2 du titre XI du livre XIII du Code Théodosien accordoit un an pour les navires destinés à l'approvisionnement de Rome, et deux ans pour les navires destinés à l'approvisionnement de Constantinople. Cujas, *De diversis et temporalibus præscriptionibus,* cap. xx, croit cette distinction supposée dans le Code de Justinien, et par ce moyen il concilie cette constitution avec la cinquième de ce titre, où il est parlé d'un délai de deux ans. Mais on peut répondre, avec Barthole, dans son Commentaire sur cette const. 5, que les deux ans sont donnés au juge pour prononcer, comme je le ferai voir plus bas.

relatioque etiam ad sublimissimam referatur præfecturam : ita ut intra anni spatium, veritate revelatâ, competens dispositio procedat. Quòd si, per negligentiam, præfinitum anni spatium fortasse claudatur, supervacuas serasque interpellationes emenso anno placuit non admitti (1).

Const. 3. Imppp. GRAT. VALENTINIAN. et THEODOS. AAA. Naviculariis Africæ. (Ann. 380.)

Quotiens, obrutâ vel submersâ fluctibus navi, examen adhibetur competentis judicis, duorum vel trium nautarum quæstione habitâ (2), cæteri ab hujusmodi nexu liberentur : quid est enim quod non abundè intra præfinitum numerum solers quæsitor inveniet? Circa magistros navium, quibus est scientia plenior, immoretur : qui si fatali sorte defuerint, in alios inquisitio transferatur. Sanè, si universos violentia tempestatis obruerit, ne veritas lateat, à liberis nautarum sive magistrorum intra judicia constitutis super eorum quæratur interitu, quos navicularius naufragio periisse contendit. Susceptionis autem necessitas ex calendis aprilis in diem calendarum octobris mensura servabitur (3).

Const. 5. Impp. HONOR. et THEODOS. AA. Naviculariis per Africam. (Ann. 412.)

De submersis navibus decernimus, ut levato velo istæ causæ cognoscantur (4); et si quisquam de talibus negotiis aliquid accepisse detegitur, judex apud quem constiterit, his conquerentibus qui nudantur, pro qualitatibus personarum, mulctandi, removendi proscribendique habeat potestatem (5). Si verò causarum talium cognitores, libelli datione vel plenariâ interpellatione commoniti, intra biennium has causas adire neglexerint, et hoc fuerit tempus elapsum, præjudicium noceat eatenùs cognitori, ut navicullario propter vitium judicis absoluto (6), mediam oneris ejus partem, propter cujus probandam amissionem legitimo duntaxat tempore cognito petebatur, judex cogatur inferre; residuam verò officium ejus exsolvat.

(1) Ces mots ne sont relatifs qu'à l'exception de perte ou aux indemnités que faisoient valoir contre le fisc les naviculaires chargés du transport des approvisionnemens, et ne forment point obstacle à ee que les naufragés agissent contre ceux qui ont pillés, dans les délais expliqués aux titres II et IX du livre XLVII du Digeste, ainsi que je l'ai dit, page 123, sur le fr. 3 de ce dernier titre.

(2) La constitution 2 du titre IX du livre XIII du Code Théodosien soumet les matelots à la torture, moyen barbare que les anciens avoient employé pour faire déposer les esclaves, comme l'attestent de nombreux passages des plaidoyers de Démosthène et des jurisconsultes romains.

(3) C'est une conséquence de ce que j'ai dit, pag. 73 et 79, des règles d'après lesquelles la navigation étoit, sinon interdite, au moins considérée comme imprudente, depuis le mois d'octobre jusqu'au mois d'avril. Cependant le seul fait qu'on étoit dans cette saison ne dispensoit pas les naviculaires chargés des approvisionnemens de la capitale, de l'obligation de naviguer, si les vents n'étoient pas contraires, comme le prouve la const. 6 du titre 1 du livre IX du Code, De naviculariis, qu'il m'a paru inutile de recueillir.

(4) Cette constitution est, comme je l'ai fait remarquer page 82, la seule trace qui nous reste d'une procédure spéciale suivie chez les Romains pour juger les contestations commerciales dans un bref délai et sans formalités.

(5) Cette constitution suppose qu'incidemment à la contestation sur la perte des approvisionnemens publics par les naufragés, on découvre que quelques personnes les ont pillés, et charge le juge d'appliquer les peines établies en pareil cas.

(6) Il faut croire que lorsqu'un naviculaire avoit fait les déclarations de naufrage dont il est parlé dans les constitutions précédentes, si un jugement n'étoit pas rendu dans les deux ans, toute recherche contre lui étoit éteinte, car c'est ce qu'il faut conclure des mots navicullario absoluto, et que la perte par force majeure étoit réputée suffisamment prouvée en sa faveur : comme ce n'étoit qu'une simple exception de prescription dans son intérêt, le juge devenoit garant envers le fisc. Cependant cette explication que je hasarde, me paroît s'accorder difficilement avec la const. 2, extraite des const. 22 et 26 du titre V du Code Théodosien, et avec les const. 4 et 6 du titre IX du livre XIII du même Code.

Ex lib. XII, tit. XLV, *De littorum et itinerum custodia.*

Impp. HONOR. et THEODOS. AA. Eustachio P. P. (Ann. 420.)

Saluberrimâ sanctione censemus ne merces illicitæ ad nationes barbaras deferantur (1) : et quæcunque naves ex quolibet portu seu littore dimittuntur, nullam concussionem vel damna sustineant (2), ita tamen ut earum naucleri deponant in quam provinciam ituri sunt ; uti, hoc manifestato, nulla contra eos postea indignatio seu concussio quoquo modo procedat.

EX GAII INSTITUTIONIBUS.

Ex Comment. II.

§ 79. .... Item si ex.... meis tabulis navem aut armarium aut subsellium fabricaveris, quæritur an meum sit. Quidam materiam et substantiam spectandam esse putant; id est, ut cujus materia sit, illius et res quæ facta sit, videatur esse; idque maximè placuit Sabino et Cassio. Alii verò ejus rem esse putant qui fecerit ; idque maximè diversæ scholæ auctoribus visum est : sed eum quoque cujus materia et substantia fuerit, furti adversùs eum qui subripuerit, habere actionem; nec minùs adversùs eundem condictionem ei competere, quia extinctæ res , licèt vindicari non possint, condici tamen à furibus et quibusdam aliis possessoribus possunt (3).

Ex Comment. IV.

§ 71. .... Exercitoria [*actio*] locum habet, cùm pater dominusve filium servumve magistrum navi præposuerit, et quid cum eo, ejus rei gratiâ cui præpositus fuit, negotium gestum erit : cùm enim ea quoque res ex voluntate patris dominive contrahi videatur, æquissimum visum est in solidum actionem dari ; quinetiam , licèt extraneum quisquam magistrum navi præposuerit, sive servum, sive liberum , tamen ea prætoria actio in eum redditur. Ideò autem exercitoria actio appellatur, quia exercitor vocatur is ad quem quotidianus navis quæstus pervenit.

(1) Cette prohibition résultoit déjà, comme je l'ai fait remarquer pag. 82 , de lois antérieures rappelées au fr. 11 du titre IV du livre XXXIX du Digeste, *De publicanis*, que je n'ai pas cru nécessaire de recueillir. Les mêmes empereurs avoient par un édit de 410, que je n'ai point aussi recueilli, défendu , sous peine de mort, d'enseigner aux étrangers l'art de construire des vaisseaux.

(2) Voici la finale de cette constitution d'après le Code Théodosien : « Gestis apud defensorem locorum, « præsente protectore seu duciano, qui dispositus est, sub hac observatione confectis, ut, et *ad quas partes* « *navigaturi sunt et quòd nullam concussionem pertulerunt,* apud acta deponant, quorum authenticum nau- « clerus sive mercator habebit, schedâ apud defensorem manente. » On voit ici des traces des congés dont les navires doivent être munis, et des rapports que les patrons doivent faire.

(3) Ce passage, tel qu'Anien l'a rédigé, sera compris dans les fragmens du droit maritime sous les conquérans du Nord, qui fera l'objet du chapitre suivant.

EX JULII PAULI RECEPTIS SENTENTIIS.

Ex. lib. II, tit. VI, *De exercitoribus.*

1. Filiusfamilias, si voluntate patris navem exerceat, patrem in solidum ob ea quæ salva receperit, obligat (1).

Ex lib. II, tit. VII, *Ad legem rhodiam.*

1. Levandæ navis gratiâ jactus cùm mercium factus est, omnium intributione sarciatur, quod pro omnibus datum est (2).

2. Jactu navis levata si perierit, extractis aliorum per urinatores mercibus, ejus quoque rationem haberi placuit, qui merces salvâ nave jactavit.

3. Nave vel arbore vi tempestatis amissâ, vectores ad contributionem non tenentur, nisi ipsis arborem salutis causâ eruentibus navis salva sit.

4. Levandæ navis gratiâ merces in scapham transjectas, atque ideò amissas, intributione earum quæ in navi salvæ erunt, refici convenit. Nave autem perditâ, conservatæ cum mercibus scaphæ ratio non habetur.

5. Collatio intributionis ob jactum salvâ nave fieri debet.

Ex lib. II, tit. XIV, *De usuris.*

3. Trajectitia pecunia, propter periculum creditoris, quamdiu navigat navis, infinitas usuras recipere potest (3).

Ex lib. II, tit. XXXI, *De furtis.*

18. Si quid in nave rateve perierit, furti actio in exercitorem navis datur (4).

Ex lib. V, tit. III, *De his quæ per turbam fiunt.*

2. Quidquid ex incendio, ruina, naufragio, navique expugnata, raptum, susceptum suppressumve fuerit, eo anno in quadruplum ejus rei quàm quis suppresserit, celaverit, rapuerit, convenitur; postea vere in simplum (5).

---

(1) Ce texte est conforme aux §§ 16, 19 et 21 du fr. 1 du titre I du livre XIV du Digeste, *De exercitoria actione.*

(2) Ce texte et les suivans sont conformes à divers fragmens du titre II du livre XIV du Digeste, *De lege rhodia de jactu.*

(3) Voir les notes sur le fr. 4 au titre II du livre XXII du Digeste, *De nautico fœnore.*

(4) Ce texte ne se trouve pas dans tous les manuscrits. Cujas l'a recueilli d'après un manuscrit de Besançon (*Observ.* lib XXI, cap. XIX), et dans son commentaire il le place sous le n.º 27. C'est un abrégé de ce que décident le fr. 5, § 6, du titre VII du livre XLIV, *De obligationibus et actionibus*, et le fragment unique, § 3, du titre V du livre XLVII du Digeste, *Furti adversùs nautas.*

(5) Voir les notes sur le titre IX du livre XLVII du Digeste, *De incendio, ruina, naufragio.*

CHAPITRE IV.

Législation maritime de l'Europe pendant l'invasion des Peuples du Nord.

Quoiqu'en général les lois suivent le sort des empires, qu'elles naissent, se développent et perdent leur autorité avec les peuples qui les ont faites, Rome semble avoir été exceptée de cette destinée commune. Les hordes du Nord qui, sous des noms divers, fondirent sur l'empire d'Occident et s'en partagèrent les débris, ne parvinrent à détruire ni la religion, ni les lois, ni la langue des Romains, et l'on peut appliquer à ce grand événement ce qui avoit été dit dans une autre circonstance : Les vaincus ont donné leurs lois aux vainqueurs (1).

Je suis donc amené naturellement, après avoir présenté quelques notions sur le droit maritime des Romains, à rechercher quel fut le sort de ce droit, lorsque la plus belle partie de l'empire devint la conquête des peuples du Nord, qui finirent par s'y établir et par y fonder les états qui composent aujourd'hui l'Europe. Je vais essayer d'en donner une idée, qui fera connoître le droit maritime par lequel il est probable que les provinces de l'empire d'Occident ont été régies depuis le v.ᵉ siècle jusque vers le xii.ᵉ, où commencèrent à s'introduire les usages locaux, remplacés ensuite par les statuts ou les coutumes rédigés avec la sanction de l'autorité publique. C'est dans le chapitre suivant que je traiterai du droit maritime de l'empire d'Orient.

Au moment où commencèrent les invasions des peuples du Nord en Occident, Justinien n'avoit pas refondu et modifié la législation romaine dans les célèbres compilations qui ont conservé la plus noble et la plus pure des autorités, celle de la sagesse et de la raison. Ce n'est même qu'après les premières invasions que Théodose fit rédiger, en 438, un recueil légal et officiel des constitutions impériales, connu sous le nom de Code Théodosien.

Mais ce recueil ne pouvoit par lui-même, et ne devoit point, dans l'intention de son auteur, servir exclusivement de guide aux tribunaux : quand il n'en contiendroit pas la preuve, il faudroit le présumer, puisqu'il garde le silence sur des matières qui, par la nature des choses, donnoient lieu à de fréquentes transactions et à des contestations au moins aussi nombreuses. Pour ne pas sortir de la matière dont je m'occupe spécialement, je prendrai pour exemple le droit maritime : à l'exception de quelques textes relatifs aux naufrages, on ne trouve dans ce Code, comme je l'ai fait observer dans le chapitre

(1) Horat. *Epist.* lib. ii, ep. i, vers. 56.

précédent, que des règles d'administration et de police sur la garde des rivages, sur la sûreté du territoire, sur les navires destinés aux approvisionnemens de la capitale ; et rien, à proprement parler, de ce qui devoit servir à régler les transactions privées que le commerce maritime rend aussi multipliées qu'importantes.

L'intention de Théodose n'avoit pas été de faire un code unique et complet, dans le sens que nous attribuons maintenant à ce mot, mais de sauver de l'oubli les constitutions impériales rendues depuis Constantin, de multiplier les moyens de les connoître, et d'élaguer de sa collection celles qui ne lui parois-soient pas d'un intérêt général. L'édit perpétuel, rédigé par l'ordre d'Adrien vers l'an 131 de l'ère chrétienne, les commentaires dont il avoit été l'objet, les ouvrages des jurisconsultes dont le Digeste devoit bientôt conserver des fragmens et préparer la perte, étoient le fonds de la législation et de la juris-prudence romaines. Le chapitre précédent a prouvé combien ce fonds étoit riche, en ce qui concerne le droit maritime. Il y a plus, on connoit la célèbre constitution faite par Valentinien III, en 426, sur l'autorité que devoient avoir aux yeux des juges les citations de plusieurs jurisconsultes. Malheureusement elle ne nous est pas parvenue assez complète pour que nous puissions en apprécier tous les effets. Mais, sans entrer dans la discussion relative au caractère et à l'étendue de l'autorité qu'elle accordoit aux jurisconsultes dé-signés, il me suffit de rappeler, ce qui n'est sujet à aucune controverse, que les écrits de Scœvola, de Sabinus, de Julien, de Marcellus, de Papinien, de Paul, de Gaïus, d'Ulpien et de Modestinus, étoient la règle des jugemens, et, par conséquent, une des plus abondantes sources du droit privé.

C'est avec cette escorte, si l'on me permet cette expression, que le Code Théodosien étoit la loi commune de l'empire. C'est dans cette situation que se trouvoient les provinces dont les peuples du Nord s'emparèrent successivement.

Ce fut aussi dans ces sources que puisèrent avec plus ou moins de discer-nement, de science et de modifications, les hommes qui, par ordre des chefs des vainqueurs, composèrent, en l'an 506, l'abrégé d'Alaric, connu sous le nom de *Breviarium* (1), et, à une époque peu distante, le code dit *Lex romana* des Bourguignons, destinés à ceux de leurs sujets qui conservoient l'usage du droit romain.

C'est également aux principes de ce droit que se référoient les hommes qui, en l'an 500, ont rédigé l'édit de Théodoric, destiné à tous ses sujets, de quelque race qu'ils fussent, *tam barbaris quàm Romanis.* Non-seulement on y trouve des règles et des textes entiers évidemment empruntés au droit romain, parce qu'ils sont en trop grande dissonance avec les mœurs des peuples conquérans, pour qu'on puisse leur en attribuer la conception

---

(1) Cet ouvrage est, comme on sait, un abrégé du Code Théodosien, et une analyse défigurée des Ins-titutes de Gaïus, auxquels on a joint des extraits d'Ulpien et de Paul, *quæ*, portent la plupart des manuscrits, *in Theodosiano, pro dirimendis litibus, non inveniuntur inserta.*

première; on y lit en outre, d'une manière explicite, la volonté du législateur de conserver le droit existant dans le pays avant l'invasion; car à quel autre pourroient se rapporter ces expressions, *Salvâ juris publici reverentiâ, et legibus omnibus cunctorum devotione servandis.... Quæ comprehendere nos, vel edicti brevitas, vel curæ publicæ, non siverunt, quoties oborti fuerint, custodito legum tramite terminentur... Veteris juris sanctimonia.... Usualia.... Legum usualis regula?*

D'habiles jurisconsultes ont beaucoup discuté sur le point de savoir si l'autorité de quelques-uns des codes faits par les chefs conquérans fut générale, et, si je peux employer ce mot, *territoriale*, c'est-à-dire, régissant quiconque habitoit le pays, soit qu'il fût de la race des vainqueurs, soit qu'il fût indigène et par conséquent de la race des vaincus, soit qu'il fût membre d'un autre état, ce que nous appelons étranger, soit qu'il fût sans patrie comme les Juifs, qui ont été les plus actifs instrumens du commerce à cette époque. Cette question, digne des recherches des savans, est sans intérêt pour le sujet qui m'occupe; car je n'entends rien dire autre chose, sinon que le droit civil des Romains continua d'être observé dans les provinces envahies de l'empire d'Occident, non-seulement par la force des choses, qui ne pouvoit permettre que des négociations utiles et tenant à l'existence de l'état social restassent sans règles pour guider les parties et les juges de leurs contestations, mais encore par la volonté des conquérans, dont les lois nouvelles, comme on l'a vu, maintenoient par une déclaration formelle la législation antérieure, en ce qui n'étoit pas déterminément abrogé ou changé.

Quel que soit le sort d'un peuple qui subit le joug de la conquête, une fois qu'il a possédé des lois civiles, destinées à régler les intérêts privés, elles subsistent dans le pays jusqu'à ce qu'un autre droit les ait remplacées; et l'expérience nous a fait connoître combien cette substitution est difficile, combien l'attachement des peuples à leurs lois civiles est plus fort souvent que celui qu'ils portent à leurs institutions politiques. La conquête peut changer les formes du gouvernement, amener d'immenses perturbations dans les propriétés, dans l'ordre légal ou conventionnel de leur transmission; mais, tant que ce peuple n'est pas détruit et que la civilisation n'est pas entièrement anéantie, des transactions entre les particuliers ont lieu nécessairement, des contestations peuvent en être la suite, et des lois ou du moins des règles sont nécessaires pour éclairer les contractans et diriger les magistrats chargés de distribuer la justice. Si la loi des conquérans ne statue rien à cet égard, la loi qui a régi le pays avant la conquête reste dans les mœurs, dans la conscience et dans les souvenirs des peuples, sinon comme droit positif, au moins comme règle nécessaire et coutume d'une évidente utilité.

D'ailleurs, ce ne seroit peut-être pas bien connoître l'histoire des invasions faites par les peuples du Nord dans l'empire d'Occident, que de supposer que ces peuples ont anéanti les Romains, ou les ont absorbés entièrement. La langue romaine, qui se corrompit sans doute par le mélange de la langue des vainqueurs (1), l'emporta toujours, et fut la principale, on pourroit presque dire l'unique base de celles qui ont remplacé l'une et l'autre (2); ce qui suppose un grand nombre de Romains et même des agrégations entières de Romains, subjugués, il est vrai, c'est-à-dire, ayant perdu l'indépendance politique ou le souverain qui les gouvernoit avant l'invasion, mais conservant toujours une existence civile et sociale.

Qui sait même si, dans les pays où l'organisation municipale des Romains avoit jeté des racines profondes, tels que l'Italie, les plus belles provinces de la Gaule, elle n'a pas été maintenue avec plus ou moins de restrictions ou de défiance par les vainqueurs; si les formes n'en ont pas subsisté, sauf quelques changemens de dénominations; et si les principes, obscurcis, mais non détruits, n'ont pas été la base de l'organisation des villes au retour de la liberté en Italie et même en France, après que l'influence de la religion, la politique des rois et l'intérêt pécuniaire des seigneurs eurent, par l'heureuse combinaison de causes si différentes, produit l'affranchissement des communes? Il n'entre point dans mon plan de développer ces idées, à l'appui desquelles je ne serois pas embarrassé de rapporter des preuves contemporaines et de graves opinions.

Le droit romain, dans l'état où l'on a vu qu'il existoit au moment des invasions, ne fut pas même, ce me semble, le seul qui ait été connu et suivi dans les portions de l'empire d'Occident soumises aux conquérans du Nord. Il ne faut pas oublier que plusieurs provinces n'avoient pas encore été subjuguées, que d'autres avoient été recouvrées, à l'époque où Justinien fit rédiger ses compilations. Tout porte à croire que les communications fréquentes, nées du voisinage, des rapports de commune origine et des relations commerciales, en introduisirent la connoissance dans les parties que Justinien n'avoit ni conservées ni recouvrées.

Plusieurs capitulaires des rois de France, divers actes authentiques de cette époque, se réfèrent, souvent implicitement et quelquefois même d'une manière explicite, aux maximes de la jurisprudence romaine, contenues dans les lois de Justinien. Les formules dites d'Auvergne et d'Angers, celles de Marculfe et quelques autres qu'ont publiées Mabillon, Sirmond, Baluze, Lindenbroc, et, dans ces derniers temps, le P. Canciani, en supposent l'existence.

L'ouvrage dit *Des Origines* d'Isidore de Séville, qui vivoit à la fin du VI.ᵉ siècle et qui mourut en 636, contient un livre entier, le livre v, consacré à des définitions de droit. Quoiqu'il ne désigne point les compilations de Justinien, ce qui n'a rien de surprenant, puisqu'elles n'ont été faites que vers la fin du VI.ᵉ siècle, son ouvrage contient des notions qui supposent la connoissance d'autres écrits que ceux que nous a conservés le *Breviarium Anianum;* et,

_____

(1) Lund. *Præfat. ad versionem latinam legum westrogothicarum.*
(2) M. Raynouard, *Choix de poésies des troubadours,* t. I, pag. 13 *et suiv.*

pour ne parler que du droit maritime, il désigne, au chapitre XVII, la loi rhodienne dans des termes qui ont beaucoup de rapport avec le fr. 9 du titre II du livre XIV du Digeste, *De lege rhodia de jactu.*

Un second ouvrage, connu seulement sous le nom de *Brachylogus,* écrit en latin, et certainement lorsque les pays qui parloient cette langue étoient déjà envahis, a évidemment pour type les compilations de Justinien; la définition que le § 5 du titre XXV du livre IV donne de l'action *exercitoria,* est copiée dans les Institutes.

Il existe un troisième ouvrage, fait par un auteur désigné sous le seul nom de *Petrus* (1), intitulé, *Exceptiones* [Excerptiones] *legum romanarum.* Cet auteur a puisé dans le Digeste, qu'il cite nommément; pour ce qui concerne le droit maritime, il a extrait, dans le livre III, chapitre LXVIII, le fragment 7, § 2, du titre IX du livre IV, *Nautæ, caupones et stabularii,* et dans le chapitre LIII du livre IV, des notions sur l'action *exercitoria* qui sont tout-à-fait conformes aux définitions du Digeste. A quelque époque que l'on fixe l'existence de cet auteur, et l'on peut croire, avec le savant Haubold, *Tabulæ chronologicæ juris romani,* que cette époque est la seconde moitié du XI.e siècle (2), il est constant qu'il a vécu avant la découverte du manuscrit d'Amalfi, à laquelle on a si long-temps attribué la connoissance du Digeste en Europe.

J'ai trouvé une quatrième preuve dans un monument de l'ancien droit maritime de France et d'Angleterre, qui me paroît n'être pas sans importance. L'article 38 des lois de Guillaume le Conquérant (on sait qu'il devint roi d'Angleterre en 1066) exempte de toute réparation celui qui a jeté à la mer les choses d'autrui, en cas de nécessité (3); et cette disposition est évidemment une analyse de plusieurs textes du titre II du livre IX du

(1) D'après l'*Histoire littéraire de France,* t. VII, pag. 342, les uns attribuent cet ouvrage à Pierre de Chartres, mort en 1039; les autres, à Pierre de Damien, mort en 1078. Il est en manuscrit à la bibliothèque royale, et a été imprimé à Strasbourg en 1500, 1 vol. *in-4.e*

(2) Lorsque cette dissertation a été lue à l'ouverture de mon cours en 1823, et même au moment où j'ai livré le manuscrit à l'impression, je n'avois pu encore connoître le savant ouvrage de M. de Savigny, *Geschichte des Römischen Rechts in Mittelalter,* écrit, malheureusement pour moi et pour tous les amis de la science, dans une langue peu familière aux Français. Une personne qui s'occupe d'en faire la traduction a eu l'obligeance de m'expliquer ce que M. de Savigny a dit sur l'ouvrage dont il s'agit, et ses conjectures s'accordent avec l'opinion que j'avois adoptée d'après celle de Haubold. Je n'ai pas éprouvé moins de satisfaction en me trouvant d'accord avec M. de Savigny sur l'autorité du droit romain pendant l'invasion des peuples du Nord.

(3) En voici le texte; il est si difficile à entendre, qu'il m'a paru nécessaire d'y joindre la traduction latine de Wilkins :

Si home en puissuned oltre seit occis, u, per manablement eissilled, jo jettai voz choses de la nef pur pour de mort, et de co ne me poez empláider : kar leist a faire *damage* a altre pur pour de mort quant par ele ne pot eschaper; et si de co me mescez, qui pur pour de mort nel fesse, de co mespriorai, et les choses qui sunt remise en le nef, seint departis en comune sulun les chatels; et si alcun jetted les chatels hors de la nef, senz busun, s'il rendet.

De Jactu, velut ad Legem rhodiam.

Si quis ex necessitate alterum occiderit, aut, propter gubernationem faciliorem, ego jecero res tuas de navi ob metum mortis, de hoc non potes me implicitare : nam licet alteri damnum inferre ob mortis metum, quando periculum evadere non potest; et si de hoc me accuses, quod ob metum mortis nihil feci de hoc, contemptu, et ea quæ in navi restant dividantur in communi secundùm catalla; et si quis jecerit catalla extra navim absque necessitate, ea restituat.

I.

18

Digeste, *Ad legem Aquiliam*, qu'on ne trouve dans aucun des fragmens d'anciens jurisconsultes insérés au *Breviarium Anianum*.

Ce qui nous est révélé par les monumens que j'ai désignés, relativement à l'usage et à la conservation du droit civil des Romains dans les parties de l'empire envahies par les peuples du Nord, est à bien plus forte raison applicable au droit commercial, où j'ai puisé mes citations.

S'il est dans l'ordre des choses que le droit civil d'un pays conquis éprouve des modifications en ce qui concerne les institutions, l'état de famille, même le droit de transmission ou d'acquisition des biens; parce que les lois sur cette matière tiennent plus qu'on ne pense communément à la constitution politique de l'état, les transactions commerciales et les négociations maritimes surtout ne sont point susceptibles d'une telle influence.

La chute de l'empire d'Occident dut porter, je le sais, un coup sensible au commerce, non pas en ce sens que Rome en fût le centre et que les destinées de l'un et de l'autre fussent, sous tous les rapports, inséparables; mais en ce sens que, cette grande catastrophe ayant amené le désordre, l'anarchie, l'absence de protection, et, en quelque sorte, dissous la société, les négociations commerciales furent réduites aux seuls besoins indispensables. Le commerce extérieur n'eut, pour ainsi dire, presque plus d'objet, et se trouva privé de toute garantie. Les peuples, jusqu'alors réunis par un lien commun, protégés par une puissance unique, se trouvèrent tout-à-coup séparés, souvent même assujettis à des vainqueurs ennemis les uns des autres; la navigation ne se dirigea presque plus que vers la piraterie. La crainte des pirates et la barbarie des mœurs introduisirent la pratique de dépouiller les navigateurs qui échouoient sur les rivages; c'étoit, en quelque sorte, une ressource pour des hommes qui n'avoient ni industrie ni agriculture. Mais, si les négociations commerciales n'existoient, dans ces temps d'ignorance et de malheur, qu'en petit nombre, qu'à de longs intervalles et pendant les momens de repos que la lassitude des barbares, leur pitié ou leur intérêt propre laissoient aux vaincus, une législation, ou, si l'on veut, des règles de jurisprudence étoient indispensables, et le simple bon sens conduiroit à reconnoître que le droit romain servoit toujours de guide en cette matière, quand même il n'en subsisteroit aucune preuve.

Toutefois ces preuves, quoique rares, j'en conviens, existent. Ainsi, indépendamment des citations que j'ai faites, les annotations d'Anien (1) attestent que le prêt à la grosse étoit en usage et défini de la même manière que nous le lisons dans le Digeste; qu'il en étoit de même pour le jet et pour la contribution à laquelle il doit donner lieu (2). Ainsi, dans une des lettres de Symmaque (3), on trouve la preuve que les lois romaines qui

(1) *Interpret. ad Paul. recept. Sentent.* lib. II, tit. XII, fr. 3.
(2) *Interpret. ad Paul. recept. Sentent.* lib. II, tit. VII, fr. 1.
(3) Lib. IV, epist. XLV.

interdisoient la navigation pendant un certain temps de l'année, continuoient d'être observées.

Sans doute plus les invasions, en accumulant les calamités, paralysoient le commerce, plus on dut, par une conséquence naturelle, perdre de vue et presque oublier le droit romain qui en régloit les transactions. Mais, lorsque les vainqueurs, cherchant à se fixer, donnoient à leur usurpation une forme de légitimité, et à leur organisation quelque apparence de protection, le commerce reprenoit son essor, et avec lui les principes du droit romain sortoient de leur sommeil. La misère et la servitude des peuples pouvoient s'opposer au développement de l'industrie; les pirateries pouvoient suspendre la navigation, décourager ou effrayer les navigateurs : mais ces circonstances ne changeoient pas la nature du petit nombre de conventions qui avoient lieu, ni celle des principes auxquels il étoit nécessaire de se conformer pour en assurer l'exécution. Il y a plus, ces circonstances extraordinaires pouvoient devenir, et devinrent dans le fait, l'occasion de conventions jusqu'alors peu connues, telles que les lettres de change, les assurances inventées dans le but de prévenir ou de réparer des pertes dont on étoit menacé et qui se renouveloient si fréquemment. Ces conventions nouvelles appeloient et commandoient des lois également nouvelles; le droit romain fournit encore les bases fondamentales de ces lois, comme l'attestent les plus anciennes coutumes sur le change et les assurances.

C'est ce qui doit expliquer aux yeux d'un observateur attentif le silence presque absolu des codes barbares sur les négociations commerciales et maritimes. En avouant, et le fait est trop constant pour permettre des doutes, qu'ils ne contiennent rien à ce sujet, je n'en conclurai pas que le commerce avoit cessé d'exister: cette supposition seroit démentie par le témoignage des auteurs contemporains; car les vainqueurs, qui dédaignoient de s'y livrer, sentoient, autant que la férocité de leurs habitudes le permettoit, le prix des jouissances qu'il procure, ou des besoins qu'il peut seul satisfaire. Si l'on trouve à peine quelques mots dans leurs codes qui puissent, même avec effort, être rattachés au commerce maritime, tels que l'addition 1.re, § 7, de la loi des Bourguignons et l'article 119 de l'édit de Théodoric, c'est précisément parce que ces lois se taisoient, qu'il falloit bien qu'une autre parlât; et cette loi, qu'on lui donne le nom de statut, d'usage ou de coutume, ne pouvoit être que ce qui avoit été jusqu'alors pratiqué, c'est-à-dire, le droit romain. Son empire, en ce qui concerne le commerce maritime, subsista même dans les lieux où le législateur sembloit n'avoir voulu permettre l'usage d'aucune autre loi que des siennes propres. Ainsi, quoique le code des Visigoths, dans le chapitre IX du titre II, eût spécialement interdit aux tribunaux l'application du droit romain, le chapitre V du titre V du livre V, prévoyant le cas où une chose déposée périt par naufrage, le chapitre XVII du titre I du livre VII, prononçant des peines contre ceux qui volent les naufragés, supposent l'existence d'un commerce maritime; et comme ce code garde le silence sur les louages de navires, les obligations des armateurs, des patrons et des matelots, les abordages, le jet, la contribution, le prêt à la grosse (1), on ne pouvoit y suppléer qu'en recourant au droit romain. D'ailleurs ce droit étoit celui d'un grand nombre d'étrangers, à qui le livre XI du même code accordoit la faculté d'être jugés suivant leurs lois.

Cette dernière disposition, très-remarquable, et qui annonce des vues d'une grande et sage politique, atteste qu'il existoit déjà des différences de législation entre les divers états qui s'étoient formés des débris de l'empire d'Occident. Ces différences, loin de diminuer, augmentèrent sans doute à mesure que l'ignorance étendoit ses ténèbres. On peut croire que les exemplaires, peu nombreux dans un temps où la multiplication en étoit si difficile, des écrits ou des recueils qui contenoient le dépôt du droit romain, fonds commun dans lequel on puisoit, disparurent en quelque sorte, au point que c'est encore une question controversée par quelques écrivains s'il subsistoit un seul manuscrit du Digeste avant la découverte de celui que les Pisans ont obtenu de la conquête d'Amalfi (2); et comme la tradition et la mémoire des hommes conservoient seules des principes dont, par le malheur des temps, on étoit arrivé à ne plus connoître la source, cette circonstance, réunie à beaucoup d'autres, qu'il n'est pas de mon sujet de traiter ici, explique suffisamment la cause des altérations que le droit romain dut recevoir.

Toutefois ces altérations dûrent être moins grandes en ce qui concernoit les contrats dont le commerce maritime est composé; c'étoit toujours et partout à des besoins du même genre qu'il falloit pourvoir, et l'immutabilité, comme l'uniformité, est presque de l'essence du droit maritime.

Une des plus importantes modifications que celui des Romains ait éprouvées dans quelques localités, concerne le mode de contribution aux pertes et avaries causées par force majeure pendant la navigation. J'ai dit, dans les I.er et III.e chapitres, que le droit romain consacroit la maxime qui domine aujourd'hui en Europe et sert de base uniforme à toutes nos législations, qu'il n'y a lieu à contribution que pour les sacrifices faits dans la vue d'échapper à un danger commun. Ce principe avoit, comme on l'a vu, continué

---

(1) Il est assez probable que le chapitre IV du titre V du livre V fait allusion au prêt à la grosse ; mais alors il en suppose l'existence, sans en déterminer les règles et les effets.

(2) Je suis bien loin de partager l'opinion de ceux qui croient que le droit de Justinien n'a commencé à être connu qu'après cette conquête d'Amalfi ; et si je ne m'étois imposé la loi de rester strictement renfermé dans mon sujet, je donnerois les motifs de mon sentiment, motifs qui, au surplus, ont été présentés avec toute la force de la raison et de la vérité par M. de Savigny et par plusieurs savans d'Allemagne : mais je ne crois pas non plus qu'on doive, comme Grandi (*Not. ad epist. de Pandect.*), Pfeffel (*Abrégé chronologique de l'histoire et du droit public d'Allemagne*, t. I, pag. 205 et 251), et divers autres écrivains, traiter de fable la découverte à Amalfi, du manuscrit long-temps possédé par les Pisans, et maintenant déposé à Florence. M. Fanucci (*Storia dei tre celebri popoli maritimi d'Italia*, t. I, pag. 247) donne sur ce point historique une preuve qui ne permet pas de le révoquer en doute ; c'est l'extrait d'un manuscrit de 1318 où l'anecdote est rapportée d'une manière qui paroît offrir tous les caractères de la vérité.

de régir les pays méridionaux, dont le *Breviarium*, rédigé par l'ordre d'A-
laric II, étoit la loi.

Mais il reçut, dans une partie de l'Italie, quelques modifications, à une
époque assez difficile à déterminer, laquelle évidemment se rattache à la
période de temps dont je m'occupe ici. L'usage s'introduisit de placer parmi
les avaries communes qui donnoient lieu à une contribution, le pillage
par les pirates, que le droit romain considéroit seulement comme avarie particulière. C'est ce que prouvent le statut maritime de Trani, ville du royaume
de Naples sur l'Adriatique, intitulé *Ordo et consuetudo maris*, qui porte la
date de 1063, et le statut maritime de Venise connu sous le nom de *Capi-
tulare nauticum*, revu et corrigé en 1256, mais plus ancien, puisque cette
ville, dont la fondation remonte aux premières invasions des peuples du Nord,
c'est-à-dire, au v.ᵉ siècle, paroît s'être livrée au commerce dès le siècle suivant,
tandis que le reste de l'Italie étoit accablé sous le double poids de l'ignorance
et de l'anarchie. Je ne dis rien ici de la compilation connue sous le nom de
Droit rhodien, qui contient des principes semblables, et même qui place au
rang des avaries communes presque toutes les avaries qui n'étoient que particulières dans le droit romain, parce qu'il y a une incertitude très-grande
sur le temps et sur le lieu où elle a pu être rédigée, et plus grande encore sur
le point de savoir si elle a été loi dans un pays quelconque; j'aurai d'ailleurs
occasion de m'expliquer à ce sujet dans le chapitre VI.

Il est probable néanmoins que cette modification ne fut admise que sur la
côte adriatique, qui peut-être étoit plus qu'aucune autre infestée par les
pirates; ce qui donna sans doute aux navigateurs l'idée de former, en quelque
sorte, une assurance mutuelle contre les pillages auxquels ils étoient sans cesse
exposés. Les autres villes maritimes de la Méditerranée ne l'ont point adoptée.
Le statut inédit de Pise, de 1161, suivant l'ère de cette ville, qui répond
à 1160 de l'ère commune (1), contient dans le § 6 de la rubrique 13 une
décision littéralement conforme au droit romain. Les îles de la Grèce paroissent aussi en avoir conservé les principes, comme on le voit dans le code
de Chypre, composé avant que les Latins en eussent acquis la souveraineté (2); on les retrouve enfin dans le chapitre XXX du livre IV du statut de
Marseille, que nous possédons aujourd'hui sous la date de 1256, mais qui
porte avec lui les preuves d'une bien plus haute antiquité.

Une modification plus importante, et qui paroît avoir été plus générale,
concerne les droits dits *de bris et naufrages*. On a vu, dans le chapitre précédent, la sollicitude des lois romaines en faveur des naufragés; c'étoit
le résultat de la civilisation, et des sentimens d'humanité et de charité qu'elle
inspire pour les malheureux. L'horrible droit de piller les naufragés et de leur

---

(1) Mabillon, *De re diplomatica*, lib. II, cap. XXXII. — Du Cange, *Gloss. mediæ et infimæ latinitatis*,
verb. *Annus ab incarnatione.*
(2) Je donnerai la description et des extraits de ce code inédit, dans le chapitre suivant.

ravir ce que la tempête avoit épargné, s'introduisit à l'occasion, et, en quelque sorte, à l'aide des invasions, et de l'anarchie ou de la barbarie qu'elles traînoient à leur suite : le droit romain fut oublié sous ce rapport, ainsi que l'attestent les auteurs contemporains (1); car c'est dans ce sens qu'on doit entendre, ce me semble, un passage de Nicétas Choniates, dont je donnerai le texte dans le chapitre suivant, qui, rendant compte des efforts de l'empereur Andronic pour abolir dans ses états l'usage de piller les naufragés, prétend que les Romains seuls pratiquoient ce droit barbare. Par ce mot *Romains,* on ne peut entendre la législation romaine, dont j'ai fait l'exposé dans le chapitre précédent, mais les usages ou les lois qui l'avoient remplacée en Italie, qui s'étoient probablement étendus à l'Orient, et que l'empereur Andronic cherchoit à détruire.

Toutefois, lorsque la civilisation jetoit de temps à autre quelques lueurs à travers les ténèbres de la barbarie, l'humanité faisoit entendre sa voix. Anien avoit, dans le recueil rédigé par l'ordre d'Alaric II, inséré le fragment 5 du titre III du livre V des Sentences de Paul, qui prononce des peines contre ceux qui pillent dans un naufrage. J'ai déjà dit que le code des Visigoths contenoit les mêmes principes. Il est probable aussi qu'ils étoient suivis dans quelques autres pays (2); mais on ne peut dire que, sous ce rapport, le droit romain ait conservé toute son autorité comme dans les autres matières commerciales.

Je me borne à ces réflexions pour ne point anticiper sur ce que j'aurai à dire de la législation maritime de chacun des pays dont j'ai le projet de recueillir les usages et les lois.

Mais je n'aurois pas rempli mon engagement de faire connoître tout ce qui a rapport au droit maritime d'Occident depuis l'invasion des peuples du Nord, et aux modifications qu'il a pu éprouver, si je passois sous silence un corps de droit ou d'usages maritimes, nommé *Table amalfitaine,* dont quelques auteurs ont parlé, sans qu'aucun dise en avoir connu le texte ; ce document, s'il a existé, se rapporteroit évidemment à l'époque dont je m'occupe dans ce moment.

La fondation d'Amalfi paroît avoir eu la même cause que celle de Venise. Des familles qui fuyoient leur pays livré à toutes les horreurs de l'invasion, de la tyrannie et de l'anarchie, faisoient, dit-on (car il y a beaucoup de contradictions et d'obscurité dans les historiens), voile vers Constantinople. Elles échouèrent près d'un promontoire escarpé, qui portoit encore le nom de Minerve, qu'il avoit eu du temps des Romains (3); ils s'y établirent, se livrèrent au commerce et fondèrent Amalfi (4). L'histoire n'a conservé aucun souvenir

---

(1) Cassiodore, *Variar.* lib. IV, cap. VII.
(2) Stiernheim, *De pace navali Suecorum*, lib. I, part. I, cap. IX.
(3) Tit. Liv. lib. XL, cap XVIII.
(4) Mazella, *Descriptio regni neapolitani,* pag. 38. — Purpura, *Vita Galli*, *antecessoris neapolitani.*

des premiers temps de cet établissement; on voit seulement, par une lettre de S. Grégoire, pape depuis 590 jusqu'à 604, que de son temps il existoit un évêché à Amalfi (1) : ce qui suppose déjà quelque importance, si la lettre se rapporte à la ville dont il s'agit ici; car les écrivains ont souvent confondu sous le même nom la ville de Melphi, située dans la Basilicate, au milieu des terres, et Amalfi, située sur le bord de la mer, dans le golfe qui porte aujourd'hui le nom de Salerne (2). Ce qu'il y a de plus certain, c'est que, dans le IX.ᵉ siècle, la puissance maritime d'Amalfi a été assez considérable pour qu'elle ait pu lutter contre les Sarrasins, et que les Amalfitains passent pour être les premiers Européens qui aient obtenu accès dans les pays mahométans pour y faire le commerce. L'importance et l'étendue de leur navigation sur la Méditerranée les mettoient dans la nécessité d'y faire des établissemens pour déposer leurs marchandises. Ils en eurent beaucoup en Sicile, où ils possédoient un faubourg de Palerme; ils avoient à Messine et dans d'autres villes de ce royaume, des dépôts auxquels on donnoit le nom d'amalfitains; ils jouissoient du même avantage et de plusieurs priviléges et exemptions considérables à Constantinople; enfin les historiens du temps attestent qu'on ne voyoit que des négocians et des navigateurs d'Amalfi à Antioche, à Alexandrie, en Syrie, en Arabie, dans les Indes et dans l'Afrique (3). Ceux qui désireroient de plus longs détails historiques, peuvent lire les deux dissertations de Brencman, *De republica Amalphitana, De Amalphi à Pisanis direpta*, qui sont imprimées à la suite de son Histoire des Pandectes florentines.

Ces faits une fois établis, il est naturel de penser que les Amalfitains, adonnés au commerce maritime, aussi riches et puissans que bien accueillis par les nations avec lesquelles ils étoient en relation, dûrent avoir des lois conformes à leurs besoins et à l'étendue de leurs négociations.

Si l'on en croit M. Azuni (4), les historiens attestent qu'Amalfi possédoit une cour d'amirauté, à laquelle ressortissoient librement toutes les nations commerçantes de la Méditerranée, et Constantinople elle-même. Je n'ai trouvé dans aucun des historiens qu'il m'a été possible de consulter, rien qui appuie cette assertion; l'auteur n'en cite point, le doute est donc permis.

Les navigateurs d'Amalfi ont certainement dû reconnoître la nécessité d'un tribunal spécial, chargé de juger les contestations que le commerce maritime faisoit naître; nous avons vu que les Athéniens, et même des peuples plus anciens, avoient de semblables institutions. On verra, dans le chapitre VII, qu'il en fut aussi établi par le code que les croisés publièrent dans le pays qu'ils enlevèrent aux musulmans. Les statuts de Trani, de Pise, de Marseille, attestent l'existence, dans un temps déjà reculé, des consuls de la mer.

(1) *Gregorii papæ Opera*, t. II, lib. v, epist. 23.
(2) Brencman, *De republica amalphitana*, § 2.
(3) Guill. Tyr. *Historia belli sacri*, lib. XVIII.
(4) *Droit maritime*, t. I, pag. 448.

Sans doute les étrangers admis dans le port d'Amalfi purent concevoir une assez haute idée de l'équité de sa cour de mer, pour ne pas solliciter le privilége d'avoir des juges de leur nation qui prononçassent sur leurs différends, quoique cependant le contraire paroisse résulter du diplôme que je cite plus bas. Mais que les villes de la Méditerranée, toujours rivales et souvent ennemies d'Amalfi, que Gènes, que Pise, Venise, se soient soumises à la juridiction de cette cour, pour des contestations qui naturellement étoient dévolues à leurs tribunaux; que Constantinople, siége de l'empire grec, dont Amalfi faisoit partie, ait reconnu cette sorte de suprématie, c'est ce qu'on ne pourroit croire qu'autant que des témoignages authentiques et contemporains l'attesteroient d'une manière expresse. Il est probable que l'auteur cité n'a pas bien compris cette note de du Cange sur *l'Alexiade* d'Anne Comnène : *quod eâ tempestate, ut et nostrâ, circumjecta regio, totusque qui Amalphi adjacet maritimus tractus, ab hac urbe appellationem sortiretur* (1). Ce qui suppose seulement, en admettant que les mots *appellationem sortiretur* signifient un droit d'appel à un tribunal, ce qui me paroit assez douteux, qu'il existoit à Amalfi une cour d'appel pour le jugement des causes maritimes du territoire adjacent.

Quoi qu'il en soit, Amalfi dut avoir une législation ; et non-seulement on peut le présumer, mais la preuve même en existe dans le diplôme du 9 mai 1190, par lequel la ville de Naples admettoit les commerçans d'Amalfi à la faculté de nommer des consuls pour juger les contestations qui s'élevoient entre eux (2).

Mais comment et quand ce corps de lois a-t-il été rédigé? Quelles dispo-

(1) Du Cange, *Notæ ad Annæ Comnenæ Alexiadem*, pag. 234.
(2) *In nomine Dei æterni, anno incarnationis Dominicæ millesimo centesimo nonagesimo, die IX mensis maii, VIII indict.* Quia gloria et corona illustrium civitatum est diversorum officiorum concors populi multitudo, et quantò in diversis mercimoniis et variis utilitatibus vivendi sibi invicem, et aliis hominibus quorum frequentatur accessus, justiùs copiosiùsque ministratur, eò celebrioris nominis civitates ipsæ et majoris opinionis divulgatione clarescunt. Idcircò nos Aliernus Cutonus, consules, comestabuli, milites et universus populus egregiæ civitatis Neapolis, providâ et salubri deliberatione concilii attendentes quid honoris, quid commodi nobilissimæ civitati vos, viri prudentissimi, Scalenses, Ravellenses, et ceteri negotiatores et campsores de ducatu Amalphiæ, conferatis, vobis vestrisque heredibus ac successoribus in prædicta civitate Neapoli habitantibus, salvo in omnibus generali privilegio quod est inter nobiles et populum ejusdem civitatis, concedimus, auctorizamus, et in perpetuum hoc speciali privilegio confirmamus, ut sicut ista civitas Neapolis privilegio libertatis præfulget, ita et vos negotiatores, campsores sive apothecarii de præfato ducatu Amalphiæ, ut negotiationes exerceatis in hac eadem civitate, ad habitandum seu ad apothecas tenendum veneritis, eâdem omnino libertate in perpetuum gaudeatis, ut nulla conditio de personis vel rebus vestris sive heredum vel successorum vestrorum in Neapoli habitantium requiratur, sicut non requiritur de civibus neapolitanis, salvo honore ipsius civitatis in libero et franco su vestrorum negotiorum. Insuper hoc eodem privilegio concedimus et confirmamus vobis vestrisque heredibus seu successoribus, negotiatoribus, campsoribus, apothecariis, de memorato ducatu Amalphiæ, in Neapoli habitantibus vel habituris ad negotiationes exercendas, ut liceat vobis vel eis in perpetuum de gente vestra inter vos consules statuere ac mutare in civitate Neapoli, de illis qui Neapoli manserint, sicut vobis vestrisque heredibus et successoribus in civitate ista negotiationes exercentibus paruerit expedire, quorum arbitrio et judicio, secundum veteres bonos usus vestros, causas sive lites quæ inter vos vel eos emerserint, terminentur, nec liceat civitati vel alteri pro ea vos seu heredes vel successores vestros de prædicto ducatu Amalphiæ in civitate ista manentes seu negotia exercentes, de veteri et bono usu vestro seu consuetudine trahere vel mutare : sed debeamus vos in omnibus bonis usibus vestris et in consulatu vestro in perpetuum conservare, et vos gubernatione et judicio vestrorum consulum tantum in perpetuum vivere debeatis.

sitions contenoit-il? Tous les écrivains nous laissent à cet égard dans l'ignorance la plus complète.

Marin Freccia, qui vivoit en 1570, parle, dans son ouvrage intitulé, *De
subfeudis*, lib. I, cap. VII, *De officio admirati maris*, n. 8, de la jurisprudence navale appelée *Table amalfitaine*. Il assure qu'elle servoit à décider
toutes les affaires maritimes du royaume de Naples, et que de son temps
elle étoit en vigueur. Les termes dont il se sert méritent d'être recueillis : *In
regno non lege rhodiâ maritima decernuntur, sed tabulâ quam Amalphi-
tanam vocant; omnes controversiæ, omnes lites ac omnia maris discrimina,
eâ lege ac sanctione usque ad hæc tempora finiuntur.* Brencman copie le
texte de Freccia et s'en appuie : comme lui néanmoins, il laisse dans l'obscurité l'époque de la formation de cette table et ce qu'elle contenoit. Signorelli,
dans son ouvrage intitulé *Della coltura delle due Sicilie*, § 7; Giannone,
Storia civile del regno di Napoli, lib. VII, cap. III; Nicolas Fortunato,
Riflessioni intorno al commercio antico a moderno del regno di Napoli,
lib. I, cap. IV; Jorio, dans son ouvrage intitulé *Codice Ferdinando*,
tome II, page 90; Azuni, qui l'a toujours copié, *Droit maritime*, tome I,
page 445; Sismondi, dans son *Histoire des républiques italiennes*, tome I,
pag. 264 et suivantes, ont répété Freccia, sans donner de preuves de l'assertion que lui-même ne prouvoit pas : c'est ainsi que la tradition est arrivée
jusqu'à nous, sans autre autorité que cette même assertion de Freccia.

Les lecteurs auront été frappés, je le crois, du vague de ses expressions et
même de quelques invraisemblances. Freccia assure que de son temps encore,
usque ad hæc tempora, cette loi amalfitaine étoit suivie dans le royaume de
Naples. N'est-il pas surprenant qu'une loi qui auroit été encore en vigueur
en 1570, ait été tout-à-coup tellement oubliée, qu'il n'en soit plus resté de
souvenirs ni de vestiges, tandis que des lois maritimes bien plus anciennes et
jouissant d'une réputation bien moins grande que celle que Freccia attribue à la Table amalfitaine nous sont parvenues? Ne peut-on pas demander
comment il a pu se faire qu'une loi si habituellement observée dans un
temps où l'art de l'imprimerie étoit découvert et multiplioit les ouvrages d'une
utilité généralement reconnue, non-seulement n'ait pas été imprimée, mais
qu'il n'en soit pas resté d'autre souvenir que les quatre lignes de Freccia?

Comme il ne m'est pas possible d'offrir des autorités et des preuves, que
j'ai vainement cherchées par une correspondance à Naples; comme je ne
devois pas aussi garder le silence sur un monument de législation qui a certainement existé, puisque le privilége de 1190, cité plus haut, l'atteste, je
vais présenter des conjectures.

Freccia assure que la loi dont il parle est autre que la loi rhodienne,
non lege rhodiâ; mais qu'entend-il par ces mots? Désigne-t-il la compilation rhodienne, sur laquelle j'ai déjà dit quelque chose au chapitre I.er,
et qui sera l'objet du chapitre VI? Il est certain qu'elle étoit connue en Europe

au temps où Freccia écrivoit, et que dans ce temps les opinions des auteurs étoient divisées sur son caractère d'authenticité. Faisant allusion à cette sorte de controverse, Freccia veut-il dire que le droit maritime du royaume de Naples est autre que la compilation rhodienne, *in regno non lege rhodia maritima decernuntur?* Je ne serois pas éloigné de le croire; car ce que nous connoissons de l'ancien droit maritime de Naples, ne laisse supposer en aucune manière que cette compilation y servit de règle.

Au contraire, Freccia veut-il désigner le droit romain, qui a, comme on le sait, un titre intitulé *De lege rhodia?* Dans cette hypothèse, il faudroit conclure que la Table amalfitaine consacroit des règles différentes du droit romain, et que peut-être elle n'étoit pas autre chose que la compilation rhodienne, dont la loi de Trani et celle de Venise avoient adopté quelques principes sur la contribution aux avaries.

Telle est la question sur laquelle on ne pourroit être éclairé que par la découverte de la Table amalfitaine. Je n'ai pas eu l'avantage d'y parvenir, quelque longue et suivie qu'ait été ma correspondance avec les personnes qui pouvoient le mieux m'aider dans mes recherches, si des copies de ce document avoient existé dans le royaume de Naples : je doute que d'autres soient plus heureux que moi; je le souhaite.

On peut encore proposer une hypothèse; peut-être la Table amalfitaine dont parle Freccia, n'est pas autre que la loi de Trani, qui diffère, en ce qui concerne la contribution aux avaries, et du droit romain, et de la compilation rhodienne : du droit romain, puisqu'elle met en contribution les pillages par les pirates; de la compilation dite rhodienne, puisqu'elle conserve sous *tous* les autres rapports les règles du droit romain sur la contribution aux avaries, dont la compilation rhodienne s'est écartée bien davantage.

Or Trani (s'il n'y a pas quelque erreur de nom dans les auteurs qui assurent ce fait), Trani, distante d'environ cinquante lieues d'Amalfi, étoit soumise à sa juridiction (1). Les événemens de la guerre et beaucoup d'autres circonstances détruisirent le commerce d'Amalfi (2) : mais le souvenir et l'empire de sa législation survécurent sans doute à sa puissance et à son commerce. Les principes en étoient connus des magistrats de Trani, qui rédigèrent le statut de cette ville en 1063. Il n'est donc pas hors de vraisemblance que Freccia ait entendu désigner par l'expression de *Table amalfitaine* la loi maritime de Trani, à laquelle il aura donné le nom d'Amalfi, par les grands souvenirs qui s'y rattachoient.

Je pourrai, si de nouveaux renseignemens me parviennent, revenir sur ce point lorsque je parlerai de la loi de Trani dans l'ordre de mon travail; et je rentre dans l'objet principal de cette dissertation.

Je crois avoir suffisamment prouvé que le droit maritime des Romains a

---

(1) Breneman, *De republica amalphitana*, § 33.
(2) Ughelli, *Italia sacra*, t. IX, pag. 235.

dû continuer de subsister jusqu'au moment où commença et se consolida la grande révolution qui a restauré le commerce en Europe, révolution qui prit naissance à la formation des villes et des républiques d'Italie, qui dut une grande extension aux croisades, qui devint générale par l'affranchissement des communes en France et par l'établissement, dans la Germanie, des foires et des villes libres et anséatiques. Il s'ensuit qu'en ce qui concerne l'autorité de la législation romaine dans les matières commerciales et surtout dans les matières maritimes, il n'y eut pas d'intervalle sensible entre l'époque de l'invasion des peuples du Nord et le retour de la civilisation ; qu'après être restée loi plus ou moins positive, ou simplement tradition et coutume dans l'empire d'Occident, selon les circonstances et la position de chacune des provinces envahies, cette législation devint la source des usages ou statuts maritimes adoptés successivement par les villes et les pays commerçans, tandis que, sous le nom de *Digeste*, de *Code*, puis enfin de *Basiliques*, elle régissoit d'une manière plus précise les pays restés sous la domination des empereurs de Constantinople.

Je ne tirerai pas cependant de ces dernières observations la conséquence qu'il ne me reste à publier aucun document qui se rattache au droit maritime de cette époque.

Quoique les chefs des conquérans du Nord aient laissé l'usage du droit romain aux anciens habitans des provinces envahies, ils y ont ajouté des dispositions ou des interprétations dont les fragmens, qui n'ont jamais été recueillis dans les collections des lois maritimes entreprises avant la mienne, m'ont paru n'être pas à dédaigner.

Les premiers conquérans qui aient ainsi modifié ou interprété le droit romain, sont les Goths. On sait qu'ils se divisèrent en deux grandes sections. Les Ostrogoths, ou Goths orientaux, s'établirent principalement dans l'Italie, où leur premier roi, Théodoric, fonda un royaume qui ne dura que soixante ans environ. Ce prince publia vers l'an 500 l'édit dont j'ai déjà parlé, qui ne contient, relativement au droit maritime, qu'un article, le CXIX.ᵉ, relatif aux vols commis dans les hôtelleries et les navires. J'ai dû le recueillir. Les Visigoths, ou Goths occidentaux, s'établirent principalement dans les provinces méridionales des Gaules, où Alaric II publia le code connu maintenant sous le nom de *Aniani Breviarium*, composé de morceaux du droit romain que j'ai déjà publiés et d'interprétations qui trouvent leur place naturelle dans ce chapitre. Je les compléterai par un extrait de la *Lex romana Utinensis*, rédigé probablement dans les temps de la plus grossière ignorance, mais d'après le *Breviarium* d'Anien. Ces mêmes Visigoths finirent par dominer l'Espagne, où ils publièrent le code célèbre qui, sous le nom de *Fuero de Juzgos*, est encore le monument le plus ancien du droit espagnol. Ce code contient quelques dispositions qui ne sont pas sans intérêt pour le droit maritime. On en trouve encore dans le code des Bourguignons

ans la *Lex romana Burgundionum*, connue sous le nom de *Pa*
ponsa, que j'ai aussi recueillies quoiqu'elles soient d'une très-foible im
e; et même, pour ne rien omettre de ce que j'ai pu découvrir sur le
time de cette époque, j'ajoute à ces fragmens des extraits, en ce
erne le droit maritime, du *Brachylogus*, des *Origines* d'Isidore de
, et de l'ouvrage connu sous le nom de *Petri Exceptiones*, dont j'ai
.

es motifs qui m'ont porté à ne pas donner une traduction du droit ro
appliquent point, ce me semble, aux lois des conquérans du Nord
s du moyen âge, qui ont été rédigées en latin. Ce latin est souve
are, qu'une traduction en devient nécessaire : elle est aussi fidèle
été possible; mais j'ai cherché plutôt à présenter et à rendre l'esprit
tre du texte, pour la publication duquel j'ai fait usage des édition
estimées.

FRAGMENS

DU DROIT MARITIME DE L'EUROPE

PENDANT L'INVASION DES PEUPLES DU NORD.

EX GAII INSTITUTIONIBUS,

IN BREVIARIO ANIANO.

Lib. II, § 5.

Si quis ex tabulis alienis navem, aut armarium, aut quodcunque ad usum pertinens fecerit, simili ratione ejus erunt, quæ facta fuerint, de cujus ligno facta probantur (1).

Si quelqu'un construit un navire, une armoire, ou quelque meuble, avec des pièces de bois qui appartiennent à une autre personne, l'objet ainsi construit appartiendra à celui dont il est prouvé que les pièces de bois ont servi à le fabriquer.

EX ANIANI INTERPRETATIONIBUS,

AD PAULI RECEPTAS SENTENTIAS.

In lib. II, tit. VII, *Ad legem rhodiam de jactu.*

Si quorumcunque res, pro sublevatione navis, manibus in mari jactatæ fuerint; eis quorum res fuisse noscuntur, ab his omnibus qui in navi fuerint, restaurandæ sunt (2).

Si des choses sont jetées dans la mer pour soulager le navire, ceux à qui il est reconnu qu'elles appartiennent doivent être indemnisés aux dépens de tout ce qui étoit dans le navire.

(1) Il est facile de reconnoître par la comparaison de ce texte avec celui des véritables Instituts de Gaïus, dont le passage est rapporté page 131, que cette rédaction est d'Anien, et pour la pensée et pour la latinité.

(2) Cette interprétation se rattache au fr. 1 du titre VII du livre II, *Pauli receptarum sententiarum :* elle st assez explicite pour que la transcription du texte de Paul, que d'ailleurs on trouve page 132, m'ait paru inutile; elle ne permet pas de douter que les principes du droit romain sur le jet n'aient continué d'être suivis sous la domination des Visigoths. Quelque rares que soient dans le Code Théodosien les principes généraux sur le droit maritime privé, la constitution 4 du titre IX du livre XIII atteste l'usage du jet pour sauver un navire en péril, et ce code avoit été laissé par Alaric II à ses sujets romains. Je dois seulement faire observer que cette interprétation d'Anien ne se trouve pas dans toutes les éditions du *Breviarium.* Elle est reproduite dans la *Lex romana utinensis,* dont je donnerai plus bas l'extrait.

In lib. II, tit. XIV, *De usuris.*

Trajectitia pecunia dicitur quæ in navi, ut ad transmarina deferatur, deponitur; quia maris periculo committitur, in quantas convenerit usuras hanc pecuniam dare creditor potest (1).

On appelle argent *trajectice* celui qui est placé dans un navire pour être envoyé outre mer; et, comme le créancier en supporte les risques maritimes, il peut stipuler, pour l'argent ainsi prêté, l'intérêt qu'il lui plaît.

EX LEGE ROMANA UTINENSI (2).

Lib. XXIV, cap. VII.

Si navis in flumen, aut in lacum, aut in mare periclitaverit, quicunque homo qui de ipsa rem, quod ibidem cum ipsa nave perierat, aliqua exinde ipsa rem, aut si ipsa naves liberare potuerit, juxta legem ille qui exinde de ipsa rem liberaverit, mercedes accipiet (3).

Si, un navire étant en danger de périr dans un lac ou dans la mer, une personne a sacrifié des objets qui étoient dans ce navire, ceux dont les objets auroient pu périr et qui les auront sauvés avec le navire, doivent une indemnité à la personne qui a éprouvé la perte.

EX EDICTO THEODORICI REGIS.

Cap. CXIX, *Si quid de taberna, nave aut stabulo perierit.*

Si quid de taberna, [nave] aut stabulo perierit, ab his qui locis talibus præsunt, vel qui in his negotiantur, repetendum est, ita ut præstent sacramenta de conscientia sua suorumque; et si hoc fecerint, nihil cogantur exsolvere, aut certè quantùm petitor juraverit se in eo loco perdidisse, restituant (4).

Si quelque objet disparoît ou est endommagé dans une hôtellerie ou dans un navire, ceux qui ont la direction de ces établissemens ou qui s'y trouvent, peuvent être requis de prêter serment qu'ils n'ont point causé cette perte ou ce dommage; et, s'ils l'affirment, ils ne seront tenus à aucune réparation : à défaut de quoi ils seront condamnés à payer le montant de ce que le demandeur affirmera avoir perdu.

(1) Cette interprétation mérite d'être remarquée, parce qu'elle offre la définition du prêt à la grosse, telle que les jurisconsultes romains l'avoient donnée. Elle semble copiée d'après les termes de Modestinus, qui nous ont été conservés par le fr. 1 du titre II du livre XXII du Digeste, *De nautico fœnore.* Il n'y a rien de surprenant, parce que, Modestinus étant du nombre des jurisconsultes dont la constitution de Valentinien III contient les noms, ses écrits ont pu être connus d'Anien.

(2) J'ai employé ce mot pour désigner le manuscrit publié par Canciani, dans son ouvrage intitulé *Barbarorum Leges antiquæ,* t. IV, pag. 500.

(3) Il sera facile de reconnoître qu'une traduction littérale de ce texte, que j'ai présenté avec ses barbarismes et ses solécismes, n'auroit offert aucun sens. Ce passage est donné comme interprétation sur le livre II, *Pauli receptarum sententiarum,* relatif au jet, qui a été aussi l'objet d'une interprétation d'Anien rapportée plus haut. J'ai donc dû le traduire dans le sens le plus analogue à la matière dont on paroît avoir voulu s'occuper.

(4) Aucune des éditions que j'ai consultées ne contient le mot *nave;* je l'ai ajouté entre des crochets, parce qu'il est commandé par le titre; qui dans toutes les éditions contient ce mot.

EX LEGE BURGUNDIONUM.

Addit. I, tit. VII, *De navigiis.*

I. Quicunque navis, caupulum (1) involare præsumpserit, inferat ei cujus navis est, solidos XII, et mulctæ nomine solidos IV; pro caupulo verò solidos IV, et mulctæ nomine solidos II.

II. Si servus hoc fecerit, pro nave ducentos fustium ictus accipiat; pro caupulo verò, centum fustium ictus accipiat : et domino servi nihil quæratur.

I. Quiconque osera voler un navire ou une chaloupe, paiera pour dédommagement envers le propriétaire, 12 sous, et 4 sous d'amende pour un navire; et pour une chaloupe, 5 sous de dédommagement et 2 sous d'amende.

II. Si un esclave se rend coupable de ce crime, il recevra, s'il s'agit d'un navire, deux cents coups de bâton; s'il s'agit d'une chaloupe, cent coups : et aucune action ne pourra être intentée contre son maître.

EX LEGE ROMANA BURGUNDIONUM,

QUÆ VULGO DICITUR *PAPIANI RESPONSA.*

Tit. XIV, *De damnis animalium, vel si quid per ea casu evenerit.*

Incendii etiam vel naufragii casu, aut ruinâ, si res commodata perierit, is cui commodata res est, ad rei solutionem teneri non potest, nisi fortè suam rem liberasse probetur, cùm de eodem casu rem commodatam eripere potuisset, secundùm sententiam Pauli, lib. II, tit. *De commodato, deposito, pignore et fiducia* (2).

Si une chose prêtée à usage à quelqu'un périt par incendie, naufrage ou pillage, celui qui l'avoit empruntée n'est tenu d'en répondre qu'autant qu'il seroit prouvé qu'il a sauvé du même accident ses propres choses, et qu'il auroit pu également en sauver la chose par lui empruntée. C'est la décision de Paul, dans le livre second de ses Sentences, titre *Du prêt, dépôt*, &c.

EX LEGE WISIGOTHORUM (3).

Lib. V, tit. V, cap. V, *De rebus commendatis et casu quocunque in naufragium missis.*

Qui commendata vel commodata susceperit, et de ruina aut incendio, vel hostilitatis naufragio, seu quolibet simili casu,

Celui qui a reçu quelque chose à titre de dépôt ou de prêt, et qui, dans un incendie, une invasion, un naufrage ou tout autre

---

(1) *Caupulum* signifie *barque* ou *chaloupe.* On se sert à Venise, suivant Canciani, *ad h. l.*, du mot *copano*, pour désigner une barque ou chaloupe.

(2) On trouvera un développement fort équitable de ce principe dans le chapitre V du titre V du livre V du code des Visigoths.

(3) Une règle semblable se trouve dans le fr. 5, § 4, du titre VI du livre XIII du Digeste, *Commodati vel contrà;* je n'ai pas cru nécessaire de recueillir ce fragment, ni celui de Paul, dans les extraits du droit romain, assez riche déjà en dispositions sur le droit maritime.

sua omnia liberaverit, et aliena perdiderit, quod accepit, sine aliqua excusatione, cogatur exsolvere. Si verò partem aliquam de rebus propriis liberasse cognoscitur, illi cujus res secum habuerat juxta modum perditæ rei vel liberatæ restituat, qualem judex ratione deductà existimaverit portionem. Si autem sua omnia perdidit, cùm liberaret aliena, et de liberatis et de perditis rebus similis ratio deducatur, ut partem, arbitrio judicantis, qui liberavit accipiat. Justùm est enim in simili casu, ut ille non damnum solus excipiat, qui se gravibus objecit periculis, et, dum aliena minora conatur liberare, sua majora perdidisse cognoscitur (1).

accident, a sauvé ce qui lui appartenoit, et laissé périr les choses qui lui avoient été prêtées ou confiées, sans justifier qu'il a fait ce qui étoit en lui pour les sauver, en demeurera responsable. S'il n'a sauvé qu'une partie des choses dont il étoit propriétaire, il ne paiera qu'une portion des objets prêtés ou confiés qu'il a négligé de sauver; et cela d'après le réglement que le juge en fera. Mais, s'il a sauvé les objets qui lui avoient été confiés ou prêtés, en laissant périr ce qui lui appartenoit, il sera indemnisé dans une proportion convenable par celui dont la propriété a été conservée. Il est juste, en effet, que dans un tel cas la perte ne retombe pas exclusivement sur celui qui s'y est seul exposé, et qui peut-être n'a pas sauvé une grande valeur dont il étoit propriétaire, pour conserver des objets de moindre valeur dont il étoit dépositaire ou emprunteur.

Lib. VII, tit. II, cap. XVIII, *De his qui adversis naufragiis rapiuntur.*

Quidquid de incendio, ruina vel naufragio raptum fuerit, et aliquis ex hoc quicquam ab alio susceperit, sive celaverit, in quadruplum reformare cogatur (2).

Lorsqu'une chose aura été volée dans un incendie, un désastre, un naufrage, celui qui l'aura recélée ou reçue du voleur, sera condamné à en payer la valeur quadruple.

Lib. XI, tit. III, *De transmarinis negotiatoribus.*

Cap. I. *Si transmarini negotiatores furtiva vendere detegantur.*

Si quis transmarinus negotiator aurum, argentum, vestimenta vel quælibet ornamenta provincialibus nostris vendiderit, et competenti pretio fuerint venundata, si furtiva fuerint postmodum approbata, nullam emptor calumniam pertimescat (3).

Si quelque commerçant d'outre-mer vend à nos sujets de l'or, de l'argent, des vêtemens ou tous autres objets, l'acheteur qui les a payés leur juste prix, ne pourra être poursuivi pour les restituer à l'ancien propriétaire, quand même celui-ci prouveroit qu'il a été volé.

(1) Ce chapitre offre un développement fort équitable du principe qu'on trouve dans le fr. 2 du titre IV du livre II, *Pauli recept. sentent.*, que la *lex romana* des Bourguignons avoit adopté. Il faut le dire, le code des Visigoths a réellement perfectionné la doctrine du jurisconsulte romain.

(2) Cette décision est à peu près identique avec les textes du droit romain sur cette matière; notamment avec le fr. 1 du titre IX du livre XLVII du Digeste, *De incendio, ruina, naufragio*, &c.

(3) Suivant les principes du droit romain, principalement contenus dans le titre II du livre XLVII du Digeste, *De furtis*, et dans la const. 2 du titre II du livre VI du Code, *De furtis et servo corrupto*, la bonne foi du tiers qui avoit acheté une chose volée ne le mettoit point à l'abri de la revendication exercée par le véritable propriétaire. Le code des Visigoths offre un des plus anciens monumens de la dérogation à ces principes, qui est généralement adoptée en Europe, dont, pour me servir des expressions de Voët, *Comment. ad Digesta de rei vindicatione*, n. 12, les législations ont fait *divortium à jure romano* en adoptant la maxime : *En fait de meubles, possession vaut titre.*

Cap. II. *Ut transmarini negotiatores suis et telonariis et legibus audiantur.*

Dum transmarini negotiatores inter se causam habuerint, nullus de sedibus nostris eos audire præsumat; nisi tantummodo suis legibus audiantur apud telonarios suos (1).

Lorsque des commerçans étrangers ont entre eux quelque contestation, aucun de nos juges n'en connoîtra; mais ils seront jugés par des officiers de leur nation et d'après leurs lois.

Cap. III. *Si transmarinus negotiator mercenarium de locis nostris secum transtulerit.*

Nullus transmarinus negotiator de sedibus nostris mercenarium audeat in loca sua transferre. Qui contra hoc venire tentaverit, inferat fisco nostro auri libram unam, et præterea ducenta flagella suscipiat.

Il est interdit aux commerçans étrangers d'emmener dans leur pays un esclave de nos états. Celui qui contreviendra à cette défense sera condamné envers notre trésor à une amende d'une livre d'or, et recevra en outre deux cents coups de fouet.

Cap. IV. *Si transmarinus negotiator mercenarium pro commercio susceperit.*

Si quis transmarinus negotiator mercenarium de sedibus nostris pro vegetando commercio suo susceperit, det pro beneficio suo solidos tres per annum unum, et nihilominùs, impleto placito, servum domino reformare cogatur.

Si un commerçant d'outre-mer emploie un esclave de nos états pour l'aider dans son commerce, il paiera, pour le profit qu'il en tire, trois sous par an, et sera en outre tenu, lorsque le temps de l'engagement sera accompli, de remettre l'esclave à son maître.

EX ISIDORI HISPALENSIS EPISCOPI *ORIGINUM* LIBRO.

Ex lib. IV, cap. XVII, *De legibus rhodiis.*

Rhodiæ leges navalium commerciorum sunt ab insula Rhodo cognominatæ, in qua antiquitùs mercatorum fuit usus.

Les lois rhodiennes sur le commerce maritime tirent leur nom de l'île de Rhodes, où les commerçans en ont usé dès l'antiquité la plus reculée.

EX *BRACHYLOGO* JURIS CIVILIS.

Ex lib. IV, cap. XXV.

Exercitoriâ agit qui aliquod negotium gessit cum eo quem navi exercitor præposuit, ejus rei gratiâ cui præerat.

L'action exercitoire a lieu contre l'armateur d'un navire, au profit de celui qui a fait avec le préposé une négotiation relative au navire dont celui-ci avoit le commandement.

(1) Ce chapitre est justement considéré comme un des plus anciens monumens de la juridiction accordée aux consuls qu'une nation entretient en pays étranger, sur ses sujets qui y résident.

I.

EX LIBRO CUI TITULUS

EXCEPTIONES LEGUM ROMANARUM, MAGISTRI PETRI, VIRI SAPIENTISSIMI.

Ex lib. II, cap. XXXII, *De usuris.*

Sin autem detur mutuum ut ultra mare portetur (1), vel in aliquam partem longinquam, potest præstare per duplum, triplum (2).

Si une somme d'argent est prêtée pour être transportée outre mer ou dans quelque pays lointain, le prêteur peut stipuler qu'on lui rendra trois capitaux pour deux qu'il a prêtés.

Ex lib. III, cap. LXVIII, *Nautis, cauponibus et stabulariis, si damna dederint inter se.*

Si nautæ damnum inter se dederint, hoc ad exercitorem non pertinet : sed, si quis sit nauta et mercator, debebit illi dari (3); hæc autem actio in duplum est.

Si un matelot a causé quelque tort à un autre du même navire, l'armateur n'en répond pas : mais, si le même individu est à-la-fois matelot et passager, l'armateur répond des torts qu'il a commis; et cette action donne lieu à une condamnation au double.

Ex lib. IV, cap. LIII, *De contractibus filiorum vel servorum.*

Pater vel dominus ex contractu filii vel servi, si sine jussu eorum contraxerunt, non tenentur, nisi in quantum patitur peculium filii vel servi; unde etiam antè ducendum est hoc quod filius vel servus domino vel patri debent. Sed, si jussu patris vel domini contraxerint, vel sine jussu, sed in rem patris dominique versum esse probari potest, tunc in solidum tenentur, ac si cum ipsis principaliter negotium gestum esset. Idem intelligendum est de exercitore vel institore (4).

Le père ou le maître dont le fils ou l'esclave a contracté sans son ordre, n'est tenu que sur le pécule de ce fils ou de cet esclave; il peut même en déduire, avant tout, ce qui lui est dû sur ce pécule. Mais, si le fils ou l'esclave a contracté par ordre du père ou du maître, et même quand le père n'auroit pas donné d'ordre, si l'on prouve que la négociation a tourné à son profit, il est tenu pour la totalité, comme s'il avoit contracté directement. Cette décision s'applique au père ou au maître dont le fils ou l'esclave est armateur ou fait un commerce.

(1) J'ai recueilli ce fragment, parce qu'il donne la preuve que le prêt à la grosse pour des négociations maritimes continuoit d'être usité, et même qu'on en avoit étendu l'usage aux longs voyages par terre.

(2) Le sens de ces mots m'a paru assez difficile à rendre. Je crois l'avoir exprimé exactement dans la traduction; car, ce texte se trouvant à la suite d'un passage où l'on permet que, dans certains cas, le prêteur stipule sept pour six, il m'a paru que les mots *per duplum, triplum*, devoient signifier trois pour deux, taux énorme sans doute, mais que justifie le risque auquel est exposé le prêteur.

(3) Ce passage est conforme au fr. 7, § 1 et 2, du titre IX du livre IV du Digeste, *Nautæ, caupones*, &c.

(4) Quelques manuscrits contiennent l'addition suivante : *Exercitor est ad quem quotidianus navis quæstus pertinet. Institor est, qui alius negotii semper instat lucro.*

CHAPITRE V.

Droit maritime de l'empire d'Orient.

L<small>E</small> désir de perfectionner les recueils composés par l'ordre de Justinien, que lui-même n'avoit cessé de modifier, et que des interprétations, des commentaires et des abrégés de toute sorte avoient singulièrement obscurcis (1); le besoin d'offrir les avantages d'un texte authentique à des peuples qui ne parloient point la langue dans laquelle le Digeste et le Code avoient été rédigés (2); la nécessité de remédier aux inconvéniens de la jurisprudence arbitraire qui s'étoit introduite dans les tribunaux, et, s'il faut en croire quelques écrivains (3), l'intention de faire oublier l'ouvrage de Justinien, ont produit le corps de droit appelé *Basiliques.*

Tout ce qui concerne la rédaction et même le nom de ce recueil, a donné lieu à des controverses dans lesquelles il n'est point de mon sujet d'entrer. L'opinion la plus probable est qu'il fut entrepris par l'empereur Basile dit le Macédonien, achevé et promulgué par son fils Léon, surnommé le Philosophe. Le savant M. Schoell paroît douter qu'un acte législatif l'ait rendu exécutoire dans l'empire (4); mais il n'a pas fait attention que la novelle première de Léon s'exprime en des termes qui ne laissent aucun doute sur l'obligation imposée aux juges de s'y conformer dans leurs décisions. Il existe aussi à la bibliothèque de Turin cinq édits qui contiennent la même injonction (5).

Quelques auteurs, sur la foi de Balsamon, préface de son commentaire sur le *Nomocanon* de Photius (6), assurent que Constantin Porphyrogenète, fils de Léon le Philosophe, a révisé les Basiliques. Mais quelle a été l'époque de cette révision? Quels changemens a-t-elle apportés à l'ouvrage primitif? C'est ce qui n'est point éclairci (7). Le plus certain, c'est qu'il résulte de l'ouvrage de Balsamon que ses citations des Basiliques ne s'accordent pas parfaitement avec les manuscrits possédés par nos bibliothèques, quoiqu'Assemani paroisse d'une opinion contraire (8); et cependant ce qu'il y a de vrai aussi, c'est que les citations de la *Synopsis major,* d'Attaliata, d'Harmenopule,

(1) Par une disposition spéciale du § 21 de la constitution qui sert de préface au Digeste, Justinien avoit interdit tout commentaire ou abrégé de ses compilations; mais on sait que sa loi ne fut pas exécutée.
(2) Beck, *De provida Dei cura in dispensandis jurisprudentiæ fatis,* § 9, et Zepernick, *ad hanc dissert.*
(3) Marquard Freher, *in dedicat. juris græco-rom.* § 3. — Arth. Duck, *De auctorit. et usu juris romani,* cap. v, § 3. — Trotz, *De memoria propagata,* cap. III.
(4) *Histoire de la littérature grecque profane,* t. VII, pag. 231.
(5) Pasini, *Catalog. manuscr. bibl. Taurin.* t. I, pag. 391.
(6) Justelli et Woelkii *Bibl. canon.* t. I, pag. 814.
(7) Voir Cujas, *Observ.* lib. VI, cap. IX.
(8) *Bibliotheca juris orientalis,* t. II, pag. 313. Le même auteur, pag. 504, laisse entendre que les Paratitles de Tipucitus, dont je parlerai plus bas, diffèrent de nos manuscrits des *Basiliques* et des *Synopsis.*

se rapportent parfaitement à ces mêmes manuscrits. Je dois même ajouter qu'Harmenopule, dans le prologue de son Πρόχειρον, qui contient une sorte de tableau chronologique de la législation, attribue les Basiliques au seul Léon, et ne fait aucune mention de la révision attribuée à Constantin, quoiqu'assurément il ait vécu long-temps après cet empereur (1).

Indépendamment d'un assez grand nombre de dispositions relatives au droit maritime, éparses dans différens livres, les auteurs des Basiliques en avoient consacré un spécial à cette matière. Si l'on n'étoit réduit qu'à des présomptions, il faudroit le supposer, puisque la plupart des fragmens du Digeste et du Code de Justinien, relatifs à-la-fois au commerce de terre et au commerce de mer, n'ont été transcrits dans les titres analogues des Basiliques qu'avec la suppression de ce qui concernoit ce dernier. Mais la preuve que ce livre spécial a existé et qu'il étoit le LIII.ᵉ, nous est donnée d'une manière incontestable par deux manuscrits qui existent à la bibliothèque royale de Paris. Le premier, numéroté 151, parmi les manuscrits dits de Coislin ou de Saint-Germain (2), est un volume contenant les neuf premiers livres des Basiliques, en tête duquel se trouve la table générale de tous les livres et titres de l'ouvrage entier (3); le deuxième, numéroté 1357, de l'ancien fonds de la bibliothèque royale, contient les débris d'une table semblable, où sont les sommaires des livres XLVI jusqu'à LX. Dans l'un et l'autre, le livre LIII est indiqué comme consacré au droit maritime. Cette preuve est confirmée par un grand nombre d'autres documens dont je parlerai bientôt.

Jusqu'à présent le texte de ce livre n'a point été publié. Si les conjectures de M. Hugo, dans le paragraphe 416 de son *Histoire du droit romain,* ne sont pas incertaines, on peut croire que le livre LIII existoit du temps de Cujas, et que ce grand jurisconsulte l'a eu entre les mains; car M. Hugo dit en termes exprès que Cujas a possédé les sept livres qui précèdent immédiatement le LX.ᵉ, dont il a fait la traduction. Un passage des œuvres de Cujas peut prêter quelque force à cette présomption; dans le chapitre XXVIII du livre IX de ses Observations, il cite, comme puisé dans les Basiliques, sans toutefois en indiquer le livre, un passage conforme au fr. 5 du titre II du livre XXII du Digeste, *De nautico fœnore.* Le prêt à la grosse formant, comme on le

---

(1) Selden, dans son traité *Uxor Hebraïca,* lib. II, cap. XXIX; Godefroy, *Manuale juris,* cap. VI; Freher, *Chron. juris ad ann.* 1143; Phil. Labbe, *Biblioth. chron. SS. patrum, theolog. scriptorumque eccles.;* Bayle, *Réponse aux questions d'un provincial,* t. I, chap. LIII, assurent qu'Harmenopule étoit du XI.ᵉ siècle. Lambec, qui d'abord avoit adopté leur sentiment dans son Commentaire de la bibliothèque impériale de Vienne, livre V, s'est rétracté dans le livre VI, après qu'il eut trouvé la preuve irrécusable de l'époque à laquelle Harmenopule avoit publié son livre, époque qui se rapporte au règne d'Anne et Jean Paléologue (moitié du XV.ᵉ siècle).

(2) La célèbre et savante abbaye de Saint-Germain devint propriétaire des manuscrits de M. de Coislin, évêque de Metz. Après l'abolition des ordres religieux en France, cette collection a été portée à la bibliothèque royale, où elle conserve son ancienne nomenclature, et l'on en désigne les manuscrits indistinctement sous les noms *Coislianus* ou *San-Germanus.*

(3) On trouve la description de ce manuscrit dans la *Bibliotheca Coisliana* de Montfaucon, n. 116, Paris, 1715, in-fol.

verra, l'objet du titre v du livre LIII des Basiliques, on peut croire que les rédacteurs y avoient employé le fragment du Digeste que je viens d'indiquer, ou qu'ils l'avoient inséré dans d'autres livres; car ce fragment est, dans la réalité, étranger au prêt à la grosse, et n'offre qu'une règle sur des stipulations conditionnelles ou aléatoires, étrangères au commerce maritime. Quelques recherches que j'aie faites dans les Basiliques, je n'y ai point trouvé le texte cité par Cujas. Peut-être est-ce ma faute; ou, si mes recherches ont été exactes, peut-être la citation a-t-elle été faite d'après un manuscrit qui n'a pas été conservé (1) : car il est difficile de contester l'exactitude de Cujas; il ne se borne pas à une simple indication de chiffres, il transcrit un texte grec. Néanmoins, comme en cet endroit, et contre son ordinaire, il ne cite ni le livre ni le titre, peut-être a-t-il pris le passage dans la *Synopsis minor,* dont je parlerai plus bas et qu'il paroit avoir connue.

M. Hugo ajoute, dans la note 2 du même paragraphe 416, que M. Pilat avoit recouvré et apporté en Allemagne un exemplaire entier des Basiliques. Ce renseignement m'a donné l'idée de m'adresser à M. Pilat, et sa réponse m'a appris qu'il n'avoit point recouvré d'exemplaire des Basiliques, mais seulement qu'il avoit recueilli des variantes dans les manuscrits de Paris, et qu'il en avoit fait présent à un savant du Nord, dont il avoit oublié le nom; que, du reste, autant qu'il pouvoit s'en souvenir, rien, dans ces variantes, n'avoit rapport au droit maritime, ni ne faisoit partie du livre LIII.

Je me suis alors occupé de la vérification des manuscrits que possède la bibliothèque royale, les plus complets qui existent en Europe; car je crois que la bibliothèque de Florence est la seule où se trouvent quelques fragmens des Basiliques, dont, au surplus, aucun n'est relatif au droit maritime (2). Guidé dans mes recherches par M. Hase, l'un des conservateurs, dont l'obligeance égale le savoir, je me suis assuré que le livre LIII ne s'y trouvoit pas. Je n'y ai recueilli que les deux tables dont je viens de parler.

D'après les sommaires du manuscrit Coislin 151, le livre LIII étoit composé ainsi qu'il suit (3) : *Titre 1.er*, Des patrons et des armateurs, des actions

---

(1) Le savant Haubold, dans son *Manuale Basilicorum*, où il cite si exactement sur chaque fragment du droit romain le chapitre correspondant des Basiliques, se borne sur le fr. 5 du titre II du livre XXII du Digeste, *De nautico fœnore*, à indiquer l'observation de Cujas. Schünneman, dans sa dissertation, *De aversione periculi*, fait la remarque qu'il n'a pas trouvé dans les Basiliques le texte cité par Cujas.

(2) Bandini, *Catalog. bibl. Mediceæ*, t. III, pag. 200 et seqq.

(3) En voici le texte grec avec une version latine aussi fidèle que je peux l'offrir :

Βιϐ. νγ΄ τῶν Βασιλικῶν ἔχει τίτ. ζ.	Basilicorum lib. LIII : habet tit. VII.
α΄. Περὶ ναυκλήρων ἢ πιστικῶν ἢ ναυτῶν ἢ καπηλείων, ἢ τῆς κατ' αὐτῶν ἢ ὑπὲρ αὐτῶν ἀγωγῆς.	I. De naucleris et magistris et nautis et cauponibus, e de pro iis vel in eos actione.
β΄. Περὶ πλοίου ἐκδικουμένου.	II. De nave in jus vocata.
γ΄. Περὶ ναυαγίου ἢ ἁρπαγῆς ἢ ἀποϐολῆς ἢ συνεισφορᾶς.	III. De naufragio et rapina et jactura et collatione.
δ΄. Περὶ πλοίου ληγατευομένου, ἢ ἐν χρήσει δεδομένου, ἢ ὁμολογουμένου.	IV. De nave legata, vel commodata, vel promissa.
ε΄. Περὶ δανείσματος διαποντίου.	V. De mutuis trajectitiis.
ϛ΄. Περὶ ἁλιέων ἢ ἁλιείας ἢ δικαίου θαλάσσης.	VI. De piscatoribus et piscatura et jure maris.
ζ. Περὶ πράσεως ἢ ἀγορασίας οἴνου.	VII. De venditione et emptione vini.

qui leur appartiennent ou qu'on a contre eux ; — *Titre II*, Des contestations auxquelles un navire peut donner lieu ; — *Titre III*, Du naufrage, pillage, jet et contribution ; — *Titre IV*, De diverses conventions relatives aux navires ; —*Titre V*, Du prêt à la grosse ; —*Titre VI*, des pêcheurs, de la pêche, et du droit sur la mer ; —*Titre VII*, De la vente et achat du vin (1). Le manuscrit 1357 est littéralement semblable au manuscrit 151 de Coislin, pour l'indication de l'objet des sept titres ci-dessus transcrits ; mais il ajoute, sous deux rubriques portant chacune la lettre H, équivalente au chiffre VIII, ces mots : *Chapitres de la loi rhodienne; Des négociations maritimes* (2).

Un autre document, peu connu aussi, m'a donné une semblable indication des matières dont le livre LIII des Basiliques étoit composé. Ce sont les Paratitles de Tipucitus, dont Assemani a publié la plus grande partie (3). On n'a aucune notion sur l'auteur. Antoine Augustin avoit indiqué l'existence de son ouvrage dans ses notes sur les Novelles, et Suarez en avoit aussi parlé dans sa dissertation intitulée, *Notitia Basilicorum*, § 8. Mais les conjectures que ce dernier donne sur l'existence de Tipucitus ou sur la signification de ce nom sont évidemment erronées, car il en fait remonter l'existence à un temps antérieur à la composition des Basiliques ; c'est ce qu'a très-bien fait remarquer Assemani, qui a recueilli divers témoignages sur l'existence de Tipucitus, que je crois inutile de transcrire.

L'ouvrage est intitulé : Τιπόκιτος, ἢ Παράπτλα τῶν ἑξήκοντα βιβλίων τῶν Βασιλικῶν. *Tipucitus, sive Paratitla sexaginta librorum Basilicorum.* Ces Paratitles, qui ne sont qu'une table de matières un peu plus développée que celle des manuscrits ci-dessus indiqués, font mention, pour le livre LIII, des mêmes objets (4).

---

(1) Il est difficile de s'expliquer ce qui a donné lieu au placement de ce titre dans un livre consacré au droit maritime ; mais le fait ne sauroit être révoqué en doute.

(2) Τιτλ. ς'. Τὰ κεφάλαια τοῦ νόμου τῷ 'Ροδίων' κεφάλαια νόμου 'Ροδίων κατ' ἐκλογήν. Η' περὶ ναυτικῶν. Tit. VIII, *Capita legis Rhodiorum; capita excerpta e lege rhodia.* VIII, *De nauticis rebus.*

(3) *Bibliotheca juris orientalis*, t. I, pag. 503 et seqq.

(4) En voici le texte et la traduction latine, à l'exception du titre VII, relatif à la vente du vin, que j'ai cru inutile de transcrire comme étranger au droit maritime :

Περὶ ναυκλήρων, ἢ πιστικῶν, ἢ ναυτῶν, ἢ καπήλων, ἢ τῆς κατ' αὐτῶν ἢ ὑπὲρ αὐτῶν ἀγωγῆς ἢ ὑπὲρ ὧν ἐπίκεινται, ἢ οὐκ ἐπίκεινται· ἢ τῶν συναλλαγμάτων τῶν ἐπ' αὐτῶν, ἢ μετίλλων, ἢ ἁμαρτημάτων· ἢ περὶ ποινῆς τοῦ κατέχοντος ναύτην ἢ πλοῖον, ἢ τῶν διδασκόντων ἀκρόαξενς τοὺς κατασκευάζειν.	De naucleris, et fiduciariis, et nautis, et cauponibus, et de actione pro eis et contra eos ; et quomodo tenentur vel non tenentur, et de contractibus cum eis, vel defensionibus, vel culpis. De pœna retinentis nautam et navem, et docentium exteras gentes naves struere.
Περὶ πλοίου διακλεπομένου· ἢ πότε δίκαι ἢ ἁμέλεια ζημιάζεται ἐπὶ τῇ τοῦ πλοίου πλοίσει· ἢ ἐκ τούτου εἴδη· ἢ περὶ πλοίου μισθώσεως πλοίου, ἢ τρυπήσαντος, ἢ βοθίσαντος, ἢ σχεῖον κόψαντος.	De nave in jus vocata ; et si dolus vel incuria locum habuerit, durante navigatione ; et de nave aliam navem offendente, vel frangente, vel demergente, vel funem rumpente.
Περὶ ναυαγίου ἢ ἁρπαγῆς, ἢ ἀποβολῆς, ἢ συνεισφορᾶς.	De naufragio et raptu, et jactu, et contributione.
Περὶ πλοίου λεγατευμένου, ἢ ἐνεχύρῳ διδομένου, ἢ ὑποσχεσγομένου, ἢ ὠραθέντος.	De nave legata, vel pignori data, vel promissa, vel empta.
Περὶ δανεισμάτων διὰ ναυτίαν, ἢ τῶν ἐπ' αὐτοῖς συμφωνίων, ἢ τύχης· ἢ τοῦ ἐμποδίσαντος ἐμποδίσματος λαβεῖν τὸ χρέος.	De mutuis propter navigationem contractis, de conventionibus circa ea, et de casu fortuito ; et de eo qui impedit, tempore dicto, capere fœnus.
Περὶ ἁλιέων ἢ ἁλιείας, ἢ δικαίων τῆς θαλάσσης, ἢ τῶν ἐν αὐτῇ συμφωνιῶν, ἢ τοῖς δύναται ἁλιεύειν.	De piscatoribus et piscatura, et de jure maris et de circa eam conventionibus, et quis potest piscari.

Obligé de renoncer à l'espoir de trouver le texte du livre LIII des Basiliques, j'ai été réduit à y suppléer à l'aide des documens que l'injure du temps ne nous a pas ravis.

Le premier qui s'offroit naturellement est un extrait des Basiliques, désigné par les savans sous le nom de *Synopsis major*. Cet ouvrage, qui existe en manuscrit dans un grand nombre de bibliothèques publiques de l'Europe (1), est un recueil de textes copiés des Basiliques, sous des titres placés par ordre alphabétique, sauf le premier, relatif à la foi catholique, que le rédacteur a cru devoir, par respect, excepter de cet arrangement assez bizarre (2). Je ne connois aucun manuscrit dans lequel cette Synopsis soit rédigée dans l'ordre numérique des livres et des titres; mais Loewencklau, dans l'édition qu'il a donnée en 1596, a rétabli cet ordre d'une manière qui auroit probablement été plus parfaite, s'il avoit connu les tables des livres et des titres des Basiliques, dont j'ai parlé plus haut. Son édition a aussi des différences et des omissions que Charles Labbé a relevées, dans un ouvrage publié en 1607. Je ne m'en occuperai point, d'abord parce qu'elles sont sans importance pour ce qui est relatif au droit maritime, ensuite parce que les textes que j'emprunte à la Synopsis sont puisés dans trois manuscrits existant à la bibliothèque royale de Paris, sous les n.ᵒˢ 1346, 1347 et 1351, les plus exacts et les plus anciens, au jugement de M. Hase.

L'auteur de cette Synopsis n'est pas connu; Assemani prétend que quelques écrivains, qu'il ne nomme pas, l'attribuent à Basile et à ses fils Léon et Constantin (3). Mais ces écrivains, quels qu'ils soient, auront probablement confondu le Manuel de Basile, dont la rédaction a précédé la publication des Basiliques, avec la Synopsis, qui est postérieure à ce code. Struve l'attribue à Romain Lécapène (4); mais la description qu'Assemani (5) donne du manuscrit d'un abrégé de droit, publié dans la première année du règne de cet empereur, prouve qu'on ne peut le confondre avec la Synopsis.

On n'a pas plus de renseignemens sur l'époque à laquelle cet ouvrage a pu être composé. Il existoit évidemment dans la dernière moitié du XII.ᵉ siècle. Dans le manuscrit du Vatican, décrit par Assemani (6), on trouve la preuve

(1) On en trouve les indications dans Assemani, *Bibl. juris orientalis*, t. II, pag. 435 *et seqq.*
(2) En voici le titre d'après les manuscrits de la bibliothèque royale dont j'ai fait usage. Il paroît être le même dans les manuscrits qui existent en pays étranger, au moins si j'en juge par les citations d'Assemani pour ceux du Vatican, de Lambec pour ceux de Vienne, de Bandini pour ceux de Florence, et de Pasini pour ceux de Turin :

Ἐκλογὴ ἢ σύνοψις τῶν Βασιλικῶν Ε΄ βιβλίων, σὺν παραπομπαῖς κζ΄ στοιχεῖον· τῷ περὶ πίστεως τίμῳ τίτλου προτεθέντες πάντων τῶν στοιχείων, διὰ τὸ τίμιον.

Delectus conspectusque LX librorum Basilicorum, cum citationibus secundum seriem litterarum graecarum, nonnisi et qui de fide agit, titulo omnibus titulis anteposito, honoris gratiâ.

(3) Basilio imperatori ejusque filiis Constantino et Leoni tribuitur. *Bibliotheca juris orientalis*, t. II, pag. 434.
(4) *Historia juris*, cap. IV, § 4.
(5) *Bibliotheca juris orientalis*, t. II, pag. 582.
(6) *Bibliotheca juris orientalis*, t. II, pag. 436 *et seqq.* ad pag. 497.

qu'il a été écrit par un anonyme que l'ouvrage a été rédigé en 1167. Quel qu'en soit, au reste, l'auteur, il importait de faire connoître ce que son ouvrage contient sur le droit maritime.

Voici l'indication de tout ce qu'on y trouve d'extraits du livre LIII.

Sous le titre IV, relatif aux obligations des armateurs et des patrons, la Synopsis a recueilli onze chapitres numérotés 1, 2, 4, 6, 7, 15, 16, 17, 25, 31, 39. Le chapitre I traite de la responsabilité des armateurs, en cas d'accident ou de naufrage arrivé par leur faute : ce chapitre est le seul du livre LIII qui ne présente pas une traduction de quelques textes du droit romain; tel qu'il est conçu, il indique plutôt l'objet du chapitre qu'il n'en fait connoître les dispositions ; c'étoit sans doute une analyse des §§ 1 et 2 du fr. 13 du titre II du livre XIX du Digeste, *Locati*, *conducti* (1). Le chapitre II définit ce qu'on entend par armateur; c'est une traduction presque littérale du fr. 1, § 15, du titre I du livre XIV du Digeste, *De exercitoria actione*. Le chapitre IV définit ce qu'on entend par patron; c'est une traduction libre du fr. 1, § 1, du même titre du Digeste. Le chapitre VI traite de l'obligation des patrons de rendre ce qui leur a été confié pour le transporter; c'est une traduction libre du fr. 1, pr., et § 1, du titre IX du livre IV du Digeste, *Nautæ, caupones*, &c. Le chapitre VII traite de la même obligation, lorsque les objets ont été remis à des gens de mer préposés expressément ou tacitement pour les recevoir; c'est une analyse du fr. 1, §§ 2 et 3, du même titre. Le chapitre XV traite de la responsabilité des armateurs pour les délits de leurs matelots; c'est une analyse du fr. 1, § 2, du titre I du livre XIV du Digeste, *De exercitoria actione*. Les chapitres XVI et XVII traitent de la responsabilité des armateurs par suite des engagemens pris par le patron pour les besoins du navire et de la navigation; ils offrent l'analyse du fr. 1, §§ 3, 7, 8, 9 et 10, du même titre. Le chapitre XXV, qui ne paroît pas plus que bien d'autres textes sur les cas fortuits épars dans les Basiliques, être spécialement relatif au droit maritime, est conforme au fr. 26, § 6, du titre I du livre XVII du Digeste, *Mandati vel contrà*. Le chapitre XXXI traite de l'action pénale contre les gens de mer, ou autres, qui ont volé des objets; c'est une traduction libre des §§ 3 et 4 du fragment unique qui forme le titre V du livre XLVII du Digeste, *Furti adversus nautas*. Le chapitre XXXIX traite de l'application des principes sur la responsabilité des armateurs à la femme qui est propriétaire d'un navire; c'est la paraphrase et le développement de la const. 4 du titre XXV du livre IV du Code, *De exercitaria et institoria actione*.

Sous le titre II relatif aux contestations dont un navire peut être l'objet, la Synopsis a recueilli trois chapitres numérotés 4, 5 et 11. Le chapitre IV traite des dommages et intérêts dus par celui qui, naviguant en temps inopportun, est cause de la perte d'un navire, ou par celui qui occasione cette perte de

(1) Il est probable que le véritable texte de ce chapitre se trouve dans les §§ 1 et 2 du code de Chypre, dont je parlerai dans la suite.

toute autre manière; c'est un résumé de diverses dispositions des fr. 16 et 36 du titre I du livre VI du Digeste, *De rei vindicatione*, du fr. 27, § 24, du titre II du livre IX, *Ad legem Aquiliam*, et du fr. 13, § 1, du titre II du livre XIX, *Locati, conducti*. Le chapitre V traite des dommages qu'un navire peut causer à un autre; c'est une traduction presque littérale du fr. 29, §§ 2, 3, 4 et 5, du titre II du livre IX, *Ad legem Aquiliam*. Le chapitre XI traite de ce qui est réputé compris dans la vente d'un navire; c'est la traduction presque littérale du fr. 29 du titre VII du livre XXXIII du Digeste, *De instructo vel instrumento legato*.

Sous le titre III, relatif au naufrage, au jet et à la contribution, la Synopsis a recueilli dix chapitres, numérotés 1, 3, 12, 14, 19, 22, 25, 39, 42 et 43. Le chapitre I.er détermine dans quels cas il y a lieu à la contribution pour le jet, et quelles choses y contribuent; c'est l'analyse du fr. 1 et du fr. 2, § 2, du titre II du livre XIV du Digeste, *De lege rhodia de jactu*. Le chapitre III règle le mode d'estimation des choses perdues et des choses conservées, sujettes à contribution; c'est l'analyse du fr. 2, § 4, du même titre du Digeste. Le chapitre XII définit les cas dans lesquels il y a, ou non, lieu à la contribution, selon que le sacrifice a, ou n'a pas, opéré le salut commun; c'est l'analyse des fr. 5 et 6 du même titre. Le chapitre XIV déclare qu'en cas de perte du navire chacun conserve ce qu'il a pu sauver, sans contribuer à la perte des autres; c'est la traduction du fr. 7 du même titre du Digeste (1). Le chapitre XIX, relatif au vol de choses provenant de jet, est conforme au fr. 43, § 11, du titre II du livre XLVII du Digeste, *De furtis*. Le chapitre XXII déclare qu'on ne peut acquérir, comme choses abandonnées, les objets provenant de naufrage, qu'on a trouvés; c'est l'analyse du fr. 21, §§ 1 et 2, du titre II du livre XLI du Digeste, *De adquirenda vel amittenda possessione*. Les chapitres XXV et XXXIX mettent au rang des vols le fait de s'emparer de choses provenant d'un naufrage, ou de les recéler; c'est l'analyse des fr. 1, 2, 3 et 5 du titre IX du livre XLVII du Digeste, *De incendio, ruina, naufragio*, &c., et du fr. 3, § 4, du titre VIII du livre XLVIII, *Ad legem Corneliam de sicariis*. Le chapitre XLII est la répétition des premières lignes du chapitre XXV. Le chapitre XLIII a encore le même objet; c'est la traduction du fr. 1, § 2, du titre VII du livre XLVIII du Digeste, *Ad legem Juliam de vi privata*.

Sous le titre IV, relatif aux legs de navire, la Synopsis présente un chapitre, numéroté 2, qui prévoit le cas où un testateur, après avoir légué son navire, l'a désassemblé; c'est la traduction du fr. 24, § 4, du livre XXX du Digeste, *De legatis et fidei commissis*, 1.°

Sous le titre V, relatif au prêt à la grosse, la Synopsis a recueilli cinq chapitres numérotés 1, 13, 14, 15, 18. Le premier définit ce qu'on entend

---

(1) Fabrot a placé après ce chapitre XIV un morceau puisé sans doute dans le *Procheiron* d'Harmenopule, livre II, titre XI, § 19, qui est une traduction du fr. 8 du titre II du livre XIV du Digeste, *De lege rhodia de jactu*.

par argent trajectice ou prêt à la grosse; c'est l'analyse du fr. 1 du titre II du livre XXII du Digeste, *De nautico fœnore*. Le XIII.ᵉ et le XIV.ᵉ sont relatifs à la préférence accordée aux prêts faits pour les besoins de la navigation; c'est l'analyse des fr. 5 et 6 du titre IV du livre XX du Digeste, *Qui potiores in pignore vel hypotheca* &c. Le XV.ᵉ traite du taux de l'intérêt; c'est l'analyse de la const. 26, § 1, du titre XXXII du livre IV du Code, *De usuris*. Le XVIII.ᵉ traite des risques que le créancier prend sur lui; c'est l'analyse de la const. 2 du titre XXXIII du livre IV du Code, *De nautico fœnore*.

Sous le titre VI, relatif à la pêche, la Synopsis emploie un chapitre numéroté 5, concernant le droit qu'un propriétaire a d'interdire par convention la faculté de pêcher dans la mer vis-à-vis de son héritage; c'est une sorte d'analyse du fr. 13, § 7, du titre X du livre XLVII du Digeste, *De injuriis* &c. (1)

La Synopsis n'indique point de titre VII. On a vu que dans le manuscrit Coislin 151, dans le manuscrit 1367, ancien fonds de la bibliothèque royale, et dans les Paratitles de Tipucitus, ce titre est relatif à la vente du vin; mais il porte le n.º XVII dans les trois manuscrits indiqués page 156 et dans l'édition imprimée de Loewenclau. C'est, au surplus, une chose indifférente; car, quel que soit le numéro de ce titre, il est étranger au droit maritime.

Enfin la Synopsis contient un titre VIII intitulé : *Chapitres extraits de la loi rhodienne*. Ces chapitres, au nombre de quatorze, sont identiquement les mêmes que les chapitres numérotés 2, 3, 7, 9, 10, 13, 28, 31, 34, 35, 37, 41, 44 et 47, dans la troisième pièce de la compilation rhodienne, publiée par Schard en 1591 et par Loewenclau en 1596, dont j'ai déjà parlé page 25.

Il sera facile, en comparant le tableau de ce que la Synopsis contient sur le droit maritime, avec les autres documens dont je ferai un usage subsidiaire pour suppléer à la perte du livre LIII, de reconnoître qu'elle est loin de contenir tout ce qui nous manque. En supposant, ce qui n'est pas probable, que, dans chacun des six titres (2) dont je viens d'offrir l'exposé, le chapitre qui en termine l'extrait fût le dernier du texte véritable, il s'ensuivroit que le titre premier auroit contenu au moins trente-neuf chapitres, le second au moins onze, le troisième au moins quarante-trois, le quatrième au moins deux, le cinquième au moins dix-huit, le sixième au moins cinq; ce qui produiroit au moins cent dix-huit chapitres. Au lieu de ce nombre, on a vu que la Synopsis ne donnoit, pour ces mêmes six premiers titres, que

---

(1) Tous ces chapitres sont placés dans les manuscrits sous la division N, titre, *De nauticis obligationibus*, à l'exception des chapitres XXV et XLIII du titre III qui sont sous la division A, titre, *De rapinam facientibus;* du chapitre II du titre IV, qui est sous la division L, titre, *De legatis;* des chapitres I, XV et XVIII du titre V, qui sont sous la division E, titre, *De mandatis et procuratoribus*, et des chapitres XIII et XIV du même titre V, qui sont sous la division X, titre, *De debito fiscali.*

(2) On sent pourquoi je ne parle ni du titre VII ou XVII relatif à la vente ou achat du vin, objets étrangers au droit maritime, ni du titre VIII, relatif à la compilation rhodienne, qui sera l'objet d'une discussion spéciale.

trente-un chapitres. Ainsi la perte du livre LIII est véritablement une perte immense; et plus elle étoit grande, plus je devois recourir à tous les moyens praticables pour y suppléer.

Le premier document dont je fais usage est le code des habitans grecs de l'île de Chypre sous les rois latins. Il est du XIII.ᵉ siècle et encore inédit. On sait que l'île de Chypre faisoit partie de l'empire d'Orient; que, gouvernée par des ducs à la nomination de l'empereur, elle en fut détachée par l'usurpation d'Isaac Comnène en 1182; qu'elle fut conquise sur cet usurpateur en 1191 par Richard I.ᵉʳ, roi d'Angleterre, et donnée par lui en 1192 à Gui de Lusignan, qui devint le premier roi latin de cette île. Le code dont je parle étoit donc celui qui régissoit les habitans avant la conquête, et que les rois latins leur laissèrent, pendant quelque temps du moins, la faculté de suivre. On voit, par un grand nombre de passages de ce code, qu'il avoit été extrait des Basiliques; et cela est d'autant plus naturel, que, pendant la soumission de l'île aux empereurs d'Orient, les Basiliques dûrent en être la loi comme celle des autres parties de l'empire. En effet, les douze paragraphes de droit maritime qu'il contient sont absolument conformes aux Basiliques (1); mais, au risque de faire des répétitions, je crois devoir ne pas négliger ce document. Le manuscrit se trouve à la bibliothèque royale sous le n.° 1391. L'obligeance de MM. les conservateurs m'a permis d'en faire usage (2).

A ce document supplémentaire que j'appelle *légal*, parce que, dans le fait, le code de Chypre est une loi extraite des Basiliques, je joins quelques

(1) La troisième des pièces qui composent la compilation rhodienne, dont je parlerai au chapitre suivant, est jointe à ces paragraphes dans le manuscrit.

(2) Comme ce manuscrit peut servir aux savans qui travailleroient dans la suite à compléter l'édition des Basiliques, ou à en donner une nouvelle d'après les manuscrits de France, de Florence, et autres qu'on parviendroit à découvrir, j'ai cru qu'une indication sommaire des objets qu'il contient ne seroit pas sans utilité. Le manuscrit est un petit *in-4.°*, contenant 239 feuillets. Du fol. 1 à 9, est une bulle du pape Alexandre IV, de 1255 environ, relative aux limites de la juridiction ecclésiastique des Latins et des Grecs. Du fol. 9 à 10, deux pièces de vers politiques sur les devoirs du juge et de l'avocat. C'est au fol. 10 que commence, à proprement parler, le code, sous le seul titre Ἀρχὴ βιβλίων, *Initium librorum.* Une première division, du fol. 10 au fol. 48, contient dix titres relatifs aux fiançailles, au mariage, à sa dissolution et aux seconds mariages. Une seconde division, indiquée par une vignette qui la sépare de la précédente, contient, du fol. 48 à 57, cinq titres sur la dot et sa restitution, les donations par contrat de mariage et leur révocation. Une troisième division, du fol. 57 au fol. 75, contient treize titres relatifs aux contrats de vente, de louage, à l'emphytéose, aux prêts et hypothèques, au contrat de société et aux testamens. Une quatrième division, du fol. 75 à 78, un titre sur les témoins. Une cinquième division, du fol. 78 à 79, un titre sur la nomination des évêques. Une sixième division, du fol. 79 à 100, contient neuf titres sur les héritiers et les légataires. Une septième division, du fol. 100 à 106, contient des dispositions pénales contre le vol, l'assassinat, la trahison, &c. Une huitième division, du fol. 106 à 110, un titre sur le partage du butin. Une neuvième division, du fol. 110 à 120, deux titres sur les mariages prohibés. Une dixième division, du fol. 120 à 124, un titre sur la vie monastique. Une onzième division, du fol. 124 à 132, plusieurs chapitres sur diverses conventions. Une douzième division, du fol. 132 à 133, un titre sur les intérêts. Une treizième division, du fol. 133 à 206, plusieurs titres sur le mariage et sur différens contrats. Une quatorzième division, du fol. 206 à 211, un titre de lois géorgiques. Une quinzième division, du fol. 211 à 214, une liste des emplois ecclésiastiques. Une seizième division, du fol. 214 à 228, contient pêle-mêle diverses dispositions de droit civil. Une dix-septième division, du fol. 228 à 237, est composée de la troisième pièce de la compilation rhodienne dont je parlerai dans le chapitre suivant, avec intercalation d'une série des douze chapitres de droit maritime extraits des Basiliques. Une dix-huitième division, du fol. 237 à 239, contient cinq chapitres sur la revendication, et les enfans abandonnés des personnes libres et des esclaves.

ouvrages de doctrine qui, sans avoir un caractère aussi authentique, étoient de nature à n'être pas oubliés : ce sont, la *Synopsis minor,* le *Poëma nomicon* d'Attaliata, et le *Procheiron* de Constantin Harmenopule.

La Synopsis minor, qui est inédite, se trouve, suivant Lambec (1), dans la bibliothèque de Vienne; suivant Assemani (2), dans celle du Vatican; et suivant Bandini (3), dans celle de Florence. C'est un abrégé du droit des Basiliques, dans la même forme alphabétique que la Synopsis major dont je viens de parler : mais celle-ci est un abrégé littéral, c'est-à-dire, une compilation de textes copiés dans les Basiliques avec plus ou moins de discernement; au contraire, la Synopsis dont il s'agit ici offre le sens et l'esprit de la loi, sans donner de textes. La première est un extrait, la seconde une analyse; c'est sans doute la raison qui l'a fait nommer *Synopsis minor.* Godefroy paroît l'avoir confondue avec la précédente (4). L'auteur n'en est pas connu : des jurisconsultes cités par Cujas (5) l'attribuent à Romain Lécapène; mais on peut leur faire la même réponse qu'à ceux qui l'ont cru auteur de la Synopsis major. On pourroit avec plus de fondement l'attribuer à Docimus, puisqu'un fragment qui est mis sous son nom par les divers éditeurs de la compilation rhodienne, comme je l'ai dit page 25, se trouve littéralement en tête des paragraphes de cette Synopsis qui traitent du droit maritime. Mais quel est ce Docimus et quand a-t-il vécu? C'est ce qu'on ignore. Cujas a connu cette Synopsis, comme on peut le conjecturer d'après le chapitre x du livre xvii de ses Observations. Mes recherches ne m'en ont fait découvrir aucun manuscrit existant en France. C'est à l'extrême bonté que M. Angelo Mai a eue pour moi d'après l'obligeante recommandation de M. le duc de Laval, ambassadeur du Roi près le Saint-Siége, que je dois l'extrait dont je publie le texte.

L'ouvrage d'Attaliata, composé par ordre de l'empereur Ducas en 1073, est imprimé dans la collection du droit grec-romain, publiée en 1596 par Loewencklau. Il en existe plusieurs manuscrits à la bibliothèque royale, sous les n.os 1263, 1358, 1359, 1385, 2256, 2291, &c.

Le Procheiron d'Harmenopule est entre les mains de tout le monde. L'édition la plus complète et la plus estimée est celle qu'en a donnée Reitz dans le tome VII du *Thesaurus* de Meerman. Il en existe plusieurs manuscrits à la bibliothèque royale, sous les n.os 478, 1338, 1355, 1360, 1361, 1362, 1363ª, 1386, 1387, 1388ª, 1786, ancien fonds, et 154 du fonds Coislin. Le titre xi du livre ii est spécialement consacré aux matières de droit maritime.

Il sera facile de voir, par la comparaison des extraits, qu'Harmenopule a fait un grand usage de la Synopsis minor. Il l'atteste lui-même dans la rubrique du titre viii du livre vi.

(1) Lib. vi, cod. iv, n. 1.
(2) *Bibliotheca juris orientalis,* t. II, pag. 499 *et seqq.*
(3) *Bibliothèca Medicea,* t. III, pag. 206.
(4) *Manuale juris,* pag. 82.
(5) *Observationum* lib. iv, cap. x.

Je m'expose, je ne saurois le nier, à de doubles emplois, en recueillant les fragmens de ces divers ouvrages; c'est un inconvénient inévitable, et je devois le préférer à celui d'avoir négligé quelque chose de ce qui pouvoit faire connoitre le véritable droit maritime des Basiliques, sur lequel nous ne possédons jusqu'à présent que les extraits du livre LIII, conservés dans la Synopsis major. En effet, Fabrot n'a pas fait autre chose que de les copier; et l'auteur de l'ouvrage intitulé, *Biblioteca di gius nautico*, imprimé à Florence en 1785, le seul qui ait placé au nombre des anciens monumens de droit maritime celui des Basiliques, s'est borné, pages 23 et suivantes du tome Ier, à traduire les extraits recueillis par Fabrot, sans même en donner le texte.

Mais on a vu ci-dessus que la Synopsis major avoit recueilli, sous le titre VIII du livre LIII, quatorze chapitres de la troisième partie de la compilation rho-dienne. Fabrot en a conclu qu'il devoit transcrire en totalité les cinquante-un chapitres dont elle est composée dans les éditions usuelles.

Cette dernière circonstance me conduit naturellement à examiner si cette série de chapitres faisoit partie des Basiliques. La question n'est pas sans utilité pour ceux qui désirent avoir une juste idée du droit maritime de l'empire d'Orient.

On voit que Fabrot l'a résolue affirmativement, et, en quelque sorte, comme un point qui ne lui paroissoit offrir aucun doute. Je ne saurois partager l'opinion de ce jurisconsulte : je vais en exposer les motifs, sans omettre les objections dont la mienne est susceptible.

Il n'est pas possible de se dissimuler que tous les textes du livre LIII des Basiliques, conservés dans la Synopsis major, ne soient littéralement conformes au droit romain. J'en ai donné la preuve en indiquant les fragmens corrélatifs.

Le titre III, qui traite des naufrages, du jet et de la contribution, présente dans les chapitres I et XII une traduction presque littérale des fr. 1 et 2, § 2, et des fr. 5 et 6, du titre II du livre XIV du Digeste, *De lege rhodia de jactu*, textes qui décident qu'il n'y a lieu à contribution que pour les sacrifices qui ont sauvé le navire, et que, si le navire périt, chacun conserve ce qu'il a sauvé, sans concourir à la réparation des pertes éprouvées par les autres. On verra, dans les pièces publiées à la suite de cette dissertation, que tels sont aussi les principes du paragraphe 62 de la Synopsis minor.

Ce système, si conforme à la raison et à la justice, qu'adopté il y a plus de trois mille ans par les peuples navigateurs de la Grèce, comme on l'a vu pages 41 et 46, et conservé religieusement par les Romains, il est encore celui de toutes nos législations modernes, et suivi par les nations les plus divisées de mœurs et d'intérêts, est entièrement opposé au système de la compilation dite *Droit naval des Rhodiens*, qu'on voudroit faire considérer comme partie intégrante des Basiliques. Cette compilation admet pour principe, qu'il y a lieu à contribution entre les choses sauvées et les choses perdues, chaque fois que la perte est le résultat d'un cas fortuit ou d'une force majeure, sans exiger qu'il y ait eu dans le sacrifice intention de procurer le salut commun, et que ce salut ait été la suite de la perte éprouvée. Toute distinction entre les avaries communes et les avaries particulières est anéantie. On ne répare pas seulement par la contribution *quod pro omnibus datum est,* mais tout ce qu'un cas fortuit quelconque a fait perdre. En un mot, on s'écarte de ce que décident les chapitres XII et XIV du titre III du livre LIII des Basiliques, dont voici la traduction latine : « Nave amissâ, qui res suas ex naufragio in tutum tule-« runt, non conferunt; hoc enim casu tantùm fit contributio, cùm, salutis « causâ et salvâ nave, quædam dejecta sunt.... Nave demersâ, quæ quisque « ex suis rebus servaverit, sibi servat, tanquam ex incendio. »

Voici au contraire ce que décide la compilation dite *Droit naval des Rhodiens,* qu'on prétend avoir aussi fait partie des Basiliques. Dans le chapitre IX, après avoir dit que le jet en cas de tempête donne lieu à la contribution, on lit ces mots que je me contente de traduire en latin : « Similis quoque ratio con-« tributionis est observanda, si vel ab hostibus, vel à latronibus vel piratis, « merces aut ea quæ ad nautas in commune spectant, diripiantur. » Dans le chapitre X, on lit : « Sin damnum vel naufragium acciderit, nullâ nec à ma-« gistro navis, nec à nautis, nec à mercatoribus, interveniente culpâ, salvæ « navis et onerum partes in contributionem veniant. » Dans le chapitre XXVII: « Si testibus probatum fuerit navem tempestate coortâ periisse, quæ super-« sunt tam de nave quàm de mercibus, in contributionem veniant. » Dans le chapitre XXXI : « Si navi quid acciderit, omnia quæ salva supersunt in contri-« butionem utrinque veniant. » Dans les chapitres XXXII et XXXIII, même décision. Dans le chapitre XXXVI : Si navis velificans in aliam navem « delata fuerit, omnis tam collisio quàm interitus ad magistrum pariter et « ad ipsos vectores spectat, et merces in contributionem veniant. » Dans le chapitre XL : « Si navem acciderit perire naufragio, salvâ tam mercium quàm « navis parte.... in collationem veniant. » Le chapitre XLI répète : « Si « vectores in nave navigent, eaque vel corrupta fuerit, vel perierit, rebus « vectorum salvis, vectores ad sarciendam navis jacturam conferant. »

Qui ne voit une opposition manifeste entre les textes du titre III du livre LIII, qui étoit le véritable siége de la matière en fait de contribution, et ce qu'on prétend avoir formé le titre VIII du même livre? Le titre III n'admet pas de contribution en cas de naufrage; il consacre la maxime générale en Europe, qu'en pareil cas *sauve qui peut;* que toute perte ou sacrifice qui auroit été avarie commune et objet de contribution, si le naufrage avoit été évité, est avarie simple et perte individuelle, dès que le naufrage a eu lieu. Ce qu'on prétend former le titre VIII décide le contraire, en admettant la contribution, même quand le navire a fait naufrage, même dans les cas d'abordage, d'inna-vigabilité, de pillage par des voleurs, d'incendie fortuit, &c.

Ce n'est pas tout. Cette opposition si manifeste sur le principe de la con-

tribution n'existe pas moins expressément en ce qui concerne le mode. Le
chapitre III du titre III du livre LIII des Basiliques s'exprime ainsi : « Omnes
« res, etiam ex quibus navis non oneratur, ipsa quoque navis, pro æstima-
« tione sua contributioni sunt obligatæ. » Ce texte ne laisse aucun doute sur
son application à l'or, à l'argent, et aux choses qui ne sont pas, à proprement
parler, des objets de chargement, *quibus navis non oneratur*. Au contraire,
le chapitre XL de la compilation porte : « Si navem acciderit perire naufragio...
« si quidem vectores aurum vel argentum, vel holoserica, vel uniones, vel
·« magni pretii lapillos, secum portant, aurum conservatum decimas præstet,
« argentum quintas pendat.... atque ita in collationem veniant. » Il n'est
personne qui ne voie la différence. Dans le premier système, le passager
contribue pour son argent d'après ce qu'il vaut, et par conséquent, si la
contribution prend 50 pour o/o des valeurs sauvées, et qu'il ait quatre cents
pièces d'argent ou d'or, il en doit moitié; si, au contraire, la contribution
n'est que d'un pour o/o des valeurs sauvées, il ne devra que le centième de
cet or ou de cet argent. Dans le second système, ce passager devra le cinquième de l'argent, et le dixième de l'or, de la soie, des perles, et il le devra
quelle que soit la proportion de la contribution.

Je n'ai point à examiner lequel de ces deux modes est préférable ; il me
suffit de constater qu'ils sont différens l'un de l'autre. Ainsi, dans l'hypothèse
que la série de chapitres désignée sous le nom de *Droit maritime des Rhodiens* auroit fait partie des Basiliques, il faut reconnoître qu'indépendamment
d'un grand nombre de doubles emplois, plus aisés à vérifier par la lecture
du texte qu'à indiquer dans une dissertation, ce code offriroit la plus inconcevable des contradictions dans le même livre et sur le même point.

Les raisons d'analogie, les seules que, dans une matière de critique, on
puisse employer, quand on discute en l'absence de preuves positives qu'on
pourroit obtenir seulement d'un manuscrit complet et authentique des Basiliques, militent donc fortement contre l'opinion qui tendroit à faire considérer la série dont il s'agit comme faisant partie du livre LIII.

C'est sans doute parce qu'ils étoient frappés de toutes ces considérations,
que les jurisconsultes et les critiques dont j'ai cité les textes pages 25 et 27,
avoient regardé la compilation dite rhodienne comme ne faisant point partie
des Basiliques.

Je dois cependant, puisque j'en ai pris l'engagement, et d'ailleurs parce
que la bonne foi m'en impose l'obligation, présenter contre mon opinion une
objection qui a quelque force.

La Synopsis major des Basiliques contient, comme on l'a vu, sous la rubrique *Capita legis rhodiæ*, une série de quatorze chapitres, littéralement
conformes aux chapitres II, III, VII, IX, X, XIII, XXVIII, XXXI, XXXIV,
XXXV, XXXVII, XLI, XLIV, XLVII de cette compilation, et je les ai trouvés
dans tous les manuscrits que j'ai consultés. Celui qui porte le n.° 1357 à

la bibliothèque royale désigne au nombre des titres dont étoit composé le
livre LIII des Basiliques, deux titres relatifs à ces lois dites rhodiennes; la
même indication est dans les Paratitles de Tipucitus. On peut donc m'objecter
que, les auteurs de ces ouvrages ayant eu sans doute sous les yeux des
exemplaires complets des Basiliques, il ne doit rester aucun doute sur le fait
que la série de chapitres dont il s'agit en faisoit partie.

Voici néanmoins ce que je crois qu'on peut répondre. En supposant que la
Synopsis major et les Paratitles aient été composés dans un temps voisin
de la publication des Basiliques, d'après un exemplaire complet de ce code,
et avant la perte du livre LIII, tout le monde conviendra, comme je l'ai déjà
dit, que si les chapitres appelés *Droit naval des Rhodiens* en faisoient réellement partie, les Basiliques auroient présenté la plus inconcevable des ano-
malies, c'est-à-dire, une contradiction absolue dans un même livre et sur les
mêmes matières.

On peut, il est vrai, expliquer cette contradiction en disant que les habitudes
et les besoins du commerce étoient changés; que, les périls de la navigation
s'étant multipliés, les navigateurs et les chargeurs ont formé des conventions
spéciales sur la contribution aux avaries, par lesquelles dérogeant aux principes du droit romain, primitivement insérés dans les Basiliques, ils établissoient un mode de contribution, connu sur la Méditerranée sous le nom de
germinamento (1), dont l'effet est de mettre en commun tous les risques et
pertes résultant de force majeure, sans distinguer entre ce que nous nommons avaries *communes* et avaries *simples;* que, l'habitude de ces conventions
étant devenue générale, le législateur a pu les convertir en loi pour remplacer
ce qui, dans l'origine, formoit le titre III du livre LIII des Basiliques, comme
les Novelles ont été ajoutées aux compilations de Justinien, sans qu'on en
ait retranché les dispositions qu'elles changeoient ou rendoient inutiles.

L'objection ne présente point assurément une hypothèse impossible; mais
de fortes raisons ne permettent pas, ce me semble, de s'y arrêter.

D'abord, est-il présumable que la législation ait pu recevoir si promte-
ment un si grand changement? On comprend comment le pacte dont je
viens de parler a pu s'introduire dans l'usage et même être garanti par la législation; mais c'est une dérogation au droit le plus ancien et le plus universel
qui ait jamais existé : il est donc peu probable que les empereurs d'Orient,
si fidèles à conserver dans les Basiliques les décisions du corps de droit
romain sur toutes les matières, et notamment, comme on le verra dans les
pièces qui composent ce chapitre, sur les matières maritimes, l'aient abandonné en cette partie, pour adopter un système qui n'avoit jamais été, qui
n'est encore celui d'aucune législation.

D'ailleurs, et en fait, si la Synopsis major donne lieu de supposer que les

(1) *Libre de Consolat de mar,* chap. CXCV, CXCVII et CCXXXII. — Targa, *Ponderazioni sopra le
contrattazioni maritime,* cap. LXXVI.

chapitres appelés *Droit naval des Rhodiens* faisoient partie des Basiliques, la Synopsis minor et le code de Chypre donnent lieu de supposer qu'ils n'en faisoient pas partie, puisqu'ils ne présentent que des dispositions conformes aux textes qui nous restent du titre III du livre LIII ; si les Paratitles de Tipucitus et les sommaires du manuscrit 1357 de la bibliothèque royale se prêtent à la première supposition, les sommaires du manuscrit Coislin 151 la détruisent.

Ce n'est pas tout ; j'ai indiqué parmi les ouvrages de doctrine qui peuvent nous faire connoître le droit maritime des Basiliques, l'abrégé d'Attaliata, qui, dans le titre XLVIII, renvoie expressément au livre LIII. Il est probable, autant qu'une chose passée il y a près de mille ans peut l'être, qu'Attaliata n'a pas fait un extrait infidèle ; qu'il a conservé et exposé avec exactitude et bonne foi le droit existant à l'époque où il écrivoit. Or ce qu'il dit relativement à la contribution est littéralement conforme aux chapitres que la Synopsis major a extraits du titre III du livre LIII des Basiliques, et par conséquent contraire à la compilation dite *Droit naval des Rhodiens,* que cette même Synopsis indique comme composant le titre VIII.

L'ouvrage d'Attaliata n'est pas le seul abrégé des Basiliques qui nous soit parvenu. J'ai indiqué aussi le Procheiron de Constantin Harmenopule. On connoît l'autorité dont jouit cet ouvrage dans les pays qui ont conservé le droit grec-romain, où il forme, à proprement parler, le guide des jurisconsultes et des magistrats, qui n'ont recours aux Basiliques que dans les cas les plus rares et les plus difficiles. Or le Procheiron d'Harmenopule présente, dans le titre II du livre XI, sur le jet et la contribution, des dispositions conformes au titre III du livre LIII des Basiliques, et contraires à celles que contient la compilation.

Voici donc ce qu'on est obligé de supposer, si l'on veut considérer cette série de chapitres comme partie intégrante des Basiliques : il faut dire d'abord que les empereurs grecs ont commencé par adopter le système du droit romain sur le jet et la contribution ; car c'est ce dont il n'est pas possible de douter d'après les extraits que la Synopsis major donne du titre III du livre LIII ; qu'ensuite un droit différent et tel qu'il se trouve dans la compilation rhodienne, a été substitué et étoit en vigueur à l'époque où cette Synopsis et les Paratitles de Tipucitus ont été rédigés ; puis ensuite, que ce droit nouveau a encore été abrogé, et que l'ancien remis en vigueur étoit la loi dominante au temps où le code de Chypre a été rédigé, au temps où ont été composés la Synopsis minor et les ouvrages d'Attaliata et d'Harmenopule ; ou bien il faut admettre que ces auteurs ont présenté comme droit des Basiliques un droit diamétralement opposé, et que les rédacteurs du code de Chypre ont, de leur propre autorité, changé le droit de l'empire, dont cette île faisoit partie, uniquement dans la matière de la contribution en cas de jet.

Quel homme de bon sens ne sera pas choqué de cette dernière supposition?

Si un savant prétendoit avoir trouvé le manuscrit d'un ou de deux livres de
l'Histoire universelle de Trogue-Pompée, dont Justin a fait un abrégé, si ce
manuscrit présentoit des choses tout-à-fait contraires à ce qui est dans l'abrégé
de Justin, cette seule considération ne suffiroit-elle pas pour faire douter de
l'authenticité de la prétendue découverte? Pourquoi? Parce que personne ne
conteste que Justin n'ait eu sous les yeux l'histoire véritable qu'il a abrégée;
parce qu'il n'y a pas de doutes justifiés sur son exactitude, et que, s'il est
probable qu'il a omis beaucoup, on est aussi certain qu'on peut l'être, qu'il n'a
pas dénaturé les faits et dit le contraire de ce qui avoit été écrit par Trogue-
Pompée.

Je dois convenir, néanmoins, que la Synopsis minor et les Paratitles de
Tipucitus laissent subsister une grande obscurité sur la question. Je ne vois
qu'une explication de cette singularité, et, si on l'admet, peut-être trouvera-
t-on le moyen de faire disparoître les invraisemblances et de concilier les
opinions.

Il est probable qu'à une époque difficile à déterminer, et peut-être même
antérieure à la rédaction des Basiliques, les usages connus sous le nom de
Droit maritime des Rhodiens, sur lesquels j'offrirai des conjectures dans le
chapitre suivant, étoient connus; qu'il avoit été rédigé d'après ce système
une sorte de corps de droit maritime, dans lequel on avoit inséré un grand
nombre de principes extraits des lois et des ouvrages élémentaires, appropriés au nouveau système sur les avaries, dont sans doute il existoit des
copies dans les mains des jurisconsultes. Une de ces copies peut avoir été
ajoutée à un exemplaire des Basiliques, en forme d'appendice ou de scholies : bientôt on aura cru qu'elle en faisoit partie. Ces négligences ou ces résultats de l'ignorance des copistes sont si connus, que je me bornerai à en donner
un seul exemple, puisé précisément dans un ouvrage qui se rattache aux Basiliques. On sait que les empereurs Basile et Léon firent rédiger, l'un, sous
le nom de Πρόχειρον νόμων, l'autre, sous le nom de Ἐκλογὴ τῶν νόμων, des extraits ou
élémens de droit. L'ignorance ou l'inadvertance des copistes a placé à la tête
de l'un la préface qui appartient à l'autre (1). Il est possible que la même
cause ait occasioné la jonction de la compilation rhodienne au livre LIII
des Basiliques. On peut le supposer avec d'autant plus de probabilité, que,
dans la table des titres que contient le manuscrit Coislin 151, on ne trouve
point de sommaires relatifs à cette compilation. La table est à la tête d'un
volume qui contient les neuf premiers livres des Basiliques : tout porte à
croire que le manuscrit est très-exact; car la comparaison des neuf livres
qu'il contient avec ceux dont Fabrot a fait usage, offre une rédaction plus
complète et moins fautive. Dans cette table, qui est une description de tout
l'ouvrage, dont le manuscrit formoit le premier volume, les sommaires de

(1) Assemani, *Bibliotheca juris orientalis*, t. II, pag. 581. — Polh, *ad Suaresii Notitiam Basilicorum*, pag. 35-46.

chaque livre et de ses subdivisions sont écrits avec une extrême correction. Il est même fort ancien; car M. Hase a bien voulu m'apprendre que Montfaucon, qui dans sa *Bibliotheca Coisliana* l'avoit indiqué du xiv.e siècle, a rectifié ce sentiment, et, de sa main, a écrit sur le frontispice qu'il étoit du xi.e siècle. Il peut donc inspirer une grande confiance, et servir à fortifier la présomption que la compilation rhodienne ne faisoit point partie des Basiliques.

Une autre remarque n'est pas sans importance; c'est la manière dont cette compilation est intitulée, soit dans l'extrait de la Synopsis, soit dans les Paratitles de Tipucitus, soit dans les sommaires incomplets du manuscrit 1357 de la bibliothèque royale; elle y est présentée comme une sorte d'appendice, comme un corps de droit maritime annexé.

Il a suffi qu'un exemplaire des Basiliques, ainsi augmenté par l'addition de cette pièce, ait existé, pour qu'il ait pu servir d'origine à d'autres copies. Les Basiliques ont été rédigées à une époque où la multiplication des exemplaires par la voie de la presse n'étoit pas connue; et probablement il n'en existoit pas beaucoup d'un ouvrage aussi volumineux, qui, d'ailleurs, n'étoit pas de nature à se trouver dans les bibliothèques particulières comme les ouvrages de littérature, dont cependant un grand nombre a péri. Les révolutions en tout genre arrivées dans l'empire d'Orient ont fait disparoître successivement des bibliothèques publiques et des archives des tribunaux les exemplaires complets des Basiliques; et, dans le fait, il ne nous en est point parvenu.

C'est peut-être d'après un manuscrit auquel avoit été annexée la série de chapitres intitulés, *Droit naval des Rhodiens*, que la Synopsis major a été rédigée; et de même que son auteur a analysé ou plutôt choisi avec peu de discernement un certain nombre de chapitres dans chaque titre des véritables Basiliques, il aura aussi choisi un certain nombre de chapitres dans la série dite *Droit rhodien*, qui y étoit annexée; la même cause a pu donner lieu à la rédaction des Paratitles de Tipucitus. Au contraire, l'auteur de la Synopsis minor, Attaliata et Harmenopule auront travaillé d'après un exemplaire des Basiliques, tel que ce code avoit été fait réellement, tel qu'il est indiqué exister dans la table générale du manuscrit Coislin 151; où, si ces auteurs ont eu sous les yeux un exemplaire auquel la compilation étoit jointe, ils n'en ont point parlé, convaincus qu'ils étoient qu'elle ne faisoit point partie des Basiliques.

Au reste, aux yeux même de ceux qui ne partageroient pas mon sentiment, il n'y aura qu'un simple déplacement, puisque la compilation se trouvera dans le chapitre suivant, comme un document spécial que son antiquité ne me permettoit pas d'omettre, quoique je ne lui reconnoisse aucun caractère authentique.

Après avoir ainsi expliqué les motifs qui me portent à ne point comprendre

22..

la compilation rhodienne dans les monumens du droit maritime de l'empire d'Orient, il me reste à présenter un tableau analytique de ce même droit d'après les documens légaux, ou quasi-légaux que j'ai recueillis. Ce tableau aura l'avantage, comme celui que j'ai donné du droit maritime des Romains, d'aider ceux qui répugneroient à lire les textes dans la langue grecque ou latine.

Les Basiliques se réfèrent, comme le Digeste, aux règles du droit commun sur les conventions qui ont pour objet la construction ou l'acquisition de navires (1). Le navire est toujours réputé former un même corps, quelles que soient les réparations qu'il ait reçues (2) : ainsi celui qui, après avoir légué un navire, l'a refait à neuf, n'est pas censé avoir révoqué son legs (3). L'accessoire suivant le sort du principal, si le propriétaire d'un navire l'a réparé avec des pièces de bois d'autrui, celui à qui elles appartenoient ne peut plus les lui enlever (4). Lorsque le navire a été possédé par une personne qui n'a aucun droit à cette jouissance, on suit les règles du droit commun sur les restitutions des fruits, et par conséquent le possesseur de mauvaise foi doit tenir compte du loyer, appelé *nolis*, que le véritable propriétaire auroit perçu, s'il n'eût été injustement privé de la possession (5).

Un navire considéré dans son ensemble comprend tout ce qui est destiné et appliqué à son service, et que, dans l'usage, on appelle *agrès* ou *apparaux* (6); mais cela n'empêche pas que ces objets ne soient considérés quelquefois comme des corps distincts (7), et la question controversée entre les jurisconsultes romains, si, un navire ayant été vendu avec ses agrès et apparaux, la chaloupe étoit comprise dans la vente, avoit été décidée par les Basiliques de manière à l'en exclure (8).

Parmi les dettes auxquelles un navire est affecté, celles qui ont été contractées pour le construire, l'équiper, le réparer, ou pour les besoins de la navigation, tels que la nourriture, les salaires de l'équipage, sont préférées même à la créance du vendeur (9).

L'armateur, c'est-à-dire, celui qui, soit comme propriétaire, soit comme substitué à ses droits pour un temps plus ou moins long, est autorisé à jouir d'un navire et à en percevoir les produits (10), peut en confier la conduite à un préposé connu sous le nom de *patron* (11).

La concession du droit de placer des personnes ou une certaine quantité

(1) *Basil.* lib. xix, tit. ix, cap. xxxii; lib. lii, tit. ii, cap. xliv.
(2) *Basil.* lib. vii, tit. v, cap. lxx; lib. l, tit. ii, cap. xxviii.
(3) *Basil.* lib. liii, tit. iv, cap. ii.
(4) *Basil.* lib. xv, tit. i, cap. lx.
(5) *Basil.* lib. xv, tit. i, cap. lxi; lib. xlii, tit. i, cap. xxix; lib. xliv, tit. i, cap. xviii.
(6) *Basil.* lib. liii, tit. ii, cap. xi. — *Synopsis minor*, § 57. — Harmenop. lib. ii, tit. xi, § 9.
(7) *Basil.* lib. xv, tit. i, cap. iii.
(8) *Basil.* lib. liii, tit. ii, cap. xi.
(9) *Basil.* lib. liii, tit. v, cap. xiii et xiv.
(10) *Basil.* lib. liii, tit. i, cap. i'.
(11) *Basil.* lib. liii, tit. i, cap. iv.

de marchandises dans un navire, avec l'obligation de transporter ces personnes ou ces objets dans un lieu déterminé, ce qui en fait une sorte de contrat mixte et innommé (1), rentre dans les attributions du patron (2), et il est privilégié sur les marchandises chargées, pour le nolis qui lui a été promis (3); mais il n'en est pas dû pour les choses perdues par force majeure, et, s'il a été payé d'avance, il doit être restitué, à moins que cette perte ne provienne de la faute du chargeur (4).

Il paroit que les interprètes avoient prévu deux cas omis dans le droit romain et dans les textes qui nous restent des Basiliques, et qu'ils les ont résolus par les règles communes sur la prestation des fautes. Ils décident que si les passagers et l'équipage s'accordent à naviguer sans pilote, ils sont tous responsables de la perte du navire envers le propriétaire, parce qu'ils sont tous en faute : quelques auteurs cependant ne font tomber la peine que sur les seuls passagers (5). Ils décident aussi que celui qui, par sa faute, a retardé le départ d'un navire, répond des pertes ou accidens (6).

Le patron est responsable des objets qui lui ont été remis personnellement, soit sur le rivage, soit dans le navire (7), ou qu'un matelot auroit reçus de son consentement exprès ou présumé (8). Cette responsabilité s'étend à toute perte ou dommage arrivé par la faute du patron : par exemple, lorsqu'ayant pris l'engagement de transporter des marchandises sur un navire désigné, il les a placées, sans l'agrément du chargeur, ou sans nécessité, sur un autre navire moins sûr, qui seroit péri, tandis que le navire qui devoit porter les marchandises seroit conservé (9), et encore lorsqu'il a navigué sans pilote (10) ou dans un temps non propre à la navigation (11).

Le patron est aussi obligé de veiller à la conservation des objets qu'il s'est chargé de transporter, et répond des dommages ou des pertes qui n'auroient pas été l'effet d'une force majeure (12). Il n'est point affranchi de cette responsabilité si les objets ont été volés ou endommagés par les matelots ou même par des passagers, quoique sans sa faute (13); dans ce cas, le propriétaire de ces objets a action contre le voleur et contre le patron, qui, à son tour, peut agir lui-même contre l'auteur du vol ou du dommage (14).

L'armateur est tenu de tout ce que le patron a fait dans les limites de sa

(1) *Basil.* lib. xx, tit. iv, cap. i.
(2) *Basil.* lib. liii, tit. i, cap. xvii.
(3) *Basil.* lib. liii, tit. v, cap. xiv.
(4) *Basil.* lib. xx, tit. i, cap. lxi.
(5) *Synopsis minor*, § 15. — Harmenop. *Procheiron*, lib. ii, tit. xi, § 2.
(6) *Synopsis minor*, § 34. — Harmenop. *Procheiron*, lib. ii, tit. xi, § 15.
(7) *Basil.* lib. liii, tit. i, cap. vi.
(8) *Basil.* lib. liii, tit. i, cap. vii.
(9) Harmenop. *Procheiron*, lib. ii, tit. ii, § 22.
(10) *Basil.* lib. liii, tit. i, cap. i. — *Codex Cypriorum*, § 2.
(11) *Basil.* lib. xv, tit. i, cap. xxxvi; lib. liii, tit. ii, cap. iv.
(12) *Codex Cypriorum*, § 1.
(13) *Basil.* lib. lii, tit. i, cap. v.
(14) *Basil.* lib. liii, tit. i, cap. xxxi.

préposition : cette préposition n'est, en général, présumée que pour acheter les approvisionnemens et objets nécessaires au navire, pour le louer, pour entreprendre des transports, engager des matelots, emprunter l'argent nécessaire à l'acquit de ces dépenses (1); une préposition spéciale seroit nécessaire pour acheter ou vendre des marchandises (2) : du reste, l'infidélité du patron qui auroit détourné de sa destination ce qu'il a acheté ou emprunté, ne libère point l'armateur envers le créancier de bonne foi (3); et si le patron est un esclave appartenant à plusieurs personnes, elles sont obligées solidairement (4). Quant aux matelots, l'armateur n'est pas présumé leur avoir accordé le droit de l'obliger, à moins qu'il n'ait donné un consentement exprès ou tacite à la convention faite avec l'un d'eux (5). L'armateur est en outre tenu de la réparation des délits commis à l'occasion de la navigation, soit par le patron, soit par les matelots (6), sans distinguer si l'armateur est majeur, mineur ou femme (7); cependant, s'il n'y a pas quelque erreur dans les livres de doctrine publiés après la promulgation des Basiliques, il paroit que cette responsabilité fut modifiée en faveur des femmes (8). Cette modification eut-elle lieu lors de la révision sous Constantin Porphyrogenète? fut-elle l'effet de lois ultérieures qui ne nous sont pas parvenues, ou seulement de la jurisprudence? C'est ce qu'il n'est pas possible de déterminer sûrement.

En ce qui concerne les abordages et en général les torts qu'un navire cause à un autre en le heurtant ou en rompant ses câbles, la force majeure ou la nécessité exempte de toute réparation; mais, hors ce cas d'exception, celui qui endommage volontairement ou imprudemment un navire, doit réparer le tort (9).

Lorsque les vivres manquent dans le navire, ceux qui en ont en particulier peuvent être contraints de les mettre en commun (10). De même, la nécessité de sauver le navire justifie le jet des objets du chargement ou des agrès du navire, pour l'alléger (11); mais il faut une juste cause, et la crainte d'un danger imaginaire n'est pas une excuse (12). Tous ceux dans l'intérêt desquels ce sacrifice a été fait doivent le réparer par une contribution sur les choses sauvées (13), et, à cet effet, ceux dont les marchandises ont été sacrifiées peuvent agir contre le patron (14); mais il n'en est point ainsi des

(1) *Basil.* lib. LIII, tit. I, cap. XVI et XVII.
(2) *Basil.* lib. LIII, tit. I, cap. XVII.
(3) *Basil.* lib. LIII, tit. I, cap. XVI.
(4) *Basil.* lib. XVIII, tit. I, cap. XIII.
(5) *Basil.* lib. LIII, tit. I, cap. VII.
(6) *Basil.* lib. LIII, tit. I, cap. XV.
(7) *Basil.* lib. XVIII, tit. I, cap. XXIV; lib. LIII, tit. I, cap. XXXIX.
(8) *Synopsis minor*, § 56. — Harmenop. *Procheiron*, lib. II, tit. XI, § 8.
(9) *Basil.* lib. LIII, tit. II, cap. IV et V; lib. LX, tit. III, cap. XXVII.
(10) *Basil.* lib. LIII, tit. III, cap. I.
(11) *Basil.* lib. LIII, tit. III, cap. I et XII.
(12) *Basil.* lib. XX, tit. IV, cap. XIV.
(13) *Basil.* lib. LIII, tit. III, cap. II et III.
(14) *Basil.* lib. LIII, tit. III, cap. I.

accidens ou dommages arrivés au navire ou à ses agrès, par le seul fait de la navigation, même par des événemens extraordinaires et imprévus, quelque considérables qu'ils soient (1). En un mot, tout sacrifice qui n'a pas été fait en vue du salut commun et qui n'a pas procuré le salut qu'on en attendoit, ne donne lieu à aucune contribution (2).

L'armateur doit contribuer en raison de la valeur de son navire, mais non pour les vivres; chaque chargeur contribue pour ses marchandises, de quelque espèce qu'elles soient, même pour les esclaves. Les passagers ne doivent rien pour leurs personnes, et ne contribuent que pour leurs vêtemens et bijoux (3). L'évaluation des objets perdus est faite d'après le prix qu'ils ont coûté; quant aux objets conservés, sur lesquels la répartition doit porter, on les estime au prix qu'ils pourroient être vendus (4).

Les interprètes du droit de l'empire d'Orient paroissent avoir, à l'occasion du jet, prévu un cas spécial, sur lequel le droit romain avoit gardé le silence, et même dont il n'existe aucune trace dans ce qui nous reste des Basiliques, et l'ont décidé d'après les principes généraux. Il s'agit du cas où de diverses propriétés, probablement confondues parce qu'elles étoient du même genre, une partie auroit été jetée et le reste conservé : ils décident que ce qui a été sauvé doit être partagé entre les propriétaires, en raison de ce qui leur appartenoit dans le chargement (5).

Le jet étant une perte forcée qui suppose, dans celui qui l'a éprouvée, la volonté de recouvrer les choses jetées dès qu'il pourra, nul ne peut licite‑ment se les approprier par droit d'invention, ni comme objets abandonnés (6).

Le contrat d'assurance, tel que nous le connoissons, ne paroit pas avoir été en usage dans l'empire d'Orient; le chapitre suivant présentera des conjectures sur la question de savoir si du moins on n'y auroit pas connu les assu‑rances mutuelles entre le patron et les chargeurs d'un navire contre certains accidens de force majeure, qui, par leur nature, n'auroient pu donner lieu à la contribution.

Il est certain, du reste, que les Basiliques avoient admis les diverses règles du droit romain sur les effets de la force majeure résultant des naufrages et autres accidens maritimes (7), sur les contrats ou engagemens dépendans de l'arrivée heureuse ou malheureuse d'un navire (8). Ces principes, d'ailleurs, régissoient nécessairement le prêt à la grosse. Ce contrat, comme dans le droit romain, consiste dans la livraison que le prêteur fait à l'emprunteur, d'une somme pour acheter des marchandises destinées à être chargées sur un

(1) *Basil.* lib. LIII, tit. III, cap. XII.
(2) *Basil.* lib. LIII, tit. III, cap. XII et XIV. — *Codex Cypriorum*, § 8.
(3) *Basil.* lib. LIII, tit. III, cap. I.
(4) *Basil.* lib. LIII, tit. III, cap. III.
(5) *Synopsis minor*, § 60.
(6) *Basil.* lib. LIII, tit. III, cap. XXII.
(7) *Basil.* lib. LIII, tit. I, cap. I et XXV. — *Codex Cypriorum*, § 1.
(8) *Basil.* lib. XLII, tit. I, cap. XLIV. — *Schol.* in lib. XXIII, tit. V, apud Fabrot, t. III, pag. 246.

navire, ou même pour employer l'argent dans le lieu pour lequel le navire est expédié, avec affectation, soit du navire seul, soit des marchandises achetées au lieu du départ ou en remplacement, soit de l'argent ou des objets transportés au lieu de destination, toujours avec convention que le porteur ne sera payé qu'en cas d'heureuse arrivée de ces objets (1). C'est cette condition aléatoire qui forme le caractère distinctif du prêt à la grosse (2). La somme ainsi prêtée s'appelle argent *trajectice*, expression pour le sens et les effets de laquelle il faut se référer à ce que j'ai dit, page 70, sur le même sujet, dans l'exposé du droit maritime des Romains.

L'intérêt maritime peut être supérieur à celui des prêts ordinaires; mais il ne doit pas excéder 12 pour o/o (3). Il continue de courir après l'échéance, encore que le débiteur n'ait pas été sommé de suite de payer, à moins qu'il ne soit prouvé qu'il n'a tenu qu'au créancier d'être payé, et que le débiteur n'y a mis aucun obstacle (4).

Les Basiliques avoient aussi adopté les principes du droit romain qui plaçoient la mer, le rivage et les ports parmi les choses communes (5), qui statuoient sur l'usage qu'on pouvoit en faire (6), qui définissoient ce qu'on entend par le rivage (7). Les règles à ce sujet, ainsi que sur le droit de pêche et les restrictions auxquelles il pouvoit être assujetti (8), étoient aussi les mêmes, sauf quelques modifications ou plutôt quelques extensions faites par les Novelles LVI, LVII, CII, CIII et CIV de Léon, qui sont sans intérêt sous les rapports de la législation générale.

On y trouve aussi les mêmes prohibitions de vendre des munitions et d'enseigner l'art de fabriquer des navires aux étrangers (9).

Il est constant que les règles sur les naufrages et la protection accordée aux naufragés ne différeroient pas de celles du droit romain (10); et que les naufragés restoient propriétaires de ce qu'ils avoient perdu (11), à la seule condition de payer une rétribution de sauvetage à ceux qui tiroient ces objets de la mer (12). Sous ce dernier rapport, il paroît que les interprètes des Basiliques avoient fait une distinction, assez extraordinaire, entre le cas où la personne qui avoit sauvé les effets naufragés l'avoit fait sans risques, et le cas où elle avoit couru des risques : au premier cas, elle devoit restituer en recevant un salaire; au second cas, l'objet sauvé lui appartenoit (13).

(1) *Basil.* lib. LIII, tit. v, cap. 1, XV, XVIII.
(2) *Basil.* lib. LIII, tit. v, cap. XVIII. — Fragment cité par Cujas, *Observ.* lib. IX, cap. XXVIII.
(3) *Basil.* lib. XXIII, tit. III, cap. LXXIV; lib. LIII, tit. v, cap. XV.
(4) *Basil.* lib. XXIII, tit. III, cap. LXVII.
(5) *Basil.* lib. XLVI, tit. III, cap. II; lib. L, tit. I, cap. XIII.
(6) *Basil.* lib. L, tit. I, cap. XXIX et XLIX.
(7) *Basil.* lib. II, tit. II, cap. LIX et XCVI.
(8) *Basil.* lib. LIII, tit. VI, cap. XIII.
(9) *Basil.* lib. VI, tit. I, cap. XV; lib. XIX, tit. I, cap. XXIV et XXV; lib. LX, tit. I, cap. LXVI.
(10) *Basil.* lib. LIII, tit. III, cap. XXV, XXXIX, XLII, XLIII; lib. LX, tit. VI, cap. XXXV.
(11) *Basil.* lib. LIII, tit. III, cap. XIX, XXII.
(12) *Synopsis minor*, § 67. — Harmenop. *Procheiron*, lib. II, tit. XI, § 18.
(13) *Synopsis minor*, § 21. — Harmenop. *Procheiron*, § 19.

Rien, au surplus, ne laisse croire que le fisc y prétendît quelques droits. Peut-être, par l'effet des communications entre les peuples de l'Orient et ceux de l'Europe, l'usage de piller les naufragés, dont j'ai parlé au chapitre précédent, s'introduisit-il dans l'empire grec. On peut le supposer d'après un passage de Nicétas Choniate, relatif aux efforts d'Andronic Comnène pour prohiber cette barbarie; en voici la traduction latine (1) :

« Cùm apud Romanos, eosque solos, ut opinor (2), iniquissima consue-
« tudo valeret, ut naves tempestatibus in littus ejectæ, non modò à nemine
« adjuvarentur, sed ab accolis, quovis turbine sævioribus, diriperentur, si qua
« fluctus reliqua fecerant, iniquissimæ isti rationi tam acriter est adversatus,
« ita piraticam illam rapacitatem compescuit, ut hæc una res amplissimas
« ejus laudes complectatur. Nam aulici quidem proceres hoc malum deplo-
« ratum et immedicabile judicabant, et vetustate confirmatum ; ac multos
« ex superioribus imperatoribus, fasciculis litterarum in provincias missis,
« extrema naufragorum spoliatoribus minitatos : sed conatum illum fuisse irri-
« tum, et intra scripta substitisse, rubricam imperatoriam illius mali undis
« eluentibus, ut litteræ illæ planè in aqua scriptæ viderentur, et edicta
« frustrà subnotarentur. »

L'auteur entre ensuite en d'assez longs détails sur les mesures que prit Andronic pour la répression de ces désordres. Il ne paroit pas qu'ils aient eu de succès. L'intérêt et les habitudes étoient plus forts que les lois, et, soit que les usages de l'Europe eussent prévalu, soit qu'ils eussent été adoptés par une sorte de représailles, on voit qu'aux XIII.e et XIV.e siècles cette habitude de piller les naufragés existoit dans l'empire d'Orient, puisque des diplômes émanés du souverain étoient nécessaires pour en affranchir certaines nations. Capmani en rapporte deux, dans ses *Mémoires historiques sur Barcelone*, l'un de 1290, l'autre de 1320, en faveur des Catalans, dont voici un extrait suivant la version latine :

« Præterea etiam, sicut et de hoc petierunt præfati mercatores, si conti-
« gerit periclitari in mari aliquod lignum eorum ob tempestatem, et appellere
« ad ripam in aliqua provincia imperii nostri, non licebit incolis illius pro-
« vinciæ, aut aliis quibuslibet, auferre vel acquirere aliquid de eorum rebus
« salvatis; sed conservabuntur ejusmodi res omnino integræ; imò verò qui-
« cunque ausi fuerint inferre damnum ipsis mercatoribus naufragis, et
« auferre aliquid de rebus eorum, reddere debent, et satisfacere, et resti-
« tuere in integrum, si quid abstulerint, atque etiam puniri, ut contemptores
« præsentis chrysobolæ majestatis nostræ. »

Je crois avoir fait connoître le droit maritime de l'empire d'Orient, autant

___

(1) Nicetas Choniates, *Annal.* lib. II, édition de Fabrot, pag. 209.
(2) L'auteur n'entend pas sans doute par ces mots les Romains, dont le Digeste et le Code de Justinien nous ont conservé le droit, mais les peuples d'Italie, qui, au temps où il écrivoit, avoient adopté des usages non moins contraires à la justice et à l'humanité qu'au véritable droit romain.

que l'imperfection des matériaux qui nous restent le permettoit; il me reste à dire un mot des documens que j'ai réunis.

Je ne me suis pas borné aux fragmens dont Fabrot a formé le livre LIII de son édition; il m'a semblé qu'il étoit possible de faire une plus ample moisson dans les Basiliques. J'en ai extrait tout ce qu'une lecture attentive m'a indiqué de relatif au droit maritime; je publie ces fragmens dans l'ordre des livres et des titres. Comme pour le droit romain, je n'ai pas cru devoir offrir une traduction française. Enfin je me suis borné à indiquer la corrélation des textes avec ceux du droit romain; des notes plus étendues n'auroient offert que des redites inutiles.

Ces fragmens des Basiliques seront suivis, 1.° des articles inédits sur le droit maritime qui sont dans le code des habitans de Chypre sous les rois latins; 2.° d'extraits de la Synopsis minor, inédite, d'après la copie qu'a bien voulu m'envoyer M.ʳ A. Mai; 3.° du titre XLVIII de l'ouvrage d'Attaliata; 4.° d'extraits du *Procheiron* d'Harmenopule. Des notes indiqueront les rapports et les différences entre ces textes et ceux des Basiliques. J'aurois pu augmenter ce recueil en y joignant les novelles LVI, LVII, LXIII, LXIV, CII, CIII et CIV de Léon; mais à l'exception de la novelle LXIV, qui modifia les peines contre ceux qui pilloient les naufragés, et ne reçut pas d'exécution (1), les autres ne sont relatives qu'à des mesures locales sur la pêche. Tels sont les motifs qui m'ont décidé à n'en pas faire usage.

Placé, comme je le suis, dans une position qui m'oblige de consacrer presque tout mon temps aux devoirs des fonctions qui m'ont été confiées, je n'ai pu me livrer personnellement à la collation des manuscrits; j'ai été aidé dans ce travail, qui exigeoit beaucoup de courses et de patience, par M. Rhally, jeune Grec, que les malheurs de sa patrie et le désir de s'instruire ont conduit en France, où il suit les cours de la faculté de droit et les autres parties de l'enseignement universitaire avec une assiduité qui lui prépare de grands succès. Il a pris la peine de faire la collation des extraits des Basiliques sur les manuscrits de la bibliothèque royale, à mesure que je les lui indiquois, et d'en préparer la copie pour l'impression, ainsi que celle des morceaux inédits que je publie. Il a, en outre, bien voulu donner ses soins à la correction des épreuves; et, relativement à la traduction latine, il m'a souvent fait des observations et donné des conseils dont j'ai utilement profité.

(1) Attaliata, *Opus de jure.* De novellis Leonis Augusti.

EXCERPTA JURIS ORIENTALIS,

SEU GRÆCO-ROMANI,

AD REM NAUTICAM PERTINENTIA.

EX BASILICÔN LIBRIS.

Ex lib. II, tit. II, *De verborum significatione.*

Κεφ. νθ′ (1).

CAP. 59.

Λιμήν ἐςι τόπος περικεκλεισμένος εἰς ὃν εἰσάγονται τὰ φορτία καὶ ἐξ ἃ ἐξάγονται· τὸ αὐτὸ δὲ κ
ςατίων λέγεται περικεκλεισμένος καὶ ὁ ᾠρωμένος.

Portus est locus conclusus quò importantur et unde exportantur merces : idem
et statio dicitur conclusa ac firmata.

Κεφ. ϟϛ′ (2).

CAP. 96.

Αἰγιαλός ἐςι μέχρις ἃ τὸ μέγιςον τῆς θαλάσσης
ἐ κτρέχει κῦμα.

Littus est quatenus maximus maris
fluctus excurrit.

Ex lib. XV, tit. I, *De rei vindicatione et ad exhibendum actione.*

Κεφ. γ′ (3).

CAP. 3.

Ὁ ἐξάρτισμος τῶ πλοίϛ καὶ ἡ σκάφη ἰδιαζόντως
ἐκδικεῖται.

Instrumenta navis et scapha separatim
et specialiter vindicantur.

Κεφ. λϛ′ (4).

CAP. 36.

Ἀμέλειά ἐςι.... πλοῖον ἐν ἀντιπνοδίῳ (5)
καιρῷ πλοῖσαι.

Culpa est... navem adverso tempore
navigatum mittere.

(1) Manuscrit Coislin 151, fol. 52 ; Fabrot, t. I, pag. 48. Ce texte est conforme au fr. 59 du titre XVI du
livre L du Digeste, *De verborum significatione*. On peut y joindre quelques mots du chapitre III du titre III
du livre XLVI, qui rangent les ports parmi les propriétés publiques. Je n'ai pas cru qu'il fût nécessaire de
les recueillir.

(2) Manuscrit Coislin 151, fol. 54 ; Fabrot, t. I, pag. 52. Ce texte est conforme au fr. 96 du titre XVI du
livre L du Digeste, *De verborum significatione*.

(3) Manuscrit de l'ancien fonds de la bibliothèque royale, 1352, fol. 163 ; Fabrot, t. II, pag. 195. Ce
texte est conforme au fr. 3, § 1, du titre I du livre VI du Digeste, *De rei vindicatione*.

(4) Manuscrit 1352, fol. 163 ; Fabrot, t. II, pag. 205. Ce texte est conforme au fr. 36, § 1, du titre I
du livre VI du Digeste, *De rei vindicatione*.

(5) Fabrot a mis ἐπιπνοδίῳ, secundo. C'est sans doute une faute d'impression.

23..

Κεφ. ξ΄ (1).

Ἐὰν ἐξ ἀλλοτείας ὕλης πλοῖον ἴδιον ἀνακτίσῃ (2), αὐτῷ μέν ἐςι τὸ πλοῖον·ὅλη γὰρ· τῦ πλοίυ ἡ διαπο-τία τῇ τροπῇ (3) ἕπεται.

Κεφ. ξα΄ (4).

Ὁ κακῇ πίςτι νομεὺς τὸς καρπὸς, ὃς ἠδύνατο λαβεῖν ὁ ἐνάγων, δίδωσι, τῷ πλοίῳ (5), ἢ τῷ ἐργα-στηρείῳ ἢ τῷ μεσαύλῳ, τῶν εἰωθότων μισθῦσθαι· καί τοι τῷ κληρονόμου μὴ διδδῦντος τόκους τῶν εὑρε-θέντων χρημάτων, ἐὰν μὴ ἥψατο αὐτῶν· διότι τὸ πλοῖον ἐκ ἐγκινδυνεύεται τῷ νομεῖ, ὡς τὰ χρήματα τῷ δανείζοντι.

CAP. 60.

Si ex aliena materia nav.em suam quis refecerit, ejusdem navis est : nam pro-prietas totius navis carinam sequitur.

CAP. 61.

Malæ fidei possessor fructus restituit, quos petitor percipere potuisset, navis, ta-bernæ, et areæ, quæ locari solent; quam-vis heres qui pecuniam in hereditate in-ventam non attigit, usuras ejus non præstet : quia periculum navis ad posses-sorem non pertinet, sicut pecunia collo-cari solet periculo dantis.

Ex lib. XVIII, tit. I, *De institoria actione.*

Κεφ. κδ΄ (6).

Ἐὰν παρὰ γυναικὸς προσληθῇ προνοητὴς τῶν πραγμάτων αὐτῆς, ἐκ τῶν πρὸς αὐτὸν συναλλαγ-μάτων κατέχεται ἡ γυνὴ τῇ κατὰ τῦ προεστῶτος ἀγωγῇ. Κἂν γὰρ προεστῶτι προσβάληται ἡ γυνή, τῇ κατὰ τῦ προεστῶτος ἀγωγῇ κατέχεται.

CAP. 24.

Si quis à muliere rebus ejus gerendis præpositus fuerit, ex contractibus ejus mulier exercitoriâ tenetur : quemadmo-dum mulier quæ institorem præposuit, institoriâ tenetur.

Ex lib. XIX, tit. XI, *De rebus venditis,* &c.

Κεφ. λϛ΄, θέμ. ε΄ (7).

Οἴκου ἢ πλοίου πραθέντος, ἐ δοκεῖ τὰ καθέκαςα, οἷον λίθοι ἢ σανίδες, πιπράσκεσθαι. Διὸ ὅτι περὶ ἐκνικήσεως αὐτῶν ὁ πράτης ἐνέχεται εἰς τὸ διπλά-σιον, ὡσανεὶ μέρους ἐκνικηθέντος.

CAP. 32, § 5.

Nave aut domo venditâ, non videntur singula, id est, cæmenta vel tabulæ, ven-dita. Ideoque nec evictionis nomine ven-ditor in duplum obligatur, quasi evictâ parte.

(1) Manuscrit 1352, fol. 166; Fabrot, t. II, pag. 209. Ce texte est conforme au fr. 61 du titre I du livre VI du Digeste, *De rei vindicatione.*
(2) Il faut ajouter, ou du moins sous-entendre, τίς.
(3) Il faut, ce me semble, lire τροπίδι.
(4) Manuscrit 1352, fol. 166; Fabrot, t. II, pag. 210. Ce texte est conforme au fr. 62 du titre I du livre VI du Digeste, *De rei vindicatione.* Les mêmes principes sont dans le chapitre XXIX du titre I du livre XLII, et dans le chapitre XVI du titre I du livre XLIV. Je n'ai pas cru qu'il fût nécessaire de recueillir ces deux derniers textes.
(5) Le manuscrit porte en interligne τὰ ναῦλα, naula. Fabrot a indiqué ces mots comme scholie.
(6) Manuscrit 1352, fol. 167; Fabrot, t. II, pag. 349. Ce texte est conforme à la const. 4 du titre XXV du livre IV du Code, *De exercitoria et institoria actione.* On le retrouvera dans le chapitre XXXIX du titre I du livre LIII.
(7) Le livre XIX est du nombre de ceux qui n'existent point dans les manuscrits connus. Fabrot l'a rétabli d'après la Synopsis major, et il a recueilli ce chapitre t. II, pag. 407. Le texte que je donne d'après les manuscrits 1346, fol. 13, et 1347, fol. 12, de la bibliothèque royale, est conforme au fr. 36 du titre II du livre XXI du Digeste, *De evictionibus* &c.

Ex lib. xx, tit. i, *De actione locati et conducti.*

Κεφ. ξα΄ (1).

Εἰ καὶ κόμμισσον γένηται τὸ φορτίον, ὅμως τὸ συμ-
φωνηθὲν ναῦλον ὁ ναύκληρος ἀπαιτεῖ.

CAP. 61.

Licèt merces in commissum inciderint, nihilominus vecturam navis exigere navis magister potest.

Ex lib. xx, tit. iv, *De actione præscriptis verbis.*

Κεφ. α΄ (2).

Ἐν ἀπειλᾳ ἰδικῆς ἀγωγῆς ἁρμόζει ἐν φάκτουμ
πολιτικὴ· ὡς ὅταν ἠγνόηται πότερον ὁ ναύκληρος
τὸ πλοῖον ἐμίσθωσεν, ἢ τὰ φορτία ἐμισθώσατο.

CAP. 1.

. Cùm proprium nomen actionis invenire non possumus, actio in factum civilis competit : veluti cùm incertum est utrùm magister navis navem conduxerit, an merces vehendas locaverit.

Κεφ. ιδ΄ (3).

Ἐὰν, διὰ τὸ σῶσαι τὰ φορτία σου, ῥίψῃς τὰ ἐμὰ
εἰς τὴν θάλασσαν, οὐκ ἐνέχῃ. Εἰ δὲ χωρὶς αἰτίας
ῥίψῃς, χώρα τῇ ἐν φάκτουμ· ἐὰν δὲ κατὰ δόλον,
τῇ περὶ δόλου ἀγωγῇ.

CAP. 14.

Si servandarum mercium tuarum causà meas in mare projeceris, non teneris. Sed, si sine causa id feceris, locus est in factum actioni; si dolo, de dolo actioni.

Ex lib. xxiii, tit. iii, *De usuris et fructibus,* &c.

Κεφ. ξζ΄ (4).

. . .Τῶτο δὲ καὶ ἐπὶ τῶν διαπνίων φυλάττεσθαι
χρὴ, ἵνα μετὰ τὴν προσαγωγὴν ὁ τόκος ἵσταται.

CAP. 67.

. . . . Quod etiam in trajectitiis servari oportet, ut post oblationem usura sistatur.

Κεφ. οδ΄ (5).

. . .Ἐπὶ δὲ τῶν ναυτικῶν δανείων, καὶ ἐπὶ τῶν
δανειζομένων εἰδῶν, ἢ καρπῶν, ἐφ᾽ οἷς τὸ παλαιὸν
ἐξῆν πλείονα τόκον ἐπερωτᾷν, ἐπιτρέπει καὶ σήμε-
ρον πλείονα τόκον ἐπερωτᾷν, μόνον μέν τοι ἕως ἑκα-
τοστῆς, καὶ μὴ περαιτέρω.

CAP. 74.

. . . .In trajectitiis autem pecuniis, vel specierum sive fructuum fœnori dationibus, in quibus antea majores usuras stipulari licebat, hodie quoque majores stipulari concedit, si modò centesimam non excedant.

---

(1) Manuscrit 1348, fol. 10; Fabrot, t. II, pag. 439. Ce texte est conforme au fr. 61, § 1, du titre ii du livre xix du Digeste, *Locati, conducti.*

(2) Manuscrit 1348, fol. 16; Fabrot, t. II, pag. 500. Ce texte est conforme au fr. 1, § 1, du titre v du livre xix du Digeste, *De præscriptis verbis.*

(3) Manuscrit 1348, fol. 16; Fabrot, t. II, pag. 504. Ce texte est conforme au fr. 14 du titre x du livre xix du Digeste, *De præscriptis verbis.*

(4) Manuscrit 1348, fol. 149; Fabrot, t. III, pag. 458. Ce texte est conforme à la const. 19 du titre xxxii du livre iv du Code, *De usuris et fructibus.*

(5) Manuscrit 1348, fol. 181; Fabrot, t. III, pag. 460. Ce texte est conforme à la const. 26 du titre xxxii du livre iv du Code, *De usuris et fructibus.*

Ex lib. XLVI, tit. III, *De rerum divisione*, &c.

Κιφ. ϛ´ (1).

...Πάντων εἰσὶν ὁ ἀήρ, τὸ ῥέον ὕδωρ, ἡ θά-
λασσα, καὶ ὁ αἰγιαλὸς τῆς θαλάσσης.

CAP. 2.

Omnium sunt aër, aqua profluens,
mare, et littus maris.

Ex lib. L, tit. I, *De dominio*, &c.

Κιφ. ιγ´ (2).

Οἱ αἰγιαλοὶ ἐν τῇ πάντων ἐξουσίᾳ εἰσί· διὸ καὶ
δεσπόζω τῶν ἐν αὐταῖς παρ᾽ ἐμοῦ κτιζομένων....Εἰ
δὲ καταπέσοι τὸ κτισθέν, πάλιν κοινὸς ὁ αἰγιαλὸς
γίνεται.

CAP. 13.

Littora in omnium potestate sunt : unde
et dominus sum eorum quæ in iis à me
ædificantur... Sed, si ceciderit ædificium,
littus rursum commune fit.

Κιφ. κι´ (3).

Εἰ ἀπὸ σῶν σανίδων πλοῖον, ἢ ἐρέας ἱμάτιον
ποιήσω, ἐμὸν ἔσται· ἢ γὰρ ὑποσρέφει εἰς τὴν ἀρ-
χαίαν ὕλην.

CAP. 25.

Si ex tabulis tuis navem vel ex lana
vestimentum fecero, meum erit : neque
enim ad veterem revertitur materiam.

Κιφ. κθ´, θέμ. δ´ (4).

Εἰ πίλαν ῥίψας εἰς θάλασσαν ἐπικτίσω, ἢ ἐν
νήσῳ θαλάσσης οἰκοδομήσω, ἑκάτερα ἐμὰ ἔσται·
τὸ γὰρ μηδενὸς ὂν τῷ προκαταλαμβάνοντός ἐσι.

CAP. 29, § 4.

Si pilæ in mare jactæ superstruxero,
vel in insula maris ædificavero, utrumque meum erit : quod enim nullius est,
occupantis fit.

Κιφ. μθ´ (5).

Εἰ καὶ ὃ κτίζω ἐν αἰγιαλῷ ἢ ἐν θαλάσσῃ, ἐμόν
ἐσιν, ὅμως χρὴ τὸν ἄρχοντα ψηφίζεσθαι ἐπεὶ ἃ
κωλύομαι ὑπὸ τῶν βλαπτομένων· οὐδὲ γὰρ ἔχω
ἀγωγήν.

CAP. 49.

Etsi quod in littore aut mari ædifico,
meum est, tamen præsidem oportet decer-
nere : quoniam et ab iis qui læduntur, *rectè*
prohibeor, nec enim actionem habeo.

Ex lib. L, tit. II, *De possessione.*

Κιφ. κη´ (6).

Ὁ οἶκον ἢ πλοῖον ἢ ἁρμάριον νεμόμενος, τὰς κατὰ
μέρος ὕλας οὐ νέμεται.

CAP. 28.

Qui domum aut navem aut armarium
possidet, non singulas possidet partes.

---

(1) Manuscrit 1349, fol. 55; Fabrot, t. VI, pag. 163. Ce texte est conforme au fr. 2, § 1, du titre VIII du livre I du Digeste, *De divisione rerum et qualitate.*

(2) Manuscrit 1357, fol. 223; Fabrot, t. VI, pag. 605; Meerman, t. V, pag. 36. Ce texte est conforme au fr. 14 du titre I du livre XLI du Digeste, *De adquirendo rerum dominio.*

(3) Manuscrit 1357, fol. 223; Meerman, t. V, pag. 37. Ce texte est conforme au fr. 26 du titre I du livre XLI du Digeste, *De adquirendo rerum dominio.*

(4) Manuscrit 1357, fol. 224; Meerman, t. V, pag. 38. Ce texte est conforme au fr. 30, § 4, du titre I du livre XLI du Digeste, *De adquirendo rerum dominio.*

(5) Manuscrit 1357, fol. 226; Meerman, t. V, pag. 40. Ce texte est conforme au fr. 50 du titre I du livre XLI du Digeste, *De adquirendo rerum dominio.*

(6) Manuscrit 1357, fol. 231; Meerman, t. V, pag. 47. Ce texte est conforme au fr. 30 du titre II du livre XLI du Digeste, *De adquirenda vel amittenda possessione.*

Ex lib. LII, tit. I, *De obligationibus et actionibus.*

Κεφ. ε´ (1).

Καὶ ὁ πρεστὼς (2) πλοίου ἢ ἐργασηρίου ἢ πανδο-
χίου, ἐκ τῶν ἁμαρτημάτων τῶν ὑπουργούντων,
ὡσανεὶ ἀπὸ ἁμαρτήματος, ἐνέχεται, ἐν οἷς αὐτὸς
μηδὲν ἥμαρτεν.

Κεφ. κϛ´ (3).

Ἐάν τις δανεισάμενος διαπύπτον, ὁμολογήσῃ, ὡς
εἰ μὴ ἐμπροθέσμως καταβάλοι, δίδωσι ποινήν,
εἰ καὶ μὴ ὀχληθεὶς μέρος μόνον τοῦ δανείου ἐμπροθέσμως καταβάλοι, δίδωσι μετὰ τὴν προθεσμίαν ὁλόκληρον (4) τὴν ποινήν· οὔτε γὰρ ἄλλως
τῆς ποινῆς ἐλευθεροῦται, εἰ μὴ αὐτὸς οὐκ ἀπό-
διοεν ἐμπροθέσμως καταβαλεῖν.

CAP. 5.

Etiam qui *alium* navi aut tabernæ aut
stabulo præposuit, ex delictis ministro-
rum, quasi ex maleficio, tenetur, quatenus
nihil ipse peccavit.

CAP. 23.

Si quis, trajectitiâ pecuniâ mutuo
sumptâ, promiserit se, si ad diem non solvat, pœnam commissurum, etiam si, non
interpellatus, partem mutui duntaxat ad
diem solverit, post diem, integram pœnam
debet : nec enim aliter à pœna liberatur
quàm si per eum non stetit quominus ad
diem solverit.

Lib. LIII (*Quæ supersunt*).

Τίτλ. α´ (5).

Περὶ ναυκλήρων, καὶ πιστικῶν, καὶ ναυτῶν, καὶ
πανδοχέων, καὶ τῆς κατ᾽ αὐτῶν ἢ ὑπὲρ αὐτῶν
ἀγωγῆς.

Κεφ. α´ (6).

Διαλαμβάνεται ἐν οἷς ἐνέχονται οἵ τε ναύκληροι, καὶ οἱ πιστικοί, καὶ οἱ προστήσαντες αὐτούς,
ἀπωλείας ἢ ναυαγίου γινομένου.

Κεφ. β´ (7).

Ναύκληρός ἐστι, πρὸς ὃν ἀνήκει ὁ πέρας τῷ πλοίῳ

TIT. I.

*De patronis, et exercitoribus, et nau-
tis, et cauponibus, et de in eos vel
pro iis actione.*

CAP. I.

Disseritur quando teneantur exercitores, et magistri, et qui eos præposuerunt,
jacturâ vel naufragio facto.

CAP. 2.

Exercitor est, cui navis et quæ ad

---

(1) Manuscrit 1357, fol. 272 ; Meerman, t. V, pag. 98. Ce texte est conforme au fr. 5, § 6, du titre VII du livre XLIV du Digeste, *De obligationibus et actionibus*.

(2) Le grec dit, *etiam præpositus* ; car je ne crois pas que jamais προστὼς ait signifié *eum qui præponit:* mais le texte corrélatif du Digeste m'a décidé à me conformer à la traduction de Meerman.

(3) Manuscrit 1357, fol. 273 ; Fabrot, t. VI, pag. 637 ; Meerman, t. V, pag. 99. Ce texte est conforme au fr. 23 du titre VII du livre XLIV du Digeste, *De obligationibus et actionibus*.

(4) Fabrot a mis ici ὁ κληρονόμος, *heres* ; ce qui change le sens.

(5) Ce titre est, comme on l'a vu page 157, celui qu'indiquent les tables manuscrites. La Synopsis major en contient un plus étendu, que voici :

περὶ ναυτικῶν τόκων καὶ ναντείων ἀγωγῶν τῶν κινουμένων περὶ πλοίων καὶ πάντων τῶν ἐν αὐτοῖς ἐμπλεόντων, ναυκλήρων, πιστικῶν, ναυτῶν, ἐμπόρων τε καὶ λοιπῶν ἐπιβατῶν· καὶ περὶ ναυαγίου.

De obligationibus nauticis et omnis generis actionibus, quæ de navibus omnibusque in iis navigantibus, et exercitoribus, magistris, nautis, mercatoribus reliquisque vectoribus instituuntur, et de naufragio.

(6) Manuscrits de la Synopsis major, 1346, fol. 137 ; 1347, fol. 287 ; 1351, fol. 245. Ce texte n'a pas de correspondant dans le corps de droit romain ; c'est une sorte de paratitle des matières contenues dans le titre. On peut croire qu'il se rapporte au fr. 13, §§ 1 et 2, du titre II du livre XIX du Digeste, *Locati, conducti*. Voir la note de la page 160.

(7) Manuscrit 1351, à la marge du fol. 245. Fabrot, t. VI, pag. 645, donne comme scholie ce texte, qui, du reste, est conforme au fr. 1, § 15, du titre I du livre XIV du Digeste, *De exercitoria actione*.

ὴ τὰ συμβαίνοντα· εἴτε ὁ διασπότης ἐςὶν, εἴτε παρὰ διασπότου τὸ πλοῖον ἐμισϑώσατο ἐν ὁμάδι.

Κεφ. δ´ (1).

Πιςικός ἐςιν ὁ πᾶσαν ἐπιμέλειαν τῇ πλοίῳ ἐπιτραπείς.

Κεφ. ς´ (2).

Ὅπερ ἂν λάβωσιν ἐπὶ τῷ φυλάξαι οἱ ναύκληροι, καὶ οἱ πανδοχεῖς, εἰ μὴ ἀποκαθιστῶσιν, ἀνάγονται· ἐν αὑτοῖς δὲ ἐςι μηδένα ὑποδέξασϑαι.

Κεφ. ζ´ (3).

Ἐνέχονται δὲ καὶ διὰ τῶν προσειλημμένων εἰς παραφυλακὴν, οἷον ναυφυλάκων ὴ διαιταρίων, εἰς ὅπερ καὶ ὑποδέξονται· κἂν αὑτὸς ποιήσῃ τὸ χιρέμβολον.

Κεφ. ιε´ (4).

Ἀπὸ τῶν συναλλαγμάτων τῶν ναυτῶν ὁ ναύκληρος ἐκ ἀνάγεται· ἀπὸ δὲ τῶν ἁμαρτημάτων αὐτῶν ἀνάγεται. Προνοεῖν γὰρ ὀφείλει τῇ χιρεύειν αὐτοὺς δόλου ὴ ῥαϑυμίας, ἤτοι κακίας.

Κεφ. ις´ (5).

Ὁ προςησάμενος τὸν πιςικὸν τῇ πλοίῳ ἀνάγεται, ἅσπερ ὁ προςήσας προςιϊόντα ἐργαςηρίου ὴ πραγματείας. Ἀπὸ μόνων τῶν προσφόρων συναλλαγμάτων τῇ προςασίᾳ τῇ πιςικῇ ἀνάγεται ὁ ναύκληρος. Εἰ δὲ δανεισάμενος εἰς ἀνανέωσιν τῇ πλοίου, ἢ δαπάνην τῶν ναυτῶν, τρέψει τὰ χρήματα εἰς ἰδίας χρείας, ἀνάγεται ὁ ναύκληρος. ὐ μὴν εἰ ἐξ ἀρχῆς ἀπατηλὴν ἔχε γνώμην, ὴ ὐκ ἐξεφώνησε προφάσει τῇ πλοίου λαμβάνειν· εἰ δὲ καὶ εἰς τὰ τιμήματα τῶν ἀγορασϑέντων πραγμάτων ἀπατήσει, ζημιοῖ τὸν ναύκληρον.

navigationem pertinent incumbunt, sive dominus sit, sive à domino navem conduxerit in universitate.

CAP. 4.

Magister est, cui totius navis cura mandata est.

CAP. 6.

Deposita ut restituant magistri navium cauponesque tenentur : in ipsorum enim arbitrio est ne quem recipiant.

CAP. 7.

Tenentur et propter eos quos custodes navibus præposuerunt, hos scilicet qui nauphylaces vocantur et diætarii, in qualemcunque rem acceperint : licèt ipse faciat chirembolon.

CAP. 15.

Ex contractibus nautarum exercitor non tenetur, sed ex delictis eorum tenetur. Est enim ei providendum ut dolo et culpâ, malitiâ scilicet, careant.

CAP. 16.

Qui navi magistrum præposuit, tenetur ut qui officinæ vel negotio institorem aliquem præposuit. Nonnisi ex iis quæ pertinent ad rem cui præposuit magistrum, tenetur exercitor. Quòd si, quasi navis reficiendæ causâ, vel nautarum sumptibus cauturus, mutuatus pecuniam, in suos usus converterit magister, tenetur exercitor ; neutiquam autem, si ab initio fraudem magister meditabatur, neque expressit se ad nauticam impensam accipere : sed, si in pretio rerum emptarum fraudem egerit, exercitor damnum patitur.

---

(1) Manuscrit 1351, à la marge du fol. 245. Fabrot, t. VI, pag. 645, donne comme scholie ce texte, qui, du reste, est conforme au fr. 1, § 1, du titre I du livre XIV du Digeste, *De exercitoria actione*.

(2) Manuscrits 1346, fol. 173; 1347, fol. 287; 1351, fol. 245; Fabrot, t. VI, pag. 643. Ce texte est conforme au fr. 1, pr., et § 1, du titre IX du livre IV du Digeste, *Nautæ, caupones*, &c.

(3) Manuscrits 1346, fol. 173; 1347, fol. 287; 1351, fol. 245; Fabrot, t. VI, pag. 643. Ce texte est conforme au fr. 1, §§ 2 et 3, du titre IX du livre IV du Digeste, *Nautæ, caupones*, &c.

(4) Manuscrits 1346, fol. 173; 1347, fol. 287; 1351, fol. 245; Fabrot, t. VI, pag. 644. Ce texte est conforme au fr. 1, § 2, du titre I du livre XIV du Digeste, *De exercitoria actione*. Fabrot a placé avant ce chapitre un fragment qui, dans les manuscrits, forme le commencement du chapitre XVI.

(5) Manuscrits 1346, fol. 173; 1347, fol. 287; 1351, fol. 245; Fabrot, t. VI, pag. 644. Ce texte est un extrait du fr. 1, pr., et §§ 7, 8, 9 et 10, du titre I du livre XIV du Digeste, *De exercitoria actione*.

Κεφ. ιζ´ (1).

Προβάλλεται ὁ πιστικὸς ἐπὶ τὸ ναυλῶν τὸ πλοῖον
ἢ ἀγοράζειν τὰ ἐξάρτια αὐτῷ. Εἰ δὲ ᾗ πρὸς τὸ
ἀγοράζειν ᾗ πωλεῖν φορτία προσβληθῇ, ἐνέχεται ᾗ
ἐκ τούτου ὁ ναύκληρος.

CAP. 17.

Præponitur magister ad navem locan-
dam ejusque instrumenta comparanda. Si
eidem comparandarum vendendarumque
mercium cura mandata sit, ob hanc rem
exercitor etiam tenetur.

Θεμάτισε, πιστικὸν ἀφ´ ἑαυτοῦ τὰ ἐξάρτια μόνα τοῦ πλοίου ἀγοράσαντα (2).

Pone, magistro, ipsius nomine, nonnisi instrumentum navis esse emendum.

Κεφ. κε´, θέμ. γ´ (3).

Ὁ ἐνταλθεὶς ἐκ ἀπαιτεῖ ἅπερ ἐληστεύθη, ἢ ναυαγίῳ ἀπώλεσεν, ἢ περὶ τὴν ἰδίαν ᾗ τὴν τῶν ἰδίων
νόσον ἐδαπάνησε· ταῦτα γὰρ κατὰ τύχην, ἢ μὴν
ἐκ τῆς ἐντολῆς, συνέβη.

CAP. 25, § 3.

Mandatarius non repetit quæ latronum
incursu vel naufragio amisit, vel quæ ex-
pendit in sui ipsius suorumque morbum;
casu enim, non ex mandato, hæc accide-
runt.

Κεφ. λα´ (4).

Ἐὰν κλαπῇ τι ἐν πλοίῳ, ἢ καπηλείῳ, ἢ πανδο-
χείῳ, παρὰ τῶν ὄντων ἐν αὐτοῖς, εἴτε συμβουλῇ ᾗ
συνεργείᾳ τῷ ναυκλήρου, εἴτε τῶν ναυτῶν, ἐξουσίαν
ἔχει ὁ κλαπεὶς, τὴν περὶ κλοπῆς εἰς τὸ διπλάσιον
ἀπαιτῆσαι ἀγωγὴν κινῆσαι κατὰ τῷ κλέπτου, ἢ κατὰ
τῷ προεστῶτος τῷ πλοίου ἢ τῷ καπηλείου (ἢ τῷ παν-
δοχείου). Εἰ μὲν τι τὴν φυλακὴν τῷ πράγματος
ὁ ναύκληρος ἢ ὁ κάπηλος ἀνεδέξατο, αὐτὸς ἔχει
τὴν ἀγωγὴν, ᾗ οὐχ ὁ δεσπότης.

CAP. 31.

Si quid in nave, vel caupona, vel stabulo, subreptum est ab iis qui ibi sunt,
sive consilio et ope magistri, sive nautarum, potest cui res subrepta est duplum persequi à fure, vel ab eo qui
præpositus est navi vel cauponæ (vel stabulo). At, si rem custodiendam magister
vel caupo suscepit, ipse actionem habet,
non rei dominus.

Κεφ. λθ´ (5).

Εἰ ᾗ παρὰ γυναικὸς προσβληθῇ ναύκληρος, ἐκ
τῶν πρὸς αὐτὴν συναλλαγμάτων κατέχεται ἡ γυνὴ
τῇ περὶ αὐτὴν ἀγωγῇ· κἂν γὰρ προεστῶτα ἐργαστη-
ρίου προσβάληται ἡ γυνή, τῇ περὶ αὐτὴν ἀγωγῇ
κατέχεται. Οὐδὲ γὰρ ἀλλότρια ταῦτά εἰσι τὰ
συναλλάγματα, ἀλλ᾿ αὐτῆς τῆς γυναικός. Ἐπειδὴ
ἄλλον ἐγγυησαμένη γυνὴ οὐ κατέχεται· ὅτι γὰρ (δεῖ)
τὰς γυναῖκας ὑπὲρ ἀλλοτρίων συναλλαγμάτων ἐνέχεσθαι.

CAP. 39.

Etsi à muliere præpositus fuerit magister, ex contractibus cum eo initis tenetur mulier actione exercitoriâ; eodem
modo quo mulier quæ institorem tabernæ
præposuit, tenetur actione institoriâ.
Neque enim alieni sunt hi contractus,
sed ipsius mulieris : nam quæ pro alio
sponsionem fecit mulier, non tenetur,
cùm mulieres pro alienis contractibus
non obligari possint.

---

(1) Manuscrit 1351, fol. 245 en marge; Fabrot, t. VI, pag. 645. Ce texte est conforme au fr. 1, § 3,
du titre 1 du livre xiv du Digeste, *De exercitoria actione.*

(2) Ces mots, qui ne se trouvent point dans l'édition de la Synopsis par Loewencklau, sont aussi en marge
du manuscrit 1351, fol. 245, mais séparés de ce qui précède par un trait rouge. Je pense que ce n'est
qu'une scholie, et en conséquence je l'ai fait imprimer en plus petits caractères.

(3) Manuscrits 1346, fol. 100; 1347, fol. 164; 1351, fol. 151; Fabrot, t. VI, pag. 644. Ce texte est
conforme au fr. 26, § 6, du titre 1 du livre xvi du Digeste, *Mandati vel contrà.*

(4) Manuscrits 1346, fol. 173; 1347, fol. 287; 1351, fol. 245; Fabrot, t. VI, pag. 644. Ce texte est
conforme au fr. uniq., §§ 3 et 4, du titre v du livre xlvii du Digeste, *Furti adversùs nautas.*

(5) Manuscrits 1346, fol. 173; 1347, fol. 287; 1351, fol. 245; Fabrot, t. VI, pag. 645. Ce texte est
conforme à la const. 4 du titre xxv du livre iv du Code, *De exercitoria et institoria actione.* Le même
principe est dans le ch. 24 du titre 1 du livre xviii.

I.   24

Τίτ. Β΄.

Περὶ πλοίου ὀκδικουμένου.

Κεφ. δ΄ (1).

Ἀμέλεια καὶ δόλος ἐςὶ τὸ πλοῖον ἐν ἀνεπιτηδείῳ καιρῷ πλοῖσαι. Ὁ πλοῖον τρυπήσας ὑπόκειται τῇ ἀγωγῇ τῇ ἀπαιτήσῃ ἐξ ὁμολογίας μὲν τὸ ἁπλῆν, ἐξ ἀρνήσεως δὲ τὸ διπλάσιον.

Κεφ. ε΄ (2).

Ἐὰν πλοῖόν σου, ἐμπεσὸν εἰς ἐμὸν, ζημιώσῃ με, εἰ μὲν ἠδύναντο οἱ ναύκληροι τῦτο κωλῦσαι γενέ᛫αι, ὀνάγονται τῇ περειρημένῃ ἀγωγῇ, ὥσπερ ὂν χειρὶ ἢ κόντῳ ζημιώσαντες. Εἰ δὲ, τοῦ ϰοίνου ϱαγέντος, ἢ μηδενὸς ἰ᛫ύνοντος, ἐνέπεσεν, ὐχ ὑπόκειται ὁ δεσπότης. Εἰ δὲ καὶ τῇ βίᾳ τῶν ἀνέμων ἐμπέσῃ τὸ πλοῖον εἰς ἀλλοτρίας ἀγκύρας, καὶ κόψωσιν αὐτὰς οἱ ναῦται, οὐκ ἐνέχονται, εἴγε ἄλλως ἑαυτοὺς εὐλυτῶσαι οὐκ ἠδύναντο· τὸ αὐτὸ καὶ ἐπὶ τῶν ἐμπεσόντων εἰς δίκτυα. Εἰ δὲ ϱᾳθυμίᾳ καὶ ἀμελίᾳ τῶν ναυτῶν συνέβη, χώρα τῇ περειρημένῃ ἀγωγῇ διὰ τὴν ζημίαν τῶν δικτύων, ꝰ μὴν τῶν ἁλιευθέντων ἰχθύων. Τὸ αὐτὸ καὶ ἐπὶ κυνηγῶν καὶ ἰξευτῶν.

Ἐὰν ναῦς ναῦν βυθίσῃ, ὁ κυβερνήτης ἢ ὁ πρωρεὺς ὀνάγεται, ἢ οἱ ναῦται, ἐξ ἀμελείας, εἰ μὴ πολλὴ ἦν ἡ βία τῦ ἀνέμου.

(Ἐὰν (3) πλοῖον καταποντίσῃ ἕτερον ἐρχόμενον κατ' αὐτὴ, ὀνάγεται ὁ πρωρεὺς, ἢ ὁ κυβερνήτης· εἰ δὲ ἐξ ὑπερβολῆς χειμῶνος τῦτο γέγονεν, ὐκ ὀνέχεται ὁ δεσπότης· εἰ δὲ δι' ἀμέλειαν τῶν ναυτῶν συνέβη, ἀρκεῖ ὁ Ἀκουίλιος.) Ἐὰν τὸν ϰοῖνον, εἰς ὃν ἐδέδετο τὸ πλοῖον, κόψῃ τις, καὶ ἀπώληται, εἰς τὸ διπλάσιον καταδικάζεται.

TIT. II.

De nave in jus vocata.

CAP. 4.

Incuria est dolusque, navem navigatum mittere adverso tempore. Qui navem perforat eâ tenetur actione quæ simplum à confitente, à negante duplum petit.

CAP. 5.

Cùm navis tua impacta in meam damno me affecit, si nautæ hoc impedire poterant, eâ cujus mentio facta est conveniendi sunt actione, tanquam si manu vel serraculo damnum dedissent. Sin, fune rupto, aut nemine gubernante, navis impacta est, non tenetur dominus. Cùm ventorum vi navis incidit in alienas ancoras, eas si præciderint nautæ, non tenentur, siquidem aliter explicare se non potuerunt : idemque statuendum de iis qui in retia inciderunt. Si malitiâ verò et negligentiâ nautarum hoc accidit, suprà memorata institui potest actio propter damnum retibus datum, non ob pisces qui capti fuerant. Eadem servanda in venatores aucupesque.

Si navis navem demerserit, gubernator vel proreta tenentur, vel nautæ, ob negligentiam, nisi magna vis venti fuerit.

(Si navis navem obviam demersit, tenetur proreta vel gubernator : sin ob vim nimiam tempestatis hoc evenit, non tenetur dominus; si verò negligentiâ nautarum accidit, sufficit Aquilia.) Si quis funem quo navis alligata erat, præciderit, eaque perierit, duplo mulctatur.

---

(1) Manuscrits 1346, fol. 173; 1347, fol. 288; 1351, fol. 245; Fabrot, t. VI, p. 646. Ce texte est, pour la première partie, conforme aux fr. 16 et 36 du titre I du livre VI du Digeste, *De rei vindicatione*; on a vu la même décision dans le chapitre XXXVI du titre I du livre XV. La seconde partie ne se trouve pas littéralement dans le corps de droit romain; c'est une sorte de résumé du fr. 27, § 24, du titre II du livre IX du Digeste, *Ad legem Aquiliam*, et du fr. 13, § 1, du titre II du livre XIX, *Locati, conducti*.

(2) Manuscrits 1346, fol. 173; 1347, fol. 288; 1351, fol. 245; Fabrot, t. VI, pag. 646. Ce texte est conforme au fr. 29, §§ 2, 3, 4 et 5, du titre II du livre IX du Digeste, *Ad legem Aquiliam*.

(3) Loewencklau, dans son édition de la Synopsis major, a imprimé comme scholie ce que j'ai cru devoir mettre entre deux parenthèses; mais aucun des trois manuscrits dont j'ai fait usage ne justifie cette indication. Je suis, toutefois, porté à croire que Loewencklau a raison; car cette partie est une redite de ce qui précède.

Κεφ. ιαʹ (1).

Ἐὰν ἀγοράσω πλοῖον μετὰ τῆς ἐξαρτίας, τὴν σκάφην ἢ λαμβάνω· ὅτι γάρ ἐστιν αὑτῇ ἐξαρτία· ἑκάτερον γὰρ τῇ αὐτῇ γένει ἐσί, τῷ δὲ μεγέθει διαλλάτλουσιν. Ἄλλου δὲ δεῖ γένους εἶναι τὴν ἐξαρτίαν, καὶ ἄλλου τὸ προηγούμενον.

Τίτ. Γʹ.

Περὶ ναυαγίου (καὶ ἁρπαγῆς), καὶ ἀποβολῆς, καὶ συνεισφορᾶς.

Κεφ. αʹ (2).

Ἐὰν διὰ τὸ κουφισθῆναι (τὸ) πλοῖον ἀποβληθῶσι φορτία, πάντων συνεισαγόντων, ἀποθεραπεύεται τὸ ριφέν. Πάντα τὰ πράγματα καὶ τὰ μὴ βαρύντα τὸ πλοῖον, καὶ αὐτό γε μὴν τὸ πλοῖον, πρὸς τὴν ἀποτίμησιν αὐτῶν, ὑπόκεινται τῇ συνεισφορᾷ, ἐξῃρημένων τῶν ἐλευθέρων κεφαλῶν καὶ τῆς σιταρκίας· συνεισάγεται γὰρ αὕτη τοῖς ἐν τῷ πλοίῳ μὴ ἔχουσι δαπάνην. Ἁρμόζει δὲ κατὰ τὸ πιστικὸ τοῖς δεσπόταις τῶν ἀποβληθέντων ἡ ἀγωγή.

Κεφ. γʹ (3).

Ἐν τῇ συνεισφορᾷ τὰ μὲν ἀποβληθέντα, πρὸς ὅπερ ἠγοράσθησαν ἀποτιμῶνται, ἢ μὴν πρὸς ὃ πραθῆναι ἠδύναντο· οὐ γὰρ κέρδους, ἀλλὰ ζημίας, γίνεται λόγος. Τὰ δὲ σωθέντα πρὸς ὃ δύνανται πραθῆναι, ἀποτιμῶνται.

Κεφ. ιϛʹ (4).

Ἀπολυμένου τῇ πλοίου, οἱ σώσαντες ἐκ τῇ ναυαγίου τὰ ἴδια, οὐ συνεισάγουσι· τότε γὰρ γίνεται συνεισφορά, ὅτε, διὰ τὸ σωθῆναι, τὰ λοιπά, σύου τῇ πλοίου ὄντος, ἀποβληθῶσι. Τῇ ἱστῷ τμηθέντος διὰ τὴν σωτηρίαν τῇ πλοίς καὶ τῶν φορτίων, ἡ συνεισφορὰ γίνεται. Τῆς ἐξαρτίας ὑπὸ τῇ χειμῶνος ἀπολυμένης, ἑτέραν ὁ ναύκληρος ὠνήσατο, καὶ οὕτω

CAP. 11.

Instructam emens navem, scapham non accipio, quippe navis instrumentum non dicitur; nam, genere pares, magnitudine tantùm differunt. Alterius autem oportet esse generis instrumentum et rem principalem.

TIT. III.

De naufragio (et rapina), et jactu, et collatione.

CAP. 1.

Jactu mercium facto levandæ navis gratiâ, omnibus contribuentibus sarcitur id quod abjectum est. Omnes res, etiam eæ quibus navis non oneratur, ipsa quoque navis, pro æstimatione sua, contributioni sunt obligatæ, exceptis liberis capitibus et annonâ; ea enim navigantibus victu carentibus in commune conferri debet. Datur autem jactarum rerum dominis actio in magistrum.

CAP. 3.

In contributione res amissæ quanti emptæ sunt æstimantur, non quanti vendi poterant: non enim lucri, sed damni, ratio habenda est. Quæ autem salva sunt quanti venire possunt æstimantur.

CAP. 12.

Nave amissâ, qui res suas ex naufragio in tutum tulerunt, non conferunt; hoc enim casu tantùm fit contributio, cùm, salutis causâ et salvâ nave, quædam dejecta sunt. Arbore cæsâ, navis merciumque servandarum causâ, fit contributio. Instrumento navis per tempestatem pes-

(1) Manuscrits 1346, fol. 174; 1347, fol. 288; 1351, fol. 246; Fabrot, t. VI, pag. 647. Ce texte est conforme au fr. 29 du titre VII du livre XXXIII du Digeste, *De instructo et instrumento legato*.
(2) Manuscrits 1346, fol. 174; 1347, fol. 288; 1351, fol. 246; Fabrot, t. VI, pag. 647 et 648. Ce texte est conforme aux fr. 1 et 2, § 2, du titre II du livre XIV du Digeste, *De lege rhodia de jactu*.
(3) Manuscrits 1346, fol. 174; 1347, fol. 288; 1351, fol. 246; Fabrot, t. VI, pag. 648. Ce texte est conforme au fr. 2, § 4, du titre II du livre XIV du Digeste, *De lege rhodia de jactu*.
(4) Manuscrits 1346, fol. 174; 1347, fol. 288; 1351, fol. 246; Fabrot, t. VI, pag. 648. Ce texte est conforme aux fr. 5 et 6 du titre II du livre XIV du Digeste, *De lege rhodia de jactu*.

24..

πλεύσας ἴσωσι τὰ φορτία, ἢ χρεωςοῦσιν οἱ διαπόται αὐτῷ συνεισάγειν.

Κεφ. ιδ΄ (1).

Ναυαγήσαντος τῦ πλοίου, ὅπερ ἄν τις ἐκ τῶν ἰδίων σώσῃ ἑαυτῷ ἔχει, ὡσανεὶ ἐξ ἐμπρησμοῦ.

Κεφ. ιθ΄ (2).

Ὁ τὰ ἐκ τῆς ἀποβολῆς τῶν πλοίων ἐπαίρων διὰ κέρδος, κλοπὴν ἁμαρτάνει.

Κεφ. κβ΄ (3).

Τὸ ἀπὸ ναυαγίου ἢ ἀποβολῆς, διὰ χρείας χρήσεως ἢ διασώζεται· ὑδὲ γάρ ἐςιν ἀδέσποτον.

Κεφ. κε΄ (4).

Ὁ ἀπὸ ναυαγίου ἢ πλοίου πορθηθέντος ἁρπάζων, ἢ κατὰ δόλον ὑποδεχόμενος, ἢ ζημιῶν· εἴσω μὲν ἐνιαυτῦ εἰς τὸ τετραπλῦν, μετὰ δὲ τὸν ἐνιαυτὸν εἰς τὸ ἁπλῦν ἐνέχεται· ἁρμόζει δὲ ἡ ἀγωγὴ κατὰ δῦλε καὶ φαμιλίας. Ἁρμόζει δὲ καὶ ἐγκληματικὴ ἐπεξέλευσις. Χώρα δὲ τῷ νόμῳ, ἐὰν κατὰ τὸν χρόνον, καὶ ἐν τόπῳ, ἐν ᾧ τὸ ναυάγιον γέγονεν, ἀφέληται. Κατέχεται (δὲ) τῷ δὲ σικάριις καὶ ὁ λαβὼν ἀπὸ ναυαγίου.

Κεφ. λθ΄ (5).

Ὁ τὸ ὀκειφὲν ἀπὸ ναυαγίου λαμβάνων, εἰ μέν

---

sumdato, aliud si magister comparaverit, et sic navigans servaverit merces, domini rerum contributioni obligati non sunt.

CAP. 14.

Nave demersâ, quæ quisque ex suis rebus servaverit, sibi servat, tanquam ex incendio.

CAP. 19.

Qui res de navibus dejectas lucri faciendi causâ tollit, furtum committit.

CAP. 22.

Quæ naufragio sive jactu amissa sunt, non usucapiuntur ; non enim remanent sine domino.

CAP. 25.

Qui ex naufragio vel expugnata nave aliquid rapit, vel dolo recipit, vel damnum dat, intra annum quadruplo, post annum simplo tenetur; datur autem actio in servum familiamque. Datur et criminalis persecutio. Locus autem est legi, si quis ipso naufragii tempore et loco furtum commiserit. Tenetur lege de sicariis etiam is qui aliquid ex naufragio accepit.

CAP. 39.

Rem naufragio dejectam auferens, si-

---

(1) Manuscrits 1346, fol. 174; 1347, fol. 289; 1351, fol. 246 ; Fabrot, t. VI, pag. 648. Ce texte est conforme au fr. 7 du titre II du livre XIV du Digeste, *De lege rhodia de jactu.* J'ai déjà fait observer, à la note de la page 161, que Fabrot avoit placé immédiatement après ce chapitre un fragment qu'il a emprunté sans doute au *Procheiron* d'Harmenopule, livre II, titre XI, § 19, en tout ce qui est une traduction littérale du fr. 8 du titre II du livre XIV du Digeste, *De lege rhodia de jactu.* Comme je ne l'ai trouvé dans aucun manuscrit de la Synopsis, je n'ai pas dû l'admettre au rang des textes du livre LIII des Basiliques; mais on le trouvera dans les extraits d'Harmenopule.

(2) Manuscrits 1346, fol. 173; 1347, fol. 289; 1351, fol. 246. ; Fabrot, t. VI, pag. 648. Ce texte est conforme au fr. 43, § 6, du titre II du livre XLVII du Digeste, *De furtis.* Fabrot l'a placé après le chapitre suivant. Une scholie qu'il rapporte t. VII, pag. 213, indique les chap. XX et XXI relatifs au même objet, qui ne se trouvent plus.

(3) Manuscrits 1346, fol. 174; 1347, fol. 289; 1351, fol. 246; Fabrot, t. VI, pag. 648. Ce texte est conforme au fr. 21, §§ 1 et 2, du titre II du livre XLI du Digeste, *De acquirenda vel amittenda possessione.* Des scholies rapportées par Fabrot, t. VII, pag. 213 et 456, indiquent les chapitres XXIII et XXIV, qui ne se trouvent plus.

(4) Manuscrits 1346, fol. 47; 1347, fol. 40; 1351, fol. 32; Fabrot, t. VI, pag. 648. Ce texte est conforme aux fr. 1, 2, 3 du titre IX du livre XLVII du Digeste, *De incendio, ruina,* &c. , et au fr. 4, § 3, du titre VIII du livre XLVIII du Digeste, *Ad legem Corneliam de sicariis.* Fabrot place après ce chapitre celui qui dans les manuscrits est le XLIII.ᶜ

(5) Manuscrits 1346, fol. 174; 1347, fol. 289; 1351, fol. 246; Fabrot, t. VI, pag. 649. Ce texte est conforme au fr. 5 du titre IX du livre XLVII du Digeste, *De incendio, ruina,* &c. Fabrot, t. VII, pag. 213, rapporte une scholie qui cite un chap. XXXIII, qu'on ne trouve plus.

πνος παρεμπεσόντος χρόνου, κλέπτης ἐστίν· εἰ δὲ κατὰ
τὸν τῦ ναυαγίου καιρὸν, ἀδιάφορόν ἐστιν, εἴτε ὑπὸ
θαλάσσης, εἴτε ὑπὸ τῦ αἰγιαλῦ, λάβῃ αὐτό.

Κεφ. μϛ΄ (1).

Ἐάν τις ὑπὸ ναυαγίου ἀφέληταί τι ἢ μειώσῃ, ἐντὸς ἐνιαυτῦ εἰς τὸ τετραπλάσιον κατέχεται, μετὰ
δὲ τὸν ἐνιαυτὸν εἰς τὸ ἁπλῦν.

Κεφ. μγ΄ (2).

Ὁ ἁρπάζων τι ἀπὸ ναυαγίου, καὶ οἱ βιαζόμε-
νοι ναύτας, ἢ (ὁ) λαβὼν ὑπὸ ναυαγίου καὶ κρύψας,
εἰς τὸ τρίτον τῆς ὐσίας δημεύεται· καὶ ὅτι συγ-
κλητικὸς ἢ ἄρχων γίνεται, ἢ ἄλλην μετέρχεται τιμὴν, ἀλλὰ καὶ σφοδρῶς τιμωρεῖται.

Τίτ. Δ΄.

Περὶ πλοίου ληγατευομένου, ἢ ἐν χρήσει διδομένυ,
ἢ ὁμολογουμένου.

Κεφ. β΄ (3).

Ἐὰν ἰδικῶς ναῦν ληγατεύσω, καὶ κατὰ μέρος
ἀνανεώσω πᾶσιν, τῆς αὐτῆς τρόπιως μενούσης,
κεχρεώστηται τῷ ληγαταρίῳ.

Τίτ. Ε΄.

Περὶ δανεισμάτων διαποντίων.

Κεφ. α΄ (4).

Διαπόντια χρήματά ἐστι τὰ πέραν θαλάσσης
ἀπιόντα, ὁ μὴν τὰ ἐπὶ τόπου δαπανώμενα· καὶ
τὰ ἐξ αὐτῶν ἀγοραζόμενα, ἐὰν κινδύνῳ τῦ δανειστῦ
πλέωσιν.

Κεφ. ιγ΄ καὶ ιδ΄ (5).

Τότε προτιμᾶται ὁ μεταγενέστερος δανειστής,

quidem aliquo tempore interjecto, fur est ; alioquin, si in ipso naufragii tempore id accidit, nihil interest utrùm ex ipso mari an è littore subripuerit.

CAP. 42.

Si quis è naufragio subtraxit aliquid aut deminuit, intra annum quadruplo tenetur, post annum verò simplo.

CAP. 43.

Qui ex naufragio aliquid surripit, vel qui nautis vim facit, vel qui sublatum aliquid ex naufragio celat, ejus tertia bonorum pars publicatur, et neque senator vel magistratus fit, neque alios ambire potest honores, immò gravi afficitur pœnâ.

TIT. IV.

De nave legata, vel locata, vel promissa.

CAP. 2.

Si specialiter navem legavero, et particulatim totam refecero, eâdem carinâ manente, legatario debetur.

TIT. V.

De credito navali.

CAP. 1.

Trajectitia pecunia ea est quæ trans mare vehitur, non ea quæ eodem loco expenditur, et quæ ex ea comparata sunt, si creditoris periculo navigent.

CAP. 13 et 14.

Tunc posterior creditor fit potior, cùm

(1) Manuscrits 1346, fol. 174; 1347, fol. 289; 1351, fol. 246. Ce chapitre est une répétition des premières lignes du chapitre xxv.
(2) Manuscrits 1346, fol. 32; 1347, fol. 40; 1351, fol. 47; Fabrot, t. VI, pag. 649. Ce texte est conforme au fr. 1, § 2, du titre vii du livre xlviii du Digeste, *Ad legem Juliam de vi privata.* Une scholie rapportée par Fabrot, t. VII, pag. 213, cite un chap. xlviii, qui ne se trouve plus.
(3) Manuscrits 1346, fol. 159; 1347, fol. 260; 1351, fol. 225; Fabrot, t. VI, pag. 650. Ce texte est conforme au fr. 24, § 4, du livre xxx du Digeste, *De legatis.*
(4) Manuscrits 1346, fol. 229; 1347, fol. 408; 1351, fol. 331; Fabrot, t. VI, pag. 650. Ce texte est conforme au fr. 1 du titre ii du livre xxii du Digeste, *De nautico fœnore.*
(5) Manuscrits 1346, fol. 230; 1347, fol. 410; 1351, fol. 332; Fabrot, t. VI, pag. 650. Ces textes sont conformes aux fr. 5 et 6 du titre iv du livre xx du Digeste, *Qui potiores in pignore,* &c.

ἅπαν δατείσῃ εἰς τὸ ἐξαρπασθῆναι, ἢ ὑποτεθὲν αὐτῷ πλοῖον, ἢ ἀνακτωθῆναι, ἢ εἰς τροφὴν τῶν ναυτῶν, ἢ σωθῆναι τὰ ὑποτεθέντα αὐτῷ φόρτια, ἢ δοθῆναι τὸ ναῦλον· καὶ αὐτὸ γὰρ τὸ ναῦλον ἐπικρατέστερόν ἐστιν· ἢ ὑπὲρ μισθοῦ τῶν ὡρείων, ἢ τῇ μεσαύλου, ἢ ὑπὲρ κτηνομισθίων.

crediderit ad instruendam navem sibi oppigneratam, vel ad eam reficiendam, vel ad victum nautarum, vel ut salvæ fierent merces ei obligatæ, vel ut solveretur merces vecturæ, nam et hæc merces prævalet, vel pro mercede horreorum vel areæ, vel pro vecturis jumentorum.

Κεφ. ιε' (1).

Ὁ διαπόντια ἢ καρπὸς δανείζων τελείαν ἑκατοστὴν δύναται λαβεῖν.

CAP. 15.

Qui trajectitiam vel fructus credit, integram centesimam potest accipere.

Κεφ. ιη' (2).

Ὁ μὴ κινδυνεύων δανειστὴς ἐπὶ τῆς πλοΐσμῆς τῆς θαλάσσης, μείζονα τόκον οὐ λαμβάνει.

CAP. 18.

Creditor qui periculum navigationis non suscipit, majores usuras accipere non potest.

CAPUT INCERTUM (3).

Δανείζων δύναμαι συμφωνεῖν λαβεῖν ὃ δέδωκα σὺν ἑτέρᾳ ποσότητι, ὡσανεὶ τίμημα τοῦ κινδύνου, μόνον μέντοι μὴ ἐπὶ κότῳ, ἀλλ' ἐξ ὧν ἁρμόζει conditctios (4) τυχὸν, ἵνα μὴ ἐλευθερώσῃς, ἵνα μὴ τόδε ποιήσῃς, ἐὰν μὴ ὑγιανῶ, καὶ τὰ λοιπὰ· ἢ ἐὰν χορηγήσω ἁλιεῖ εἰς παρασκευήν, ἵνα, ἐὰν ἁλιεύσῃ, παράσχῃ, ἢ ἀθλητῇ ἐπὶ τῷ αὐτὸν θρέψαι, καὶ γυμνάσαι, καὶ ἐὰν νικήσῃ, ἀποδῷ· ἐπὶ τούτων γὰρ τὸ πάκτον, καὶ χωρὶς ἐπερωτήσεως, πλατύνει τὴν ἐνοχήν (5).

Credens pecuniam, possum pacisci ut quod dederim, cum alia quantitate, veluti periculi pretio, accipiam, modò non aleæ nomine, sed ex quibus nascuntur condictiones, putà, ne manumittas, ne quid facias, si non convaluero, et cætera; vel, si piscaturo dederim pecuniam in apparatum, ut, si ceperit, eam reddat, vel athletæ in victum et exercitationem, ut, si vicerit, reddat: in his enim pactum sine stipulatione auget obligationem.

ΤΙΤ. ϛ'.

Περὶ ἁλιέων καὶ ἁλιείας, ἐν ᾧ καὶ περὶ δικαίου θαλάσσης.

TIT. VI.

De piscatoribus et piscatione, in quo et de jure maris.

Κεφ. ε' (6).

Εἰ καὶ σύνηθές ἐστι παρανόμως τινὰς κωλύειν ἑτέρους ἁλιεύειν πρὸ τῶν ἰδίων οἴκων, ὅμως ὁ

CAP. 5.

Licèt mos obtineat prohibendi alios ne ante domicilia sua piscentur, tenetur

---

(1) Manuscrits 1346, fol. 229; 1347, fol. 408; 1351, fol. 331; Fabrot, t. VI, pag. 650. Ce texte est conforme à la const. 26, § 1, du titre iv du livre xxxii du Code, *De usuris.*

(2) Manuscrits 1346, fol. 229; 1347, fol. 408; 1351, fol. 331; Fabrot, t. VI, pag. 650. Ce texte est conforme à la constit. 11 du titre xxxiii du livre iv du Code, *De nautico fœnore.*

(3) J'ai trouvé, comme je l'ai dit page 156, ce texte dans l'observation xxviii du livre ix *Observationum* de Cujas. J'ignore où il l'a puisé; mais, ce grand jurisconsulte le donnant comme un texte des Basiliques, j'ai cru devoir le recueillir et le placer sous le titre, *De nautico fœnore.*

(4) Ce fragment n'étant copié que d'après la citation de Cujas, je n'ai pu vérifier, ni si le mot *condictitios* existe dans le texte, ni s'il y est remplacé par un mot grec équivalent.

(5) C'est d'après ce texte que Cujas et d'autres jurisconsultes ont proposé des corrections dans le fr. 5 du titre ii du livre xxii du Digeste, *De nautico fœnore.* Voir la note 1 de la page 115.

(6) Manuscrits 1346, fol. 18; 1347, fol. 20; 1351, fol. 20; Fabrot, t. VI, pag. 651. Ce texte est conforme au fr. 13, § 7, du titre x du livre xlvii du Digeste, *De injuriis* &c.

κωλύσας ἀπέχεται τῇ περὶ ὕβρεως ἀγωγῇ. Καλῶς δὲ κωλύω τινὰ ἐν τῇ διαφερούσῃ μοι λίμνῃ
ἁλιεύσαι.

tamen prohibens actione injuriarum. Bene autem prohibeo ne quis in lacu cujus possessor sum, piscetur.

Ex lib. LX, tit. III. *De lege Aquilia de damno.*

Κεφ. κζ΄ (1).

Ὑπόκειται τῷ Ἀκουϊλίῳ...καὶ ὁ πλοῖον τρυπήσας.

Σχόλιον.

Ὁ γὰρ τρυπήσας πλοῖον γέμον φορτίων, κατέχεται τῷ δεσπότῃ τῶν φορτίων, ὡς διαφθείρας αὐτά.

CAP. 27.

Tenetur Aquiliâ... et qui navem perforat.

SCHOLIUM.

Nam is qui perforat navem mercibus plenam, domino mercium tenetur, quasi eas corruperit.

Ex lib. LX, tit. VI, *De servo corrupto.*

Κεφ. λε΄ (2).

Ἐάν τις ἀπὸ ἐμπρησμοῦ ἢ ναυαγίου ἀφέληταί
τι ἢ μειώσῃ, ἐντὸς ἐνιαυτοῦ ὠφελιμένος εἰς τὸ τετραπλάσιον κατέχεται· μετὰ δὲ τὸν ἐνιαυτὸν, εἰς
τὸ ἁπλοῦν, πρὸς τῇ ἤδη ὡρισμένῃ ποινῇ.

Σχόλιον.

Ὁ ἀφελόμενός τι ἀπὸ ναυαγίου ἢ ἐμπρησμοῦ, ἢ χείρον ποιήσας, τὸ τετραπλοῦν ἀπαιτεῖται ἐντὸς ἐνιαυτοῦ· μετὰ δὲ τὸν ἐνιαυτὸν τὸ ἁπλοῦν μεθοδεύεται πρὸς τῇ ποινῇ τοῦ ἰδικτου, τουτέστιν πρὸς τῷ δοῦναι καὶ τοσοῦτον τῷ φίσκῳ ....Ὅσα δὲ μὴ ἀπὸ ναυαγίου, ἀλλ' ἐξ ἀποσκελῆ τῶν ναυτῶν, λάβῃ τις, κλέπτει. Καὶ ζήτει βιβ. ν΄, τίτ. γ΄, κεφ. ιθ΄.

CAP. 35.

Si quis ex incendio vel naufragio aliquid abstulerit, aut minuerit, intra annum utilem in quadruplum tenetur, post annum in simplum, præter pœnam olim statutam.

SCHOLIUM.

Qui quid aufert ex naufragio vel incendio, aut deterius facit, intra annum in quadruplum tenetur, post annum in simplum, præter pœnam edicti; id est, ut detur tantumdem fisco. Qui non ex naufragio, sed ex jactu nautarum, accipit aliquid, furtum facit. Et quære lib. LIII, tit. III, cap. XIX.

Ex lib. LX, tit. LI, *De pœnis.*

Κεφ. ξς΄ (3).

Ὁ πῦς βαρβάρους ναῦς κατασκευάζειν διδά-
σκων, κεφαλικῇ τιμωρίᾳ ὑπόκειται.

CAP. 66.

Qui exteros docuerit exstruere naves, capitali pœnâ tenetur.

(1) Manuscrit 1350, fol. 23; Fabrot, t. VII, pag. 53. Ce texte est conforme au fr. 27 du titre II du livre IX du Digeste, *Ad legem Aquiliam.* On l'a déjà vu dans le chapitre IV du titre II du livre LIII.

(2) Manuscrit 1350, fol. 59; Fabrot, t. VII, pag. 193. Ce texte est conforme à la const. 18 du titre II du livre VI du Code, *De furtis et servo corrupto.* On l'a déjà vu dans le chapitre XXV du titre III du livre LIII.

(3) Manuscrit 1350, fol. 237; Fabrot, t. VII, pag. 843. Ce texte est conforme à la const. 25 du titre XLII du livre XI, *De pœnis,* que je n'ai pas cru nécessaire de recueillir dans les fragmens du droit romain.

EX LEGIBUS GRÆCORUM

QUI IN INSULA CYPRI LATINIS REGIBUS SUBDITI ERANT.

Περὶ τόκου (1).

...Ὅταν δὲ καρποὶ δανείζωνται, ἢ ναυτικὸν συν-
ίσταται δάνειον, τῷ δανειστῷ (2) τὸν κίνδυνον ἀναδε-
χομένου τῆς θαλάσσης, τότε ἔξεστι καὶ μέχρι ιι.
ιϛʹ. ἐπρωτᾷν εἰς τὴν λίτραν τόκον.

De usuris.

..... Quando autem fructus mutuo
dantur, vel nauticum fit mutuum, si periculum maris dantem spectat, licet etiam
duodecim solidos pro litra usuris stipulari.

Sine titulo (3).

αʹ. Ἐὰν ναῦς [ναῦν] βυθίσῃ, ὁ κυβερνήτης καὶ ὁ
προφορεὺς ἀνάγεται, ἢ οἱ ναῦται ἐξ ἀμελείας, εἰ μὴ
πολλὴ ἦν ἡ βία τῷ ἀνέμου (4).

βʹ. Ἐὰν πλοῖον ναυαγήσῃ διὰ τὸ μὴ ἔχειν κυβερνήτην, ἀνέχεται τοῖς ἐπιβάταις ὁ ναύκληρος (5).

γʹ. Τοῦ πλοίου ναυαγήσαντος, ὁ ναύκληρος ἀποδίδωσι τὰ ναῦλα ἅπερ ἔλαβεν ἐν προχρείᾳ, ὡς μὴ
μετακομίσας (6).

δʹ. Ἐὰν πλοῖον καταποντίσῃ ἕτερον ἐρχόμενον
κατ' αὐτοῦ, ἀνάγεται ὁ προφορεὺς ἢ ὁ κυβερνήτης.
Εἰ δὲ ἐξ ὑπερβολῆς χειμῶνος τοῦτο γέγονεν, οὐκ
ἀνέχεται ὁ δεσπότης· εἰ δὲ δι' ἀμέλειαν τῶν ναυτῶν
συνέβη, ἀρκεῖ ὁ Ἀκουίλιος (7).

εʹ. Ἐὰν τὸν σχοῖνον εἰς ὃν ἐδέδετο τὸ πλοῖον, κόψῃ τις, ᾗ ἀπώληται, εἰς τὸ διπλοῦν καταδικάζεται (8).

ϛʹ. Ἐὰν ἀγοράσωσι πλοῖον μετὰ τῆς ἐξαρτίας,
τὴν σκάφην οὐ λαμβάνουσιν· αὐτὴ γάρ ἐστιν αὐτῷ

I. Si navis navem demerserit, tenentur magister, vel gubernator, vel et ipsi
nautæ, propter negligentiam, nisi magna
vis venti fuerit.

II. Si navis naufragium fecerit quia
gubernatorem non habebat, magister tenetur vectoribus.

III. Si navis naufragium fecerit, naula
quæ promutua acceperat, reddat magister, ut qui non transvexerit.

IV. Si navis obviam navem demerserit, gubernator vel proreta tenetur. Si tamen vi ventorum hoc accidit, non tenetur
dominus ; sed si negligentiá nautarum,
Aquilia competit.

V. Si quis funem quo religata navis
erat, præciderit, eaque perierit, in duplum condemnatur.

VI. Si quis navem emerit cum ornatu,
non exinde scapham sumet; nam scapha

---

(1) Ce chapitre est placé au fol. 132 du manuscrit 1391. Il est conforme au chapitre LXXIV du titre III
du livre XXIII et au chapitre XV du titre V du livre LIII des Basiliques.
(2) Le manuscrit porte, οὐ τῷ δανειστῷ &c. dantem NON spectat. J'ai considéré le οὐ comme une faute.
(3) Cette série de chapitres est aux fol. 234 et 235 du manuscrit 1391; elle s'y trouve jointe à la troisième partie de la compilation rhodienne, dont je donnerai le texte dans le chapitre suivant.
(4) Ce chapitre a quelque ressemblance avec le chapitre IV du titre II du livre LIII des Basiliques.
(5) Ce chapitre et le précédent pourroient bien être le texte dont on trouve l'analyse dans le chapitre I
du titre I du livre LIII des Basiliques.
(6) Ce chapitre n'a point son analogue dans les Basiliques; c'est sans doute le texte d'un de ceux qui
sont perdus. Il contient la même décision que le fr. 15 du titre II du livre XIX du Digeste, *Locati, conducti.*
(7) Ce chapitre est la copie littérale d'une partie du chapitre V du titre II du livre LIII des Basiliques.
(8) Ce chapitre est copié littéralement dans la fin du chapitre V du titre II du livre LIII des Basiliques.

ἐξάρτια· ἑκάτερον γὰρ τῦ αὐτῦ γένους ἐςί, τὰ δὲ
μεγέθη διαλλάττουσιν. Ἄλλου δὲ δεῖ γένες (1)
εἶναι τὴν ἐξάρτησιν, καὶ ἄλλου τὸ προηγούμενον (2).

ζ΄. Ἐν τῇ συνεισφορᾷ, τὰ μὲν ἀποβληθέντα
πρὸς ὅπερ ἠγοράσθησαν ἀποτιμῶνται, οὐ μὴν πρὸς
ὃ πραθῆναι ἠδύναντο· οὐ γὰρ κέρδους, ἀλλὰ ζημίας,
γίνεται λόγος. Τὰ δὲ σωθέντα, πρὸς ὃ δύνανται
πραθῆναι, ἀποτιμῶνται (3).

η΄. Ἀπολλυμένου τῦ πλοίου, οἱ ἀποσώσαντες
ναυαγίου τὰ ἴδια οὐ συνεισάγουσι· τότε γὰρ γίνεται
συνεισφορὰ, ὅτι διὰ τὸ σωθῆναι τὰ λοιπὰ, σῴου
τῦ πλοίου ὄντος, ἀποβληθῶσι (4).

θ΄. Τοῦ ἱςοῦ τμηθέντος διὰ τὴν σωτηρείαν τῦ
πλοίου καὶ τῶν φορτίων, ἡ συνεισφορὰ γίνεται. Εἰ δὲ,
τῆς ἐξαρτίας ὑπὸ τῦ χειμῶνος ἀπολλυμένης, ἐπί-
ερον ὁ ναύκληρος ὠνήσατο, καὶ οὕτω πλεύσας ἔσω-
σε τὰ φορτία, οὐ χρεωςοῦσιν οἱ δεσπόται αὐτῷ συν-
εισαγαγεῖν.

ι΄. Τὰ ἀπὸ ναυαγίου καὶ ἀποβολῆς διὰ χρονίας
χρήσεως οὐ δεσπόζονται· οὐδὲ γάρ εἰσιν ἀδέσπο-
τα (5).

ια΄. Ναυαγήσαντος τῦ πλοίου, ὅπερ ἄν τις ἐκ τῶν
ἰδίων σώσῃ, ἑαυτῷ ἔχει ὡσανεὶ ἐξ ἐμπρησμοῦ.
Ὁ δὲ τὰ ἐκ τῆς ἀποβολῆς τῶν πλοίων ἑταίρων
διὰ κέρδος, κλοπὴν ἁμαρτάνει (6).

ιβ΄. Ἐάν τις ἀπὸ ναυαγίου ἀφέληταί τι, ἢ μειώσῃ, ἐντὸς ὀνιαυτῷ εἰς τὸ πετραπλάσιον ἐνέχεται,
μετὰ δὲ τὸν ὀνιαυτὸν εἰς τὸ ἁπλοῦν (7).

---

non continetur in ornatu : ejusdem enim est generis, et magnitudine tantùm à nave differt. Alterius autem generis esse instrumentum oportet, alterius rem principalem.

VII. In contributione, amissæ res quanti emptæ sunt æstimantur, non quanti vendi poterant : non enim lucri, sed damni, ratio habetur. Sed servatæ merces quanti vendi possunt æstimantur.

VIII. Si navis perierit, non contribuunt qui suas merces è naufragio servarunt : contributioni enim tunc locus est, cùm aliquæ merces ad cæteras servandas, salvâ nave, jactæ fuerint.

IX. Si arborem magister præciderit ad merces et navem servandas, est locus contributioni. Instrumento navis per tempestatem pessumdato, aliud si magister comparaverit et sic navigans servaverit merces, domini earum contributioni obligati non sunt.

X. È naufragio et jactu occupatæ res non acquiruntur præscriptione : nam dominum habent suum.

XI. Si navis naufragium fecerit, quas quisque è suis collegerit merces, habeat ut si ex incendio collegisset. Qui autem, lucri faciendi causâ, eas è jactu tollit, furtum committit.

XII. Qui ex naufragio rapit merces, vel minuit, intra annum in quadruplum, post annum in simplum tenetur.

---

(1) Le manuscrit porte à tort le mot ἑνός : j'en ai fait la correction à l'aide des Basiliques.
(2) Ce chapitre est littéralement conforme au chapitre XI du titre II du livre LIII des Basiliques.
(3) Ce chapitre est littéralement conforme au chapitre III du titre III du livre LIII des Basiliques.
(4) Ce chapitre et le suivant sont littéralement conformes au chapitre XII du titre III du livre LIII des Basiliques.
(5) Ce chapitre est littéralement conforme au chapitre XXII du titre III du livre LIII des Basiliques.
(6) Ce chapitre est littéralement conforme aux chapitres XIV et XIX du titre III du livre LIII des Basiliques.
(7) Ce chapitre est littéralement conforme au chapitre XLII du titre III du livre LIII des Basiliques.

I.

EX MICHAËLIS ATTALIATÆ OPERE DE JURE,

SIVE PRAGMATICA (1).

ΤΙΤ. ΜΗ΄ (2).

Περὶ ναυκλήρων, ᾗ πιςικῶν, ᾗ ναυτῶν, καὶ παν-
δοχίων, καὶ τῆς κατ᾿ αὐτῶν κᾳ ὑπὲρ αὐτῶν
ἀγωγῆς.

Ζήτει βιβλίον Βασιλικῶν νγ΄ (3).

Τὰ ναυτικὰ, ἤγουν τὰ κατὰ θάλασσαν, τῷ Ῥοδίῳ νόμῳ κρίνονται, ἐν οἷς αὐτῷ μὴ ἕτερος ἐναντιοῦται νόμος (4).

Ἐὰν πλοῖον ναυαγήσῃ διὰ τὸ μὴ σχεῖν κυβερνήτην, ἐνέχεται τοῖς ἐπιβάταις ὁ ναύκληρος (5).

Ὁ πῦς βαρβάρους ναῦς κατασκευάζειν διδά-
σκων, κεφαλικῇ τιμωρίᾳ ὑπόκειται (6).

Ἀκόνην σιδήρου, ᾗ σίδηρον, ᾗ ἅλας, καὶ σῖτον,
ἄνευ κεφαλικῆς τιμωρίας τοῖς βαρβάροις πωλεῖν
οὐκ ἔξεστιν (7).

Ἐὰν πλοῖόν σου ἐμπεσὸν εἰς ἐμὸν ζημιώσῃ με,
εἰ μὲν ἐδύναντο οἱ ναῦται τοῦτο κωλῦσαι γενέσθαι,
ἐνάγονται τῇ περὶ τῆς ζημίας ἀγωγῇ· εἰ δὲ, τοῦ
σχοίνου ῥαγέντος, ἢ μηδενὸς ἰθύνοντος, ἐνέπεσεν, οὐχ
ὑπόκειται ὁ δεσπότης (8).

Ἐὰν ναῦς ναῦν βυθίσῃ, ὁ κυβερνήτης καὶ ὁ πρωρεὺς ἐνάγεται, ἢ οἱ ναῦται ἐξ ἀμελείας, εἰ μὴ πολλὴ
ἦν ἡ βία τοῦ ἀνέμου.

ΤΙΤ. XLVIII.

De exercitoribus, et magistris, et nau-
tis et cauponibus, et de actionibus
tam pro eis quàm adversùs eos.

Quære librum Basilicorum LIII.

Res nauticæ, id est, maritimæ, secundùm legem rhodiam judicantur, nisi illi
lex alia adversetur.

Si navis naufragium fecit eo quòd gubernatorem non haberet, magister vectoribus tenetur.

Qui exteros naves exstruere docet,
supplicio capitali tenetur.

Cotes ferri, et ferrum, et salem, et frumentum, sub pœna capitali, exteris ve-
nundare vetitum est.

Si navis tua impacta in meam damnum
mihi dederit, si quidem in potestate nautarum fuit impedire ne id accideret, actio de damno mihi competit; sed si, fune
rupto, aut cùm a nullo regeretur, incurrit,
dominus non tenetur.

Si navis navem demerserit, gubernator
et proreta tenentur, aut nautæ, propter
negligentiam, nisi magna vis venti fuerit.

---

(1) Je me suis servi du texte publié par Loewenclaw dans le tome II du *Jus græco-romanum*. Les manuscrits de la bibliothèque royale n'offrent pas de variantes proprement dites.

(2) Dans le manuscrit 1358 de la bibliothèque royale, ce titre est numéroté λβ΄, c'est-à-dire, XXXII.
Il est copié séparément dans le manuscrit 1356, qui, comme on le verra dans le chapitre suivant, contient divers fragmens de la compilation rhodienne.

(3) Cette indication du livre LIII des Basiliques se trouve dans le manuscrit 1358, à la suite du § 1.

(4) Ce paragraphe, dont la Synopsis minor et le Procheiron d'Harmenopule offrent la paraphrase, est
une sorte d'abrégé du fragment 9 du titre II du livre XIV du Digeste, *De lege rhodia de jactu.*

(5) Ce paragraphe est probablement l'analyse des textes que contenoit le chapitre I du titre I du livre LIII
des Basiliques. On a vu qu'il se trouve littéralement dans le § 2 de l'extrait du code de Chypre.

(6) Ce paragraphe est conforme au chapitre LXVI du titre LI du livre LX des Basiliques.

(7) Ce paragraphe est conforme au chapitre XI du titre I du livre VI et aux chapitres XXIV et XXV du
titre I du livre XIX des Basiliques.

(8) Ce paragraphe et les suivans sont conformes au chapitre V du titre II du livre LIII et au chapitre XXVII
du titre III du livre LX des Basiliques, et se trouvent dans le § 4 du code de Chypre.

Ἐὰν τὸν σχοῖνον εἰς ὃν ἐδέδετο τὸ πλοῖον κόψῃ τις, καὶ ἀπόληται, εἰς τὸ διπλοῦν καταδικάζεται.

Si funem quis, quo religata navis erat, præciderit, eaque perierit, in duplum condemnatur.

Πλοῖόν ἐςι κ̄ τὸ θαλάσιον, καὶ τὸ ποτάμιον, κ̄ τὸ ἐν ὑδροςασίῳ πλέον, καὶ ἡ σχεδία (1).

Navis est et marina, et fluviatilis, et quæ in lacu navigat, et ratis.

Ἐὰν, διὰ τὸ κουφισθῆναι πλοῖον, ἀποβληθῶσι φορτία τινῶν ἐπιβατῶν, πάντων συνεισαγόντων, ἀποθεραπεύεται τὸ ῥιφέν (2).

Si, levandæ navis gratia, merces vectorum quorumdam projectæ fuerint, omnibus contribuentibus sarcitur id quod abjectum est.

Τὸ ῥιφὲν οὐ γίνεται ἀδέσποτον, ἀλλὰ τῷ δεσπότου μένει, ὡς ἂν ἐκβρασθῇ παρὰ τὴν θάλασσαν (3).

Res jacta non fit nullius, sed domini manet, ut fit cùm ad littus dejecta est.

Ἐὰν διὰ τὴν κοινὴν σωτηρίαν ἀποβληθῇ ὁ ἱςός, ἢ ἕτερον ἐξάρτιον τοῦ πλοίου, χώρα τῇ συνεισφορᾷ (4).

Si propter communem salutem dejecta fuerit arbor, aut aliud navis instrumentum, locus est contributioni.

Ὁ ἁρπάζων ἀπὸ ναυαγίου, ἢ συμπτώσεως, ἢ ἐμπρησμοῦ, εἴσω μὲν ἐνιαυτοῦ εἰς τὸ τετραπλοῦν ὑνέχεται, μετὰ δὲ τὸν ἐνιαυτὸν εἰς τὸ ἁπλοῦν· ἁρμόζει δὲ καὶ ἐγκληματικὴ ἀγωγή (5).

Qui ex naufragio, vel ruina, vel incendio, aliquid rapit, intra annum in quadruplum, post annum in simplum tenetur : sed competit et criminalis actio.

Σχόλιον τὸ Ψελλοῦ.

SCHOLIUM PSELLI.

Διπλοῦν δὲ τετραπλάσιον ὁ ἀπὸ ναυαγίου ἁρπάσας πρᾶγμα, δέσποτα, εἰσπράττεται δικαίως· καὶ τὸ μὲν τετραπλάσιον τῷ φίσκῳ προσκυροῦται, τὸ δ' ἄλλο τετραπλάσιον ὁ ναυαγήσας ἔχει (6).

Imò geminum quadruplum, mi domine, jure ab illo exigitur qui rem ex naufragio rapuit; et unum quidem quadruplum fisco addicitur, alterum verò quadruplum habeat qui naufragium fecit.

SYNOPSEOS BASILICORUM MINORIS

FRAGMENTA (7).

Οἱ αἰγιαλοὶ τῷ δημοσίῳ δικαίῳ ὑποκεινται, καὶ παρὰ μόνου τοῦ δημοσίου διασώζονται· εἰς δὲ

Littora publico juri subjiciuntur et à publico tantùm possidentur : cæteris verò

(1) Je n'ai pu trouver dans les textes qui nous restent des Basiliques cette distinction du navire, qui, du reste, est conforme au § 6 du fr. 1 du titre 1 du livre xiv du Digeste, *De exercitoria actione*.

(2) Ce paragraphe est conforme au chapitre ii du titre iii du livre liii des Basiliques.

(3) Ce paragraphe est conforme au chapitre xxii du titre iii du livre xiii des Basiliques et au §. 10 du code de Chypre.

(4) Ce paragraphe est conforme au chapitre xii du titre iii du livre liii des Basiliques et au § 9 du code de Chypre.

(5) Ce paragraphe est conforme au chapitre xlii du titre iii du livre liii des Basiliques et au § 12 du code de Chypre.

(6) Cette scholie, publiée par Loewencklau, ne se trouve pas dans les manuscrits de la bibliothèque royale. Elle est, du reste, conforme au droit des Basiliques, comme on le voit par une scholie sur le chapitre xxxv du titre iii du livre lx.

(7) Je dois ce fragment du manuscrit 319 du Vatican à l'obligeance de M.r A. Mai, et j'ai conservé fidèlement le texte, en me bornant à faire des observations sur quelques fautes de copiste qui s'y sont glissées. M. Mai ne m'a point transmis les rubriques et les numéros des trois premiers chapitres, ni l'indication de la lettre sous laquelle ils sont placés. Il est probable que les deux premiers sont sous la lettre D, et le troisième sous la lettre L. Quant aux suivans, ils me sont indiqués comme rangés sous la lettre N.

τοὺς ἄλλους πάντας εἰσὶ κοινοί· καὶ διὰ τοῦτο ὁ
ὅτι αἰγιαλῷ κτίζων διαπότης τῶν κτιζομένων ἐστίν.
Ἐὰν δὲ πολλάκις καταβληθῇ καὶ χαλασθῇ τὸ κτι-
σθὲν, ὁ αἰγιαλὸς πάλιν γίνεται κοινός, ὥσπερ καὶ
πρότερον ἦν (1).

Οἱ αἰγιαλοὶ παρὰ τοῖς παλαιοῖς οὐδέ ποτι ἐκ
τοῦ μέρους τοῦ δημοσίου ἐδίδοντο πρός τινα, ἢ ὅτι
διαπωτίᾳ πλείᾳ, ἢ ὅτι τῷ ἐτησίως τέλος τι ὑπὲρ
αὐτῶν καταβάλλεσθαι· ἀλλὰ ἀκυρίευτοι ἐφυλάτιοντο
καὶ ἀδέσποτοι (2).

Ἐπαφῆκά τις εἰς ληγάτον τινὶ ναῦν· εἶτα ταύτην
κατὰ μέρος καινίζων ἀνενέωσατο πᾶσαν, μόνην τὴν
τρόπιν καταλείψας τὴν παλαιάν. Ἡ τοιαύτη ναῦς,
κατὰ τὴν τῶν νόμων διάταξιν, ἤτοι ἡ ἀνακαινι-
σθεῖσα, ἐκείνῳ δίδοσθαι εἰς ληγάτον ἐξ ἀνάγκης ὀ-
φείλει, ᾧτινι κατελείφθη ληγάτον οὖσα παλαιά (3).

ιδʹ. Περὶ νόμων ναυτικῶν (4).

Τὰ ναυτικὰ πάντα, καὶ ὅσα κατὰ θάλασσαν
κρίνεται, Ῥοδίῳ τέμνονται νόμῳ, καὶ κατὰ τοὺς
Ῥοδίους δικάζονται νόμους, ὅταν μὴ ἄλλος νόμος
ἐναγκούμενος τοῖς τῶν Ῥοδίων νόμοις εὑρίσκηται.
Εἰσὶ γὰρ οἱ τῶν Ῥοδίων τῶν ἄλλων ναυτικῶν νόμων
παλαιγενέστεροι, καὶ ἔχουσιν εἰς τὰ πλείω καλῶς,
καὶ ἐν τοῖς πελαοτέροις τυγχάνουσιν ἀνεπίληπτοι.
Ἐπὶ δὲ ὑστερόν τινες τῶν ἀνθρώπων ποτὶ Ῥοδίοις
νόμοις πρὸς κακουργίαν ἐχρήσαντο, καὶ αὐτὴ δὲ ἡ
τῶν πραγμάτων μεταβολὴ ἀπήτησεν ἐξ ἀνάγκης
νέους νόμους τεθῆναι, καὶ ἀναπληροῦντας τὸ λεῖπον
τοῖς νόμοις τοῖς παλαιοῖς, καὶ μεταποιοῦντας ἐκείνους πρὸς τὸ κοσμιώτερον καὶ σεμνότερον, καὶ μέν
τοι καὶ τοιοῦτοι νόμοι παρὰ βασιλέων ἀγαπώντων
τὸ δίκαιον ἐξετέθησαν. Ὅπου οὖν οὐχ εὑρίσκεται
νέος νόμος παλαιῷ νόμῳ τῶν Ῥοδίων ἀντιπατόμε-
νος, κατὰ τοὺς Ῥοδίους νόμους τὰ ναυτικὰ ζητή-

omnibus sunt communia ; et propterea,
qui in littore ædificat, dominus fit eorum
quæ ædificavit. Si quando corruat et de-
struatur quod ædificatum est, commune
rursus fit littus ut antea erat.

Littora apud antiquos nunquam ex
publico dominio detrahebantur, nec cui-
quam dabantur, sive in plenam proprie-
tatem, sive ut annuum aliquem reditum
pro eis expenderet ; sed sine domino ser-
vabantur.

Legavit aliquis alteri navem ; postea
eam per partes reficiens totam renovavit,
solam tantùm carinam veterem relinquens.
Hæc navis, quæ renovata est, secundùm legum dispositionem illi dari in
legatum necessariò debet, cui legata est
cùm vetus esset.

XIV. *De nauticis legibus.*

Nautica omnia, et quæcunque, ad
mare spectantia, in judicium veniunt, jure
rhodio deciduntur, et juxta leges rhodias
disceptantur, nisi alia lex Rhodiorum
legibus contraria inveniatur. Sunt enim
Rhodiorum leges aliis legibus nauticis
antiquiores, et majori quidem ex parte
bonæ sunt, in cæteris reprehensione ca-
rent. Quia verò posterioribus temporibus
homines quidam nonnullis rhodiis legibus ad fraudem et imposturam abuteban-
tur, et ipsa rerum facies mutata necessariò
poscebat ut novæ leges conderentur, quæ,
quod antiquis legibus deesset, supplerent, et illas ad formam elegantiorem et
honestiorem traducerent, sanè leges hujusmodi ab imperatoribus, juris et æqui

(1) Ce paragraphe et le suivant se trouvent à la page 30 *verso* du manuscrit du Vatican. C'est l'analyse
des principes contenus dans les chapitres XIII et XXV du titre I du livre L des Basiliques.
(2) Ce paragraphe est une sorte d'exposé de la jurisprudence qui avoit pour base les principes du
fragment précédent.
(3) Ce paragraphe est à la page 134 *verso* du manuscrit du Vatican. Il offre presque dans des termes
identiques la décision qui se trouve dans le chapitre II du titre IV du livre LIII des Basiliques.
(4) Les rubriques sont au commencement du manuscrit, pages 26 et 27, où elles forment une série
spéciale. J'ai cru devoir les placer en tête de chaque paragraphe. Le texte est aux pages 134 et suiv.

ματα κρίνεται. Ὅπου δὲ ἕπερι νόμοι ἐναντιοῦνται αὐτοῖς, ἀρροῦσιν οἱ τῶν Ῥοδίων νόμοι, καὶ οἱ ἄλλοι τὸ κράτης ἔχουσι (1).

studiosis, promulgatæ fuerunt. Igitur, ubi lex nova non invenitur quæ cum veteri Rhodiorum jure pugnet, secundùm leges rhodias de controversiis nauticis statuitur. Ubi verò leges aliæ ipsis adversantur, cessant Rhodiorum leges, et illæ aliæ robur obtinent.

ιε΄. Περὶ ναυτῶν πλεόντων χωρὶς κυβερνήτου.

Ναῦται χωρὶς κυβερνήτου πλέειν τολμήσαντες, καὶ οἱ μετ᾽ αὐτῶν ἐπιβάται τοῖς ναύταις ὁμοίως δίχα κυβερνήτου κατὰ θάλασσαν πλέοντες, ἐὰν τὸ πλοῖον ναυαγήσῃ, τουτέςι κινδύνῳ περιπέσῃ τινὶ, ἢ καὶ εἰς πλείαν καπαντήσῃ ἀπώλειαν, καὶ οἱ ἐπι- βάται καὶ οἱ ναῦται εἰάρονται· οἱ μὲν ἐπιβάται, ὡς τῆς σωτηρίας αὐτῶν ἀμελήσαντες· οἱ δὲ ναῦται, ὡς καὶ τῆς ἑαυτῶν καὶ τῆς τῶν ἐπιβατῶν σωθη- θείας καταφρονήσαντες, καὶ μὴ κυβερνήτην μεθ᾽ ἑαυτῶν ἐπαρόμενοι (2). Τινὲς δὲ τοὺς ναύτας ὡς τούπτοις ὡς ἀθώους τῆς ἐνοχῆς ἀπολύοντες, λέγουσι μόνους τοὺς ἐπιβάτας ἐνέχεται (3).

XV. De nautis qui sine gubernatore navigant.

Si nautæ sine gubernatore navigare ausi sint, vectoresque simul cum nautis sine gubernatore per mare navigent, si navis naufragium fecerit, id est, in aliquod periculum incidat, vel omnino pessumdetur, tenentur simul et vectores et nautæ : vectores, quia propriam salutem neglexerunt; nautæ, quia et suam et vectorum securitatem abjecerunt, non adducto secum gubernatore. Quidam verò in hoc casu nautas ut innocentes accusatione solvunt, et solos tantùm vectores teneri censent.

ιϛ΄. Περὶ ναυκλήρου κατασκευάζοντος νῆας τοῖς βαρβάροις.

Ναύκληρος ὁ βαρβάρους κατασκευάζειν δι-

XVI. De exercitore exteris naves exornante.

Qui docet barbaros naves struere, id

---

(1) Ce paragraphe est littéralement compris dans toutes les éditions de la compilation rhodienne, qui fera l'objet du chapitre suivant, où il forme la quatrième des pièces dont elle se compose d'après les imprimés ; mais on ne le trouve dans aucun des quatre manuscrits de la bibliothèque royale, ni dans les manuscrits étrangers. Les auteurs qui ont publié ce morceau l'attribuent à Docimius, ou Docimus, sur lequel ils ne donnent aucun renseignement. Ce jurisconsulte seroit-il l'auteur de la Synopsis minor? C'est ce qu'il n'est pas possible de savoir. Du reste, ce paragraphe est une sorte de paraphrase du principe posé par le fr. 9 du titre I du livre XIV, De lege rhodia de jactu, qui ne se trouve point dans ce que nous possédons des Basiliques.

(2) Ce paragraphe n'a pas, à proprement parler, son analogue dans les Basiliques, ni même dans le droit romain. Il est bien vrai que le chapitre IV du titre I du livre LIII des Basiliques déclare que c'est une faute, et qu'il y a par conséquent matière à responsabilité, de naviguer en temps inopportun ; que le chapitre V du même titre met au rang des actes d'imprudence qui rendent responsable du dommage causé par l'abordage, la circonstance qu'il n'y a pas de pilote sur le navire ; et que ces dispositions sont semblables au fr. 30, § 1, du titre I du livre VI du Digeste, De rei vindicatione ; au fr. 13, § 2, du titre II du livre XIX, Locati, conducti ; au chapitre I du titre I du livre LIII des Basiliques, et au § 2 du code de Chypre : mais le cas spécial du présent paragraphe n'est pas prévu dans ces fragmens. Quel en est le véritable objet ? Si l'on en croit Soarez dans sa note sur le § 2 du titre XI du livre II du Procheiron d'Harmenopule, copié sur ce paragraphe de la Synopsis minor, cette disposition est absurde. Envers qui, dit-il, ces passagers, ces matelots, seroient-ils responsables ? Je crois néanmoins que la critique n'est pas fondée, et que ce texte peut être facilement expliqué et justifié. D'abord on peut dire que c'est une disposition d'ordre public qui punissoit quiconque naviguant sans pilote avoit fait naufrage, et nos législations offrent plus d'un exemple semblable ; secondement, on peut dire que la responsabilité a lieu en faveur du propriétaire du navire qui est lésé par le naufrage, résultat d'une imprudence présumée par cela seul qu'il n'y avoit pas de pilote sur le navire.

(3) L'exception ne me semble applicable qu'aux simples matelots, et non au patron, qui ne sauroit jamais être excusable d'avoir consenti, même sur le vœu des passagers, à compromettre le salut du navire.

δλακων ναῦς (1), ἤτοι ὁ πλοῖα ποιῶν (2). ἔθνεσιν ἀλλογενέσιν ὑποδεικνύς, κεφαλικαῖς τιμωρίαις ὑπόκαιται, ὡς τοῖς τῶν Ῥωμαίων ἐχθροῖς διδοὺς ὅπλα, καὶ ἰσχυροὺς ἐκείνους, κατὰ τούτων ἀπεργαζόμενος.

ιζ. Περὶ τῆς ἑτέρα νηὶ προσκρουσάσης.

Ναῦς τυτέτι καράβιον (3), ἢ ἕτερον πλοῖον, ἐὰν προσκρούσῃ ἑτέρα νηὶ καὶ βυθίσῃ αὐτήν, εἰ μὲν πολλὴ βία τῆ ἀνέμου ἐστ, καὶ φαίνεται ἀπὸ τούτου ὅτι οὔτε ἀπὸ κακίας, οὔτε ἀπὸ ἀμελείας τῆ κυβερνήτου καὶ τῶν ναυτῶν τῶν ἐν τῆ σωζομένη νηὶ, ἡ ἀπολλυμένη ναῦς ἐβυθίσθη, οὔτε οἱ ναῦται οὔτε οἱ κυβερνῆται ἐνάγρονται. Ἐὰν δὲ ἡ τῆ ἀνέμου βία μὴ ἦ πολλὴ, καὶ δυναμένη εἰς αἰτίαν λογισθῆναι τῆς.

est, exteras gentes navigia ædificare, capitali poenæ subjicitur, quia populi romani hostibus arma dat, et illos adversùs eum valentes efficit.

XVII. *De nave alteram navem offendente.*

Navis, vulgò *carabion*, vel aliud navigium, si in alteram navem impingat, eamque immergat, si quidem magna vis venti fuit, et hinc apparet, non verò ex maleficio vel incuria gubernatoris vel nautarum navis servatæ, navem alteram perditam fuisse, neque nautæ neque gubernator tenentur. Si verò non magna sit vis venti,

(1) Ce principe est dans le chapitre LXVI du titre LI du livre LX des Basiliques, qui l'avoient emprunté de la constitution 25 du titre XLVII du livre XI du Code, *De pœnis.*

(2) Le texte grec contient ici une sorte de répétition qui doit être remarquée. Après avoir rapporté le mot βαρβάρους dont se sert la loi, il emploie d'autres expressions qui ne sont pas une addition, mais une explication des termes précédens. Comme cette locution se retrouve souvent, non-seulement dans la Synopsis, mais dans d'autres fragmens du droit grec oriental, et que nous la verrons reproduite dans beaucoup de lois du moyen âge, je crois devoir transcrire ici l'explication que m'a donnée M. Rhally, pour montrer qu'il falloit traduire, comme je l'ai fait, *ἤτοι id est*, et non par *aut* ou *vel.* Le texte grec des lois du moyen âge présente à chaque instant, dit-il, de ces redoublemens qu'il seroit impossible de rendre dans une traduction latine sans répéter les mêmes mots, ou des mots tout-à-fait synonymes, et par conséquent oiseux, en latin. Je dis *en latin* : car, en grec, la seconde expression, qui est l'expression vulgaire, l'expression du temps, sert à expliquer la première, qui est toujours d'un langage plus pur, plus ancien, et qui n'auroit pas manqué peut-être de faire faire des contre-sens dans l'application de la loi. Ceci posé, si l'on vouloit rendre, avec le sens, la lettre du texte, il faudroit, pour observer les règles de l'analogie, mêler de l'italien au latin, et expliquer par des mots italiens les expressions latines, comme le texte commente le grec ancien par le moderne. L'analogie seroit observée dans ce sens qu'on peut dire que l'italien est au latin ce que le grec moderne est au grec ancien, puisque les mêmes événemens politiques, l'invasion des barbares, et les mêmes causes morales, l'ignorance, ont fait dégénérer le latin en italien, et le grec ancien en grec moderne. Mais cette manière de rendre le texte auroit aussi quelque chose de bizarre, en ce que nous ne parlons pas aujourd'hui à des hommes qui auroient oublié la langue de Cicéron, comme dans le moyen âge on parloit à des Grecs qui ne connoissoient plus celle de Démosthène. Dans la traduction, pour concilier le sens avec la lettre, lorsqu'il y a des redoublemens de cette espèce, on doit traduire la première expression, et transcrire la seconde, en la faisant précéder du mot *vulgò*, pour avertir le lecteur que c'est du grec moderne. On évitera par ce moyen le grand inconvénient dans lequel tombent des traducteurs, très-savans d'ailleurs, mais trop scrupuleux, qui se privent du mérite d'avoir bien traduit la première expression par la mauvaise traduction de la seconde. Ainsi, dans la traduction de ce texte, on ne doit pas rendre ἤτοι ὁ πλοῖα ποιῶν ἔθνεσιν ἀλλογενέσιν ὑποδεικνύς par *aut exteras gentes navigia struere* (*docet*), comme si c'étoit une disposition nouvelle, différente de la précédente, et cela par deux motifs. Le premier, c'est que ἔθνεσιν ἀλλογενέσιν, *exteras gentes*, est la traduction de βαρβάρους, *barbaros :* tout le monde sait que les Grecs appeloient *barbares* tous les étrangers, y compris les Phéniciens et les Égyptiens qui les avoient civilisés, comme les Romains, qui prétendoient à l'empire universel, appeloient *hostes* tous ceux qui n'étoient pas soumis à leur domination; les Byzantins prodiguoient aussi aux étrangers cette première épithète, que les nations modernes peuvent si justement aujourd'hui rendre aux maîtres de Constantinople. Le second motif, c'est que ἤτοι, qui effectivement peut être rendu par *aut*, n'a cette acception que lorsqu'il est suivi d'une seconde particule disjonctive, d'un second ἤ : dans tous les autres cas, le ἤ, tant qu'il signifie *ou*, ne peut jamais se joindre à la particule τοι : or ici il est seul; on doit donc traduire ἤτοι par *id est* explicatif.

(3) Suivant Isidore, *Originum* lib. XIX, cap. I, ce mot signifie un petit navire fait avec de l'osier et garni de cuir. Le texte ne s'applique point évidemment à d'aussi foibles embarcations; il est probable que c'étoit l'expression générique pour désigner toute sorte de bâtimens de mer. M. Rhally, qui a lu cette note au moment où il avoit la complaisance de corriger les épreuves, m'a assuré que précisément, dans le grec moderne, le mot καράβιον signifie toute sorte de navires, même les vaisseaux de l'état.

ἀπωλείας τῆς ἑτέρας νηὸς, καὶ ὁ κυβερνήτης ἕ ὁ πρωρεὺς καὶ οἱ ναῦται ὑπάγονται (1).

quæ pro causa naufragii alterius navis reputari possit, tenentur et gubernator et proreta et nautæ.

ιη΄. Περὶ τῶ ἁρπάζοντος ὀκ νηὸς ναυαγίω πεμπισούσης.

Τὸ ὀκ νηὸς ναυαγίω πεμπισούσης ἁρπάζειν, ὁμοιόν ἐςὶ τῷ ἐξ οἰκίας ἐμπρησθείσης ἁρπάζειν, ἤτοι ὁσπιτίου (2) καυθέντης, ἢ τῷ ἀφαιρεῖσθαί τι ἐξ οἰκίας ὀκ σεισμοῦ συμπισούσης. Καὶ ὁ τοιοῦτόν τι πράτ`ειν τολμῶν, ὀντὸς μὲν ὀνιαυτῶ, ἤτοι συμπληρώσεως χρόνου ἑνὸς, ὀνέχεται ἀποδοῦναι ὃ ἥρπασιν, εἰς τὸ πετραπλοῦν· μετὰ δὲ τὴν τῶ χρόνου συμπλήρωσιν, ἁπλοῦν τὸ ἁρπασθὲν ἀποδίδωσιν (3).

XVIII. *De eo qui ex nave naufragio ejecta aliquid rapuit.*

Ex nave naufragio ejecta rapere idem est atque ex incensa domo, vulgò *hospetion*, sive ex domo propter terræ motum ruente, aliquid rapere. Qui intra annum, id est, dum annus unus compleatur, reddere tenetur quod rapuit, in quadruplum; completo autem anni tempore, quod rapuit reddit in simplum.

ιθ΄. Περὶ τῶ κόψαντος σχοινίον ὀκ νηός.

Ὁ κόψας χοινίον εἰς ὃ ἐδίδετο ναῦς, ἐὰν ὀκ τούτου κινδυνεύσῃ ἡ ναῦς, ἤ τι τῶν ὄντων ὀν τῇ νηὶ πραγμάτων ἀπόλυται, ἀναγκάζεται διδόναι εἰς τὸ διπλάσιον, ἢ ὅλην τὴν ναῦν καὶ τὰ ἐν αὐτῇ, ἢ τὸ πρᾶγμα ὅπερ ὀκ τῆς τοιαύτης νηὸς ἀπώλετο (4).

XIX. *De eo qui funem navis resecat.*

Qui funem quo navis religata erat resecuit, si inde periclitetur navis, vel quid rerum quæ in nave sunt pereat, tenetur dare duplum, sive omnem navem et ea quæ in illa erant, vel rem ipsam quæ ex hac nave periit.

κ΄. Περὶ πολλῶν ὁμοῦ ὄντων ὀν πλοίῳ καὶ ναυαγησάντων, καί τινα τῶ φόρτου ὀν τῇ θαλάσσῃ ῥιψάντων.

Πολλῶν ὀν ταυτῷ καιρῷ εἰς ἓν πλοῖον εὑρισκομένων, καὶ ἑκάςου πρᾶγμα ἔχοντος ἴδιον, ἐὰν γένηται κίνδυνος, καὶ ὀκβληθῶσι καὶ ῥιφῶσιν ἔξω ὀν τῇ θαλάσσῃ τῶν ὀν τῇ νηὶ πραγμάτων τινὰ, εἶτα πελωθῇ ὀκ τῶ κινδύνου ἡ ναῦς, καὶ ὁ μὲν τῶν ὀν αὐτῇ πλεόντων εὑρεθῇ σῶον ἔχων ὅπερ

XX. *De his qui simul in nave sunt, naufragiumque faciunt, et aliquid oneris in mare jaciunt.*

Cùm multi eodem tempore in eadem nave sunt, et suam quisque rem habeat, si periculum ingruat, et ejiciantur in mare aliquæ navis res, atque postea salvum fiat ex periculo navigium, et si alter ex hominibus unà navigantibus salva

---

(1) Dans le manuscrit du Vatican, il y a ὁσπιτίου. La personne que M.ʳ A. Mai a chargée de faire la copie a surmonté ce mot d'un *sic*, parce qu'elle ne lui trouvoit aucun sens; elle avoit raison: il est clair que c'est une inadvertance du premier copiste, qui a changé l'η en ο.

(2) Ces dispositions sont semblables pour le sens, et presque pour le texte, à une partie du chapitre v du titre II du livre LIII des Basiliques, conforme, comme on l'a vu, aux §§ 2 et 4 du fr. 29 du titre II du livre IX du Digeste, *Ad legem Aquiliam.*

(3) On a vu dans les notes sur le Digeste, le Code et les Basiliques, les différentes peines prononcées contre ceux qui pilloient les naufragés. Ce paragraphe s'occupe-t-il des réparations pécuniaires sans préjudice des peines afflictives? Je le croirois, et en cela il est entièrement conforme au § 12 du titre XLVIII d'Attaliata. Il est bien vrai que la novelle LXII de l'empereur Léon avoit abrogé les peines afflictives et prononcé seulement une restitution au quadruple: mais cette novelle ne fait pas de distinction, selon que l'action est intentée dans l'année ou après l'année; et cela est juste, puisqu'elle remplace les peines afflictives par la prestation pécuniaire. On pourroit en induire que la Synopsis a été rédigée avant la constitution de Léon; à moins qu'on ne suppose, et je le crois, que cette constitution étoit restée sans effet, comme la plupart des novelles de Léon, et que la législation ancienne continuoit d'être observée.

(4) Cette disposition est conforme à une partie du chapitre v *in fine* du titre II du livre LIII des Basiliques.

εἰσήγαγεν εἰς τὴν ναῦν· ὁ δὲ, ζημιωθεὶς κỳ ἀπωλέσας ὃ ἐπιφέρετο, διὰ τὸ, ὡς εἴρηται, ἀπόῤῥιφῆναι ταῦτα ἐν τῇ θαλάττῃ, γίνεται συνεισφορὰ παρὰ τῶν ἐχόντων τὰ οἰκεῖα πράγματα, κỳ ἀναπληροῦται τοῖς ζημιωθεῖσιν ὁπόσον ἐζημιώθησαν· ἐπὶ τὴν τοιαύτην ζημίαν διὰ τὴν κοινὴν ἁπάντων τῶν ἐν τῷ πλοίῳ σωτηρίαν ὑπέμειναν. Καὶ πᾶν ἁπλῶς, εἴ τι διὰ τὴν κοινὴν σωτηρίαν ὀκβληθῇ ὀκ τῆς νηὸς κỳ ἀπολεσθῇ, συνεισφέρουσι πάντες οἱ ἐν τῷ πλοίῳ κỳ ἀποπληροῦσιν αὐτό (1).

κα΄. Περὶ τοῦ ὀκβληθέντος πράγματος τῆς
ναυαγησάσης νηός.

Ἐναυάγησέ τις ἐν τῇ θαλάττῃ· ἐξέβαλεν ὅπερ εἶχε κỳ ἔῤῥιψεν εἰς τὴν θάλασσαν. Οὐ γίνεται (2) τὸ τοιοῦτο πρᾶγμα, διὰ τὸ ῥιφῆναι ἐν τῇ θαλάττῃ, ἀδέσποτον· ἀλλὰ μένει κỳ πάλιν ὑπὸ τὴν δεσποτίαν τῦ πρότερον αὐτὸ ἔχοντος· καὶ, ἐὰν δὲ ἐκβληθῇ ὀκ τῆς θαλάττης εἰς τὴν ξηρὰν, δύναται ὁ δεσπότης ἀνακαλεῖσθαι αὐτὸ (3). Εἰ δὲ πολλάκις τις φθάσας πρὸ τῦ δεσπότου τὸ τοιοῦτο πρᾶγμα ὀκτήσατο, εἰ μὲν χωρὶς κινδύνου ἔλαβε τοῦτο, ἄδεια τῷ δεσπότῃ ἐστὶν ἀνακαλεῖσθαι τὸ πρᾶγμα, ἀποδιδόντι τὸ αἴνλον τῷ ὑπὲρ αὐτῦ κοπιάσαντι, ἢ κỳ τὸ τῆς δοθείσης (4) ὑπὲρ τῆς τῦ πράγματος ἀγορᾶς τίμημα καταβάλλοντι. Εἰ δ᾽ ἵνα κτήσηται τὸ πρᾶγμα ἑαυτὸν εἰς κίνδυνον ἔβαλεν ὁ κτησάμενος, τότε δεσπότης

---

habeat omnia quæ navigio imposuit, alter vero damno affectus perdiderit quæ attulit, quia, ut dictum est, res in mare jactæ sunt, contributio fit inter eos qui suas res salvas habent, perdentibusque quantùm perdiderint completur; hoc enim damnum propter communem navigantium salutem pertulerunt. Et uno verbo, si quid propter communem salutem jaciatur ex nave et pereat, omnes unà navigantes in contributionem veniunt et damnum sarciunt.

XXI. *De re jacta naufragante nave.*

Naufragium quidam fecit; quod habebat ejecit in mare. Non fit propter jactum res illa sine domino : sed manet sub potestate ejus qui antè hanc habebat; et, si ejiciatur è mari in littus, potest dominus eam vindicare. Si quis verò, ut sæpè fit, ante dominum rem eam occupavit, si sine periculo nactus sit, licet domino eam vindicare, dummodo competens præmium solvat ei qui pro re impensas fecit, vel pretium emptionis hujus rei. Si verò possessor, ut rem haberet, se ipsum in periculum immisit, tunc verus fit dominus hujus rei, quasi suam ipsius

---

(1) Ce paragraphe est une exposition très-claire de la théorie du droit romain et des Basiliques sur le jet fait pour sauver le navire et le chargement, et sur la contribution qui doit indemniser ceux dont les effets sont sacrifiés. Voir les notes sur cette partie du Digeste et des Basiliques.

(2) Le texte du manuscrit, tel que je l'ai reçu de M.ʳ A. Mai, est ainsi conçu, συγγίνεται τὸ τοιοῦτον : ce qui est évidemment une erreur du copiste, qui a joint en un seul mot la conjonction négative et le verbe, par la mutation très-facile de ου en συ. Une fois cette première faute commise, il s'est cru dans la nécessité, pour obéir sans doute aux règles de la grammaire, d'ajouter un second γ, et de là le mot συ|γίνεται. Cette conjecture m'avoit été donnée par M. Rhally, et je m'y étois conformé; j'ai reconnu depuis qu'elle étoit justifiée par le texte d'Harmenopule, dont le § 19 du titre xɪ du livre ɪɪ est littéralement conforme à ce paragraphe de la Synopsis : tous les manuscrits du Procheiron que j'ai pu vérifier portent οὐ γίνεται, qui d'ailleurs est commandé par le sens.

(3) J'ai déjà fait remarquer que Fabrot avoit placé sous le titre ɪɪɪ du livre ʟɪɪɪ des Basiliques une partie de ce paragraphe, qu'il avoit copiée sans doute dans Harmenopule. Ce qu'il a ainsi emprunté étant une traduction presque littérale du fr. 8 du titre ɪɪ du livre xɪv du Digeste, *De lege rhodia de jactu*, il a pu y voir un moyen de suppléer à une partie du texte perdu. Mais , aucun manuscrit de la Synopsis major , qui seule a conservé les textes des livres perdus des Basiliques, ne m'ayant offert celui que j'indique, je n'ai pas cru devoir l'insérer dans les fragmens du livre ʟɪɪɪ. Au surplus , il se retrouve , et même deux fois, dans ma collection; d'abord ici, et ensuite dans les extraits d'Harmenopule, qui a copié en cette partie la Synopsis minor.

(4) Soarez, dans une note sur le paragraphe du Procheiron d'Harmenopule semblable à celui-ci, propose de substituer δοθέντης à δοθείσης, et plus bas, ἀγορασίας à ἀγορᾶς : mais ces corrections , que ne justifie aucun des manuscrits d'Harmenopule, seroient également contraires au texte de la Synopsis minor.

τύπῳ κυρίως γίνεται, ὡς τῆς ἑαυτῆ σωτηρίας τὴν τῦ πράγματος διασωπίαν ἀνταλλαξάμενος· ἢ ὁ πρότερον τῦ πράγματος διοπότης τῆς διασωπίας ὀκβάλεται (1).

salutem rei dominio permutasset ; et prior rei dominus ab ejus dominio dejicitur.

νγ΄. Περὶ ναυκλήρου ὑποδεξαμένου τι.

Ναύκληρος, ἐὰν ὑποδέξηται τι, ὀνέχεται ἵνα ἀποκαταστήσῃ ἢ ἀποδώσῃ αὐτό· εἰ δὲ θέλει μὴ δέξασθαι κατ᾽ ἀρχὰς, οὐδεὶς δύναται καταναγκάσαι τοῦτον ἵνα δέξηταί τι (2).

LIII. De magistro navis aliquid recipiente.

Magister navis, si receperit aliquid, hoc reddere et restituere tenetur ; si verò ab initio recipere nolit, nemo eum cogere potest ut recipiat.

νδ΄. Τί ἐςτι ναυφύλαξ.

Ναυφύλακας ὁ νόμος φησὶ τοὺς τεταγμένους ἐπὶ τῷ φυλάσσειν τὰς ναῦς, ἤγουν τὰ καράβια (3).

LIV. Quid sit navis custos.

Navis custodes lex dicit eos qui præpositi sunt ut naves, vulgò *carabia*, custodiant.

νε΄. Περὶ συναλλαγμάτων ναυτῶν.

Οἱ ναύκληροι ἀπὸ τῶν συναλλαγμάτων τῶν ναυτῶν ἐκ ὀνέχονται, ἀπὸ δὲ τῶν ἁμαρτημάτων αὐτῶν ὀνέχονται (4).

LV. De nautarum conventionibus.

Exercitores ex contractibus nautarum non tenentur, tenentur verò ex eorum delictis.

νς΄. Περὶ πρισησαμένου πιστικὸν πλοίου, ὃν ᾧ ἢ περὶ γυναικὸς πιστικὸν ποιησάσης.

Ὁ πρισησάμενος τὸν πιστικὸν τῦ πλοίου, ἤτοι ὁ πρεβαλόμενος ἢ ποιήσας αὐτὸν πιστικὸν, ὀνέχεται εἰς ἃ πταίσει ὁ πιστικός. Ὅταν ναύκληρος γίνηται παρὰ γυναικὸς, εἰς πάντα ὅσα πταίσει, αὐτὸς ὀνέχεται, ἢ οὐ γυνή (5).

LVI. De eo qui constituit magistrum, et de muliere magistrum constituente.

Qui constituit magistrum navis, vel qui eum designavit ut pro magistro admitteretur, tenetur pro ejus delictis. Quando magister præficitur à muliere, pro iis omnibus quæ deliquerit ipse tenetur, non verò mulier.

---

(1) Soarez, sur le § 19 du titre XI du livre II d'Harmenopule, critique assez vivement cette distinction, et, je crois, avec raison ; elle paroît contraire à l'équité. Le plus ou moins de risques qu'on a courus en sauvant la chose d'autrui, ne peut en rendre propriétaire, ni enlever ses droits au maître véritable. Il peut sans doute en résulter le droit d'obtenir un salaire plus considérable, mais rien de plus. Ni le droit romain, ni les fragmens qui nous restent des Basiliques, ne justifient cette distinction. A-t-elle été l'effet de quelques lois postérieures, ou d'un relâchement introduit dans la sévérité de celles qui protégeoient les propriétés naufragées ? C'est ce qu'on ne peut décider. Ce qu'il y a de certain, c'est qu'après l'auteur inconnu de la Synopsis minor, Harmenopule a adopté le même sentiment.

(2) Ce paragraphe est conforme au chapitre VI du titre I du livre LIII des Basiliques et aux textes du droit romain que j'ai cités sur ce chapitre.

(3) La loi à laquelle se réfère ce paragraphe est précisément le chapitre VII du titre I du livre LIII des Basiliques.

(4) Ce paragraphe est littéralement conforme au chapitre XV du titre I du livre LIII des Basiliques.

(5) La première phrase de ce paragraphe est littéralement conforme au chapitre XVI du titre I du livre LIII des Basiliques. Quant à la seconde, elle est en opposition avec le chapitre XXIV du titre I du livre XVIII et avec le chapitre XXXIX du titre I du livre LIII des Basiliques. Les commentateurs du § 8 du titre XI du livre II du Procheiron d'Harmenopule, paragraphe qui n'existe pas néanmoins dans tous les manuscrits, ont critiqué cette disposition. Seroit-il intervenu quelque changement dans la législation ou du moins dans la jurisprudence ? Quand et comment ce changement est-il intervenu ? Peut-être en trouveroit-on l'explication dans quelques-uns des nombreux manuscrits sur le droit grec qui restent ensevelis dans les bibliothèques de l'Europe.

νζ'. Περὶ ἀγορᾶς πλοίου μετὰ τῆς ἐξαρτήσεως.

Ἠγόρασέ τις πλοῖον μετὰ τῆς αὐτῆ ἐξαρτήσεως, ἣν καὶ ἐξαρτίαν ὁ νόμος φησὶν, οὐ δικαιοῦται
ἐκ τῆς τοιαύτης συμβιβάσεως, καὶ τὴν ἐν τῷ πλοίῳ
σκάφην, ἥτοι τὴν κοινῶς λεγομένην βάλκαν καὶ κουν-
τιλάδα, λαβεῖν· οὐ γὰρ συναριθμεῖται καὶ αὐτη εἰς
τὴν τῶ πλοίου ἐξάρτησιν (1).

νη'. Περὶ τῶν τεμόντων ἀγκύρας νηός.

Ἔξεστι ναύταις, κυνηγοῖς, στρατιώταις εἰς βίαν
ἐμπεσοῦσι καὶ μὴ δυναμένοις ἄλλως ἀπολυθῆναι,
ἑτέρας νηὸς ἀγκύρας ἐκτεμεῖν διὰ τὴν οἰκείαν σωτηρίαν, ἢ ἄλλων κυνηγῶν ἔργα καταλῦσαι· χωρὶς
δὲ βίας ὁ τοῖον δέ τι ποιήσας ὑπέχεται, ἢ ἀναγκάζεται τὴν ζημίαν ἐξ ὁμολογίας μὲν εἰς ἁπλῶν
ἀποδιδόναι· ἐξ ἀρνήσεως δὲ, εἰς τὸ διπλῶν (2).

νθ'. Περὶ συνεισφορᾶς πλοίου κινδυνεύσαντος.

Κινδύνου ἐν πλοίῳ τινὶ γινομένου, καὶ συνεισφορᾶς τελουμένης, τὰ μὲν ἀπολεσθέντα πράγματα
ἀποτιμῶνται πρὸς ὃ ἠγοράσθησαν· τὰ δὲ σωθέντα,
πρὸς ὃ δύνανται δοθῆναι. Τοῦτο δὲ γίνεται ἵνα ἡ
ζημία ἐπ' ὀλίγον συσταλῇ, τὸ δὲ κέρδος ἐπὶ πλέον
ἀπεκπανθῇ καὶ οὕτω λυσιτελήσῃ καὶ τοῖς ἀποβαλοῦσι καὶ τοῖς ἔχουσι τὰ οἰκεῖα πράγματα (3).

ξ'. Περὶ συνεισφορᾶς, ὅπως γίνεται.

Ἰστέον δὲ ὅτι συνεισφορὰ ἐν τῷ πλοίῳ οὕτω
γίνεται. Ἔπλει ναῦς· ἦσαν ἐν ταύτῃ ἄνθρωποι πολ-
λοί, οἰκεῖα ἔχοντες πράγματα· ἐπῆλθε κλύδων·
ἐκινδύνευσεν ἡ ναῦς· ἀπώλοντο ἃ ἐρρίφησάν τινα
ἀπὸ τῶν ἐν τῇ νηὶ πραγμάτων, τινὰ διεσώθησαν.
Μετὰ ταῦτα διορίζεται ὁ νόμος ἵνα τὰ σωθέντα
πράγματα πάντες οἱ ὄντες ἐν τῇ νηὶ κατὰ ἀναλο-

LVII. *De emptione navis cum apparatu.*

Emit aliquis navem cum instrumentis, quae apparatum quoque lex vocat; ex tali conventione non oritur illi jus ut scapham, quam vulgò vocant barcam et gondolam, capiat quoque : non enim inter navis instrumenta annumeratur scapha.

LVIII. *De his qui navis ancoras resecuerunt.*

Licet nautis, venatoribus, militibus, in vim delapsis, aliter si se expedire nequeant, alterius navis ancoras, salutis causâ, solvere, vel aliorum venatorum opera frangere : is verò qui extra necessitatem tale quid fecerit, tenetur; et damnum quidem confessus in simplum, inficiatus verò in duplum resarcire debet.

LIX. *De contributione navis in periculum adductæ.*

Periculo in nave quadam superveniente, si contributio instituitur, amissæ res æstimantur quanti emptæ fuerunt, servatæ verò quanti vendi possint. Hoc autem fit ut damnum ad exiguum contrahatur, lucrum verò in latius augescat, et sic tam amittentibus quàm eis qui salvas res suas habent, consulatur.

LX. *De contributione, quo modo fiat.*

Sciendum verò est contributionem sic in nave fieri. Navigabat navis; erant in ea homines multi, proprias res habentes; ingruit tempestas; navis in periculo fuit ; perierunt propter jactum quædam ex rebus quæ in nave erant, quædam verò salvæ fuerunt. Post hæc jubet lex salvas res inter

---

(1) Ce paragraphe est conforme au chapitre XI du titre II du livre LIII des Basiliques. Les mots *barque* et *gondole* ont été introduits dans le moyen âge, et ont été conservés dans les langues française et italienne. Voir les notes des commentateurs du § 9 du titre XI du livre II du Procheiron d'Harmenopule, littéralement copié dans ce paragraphe.

(2) Ce paragraphe est conforme pour le sens, à quelques légers changemens près, à une partie du chapitre V du titre II du livre LIII des Basiliques.

(3) Ce paragraphe est conforme pour le sens au chapitre III du titre III du livre LIII des Basiliques.

γίαν ὧν εἶχον διαμείσωνται· καὶ καλεῖται τὸ τοιοῦτο συνεισφορά (1).

ξα΄. Περὶ ἄλλης συνεισφορᾶς.

Ἔστι δὲ καὶ ἄλλη συνεισφορὰ ἐπὶ προικὶ γινο-
μένη· καὶ εἴπομεν ἀλλαχοῦ περὶ ταύτης (2).
Εἰς δὲ τὴν ἐν τῷ πλοίῳ συνεισφορὰν, καὶ αὐτὸ τὸ
πλοῖον εἰσάγεται. Ἐκβάλεται δὲ ἐάν τις ἐλευθέρα
κεφαλὴ εὑρεθῇ ἐν τῇ νηΐ. Ἐλευθέρα δὲ κεφαλὴ
λέγεται πᾶς ἄνθρωπος μηδεμίαν πραγματίαν ἐπα-
γόμενος. Ἐκβάλεται δὲ καὶ ἡ σιταρκία· σιταρκίαν
δὲ ἐνταῦθα τὴν ἑκάστου διατροφὴν φησι, καὶ ὅσα
ἐπὶ τῷ οὐ πραγματεύεσθαι, ἀλλ᾽ εἰς οἰκείαν ζωὴν
ἔχει τις. Ταῦτα γὰρ μόνα οὐκ εἰσάγονται εἰς τὴν
συνεισφοράν· τὰ δ᾽ ἄλλα πάντα, κ αὐτὸ τὸ πλοῖον,
ὡς προερρήθη, εἰσάγεται εἰς τὴν συνεισφοράν. Ὅταν
τοίνυν συνεισφορὰ ἐν πλοίῳ γίνεται μέλλῃ, τὰ μὲν
ἀπολεσθέντα πράγματα τιμῶνται πρὸς ὃ ἠγοράσθησαν, τὰ δὲ σωθέντα πρὸς ὃ δύνανται δοθῆναι (3).

ξς΄. Ὅ, τι εἰ σωθῇ τὸ πλοῖον.

Δεῖ εἰδέναι ὅτι, εἰ μέν ἐστι σωζόμενον τὸ πλοῖον,
καὶ οὐκ ἀπόλυται ἀπὸ τοῦ κινδύνου, συνεισφορὰ
γίνεται. Ἐὰν δὲ ἀπόληται τὸ πλοῖον, οὐ γίνεται
συνεισφορὰ· ἀλλ᾽ ἔχει ἕκαστος εἴ τι ἐδυνήθη σῶσαι
ἐκ τοῦ οἰκείου πράγματος (4).

eos omnes qui erant in nave, pro rerum
quas habuerunt portione, dividi; hocque
vocatur contributio.

LXI. *De alia contributione.*

Est autem aliud genus contributionis
quæ gratis fit; et de ea alibi tractavimus.
In contributionem verò quæ in nave fit,
navis quoque ipsa venit. Excipitur autem
si quid liberum caput inveniatur in nave.
Liberum verò caput dicitur omnis homo
qui non est in servitio. Excipitur quoque
frumentum : frumentum enim unusquisque pro cibo habet, et de illo commercium
non facit, sed in proprium victum habet.
Hæc enim sola non veniunt in contributionem : alia verò omnia, et navis ipsa,
ut suprà dictum est, veniunt in contributionem. Cùm ergò contributio in nave
fieri debet, amissæ res æstimantur quanti
emptæ fuerunt, salvæ autem in quantum
venundari possunt.

LXII. *Quid si navis salva fiat.*

Oportet scire, si salva fuerit navis, et
non perierit in periculo, contributionem
fieri. Si verò pereat, non fit contributio ;
sed habet quisque quod ex propriis rebus
potuit servare.

---

(1) Ce paragraphe prévoit un cas qui s'explique par le seul exposé, mais qui certainement n'a été
l'objet d'aucun texte précis du droit romain. Les Basiliques contenoient-elles une disposition à ce sujet
qui ne nous seroit pas parvenue, puisque nous ne possédons point en entier le livre LIII ? Cela est probable ; car la Synopsis dit expressément, μετὰ ταῦτα κελεύει ὁ νόμος, *post hæc lex jubet*, en rapportant
une décision qui sans doute en est le texte. Peut-être aussi cela fut-il décidé par une loi postérieure. Au
reste, rien n'est plus juste, si l'on suppose des choses du même genre, comme du blé, appartenant à plusieurs chargeurs et confondues; lorsqu'une partie en est jetée, le reste doit être partagé entre eux, proportionnellement aux quantités qu'ils avoient chargées. C'est la conséquence du § 27 du livre II des
Institutes, *De rerum divisione*, et du fr. 3 du § 2 du titre I du livre VI du Digeste, *De rei vindicatione*.
(2) Il ne m'est pas possible de savoir quelle est cette autre espèce de contribution dont l'auteur de la
Synopsis déclare qu'il a traité ailleurs. Il m'auroit fallu consulter un manuscrit complet, et il n'en existe
point en France. M.ᵣ A. Mai, que j'avois prié d'avoir la bonté de me faire extraire du manuscrit du
Vatican les paragraphes relatifs au droit maritime, ne m'a envoyé que ceux que je publie. D'autres, qui
pourront consulter le manuscrit entier, verront si ma conjecture est fondée ; elle consisteroit à dire que
peut-être cette autre contribution, ἥ τις ἐπὶ προικὶ γίνεται, *quæ gratis fit*, étoit une contribution par
suite d'assurance mutuelle, résultant de la libre convention des parties, et non de la volonté de la loi ; contribution qui me paroît être devenue un objet de réglemens locaux constatés par la compilation rhodienne,
dont je m'occuperai au chapitre suivant.
(3) Ces règles ne sont que le résumé des chapitres I et III du titre III du livre LIII des Basiliques.
(4) Ce paragraphe est conforme à la première partie du chapitre XII du titre III du livre LIII des
Basiliques.

ξγ΄. Περὶ ἱςοῦ κοπέντος.

Διὰ τὴν τῦ πλοίου σωτηείαν, τμηθέντος ἤτοι κοπέντος τῦ ἱςοῦ, τουτέςι τῦ καπαρίου, συνεισφορὰ τῶν ἐν πλοίῳ φόρτων γίνεται (1).

ξδ΄. Περὶ νέας ἐξαρτίας.

Νέας ἐξαρτίας παρὰ τῦ ναυκλήρου ἀγορασθείσης, συνεισφορὰ οὐ γίνεται (2).

ξε΄. Περὶ τῦ πλήξαντός τινα, ⊙ ἐκ τούτου κήλην αὐτῷ ποιήσαντος.

Ναύτης πλήξας τινὰ, καὶ κήλην αὐτῷ ποιήσας, ἢ τοὺς ὀφθαλμοὺς αὐτῦ ἐκβαλὼν, ἀποδίδωσι τὰ τῆς ἰατρείας δαπανήματα· καὶ ἀντὶ μὲν τῦ ὀφθαλμοῦ χρυσοῦς ιϚ΄, ἀντὶ δὲ τῆς κήλης χρυσοῦς ι΄ (3).

ξϚ΄. Περὶ τῆς συμβάσης ζημίας ἐν πλοίῳ.

Ἐάν τις ἐμπίσῃ πλοίῳ, καὶ συμβῇ ζημίαν τινὰ παθεῖν τοὺς ἐν τῷ πλοίῳ, ἢ πιεραταῖς, τουτέςι λῃστείᾳ, καὶ τῷ κοινῶς λεγομένῳ κούρσῳ, περιπεσεῖν, ἢ ἐμπρησμῷ, ἢ ἄλλῳ τοιούτῳ τινὶ, τὰς ζημίας ἀποδίδωσιν ὁ ποιήσας τὸν ἐμποδισμόν (4).

ξζ΄. Περὶ τῶν ῥιπτόντων πράγματα ἐκ πλοίου.

Ὅταν διὰ βίαν ῥίπτωνται ἐκ πλοίου πράγματα, καὶ ἄλλοι τινὲς διασώζουσι ταῦτα, εἰ μὲν ἀπὸ τῆς θαλάσσης καὶ ὅσον ἀπὸ ἡ ὀργυιῶν ἐκβάλει καὶ διασώσει ταῦτα, τὸ ἥμισυ λαμβάνει· ἐὰν δὲ ἀπὸ τῆς ξηρᾶς ἢ ἀπὸ τῆς θαλάσσης ὅσον πῆχυν, τὸ δέκατον λαμβάνει ὁ διασώζων (5).

LXIII. *De malo rupto.*

Propter navis salutem, resecto, id est, resciso malo, vulgò *catartion*, mercium quæ in nave sunt fit collatio.

LXIV. *De renovato apparatu.*

Novo apparatu à magistro empto, contributio non fit.

LXV. *De nauta qui alterum verberavit, et inde tumorem illi fecit.*

Nauta qui alium percusserit et tumorem illi fecerit, vel oculos excusserit, sanationis impensas restituat; pro oculo quidem aureos XII, pro tumore aureos X solvat.

LXVI. *De accidente damno in nave.*

Si quis impedierit navem, acciderítque illos qui sunt in nave damno affici, vel in piratas, id est, prædocinium, et quod vulgò dicunt capturam, incurrere, vel in incendium, vel aliud tale periculum, damnum sarciet, qui fecit impedimentum.

LXVII. *De his qui ex nave aliquid jaciunt.*

Cùm propter necessitatem jaciuntur res ex nave et aliquis eas servat, si ex mari ab octo ulnarum distantia extraxerit, hujus dimidiam partem capiat; si verò in littore vel ex mari in cubiti longitudinem, decimam partem accipiat servator.

---

(1) Ce paragraphe est conforme à la seconde partie du chapitre VII du titre III du livre LIII des Basiliques.

(2) Ce paragraphe est conforme à la troisième partie du chapitre XII du titre III du livre LIII des Basiliques.

(3) La novelle XCII de Léon prononçoit des peines plus graves. On peut en conclure que la Synopsis minor a été rédigée avant la promulgation de cette novelle, ou, ce qui est aussi vraisemblable, que cette loi n'eut pas d'exécution.

(4) Ce paragraphe consacre un principe conforme à celui de la constitution unique du titre I du livre XI du Code, *Ne quid oneri publico.* On ne trouve rien de semblable dans ce qui nous reste des Basiliques.

(5) Aucune disposition du droit romain, ni de ce qui nous reste des Basiliques, ne contient cette règle.

EX CONSTANTINI HARMENOPULI PROCHEIRO JURIS (1).

EX LIBRO SECUNDO.

Τίτ. ιά. Περὶ τῶν ναυτικῶν.

Τὰ ναυτικὰ πάντα, καὶ ὅσα κατὰ θάλασσαν κρίνεται, Ῥοδίῳ πέμνεται νόμῳ, καὶ κατὰ τοὺς Ῥοδίους δικάζεται νόμους, ὅταν μὴ ἄλλος νόμος ἐναντιούμενος τοῖς τῶν Ῥοδίων νόμοις εὑρίσκηται· εἰσὶ γὰρ οἱ τῶν Ῥοδίων νόμοι τῶν ἄλλων ναυτικῶν νόμων παλαιγενέστεροι (2).

Ναῦται χωρὶς κυβερνήτου πλέειν τολμήσαντες, κ̀ οἱ μετ' αὐτῶν ἐπιβάται τοῖς ναύταις ὁμοίως δίχα κυβερνήτου τὴν θάλασσαν πλέοντες· ἐὰν τὸ πλοῖον ναυαγήσῃ, ἢ κ̀ εἰς τελείαν καταντήσῃ ἀπώλειαν, κ̀ οἱ ἐπιβάται κ̀ οἱ ναῦται ἀνάγονται· οἱ μὲν ἐπιβάται, ὡς τῆς σωτηρίας αὐτῶν ἀμελήσαντες· οἱ δὲ ναῦται, ὡς κ̀ τῆς ἑαυτῶν κ̀ τῆς τῶν ἐπιβατῶν προμηθείας καταφρονήσαντες, μὴ κυβερνήτην μεθ' ἑαυτῶν ἐπαγόμενοι. Τινὲς δὲ τοὺς ναῦτας ἐν τούτοις, ὡς ἀθώους, τῆς ἐνοχῆς ἀπολύοντες, λέγουσι μόνους τοὺς ἐπιβάτας ἐνέχεσθαι (3).

Ναῦς ἢ ἕτερόν τι πλοῖον ἐὰν προσκρούσῃ ἑτέρᾳ νηΐ κ̀ βυθίσῃ αὐτήν· εἰ μὲν πολλὴ βία τοῦ ἀνέμου ἐστὶ, κ̀ φαίνεται ἀπὸ τύπου, ὅτι οὔτε ἀπὸ κακίας, οὔτε ἀπὸ ἀμελείας τοῦ κυβερνήτου κ̀ τῶν ναυτῶν τῶν ἐν τῇ σωζομένῃ νηΐ, ἡ ἀπολυμένη ναῦς ἐβυθίσθη, οὔτε οἱ ναῦται οὔτε οἱ κυβερνῆται ἀνάγονται· ἂν δὲ ἡ τοῦ ἀνέμου βία μὴ εἴη πολλὴ, κ̀ δυναμένη εἰς αἰτίαν λογισθῆναι τῆς ἀπωλείας τῆς ἑτέρας νηός, κ̀ ὁ κυβερνήτης, κ̀ ὁ πρωρεὺς, κ̀ οἱ ναῦται ἀνάγονται (4).

Ναύκληρος ἐὰν ὑποδέξηταί τι, ἐνέχεται ἵνα ἀποκαταστήσῃ κ̀ ἀποδώσῃ αὐτό· εἰ δὲ θέλει μὴ δέξασθαι κατ' ἀρχὰς, οὐδεὶς δύναται καταναγκάσαι τοῦτον ἵνα δέξηταί τι (5).

TIT. XI. *De rebus nauticis.*

Nautica omnia, et quæcunque ad mare spectantia in judicium veniunt, jure rhodio deciduntur, et secundùm leges rhodias disceptantur, nisi alia lex rhodiis legibus contraria inveniatur : sunt enim Rhodiorum leges aliis legibus nauticis antiquiores.

Si nautæ sine gubernatore navigare ausi sint, vectoresque simul cum nautis sine gubernatore per mare navigent, si navis impegerit, aut in extremum venerit exitium, tenentur simul et vectores et nautæ : vectores quidem, quòd salutem suam neglexerunt ; nautæ autem, quòd et suam et vectorum curam abjecerunt, non adducto secum gubernatore. Quidam verò hoc casu nautas, tanquam insontes, accusatione liberant, dicuntque solos obligari vectores.

Si navis vel aliud navigium in aliam impingat navem, eamque mergat, si quidem magna fuit vis venti, et hinc appareat neque dolo neque culpâ gubernatoris aut nautarum qui erant in nave servata, navem amissam periisse, neque nautæ neque gubernatores tenentur : sed, si vis venti non fuit satis magna, quæ pro causa interitùs navis alterius reputari possit, tenentur et gubernator et proreta et nautæ.

Magister navis si quid receperit, tenetur restituere et reddere : sed, si ab initio recipere nolit, nemo eum cogere potest ut recipiat.

---

(1) J'ai adopté le texte donné par Reitz en 1780, et, le plus qu'il m'a été possible, sa version latine ; ce qui cause une légère différence, non pour le sens, à moins que le texte ne l'ait exigé, mais pour le style, entre la traduction des paragraphes semblables de la Synopsis et du Procheiron.
(2) Ce paragraphe est un extrait du § 14 de la Synopsis minor.
(3) Ce paragraphe est une copie littérale du § 15 de la Synopsis minor.
(4) Ce paragraphe est une copie littérale du § 17 de la Synopsis minor.
(5) Ce paragraphe est une copie littérale du § 53 de la Synopsis minor.

Οἱ ναύκληροι ἀπὸ τῶν συναλλαγμάτων τῶν ναυτῶν ὑκ ἐνέχονται· ἀπὸ δὲ τῶν ἁμαρτημάτων ἐνέχονται (1).

Ὁ προστησάμενος τὸν πιστικὸν τῇ πλοίου, ἤγουν ὁ προβαλόμενος καὶ ποιήσας αὐτὸν πιστικόν, ἐνέχεται εἰς ἃ πταίσῃ ὁ πιστικός (2).

Πιστικὸς λέγεται, ᾧ ἐμπιστεύονταί τινα πράγματα, καὶ διὰ τοῦτο καὶ τὸν κριθέντα ἀξιόπιστον εἰς φυλακὴν πλοίου πιστικὸν λέγουσι τῇ πλοίου (3).

Ὅταν ναύκληρος γένηται παρὰ γυναικὸς, εἰς πάντα ὅσα πταίσῃ, αὐτὸς ἐνέχεται, καὶ οὐχ ἡ γυνή (4).

Ἠγόρασέ τις πλοῖον μετὰ τῆς ἐξαρτίσεως, ἣν καὶ ἐξαρτίαν ὁ νόμος καλεῖ, οὐ δικαιοῦται ἐκ τῆς τοιαύτης συμβιβάσεως καὶ τὴν ἐν τῷ πλοίῳ σκάφην, ἤγουν τὴν κοινῶς λεγομένην βάλκαν καὶ κουντελάδα, λαβεῖν· οὐ γὰρ συναριθμεῖται καὶ αὐτὴ εἰς τὴν τῇ πλοίου ἐξάρτησιν (5).

Ἔξεστι ναύταις, κυνηγοῖς, στρατιώταις, εἰς βίαν ἐμπισοῦσι, καὶ μὴ δυναμένοις ἄλλως ἀπολυθῆναι, ἑτέρας νηὸς ἀγκύρας ὀκτεμεῖν διὰ τὴν οἰκείαν σωτηρίαν, ἢ ἄλλων κυνηγῶν ἔργα καταλῦσαι· χωρὶς δὲ βίας ὁ ποιῶν τι ποιήσας ἐνέχεται, καὶ ἀναγκάζεται τὴν ζημίαν, ἐξ ὁμολογίας μὲν εἰς τὸ ἁπλῦν, ἀποδιδόναι, ἐξ ἀρνήσεως δὲ εἰς τὸ διπλῦν (6).

Κινδύνου ἐν πλοίῳ τινὶ γινομένου, καὶ συνεισφορᾶς πληρουμένης, τὰ μὲν ἀπολεσθέντα πράγματα ἀποτιμῶνται πρὸς ὃ ἠγοράσθησαν, τὰ δὲ σωθέντα πρὸς ὃ δύνανται πραθῆναι. Τοῦτο δὲ γίνεται, ἵνα καὶ ἡ ζημία ἐπ᾽ ὀλίγον συσταλῇ, καὶ τὸ κέρδος ἐπὶ πλέον ὀκταυθῇ, καὶ οὕτω λυσιτελήσῃ καὶ τοῖς ἀποβαλοῦσι, καὶ τοῖς ἔχουσι τὰ οἰκεῖα πράγματα (7).

Exercitores ex contractibus nautarum non tenentur; ex delictis autem eorum tenentur.

Qui magistrum navi præposuit, sive qui eum designavit creavitque magistrum navis, obligatur pro ejus delictis.

Magister vocatur, cui negotia aliqua committuntur; ideoque etiam illum qui fide dignus atque idoneus judicatur ad custodiam navis, magistrum dicunt navis.

Quando magister præficitur à muliere, pro iis omnibus quæ delinquit ipse tenetur, non mulier.

Emit aliquis navem cum instrumentis, quæ apparatum lex vocat; ex hujusmodi conventione jus illi non est capiendi quoque scapham navis, quæ vulgò barca et gondola vocatur : neque enim hæc inter instrumenta navis annumeratur.

Licet nautis, venatoribus, militibus, in vim delapsis, si se aliter expedire nequeant, alterius navis ancoras salutis suæ causâ solvere, aut aliorum venatorum opera destruere : extra necessitatem verò qui tale quid facit, tenetur, et damnum quidem confessus in simplum resarcire debet, inficiatus autem in duplum.

Periculo in nave aliqua superveniente, si contributio instituatur, res amissæ æstimantur quanti emptæ fuerunt ; servatæ autem quanti vendi possint. Hoc autem fit, ut damnum ad exiguum redigatur, lucrum verò in latius augescat, et sic tam amittentibus quàm his qui res suas servaverunt consulatur.

---

(1) Ce paragraphe est une copie littérale du § 55 de la Synopsis minor.

(2) Ce paragraphe est une copie littérale de la première partie du §'55 de la Synopsis minor.

(3) Ce paragraphe n'est point dans la Synopsis minor; il ne se trouve même qu'en marge dans les manuscrits d'Harmenopule : du reste, il offre le sens du chapitre II du titre I du livre LIII des Basiliques.

(4) Ce paragraphe est littéralement conforme à la seconde partie du § 56 de la Synopsis minor.

(5) Ce paragraphe est littéralement conforme au § 57 de la Synopsis minor.

(6) Ce paragraphe est littéralement conforme au § 58 de la Synopsis minor.

(7) Ce paragraphe est littéralement conforme au § 59 de la Synopsis minor.

Διὰ τὴν σωτηρίαν τοῦ πλοίου τμηθέντος τοῦ ἱστοῦ, συνεισφορὰ τῶν ἐν τῷ πλοίῳ φορτίων γίνεται (1).

Si ad navem conservandam malus sit cæsus, mercium quæ in nave sunt fit collatio.

Νέας ἐξαρτίας παρὰ τοῦ ναυκλήρου ἀγορασθείσης, συνεισφορὰ οὐ γίνεται (2).

Novis instrumentis à magistro emptis, non fit contributio.

Ναύτης πλήξας τινά, καὶ κήλην αὐτῷ ποιήσας, ἢ τοὺς ὀφθαλμοὺς αὐτοῦ ἐκβαλὼν, ἀποδίδωσι τὰ τῆς ἰατρείας δαπανήματα, καὶ ἀντὶ μὲν τοῦ ὀφθαλμοῦ ζημιοῦται ιι. ιϛʹ, ἀντὶ δὲ τῆς κήλης ιι. ιʹ (3).

Nauta, si quem percusserit, et tumorem illi fecerit, vel oculos excusserit, restituit sanationis impensas, et pro oculo quidem XII mulctatur solidis, pro tumore autem solidis X.

Ἐάν τις ἐμποδίσῃ πλοίῳ, καὶ συμβῇ ζημίαν τινὰ παθεῖν τοὺς ἐν τῷ πλοίῳ, ἢ ἐμπρησμῷ ἢ ἄλλῳ τοιούτῳ τινὶ περιπεσεῖν, τὰς ζημίας ἀποδίδωσιν ὁ ποιήσας τὸν ἐμποδισμόν (4).

Si quis navem impedierit, et inde qui in nave sunt damno afficiantur, aut incendium vel tale quid patiantur, qui impedimentum attulit, damna resarcit.

Ἐὰν διὰ τὸ κουφισθῆναι τὸ πλοῖον ἀποβληθῶσι φορτία, πάντων συνεισαγόντων ἀποφέρονται τὰ ῥιφέντα πράγματα· καὶ αὐτό γε μὴν τὸ πλοῖον πρὸς τὴν ἀποτίμησιν αὐτοῦ ὑπόκειται τῇ συνεισφορᾷ, ἐξῃρημένων τῶν ἐλευθέρων κεφαλῶν καὶ τῆς σιταρκίας.

Si levandæ navis gratiâ merces projiciantur, contributione omnium res jactæ sarciuntur : et ipsa quoque navis pro ipsius æstimatione contributioni subjacet, exceptis capitibus liberis et cibariis.

Ἐν τῇ συνεισφορᾷ τὰ μὲν ἀποβληθέντα, πρὸς ὅπερ ἠγοράσθησαν, ἀποτιμῶνται, οὐ μὴν πρὸς ὅπερ πραθῆναι ἠδύναντο· τὰ δὲ σωθέντα, πρὸς ὃ δύνανται πραθῆναι, ἀποτιμῶνται (5).

In contributione res jactæ, quanti fuerunt emptæ, æstimantur, non quanti vendi potuissent : servatæ autem, quanti possunt vendi, taxantur.

Ὅταν διὰ βίαν ῥίπτωνται ἐκ τοῦ πλοίου πράγματα, καὶ ἄλλοι τινὲς διασώζουσι ταῦτα· εἰ μὲν ἀπὸ τῆς θαλάσσης καὶ ὅσον ὀκτὼ ὀργυιῶν ἐκβάλλει καὶ διασώζει ταῦτα, τὸ ἥμισυ λαμβάνει· ἐὰν δὲ ἀπὸ τῆς ξηρᾶς, ἢ ἀπὸ τῆς θαλάσσης ὅσον πῆχυν, τὸ δέκατον λαμβάνει ὁ διασώζων (6).

Si propter necessitatem ex nave res projiciantur, et aliqui eas servent, si quidem ex mari ab octo circiter ulnis extrahit et servat, semissem accipit; sin ex littore aut ex mari ad cubitum ferè, servans decimam habet partem.

Ἐναυάγησέ τις ἐν τῇ θαλάττῃ, ἐξέβαλεν ὅπερ εἶχε, καὶ ἔῤῥιψεν εἰς τὴν θάλασσαν· οὐ γίνεται τὸ τοιοῦτον πρᾶγμα διὰ τὸ ῥιφῆναι ἐν τῇ θαλάττῃ ἀδέσποτον, ἀλλὰ μένει καὶ πάλιν ὑπὸ τὴν δεσποτείαν τοῦ πρότερον αὐτὸ ἔχοντος· καὶ ἐὰν ἐκβληθῇ ἀπὸ τῆς θαλάσσης εἰς τὴν ξηρὰν, δύναται ὁ δεσπότης ἀνακαλεῖσθαι αὐτό. Εἰ δὲ πολλάκις τις

Naufragium quidam fecit; protulit quæ habebat, et in mare abjecit : hoc non fit derelictum quod in mare projectum est, sed in dominio manet ejus qui antè habebat; et si ex mari in littus ejiciatur, dominus illud vindicare potest. Quòd si forte quis ante dominum illud præoccupa-

---

(1) Ce paragraphe est littéralement conforme au § 63 de la Synopsis minor.
(2) Ce paragraphe est littéralement conforme au § 64 de la Synopsis minor.
(3) Ce paragraphe est littéralement conforme au § 65 de la Synopsis minor.
(4) Ce paragraphe est littéralement conforme au § 66 de la Synopsis minor.
(5) Ce paragraphe et le précédent sont à peu près semblables au § 61 de la Synopsis minor, et conformes au chapitre III du titre III du livre LIII des Basiliques.
(6) Ce paragraphe est conforme au § 67 de la Synopsis minor. Harmenopule l'a répété dans le § 1 du titre VI du livre II, que je n'ai pas cru devoir recueillir.

φθάσας πρὸ τοῦ δεσπότου τὸ ποιοῦπι πρᾶγμα ὀκ- | verit , et sine periculo nactus sit , licet
τήσατο , εἰ μὲν χωρὶς κινδύνου ἔλαβε τοῦτο , ἀδεῖα | domino rem vindicare , dummodo com-
τῷ δεσπότη ἐστὶν ἀνακαλεῖσθαι τὸ πρᾶγμα , ἀποδι- | petens præmium solvat ei qui pro eo la-
δόντι τὸ ἀνῆκον τῷ ὑπὲρ αὐτοῦ κοπιάσαντι , ἢ καὶ τὸ | boravit, aut emptionis pretium restituat :
τῆς ὠδ&ῆσης (1) ὑπὲρ τῆς τοῦ πράγματος ἀγορᾶς | sed, si possessor in periculum se conjecit
τίμημα καταβάλλοντι· εἰ δ' ἵνα κτήσηται τὸ πρᾶγ- | ut rem haberet, tunc illius verus sit do-
μα , ἑαυτὸν εἰς κίνδυνον ἔβαλεν ὁ κτησάμενος , | minus , quasi propriam salutem rei salute
τότε δεσπότης τούτου κυρίως γίνεται, ὡς τῆς ἑαυ- | permutasset, et prior rei dominus ab ejus
τοῦ σωτηρίας τὴν τοῦ πράγματος σωτηρίαν ἀν- | dominio excidit.
ταλλαξάμενος· καὶ ὁ πρότερον τοῦ πράγματος
δεσπότης τῆς δεσποτίας ἐκβάλλεται (2).

Ἐὰν ναυαγήσῃ τὸ πλοῖον διὰ τὸ μὴ ἔχειν κυβερνή- | Si navis pereat , quòd gubernatorem
την, ἐνέχεται τοῖς ἐπιβάταις ὁ ναύκληρος (3). | non habuerit , magister navis vectoribus
                                               | obligatur.

Τοῦ πλοίου ναυαγήσαντος, ὁ ναύκληρος ἀποδίδωσι | Nave fractà, magister navis naula red-
τὰ ναῦλα ἅπερ ἔλαβεν ἐν προχειρίᾳ, ὡς μὴ μετακο- | dit quæ præ manu accepit , ut qui non
μίσας (4). | transvexerit.

Ἐὰν ναύκληρος μὴ δυνάμενος εἰσελθεῖν ἐν τῷ | Si navicularius , cùm portum intrare
λιμένι , μεταγάγοι φορτία εἰς πλοῖόν σου, καὶ ναυα- | non posset, merces in tuam transtulerit
γήσῃ τὸ σὸν, ἐνέχεται ὁ πρῶτος ναύκληρος· καὶ ἐὰν | navem , et navis tua perierit , tenetur
παρὰ γνώμην τῶν δεσποτῶν τὰ φορτία μετήγαγεν, | primus navicularius; item, si invitis do-
ἢ παρὰ καιρὸν , ἢ εἰς ἀνεπιτήδειον πλοῖον. Εἰ δὲ | minis merces transtulerit , aut non op-
μὴ ἐποίησε ῥᾳθυμίαν, οὐκ ἐνέχεται (5). | portuno tempore , aut in navem minùs
                                               | idoneam. Quòd si culpam non admisit,
                                               | haud tenetur.

EX LIBRO TERTIO.

Τιτ. ζ'. Περὶ τόκων. | Tit. vii. De usuris.

Ὁ διαπόντια χρήματα καὶ καρποὺς δανείζων | Qui pecunias trajectitias aut fructus cre-
τελείαν ἑκατοστὴν λαβεῖν δύναται (6). | dit, integram centesimam accipere potest.

Ὁ μὴ κινδυνεύων δανειστὴς ἐπὶ τῷ πλοϊσμῷ τῆς | Creditor qui navigationem maris non
θαλάσσης μείζονα τόκον οὐ λαμβάνει (7). | periclitatur, majores usuras non accipit.

(1) Peut-être faudroit-il lire τὸ ὀδῆεν ὑπὲρ τῆς τοῦ πράγματος ἀγορᾶς τίμημα. Cette leçon seroit de
beaucoup préférable à celle que propose Soarez. Voir ci-dessus page 200, note 4.
(2) Ce paragraphe est conforme au § 52 de la Synopsis minor. Voir la note qui s'y réfère.
(3) Ce paragraphe, qui ne se trouve pas dans tous les manuscrits, n'est qu'une analyse du § 2 ci-dessus.
(4) Ce paragraphe ne se trouve pas dans les Basiliques; il est conforme au fr. 15 du titre ii du livre xix
du Digeste, *Locati, conducti*, et au § 3 des extraits du code de Chypre.
(5) Ce paragraphe ne se trouve pas dans les Basiliques; il est une traduction du fr. 13 du titre ii du
livre xix du Digeste, *Locati, conducti*.
(6) Ce paragraphe est conforme au chapitre lxxiv du titre iii du livre xxiii des Basiliques.
(7) Ce paragraphe est conforme au chapitre xviii du titre v du livre liii des Basiliques.

CHAPITRE VI.

De la Compilation connue sous le nom de Droit maritime des Rhodiens.

J'ai déjà parlé deux fois de la compilation connue par les jurisconsultes sous le nom de *Lois rhodiennes*, ou *Droit maritime des Rhodiens*. Dans le chapitre premier, j'ai démontré, au moins j'ose le croire, qu'on ne pouvoit voir dans cette compilation les lois qui régissoient l'île de Rhodes à l'époque de sa puissance, ni même au temps où les Romains adoptèrent le droit rhodien. Dans le chapitre V, j'ai établi que la partie de cette compilation dont Fabrot, entraîné par l'autorité de la Synopsis major, a employé le texte pour former le titre VIII du livre LIII des Basiliques, n'avoit pas été une partie intégrante de ce code, et ne pouvoit être regardée comme attestant les principes du droit maritime de l'empire d'Orient, du moins en ce qui est contraire aux Basiliques. Il me reste à considérer la compilation en elle-même, c'est-à-dire, le caractère qu'on peut lui attribuer et l'époque de sa rédaction.

Elle est trop ancienne, eu égard au temps où nous vivons, et trop connue, pour que j'aie pu l'omettre dans une collection d'antiquités du droit maritime. En la publiant dans le dernier état où nous la connoissons, je contracte en quelque sorte l'obligation de la discuter.

L'édition donnée par Loewencklau en 1596 m'ayant paru, par la collation des manuscrits de la bibliothèque royale de France, être la plus complète, et d'ailleurs celle qui est jointe au commentaire de Vinnius sur Peckius y étant conforme, je la prendrai pour type des citations de chapitres que je ferai dans le cours de cette dissertation. Quant au texte qui sera publié à la suite, j'indiquerai, avec les motifs des changemens ou des corrections qui m'auront paru nécessaires, la source de ces corrections et celle des chapitres inédits que j'y joindrai.

Cette compilation consiste en trois parties (1). La première est un prologue où l'on raconte qu'une rédaction des usages maritimes de Rhodes a été successivement ordonnée et approuvée par divers empereurs romains.

La seconde est une série intitulée Ναυτικὸς Νόμος, *Droit naval*, composée de vingt-un chapitres, avec dix-neuf rubriques seulement.

La troisième est une autre série intitulée Νόμος Ροδίων ναυτικὸς κατ᾽ ἐκλογὴν ἐκ τῦ

---

(1) Les éditions imprimées donnent pour quatrième pièce l'extrait d'un livre *De jure*, attribué à Docimius. Il n'est dans aucun des manuscrits que j'ai consultés, ou dont j'ai pu connoître la description; d'ailleurs on le trouve dans les extraits de la Synopsis minor publiés au chapitre précédent.

ια΄ βιϐλία τῶν Διγέςων, *Droit maritime des Rhodiens, extrait du livre* XI *du
Digeste;* elle consiste en cinquante-un chapitres, précédés d'un nombre égal
de rubriques. C'est, comme je l'ai dit page 165, de cette série seulement que
Fabrot s'est servi pour former le titre VIII du livre LIII des Basiliques, et c'est
la seule aussi à laquelle se rapportent les Paratitles de Tipucitus, que je publierai à la fin de ce chapitre.

Je n'ai pu consulter d'autres manuscrits que ceux de la bibliothèque royale
de France : peut-être n'est-il pas sans utilité de faire connoître comment les
trois pièces que je viens de décrire y existent (1).

Ces manuscrits sont au nombre de quatre, sous les n.ᵒˢ 1356, 1367, 1391,
1720, de l'ancien fonds.

Le manuscrit 1356, petit *in-folio,* en papier, d'une très-belle écriture,
est un *fasciculus* de pièces distinctes, la plupart relatives à l'histoire et à la
théologie. A la page 277 *recto,* se trouvent, sous l'intitulé en rouge Νόμος ναυτικὸς
Ροδίωνος (2), les quinze premiers chapitres de la seconde des pièces que j'ai désignées ci-dessus. A la suite est un nouvel intitulé en rouge, Νόμος ναυτικὸς Ροδίωνος,
suivi des noms de divers empereurs; après quoi, jusques et y compris cinq
lignes de la page 278, sont les chapitres I, II, III, V, VI, VII, XI, XIX et L de
la troisième pièce. Le reste de la feuille est en blanc, et les pièces suivantes
sont étrangères à la jurisprudence. A la page 317 *recto,* après une pièce relative à la liturgie, dont les derniers feuillets manquent, se trouve la deuxième
pièce de la compilation, composée de vingt-un chapitres, précédés de dix-neuf
rubriques; puis, en continuation de page et d'écriture de la même main, la
troisième pièce, composée de cinquante-un chapitres précédés de leurs sommaires. Une indication mise au bas de cette copie atteste qu'elle a été faite
en 1478 par le moine Nicéphore, *in monasterio Vatopediæ.*

Le manuscrit 1367 est un *in-4.ᵒ* en parchemin, formant aussi un *fasciculus* de pièces diverses, dont plusieurs sont incomplètes par le manque de
feuillets. Au *verso* de la page 49, à la suite du Manuel des empereurs Basile
et Léon, auquel manque le commencement, on trouve treize chapitres sous
le titre Περὶ ναυτικῶν κεφάλαια καΐ ἐκλογήν. Ces treize chapitres sont les quatorzième, quinzième, seizième et dix-septième de la seconde pièce, et les
neuf premiers de la troisième. Ces fragmens sont écrits de la même main que
le Manuel, mais ils en sont séparés par de légers ornemens d'écriture; ils sont
suivis, après quelque intervalle de blanc, des novelles de Romain Lécapène

---

(1) La collation des trois premiers manuscrits avoit été faite par M. Eugène Burnouf, fils du célèbre
professeur d'éloquence latine au Collége de France, jeune homme qui a pris avec beaucoup de distinction
ses grades à la Faculté de droit de Paris, et qui sait concilier l'étude des lois avec celle des belles-lettres. Des
occupations plus importantes que ce travail qu'il avoit bien voulu entreprendre par amitié pour moi,
ne lui ayant pas permis de l'achever, M. Rhally, qui m'a déjà rendu de grands services pour les extraits
des Basiliques, a bien voulu compléter et classer les matériaux, m'aider dans le choix des variantes, et
prendre la peine de faire la copie livrée à l'impression, ainsi que de corriger les épreuves.

(2) Je transcris littéralement : on verra par la suite que ce manuscrit n'est pas le seul où la compilation
soit ainsi intitulée.

et de quelques autres empereurs. Le même manuscrit contient, page 112 *recto*, un morceau qui n'a point de commencement, dont les premiers mots sont quelques lignes finales du chapitre XVIII de la seconde pièce ; immédiatement après, viennent le chapitre XIX de la même pièce, les rubriques de la troisième, le prologue, et enfin les chapitres de cette troisième pièce, depuis le I.ᵉʳ jusqu'au milieu du XL.ᵉ : le feuillet qui sans doute contenoit le reste, manque. Il résulte de cet état du manuscrit que la compilation entière y formoit un cahier, de manière que la perte du premier feuillet nous prive du commencement de la seconde pièce qui étoit à l'ouverture de ce cahier, et de la fin de la troisième qui le terminoit.

Le manuscrit 1391 est le code de Chypre, dont j'ai déjà donné la description page 163. Outre les douze articles de droit maritime conforme à celui des Basiliques que j'ai publiés pages 192 et 193, il contient, mais sans sommaires, les cinquante-un chapitres de la troisième pièce, tels qu'on les trouve dans les éditions de Loewencklau et de Vinnius, sauf quelques variantes, qui presque toujours sont de simples fautes de copiste ou quelques interversions dans l'ordre des chapitres.

Le manuscrit 1720 est un petit *in-folio* en papier, qui contient en une même suite un grand nombre de morceaux divers. A la page 158 *verso*, et après quelques documens sur le droit mosaïque, est le prologue, suivi du titre Νόμος Ροδίωνος : immédiatement après viennent treize chapitres de la seconde pièce sans sommaires, et de suite la troisième, avec intercalation, après le chapitre XLVII, de cinq chapitres jusqu'à présent inédits.

D'après l'état de la compilation résultant des manuscrits dont on vient de lire la description, il est évident que les trois parties dont elle paroît composée dans les éditions imprimées, ne forment point un tout, et qu'elles n'ont jamais été considérées comme un ouvrage unique.

Je vais maintenant discuter séparément chacune de ces pièces.

La première est, comme je l'ai dit, une sorte de récit mis dans la bouche d'un empereur qualifié Tiberius Cæsar, par qui l'on fait raconter que, des marchands, patrons de navire et matelots, l'ayant supplié de régler tout ce qui concernoit la contribution en cas d'accidens sur mer, Néron prit la parole, et, lui adressant de grands éloges sur sa haute sagesse, lui conseilla d'envoyer des commissaires à Rhodes pour y recueillir les lois relatives au commerce maritime. A cette allocution succède l'annonce que *tout cela fut décrété par l'empereur,* qui chargea Laurus et Agrippinus, personnages consulaires, de le faire exécuter ; que le travail fut présenté par eux à Vespasien, qui le signa dans une séance du sénat ; que Trajan le sanctionna ; et la pièce est terminée par l'anecdote relative à Antonin, insérée, d'après le jurisconsulte Volusius Mæcianus, dans le fr. 9 du titre II du livre XIV du Digeste, *De lege rhodia de jactu.*

Cette pièce ne se trouve que dans les manuscrits 1367 et 1720 de la

27..

bibliothèque royale (1), et même dans aucun elle n'est placée en tête de la compilation. On verra, par la notice que je donnerai de quelques manuscrits étrangers, qu'elle y manque aussi; et Schard a fait la même remarque sur ceux qu'il a connus (2).

La plupart des auteurs qui ont parlé de la compilation rhodienne, donnent à cette pièce le nom de *Confirmations impériales*, sans paroître en suspecter la vérité. Godefroy l'a commentée dans toutes ses dispositions, et a employé tous ses efforts pour en expliquer ou en justifier les énonciations diverses (3). Il ne croit pas, il est vrai, qu'en l'état où elle nous est parvenue, elle soit l'original; il la considère comme un abrégé, qu'il attribue à Psellus ou à quelque autre abréviateur, sans toutefois douter des faits qui y sont racontés.

Mais l'histoire et la saine critique, devant lesquelles les faux actes s'évanouissent promptement, démentent chacune des expressions de ce singulier document.

On y lit que le fait rapporté eut lieu sous Tibère Cæsar, la trente-troisième année de sa puissance tribunitienne, et sous le consulat d'Antoine. Or Tibère ne parvint qu'à son douzième tribunat, et il n'y eut point sous lui de consul nommé Antoine. Godefroy (4) pense que l'empereur désigné n'est pas Tibère, mais Claude, sous lequel il est vrai qu'a existé un consul nommé Antoine. Mais, Claude n'étant jamais parvenu à la trente-deuxième année de la puissance tribunitienne, dont il n'a atteint que la quatorzième, Godefroy croit qu'il y a quelque erreur, et qu'il faut substituer douze ou treize à trente-deux, parce que le consulat d'Antoine répond effectivement à ce nombre. Il a également essayé d'expliquer la partie du récit relative à Vespasien, sous le règne de qui l'on ne trouve aucun consul nommé Laurus et Agrippinus. Il suppose que c'étoient des suffectes, dont les noms ne sont point inscrits dans les fastes consulaires. M. le marquis de Pastoret a reproduit ce sentiment, sans toutefois ajouter une grande foi à la pièce, « dans laquelle, dit-il, « la fausseté respire (5). » On ne doit donc pas être surpris que les explications de Godefroy lui aient attiré les reproches d'Heineccius, comme je l'ai dit page 27; car qui ne sait qu'avec des corrections que ne justifie point une collation de manuscrits, ou avec des suppositions, il n'est pas de pièce fausse qu'on ne puisse donner comme véritable?

Pour démontrer tous les autres caractères de fausseté du prologue, il faudroit se livrer à des détails qui supposeroient dans les lecteurs une ignorance absolue des notions les plus simples et les plus familières du droit romain. Qu'il me suffise d'ajouter que cet acte, auquel on a voulu

(1) Le manuscrit 1720 met dans la bouche de Néron des axiomes de droit, sur les principes en matière de contribution aux avaries, qu'on ne trouve dans aucune autre édition.
(2) *Leges militares*, &c. pag. 272.
(3) *De maris imperio*, cap. VIII et IX.
(4) *De maris imperio*, cap. IX.
(5) *Dissertation sur l'influence des lois rhodiennes*, pag. 118.

donner la forme de sénatus-consulte, *ad orationem principis*, n'a rien qui ressemble aux actes du même genre qui nous sont parvenus, et sur l'authenticité desquels il n'y a et ne peut y avoir aucun doute. Si l'on en croit le récit, l'empereur désigné paroit n'avoir fait rien autre chose qu'une nomination de commissaires. Le règne du prince qui avoit pris cette mesure a fini; celui de ses successeurs, jusqu'à Vespasien, se seroit écoulé sans résultat : ce n'eût été que sous Vespasien que les commissaires auroient fait leur rapport; cet empereur se seroit borné à signer ce travail dans une séance du sénat; son règne et celui de ses successeurs jusqu'à Trajan se seroient écoulés sans que ce droit rhodien, dont la recherche avoit donné lieu à des mesures si solennelles et si longues, eût reçu le caractère de loi, qui ne lui auroit été attribué que par le concours de Trajan et du sénat !

Voilà pourtant le tableau abrégé des invraisemblances accumulées dans la pièce que Godefroy a discutée sérieusement et comme un document authentique.

Comment un événement aussi remarquable que l'envoi de commissaires dans une île tributaire de Rome pour s'enquérir des usages qu'on y pratiquoit, et la sanction impériale donnée au travail de ces commissaires, auroient-ils été passés sous silence par les historiens qui nous ont transmis des détails beaucoup moins importans de la vie de Tibère, de Claude et de leurs successeurs ?

Comment ces faits, dont personne n'a jamais parlé, se trouvent-ils n'être racontés que dans un récit écrit en grec du Bas-Empire? et puisqu'assurément les actes publics étoient tous en latin, du temps de Tibère, de Claude, de Vespasien, de Trajan, d'après quelle pièce latine ce grec a-t-il été fait? Comment du moins cette pièce n'a-t-elle pas été connue des rédacteurs des Pandectes et du Code, où les mêmes matières sont traitées dans plusieurs titres? Comment les jurisconsultes romains n'ont-ils parlé, ni de ce sénatus-consulte fait sous Tibère ou Claude, ni des confirmations que lui auroient données les autres empereurs? et, ce qui est bien plus décisif, comment se fait-il que, dans les cas qu'ils ont prévus, ces jurisconsultes aient rendu des décisions contraires aux chapitres annexés à ce prologue? Comment se fait-il qu'ils aient gardé le silence sur plusieurs cas prévus dans ces chapitres; que tous les auteurs dont les fragmens sont insérés dans le Digeste, paroissent, soit par les solutions qu'ils ont données, soit par leur silence, n'avoir jamais connu un corps de droit recueilli avec tant de solennité ; que la connoissance en ait surtout échappé à Mæcianus, auteur du fr. 9 du titre II du livre XIV du Digeste, *De lege rhodia de jactu*, qui vivoit sous Antonin, tandis qu'il a si bien noté l'approbation qu'Auguste avoit donnée à la loi rhodienne, dont on trouve les principes, et peut-être le texte, dans le premier fragment du même titre du Digeste?

Si nous comparons l'intitulé de la pièce à la pièce elle-même, cet intitulé indique de nouvelles sanctions impériales qu'auroient données Adrien , Pertinax et Sévère, comme s'il s'étoit élevé presque à chaque règne une nouvelle question sur l'autorité qu'avoit à Rome une législation déjà adoptée , comme on l'a vu , dès le temps de la république, et approuvée par le premier empereur !

Il est donc impossible de ne pas ranger ce prologue parmi les documens apocryphes qui ont si souvent été fabriqués dans le moyen âge, et même dans les premiers temps de la renaissance des lettres ; d'ailleurs on connoit *quidquid Græcia mendax audet in historia* (1).

Voici, ce me semble , comment peut s'expliquer la confection de cette pièce , évidemment dépourvue d'authenticité. Le rédacteur avoit entre les mains, ou les deux séries de chapitres, ou peut-être seulement la dernière, que je crois la plus ancienne, car je ne pense pas que le même individu ait rédigé et les chapitres et le prologue ; et, pour en accréditer la publication, il a jugé à propos d'accumuler les noms de tous les empereurs qui ont eu quelque part à la législation maritime ou des rapports avec les Rhodiens, ce qu'il fait souvent avec assez de maladresse et d'inexactitude.

Claude, qui avoit ôté la liberté aux Rhodiens pour les punir d'avoir toléré quelques désordres (2), la leur rendit à la sollicitation de Néron (3). Deux sénatus-consultes avoient été faits sous son règne pour punir ceux qui pilloient ou aidoient à piller les naufragés, ou qui conseilloient de les piller (4); enfin il avoit pris, dans diverses circonstances, des mesures assez actives pour encourager la navigation (5). Il n'en a pas fallu davantage, sans doute, pour que l'auteur de la fausse pièce ait placé Claude et Néron en première ligne.

Quant à Vespasien, il n'est pas aisé de voir quel prétexte on pouvoit prendre pour le mettre au rang de ceux qui ont porté intérêt à la navigation et aux Rhodiens ; il ne s'est occupé de ces derniers que pour réduire leur île en province romaine (6), et sous son règne il n'a pas été rendu de loi, soit sur les naufrages, soit sur le droit maritime. Il en est de même de Trajan , qui fit sans doute quelques établissemens favorables à la navigation, mais qui ne publia point de lois maritimes, et n'eut aucun rapport spécial avec les Rhodiens.

On ne voit pas non plus qu'Adrien se soit occupé de ce peuple ; mais sous son règne de nouvelles lois furent rendues contre ceux qui pilloient les naufragés (7).

A l'égard d'Antonin, on connoit la célèbre réponse qui est l'objet du fr. 9

---

(1) Juvenal *Sat.* x , v. 174 et 175.
(2) Dio Cass. *Hist. roman.* lib. LX , cap. XXIV.
(3) Tacit. *Annal.* lib. XII. — Sueton. *in Claudio* , cap. XXV, et *in Nerone* , cap. VII. — Antiphil. *Epigr.* apud Brunck, t. II , pag. 174.
(4) Dig. lib. XLVII , tit. IX , *De incendio , ruina, naufragio* , &c. fr. 3.
(5) Sueton. *in Claudio* , cap. IX. — Ulpian. *Fragmenta* , lib. III , fr. 5.
(6) Sueton. *in Vespasiano* , cap. VIII.
(7) Dig. lib. XLVII , tit. IX , *De incendio , ruina, naufragio* , &c. fr. 7.

du titre II du livre XIV du Digeste, *De lege rhodia de jactu*, et le corps de droit cite plusieurs édits qu'il rendit en faveur des navigateurs (1).

Pertinax avoit détruit quelques tributs injustes établis par les tyrans sur la navigation (2); seroit-ce la cause qui auroit fait inscrire son nom dans le titre du prologue?

Sévère ne peut être mis au rang des empereurs qui se sont occupés de la législation maritime qu'autant qu'on supposeroit, avec Godefroy (3), qu'Antonin Caracalla, son fils, est l'Antonin dont il est parlé au fr. 12 du titre IX du livre XLVII du Digeste, *De incendio, ruina, naufragio*, &c.

Telles sont probablement les diverses circonstances qui auront fourni à l'auteur de la pièce dont il s'agit l'idée d'accumuler les noms d'un si grand nombre d'empereurs.

La seconde pièce constate, dans les treize premiers chapitres, des usages locaux sur le partage, entre les gens de l'équipage, de la portion de fret qui leur étoit attribuée pour salaires, et sur des mesures d'ordre intérieur dans les navires, qui ne paroissent guère de nature à entrer dans des lois proprement dites. Les autres chapitres contiennent, sous une rédaction quelquefois très-obscure, des règles sur les emprunts à la grosse et la responsabilité des armateurs pour les faits de l'équipage, conformes au droit de Justinien et des Basiliques. Mais on y trouve, comme je l'ai fait remarquer page 28, des mots purement latins auxquels on a donné une orthographe grecque; un style qui n'a rien du grec, tel qu'on le parloit au temps de Tibère ou des empereurs désignés dans le prologue, et qui, aux yeux des personnes les moins exercées, est inférieur même à celui des Basiliques.

Ce peu de mots suffiroit pour convaincre que ces chapitres n'ont point été rédigés sous ces empereurs. Mais un anachronisme assez remarquable rend évidente la preuve de la supposition. Le quinzième chapitre ordonne que le patron d'un navire, les gens de mer et les passagers, prêteront un serment sur l'Évangile. Ce serment n'est pas moins extraordinaire sous Antonin, Pertinax ou Sévère, les derniers des empereurs nommés dans le prologue, que sous Tibère ou Claude, à qui l'on voudroit attribuer la première idée de la compilation.

Dira-t-on, avec Loewencklau (4), que c'est une interpolation de quelques copistes? Outre que cette circonstance donneroit des doutes bien fondés sur la vérité du reste, on trouve un autre caractère de fausseté non moins remarquable dans les chapitres XVII et XVIII, où ces prétendues lois rhodiennes renvoient précisément aux lois rhodiennes; assurément une preuve de cette espèce n'a pas besoin de développemens.

---

(1) Dig. lib. XLVII, tit. IX, *De incendio, ruina, naufragio*, fr. 4.
(2) Herodian. lib. I, *Pertinax*.
(3) *De maris imperio*, cap. X.
(4) Note marginale du chapitre XV de la seconde pièce. — Vinnius, *ad h. l.*

La troisième pièce que Fabrot a employée pour former le titre VIII du livre LIII des Basiliques, est celle dont il existe le plus grand nombre de manuscrits. J'ai déjà eu occasion de la discuter, et mes observations ont eu pour objet d'établir qu'elle n'a aussi aucun caractère d'authenticité. On a vu, page 26, que Bynkershoek et Heineccius n'en font pas de doute; qu'un grand nombre d'auteurs, auxquels il faut ajouter Schulting (1) et Reitz (2), se sont rangés à leur sentiment, et que ceux même qui croyoient cette pièce véritable ne se sont pas dissimulé toutes les objections dont elle est susceptible, mais ne les ont pas résolues. C'est ici le lieu de fortifier ce que j'ai dit par de nouvelles considérations.

Dans les divers manuscrits d'après lesquels Schard, Loewencklau, Vinnius et autres ont publié ce fragment, il est intitulé : *Droit maritime des Rhodiens, extrait du livre XI du Digeste.* Or il est constant que ce livre ne contient pas un mot sur cette matière. Fabrot a substitué le nombre XIV, parce qu'effectivement ce livre du Digeste contient deux titres sur le droit maritime, notamment celui qui est intitulé *De lege rhodia de jactu.* Il ne dit point d'après quelle autorité il a fait cette correction; je n'en conclurai point qu'elle ait été purement conjecturale de sa part. Il paroit qu'un des manuscrits de la bibliothèque de Vienne, indiqué et décrit par Lambec (3), justifie cette correction, puisqu'on y lit les mots, Ἐκλογὴ ἐκ τοῦ παμφεσκαιδεκάτου βιβλίν τῦ Δηγέςου, et j'ai été à portée de vérifier que le manuscrit 1367 de la bibliothèque royale contient une semblable leçon. Si, dans l'un et l'autre manuscrit, elle n'est pas l'ouvrage d'un copiste, qui ne pouvoit se dissimuler que le livre XI du Digeste ne dit pas un mot de droit maritime, cette correction ne fait disparoître qu'une invraisemblance sur deux; car la comparaison du livre XIV du Digeste ne permet pas de croire que la série de chapitres dont il s'agit en soit extraite, puisqu'on a vu, pages 29 et 166, qu'elle est rédigée dans un système tout-à-fait contraire.

Quelques auteurs (4), qui ne sauroient se résoudre à refuser un caractère authentique à la compilation, répondent qu'il a pu exister des recueils de législation portant le nom de Digeste, autres que celui de Justinien. Cette supposition est purement gratuite. Il est bien vrai que plusieurs jurisconsultes avoient, avant Justinien, composé des livres qu'ils ont appelés *Digestes*, dont cet empereur a placé des extraits dans le sien : ce qui a été fait avant lui a pu avoir lieu depuis; mais ce seroit élever la prétention la plus nouvelle et la moins fondée, que de soutenir qu'il ait existé quelque recueil authentique ayant caractère et force de loi, autre que le Digeste rédigé par ordre de Justinien. Ses successeurs ont sans doute modifié son ouvrage,

(1) *Jurisprudentia antijustinianea*, pag. 75.
(2) *Comment. Harmenop.* in Thes. Meerm. t. VIII, pag. 157.
(3) *De Biblioth. Cæsar. Vindobon. Comm.* t. VI, pag. 27.
(4) Godefroy, *De maris imperio*, cap. IX. — Lange, *Brevis Introductio in notitiam &c.* pag. 13.

comme il l'avoit fait lui-même; mais tous, jusqu'à Basile le Macédonien, se sont bornés à des changemens partiels, et leurs actes portent les noms de Novelles, Édits, Constitutions. Basile a commencé, et son fils a achevé une refonte générale et plus méthodique; mais leur ouvrage porte le nom de Basiliques : nulle part, les historiens ni les jurisconsultes ne parlent d'un recueil authentique de lois sous le nom de Digeste, autre que celui de Justinien; c'est surtout ce qu'attestent les scholiastes des Basiliques.

Je vais maintenant hasarder quelques conjectures sur chacune des pièces de la compilation; et je les soumets, avec toute la défiance qu'il est convenable d'avoir en pareil cas, au jugement des lecteurs.

Je crois que la supposition de la première pièce, qui rend compte d'une mission donnée par Tibère ou Claude à des commissaires pour recueillir les usages maritimes de Rhodes, et qui cite diverses confirmations impériales accumulées dans la suite, est l'ouvrage d'un faussaire ignorant ou maladroit. A cet égard, je ne présume pas qu'il puisse y avoir quelques partisans de l'opinion de Godefroy, qui l'appelle *eximium fragmentum* (1).

La seconde pièce me paroit être un recueil d'usages nautiques, probablement rédigé pour l'utilité des gens de mer, tel qu'il en existe dans tous les pays, même pourvus d'une législation complète et parfaite, parce que le législateur ne peut entrer dans de petits détails, qu'il doit se borner à poser des principes féconds en conséquences, et qu'il y a dans chaque espèce de négociations, notamment dans le commerce maritime, une foule d'objets de pure pratique dont les lois ne peuvent s'occuper.

Il faut bien sans doute, lorsque des gens de mer se louent au fret, genre de location qui paroit avoir toujours existé, et que nos lois modernes ont reconnu et consacré, que les parts soient fixées; un simple matelot doit recevoir moins que le patron. Si le plus souvent le contrat détermine ces parts, il peut arriver que l'usage finisse par les régler d'une manière si constante et si uniforme, qu'une convention ne paroisse plus nécessaire. C'est dans les négociations commerciales, et surtout dans les affaires maritimes, qu'on peut dire : *In conventionibus veniunt ea quæ sunt moris et consuetudinis in regione in qua agitur* (2).

Mais aussi la nécessité de constater ces usages devient, dans ce cas, d'autant plus grande, qu'il se fait un plus grand nombre de locations verbales, ou pour lesquelles on se réfère à la coutume. Le législateur n'intervient point pour cela; il laisse aux parties la liberté de les suivre ou de s'en écarter, et aux tribunaux le droit de juger d'après ces conventions expresses ou tacites.

Ainsi, de même qu'en France l'ordonnance de 1681 et le Code de commerce, qui ont reconnu la légalité des engagemens des gens de mer au

(1) *De maris imperio*, cap. VIII.
(2) Dig. lib. XXI, tit. I, *De ædilitio edicto*, fr. 31, § 20; lib. L, tit. XVII, fr. 34.

fret, n'ont point déterminé dans quelle proportion ils participeroient à ce produit de la navigation, de même le Digeste et les Basiliques étoient muets à cet égard. Mais, des usages s'étant introduits sur cette détermination, et l'habitude en ayant fait une convention tacite, on a voulu les fixer par écrit; tel est l'objet des sept premiers chapitres de la seconde pièce, intitulée, *Droit naval.*

On peut en dire autant sur l'usage qui régloit quel espace un passager devoit occuper dans le navire, sur le nombre de serviteurs qu'il pouvoit emmener avec lui, sur la police intérieure du navire, objets des chapitres VIII jusqu'à XIII. Il en est de même du chapitre XVI, qui détermine les bases d'évaluation d'un navire, selon qu'il est neuf ou vieux, pour le faire entrer en contribution dans les cas de jet ou autre avarie commune.

Les seuls chapitres relatifs à des matières de législation proprement dite sont : 1.º le XIV.ᵉ, qui traite du dépôt fait par un passager au patron; 2.º le XV.ᵉ, où il est question du serment que doivent prêter les matelots et les marchands, lorsque des objets non confiés spécialement au patron se trouvent perdus sans qu'on en connoisse le voleur; 3.º les chapitres XVII et XVIII, sur le prêt à la grosse; 4.º enfin le chapitre XX, sur la responsabilité des armateurs pour les délits des gens de mer.

Mais ces règles sont puisées dans le droit commun : elles sont des traductions ou des abrégés de fragmens de la législation générale; et sans doute on ne les aura rappelées à la suite des usages que pour offrir en quelque sorte un manuel aux navigateurs, sans les forcer à recourir aux codes dont les exemplaires étoient rares, ou dans lesquels il auroit fallu faire de pénibles recherches.

Je crois pouvoir conclure de ces observations, que cette série de chapitres, sans appartenir à la législation positive ni en faire partie, s'y rattachoit comme un livre de pratique se rattache à la loi dont il offre les développemens ou le supplément usuel; et qu'ils supposoient l'existence d'une législation générale sur les contrats maritimes, laquelle, suivant ce que j'ai dit au chapitre précédent, me paroit avoir été, dans l'empire d'Orient, depuis la publication des Basiliques, la même que celle des Pandectes et du Code de Justinien.

Mais il y a plus de difficultés sur la troisième pièce, qui porte le titre de *Droit maritime des Rhodiens, extrait du onzième,* ou, si l'on veut, *du quatorzième livre du Digeste.*

A part un certain nombre de chapitres, qui ne sont, comme on le verra dans les notes, que la répétition ou le développement du droit commun, j'ai prouvé que cette pièce établissoit un système de contribution aux avaries tout-à-fait opposé au Digeste et aux Basiliques, puisqu'elle repousse la distinction fondamentale entre celles qu'on nomme communes, *removendi communis periculi causá,* et celles qu'on nomme particulières, *cùm cæteris in communi periculo non est consultum*, et qu'elle prescrit la contribution dans l'une et l'autre hypothèse.

Si ces considérations m'ont décidé à ne pas la comprendre dans les documens sur le droit maritime de l'empire d'Orient, les motifs que j'ai donnés plus haut m'ayant imposé le devoir de la recueillir, il en résulte la nécessité d'essayer, au moins par des conjectures, de faire connoître l'objet de sa rédaction.

Les dangers naturels de la navigation, augmentés par les incursions des Normands et des Sarrasins dans la Méditerranée, et par d'autres circonstances qu'il appartient aux historiens de développer et d'apprécier, ont dû inspirer aux navigateurs un esprit d'association, qui, dans la suite, fit naître l'idée des assurances maritimes. Avant que la théorie de l'assurance à prime, résultat de l'expérience et du calcul des probabilités, eût pu être créée, que ses avantages eussent pu être appréciés, que la confiance, sans laquelle il est impossible que ces sortes de contrats aient lieu, se fût établie, et que le grand nombre d'expéditions offrit un aliment aux spéculations aléatoires, les assurances mutuelles, pratiquées encore aujourd'hui, ont dû être en usage. Les navigateurs ont fait, comme je l'ai dit dans le chapitre précédent, des contrats connus en Italie sous le nom de *germinamento* (1), parce que la totalité du navire et du chargement est considérée comme un tout, *unum germen*, dont chaque partie est solidaire des pertes que les autres éprouveront par des cas fortuits. Il peut se faire que dans certaines parties du littoral de l'Adriatique, ou dans quelques îles ou côtes de l'Archipel grec, ce mode d'assurance mutuelle ait été si connu, si fréquent, qu'on ait essayé d'en rédiger les règles, soit pour l'instruction des juges ou des arbitres qui statuoient sur les différends nés de son exécution, soit pour guider et éclairer les navigateurs dans cette matière nouvelle et exceptionnelle.

La Synopsis minor me paroît fournir, à cet égard, une conjecture, dont je ne peux vérifier l'exactitude, parce qu'il faudroit voir en entier cet ouvrage, dont les bibliothèques de France ne possèdent aucun manuscrit. Voici ce qu'on lit dans le § 61 de la division portant la lettre N : ʼΕσι δὲ ἡ ἄλλη συνεισφορὰ ἐπὶ θεϊκῇ γινομένη, κ. τ. λ. *Est autem alia contributio quæ gratis fit*, &c.

L'auteur de ce livre de doctrine, qui cherchoit à faire connoître l'état de la jurisprudence et de la pratique usuelle, plutôt qu'à copier des textes, comme celui de la Synopsis major, fait peut-être allusion à l'assurance mutuelle dont je viens de parler, où la contribution résulte de la libre volonté des contractans, *quæ gratis fit,* et non de la loi, qui ne l'ordonne que pour des sacrifices faits en vue du salut commun. D'autres, plus heureux que moi, à qui il aura été donné de connoître en entier la Synopsis minor, apprécieront, justifieront ou détruiront ma conjecture. Si elle est fondée, elle

---

(1) Targa, *Ponderazioni sopra il contrattazioni marittime,* cap. LXXVI. — Émérigon, *Traité des assurances,* chap. XII, sect. XXXIX.

explique d'une manière assez naturelle l'objet primitif de la série de chapitres dont il s'agit.

Il est probable qu'après avoir ainsi rédigé les usages sur les associations de risques, on y aura joint des règles sur la police des gens de mer, sur la répression des vols et des baratteries, que l'état malheureux de la société multiplioit, et même quelques dispositions sur les conventions maritimes en général, extraites du code des lois, qu'il étoit bon de mettre sous les yeux des navigateurs, comme dans une sorte de manuel. Quelque copiste aura cru y donner un grand crédit en l'intitulant, *Droit maritime des Rhodiens*, et même en assurant aux ignorans que c'étoit un extrait du Digeste.

Nous n'avons point de renseignemens pour déterminer l'époque à laquelle chaque partie de la compilation a été rédigée; nous connoissons seulement le temps où la troisième étoit certainement existante. On a vu que la Synopsis en a extrait quinze chapitres, qui eux-mêmes en supposent d'autres. Or cette Synopsis est antérieure à 1167, puisque le manuscrit du Vatican contient un certificat très-détaillé qu'il a été écrit en cette année (1). Nous savons qu'elle existoit au XII.ᵉ siècle, époque où a été rédigé le code des habitans grecs de Chypre sous les rois latins, dans lequel cette troisième partie se trouve insérée. Jorio assure qu'elle est seulement du XIV.ᵉ siècle (2), et se trompe évidemment. M. Schoell croit qu'elle a été rédigée au VI.ᵉ siècle (3); mais il ne justifie point son opinion.

Sans être assez hardi pour fixer une date, je la crois antérieure aux Basiliques; car, si ce recueil avoit existé, on s'y seroit référé plutôt qu'au Digeste et au Code de Justinien. Je crois même pouvoir affirmer que des trois pièces dont la compilation est composée, la dernière est la plus ancienne : d'un côté, parce qu'elle est la seule que le code de Chypre et la Synopsis major aient employée ; de l'autre, parce que deux chapitres de la seconde pièce paroissent s'y référer. Cependant, pour ne pas m'écarter des éditions usuelles, je l'ai laissée à la dernière place; ce qui n'a aucun inconvénient.

J'ai raisonné jusqu'ici dans la supposition que cette compilation avoit été une loi ou une coutume locale : mais elle pourroit bien n'avoir été qu'un ouvrage privé ; car on voit par le § 14 de la Synopsis minor, rapporté page 196, que la mode de faire des lois rhodiennes étoit fort accréditée au moyen âge. Il y auroit donc lieu à faire des conjectures sur le rédacteur, si ce n'est de toute la compilation, du moins de la troisième partie, plus digne que le reste de fixer l'attention. Lange (4) croit qu'on peut l'attribuer à Harmenopule ; il se fonde sur ce que dans beaucoup de manuscrits et d'imprimés du Procheiron de cet auteur la compilation se trouve à la suite. Je n'ai pas été à

(1) Assemani, *Bibliotheca juris orientalis*, t. II, pag. 438.
(2) *Codice Ferdinando*, t. II, pag. 32.
(3) *Histoire de la littérature grecque*, t. VII, pag. 235.
(4) *Brevis introductio in notitiam legum nauticarum*, &c. pag. 12, 13 et 14.

portée de m'assurer si cette assertion est exacte; dans aucun des manuscrits que j'ai consultés ou dont j'ai pu connoître la description, elle ne se trouve ainsi (1): mais, le fait fût-il vrai et appuyé sur beaucoup de preuves, on sent la foiblesse de cette raison. Il faudroit, pour qu'elle eût quelque force, que, dans le corps de son ouvrage, Harmenopule eût annoncé qu'il publie et ajoute ces chapitres, soit comme supplément, soit comme développement du titre où il a traité du droit maritime; et non-seulement il ne dit rien de semblable, mais ses principes sur le jet et la contribution sont tout-à-fait différens.

M. Azuni (2) croit qu'on peut l'attribuer à Docimius ou Docimus, dont le nom n'est connu que par l'extrait d'un livre *de jure*, inséré à la suite de la compilation rhodienne, dans les éditions de Schard, de Loewencklau, de Vinnius et autres; mais, ce fragment faisant partie de la Synopsis minor, ainsi qu'on l'a vu dans le chapitre précédent, je ne vois pas trop comment le même auteur auroit composé la compilation, tout-à-fait opposée aux principes sur la contribution insérés dans cette Synopsis. J'ai dit que Godefroy attribuoit le prologue à Psellus, et Terrasson (3) ne paroit pas éloigné de ce sentiment pour la totalité de la compilation.

Je n'ose presque offrir au lecteur une autre conjecture, qui, si elle étoit véritable, feroit connoître le rédacteur et expliqueroit comment une méprise de nom a fait donner à la compilation le titre de *Droit maritime des Rhodiens*. Les manuscrits 1356 et 1720 de la bibliothèque royale portent les mots Νόμος Ροδίωνος, loi de *Rhodion;* le manuscrit 640 du Vatican, qui contient le Manuel de l'empereur Léon, présente, à la suite, la compilation rhodienne sous ce même titre Νόμος Ροδίωνος, et précisément un manuscrit de ce même abrégé, qui se trouve à Leipsick, en attribue la rédaction à Pinalius, Rufus et Rhodion (4). Seroit-ce effectivement un auteur nommé Rhodion qui auroit fait la compilation, à laquelle, dans la suite, les copistes auroient attribué le titre de droit rhodien? Il y auroit quelque témérité de ma part à insister fortement sur cette conjecture. Peut-être la compilation étoit-elle un projet de loi préparé pour faire face à de nouveaux besoins qui se manifestoient. On peut l'induire d'un passage du § 14 de la Synopsis : *Ipsa rerum facies mutata necessariò poscebat ut novæ leges conderentur, quæ, quod antiquis legibus deesset, supplerent.* Mais ce projet aura sans doute été abandonné, l'intérêt local qui en avoit donné l'idée n'ayant pas paru assez évident pour qu'on y assujettit tout l'empire; et en effet les Basiliques, et les livres de droit composés pendant trois siècles après leur promulgation, attestent le maintien des anciens principes.

Quant à l'opinion qu'on peut se faire de la compilation, en ce qui concerne

(1) Ant. Augustin, dans un passage que j'ai cité page 25, dit en avoir vu; mais il ne les indique pas.
(2) *Droit maritime*, t. I, pag. 358.
(3) *Mélanges d'histoire et de littérature*, pag. 207.
(4) Maius, *Bibliotheca Uffenbachiana manuscript.* part. II, pag. 521. — Pütteman, *Memoria Mascoviana*, pag. 122.

le fond, c'est-à-dire, la sagesse et la bonté des règles qu'elle contient, je ne dirai point, avec Mornac et Vinnius, si instruits et si judicieux d'ailleurs, que c'est un précieux fragment, un trésor (1) : mais il y a peut-être aussi bien de la sévérité à n'y voir, comme Bynkershoek, Schulting, Heineccius, Reitz et Émérigon, qu'un tissu d'inepties, qu'un ouvrage informe, fabriqué par quelque pauvre Grec affamé. Le prologue mérite bien ces épithètes ; et, quoi qu'en ait pu dire Godefroy, cet écrit ne peut soutenir les regards d'un homme de bon sens. Mais, s'il y a beaucoup de dispositions insignifiantes ou de pure pratique mercantile dans la seconde pièce, intitulée *Droit naval*, j'ai déjà fait observer qu'on y trouve aussi des règles qui ne sont point à dédaigner.

Il faut surtout rendre plus de justice à la troisième pièce, intitulée, *Droit maritime rhodien*. Sans doute, je crois fermement, jusqu'à ce que de nouvelles découvertes aient décidé la question en fait, qu'on ne peut la considérer comme partie intégrante des Basiliques, ni lui attribuer aucun caractère officiel et authentique : mais elle constate des usages maritimes introduits dans quelques localités par suite de nouveaux besoins que les dangers habituels de la navigation avoient fait naître, un nouveau genre de convention que plusieurs législations modernes ont autorisé, une assurance mutuelle entre les armateurs et les chargeurs d'un même navire. Sous ce rapport, cette compilation, sans qu'il soit bien facile de déterminer avec précision son caractère, l'époque et le lieu où elle a été faite, et même sans qu'on puisse se dissimuler que certains passages sont d'une grande obscurité, que d'autres sont contradictoires entre eux, mérite l'attention des jurisconsultes ; elle marque un grand pas dans le commerce maritime ; elle est l'aurore de l'assurance à prime ; elle a dû être d'un grand secours jusqu'au moment où ce dernier contrat, si étonnant dans sa théorie et ses résultats, a fait disparoître et presque oublier celui qui en étoit le précurseur.

Ces considérations, et le désir de n'être pas moins complet que les auteurs des recueils qui ont précédé le mien, m'ont décidé à comprendre la compilation entière dans la collection d'antiquités du droit maritime, et à n'en pas exclure même le prologue, si évidemment supposé.

Du reste, quand on ne croiroit pas avec moi que cette compilation est un ouvrage privé, du genre de ceux qui portent le nom de *Excerpta legum militarium, legum colonariarum*, à la suite desquels on les trouve dans le manuscrit 1367 de la bibliothèque royale et dans quelques autres (2), il faudroit toujours reconnoître qu'elle ne constate, en ce qui diffère du droit commun, que des usages locaux, tolérés sans doute par le législateur, mais dépourvus du caractère de loi.

(1) *Comment. Digest.* ad lib. xiv, tit. ii, fr. 9. — *Præfat. in Comment. Peckii ad rem nauticam.*
(2) Zauetti, *Catalog. manuscr. biblioth. Sancti-Marci*, pag. 104. — *Catalog. manuscr. Monacens* t. III, pag. 230.

La place que je lui donne offre une transition naturelle à la publication des coutumes du moyen âge, qui, sous les noms divers de Rooles d'Oléron, Jugemens de Damme, Lois de Westcapelle, Coutumes de Hollande, Droit de Wisby, et Consulat de la mer, ont été suivies, sans qu'on puisse aussi affirmer que ces documens soient émanés d'une autorité publique; documens qui long-temps ont régi le commerce maritime, par la seule force de la nécessité et le consentement des peuples, avant l'introduction des législations positives.

Je sens qu'il y a quelque difficulté à résumer cette compilation dans un exposé semblable à ceux que j'ai rédigés pour le droit maritime des Romains et pour celui des Basiliques, parce qu'elle offre peu de principes généraux, et encore moins de règles complètes, mais seulement des détails en quelque sorte supplémentaires, et des solutions de questions particulières qui sup-posent une législation principale, à laquelle ces solutions se rattachent ou dérogent.

Je vais cependant essayer, soutenu et aidé par l'analyse que M. le marquis de Pastoret a insérée dans sa *Dissertation sur l'influence des lois rhodiennes,* pag. 26 et suivantes, sans me dissimuler tout le désavantage qu'il y a pour moi de traiter cette matière après un si judicieux et si habile écrivain.

Les principaux objets de la compilation sont, les salaires des gens de mer, leurs devoirs et les délits dont ils peuvent se rendre coupables, la location des navires et les obligations respectives des affréteurs et fréteurs, les abor-dages, les voyages de conserve, le jet et la contribution, les naufrages et les sauvetages, les prêts à la grosse.

Les gens de mer, qui se louoient sans doute, ou moyennant un prix déter-miné pour le voyage, ou moyennant un prix par an (1), peuvent aussi se louer à la part, c'est-à-dire, stipuler que leurs salaires consisteront dans une portion du fret, divisée en un certain nombre de parts, dont deux sont attri-buées au patron, une et demie au pilote, une et demie au timonnier, une et demie au charpentier, une au conducteur de la chaloupe, une à chaque matelot et une demie au cuisinier (2).

L'engagement des matelots les soumet à l'obéissance la plus absolue envers le patron (3). Lorsque, sans cause légitime, ils cessent leur service pendant la durée de leur engagement, ils sont sévèrement punis (4). Ils ne peuvent exiger que le navire paie leur rachat, s'ils ont été pris à terre où ils se trou-voient sans mission du patron, ou après que leur mission étoit expirée (5); mais, s'ils périssent au service du navire, un secours est dû à leur famille (6).

Le matelot qui vole l'ancre ou les agrès d'un navire est puni corporelle-ment, et doit être condamné à une indemnité double du dommage qu'il a causé (7), et le patron qui a toléré ce vol répond également du dommage qui en résulte (8). Le voleur de quelque objet appartenant à des passagers,

(1) Part. III, cap. XLVI. — (2) Part. II, cap. I, II, III, IV, V, VI, VII. — (3) Cap. ined. III. — (4) Cap. ined. I. — (5) Cap. ined. II. — (6) Part. III, cap. XLVI. — (7) Part. III, cap. I. — (8) Part. III, cap. II.

s'il a agi par ordre du patron, est puni corporellement, et le patron est condamné au double; si le vol a été commis sans complicité du patron, la peine du voleur est plus sévère, et graduée suivant l'importance de la chose volée (1). Lorsque le vol est commis à l'occasion du jet, le voleur est, indépendamment des peines corporelles, condamné au double, et à perdre sa part dans les salaires (2). Si le patron et l'équipage, s'emparant du navire, fuient en pays étranger, tous leurs biens sont confisqués pour indemniser ceux à qui ce vol est préjudiciable, et, dans le cas où ils seroient arrêtés, ils sont réduits en servitude, jusqu'à ce que le prix de leur travail ait acquitté leur dette (3).

Si des matelots en querelle ne se bornent pas à se dire des injures, qu'on tolère parmi des hommes aussi grossiers, mais en viennent à des voies de fait, celui qui en blesse un autre doit payer les frais de guérison, et rembourser les salaires du blessé, tant qu'il est incapable de service (4). Quiconque cause à un autre, par l'effet d'une rixe, des blessures permanentes, telles qu'une hernie, la perte d'un œil, doit une indemnité pécuniaire; et s'il a donné la mort, il doit la subir (5): mais ces peines ne sont prononcées que contre l'agresseur, et même celui qui, en se défendant, donne la mort à son adversaire, n'est soumis à aucune poursuite (6).

Du reste, l'armateur, responsable sans doute des engagemens du patron qu'il a proposé, ne répond pas de ceux des matelots, mais seulement de leurs délits (7).

Les contrats relatifs aux transports par mer sont considérés sous deux rapports, selon qu'ils ont pour objet les personnes ou les choses. Le chargeur a droit, sans qu'une stipulation spéciale soit nécessaire, d'emmener avec lui deux serviteurs; mais il doit payer leur voyage (8). Chaque passager a droit à un emplacement de trois coudées de longueur sur une de largeur (9); si c'est une femme ou un enfant non adulte, l'emplacement n'est que d'une demi-coudée (10). Les passagers ont droit à une mesure d'eau sur les provisions du navire (11); il leur est interdit d'y faire frire du poisson (12) ou d'y fendre du bois (13). Le passager qui porte avec lui de l'or ou de l'argent doit le confier en dépôt au patron; faute de quoi il n'est pas reçu à prétendre qu'on l'a volé, pour rendre le patron et l'équipage responsables: toutefois, dans ce cas, le patron, l'équipage et les autres passagers doivent se purger par serment (14). Le patron n'est pas tenu, s'il croit devoir s'y refuser, de recevoir le dépôt qui lui est offert (15); mais, dès qu'il s'en est chargé, s'il le nie, il doit, la preuve étant faite contre lui, être puni comme parjure (16). Le dépôt, selon que l'objet en est plus ou moins considérable, doit être prouvé par écrit, ou peut l'être par témoins (17). Du reste,

(1) Part. III, cap. III.—(2) Part. III, cap. XXXVIII, et cap. ined. III.—(3) Part. III, cap. VIII.—(4) Part. III, cap. V.—(5) Part. III, cap. VII.—(6) Part. III, cap. VI.—(7) Part. II, cap. XIX, et cap. ined. II.—(8) Part. II, cap. VIII.—(9) Part. II, cap. IX.—(10) Part. II, cap. XIII.—(11) Part. II, cap. XII.—(12) Part. II, cap. X.—(13) Part. II, cap. XI.—(14) Part. II, cap. XIV et XV; part. III, cap. XIII.—(15) Part. II, cap. XIV, vel in al. edit. cap. XX.—(16) Part. III, cap. XIV.—(17) Part. III, cap. XII.

l'exception de la force majeure, par l'effet de laquelle l'objet déposé a été perdu, le libère de toute responsabilité (1), à moins qu'il ne s'y soit exposé imprudemment : par exemple, si celui à qui des esclaves avoient été confiés, les laisse aller à terre, la circonstance qu'un péril imminent a forcé le navire d'abandonner le rivage, sans qu'il ait été possible de rembarquer ces esclaves, n'est point une excuse en faveur du dépositaire (2).

Celui qui veut charger des marchandises sur un navire, doit s'assurer s'il est en bon état, et suffisamment pourvu de tout ce qui est nécessaire pour la sûreté de la navigation, et ne charger qu'après avoir pris ces informations (3). Si une promesse de prendre un navire à loyer, accompagnée d'arrhes, n'est pas exécutée par celui qui les a données, ces arrhes sont perdues, et réciproquement le patron qui manque à sa promesse, doit rendre le double de celles qu'il a reçues (4). Lorsqu'il y a convention parfaite, prouvée par écrit, les clauses pénales qu'elle contient doivent être exécutées ; si cette convention n'est prouvée que par témoins, l'indemnité est fixée à la moitié du fret convenu, de manière que le patron qui a reçu un à-compte doit le rendre et payer en outre le demi-fret (5). Mais, le chargement commencé, un chargeur ne peut retirer ses marchandises qu'en payant le fret entier (6); de même, s'il charge moins qu'il n'a stipulé, il doit la totalité du fret promis (7). Le patron a privilége sur les choses chargées pour le paiement de son fret ou des dommages-intérêts qui lui sont dus (8). Quelquefois, au lieu d'une somme d'argent, le chargeur associe le patron aux profits et pertes de son expédition (9); et celui qui nie une telle société doit, quand la preuve en est faite contre lui, être condamné à des dommages-intérêts (10). Le délai fixé pour le chargement étant écoulé, le patron doit attendre encore dix jours, et le chargeur payer la nourriture des matelots pendant ce temps; mais, après ce terme, le patron est libre de mettre à la voile, et n'en a pas moins droit d'exiger son fret : toutefois, si le chargeur en retard offre de l'indemniser, il est tenu d'attendre (11). Tout retard ou fait d'un chargeur qui est cause que le navire est pris par des pirates, ou incendié, l'oblige à des dommages-intérêts (12). Lorsqu'un chargeur a nolisé le navire entier, le patron ne peut y placer que l'eau, les vivres et autres objets nécessaires au service : si cependant il y a quelque espace vide, il peut y placer d'autres objets, pourvu que le chargeur ne lui ait pas déclaré devant trois témoins qu'il s'y oppose; dans ce dernier cas, si le jet devient nécessaire, la perte est supportée en entier par le patron qui a refusé d'obtempérer à l'opposition, tandis que, si le chargeur ne s'est point opposé, le jet est supporté par contribution (13).

Le patron et les matelots répondent de toute perte causée par leur faute (14);

(1) Part. III, cap. XII. — (2) Part. III, cap. XV. — (3) Part. III, cap. XI. — (4) Part. III, cap. XIX. — (5) Part. III, cap. XX et XXIV. — (6) Part. III, cap. XX. — (7) Part. III, cap. XXIII. — (8) Part. III, cap. XX. — (9) Part. III, cap. IX, XXVII, XXVIII, XXXII. — (10) Part. III, cap. XXVII. — (11) Part. III, cap. XXV. — (12) Part. III, cap. XXVIII et XXIX. — (13) Part. III, cap. XXII. — (14) Part. III, cap. X.

ils sont tenus de prendre les précautions convenables pour que l'eau de la
mer n'endommage pas les marchandises chargées : si la trop grande quantité de ces objets ne permet pas de les garantir suffisamment, il doit en être
donné avis aux chargeurs; et si ces derniers ne défèrent pas à l'avertissement,
le patron et l'équipage sont à l'abri de toute responsabilité (1).

Le dommage qui survient au navire par la faute du patron, ou des matelots descendus à terre, est réparé par eux, sans que ceux qui étoient restés
sur le navire y contribuent (2).

Si, malgré les observations des passagers, le patron relâche dans un lieu
infesté de pirates ou de voleurs, d'où résulte la perte ou le pillage du navire,
le patron en répond; réciproquement, si les passagers l'obligent à relâcher
dans un lieu dangereux, ils supportent le dommage éprouvé par le navire
et le chargement (3).

En cas d'innavigabilité du navire au cours du voyage, le patron qui a été
forcé de décharger les marchandises, peut les remettre de nouveau dans son
navire réparé, ou les charger sur un autre qu'il loue à ses frais (4).

S'il arrive qu'un navire étant amarré, quelques passagers descendent à terre,
et que la survenance d'un danger force le patron à s'éloigner précipitamment,
il n'est pas tenu d'attendre les absens, dès qu'il a fait donner les cris d'usage
pour les avertir; du reste, ce que ces personnes avoient sur le navire doit
leur être rendu (5).

Les conventions pour voyages de conserve, usitées dans les temps les plus
anciens, comme on l'a vu pages 18, 42 et 60, devenues sans doute plus
fréquentes à mesure que les malheurs des temps accroissoient l'étendue des
risques de la navigation, doivent, en général, être rédigées par écrit; cependant, si la preuve en est faite autrement, elles ont leur exécution, et des
règles sur la participation respective aux accidens suppléent à ce que les
contractans n'ont pas déterminé (6).

L'abordage peut causer des dommages dont la réparation a lieu d'après des
règles semblables à celles du droit romain et des Basiliques, et de sages précautions sont indiquées pour le prévenir, ou décider à qui il est imputable (7).

La nécessité de faire des sacrifices, pour sauver le navire exposé à périr
par la tempête, donne lieu au jet; lorsqu'il paroît indispensable, le patron
consulte les chargeurs, et le jet doit être commencé par ces derniers (8). La
même cause peut donner lieu à couper le mât, ou à sacrifier des agrès (9).

La perte des choses sacrifiées ou perdues dans ces deux cas, et, en outre,
ce qui forme l'extrême différence entre la compilation et le droit romain,
adopté par les Basiliques, toute perte par pillage, incendie, naufrage et
autre force majeure, dont il n'est pas possible d'imputer la cause à quelqu'un,

(1) Part. III, cap. XXXIV et XXXVIII. — (2) Part. III, cap. XXVI. — (3) Part. III, cap. IV et XXXIX. —
(4) Part. III, cap. XLII. — (5) Part. III, cap. XV. — (6) Part. III, cap. XXI. — (7) Part. III, cap. XXXVI. —
(8) Part. III, cap. IX et XXXVIII. — (9) Part. III, cap. XXXV, XLIII et XLIV.

doivent être réparées par une contribution sur ce qui a été sauvé (1). Non-seulement les marchandises, les meubles, les vêtemens, les bijoux, contribuent, mais les personnes elles-mêmes (2), d'après une évaluation, qui est une livre pour chaque passager et pour le patron, une demi-livre pour le pilote et le timonnier, et trois pièces de moindre monnoie pour chaque matelot : l'esclave qui n'est pas destiné à la vente est estimé trois mines, et celui qui est destiné à la vente, deux mines (3); l'or et la soie contribuent pour un dixième, l'argent pour un cinquième (4); et le navire d'après un mode particulier d'évaluation (5). Mais si des marchandises ont été déchargées en route, elles ne peuvent plus être appelées à contribuer pour un accident postérieur à leur décharge (6).

Le fret des choses perdues dans le naufrage ne peut être exigé; mais on peut stipuler que ce qui auroit été payé d'avance ne sera pas sujet à répétition (7). Les personnes qui se sont sauvées doivent la moitié du prix de leur passage; et même, si elles se sont sauvées à l'aide de quelques agrès du navire naufragé, elles doivent y ajouter un cinquième (8).

Des récompenses sont accordées à ceux qui sauvent les objets naufragés, selon l'importance des objets et l'étendue des dangers qu'ils ont courus (9); et les mesures que le droit romain avoit adoptées pour protéger les naufragés sont transcrites dans la compilation (10).

Le prêt à la grosse, dans lequel le prêteur court les risques auxquels sont exposés les objets affectés, ne doit pas être confondu avec le prêt ordinaire, qui n'admet point de risques semblables (11); il est stipulé, ou moyennant un intérêt maritime, qui cesse de courir quand le terme est arrivé (12), ou moyennant une part que le prêteur se réserve dans la spéculation de l'emprunteur (13) : le prêteur n'est obligé de supporter la perte qu'autant qu'elle arrive avant l'époque fixée par le contrat pour la cessation de ses risques (14), et peut placer sur le navire une personne pour veiller à ses intérêts (15). Le patron est autorisé à emprunter à la grosse sur le chargement; mais une condition est exigée, c'est qu'il soit lui-même propriétaire d'une partie (16).

Tel est l'exposé, aussi fidèle que j'ai pu le faire, de cette compilation trop vantée et trop dépréciée. Je n'ai pas dû le surcharger d'explications dont le but auroit été d'éclaircir les textes qui m'ont paru obscurs ou contradictoires, soit par la faute des copistes, soit même parce que je ne les aurois pas bien compris. J'en ferai l'objet des notes qui accompagneront la traduction.

Il me reste à en faire connoître les principaux manuscrits et les éditions les plus remarquables.

(1) Part. III, cap. IX, X, XXIX, XXX, XXXI, XXXII, XXXVIII, XLIII et XLIV. — (2) Part. III, cap. IX et XXXV. — (3) Part. III, cap. IX. — (4) Part. III, cap. XXX, XXXI et XL. — (5) Part. II, cap. XVI. — (6) Part. III, cap. XXVII et XXXIII. — (7) Part. III, cap. XXXII. — (8) Part. III, cap. XXX. — (9) Part. III, cap. XLV et XLVII. — (10) Part. III, cap. XLVI, XLVIII, XLIX, L, LI. — (11) Part. II, cap. XVII; part. III, cap. XVI. — (12) Part. III, cap. XVIII. — (13) Part. III, cap. XVII. — (14) Part. III, cap. XVIII. — (15) Part. II, cap. VIII, et in al. edit. XX. — (16) Part. II, cap. XVIII, et in al. edit. XX.

J'ai déjà décrit les quatre manuscrits de la bibliothèque royale de Paris ; de nouveaux détails sont inutiles.

Assemani, *Biblioth. juris orient.* t. II, pag. 560 et 579, en indique deux du Vatican, l'un n.° 640, et l'autre, n.° 847. Il est probable que ce dernier a servi à Schard pour publier son édition ; ce manuscrit me paroit aussi être celui que le président de Fabri indique au livre III, chapitre XII, de son ouvrage intitulé *Semestrium.* M. Mai m'a assuré que ces manuscrits ne différoient pas des éditions imprimées.

Fabricius, *Bibliotheca græca,* t. V, page 787, indique un manuscrit de Naples. J'ai vainement écrit pour obtenir des détails à cet égard.

Le Catalogue des manuscrits existant dans les principales bibliothèques d'Angleterre en indique un, t. I, page 37, n.° 264, contenant vingt chapitres, formant probablement la seconde pièce ; et aux pages 53 et 392 du tome II, un autre, n.° 2144, contenant seulement une analyse de la troisième pièce.

Lambec, dans son ouvrage intitulé, *De augustissima bibliotheca Cæsarea Vindobonensi Commentarii,* en décrit deux, aux pages 11 et 31 du tome VI. Le premier contient quarante-sept chapitres, auxquels sont ajoutés quatre fragmens du Digeste et du Code de Justinien ; ce qui forme précisément les cinquante-un chapitres dont se composent les éditions imprimées. Un troisième manuscrit est indiqué, sans description, dans le Supplément.

Schard parle d'un manuscrit de Florence, sur lequel il ne donne aucun renseignement, et paroit l'avoir consulté. Le Catalogue de la bibliothèque de Médicis, publié par Bandini, décrit seulement un Manuel qui paroit être celui des empereurs Basile et Léon, dont le L.ᵉ livre, consacré à la loi rhodienne, est peut-être un extrait semblable à celui que le manuscrit 1367 de la bibliothèque royale contient à la suite du même Manuel.

D'après Morelli, t. I, page 107, et Zanetti, page 104, la bibliothèque de Saint-Marc à Venise possède, sous le n.° 282, un manuscrit de la troisième série, contenant quarante-huit chapitres ; il est probable que c'est la troisième pièce.

Il existe à Moscou deux manuscrits indiqués par Ch. Fréd. de Matthæi, *Codicum græcorum manuscriptorum bibliothecarum Mosquensium* &c. : l'un, du XV.ᵉ siècle, cité page 294, portant le n.° 302, sans autre indication que les mots Νόμος ναυτικὸς, c'est probablement la seconde pièce ; l'autre, du XI.ᵉ ou XII.ᵉ siècle, cité page 320, lequel contient la seconde et la troisième pièce.

La bibliothèque de Munich possède deux manuscrits : l'un, du XV.ᵉ siècle, cité au tome II du Catalogue, page 162, sous le n.° 149, paroit ne contenir que le dernier chapitre de la seconde pièce et la troisième entière ; l'autre, du XIII.ᵉ siècle, est cité au tome III, page 239, n.° 303, à la suite du Manuel de l'empereur Basile, après les lois géorgiques et militaires, comme s'il étoit le soixante-dixième titre de ce manuscrit ; il paroit être un extrait de la troisième pièce, comme dans le manuscrit 1367 de la bibliothèque royale de Paris.

Enfin M. Haubold, dans son ouvrage intitulé, *Manuale Basilicorum*, page 353, fait mention d'un manuscrit qu'il dit être indiqué à la page 392 du Catalogue de la bibliothèque de Leyde, autrefois celle de Vossius; je n'ai pu trouver à Paris ce catalogue, pour vérifier s'il contient une description.

Les éditions imprimées sont nombreuses. J'ai déjà parlé de celle de Schard, publiée en 1591, qui me paroît être la plus ancienne. Il l'a accompagnée d'une traduction latine, de quelques notes, et d'un vocabulaire. Loewencklau a publié à la fin du tome II du *Jus græco-romanum*, imprimé en 1596, une édition plus complète, d'après un manuscrit de François Pithou, avec une nouvelle version latine. Vinnius l'a réimprimée dans l'ouvrage dont j'ai parlé page 83, avec des variantes, la plupart extraites d'un manuscrit de Heinsius. Elle se trouve, avec une quantité de fautes qui la rendent inintelligible, à la suite de l'ouvrage italien de Targa, *Ponderazioni sopra le contrattazioni marittime*.

Schroeter, dans une dissertation latine imprimée en 1660, et que quelques auteurs attribuent à Fabricius, qui fut le répondant (1), a commenté la troisième partie. L'auteur de l'ouvrage intitulé, *General Treatise of dominion of the sea*, a traduit la seconde et la troisième pièce en anglais, et les a accompagnées d'un commentaire. On en trouve une traduction italienne dans le tome I.er, pages 7 et suiv., de la *Bibliothèque de droit maritime*, imprimée à Florence en 1785, et dans le tome V, pages 5 et suiv., du *Traité des assurances* de Baldasseroni; une espagnole, dans le tome II, pages 7 et suiv., du Recueil d'anciennes lois maritimes de Capmani; une allemande, dans le *Corpus juris nautici* d'Engelbrecht, pages 1 et suiv.

Ces auteurs me paroissent n'avoir rien fait autre chose que de traduire en leur langue le latin de Loewencklau, sans publier le texte.

Je ne connois point de traduction française, et je ne crois pas devoir en offrir une; j'ai pensé qu'une version latine seroit préférée. Je n'ai pas adopté exclusivement celle de Schard; elle est quelquefois trop libre, et m'a paru présenter quelques erreurs. Je n'ai pas non plus adopté celle de Loewencklau, copiée par Vinnius; quoiqu'en général plus littérale, elle est quelquefois obscure. Je crois d'ailleurs qu'elle contient un contre-sens général, en traduisant toujours, sans aucune distinction, ναύκληρος par *exercitor*. Le droit romain, qui naturellement est le type qu'il faut suivre dans l'emploi légal des mots, entend par *exercitor* le *dominus navis*; et si quelquefois il l'a désigné par les mots *nauta*, *navicularius*, qui servent aussi à désigner le patron, jamais il n'a fait cette confusion dans l'emploi du mot *exercitor*. En lisant la compilation, il est évident que le mot ναύκληρος ne peut s'entendre que du

_____

(1) Lange, *Brevis introductio in notitiam legum nauticarum*, &c. pag. 18.

patron, qui, à la vérité, étoit souvent aussi *dominus navis*, mais qui, en général, est préposé par l'*exercitor ;* d'ailleurs, lorsque la compilation veut désigner le propriétaire du navire, elle emploie les mots Δεσπότης πλοίου, *dominus navis* (1). Tous les interprètes du droit grec ont reconnu que le mot ναύκληρος devoit être quelquefois traduit par *magister navis*, quelquefois par *exercitor*, selon que le sens et la matière le commandoient (2).

Voilà d'abord la différence essentielle entre ma traduction et celles de Loewencklau et de Vinnius; car la traduction de Schard n'offre point cette faute. La ponctuation présente aussi dans ces éditions des erreurs ou des non-sens qui ont pu servir à donner une idée défavorable de la compilation.

Mais il est plus facile de voir les fautes des autres que de n'en pas commettre soi-même; je suis donc loin de croire que mon travail soit à l'abri de tout reproche. Je vais faire connoître en quoi il a consisté.

La collation des manuscrits m'a procuré quelques corrections aux textes usuels; j'ai soin d'en indiquer les sources. Je ne pouvois ni ne devois courir après l'élégance dans la version latine; l'exactitude et la clarté sont le seul mérite qu'on puisse ambitionner. L'objet des notes a été d'indiquer en quoi la compilation étoit conforme au droit romain et à celui des Basiliques, en quoi elle en différoit, et les causes probables de cette différence. J'ai tâché, en second lieu, d'indiquer la corrélation des divers chapitres. Chaque fois que des dispositions en apparence opposées m'ont paru susceptibles de conciliation, j'ai présenté celle qui me sembloit la plus naturelle; lorsque je n'ai pu y parvenir sans forcer l'acception naturelle et usuelle des mots, j'en ai fait l'observation. D'autres peut-être, soit en rectifiant l'interprétation de quelques mots, soit en conjecturant des corrections dans le texte, réussiront mieux à détruire le petit nombre d'antinomies qu'offrent certains chapitres. Au moins j'aurai tenté un travail qui jusqu'à présent n'avoit pas été fait; et je me féliciterai d'avoir fourni l'idée et quelques moyens de le perfectionner.

J'ai cru qu'on verroit avec plaisir, à la suite des trois pièces dont la compilation est composée, et des chapitres inédits trouvés dans le manuscrit 1720 de la bibliothèque royale, les Paratitles de Tipucitus, qui s'y rapportent. Ce fragment, qui n'a jamais été imprimé, ne donnoit lieu à aucune collation de manuscrits, puisqu'il n'en existe pas d'autre texte que celui dont M. Mai a bien voulu me faire l'envoi.

(1) Troisième pièce de la compilation, chap. XXVI.
(2) Reitz, note 9 *ad Harmenop. Procheir.* lib. II, tit. XI.

FRAGMENTA

AD REM NAUTICAM PERTINENTIA,

QUÆ VULGO VOCANTUR

JUS NAVALE RHODIORUM.

NO'ΜΟΣ (*a*) 'ΡΟΔΙ'ΩΝ (*b*)

NAYTIKO'Σ,

Ὃν ἐθέσπισαν οἱ θειότατοι αὐτοκρά-
τορες, Τιβέριος (*c*), Ἀδριανὸς,
Ἀντωνῖνος, Περτίναξ, Λεύκιος
Σεπτίμιος Σεβῆρος, ἀεισέβα-
στοι (*d*).

Τιβέριος Καῖσαρ Σεβασὸς, ἀρχιερεὺς μέγιστος, δη-
μαρχικῆς ἐξουσίας τελακοςῷ δευτέρῳ (*e*).

Ἐντυχόντων μοι τῶν ναυτῶν, τῶν ναυκλήρων (*f*),
κỳ τῶν ἐμπόρων, ἵνα τὰ ἐν τῇ θαλάσσῃ (*g*) συμβαί-
νοντα εἰς συμβολὴν ἔρχωνται (*h*), ἀποκριθεὶς ὁ Νέρων εἶπε· Μέγιςε, σοφώτατε (*i*) κỳ φαιδρότατε
Τιβέριε Καῖσαρ, τὰ ὑπὸ τοῦ σοῦ μεγέθους καθι-
σάμενα, ἀναγκαῖον οἶμαι ἐνδείξασθαι οὐδὲν (*k*).
Παραπέμψης ἀκριβῶς ἐν 'Ρόδῳ ἐπιζητήσας κỳ
ἀναθέμενος τὰς πράξεις τῶν ἐμπλεόντων ναυκλήρων, κỳ ἐμπόρων, κỳ ἐπιβατῶν, κỳ ἐνθηκῶν, κỳ
κοινωνῶν, κỳ πλοίων ἀγρεάσιων κỳ πράσιων, κỳ

JUS RHODIORUM

NAVALE,

*Quod imperatores sacratissimi, Ti-
berius, Hadrianus, Antoninus,
Pertinax, Lucius Septimius Seve-
rus, perp. Auggggg. sancive-
runt* (1).

Tiberius Cæsar Augustus, pontifex
maximus, tribunitiæ potestatis anno tri-
cesimo secundo.

Cùm nautæ, naucleri et mercatores à
me postulassent ut quæcunque in mari
accidunt, in contributionem veniant,
Nero respondens dixit : Maxime., sa-
pientissime, serenissime Tiberi Cæsar,
equidem minimè necessarium arbitror,
ut quæ à majestate tua proponuntur, ego
collaudem. Rhodum mitte, ut diligenter
inquiratur de negotiis naviculariorum, et
mercatorum, et vectorum, de oneribus in

(*a*) Cette rubrique n'est placée, dans les Mss. 1367 et 1720, qu'après le prologue ; la rubrique, mais sans le prologue,
est dans le Ms. 1356 ; ni l'une ni l'autre ne sont dans le Ms. 1391, Codex Cypriorum. Le prologue, dans les Mss. 1367
et 1720, a pour titre πρόλογος 'Ροδίων νόμου ἐκτεθεὶς ὑπὸ Τιβερίου Καίσαρος, *Prologus rhodiæ legis expositus à Tiberio imperatore.*
— (*b*) Les Mss. 1356 et 1720 portent νόμος ναυτικὸς 'Ροδίων, *Lex maritima Rhodionis.*— (*c*) Dans le Ms. 1720, Tibère est
nommé après Antonin ; Pertinax n'est pas nommé, et l'on y trouve de plus les noms de Vespasien et de Trajan. — (*d*) Dans le
Ms. 1720, après διισίβαςοι, *perp. augg.*, il y a λέγιοι, *sapientes.*—(*e*) Mss. 1367 et 1720, τοῦ τριακοςοῦ δευτέρου λόγου, *orationis
trigesimæ secundæ.*— (*f*) Ce mot et le suivant manquent dans les Mss. 1367 et 1720.— (*g*) Mss. 1367 et 1720, on trouve
après θαλάσσῃ, *mari*, le mot ζάλη, *tempestate.*— (*h*) Mss. 1367 et 1720, ἔρχεσθαι, *venire.*— (*i*) Mss. 1367 et 1720, σοφὸς κỳ
ἱερωίτατε, *sapientem et firmissime.*— (*k*) Mss. 1367 et 1720, οὐδὲν δογμάτων ἐμπαλίπτεσι ἐν 'Ρόδῳ παρείμψατε, κỳ' ἀκριβὲς
ἐπιζητήσαι, κ. τ. λ., *nec dictis vagis Rhodum misit, sed diligenter inquirens*, &c.

---

(1) La lecture de ce prologue, vulgairement appelé *Confirmations impériales*, fera connoitre qu'il indique
deux empereurs, Vespasien et Trajan, dont les noms ne se trouvent point dans le titre ; et que réciproquement le titre indique Adrien, Pertinax et Sévère dont il n'est point parlé dans le prologue.

ναυπηγικῶν ἐργασιῶν (a), παραθηκῶν τι χρυσίν κ̀
ἀργυρείου (b), καὶ εἰδῶν διαφόρων.

Ταῦτα πάντα ψήφῳ θεμαπίσας (c) Τιβέριος,
καὶ σφραγίσας, παρέδωκεν Ἀντωνίῳ φαιδροτάτῳ
ὑπάτῳ, καὶ ὑπατικοῖς (d) τοῖν προσαρρευύουσιν
ἐν τῇ παντευδαίμονι καὶ κορυφαίᾳ (e) τῶν πόλεων
Ῥώμῃ, ἐπὶ ὑπάτων Λαύρου (f) καὶ Ἀγριππίνης
φαιδροτάτων.

Οὗτοι προσήνεγκαν τῷ (g) μεγίστῳ αὐτο-
κράτορι Οὐεσπασιανῷ (h), οὗ καὶ αὐτὰ σφρα-
γίσαντος ἐπὶ τῆς λαμπρᾶς συγκλήτου, Οὔλπιος
Τραϊανὸς ἀπέλυσεν εἶναι τὸν νόμον τῶν Ῥοδίων,
ἅμα τῇ φαιδροτάτῃ συγκλήτῳ (i).

(k) Τιβέριος Καῖσαρ εἶπι· Μηδένα μείζονα κίνδυνον εἶναι λέγω, τῆς καπαρτίου αὐτπμάτως ἐκβεβλη-
μένης, εἰς συμβολὴν ἔρχεσθαι· ἐὰν δὲ καὶ ἀνάγκη,
ὁ προρεὺς καὶ ὁ ναυπηγὸς τὰ σίδηρα προσφερέτω-
σαν, καὶ κοπιέτωσαν τὴν καπαρτίου, ἵνα μὴ τὸ
πλοῖον καταπονισθῇ, καὶ ταῦτα (l) εἰς συμβολὴν
ἐρχέσθωσαν.

(m) Ἀλλὰ μὴν (n) καὶ Ἀντωνῖνος τῷ ἀξιωθέντι
εἶπεν· Ἐγὼ μὲν τοῦ κόσμου κύριος, ὁ δὲ νόμος τῆς
θαλάσσης. Τῷ νόμῳ τῶν Ῥοδίων κρινέσθω τῷ ναυτικῷ, ἐν οἷς μή τις τῶν ἡμετέρων αὐτῷ νόμος ἐναντιοῦται. Τοῦτο δὲ αὐτὸ καὶ ὁ θειότατος Αὔγουστος
ἔκρινε.

naves suscipiendis, de societatibus nauticis, de navigiorum emptionibus ac vendi-
tionibus, et naupegorum mercedibus, et
de auri, argenti, diversarumque rerum
depositionibus.

Hæc omnia cùm Tiberius decreto com-
plexus esset et subsignasset, tradidit Antonino, clarissimo consuli, et aliis consula-
ribus qui eum consulebant in illa felici et
urbium vertice Roma, Lauro et Agrippino
consulibus clarissimis.

Ab iisdem hominibus hæc etiam maxi-
mo imperatori Vespasiano fuerunt oblata,
qui cùm et ipse in senatu amplissimo ea
subsignasset, Ulpius Trajanus, unà cum
senatu clarissimo, legem hanc Rhodiorum edicto sancivit (1).

Tiberius Cæsar dixit : Nullum majus
esse periculum credo, quàm, malo sponte
dejecto, collationem fieri ; sed, si necesse
est, proreta et naupegus ferrum dent, et
malum secent, ne navis pereat, et tunc
collatio fiat.

Quin et Antoninus cuidam deprecanti
respondit : Ego quidem mundi sum dominus, lex verò maris. Lege rhodiâ res
nauticæ disceptentur, quatenus ei nulla
nostra lex adversatur. Idem et sacratissi-
mus Augustus respondit.

(a) Mss. 1367 et 1720, ἢ ναυτῶν ἐργασίας, et nautarum operas. — (b) Vinnius, χρυσίον ἢ ἀργυρίον, aurorum et argentorum.
— (c) Le Ms. 1367 et Vinnius écrivent ψηφοθεματίσας en un seul mot. — (d) Le Ms. 1367 écrit ὑπάτοις τοῦτο προσφέρουσιν ;
le Ms. 1720, τοῦτο προφέρουσιν ἐν τῇ κορυφῇ &c. — (e) Les Mss. portent κορυφῆ. — (f) Ms. 1367, Κλάρῳ, Claro. — (g) Ms. 1356,
au lieu de τῷ, il y a ᾧ. — (h) Le Ms. 1720 et Vinnius écrivent Οὐεσπασιανῷ ; j'ai écrit Οὐεσπασιανῷ avec le Ms. 1367. —
(i) Voir une variante dans les notes. — (k) Ce paragraphe ne se trouve pas dans les deux Mss. 1367 et 1720. — (l) Peut-
être pour τότε, tunc. — (m) Ne se trouve que dans les Mss. 1367 et 1720. — (n) Vinnius écrit Ἀλλὰ μὴ, sed non ; cette
négation ne change pourtant pas le sens, car il a soin d'ajouter un point d'interrogation.

(1) Le manuscrit 1720 ajoute ici : Νέρων ὁ βασιλεὺς σφραγίσας ἀπέλυσεν, αὐτοκράτωρ Τραϊανὸς ἐπὶ
ὑπάτων Κλάρου ἢ Ἀλεξάνδρου σφραγίσας ἀπέλυσεν εἶναι τὸν ῥόδιον νόμον δίκαιον ἢ ἐπίκρισιν ἔχοντα.
« Nero obsignatam permisit ; Trajanus imperator Claro et Alexandro obsignatam permisit legem rhodiam
« jus obtinere et auctoritatem. » J'ai cru devoir n'indiquer ce passage que comme une variante, car il n'a
aucune liaison avec ce qui précède.

ΚΕΦΑΛΑΙΑ

ΤΟΥ ΝΑΥΤΙΚΟΥ ΝΟΜΟΥ (a).

α΄. Περὶ ναυκλήρου μισθοῦ.

β΄. Περὶ κυβερνήτου μισθοῦ.

γ΄. Περὶ πρωρέως μισθοῦ.

δ΄. Περὶ ναυπηγοῦ μισθοῦ.

ε΄. Περὶ καραβίτε μισθοῦ.

ς΄. Περὶ ναυτῶν μισθοῦ.

ζ΄. Περὶ παρεσχαρίτε μισθοῦ.

η΄. Περὶ ἐμπόρου (b).

Θ΄. Περὶ ἐπιβατῶν (c).

ι΄. Περὶ ἐπιβάτε, τὸν ἰχθὺν μὴ τηγανίζειν ἐν πλοίῳ.

ια΄. Περὶ ἐπιβάτε, μὴ σχίζειν ἐν πλοίῳ ξύλα.

ιβ΄. Περὶ ἐπιβάτε, ἐν πλοίῳ μέτρῳ λαμβάνειν ὕδωρ.

ιγ΄. Περὶ γυναικὸς ἐν πλοίῳ.

ιδ΄. Περὶ ἐπιβάτε παρακαταθήκης.

ιε΄. Περὶ ὅρκε ἀπαραιτήτου.

ις΄. Περὶ τιμῆς πλοίε Ῥοδίε.

ιζ΄. Περὶ δανείου ἐπὶ γῆς καὶ θαλάσσης.

ιη΄. Περὶ ἐπιβατῶν ἐμπόρων.

ιθ΄. Περὶ ναυκλήρων καὶ ναυτῶν.

ΝΑΥΤΙΚΟΣ ΝΟΜΟΣ.

α΄. Ναυκλήρου μισθὸς, μέρη δύο.

β΄. Κυβερνήτε μισθὸς, μέρες ἐν ἥμισυ.

CAPITA

JURIS NAVALIS.

I. De mercede magistri navis.

II. De mercede gubernatoris.

III. De mercede proretæ.

IV. De mercede naupegi.

V. De mercede carabitæ.

VI. De mercede nautarum.

VII. De mercede parescharitæ.

VIII. De mercatore.

IX. De vectoribus.

X. De vectore, ne in nave piscem in sartagine frigat.

XI. De vectore, ne in nave ligna findat.

XII. De vectore, ut aquam in nave ad mensuram accipiat.

XIII. De muliere quæ est in nave.

XIV. De vectoris deposito.

XV. De jurejurando irrecusabili.

XVI. De æstimatione navis rhodiæ.

XVII. De fœnore tam terrestri quàm trajectitio.

XVIII. De vectoribus qui mercatores sunt.

XIX. De exercitoribus et nautis.

JUS NAVALE.

I. Merces magistri navis, portiones duæ (1).

II. Merces gubernatoris, portio una cum semisse.

(a) Ce titre ne se trouve pas dans l'édition de Schard. — (b) Après ἐμπόρου, mercatoris, le Ms. 1356 ajoute μισθοῦ, mercede: tous les éditeurs l'ont omis avec raison. — (c) Le Ms. 1356 ajoute encore le mot μισθοῦ.

(1) Il est difficile de comprendre les sept chapitres suivans, parce que nous n'avons aucune notion sur la manière dont les engagemens respectifs des armateurs et des gens de mer étoient faits. Il est évident que, dans ces articles, il s'agit de parts, et que ces parts [μισθοί, mercedes] ne sont point des parts dans le navire : ce sont des parts dans le fret ou le profit, genre de location qui est probablement fort ancien. Les chapitres dont il s'agit ici ne désignent point la somme à laquelle montent ces parts; Schard en a fait l'observation et a cherché à les déterminer. Ce soin me paroit inutile, l'objet de ces chapitres étant de désigner des portions aliquotes.

I.

30

γ΄. Πρωρέως μισθὸς, μέρος ἓν ἥμισυ.

III. Merces proretæ (1), portio una cum semisse.

δ΄. Ναυπηγοῦ μισθὸς, μέρος ἓν ἥμισυ.

IV. Merces naupegi (2), portio una cum semisse.

ε΄. Καραβίτου μισθὸς, μέρος ἓν ἥμισυ (a).

V. Merces carabitæ (3), portio una cum semisse.

ϛ΄. Ναύτου μισθὸς, μέρος ἕν.

VI. Merces nautæ, portio una.

ζ΄. Παρεσχαρείτου (b) μισθὸς, μέρος ἥμισυ (c).

VII. Merces coqui (4), portio dimidia.

η΄. Ἐμπόρῳ ἔχειν ἐξὸν ἐν πλοίῳ παῖδας (d) δύο· τὸ δὲ ναῦλον διδότω.

VIII. Mercatori duos in nave pueros habere licet ; sed naulum pro eis solvat (5).

θ΄. Ἐπιβάτου τόπος, μῆκος πήχεων τριῶν· πλάτος πήχεως ἑνός (e).

IX. Vectoris locus, longitudo trium cubitorum, latitudo cubiti unius.

ι΄. Ὁ ἐπιβάτης ἐν πλοίῳ ἰχθὺν μὴ τηγανιζέτω, καὶ ὁ ναύκληρος αὐτῷ μὴ συγχωρείτω (f).

X. Vector in nave piscem non frigat, et magister id ei non permittat.

ια΄. Ὁ ἐπιβάτης ἐν πλοίῳ ξύλα μὴ σχίζέτω, καὶ ὁ ναύκληρος αὐτῷ μὴ συγχωρείτω.

XI. Vector in nave ligna non findat, et magister id ei non permittat.

(a) Ce chapitre et le suivant n'en forment qu'un dans l'édition de Schard. Selon Loewencklau, quelques Mss. suppriment le mot ἥμισυ. — (b) Les Mss. écrivent παρασχαρείτου. — (c) Ce chapitre n'est pas dans l'édition de Schard. — (d) Schard et le Ms. 1356 portent τέλας, pedes. Voir la note. — (e) Le Ms. 1356 contient mal-à-propos μιᾶς au féminin. — (f) Cette fin de phrase manque dans le Ms. 1356, depuis καὶ ὁ ναύκληρος.

(1) La distinction des fonctions du pilote et du timonnier étoit usitée, comme on le voit dans Plaute, *Rudens*, act. I, sc. XIV, v. 75, *Si tu proreta isti navi es, ego gubernator ero*, et dans le fr. 11, § 2, du titre IV du livre XXXIX du Digeste, *De publicanis*.

(2) Le mot *naupegus*, qui rend le mot grec ναυπηγός, désigne indistinctement un fabricateur de navires ou celui qui travaille à les réparer. C'est dans le premier sens que ce mot est employé par le fr. 6 du livre L du Digeste, *De jure immunitatis*. Mais il n'est pas probable que dans l'usage, auquel se réfère ce chapitre, on entende parler du fabricateur ou constructeur du navire ; car ce fabricateur n'est pas sur le navire, et, soit qu'il en ait la propriété, soit qu'il ait travaillé pour un armateur, il n'a pas droit à des salaires de navigation. L'individu dont il s'agit ici est donc le charpentier, appelé *calfat* parmi nous, qui avoit la fonction de travailler aux réparations dont on pouvoit avoir besoin dans le cours de la navigation.

(3) Le mot *carabita* est corrélatif à celui de *carabo*, qui signifie assez souvent un navire principal, ainsi qu'on l'a vu page 198, note 3, mais qui quelquefois aussi signifie la chaloupe. Ainsi *carabita* pourroit signifier soit le patron du navire, soit celui qui est préposé spécialement au service de la chaloupe. Schard, et après lui Loewencklau et Vinnius, ont adopté cette dernière interprétation, qui me semble commandée par l'ordre des idées.

(4) Littéralement, *foci custos* ; il ne m'a pas paru possible de traduire autrement que par *cuisinier*, nommé *coq* dans les usages actuels, et dans les réglemens généraux sur l'organisation des équipages maritimes, du latin *coquus*.

(5) Schard, sur la foi du manuscrit dont il a fait usage, qui porte πόδας, a traduit *mercatori locum duorum pedum habere* ; ce qui rend le reste inintelligible et contredit le chapitre suivant. Toutes les autres éditions, et les manuscrits de la bibliothèque royale, à l'exception du manuscrit 1356, dans les fragmens incomplets qu'il contient, page 277, portent le mot παῖδας, et Schard, page 275, remarque aussi qu'il est dans le manuscrit du Vatican. Cette leçon est évidemment la seule véritable. Quelle raison y auroit-il de déclarer qu'un chargeur qui accompagne ses marchandises n'occupera que deux pieds, espace insuffisant, lorsque le passager a, d'après le chapitre suivant, droit d'occuper trois couddes de longueur sur une de largeur ? Au contraire, rien de plus naturel que d'accorder à un marchand le droit d'amener de plein droit, et sans stipulation spéciale, deux serviteurs, pourvu qu'il paie leur passage.

ιβ΄. Ὁ ἐπιβάτης ἐν πλοίῳ ὕδωρ μέτρῳ λαμβανέτω, οὔτε δύο (a).

ιγ΄. Ἡ γυνὴ ἐν πλοίῳ λαμβανέτω τόπον πήχεως ἑνός· τὸ δὲ παιδίον τὸ μὴ τέλειον, πήχεως τὸ ἥμισυ (b).

ιδ΄. Ναύκληρος, ἐὰν ὑποδέξηταί τι, ἐνέχεται ἵνα ἀποκαταστήσῃ καὶ ἀποδώσῃ αὐτό. Εἰ δὲ μὴ θέλει δέξασθαι κατ᾽ ἀρχὴν, οὐδεὶς δύναται καταναγκάσαι τοῦτον, ἵνα δέξηταί τι (c).

Ἐὰν εἰσέλθῃ ἐπιβάτης ἐν πλοίῳ, καὶ ἔχῃ χρυσίον, παραθέσθω αὐτὸ τῷ ναυκλήρῳ. Εἰ δὲ μὴ παραθέμενος εἴπῃ, ὅτι χρυσίον ἀπώλεσα, ἢ ἀργύριον (d), ἄκυρα ἔστω τὰ παρ᾽ αὐτοῦ λεγόμενα, ὅτι οὐ τῷ ναυκλήρῳ παρέθετο (e).

ιε΄. Ὁ δὲ ναύκληρος, καὶ οἱ ναῦται, καὶ οἱ ἐπιβάται, ὁμοῦ ἐμπλέοντες, ὅρκον εὐαγγέλιον παρεχέτωσαν.

ις΄. Δεῖ εἶναι τὴν χιλιάδα τοῦ μοδισμοῦ, χρυσίων ν΄, μετὰ πάσης τῆς ἐξαρτίας αὐτοῦ, καὶ εἰς συμβολὴν ἐρχέσθω· τοῦ δὲ πλοίου τοῦ παλαιοῦ, χρυσίων λ΄· καὶ ἐν τῇ διαπημήσει αὐτοῦ, τὸ τρίτον

XII. Vector aquam ad unam mensuram accipiat, non verò ad duas (1).

XIII. Mulier in nave locum cubiti unius accipiat ; puer autem nondum adultus , locum cubiti dimidii.

XIV. Magister (2), si quid receperit, ad ejus restitutionem et redditionem tenetur. Sin autem ab initio recipere noluerit, nemo eum cogere potest ut quid recipiat (3).

Si vector navem ingressus fuerit et pecuniam habeat, eam apud magistrum deponat. Quòd si, eâ non depositâ, aurum argentumve se perdidisse dixerit, sermones ipsius irriti sint, propterea quòd apud magistrum non deposuerit (4).

XV. Sed tamen magister, et nautæ, et vectores, qui simul navigant, jusjurandum evangelicum præstent (5).

XVI. Oportet chiliadem modiationis esse solidorum quinquaginta, cum omnibus armamentis suis, et sic in contributionem veniat : veteris autem navigii, soli-

---

(a) Ces deux derniers mots ne sont que dans le Ms. 1356. — (b) Mss. 1356 et 1720, γυναικὶ τόπος ἐν πλοίῳ πήχυς μία (pour εἷς)· τοῦ δὲ παιδὸς τοῦ μὴ τελείου πήχεως τὸ ἥμισυ : ce qui donne le même sens. — (c) Ces trois lignes manquent dans les Mss. 1356 et 1720. Voir la note. — (d) Le Ms. 1356 ajoute ἄγκυρας, ancoram; mais c'est évidemment une erreur du copiste, qui a changé ἄκυρα, irrita, en ἄγκυρας. — (e) Les Mss. 1356 et 1720 réunissent à ce chapitre le suivant. Voir la note.

(1) J'ai cru, sur la foi du manuscrit 1356, devoir admettre ces derniers mots, qui expliquent le véritable sens du mot μέτρῳ, pour signifier *unam tantùm mensuram*.

(2) Cette phrase, qui manque dans les manuscrits de la bibliothèque royale, se trouve dans les éditions imprimées, où elle forme un chapitre xx, sans rapport à aucune rubrique, puisqu'elles ne sont qu'au nombre de dix-neuf. J'ai cru qu'elle étoit mieux placée ici.

(3) C'est à peu près la disposition du § 1 du fr. 1 du titre ix du titre iv du Digeste, *Nautæ, caupones*, &c. reproduit dans le chapitre vi du titre 11 du livre liii des Basiliques.

(4) On retrouve cette même disposition, presque littéralement, dans le chapitre xiii de la troisième pièce de cette compilation.

(5) Ce chapitre peut être entendu dans deux sens différens, selon qu'on le lie au précédent, dont il ne seroit alors que le complément, par le mot δὲ, *cæterùm*, ou qu'en supprimant ce mot, on présente le chapitre comme une disposition principale pour créer une sorte d'assurance mutuelle entre les marins et les passagers. Schard paroit avoir adopté le premier sens, et son opinion est justifiée par les manuscrits 1356 et 1720, qui réunissent ce chapitre au précédent. J'ai suivi la leçon de ces manuscrits; mais j'ai conservé la distinction des chapitres, parce que dans la série des rubriques il y en a une spéciale. Cette leçon me paroît plus raisonnable que la leçon vulgairement admise. On comprend très-bien pourquoi, dans le cas du chapitre précédent, où une perte d'argent apporté par un passager est alléguée, le patron, l'équipage et les autres passagers doivent se purger par serment; il est moins facile de deviner pourquoi le chapitre, tel qu'il est admis vulgairement, imposeroit à l'équipage et aux passagers l'obligation de se lier réciproquement par un serment, à moins qu'on ne suppose que ce seroit l'engagement d'une mutuelle défense. Mon opinion est d'ailleurs confirmée par le chapitre xiii de la pièce suivante.

μέρος κουφιζέσθω, καὶ οὕτως εἰς συμβολὴν ἐρχέσθω (a).

ιζ´ (b). Ὁ νόμος κελεύει· Τὰ ἐν τῇ θαλάσσῃ διαδανεισμένα (c), ἔγγυα (d) καὶ ἀκίνδυνα, μὴ γραφέσθωσαν. Εἰ δὲ ἢ ἐπιγραφθῶσιν, ἄκυρα ἔστω κατὰ τὸν Ῥόδιον νόμον. Τὰ δὲ ἐν ἀγροῖς ἢ ἐν ὄρεσι δανειζόμενα, ἔγγυα καὶ ἀκίνδυνα, ἐπιγραφέσθωσαν (e).

Ἐὰν δανείσῃ τις ἐν τόκοις, καὶ ἔτι πλείσῃ τοὺς ἐννόμους τόκους, μετὰ δὲ ὀκτὼ ἔτη συμβῇ ἀπώλειαν γενέσθαι, ἢ πυρκαϊὰν, ἢ διαρπαγὴν βαρβάρων, τῶν τόκων διάλυσις γινέσθω κατὰ τὸν Ῥόδιον νόμον. Εἰ δὲ μὴ πλέσει (f) τοὺς τόκους ἐκ τῶν νομίμων, τὰ ἔγγραφα κύρια ἔστι κατὰ τὰς προτέρας συνθήκας, καθὼς τὸ ἔγγραφον προφέρει.

ιη´. Οἱ ναύκληροι ναυκληροῦντες τὰ συμβαλλόμενα τοῦ πλοίου μὴ ἔλασσον τοῦ τριμειρείτου, ὅπη ἐὰν ἀποστέλλωνται, καθὸ χρήματα χρηννύειν καὶ ἀποστέλλειν ἐπὶ πλοίᾳ (g) καθ᾽ ἑτερόπλυν καὶ κατ᾽ ἀμφοτερόπλυν, καθὼς ἂν συντεγράψαντο, κύρια

dorum triginta; et in æstimatione ipsius, tertia pars detrahatur, atque ita in contributionem veniat (1).

XVII. Lex ita præcipit (2) : Non liceat in scripturam referre mutuum trajectitium cum fidejussione ac sine periculo creditoris. Quòd si confecta de iis scriptura fuerit, secundùm legem rhodiam irrita erit (3). Quæ verò per agros et montes iter facientibus creduntur sub fidejussione ac sine periculo, in scripta referri possunt (4).

Si quis, acceptá fœnori pecuniá, quotannis legitimas usuras persolverit, et post annos octo vel aliqua jactura, vel incendium, vel direptio hostium, acciderit, cessatio usurarum secundùm legem rhodiam fiat. Sin legitimas usuras non præstiterit, scriptis comprehensa rata sint, juxta priora pacta conventa, prout ipsum instrumentum declarat (5).

XVIII. Magistri qui partem non minorem parte tertiarii habent in iis quæ in navem conferuntur, quocunque mittantur ad sumendas mutuo pecunias et in navem deportandas, tam ad navigationem unam

---

(a) Ce chapitre manque dans le Ms. 1356. — (b) Le Ms. 1356 intitule ce chapitre de la rubrique spéciale περὶ δανείου ἐπὶ τὰς θαλάττης, De mutuo in mari. — (c) Ms. 1356, δανειζόμενα, quæ mutuo dantur. — (d) Les Mss. 1356 et 1720 portent ἔγγαια, terrestria. — (e) Vinnius écrit ἐπιγραφέσθωσαν à l'actif. Cette dernière phrase est précédée dans le Ms. 1356 de la rubrique spéciale περὶ δανείου ἐν γῇ, De mutuo in terra. — (f) Ms. 1356, τελευτήσει. — (g) Vinnius écrit, κατὰ ἑτέρων καὶ κατὰ πλοῆς.

(1) Il n'est pas facile de connoître l'objet de ces dispositions, qui tiennent à des usages locaux. Cette estimation a évidemment pour objet de fixer, en ce qui concerne le navire, les bases de répartition pour le cas de contribution. Il est certain que les fragmens du titre II du livre XIV du Digeste, *De lege rhodia de jactu*, ne paroissent s'être occupés que de l'évaluation des marchandises perdues ou sauvées. La nécessité d'avoir une base d'évaluation pour le navire aura sans doute introduit l'usage constaté ici. Schard, dans ses notes sur ce chapitre, donne, pour en indiquer l'objet et le sens, des explications fort savantes, que je crois inutile de rapporter.

(2) Quelle est la loi dont on entend parler? Est-ce le droit romain ou le droit des Basiliques? Il est évident qu'ils consacrent ces principes.

(3) Si par le mot *loi rhodienne* on entend la troisième pièce qui suit, dont le chapitre XVI contient un texte presque semblable, il faudroit en conclure, comme je l'ai déjà laissé entrevoir, que la seconde pièce est postérieure en date à la troisième.

(4) Cujas, dans son commentaire sur le titre XXXII du livre IV du Code, *De usuris*, a pris occasion de ce chapitre qu'il cite, pour entrer dans quelques détails sur la différence entre les intérêts ordinaires et l'intérêt maritime. Schard a fait aussi sur ce chapitre une note fort étendue dans le même sens. Je n'ai pas cru qu'il fût utile de la reproduire.

(5) Cet alinéa forme le XVIII.ᵉ chapitre dans l'édition de Loewencklau et de Vinnius; mais il n'a aucun rapport avec la rubrique 18, qui se rapporte mieux au chapitre numéroté 20 dans ces éditions. J'ai donc cru qu'il n'y avoit aucun inconvénient à le réunir au chapitre XVII, avec lequel il a de l'analogie. Schard m'en a donné l'exemple.

ἔςω. Ὁ δὲ χρήσας τὰ χρήματα, ἐπιπεμπέτω ἄν-
θρωπον, ὃς ἂν ἐπιχρήνυται.

quàm ad utramque, cùm scripturas confecerint, hæ ratæ sint. Illi verò qui credidit, hominem in navem mittere licet,
qui pecuniæ invigilet (1).

ιθ΄. Οἱ ναύκληροι ἀπὸ τῶν συναλλαγμάτων τῶν
ναυτῶν οὐκ ἐνέχονται, ἀπὸ δὲ τῶν ἁμαρτημάτων
ἐνέχονται (a).

XIX. Exercitores ex contractibus nautarum non obligantur, ex delictis eorum
tenentur (2).

ΚΕΦΑΛΑΙΑ

ΝΟΜΟΥ ῬΟΔΙΩΝ ΝΑΥΤΙΚΟΫ

κατ· ᾿εκλογήν (b).

α΄. Περὶ ἀγκύρων πλοίᾳ κλαπεισῶν (c).

β΄. Περὶ ἀγκύρων καὶ λοιπῶν ἐξαρτίων κλαπέντων.

γ΄. Περὶ ναύτε κλοπὴν ἐργασαμένε.

δ΄. Περὶ πλοίε ἀπὸ κλεπῶν ἢ πειρατῶν σύλα
ὑπομείναντος.

ε΄. Περὶ ναυτῶν ἐν μάχῃ κήλωμα ἐργασαμένων.

ϛ΄. Περὶ ναυτῶν ἐν μάχῃ φόνον ἐργασαμένων.

ζ΄. Περὶ ναυτῶν ἐν μάχῃ πήρωσιν ὀφθαλμῶν,
ἢ αἰδοίων κήλωσιν ἐργασαμένων.

η΄. Περὶ ναυκλήρε κ̄ ναύτε ἀμισθείας λαβόντων
ἐνθήκας, κ̄ σὺν τῷ πλοίῳ ἀποδρασάντων.

θ΄. Περὶ ναυκλήρε κ̄ ἐπιβατῶν περὶ ἀποβολῆς βελευομένων (d).

CAPITA

EXCERPTI

JURIS RHODIORUM NAVALIS.

I. De ancoris navis furto surreptis.

II. De ancoris et reliquis armamentis
furto surreptis.

III. De nauta qui furtum commisit.

IV. De nave quam fures aut piratæ
spoliarunt.

V. De nautis qui in rixa graviter alios
læserint.

VI. De nautis qui in rixa cædem com-
miserint.

VII. De nautis qui in rixa oculos erue-
rint, aut herniosos fecerint.

VIII. De magistro et nautis qui cum
nave et mercibus in ea oneratis aufuge-
rint.

IX. De magistro navis et vectoribus de
jactu consultantibus.

(a) Ce chapitre manque dans les Mss. 1356 et 1720. — (b) Ces deux mots manquent dans les Mss. 1356 et 1367. — (c) Vinnius et les Mss. 1356 et 1367 écrivent κλαπέντων au masculin. — (d) Après ἐπιβατῶν, on lit seulement dans les Mss. 1356 et 1367,
ἢ περὶ ἀποστολῆς, et de jactu.

(1) Ce chapitre n'est point dans l'édition de Schard. Loewencklau croyoit que le manuscrit dont il a fait
usage étoit le seul où il fût contenu : mais il se trouve dans ceux de la bibliothèque royale et dans celui
de Munich, ainsi que l'atteste le Catalogue, t. II, pag. 162. Loewencklau l'a numéroté 20 ; c'est évidemment une erreur : il se réfère, comme on peut le vérifier et comme l'atteste d'ailleurs le manuscrit de
Munich, à la rubrique 18. Quoique fort obscur, il paroit avoir eu pour objet de ne permettre à un patron
d'emprunter à la grosse sur le chargement qu'autant que lui-même seroit propriétaire d'une partie.

(2) J'ai cru devoir traduire ναύκληρος par magister dans les chapitres précédens, et j'en ai expliqué les
motifs page 229 ; mais il est évident qu'il signifie ici exercitor. C'est la traduction littérale du § 5 du fr. 1
du titre I du livre XIV du Digeste, De exercitoria actione, conservé dans le chapitre IV du titre I du
livre LIII des Basiliques.

ιί. Περὶ πλοίε ζημίαν ἢ ναυάγιον ὑπομεινάσης.

ιά. Περὶ ἐμπόρων πλοῖα ναυλεμένων.

ιβ΄. Περὶ πάσης παραθήκης διδομένης ἐν πλοίῳ ἢ ἐν οἴκῳ.

ιγ΄. Περὶ παραθήκης χρυσίν ἀντιλεγομένης.

ιδ΄. Περὶ παραθηκαρίε τὴν παραθήκην ἀρνησαμένε.

ιέ. Περὶ ἐμπόρε, ἢ ἐπιβάτε, ἢ δέλε παραπλέντος, καὶ ἐν ἀκτῇ ἀπομείναντος, τοῦ πλοίε ἀποφυγόντος διὰ πειρατείαν ἢ ληστῶν ἐπιδρομήν.

ιϛ. Περὶ χρημάτων ἐπιποντίως ἐκδανεισθέντων.

ιζ΄. Περὶ χρυσίε καὶ ἀργυρίε ἐπὶ κέρδους κοινωνίᾳ χρησθέντων.

ιή. Περὶ τοῦ χρήματα ἐκδανεισαμένε ἐπὶ προθεσμίᾳ, ἢ ἀποδημήσαντος.

ιθ΄. Περὶ τοῦ ναυλωσαμένε πλοῖον καὶ ἀρραβῶνα δεδωκότος.

κ΄. Περὶ τῶν ναυλωσαμένων πλοῖον, καὶ ἐγγράφως συμφωνησάντων, ἢ καὶ ἀγράφως ὁρισάντων.

κα΄. Περὶ δύο κοινωνῶν ναυκλήρων, ἀλλήλοις ἀντιλεγόντων.

κβ΄. Περὶ ἐμπόρε τὸν γόμον ὅλον τοῦ πλοίε ναυλωσαμένε.

κγ΄. Περὶ ναυκλήρε καὶ ἐμπόρε τοὺς γόμες συγγραψαμένων (a).

κδ΄. Περὶ ναυκλήρε καὶ ἐμπόρε συγγραψαμένων, καὶ, μετὰ τὰ ἡμίναυλα δοθέντα, μεταμέλων γινομένων.

κέ. Περὶ ἐμπόρε εἰς (b) τὰ ἔγγραφα ὑπερπροθεσμήσαντος.

κϛ. Περὶ πλοίε κλασματισθέντος ἐξ αἰτίας ναυκλήρε ἢ ναυτῶν ὀκκοινπύνων (c).

κζ΄. Περὶ πλοίε κλασματισθέντος εἰς γόμον ἀπερχομένε ἐμπόρε, ἢ κοινωνίας.

X. De nave jacturam aut naufragium passa.

XI. De mercatoribus qui promisso naulo conducunt.

XII. De omni deposito quod in nave vel in domo datur.

XIII. De controverso auri deposito.

XIV. De depositario qui depositum negavit.

XV. De mercatore, vel vectore, vel servo deposito qui in littore remansit, nave propter piratarum aut latronum incursum aufugiente.

XVI. De pecuniis usurâ trajectitiâ datis.

XVII. De auro et argento ad lucri societatem mutuatis.

XVIII. De eo qui pecuniam mutuo cepit in diem, et peregre profectus est.

XIX. De eo qui navem conduxit et arrham dedit.

XX. De iis qui navem conduxerunt, pactis conventis vel in scriptis, vel citra scripturam, initis.

XXI. De duobus magistris sociis, invicem sibi contradicentibus.

XXII. De mercatore qui totam navis onerationem pro se conduxit.

XXIII. De magistro ac mercatore qui de oneratione navis instrumenta confecerunt.

XXIV. De magistro ac mercatore qui per scripturam pacti sunt, et, naulo dimidio soluto, sententiam mutant.

XXV. De mercatore diem in scriptis comprehensum excedente.

XXVI. De nave magistri aut nautarum foris cubantium culpâ fracta.

XXVII. De nave fracta, quæ navigat cum mercibus solius mercatoris, aut societatis initæ inter eum et magistrum.

(a) Ms. 1356, συγγραψαμένοιν. — (b) Mss. 1356 et 1367, ὑπὲρ τά. — (c) Ces trois mots manquent dans les Mss. 1356 et 1367.

κη΄. Περὶ πλοίυ κλασματισθέντος ἐξ αἰτίας ἐμπόρυ ἢ κοινωνῦ (a).

κθ΄. Περὶ πλοίυ κλασματισθέντος πρὸ τῆς προθεσμίας τῶν ἐγγράφων, ἢ μετὰ τὴν προθεσμίαν.

λ΄. Περὶ πλοίυ πεφορτωμένυ (b) διαλυθέντος, τυ ἐμπόρυ σωθέντος χρύσιον ἐπιφερομένυ.

λα΄. Περὶ πλοίυ ζημίαν (c) παθόντος, ἢ μέρυς τυ φορτίυ σωθέντος.

λβ΄. Περὶ πλοίυ ναυλωθέντος, ἢ κοινωνίᾳ πλέοντος, καὶ ἐν τῷ ἐκπλεῖν κλασματισθέντος.

λγ΄. Περὶ πλοίυ μετὰ τὴν ἐκβολὴν κλασματισθέντος.

λδ΄. Περὶ πλοίυ βέσιν (d) κομίζοντος, καὶ ἀπὸ ζάλης ἢ ἀντλίας βλάβης τῶν φορτίων γινομένης.

λε΄. Περὶ πλοίυ τῆς καταρτίας ἀποβολὴν ὑπομείναντος.

λς΄. Περὶ πλοίυ ἐν τῷ ἀρμενίζειν εἰς ἕτερον καταδιδόντος πλοῖον, ἢ ἀδικοῦντος αὐτό.

λζ΄. Περὶ πλοίυ κλασματισθέντος, τῶν δὲ ἐμπόρων ἢ ἐπιβατῶν σωθέντων.

λη΄. Περὶ πλοίυ σίτῳ πεφορτωμένυ, ἢ ἐν ζάλῃ καταληφθέντος.

λθ΄. Περὶ πλοίυ πεφορτωμένυ, κλασματισθέντος ἐν τῷ ἀρμενίζειν (e), τῆς ἐνθήκης σωθείσης.

μ΄. Περὶ πλοίυ ναυαγήσαντος ἢ μέρυς τυ πλοίυ καὶ τῆς ἐνθήκης σωθέντος (f).

μα΄. Περὶ πλοίυ διαφθαρέντος, τῶν δὲ (g) ἐπιβατῶν καὶ τῆς ἐνθήκης σωθέντων, ἢ συναπολεθέντων.

μβ΄. Περὶ πλοίυ τρυπήσαντος, φορτία κομίζοντος.

μγ΄. Περὶ πλοίυ ἐκβολὴν ποιήσαντος τυ γόμου καὶ τῶν ἐξαρτίων.

μδ΄. Περὶ πλοίυ ἐκβολὴν τῆς καταρτίας ἢ τῶν αὐχένων (h) ἐν ζάλῃ ὑπομείναντος.

XXVIII. De nave culpâ mercatoris aut socii fracta.

XXIX. De nave vel ante vel post diem in scriptis statutum fracta.

XXX. De onusta nave fracta, mercatore salvo qui aurum in eam secum attulerat.

XXXI. De nave damnum passa, et oneris parte servata.

XXXII. De nave pro naulo conducta, vel societate initâ, navigante, quæ, dùm è portu solvit, fracta est.

XXXIII. De nave post exonerationem fracta.

XXXIV. De nave quæ vestes vehit, si onus à tempestate vel sentina damnum accipiat.

XXXV. De nave jacturam arboris passa.

XXXVI. De nave quæ inter velificandum in aliam navem impingit, eamque damno afficit.

XXXVII. De nave fracta, mercatoribus atque vectoribus salvis.

XXXVIII. De nave frumento onerata, quam tempestas corripuit.

XXXIX. De onusta nave fracta cùm ad littus appellit, mercibus ac oneribus salvis.

XL. De nave naufragium passa, parte navis atque mercium salvâ.

XLI. De nave rupta, vectoribus et mercibus aut salvis, aut unà perditis.

XLII. De nave rimis fatiscente, quæ merces vehit.

XLIII. De nave quæ jactum mercium et instrumenti fecerit.

XLIV. De nave jactum mali vel gubernaculorum in tempestate passa.

(a) Cette rubrique manque dans l'édition de Schard. — (b) Ms. 1356, περφρτισμένυν. — (c) Ce mot manque dans le Ms. 1356. — (d) Ms. 1356, ἔσεσιν. — (e) Vinnius écrit ἑρμίζειν. — (f) Ms. 1356, σωθέντων, salvis. — (g) Ms. 1356, τὰ τί &c. — (h) Vinnius écrit αἰχνίων.

μέ. Περὶ τῦ ἀποσώζοντος ἐκ τῦ πελάγους τις γῆν τι, ἐκ τῦ πλοίυ τῦ ναυαγήσαντος.

μς΄. Περὶ τῦ ἀποσώζοντος κάραβον ἐκ πλοίυ ἀπορραγέντα (a).

μζ΄. Περὶ τῦ ἀποσώζοντός τι ἀπὸ βυθῦ, ἐκ πλοίυ ναυαγήσαντος.

μή. Περὶ τῦ ἁρπάζοντός τι ἐκ ναυαγίυ.

μθ΄. Περὶ τῦ ἀναγκάζοντος τὸν ναύκληρον πλεῖ. σαι.

ν΄. νά. Περὶ τῶν βραΐδας ποιούντων ἀπὸ (b) ναυαγίυ.

Τέλος τῶν κεφαλαίων τῦ νόμου Ῥοδίων ναυτικῦ (c).

XLV. De eo qui ex nave naufragium passa aliquid in terram ex mari salvum educit.

XLVI. De eo qui lintrem à nave avulsum conservat.

XLVII. De eo qui ex nave naufragium passa aliquid ex profundo salvum educit.

XLVIII. De eo qui ex naufragio quid rapit.

XLIX. De eo qui magistrum ad navigandum cogit.

L. LI. De his qui vi aliquid ex naufragio rapiunt.

Finis capitum juris Rhodiorum navalis.

ΝΟΜΟΣ ΡΟΔΙΩΝ (d) ΝΑΥΤΙΚΟΣ,

ΚΑΤ᾽ ΕΚΛΟΓΗΝ

ΕΚ ΤΟΥ ΙΔ΄ (e) ΒΙΒΛΙΟΥ ΤΩΝ ΔΙΓΕΣΤΩΝ.

α΄. Ἐὰν πλοῖον ὁρμᾷ ἐπὶ λιμένα, ἢ ἐν ἀκτῇ (f), καὶ σύλα πάθῃ τῶν ἀγκύρων, καὶ καταφωραθεὶς ὁ κλέπτης ὁμολογήσῃ, τῦτον κελεύει ὁ νόμος βασανίζεσθαι καὶ τὴν προσγινομένην ζημίαν ἀπολογεῖσθαι κατὰ τὸ διπλάσιον.

β΄. Ἐὰν βυλήσει τῦ ναυκλήρυ οἱ ναῦται σύλα ποιήσωσιν ἀγκύρων πλοίυ ἑτέρυ ὁρμῶντος ἐν λιμένι ἢ ἐν ἀκτῇ, καὶ συμβῇ ἐντεῦθεν ἀπώλειαν γενέσθαι τῦ πλοίυ, τῦ τὰς ἀγκύρας συληθέντος, καὶ τύτων οὕτως ἐν ἀκριβείᾳ ἀποδεικνυμένων, πᾶσαν τὴν προσγινομένην ζημίαν τῷ τε πλοίῳ καὶ πᾶς ἐν τῷ πλοίῳ σῶαν ἀποδιδότω ὁ ναύκληρος ὁ τὰ σύλα ἐπιτρέψας γενέσθαι. Ἐὰν δέ τις κλέψῃ σκεύη πλοίυ,

LEX RHODIORUM MARITIMA,

EXCERPTA

EX LIBRO XIV DIGESTORUM.

I. Si navis in portum vel littus appellat, et ancoris spoliata fuerit (1), fure comprehenso et confesso, lex eum tormentis (2) subjici jubet, ac damnum quod inde accidit in duplum sarcire.

II. Si, magistro navis consentiente, navis alterius, in portu vel in littore stationem habentis, nautæ rapuerint ancoras, atque inde navem ancoris spoliatam perire contigerit, his ita accuratè probatis, omne damnum quod navi et iis qui in ea sunt accidit, magister qui rapinam fieri permisit, in solidum præstet. Si quis

---

(a) Cette rubrique manque dans l'édition de Schard. Vinnius écrit ἀποῤῥήξας. — (b) Ms. 1356, εἰς pour ἀπὸ. — (c) Cette rubrique finale manque dans le Ms. 1356. — (d) Mss. 1356 et 1720, Ῥοδίωνος, Rhodionis. — (e) Toutes les éditions, sauf le Ms. 1307, portent ιδ, xi. Voir ce que j'ai dit page 216. — (f) Ms. de Heins. ἢ ἀκτὴν, aut littus.

(1) Si, comme je le présume, cette compilation a été faite plutôt d'après le droit romain que d'après les Basiliques, on peut croire que ce chapitre a eu en vue le fr. 6 du titre ix du livre XLVII du Digeste, *De incendio, ruina, naufragio.*

(2) Ce mot signifie-t-il que le coupable sera appliqué à la torture, que les législations grecque, romaine et orientale considéroient comme moyen de découvrir la vérité? On ne peut le supposer, puisqu'il s'agit d'un coupable convaincu. C'est donc de peines corporelles qu'il s'agit; on les trouve en effet prononcées pour un cas analogue à celui dont il s'agit ici, par l'édit d'Antonin rapporté dans le fr. 4 du titre ix du livre XLVII du Digeste, *De incendio, ruina, naufragio.*

ἄ π τῶν ἐν τῷ πλοίῳ χρημαπζόντων, τυτέςι χοι-
νίων τε κỳ καϑαϐίων (a), ἢ ἁρμένων, ἢ διφϑόρων, κỳ
λοιπῶν, διπλᾶ ἀποδιδότω αὐτᾶ ὁ τὰ σύλα ποιήσας
τοῖς ζημίαν παϑοῦσιν (b).

γ'. Ἐὰν ναύτης κελεύσι τῦ ναυκλήρυ κλοπὴν
ποιήσῃ ἐμπόρυ ἢ ἐπιϐάτῃ (c), κỳ καταρχϑῇ λη-
φϑεὶς (d), ὁ ναύκληρος διπλᾶ ἀποδιδότω τοῖς τὰ
σύλα παϑοῦσιν· ὁ δὲ ναύτης (e) ὁ τὴν κλοπὴν ἐργα-
σάμενος (f) λαμϐανέτω ξυλαγώγια ἑκαΐόν. Ἐὰν δὲ
ὁ ναύτης αὐτοϐύλως συλήσῃ (g) μὲν, καταρχϑῇ δὲ,
ἢ διὰ μαρτύρων ἐλεγχϑῇ, σφοδρῶς βασανιζέσϑω,
ἐὰν κỳ μάλιςα τὰ σύλα χρυσίον ᾖ, κỳ τὴν ἀπο-
καταςασιν τῷ συληϑέντι (h) ποιείτω.

δ'. Ἐὰν ἐν τόπῳ συλωμένῳ (i) ἢ ληςευομένῳ
καταρξῃ πλοῖον, διαμαρτυρυμένων (k) τῶν ἐπιϐατῶν τῷ ναυκλήρῳ τὴν τῦ τόπυ αἰΐαν, κỳ συμϐῇ
σύλα γενέσθαι (l), ἀποδιδότω ὁ ναύκληρος τοῖς συ-
ληϑεῖσιν. Ἐὰν δὲ, τῦ ναυκλήρυ προμαρτυρυμένυ (m)
τὴν τῦ τόπυ αἰΐαν, καταγάγωσιν οἱ ἐπιϐάται τὸ
πλοῖον, κỳ συμϐῇ π, ὑποκείσϑωσαν τῇ ζημίᾳ οἱ
ἐπιϐάται (n).

ε'. Ἐὰν ναῦται μάχην ποιήσωσι, λόγοις ποιείτωσαν, κỳ μηδεὶς κρυέτω τὸν ἕτερν. Ἐὰν δὲ κỳ τις
κρούσῃ εἰς κεφαλὴν, κỳ ἀνοίξῃ, ἢ ἑτέρως πως
κυλλώσῃ (o), παρεχέτω ὁ κρούσας τὺς μιϑὺς τοῖς

autem navis instrumenta, sive quid aliud
navi necessarium et utile, putà rudentes
et lintres, aut vela vel segestria, vel alia,
surripuerit, ea furti auctor damnum passis
in duplum restituat (1).

III. Si nauta jussu magistri furto quid
mercatori aut vectori abstulerit, ac de-
prehensus fuerit, magister furtum passis
duplum præstet; nauta verò qui furtum
commisit, centum plagas fuste verberatus
accipiat (2). Si verò nauta proprio consilio surripuerit, et comprehensus aut
per testes convictus fuerit, acriter tormentis subjiciatur, maximè si aurum sur-
reptum fuerit, et rem spoliato restituat.

IV. Si magister in locum rapinis ob-
noxium, vel latronibus infestum, navem
applicuerit, vectoribus testato loci vitium
ei denunciantibus, et si direptio subse-
cuta fuerit, spoliatis bona erepta reddat.
Si verò, magistro loci vitium denunciante,
vectores eò navem appulerint, et mali
quid acciderit, damni accepti nomine vectores teneantur (3).

V. Si nautæ rixari voluerint, verbis
id faciant, nec alter alterum verberet. Si
quis autem alteri in caput percusso vul-
nus inflixerit, aut alio modo eum læserit,

(a) Mss. 1356 et 1720, σχοπίοι τε χαπαζίου, rudentes cannabinos; Vinnius, χαπάζιο. — (b) Ces trois derniers mots ne sont point dans les manuscrits.— (c) Ms. de Heins. ἱμπόρυ ἢ ἐπιϐάτη.— (d) Ms. de Heins. καταλιφϑεὶς καταχιϑῇ.— (e) Ms. de Heins. εἰ δὲ ναύτης, nauta verò.— (f) Ces quatre mots manquent dans les manuscrits.— (g) Dans le Ms. 1720, au lieu de Ἐὰν δὲ ὁ ναύτης αὐτοϐύλως συλήσῃ, il y a εἰ δὲ αὐτοϐουλέτως τοῦτο ποιήσει, si proprio motu id fecerit. — (h) Les Mss. 1356 et 1367 portent τῶν συληϑέντων, sublatarum rerum. — (i) Συλωμένον ἢ λῃςτευομένων, variante donnée par Vinnius sans indication de manuscrit.— (k) Ms. de Heins. μαρτυρυμένων. — (l) Ms. 1367, συμϐουλεσϑῆναι, communiter velle, évidemment pour συμϐῇ συλασϑῆναι, acciderit latrocinium. — (m) Ms. de Heins. ἀπιμαρτυρυμένυ. — (n) Le Ms. 1720 omet les trois derniers mots.— (o) Mss. 1356, κυιλλώτη; 1367, κειλώσῃ; 1720, κειλώση.

(1) C'est sans préjudice des peines corporelles prononcées dans le chapitre précédent contre le voleur.
(2) Cette peine de coups de bâton est, comme on l'a vu, prononcée par l'édit d'Antonin cité plus haut. Elle est mise au rang des peines admises dans le droit romain, comme le prouve le fr. 7 du titre xix du livre xlviii du Digeste, De pœnis, auquel le chapitre vii du titre li du livre lx des Basiliques est conforme. Mais le cas dont il s'agit ici n'est pas spécialement prévu dans le corps de droit. Schard a traduit centies ad malum vel aliud lignum adigitor; ce qui est la peine de la cale, encore en usage sur mer. La traduction que je présente, adoptée par Loewencklau et Vinnius, m'a paru plus littérale.
(3) Ces cas n'avoient point été spécialement prévus dans le corps de droit romain et dans les Basi- liques. Il est clair que la combinaison des principes sur la responsabilité de celui qui a loué ses services et a reçu en dépôt une chose, avec la règle que celui qui occasione le dommage dont il souffre ne peut s'en prendre qu'à lui-même, auroit suffi. Le chapitre xxxix contient la même décision.

ἰατροῖς, καὶ τὰ ἀναλώματα τῷ ἀδικηθέντι, καὶ
τὸν μισθὸν ὅλον (a) τοῦ χρόνου τῆς ἀργίας καὶ ἐπι-
μελείας.

ϛʹ. Ἐὰν ναῦται μάχην ποιήσωσι, καί τις κρούσῃ
λίθῳ ἢ ξύλῳ, πάλιν δὲ ὁ κρουσθεὶς πατάξῃ τὸν πρώ-
τως (b) κρύσαντα, ὡς βιασθεὶς ἐποίησεν. Εἰ δὲ
καὶ θάνῃ ὁ κρουσθεὶς, καὶ μαρτυρηθῇ, ὅτι προσῶπος
ἔκρυσεν ἢ λίθῳ, ἢ σιδήρῳ, ὁ πατάξας αὐτὸν καὶ
θανατώσας, ἀκίνδυνος ἔστω· ὃ γὰρ ἠθέλησε ποιῆσαι,
ἔπαθεν.

ζʹ. Ἐὰν τις τῶν ναυκλήρων, ἢ ἐμπόρων, ἢ ναυτῶν, κρούσῃ τινὰ γροθῳ, καὶ πηρώσῃ, ἢ λὰξ δώσῃ
ᾗ συμβῇ κήλην (c) ποιῆσαι, διδότω ὁ κρούσας (d)
τὰ ἰατρεῖα, [καὶ] ὑπὲρ μὲν τοῦ ὀφθαλμοῦ χρυσίνους
ιϛʹ, ὑπὲρ δὲ τῆς κήλης χρυσίνους ιʹ. Εἰ δὲ ὁ λὰξ
κρουσθεὶς ἀποθάνῃ, ἔνοχος ἔσαι (e) ὁ κρούσας τῆς
δίκης τοῦ θανάτου.

ηʹ. Ἐὰν πλεύσῃ ὁ ναύκληρος, πιστευθεὶς τὸ
πλοῖον, καὶ (f) εἰς ἄλλην χώραν ἀποδράσῃ βουλήσει τῶν ναυτῶν μετὰ χρυσίου, τὰ μὲν οἰκεῖα αὐτῶν
ἅπαντα, κινητὰ, ἀκίνητα, καὶ αὐτοκίνητα, ὅσα

---

salaria medicis, expensas læso, cum mercede totius ueglectæ operæ, percussor
præstet (1).

VI. Si nautæ rixati fuerint, et quis
lapide vel fuste percusserit alium, isque
vicissim pulsaverit eum à quo percussus
est, tanquam vi adductus hoc fecit. Quòd si
pulsatus decesserit, probatumque testibus
fuerit, eum priorem, vel lapide, vel fuste,
vel ferro, percussisse, qui eum feriit et
occidit, ab omni discrimine liber sit; nam
occisus quod facere voluit, passus est (2).

VII. Si magister, aut mercator, aut
nauta, pugno quem percusserit et excæcarit, aut calcem impegerit et hominem
herniosum reddiderit, mercedes medicis
solvat is qui percussit; et pro oculo aureos
duodecim, pro ramice decem aureos præstet (3). Quòd si calce percussus decesserit, percussor mortis judicio obnoxius erit.

VIII. Si magister cui navis cura est
mandata, nautis consentientibus, in aliam
regionem aufugerit cum auro, omnia ipsorum bona, mobilia, immobilia, et sese

---

(a) Ms. de Heins, μισθὸν ὅλον, totam mercedem. — (b) Ms. 1720, πρῶτον. — (c) Ms. 1720, κεκινότση. — (d) Le Ms. de Heins, écrit mal-à-propos ὁ κρουσθεὶς. — (e) Le Ms. 1356 porte ἔστι, est. — (f) Ms. 1367, καὶ ἀποδράσῃ βουλήσει κ.τ.λ.; Ms. 1720, ἢ ἀποδράσῃ μεθ' χρυσίου βουλήσει κ. τ. λ.

(1) C'est l'application à un cas particulier des règles sur les dommages-intérêts, et les réparations dues à celui qui en a blessé un autre; on en trouve un exemple dans le fr. 7 du titre III du livre IX du Digeste, *De his qui effuderint* &c., conservé dans le chapitre VII du titre IV du livre LX des Basiliques.
(2) Ce chapitre ne présente encore qu'une application spéciale, au cas qu'il prévoit, des règles géné-rales qui exemptent de peine celui qui, pour sa propre défense, donne la mort à son agresseur; on en trouve une dans la const. 5 du titre XIV du livre IX du Code, *Ad legem Corneliam de sicariis*. Le même principe est appliqué à celui qui a crevé l'œil à son agresseur par le fr. 52 du titre II du livre IX du Digeste, *Ad legem Aquiliam*.
(3) Si le rédacteur de cette compilation avoit en vue les principes du droit romain, il faut supposer que l'indemnité est fondée sur le tort que le blessé éprouvera pendant le reste de sa vie, parce qu'il sera moins propre au travail. C'est ce qu'on voit dans le fr. 7, pr., du titre II du livre IX du Digeste, *Ad legem Aquiliam* [Basil. lib. LX, titre III, cap. XIII], qui est relatif au fils de famille auquel, en vertu de la maxime *Liberum corpus non admittit æstimationem*, on n'auroit pu appliquer les règles relatives à l'esclave déprécié par l'effet d'une blessure. Cette règle étoit également suivie à l'égard de l'homme libre par, d'après le fr. 13, pr., du même titre [Basil. lib. LX, tit. III, cap. XIII], usoit de l'*actio utilis legis Aquiliæ* pour se faire indemniser du tort qu'une blessure lui avoit fait; car la simple difformité qui en résultoit ne don-noit lieu à aucune indemnité, d'après le fr. 7 du titre III du livre IX du Digeste, *De his qui effuderint vel dejecerint* [Basil. lib. XL, tit. IV, cap. VII]. On peut voir le § 55 de la Synopsis minor, et le § 14 du titre XI du livre II du Procheiron d'Harmenopule. Tipucitus, dans ses Paratitles, fait mention de la novelle XCII de Léon, qui condamnoit celui qui avoit crevé un œil à un autre à en perdre un; celui qui avoit crevé les deux, à en perdre un, et à donner la moitié de ses biens à l'aveugle.

ὑπάρχει αὐτοῖς καταρρεθήσονται· καὶ ἐὰν μὴ αἱ τούτων ἐκπρήσεις τὸ ἱκανὸν ποιήσωσι τοῦ πλοίου, ᾗ
τῆς ἐργασίας, ᾗ τοῦ χρόνου, ἐν τῷ πιπράσκεσθαι
αὐτά, οἱ ναῦται ἅμα τῷ ναυκλήρῳ (a) ἐκμισθού-
σθωσαν (b), καὶ τὴν ἀποπλήρωσιν τῆς ζημίας ποιείτωσαν.

θ΄. Ἐὰν περὶ ἐκβολῆς βουλεύσηται ὁ ναύκληρος, ἐπερωτάτω τοὺς ἐπιβάτας, οἷς χρήματά ἐστιν
ἐν τῷ πλοίῳ. Ὅ, τι δὲ ἐὰν γένηται (c), ψῆφον
ποιείτωσαν. Συμβαλλέσθωσαν δὲ εἰς συμβολὴν καὶ
τὰ χρήματα· σώματα δὲ, καὶ ἱμάτια, καὶ σκεύη
πάντα ἐκτιμάσθω, [καὶ] ἐὰν γένηται ἐκβολή. Τῷ
ναυκλήρῳ ᾗ τοῖς ἐπιβάταις μὴ πλέον λίτρας μιᾶς,
κυβερνήτῃ δὲ καὶ πρωρεῖ μὴ πλέον ἡμιλίτρῳ,
ναύτῃ νομίσματα (d) τρία. Παῖδες δὲ, καὶ εἴ τις
ἄλλος συμπλεῖ, μὴ ἐπὶ πράσει ἀγόμενος, καὶ
τρίμνον (e)· ἐὰν δέ τις ἐπὶ πράσει ἄγηται, κατὰ
δύο μνᾶς (f). Κατὰ ταῦτα δὲ καὶ ἐὰν χρήματα
ἀφαρπαγῇ ἢ ὑπὸ πολεμίαν, ἢ λῃστῶν, ἢ πειρατῶν,
σὺν τῷ κοινῇ διαφέροντι τοῖς ναύταις, καὶ ταῦτα
εἰς τὸν συμψηφισμὸν ἐρχέσθωσαν, καὶ κατὰ τὸ αὐτὸ
συμβαλλέσθωσαν. Εἰ δὲ σύμφωνον ἐπὶ κέρδει κοινωνίας ἐστί, μετὰ τὸ ἅπαντα συμψηφισθῆναι τὰ ἐν

moventia, quæcunque possident, occupa-
buntur; quibus venditis, si æstimationem
navis, operarum et temporis, pretium
venditionis non æquet, nautæ cum magistro navis locentur ad præstandas operas,
ut damnum integrum resarciatur (1).

IX. Si magister de jactu consultare
velit, vectores interroget quorum in nave
merces sunt, et de eo quod faciendum
sit deliberationem ineant. In contributionem autem res omnes veniant; stragulorum verò et vestium et supellectilium fiat
æstimatio (2) postquam jactus factus fuerit. Magistro (3) et vectoribus non ultra
libram unam, gubernatori et proretæ non
ultra dimidiam libram, nautæ minoris
monetæ tres (4) assignentur. Famuli, et
si quis alius navigat non distrahendus,
tribus minis, et qui distrahendus in nave
vehitur, minis duabus, æstimentur (5).
Similis quoque ratio contributionis est
observanda, si vel ab hostibus, vel latronibus vel piratis, merces aut ea quæ ad

(a) Ms. de Heins. προναυκλήρω, et Vinnius, προσεναυκλήρω, primo nauclero. — (b) Les Mss. 1356, 1367 et 1720, portent μισθούσθωσαν. — (c) J'ai préféré cette leçon des Mss. 1356, 1367 et 1720, ὅ, τι δὲ ἐὰν γίνεται, à ὅτε δ᾽ ἂν γίνεται τούτα des éditions imprimées. Voir la note. — (d) Les Mss. 1367 et 1720 portent νομίσματα, monetæ. Voir la note. — (e) Mss. 1367 et 1720, κατὰ τιμὴν ἕν; Vinnius, τρίμνων. Voir la note. — (f) Schard a omis cette phrase, et déclare que le manuscrit dont il a fait usage présente une lacune.

(1) La const. 7 du titre 1 du livre xi du Code, De naviculariis, prononçoit, dans ce cas, la déporta-
tion contre le patron d'un navire chargé au compte de l'état. On ne trouve rien de semblable dans le corps
de droit, en ce qui concerne l'intérêt des particuliers.

(2) Le texte unanime des trois manuscrits m'a paru présenter un sens plus rationnel. On peut s'en assurer
en comparant ma traduction à celle de Loewencklau, adoptée par Vinnius : « Si exercitor de jactu consulta-
« verit, vectores interroget quibus in nave pecuniæ sunt. Id ubi factum erit, calculum ineant et in contri-
« butionem pecuniæ quoque veniant. Stragulorum verò &c. » Ce n'est pas lors de la délibération sur le jet
qu'on peut faire des calculs de contribution; c'est évidemment lorsqu'il a été opéré.

(3) Ce texte paroît donner une évaluation pour la contribution aux personnes libres ; ce qui est entièrement opposé au droit romain et aux Basiliques. On pourroit, il est vrai, supposer que ce chapitre accorde
aux personnes désignées une franchise de contribution jusqu'à concurrence d'une certaine somme. C'est
même l'opinion du traducteur anglais dans son commentaire : mais le chapitre xxxv, rapproché de
celui-ci, ne permet pas d'hésiter ; on y lit textuellement que les personnes contribuent.

(4) Γράμματα, que j'ai conservé d'après les éditions imprimées, nonobstant la leçon des manuscrits,
ne signifie point scrupuli dans le grec pur ; mais on voit par le Glossaire de du Cange qu'il avoit ce sens
dans le moyen âge. C'étoit le quart du χρύσινος, aureus.

(5) Ici, il s'agit de la contribution pour des esclaves, qui, étant des marchandises, n'en peuvent être
affranchis. Ils y étoient assujettis dans le droit romain, comme le prouve le fr. 2 du titre ii du livre xiv,
De lege rhodia de jactu ; et sans doute ils étoient évalués comme toute autre marchandise. Il est probable qu'on avoit fini par adopter un taux commun. Les manuscrits varient sur le mot par lequel ils remplacent τρίμνον, et n'offrent rien de plus heureux. Ce mot signifie trimestre ; ce qui n'a pas de sens. J'ai
cru devoir, à l'exemple de Loewencklau et de Vinnius, le traduire par tribus minis, sans me permettre de
corrections dans le texte, parce qu'elles auroient été trop conjecturales.

τῷ πλοίῳ, καὶ τὸ πλοῖον, κατὰ τὸ κέρδος ἕκαςος ἐπιγινωσκέτω καὶ τὴν προσγινομένην ζημίαν.

ι΄. Ἐὰν ναύκληρος ἅμα τῆς ναύταις (a) ἀμελήσῃ, καὶ συμϐῇ ζημία ἢ ναυάγιον, ὁ ναύκληρος ἢ οἱ ναῦται ὑποκείσθωσαν τῷ ἐμπόρῳ εἰς τὴν ἀπόδοσιν τῆς ζημίας. Εἰ δὲ ἀπὸ ἀμελείας τοῦ ἐμπόρου συμϐῇ ἀπώλειαν τοῦ πλοίου καὶ τοῦ γόμου γενέσθαι, ὑποκείσθω ὁ ἔμπορος τῇ ζημίᾳ τοῦ ναυαγίου. Εἰ δὲ τοῦ ναυκλήρου μὴ ἐμποδίσαντος, μηδὲ τῶν ναυτῶν, μηδὲ τῶν ἐμπόρων (b), συμϐῇ ζημία, ἢ ναυάγιον, τὰ σωζόμενα μέρη τοῦ πλοίου καὶ τῶν φορτίων (c) εἰς συμϐολὴν ἐρχέσθωσαν.

ια΄. Φορτία μεγάλα καὶ πολύτιμα μὴ ἐμϐαλλέτωσαν (d) οἱ ἔμποροι καὶ οἱ ἐπιϐάται εἰς πλοῖον παλαιόν. Εἰ δὲ βάλωσι, καὶ τοῦ πλοίου ἀρμενίζοντος παθὴ ἢ διαφθαρῇ, ὁ φορτώσας τὸ παλαιὸν πλοῖον ἑαυτὸν ἀπὸ γῆς ἀπώλεσεν. Ὅταν δὲ οἱ ἔμποροι ναυλῶνται, ἐπερωτάτωσαν ἀκριϐῶς παρὰ τῶν ἄλλων ἐμπόρων τῶν πρὸ αὐτῶν ἐπιπλεόντων, καὶ οὕτως ἐπιϐαλλέτωσαν τὰς ἐνθήκας (e), ἐὰν ἔχῃ τὸ πλοῖον πᾶσαν τὴν ἐπιχειρίαν πλέως (f), ἱστὸν, κεραίας ἰσχυρὰν, ἄρμενά τε καὶ διφθέρας, ἀγκύρας τε καὶ σχοινία καννάϐινα διάφορα, καὶ κατάϐας ἐξηρτισμένας (g), καὶ αὔχνας ἐπιτηδείους, ἢ ναύτας τοὺς ἀρκοῦντας, ναυτικοὺς, γοργοὺς (h), ἢ πλάγια μὴ παρελελυμένα (i), καὶ ἁπλῶς οἱ

nautas in commune spectant diripiantur (1). Quòd si de lucro societatis pactum aliquod intervenerit, post initam computationem, rerum òmnium quæ in nave sunt, et ipsius navis, pro lucri portione, quilibet et damnum acceptum agnoscat (2).

X. Si magister unà cum nautis negligens fuerit, et damnum vel naufragium acciderit, ipse cum nautis mercatori ad præstationem damni teneatur. Sin culpà mercatoris perire navem cum onere contigerit, mercator et naufragii et navis damnum resarciat (3). Sin damnum vel naufragium acciderit, nullà, nec à magistro navis, nec à nautis, nec à mercatoribus, interveniente culpà, salvæ navis et onerum partes in contributionem veniant (4).

XI. Merces ponderosas et pretiosas veteri navigio mercatores et vectores non imponant. Si verò imposuerint, et navigio velificante damni quid eis datum sit, vel corruptæ fuerint, is qui navigium vetus oneravit, semetipsum perdidit. Cùm autem mercatores navem conducunt, diligenter interrogent alios mercatores qui priùs in ea navigarunt, an omnia instrumenta navis plenè habeat, malum, validas antennas, vela, segestria, ancoras, diversos funes cannabinos, lintres instructos, idonea gubernacula, nautas sufficientes, navalis rei peritos, agiles, latera navis non

(a) Quelques éditions portent συναύταις. — (b) Le Ms. 1356 porte τοῦ ἐμπόρου, mercatoris. — (c) Quelques éditions portent τὸν τοῖς φορτίοις : Ms. de Heins. τοῦ φορτίου. — (d) Les Mss. 1356 et 1720 portent ἐμϐαλλέσθωσαν. — (e) Quelques éditions portent θήκας, vaginas. — (f) Quelques éditions portent πλεῖος. — (g) Quelques éditions portent ἐξηρτισμένα. — (h) Le Ms. 1356 écrit γοργοὺς γινομένους. — (i) Le Ms. de Heins. omet καὶ πλάγια μὴ παρελελυμένα.

(1) Il est évident qu'ici la compilation s'écarte du droit romain et des Basiliques. Voir ce que j'ai dit pag. 29, 165 et 219.

(2) Ce dernier passage est une application au cas dont il s'agit du principe général, que les pertes doivent être supportées entre associés dans la même proportion que le gain.

(3) Le chapitre IV contient déjà la même règle, qui n'est que l'application au cas prévu des principes généraux du droit, dont on a vu des exemples dans les §§ 1 et 2 du fr. 13 du titre II du livre XIX du Digeste, Locati, conducti.

(4) Dans les principes du droit romain et des Basiliques, le dommage ou le naufrage, quoique fortuit ou résultant de force majeure, sans faute imputable à qui que ce soit, n'auroit pas donné lieu à la contribution. C'est ici l'application continuée du système particulier adopté dans cette compilation, qui rejette la distinction entre les avaries *simples* et les avaries *communes*.

ἔμποροι τὰ πάντα ἐπιζητείτωσαν, καὶ οὕτως ἐπιϐαλλέτωσαν.

ιϛ'. Ἐάν τις παραϑῆται ἐν πλοίῳ ἢ ἐν οἴκῳ, γνωστῷ καὶ πιςικῷ παραπϑέϑω (a), ἐπὶ μαρτύρων τειῶν. Ἐὰν δὲ ἦ τὸ ϑῆμα βαρὺ, ἐγγεάφως τὴν παρακαταϑήκην (b) παραδιδότω. Ἐὰν δὲ εἴπῃ ὁ δεξάμενος φυλάττειν ταῦτα, ὅτι ἀπώλετο, διὰ διχϑῆναι τὴν διωρυγὴν, ἢ τὰ σύλα, πόϑεν ὑπέϑη, καὶ ὀμνύειν ὅτι αὐτὸς οὐκ ἐδολιεύσατο· ἐὰν δὲ μὴ δείξῃ, καϑὼς παρέλαϐεν ἀποδιδότω σῶα.

ιγ'. Ἐὰν εἰσέλϑῃ ἐπιϐάτης εἰς πλοῖον, καὶ ἔχῃ χρυσίον ἢ ἕτερόν τι, παραπϑέϑω αὐτὸ τῷ ναυκλήρῳ. Εἰ δὲ μὴ παραϑέμενος εἴπῃ, ὅτι χρυσίον ἀπώλεσα ἢ ἀργύειον, ἄκυρα ἔςω τὰ παρ' αὐτοῦ λεγόμενα (c)· ὁ δὲ ναύκληρος, καὶ οἱ ναῦται, ὁμοῦ οἱ ἐμπλέοντες, ὅρκον παρεχέτωσαν.

ιδ'. Ἐάν τις δεξάμενος παραϑήκην, ἀρνήσηται αὐτὴν, καὶ μαρτυρηϑῇ ἐν αὐτῇ, ἢ ἐὰν (d) ποτι εὑρεϑῇ ἐν αὐτῷ (e) ὁμόσαιτι, ἢ ἐγγεάφως ἀπο-

XII. Si quis aliquid in nave vel in domo deponere velit, apud hominem notum et fidei spectatæ in præsentia trium testium deponat. Quòd si depositum grave sit, interveniente scripturà deponat. Cùm verò dixerit is qui rem custodiendam suscepit, eam esse amissam, domùs perfossionem, vel unde furtum extiterit, indicare debet, et jurare nihil suo dolo factum : quòd si non indicarit, res, uti recepit, salvas reddat (2).

XIII. Si vector, navem ingressus, aurum vel aliud quid habeat, id apud magistrum deponat. Si verò, re non depositâ, dixerit aurum vel argentum se perdidisse, irrita sint quæ ab eo dicuntur; sed tamen magister navis et nautæ, cum iis qui simul navigant, per jusjurandum sese purgent (3).

XIV. Si quis, suscepto deposito, id negaverit, posteaque testibus convictus fuerit, aut si depositum repertum fuerit

(a) Ms. 1367, ωρατείτω. — (b) Quelques éditions écrivent ωρϑέκκι. — (c) Cette phrase ne se trouve pas dans le Ms. de Heins. — (d) Ms. de Heins, ἐν καιρῷ εὑρεϑῇ. — (e) Ms. de Heins, ἐν αὐτῷ τῷ ἱμάτιωτι.

(1) Ce chapitre s'écarte, dans le cas particulier qu'il prévoit, de la règle de droit commun consacrée par le § 1 du fr. 19 du titre 11 du livre XIX du Digeste, *Locati, conducti*, où l'on voit que celui qui donne à loyer des choses non propres à l'usage que se propose le locataire, répond de tous les dommages. Ne semble-t-il pas plus juste, en effet, que le propriétaire du navire qui le loue en connoisse les vices, que celui qui se présente pour y charger des marchandises ?

(2) On ne voit guère l'utilité de ce chapitre dans une compilation de règles sur le droit maritime. Si c'est pour faire connoître le principe de la responsabilité du patron comme dépositaire, des preuves à faire contre lui, et des exceptions qu'il peut faire valoir, le chapitre XIV de la série précédente et le chapitre XIII de celle-ci paroissent suffisans. Il n'est pas, du reste, hors de propos d'indiquer ici combien la compilation s'écarte du droit romain, qui, pour l'admission de la preuve testimoniale, ne distinguoit point le moyen d'âge où l'on puisoit les règles du droit dans les livres saints. La ressemblance presque littérale de ce chapitre avec les versets 7 et suivans du chapitre XXII de l'*Exode*, pourroit faire soupçonner que la compilation appartient à ces temps du moyen âge où l'on puisoit les règles du droit dans les livres saints.

(3) L'usage que ce chapitre atteste, ainsi que les chapitres XIV et XV de la série précédente, n'est point fondé sur les textes du droit romain relatifs à la responsabilité des patrons ; du reste, il est fort raisonnable. Quant à la nécessité du serment à prêter par le patron, l'équipage et les passagers, on n'en trouve aucune trace dans le droit romain ; car il est évident qu'il ne s'agit ici ni du serment déféré par l'adversaire, ni de celui dont le juge, dans l'incertitude, fait dépendre le sort de la contestation. Ce serment *purgatoire* étoit exigé aussi, précisément dans le cas dont il s'agit, par l'article 119 de l'édit de Théodoric.

τιξαμένῳ, διαλὴν ταύτην ἀποδοῦσι, τῆς δὲ ἐπιορκίας τὴν τιμωρίαν ὑπομεινάτω.

ιέ. Ἐὰν πλοῖον φέρῃ ἐπιβάτας, ἢ ἐμπόρους ἢ
δούλους τίς (a) παραθήκην λαβὼν ὁ ναύκληρος
ἔλθῃ (b) ἐν πόλει τινὶ, ἢ ἐν λιμένι, ἢ ἐν ἀκτῇ, καὶ
ἐὰν, ἐξελθόντων τινῶν ἐκ τοῦ πλοίυ, συμβῇ ἀπαγ-
μὸν λῃστῶν; ἢ ἐπιδρομὴν πειρατῶν γενέσθαι, ἢ κε-
λεύσας ὁ ναύκληρος ἐξειλήθη (c), σωθῇ δὲ τὸ
πλοῖον καὶ τὰ τῶν ἐπιβατῶν καὶ ἐμπόρων κομιζόμενα,
ἀπολαμβανέτω ἕκαςος τῶν ἐξελθόντων τὰ ἴδια
αὐτοῦ εἴδη καὶ σκεύη. Εἰ δὲ θελήσει τις τῷ ναυκλήρῳ (e) ἀμφισβητῆσαι, ὅτι ἐν ἀκτῇ εἴασεν αὐτὸν
ἐν τόπῳ λῃστρικῷ, ἄκυρα ἔςω τὰ παρ᾿ αὐτοῦ λεγόμενα, ὅτι διωκόμενος ὁ ναύκληρος καὶ οἱ ναῦται
ἔφυγον. Εἰ δὲ ἐμπόρων ἢ ἐπιβατῶν τις (f) δοῦλον
ἐν παραθήκῃ ὄντα ἀλλότριον εἴασεν ἐν οἰῳδήποτε
τόπῳ, τὴν ἀποκατάσασιν τῷ ἰδίῳ (g) κυρίῳ αὐτοῦ
ποιείτω.

ιϛ′. Οἱ ναύκληροι καὶ οἱ ἔμποροι, ὅσοι ἂν χρή-
σωνται χρήματα ἐπὶ πλοίῳ, ἔγγυα (h) μὴ χρή-
δωσαν, καὶ ναῦλα, καὶ φορτία, σωθέντος τοῦ πλοίυ
καὶ τῶν χρημάτων, εἰ μὴ ἐγχένηται τοῖς χρήμασιν
ἐκ τῶν θαλαττίων κινδύνων ἢ πειρατῶν ἐπιβυλή.

apud eum qui juravit aut scripto negavit,
duplum ejus præstet, et perjurii quoque
pœnam sustineat (1).

XV. Si navis vectores aut mercatores
vehat, aut si magister, susceptis in depositum mancipiis, ad aliquam civitatem, vel
portum, vel littus, appulerit, ac, nonnullis è nave egressis, persecutio latronum
aut incursus piratarum acciderit, et magister, celeumate facto (2), semet explicuerit,
tam nave quàm vectorum mercatorumque
rebus salvis, quilibet egressorum res omnes suas recipiat. Si quis autem magistro
litem propterea movere voluerit, quòd
in littore et loco à latronibus infesto relic-
tus fuerit, irrita sint quæ ab eo dicuntur, quoniam, hostili incursu urgente,
cum nautis magister aufugit (3). Si verò
mercator aut vector quispiam servum
alienum, apud se depositum, in quocunque loco reliquerit, pretium domino
solvat (4).

XVI. Navigantes et mercatores, quicunque mutuam pecuniam in navigationem sumunt, non obligentur, nisi interveniat conditio, naulo et mercibus, nave et
pecuniâ salvis, et nisi pecuniis immineant

(a) Le Ms. de Heins. omet τὶς. — (b) Ms. de Heins. λαβὼν. — (c) Le Ms. 1356 porte, ἐλυτρώθη : c'est le ναυτός, liberet, des
Grecs modernes. — (d) Ms. de Heins. εἶα τὶ. — (e) Ms. de Heins. τῶν ναυκλήρων, nauclerorum. — (f) Le Ms. de Heins. omet τὶς.
— (g) Le Ms. de Heins. omet ἰδίῳ, proprio. — (h) Ms. 1356, ἔγκαια et quelquefois ἔγκαια.

(1) Il y a quelque ressemblance entre ce chapitre et les principes consacrés par le fr. 1, § 1, du titre III
du livre XVI du Digeste, *Depositi vel contrà*, conservé dans le chapitre I du titre II du livre XIII des Basiliques, et par le fr. 13, § 6, du titre II du livre XII du Digeste, *De jurejurando*.
(2) Schard fait sur ce mot une très-longue note, copiée par Vinnius, pour expliquer qu'il signifie *un
cri de départ* ou plutôt *de rappel*. Il indique aussi, sans en faire connoître la source, plusieurs variantes
qui ne présentent aucune différence de sens.
(3) C'est ici l'application du principe incontestable, que la force majeure affranchit de toute responsabilité.
(4) Au commencement de ce chapitre, il n'est question que du cas où des esclaves ont été confiés au
patron ; la fin du chapitre y assimile avec raison celui où il en a été confié à quelque passager. M. de
Pastoret, pag. 32, note 63, dit que dans cette position l'esclave étoit plus favorable que tout autre. Je
ne crois pas que ce soit le véritable motif. Il me semble que, tout dépositaire devant rendre ce qui
lui a été confié, sauf le cas de force majeure, conformément au fr. 1, § 35, du titre III du livre XVI du
Digeste, *Depositi vel contrà*, et la force majeure à laquelle on s'est volontairement ou imprudemment
exposé n'étant pas une exception admissible, d'après le fr. 5, § 7, du titre VI du livre XIII du Digeste,
Commodati vel contrà, celui à qui des esclaves ont été confiés doit s'imputer de leur avoir permis
d'aller à terre.

Ἐκ δὲ τῶν ἐγγίων χρημάτων ἀποδιδότωσαν χῆσιν ναυπκήν (a).

ex periculis marinis vel à piratis insidiæ. Pecuniæ autem sub hac conditione mutuatæ usuram nauticam solvant (1).

XVII. Si quis aurum vel argentum mutuo dederit, ut in societatem et ad navigationem (2), ac, prout placuerit contrahentibus, in scripta retulerint quandiu mutui societas durare debeat; si is qui aurum vel argentum accepit, tempore completo, domino (3) id non refuderit, deinde ab igne, vel latronibus, vel naufragio, pecuniam perire contigerit, liber à damno maneat auri dominus, et sua salva recipiat. Si verò, tempore pactorum nondum impleto, periculum vel interitus in mari acciderit, ut lucri, sic damni partes, secundùm pacta conventa, agnoscere debet.

ιζ'. Ἐὰν τις δώσῃ ἐπὶ χρεία κοινωνίας χρυσίον ἢ ἀργύριον (b), καὶ ταῦτα κατὰ πλοῦν, καὶ ἐγγράψωνται, καθὼς ἀρέσει, ἕως πόσου χρόνου ἡ χρεωκοινωνία· ἐὰν ὁ λαμβάνων τὸ χρυσίον ἢ τὸ ἀργύριον πληρωθέντος τοῦ χρόνου μὴ ἀποστρέψῃ αὐτὰ τῷ κυρίῳ αὐτοῦ, καὶ συμβῇ ἀπὸ πυρὸς, ἢ λῃστῶν, ἢ ναυαγίου παραπτωεῖν, ἀζήμιον μένειν τὸν κύριον τοῦ χρυσίου, καὶ τὰ ἴδια σῶα ἀπαλαμβάνειν. Ἐὰν δὲ τοῦ χρόνου τῶν συνθηκῶν μὴ πληρωθέντος, συμβῇ (c) τὸν κατὰ θάλασσαν κίνδυνον ἢ ἀπώλειαν γενέσθαι· καθάπερ τοῦ κέρδους, ἔδοξε ἢ τῆς ζημίας (d) τὰ μέρη κατὰ τὰς συνθήκας ἐνέχεσθαι (e).

XVIII. Si quis pecuniam mutuo sumat ad peregrinationem, tempore conventionis elapso, juxta legem contractûs à fidejussoribus mutuum solvatur. Si solutio non fiat, pecunia sub fidejussione remanebit; sed usuræ nauticæ non debebuntur, [nisi] propter tempus peregrinationis (4).

ιη'. Ἐάν τις χρήματα χρησάμενος ἀποδημήσῃ, ἐξελθόντος τοῦ χρόνου, οὖ ἂν συνθήσωνται (f), κομιζέσθωσαν (g) ἐκ τῶν ἐγγίων κατὰ τὸν νόμον. Ἐὰν δὲ μὴ ἔχωσι πῶς κομίσωνται, ἔσαι αὐτοῖς τὰ μὲν χρήματα ἔγγυα· οἱ δὲ τόκοι ναυτικοὶ παντὸς τοῦ χρόνου, ὅσον ἀποδημήσει, καταβάλλονται (h).

(a) Ms. 1356, ναυτικοῖς, nauticis, ou même nautis, en sous-entendant ἀνθρώποις ναυτικοῖς, hominibus marinis.— (b) Vinnius ἔργυρος. — (c) Συμβῇ τι κολύειν, variante donnée par Vinnius sans indication de manuscrit.— (d) Ms. de Heins. τὰς ζημίας πρὸς τὰ μέρη. — (e) Dans quelques éditions, ἀναλίσκειν, recognoscere.— (f) Ms. de Heins. συνθῶσιν. — (g) Ms. 1356, κομίζεσθε. — (h) Ce dernier mot manque dans le Ms. de Heins.

(1) Le sens de cette décision est plus facile à saisir qu'une traduction littérale à faire. Je n'ai point adopté celle de Loewencklau, copiée par Vinnius; je crois avoir mieux fait entendre le texte, qui du reste est parfaitement conforme aux principes du droit romain sur le prêt à la grosse.

(2) Le droit romain, dont j'ai expliqué les principes pages 70 et 71, ne connoissoit d'autre prêt maritime que celui par lequel le préteur, en se dessaisissant de son capital, consentoit à ne rien recevoir si les choses affectées au prêt périssoient par force majeure et, pour ce risque, stipuloit un intérêt considérable. Les Basiliques y étoient conformes, comme on l'a vu pages 175 et 176. Les progrès, peut-être aussi les dangers croissans de la navigation, introduisirent sans doute l'usage de diverses sociétés nautiques dont parle Targa, *Ponderazzioni marittime*, cap. XXXIV et XXXV. L'espèce prévue ici est de ce genre. Le préteur, au lieu d'un intérêt déterminé, stipule une part dans les profits de la spéculation faite par l'emprunteur. C'est le sens que Cujas donne à ce chapitre dans son commentaire sur le titre XXXIII du livre IV du Code, *De usuris*. Il atteste que de son temps ce mode de convention étoit fréquent. Il est encore usité quelquefois, ainsi qu'on le voit dans le *Traité du prêt à la grosse* par Émérigon, chapitre I, section IV, § 2, et chapitre V, section IV, § 2.

(3) Au bailleur de fonds, appelé plus bas κύριος τοῦ χρυσίου, auri dominus.

(4) Je n'ai pas cru devoir suivre la traduction de Loewencklau, adoptée par Vinnius, laquelle s'est singulièrement écartée de celle de Schard, que je n'ai pas non plus suivie. Je crois que la mienne est en harmonie avec le fr. 3 du titre II du livre XXII du Digeste, *De nautico fœnore*, qui veut qu'une fois le voyage accompli, les intérêts maritimes cessent de plein droit, et qui, du reste, laisse subsister l'obligation du débiteur et de ses cautions, tant qu'ils n'ont pas payé ou fait une consignation valable. M. de Pastoret me paroit s'être trompé en disant, dans sa *Dissertation sur l'influence des lois rhodiennes*, page 37, que, d'après la décision de ce chapitre, l'intérêt maritime ne couroit point pendant le voyage.

ιθ'. Ἐὰν πλοῖον ναυλώσηταί τις, δώσῃ δὲ ἀρραβῶνα, ᾗ μεταπίπτα (a) εἴπῃ, χρείαν οὐκ ἔχω, ἀπόλλυσιν (b) αὐτὸν τὸν ἀρραβῶνα. Ἐὰν δὲ ὁ ναύκληρος
ἄλλως (c) ποιήσῃ, ἀποδιδότω τῷ ἐμπόρῳ διπλοῦν
τὸν ἀρραβῶνα.

κ'. Ἐὰν πλοῖον ναυλώσηταί τις, ἔγγραφα (d)
συνεσφραγισμένα κύρια ἔστω· εἰ δὲ μὴ, ἄκυρα·
γραφέτωσαν δὲ ᾗ ἐπιτίμια, ἐὰν θέλωσιν. Ἐὰν δὲ
μὴ συγγράψωνται, καὶ ψεύσηται ὁ ναύκληρος,
ἢ ὁ ναυλούμενος· ἐὰν μὴ (e) ὁ ναυλύμενος παράσχῃ τὰ χρήματα ἐπὶ τῷ φόρτῳ, ἀποδιδότω τὰ
ἡμίσια (f) τοῦ ναύλου τῷ ναυκλήρῳ· ἐὰν δὲ ὁ ναύκληρος ψεύσηται, ἀποδιδότω τὸ ἥμισυ ναῦλον τῷ
ἐμπόρῳ. Ἐὰν δὲ θελήσῃ ὁ ἔμπορος τὰ φορτία ἐξελέ-
σθαι, ἀποδώσει τὸ πᾶν ναῦλον τῷ ναυκλήρῳ· ἡ δὲ
πρᾶξις ἔσω τούτων τῶν ἐπιτιμίων, καθάπερ ἐκ δι-
κήσει τινί (g).

κα'. Ἐὰν κοινωνίαν ποιήσωσιν ἀγράφως δύο, ᾗ
ἀμφότερα τὰ μέρη καθομολογήσωσιν, ὅτι κοινωνίαν
καὶ ἄλλῳ καιρῷ ἐποιήσαμεν ἀγράφως, καὶ πίστιν
ἑαυτοῖς (h) ἐφυλάξαμεν, καὶ τὸ τέλος πάντοτε
περὶ μιᾶς εἰσθήκης ἐπελέσαμεν· ἐὰν τὰ ἐν πλοῖον
συμβῇ τι παθεῖν ἢ σαβ...εφαν ἢ πεφορτωμένον,
τὸ σωθὲν τῷ παθόντι τὸ τέταρτον μέρος ἐπιφερέτω,
ἐπειδὴ ἔγγραφα οὐ προσφέρουσιν (i), ἀλλὰ λόγῳ
μόνῳ κοινωνίαν συνετάξαντο. Τὰ δὲ ἐγγράφως (k)

XIX. Si quis navem conduxerit, et arrham dederit, ac postea dixerit eâ sibi non
esse opus, arrham amittat. Si verò magister adversùs conventionem venerit, arrham mercatori duplam præstet (1).

XX. Si quis navem conduxerit, instrumenta signata rata sint; et quæ non
signata fuerunt, irrita (2): pœnas etiam,
si velint, inscribant. Quòd si nullæ scrip-
turæ factæ fuerint, et vel magister, vel
conductor, fidem datam fallat, conductor
qui promutua non dedit, dimidium naulum magistro solvat; et si magister fidem
fefellerit, mercatori dimidium naulum præstet. Si verò mercator eximere merces voluerit, naulum integrum magistro solvat;
pœnarum autem exactio quasi per vindicationem quamdam fiat (3).

XXI. Cùm duo citra scripturam societatem inierint, et pars utraque confessa
fuerit se alio quoque tempore societatem
absque scriptura contraxisse, ac invicem
sibi fidem servasse, tributumque semper,
ut unius oneris, persolvisse, siquidem uni
ex navibus, vel saburatæ, vel mercibus
oneratæ, quid acciderit, quæ remansit
incolumis damnum passæ quartam partem

(a) Vinnius indique pour variante, ᾗ μῆ ὦτα εἴποι. — (b) Ms. 1356, ἀπολλύει. — (c) Ms. 1356, ἐλαχίστ..., ex alia parte. —
(d) Endroit mutilé dans le Ms. de Heins. — (e) Vinnius écrit ἐὰν μὴν. — (f) Ms. de Heins. τὸ ἥμισυ. — (g) Ms. de Heins. τινά.
— (h) Dans quelques éditions, εἰς ἑαυτοῖς. — (i) Mss. 1356, 1367, προσφέρουσι. — (k) Ms. de Heins. ἔγγραφα.

(1) Pour concilier ce chapitre avec les suivans, il faut supposer qu'il n'a été fait qu'une promesse accompagnée d'arrhes ; et alors la décision est conforme au droit romain, du moins en ce qui concerne les ventes,
comme on le voit dans les Institutes, livre III, titre XXIV. Cependant je ne dois pas dissimuler que les interprètes ont été divisés sur le point de savoir si ces principes étoient applicables aux locations, ainsi qu'on
le voit dans Cujas, *Observ.* lib. II, cap. XVII, et lib. IV, cap. XXVII.

(2) Il s'agit ici d'un contrat parfait, et non d'une promesse accompagnée d'arrhes, dépendante de la
condition *si iterum consentierint*. L'usage attesté par ce chapitre s'est conservé dans les législations modernes, comme on le verra dans la suite de cette collection. Il en est de même du privilége pour le paiement de l'indemnité, que le créancier pouvoit exiger, *quasi per vindicationem*. M. de Pastoret, dans sa
Dissertation sur l'influence &c., pag. 33, paroît croire que l'acte de location devoit toujours être écrit. Il
me semble que la seconde phrase de ce chapitre suppose le contraire ; seulement, elle fixe l'indemnité au
demi-fret, et n'admet que la preuve écrite pour justifier la demande d'une indemnité plus considérable.
M. de Pastoret ajoute avec raison, dans la note 68, que ce chapitre est difficile à concilier avec le chapitre XXIV, où le marchand qui ne veut pas continuer le voyage n'est tenu qu'à payer le demi-fret.

(3) Loewencklau, dans sa traduction adoptée par Vinnius, présente, quoique d'une manière un peu
obscure, le même sens que ma traduction. Mais le traducteur anglais me semble avoir fait un contre-sens
en disant, *as , suppose the merchant should not give the money agreed to , he must pay half fraight to
the master.*

σφραγιζόμενα, βέβαια καὶ ἰσχυρά ἔτωσαν· καὶ τὰ
σωζόμενα τοῖς ἀπολλυμένοις συνερχέσθωσαν.

inferat, cùm instrumenta nulla proferant,
sed verbis duntaxat societatem coïverint.
Si verò per scripturam societas consignata
est, firmæ et validæ sint conditiones :
quæque salva sunt cum deperditis in contributionem veniant (1).

κβ'. Ὁ ναύκληρος μὴ ἀγέτω πλὴν ὕδατος, ἢ
ἐφοδίων, ἢ ἀφ᾽ ὧν χρῶνται σχοινίων (a) τὰ πλοῖα,
καὶ τὰ λοιπὰ τῷ πλοίῳ ἀνήκοντα (b), ἐὰν ὁ ἔμπορος ἐμβάληται τὸν γόμον ὅλον κατὰ τὰς συνθήκας
τῶν ἐγγράφων· καὶ ἐὰν θελήσῃ ὁ ναύκληρος φορτία ἄλλα ἐπιφέρειν μετὰ ταῦτα, εἰ μὲν χωρεῖ τὸ
πλοῖον, ἐμβαλλέτω· εἰ δὲ μὴ χωρεῖ, ὁ ἔμπορος
ἐπὶ μαρτύρων τριῶν ἀντιπασσέτω τῷ ναυκλήρῳ ἢ
τοῖς ναύταις, καὶ ἐὰν ἐκβολὴ γένηται, τῷ ναυκλήρῳ
ἔσται· ἐὰν δὲ μὴ κωλύσῃ ὁ ἔμπορος, εἰς συμβολὴν
ἐρχέσθωσαν (c).

XXII. Cùm mercator navem totam
secundùm conventiones instrumentorum
oneraverit, magister nihil secum ferat præter aquam, et commeatus, et funes quorum
in navibus usus est, et cætera navibus necessaria ; si magister alias postea merces
inferre voluerit, si quidem navis eas capere
potest, imponat : sed tamen, si mercator
coram tribus testibus magistro et nautis
hoc prohibuerit, et jactus secutus fuerit,
damno magistri erit ; si mercator non prohibuerit, in contributionem jactûs veniet (2).

κγ'. Ἐὰν συγγράφωνται ὁ ναύκληρος καὶ ὁ
ἔμπορος, κυρία ἔτω· ἐὰν δὲ ὁ ἔμπορος μὴ παρέχῃ
τὸν γόμον πλήρη, τῶν λοιπαζομένων παρεχέτω τὰ
ναῦλα (d), καθὼς συνεγράψατο (e).

XXIII. Si scripturas magister et mercator confecerint, ratæ sint ; et si mercator plenum onus non præstet, residuorum
naula solvat ex instrumenti formula (3).

κδ'. Ἐὰν ὁ ναύκληρος λαβὼν τὰ ἡμίναυλα (f)
πλεύσῃ, καὶ βουληθῇ ὁ ἔμπορος ὑποστρέψαι, ἔγγραφα
δὲ συνεσφραγίσαντο (g), διὰ τὸ ἐμπόδιον ἀπόλλυσιν
ὁ ἔμπορος (h) τὰ ἡμίναυλα. Ἐὰν δὲ ὁ ναύκληρος

XXIV. Si, post conventionem instrumentis consignatam , magister accepto
dimidio naulo navigaverit, et mercator re-
verti voluerit, mercator dimidium naulum

(a) Vinnius écrit σχοῖναι. — (b) Cette phrase, depuis καὶ τὰ λοιπὰ, manque dans le Ms. de Heins. — (c) Ms. 1356, ἐρχέσθω.
—(d) Ms. de Heins. τὰ ἵναυλα. — (e) Ms. de Heins. συνεγράψατο. — (f) Ms. de Heins. τὰ ἡμιναύλια. — (g) Ms. de Heins. συνεσφραγίσαντο.
— (h) Ms. 1367, διὰ δὲ τὸ ἐμπόδιον ἀπολλύει τὸν ἔμπορον τὰ ἡμίναυλα, ce qui donne le même sens.

(1) Il s'agit évidemment ici d'un voyage de conserve, c'est-à-dire , de l'association de deux patrons pour
supporter en commun les charges et accidens qui surviendront aux deux navires, ou à l'un d'eux. On a
vu, page 60, que ce genre d'association étoit très-ancien, quoique ni le droit romain, ni les Basiliques, ne
contiennent de dispositions à ce sujet. Schard a fait sur ce chapitre une note assez étendue, pour expliquer le sens du mot σαβῦράτον, qui n'est qu'un mot latin grécisé, exprimant un navire non chargé,
et , comme nous disons vulgairement, voyageant sur lest.
(2) On ne trouve aucune disposition semblable dans le droit romain ni dans les Basiliques : mais c'est la
conséquence des principes généraux ; et les législations modernes l'ont admise.
(3) Déjà l'on a vu dans le chapitre xx une distinction entre deux cas très-différens : ou le marchand
renonce à l'exécution du contrat avant d'avoir chargé, et alors, à défaut d'une convention écrite sur les
dommages-intérêts, il doit le demi-fret, ce qui est encore en usage actuellement ; ou il a commencé son
chargement, et alors, quelque peu qu'il charge, il doit tout le fret. C'est ce que décide encore le présent
chapitre , et ce qui est conforme au § 2 du fr. 10 du titre ii du livre xiv du Digeste , De lege rhodia de
jactu , et aux législations modernes. On verra toutefois qu'il n'est pas facile de concilier ces chapitres
avec le suivant.

I.

τῶν ἐγγράφων χρωμένων ἄλλως (a) ποιήσῃ, ἀποδιδότω διπλᾶ τὰ ἡμίναυλα.

propter impedimentum perdat. Si vero
confectis instrumentis magister contrà fecerit, duplum dimidii nauli solvat (1).

κέ. Ἐὰν ἡ προθεσμία τῶν ἡμερῶν τῶν ἐγγε-
γραμμένων παρέλθῃ ἕως ἡμερῶν δέκα, παρεχέτω
ὁ ἔμπορος τὰς σιταρχίας (b) τῶν ναυτῶν. Ἐὰν δὲ
παρέλθῃ καὶ ἡ δευτέρα προθεσμία, πρὸ πάντων
πληρώσας τὸν ναῦλον ὁ ἔμπορος κατερχέσθω. Εἰ δὲ
θελήσει ὁ ἔμπορος προσθεῖναι ποσότητα τῷ ναύλῳ,
διδότω (c) καὶ ἐμπλείτω, καθὼς ἂν δόξῃ.

XXV. Si terminus dierum instrumentis inscriptorum præterierit usque ad dies
decem, mercator cibaria nautis præstet.
Quòd si terminus alter præterierit, exeat
ex nave et ante omnia naulum solvat. Sed
si summam æquam naulo mercator adji-
cere voluerit, eam præstet, ac, ut volet,
naviget (2).

κϛ. Ἐὰν, τινος τῶν ναυτῶν ἢ ναυκλήρων (d) ἐκ-
κοινοῦντος ἐκ τῆ πλοίε, συμβῇ ἀπώλειαν γενέσθαι τῷ
πλοίῳ νυκτὸς ἢ ἡμέρας, πᾶσαν τὴν ζημίαν ἐφορᾶν
τοὺς ἔξω κοιτοῦντας ναύτας (e) ἢ ναυκλήρους· τοὺς
δὲ εἰς τὸ πλοῖον μείναντας ἀζημίες μένειν· τοὺς δὲ
ἀμελήσαντας, προσφέρειν τῷ δεσπότῃ τοῦ πλοίου
τὴν διὰ τῆς αὐτῶν ἀμελείας προσγενομένην ζημίαν.

XXVI. Si, nautà quopiam vel magistro extra navem cubante, navem noctu vel
interdiu perire contigerit, omne damnum
hoc ad foris cubantes nautas vel magistrum spectat, iis à damno liberis qui in
nave manserunt : qui autem negligentià
peccaverint, navis domino damnum ipsorum culpà datum præstent (3).

κζ. Ἐὰν πλοῖον ἀπέρχηται εἰς γόμον ἐμπόρε ἢ
κοινωνίας, συμβῇ δὲ τὸ πλοῖον παθεῖν τι, ἢ δια-

XXVII. Si navis proficiscitur onerata
mercibus aut naulo mercatoris, aut socie-

(a) Ms. de Heins. ἄλλει. — (b) Ms. 1356, σιταρχίαι. — (c) Le Ms. de Heins. omet διδότω. — (d) Ms. de Heins. ναυκλήρου. — (e) Le Ms. 1720 omet ναύτας.

(1) Il n'est pas possible de se dissimuler, comme l'a très-bien fait observer M. de Pastoret, que ce chapitre présente de l'opposition avec les chapitres xx et xxiii, qui obligent le chargeur, une fois-le chargement commencé, à payer le fret entier, lorsqu'il ne veut plus exécuter la convention. Si, comme je le crois, la compilation est un recueil d'usages maritimes rédigé avec peu de soin, et peut-être même altéré par des intercalations opérées à diverses époques, l'explication est facile. Néanmoins la conciliation pourroit résulter de la manière de traduire : on peut dire que les mots διὰ τὸ ἐμπόδιον, que j'ai tra-duits, et en cela je suis d'accord avec Loewenclau, par propter impedimentum, ne signifient pas que le chargeur est puni, par le paiement du demi-fret, de l'obstacle qu'il apporte à la continuation du voyage; mais que ce chargeur, prouvant une cause légitime d'empêchement, ne doit payer que le demi-fret, par exception au chapitre xx. C'est la manière dont il paroît que Schroeter a entendu le texte, et M. de Pas-toret, pag. 34, semble être de cet avis, puisqu'il dit que le chargeur est obligé au fret entier au cas d'obs-tacle par mauvaise volonté. Cependant le grec ne me paroît pas se prêter à cette traduction. Il est un second moyen de conciliation, qui, je l'avoue, est très-conjectural. On peut dire que le voyage est pour l'aller et le retour, et que, dans l'usage, on permettoit au chargeur de rompre le voyage d'aller, c'est-à-dire, de revenir sur ses pas, en payant la moitié de tout ce qu'il avoit promis. Enfin un troisième moyen de conciliation seroit de traduire le mot ἀπόλυσιν par solvat au lieu de perdat ; il en résulteroit que, dans ce cas, le marchand qui a déjà payé la moitié du fret d'avance, payant encore l'autre moitié, aura payé le tout, comme le veut précisément le chapitre xx.

(2) Ces principes sont encore en vigueur, et le cas est connu sous le nom de surestarie.

(3) M. de Pastoret, pag. 32, note 63, croit qu'il résulte de ce chapitre, que « si le navire périssoit ou « souffroit quelque sinistre pendant la nuit, et qu'il y eût des voyageurs absens, les présens avoient droit « de réclamer une contribution de ces derniers. » Je ne crois pas que ce soit là le véritable sens. Il ne s'agit ici ni des passagers, ni de quelques voyageurs que ce soit, désignés partout par le mot ἐπιβάται, mais du patron, ναυκλήρου, et des matelots, ναυτῶν : la traduction que je donne, conforme à celle de Schard et de Loewenclau, est, ce me semble, plus rationnelle. Le patron et les matelots doivent veiller à la conservation du navire ; s'ils s'absentent la nuit et que le navire périsse, ils en répondent.

φθαρῆναι, κατὰ ἀμέλειαν τῶν ναυτῶν (a) ἢ τοῦ
ναυκλήρου, ἀκίνδυνα ἔςω τὰ φορτία τὰ ἐν ἐνοείᾳ (b)
κείμενα. Εἰ δὲ μαρτυρηθῇ ὅτι ζάλης γινομένης
ἀπώλετο, εἰς συμβολὴν ἐρχέσθωσαν τὰ σωζόμενα
τοῦ πλοίου ἅμα καὶ τοῖς φορτίοις· τὰ δὲ ἡμίναυλα
καπχέτω ὁ ναύκληρος. Ἐὰν δέ τις ἀρνήσηται τὴν
κοινωνίαν, καὶ ἐλεγχθῇ ὑπὸ μαρτύρων τριῶν, τὴν
μὲν κοινωνίαν ἀποδιδότω (c), τῆς δὲ ἀρνήσεως
τὴν τιμωρίαν ὑπομενέτω.

κη'. Ἐὰν πλοῖον ἐν τῇ ἐκβολῇ (d) ἐμποδισθῇ
ὑπὸ τοῦ ἐμπόρου, ἢ κοινωνοῦ, πληρωθείσης τῆς προθεσμίας, καὶ συμβῇ ἀπὸ πειρατείας, ἢ πυρκαϊᾶς,
ἢ ναυαγία, ἀπώλειαν γενέθαι τοῦ πλοίου, ὁ τὸ ἐμπόδιον ποιήσας εἰσφερέτω (e) τὰς ζημίας (f).

κθ'. Ἐὰν ὁ ἔμπορος, ἐν τῷ τόπῳ ὅθεν συγγράψωνται, μὴ παρασχὼν τὰ φορτία πληρωθείσης τῆς
προθεσμίας, καὶ συμβῇ ἀπὸ πειρατείας, ἢ πυρκαϊᾶς, ἢ ναυαγία, ἀπώλειαν γενέθαι, ἐφορᾷν πᾶσαν
τὴν ζημίαν τοῦ πλοίου τὸν ἔμπορον. Εἰ δὲ, μὴ πληρω-
θεισῶν (g) τῶν ἡμερῶν τῆς προθεσμίας, συμβῇ
τι τῶν εἰρημένων, εἰς συμβολὴν ἐρχέσθωσαν.

---

tatis nomine (1), et marinus ei casus acciderit, vel perierit, nautarum aut magistri
negligentiâ, extra periculum sint merces
finitis in locis positæ (2). Si verò testibus
probatum fuerit eam tempestate coortâ
periisse, quæ supersunt tam de nave
quàm de mercibus, in contributionem veniant, et dimidium naulum magister sibi
retineat (3). Quòd si quis, societatem inficiatus, tribus à testibus convictus fuerit,
societatis partes solvat, et inficiationis poe-
nam sustineat (4).

XXVIII. Si navis à mercatore vel
socio (5) fuerit impedita quominus, ubi
dies dictus advenit, è portu exeat, eamque à piratis, vel incendio, vel naufragio,
perdi contigerit, damnum præstet is qui
attulit impedimentum.

XXIX. Si mercator, in eo loco quo
confecta fuerint instrumenta, merces non
tradiderit, et, elapso jam die statuto, à piratis, vel incendio, vel naufragio, navi damnum dari contigerit, omne damnum hoc ad
mercatorem spectat. Sin, die temporis sta-
tuti nondum exacto, prædictorum aliquid
acciderit, id in commune resarciatur (6).

(a) Ms. de Heins. τὰς αἰτίας. — (b) Ms. 1356, ἰσρία. Ms. 1367, ἰσρία. Ms. 1720, ἰσρίας. — (c) Vinnius, ἀπαπολιδίτω. — (d) Vinnius, ἐκβολῇ, initio. — (e) Ms. 1356, ἰμφρίτω. — (f) D'autres éditions, τὰς ζημίας, damni. — (g) Ms. 1356, πληρωθέντων au masculin.

(1) Ce genre de négociation, dont il est encore parlé dans le chapitre XXXII, ne paroit pas avoir été connu dans le droit romain; il s'est introduit dans le moyen âge, comme j'aurai plus d'une fois l'occasion de le faire remarquer.

(2) Dans les principes du droit romain, cela n'est pas fait de question, puisqu'aux termes du fr. 4, pr., du titre II du livre XIV, *De lege rhodia de jactu*, les choses non existantes dans le navire au moment du jet ne contribuoient pas. Mais la raison de douter venoit sans doute de ce que la compilation a des règles différentes du droit romain sur la contribution; on décide ici que les choses déchargées ne contribueront pas au sinistre arrivé après leur déchargement.

(3) On suppose ici que les chargeurs dont les effets ont péri ont payé d'avance le demi-fret: il ne sera pas rendu; ce qui est contraire au § 6 du fr. 15 du titre II du livre XIX du Digeste, *Locati, conducti*: mais, s'il n'a pas été payé d'avance, il ne pourra pas être exigé; c'est ce que décide encore le chapitre XXXII.

(4) On ne voit pas dans le droit romain qu'une peine fût prononcée contre celui qui nioit une convention.

(5) Ce chapitre fait sans doute allusion au cas prévu par le chapitre précédent, où il est intervenu une société entre le patron et le chargeur.

(6) Ce chapitre est une nouvelle traduction du précédent, en ce qui concerne la prestation des dom-
mages-intérêts par celui dont le retard a pu occasionner le sinistre. On y trouve toujours le même système de contribution pour des pertes qui ne résultent pas de sacrifices supportés en vue du salut commun. Mais Schroeter demande, avec quelque raison, comment il pourra y avoir contribution entre le navire perdu et des marchandises qui ne sont pas encore chargées, lesquelles même le marchand a été maître de ne pas charger. On peut répondre que le chapitre entend seulement que le dommage sera supporté par moitié, la société de risques ayant commencé du jour du contrat.

λ΄. Ἐὰν ὁ ἔμπορος φορτώσῃ (a) τὸ πλοῖον, ἔχῃ δὲ χρυσίον μετ᾽ αὑτοῦ, καί τι τῶν κατὰ θάλασσαν κινδύνων συμβῇ παθεῖν τὸ πλοῖον, καὶ ὁ φόρτος ἀπόληται, καὶ τὸ πλοῖον διαλυθῇ, τὰ ἐκ τοῦ πλοίου σωζόμενα καὶ τοῦ φόρτου, εἰς συμβολὴν ἐργάσωσαι· τὸ δὲ χρυσίον τοῦ ἐμπόρου ὁ αὐτὸς ἐκκομιζέτω μεθ᾽ ἑαυτοῦ, δεκάτας δὲ ἀποδιδότω. Ἐὰν δὲ μή τι τῶν σκευῶν τοῦ πλοίου καταρχὼν ἐσώθη, τὰ ἡμίναυλα ἀπὸ τῶν ἐγγράφων παρεχέτω (b)· εἰ δέ τι τῶν σκευῶν τοῦ πλοίου καταρχὼν ἐσώθη, πέμπτας ἐπιφερέτω.

λα΄. Ἐὰν ὁ ἔμπορος φορτώσῃ τὸ πλοῖον, καί τι συμβῇ τῷ πλοίῳ, τὰ σωζόμενα πάντα εἰς συμβολὴν ἐργάσωσαι ἑκατέρωθεν (c). Τὸ δὲ ἀργύριον, ἐὰν σώζηται, πέμπτας ἀποδιδότω (d)· ὁ δὲ ναύκληρος καὶ οἱ ναῦται βοηθείας παρεχέτωσαν εἰς τὸ σῶσαι.

λβ΄. Ἐὰν πλοῖον ἐπὶ γόμον ὑπάγῃ (e) ἐμπόρῳ ναύλῳ ἢ κοινωνίᾳ, καί τι τῶν κατὰ θάλασσαν συμβῇ, τὰ μὲν ἡμίναυλα μὴ ἀπαιτεῖν τὸν ἔμπορον, τὰ δὲ τοῦ πλοίου καὶ τῆς ἐνήκης εἰς συμβολὴν ἐρχέσθωσαν. Ἐὰν δὲ καὶ προχρείαν (f) δώσῃ ὁ ἔμπορος, ἢ ὁ τὴν κοινωνίαν ποιήσας (g), καθὼς συνεγράψαντο, κύρια ἔστω.

XXX. Si mercator navem oneraverit, pecuniam secum habens, atque aliquod marinum periculum navi evenire contigerit, ita ut merces pereant, et ipsa navis dissolvatur, quæ de nave deque mercibus salva supersunt, in contributionem veniant; aurum verò suum mercator, solutis decimis, secum auferat. Si nullo navis armamento arrepto solus evaserit, naulum dimidium ex instrumentorum formula præstet; sin evaserit arrepto quodam navis armamento, quintas adjiciat (1).

XXXI. Si mercator navem oneraverit, et navi quid acciderit, omnia quæ salva supersunt in contributionem utrinque veniant. Quòd si argentum salvum fiat, quintas solvat (2); magister verò cum nautis opem ferat ut salvetur.

XXXII. Si navis à mercatore onerata, vel pro naulo constituto, vel initâ societate, discesserit, et marinus ei casus acciderit, dimidium quidem naulum à mercatore non exigatur (3), navis verò cum mercibus impositis in contributionem veniat. Sed, si mercator, aut qui societatem coïvit (4), præ manu quid dederit, formula scripturarum rata sit.

(a) Ms. de Heins. φορτώσας τὸ πλοῖον χρυσίον ἔχῃ. — (b) Ms. de Heins. ἔχητα, habeat. — (c) Ms. 1356, ἑκάτερα. — (d) ἐπιδιδότω, variante donnée par Vinnius sans indication de manuscrit. — (e) Ms. 1356, ὑπάγῃ. — (f) Ms. 1391, προχειρίαν,— (g) Ms. de Heins. κοινωνὸς, socius.

(1) Rien de tout cela n'est conforme au droit romain. On admet ici la contribution en cas de perte du navire par la tempête; ce qui est contraire au § 2 du fr. 2 du titre II du livre XIV, *De lege rhodia de jactu:* on fixe au dixième la contribution de l'or, qui, dans le droit romain, eût contribué en raison de sa valeur. On fait payer un demi-fret à celui qui s'est sauvé sans le secours d'aucun des agrès du navire, et ce demi-fret augmenté d'un cinquième s'il s'est servi de quelques agrès; ce qui paroît contraire au § 6 du fr. 15 du titre II du livre XIV du Digeste, *Locati, conducti.*

(2) C'est une répétition de ce qu'on a vu dans le chapitre précédent. Schroeter a cru voir une contradiction, en ce que dans ce chapitre la contribution de l'argent est du cinquième, tandis que dans le précédent elle est du dixième. Mais il n'a pas fait attention à la distinction que le chapitre XL fait entre l'or et l'argent; le premier contribue pour le dixième, le second pour le cinquième : or, dans le chapitre XXX, il y a τὸ χρυσίον, *aurum;* dans le présent chapitre, il y a τὸ ἀργύριον, *argentum :* voilà en quoi consiste la conciliation. J'ai déjà fait observer que rien de tout cela n'étoit conforme aux principes du droit romain et des Basiliques.

(3) On peut, ce me semble, traduire, ou dans le sens adopté par Schard, que j'ai suivi, ou dans celui qu'a adopté Loewenclaw, *dimidium naulum mercator non exigat;* le résultat est le même. Ce qui a été payé d'avance ne peut être répété, d'après le chapitre XXVII; mais, si rien n'a été payé d'avance, le patron ne peut se faire payer, puisque, même dans les principes du droit romain, il auroit dû rendre ce qu'il avoit reçu.

(4) C'est-à-dire, le chargeur qui a chargé, *naulo constituto,* pour un fret convenu, ou à profit commun, *initâ societate cum magistro,* comme on l'a vu au commencement de ce chapitre. S'il y a un contrat qui ait prévu l'événement, la convention, quelle qu'elle soit, sera exécutée.

λγ′. Ἐὰν ὁ ναύκληρος (a) θῇ (b) τὰ φορτία ἐπὶ τῷ τόπῳ τῶν συνθηκῶν, καί τι πάθῃ τὸ πλοῖον, τὸ μὲν ναῦλον πλῆρες εἰσκομιζέσθω ὁ ναύκληρος ὑπὸ τοῦ ἐμπόρου, τὰ δὲ ἐμπόρεια (c) ἐκβεβλημένα ἀκίνδυνα εἶναι ὑπὸ τῶν συμπλεόντων τῷ πλοίῳ (d), μετὰ τοῦ πλοίου· τὰ δὲ εὑρισκόμενα ἐν τῷ πλοίῳ ἅμα τῷ πλοίῳ (e) εἰς συμβολὴν ἐρχέσθωσαν.

λδ′. Ἐὰν πλοῖον ὀθόνην ἢ βέστην (f) κομίζῃ, ὁ ναύκληρος διφθέρας καλὰς παρεχέτω, ἵνα μὴ ὑπὸ χειμῶνος τῇ ἐπικλύσει τῶν κυμάτων τὰ φορτία ἀδικηθῇ. Ἐὰν δὲ τὸ πλοῖον ὑπεραντλήσῃ, ὁ ναύκληρος εὐθὺς λεγέτω τοῖς τὰ φορτία ἔχουσιν ἐν τῷ πλοίῳ, ἵνα ἔκθεσις γένηται τῶν φορτίων. Ἐὰν δὲ οἱ ναῦται μὴ (g) φανερὸν ποιήσωσι τῷ ναυκλήρῳ, καὶ εἶθ' οὕτω βλαβῇ τὰ φορτία, ὑπεύθυνον εἶναι τὸν ναύκληρον ἅμα τοῖς ναύταις. Εἰ δὲ προδιαμαρτύρηται ὁ ναύκληρος ἅμα τοῖς ναύταις, ὅτι τὸ πλοῖον ὑπερήντλησε, καὶ δεῖ ἐκχέσθαι, οἱ δὲ ἐμβαλόντες τὰ φορτία ἀμελήσωσι τοῦ ἐκχέσθαι, ἀζήμιοι ἔστωσαν ὅ τι ναύκληρος καὶ οἱ ναῦται.

λε′. Ἐὰν πλοῖον ἐκβολὴν ποιήσηται, τῆς καπαρτίας αὐτομάτως ἀποβαλλομένης ἢ κοπτομένης, πάντες οἱ ναῦται (h), καὶ οἱ ἔμποροι, καὶ τὰ φορτία, καὶ τὸ πλοῖον, σωθέντα εἰς συμβολὴν ἐρχέσθωσαν.

λς′. Ἐὰν πλοῖον ἀρμενίζον ἔλθῃ ἐπάνω ἑτέρου πλοίου ὁρμοῦντος, ἢ χαλάσαντος τὰ ἄρμενα, ἡμέρας οὔσης, πᾶσαν τὴν συντριβὴν καὶ τὴν ἀπώλειαν ἐφορᾶν τόν τε ναύκληρον, καὶ αὐτοὺς τοὺς ἐμπλέοντας· λοιπὸν δὲ καὶ τὸ φορτίον εἰς συμβολὴν ἐρχέσθω. Εἰ δὲ ταῦτα νυκτὸς οὔσης συμβῇ, ὁ τὰ ἄρμενα χαλάσας πῦρ ἁπλέτω. Εἰ δὲ πῦρ οὐκ ἔχει, κραυ-

XXXIII. Si merces deposuerit magister in loco quo convenerit, et navi quid acciderit, naulum quidem integrum à mercatore consequatur, merces autem exoneratæ nullam præstent contributionem vectoribus et navi (1) : quæ verò in nave reperiuntur, in contributionem cum ipsa nave veniant.

XXXIV. Si navis lintea vehat, aut vestes, magister bona segestria præbeat, ne merces à tempestate vel fluctuum inundatione corrumpantur. Si navis sentina aquâ repleatur ultra modum, id statim denunciet iis qui merces in nave habent, ut eæ exponantur. Si verò nautæ id magistro non patefecerint, atque ita corruptæ merces fuerint, magister ipse cum nautis de damno tenetur. Si antè testato denunciarit magister cum nautis, navis sentinam ultra modum oppletam esse, ac merces exponi debere, idque facere neglexerint qui eas imposuere, tam magister quàm nautæ damni accepti nomine non tenentur (2).

XXXV. Si navis jactum fecerit, arbore vel casu amissâ vel cæsâ, nautæ omnes, et mercatores (3), et merces, et navis, conservata in contributionem veniant.

XXXVI. Si navis velificans in aliam navem in portu quiescentem, vel quæ vela laxarit, interdiu delata fuerit, omnis tam collisio quàm interitus ad magistrum pariter et ad ipsos vectores spectat, et merces in contributionem veniant (4). Quòd si res noctu acciderit, qui vela laxaverit, ignem

(a) Quelques éditions portent, ὁ ναυλούμενος, qui conducit.— (b) Ms. de Heins. θείς. — (c) Ms. 1356, ἐνορία ἐκβαλλόμενα, in locis finitis posita. — (d) M. 1366, ἐπὶ τῶν συμπλεόντων τοῦ πλοίου.— (e) ἅμα τῷ πλοίῳ manque dans le Ms. 1356; le Ms. 1367 écrit, ᾗ τὰ φορτία καὶ τὸ πλοῖον σωθέντα εἰς κ. τ. λ., et merces et navis servatæ &c. — (f) Ms. 1356, ἀεστίνην. — (g) Ms. 1356, οἱ ταῦτα φανερὸν ποιήσουσι sans négation, de même le Ms. 1367. — (h) Vinnius écrit, πάντες οἱ ἔμποροι, omnes mercatores.

(1) On a vu dans le chapitre XXVII que les objets déchargés en route ne doivent pas contribuer; il n'y avoit aucune raison pour que le marchand pût être dispensé d'en payer le *naulum integrum*.

(2) Ce chapitre présente encore une application des principes généraux sur la prestation des fautes et la réparation du dommage causé par la négligence.

(3) On a déjà vu dans le chapitre IX cette règle, si différente du droit romain et de celui des Basiliques, par laquelle les personnes mêmes sont assujetties à la contribution.

(4) L'abordage causé par cas fortuit, car c'est de celui-là qu'il s'agit ici, ne donne lieu à aucune contribution, suivant le droit romain, puisqu'il n'est pas le résultat d'un sacrifice pour le salut commun.

γὰς παρεχέτω. Εἰ δὲ ἀμελήσαι πάντα ποιήσῃ, καὶ
σομϐῇ ἀπόλειαν γινέσθαι, ἑαυτὸν ἀπώλεσεν, εἰ
ταῦτα οὕτως μαρτυρηθῇ. Εἰ δὲ καὶ ὁ ἁρματικὴς
ἀμελήσας, καὶ ὁ βιγλίων φρυρὸς (a) ἀποκοιμηθῇ,
ὡς εἰς βρέχη (b) ἀπώλετο ὁ ἁρματίζων, καὶ ὃν
κρύσῳ ἀζήμιον φυλαττέτω.

λζ΄. Ἐὰν τι πάθῃ τὸ πλοῖον, καὶ σωθῇ τὰ τῶν
ἐμπόρων ἢ τῶν ἐπιϐατῶν, τὸ δὲ πλοῖον ἀπώληται,
τὰ μὲν σωζόμενα πράγματα (c) πεντηκαιδικάτας
παρεχέτωσαν· ὁ δὲ ἔμπορος καὶ οἱ ἐπιϐάται μὴ
δότωσαν (d) τῷ ναυκλήρῳ τὸ πλοῖον.

λη΄. Ἐὰν πλοῖον πεφορτωμένον σῖτῳ (e) ἐν ζάλῃ καταληφθῇ, ὁ ναύκληρος διφθέρας παρεχέτω,
καὶ οἱ ναῦται ἀντλήτωσαν. Εἰ δὲ ἀμελήσωσι, καὶ
βραχῇ ὁ φόρτος ἐκ τῆς ἀντλείας, οἱ ναῦται ζημιού-
σθωσαν. Εἰ δὲ ἀπὸ τῆς ζάλης ὁ φόρτος ἀδικηθῇ,
ἐπιγνωσκέτωσαν τὴν ζημίαν ὅτι ναύκληρος καὶ οἱ
ναῦται ἅμα τῷ ἐμπόρῳ, τὰς δὲ ἑκατοστὰς τῶν σωζομένων κομιζέσθω ὁ ναύκληρος, ἅμα τῷ πλοίῳ κ
τοῖς ναύταις. Ἀποϐολῆς δὲ εἰς τὴν θάλασσαν γινομένης, ὁ ἔμπορος πρῶτος (f) ῥιπτέτω, ᾗ οὕτως
οἱ ναῦται ἐπιχειρήτωσαν. Μετὰ δὲ τοῦτο μηδεὶς τῶν
ναυτῶν σῦλα ποιείτω (g)· εἰ δὲ ποιήσοι, διπλᾶ
ἀποδιδότω ὁ ἐπιϐαλλόμενος, καὶ τοῦ κέρδους παντὸς
ἐκπιπτέτω.

accendat. Si verò ignem non habeat, cla-
mores edat. Quæ si facere neglexerit, et
navem perire contigerit, se ipsum perdidit,
modò testimoniis hæc se ita habuisse probatum fuerit. Quòd si veli curator negligens fuerit, et excubiis agendis præpositus
obdormierit, qui passis velis navigat, velut in brevia delatus (1) perit, et damnum
ei præstabit in quem impetum fecit (2).

XXXVII. Si navi quid acciderit, et,
mercatorum vectorumve rebus salvis, ipsa
navis perierit, res quæ salvæ supersunt,
quintam decimam partem impendant; sed
mercator atque vectores navem magistro
non solvant (3).

XXXVIII. Si navis onusta frumento correpta fuerit tempestate, magister segestria
præbeat, et nautæ sentinam exhauriant. Si
negligentes fuerint, et ex sentina merces
madefiant, nautæ damnum præstent (4).
Sin à tempestate merces detrimentum acceperint, id damnum magister et nautæ
et mercator simul agnoscant; eorum verò
centesimas quæ salva supersunt magister unà cum nave et nautis accipiat (5).
Cùm autem jactus in mare faciendus est,
mercator primus jaciat, atque ita nautæ
rem aggrediantur (6). Postea tamen nemo
nautarum aliquid rapiat; si fecerit, duplum præstet ac lucrum omne amittat (7).

(a) Mss. 1356, 1391, 1720, βιγλιοφόρος. — (b) Vinnius écrit διαϐραχεὶς. Voir la note. — (c) Le Ms. 1356 écrit γράμματα,
litteræ, mais à tort. — (d) δοσάτωσαν, variante donnée par Vinnius. — (e) D'autres, selon Vinnius, lisent σίτου et σίτοι. —
(f) Mss. 1356 et 1367, πρῶτον. — (g) ποιῶσι, variante donnée par Vinnius.

(1) Vinnius, copiant Loewencklau, traduit ainsi, avec raison selon moi : mais διαϐραχεὶς ne veut dire que
mouillé ; il auroit donc dû adopter la variante qu'il a mise en note, et que j'ai suivie sur la foi des manuscrits 1356 et 1367.

(2) Ces règles, qui ont été probablement introduites pour compléter la législation du fr. 29 du titre II
du livre IX du Digeste, Ad legem Aquiliam, et du chapitre V du titre II du livre LIII des Basiliques,
sont encore la base des législations et des usages modernes, pour distinguer l'abordage fortuit de celui
qu'on doit imputer à la faute de l'un des équipages.

(3) Ce chapitre me paroit en contradiction avec plusieurs des chapitres précédens, qui ordonnent la
contribution dans ce cas. Voir la note sur le chapitre XL, qui paroit fait pour compléter la théorie particulière commencée dans celui-ci.

(4) Ce passage est la répétition d'un principe dont le chapitre XXXIV a offert l'application.

(5) Ce centième est sans doute le prix de leur peine pour sauver la partie conservée.

(6) Cet usage de faire commencer le jet par les chargeurs, pour mieux constater qu'ils en ont reconnu
la nécessité, se retrouve dans plusieurs réglemens du moyen âge.

(7) Cette partie complète ce qui a été dit dans les chapitres I, II et III, sur les vols commis par les
matelots, et n'exclut pas, selon moi, les peines corporelles.

λ.θ. Ἐὰν πλοῖον μεςὸν σίτε, ἢ οἴνε, ἢ ἐλαί,ϛ
ἀρμενίζον (a) βελήσει τε ναυκλήρε, κỳ τῶν ναυτῶν χαλασάντων τὰ ἄρμενα, εἰσέλθη εἰς τόπον ἢ ἐν
ἀκτῆ, μὴ βελομένε τε ἐμπόρε, κỳ συμϐῆ ἀπώλειαν γενέσϑαι τε πλοίε, τὸν δὲ γόμον ἢ τὰ φορτία σωϑῆναι, ἀκίνδυνον εἶναι τὸν ἔμπορον ἐκ τῆς
ζημίας τε πλοίε, ἐπειδὴ εκ ἐϐέλετο εἰσελϑεῖν εἰς
τὲν τόπον ἐκεῖνον. Εἰ δὲ, ἀρμενίζοντος τε πλοίε,
εἴπη ὁ ἔμπορος τῷ ναυκλήρῳ, ἐν τῷ τόπῳ πύτῳ
χρήζω εἰσελϑεῖν, τε τόπε μὴ ἐγκειμένε ἐν πῖς
ἐγγράφοις, ὴ συμϐῆ ἀπώλειαν γενέσϑαι τε πλοίε,
τὰ δὲ φορτία σωϑῆναι, ἀπολαμϐανέτω ὁ ναύκληρος
τὸ πλοῖον σῶον ἀπὸ τε ἐμπόρε · εἰ δὲ βελήσει τῶν
ἀμφοτέρων ἀπώληται (b) τὸ πλοῖον, πάντα εἰς συμϐολὴν ἐρχέϑωσαν.

μ΄. Ἐὰν πλοῖον συμϐῆ ναυάγιον παϑεῖν, κỳ σωϑῆ
μέρος τε γόμε κỳ πλοίε, ἐὰν οἱ ἐπιϐάται βαςά-
ζωσι μεϑ᾽ ἑαυτῶν χρυσίον, ἢ ἀργύριον, ἢ ὁλοσηεικὰ, ἢ μαργαελίτας, ἢ τι τῶν λίϑων τῶν πολυτί-
μων, τε μὲν χρυσίε τὸ σωζόμενον δεκάτας παρεχέτω, τὸ δὲ ἀργύριον πέμπτας ἐπιφερέτω · τὰ δὲ
ὁλοσηεικὰ, ἐὰν ἄϐροχα σωϑῶσι, δεκάτας ἐπιφερέτωσαν, ὡς ὅμοια ὄνϊα τῷ χρυσίῳ (c) · εἰ δὲ βεα-
χῶσι, κιφιζέσϑωσαν τὴν ὑποτελήν (d) κỳ τὴν
ὑπερχὴν, κỳ οὕτως εἰς συμϐολὴν ἐρχέϑωσαν. Οἱ
δὲ μαργαελίται, καϑὼς ἐκπιμηϑῶσι, χρυσίν φόρτον
τελείτωσαν τὴν ἀπώλειαν.

μα΄. Ἐὰν πλέωσιν (e) ἐν πλοίῳ ἐπιϐάται, κỳ
διαφϑαρῆ ἢ ἀπώληται (f) τὸ πλοῖον, τὰ δὲ τῶν
ἐπιϐαλῶν σωϑῆ, ἐπιφερέτωσαν οἱ ἐπιϐάται εἰς τὴν
ἀπώλειαν τε πλοίε. Ἐὰν δὲ ἐπιϐάται δύο ἢ κỳ
τρεῖς ἀπολέσωσι τὸ χρυσίον αὐτῶν, ἢ τὰ εἴδη (g),
ἀπὸ πάντων λαμϐανέτωσαν κατὰ (h) δύναμιν

XXXIX. Si navis frumento, vel vino,
vel oleo referta, ex magistri voluntate,
nautis vela laxantibus, adversante mercatore, quemdam ad locum vel in littus
appulerit, et navem perire contigerit,
onus verò mercesve conservari, nullum
mercatori periculum ex jactura navis erit,
cùm ad hunc locum appellere noluerit.
Sin, vela faciente nave, mercator magistro
dixerit ad eum locum necessariò sibi ap-
pellendum, qui tamen locus instrumentis
non inscriptus est, atque ita navem perire
acciderit, salvis mercibus, mercator navem salvam et integram præstet magistro;
si amborum voluntate perierit, omnia veniant in collationem (1).

XL. Si navem acciderit perire naufragio, salvâ tam mercium quàm navis parte,
siquidem vectores aurum vel argentum
vel holoserica, vel uniones, vel magni
pretii lapillos, secum portant, aurum conservatum decimas præstet, argentum quintas pendat: holoserica verò, si absque ma-
defactione conservata fuerint, decimas
solvant, velut auro paria, et, si madefacta
sint, detrimentum et madefactio detrahan-
tur, atque ita in collationem veniant. Uniones etiam æstimati, ut onus auri exæ-
quantes, damnum resarciant (2).

XLI. Si vectores in nave navigent, eaque vel corrupta fuerit, vel perierit, rebus vectorum salvis, vectores ad sarciendam navis jacturam conferant. Si duo vel
tres vectores aurum suum vel species ami-
serint, ab omnibus pro ratione facultatum

(a) Vinnius écrit, ὁρμίζον. — (b) Vinnius écrit, ἀπολέσκαι. — (c) Vinnius écrit, τε χρυσίε, auri. — (d) Ms. 1720, ἀπειρχεχὴν
κỳ ἀπειρϐήκ. — (e) Vinnius écrit, πλείωσιν. — (f) Vinnius écrit, ἀπόλωται. — (g) Ms. 1356, ibid. — (h) Ms. 1356,
κατὰ δύναμιν τῆς συμϐολῆς τε πλοίε.

(1) Une disposition presque semblable se trouve déjà dans le chapitre IV.
(2) Ce chapitre, comme le chapitre XXXVII, paroît en contradiction avec d'autres qui prescrivent la
contribution. Le seul moyen de les concilier seroit de dire qu'après avoir établi ce principe de contribution, les auteurs de la compilation déclarent dans quelles proportions elle aura lieu; que les marchandises paieront le quinzième de leur valeur, comme on l'a vu au chapitre XXXVII; l'or et les autres objets y
assimilés, le dixième; et l'argent, le cinquième. Le traducteur anglais me paroît s'être trompé en disant,
shall compense the value of the ship.

πρὸς τὴν ἀπώλειαν, ἅμα τῇ συμβολῇ τοῦ πλοίν.

μβʹ. Ἐὰν πλοῖον τρυπήσῃ φορτία κομίζον, τὰ δὲ φορτία ἐξαιρεθῇ, ἐπὶ τῷ ναυκλήρῳ ἔςω, ἐὰν θέλῃ ἐν τῷ πλοίῳ κομίζειν ἢ ἐν τῷ συγκειμένῳ ἐμπορίῳ (a), ἐὰν πλοῖον ἐξηρτημένον ᾖ. Εἰ δὲ μὴ ἐξηρτημένον ᾖ, ἄλλο δὲ πλοῖον ἐπιφέρῃ ὁ ναύκληρος εἰς τὸ συγκείμενον ἐμπορίον, ὁ ναύκληρος διδότω τὸ ναῦλον ἅπαν (b).

μγʹ. Ἐὰν πλοῖον ὑπὸ χειμῶνι καταληφθῇ, καὶ ἐκβολὴν ποιήσῃ τοῦ γόμου, καὶ κεράτων κλάσιν, ἢ καλαρπίας (c), καὶ αὐχένων, καὶ ἀγκύρων, καὶ ἐφολκίων, ταῦτα πάντα εἰς συμβολὴν ἐρχέσθωσαν, ἅμα τῇ τιμῇ τοῦ πλοίν, καὶ τῶν σωζομένων φορτίων.

μδʹ. Ἐὰν πλοῖον ἔχῃ γόμον, καὶ ἐν ζάλῃ ἐκβολὴ τῆς καλαρπίας (d) γένηται, ἢ τῶν αὐχένων κλάσις, ἢ ἀπώλεια τῶν ἐφολκίων (e), ἐὰν μὲν ἐκ τῆς ζάλης συμβῇ τὸν γόμον βραχῆναι, ἀνάγκη ταῦτα πάντα εἰς συμβολὴν ἐρχέσθαι. Εἰ δὲ ὁ γόμος ἐκ τῆς ἀντλίας πλέον βλαβῇ, καὶ οὐχὶ ἐκ τῆς ζάλης, τὰ ναῦλα λαμβανέτω ὁ ναύκληρος, καὶ τὰ εἴδη παραδιδότω ξηρὰ μέτρῳ, καθὼς καὶ παρέλαβεν.

μεʹ. Ἐὰν ἐν τῷ πελάγει πλοῖον τραπῇ (f), ἢ διαφθαρῇ, ὁ ἀποσώζων τι ἐξ αὐτοῦ ἐπὶ τὴν γῆν, λαμβανέτω, ἀπὸ μισθοῦ, οὗ ἀποσώζει (g) τὸ πέμπτον μέρος.

damni æstimationem recipiant, nave in collationem veniente (1).

XLII. Si navis mercibus onerata rimis fatiscat, et merces exemtæ fuerint, in magistri arbitrio est eas eâdem nave vehere ad emporium de quo convenit, si modò refecta sit navis. Sin refecta non sit, aliam verò navem magister offerat, et usque ad illud emporium de quo convenit naulum omne præstet (2).

XLIII. Si, nave tempestate correptâ, et jactu mercium facto, antennarum cornua, malus, gubernacula, ancoræ, scaphæ fractæ fuerint, hæc omnia in contributionem veniant, unà cum navis et mercium conservatarum pretio (3).

XLIV. Si navis merces vehat, et in tempestate vel arboris jactus fiat, vel fracta gubernacula fuerint, vel quædam perditæ scaphæ, vel vi tempestatis merces humectari contigerit, hæc omnia in contributionem venire necesse est. Sin verò magis ex sentina quàm à tempestate merces madefactæ fuerint, naula quidem magister accipiat, sed species, eâ mensurâ quâ traditas accepit, siccas reddat (4).

XLV. Si navis in mari correpta vorticibus, aut corrupta, fuerit, qui aliquid in terram ex ea salvum exportat, mercedis loco, rei conservatæ quintam partem consequatur (5).

(a) Vinnius et le Ms. 1720, ἐμπόρῳ, *mercatori.*— (b) Le Ms. 1356 omet ἅπαν. — (c) καταρτίου, variante de Vinnius. — (d) Ms. de Heins. τὸν καταρτίον. — (e) Ms. de Heins. τινὶς τῶν ἐφολκίων, *alicujus instrumentorum.*— (f) Ms. de Heins. συντραφῇ et στραφῇ. — (g) Le Ms. 1356 omet ἀποσώζει.

(1) Ce chapitre est difficile à concilier avec les chapitres XXXVII et XL, même dans le système particulier de la compilation, qui a pour objet de faire contribuer tant aux accidens qu'aux sacrifices forcés.

(2) Cet usage est encore celui qu'on observe dans les cas où le navire devient hors d'état de continuer le voyage. La traduction anglaise porte, *the merchant shall pay the whole fraight;* le grec dit évidemment le contraire.

(3) On trouve ici, indépendamment de l'opposition avec les règles du droit romain et des Basiliques, une opposition avec les chapitres XXXVII et XL, qui déterminent le prix à payer selon la nature des choses conservées; car ce chapitre et le précédent prescrivent la contribution d'une manière indéfinie.

(4) La première partie de ce chapitre répète ce qui a été dit dans les deux précédens. Quant à la dernière, elle est fondée sur les principes généraux du droit.

(5) Le principe, qu'un salaire étoit dû à ceux qui sauvoient des effets naufragés, est consacré par le § 1 du fr. 4 du titre II du livre XIV du Digeste, *De lege rhodia de jactu;* ce chapitre et le XLVII.ᵉ constatent sans doute l'usage local ou le réglement qui avoit fixé le montant du salaire.

μϛ'. Ἐὰν κάραϐος, ἀπὸ ἰδίν πλοίν τὰ ϕρινία διαρρήξας, ἀπώληται ἅμα τοῖς ἐμπλέυσιν ἐν αὐτῷ (a), ἰὰν οἱ ἐμπλέοντες ἀπόλωνται ἢ ἀποθάνωσι, τὸν μισθὸν τὸν ἐνιαυσιαῖον ἀποδιδότω ὁ ναύκληρος εἰς πλήρες τοῦ ἐνιαυτοῦ τοῖς τῶν ναυτῶν (b) κληρονόμοις. Ὁ δὲ τὸν κάραϐον ἀποσώζων σὺν τοῖς ἐφολκίοις (c), καθὼς ἐν ἀληθείᾳ εὑρήσει, πάντα διαδώσει, λαμϐάνων ὁ ἀποσώσας τὸ πέμπτον μέρος, ἀντὶ μισθοῦ (d).

μζ'. Ἐὰν χρυσίον ἢ ἀργύριον ἢ ἕτερόν τι ἐκ τοῦ βυθοῦ ἐπαρθῇ ἀπὸ ὀργυιῶν ὀκτὼ, λαμϐανέτω ὁ ἀποσώζων τὸ τρίτον μέρος· ἀπὸ δὲ ὀργυιῶν δεκαπέντε, λαμϐανέτω ὁ ἀποσώζων τὸ ἥμισυ, διὰ τὸν κίνδυνον τοῦ βυθοῦ. Τῶν δὲ ἐκριπτομένων ἀπὸ θαλάσσης εἰς γῆν, καὶ εὑρισκομένων ἐπὶ πῆχυν ἕνα, λαμϐανέτω ὁ ἀποσώζων δέκατον μέρος τῶν ἀποσωζομένων.

Ἐκ τῦ δευτέρυ Τίτλυ Βιϐλίυ ια' τῦ Κώδικος.

μη'. Ὁ ἁρπάζων τι ἐκ τῶν ναυαγίων (e), τὸ τετραπλάσιον ἀποδιδότω.

Ἐκ τῦ πέμπτυ Τίτλυ τῦ αὐτῦ.

μθ'. Ὁ ἰδιωτικὸν ϕορτίον ἐπιτιθεὶς τῷ δημοσίῳ, ἢ ἀναγκάζων ἐπὶ τῦτο τὸν ναύκληρον, μὴ μόνον ζημιούσθω καὶ ἐπὶ τῷ ναυαγίῳ (f) κινδυνευέτω, ἀλλὰ καὶ αὐστηρῶς τιμωρείσθω.

XLVI. Si scapha, funibus quibus navis ligata erat ruptis, cum navigantibus in ea nautis eversa fuerit, et nautæ perierint aut obierint, merces annua, usquedum annus integer exactus fuerit, nautarum heredibus solvatur (1). Qui verò scapham ipsam incolumem servat cum instrumentis, restituat omnia quemadmodum reapse invenerit, mercedis loco partem quintam accipiens (2).

XLVII. Si aurum vel argentum vel aliud quidpiam ex profundo sursum latum fuerit à cubitis octo, tertiam partem accipiat is qui conservat; sin à quindecim cubitis, semissem consequatur qui conservat, propter periculum profunditatis. Eorum verò quæ à mari rejiciuntur in terram, et ad unum cubitum demersa reperiuntur, decimam partem accipiat is qui salva exportat (3).

Ex Titulo secundo Libri undecimi Codicis (4).

XLVIII. Qui ex naufragio aliquid rapit, quadruplum restituat.

Ex Titulo quinto ejusdem libri (5).

XLIX. Qui onus privatum imposuerit publico, et nauclerum ad hoc cogit, non modò dispendium et ipsius naufragii periculum agnoscat, verùm etiam severè puniatur.

(a) Vinnius écrit, ἐμπλέυσιν εἰνϐ. — (b) Ms. de Heins. τοῖς τούτων κληρονόμοις, eorum heredibus.— (c) Ms. de Heins. τῶν τῶν ἐφολκίων, à tort. — (d) Ces deux derniers mots manquent dans le Ms. 1356. — (e) On trouve dans quelques éditions ναυκλήρων, nauclerorum. — (f) τὶ ναυάγιον, variante donnée par Vinnius sans indication de manuscrit.

(1) Ce chapitre constate un usage qui subsiste encore, avec diverses modifications, en faveur des héritiers du matelot qui meurt au service du navire. Il est probable que les matelots dont il s'agit étoient loués à l'année.

(2) Voir la note sur le chapitre XLV.

(3) Ce chapitre complète les règles sur le sauvetage qui sont déjà dans les chapitres XLV et XLVI.

(4) Il n'existe dans le titre II du livre XI aucun texte semblable à celui qui forme ce chapitre; mais on trouve le principe dans la const. 18 du titre II du livre VI, *De servo corrupto et furtis*.

(5) Ce n'est point dans le titre V, mais dans le titre IV, const. unic., que se trouve cette disposition. Je n'ai pas cru devoir la recueillir dans les fragmens du droit romain, parce qu'elle n'est relative qu'à des règles particulières au service des approvisionnemens de l'état.

Ἐκ τȣ̂ πέμπ7ȣ Τίτλȣ
τȣ̂ μβʹ Βίϐλȣ · τῶν Διγέσ7ων.

Ex Titulo quinto
Libri XLII Digestorum (1).

ν. Οἱ ἐκ τῆς ἐλεεινοτάτης τῶν ναυαγησάντων
ὑποστάσεως ἁρπάζοντις ὁποȣ̂ν (a), ἢ κερδαίνοντις
καλὰ δόλον πονηρὸν, τὸ π7εραπλάσιον (b) τοῖς
ἀδικηθῖσι παρεχέτωσαν.

L. Qui ex miserabili naufragorum
substantia quidvis rapiunt, aut dolo malo
lucrantur, quadruplum injuriam passis
præstent (2).

ναʹ. Ὁ βαρυτέρα πραΐδα καὶ βίᾳ ἀφελόμενος
πράγματα ἀπὸ τȣ̂ ναυαγίȣ, μετὰ τὴν τούτων ἀποκατάσασιν, εἰ μὲν ἐλεύθερός ἐστιν, ἐξορειζέθω (c)
ἐπὶ τελετῆ χρόνον· εἰ δὲ πονηροί τινές εἰσιν, εἰς ἔργον
δημόσιον ἐμϐάλλονΙαι τὴν αὐτὴν ἐγχρονίαν· εἰ δὲ
δȣ̂λοί εἰσιν, εἰς βαρύτερον ἔργον τȣ̂ φίσκȣ (d)
ὁμοίως ἐκπέμπονΙαι (e).

LI. Qui graviori prædâ et vi res aufert
ex naufragio, post earum restitutionem, si
liber est, ad triennium relegetur; sin sor-
didi quidam sunt, in opus publicum ad
idem tempus usque condemnentur : si
denique servi, in gravius opus fisci similiter deportentur (3).

Τέλος τȣ̂ νόμȣ Ῥοδίων ναυτικȣ̂.

Finis juris Rhodiorum navalis.

CAPITA HACTENUS INEDITA (4).

[Ἐὰν] ναύτης ἀποτακτάριης ἢ μεείτης δεξάμενος μετὰ συνθηκῶν μέρος ἢ πᾶσαν ἐπιταγὴν τȣ̂
πλοίȣ ποιῖν, τȣ̂ καιρȣ̂ πληρωμένȣ ἕξει κατηρ-
χεθαι. Ἐὰν δὲ θελήσῃ τȣ̂ καιρȣ̂ μὴ πληρωθῖντος
ἐξελθῖν, λαμϐανέτω ξυλαγώγια ο´, ἢ οὕτως αὐτὴν
πλεῖν. Εἰ δὲ εὑρεθῇ κλέπΙων, λαμϐάνιν αὐτὴν
ξυλαγώγια ρ´, ἢ τὸ μέρος ἀπολλύτω.

Nauta (5) mandatarius vel ex parte
socius, postquam conventione partem
navis vel totam navem curandam receperit, potest (6) recedere impleto termino.
Quòd si ante impletum terminum recedere tentarit, LXX plagas fuste verberatus
accipiat, et tunc naviget. Si verò furti
convictus fuerit, C plagas accipiat et partem suam amittat.

Ἐὰν ναύτης πεμφθῇ παρὰ τȣ̂ ναυκλήρȣ ἐπὶ
ξύλα ἢ ἀλλαχȣ̂ ὅπη ἂν, συνερχέθω· κἂν παρελη-
φθη, ὁ ναύκληρος διαλυέθω, ἐὰν μὴ συνέρχηΙαι.

Si nauta ad ligna aut aliam rem pro-
curandam missus fuerit à magistro, redeat; si non redeat et captivus fiat, magis-

---

(a) Vinnius écrit *ὁσουν* dans son texte, et *τιουν* dans ses variantes. — (b) Vinnius, dans ses notes, τετρακλοῦν. — (c) ἐξο-
ρίζεται, *relegatur;* variante de Vinnius. — (d) Quelques éditions portent, τοῦ δημοσίου, *ærarii.* — (e) Après ἐκπέμπονται,
le Ms. 1356 ajoute: τοῦ ιʹ τίτλου μβʹ βιϐλίου τῶν Διγέστων, *tituli noni libri XLII Digestorum (finis).*

(1) Ce texte n'est point dans le titre V du livre XLII, mais dans le titre IX du livre XLV.
(2) On a vu la même disposition dans le chapitre XLVIII ; ce qui fortifie ma conjecture, que la compilation est un recueil de morceaux épars et réunis sans beaucoup de discernement : c'est presque littéralement le texte du fr. 1 du titre IX du livre XLV du Digeste, *De incendio, ruina, naufragio,* &c.
(3) C'est la traduction presque littérale du § 1 du fr. 4 du titre IX du livre XLV du Digeste, *De incendio,
ruina, naufragio,* &c.
(4) Ces chapitres ne se trouvent que dans le manuscrit 1720 de la bibliothèque royale.
(5) Le texte est mal composé ou mal copié. La conjonction ἐάν, *si,* précède nécessairement un verbe, et
l'on ne trouve ici qu'un participe, δεξάμενος. Elle est donc superflue, ou le mot δεξάμενος est mal écrit,
et il faut lire δέξηται.
(6) Dans le manuscrit il y a εξ ὧν, ce qui ne donne aucun sens. Comme on dit quelquefois ἐξὸν
pour ἔξεσι, *licet,* j'ai cru devoir substituer cette dernière leçon à celle du manuscrit.

Ἐὰν τι ἔπερον γένηται κατὰ τὴν πέμφθέντος, ὁ ναύκληρος διαλυέσθω.

[Ἐὰν] ταύτης ἑαυτῷ μίσθωτος γενόμενος, γνωσκέτω ἑαυτὸν δοῦλον εἶναι, καὶ ἑαυτὸν πεπρακέναι. Πᾶσαν δὲ ἐπιταγὴν αὐτῷ ποιεῖν, καὶ πιστῶς ἐκπεμπόμενος ὀφειλέτω, ἀκλόπως, ἀκακουργήτως, καὶ πάσῃ σπουδῇ ἐννοῶν, ἀξίως εἰς πλῆρες τὰς ἐπιμισθίας κομιζόμενος. Ἐὰν δὲ σῦλα ποιήσῃ χρυσίον ἢ ἀργύριον ἀπωλέσας, ἀντὶ τῆς ἐλευθερίας μισθώσεως, δοῦλος γινέσθω, ἑαυτὸν παραδώσας εἰς τιμωρίαν.

Ἐὰν δοῦλος ὑπὸ τοῦ ἰδίου δεσπότου μισθωθῇ εἰς ἐργασίειον, λεγέτω ὁ κύριος αὐτοῦ τὰ τῆς πίστεως αὐτῷ. Ἐὰν δὲ μὴ εἴπῃ, καὶ ὁ δοῦλος σῦλα ποιήσῃ καὶ ἀποδράσῃ, τῷ ἰδίῳ δεσπότῃ, καὶ αὐτὰ τὰ σῦλα, καὶ ἡ φυγή, καὶ ὁ θάνατος, διὰ τοῦ μισθοῦ αὐτῷ ὀκ-διδόσθω.

---

ter non tenetur. Si quid aliud (1) acciderit nautæ, item magister non tenetur.

Nauta mercenarius sciat se servum effectum, venditumque quasi esse. Quæcunque jussa vel missiones fideliter impleat, sine dolo, sine malitia, multo studio et intelligentiâ, ut meritò integram accipiat mercedem. Si autem rapuerit aurum vel argentum, nullam accipiat mercedem, et servus fiat, quoniam sese pœnæ ultrò obtulit.

Si dominus servum suum tabernæ dederit mercede, tabernario, quæ servo sit fides habenda, indicet. Quòd si non prædixerit, et servus furtum fecerit et aufugerit, dominus servi et raptas res et fugam et omne damnum (2) tabernario cum justo pretio compenset.

EX TIPUCITI PARATITLIS

AD TIT. VIII ET IX LIBRI LIII BASILICORUM.

Περὶ Ῥοδίου Νόμου.

Καὶ εἰ σῦλα πλοῖον πάθοι, ἢ ναῦται ποιήσωσι. —Καὶ εἰ καπηλῶσιν οἱ ἐπιβάται τὸ πλοῖον τοῦ ναυκλήρου διαμαρτυρομένου, καὶ τι πάθοι τὸ πλοῖον. —Καὶ περὶ δαρμοῦ ναυτῶν, καὶ πληγῶν, καὶ φόνε, καὶ κηλῶν, καὶ ὀφθαλμῶν ἐκτυφλώσεως. Ἡ δὲ Νεαρὰ τοῦ κυροῦ Λέοντος τοῦ βασιλέως φησίν· Εἴ τις ζημιώσει τινὰ ἐν τοῖς ὀφθαλμοῖς, εἰ μὲν τὸν ἕνα, καὶ αὐτὸς ζημιωθήτω τῷ ἑνί, τὴν ἴσην δίκην ὑπέχων· εἰ δὲ τοὺς δύο, ἵνα ζημιωθῇ τῶν ὀφθαλμῶν μὲν τὸν ἕνα, ἀφαιρεθῇ δὲ τὸ ἥμισυρον τῆς οὐσίας διδόμενον εἰς παραμύθιον τῷ ἐκτυφλωθέντι. Ζήτει καὶ τίτλον γ΄ τοῦ ξ βιβλίου. —Καὶ περὶ τοῦ πιστευθέντος πλοῖον, καὶ εἰς ἄλλην χώραν ἀποδη-

---

De Lege Rhodia.

Et si navis deprædata fuerit, aut nautæ rapuerint. — Et si vectores navem appulerint obstante magistro, et si quid acciderit.—Et de rixa (3) nautarum, et plagis, et occasu et tumoribus, et oculorum excæcatione. Novella autem divi Leontis dicit: Si quis alium excæcarit, si in unum oculum, ipse uno mulctetur, par pari expendens; sin utroque, ipse unum amittat oculum, et insuper dimidiam partem bonorum, quæ excæcato ad solatium tribuatur. Vide et titulum III libri LX. — Et de illo cui navis commissa est, et aliò

---

(1) Le manuscrit porte νιώτερος, *junior*; ce qui évidemment n'offre aucun sens. J'ai cru pouvoir me permettre une correction que justifie, ce me semble, l'analogie, et qu'excuse l'imperfection du manuscrit.

(2) Je dois avouer que le mot θάνατος signifie littéralement *mort*: mais la mort de cet esclave voleur n'est une perte que pour son maitre; il ne doit d'indemnité à celui à qui il l'avoit loué que pour la privation des services. Peut-être faudroit-il lire δάνειον, *debitum*.

(3) M. Mai, dans la copie qu'il a eu la bonté de m'envoyer, a surmonté d'un *sic* le mot δαρμοῦ. Dans le grec vulgaire, δαρμός signifie *ictus*. Voir du Cange, *Glossarium mediæ et infimæ græcitatis*, h. v.

μήσαντος, καὶ μὴ εἰς ἣν ὁ δεσπότης ἐνετείλατο· καὶ περὶ ποινῆς αὐτοῦ. — Καὶ περὶ τοῦ τι δεῖ γινέθαι ἐπὶ τῇ ἐκβολῇ. — Καὶ περὶ τοῦ τι ἐξ ἀμελείας τοῦ ναυκλήρου καὶ τῶν ναυτῶν τοῖς ἐμπόροις, ἢ ἐκ τῶν ἐμπόρων γίνηται ἀμφοτέροις ζημία. — Καὶ περὶ παραθήκης τῆς ἐν πλοίῳ ἢ οἴκῳ. — Καὶ περὶ ἐπιβάτου χρυσίον ἔχοντος. — Καὶ περὶ τῦ ἀρνυμένε τὴν παραθήκην, ᾧ τῦ ὁμόσαντος ᾧ ἐλεγχομένε, ἵνα ὑφίσται τὴν τῆς ἐπιορκίας ποινήν. — Καὶ περὶ τῦ ἀρνησαμένε τὴν κοινωνίαν. — Καὶ περὶ πλοίε ἐμποδισθέντος ἐν τῇ ἐμβολῇ παρὰ τῦ ἐμπόρε ᾧ κοινωνῦ, ᾧ ἀπολεθέντος. — Καὶ περὶ ἐμπόρε μὴ παρασχόντος τὰ φορτία ἐν τῷ τόπῳ ὅθεν ἐτύπωσαν, καὶ συμβῇ τῆς προθεσμίας πληρωθείσης ἀπολεθῆναι τὸ πλοῖον. — Καὶ περὶ λοιπῶν διαπονίων παρατηρημάτων, ᾧ γόμων, καὶ ἀπεβολῶν, ᾧ ὑπερεντλημάτων πλοίε, ᾧ βρεχέντος γόμε, ᾧ ἐκβολῆς. — Καὶ (πλοίε) καταβαλόντος ἐν τῷ ἀρμενίζειν ἕτερον πλοῖον, καὶ κινδυνεύσαντος. — Καὶ πότε τῶν φορτίων σωζομένων οὐκ ἀφαιρεῖται ἢ ὁ ἐπιβάτης, ἢ ἀφαιρεῖται. — Καὶ εἰ χρυσίον ἐστὶν ὁ γόμος, ἢ ἀργύριον, ἢ μαργαρεῖτης. — Καὶ ἐὰν οἱ μὲν τῶν ἐπιβατῶν ἀπόλωνται, οἱ δὲ οὔ, τί γίνεται. — Καὶ εἰ πλοῖον τρυπήσει· καὶ εἰ κεράτων κλάσις (1) γένηται, ᾧ καπαρτίε, ᾧ αὐχένος, καὶ ἀγκύρων, ᾧ λοιπῶν. — Καὶ εἰ οἱ πλέοντες ἀπόλωνται, ᾧ ἀποθάνωσι ναῦται, πῶς δίδωσιν ὁ ναύκληρος τὸν ἐνιαυσιαῖον μισθὸν τῆς κληρονόμοις αὐτῶν. — Καὶ εἰ τὸ πλοῖον, τὰς ἀγκύρας ἀποκόψαν, παρά τινος σωθῇ, πῶς ἵνα δίδωσιν αὐτῷ τὸ πέμπτον μέρος. — Καὶ περὶ τοῦ εἰ χρυσὸς ἢ ἄργυρος ἢ ἕτερόν τι ἐκ βυθοῦ ἐπαρθῇ, τί ὀφείλει λαμβάνειν ὁ ἀποσώζων.

abit, nec quò dominus ire jusserit; et de ejus pœna. — Et de eo quod in jactu fieri debeat. — Et de damno negligentiâ magistri et nautarum mercatoribus vel mercatorum magistro et nautis facto. — Et de deposito in nave aut in domo. — Et de vectore aurum habente. — Et de illo qui depositum negat, et jurat et convincitur, ut perjurii pœnam luat. — Et de eo qui societatem negaverit. — Et de nave cujus exitui obstiterit vel mercator vel socius, et periit. — Et de mercatore non tradente merces in loco quo conventum est, si termino impleto navem perire accidit. — Et de cæteris in mari operationibus, et merce, et jactu, et exhaurienda nave, et merce madefacta, et jactura. — Et de nave aliam navem impetu dejiciente et periclitante. — Et quando merce salvâ nihil exigitur à vectore, quandoque aliquid exigitur. — Et si onus aurum est, aut argentum, aut uniones. — Et si quidam vectorum aliquid perdant, quidam res suas servent, quid fiat. — Et si navis damnum passa fuerit, et si antennarum jactura facta sit, et mali, et gubernaculi, et ancorarum, &c. — Et si navigantes perierunt, et nautæ fuerint mortui, ut nauclerus annuam mercedem heredibus eorum det. — Et si, ancoris resecatis, navis à quodam servata fuerit, ut ei quinta pars detur. — Et si aurum vel argentum vel aliud quid à profundo sursum latum fuerit, quid servans sumere debeat.

---

(1) La copie que M.ʳ A. Mai m'a envoyée porte κρατης : j'ai cru qu'il falloit y substituer κλάσις, cette leçon étant justifiée par le texte du chapitre correspondant de la compilation.

CHAPITRE VII.

Droit maritime des Pays conquis par les Croisés en Orient.

La puissance romaine étoit depuis long-temps détruite en Occident ; l'empire d'Orient penchoit lui-même vers sa ruine, lorsque les croisades, dont je n'entreprends de juger ni les motifs ni les résultats (1), donnèrent lieu à la fondation d'un royaume composé de plusieurs parties de la Terre-sainte que les Européens enlevèrent aux musulmans.

Les lois de ce royaume reçurent le nom d'*Assises* (2). Il en fut rédigé deux : l'une appelée *Assise de la court des barons* ; l'autre, *Assise de la court des borgés* ou *bourgois*. Le premier de ces codes, uniquement relatif à la féodalité et au droit des nobles, a été analysé par le P. Labbe dans le tome I.ᵉʳ de son ouvrage intitulé, *Abrégé royal de l'alliance chronologique de l'histoire sacrée et profane*, imprimé en 1651 ; il a été publié en entier par la Thaumassière en 1690 : mais l'un et l'autre ont fait usage de manuscrits peu corrects (3). Le second code n'a jamais été imprimé en français : il contient sur le droit maritime plusieurs chapitres qui devoient naturellement prendre place dans ma collection.

Presque tous les croisés qui fondèrent le royaume de Jérusalem étoient Français (4) ; ils y portèrent leurs usages et leurs lois (5), comme le prouve la comparaison d'un grand nombre de chapitres des Assises avec les plus anciens monumens de la jurisprudence française. C'est ce qu'atteste d'ailleurs le récit d'une contestation relative au bail du royaume de Jérusalem, publié par la Thaumassière comme faisant le chapitre CCXCIV de l'Assise des barons. On y lit ces mots : « Fort chose [chose difficile] à croire, qu'il y ait usage « en ce royaume de Jérusalem qui soit contraire à l'usage de France, que « [puisque] ceaus qui le y establirent au conquest de la terre furent François. »

Mais, avant d'examiner quel fut l'ensemble de la législation maritime dans les pays conquis par les Latins à l'occasion des croisades, je crois devoir offrir quelques détails sur la composition des Assises ; ils sont peu connus, et ne paroîtront peut-être pas dépourvus d'intérêt.

(1) Ce sujet a été traité d'une manière aussi neuve qu'intéressante par M. Michaud dans son *Histoire des croisades*.
(2) Voir du Cange et Carpentier, *Glossarium mediæ et infimæ latinitatis*, voc. *Assisia*, *Assisium*.
(3) Ils existent à la bibliothèque royale sous le n.º 1347, et paroissent avoir été faits d'après un manuscrit du Vatican.
(4) Rhamnusius, *De bello Constantinopolitano*, lib. III.
(5) Brodeau, *Comment. sur l'article I.ᵉʳ de la coutume de Paris.* — Lalande, *Comment. sur l'article I.ᵉʳ de la coutume d'Orléans.*

Après la prise de la sainte cité par les croisés, le 15 juillet 1099, Godefroi de Bouillon, voulant, est-il dit dans le chapitre historique qui précède l'Assise des barons, « que ses homes et son peuble, et toutes manieres « des gens allans et venans et demorans el dit royaume, fussent gardés et « governés, tenus et maintenus et menés à justice à droit et à raison », choisit, par le conseil du patriarche, des princes, des barons et des notables, « sages homes à enquerre et à savoir des gens de diverses terres » (lieux et seigneuries) « qui là estoient, les usages de lors terres. » Ces commissaires remirent leur travail par écrit au duc (1), qui, dans le conseil dont j'ai parlé, adopta ce qu'il crut convenable, et en forma « les assises et usages « que l'on deust tenir et maintenir et user au royaume de Jerusalem, par les-« quels il, ses gens et son peuble et toutes autres manieres des gens allans et « venans fussent governés et menés à droit et à raison el dit royaume. »

Godefroi de Bouillon institua également deux cours laïques. L'une fut appelée *la haute cour,* ou *cour des barons,* pour la noblesse. Il voulut, est-il dit dans le chapitre II, « en estre governor et justicier, et establit à en « estre juges ses homes chevaliers qui luy estoient tenus de foi par l'omage « qu'ils lui avoient fait. » L'autre cour fut appelée *court des borgés* pour le peuple, « en laquelle il establit un homme en son leuc à estre governor et « justicier, lequel est apellé visconte, et establit à estre juges des plus loyaux « et des plus sages que en ladite cité fussent (2). »

Il établit aussi « qu'en toutes les cités et en tous les leucs dou royaume « où il auroit justice, y eust visconte et jurés, et court de borgesie pour « le peuble governer et maintenir, mener et juger, et justicier par les assises et « les usages qui lors furent establis à tenir et à user en la court des borgés. »

Les assises et usages des deux cours, continue ce chapitre, ne furent point « ressemblans en toutes choses, pour ce que les haus homes et ceaus « qui sont tenus au seignor de foi, et le seignor ayant lors fiés, et chevaliers, « ne doivent pas estre enci menés come borgés. »

On ne connoît pas quel fut le rédacteur du travail d'après lequel le duc Godefroi « concuillit de ceaus escris ce que bon li sembla, et en fist assises « et usages que l'on deust tenir et maintenir et user au royaume de Jerusa-« lem. » Les détails contenus dans les Assises n'offrent aucun renseignement à cet égard. Quelques écrivains désignent Philippe de Navarre (3); cependant ils n'en donnent point de preuve, et même il est douteux que le Philippe de Navarre dont ils parlent ait été contemporain de Godefroi de Bouillon.

---

(1) Ce titre est, comme on sait, le seul que prit Godefroi de Bouillon, « ne voulant, dit le cha-« pitre I.ᵉʳ de l'Assise des barons, porter corone d'or là où le Roi des rois, Jesu-Crist le fils de Dieu, porta « corone d'espines le jour de sa passion. »

(2) On voit, par la suite du même chapitre et par un grand nombre d'autres, que ces juges étoient des *jurés* au civil et au criminel.

(3) *Mémoires de l'académie des inscriptions et belles-lettres*, t. XX, pag. 329. — *Histoire littéraire de la France*, t. XIII, pag. 95.

Sous les successeurs de ce prince et jusqu'à la prise de Jérusalem par Saladin, les assises reçurent diverses additions à mesure que le besoin s'en fit sentir. Les précautions qu'on prenoit méritent d'être remarquées par les historiens et les jurisconsultes ; elles ne seroient pas inutiles à ceux qui rédigent les lois modernes. Le chapitre III de l'Assise des barons en offre le détail.

« Après ce que les avant dites assises furent faites et les usages establis, le « duc Godefroy et les roys et seignors que après luy furent el dit royaume « les emenderent par plusiors fois ; car les choses que il veoient et conois- « soient et que lor sembloit bones à joindre ou acroistre ez assises ou ez usages « doudit royaume, il le faisoient par le conseil dou patriarche et des haus « homes et des barons doudit royaume, et des plus sages que il pooient avoir « clercs et lais, et à chascun passage le roy dou royaume, se il avoit lisir, « assembloit en ac le patriarche et les avant dis, et faisoit enquerre à plu- « siors sages gens qui y venoient de diverses parties dou monde les usages « de lors terres, et ceaus que il establissoient à ce faire les faisoient tous « mettre en escrit, et puis portoient ceaus escris au roy, et il les mostroit « tous au patriarche et as avant dis, et par lor acort et conseil cressoit ou « aminuoit as assises et as usages dou royaume amender, et ce que bon lor « sembloit à amender les par lesdits escris. Et aucuns des roys doudit royaume « envoyerent plusiors fois as diverses parties du monde pour enquerre et « savoir les usages de celles terres pour emender à lor pooir et à lor essient « les assises et les usages doudit royaume, et les amendoient par le conseil « des avant dis com il lor sembloit que bon fust. Et enfin le firent par plu- « siors fois plusiors ans, tant que il orent faites les assises et les usages « les meillors que il onques porent ne sorent, et les plus convenables à lor « essient, au seignor et à ses homes, et as chevaliers et as pelerins, et toutes « autres manieres des gens alans et venans, et demourans el dit royaume, « governer et garder, tenir, maintenir et justicier bien et loyaument selon « ce que chascun est. »

On n'apportoit pas moins d'attention, dit le chapitre IV, à conserver les originaux des assises. Les manuscrits en grands caractères, ornés d'initiales dorées, revêtus à chaque page de la signature du roi, de celle du patriarche et du vicomte de Jérusalem, et scellés de leurs seings, étoient enfermés dans une cassette gardée dans la chapelle du Saint-Sépulcre, d'où est venu le nom qu'on donnoit à ces codes, de *lettres du Saint-Sépulcre ;* et lorsqu'il y avoit nécessité d'y recourir, sans doute en cas d'obscurité des copies usuelles dont le texte étoit invoqué, ou de quelque différence entre elles, l'autographe étoit déplacé, puis replacé solennellement en présence de neuf personnes au moins, choisies parmi les trois ordres du royaume.

Les événemens qui suivirent la reprise de Jérusalem en 1187, occasionèrent la perte de ces autographes.

Les Assises continuoient cependant de servir de loi aux chrétiens restés dans les autres parties de la Terre-sainte et des pays conquis par les croisés, qui ne furent reprises que plus tard par les musulmans. Elles furent introduites dans l'île de Chypre, lorsque Gui de Lusignan en obtint la souveraineté en 1192 (1); et c'est, comme on le verra bientôt, à cette circonstance, que nous devons la conservation de ces anciens monumens de la jurisprudence française. Elles étoient aussi devenues la loi de l'empire précaire que les Latins fondèrent à Constantinople en 1204, ainsi que l'atteste formellement Paul Rhamnuse (2); elles furent introduites dans la Morée lorsque Geoffroi de Ville-Hardouin, II.ᵉ du nom, héritier de cette province conquise par son père, ayant épousé une des filles de Pierre de Courtenay, empereur de Constantinople, se rendit homme-lige de ce souverain pour tous les pays qu'il possédoit, et reçut encore en dot les îles Cyclades et la Romanie (3). On voit effectivement qu'au commencement du XIV.ᵉ siècle, un procès relatif à la succession de Gautier de Rozières, baron d'Acova en Messénie, fut jugé par la haute cour de Morée d'après le livre des usages que « l'empereur avoit « transmis au pays lors de ses arrangemens avec son gendre; ledit livre des « usages tel qu'il avoit été rédigé dans le commencement de sa formation (4). » Enfin la presque totalité de l'Assise des barons se trouve dans les coutumes dites de Romanie, que la république de Venise approuva, en 1453, pour l'île de Négrepont qui lui restoit encore de ses anciennes possessions dans la Grèce (5). Il est possible cependant que l'Assise des bourgeois n'y ait pas été introduite : car tous les historiens attestent que les Grecs, en se soumettant aux nouveaux souverains, stipuloient la conservation de leurs rites religieux, de leur droit civil, qui étoit les Basiliques; et, dans le fait, cette Assise n'est point contenue dans les coutumes de Romanie approuvées par la république de Venise.

(1) Giblet, *Istoria dei Lusignani*, lib. 1, pag. 11.

(2) Balduinus, Orientis imperator coronatus, tametsi regendo imperio ab priscis Augustorum legibus, multorum sæculorum spatio sacrosanctâ majestate toto orbe venerandis, sibi minimè recedendum existimaret, ut tamen jus ipsum, quod aut nullum aut durum in Græcia eo sæculo receptum erat, æquius melius pro tempore institueret redderetque, leges Hierosolymarii regni militares pariter et civiles (eas, quasi regum scita, vel concilii cœtûsque Gallorum responsa, vetere gentis vocabulo, *assisias* vocant) Constantinopolim transferri jussit, centum retro annis à Gallis principibus et Hierosolymorum patriarcha in Syria editas, postquam Hierosolymas in Christianorum potestatem vindicassent, Gothofredumque Bullionem, ac, secundùm eum, Balduinum fratrem reges appellassent. Quibus legibus eo tempore Almericus Luscinianus Cypri rex, unà et Galli proceres Hierosolymarii regni reliquiæ, Antiochenus princeps, Edessanus et Tripolitanus comites, utebantur. Ita Balduinus de beneficiis sive feudis, imperii muneribus et honoribus, simul et servitiis sive operibus imponendis et indicandis, imperatorique ex beneficiaria lege per clientes et vassallos præstandis (quod antiquioribus Gallicis, atque iis propriis verbis conscriptæ leges, binis assisiarum, institutorumque majoris et minoris curiæ libris, apud Gallos, præsertim in terra Græcia, multùm auctoritatis essent habituræ) Cypro Constantinopolim delatas assisias, tanquam municipales, statim promulgari jussit, ut iisdem, ceu fonte quodam, summatim et enucleatè jus, tanquam per compendium, baronibus, equitibus, Francisque militibus redderetur. Hæ, dum Gallorum res sexaginta annorum spatio integræ Constantinopoli fuerunt, à Latinis Francisque hominibus pro legitimo jure habitæ receptæque sunt.

(3) Chronique en vers de la conquête de Constantinople et de l'établissement des Français en Morée, publiée par M. Buchon en 1825, page 198.

(4) Chronique ci-dessus citée, pages 362 et 366.

(5) Canciani, *Barbarorum Leges antiquæ*, t. III, pag. 497.

Par l'effet des révolutions et de diverses circonstances, la mémoire des assises se perdit insensiblement dans le royaume de Chypre : on avoit fini par n'y avoir plus de copies de l'Assise des barons, mais seulement des notes et des fragmens imparfaits, destinés plutôt à aider la mémoire et à fournir des renseignemens qu'à servir de textes de loi (1); ce qui obligea d'en faire une rédaction nouvelle. Le chapitre CCLXXIII de cette assise (CCLXXXI dans l'extrait de Labbe et dans l'édition de la Thaumassière) contient l'histoire de cette rédaction, faite un siècle environ après la première. Elle fut l'ouvrage du roi Amauri, monté sur le trône en 1194, qui, d'après le témoignage des historiens, étoit fort instruit dans la science des lois : *In jure consuetudinario quo regebatur regnum, subtilis plurimùm et nulli secundus* (2).

Il est encore probable que le travail du roi Amauri se perdit ou fut oublié; ce qui porta Jean d'Ibelin, comte de Jaffa et d'Ascalon, à recueillir de nouveau cette même assise des barons. Il en explique les motifs dans le chapitre V : « Et pour ce que lors homes qui doivent estre juges de lor cors sachent « bien et droicturierement juger les jugemens que il devront faire selon celles « assises et ceaus usages, ci que je comance à faire cestui livre, tout soit « ce que je conoisse bien qu'en moi ne n'a sene conoissance par que je le « deusse enprendre à faire; mais la fiance et l'esperance que je ay en Dieu, « et en la puissance de Dieu le Fis, et en la beneureté dou Saint-Esprit, qui « me donne sens et grace de bien faire, le selon ce que j'ay apris et retenu « de ceaus à qui je ais oy parler, et qui ont esté les plus sages homes de mon « tens, à qui je ay oy parler des assises et des usages doudit royaume et des « plais de ladite court, et por ce que lor ay vehu faire et user. »

Ce travail passe pour être de l'an 1260. Quoiqu'il eût de grandes imperfections (3), comme l'avoue l'auteur, et surtout qu'il n'eût pas été fait par l'ordre ni même par l'invitation de l'autorité publique, la nécessité l'emporta et le fit considérer comme code légal. C'est seulement un siècle après, qu'une révolution arrivée dans l'île de Chypre donna à la rédaction du comte d'Ibelin l'authenticité qu'elle n'avoit pas encore obtenue.

Les principaux seigneurs ayant assassiné le roi Pierre de Lusignan, mirent son fils sur le trône, confièrent la tutelle du jeune roi et l'administration du royaume à Jean de Lusignan, son oncle, et, dans une assemblée des notables du royaume, qui eut lieu le 16 janvier 1368, on résolut de remettre en vigueur l'Assise de la cour des barons, en quelque sorte tombée en désuétude. Entre autres résolutions contenues dans une pièce dont

---

(1) Canciani, *Barbarorum Leges antiquæ*, t. V, pag. 109.
(2) Guill. Tyr. *De bello sacro*, lib. XIV, cap. II.
(3) Il contenoit probablement divers documens qui forment les chapitres CCXCIII et suivans de l'édition de la Thaumassière, lesquels ne furent pas conservés dans la rédaction officielle de 1531, dont il sera parlé plus bas. Nous devons toutefois nous féliciter de ce que ces documens sont restés dans d'autres manuscrits, puisqu'ils peuvent servir à l'histoire.

la Thaumassière a formé le chapitre CCCXIV de son édition (1), « la huitieme
« fut que il se puisse trover un le plus vrai livre des assises, ce est assavoir
« dou conte de Jaffe, et regarder le par le seignor et les homes, et coreger
« le et mettre le au tresor de l'yglise en aucune huche, et estre à la garde de
« l'yglise et estre soute le scel de quatre homes de la court; et quant aucun
« cas venra à la court que les homes seront enserés, qu'il puissent mander
« faire ouvrir par lesdis homes ou la plus grant partie, et faire porter ledit
« livre pour esclercir ledit cas, selon ce qui estoit usé au royaume de
« Jerusalem. »

On lit la même déclaration dans le procès-verbal publié par la Thaumassière en tête de son édition. Cet acte prouve assez clairement que
les infractions faites ou tolérées par le feu roi à l'Assise des barons avoient
causé la catastrophe qui lui ôta le trône et la vie, et que, dans l'assemblée du 16 janvier 1368, on s'occupa uniquement des moyens de remettre
cette assise en vigueur. En voici quelques passages :

« La comunauté des homes liges furent en la presence de monseignor Johan
« de Leseignau, prince d'Antioche et conestable doudit royaume, frere doudit
« roy Pierre, et le tricoplier doudit royaume de Chypre, &c. &c... Ledit trico-
« plier dit au susdit monseignor Johan de Leseignau : Sire, il est enci que,
« regardant la comunauté des homes qui sont ici presens, que Dieu a fait
« son comandement de nostre seignor le roy Pierre vostre frere, et a laissé
« un fis, c'est assavoir Pierre de Leseignau, conte de Triple, qui est merme
« d'aage, et present en la court : il ont esté d'une part, et ont regardé et
« conceu que vous estes le droit heir à avoir et tenir les royaumes de Jeru-
« salem et de Chypre pour le bailliage de monseignor Pierre de Leseignau,
« conte de Triple, fis de vostre frere le susdit roy, et vostre nevou, qui est
« merme d'aage, en jusques en son parfait aage, et veulent et vous prient
« et requerent que vous requerez ledit bailliage, qui est de vostre droit, et
« à vous monte d'avoir et tenir en jusques à parfait aage de vostre nevou, et
« avoir le poés toutefois que requerre le vodrés, faisant vous le serement
« usé, et que en tel cas requiers selon les assises, et par vostredit serement
« garder et tenir et maintenir les ordenances qui ont esté ordenées et faites
« et convenues en ce jour, et les conoissances et assises qui ont esté faites
« par les seignors roys et homes liges de la court, lesquels se doivent mettre
« au livre, et faisant vous ledit serement requerés ledit bailliage, et nous
« vous recevrons à baill et nostre seignor, en jusques ledit Pierre vostre
« nevou soit en son aage. »

On voit, par la réponse de Jean de Lusignan et par les répliques de
l'assemblée, qu'il refusa, ou se fit prier; qu'enfin il accepta, et préta le serment

_____

(1) La Thaumassière date en cet endroit l'assemblée du 16 janvier 1363 : mais c'est une erreur du
copiste ou de l'impression; car le procès-verbal de cette résolution, publié par lui-même sous le titre
de préface en tête de l'Assise, porte bien la date de 1368, qui est la véritable.

requis, et que l'exécution de la délibération relative à la remise en vigueur de l'Assise des barons fut confiée à seize commissaires, dont les noms sont au procès-verbal. A cet effet, dit-on, « Monseigneur le baill » (le tuteur du roi, régent du royaume) « fit recouvrer la plus grant partie des livres des « assises les plus vrais que le conte (d'Ibelin) ot fait, et en la presence des « avant només furent corregés, et ehlurent le plus vrai livre des assises, « et fu contre escrit, et mis les ordenances susdites que les homes liges ont « fait, et la conoissance que fu faite pour le roy Hugue (1), et les autres « assises et autres qui furent fais au tens passé, lequel livre et ordenances « et conoissance et assises ledit monseignor le baill jura, et les homes liges « auci jurerent avant que ledit seignor ne receust ledit bailliage come est « devant dit. Et ce est fait pour le comun prouffit dou seignor et des homes « liges, et de tout le peuble, de tenir et maintenir ce qui a esté fait, et juger « selon que ordené fu, et doivent auci jurer les seignors par la maniere « avant que ne reçoivent la seignorie, encir com il vendront les uns aprez les « autres, et auci les homes liges. Et fu mis ledit livre au tresor de ladite « yglise dedans la huche, scelée des quatre seaus, comme il est devant dit. »

Quant à l'Assise de la cour des bourgeois, on peut croire qu'il en avoit toujours été conservé des exemplaires exacts et complets dans l'île de Chypre, et qu'elle ne fut point l'objet des travaux du comte d'Ibelin, ni des commissaires nommés en 1368. Ce qu'il y a de certain, c'est que le texte existant offre une suite de dispositions coutumières de droit civil, et un ensemble qui prouve que l'ouvrage primitif n'a pas été altéré.

Les assises continuèrent de régir le royaume de Chypre après que la république de Venise en eut acquis la souveraineté en 1489, par suite d'événemens qu'il n'entre point dans mon plan de décrire. Mais les magistrats, qui parloient la langue italienne, ne pouvoient comprendre qu'avec une peine extrême des coutumes écrites en un français si vieux, qu'il n'auroit pas même été beaucoup plus intelligible en France. On finit par ne plus trouver de Cypriotes capables de les interpréter. Le lieutenant et les membres de la cour suprème de justice de l'île demandèrent que les assises fussent traduites en langue italienne. La république de Venise accueillit ce vœu, et la traduction fut faite avec les plus scrupuleuses précautions.

Plusieurs actes et décrets du gouvernement vénitien, de l'année 1531, attestent que trois commissaires, Jean de Nores, comte de Tripoli, François Altor, et Aloys Cornet, furent chargés par le lieutenant et le conseil du royaume de rassembler toutes les copies qu'on pourroit se procurer de l'une et de l'autre assises, en quelque lieu et en quelques mains qu'elles se trouvassent

(1) Le document désigné sous ce nom consiste dans le récit de la contestation et du jugement de la cour du royaume de Chypre, relatif au bail de ce royaume, accordé en 1268 au comte Hugues, pendant la minorité d'Hugues II ; cette contestation avoit été décidée conformément à l'Assise. La Thaumassière a inséré ce document dans son édition, chapitres CCXCIII jusques et compris CCCVII.

dans le royaume de Chypre, et de choisir celles qui leur paroîtroient avoir le plus d'exactitude. Ces commissaires firent choix de quatre exemplaires de l'Assise des barons et de quatre de celle des bourgeois ; ils prirent le même soin pour le recueil des arrêts de la cour du vicomte, et pour quelques autres documens destinés à compléter les assises ou à y suppléer comme monumens de jurisprudence. Un interprète habile fit la traduction italienne de l'exemplaire français qui avoit fixé le choix des commissaires : il y procéda sous leurs yeux ; et lorsqu'ils n'étoient pas d'accord sur le sens de passages difficiles et obscurs, on en référoit à la cour suprême du royaume. Ce qui prouve évidemment que, lors de ce travail, on ne changea rien au texte primitif, c'est qu'on y a conservé un grand nombre de dispositions relatives à des usages qui, suivant que l'atteste un acte du conseil des Dix, du 10 avril 1535, avoient cessé d'être pratiqués, et même que des lois formelles avoient proscrits, tels que les combats judiciaires, les épreuves par le feu, &c. La traduction italienne fut imprimée à l'imprimerie ducale, en 1535 ; et le manuscrit de chacune des assises qui avoit servi d'original, fut déposé aux archives du sénat, où il est resté jusqu'en 1788, époque à laquelle il fut placé dans la bibliothèque de Saint-Marc, avec beaucoup d'autres, qui, désormais inutiles pour les affaires de la république, pouvoient servir à l'instruction des savans (1).

Ces détails prouvent que les personnes qui se borneroient à consulter l'extrait donné par le P. Labbe, et même l'édition de la Thaumassière, n'auroient qu'une idée imparfaite des assises de Jérusalem. On pourroit croire surtout qu'elles offrent seulement des notions historiques sur les anciens usages féodaux, et qu'on y chercheroit en vain les principes du droit civil et des règles sur les négociations commerciales et maritimes pratiquées à cette époque. En effet, Labbe et la Thaumassière n'ont, l'un analysé, l'autre publié, que l'Assise de la haute cour ; et même ils ont fait usage, pour cette publication, de copies qui diffèrent en beaucoup de parties des autographes de Venise.

Cependant tous ceux qui ont essayé d'étudier l'ancien droit français savent combien cette assise des barons a été utile, non-seulement aux jurisconsultes, mais aux historiens nationaux et étrangers (2). Il seroit donc à désirer qu'une meilleure édition fût publiée d'après le manuscrit authentique, la note du bibliothécaire Morelli, transcrite plus bas, attestant que ce manuscrit contient divers documens historiques qui ne se trouvent point dans l'édition donnée par la Thaumassière.

Quant aux assises de la cour des bourgeois, le texte français n'en a jamais été imprimé. Je présume qu'il ne se trouve point à la bibliothèque du Vatican ; autrement les savans éditeurs de l'Assise des barons n'auroient pas

(1) Canciani, *Barbarorum Leges antiquæ*, t. V, pag. 555.
(2) M. le président Henrion de Pansey, *De l'autorité judiciaire en France*, introd. § 6.

négligé d'y réunir l'autre. Cette Assise des bourgeois est très-curieuse sous les rapports de l'ancien droit privé des Français, parce qu'elle forme un véritable code civil, qui traite des successions, des mariages et des diverses conventions entre particuliers. La publication qu'on en feroit seroit, pour la connoissance des sources de notre droit coutumier, d'un intérêt bien plus grand que les Établissemens de S. Louis et les ouvrages de Pierre Desfontaines et de Beaumanoir, puisqu'elle atteste des usages antérieurs de près d'un siècle.

Un prince dont les Français ne peuvent prononcer le nom sans un sentiment mêlé de vénération et de douleur, Louis XVI, avoit formé le projet d'enrichir notre jurisprudence d'une édition complète des deux assises. Par son ordre, M. de Montmorin, secrétaire d'état au département des affaires étrangères, écrivit, le 10 mars 1789, à l'ambassadeur de France près la république de Venise pour qu'il demandât la communication de ces manuscrits, dans la vue de les faire copier. Le sénat ne crut pas devoir en autoriser le déplacement; mais, par une note en date du 9 mai, il fut répondu que la république avoit résolu d'offrir au Roi une copie figurée des deux assises. Le procurateur Perazzo, et, après son départ pour l'Espagne, le chevalier Justiniani, furent chargés de la faire exécuter sous la direction du savant Morelli.

Ce travail fut fait avec une perfection dont M. de Bombelles, ambassadeur rendoit compte en ces termes, dans une lettre du 5 juin 1790 : « J'ai reçu, « dimanche dernier, Monsieur le Comte, la superbe copie des manuscrits « tirés de la bibliothèque de Saint-Marc. Les assises de la cour haute et de « la cour basse de Jérusalem sont séparées en deux volumes aussi parfaite-« ment reliés qu'il a été possible d'y parvenir à Venise : l'exactitude et la « beauté du travail du copiste ne laissent rien à désirer; et la promptitude « avec laquelle on s'est occupé de conduire à perfection cet ouvrage, ajoute « un nouveau mérite au présent que la république fait au Roi. »

Par une lettre du 10 novembre suivant, le même ambassadeur annonça que M. Hennin étoit parti la veille pour la France, porteur des deux volumes. On trouve en effet au ministère des affaires étrangères sa lettre du 2 février 1791, par laquelle il sollicite l'honneur de présenter ces volumes à Sa Majesté; la minute d'une lettre écrite le 5 février par le ministre à M. Morelli en lui adressant un présent au nom du Roi, et la lettre de remercimens, du 2 avril suivant.

C'est d'après les correspondances officielles dont M. le ministre des affaires étrangères a bien voulu me laisser prendre communication, que je rends compte de ces faits. Mon récit coïncide avec ce que dit le P. Canciani dans la préface du texte italien de l'Assise des barons, insérée au tome V de sa collection connue sous le titre, *Barbarorum Leges* &c. : « Ex principis nostri « mandato, dignissima tanto Regi munera parantis, apographa descripta « sunt eâdem nobilitate, formâ et charactere, ut, picturam potiùs referentia

« quàm scriptum exemplar, evadant in veram imaginem codicum origina-
« lium ; et opus hoc optimum jam effectum sortitum est, cùm præsidem ha-
« buerit diligentissimum, et in palæographia apprimè versatum, ducalis biblio-
« thecæ custodem, Jacobum Morellium. » Ces mêmes détails ont été attestés
en 1823 à M. Gaillard, alors consul de France à Venise, par des employés de
la bibliothèque de Saint-Marc.

La lecture de la traduction italienne des Assises de la cour des bourgeois
m'ayant indiqué les chapitres XL, XLI, XLII, XLIII, XLIV, XLV et XLVI, comme
relatifs au droit maritime, j'ai voulu consulter les manuscrits, que je suppo-
sois à la bibliothèque royale. MM. les conservateurs en ont fait la recherche
avec cette complaisance qui leur concilie si justement l'estime de tous ceux
que des travaux littéraires mettent en rapport avec eux ; d'autres recherches
ont été faites également aux archives du ministère des affaires étrangères et
aux archives générales du royaume, mais sans succès. Seulement j'ai découvert qu'une lettre de M. d'Ormesson, bibliothécaire du Roi, du 16 février
1791, constate que les deux volumes lui avoient été remis ; j'ai reconnu aussi
qu'ils étoient portés sur le dénombrement des manuscrits rédigé vers la fin
de la même année.

Ces manuscrits, pendant l'époque fatale qui couvrit la France de deuil et
de ruines, auroient-ils eu le sort d'une foule d'autres objets précieux, dila-
pidés et portés en pays étranger ? Auroient-ils été compris, comme des monumens de féodalité et de superstition, parmi les titres et les chartes dont les
barbares de 1793 ordonnèrent et effectuèrent le brûlement ? Il est trop pénible
de s'appesantir sur de si tristes conjectures. Il vaut mieux espérer que de
nouvelles recherches seront plus heureuses. Si elles étoient sans succès, le
gouvernement prendra, n'en doutons point, des mesures pour réparer cette
perte, et pour mettre les jurisconsultes en possession du plus ancien et du
plus curieux monument de notre jurisprudence, d'un monument qui se rattache d'ailleurs à de grands souvenirs historiques et à la gloire militaire des
Français.

N'ayant pu, comme on le voit, trouver la copie de l'Assise des bourgeois, et persuadé cependant qu'un extrait de la traduction italienne ne
pouvoit remplir mon but, j'ai dirigé mes recherches vers la découverte de
l'autographe.

A ma demande, M. Gaillard a bien voulu faire à Venise des démarches dont
je ne saurois trop lui exprimer ma reconnoissance, quoiqu'elles aient été infructueuses : mais, sur l'avis qu'il me donna que, le 9 mai 1805, des manuscrits
qu'on croyoit être ceux dont je parlois, avoient été remis à M. Gassler, archiviste aulique de l'empereur d'Autriche, et transportés à Vienne, je m'a-
dressai à M. le vicomte de Chateaubriand, alors ministre des affaires étrangères. Sur-le-champ il pria M. l'ambassadeur du Roi de faire des recherches.
Elles ont réussi, grâce aux soins de M. Schwebel, alors chargé des affaires de

l'ambassade, et M. le conseiller d'état directeur des archives, Radermacher, a bien voulu m'adresser une copie exacte et certifiée des articles que j'avois désignés. C'est d'après cette copie que je les publie, avec une traduction en français actuel.

Ces détails sur les assises m'ont un peu écarté de ce que j'ai à dire sur le droit maritime dont elles offrent quelques traces ; j'ose croire toutefois qu'on me les pardonnera, et que peut-être ils auront l'avantage de hâter l'époque d'une publication entière, depuis si long-temps désirée (1). Je reviens à mon sujet.

L'Assise des bourgeois est, comme on l'a vu, la seule où il soit question de commerce et de droit maritime. On ne peut en être surpris : la noblesse, pour laquelle l'Assise de la cour des barons avoit été faite, uniquement occupée de guerres générales ou privées, ne se livroit alors à aucune opération commerciale; et l'on sait que, plusieurs siècles après, les préjugés sur ce point n'étoient pas entièrement détruits.

Les chapitres historiques sur la formation primitive des assises et des juridictions dans le royaume de Jérusalem semblent attester qu'à cette époque Godefroi de Bouillon établit seulement une haute cour et une cour de bourgeoisie. Il n'y est pas question de la cour de mer dont les chapitres XL, XLII et XLIV de l'Assise des bourgeois constatent l'existence et déterminent la compétence, restreinte aux seuls intérêts pécuniaires.

Cependant il est très-possible que la cour de mer soit aussi ancienne, parce que, les combats judiciaires qui, dans le XII.e siècle et dans les siècles précédens, servoient à la décision des procès civils, n'étant point admis en matière de commerce, et notamment de commerce maritime, il en étoit résulté la nécessité d'une juridiction et d'une procédure spéciales. Je ne parle pas de la cour de mer ou d'amirauté qu'on prétend avoir existé à Amalfi; j'ai prouvé, dans le chapitre IV, qu'il n'y a rien de précis à cet égard, soit sur le fait en lui-même, soit sur l'existence de cette cour. Mais un statut de Trani de l'an 1063, celui de Pise de 1161, celui de Marseille rédigé seulement en 1254, mais se référant à des usages plus anciens, constatés par des chartes du XI.e siècle, et divers documens qui jusqu'à présent n'ont été publiés dans aucun recueil de droit maritime, constatent l'existence de tribunaux spéciaux pour le jugement des contestations maritimes, connus assez généralement

(1) Comme rien de ce qui peut éclairer sur l'état de ces manuscrits, jusqu'à ce qu'ils aient été rendus publics par l'impression, n'est indifférent pour les savans, en voici la description que le savant Morelli en avoit faite pour l'ambassade de France, et que je transcris d'après la note écrite de sa main :
« Due codici manoscritti delle Assise di Gerusalemme, in linguaggio francese, si trovano nella biblio-
« teca di San-Marco di Venezia.
« Il primo è in foglio, in carta pecora, di pagine 271, scritto nel secolo decimo quarto, e contiene le
« Assise dell' alta corte, con alcune di esse, che non furono mai stampate nè in francese, nè in italiano; e
« vi si aggiungono trattati risguardanti l'uso delle assise medesime, e notizie intorno ai re di Gerusalemme
« e di Cipro.
« Il secondo è in foglio, in carta di bombace, di pagine 97, scritto nell' anno 1436, e contiene le Assise
« della bassa corte. »

sous le nom de *Consuls* ou *Magistrats de la mer ;* et dans la suite on verra que la juridiction de l'amirauté, qui, en France et en Angleterre, remonte à des temps très-reculés, avoit dans ses attributions le jugement de ces sortes de contestations.

Les dispositions relatives au droit maritime, contenues dans l'Assise des bourgeois, sont peu nombreuses : elles concernent la compétence, les chargemens à profit commun, le jet, la location des matelots et les bris et naufrages; et même, à l'égard de ces matières, il s'en faut de beaucoup qu'on ait prévu toutes les questions qui pouvoient s'élever. Mais il est probable que les usages maritimes de France, qu'on trouve, pour l'Océan, dans les Rôles d'Oléron, et pour la Méditerranée, dans les Statuts de Marseille, le droit romain, qui ne fut jamais oublié entièrement, comme je l'ai prouvé dans le chapitre IV, et les Basiliques, qui avoient régi les portions de territoire conquises par les croisés sur les musulmans avant que ceux-ci les eussent enlevées aux empereurs d'Orient, formoient le droit commun. On peut même croire, sans rien hasarder, que les dispositions positives insérées dans l'Assise avoient pour objet unique de fixer quelques points controversés, ou de faire quelques modifications, devenues nécessaires par les circonstances, en laissant, du reste, subsister le fond général de la législation, ou des coutumes que je viens d'indiquer.

Ainsi les chapitres XLI et XLV sont relatifs à un genre de négociation maritime introduit dans le moyen âge, et particulièrement pratiqué dans la Méditerranée, ayant pour but de confier à un patron des marchandises pour les vendre à profit commun entre le commettant et lui. Les Rôles d'Oléron et les autres coutumes de France ne contenant point de règles à ce sujet, quoique cette espèce de négociation n'eût pas été inconnue aux Romains (1), les rédacteurs de l'Assise sentirent la nécessité ou l'utilité de quelques dispositions spéciales.

Le chapitre XLII est relatif au jet occasioné par tempête ou autre accident. Le droit romain, les Basiliques, les usages maritimes de France, contenoient assurément une théorie complète à ce sujet. Mais, par des motifs qu'il est inutile de rechercher, que d'ailleurs on ne pourroit probablement pas découvrir aujourd'hui, les rédacteurs de l'Assise ont jugé à propos de modifier cette théorie, en prescrivant d'évaluer les choses jetées et conservées au prix qu'elles avoient coûté, et non à celui qu'elles pouvoient être vendues. Par cela même qu'on s'écartoit du droit commun, un chapitre spécial devenoit nécessaire.

Le chapitre XLIII traite des peines en cas d'inexécution des engagemens respectifs entre les armateurs et les gens de mer dont les loyers ont été stipulés

(1) On en trouve la preuve dans le titre III du livre XIX du Digeste, *De æstimatoria actione* (titre IX du livre XIX des Basiliques); mais les fragmens dont ce titre est composé n'ont pour objet que de déterminer le caractère de l'action qui en résultoit, et l'on n'en voit aucune application au droit maritime.

en argent; il remplit une lacune dans les dispositions expresses des lois antérieures : non sans doute que, sous l'empire du droit romain et des Basiliques, ces engagemens ne fussent ni respectés ni maintenus; mais on n'y pouvoit appliquer que les principes généraux, et l'utilité d'une règle spéciale avoit pu et dû se faire sentir.

Le chapitre XLIV, qui prononce des peines contre ceux qui portent des armes ou des munitions de guerre aux Sarrasins, étoit une disposition de police locale qui s'explique par son objet. Quoique le droit romain et les Basiliques, ainsi qu'on l'a vu pages 81 et 176, eussent prévu ce genre de délit, les lois faites pour le réprimer avoient été oubliées pendant les invasions des musulmans, et la situation particulière du royaume de Jérusalem avoit rendu de nouvelles dispositions nécessaires, ne fût-ce que pour les coordonner au mode usité dans la poursuite et la répression des crimes.

Enfin le chapitre XLVI paroit une modification faite par le roi Amauri aux usages français apportés par les croisés, sur les bris et naufrages, dont j'ai déjà dit quelques mots dans les chapitres IV et V.

Cette analyse montre que les six chapitres sur le droit maritime, contenus dans les Assises de Jérusalem, ont été rédigés, moins dans la vue d'offrir une législation complète, que dans celle de modifier le droit commun.

L'Assise des bourgeois, dont je publie des extraits, n'a jamais été imprimée dans son texte français originaire, comme je l'ai déjà dit. J'ai rendu compte de la traduction italienne imprimée en 1534, et publiée de nouveau par Canciani dans le tome II de sa collection. Pour ne rien laisser à désirer, je dois indiquer que cette même assise a été traduite en grec vulgaire. Cette traduction inédite existe à la bibliothèque royale sous le n.° 1390. Le manuscrit, du XV.ᵉ siècle, est extrêmement défectueux, et paroit l'ouvrage d'un ignorant qui ne connoissoit pas les premières règles de la langue ni de l'orthographe, et qui a trouvé plus court de ne pas mettre d'accens.

Cette traduction a évidemment été faite d'après un texte français, et non d'après la version italienne, qui probablement n'existoit pas encore. J'ai reconnu, lorsque j'ai voulu comparer avec le français les chapitres de cette version relatifs au droit maritime, qu'il s'y trouvoit des différences pour l'ordre et la coupure des chapitres. Ainsi le chapitre XL dans le français est numéroté XLII dans le grec, d'un côté parce que le traducteur grec a divisé en deux le chapitre XIII du texte français, et de l'autre parce qu'il a donné un numéro spécial à la transition qui, dans le français, est entre le chapitre XXXIX et le chapitre XL, transition qui n'est réellement qu'une rubrique un peu étendue et qui ne porte point de numéro dans le manuscrit français. Un examen plus attentif auquel je n'ai pu me livrer feroit probablement connoître des différences plus remarquables; il seroit donc à désirer qu'à l'époque où l'on publiera le texte français entier, on y joignît, outre la version italienne, que son caractère officiel rend recommandable, la version grecque, s'il est

I.   35

possible de trouver un éditeur assez courageux pour surmonter les difficultés que présente l'imperfection du manuscrit.

Quelques documens relatifs aux droits de douane annexés à cette version grecque font présumer qu'elle a été faite à Chypre ; soit que les assises aient fini par être substituées au code dont j'ai rendu compte page 168, soit que ces deux lois aient été exécutées parallèlement, savoir, le code de Chypre en faveur des anciens habitans, et les assises en faveur des Latins établis dans l'île.

J'ai l'intime conviction que les Rôles d'Oléron, qui feront l'objet du chapitre suivant, constatent un droit maritime déjà en usage bien avant la rédaction des assises ; mais, le pays pour lequel celles-ci ont été faites étant une partie de l'empire d'Orient, il m'a paru convenable de les placer immédiatement après le droit maritime de cet empire. D'ailleurs, la liaison immédiate et nécessaire qui existe entre le chapitre destiné aux Rôles d'Oléron et ceux qui traitent des autres compilations dont ils ont été la source, ne permettoit point de les séparer.

EXTRAITS,

RELATIFS AU DROIT MARITIME,

DU LIVRE DES ASSISES ET DES USAGES DU ROYAUME DE JÉRUSALEM, DE LA *COURT DES BOURGOIS* (1).

CHAPITRE XL.

Puis que nous avons dit desus des autres raizons, si vous dirons si après la raizon des empruns et de ceaus qui vont sur mer.

Bien sachies sil homes qui vont sur mer se il avient que il aient acun contrast o leurs mariniers de geter pour mautens ou pour acun autre choze dou vaisel, la raizon coumande que ce soit jugié par la court de la mer, pour ce que en

Nous avons ci-dessus (2) traité d'autres objets ; nous allons maintenant parler des emprunts (3) et de ceux qui vont sur mer (4).

Lorsque les navigateurs sont en débat avec l'équipage, relativement au jet, la raison commande que la contestation soit jugée par la cour de la mer, parce que devant cette cour il n'y a pas de bataille pour preuve ou pour demande concernant ces matières, tandis qu'en la cour des bourgeois il doit y

(1) Le manuscrit porte ces mots, *Cour des bourgois :* mais on a vu, page 262, que l'Assise des barons appeloit cette cour *court des borgés ;* ce qui, du reste, a peu d'importance. J'ai dit aussi, page 271, que la copie de ces chapitres m'avoit été envoyée des archives de Vienne, où se trouve le manuscrit original. D'après cette copie, à laquelle je sais qu'on a apporté une scrupuleuse exactitude, nous pouvons supposer que le manuscrit a été fait par des hommes qui avoient peu l'habitude d'écrire la langue française : souvent un mot est coupé en deux, et quelquefois la fin d'un mot est liée avec le mot suivant, de manière à n'en présenter qu'un seul ; ce qui rend la lecture et l'intelligence du texte extrêmement embarrassantes. Je ne me suis permis d'autres corrections que celles qui consistent à ne pas laisser subsister les divisions de mots, ou les réunions de tout ou partie d'un mot au suivant, à substituer la lettre v à la lettre u, et à suppléer les lettres supprimées, au lieu de conserver les signes d'abréviation du manuscrit. Je dois faire remarquer aussi que, dans le manuscrit, les chiffres indicatifs des numéros de chapitres sont placés au-dessous de la rubrique et avant le texte. J'ai cru qu'il n'y avoit aucun inconvénient à changer cet ordre, et à mettre les indications des chapitres dans leur place naturelle.

(2) Le chapitre qui précède est relatif à des négociations du commerce de terre.

(3) Il n'y a ni dans ce chapitre, ni dans aucun autre des Assises, rien qui concerne le prêt maritime ; on peut du moins en conclure qu'il étoit usité, et sans doute régi par des principes semblables à ceux du droit romain, conservés dans le *Breviarium Anianum,* et dont l'usage est attesté dans les *Petri Exceptiones,* comme on l'a vu pages 137 et suivantes.

(4) Les rubriques de la version italienne sont assez généralement semblables au texte français. On s'est cependant écarté de cette règle pour le chapitre XL ; la rubrique italienne se borne à ces mots : *De li imprestiti che si mandano sopra mare.* On a vu, page 273, que la traduction grecque avoit considéré la rubrique française de ce chapitre comme un chapitre spécial, et lui avoit donné un numéro particulier.

la court de la mer na point de bataille pour preuve ne pour demande de celui veage ; et en la court des bourgois doit avoir bataille se la quarelle passe un marc d'argent. Et pour ce sont les raizons establies par la court de la mer, ce ne fust laresin ou murtre ou traïsson, car il ne doit venir en la court ; ce il nen orent autre covenant entre eaus, car tous covenans qui ne sont contre loy dovent estre tenus.

avoir bataille si l'objet de la contestation est d'un marc d'argent (1). C'est par ces motifs qu'on doit venir à la cour de mer; à moins qu'il ne s'agisse de vol, de meurtre ou de trahison, ces cas n'étant point de sa compétence; ou à moins qu'il n'en ait été autrement convenu entre les parties, car toutes conventions qui ne sont pas contraires aux lois, doivent être exécutées (2).

CHAPITRE XLI.

Ci orés de celui qui baille son avoir à porter iusques à un leuc noumé, et lon le porte en autre leuc.

Ici l'on traite du cas où, quelqu'un ayant confié à un autre des marchandises pour aller les vendre dans un lieu, celui-ci les porte dans un autre lieu.

Ce un home baille à un atre home xx besanz ou c porter sur mer, si come est jusques en Chipre, et ly fait covenant de doner dou guaaing sa part, et il avient que celui qui resoit l'aivoir fait atre veage, ce est que il naut en autre part que il ot covenant, et auvient que celui vaissel brise que il perde les besanz, la raizon coumande que il est tenus de amender ceaus besanz pour ce que il ala de son gré la où il n'avoit eu covenant de aler; et ce il avient que il guaignast en celui veage, si doit avoir sa part le sire de l'avoir, par droit et par l'assise.

Lorsqu'un homme a remis à un autre des marchandises valant vingt besans ou cent, pour les porter par mer dans un lieu convenu, par exemple en Chypre, en lui promettant une part dans le profit, si celui qui a reçu ces choses fait un autre voyage, c'est-à-dire, s'il se rend dans un lieu autre que le lieu convenu, et que le navire se brise avec perte des choses chargées, la raison veut qu'il soit tenu d'en rembourser le prix, parce qu'il est allé, de sa seule volonté, dans un autre lieu que celui qui avoit été convenu; si au contraire il fait quelque gain dans ce voyage, le propriétaire de la marchandise doit en avoir sa part (3), conformément au droit et à l'assise.

(1) L'histoire des combats judiciaires est trop connue pour que j'entre dans des détails à cet égard. On peut, entre autres auteurs, consulter la savante note d'Eusèbe de Laurière sur l'article 22 du titre I du livre VI des Institutes de Loisel. J'aurai occasion d'expliquer, dans le chapitre suivant, les motifs qui firent exclure les combats judiciaires, des tribunaux chargés du jugement des contestations maritimes, lequel a été de toute ancienneté confié en France à une juridiction spéciale, ainsi que l'atteste le chapitre V du livre IV des Capitulaires.

(2) Si cette maxime n'étoit pas du nombre des règles d'équité qui n'ont besoin d'être empruntées à aucune législation, on seroit tenté de croire qu'elle est copiée du fr. 7, § 7, du titre XIV du livre II du Digeste, *De pactis.* L'Assise des bourgeois contient un très-grand nombre de dispositions qui paroissent aussi supposer la connoissance du Digeste. On trouve notamment cette même règle, relative au maintien des conventions lorsqu'elles ne sont point contraires aux lois, dans le chapitre XXXIX, qui traite de la vente des marchandises ; et le chapitre I contient des définitions du droit et de la justice semblables à celles des lois romaines.

(3) J'ai expliqué, page 272, les motifs qui avoient probablement porté les rédacteurs de l'Assise à y insérer des dispositions sur cette matière ; le chapitre XLV les complète. On les retrouvera littéralement dans le Consulat de la mer. C'est, au surplus, l'application de la règle générale à ce cas spécial, qu'un mandataire ne peut exciper des accidens auxquels sa faute ou son imprudence a donné occasion, mais que, si, en exécutant son mandat autrement qu'il n'avoit promis il en résulte quelque chose d'avantageux, il ne peut néanmoins s'en attribuer le profit.

CHAPITRE XLII.

Ci orés quel choze l'on doit fare de l'avoir qu'est geté en mer pour les mautens et pour aleger la nave ou le vaissau qui est en perill.

Ce il avient que une nave ou un vaissau ait mauvaus tens et ils getent de leur marchandisse ou de leur robes ou de leur avoir pour aleger la nave et pour eschaper leur vies, la raizon coumande, auesitost com il seront à port de saueté venus, que il dovent cotiter tout premier ce que la nave ou le vaissau o tout son fourniment vaut, et puis après se que est remez dedens la nave, fors tant soulement la robe et les gens averont vestue sur eaus. Mais, ce il ont sur eaus bouclez d'or ou annaus ou senture d'argent, tout doit estre conté à pris des besanz aveuq ce qui est remez en la nave ou ce il ont couti d'argent, ou esclaf ou esclafe, et sachies que selui qui est geté ne doit estre conté fors tant com il cousta o toutes ses avaries; et celui avoir meismes qui est remez doit estre conté tant com il cousta : car, ce hom le contoit tant com il poroit avoir en

Ici l'on traite de ce qui a lieu lorsque des marchandises sont jetées en mer, en cas de tempête ou pour alléger le navire.

Si, une barque ou un navire étant surpris par le mauvais temps, on est obligé, pour l'alléger, ou pour sauver la vie de l'équipage, de jeter des marchandises ou autres objets, la raison veut qu'aussitôt l'arrivée au port de sauveté (1) on commence par estimer la barque ou le navire avec tout son fourniment, et ensuite ce qui est resté dedans, à la seule exception des hardes que les gens portent sur eux. Néanmoins, s'ils ont des boucles ou anneaux d'or, ou des ceintures d'argent, ces objets doivent être estimés en même temps que ce qui est resté sur le navire, ainsi que les esclaves mâles ou femelles, au prix que ces objets ont coûté (2); les choses jetées doivent aussi être évaluées au prix qu'elles ont coûté, augmenté des droits de douane ou autres semblables qu'elles ont acquittés (3) : car, si on les évaluoit ce qu'elles peuvent valoir au lieu où l'on se trouve, ce seroit les évaluer trop cher; quelques-uns auroient la chance d'une bonne vente, et d'autres, d'une moins favorable, parce que tel achète quelquefois une chose pour vingt besans, et la revend cent; tel autre achète une chose cent besans

(1) Cette disposition qui veut que les opérations soient faites à l'arrivée dans un port de *sauveté*, quand même il ne seroit pas celui de la destination, ne se trouve ni dans le droit romain, ni dans les Basiliques. On peut même induire des fragmens de l'un et de l'autre que les propriétaires des choses jetées n'avoient d'action qu'à la fin de la navigation. L'expérience a dû faire sentir la nécessité d'opérer plus tôt : d'un côté, des chargeurs peuvent rester en route, et il faut bien exiger d'eux leur part de contribution; ce qui n'est praticable qu'après que le montant des pertes est fixé : de l'autre, il importe de constater promptement ce qui a été réellement jeté par sacrifice, pour qu'un patron infidèle n'attribue pas au jet des pertes résultant de sa faute ou de son dol. Les législations modernes ont pris un moyen terme. Le capitaine doit faire son rapport au premier lieu où il aborde, quel qu'il soit; mais la contribution n'est faite que dans le port du déchargement, qui est, ou le lieu de la destination si l'on peut y arriver, ou le lieu dans lequel on est obligé de rester, en cas de rupture forcée du voyage.

(2) L'Assise des bourgeois s'écarte ici tout-à-fait du droit romain et des Basiliques, d'après lesquels les objets conservés devoient être estimés au prix qu'ils pourroient être vendus au lieu du débarquement. Les rédacteurs, ne se dissimulant pas qu'ils adoptoient un droit nouveau, emploient le reste du chapitre à justifier ce changement.

(3) Le texte dit, *o* [avec] *toutes ses avaries.* J'aurois pu, en traduisant littéralement, éluder la difficulté que ces mots présentent. Mais je ne crois pas que par *avaries* on entende ici la détérioration que les choses ont éprouvée depuis leur départ; car le texte dit *avec toutes ses avaries*, et non pas *déduction faite des avaries.* Le sens que j'ai adopté est précisément celui de la version italienne, qui, ayant été faite avec beaucoup de solennité, pour tenir lieu de texte dans les tribunaux, et par des hommes qui connoissoient à-la-fois le véritable sens et l'acception légale des mots, doit inspirer une grande confiance. La traduction grecque m'a confirmé dans mon opinion; car elle présente ces mots, τὰ δικαιώματα x. τ. λ.

la tere où lon ceroit venus, ci seroit tort; car par aventure il averoit tel avoir qui seroit lors de bone vente, et tel que non : ci com est se il acheta un avoir pour xx besanz et il en puis apres avoir c besanz, ou ce il acheta un avoir pour c besanz et il ne peus avoir que xx besanz; et puis, quant veroit à conter de la parte, sy averoit l'un guaaing pour son avoir qui ceroit de bone vente en la tere, et l'autre si averoit toute la parte dou get, si ceroit tors. Et pour ce coumande la loy et l'assise que le get ne se qui est remez ne doit estre conté senon tant com il a cousté. Et puis que il averoit ensi fait et prizé le get o ce que est remez, par le dit des marchans et dou noclier et des mareniers, ci commande la loy et l'assise que les iurés de la mer doivent iugier que la perte doit aler pour raizon de centenar des besanz, ce est par chascun c besanz itant com vient la perte de selui get. Et ce hom mescroit le seignor dou vaissau ou autre que tant est geté, la court doit faire venir devant eaus le nochier et pluissours de mareniers qui aent connossiance estans plus prodoumes et fayre les iurer sur sans de dire verité, et puis par le dit de eaus, doit chascuns avvoir sa part de la parte ; et ce est droit et raizon par l'assise.

et ne la vend que vingt : il en résulteroit que l'un auroit gagné pour son avoir qui seroit de bonne vente, et l'autre auroit toute la perte ; ce qui ne seroit pas juste. C'est pour cela que le droit et l'assise commandent que ce qui a été jeté, et ce qui est resté dans le navire, ne soient évalués qu'au prix d'achat. Lorsqu'on a ainsi évalué les choses jetées et ce qui reste, d'après le dire des marchands, du patron et des gens de l'équipage, la loi et l'assise commandent que les jurés de la mer répartissent la perte à raison des centaines de besans , c'est-à-dire, par chaque cent de besans en proportion de la perte des choses jetées. Et si quelqu'un conteste et prétend que le jet n'a pas été aussi considérable qu'il a été déclaré (1), la cour doit faire venir devant elle le patron et les matelots les plus dignes de foi, et leur faire jurer sur les saints de dire la vérité (2); la répartition de la perte sera faite d'après leur déclaration ; c'est le droit et la décision de l'assise.

CHAPITRE XLIII.

Ci dit dez mareniers qui se sont acordés de faire un veage et puis que il ont pris les erres si se veullent repentir.

Ce il avient que mareniers sacordent o le sire dou vaissau de faire un veage et en prenent la moitié de la monnoie de ce dont il sont accordez, et puis les mare-

Il est ici question des matelots qui se sont loués pour un voyage , et qui, après avoir reçu des arrhes, refusent d'exécuter leur engagement.

Si des matelots, s'étant accordés avec le patron d'un navire pour faire un voyage, ont reçu la moitié de la somme convenue pour leurs loyers, et refusent ensuite d'exé-

(1) Le droit romain et les Basiliques ne refusoient pas, sans doute, aux parties intéressées la faculté de contester la quotité du jet; mais on n'y trouve point de règles précises à ce sujet.
(2) Le cas d'interrogation des matelots est prévu dans la constitution 3 du titre v du livre xi du Code, *De naufragiis.* Ce mode d'affirmation paroit être un usage français, comme on le verra dans les Rôles d'Oléron , dont les rédacteurs de l'Assise ont adopté les principes en ce point.

niers se repentent, lai raizon coumande que il dovent a selui aumender la monoie a double; et ce il avoit fait nul service en la nave, si com de guarder ou de charger, si ne doivent riens avoir pour ce que il faillent de covenant; et se les mareniers defaillent en tel point à sire dou vaissel quant il deveroit meuvre, si que pour la haste del partir le seignor dou vaissau lieue autres mareniers et plus chiers, ou en avera acun damage, le droit coumande que tout seluy damage que le sire resevera pour eaus que eaus sont tenus de tout amender par droit. Et semblablement tout asi se le seignor dou vaisel avoit tenus mareniers pour un veage faire et il se repent puis, tout ce que il avera donné as mareniers si doit estre leur par droit. Et ce il changent autre veage que selui pour q'il les averoit retenus ou plus près ou plus loing, les mareniers ne sont tenus del faire se il ne veullent, par droit ne par l'asize; mains doivent estre à tant quites.

cuter leur promesse, la raison veut qu'ils lui rendent une somme double de celle qu'ils ont reçue : si même ils ont fait déjà quelque service dans le navire, tel que de le garder, ou de le charger, ils ne doivent recevoir aucune rétribution, puisqu'ils manquent à leur parole; et si les matelots abandonnent le patron de telle manière qu'il soit obligé de rester, à moins que, pour continuer sa route, il n'en loue d'autres plus cher, ou s'il en éprouve tout autre dommage, le droit commande qu'ils soient tenus de le réparer (1). De même, si un patron a loué des matelots pour un voyage, et ne l'entreprend pas, ce qu'il leur a donné leur restera. S'il fait un autre voyage plus long ou plus court que celui pour lequel il avoit loué les matelots, ils ne sont pas tenus d'y aller, s'ils n'y consentent : le droit et l'assise les en dispensent (2).

CHAPITRE XLIV.

Ci orés dou mauaus crestien qui porte avoir devee en tere des Sarazins que y la iustize doit faire de luy.

Ici l'on traite du mauvais chrétien qui porte des choses prohibées en terre des Sarrasins, et de la peine qu'il doit subir.

Ce il avient que un marenier ou un marchant, quy que il soit, porte avoir devee en tere des Sarazins, si com est se il porte armeures, haubers, chauses de fer, lanses et balestres, heaumes ou

Si un matelot, ou un marchand, quel qu'il soit, porte dans le pays des Sarrasins des choses prohibées, telles qu'armures, hauberts, chausses de fer, lances, arbalètes, heaumes ou broches d'acier ou de fer, (3), et qu'il en soit convaincu devant la cour de la

---

(1) Le droit romain et les Basiliques n'avoient pas spécialement prévu ce cas. Sans doute, d'après les règles générales, l'avance payée aux matelots qui refusoient de partir pouvoit être répétée contre eux, *condictione sine causa*, ou plutôt, *causâ datâ non secutâ*. Les Rôles d'Oléron supposent ces principes plutôt qu'il ne les expriment avec précision dans les articles 6, 19 et 20. Un des chapitres inédits de la compilation rhodienne infligeoit des peines aux matelots fugitifs; mais, si elle a eu quelque part un caractère obligatoire, ce n'est que dans une localité inconnue. Le Consulat de la mer contient des dispositions qu'on verra être littéralement conformes à l'Assise.

(2) On verra, dans la suite de cette collection, que les législations et usages du moyen âge (car le droit romain et les Basiliques n'en parlent pas) varient singulièrement sur l'obligation des matelots, dans le cas où le patron entreprend un voyage autre que celui pour lequel il les a loués.

(3) J'ai dit, page 81, que le droit romain prononçoit des peines sévères dans le même cas, et, page 176, que les Basiliques avoient adopté les mêmes principes. Les Capitulaires des rois de France, livre III, chapitre VI, et livre VI, chapitre CCLXXIII, prononçoient des prohibitions semblables.

verges d'asier ou de fer, et il en pevent
estre atent en la court de la mer par les
mareniers ou par les marchans qui la estoient, que seuiront que il vendi et porta
as Sarazins selui avoir devee, et ce que il
porta monta plus de un marc d'argent,
tout quan qui il avoit doit estre dou seignor de la tere, et doit estre iugié par la
court des bourgois à pendre par la goule,
puis que les iurez de la mer averont reseu
devant eaus les guarens de ceste choze ;
et ce est droit et raizon par l'assise.

mer par les matelots ou par les marchands
qui étoient présens, lesquels affirmeroient
qu'il a ainsi vendu aux Sarrasins des choses
prohibées, dans le cas où ce qu'il auroit porté
monteroit à plus d'un marc d'argent, ses
biens seront confisqués au profit du seigneur
du lieu, et il sera condamné par la cour des
bourgeois à être pendu, après que les jurés
de la mer auront reçu les dépositions des
témoins (1) ; c'est le droit et la décision de
l'assise.

CHAPITRE XLV.

Ci orés de l'avoir que l'on baille à porter sur mer et avient puis que coursaires
le tolent à seluy qui le prist à porter, ou le
vaissau brize.

Ici il est parlé du cas où, des objets ayant
été donnés en commande, des corsaires s'en
emparent, ou bien le navire qui les portoit
fait naufrage.

Ce il avient que un home baille à un
autre home de son avoir à porter sur mer
à guaain et aventure de mer et des gens,
il avient que coursaires l'encontrent et
li toillent quan que il porte, ou pour
mauais tens brize le vaissau et perde tout,
la raizon coumande que il est à tant quites
et ne li doit riens amender : mais, se il ala
au viage là où il devoit aller, sain et sauf,
et puis que il fu en tere fist aucune meslée
ou tua acun home et pour ce le seignor
de la tere prent tout ce que il a, la raizon
coumande que il [soit] tenus de rendre
as gens ce que il porta dou leur ; car il
n'est pas drois que les bonnes gens quy
li baillerent le leur pour bien faire ne li
dovent faire ne perdre pour sa failie et
folie : mais tout ensi comme il fist, le mau

S'il arrive qu'un homme ayant donné à
un autre des objets à porter par mer, à profit
commun (2), des corsaires s'en emparent,
ou que le navire soit brisé par la tempête,
et que ces choses périssent, la raison veut
qu'il soit libéré et qu'il ne doive aucune
indemnité : mais, s'il arrive sans accident
au lieu de destination et qu'il y commette
quelque désordre ou un meurtre par suite
duquel le seigneur du lieu confisque son
avoir, la raison veut qu'il indemnise celui
qui lui a confié les marchandises ; car il n'est
pas juste que l'homme de bonne foi qui les
lui a confiées pour en tirer du profit, les
perde par son imprudence ou par son crime :
dès qu'il a fait le mal, il doit en supporter les
suites ; et puisqu'il a reçu des effets pour les
porter à leur destination, il est tenu par le
droit et par l'assise de dédommager le propriétaire s'ils sont perdus ; et s'il n'a de quoi
payer celui qui lui a ainsi confié ses effets,
la cour de la mer doit le faire mettre en

_____

(1) D'après le chapitre XL, la cour de mer ne connoissoit pas des crimes ; c'étoit un tribunal d'exception pour des contestations purement pécuniaires. On doit remarquer ici la sagesse de l'Assise. Dans
presque tous les procès criminels, le combat judiciaire ou les épreuves étoient admis ; ici, l'on introduit le
jugement par jurés, que l'Angleterre a conservé et que la France a adopté dans ces derniers temps. Les
jurés de la mer, que leur habitude des négociations maritimes mettoit à portée de bien apprécier les circonstances et les moyens d'excuse, déclaroient la culpabilité ; les juges ordinaires, qui seuls ont la puissance du glaive, prononçoient la peine.

(2) Ce chapitre est le complément du XLI.e ; il est inutile d'entrer dans des explications pour en démontrer l'équité.

pour soy ; et ce il avient que il resut l'avoir de la bonne gent à porter sain et sauf en tere, il est tenus de l'amender, comment que il soit puis q'il soit perdus, par droit et par l'assise ; et se tant est que il ne na de coy paier selui de cui il portoit l'aver, la court de la mer doit metre en prizon, et de sept jours en avant puis que il sera en prizon, Iy doit donner selui ou selle qui l'avera mis en prizon à manger amains pan et ague et plus ne li viat donner ; et ce est droit et raizon par l'assise.

prison (1) : lorsqu'il y sera, celui ou celle qui l'a fait emprisonner, doit lui fournir par avance pour sept jours de nourriture de pain et d'eau, s'il ne veut lui donner davantage (2) ; et tel est le droit et la décision de l'assise.

CHAPITRE XLVI.

Ci orés la raizon des avoirs qui sont getés en mer, et houm les treuve puis, à fons de l'ague et à la rive ; et quel part doit avoir seluy qui l'avoit trové au fons de la mer ou sur ague.

Ici sont les décisions relatives aux choses jetées en mer, qu'une personne trouve sur l'eau ou sur le rivage, et à ce qui est dû à celui qui les recueille sur les flots, ou les tire du fond de la mer.

Les marchans qui vont par mer o atres gens, ce il avient que il aiens fort tens, et il getent par selui mautens de leur avoir et de leur robe en mer, et avient puis que hom treuve de seluy avoir sur ague noant, le droit coumande que selui qui le treve sur l'ague doit avoir la moitié, et l'autre moitié doit estre dou seignour de l'avoir. Mais, ce l'avoir est trové à fons de la mer, celui qui le treve doit avoir la tierce part, pour ce que l'avoir qui est au fons atent son seignour ; et ce lei seignour de l'avoir non y est, la part que dois estre dou sire de l'avoir doit estre dou sire de la terre. Et se la nave

Lorsque des marchands ou autres navigateurs, éprouvant une tempête, ont jeté en mer, dans la seule vue d'échapper au danger, des effets du chargement ou autres objets, si quelqu'un trouve ces choses nageant sur l'eau, le droit commande qu'il en ait moitié, et que l'autre moitié soit rendue au propriétaire des objets trouvés. Si les choses étoient au fond de la mer, celui qui les a trouvées, ne doit en avoir que le tiers, parce que la chose qui est au fond de la mer attend son propriétaire ; et si celui à qui les effets appartenoient, n'est pas présent, sa part doit appartenir au seigneur du lieu. Si le navire échoue à terre et se brise par tempête, bonace, ou toute autre cause, les effets sauvés sont rendus à ceux à qui ils appartiennent : mais, quelque part que le navire se brise, le

---

(1) A l'époque à laquelle les Assises ont été rédigées, la contrainte par corps étoit, en général, la suite des condamnations judiciaires. Les premières améliorations de ce système, qui subsiste encore dans quelques pays, commencèrent sous le règne de S. Louis, comme on le voit par l'article 19 de l'ordonnance du mois de décembre 1254 ; mais la contrainte par corps continua d'être prononcée en matière commerciale.

(2) Il n'est pas douteux que, dans toutes les législations qui autorisoient l'exercice de la contrainte par corps, celui qui usoit de ce droit ne fût obligé de fournir à la subsistance du débiteur. On en trouve la preuve dans le fr. 34 du titre II du livre XLII du Digeste, *De re judicata et effectu sententiarum* ; et l'allusion que Térence fait à cette règle dans son *Phormio*, act. II, sc. I, en atteste l'ancienneté. Aucun monument de la législation française du temps où l'Assise a été rédigée ne constate l'usage de la consignation préalable d'alimens, ou d'une somme suffisante pour la nourriture du débiteur pendant un certain nombre de jours.

I.

36

vient à tere et brize par fort tens ou par
bounasse, ou en quelque autre maniere
que elle brize, l'avoir qui est dedans doit
estre saue à celui de cui il est : mais, en
quelque part que elle brize, le seignour de
a tere doit avoir de selle nave l'artimon
et le timon; car le roi Amauri de bonne
memoire donna cest franchize par tout le
royaume de Ierusalem.

seigneur du lieu doit en avoir l'artimon et l
timon; car le roi Amauri de bonne mémoir
a donné ces franchises pour tout le royaum
de Jérusalem (1).

(1) Il n'y a point de matière sur laquelle les règles ou les usages aient plus varié que celle des nau
rages et des droits sur les choses échouées. On a vu, dans les chapitres I, II et III, ce qui étoit pratiqué che
es Grecs et les Romains, et, dans les chapitres IV et V, les usages ou plutôt les abus qui, au moyer
ge, s'étoient introduits en Europe, et même dans l'empire d'Orient. Il est probable que les croisés por
èrent dans le royaume de Jérusalem les usages pratiqués en France aux XI.e et XII.e siècles, lesquels, comm
n le verra dans le chapitre suivant, consacroient la spoliation absolue des naufragés. Le roi Amauri le
iodifia sans doute, et le chapitre dont il s'agit ici a été rédigé d'après l'ordonnance qu'il avoit faite et qu'or
iséra dans l'Assise des bourgeois, suivant l'usage constaté par le chapitre III de l'Assise des barons, que
ai cité page 263.

CHAPITRE VIII.

Coutumes de la mer connues sous le nom de Rooles ou Jugemens d'Oléron.

Le recueil de coutumes ou usages maritimes connu sous le titre de *Rooles* ou *Jugemens d'Oléron*, et quelquefois aussi de *Lois de Leyron* (1), suivant la prononciation des provinces méridionales de la France, a depuis long-temps une grande célébrité, et les avis sont partagés sur la question qui consiste à savoir dans quel pays et à quelle époque ce recueil a été rédigé.

Les uns assurent que les Rôles d'Oléron sont la traduction d'un certain nombre d'articles de la compilation dite *Droit maritime de Wisby,* qu'ils considèrent comme la plus ancienne du moyen âge (2).

D'autres pensent qu'ils ont été empruntés à la Flandre, où ils furent originairement rédigés sous le nom de *Jugemens de Damme*, et d'où ils furent successivement appropriés aux localités dans diverses contrées de l'Europe (3).

D'autres les attribuent à l'Angleterre, et plusieurs prétendent que des rois de ce pays les ont publiés et augmentés (4).

Un seul auteur, mais son nom est une grande autorité, Leibnitz, croit que les Rôles d'Oléron sont l'ouvrage d'Othon de Saxe, lorsqu'il étoit seigneur d'Oléron par la cession que Richard I.er, roi d'Angleterre, lui avoit faite de la Guienne et du Poitou en échange du comté d'York (5).

Les Français enfin les revendiquent; et l'opinion jusqu'à présent la plus générale parmi eux est qu'Éléonore de Guienne, femme du roi Louis VII et duchesse d'Aquitaine, fit rédiger ces usages, ou du moins les revêtit du sceau de son autorité à son retour de la croisade où elle avoit accompagné son mari (6).

(1) C'est la dénomination que leur donnent l'ordonnance française de 1364, et un manuscrit de l'Escurial, dont j'aurai occasion de parler. Les manuscrits anglais écrivent *Olyron.*

(2) Kuricke, *Jus marit. Hanseat.* in præf. — Lubeck, *De jure avariæ singulari*, pag. 105. — Langenbeck, Anmerkungen über das hamburgische Schiff- und See-Recht, introd. — Beckmann, Beyträge zur Geschichte der Erfindungen, t. I, pag. 211.

(3) Verwer, *Nederlants See-Rechten*, introd.

(4) Selden, *Mare clausum*, lib. II, cap. XXIV. — Coke, *Instit.* part. IV, § 142. — Prynne, *Animadv.* pag. 109. — Godolphin, *Admiralty Juridict.* pag. 14. — Exton, *Maritime Dicæologie,* book I, chap. IV et VI. — Borough, *The Sovereignty of the British seas*, pag. 49. — Arthur Duck, *De usu et auctoritate juris civilis Romanorum in dominiis principum christianorum*, lib. II, cap. VIII, part. III, § 25. — Schomberg, *A Treatise on the maritime laws of Rhodes*, pag. 88 et 89.

(5) *Scriptores rerum Brunswicarum*, t. III, pag. 29.

(6) Cleirac, *Us et Coutumes de la mer*, pag. 2. — De Gomberville, *Relation de la rivière des Amazones*, t. I, pag. 34 et suiv. — Arcère, *Histoire de la Rochelle*, t. I, pag. 83. — Valin, *Comment. sur l'ordonnance de la marine*, préf. pag. 11. — Émérigon, *Traité des assurances*, préf. pag. 10. — Lange, *Brevis Introd. ad notit. leg. nautic.* cap. VI. — Jorio, *Codice Ferdinando*, t. II, pag. 95. — Azuni, *Droit maritime,* chap. IV, art. 10. — M. de Pastoret, *Histoire littéraire de la France*, t. XIII, pag. 96.

Mon projet étant de consacrer le chapitre suivant à traiter des usages maritimes des Pays-Bas méridionaux, c'est là que je serai naturellement conduit à examiner si les articles que les auteurs hollandais appellent Jugemens de Damme, ou Lois de Westcapelle, sont un document original, ou plutôt s'ils sont, comme je le crois, une traduction des Rôles d'Oléron.

Dans le chapitre XI, je traiterai de la compilation de Wisby, et j'examinerai l'opinion des auteurs qui la considèrent comme un original sur lequel les Rôles d'Oléron auroient été copiés.

Quant à l'opinion de Leibnitz, quelque grave que soit son autorité, je me bornerai à faire observer que lui-même fournit la réfutation de son sentiment. Après avoir dit d'une manière expresse, je dois en convenir, « qu'Othon de Saxe étoit l'auteur de la législation maritime qui régit « l'Océan sous le nom de Lois d'Oléron », il transcrit la charte de ce prince, qu'il donne comme preuve de son assertion : or cette charte ne contient pas un mot qui ait rapport avec le droit maritime, ou même avec une législation civile quelconque ; il n'y est question que d'affranchissemens de servages et d'autres assujettissemens féodaux.

Je n'ai donc à m'occuper, dans ce chapitre, que de ce qui concerne les prétentions respectives de l'Angleterre et de la France. Je le ferai avec impartialité, sans prévention nationale, et je soumets avec confiance mon opinion à ceux qui seront animés du même esprit dans le jugement qu'ils auront à porter.

Avant d'entrer dans la discussion, et pour en faciliter l'intelligence, je dois donner quelques détails sur l'état actuel de la compilation dont il s'agit.

Le texte le plus connu et le plus généralement cité, soit en France, soit en pays étranger, est celui que Cleirac a donné dans son ouvrage intitulé *Us et Coutumes de la mer*, imprimé pour la première fois en 1647. Il a pris ce texte dans un livre aujourd'hui moins connu que le sien, composé par Garcie dit Ferrande, sous le nom de *Grand Routier de la mer*, et l'a adopté avec quelques légers changemens dans les mots et dans l'ordre des articles. Dans l'ouvrage de Garcie, les Rôles d'Oléron forment quarante-six articles, et dans Cleirac quarante-sept, parce qu'il a divisé en deux l'article 22 de l'édition de Garcie.

Mais ce n'est point en cet état que ces Rôles se trouvent dans les manuscrits et dans les anciens imprimés.

Deux manuscrits qui existent en Angleterre, le premier à Oxford, bibliothèque Bodleienne, n.° 2254, et le second à Londres, bibliothèque Cotton, *Nero*, A, § 6, n.° 30 (1), ne contiennent que vingt-quatre articles, répondant aux vingt-deux premiers de Garcie et de Cleirac, qui ont omis les articles 13

(1) Ils sont indiqués dans le Catalogue des manuscrits d'Angleterre, imprimé en 1696. Je me suis adressé, pour en obtenir une copie, à M. l'ambassadeur de France, le prince de Polignac, et je dois à son obligeance l'usage que j'en ferai dans cette collection.

et 24 de ces manuscrits. Un troisième manuscrit, existant aussi à Oxford, bibliothèque Bodleienne, n.° 3341, dans un recueil connu vulgairement sous le nom de *Black Book of the admiralty,* c'est-à-dire, *Livre noir de l'amirauté* (1), contient, avec intercalation de huit articles inédits, les vingt-quatre des manuscrits cités plus haut, et deux articles répondant à l'article 23 de l'édition de Garcie et aux articles 23 et 24 de celle de Cleirac.

Ces vingt-cinq ou vingt-six articles, et en outre deux articles qu'aucun des manuscrits d'Angleterre ne contient, portant les n.ᵒˢ 24 et 25 dans l'édition de Garcie, et les n.ᵒˢ 27 et 28 dans celle de Cleirac, composent la compilation telle qu'on la trouve dans les éditions de l'ancienne coutume de Bretagne, faites en 1485 et dans les premières années du XVI.ᵉ siècle, dans le Coutumier de Normandie, édition de 1539, et dans un manuscrit français inséré au tome I.ᵉʳ de l'Histoire de Bretagne de D. Morice, page 786 des preuves.

Ce n'est que dans l'édition de Garcie, imprimée pour la première fois en 1541, et dans celle de Cleirac, beaucoup plus récente, que les Rôles d'Oléron sont portés à quarante-six ou quarante-sept articles.

Si à cet exposé l'on ajoute que le texte hollandais des Jugemens de Damme ou Lois de Westcapelle, qu'on les considère, ou non, comme original ou comme traduction, question dont je m'occuperai dans le chapitre suivant, contient seulement les vingt-quatre articles des manuscrits d'Oxford et de Londres, et qu'une traduction castillane, composée au plus tard en 1266, comme je le prouverai dans la suite de ce chapitre, ne contient que les mêmes vingt-quatre articles et moitié du vingt-cinquième, on est conduit à reconnoître que la totalité des Rôles d'Oléron, dans l'état où les offrent les éditions de Garcie et de Cleirac, n'a pas été composée au même temps.

Cependant ces deux éditeurs n'ont fait aucune distinction; ils en ont même éloigné toute idée, en revêtant les articles primitifs d'un style rajeuni, semblable à celui des derniers; et en outre, soit par inadvertance, soit pour mieux effacer toutes traces de distinction, Cleirac a supprimé à la fin des articles primitifs la formule finale *tel est le jugement en ce cas,* qu'on lit dans tous les manuscrits, éditions et versions dont je viens de parler : néanmoins il termine la totalité par un certificat de 1266, qui n'accompagne que les vingt-sept premiers articles dans les manuscrits et les anciennes éditions de France.

Cette confusion n'a pas seulement l'inconvénient de ne plus permettre qu'on reconnoisse les anciens textes ; elle a encore celui de présenter la totalité de la compilation comme faite à une même époque, qu'on pourroit croire

---

(1) Quoique le Catalogue imprimé ne désigne pas ainsi ce manuscrit, la lecture de Selden, Exton, et autres auteurs qui l'ont cité, me l'a fait reconnoître facilement. Instruit qu'il en existoit un double au musée britannique, manuscrit Hargrave, n.° 185, j'ai prié M. le baron Séguier, consul général de France, de m'en procurer une copie, qu'il a eu la bonté de m'adresser en 1823. Depuis, le prince de Polignac, en envoyant à Oxford transcrire le manuscrit 2254, a bien voulu faire collationner sur le manuscrit 3341 la copie que j'avois reçue de M. Séguier.

très-récente d'après le langage, quoique la date du certificat soit bien antérieure, et d'offrir ainsi des invraisemblances qui ont plus d'une fois embarrassé les historiens, et fourni des armes à la critique pour contester l'ancienneté de la compilation. C'est précisément ce qu'a fait M. Luder, jurisconsulte anglais, dans une dissertation fort savante, insérée pages 431 à 467 de son ouvrage intitulé *Tracts on various subjects in the law and history of England* (1). « La copie française, dit-il, imprimée dans les Us et Coutumes de la mer « (l'ouvrage de Cléirac) y est presque entièrement en moderne français et « dans un style qui n'est pas uniforme. Les plus vieilles tournures de phrases « ne sont pas d'une époque plus reculée que le temps de François I.ᵉʳ; cepen- « dant ce style passe pour être le style original de ces lois. . . . L'attestation « (datée de 1266) par le sceau de l'île d'Oléron, par lequel on suppose que « l'authenticité leur a été donnée, se trouve la même dans l'édition du Coutu- « mier (publiée par Le Rouillé en 1539) et dans celle de Cléirac. Cependant « la première consiste seulement en vingt-sept articles, et la dernière en a « quarante-sept; laquelle donc est la véritable et doit être considérée comme « authentique? »

Les lecteurs n'hésiteront pas, je crois, d'après ce que je viens de dire et de prouver par des pièces irrécusables, à reconnoître qu'on doit distinguer dans ce qui nous est parvenu sous le nom de Rôles d'Oléron quatre parties très-distinctes.

La première est composée de vingt-cinq articles, que j'appelle primitifs, parce qu'ils sont les seuls dont les manuscrits d'Angleterre et les versions castillane et flamande attestent l'existence. En voici l'analyse sommaire : Art. 1. Défense au patron de vendre le navire, et cas où il peut em- prunter. — Art. 2. Défense au patron de mettre à la voile sans consulter l'équipage. — Art. 3. Du sauvetage d'un navire naufragé. — Art. 4. Du cas où le navire est innavigable. — Art. 5. Obligation des gens de l'équi- page de ne pas quitter le navire. — Art. 6. De la police du navire, et du matelot blessé pour le service. — Art. 7. Du matelot qui tombe malade dans le navire. — Art. 8. Du jet pour sauver le navire. — Art. 9. Du mât et des ancres sacrifiés pour le salut commun. — Art. 10. Obligation du patron et de l'équipage de bien décharger les marchandises. — Art. 11. Des pertes arrivées par le mauvais arrimage. — Art. 12. Des querelles des mate- lots entre eux et le patron.— Art. 13. Des frais de lamanage.— Art. 14. Du droit du patron de congédier un matelot. — Art. 15. Du dommage causé

(1) Je n'ai long-temps connu cet ouvrage, publié en 1810, que par le titre, inséré dans un catalogue de jurisprudence anglaise. M. Séguier avoit eu la bonté, en 1824, de faire en mon nom, et MM. les conser- vateurs de la bibliothèque royale de France, qui ne possède pas ce livre, avoient aussi fait faire des recherches qui furent inutiles. Au moment où ce chapitre étoit déjà sous presse, le livre m'est parvenu. Je me suis empressé de suspendre l'impression pour étudier ce que M. Luder dit de la compilation d'Oléron, le comparer avec mon travail, et le citer soit pour fortifier mon sentiment, soit pour exprimer mes doutes lorsque nous ne nous trouvons pas d'accord.

par un navire à celui qui est à l'ancre. — Art. 16. Du dommage causé par les ancres d'un navire à un autre. — Art. 17. Du louage des matelots à la portée ou au fret. — Art. 18. De la nourriture des matelots. — Art. 19. De l'obligation des matelots de continuer le voyage de retour. — Art. 20. Des droits des matelots, en cas de prolongation ou de raccourcissement du voyage. — Art. 21. Quand les matelots peuvent aller à terre. — Art. 22. Des indemnités dues par le chargeur en retard. — Art. 23. Du capitaine qui a besoin d'argent en route. — Art. 24. Des obligations du locman qui conduit un navire au lieu de décharge. — Art. 25. De la punition du locman qui fait périr le navire. J'ai indiqué plus haut les manuscrits et les anciennes éditions qui contiennent ces vingt-cinq articles, et j'ai fait remarquer que vingt-trois seulement se trouvoient, en style rajeuni, dans celles de Garcie et de Cleirac.

La seconde partie est composée de deux articles, relatifs, l'un, au dommage arrivé à des marchandises lors du déchargement; et l'autre, à des sociétés de pêche. Comme ils ne sont dans aucun des manuscrits d'Angleterre, ni dans les versions castillane et flamande, il y a une assez grande probabilité qu'ils sont moins anciens que les précédens.

La troisième partie est composée de huit articles jusqu'à présent inédits, ajoutés aux premiers dans le *Black Book*. Ils ont pour objet, 1.º l'obligation imposée au patron qui a entrepris un transport de marchandises de les charger sans retard; 2.º la prohibition au patron qui a loué son navire entier, d'y charger autre chose que des victuailles; 3.º la quantité de chargement qu'a droit de faire celui qui a loué un navire entier; 4.º le mode de paiement des matelots qui voyagent au fret, et le droit du patron d'exiger le fret des choses jetées; 5.º la prohibition aux matelots de rien exiger des chargeurs; 6.º les obligations du patron pour la nourriture des marchands et la surveillance des vins chargés; 7.º le délai dans lequel les marchandises doivent être déchargées, et le droit du patron de les retenir pour sûreté de son fret; 8.º les règles sur ce qui doit contribuer en cas de jet. Le vieux style de ces articles, le fait qu'ils sont contenus dans un livre que tout porte à considérer comme composé au XIV.ᵉ siècle (1) et qui en a bien évidemment le langage, me décident à les placer avant ceux qu'on trouve uniquement dans les éditions de Garcie et de Cleirac, lesquels sont d'un style moins ancien.

Ceux-ci, qui forment la quatrième partie dans mon système, sont au nombre de vingt. L'indication sommaire de l'objet de chacun d'eux me paroît inutile; il suffit de dire qu'ils traitent exclusivement des bris, naufrages et épaves maritimes.

L'état de la compilation, telle que je la ferai imprimer d'après les sources que je viens d'indiquer, étant ainsi connu, je vais examiner à quel pays et à quelle époque on peut attribuer chacune de ses parties.

(1) Selden, *Vindiciæ Maris clausi*, Opp. t. II, pag. 1410. — Prynne, *Animadv.* pag. 106 et 115. — Exton, *The maritime Dicæologie*, book II, chap. XII. — Simpson, *Præfat. ad articulos magistri Roughton.*

Je ne traite dans ce chapitre, comme je l'ai annoncé, que de ce qui concerne la question de propriété entre la France et l'Angleterre; et pour éviter tout mal-entendu, je déclare qu'il ne sera d'abord question que des vingt-cinq premiers articles dont j'ai donné ci-dessus les sommaires.

Il ne paroît pas que jusqu'à l'époque où Selden a publié son fameux traité *De dominio maris*, aucun auteur anglais ait élevé la prétention que les Rôles d'Oléron fussent l'ouvrage des rois d'Angleterre. Tous ceux qui ont écrit dans le même sens lui sont postérieurs; au moins mes recherches ne m'en ont point fait connoître d'autres.

Dans le chapitre XXIV du second livre de son traité, Selden assure qu'un assez grand nombre de lois ou réglemens sur les matières maritimes ont été faits par des rois d'Angleterre, et que Richard I.ᵉʳ les a corrigés et publiés de nouveau, à son retour de la Terre-sainte, dans l'île d'Oléron, d'où elles ont pris leur nom. Il en tire la conséquence que la compilation connue partout sous le nom de Rôles ou Jugemens d'Oléron appartient à l'Angleterre.

Quoique Selden n'ait émis cette opinion, pour ainsi dire, qu'en passant, et sans discussion spéciale, tous les Anglais qui ont écrit sur la jurisprudence maritime l'ont adoptée.

Mais la première question qu'ils auroient dû se faire, eût été de savoir si Richard I.ᵉʳ avoit effectivement débarqué à Oléron, à son retour de la Terre-sainte, et s'y étoit arrêté pour y exercer quelques actes de puissance législative; et sur ce point la saine critique des historiens anglais me paroît avoir fait justice de la crédulité de leurs jurisconsultes (1).

Tous assurent, ce qui d'ailleurs n'a jamais été mis en doute dans aucun pays, que Richard, arrêté, après son naufrage près d'Aquilée, le 20 décembre 1192, par les ordres du duc d'Autriche, fut livré à l'empereur Henri VI, recouvra la liberté en 1194, et se rendit en Angleterre en traversant la Flandre. Le docteur Henry, dont l'attention étoit particulièrement appelée sur ce point par les ouvrages de Godolphin et d'Anderson, qu'il cite comme attestant ce séjour de Richard I.ᵉʳ à Oléron pour y publier des lois maritimes, déclare qu'il n'a pu découvrir sur quelle autorité on se fondoit (2), et M. Hallam (3) traite de fable ce qu'on dit du débarquement de Richard I.ᵉʳ à Oléron. M. Luder s'explique dans le même sens. Après une assez longue discussion de renseignemens historiques, discussion que je ne crois pas nécessaire de traduire, parce qu'on en trouvera la substance dans ce chapitre, la marche naturelle des choses ayant dû nous faire rencontrer sur des points où il ne s'agit que de citations, cet écrivain termine par ces mots : « Ainsi nous ne

---

(1) M. Luder, à la page 433, se moque avec beaucoup d'esprit de l'opinion de Coke, en lui opposant ce que lui-même avoit dit contre les *Chroniques de loi.*

(2) *History of England*, book III, chap. VI.

(3) *View of the state of Europe during the middle age*, book III, chap. IX.

« trouvons rien dans l'histoire de Richard I.er qui puisse nous porter à lui
« attribuer la compilation des Rôles d'Oléron. »

Je ne dois pas dissimuler, néanmoins, que Selden et ceux qui l'ont copié,
se fondent sur une pièce existant à la tour de Londres (1) dans une liasse
intitulée *Fasciculus de superioritate maris*, dont voici les termes (2) :

« Infrà scripti sunt articuli generales super quibus, et fines ad quos justi-
« tiarii domini nostri regis sunt consulendi, et dominus noster rex de eorum
« consilio certificandus in cancellaria sua. . . .

« Item ad finem, quòd resumatur et continuetur ad subditorum prosecu-
« tionem forma procedendi quondam ordinata et inchoata per avum domini
« nostri regis et ejus consilium, ad retinendum et conservandum antiquam
« superioritatem maris Angliæ et jus officii admirallatùs in eodem, quoad
« corrigendum, interpretandum, declarandum et conservandum leges et
« statuta per ejus antecessores Angliæ reges dudum ordinata; ad conser-
« vandum pacem et justitiam inter omnes gentes nationis cujuscunque per
« mare Angliæ transeuntes, et ad cognoscendum super omnibus in contra-
« rium attemptatis in eodem, et ad puniendum delinquentes et damna passis
« satisfaciendum : quæ quidem leges et statuta per dominum Richardum
« quondam regem Angliæ, in reditu suo à Terra-sancta, correcta fuerunt,
« interpretata, declarata, et in insula Oleron publicata, et nominata in lingua
« gallicana *la ley Olyroun* (3). »

Je n'ai pas assez d'élémens pour me livrer à une discussion sur l'authenticité de ce document, qui n'a point été inséré dans le recueil de Rymer,
quoique Selden, Borough et autres en eussent signalé l'existence long-temps
avant l'entreprise de cette vaste collection. Je vais donc raisonner comme
s'il n'étoit, à cet égard, susceptible d'aucune objection.

Avant de prouver qu'il ne s'applique point à notre compilation, je com-
mencerai par l'admettre dans le sens le plus favorable à l'opinion des auteurs
qui l'invoquent; je supposerai même véritable ce qui est dit de Richard I.er
Au moins il me sera permis de faire observer que le document attribue seulement à ce prince la correction, le développement de la loi d'Oléron, *per
dominum Richardum... correcta fuerunt, interpretata, declarata, publicata;*

(1) Prynne, *Animadv.* pag. 109, assure qu'il en a trouvé une autre copie dans la chapelle de la tour de
Londres. D'après une note qu'à ma prière M. Séguier a bien voulu demander à l'archiviste de la tour,
la liasse est composée de six pièces : 1.º lettres patentes de la douzième année du règne d'Édouard III, qui
nomme des commissaires chargés d'examiner certains documens à eux transmis, renfermés sous le sceau du
roi, et de faire un rapport sur le meilleur mode à suivre pour la défense et le maintien de ses droits;
2.º lettres des commissaires pour avoir de nouvelles instructions; 3.º une ordonnance sur les rapports
commerciaux entre l'Angleterre et la Flandre, donnée à Bruges en 1297; 4.º un traité d'alliance entre
Henri III, roi d'Angleterre, et Alphonse, roi de Castille; 5.º *De emendis super arrestis;* 6.º un mémoire adressé aux ambassadeurs des rois de France et d'Angleterre après la paix de 1303, rapporté
par Selden, *Mare clausum,* lib. II, cap. XXVIII. Ces quatre dernières pièces sont celles dont il est fait
mention dans les lettres patentes. La liasse ne contient point de réponse aux *articuli.*

(2) La copie du document entier, que M. Séguier a bien voulu m'adresser, m'a convaincu que le reste
est sans objet direct à la question.

(3) Ce que le document appelle *lingua gallicana* est la langue gasconne, qui emploie encore cette expression.

ce qui suppose à la loi qu'on dit avoir été corrigée, interprétée, étendue, publiée, une existence depuis une époque assez éloignée pour que déjà l'expérience eût fait connoître la nécessité de corrections, d'interprétations et d'une nouvelle promulgation. Or le retour de Richard eut lieu en 1193; Éléonore n'avoit porté le fief d'Aquitaine à Henri II qu'en 1132 : il y auroit donc de fortes raisons pour croire que les Rôles d'Oléron, si c'est de cette compilation que le document parle, existoient dans un temps où cette île n'étoit pas encore sous la domination anglaise.

Il y a plus : s'il faut s'en tenir aux mots, *in insula Oleron publicata*, ce ne seroit point en Angleterre que cette publication auroit été faite ; ce seroit à Oléron. Or cette île dépendoit de l'Aquitaine, province française possédée par Richard à tout autre titre que celui de roi d'Angleterre ; province qu'assurément aucun historien, aucun publiciste, n'a jamais considérée comme partie intégrante du royaume d'Angleterre. Il faudroit donc reconnoître que les Rôles ou Jugemens dont il s'agit, eussent-ils été promulgués à Oléron par Richard I.ᵉʳ, auroient une origine française, et n'appartiendroient pas à l'Angleterre. C'est ce qu'a très-bien senti l'auteur de l'ouvrage intitulé, *Laws, Ordinations of the admiralty of Great Britain*, tome I, page 40. « Si, dit-il, « le roi George, qui est électeur de Hanovre en même temps que roi d'An- « gleterre, donnoit une loi au Hanovre, les Anglais pourroient-ils en conclure « qu'elle a été faite pour eux, parce qu'elle seroit l'ouvrage d'un roi d'An- « gleterre? » Cet écrivain n'a pas poussé assez loin son raisonnement, parce que le droit des rois d'Angleterre sur l'Aquitaine étoit moins étendu que celui de la maison régnante sur le Hanovre. L'Aquitaine, dont Oléron faisoit partie, étoit un grand fief français : les rois d'Angleterre ne le possédoient que sous une condition de dépendance et de vassalité envers la couronne de France. Or des coutumes rédigées dans une province possédée par un prince étranger comme grand feudataire (que la participation de ce grand feudataire à leur rédaction ait été plus ou moins directe) n'en étoient pas moins des coutumes françaises. L'histoire de notre jurisprudence et de notre droit public en fournit des preuves que personne n'a jamais essayé de combattre.

Selden ne s'est pas dissimulé l'objection ; il a cru y répondre en prétendant, sans preuve toutefois, que Richard I.ᵉʳ avoit fait la publication qu'il lui attribue, non-seulement en qualité de duc d'Aquitaine, mais encore comme roi d'Angleterre (1). Exton est moins tranchant (2) : il pense que la compilation avoit été faite à Oléron pour régler les affaires maritimes de cette île (c'est un point que j'examinerai dans la suite de ce chapitre); que Richard introduisit, le premier, ces coutumes en Angleterre, et qu'elles furent achevées sous Édouard III. Mais cela ne détruit pas mon argument, puisque cette

(1) Selden, *Mare clausum*, lib. 11, cap. XXIV.
(2) *Maritime Dicæologie*, book 11, chap. X.

introduction, ce perfectionnement, supposent une existence antérieure à Richard I.ᵉʳ, existence qui ne peut raisonnablement être reportée qu'à un temps où l'île d'Oléron n'étoit pas encore possédée par les rois d'Angleterre. L'auteur de l'ouvrage intitulé *Laws, Ordinations of the admiralty* &c. est encore moins hardi qu'Exton, et, copiant Cleirac, dont j'examinerai le sentiment dans la suite de ce chapitre, il attribue la première composition des Rôles à Éléonore, mère de Richard I.ᵉʳ, du temps qu'elle étoit reine de France, et dit que celui-ci y fit des additions à son retour d'un voyage de la Terre-sainte.

Mais jusqu'à présent j'ai raisonné dans la supposition que l'opinion de Selden et de ceux qui l'ont suivi, étoit fondée sur les termes mêmes du document cité par eux et dont j'ai rapporté le texte : il faut maintenant le discuter, et voir si véritablement il atteste ce qu'on a voulu lui faire dire.

Une première réflexion dont on ne peut se défendre en lisant ce passage, c'est qu'il concerne uniquement le droit politique (1). On y voit qu'Édouard III fait délivrer un ordre de sa chancellerie à l'effet de constater le mode de procéder introduit ou plutôt « ébauché par son aïeul Édouard I.ᵉʳ, dans la vue « de conserver la supériorité de l'Angleterre sur la mer, et les droits de « l'amirauté pour la punition des désordres et des attentats à la sûreté de la « navigation, conformément aux lois et statuts de ses prédécesseurs; lesquels « statuts, continue le document, avoient été corrigés et interprétés par « Richard I.ᵉʳ, à son retour de la Terre-sainte, dans l'île d'Oléron, d'où ils « ont pris le nom de lois d'Oléron. » Ce n'est pas, comme on le voit, de Richard seul qu'il s'agit, c'est d'un assez grand nombre de rois d'Angleterre ; or voyons de quelles lois maritimes ils sont auteurs.

Si nous cherchons attentivement dans l'histoire d'Angleterre et dans les annales de sa législation, nous trouvons que Jean I.ᵉʳ, prédécesseur d'Édouard I.ᵉʳ, avoit fait à Hastings, dans la seconde année de son règne, une loi qui réputoit ennemis les navires *qui ne veuillent avaler et abeisser leurs triefs, au commandement de l'admirall du roy* (2); qu'Édouard I.ᵉʳ en fit une semblable aussi à Hastings, dans la deuxième année de son règne : mais la lecture de ces lois prouve qu'elles n'ont rien de commun avec le droit maritime privé, objet exclusif des Rôles d'Oléron, dans lesquels on traite des rapports réciproques entre les propriétaires de navires et les patrons, entre ceux-ci et leurs matelots, entre les chargeurs et ceux à qui ils confient leurs marchandises.

Édouard I.ᵉʳ publia aussi, dans la trente-unième année de son règne, le statut connu sous le nom de *carta mercatoria,* qui accorde des sûretés et des privilèges aux marchands étrangers avec le droit d'être jugés *per legem mercatoriam* (3) : mais les Rôles d'Oléron n'y sont point nommés; et quand

(1) C'est ce que prouvent les autres parties du document, et ce qu'a très-judicieusement remarqué l'archiviste de la tour de Londres : « Le caractère de la pièce, dit-il, semble plutôt politique que commercial. »
(2) Selden, *Mare clausum,* part. II, cap. XXVI.
(3) Prynne, *Animadv.* pag. 23 et 24, rapporte cette charte en entier.

on supposeroit que les mots *per legem mercatoriam* y font allusion, il n'en résulteroit point assurément qu'Édouard Ier, ou ses prédécesseurs, eussent fait cette compilation, ni même qu'elle fût considérée en Angleterre autrement que comme un droit commun à toutes les nations commerçantes, droit dont effectivement on voit par plusieurs pétitions des communes, sous les règnes de Richard II et d'Henri IV, que l'application devoit être faite par les juges de l'amirauté, à l'exclusion de toutes autres lois ou coutumes (1).

Quant à Richard Ier, prédécesseur de ces deux rois, on lui attribue, relativement au droit maritime, 1.° un réglement fait à Grimsby au sujet des navires particuliers requis pour le service du roi (2); quoiqu'aucun recueil de législation anglaise, pas même celui de Rymer, n'en parle, ce fait me paroît certain d'après le *Black Book*, où ce réglement est analysé; 2.° une loi de 1189 sur la police de la flotte destinée à la croisade, rédigée de concert avec le Roi de France (3); 3.° une loi faite à Messine en 1190, relativement aux droits de bris et naufrages (4). Mais, quoi qu'en ait dit du Cange (5), qui, cherchant peut-être à concilier l'opinion de Selden avec la vérité historique, donne le nom de loi d'Oléron au réglement sur la police de la flotte de 1189, aucune de ces lois, ni par son objet, ni par sa date, ne peut être celle dont parle le document : par son objet, j'en ai rendu compte; par sa date, aucune n'a été faite à Oléron, toutes sont antérieures au retour de Richard de la Terre-sainte. Quelques recherches que j'aie faites dans les recueils de lois et dans les historiens anglais, je n'ai trouvé aucun autre acte du règne de Richard Ier qui ait trait, même indirectement, au commerce maritime et à la navigation.

Cet exposé, fondé sur des monumens et des faits incontestables, démontre, ce me semble, que Selden et les auteurs entraînés par son autorité ont abusé des mots *nominata in lingua gallicana la ley Olyroun*, ou qu'ils ne les ont pas bien compris, lorsqu'ils les ont appliqués à la compilation des Rôles. Tout au plus ces expressions, rapprochées de ce qui les précède, conduiroient-elles à dire, si les monumens historiques permettoient de croire à un séjour de Richard Ier dans l'île d'Oléron, à son retour de la croisade, que ce prince y avoit révisé et publié quelques statuts sur la police de la mer ou sur les droits de l'amirauté anglaise, et que cet acte portoit le nom d'Oléron, suivant l'usage, alors commun et long-temps pratiqué en France, de donner à une loi le nom du lieu où elle avoit été rédigée. Mais, encore une fois, rien, dans l'ordre de chancellerie de la douzième année du règne d'Édouard III, ne donne à entendre qu'on ait voulu y désigner la compilation de droit maritime privé connue sous le nom de Rôles d'Oléron. Les termes de sa rédaction, les articles qui en ont été le résultat, qu'on ne trouve pas, il est vrai,

---

(1) Prynne, *Animadv.* pag. 81.
(2) Exton, *Maritime Dicæologie*, book I, chap. IV. — Prynne, *Animadv.* pag. 108.
(3) Rymer, t. I, pag. 21. — Prynne, *Animadv.* pag. 106.
(4) Hoveden, *Annal.* pag. 678.
(5) *Glossarium mediæ et infimæ latinitatis*, voc. *Leges Oleronenses.*

dans la liasse déposée à la tour de Londres, mais qui font partie du *Black Book*, s'appliquent, de l'aveu des écrivains anglais (1), à des objets absolument différens; et l'on ne peut les confondre sans heurter toutes les règles de la saine critique.

Accordons, toutefois, que le rédacteur de ce document ait eu la pensée que suppose si gratuitement Selden : aux yeux de tout homme de bonne foi, une allégation vague et en quelque sorte occasionelle, faite même dans un acte de la puissance publique, ne sauroit former une véritable autorité. La saine critique conduiroit à distinguer deux choses très-différentes dans le document transcrit ci-dessus : en premier lieu, l'indication du sujet sur lequel les juges étoient consultés, et de l'objet direct des questions qu'ils étoient chargés de résoudre; en second lieu, les faits accessoires que le rédacteur de l'ordre de chancellerie a pu énoncer, sans rapport direct avec l'objet de l'enquête.

La première partie, c'est la demande de renseignemens sur ce qui concerne le mode de procéder par l'amirauté anglaise pour la répression des désordres maritimes; c'est sur cela que les juges sont interrogés, dans la vue, sans doute, de fixer par écrit des règles uniquement conservées dans la mémoire et par la tradition.

La seconde partie, c'est ce qu'on dit, que d'anciennes lois sur la répression des désordres et des atteintes portées à la sûreté de la navigation avoient été faites, révisées, corrigées par des rois prédécesseurs d'Édouard III, le roi régnant, et notamment par Richard I.ᵉʳ, à Oléron, d'où elles portoient le nom de *ley d'Olyron*.

Ce n'est pas sur ce point que les juges étoient consultés. Cette énonciation étoit sans objet, et n'avoit aucune influence sur ce qu'ils auroient à répondre; elle est donc sans importance, et prouve seulement l'opinion personnelle du rédacteur. Ce n'est point aussi sur cela que les juges se sont expliqués; on n'en trouve pas un mot dans les articles rédigés par suite de cette information.

J'ai dit plus haut que, n'étant pas assez versé dans la science du droit d'Angleterre, je m'abstenois de discuter les caractères du document invoqué par Selden. M. Luder pouvoit le faire avec connoissance de cause, et voici comment il s'exprime, page 433 : « J'ai vu aussi ce *notable record* » (c'est le nom que Coke, dans son Commentaire sur Litleton, donne à la pièce dont il s'agit): « j'ai reconnu avec peine qu'il contenoit un faux récit du retour de . « notre roi en Angleterre, et je doute que cet acte puisse conserver le nom « de *notable*, si ce n'est à raison de cette étrange erreur sur un point d'his- « toire bien connu, et pour avoir passé, sans être critiqué, sous les yeux « d'hommes éclairés.... Ce *record*, comme il plaît de l'appeler, que Coke « et Selden ont transcrit, fait partie de plusieurs petits fragmens relatifs aux

---

(1) Exton, *Maritime Dicæologie*, book 1, chap. x.

« affaires maritimes et commerciales de différens règnes, et qui ont été réunis
« ensemble sans ordre ni titre (1). On n'y trouve ni date, ni description, ni
« rien qui puisse lui donner l'autorité et l'apparence d'un acte juridique. Ce
« peut être tout simplement une note, faite par un clerc, d'une affaire par-
« ticulière » (2).... M. Luder ajoute, page 455 : « On voit dans cette pièce
« que le sujet sur lequel la consultation intervint étoit la souveraineté de la
« mer d'Angleterre; mais il n'y a rien à ce sujet dans les Jugemens d'Olé-
« ron. Rien ne prouve donc que ce soient eux qu'on ait voulu désigner dans
« cet acte, ou qu'ils aient été connus à cette époque.... Ces hommes ins-
« truits (Selden, Borough, Coke) se sont laissé étrangement tromper eux-
« mêmes par leur respect pour un vieux parchemin et ses gothiques
« caractères. C'est à eux, d'après cette autorité, que nous devons le conte
« de la Terre-sainte et de Richard I.er ; conte qui auroit pu demeurer en
« repos dans la tour, sans violer la vérité de l'histoire, si l'on n'avoit voulu
« l'en tirer. »

Il y a dans ce passage de M. Luder un doute que je ne puis partager.
Il paroit croire qu'à l'époque dont le document en question porte la date,
c'est-à-dire, dans la douzième année du règne d'Édouard III, les Rôles
d'Oléron n'étoient pas connus en Angleterre : mais il me semble que des
monumens irrécusables donnent une forte présomption du contraire.

Une ordonnance du roi Jean, dont on trouve un extrait dans le *Black
Book*, atteste que, lorsqu'un patron « *avoit mestier de vendre de ses mar-
« chandises pour vitailles et pour ses necessaires,* les guardains des ports
« vouldroient prendre la coustume (3) de toutes les marchandises qui estoient
« dans la nef. » Le roi Jean, de l'avis de ses amiraux et de son conseil, réprima cet abus, et ordonna « que nul marchand paieroit coustumes de mar-
« chandise que n'estoit mye vendue. » Il est évident que cette ordonnance
suppose, comme généralement pratiquée, la faculté accordée par les articles 3
et 23 des Rôles d'Oléron aux patrons, de vendre les marchandises chargées,
pour fournir aux besoins du navire. Prynne, *Animadv.* page 108, me
semble avoir dit avec raison que cette ordonnance est fondée sur les Rôles
d'Oléron, *and is grounded on the law of Oleron;* seulement il a tort d'en
conclure que ces Rôles ont été faits par des rois d'Angleterre.

Un jugement rendu à Bristol dans la vingt-quatrième année du règne
d'Édouard III, cité par Prynne, *Animadv.* page 117, décide, sur une dè-
mande à l'appui de laquelle on invoquoit la loi d'Oléron, *quòd unusquisque*

---

(1) J'ai donné, page 289, la description de ces pièces d'après une note du garde des archives de la tour
de Londres.

(2) Peut-être M. Luder traite-t-il ce document avec trop de sévérité. La note du garde des archives de
la tour m'assure qu'il est muni du sceau, et les articles arrêtés en la douzième année du règne d'Edouard III,
insérés au *Black Book*, me paroissent avoir été le résultat de l'enquête ordonnée.

(3) On sait que, dans le moyen âge, on nommoit ainsi les droits perçus sur des marchandises à l'entrée,
à la sortie ou au transit. Du Cange, *Glossarium mediæ et infimæ latinitatis*, voc. *Custuma.*

magister navis tenetur respondere de quacunque transgressione per servientes suos in nave sua facta; principe qui n'est pas littéralement écrit dans la compilation, mais qui est la conséquence évidente de la plupart des articles, et notamment des 10.ᵉ, 11.ᵉ et 24.ᵉ

Un acte de la quarante-troisième année du même règne, c'est-à-dire, de 1375 environ, connu sous le nom d'enquête de Queenborough, porte, art. 16 : « *Item*, en droit de lodemanage, dient les avant-dits jurés que leur semble en « cest cas ils ne scayvent meilleur advys ne remedie mais que ce soit desore « usez et fait par manere qu'est contenue en la loi d'Oleron »; ce qui a évidemment rapport aux articles 24 et 25 de la compilation. Les articles 45 et 46 de la même enquête s'expriment ainsi : « *Item* soit enquis de tous mariners qui « mettent en violence main, ou batent leurs maistres, encontre les loys de « mer et statuts d'Ulleron sur ce faitz. *Item* soit enquis de tous mariners qui « rebelles encontre les honnestes commandemens de leurs maistres, et de « maistres qui ne tiennent pas leurs mariners en paix à la table et ailleurs, « comme les statuts d'Olleron demandent. » Ce qui évidemment a rapport aux articles 12 et 14 de la compilation.

Sous le règne des successeurs d'Édouard III, on trouve le même usage des Rôles d'Oléron en Angleterre. Prynne, *Animadv.* page 120, cite une condamnation prononcée, dans la vingt-troisième année du règne d'Henri VI, contre un patron déclaré coupable pour avoir agi *contra leges maritimas et statutum de Oleron inde provisum,* en refusant de prendre soin d'un matelot malade, cas spécialement prévu par l'article 7. Enfin il est très-probable que c'est de cette compilation qu'il s'agit dans la patente de grand amiral donnée par le même roi Henri VI, en la quatrième année de son règne, au duc de Bedford, son oncle, rapportée par Prynne, page 85, et qui lui enjoint de juger *secundùm legem maritimam.*

Il me paroit donc difficile de croire avec M. Luder que les Rôles d'Oléron ne fussent pas en usage dès la douzième année du règne d'Édouard III, date du document de la tour de Londres. Cependant je ne connois aucun acte de législation anglaise textuellement contraire à son opinion : car je ne pense pas qu'on puisse regarder comme une grande autorité l'assertion de ceux qui, sans attribuer à Richard I.ᵉʳ la composition des Rôles d'Oléron, disent qu'il en introduisit l'usage en Angleterre (1); de Spelman et de quelques autres, qui assurent qu'une loi de la cinquantième année du règne d'Henri III, qu'on ne trouve dans aucun recueil, donna à ces Rôles une place dans la législation anglaise (2). Au contraire, ce qui peut venir singulièrement à l'appui de l'opinion de M. Luder, Bracton, Britton, et les auteurs de la Flete, qui ont fait avec beaucoup de soin et de détails l'exposé des principes et des sources de

(1) Exton, *Maritime Dicæologie,* book II, chap. x.—*Laws, Ordinations of the admiralty,* t. I, pag. 40.
(2) Spelman, *Reliqq.* pag. 218.— Prynne, *Animadv.* pag. 108.— Simpson, *Præf. artic. magistri* Roughton.— *Bibl. leg. angl.* t. II, pag. 58.

la législation existant au temps où ils écrivoient, n'en disent rien, et leur silence, comme M. Luder l'observe judicieusement page 441, infirme l'opinion des jurisconsultes postérieurs.

C'est donc dans la réalité au règne d'Édouard III que disparoissent les nuages qui entourent cette question. Le jugement rendu en la vingt-quatrième année de ce roi, l'enquête de Queenborough de la quarante-neuvième, ne laissent point de doutes. La seule chose incertaine est de savoir si l'usage de la partie primitive des Rôles d'Oléron n'a commencé qu'à cette époque en Angleterre, ou si, comme le pensent les auteurs déjà cités, cet usage est plus ancien.

Quoique l'opinion de M. Luder offre un argument *à fortiori* en faveur de la mienne, je crois difficile de m'y arrêter sans restriction. Il n'est guère possible de croire que les Rôles d'Oléron, qui, comme j'espère le prouver dans la suite, ont dû être connus et pratiqués dans l'Aquitaine avant que cette province fût portée par Éléonore au roi Henri II, n'aient pas été promptement connus en Angleterre, sinon comme loi, du moins comme raison écrite; et l'ordonnance du roi Jean, qu'on peut placer au commencement du XIII.ᵉ siècle, le fait supposer. Peut-être sous le règne d'Édouard III ont-ils été considérés comme partie intégrante, sinon de la législation, du moins de la jurisprudence anglaise; ce que quelques auteurs ont appelé la nouvelle promulgation faite sous Édouard III (1). On les aura sans doute alors inscrits au livre noir de l'amirauté, pour y avoir recours dans le jugement des contestations maritimes, et probablement aussi est-ce le moment où l'on y ajouta huit articles qui se trouvent dans ce seul manuscrit et appartiennent évidemment à l'Angleterre.

L'auteur de l'ouvrage intitulé *Laws, Ordinations of the jurisdiction of the admiralty* &c. ne porte pas si loin les concessions; il croit que la compilation n'a eu devant les tribunaux qu'une sorte d'autorité d'usage et de sagesse, sans y avoir jamais été considérée comme loi. Mais on peut lui opposer l'enquête de Queenborough, et les actes du parlement des treizième, quinzième et dix-septième années du règne de Richard II, deuxième, quatrième et onzième de celui d'Henri IV, dans lesquels on lit expressément qu'une loi connue sous le nom de *loi d'Oléron,* la même sans doute à laquelle se référoit l'enquête de Queenborough, servoit de fondement à des réclamations contre l'extension donnée à la juridiction de l'amirauté dans le jugement des contestations maritimes, et passoit pour être le droit commun (2).

Je soumets ces faits à l'appréciation impartiale des lecteurs. Lorsqu'un homme aussi versé que M. Luder dans la connoissance des antiquités historiques et législatives de son pays (et son ouvrage en contient la preuve),

_____

(1) Simpson, *Præfat. artic. magistri Roughton.*
(2) Prynne, *Animadv.* pag. 75, 81, 83.

n'a rien trouvé de satisfaisant et de décisif sur la question dont il s'agit, je ne peux espérer d'arriver à ce résultat.

Au reste, dans l'opinion de ceux qui croient que sous les règnes de Richard Ier, d'Henri III et d'Édouard III, les Rôles d'Oléron reçurent un caractère législatif en Angleterre, je ne serois pas moins fondé à soutenir qu'on ne peut attribuer à ces princes la rédaction de la partie primitive , la seule dont il s'agisse en ce moment; car ils n'auroient pu *interpréter, corriger, augmenter,* que ce qui existoit avant eux, et c'est un aveu d'Exton lui-même (1) : or c'est en Aquitaine qu'existoit la compilation dont ces rois ont cru devoir propager la connoissance et perfectionner les dispositions; et l'Aquitaine étoit un fief français avant le mariage d'Éléonore de Guienne avec Henri II, père de Richard Ier; elle étoit restée fief français après ce mariage ; c'est même parce qu'elle étoit fief français qu'elle a fini par revenir à la couronne en vertu de la suzeraineté.

Les monumens authentiques de notre législation me semblent offrir aussi des preuves décisives en faveur de la France. L'ordonnance de 1364 (2), par laquelle Charles V admet les Castillans à faire le commerce dans les ports de Leure et de Harfleur en Normandie, et leur concède de grands priviléges, porte, art. 42, que leurs causes seront jugées par le droit et les *lois de Leyron.* Si cette ordonnance est la première loi, conservée dans nos recueils, où il soit question des Rôles d'Oléron, comme coutumes avouées et en vigueur en France , il faut remarquer néanmoins qu'elle confirme les ordonnances du 20 juin 1340, du mois de juillet 1350, du mois de mai 1357, du mois de juillet 1361 , où l'on voit déjà les Castillans admis à trafiquer en France , et à participer aux priviléges accordés aux Portugais par une ordonnance du mois de janvier 1309.

Toutes ces ordonnances copiées les unes sur les autres, et se référant, par conséquent, à celle de 1309, accordent à ces étrangers le droit d'être jugés, à l'exclusion de tous autres juges, par le prévôt d'Harfleur. Quoique les Rôles d'Oléron n'y soient pas nommés explicitement comme dans l'ordonnance de 1364, il est probable que les tribunaux étoient dans l'usage d'appliquer au jugement des contestations entre ces étrangers le droit commun à tout le royaume. L'ordonnance de 1364 constate donc un fait plutôt qu'elle n'établit une règle nouvelle. Aussi l'auteur d'une très - ancienne instruction sur les droits de l'amirauté, publiée par Fontanon dans son recueil d'ordonnances, tome III, page 28 , dit-il que les juges de l'amirauté prononcent d'après les lois d'Oléron (3) ; et l'on verra dans la dissertation spéciale sur l'ancien droit maritime de France, que la juridiction de l'amirauté, ou des

(1) *Maritime Dicæologie,* book II , chap. X.
(2) *Ordonnances du Louvre,* t. IV, pag. 423.
(3) M. Meyer, dans sa dissertation *Historia legum medii ævi celeberrimarum,* indique cette pièce comme une ordonnance ou édit des rois : c'est une erreur que je relève, précisément parce que le *mérite* de cette dissertation doit lui concilier beaucoup de confiance.

I.   **38**

officiers royaux qui avoient primitivement les attributions données depuis à l'amirauté, remonte à des temps très-reculés (1).

Quoi qu'il en soit, arrêtons-nous, si l'on veut, à la date de 1364 : mais remarquons aussi que cette ordonnance a été confirmée par Charles VI en 1391, 1397 et 1405; par Charles VII, en 1423 et 1435; par Louis XI, en 1479 (2). Est-il probable que si les Rôles d'Oléron eussent été des actes émanés d'un roi d'Angleterre, Charles V, Charles VI, Charles VII et Louis XI, les eussent mis au rang des coutumes du royaume? Et à quelles époques? En 1364, temps des plus grandes hostilités entre la France et l'Angleterre; en 1423, lorsque Charles VII disputoit les restes de son royaume aux Anglais, dont le roi se prétendoit légitime souverain de la France, et faisoit même à Paris, en cette qualité, des actes de puissance législative (3); en 1479, lorsque Louis XI s'étoit trouvé avec l'Angleterre dans un état d'hostilité tel, que, par une loi du 8 mars 1462, il avoit interdit jusqu'au commerce des lettres de change avec ce pays (4).

L'état de guerre, je l'avoue, n'empêche pas un prince d'emprunter à la législation de son ennemi les idées et les institutions qui peuvent perfectionner la sienne propre. Au cours des hostilités les plus acharnées, les sages dispositions des lois d'un pays peuvent être invoquées, comme raison universelle, ou comme usages généraux, devant les cours de justice du pays avec lequel il est en guerre; et l'hommage que l'Europe a rendu à l'ordonnance de la marine publiée par Louis XIV au mois d'août 1681, nous en offre un exemple qu'un Français peut citer avec orgueil : mais les souverains de l'Europe n'ont point fait d'édits qui ordonnassent à leurs tribunaux de prendre cette loi pour règle de leurs jugemens.

Je sais encore que des souverains peuvent, en admettant des étrangers à exercer le commerce, permettre qu'ils soient jugés d'après les lois de leur pays; on en a vu des exemples dans l'antiquité, et les capitulations des états européens avec la Porte en pourroient offrir de nos jours.

Mais les ordonnances de Charles V et de ses successeurs citées plus haut n'étoient point rendues en faveur des Anglais; car, dans cette hypothèse, elles ne prouveroient rien pour la France, et même elles prouveroient pour l'Angleterre. Ces ordonnances sont en faveur des Castillans, qui ne revendiquent point la propriété de la compilation dont il s'agit, qui même, comme on le verra bientôt, considèrent les Rôles d'Oléron comme une pièce française; elles admettent ces commerçans à la faveur d'être jugés, non pas

---

(1) On ne sauroit en douter lorsqu'on lit le chapitre v du livre iv des Capitulaires, dont voici le texte : « Volumus ut comites qui ad custodiam maritimam deputati sunt, quicunque ex eis in suo ministerio » resident, *de justitia facienda* se non excuset propter illam custodiam; sed, si ibi secum suos scabineos « habuerit, ibi placitum teneat et *justitiam faciat.* »

(2) *Ordonnances du Louvre,* t. VII, pag. 438; VIII, pag. 44 et 85; IX, pag. 106; XIII, pag. 1209; XVIII, pag. 499.

(3) *Ordonnances du Louvre,* t. XIII, pag. 7 *et suiv.*

(4) *Ordonnances du Louvre,* t. XV, pag. 644.

même par des juges de leur nation, mais par les juges du Roi de France, *selon le droit de Leyron.*

On sera peut-être surpris que je n'emploie pas, pour défendre les droits de la France sur les Rôles d'Oléron, les argumens dont se sert Valin dans la préface de son Commentaire sur l'ordonnance de 1681. Je suis le premier à rendre hommage au mérite de ce jurisconsulte, et surtout à la justesse de son esprit et de ses raisonnemens : mais il se fonde sur la comparaison de quelques monumens de législation anglaise avec des articles qui ne sont point dans la compilation primitive, et se trouvent seulement dans la dernière partie, appartenant à un temps bien postérieur. Je devois donc négliger une autorité par elle-même très-recommandable, pour me borner à des raisons plus simples et je crois plus décisives.

Je terminerai par une observation qui ne sera pas sans quelque poids : l'opinion de Leibnitz, dont j'ai parlé au commencement de ce chapitre, offre un nouvel appui aux droits de la France sur la compilation d'Oléron ; car, si cette compilation avoit été faite par ordre d'Othon de Saxe pendant le court intervalle qu'il a possédé l'Aquitaine et le Poitou, ce prince ayant possédé ces provinces en qualité de grand feudataire de France, la compilation seroit, sous ce rapport, une coutume française, comme le sont les coutumes de Bretagne, de Bourgogne, rédigées de l'autorité des ducs de ces anciens fiefs.

Les droits de la France sur la partie primitive des Rôles d'Oléron étant bien établis, au moins contre les prétentions élevées en faveur de l'Angleterre, car je discuterai dans les chapitres suivans celles de la Flandre et de Wisby, il reste à examiner à quelle époque il est probable que la rédaction en a été faite.

Quelques auteurs allemands qui, pour rehausser l'antiquité de la compilation de Wisby, ont cru devoir combattre celle des Rôles d'Oléron, emploient deux objections assez futiles : « On ne fait point, disent-ils, connoître « l'auteur de ces Rôles ; on n'indique point de documens authentiques qui « les contiennent (1). » Il seroit possible d'en dire autant des Jugemens de Damme, dont on prétend que les Rôles d'Oléron sont copiés, et notamment de la compilation de Wisby, qui porte en elle-même des preuves de son peu d'antiquité et dont la première copie connue est de 1505. Au contraire, en mettant de côté les probabilités tirées du style (2), il est authentiquement prouvé que la compilation d'Oléron existoit et avoit été traduite en castillan au milieu du XIII.ᵉ siècle, et qu'elle est citée dans des lois d'Angleterre et de France du XIV.ᵉ siècle.

D'ailleurs, les objections de l'espèce de celles que je viens d'indiquer, appliquées à des compositions anciennes, ne peuvent avoir aucune force. Les

_____

(1) Kuricke, *Jus maritimum Hanseat.* in præfat.
(2) L'article 15 prouve que la compilation actuelle est le développement d'une plus ancienne.

originaux, en presque totalité, ont péri, et la tradition, dégagée de toute altération, peut seule attester que des ouvrages ont été composés par les auteurs et aux époques auxquels on les attribue.

Si l'on ne peut dire précisément par qui les Rôles ou Jugemens d'Oléron furent faits, chose très-naturelle lorsqu'il s'agit de recueils d'usages et non d'actes législatifs, si l'on ne peut même préciser l'époque de la rédaction, il est permis de former des conjectures.

On a fait remarquer avec raison que ces Rôles ne contiennent rien sur le contrat d'assurance, pour en induire la conséquence qu'ils ont été rédigés avant l'introduction de cette négociation maritime; et comme il paroit constant que dès l'année 1310 il existoit à Bruges des personnes qui s'y livroient (1), il est naturel d'en tirer la conséquence que les Rôles d'Oléron sont antérieurs au XIV.ᵉ siècle.

Cependant cet argument n'est point décisif, parce qu'il est purement négatif. Il faut donc chercher des preuves plus positives.

Si l'on ne trouve dans les monumens historiques aucune preuve que les Rôles d'Oléron aient été rédigés avant l'époque où le mariage d'Éléonore de Guienne fit passer l'Aquitaine à un roi d'Angleterre, il y a cependant de fortes probabilités en faveur de ce sentiment. J'ai prouvé par le texte de l'ordonnance de 1364 qu'au XIV.ᵉ siècle ils servoient en France à régler les contestations maritimes. Les Rois de France ont dû statuer ainsi, parce que ces usages étoient d'origine française, et, en cette qualité, suivis dans leurs états; la compilation a donc dû être faite à une époque où, Oléron étant sous la domination française, on a pu donner son nom à des coutumes adoptées dans les autres provinces maritimes du royaume baignées par l'Océan, et dont les Rois mêmes auront fini par ordonner l'exécution dans les tribunaux. Or cette époque ne peut être fixée qu'à un temps antérieur à 1152, année du mariage d'Éléonore avec Henri II. Il est contre toute vraisemblance que depuis ce temps on ait donné le nom d'Oléron à des usages rédigés en France, ou qu'on y ait généralement adopté une loi faite par un prince étranger et toujours ennemi.

Une preuve de l'existence des Rôles d'Oléron à une époque antérieure même d'un siècle à 1364 se trouve encore dans la traduction manuscrite de ces Rôles qui existoit en 1791 à la bibliothèque de l'Escurial, suivant l'attestation de Capmani (2).

Quoique je n'eusse aucun doute sur la véracité de cet auteur, fidèle à mon plan de ne rien citer de confiance, je me suis adressé à M. le marquis de Talaru et à M. le marquis de Moustier, successivement ambassadeurs du Roi près la cour d'Espagne; après les recherches les plus exactes et les plus obligeantes, ils m'ont appris que les manuscrits de l'Escurial avoient été transportés sans précaution à Madrid pendant la guerre de l'indépendance,

---

(1) *Chronyk van Vlaendern*, chap. XL, t. I, pag. 162.
(2) *Costombres maritimas*, t. II, pag. 31.

et que, la bibliothèque ayant été rendue au couvent, plusieurs manuscrits se sont trouvés égarés, entre autres celui qui étoit l'objet de mes recherches. La publication faite par Capmani répare heureusement cette perte. On y trouve la preuve que l'exécution des articles formant la première série, dont je m'occupe en ce moment, a été ordonnée par Alphonse X, lorsqu'il fit rédiger en 1266 (1) la compilation connue sous le nom de *Partidas*. Voici les termes du certificat qui termine le manuscrit : « Aqui acaba el fuero de Layron « que fabla sobre las cosas que son de librar entre los mareantes è las fiestas « que andan sobre la mar : con el qual acuerdan todas las leyes que estan « en el titulo de la quinta partida. El qual fuero por aquellas leyes es apro-. « bado, è manda que por el sean librados todos los mareantes, è los juicios « que por el se dieren que valan. » On peut le traduire en ces termes : « Ici se « termine le code de Layron, qui traite des choses qui peuvent s'offrir à juger « entre les navigateurs. Toutes les lois qui se trouvent sous le titre de « la cinquième *partida,* concordent avec ce code ; elles l'approuvent, et or- « donnent qu'il soit appliqué à toutes les contestations entre les navigateurs, « et que tous jugemens fondés sur ledit code soient valables. »

J'ai cherché vainement, j'en conviens, dans la cinquième partie de la collection d'Alphonse X, un texte qui commandât expressément de se conformer aux Rôles d'Oléron. Peut-être étoit-il dans une loi particulière qui n'a pas été recueillie. Mais personne ne sauroit nier la grande probabilité résultant du certificat ci-dessus, dont on ne peut révoquer l'authenticité en doute, que les Rôles d'Oléron existoient antérieurement à la rédaction des *Partidas,* et ont servi de guide pour les dispositions maritimes qu'elles contiennent.

L'époque à laquelle les Rôles ont été fixés par écrit, car ils ont sans doute été long-temps auparavant conservés par la mémoire, semble donc pouvoir être reportée à la fin du XI.º siècle.

S'il faut en croire Cleirac (2), copié par Valin et Arcère (3), et même la notice insérée par M. de Pastoret dans l'Histoire littéraire de la France, t. XIII, p. 96, le texte de ces Rôles est « un vieux langage français, chargé de quelques « expressions gasconnes, sans aucun mélange d'idiôme normand ou anglais. »

Il seroit à désirer que Cleirac eût indiqué dans quel dépôt public ou particulier existoit ce texte *vieux français, chargé de quelques expressions gasconnes;* car assurément celui qu'il a publié ne mérite pas cette qualification : le langage, comme l'a très-bien remarqué M. Luder, est du temps de François I.ᵉʳ, c'est-à-dire, précisément du temps où a été composé le Routier de Garcie, dont Cleirac a copié et rajeuni le texte. Les manuscrits et les anciennes éditions de France, et les manuscrits d'Angleterre, quoique d'un

(1) Il est assez remarquable que cette date historique et incontestable de 1266 se trouve être précisément celle du certificat qui termine la copie des Rôles d'Oléron dans les anciens manuscrits et éditions de France.
(2) *Us et Coutumes de la mer,* préface des Rôles d'Oléron.
(3) Valin, *Comment. sur l'ordonn. de la marine,* préf. p. 11.—Arcère, *Hist. de la Rochelle,* t. I, p. 83.

français infiniment plus vieux, ne contiennent point d'expressions gasconnes :
le style auroit plutôt quelques rapports par l'orthographe et la désinence de
certains mots avec l'idiôme normand ; ce qui est tout juste le contraire de
l'assertion de Cleirac.

Mais quel a été le langage de la rédaction primitive ? Quelles altérations
a-t-il éprouvées en circulant de l'Aquitaine dans la Bretagne, de la Bretagne
dans la Normandie, et de ces provinces en Angleterre ? Voilà ce que n'explique point Cleirac, dont l'assertion est, à mon avis, une de ces opinions
hasardées, successivement copiées, devenues une sorte de tradition, dont on
ne trouve aucun fondement solide lorsqu'on veut sérieusement en vérifier
l'exactitude et en rechercher l'origine. Tout au plus on peut supposer, et
encore on n'en a aucune preuve, que la rédaction primitive étoit d'un style
plus vieux que celui que nous possédons. Il n'y auroit, en effet, rien d'invraisemblable : un grand nombre de pièces sont dans ce cas ; en les transcrivant
pour l'usage qu'on vouloit en faire, on en rajeunissoit le style. Cela dut avoir
lieu surtout pour des recueils de coutumes ; ils seroient devenus sans utilité
pour ceux qui avoient intérêt à les connoître, s'ils eussent continué d'être copiés dans leur langage primitif. Aussi la comparaison des manuscrits d'Oxford,
n.° 2454, et de Londres, bibliothèque Cotton, avec les premières éditions
françaises, montre-t-elle dans celles-ci quelques rectifications de mots et de
locutions surannées, et même quelques additions qui ne se trouvent pas dans
les manuscrits d'Angleterre.

La raison en est sensible. L'usage du français ayant été aboli en Angleterre, les documens écrits en cette langue n'y ont plus éprouvé les mutations
qui en France, au contraire, étoient le résultat des variations du langage
usuel. On peut donc conclure avec vraisemblance que les deux manuscrits
d'Oxford et de Londres offrent, sinon le véritable texte de la première rédaction française des Rôles d'Oléron, du moins le plus ancien.

M. Luder, persuadé qu'on ne peut reporter la rédaction écrite des Rôles
d'Oléron à une époque antérieure au mariage d'Éléonore de Guienne avec
Henri II, arrivé, comme on sait, au milieu du XII.e siècle, objecte que dans
ce siècle, et même dans le suivant, toutes les lois étoient rédigées en latin.
J'avoue que parmi les monumens de législation française on n'en connoit
aucun du XII.e siècle rédigé en langue vulgaire ; je veux bien croire même qu'il
n'en a point existé : mais la réflexion de M. Luder n'est vraie que si on l'applique aux actes des souverains, comme chartes, lois, ordonnances ; elle ne
seroit pas exacte, appliquée à des usages, à des écrits contenant ou constatant
des notions populaires. Beaucoup de livres ont été composés en français au
XI.e siècle, et surtout au XII.e siècle ; et sans qu'il soit besoin de faire une
excursion dans les écrits étrangers au droit, je peux me borner à citer les
Assises de Jérusalem, écrites en français dès la fin du XI.e siècle, comme on
l'a vu dans le chapitre précédent.

J'arrive maintenant aux conjectures sur le caractère véritable des Rôles d'Oléron. Il me paroît difficile d'y voir un acte émané de l'autorité souveraine. Ces sortes d'actes ont toujours porté le nom du prince, du magistrat, du corps, par lequel ils étoient promulgués; et c'est ce qui distingue en France les lois des coutumes. A la vérité, la compilation connue sous le nom d'*Établissemens de S. Louis*, composée dans un temps assez voisin de celui où l'on peut raisonnablement croire que les Rôles d'Oléron furent fixés par écrit, ne porte point de formule finale de promulgation semblable à celle des ordonnances royales de la même époque et des époques antérieures (1): mais aussi existe-t-il quelque incertitude sur le caractère législatif de ces Établissemens.

Il n'est pas hors de propos de remarquer l'emploi du mot *Rooles* par lequel cette compilation est désignée dans tous les manuscrits et dans les anciennes éditions. Cette dénomination étoit particulièrement donnée en France aux actes des tribunaux, écrits sur des parchemins roulés (2); usage qui avoit précédé l'époque à laquelle le parlement fut rendu sédentaire vers le XI.ᵉ siècle. Presque tous les manuscrits ajoutent au mot *Rooles* celui de *Jugemens*, d'où l'on peut conclure que la compilation est une collection d'actes de notoriété attestant la jurisprudence sur les cas jugés, et sans doute les plus fréquens dans la navigation de cette époque. Telle a été, dans la réalité, l'origine des premiers recueils d'usages ou de pratique, connus sous le nom de *Styles, Coutumes*.

La formule, *tel est le jugement*, qui termine chaque article, en même temps qu'elle concourt à prouver que la compilation n'est point un acte législatif proprement dit, mais un recueil d'usages, peut également en démontrer l'antiquité; car un grand nombre de chapitres des Assises de Jérusalem sont terminés par ces mots, *c'est le droit et la raison de l'assise*, tandis que des formules de ce genre ne se trouvent, ni dans les Établissemens de S. Louis, rédigés au XIII.ᵉ siècle, ni dans les plus anciennes coutumes de France.

Quel est le lieu véritable où cette rédaction a été faite? Au premier coup d'œil, on semble porté à nommer l'île d'Oléron, puisqu'une sorte de tradition incontestée et les manuscrits d'Angleterre et de France portent le nom de *Rooles d'Oléron;* puisque plusieurs de ces manuscrits et toutes les anciennes éditions françaises portent pour finale, *témoin le scel de l'isle d'Oléron*, &c. Cependant, si l'on excepte ce titre et cette indication datée de 1266, époque évidemment postérieure au temps où ces usages ont commencé d'être en vigueur (3), il n'y a pas dans les articles un seul mot qui désigne Oléron; les ports de Bordeaux et de la Rochelle, les côtes de Bretagne et de Normandie, y sont seuls nommés.

Il est donc probable que ces usages n'appartiennent point spécialement à

---

(1) Quelques manuscrits sont intitulés *Loeys Roys de France;* aucun ne contient de mandement d'exécution, de date, ni de sceau.

(2) La Mare, *Traité de la police*, livre I, titre XV.

(3) Selden, *Mare clausum*, lib. II, cap. XXIV. — Cleirac, *Us et Coutumes de la mer*, préf. des Rôles d'Oléron.

Oléron. Ils contiennent en effet des règles essentielles à tout commerce maritime, quelque part qu'on le pratique; et même les dispositions qui tiennent à des localités, ne sont pas spéciales pour l'île d'Oléron : elles concernent le vaste littoral de la France depuis Bordeaux jusques aux côtes de Flandre, la mer d'Angleterre et celle d'Écosse.

Des circonstances trop connues pour qu'il soit nécessaire d'en développer l'exposé, furent sans doute la cause ou du moins l'occasion de la rédaction de ces usages maritimes. Les changemens que la barbarie avoit introduits dans la législation, et surtout dans l'ordre judiciaire de la France, où les épreuves et les combats décidoient du sort des procès, n'avoient eu aucune influence sur le commerce maritime, et, pour me servir des expressions du chapitre XL des Assises de Jérusalem, cour des bourgeois, *bataille n'avoit lieu* dans les contestations maritimes (1). Les plaids des comtes préposés à la garde des rivages et à la distribution de la justice, dont on a vu, page 298, que l'existence est constatée par les Capitulaires; les amirautés qui leur succédèrent, ou, dans quelques provinces, les consuls de mer; les prud'hommes ou les arbitres, dont le ministère avoit précédé l'institution des amirautés et des consuls, et qui même après cette institution tenoient souvent lieu de juges volontaires, ne basoient pas leurs décisions sur les résultats d'un combat ou d'une épreuve qui plus d'une fois avoit fait triompher l'injustice et succomber le bon droit. Ils admettoient les preuves écrites ou testimoniales; ils prononçoient d'après les principes de l'équité naturelle; ils suivoient surtout les traditions du droit romain, dont l'empire n'avoit jamais cessé, comme on l'a vu au chapitre IV, sauf les modifications que l'expérience, de nouveaux besoins, ou toute autre cause analogue, avoient introduites.

Il y avoit donc nécessité pour les juges ou arbitres de connoître les règles d'après lesquelles ils devoient décider des procès dont le sort dépendoit de la raison et du bon droit, et non de la force, ou de pratiques superstitieuses; et plus l'ignorance étoit grande et le souvenir du droit romain obscurci, plus il étoit important que ces règles fussent tracées avec exactitude. L'expérience et la continuité des décisions sur des cas qui se présentoient fréquemment, fournirent naturellement les premiers élémens d'un manuel destiné non-seulement aux juges pour statuer, mais aux parties pour connoître leurs droits et leurs devoirs; et, comme nous en avons de fréquens exemples dans les premiers temps de la jurisprudence française, quelque praticien spécialement adonné à l'étude des matières maritimes aura rédigé des *Coutumes*, des *Actes de notoriété*, fondés sur les décisions antérieurement rendues par les juges ou les arbitres, à l'équité desquelles l'assentiment public avoit donné une sorte de sanction.

---

(1) Le troisième des articles rédigés en Angleterre dans la douzième année du règne d'Édouard III l'atteste aussi, et je ne doute pas qu'on ne trouvât la même règle dans les pays où le combat judiciaire servoit à décider les contestations.

Tous les manuscrits et les imprimés portent le nom d'Oléron sans doute; mais peut-être est-ce seulement parce que la copie servant de type à celles qui nous sont parvenues, avoit été écrite ou certifiée par un greffier ou un notaire de cette île : c'est ainsi qu'encore aujourd'hui, pour désigner certains manuscrits ou certaines éditions, nous disons les *Pandectes de Florence,* la *Bible de Mayence*, &c.

M. Luder m'a donné connoissance d'un fait qui fortifie singulièrement cette conjecture, et, je dirai plus, qui à mes yeux la change en certitude. A la page 461 de son ouvrage, il parle d'un manuscrit de 1340, contenant la coutume locale de l'île d'Oléron, et dans lequel on trouve quelques dispositions relatives au droit maritime. Cette circonstance me paroissant de nature à jeter un grand jour sur la question, je me suis adressé, sans trop concevoir l'espérance du succès, à M. Sutton Sharpe, avocat à Londres, dont M. le prince de Polignac avoit bien voulu me procurer la connoissance. Il a mis autant de grâce que d'empressement à chercher les éclaircissemens que je désirois. Le document indiqué par M. Luder appartient à M. Douce, ancien bibliothécaire du Musée britannique, qui a eu la bonté d'en laisser prendre une copie. En la lisant, j'ai facilement reconnu que cette coutume ressembloit par sa forme et son objet aux coutumes des villes ou des bourgs de France qui avoient obtenu des chartes d'affranchissement. Elle forme une série de dispositions relatives à la procédure et au droit civil. Plusieurs articles traitent du droit maritime, et décident des cas dont aucun n'est prévu dans les Rôles. Je les publierai à leur date; mais il est nécessaire, pour justifier mon assertion, que j'en indique sommairement l'objet. Les uns statuent sur des intérêts purement locaux, les autres traitent des questions de droit maritime en général.

Les premiers concernent les franchises d'impôt pour les matières employées à équiper un navire, et pour les *portages* des matelots, c'est-à-dire, les objets qu'ils ont droit de charger en franchise de fret pour leur tenir lieu de salaires; le droit de compter vingt-et-un pour vingt tonneaux dans les chargemens de vins sur des navires; les obligations particulières des patrons qui entreprennent des transports d'Oléron pour la Bretagne, et réciproquement; les droits d'*affiage*, c'est-à-dire, ce qui est dû pour la station d'un navire dans le port, selon qu'il est chargé par des naturels du pays ou par des étrangers.

Les seconds concernent les rapports respectifs des copropriétaires d'un navire, relativement au droit qu'a chacun de s'en servir à son tour; l'obligation de celui qui n'a rien chargé sur le navire expédié en commun, de payer sa part des dépenses; l'interdiction, pour celui qui a expédié le navire commun, d'en provoquer la licitation tant qu'il est en voyage; le retrait que peuvent exercer les copropriétaires quand l'un a vendu ou échangé sa part; la responsabilité de celui qui a nommé le patron du navire commun, lorsqu'il périt par la faute de ce patron; les cas où, des navires étant stationnés,

l'un d'eux, détaché de ses ancres, heurte contre un autre, et la distinction
entre le cas où cet accident arrive fortuitement et celui où il arrive par la
faute de l'équipage; les circonstances dans lesquelles des matelots peuvent
refuser d'aller recueillir des choses abandonnées, flottant sur la mer, et la
part qui doit leur être attribuée lorsqu'ils les ont recueillies.

Il me semble que, si les Rôles avoient été une coutume locale et propre
à l'île d'Oléron, les rédacteurs de 1340 les auroient insérés dans leur travail;
car, quelque parti qu'on prenne sur l'époque probable de la première rédaction de ces Rôles, le certificat de 1266, la traduction castillane faite dans le
même temps, les manuscrits anglais, ne permettent pas de les croire postérieurs à 1340, époque de la rédaction de la coutume dont je parle.

Mais, dira-t-on peut-être, si les rédacteurs de la coutume n'y ont point inséré
les Rôles, ne seroit-ce pas plutôt parce qu'ils n'existoient pas encore, et n'en
faut-il pas conclure qu'ils sont postérieurs à 1340? J'ai déjà répondu, je
crois, à cette objection, en faisant remarquer qu'il y a des preuves évidentes
de l'existence de ces Rôles avant 1340. D'ailleurs, si l'on insistoit, on dépla-
ceroit la difficulté sans la résoudre; car, si les Rôles ont été rédigés à Oléron
dans un temps postérieur à la rédaction de la coutume, pourquoi aussi n'y
auroit-on pas compris les dispositions de droit maritime qu'elle contient?

Mes conjectures, au contraire, aplanissent toutes les difficultés. Les Rôles
n'appartiennent point à Oléron : mais ils y étoient connus et suivis, comme
dans tout le duché d'Aquitaine, dont cette île dépendoit; comme dans la
Bretagne, la Normandie, et le littoral occidental de la France, dont ils formoient le droit commun maritime; comme en Angleterre, dont les rois,
devenus ducs d'Aquitaine, finirent par adopter ces Rôles dans leur propre
royaume; comme en Espagne, où Alphonse X leur avoit donné l'autorité de
loi. Les rédacteurs de la coutume de 1340 n'ont pas dû les insérer dans un
statut purement local, pas plus que les rédacteurs des autres coutumes rédigées en France dans le XIV.e siècle et dans les suivans n'y ont inséré les lois
romaines, qui formoient le droit commun de ces pays : mais, plusieurs cas
non prévus dans les Rôles ayant fixé l'attention des rédacteurs de la coutume,
ils ont fait des articles spéciaux pour suppléer au silence du droit commun à
cet égard, et c'est ce dont on trouve une foule d'exemples dans les diverses
coutumes de France.

Cette explication, je ne le dissimule pas, a pour résultat d'écarter entièrement une opinion fort accréditée parmi nous, qui considère Oléron comme
lieu où la compilation fut rédigée par les soins d'Éléonore de Guienne : mais,
après en avoir attentivement recherché la source et le fondement, j'ai reconnu
qu'elle n'étoit appuyée sur aucune preuve historique, et même qu'elle étoit
dénuée de vraisemblance.

La source n'en est pas ancienne. Je ne l'ai trouvée dans aucun écrivain
antérieur à Cleirac, dont l'ouvrage a été pour la première fois publié en 1647.

Garcie, dont il a emprunté le texte, s'est borné à publier les Rôles, sans dire un seul mot de l'auteur. Les éditions imprimées à la suite des anciennes coutumes de Bretagne et de Normandie gardent le même silence. Cleirac seul a fait un récit qu'il a même cherché à relever par des prétentions de style; et c'est depuis ce récit, que la reine Éléonore et son fils Richard, le retour de la croisade, et l'affection de la princesse pour Oléron, *son île bien-aimée*, ont été en quelque sorte le motif obligé de tout ce qui étoit écrit sur les Rôles.

L'ouvrage de Cleirac étant très-connu, je ne transcrirai pas ce morceau, que tous les éditeurs étrangers se sont empressés de traduire sans examiner ce qu'il pouvoit offrir de vrai ou de vraisemblable; je me borne à citer son résumé : « Cette princesse (Éléonore de Guienne) étant de retour du voyage « de la Terre-sainte, au même temps que les coutumes de la mer du Levant, « insérées au livre du Consulat, furent en vogue et en crédit par tout l'Orient, « elle fit dresser le premier projet des jugemens, lesquels furent intitulés « *Rooles d'Oléron*, du nom de son île bien-aimée, pour servir de loi, en la « mer du Ponant, à juger toutes questions sur le fait de navigation. Ensuite « son fils Richard, roi d'Angleterre et duc de Guienne, revenant d'un sem- « blable voyage de la Terre-sainte, augmenta la pièce sous le même titre de « *Rooles d'Oléron*. »

On pourroit, sans être bien difficile, exiger que l'écrivain qui, au XVIIe siècle, parle d'une manière si affirmative d'un fait attribué au XIIe siècle, l'appuyât sur des documens, sinon contemporains, au moins d'une époque voisine; qu'il en fit connoître la date, et qu'il citât l'autorité sur laquelle il s'est fondé. Cleirac n'en dit pas un mot : il ne laisse pas même entrevoir que les faits qu'il raconte soient attestés dans des registres anciens; en tout cas, il auroit dû les indiquer. Il ne donne que son propre témoignage; et c'est ce témoignage, présenté pour la première fois après cinq siècles, que tous ceux qui l'ont copié ont pris pour une vérité historique !

Les raisons servant à prouver que Richard Ier n'est point allé à Oléron à son retour de la croisade, détruisent d'abord une des trois assertions dont se compose la phrase de Cleirac transcrite ci-dessus. On verra, dans la dissertation dont j'accompagnerai le Consulat de la mer, que ce qu'il dit de l'autorité de ce livre au temps de la croisade dont Éléonore de Guienne fit partie, n'est ni plus vrai ni plus vraisemblable. Je ne veux point anticiper sur l'ordre de mon travail; mais je peux, en attendant, renvoyer le lecteur à l'excellente critique, fondée sur l'histoire et les dates, que Jorio a insérée dans le tome II, page 63, du *Codice Ferdinando*, laquelle a été littéralement copiée par M. Azuni dans son *Droit maritime*, tome Ier, page 399.

Quant au fait personnel à Éléonore de Guienne, aucun auteur n'en parle, et les monumens historiques lui ôtent toute vraisemblance. Le temps écoulé entre son retour de la croisade et son mariage avec Henri II, père de Richard Ier, quoique très-court, puisqu'il fut à peine de trois ans, peut être divisé en deux parties bien distinctes : depuis son retour jusqu'à l'annullation de son mariage avec Louis VII, roi de France, qu'elle avoit accompagné ; et depuis cette annullation jusqu'au moment où son second mariage donna la possession de l'Aquitaine au nouvel époux.

La première époque est de la fin de 1149 à 1152. Aucun historien ne laisse entendre qu'Éléonore ait alors résidé à Oléron : le seul voyage qu'elle ait fait dans son duché d'Aquitaine eut lieu, avec son mari, en 1152, et fut d'une très-courte durée ; elle n'auroit pu d'ailleurs y exercer seule des actes de souveraineté. Ces actes devoient être exercés par son mari, comme ils l'avoient été depuis le mariage et avant la croisade (1). On ne supposera pas sans doute entre ces deux époux une assez bonne intelligence à cette époque pour croire qu'ils aient employé ce temps à aller jouir des délices de l'île d'Oléron et à s'occuper de législation maritime. Louis VII devoit porter peu d'intérêt à une province qui bientôt alloit cesser d'être sous son autorité, et tous les historiens attestent que ce voyage fut le prélude de la demande en nullité de mariage dont l'inconduite d'Éléonore étoit la véritable cause, et dont un empêchement canonique assez futile fut le prétexte.

La seconde époque est de deux mois. Le mariage avoit été dissous le 18 mars, et le 18 mai suivant Éléonore épousa le duc de Normandie, depuis appelé Henri II. Éléonore se trouva sans doute pendant ces deux mois en droit d'exercer exclusivement en son nom propre la puissance législative à Oléron, et même dans tout le duché d'Aquitaine. Mais où est la probabilité qu'occupée de l'offense qu'elle venoit de recevoir et du soin de se venger en épousant le fils d'un roi ennemi, elle se soit livrée à des détails de législation ? Où est l'apparence qu'elle ait fait pendant la croisade une profonde étude du Consulat de la mer, qui, par parenthèse, n'étoit pas encore rédigé, et qu'elle ait pris la résolution de donner à son tour une loi semblable à la navigation de l'Océan ? L'histoire, avec trop de fondement, lui attribue pendant cette croisade des occupations moins graves et moins honorables. Où est la vraisemblance qu'en peu de semaines elle ait pu faire rédiger une série d'articles qui certainement sont un ouvrage très-remarquable pour le temps où ils ont paru, et dont la rédaction devoit exiger de longues recherches et un travail assidu ?

Cette circonstance du retour de la Terre-sainte, rattachée à la rédaction des Rôles d'Oléron, a vraiment une sorte de fatalité. Elle a mal réussi à ceux qui, en Angleterre, en faisoient usage pour attribuer la compilation au fils d'Éléonore, et je crois qu'en France, lorsqu'on y aura bien réfléchi, on trouvera qu'elle ne doit pas mieux réussir à ceux qui l'ont rapportée à Éléonore elle-même.

Quelle que soit, au surplus, l'opinion sur ce dernier point, je crois avoir exposé de bonne foi tout ce qu'il y avoit à dire à ce sujet ; je crois surtout

(1) Ordonnance de 1137, *Recueil du Louvre*, t. I, pag. 8.

avoir prouvé que la compilation dont il s'agit, quel qu'en ait été le rédacteur et dans quelque temps qu'en ait été faite la rédaction, est une production française.

La connoissance et l'usage des Rôles d'Oléron, c'est-à-dire, de la première partie, la seule dont je m'occupe ici, se sont successivement étendus aux pays qui étoient en relation avec la France.

L'Angleterre les a adoptés, comme on l'a vu ; et ce point est incontestable, puisque même on a prétendu qu'ils y avoient pris naissance. Cependant, des trois manuscrits dont j'ai donné la description au commencement de ce chapitre, deux, savoir, celui d'Oxford, n.° 2454, et celui qui existe à Londres, bibliothèque Cotton, contiennent seulement les vingt-quatre premiers articles. Le *Black Book* contient le vingt-cinquième, et, en outre, des articles inédits, dont je parlerai plus bas. Je crois qu'il n'est pas difficile d'expliquer la cause de cette différence.

Les vingt-quatre premiers articles sont uniquement relatifs aux rapports civils et de pur intérêt pécuniaire entre les propriétaires des navires et les patrons, entre ceux-ci, les matelots et les chargeurs : le vingt-cinquième est un article pénal ; il prévoit le cas où un pilote locman fait périr par malice le navire dont la conduite lui a été confiée, et autorise l'équipage à lui donner la mort. Cette disposition, insérée au Consulat de la mer presque en termes identiques, et qui peut s'expliquer par l'imperfection des institutions judiciaires de la France, n'étoit pas parfaitement en harmonie avec les principes de la législation d'Angleterre, où la déclaration préalable de culpabilité par douze hommes étoit exigée, ainsi que l'attestent plusieurs des articles rédigés dans la douzième année du règne d'Édouard III. C'est probablement le motif qui l'a fait omettre dans les deux manuscrits dont j'ai parlé, évidemment antérieurs au *Black Book*. Cependant on voit par l'article 16 de l'acte de la quarante-neuvième année du règne du même prince, connu sous le nom d'enquête de Quenborough, que, les désordres s'étant multipliés dans la navigation maritime, et sans doute aussi les crimes des locmans, les magistrats, interrogés sur le remède à ce mal, répondirent qu'*ils ne sçayvent meilleur advys ne remedie mais que ce soit desore usez et fait par manere qu'est contenue en la loy d'Oleron;* il y a lieu de croire que cette déclaration décida l'amirauté à comprendre l'article 25 des Rôles dans le *Black Book*, composé précisément sous le règne d'Édouard III.

C'est dans leur langue maternelle que les Rôles d'Oléron ont été importés et suivis en Angleterre. Cela ne pouvoit être autrement. Après la conquête de Guillaume, la langue française devint insensiblement celle de la cour et de la législation ; et, sans qu'il soit nécessaire d'entrer dans la controverse sur le point de savoir comment cet usage du français en Angleterre a commencé et a fini (1), le fait est prouvé, précisément dans la

(1) Ceux qui désireroient connoître cette controverse, doivent lire la savante dissertation de M. Luder, qui est la VI.ᵉ de son recueil.

matière qui nous occupe, par les actes de la douzième et de la quarante-neuvième année d'Édouard III; c'est ce qui explique suffisamment comment les manuscrits d'Angleterre offrent un texte français.

Ce texte est, en général, plus vieux et quelquefois plus correct que ceux des éditions de France; ce qui s'explique encore aisément. Dès les premiers temps où l'imprimerie a été connue en France, les Rôles d'Oléron y furent multipliés par ce procédé, et les copies manuscrites cessèrent d'y être utiles. On mit peu d'intérêt à les conserver. Il est même assez probable qu'à l'époque des premières impressions le texte éprouva des changemens de deux sortes : les uns consistent en altérations ou omissions de mots qu'on doit attribuer à l'ignorance des copistes ou à l'incurie du premier imprimeur; les autres consistent en quelques rectifications, et, si l'on peut employer cette expression, en rajeunissemens de style. Il est même très-probable qu'aussitôt après l'édition de Garcie, qui étoit une sorte de traduction du vieux français en un autre du XVI.ᵉ siècle, on perdit de vue les anciennes éditions, de plus en plus inintelligibles. Un passage de Mornac, jurisconsulte du XVI.ᵉ siècle, donne à entendre que l'édition de Garcie étoit alors la seule connue, et passoit pour la première et l'unique : *Solus omnium quos legerim, Petri Garciæ libellus quasdam Oleronensium leges enumerat* (1).

Un seul exemple peut suffire pour donner une idée de ces fautes de texte qui dûrent dégoûter de l'usage des anciennes éditions. L'article 13, qu'Hévin, *Questions concernant les matières féodales*, page 348, déclare n'avoir pu comprendre, est relatif au paiement des pilotes locmans. Il met au compte des chargeurs ceux qu'on prend en côte de Bretagne *puis que l'on passe l'isle de Bas en Léon où sont petits locmans*. Toutes les éditions imprimées à la suite de la coutume de Bretagne, y compris la première, qui est de 1485, portent les mots, *puis que l'on passe l'isle de Bas et l'en soit pains la main*. Un manuscrit qui m'a été communiqué par mon confrère et ami M. Lesbeaupin, professeur à la faculté de Rennes, dit, *et l'en soit porte la main*. Le seul manuscrit imprimé en 1742 dans les preuves de l'Histoire de Bretagne de Dom Morice présente la leçon véritable, telle qu'on la trouve dans les trois manuscrits anglais. Je n'ai pas besoin de dire que des copies ou des éditions qui contenoient de semblables bévues, inspiroient peu d'intérêt; et Garcie, suivi en cela par Cleirac, a pu croire que le seul moyen d'offrir un texte exact étoit d'omettre cet article et d'autres qu'il ne pouvoit entendre.

Les anciens textes d'Angleterre ont dû, au contraire, éprouver moins d'altérations. Le français y étant devenu, précisément sous le règne d'Édouard III, une sorte de langue morte, le style des manuscrits est resté stationnaire. On peut croire même qu'ils ont fini par y être entièrement ignorés; car, peu après sa publication, l'ouvrage de Garcie a été traduit en Angleterre par

---

(1) *Comment. ad Digest.* lib. XIV, tit. II, in fr. 0, *De lege rhodia de jactu.*

W. Copland (1), et cet éditeur avertit que c'est pour la première fois que les Rôles d'Oléron y sont imprimés (2). Depuis cette époque, les traductions anglaises imprimées dans l'ouvrage de Godolphin, *View of the admiralty jurisdiction*, dans le *General Treatise*, dans l'ouvrage intitulé *Laws, Ordinations of the admiralty*, ont été conformes ou à ce texte de Garcie, ou à celui de Cleirac, qui n'en est qu'une copie. Les Rôles d'Oléron sont cités d'après ces traductions par tous les jurisconsultes anglais, à l'exception d'Exton et de Simpson, ces auteurs ayant fait usage du *Black Book*; mais personne en Angleterre n'a pensé ni à publier les huit articles ajoutés à la composition primitive, contenus dans ce *Black Book*, et dont évidemment la propriété appartient à l'Angleterre, ni à rétablir les articles 13 et 24, que Garcie et Cleirac n'ont point publiés.

L'Espagne adopta aussi les Rôles d'Oléron, comme on l'a vu page 301. La traduction castillane, qui en donne la preuve, a été évidemment faite sur de très-anciens manuscrits français, puisqu'on n'y trouve pas quelques interpolations de développemens contenues dans les premières éditions faites en France.

On verra dans le chapitre suivant, qu'en même temps que cette partie primitive des Rôles d'Oléron passoit en Angleterre, la connoissance et l'usage s'en étendoient à la Flandre, où, sans autres changemens que l'addition du nom de l'Écluse à ceux des ports français, on adopta les vingt-quatre premiers articles, et on leur donna le nom de *Jugemens de Damme* ou *Lois de Westcapelle*. De là ils arrivèrent aux bords de la Baltique, tantôt seuls, tantôt réunis à une autre série d'articles, semblables pour le fond des matières, mais différens pour la rédaction, rédigés dans les villes maritimes de la Hollande; ils finirent par devenir partie intégrante de la compilation qui porte le nom de Wisby.

J'ai maintenant à m'expliquer sur les articles que je considère comme formant la seconde partie de la compilation. J'en ai indiqué l'objet page 287. Ils ne se trouvent ni dans les manuscrits d'Angleterre, ni dans les versions castillane et flamande. Les seuls manuscrits et les vieilles éditions de France les contiennent. Il ne peut donc y avoir aucun doute qu'ils ne soient une production française. Au surplus, ils présentent peu d'importance. Le texte du premier de ces articles est extrêmement altéré, quoique le sens soit facile

(1) D'après les renseignemens que M. Séguier a bien voulu prendre et me transmettre, cette traduction, intitulée *The Rutter of the sea*, est un petit volume in-12, sans date d'impression : les bibliothécaires du Musée britannique fixent cette date à 1540; M. Luder la met à 1541. Elle devroit être plus récente, s'il étoit vrai que la première édition française du Routier de Garcie ne fût que de 1542.

(2) A la vérité, il a substitué les noms de *Hall, Londres, Bristol*, à ceux des ports de France; ce qui fait une assez singulière cacophonie. Cette substitution n'est pas la seule preuve d'ignorance du traducteur; en voici une autre. Il existe en France, sur l'Océan, un petit port appelé *Saint-Gilles sur Vie*; la traduction, et toutes celles qui ont été depuis imprimées en Angleterre, ont mis *Saint-Gilles*, *Survie*, et ainsi, en dénaturant une partie du nom pour en faire un nom séparé, le traducteur a supposé un lieu appelé *Survie*, qui n'existe point.

à entendre ; ce sens est le même que celui de l'article 10 de la partie primitive, et contient une règle de droit commun qui n'est susceptible d'aucune
difficulté véritable.

Quant aux huit articles inédits formant la troisième partie, ils se trouvent
dans le *Black Book*, intercalés entre les vingt-quatre articles primitifs et le vingt-
cinquième : mais ils en diffèrent d'une manière qui mérite d'être remarquée; ils
commencent tous par la formule spéciale, *Item, ordonné est par coutume
de mer*. Je ne fais aucun doute que ces articles, dont j'ai indiqué les sommaires page 287, n'appartiennent à l'Angleterre. Y ont-ils été rédigés du
temps de Richard I.er, ou du temps d'Henri III, et seroit-ce à cette circonstance qu'il faudroit attribuer ce que les jurisconsultes anglais ont dit de ces
deux rois, relativement aux Rôles d'Oléron? Il est permis à un Français d'a-
vouer qu'il n'a aucun moyen de résoudre cette question; elle n'a pas occupé
les écrivains anglais, plus à portée de la discuter d'une manière solide. Je
dois seulement faire observer que le français de leur rédaction a une ressemblance frappante avec celui des deux actes de la douzième et de la quarante-
neuvième année du règne d'Édouard III relatifs au droit maritime, entre lesquels la compilation des Rôles est placée dans le *Black Book;* du reste, ils
ne se trouvent point dans les deux autres manuscrits d'Angleterre.

J'aurois pu, d'après cet exposé, réserver ces articles pour le chapitre dans
lequel je recueillerai les anciens monumens du droit maritime d'Angleterre :
mais, comme ils ne portent aucun caractère législatif, j'ai mieux aimé les
joindre au reste de la compilation, dans laquelle les rédacteurs anglais les
ont insérés.

Il me reste à traiter des derniers articles qui se trouvent dans les seules
éditions de Garcie et de Cleirac. Aucun autre pays que la France ne les
revendique : je dois donc me borner à examiner, 1.° en quel temps on peut
supposer qu'ils ont été rédigés; 2.° si l'on peut les considérer comme des
usages maritimes du même genre, et recueillis ou compilés dans la même
intention que les articles précédens. Ils n'avoient jamais été imprimés avant
que Garcie les publiât dans son Routier de la mer ; et les personnes les moins
habituées à étudier les différences entre le style et l'orthographe de chaque
siècle peuvent s'assurer qu'ils sont écrits en langage du XVI.e siècle.

Ils traitent exclusivement des *bris et naufrages* et des *épaves* ou *varech*.
On n'y trouve pas une seule disposition applicable aux conventions ou aux
négociations privées. Il est impossible, à ce premier aperçu, de ne pas reconnoître que leur objet est tout-à-fait différent de celui qui a donné lieu à la
rédaction non-seulement des deux premières parties, mais même des huit
articles ajoutés en Angleterre. Les articles de cette quatrième partie sont
au nombre de vingt-et-un.

L'article numéroté 25 dans l'édition de Cleirac (29 et 30 dans celle de
Garcie) suppose l'existence de coutumes locales qui attribuoient au seigneur

du lieu un tiers des objets échoués provenant d'un naufrage, un tiers à ceux qui les avoient sauvés, un tiers aux propriétaires victimes du sinistre. Il prononce l'excommunication et la peine du gibet contre les pilotes locmans qui, dans leur intérêt propre et dans celui des seigneurs, feroient échouer ou périr un navire. L'article 26, édition de Cleirac (31, édition de Garcie), va plus loin; il veut que le seigneur complice de ce crime soit attaché à un poteau dans sa propre maison, que le feu y soit mis, et que sur l'emplacement de cette maison, qui sera démolie, on fasse un marché aux pourceaux.

Les articles 29, 30 et 31, édition de Cleirac (26, 27 et 28, édition de Garcie), présentent un système différent. Ils n'accordent aucune part aux seigneurs dans les choses échouées : ils leur imposent l'obligation de s'opposer au pillage que tenteroient de faire les habitans des côtes ; de veiller au sauvetage, sans permettre que les travailleurs reçoivent ou exigent rien au-delà d'un salaire raisonnable ; de faire donner les avis nécessaires aux parens des naufragés ; de garder les objets sauvés pendant un an, au bout duquel ils doivent les vendre pour en employer le prix en œuvres pies, sans en rien conserver, sous peine d'excommunication et des châtimens déjà énoncés. Enfin l'article 46, édition de Cleirac (45, édition de Garcie), défend à qui que ce soit de piller les naufragés, mais le permet cependant à l'égard des pirates et des ennemis de la foi.

Pour éviter la confusion, je m'arrête à ces articles; je m'occuperai séparément des autres, qui sont relatifs aux *épaves maritimes*.

Ces articles ne me paroissent point avoir été rédigés dans le même temps que ceux des trois premières parties. Ce n'est pas seulement parce que le français de leur rédaction est du XVI.ᵉ siècle : un tel argument seroit peu concluant; car on pourroit me dire que, les premiers manuscrits ayant été perdus, il n'en reste que la traduction faite par Garcie : plusieurs chroniques et anciens écrits français sont effectivement dans ce cas. Mais, ce qui me semble plus décisif, les principes fondamentaux de ces articles sont en opposition directe avec l'état de choses qui existoit à l'époque où la partie primitive des Rôles d'Oléron a été rédigée.

Quoique j'aie, en général, l'intention d'éviter les hors-d'œuvre dans mes dissertations, je suis obligé de remonter un peu haut relativement aux principes sur les choses échouées par l'effet de la tempête, ou de tout autre sinistre. Je ne reviendrai pas sur ce que j'ai dit de la législation ou des usages des peuples anciens; je ne rechercherai même pas ce qui avoit lieu chez toutes les nations modernes : la France est le seul pays dont il soit nécessaire de s'occuper en ce moment.

Il n'est pas aisé de connoître exactement quelle étoit, à cet égard, la législation française sous les deux premières races. Le mot *naufragium* n'est employé dans les Capitulaires que pour désigner la ruine de la fortune, et ce que, dans le langage usuel et légal, nous appelons la *déconfiture*, la *faillite*.

Cependant, à cette époque, le commerce maritime n'étoit pas sans importance; et les naufrages devoient être d'autant plus fréquens, que l'habileté et l'expérience des navigateurs étoient moins grandes.

Les habitans des rivages respectoient-ils le malheur? le droit de s'emparer des débris des naufrages leur appartenoit-il, à l'exclusion du fisc? ou enfin le fisc exerçoit-il ce droit? Je conviens qu'il m'est impossible de répondre catégoriquement à ces trois questions, dont l'une, cependant, doit présenter la véritable hypothèse.

Il est probable que le fisc n'exerçoit point le droit de s'emparer des effets naufragés, au préjudice des victimes de l'accident : aucune loi n'en parle; et les Capitulaires, qui ont réglé tant de détails minutieux sur les droits du souverain et sur ce qui composoit les produits du domaine et du fisc, n'en disent pas un mot. Je ne crois pas aussi que les habitans des rivages eussent la faculté légale de s'emparer des dépouilles des naufragés : un droit de cette espèce est trop en opposition avec les principes de justice et de morale dont les Capitulaires offrent tant de vestiges remarquables, pour que Charlemagne n'ait pas usé de toute son influence afin de l'abolir, ou du moins d'en atténuer les effets désastreux. On a vu, dans le chapitre IV, que le code des Visigoths prononçoit des peines contre ceux qui pilloient les naufragés; tout porte à croire que la législation de Charlemagne n'étoit ni moins juste ni moins généreuse. On trouve même, dans le chapitre CCCXXXIII du livre VI et dans le chapitre CCXI du livre VII des Capitulaires, une disposition qui oblige à secourir les victimes d'accidens.

Il est difficile aussi, je l'avoue, de croire que, dans ce temps, les habitans des côtes fussent meilleurs que ceux d'aujourd'hui; et, lorsque, parvenus au plus haut degré de civilisation, nous avons encore besoin de lois sévères pour contenir leur avidité, on peut justement douter que, sous les deux premières races, les naufragés aient obtenu une sécurité dont ils ne jouissent pas toujours à l'aide d'une législation faite pour les protéger par des peines contre les déprédateurs et par le secours de la force publique.

Peut-être ne faisoit-on aucune difficulté de permettre aux naufragés de recueillir les débris de leurs effets sur le rivage, ou du moins le droit ne leur en étoit pas refusé par la coutume ou par la loi. Ils n'étoient exposés qu'à ce dont chacun peut courir de risques en tout lieu, et sans doute beaucoup plus dans des temps et des pays mal civilisés, c'est-à-dire, aux vols que les habitans des côtes pouvoient commettre.

Mais probablement aussi à cette époque, où les propriétaires de navires les conduisoient eux-mêmes, où ceux des marchandises les accompagnoient, on présumoit facilement que si, à l'instant du naufrage, personne ne se présentoit, tous avoient péri. La législation n'étoit point encore assez parfaite pour avoir pris des mesures de conservation dans l'intérêt des absens; et peut-être, dans ce cas, les objets naufragés, considérés comme biens vacans, appartenoient-ils au premier occupant. D'ailleurs, la maxime qui attachoit à la possession d'une chose mobilière la présomption de propriété, ayant été introduite chez les peuples modernes à une époque évidemment antérieure au v.ᵉ siècle, comme je l'ai fait observer page 152, on conçoit de quelle difficulté devoit être entourée la réclamation de celui qui, quelque temps après le naufrage, seroit venu réclamer des choses perdues par l'effet de cet accident.

Des événemens extraordinaires concoururent sans doute à changer cet état de choses vers la fin de la seconde race. Les invasions des habitans du Nord sur les côtes et bientôt dans l'intérieur de la France dûrent en être la cause.

Ces invasions avoient, comme on le sait, commencé sur les côtes de la Neustrie en 841, et ne cessèrent qu'en 923, ou peu après, lorsque cette province eut été abandonnée aux Normands par Charles le Simple; sur les côtes de Bretagne en 830, jusqu'en 937 ou environ; sur les côtes d'Aquitaine en 833, jusque vers 935; et, dans cette période d'un siècle, le droit de s'emparer de tout ce qui abordoit sur le rivage s'étoit établi en faveur des habitans des côtes, comme une sorte de compensation, de représailles, et la conséquence de l'état habituel d'hostilité.

Lorsque la France fut délivrée de ces redoutables ennemis, le système féodal, qui s'étoit introduit, s'étendoit et se consolidoit de plus en plus. On s'étoit habitué à ne reconnoître aux naufragés aucun droit sur ce qui étoit jeté sur le rivage; le seul changement qui s'opéra fut, sans doute, que les particuliers cessèrent d'être autorisés à s'en emparer par le droit du premier occupant, et que les choses naufragées furent considérées comme objets sans maître, dont le souverain seul pouvoit disposer. Or, comme les grands vassaux de la couronne prétendoient à la souveraineté la plus étendue dans leurs fiefs, les bris et naufrages devinrent des droits d'une grande importance pour ceux qui possédoient le littoral. Ces mêmes droits, exercés par les rois dans les provinces de leurs domaines, furent souvent concédés à de simples seigneurs, comme on le voit notamment par une charte de 1099 (1), et plus souvent ils furent usurpés (2).

Il est bien vrai que Dumoulin, dans ses notes sur le Traité de Ferrault, *Privilegia aliqua regni Franciæ*, prétend que le fisc se bornoit à conserver les choses naufragées, pour les rendre à leurs propriétaires. Peut-être dans les premiers momens où les peuples respirèrent après les invasions des Normands, et lorsqu'il n'y eut plus de motifs aux représailles, se bornoit-on à cette mesure protectrice. On voit en effet dans les articles 16 et suivans de l'ancienne coutume de Normandie, écrite probablement sous le règne de S. Louis, mais constatant des usages plus anciens, que les objets naufragés

(1) Du Cange, *Glossarium mediæ et infimæ latinitatis*, voc. *Naufragium.* On peut voir aussi la dissertation étendue qu'il a placée sous le mot *Lagan.*
(2) Choppin, *De moribus Andegavensium*, cap. II, n. 2 et 3.

40..

n'appartenoient au fisc qu'à défaut de réclamation par le propriétaire dans l'an et jour; et ces sages principes furent peut-être d'abord le droit commun du royaume.

On s'en écarta dans la suite d'une manière aussi injuste que cruelle. Dans quelques provinces, les naufragés étoient impitoyablement dépouillés de la totalité de ce qui échouoit à la côte. D'Argentré et les auteurs les plus instruits des usages et des lois de la Bretagne, dont le littoral est si étendu et la côte si dangereuse, attestent que ce droit étoit exercé par les ducs, dès les X.ᵉ et XI.ᵉ siècles (1). Il en étoit sans doute de même sur les côtes d'Aquitaine, mais avec quelques adoucissemens, consistant, si l'on en croit Cleirac, qui toutefois n'en donne point de preuve, en ce que les choses naufragées étoient partagées par tiers entre le propriétaire, le sauveteur, et le seigneur des lieux (2). Les rois d'Angleterre possesseurs de ce duché essayèrent plusieurs fois d'abolir ou du moins de modifier cette rigueur; le plus ancien monument à cet égard est l'ordonnance d'Henri II de 1174 (3), que Cleirac, par je ne sais quelle cause, attribue à Henri III, et date de 1226. Sans doute encore le même droit avoit lieu dans d'autres provinces de France, puisqu'il fut porté par les croisés dans le royaume de Jérusalem, où il a subsisté jusqu'à ce que le roi Amauri l'ait aboli pour les pays restés sous la domination des Latins, comme le prouve le chapitre XLVI de l'Assise des bourgeois.

Cependant il est difficile de croire que cette rigueur fût appliquée aux navigateurs français qui faisoient naufrage; peut-être n'étoit-elle exercée qu'à l'égard des étrangers : d'Argentré fournit quelque appui à cette conjecture, et laisse entendre que les ducs de Bretagne n'usoient point de ce droit contre leurs sujets, ou du moins n'en usoient que par forme de peine contre ceux qui n'avoient pas fait usage du secours des pilotes expérimentés entretenus sur la côte (4).

Il étoit réservé à la religion de préparer la réforme d'une si effroyable injustice. Aussi voit-on que le concile de Nantes, tenu en 1127, la condamne expressément : on peut vérifier, dans la Bibliothèque des Pères, tome XXI, page 45, les expressions du concile, et notamment le compte qu'Hildebert, archevêque de Tours, en rendit au pape. Mais long-temps encore l'intérêt privé ferma les oreilles à la voix de l'humanité et aux anathèmes de la religion.

On voit cependant par un traité de 1231, entre S. Louis et le duc de Bretagne, que cet usage odieux étoit alors converti en droits pécuniaires, dont le paiement affranchissoit les navigateurs de la confiscation des choses naufragées; mais ces modifications, résultat d'un accord de souverain à

---

(1) Hévin, *Questions concernant les matières féodales*, pag. 350.

(2) *Us et Coutumes de la mer*, sur l'article 26 des Rôles d'Oléron, qui paroît attester l'existence de cette coutume.

(3) Rymer, *Acta*, *Fœdera*, &c. t. I, pag. 12.

(4) D'Argentré, *Comment. in Cons. Britann.* art. 56, not. 1, n.º 43. — Choppin, *De domanio*, lib. I, tit. XV.

souverain, ne furent pas communes à tous les peuples qui fréquentoient la côte de Bretagne (1).

On peut croire que S. Louis avoit lui-même donné l'exemple, et que les principes de l'ancienne coutume de Normandie étoient suivis dans ses états. Néanmoins je dois convenir que sous son successeur immédiat, Philippe le Hardi, une ordonnance de 1277, rendue en faveur des marchands italiens établis en France, fournit des présomptions contraires; l'article 15 porte ces mots : « Si autem aliquem de dicta universitate naufragium in nostris doma- « niis pati contingat, propter hoc res eorum naufraage [*naufragæ*] in parte « vel in toto nostræ non erunt, nec nobis venient in commissum (2).

A mesure que les Rois affermissoient le trône sur les ruines du régime féodal et recouvroient leur souveraineté long-temps usurpée, l'exercice de ces droits de naufrage rentra au domaine de la couronne et fit partie des revenus du fisc. En 1465 et 1469, Louis XI les énonçoit formellement au nombre de ceux qui composoient l'apanage de son frère (3). Une saine poli- tique portoit souvent, il est vrai, les Rois à en affranchir les commerçans étrangers qu'ils désiroient attirer dans leurs états; ainsi dans l'ordonnance du mois de février 1461, rendue en faveur des Hollandais, Brabançons et Flamands, on lit, art. 4 : « *Item*, s'il advenoit que aucuns des navires « desdictes nacions, par fortune de mer ou autre accident fortuit, fussent « periz à la coste de la mer et en nostre obeyssance, nous voulons que les « marchands à qui seroient lesdicts navires puissent mectre la main en « iceulx et aux biens et marchandises qui seroient dedans au temps dudit « nauffraige, et les appliquer au prouffit de ceulx à qui ilz seroient, en payant « seulement la peine de ceulx qui aideront à les sauver et recueillir, *nonobs- « tant quelconques droits de nauffraige que nous ou noz successeurs puis- « sions pretendre ne demander esdictes choses et quelxconques costumes « dont l'en pourroit avoir sur ce usé au contraire.* » Des dispositions sem- blables se trouvent dans l'ordonnance du mois d'avril 1464 en faveur de la Hanse Teutonique (4). Mais, par cela seul que des exceptions étoient néces- saires, il est clair que le principe de la confiscation subsistoit encore au xv.ᵉ siècle.

La perte d'un grand nombre de pièces relatives à la législation fran- çaise, et l'imperfection des recueils des actes antérieurs au règne de Fran- çois I.ᵉʳ (5), ne permettent pas d'indiquer exactement à quelle époque le sort des naufragés commença d'être adouci. Un fait certain, c'est que l'ordonnance

(1) Voir les documens imprimés dans les éditions de la très-ancienne coutume de Bretagne, sous le nom de *Noblesses*.
(2) *Ordonnances du Louvre*, t. IV, pag. 672.
(3) *Ordonnances du Louvre*, t. XVI, pag. 395, et XVII, pag. 210.
(4) *Ordonnances du Louvre*, t. XV, pag. 349, et XVI, pag. 200.
(5) Cette remarque n'est point applicable à la collection du Louvre; mais elle n'a pas encore atteint la fin du règne de Louis XI.

de 1543 est le premier monument d'un système humain et politique (1). Les articles 11 et 12 reconnoissent aux naufragés le droit de recouvrer leurs propriétés, soit qu'elles aient échoué sur le rivage, soit qu'elles aient été englouties par la mer ; ils leur donnent la faculté de les réclamer dans l'an et jour de la perte, et ne les attribuent au fisc qu'après ce délai (2). Une ordonnance spéciale parut même nécessaire pour la Bretagne ; elle fut rendue en 1567.

Cet état des usages et de la législation étant ainsi fixé d'après des monumens incontestables, il est facile de reconnoître que les articles analysés plus haut se rapportent à une époque où la faculté de dépouiller les naufragés n'étoit plus considérée comme un droit inhérent à la souveraineté.

Toutefois, les articles 25 et 26 dans l'édition de Cleirac (29, 30 et 31, édition de Garcie) me semblent n'avoir jamais été le résultat des décisions des tribunaux. Dans aucun monument de la jurisprudence française, même à cette époque, brillante pour la civilisation et si remarquable pour l'étendue de la puissance royale, où Louis XIV plaçoit les naufragés sous sa protection (3), nous ne trouvons d'exemple des peines extraordinaires que ces articles prononcent contre les seigneurs, bien coupables sans doute, qui s'entendoient avec les locmans pour faire périr les navires et s'en partager les débris. On ne peut voir dans ces articles que les imprécations d'un homme de bien, indigné des excès auxquels l'avarice et l'abus du pouvoir s'étoient portés ; d'un homme pieux qui croyoit ne pouvoir souhaiter, dans ce monde et dans l'autre, trop de mal aux auteurs de pareils crimes.

Cependant des vœux et des imprécations de cette sorte supposent déjà quelques améliorations dans les mœurs et même dans la législation. Il est difficile de croire qu'on se fût exprimé ainsi à une époque où le droit des seigneurs du territoire, de confisquer les effets naufragés, étoit avoué par les lois. On peut donc supposer que ces deux articles ont été rédigés dans un temps que j'appellerois en quelque sorte le passage de l'injustice à la justice, où les regrets de la cupidité et les souvenirs d'une habitude long-temps considérée comme un droit luttoient contre l'introduction des principes consacrés depuis par l'ordonnance de 1543.

Ici néanmoins se présente une difficulté. Les articles dont il s'agit, quel qu'en soit l'auteur, ont été publiés par Garcie. Si nous en croyons le P. Le Long, *Bibliothèque historique de la France*, n.° 836, cet auteur a composé son ouvrage en 1484 ; au moins il est incontestable que son livre a été imprimé en 1542 : or à l'une et l'autre époque l'ordonnance de 1543 n'étoit

(1) Choppin, *De domanio*, lib. 1, tit. xv, cite l'article 11 de l'ordonnance de 1517 comme contenant la même règle ; mais c'est une erreur.

(2) Le parlement de Paris, par la plus étrange des injustices, s'opposa à la seconde de ces dispositions, et déclara que les propriétaires d'objets engloutis par la mer n'auroient que deux mois pour les réclamer. L'effet de cette modification ne fut aboli que par l'ordonnance de 1629, dont celle de 1681 a confirmé les dispositions.

(3) Ordonnance de 1681, livre IV, titre IX, art. 1.

pas promulguée. On peut répondre cependant que probablement sous le règne du sage et bon Louis XII les principes de cette ordonnance, sans avoir encore été revêtus du caractère de loi, s'étoient introduits, ou qu'une loi, non conservée, les avoit exprimés.

Mais auprès des articles sur lesquels je viens de m'expliquer on en trouve d'autres qui présentent un système tout différent et qui ne peuvent évidemment être l'ouvrage du même rédacteur. Ce sont d'abord les articles 29, 30, 31 et 46, dans l'édition de Cleirac (26, 27, 28 et 45 de l'édition de Garcie); ils ne limitent à aucun temps le droit des naufragés de réclamer, et ne permettent point qu'en aucun cas, leur silence durât-il trente ans, le fisc s'en approprie la valeur; ils obligent les seigneurs à l'employer en œuvres pies et charitables. Je ne crois pas qu'on puisse voir dans ces articles une jurisprudence proprement dite, et l'attestation d'un état de législation qui ait existé en quelque partie que ce soit de la France.

Les objets qui n'ont point de maître, ou, ce qui est la même chose, que les propriétaires n'ont pas revendiqués dans le délai légal, ont toujours appartenu au fisc. On peut dire, sans doute, que le délai d'un an accordé pour les réclamations n'est pas suffisant; on peut applaudir à l'humanité du Roi, ou du grand amiral, qui n'opposoient jamais cette rigoureuse déchéance (1) : mais je ne connois ni loi ni coutume qui eût consacré le système des quatre articles dont je viens de parler.

Les articles 32, 33 et 45, édition de Cleirac (31, 32 et 44, édition de Garcie), sont la conséquence des précédens, et doivent avoir eu le même rédacteur. Ils en appliquent les règles aux choses que les navigateurs ont jetées en mer, lorsqu'ils étoient en danger de périr, et aux ancres qu'un navire est forcé d'abandonner : en conséquence, ils assurent aux propriétaires le droit de les réclamer, et ne permettent à personne de s'en emparer.

Les autres articles sont relatifs au droit introduit dans le moyen âge et consacré par la plupart des législations modernes, qui accordoit au fisc, à l'exclusion des inventeurs, les objets sans maître connu, et même les baleines et les poissons à lard pris sur le rivage. Les règles qu'ils contiennent ont beaucoup de ressemblance avec les dispositions de la coutume de Normandie citées plus haut; ils en sont en quelque sorte le commentaire. Si l'on ajoute à cette circonstance que, dans les articles primitifs imprimés en tête de ceux-ci, les noms de Bordeaux, la Rochelle, et autres ports d'Aquitaine, sont remplacés par ceux de Rouen, Caen et autres de la Normandie, on pourroit soupçonner que la partie dont il s'agit a été rédigée dans cette province (2).

---

(1) M. de Pastoret, *Disc. prélimin.* du tome XV des *Ordonnances du Louvre*, pag. xxxij.

(2) S'il étoit nécessaire de prouver, ce qui ne paroît pas être mis en doute, que cette série d'articles n'appartient pas à l'Angleterre, on pourroit l'induire de la rédaction de ceux qui concernent les baleines et autres poissons à lard. Britton, le plus ancien des praticiens anglais, qui vivoit au XIII.e siècle, atteste un usage immémorial en Angleterre, d'attribuer la tête de la baleine au roi et la queue à la reine. Il est à croire qu'un rédacteur anglais n'auroit pas oublié cet usage.

Cette conjecture peut être fortifiée par une autre circonstance. On a toujours considéré en France le droit de s'approprier les choses échouées sur le rivage, comme un droit régalien que les seigneurs ne pouvoient exercer en vertu de leur droit de fief ou de justice, s'ils n'avoient obtenu une concession du Roi. La Normandie seule faisoit exception à cette règle. Les seigneurs locaux, en vertu de l'article 17 de l'ancienne coutume et de l'ordonnance de 1314, appelée *la Charte aux Normands*, y exerçoient les droits d'épave, appelés dans cette province *varech*, lesquels leur furent expressément confirmés par les articles 37 et suivans du titre IX du livre IV de l'ordonnance de 1681. Or précisément les articles de la partie de la compilation dont il s'agit en ce moment ne parlent que des seigneurs locaux et de leurs droits.

Il n'y a aucune conjecture probable à proposer sur l'auteur de ces articles. Si Garcie, qui, le premier, les a publiés, n'annonçoit pas qu'il est commerçant, je pourrois les lui attribuer : mais le texte est accompagné d'un trop grand nombre de citations du droit romain, du droit canonique et de leurs gloses, pour qu'on puisse se défendre d'y reconnoître le travail d'un homme livré à l'étude spéciale de ces autorités. En lisant un grand nombre d'articles où il est parlé d'excommunications, de devoirs pieux et charitables, d'obligations de conscience, de nécessité de consulter les supérieurs, je les croirois l'ouvrage de quelque ecclésiastique qui aura voulu donner les inspirations de son zèle et de son amour de la justice pour des décisions juridiques, en les annexant, avec la formule, *tel est le jugement*, aux véritables Rôles d'Oléron. Il seroit possible que Grégoire de Toulouse, *De republica*, eût voulu faire allusion à ces articles, qu'il considéroit comme un ouvrage privé. Après avoir rendu compte des principes de la coutume de Normandie sur les choses échouées, il dit, livre IX, titre I, n.° 29 : « Extant plures jurisconsultorum « leges quibus prohibentur possessores prædiorum circa portus et littora « quippiam capere mari appulsum, navibus spoliatis, mersis, dissolutis, nau- « fragis, nisi naves fuissent aut res piratarum. »

Je termine cette dissertation, peut-être un peu longue, par l'indication des moyens que j'ai pris pour publier une nouvelle édition des Rôles d'Oléron.

Les trois manuscrits d'Angleterre m'ont semblé, par les motifs que j'ai déjà donnés, devoir être la base principale du texte des vingt-cinq premiers articles. Je ferai remarquer néanmoins que le manuscrit d'Oxford, n.° 2454, et celui de la bibliothèque Cotton, sont d'un style plus ancien que le *Black Book*. Dans ce manuscrit, les vieilles locutions françaises y sont rajeunies : par exemple, au lieu de *ains*, *ainzois*, on y trouve *mais*, qui est encore le mot usuel; au lieu de *o* ou de *oue*, on y lit *avec*, &c. &c. Je n'en ferai donc usage que si la leçon des deux autres me paroit évidemment fautive. Il en est de même des manuscrits et des anciennes éditions de France. Mais je dois faire remarquer qu'ils contiennent dans quelques articles des dispositions intercalées ou ajoutées, qu'on ne trouve ni dans les manuscrits d'Angleterre, ni dans la traduction castillane. J'ai cru devoir comprendre ces additions dans le texte, sauf à en faire l'observation. Une collation fera connoître les variantes de ces différens manuscrits, autres que celles qui tiennent à l'orthographe et à quelques déplacemens ou rajeunissemens de mots ; elle servira, ou à justifier mon choix, ou à en faire un meilleur.

A l'égard des articles 26 et 27, privé du secours des manuscrits d'Angleterre, je me bornerai aux anciennes éditions de France. Pour les articles 28, 29, 30, 31, 32, 33, 34, 35, lesquels n'ont jamais été publiés, je me servirai du *Black Book*, seul manuscrit qui les contienne ; j'ai suivi exactement l'orthographe des mots telle que la présente la copie dont M. Séguier a eu la bonté de me faire l'envoi, sans me permettre d'y faire des corrections qui n'auroient été justifiées par aucune autorité. Quant au reste, puisque je n'ai point trouvé de manuscrits dont je pusse invoquer le secours, je donnerai le texte de Garcie, plus vieux que celui de Cleirac.

Je crois devoir offrir aussi quelques notions sur les traductions de la compilation ; il en est de deux sortes.

Les premières, comprenant les seuls articles primitifs, ont été faites d'après les plus anciens textes. J'ai déjà parlé, page 300, de la traduction castillane, publiée par Capmani d'après un manuscrit de l'Escurial. Dans le chapitre suivant, je ferai connoître comment ces articles primitifs ont été traduits en Flandre et en Zélande, où ils sont devenus ce qu'on appelle *Jugemens de Damme* ou *Lois de Westcapelle*, et comment ils ont été communiqués aux villes maritimes de la Baltique, qui les ont traduits en plat-allemand.

Les secondes traductions sont faites d'après les éditions de Garcie ou de Cleirac : elles existent en anglais, en allemand, en hollandais et en italien.

La plus ancienne traduction anglaise est celle que j'ai indiquée page 310. Godolphin l'a reproduite à la suite de son ouvrage intitulé, *A View of the admiralty jurisdiction*. L'auteur de l'ouvrage intitulé, *A general Treatise* &c., a suivi Cleirac, dont il a traduit non-seulement le texte, mais encore le commentaire. L'auteur de l'ouvrage, *The Laws, Ordinances and Institutions of the admiralty of England,* n'en a traduit que le texte.

Engelbrecht, dans son ouvrage intitulé, *Corpus juris nautici*, oder Sammlung aller See = Rechte, a traduit le texte et le commentaire de Cleirac en allemand.

Leclercq, dans son ouvrage hollandais intitulé, *Algemeene Verhandeling van de Heerschappy der Zee*, &c., a traduit aussi en entier le texte de Cleirac et son commentaire ; mais ce n'est pas d'après le français, son ouvrage étant une traduction du *General Treatise*.

Une traduction italienne du texte et du commentaire de Cleirac se trouve dans le tome I.er de l'ouvrage intitulé, *Biblioteca di gius nautico*, publié à Florence en 1785.

I.   41

On lit dans le chapitre VI de l'ouvrage de Lange, *Brevis Introductio in notitiam legum nauticarum et scriptorum juris reique maritimæ*, qu'il avoit préparé une traduction latine des Rôles d'Oléron. D'après les citations qu'il fait de l'ouvrage de Cleirac, il est présumable qu'il en avoit adopté le texte. Ainsi sa traduction auroit été inexacte et incomplète comme l'édition de son guide. Au reste, depuis 1724 que Lange est mort, je ne sache pas que sa traduction ait paru.

Un texte vieux français, quelque soin que j'eusse pris d'expliquer les mots ou les tournures de phrases difficiles même pour les nationaux, et à plus forte raison inintelligibles pour les étrangers, n'auroit pas été suffisant. J'ai donc accompagné celui que je publie d'une version en langage actuel. Je me suis borné à indiquer dans des notes sommaires les rapports ou les différences entre le texte et les lois qui le précèdent dans l'ordre de mon édition, ou à expliquer les motifs qui avoient amené l'introduction de principes et d'usages différens du corps de droit romain et des Basiliques. Il ne pouvoit y avoir aucune bonne raison pour rendre mon ouvrage volumineux par la réimpression du commentaire de Cleirac, très-diffus, surchargé d'une multitude de citations du goût des XV.e et XVI.e siècles, et sans utilité réelle dans une collection de documens originaux : mais j'aurai soin d'indiquer si l'article a été ou non publié par lui, et d'en citer le numéro. Ceux qui possèdent des éditions ou des traductions de cet auteur me sauront peut-être gré de cette attention.

DROIT MARITIME

VULGAIREMENT CONNU SOUS LE NOM

DE

ROOLES ou *JUGEMENS D'OLÉRON* (1).

Ce (*a*) est la copie des Roulles (*b*) de Oleron et des Jugemens de mer.

Voici les Rôles d'Oléron et les Jugemens de la mer.

ARTICLE PREMIER (1).

Premierement, l'en faict ung home (*c*) mestre d'une neef; la neef est à deux homes ou à trois (*d*); la neef s'enpart du pays dont elle est et vient à Burdeaux ou à la Rochele (*e*) ou ailleurs, et se frette pour aller en pays estrange; le mestre ne

Le patron d'un navire appartenant à plusieurs propriétaires, qui se rend à Bordeaux, à la Rochelle ou en tout autre lieu, à l'effet de s'y fréter pour pays étranger, ne peut vendre ce navire sans ordre ou sans procuration des propriétaires (2) : mais, s'il a besoin d'argent pour le service du navire, il

---

(*a*) Bl. B. ne porte point de titre. D. M. *Cy commencent les coutumes de la mer. C'est l'establissement des Rolles d'Oleron, faits du jugement de la mer.* M. R. *Cy commencent les Jugemens de la mer, des maistres, des mariniers, des marchants et de tout l'estre de la mer.* Anc. édit. *Cy.... tout leur estre.* — (*b*) Oxf. *ou chartes d'Olyroun.* — (*c*) Oxf. le mot *home* est omis. — (*d*) D. M. à *deux* ou à *plusieurs compaignons.* M. R. et anc. édit. *est à plusieurs compaignons.* — (*e*) Oxf. D. M. M. R. et anc. édit. ne portent point *la Rochelle.*

(1) Je crois devoir, pour l'intelligence des variantes que j'ai recueillies, présenter ici trois observations. 1.º Les citations des manuscrits ou des éditions qui m'ont fourni les variantes sont faites ainsi : le manuscrit de la bibliothèque Bodleiene d'Oxford, *Oxf.;* le manuscrit de Londres de la bibliothèque Cotton, *Cott.;* le *Black Book,* ou Livre noir de l'amirauté, *Bl. B.;* l'édition de D. Morice dans les preuves de l'Histoire de Bretagne, *D. M.;* le manuscrit de Rennes, *M. R.;* les anciennes éditions de 1485 et années suivantes, *anc. édit.* 2.º Les textes publiés par Garcie et par Cleirac ne pouvant être considérés comme originaux d'après ce que j'ai dit pages 284 et suivantes, je n'en ferai aucun usage dans ces collations; mais, lorsque la rédaction adoptée par l'un ou l'autre de ces auteurs me fournira matière à quelques observations, je les insérerai dans les notes. 3.º Lorsqu'un article portera dans quelques manuscrits ou éditions un autre numéro que dans celle que je publie, j'en ferai mention, sans m'astreindre à d'autres indications.

(2) Aucun texte précis des lois romaines, des Basiliques, ni même de la compilation connue sous le nom de Droit maritime des Rhodiens, ne contient cette prohibition; mais il faut s'empresser d'ajouter qu'elle est la conséquence naturelle et légale de la qualité d'un préposé dont la mission consiste uniquement à diriger le navire et à pourvoir aux besoins de la navigation. Cette prohibition étoit assurément prononcée par le droit romain d'une manière implicite, puisque le fr. 1, § 3, du titre I du livre XIV du Digeste, *De exercitoria actione,* exigeoit un pouvoir spécial pour que le patron fût autorisé à acheter autre chose que des objets nécessaires au navire. On a pu et dû en induire, à plus forte raison, qu'il ne lui étoit pas permis de vendre ce même navire dont la conduite lui étoit confiée. Aucune disposition des articles suivans n'apprend si l'on avoit admis une exception pour le cas où le navire se trouvoit hors d'état de continuer le voyage, ce qu'on appelle *innavigabilité,* cas prévu par l'article 4, qui le considère comme une cause légitime de rupture de voyage. Il devoit en résulter la nécessité de vendre le navire dans le lieu où l'on avoit été contraint de rester; il est probable que le patron étoit obligé d'attendre les ordres du propriétaire, comme au cas de naufrage prévu dans l'article 3.

41..

poet mye vendre la neef s'il n'a coumandement ou proquracion des seignors (*a*) :
mès, s'il a mestier de despences (*b*), il
poet bien mettre asquns des appareilz en
gaige par conseil des compaignons (*c*) de
la neef. Et ce est le juggement en ce cas.

peut, de l'avis de l'équipage, mettre des apparaux en gage (1). C'est le jugement en ce
cas.

ART. 2.

Une neef est en ung haven et demourant (*d*) pour attendre son temps (*e*), et,
quant vient à son partir (*f*), le mestre doit
prendre conseil oue ses compaignons (*g*),
et leur dire : Seignors, nous avons cest
temps (*h*). Asqun y aura qui dyra, Le
temps n'est pas beal (*i*), et asquns qui
dyront (*k*), Le temps est beal et bon, le
mestre se doibt acquorder (*l*) oue le plus
des compaignons (*m*); et s'il faict aultrement (*n*) et la neef s'enperdoit, il est
tenu à rendre la neef et les darrées s'ilz
se perdent (*o*), s'il a de quoi. Et ce est
le juggement en ce cas.

Lorsqu'un navire est dans un havre où il
attend le moment favorable de partir, le
patron ne peut mettre à la voile, sans consulter l'équipage, et doit dire à ceux qui le
composent : *Voyez le temps que nous avons.*
Si les uns disent, *Ce temps n'est pas bon;* si
les autres disent au contraire, *Ce temps est
bel et bon,* le patron doit se conformer à
l'avis du plus grand nombre; car, s'il fait
autrement, et que le navire périsse, il est
tenu d'indemniser les propriétaires du navire
et du chargement, s'il a de quoi. C'est le jugement en ce cas (2).

ART. 3.

Une neef se peryt (*p*) en asqune terre
ou en quel lieu que ce soit, les mariners
sont tenuz à saufver en quant qu'ils pur-
ront de la neef et des darrées (*q*); et s'ilz
y aident, le mestre est tenu à lor bailler

Lorsqu'un navire périt en quelque lieu que
ce soit, les matelots sont tenus de sauver le
plus qu'ils pourront des débris et du chargement. Dans ce cas, le patron doit leur
payer un salaire raisonnable, et les frais de
conduite dans leur pays, autant que la valeur

(*a*) D. M. ajoute, *à qui la neff est.* — (*b*) D. M. M. R. et anc. édit. *mestier d'argent pour les despences de la neff.* —
(*c*) D. M. *des compaignons mariniers de la neff.* M. R. et anc. édit. *des mariniers.* — (*d*) Oxf. ne contient pas ce mot.
D. M. M. R. et anc. édit. *havre et demoure.* — (*e*) M. R. et anc. édit. *son fret et son temps.* — (*f*) D. M. M. R. *quand il vient
à s'en partir.* Anc. édit. *quand vient à soy despartir.* — (*g*) D. M. *doit appeler ses compaignons.* — (*h*) D. M. *vous haite-t-il
cest temps.* M. R. et anc. édit. *vous hette ce tems.* — (*i*) D. M. *Cest temps n'est pas bon, car il est nouveau venu, et le debvons
laisser asseoir.* M. R. et anc. édit. *n'est mie bon, car il est venu de nouvel et le debvons &c.* — (*k*) D. M. M. R. et anc. édit. *et les
autres diront.* — (*l*) D. M. M. R. et anc. édit. *est tenu à soy accorder &c.* — (*m*) Cott. *le plus somme de compaignons.* — (*n*) Ces
mots manquent dans les Mss. d'Angleterre. — (*o*) M. R. et anc. édit. *la somme qui seroit prisée, et s'il a de quoi.* — (*p*) Oxf. Cott.
et D. M. *s'en part.* — (*q*) D. M. *le plus qu'ils pourront sauver.* M. R. et anc. édit. *le plus qu'ils pourront des biens de la neff
et des denrées.* D. M. et anc. édit. *et s'ils aident à les sauver.*

(1) Le fr. 7 du titre i du livre xiv du Digeste, *De exercitoria actione,* n'exigeoit pas que le patron
consultât l'équipage pour faire un emprunt auquel il affectoit le navire; mais il veut que la nécessité
soit constatée et même prouvée par le préteur. Cette faculté de mettre en gage des apparaux du navire
pour se procurer l'argent nécessaire n'avoit-elle lieu, à l'époque de la rédaction des Rôles, que pour un prêt
pur et simple, ou avoit-elle lieu aussi pour un prêt à la grosse? Le texte de notre article, ni aucun autre,
ne résolvent la difficulté. Il est probable que le prêt pouvoit être fait à la grosse, la garantie d'un gage n'ayant
rien de contraire à la nature de ce contrat, comme le prouve le fr. 1, § 7, du titre ix du livre iv du
Digeste, *Nautæ, caupones,* &c. Le prêt à la grosse étoit certainement pratiqué dans le moyen âge, comme
on l'a vu par l'interprétation d'Anien, rapportée page 150.

(2) Il n'y a point aussi de textes dans le droit romain, dans les Basiliques, ni dans la compilation rhodienne, qui imposent l'obligation de consulter l'équipage avant de mettre à la voile; le chapitre iv du titre ii
du livre liii des Basiliques se borne à déclarer qu'il y a faute de naviguer dans un temps inopportun.

lors coust resonablement à venir en lor terre, s'ilz ont tant saufvé par quoy puisse le faire; et poet bien (*a*) engager, s'il n'a deniers, de ce qu'ilz saufveront pour les ramener en lor terre (*b*); et s'ilz n'aident (*c*), il n'est mye tenu de rien lor pourvoir, ainz perdrent lors louyers quant la neef est perdue. Et le mestre ne poet vendre appareilz de la neef s'il ne ait coumandement ou proquracion des seignors, ainz les doit mettre en salvegarde jusques à temps qu'il saiche la volunté des seignors; et ce doit-il faire le plus loyaulment qu'il purra; et s'il fesoit aultrement, il est tenu l'amender s'il a de quoi. Et ce est le juggement en ce cas.

des choses sauvées peut suffire (1); et s'il n'a pas assez d'argent, il peut mettre les objets sauvés en gage (2) pour se procurer de quoi les ramener en leur pays. Si les matelots refusent de travailler au sauvetage, il ne leur est rien dû; et au contraire, quand le navire se perd, ils perdent aussi leurs loyers (3). Le patron ne peut vendre les choses sauvées, sans ordre ou pouvoir des propriétaires (4); mais, jusqu'à ce qu'il ait reçu leurs instructions, il doit mettre tous ces objets en lieu sûr avec la plus grande exactitude, sous peine d'en répondre s'il a de quoi. C'est le jugement en ce cas.

ART. 4 (5).

Une neef s'enpart de Burdeux ou de aillours (*d*), il avient asqune fois que éle s'enpeyre (*e*), l'en saufve le plus que l'en poet des vyns et des autres darrées (*f*); les marchantz et le mestre sont en grant debat, et demandent les marchantz du mestre d'avoir lors darrées; ilz les deibvent bien avoir poyantz lors fretz de tant come la neef a fait de vyage (*g*) s'il plest au

Lorsqu'un navire parti de Bordeaux ou d'un autre lieu avec son chargement devient hors d'état de continuer sa route, on doit sauver le plus qu'on peut des choses chargées. Il s'élève parfois contestation entre le patron et les chargeurs, qui demandent qu'on leur délivre ce qui leur appartient. Le patron ne peut s'y refuser, pourvu que les chargeurs paient le fret au *prorata* du voyage effectué, si le patron l'exige (6) : mais, s'il le préfère, il peut faire réparer son navire, s'il y a moyen

(*a*) Oxf. Cott. Bl. B. omettent depuis les mots *lor baillor* jusques et y compris *poet bien*. — (*b*) D. M. *et peut bien engager des choses quelles seront sauvées o aucun prud'homme pour les avoir, s'il n'a deniers à les ramener en leurs terres.* M. R. *et peut bien, s'il n'a deniers, engager.... pour les avoir; le reste est omis.* Anc. édit. même leçon, à l'exception des mots *s'il n'a deniers*. — (*c*) D. M. M. R. et anc. édit. ajoutent, *es dites choses sauver.* — (*d*) D. M. M. R. et anc. édit. *chargés.* — (*e*) Bl. B. *que la neef se perisse.* — (*f*) Bl. B. ajoute, *qui sont dedans.* — (*g*) D. M. M. R. et anc. édit. ajoutent *vue pour vue, cours pour cours.*

(1) Cette obligation de travailler au sauvetage étoit sans doute, dans le droit romain et les Basiliques, une conséquence de la préposition du patron et du louage de services des matelots. La compilation rhodienne s'en explique d'une manière plus expresse dans le chapitre XXXI de la troisième pièce; les chapitres XLV et XLVI accordoient, dans ce cas, une rétribution proportionnée à la valeur des objets sauvés. La disposition de notre article est, au surplus, en harmonie parfaite avec le très-ancien droit français, puisque le chapitre CCCXXIII du livre VI et le chapitre CCXXI du livre VII des Capitulaires imposoient à toute personne l'obligation de porter secours à ceux qui étoient victimes de quelque accident.

(2) Ici l'avis des principaux de l'équipage n'est pas requis, parce qu'il ne s'agit plus de délibérer sur le moyen d'achever le voyage entrepris. Le patron n'est plus, à proprement parler, le directeur du navire, mais un mandataire qui, sous sa seule responsabilité, doit agir au mieux, dans l'intérêt de ses commettans.

(3) Cette disposition cadre avec celle qui suit, où l'on déclare que, si le navire périt, les matelots perdent leurs loyers. On ne trouve dans aucun des monumens du droit maritime romain ou des Basiliques ce principe qui réduit les droits des matelots pour leurs salaires aux choses sauvées; il a dû s'introduire dans le moyen âge par la nécessité de les intéresser à la conservation du navire.

(4) Cette prohibition doit toutefois s'entendre des objets dont le patron n'auroit pas été obligé de faire la vente pour payer les matelots, dans le cas prévu au commencement de l'article. Du reste, ce principe est la conséquence de celui qui, dans l'article 1.er, ne permet pas au patron de vendre le navire.

(5) Dans le manuscrit publié par D. Morice, cet article est le 5.c, et ainsi de suite, parce que l'article 4 du manuscrit fait double emploi avec l'article 24.

(6) Cette disposition suppose que l'innavigabilité ne provient pas de la faute du patron, auquel cas il ne seroit dû aucun fret. On a vu, pages 66 et 110, que, dans le droit romain, il n'en étoit pas dû, même quand le voyage étoit rompu par naufrage; ce qui n'étoit pas juste.

mestre : et si le mestre vult, il poet bien adobler sa neef si éle soit en ce cas que éle se puisse adobler prestement, et si non il poet allouyer une autre neef à faire (*a*) le vyage; et aura le mestre son fret de tant come y aura de darrées saufves par asqune manere (*b*). Et doit le fret desdictes darrées qui sont saufvées estre compté, livre à livre, et lesdictes darrées à payer leur (*c*) avenant des cousts qui auront esté mis es dictes darrées saufver. Et si ainsi estoit que le mestre et les marchantz promeissent as giens qui lor aident (*d*) à saufver les dicts biens et la neef (*e*), la tierce partie ou la moitié de la neef et desdictes darrées (*f*) qui purroient estre saufvées, pour le peril où ilz estoient (*g*), la justice du pays doit bien garder quelle peine et quel labeur ilz auroient (*h*) mis à les saufver, et selon cette peine (*i*), non contrestant (*k*) la promesse que le mestre et les marchantz lor auroient faicte, les guerdonner (*l*). Et ce est le juggement en ce cas.

d'y procéder promptement; et, s'il ne le peut, il lui est permis de fréter un autre navire pour achever le voyage (1). Le fret des choses sauvées, de quelque manière que ce soit, doit être payé au patron. Le fret des denrées sauvées, et ces denrées, contribueront, au marc la livre, à payer les frais du sauvetage. Si, dans le péril, un patron et des chargeurs promettoient à ceux qui les aideront à sauver le navire ou les marchandises, un tiers ou toute autre portion de ce qui sera sauvé, les juges du lieu doivent se borner à leur allouer une rétribution proportionnée à leurs peines et soins, sans avoir égard à la promesse que le patron ou les marchands auroient faite (2). C'est le jugement en ce cas.

ART. 5 (*m*).

Une neef s'enpart de asqun port chargiée ou voide, et arrive à asqun port (*n*), les mariners ne debvent pas issir hors sans

Lorsqu'un navire parti vide ou chargé arrive dans un port, les gens de l'équipage ne peuvent en sortir sans la permission du patron;

(*a*) D. M. M. R. et anc. édit. à *achever.* — (*b*) L'article finit ici dans les Mss. d'Angleterre. Voir la note. — (*c*) M. R. et anc. édit. *son.* —(*d*) M. R. et anc. édit. *aideroient.* — (*e*) M. R. et anc. édit. *la nef et les dites denrées;* ils omettent plusieurs mots, ce qui rend la phrase inintelligible. — (*f*) M. R. *la moindre partie,* ou *la moitié desdites denrées.* — (*g*) M. R. et anc. édit. *où ils sont.*—(*h*) M. R. et anc. édit. *auront.* —(*i*) D. M. *segond celle poyer.* — (*k*) M. R. et anc. édit. *nonobstant.* — (*l*) D. M. ne contient pas ces deux derniers mots. — (*m*) Oxf. est le 6.ᵉ — (*n*) D. M. *à un autre port.*

(1) Cleirac pense que, si le patron paie le fret du navire substitué, plus cher qu'il n'avoit stipulé pour lui-même, l'excédant de fret est une avarie grosse supportée par le navire et le chargement, et cite l'article 55 de la compilation de Wisby, ou plutôt l'article 18 des Coutumes maritimes de Hollande, qui forment la troisième partie de cette compilation; mais cet article est relatif aux alléges, ce qui n'est point le cas du nôtre. Les législations ont beaucoup varié à ce sujet. Le droit romain, § 1 du fr. 10 du titre II du livre XIV du Digeste, *De lege rhodia de jactu,* permettoit aussi au patron de substituer un navire au sien devenu innavigable; mais il ne décidoit rien relativement à l'excédant du fret. La compilation rhodienne, chapitre XLII, accordoit au patron le fret jusqu'au lieu où l'on avoit été obligé de rester; et s'il louoit un nouveau navire pour conduire les marchandises à destination, il étoit payé de tout ce qui lui avoit été promis, mais l'excédant de fret étoit à son compte. Les Rôles d'Oléron gardent un silence qui, selon moi, laisse naturellement tomber les effets de la force majeure sur les intéressés chacun endroit soi. Cependant on peut croire que la question étoit controversée en France, puisqu'elle fut expressément résolue dans le sens que je viens d'indiquer par l'article 9 de la déclaration du 17 août 1779.

(2) Cette dernière partie, qui ne se trouve ni dans les trois manuscrits d'Angleterre, ni dans la version castillane, paroit avoir été ajoutée en France. Il est difficile de déterminer l'époque de cette addition, conforme d'ailleurs aux principes les plus exacts de l'équité et du droit commun, et adoptée par l'article 89 de l'édit de 1584. Elle est certainement ancienne, puisqu'il n'existe aucun manuscrit ou édition de France qui ne la contienne.

congié du mestre; qar, si la dicte neef s'en-perdoit ou empyroit par asqune adven-ture, ilz seront tenuz à l'amender s'ilz ont de quoi (*a*). Ores, si la neef estoit en lieu où elle feust amarrée de quatre amarres (*b*), adongx puront bien issir hors sans le cou-mandement (*c*) du mestre, laissant une partie des mariners à garder la neef et les darrées, et eulx revenir par temps à la neef (*d*); car, s'ilz estoient en demeure, ilz le deibvent amender s'ilz ont par quoi. Et ce est le juggement en ce cas.

autrement, s'il en résultoit que le navire pérît ou éprouvât un dommage, ils sont tenus d'en supporter l'indemnité (1). Mais, si le navire est dans un lieu, amarré de quatre amarres, il suffit qu'une partie d'entre eux reste pour le garder, et les autres peuvent s'absenter sans permission du patron, pourvu qu'ils re-viennent à temps, à peine d'amende en cas de retard (2). C'est le jugement en ce cas.

ART. 6 (*e*).

Mariners se louent o lour mestre (*f*), et ilz y ont (*g*) asquns de eulx (*h*) qui s'en issent hors (*i*) sans congié (*k*) et s'enyvrent et font contest (*l*), et asquns de eulx sont nafrés; le mestre n'est mye tenu à eulx faire guarir ni à les pourvoyer de rien, ainz les poet mettre hors (*m*) et louer autres en lieu de li (*n*); et s'ilz coustent plus que ce li (*o*) le mariner le doit poyer (*p*), si le mestre trouve rienz du sien (*q*). Ores, si le mestre l'en envoie en asqun service de la neef (*r*) par son coumandement (*s*) et est blessé ou nafvré (*t*), il sera guary et salve (*v*) sur les coustages de la neef. Et ce est le juggement en ce cas.

Lorsque des matelots loués pour un voyage vont à terre sans permission, et que là ils s'enivrent, se querellent ou se battent au point d'être blessés ou malades, le patron n'est pas tenu de les faire guérir ni de rien leur fournir; il peut même les congédier; et, s'il est nécessaire de les remplacer, ils sont tenus d'indemniser le patron de l'excédant des loyers qu'il seroit obligé de payer à d'au-tres. Mais, si le patron les envoie à terre pour le service du navire, et qu'ils soient blessés, ou qu'il leur arrive tout autre accident, ils doivent être traités jusqu'à guérison aux dé-pens du navire (3). C'est le jugement en ce cas.

ART. 7.

Il advient que maladie enprent à un des compaignons de la neef, ou à deux ou à tiers (*x*) en faisant lor service de la neef, et ne poet pas, tant comme il est malade, estre en la neef (*y*), le mestre li doibt

Lorsqu'un homme de l'équipage tombe malade en faisant le service du navire, le pa-tron doit le mettre à terre, le placer dans une maison, lui procurer de la graisse ou chan-delle pour l'éclairer, lui donner un des ser-viteurs du navire, ou louer une femme pour

(*a*) D. M. M. R. et anc. édit. omettent ces quatre mots. — (*b*) D. M. *de trois amarres ou de quatre.* M. R. et anc. édit. *ancrée de deux amarres ou de trois.* — (*c*) M. R. et anc. édit. *congié.* — (*d*) Oxf. Cott. Bl. B. suppriment *sans le comman-dement,* et terminent par ces seuls mots, *et revenir par tems à leur neef.* — (*e*) Oxf. est le 5.ᵉ — (*f*) Cott. *sont alloués de leur mestre.* — (*g*) Cott. *et i adviens.* — (*h*) D. M. M. R. et y a *d'eux.* — (*i*) Oxf. Bl. B. *hors de la neef.* — (*k*) D. M. et anc. édit. *sans le congié du meistre.* — (*l*) D. M. M. R. et anc. édit. *et meslées des queulx y a aucuns qui sont.* — (*m*) D. M. et anc. édit. *de la neff eux et leurs ostils.* — (*n*) D. M. et anc. édit. *en leur lieu.* — (*o*) D. M. et anc. édit. suppriment ces trois mots. — (*p*) D. M. *ils sont tenus à poyer le plus.* M. R. et anc. édit. ajoutent, *au meistre.* — (*q*) D. M. M. R. et anc. édit. suppriment ces sept mots. — (*r*) D. M. *pour le prouffit de la neff.* — (*s*) D. M. M. R. et anc. édit. suppriment ces trois mots. — (*t*) D. M. et *s'ils se blessent en nom de luy.* M. R. et anc. édit. *et s'ils se blessent ou l'en leur fît chose grevante.* — (*v*) D. M. *et mires.* — (*x*) D. M. M. R. et anc. édit. omettent ces six mots. — (*y*) D. M. *et il ne puet pas demourer et estre dans la neff par la maladie.* M. R. et anc. édit. omettent ce membre de phrase,

(1) On a vu la même disposition dans le chapitre XXVI de la compilation rhodienne.
(2) L'article 21 complète la théorie de celui-ci relativement à l'obligation des matelots de ne point quitter le navire.
(3) Cette fin a quelque rapport avec le deuxième des chapitres inédits de la compilation rhodienne.

mettre hors et li querre un houstell (*a*)
et li querre gresset ou candele, et li bailler
un des varletz de la neef pour li garder,
ou allouyer une femme qui preigne garde
de li, et li doit pourvoir de tielle viande
comme l'en use en la neef, c'est assavoir
de tant come il prist tant come il feust en
santé (*b*) et nyement plus (*c*) s'il ne plait
au mestre (*d*) ; et s'il vult avoir viandes
plus delitiouses, le mestre n'est pas tenuz
à li querre, s'il ne soit(*e*) à ses despences;
et si la neef est preste à s'en aler, elle ne
doit pas demourer pour li (*f*), ainz se doit
aller (*g*) ; et s'il guarit, il doit avoir son
louyer tout à long (*h*) ; et s'il moerge, sa
femme ou ses privés (*i*) le doibvent avoir
pour li. Et ce est le juggement en ce cas.

le soigner, et lui fournir des vivres comme il
en auroit reçu dans le navire s'il étoit en
santé : mais il ne doit rien de plus, s'il ne le
veut; et si l'homme malade veut avoir une
nourriture plus délicate, le patron n'est pas
obligé de la lui fournir, si ce n'est à ses
dépens. Lorsque le navire est en état de partir,
le patron n'est pas obligé d'attendre la guérison du malade, qui conserve le droit d'être
payé de ses loyers (1); et s'il meurt, sa femme
et ses héritiers ont les mêmes droits (2). C'est
le jugement en ce cas.

ART. 8.

Une neef s'enpart (*k*) de Burdeux (*l*)
oud'aillours, et avient (*m*) que turment la
prent en meer et qu'il ne poet eschaper
sans jettre hors des darrées de dedans(*n*) ;
le mestre est tenu (*o*) dire as marchantz :
Seignors, nous ne pouvons eschaper sans
jettre des vins et des darrées. Les marchantz, si en y a, repondront leur volunté
qui agréeront bien de ce giectement (*p*)
si que les resons du mestre sont les plus
cleres; et s'ils ne gréent mye, le mestre ne
doit pas lesser pur ce qu'il n'en giecte (*q*)

Lorsqu'un navire parti de Bordeaux ou
d'un autre lieu est surpris par la tempête,
de telle manière qu'il ne puisse échapper sans
faire jet à la mer, le patron doit dire aux chargeurs : *Il est nécessaire de jeter les marchandises pour sauver le navire.* Si les chargeurs
adhèrent à cette proposition et consentent au
jet, il a lieu; s'ils n'y consentent pas, le patron n'en a pas moins le droit de faire le jet
lorsqu'il le croit nécessaire, pourvu que lui et
trois hommes de l'équipage jurent sur les saints
évangiles, lorsqu'on sera arrivé au lieu de décharge, que le jet a été fait pour sauver
l'équipage, le navire et le reste du chargement (3). Les choses jetées doivent être

(*a*) M. R. et anc. édit. *une maison.* — (*b*) D. M. M. R. et anc. édit. *il prennoit quand il ettoit en santé.* — (*c*) D. M. et
anc. édit. *ne de rien plus.* — (*d*) Oxf. Cott. Bl. B. *s'il ne li plait.* — (*e*) D. M. et anc. édit. *se n'est à ses despens.* — (*f*) D. M.
M. R. et anc. édit. *la neef ne doit pas demourer pour l'attendre.* — (*g*) D. M. M. R. et anc. édit. omettent ces quatre mots. —
(*h*) D. M. M. R. et anc. édit. *comptant et rabattant le prest si le meistre lui a fait.* — (*i*) D. M. M. R. et anc. édit. *sa femme,
ses enfans ou ses prouchains amis.* — (*k*) Cott. ajoute, *hors.* — (*l*) D. M. est chargée à *Bordeaux.* M. R. et anc. édit. est
chargée à aller à. — (*m*) D. M. ajoute *souventes fois.* — (*n*) D. M. *des denrées hors pour sauver les gients et la neff.* —
(*o*) D. M. M. R. et anc. édit. *doit.* — (*p*) D. M. *s'il y en a nul en la neff : Seignors, il convient gietter hors les darrées pour nous
sauſver et la neff ; et s'il y a nul d'eux qui responge et grée le giet bien les resons.* — (*q*) D. M. *ne gettege des denrées.*

(1) Cette décision est conforme à la règle générale sur les locations de services, écrite au fr. 38 , pr.,
du titre II du livre XIX du Digeste, *Locati, conducti.*

(2) On trouve une disposition analogue dans le chapitre XLVI de la compilation rhodienne.

(3) Le commencement de cet article est conforme au droit romain et à celui des Basiliques. Il consacre la
règle que le jet causé par la nécessité de sauver le navire donne seul lieu à la contribution. Il exige le consentement des chargeurs, *voluntate vectorum*, comme dans le § 1 du fr. 2 du titre II du livre XIV du Digeste,
De lege rhodia de jactu. Mais la suite décide, d'une manière expresse, ce qui n'étoit qu'indiqué dans
le droit romain, que le patron pourra procéder au jet, même sans le consentement des chargeurs,
entourant ce droit d'une garantie extrêmement sage, qui a été conservée et perfectionnée par toutes les
législations modernes. On a vu, dans le chapitre XXXVIII de la troisième partie de la compilation rhodienne,
que les chargeurs devoient commencer le jet. Cet usage, fondé sur ce que la plupart du temps les chargeurs
accompagnoient leurs marchandises, n'est pas rappelé dans les Rôles d'Oléron.

tant qu'il verra que bien soit, jurant soi
tiers de ses compaignons sur les saints
evangelies, quant sera venu à sauveté à
terre (*a*), qu'il nel faisoit de nul malice,
mès (*b*) pur saufver leurs corps, la neef
et les darrées et les vyns. Ceux qui seront
giectés hors deibvent estre apprisés à fur
de ceux qui seront venus en saufveté et
seront partis livre par livre (*c*) entre (*d*)
les marchantz; et y doit partir le mestre
à compter la neef ou son fret à son choix
pour restorer le damage. Les mariners deibvent avoir chascun un tonnel francz (*e*), et
l'autre doit partir au giect solonc ce qu'il
avera, s'il se defend en la meer come un
home; et s'il ne se defend mye, il n'aura
rienz de franchise; et sera le mestre creu
par son serment (*f*). Et ce est le juggement en ce cas.

estimées, entre les chargeurs, comparativement au prix de la vente des objets sauvés (1), et le prix en être réparti, au marc
la livre, sur ces derniers et sur le navire, ou
sur le fret, au choix du patron (2). Les gens
de l'équipage qui auront travaillé avec zèle,
et comme il convient, à sauver le navire,
auront sur ce qu'ils auront chargé un tonneau franc de contribution au jet (3), et le
reste contribuera. Ceux qui n'auront pas
travaillé convenablement ne jouiront d'aucune franchise; et à cet égard on s'en rap-
portera au serment du patron. C'est le jugement en ce cas.

ART. 9.

Il avient que le mestre d'une neef coupe
son mast par force de tempeste; il doit

Lorsque le patron est contraint par l'effet
de la tempête à couper son mât, après avoir

(*a*) D. M. M. R. et anc. édit. *venu à sa droiste descharge.* — (*b*) D. M. M. R. et anc. édit. *qu'il le faisoit pour sauver.* —
(*c*) D. M. *et quand ils seront venus, si les doit l'en partir livre à livre.* M. R. et anc. édit. *et quand ils seront rendus, on le doit
prisager livre à livre.* — (*d*) D. M. *ledit maistre et.* — (*e*) Oxf. ajoute, *lequel le meistre doit franchir.* — (*f*) D. M. *et peuvent
bien les marchants charger le meistre par son serment qui en sera cru.* M. R. et anc. édit. suppriment les mots *qui en sera cru.*

(1) Notre article s'écarte entièrement du droit romain. On a vu, pages 69 et 106, que les choses jetées
n'étoient évaluées dans ce droit qu'au prix de leur achat, et les choses conservées, à leur valeur vénale. Les
Basiliques avoient maintenu cette règle. Les Assises de Jérusalem l'avoient modifiée en décidant que les
choses jetées et les choses conservées seroient indistinctement évaluées au prix d'achat. Notre article
donne une règle nouvelle, qui ne fut pas généralement adoptée d'abord, comme il paroit par l'article 28
du titre v du Guidon de la mer, où l'on se reporte aux principes du droit romain; mais l'équité de la
disposition des Rôles d'Oléron a fini par être reconnue et subsiste dans toutes les législations modernes.
On trouve dans un des articles inédits rédigés en Angleterre (35.e de mon édition) quelques développemens de ce principe.
(2) Le droit romain décidoit expressément que le patron contribuoit au jet. Le § 2 du fr. 2 du titre II.
du livre xiv du Digeste, *De lege rhodia de jactu*, dit expressément, *dominum navis pro portione obligatum esse.* Mais cette expression l'obligeoit-elle seulement à contribuer pour une partie de la valeur du
navire, ou pour la totalité, sans contribuer pour le fret? Le texte laisse des doutes. Je crois toutefois que
le navire contribuoit pour la totalité de sa valeur, et que les mots *pro portione* signifient seulement qu'en
ce qui le concerne, le propriétaire du navire contribuera. La compilation rhodienne, chapitre xvi de
la deuxième partie, indique un mode d'évaluation du navire en ce cas. On verra dans la suite que les
législations du moyen âge ont singulièrement varié sur la manière de faire contribuer à-la-fois le navire et
le fret dans une juste proportion. Le principe adopté par les Rôles d'Oléron a fini par devenir la loi générale. L'article 8 n'avoit point décidé si le fret des choses dont la perte étoit réparée par contribution
devoit être payé; on peut sans doute croire que telle fut l'intention des rédacteurs, qui s'en sont formellement expliqués sur un cas presque semblable dans l'article 23. Cependant, comme il pouvoit y avoir
un doute, il a été levé par un des articles ajoutés en Angleterre (31.e de mon édition).
(3) Cette disposition, dont l'objet est d'encourager les matelots, se réfère principalement à un mode
particulier de location usité lors de la rédaction des Rôles d'Oléron, d'après lequel ils chargeoient une certaine quantité de marchandises pour prix de leurs services, et pouvoient céder ce droit à des marchands,
qui, dans ce cas, jouissoient de la franchise accordée aux matelots. Voir les notes sur l'article 18.

I.   42

appeler les marchantz et lor monstrer que lor convient couper le mast pour sauſver la neef et les darrées (*a*); et ascunes foiz avient que l'en coupast gables et lesse ancres pur sauſver la neef et les darrées. Ils (*b*) deibvent estre contés livre à livre comme giect; et y deibvent partir les marchantz (*c*) et poyer sans nul delai (*d*) avant que lors darrées soient mis hors de la neef; et si la neef estoit en dur siege (*e*) et le mestre demourast pour lor debat et il y eut couleison, le mestre ne doit pastir, ainçois en doit avoir son fret (*f*) de ceux vyns come il prendra des autres. Et ce est le juggement en ce cas.　···

fait connoître aux chargeurs qui sont sur le navire, que cette mesure est nécessaire (1) pour sauver le navire et le chargement; ou lorsqu'on coupe des câbles et que l'on abandonne les ancres pour sauver le navire et le chargement, le prix des choses ainsi sacrifiées est payé comme en cas de jet (2); et les chargeurs doivent payer leur part contributive comptant, avant que leurs marchandises soient mises hors du navire (3). Si, par l'effet de leurs contestations, le patron est obligé d'attendre, et que, le navire se trouvant à sec, il y ait coulage de quelques barriques, le patron ne doit pas en souffrir, et, au contraire, il peut exiger son fret, comme pour les autres barriques (4). C'est le juggement en ce cas.

ART. 10.

Le mestre d'une neef vient à saufveté à sa droicte descharge, il doit monstrer as marchantz les cordaiges o quoi il guyndera; et s'ilz veient qu'il y eit à (*g*) amender, le mestre est tenu à les amender : qar, si tonnel ou pipe (*h*) se pert par defaut de guynde ou de cordaige, le mestre est tenu à l'amender lui et ses mariners (*i*); et y doit partir le mestre par tant qu'il prent de guyndage, et doit le guyndage

Le patron qui arrive heureusement avec son navire au lieu de décharge, doit montrer aux marchands les cordages avec lesquels il guindera les marchandises; et s'ils ne les trouvent pas convenables, il doit les remplacer : autrement, si quelque objet se perdoit par la mauvaise qualité des guindages ou cordages, le patron et l'équipage sont tenus d'indemniser les chargeurs. Cette indemnité sera payée sur le salaire dû pour le guindage qui sera d'abord employé à cela; le surplus sera réparti entre le patron et l'équipage. Il

(*a*) D. M. M. R. et anc. édit. *qui ont les denrées en la neef, s'il y en a nul, et leur dire : Seigneurs, il convient couper ce mast et mettre un fust raisonnable par loyauté.* — (*b*) D. M. *toutes ces choses deibvent.* M. R. et anc. édit. *sont comptées.* — (*c*) D. M. M. R. et anc. édit. *et quant Dieu donra que la neff sera venue à sa droicte descharge à sauveté, les marchants doibvent poyer leur advenant.* — (*d*) D. M. M. R. et anc. édit. *et bailler argent ou gaiges tout avant.* — (*e*) D. M. M. R. et anc. édit. *est à louaige.* — (*f*) D. M. M. R. et anc. édit. *finissent ainsi, son fret aussi bien comme si les tonneaux fussent plains.* — (*g*) D. M. M. R. et anc. édit. *que.* — (*h*) D. M. *omet ces deux mots.* — (*i*) D. M. *tenu de poyer ès marchants entre lui et ses mariners.*

(1) Cet article n'exige rien de plus que le précédent pour le jet; il s'ensuit que, dans l'esprit des rédacteurs, le patron est autorisé à faire le sacrifice du mât, malgré le refus des chargeurs, en affirmant la nécessité, comme en cas de jet.

(2) Ces principes sont entièrement conformes au § 1 du fr. 2 du titre II du livre XIV du Digeste, *De lege rhodia de jactu.*

(3) On a vu, page 70, que dans le droit romain le patron avoit privilége non-seulement pour son fret, mais pour le paiement de la part contributive aux pertes causées par le jet et par les autres accidens qui y sont assimilés. Un article ajouté en Angleterre (34.e de mon édition) consacre expressément le privilége du patron pour son fret, et le droit qu'il a d'empêcher que les marchandises soient enlevées avant paiement.

(4) Cleirac me semble n'avoir pas compris la fin de cet article, et avoir mal-à-propos corrigé le texte de Garcie. Celui-ci, traduisant assez exactement l'ancien français, dit, que si (par les lenteurs qu'occasione le débat injuste élevé par les marchands) « le maître demourast, et soit coullaison, il n'en doit mye pastir, ains « doit avoir son fret ainsi comme tonneaux fussent pleins. » Cleirac, au contraire, traduit : « Si le maître « demeure pour raison de leur débat (des marchands), et y voit collusion, le maître n'y doit point pâtir, « ains doit avoir son fret comme si les tonneaux fussent péris. » Il est évident qu'il ne s'agit pas de *collusion*, et que si les tonneaux *fussent péris* par une cause non imputable aux chargeurs, le maître ne pourroit point exiger le fret.

estre à restorer (*a*) le damage premierement, et le remanant doit estre desparti
entre eux; et si le cordaige rompoit sans
ce qu'ilz les eussent monstrés (*b*) as marchantz, ilz seront tenuz à rendre tout le
damage. Mès, si les marchantz disent que
les cordes soient bonnes et beales (*c*) et
ilz rompent, chascun doit partir du damage, c'est à savoir les marchantz à qui
le vyn est, tant soulement (*d*). Et ce est
le juggement en ce cas.

en sera de même si les cordages rompoient
sans que le patron les eût préalablement montrés aux chargeurs (1). Mais, si ceux-ci ont
trouvé les cordages suffisans, et que cependant ils rompent, chacun doit supporter sa
perte propre, c'est-à-dire, chaque marchand
perd le vin qui lui appartenoit. C'est le jugement en ce cas.

ART. 11.

Une neef est à Burdeux ou aillours et
léve sa veile (*e*) pour ariver ses vyns, et
s'en part, et n'affient pas le mestre et ses
mariners lor boucle si comme ilz deus-
sent, et les prent mal tems en la meer en
telle manere que les fustailles de dedans (*f*) enfondrent tonnel ou pipe; la
neef vient à saufveté (*g*), les marchantz
dyent que les fustailles de dedans a leurs
vyns perdus (*h*), le mestre dit que non
fist. Si le mestre peut nyer (*i*), lui et les
tiers compaignons ou quatre de ceulx que
les marchantz eslirent, que leurs vyns ne
se perdirent pas par les fustailles (*k*) si
come les marchantz leur mettent sus (*l*),
ilz deibvent estre quittes et delivrés; et s'ilz
ne voilent jurer (*m*), ilz deibvent rendre
as marchantz tous les damages qu'ilz auront, qar ilz sont tenuz affier lors boucles
et lors ellores bien et certaignement avant
qu'ilz deibvent departir del lieu où ilz se
chargent. Et ce est le juggement en ce cas.

Un navire a pris un chargement de vins à
Bordeaux ou ailleurs, et met à la voile pour
sa destination. Mais le patron et les matelots ne les ont pas arrimés comme il faut;
le mauvais temps surprend le navire, de manière que les futailles croulent, et, en se
heurtant, les unes défoncent les autres. Si,
à l'arrivée du navire, les chargeurs prétendent en imputer la faute au patron, et que
celui-ci s'en défende, et jure, ainsi que trois
ou quatre matelots, au choix des chargeurs,
que les vins ne sont pas perdus par leur faute,
comme ceux-ci le prétendent, le patron et
l'équipage ne sont point tenus à réparer le
dommage: mais, s'ils ne veulent pas faire ce
serment, ils doivent le réparer, parce que
c'est leur devoir de bien arrimer les marchandises avant de quitter le port de chargement.
C'est le jugement en ce cas (2).

(*a*) D. M. et anc. édit. *à recouvrer.* — (*b*) D. M. et anc. édit. *sans que le meistre les monstrat.* D. M. et anc. édit. *lui et ses mariners sont tenuz.* — (*c*) D. M. et anc. édit. *le cordaige est bel et bon.* — (*d*) D. M. M. R. et anc. édit. ajoutent après des points les mots *et le maistre et les mariniers*, qui paroissent une phrase non finie. — (*e*) D. M. M. R. et anc. édit. *et lieve sa boucle.* — (*f*) M. R. et anc. édit. *fustailles croilent et.* — (*g*) D. M. M. R. et anc. édit. *à sa droicte descharge.* — (*h*) D. M. M. R. et anc. édit. *dient au meistre que par la fustaille est le vin perdu.* — (*i*) D. M. M. R. et anc. édit. *veut jurer lui et ses mariniers soy tiers.* — (*k*) D. M. M. R. et anc. édit. *que les vyns ne perdirent par eux et par leur deffaut.* — (*l*) D. M. et anc. édit. *a sovre.* — (*m*) D. M. M. R. et anc. édit. *mais si ainsi estoit qu'ils ne voulaissent jurer.*

(1) Cet article applique la règle que celui qui fait un travail répond de son impéritie ou de son défaut de précautions. C'est notamment ce que décide le fr. 25, § 7, du titre II du livre XIX du Digeste, *Locati, conducti.*

(2) Cet article est en quelque sorte le complément du précédent. Le patron doit veiller à ce que les marchandises ne soient point endommagées. Il répond du mauvais *arrimage.* C'est ce qui résulte claire-ment du fr. 5, § 1, du titre IX du livre IV du Digeste, *Nautæ, caupones,* &c. On a vu aussi ces principes dans les chapitres XXXIV et XXXVIII de la compilation rhodienne; mais ces textes n'ont pas fourni l'idée du serment par lequel le patron et l'équipage sont admis à se justifier. Cette disposition appartient à une époque plus récente, et au respect que nos ancêtres avoient pour le serment.

ART. 12.

Un mestre alloue ses mariners et les doit tenir en pées et estre leur juge; si asqun de eux endemente (*a*) l'autre, par quoi (*b*) il mette pain et vyn à table, celui qui démentira autre doit poyer quatre deniers; et si le mestre dement asqun de ses mariners, il doit poyer huit deniers (*c*); et s'il y a nul qui demente le mestre, il doit poyer huit deniers. Et si le mestre fierge un de ses compaignons de la neef, il li doit attendre la premiere colée, come de poing ou de palme; et s'il li fiert plus, il se poet defendre(*d*); et si le mariner fiert le mestre premier, il doit perdre cent (*e*) sous ou le poing, au choix du mariner(*f*). Et ce est le juggement en ce cas.

Le patron qui loue les matèlots doit entretenir la paix parmi eux (1), et concilier leurs différends. Si l'un donne un démenti à l'autre, il doit, avant d'être admis à la table commune, payer quatre deniers (2); si le démenti est donné au patron, la peine est huit deniers; et de même le patron, s'il donne démenti à un matelot, paiera huit deniers. Si le patron frappe un matelot (3), celui-ci doit attendre le premier coup; et si le patron redouble, le matelot peut se défendre. Celui qui frappe le patron le premier, doit payer cent sous ou perdre le poing, à son choix (4). C'est le jugement en ce cas.

ART. 13 (5).

Une neef se frette (*g*) à Burdeux (*h*) ou aillours et vient à sa descharge (*i*); et font charte-partie (*k*), thouage et petit lodmanage (*l*) sont sur les marchantz : en la coste de Bretaigne tous ceux que l'en prend puis que l'en a passé l'isle de Bas (*m*) en Leon, sont petitz lodmanz (*n*); ceux de Normandie et d'Engleterre, puis que l'en passe Gernesaie; ceux de Flandres, puis

Un navire frété à Bordeaux ou en autre lieu se rend à sa destination, et la convention entre le patron et les chargeurs est que les frais de touage et de petits locmans seront payés par ces derniers : en côte de Bretagne, on considère comme petits locmans tous ceux qu'on prend pour passer l'île de Batz dans la vicomté de Léon ; en côte de Normandie et d'Angleterre, ceux qu'on prend pour passer Guernesey; en côte de Flandre, ceux qu'on prend pour passer Calais ; et en

(*a*) Oxf. Cott. *endamaige.* — (*b*) Anc. édit. *devant que.* — (*c*) Oxf. omet ces mots, *et si le mestre* &c. — (*d*) Oxf. Cott. Bl. B. *se doibt.* — (*e*) D. M. et anc. édit. *cinq.* — (*f*) D. M. *du mestre.* M. R. et anc. édit. omettent les quatre derniers mots. — (*g*) Cott. *une neef frete.* Oxf. *est frettée.* — (*h*) Oxf. Bl. B. *à la Rochelle.* — (*i*) Oxf. Cott. *o sa charge.* D. M. M. R. et anc. édit. *n sa droite descharge.* — (*k*) Cott. Bl. B. omettent ces mots. M. R. et anc. édit. *sont charge mi-partie.* — (*l*) D. M. *petits locsmans.* M. R. et anc. édit. *petits lomans servantes.* — (*m*) Oxf. Cott. *les debats où sont petits lodmanz.* Bl. B. *les debtes en sont petits lodmanz* — (*n*) Anc. édit. *la coustume de Bretaigne est, tous ceux que l'on prend puis que l'en passe l'isle de Bas et l'en soit paintz la main.* M. R. *l'isle de Bas en Leon et l'en soit porte la main.*

(1) Cette obligation d'entretenir l'ordre dans le navire, et les droits qui en résultent, sont indispensables et remontent aux temps les plus anciens. Les dispositions des différentes lois sur ce point ont varié selon les temps et les mœurs; mais elles ont toujours eu pour base le principe, que le patron devoit être investi d'un grand pouvoir, lequel cependant étoit moins celui d'un magistrat que celui d'un père de famille.

(2) Le chapitre v de la troisième pièce de la compilation rhodienne est beaucoup moins sévère, puisqu'il tolère les injures verbales entre les matelots. Notre article atteste le fait, reconnu par tous les auteurs, de la grande susceptibilité des peuples modernes, et surtout des Français, chez lesquels un démenti est une *injure* assez grave pour entraîner des voies de fait de la part de celui qui l'a reçu. Voir Montaigne, *Essais*, chap. xviii, et Pasquier, *Recherches*, liv. i, chap. i.

(3) Notre article ne prévoit pas le cas où un matelot frappe et blesse un autre dans le navire; celui où les matelots se querellent et se blessent hors du navire est seul prévu dans l'article 6. Il est clair qu'on suivoit les règles du droit commun pour punir l'agresseur, ou pour excuser celui qui n'avoit frappé un autre que dans le cas de légitime défense.

(4) La peine du poing coupé étoit fort usitée autrefois, comme l'atteste un grand nombre de lois du moyen âge. Olaüs Magnus, *Hist. sept.* lib. x, cap. xvi, entre dans quelques détails sur la manière dont cette peine étoit exécutée chez les peuples du Nord, à l'égard du matelot qui avoit frappé le patron. Notre article établit une composition pécuniaire autorisée dans les premiers temps de la législation française.

·que l'en passe Calais ; et ceux d'Ecosse, puis que l'en passe Yernemouth. Et ce est le juggement en ce cas.

côte d'Écosse, ceux qu'on prend pour passer Yarmouth (1). C'est le jugement en ce cas.

ART. 14 (2).

Contens se fait (*a*) en une neef entre le mestre (*b*) et les mariners, le mestre doit

S'il s'élève quelque dispute entre le patron et un matelot, le patron ne peut congédier

(*a*) Anc. édit. *si contens se fiest.* — (*b*) D. M. M. R. et anc. édit. *entre le mestre d'une neff.*

(1) Cet article, qui ne peut en lui-même fournir matière à aucun commentaire, parce qu'il se rapporte à des usages de navigation qui ont dû varier ou être modifiés par les résultats de l'expérience des pilotes et de la connoissance des côtes, est singulièrement obscurci par la variété des leçons. Sur la foi du plus grand nombre des manuscrits, et surtout de la version castillane, j'ai admis dans le texte les mots et *font charte-partie*, qui manquent dans deux des manuscrits d'Angleterre. Je ne pense pas, toutefois, que l'admission ou la suppression de ces mots offre une différence de sens bien considérable. Le principe qui domine et qui est sous-entendu, c'est que le navire, c'est-à-dire, le patron, pour les propriétaires qu'il représente, doit payer les frais nécessaires pour éviter les écueils et franchir les passages dangereux. Le droit romain avoit décidé, comme on l'a vu dans le § 2 du fr. 13 du titre II du livre XIX du Digeste, *Locati, conducti,* que le patron étoit responsable envers les chargeurs pour n'avoir pas eu de pilote à l'entrée du navire dans l'embouchure d'un fleuve; ce qui suppose évidemment qu'il devoit prendre cette mesure à ses frais, comme l'une des obligations résultant du contrat qu'il avoit fait en se chargeant de la conduite des marchandises. Le patron doit conduire à leur destination les personnes ou les choses dont il s'est chargé ; et c'est à ses frais qu'il doit *fungi munere vehendi,* puisque c'est pour cela qu'un fret lui a été promis : c'est le motif qui avoit fait décider dans le § 1 du fr. 2 du titre II du livre XIV du Digeste, *De lege rhodia de jactu,* qu'aucune contribution n'étoit due pour les agrès qu'il avoit perdus ou endommagés, même par force majeure. C'est encore ce qui a lieu en France, conformément à l'article 406 du Code de commerce, d'après lequel les frais de touage et de lamanage ne sont pas réputés avaries, mais dépenses de navigation à la charge de l'armateur. Cependant une convention contraire n'a rien d'illicite; ces frais peuvent donc être mis à la charge des marchands. Seulement une clause spéciale est nécessaire sur ce point; mais, lorsqu'elle a eu lieu, il faut bien en déterminer l'étendue et les effets. Or voici comment ont dû raisonner les rédacteurs de l'article. Cette convention faite, il ne faut pas que le patron en abuse, et que, pour rester oisif sur le navire, il prenne, aux frais des marchands, des pilotes locmans tant qu'il voudra et partout. Pour prévenir cet abus possible, l'article détermine, suivant les localités, quels seront les locmans dont les frais seront payés par les marchands, dans les cas où il a été convenu, sans autre explication, que les frais de lamanage seroient à leur charge. La version castillane est bien plus claire, en disant, *e hay carta-partida que los toajes è los petilemanes develos pagar la mercaderia segunt la custumbre de la tierra.* Les mots, *selon l'usage des lieux,* étoient-ils dans le manuscrit d'après lequel la traduction a été faite, ou le traducteur les a-t-il suppléés? Je l'ignore. Le fait est que, de quatre manuscrits et de quatre éditions anciennes dont j'ai fait usage, aucun ne les contient. Quelques-uns seulement contiennent ces mots, *la coustume de Bretagne est* &c. Les éditions françaises qui ont substitué aux mots *font charte-partie* les mots *sont charges mi-parties,* présentent aussi, quoique dans une hypothèse différente, un cas qui exigeoit une règle positive. Si la coutume obligeoit les marchands à en payer la moitié (l'article 8 du titre VII du livre III de l'ordonnance de 1681 a porté dans la suite cette proportion aux deux tiers), il falloit aussi empêcher que le patron n'abusât de cette règle pour alléger ses propres dépenses, en augmentant la dépense ·commune; et notre article ainsi entendu est facile à saisir et à justifier. Cependant les anciennes éditions qui offrent ces mots sont si inexactes et si inintelligibles dans le reste de l'article, que la leçon qu'elles contiennent m'a paru suspecte; dans le doute, j'ai dû préférer celle qu justifioit la version castillane. Au surplus, le reste de l'article est très-clair dans le manuscrit de D. Morice, conforme à cette même version. Il l'est aussi dans les manuscrits Cotton et d'Oxford, en y remplaçant les mots *les debats,* véritable faute d'un copiste qui ignoroit la géographie des côtes de France, par *l'isle de Bas.* Mais ce même reste de l'article est inintelligible dans le *Black Book,* où des mots sont omis, d'autres répétés sans suite et sans liaison. Il n'est pas seulement inintelligible, il est absurde dans les anciennes éditions de France, où les imprimeurs, au lieu des mots *sont petits locmans,* ont mis ceux-ci, *l'en soit pain la main,* et d'autres, *l'en soit porte la main.* Garcie et Cleirac sont fort excusables d'avoir omis un article qui présentoit si peu de sens; on ne pourroit leur reprocher de n'avoir pas fait des recherches pour découvrir des textes plus exacts. Il est très-probable, au surplus, que jusqu'à la publication du texte de D. Morice, en 1747, on n'en connoissoit point d'autres que ceux dont je viens d'indiquer les erreurs grossières; car, ainsi qu'on l'a vu page 310, le savant jurisconsulte Hévin, qui écrivoit avant D. Morice, déclare qu'il lui a été impossible de comprendre l'article dont il s'agit.

(2) Cet article est le 13.ᶜ dans l'édition de Garcie, ainsi que dans celle de Cleirac.

ouster la touaille (*a*) de devant ses mariners (*b*) trois foitz avant que il les coumande (*c*) hors; et si le mariner offre à faire l'amende à l'esgard (*d*) des mariners qui sont à la table, et le mestre soit tant cruel qu'il ne voile rien faire mais le mettre hors (*e*), le mariner se poet aller et suir la neef jusques à sa descharge (*f*) et avoir aussi bon louyer comme s'il estoit venu dedans la neef, amendant le forfait à l'esgard de la table. Et si ainsi estoit que le mestre ne eust (*g*) aussi bon mariner(*h*) come li en la neef et la perdoit (*i*) par asqune adventure (*k*), le mestre est tenu à restorer le damage de la neef et de la marchandise qui y sera (*l*), s'il a de quoi. Et ce est le juggement en ce cas.

le matelot qu'après qu'il l'aura exclu de la table à trois repas consécutifs (1). Si le matelot offre satisfaction, au dire de l'équipage, et que le patron refuse de s'en contenter et le congédie, le matelot peut suivre le navire jusqu'au lieu de décharge, et a droit à ses loyers comme s'il étoit resté, pourvu qu'il offre toujours satisfaction au dire de l'équipage. Si même il arrivoit que, faute d'avoir remplacé ce matelot par un autre également habile, le navire éprouvât un dommage, le patron en est tenu, s'il a de quoi. C'est le jugement en ce cas.

Art. 15 (2).

Une neef est en ung couvert amarrée (*m*), et ostante de la marrée une autre neef vient (*n*) et fiert la neef qui est en sa pées (*o*) en tiele manere que éle est en damage del coup (*p*) que l'autre li donne, et y a des vyns enfondrés d'asquns (*q*); le damage doit estre apprisé et parti moitié(*r*) entre les deux neefz, et les vyns qui sont dedans les deux neefz deibvent partir du damage (*s*) entre les marchantz; et le mestre de la neef qui a feru l'autre neef est tenu à jurer et ses mariners qu'ilz nel faisoient mye de gré. Et est reson pourquoi ce juggement est fait(*t*): si ensi soit qu'une

Si un navire est ancré dans un port, et qu'avec la marée un autre venant du dehors se heurte contre le premier, de manière à l'endommager, et que, dans l'un et dans l'autre, il y ait des tonneaux de vin enfoncés, le dommage total est supporté par moitié par chacun des navires et leur chargement, pourvu que le patron et l'équipage du navire qui a heurté l'autre, jurent sur les saints évangiles que l'accident est arrivé sans leur faute et volonté. On a rendu cette décision, afin que l'équipage d'un vieux navire ne fût pas tenté de se mettre sur la voie d'un meilleur, dans l'espoir de se faire dédommager des suites de ce choc, et qu'au contraire la crainte de supporter la moitié du dommage n'excitât l'équipage à faire tous ses efforts

(*a*) Cott. *mettre la touaille devant.* — (*b*) D. M. et anc. édit. *son marinier.* — (*c*) D. M. *le mettaige.* M. R. et anc. édit. *avant que le mettre.* — (*d*) Bl. B. M. R. et anc. édit. *au regard.* — (*e*) Cott. *et l'en met hors.* D. M. M. R. et anc. édit. *et le met hors.* — (*f*) D. M. M. R. et anc. édit. *droicte descharge.* — (*g*) D. M. *ne meige.* M. R. et anc. édit. *ne prenge.* — (*h*) D. M. M. R. et anc. édit. *compaignon.* — (*i*) D. M. M. R. et anc. édit. *et la neff se perye ou s'enpire.* — (*k*) Bl. B. *par aucune tempeste.* — (*l*) D. M. M. R. et anc. édit. *tenu à rendre la neff et la marchandise s'il &c.* — (*m*) D. M. *en un couvert lieu, coudée et amarrée.* M. R. et anc. édit. *en un cours liée.* — (*n*) Oxf. *et lastant de sa marée.* D. M. M. R. et anc. édit. *vient dehors la mer et ne se gouverne pas bien.* — (*o*) D. M. M. R. et anc. édit. *et se fiert en la neff qui est en sa voie.* — (*p*) D. M. M. M. et anc. édit. *si que la neff est endommagiée du coup.* — (*q*) Bl. B. *enfondrés dedans.* D. M. M. R. et anc. édit. *enfoncés d'une partie et d'autre pour raison de ce coup.* — (*r*) D. M. M. R. et anc. édit. *prisagé et moitié à moitié.* — (*s*) D. M. M. R. et anc. édit. *partir les dommaiges antres entre les.* — (*t*) D. M. M. R. et anc. édit. *fut fait premier.*

(1) Il n'est pas facile de comprendre le sens de l'expression du texte, *ouster la touaille trois fois ;* elle peut signifier également, *laisser écouler le temps de trois repas,* ou bien, comme j'ai traduit, *exclure trois fois de la table.* J'ai préféré ce dernier sens, qui peut s'expliquer par d'anciens usages d'après lesquels la plus grande preuve de mécontentement qu'on pût donner à un commensal consistoit à faire enlever la nappe de la table devant lui. Ce sens me paroit justifié par ce que dit Alain Chartier dans son *Quadrilogue,* sect. IX, au sujet de Bertrand du Guesclin, qui avoit établi que « quiconque homme noble se foi-« soit reprouchablement en son estat, on lui venoit, au mangier, trancher la nappe devant soy. »

(2) Cet article est le 14.ᵉ dans l'édition de Garcie et dans celle de Cleirac.

veile neef se met voluntiers en la voie d'une meilloure pour guidoir avoir l'autre neef si elle eust tous ses damages (*a*); mès quant ensi soit (*b*) qu'éle doit partir à la moitié, éle se met (*c*) voluntiers hors de la voie. Et ce est le juggement en ce cas.

pour se ranger hors de la voie (1). C'est le jugement en ce cas.

ART. 16 (2).

Une neef, ou deux, ou plus, sont (*d*) en un haven où il y ad poy de ealbe (*e*) et se aseiche; une des neefz est trop près de l'autre (*f*); le mestre de céle neef doit dire as autres mariners (*g*): Seignors, levez (*h*) vostre ancre, qar éle est trop prez de nous et poroit faire damage; et ils ne la voilent lever, le mestre paoureu et ses mariners la vont lever et enloigner de li (*i*); et s'ilz la tolent à lever et l'ancore face damage, ilz seront tenuz à l'amender tut à long. Et s'ilz sont (*k*) tut en ung haven qui aseiche, ilz sont tenuz à mettre baleingues as ancores qu'il apiergent (*l*) au plein. Et c'est le juggement en ce cas.

Quand deux ou plusieurs navires sont en un havre où il y a si peu d'eau que l'un d'eux soit à sec, le patron de ce navire peut dire à l'autre et à son équipage : *Levez votre ancre ; car elle est trop près de nous, et pourroit nous causer du dommage.* S'ils s'y refusent, le patron et l'équipage qui craignent d'être endommagés peuvent eux-mêmes lever cette ancre et la placer plus loin (3); et s'ils s'y opposent, ils sont tenus de réparer tout le dommage qui en résultera. Ceux qui sont en un havre où il y a peu d'eau, doivent mettre à leur ancre une bouée qui apparoisse extérieurement (4). C'est le jugement en ce cas.

ART. 17 (5).

Les mariners de la costere de Bretaigne (*m*) ne deibvent avoir qu'une qysine par jour (*n*), par la reson qu'ilz ont beverage en alantz et venantz; et ceux de Nor-

Les matelots de Bretagne ne doivent recevoir qu'un repas par jour, au moyen de ce qu'ils ont du vin en allant et revenant. Ceux de Normandie doivent en avoir deux, parce qu'il ne leur est fourni que de l'eau

(*a*) D. M. *car une vieille neff ne se met pas voluntiers en la voie d'une meilleure , si elle eust dommaigé chose pour grever l'autre neff.* M. R. *si elle eust tout son voyage.* Anc. édit. *d'une meilleure si avant en dommaige chose pour grever la nef.* — (*b*) D. M. M. R. et anc. édit. *quant elle sait bien qu'elle.* — (*c*) D. M. *elle se retrait ou retranche.* M. et anc. édit. *elle se tranche.* — (*d*) D. M. M. R. et anc. édit. *deux nefs ou plusieurs sont.* — (*e*) D. M. *poy d'eaue.* M. R. et anc. édit. *poi eve.* — (*f*) D. M. M. R. et anc. édit. *et s'y aseiche l'ancre d'une neff.* — (*g*) D. M. *doit dire au maistre de l'autre neff et aux mariniers.* M. R. et anc. édit. *ajoutent et aux marchands d'icelle nef.*— (*h*) D. M. M. R. et anc. édit. *maistre, levez.*— (*i*) D. M. *le maistre et ses mariniers qui paour ont pour le dommaige la peuvent lever et hoster d'eulx.* M. R. et anc. édit. *le maistre et les mariniers qui paour ont pastir du dommaige le pouvent lever et enlonger d'eux.* — (*k*) D. M. M. R. et anc. édit. *et si ainsi est qu'ils soient.* — (*l*) M. R. et anc. édit. *qui apparissent.* — (*m*) D. M. M. R. et anc. édit. *les mariniers de Bretaigne.* — (*n*) D. M. M. R. et anc. édit. *le jour que une quesine.*

(1) Le droit romain a, dans le fr. 29 du titre II du livre IX du Digeste, *Ad legem Aquiliam*, prévu le cas où un navire causoit du dommage à un autre : mais il suppose que l'auteur de la faute est connu, et n'a pas porté la prévision plus loin. L'expérience a introduit des présomptions dont on trouve les premières traces dans le chapitre XXXVI de la troisième partie de la compilation rhodienne. C'est une présomption de ce genre que notre article établit.

(2) Cet article est le 15.ᵉ dans les éditions de Garcie et de Cleirac. La seconde partie de cet article, *et est reson* &c., paroît une addition; ce qui prouve que nous ne possédons pas la rédaction primitive.

(3) Le droit romain, comme on l'a vu dans le fr. 29 du titre II du livre IX du Digeste, *Ad legem Aquiliam*, permettoit, en pareille position, de couper les câbles de l'autre navire.

(4) Cette disposition est une suite des mesures de précaution dont l'expérience avoit fait connoître la nécessité, et qui devinrent d'un usage si général, qu'on finit par les rendre obligatoires.

(5) Cet article est le 17.ᵉ de Garcie et de Cleirac. D. Morice et les anc. éditions le placent après le suivant.

mandie en deibvent avoir deux le jour,
par la reson que lor mestre ne lor troeve
que ealbe al aller (*a*); ores puis que la
neef sera venue (*b*) à la terre oue le vyn
que est (*c*), les mariners deibvent avoir
beveraige et doit lor mestre querir. Et ce
est le juggement en ce cas.

en allant : mais, dès que le navire est arrivé
dans un lieu qui produit du vin, ils ont droit
d'en demander, et le patron doit leur en
fournir (1). C'est le jugement en ce cas.

ART. 18 (2).

Une neef arive o sa charge à Burdeux ou aillours, le mestre est tenu à
dire à ses compaignons : Seignors, freigte-
retz-vous vos marres (*d*), ou vous les ler-
retz au fret de la neef? Ilz sont tenuz à repondre lequel ilz feront; et s'ilz elisent (*e*)
au fret de la neef, tiel fret come la neef aura
ilz auront (*f*), et s'ils voillent fretter pour
eux, ilz deibvent fretter en tiele manere que
la neef ne soit demourante; et s'il avient (*g*)
qu'ilz ne troevent fret, le mestre n'a nuf
blame; et lor doit lor mestre monstrer
lor rive leire (*h*), et chasqun mariner
y poet mettre le poisant de son mar-
réage (*i*): et s'il veult mettre de l'ealbe (*k*),
il le poet bien mettre (*l*); et si gietteson

Lorsqu'un navire est chargé à Bordeaux
ou autre lieu, le patron doit dire aux matelots :
*Voulez-vous charger jusqu'à concurrence de
vos loyers, ou voulez-vous en être payés sur
la fret du navire?* Ils sont tenus de faire connoître leur choix (3). S'ils préfèrent d'être payés
sur le fret, ils recevront une part proportionnelle dans le fret du navire : s'ils veulent
charger, ils doivent le faire sans aucun
retard; car, s'ils ne trouvent pas de marchandises à charger, le patron n'est tenu à
rien autre chose qu'à leur fournir l'emplacement nécessaire. Ils peuvent même, si bon
leur semble, y mettre des tonneaux d'eau.
Dans le cas où il y auroit lieu à faire
jet, on comptera leur tonneau d'eau dont
on aura fait jet, comme si c'étoit du vin,
ou un équivalent de marchandises; ce qui
a lieu afin qu'ils soient plus intéressés au

(*a*) D. M. *deux quesines le jour pour ce qu'ils n'ont que eaue à aller ès depens de la neff.* M. R. et anc. édit. *deux més de quesine pour ce qu'il &c.* — (*b*) D. M. M. R. et anc. édit. *mais quant la neff sera arrivée.* — (*c*) D. M. et anc. édit. *en la terre au vin.* — (*d*) D. M. *vos mareaiges.* M. R. et anc. édit. *seigneurs, freteres ô nous amargés?* — (*e*) D. M. M. R. et anc. édit. *et s'ils les laissent.* — (*f*) D. M. *ils auront tiel fret &c.* M. R. et anc. édit. *ils auront comme la neff aura.* — (*g*) D. M. M. R. et anc. édit. *et s'il advient chose qu'ils ne.* — (*h*) D. M. *monstrer leur rans et luier.* M. R. et anc. édit. *leur remmaige.* — (*i*) D. M. M. R. et anc. édit. *et ils peuvent mettre le pesant de leur mareaige chacun.* — (*k*) D. M. M. R. et anc. édit. *mettre tonnel d'eaue.* — (*l*) D. M. *bien le peuvent faire.* M. R. et anc. édit. *mettre tonnel de eaue ils peuvent bien mettre pour tonnel de vin.*

(1) Cette disposition constate un usage local sur lequel tout commentaire seroit inutile ; il suffit de faire remarquer qu'il offre une preuve évidente que les Rôles d'Oléron doivent avoir été rédigés en France.

(2) Cet article est le 16.ᵉ dans l'édition de Garcie et dans celle de Cleirac. D. Morice et les anciennes éditions le placent avant le précédent.

(3) Ce mode de location, soit à la part de fret, soit à la faculté de charger une certaine quantité de marchandises dont le fret se compense avec le salaire, ne paroit pas avoir été connu dans le droit romain et
dans les Basiliques. Les premiers vestiges de la location au fret se trouvent dans la compilation rhodienne,
dont la seconde partie contient plusieurs chapitres à ce sujet. Un des articles ajoutés en Angleterre aux
Rôles d'Oléron (31.ᵉ de mon édition) accorde aux matelots loués au fret le privilége de pouvoir en outre
charger un tonneau en franchise. Voir la note sur cet article. Quant à la seconde espèce de location, il est
évident qu'elle s'est introduite dans le moyen âge, et qu'elle fut particulièrement usitée dans la navigation
de l'Océan, où le droit des matelots, de placer ainsi des marchandises dont le fret devenoit le paiement
de leurs services, a pris le nom de *portée* ou *portages des mariniers*. L'usage déterminoit la quantité de
marchandises que chaque matelot pouvoit charger, selon l'espèce de voyage entrepris. Dans quelques pays,
les portages étoient affranchis des droits de douane : peut-être en étoit-il ainsi en France; car le statut
coutumier d'Oléron, dont j'ai parlé page 305, prononce cet affranchissement. On ne peut cependant en
conclure rien de bien positif, parce qu'au temps de sa rédaction Oléron étoit peut-être sous la domination
de l'Angleterre. Dans d'autres pays, les portages ne contribuoient pas au jet. L'article 8 des Rôles d'Oléron
réduit cet affranchissement à un tonneau. Les inconvéniens attachés à ce mode de location l'ont fait abandonner. Brokes a publié à ce sujet une dissertation intéressante dans ses *Observationes forenses*,
observ. 580.

soit fait et lor tonnel de ealbe soit giecté en meer, il doit estre conté pur vyn (*a*) ou pur autres darrées livre à livre ; et si les mariners (*b*) se peussent defendre resonablement (*c*) en la meer : et ensi soit qu'ilz se freiteigent as marchantz, tielle franchise come les mariners oront doit estre as marchantz. Et ce est le juggement en ce cas.

salut du navire pendant le voyage. Si un matelot cède son droit à un marchand, celui-ci jouit du même privilége que le matelot (1). C'est le jugement en ce cas.

ART. 19 (2).

Une neef vient à saufveté (*d*) à sa descharge, les mariners voilent avoir lors louyers (*e*), et il y ont asquns qui ne ont litz ne arches en la neef ; le mestre poet bien retenir (*f*) de lors louyers pur rendre la neef là où ilz la prisrent, s'ilz ne donnent bonne caution à fournir le vyage (*g*). Et ce est le juggement en ce cas.

Lorsque le navire a fait sa décharge au port d'aller, si les matelots demandent le paiement de leurs loyers, et n'ont point dans le navire de lit ou de coffre, le patron a droit de retenir les loyers pour sûreté de leur obligation de ramener le navire au lieu du départ, à moins qu'ils ne lui donnent suffisante caution qu'ils continueront le voyage (3). C'est le jugement en ce cas.

ART. 20 (4).

Un mestre d'une neef alloue ses mariners en la ville dont la neef est, les loue les uns à marréage, les autres à deniers, il veit (*h*) que la neef ne poet trover fret à venir en ces parts et lui convient aller plus loin, ceux qui vont à marréage la deibvent seivre (*i*) ; mès ceux qui vont à deniers, le mestre est tenu à lor crestre lors louyers veue par veue et cours par cours par la reson qu'il les avoit allouyés à cer-

Lorsque le patron d'un navire loue ses matelots, les uns à portion dans le fret, les autres à un prix déterminé (5) ; s'il arrive que, ne pouvant trouver à charger pour le retour, on juge à propos d'aller plus loin, ceux qui se sont loués au fret doivent continuer le voyage : mais les loyers de ceux qui se sont loués à prix déterminé doivent être augmentés proportionnellement, parce qu'on ne les avoit loués que pour aller en un lieu fixé. Cependant, si le voyage est raccourci, ils doivent recevoir tout ce qui leur a été promis,

---

(*a*) D. M. M. R. et anc. édit. *et si getteison se faisoit en la mer, leur tonnel d'eaue doit estre compté pour tonnel de vyn.* — (*b*) D. M. M. R. et anc. édit. *pourquoy les mariniers.* — (*c*) D. M. et anc. édit. ce mot manque. — (*d*) D. M. M. R. et anc. édit. omettent ces deux mots. — (*e*) D. M. M. R. et anc. édit. *leur fret.* — (*f*) D. M. et anc. édit. *puet retenir.* — (*g*) D. M. et anc. édit. *tout le voyage.* — (*h*) D. M. M. R. et anc. édit. *et advient que.* — (*i*) D. M. *sieuldre.*

(1) On retrouve cette disposition dans l'un des articles ajoutés en Angleterre (31.ᵉ de mon édition).
(2) Cet article est le 18.ᵉ dans l'édition de Garcie et dans celle de Cleirac.
(3) On trouve ici le complément du cinquième article. Le droit romain et les Basiliques ne contenoient point de dispositions semblables. L'insubordination des matelots, à laquelle on voit qu'un des articles inédits de la compilation rhodienne avoit voulu porter remède, et qui a souvent fait l'objet des lois et des réglemens du moyen âge en divers pays, a pu donner l'idée de la disposition dont il s'agit ici.
(4) Cet article est le 19.ᵉ dans l'édition de Garcie et dans celle de Cleirac.
(5) En combinant cet article avec l'article 17, on voit qu'il y avoit trois sortes de locations des matelots : l'une moyennant une part dans le fret ; l'autre moyennant la faculté de charger une certaine quantité de marchandises pour leur compte, ou de céder ce droit à quelqu'un ; enfin l'autre à un prix déterminé pour le voyage d'aller et revenir. Ce dernier est le seul dont on trouve mention dans le droit romain et dans les Basiliques. On ne voit point dans les Rôles d'Oléron de traces de la location au mois, généralement pratiquée aujourd'hui. On peut supposer, d'après le chapitre XLVI de la troisième partie de la compilation rhodienne, qu'il n'a pas été inconnu dans le moyen âge ; et la suite de cette collection en offrira la preuve.

tain lieu (a); et s'ilz chargent plus prez que lou convenant fuet pris, ilz deibvent (b) aver lors louyers tut à long; mès ils deibvent aider à rendre la neef (c) là où ilz la prirent si le mestre le vult, à l'aventure de Dieu. Et ce est le juggement en ce cas.

à la seule condition de ramener le navire au lieu du départ, et de le mettre en un lieu sûr, à la volonté du patron et à la grâce de Dieu. C'est le jugement en ce cas.

Art. 21 (1).

Il avient qu'une neef est à Burdeux ou aillours, de tiele qysine que l'en use en la neef (d) deux des mariners en puront porter un mès (e), de manere qu'ilz seront trenchez (f) en la neef, et de tiel pain come il y aura ilz en deibvent avoir (g) solonc ce qu'ilz puront manger à un mangier (h), mès de beiverage pointz ne deibvent avoir hors de la neef (i); mès en deibvent revenoir prestement, asfin que (k) le mestre ne perde les œuvres (l) de la neef; qar, si le mestre les (m) perdoit et il eust damage, ilz seront tenuz à l'amender, ou, si un des compaignons se blesse par besoing de aide, ilz sont tenuz à l'amender (n) au compaignon, au dit du mestre et à ceux de la table (o). Et ce est le juggement en ce cas.

Lorsque le navire est arrivé à Bordeaux ou autre lieu, deux matelots seulement peuvent sortir à-la-fois et porter à terre leur portion de vivres, telle qu'ils la reçoivent dans le navire pour un repas, mais point de vin. Ils doivent revenir promptement, de peur que le patron ne soit privé de leur travail pour le service du navire; car, si leur absence lui faisoit faute, ils sont tenus du dommage, ou, si l'un des matelots restés se blessoit faute d'avoir été aidé, ils sont tenus de le faire guérir et de l'indemniser au dire du patron et de l'équipage (2). C'est le jugement en ce cas.

Art. 22 (3).

Un mestre frette sa neef à un marchant et est devisé entre eaux et mis un terme pour charger, et le marchant ne tient le terme (p), ains tient la neef et les mariners (q) par l'espace de quinze jours ou de plus, et asqune foiz en pert le mestre son fret ou sa meission (r) par défaut du marchant; le marchant est tenu

Lorsqu'un patron frète son navire à un chargeur pour faire le chargement dans un délai convenu, celui-ci doit le faire de manière que le navire puisse être prêt à partir au temps fixé. Le chargeur qui retarde quinze jours ou plus, et quelquefois même qui fait perdre la saison favorable, est tenu d'indemniser le patron. Un quart de cette indemnité appartient aux matelots, et le reste

(a) D. M. M. R. et anc. édit. pour *aller en certains lieux.* — (b) D. M. M. R. et anc. édit. *et s'ils viennent plus près que là où le louement fut prins, non obstant ce ils debvent.* — (c) D. M. M. R. et anc. édit. *debvent rendre la neff.* — (d) D. M. M. R. et anc. édit. *comme il y aura en la neff.* — (e) D. M. *en debvent porter un mes,* M. R. et anc. édit. *en peuvent pourter un mes à la mer.* — (f) D. M. *et l'autre demi tieuls comme ils sont tranchés.* M. R. et anc. édit. *ou demi mès tieuls.* — (g) D. M. M. R. et anc. édit. *ne contiennent pas ces quatre mots.* — (h) D. M. M. R. et anc. édit. *à une fois.* — (i) D. M. M. R. et anc. édit. *et du breivage riens.* — (k) D. M. *tost et aperitement, si que le meistre.* M. R. et anc. édit. *et convient eulx tost et appertment retourner, pourquoy le maistre.* — (l) D. M. *ne perge l'œuvre.* — (m) Oxf. *y.* — (n) D. M. *à le faire guerrir.* Anc. édit. *à le guerir et à l'amender.* — (o) D. M. et anc. édit. *au dit d'ung des compaignons, et au dit du maistre et à ceux de la table.* Oxf. Cott. *ous mestre, et aux compaignons.* — (p) D. M. *et devise certain terme et abonnement et dedans quand le maistre doit charger la neff et estre prost à s'en aller, le marchant ne le fait pas, ains,* M. R. et anc. édit. *devise un certain temps louement dedans &c.* — (q) D. M. et anc. édit. *le maistre et ses mariniers.* M. R. ains tient le mestre pendant l'espace de dix jours. — (r) D. M. M. R. et anc. édit. *ancune fois il pert sa mueson et son tems par &c.*

(1) Cet article est le 20.ᵉ dans l'édition de Garcie et dans celle de Cleirac.
(2) Ce cas avoit été prévu dans le chapitre xxiv de la troisième partie de la compilation rhodienne.
(3) Cet article est le 21.ᵉ dans l'édition de Garcie et dans celle de Cleirac.

à l'amender, et en tiele qui sera faite (*a*) les mariners auront le quart, et le mestre les trois pars (*b*) par la reson qu'il troeve les coustages (*c*). Et ce est le juggement en ce cas.

au patron , parce qu'il fournit à leur dépense (1). C'est le jugement en ce cas.

ART. 23 (2).

Un marchant frete (*d*) une neef et la charge et la met en chemyn, et entre céle neef en un port (*e*; et demoure canqz deniers li faillent, le mestre poet bien envoier à son pais (*f*) pour quere de l'argent : mès il ne doibt mye perdre temps (*g*) ; qar, s'il fait, il est tenu à rendre as marchantz tous les damages qu'ilz oront (*h*) : ores le mestre poet bien prendre des vyns as marchantz et les vendre pur avoir son estorrement; et quand la neef sera arrivée à drette descharge, les vyns que le mestre aura prys deibvent estre afficurés et mis au fur que les autres seront venduz (*i*) né à greignour fur ne à meindre (*k*) ; et aura le mestre son fret de ceux vyns come il prendra des autres (*l*). Et ce est le juggement en ce cas.

S'il arrive qu'un navire ayant été frété , chargé et expédié, le patron soit obligé de faire relâche dans un port où il est retenu si long-temps, que l'argent lui manque, il doit envoyer dans son pays pour en chercher (3) : cependant il ne doit point laisser écouler le temps opportun pour partir, sous peine de dommages-intérêts envers les chargeurs : mais alors il peut vendre du vin ou des denrées des chargeurs en quantité suffisante pour se procurer les fonds nécessaires (4). Lorsque le navire est arrivé au lieu de décharge, les vins que le patron aura ainsi vendus seront estimés et payés au prix que les autres semblables se vendront dans ce lieu , et le fret en sera payé (5). C'est le jugement en ce cas.

(*a*) D. M. et anc. édit. à *amander au maistre et tielle amende comme l'en aura faite les mariniers en debvent avoir.* M. R. *comme le mestre aura, les.* — (*b*) Oxf. finit à ce mot. — (*c*) D. M. et anc. édit. *qu'il leur trouve despens.* M. R. *qu'il trouve leurs despens.*— (*d*) D. M. art. 4. *Il advient que une neff est à Bourdeaux ou ailleurs un marchand frete.* Id. art. 24. *Deux marchants frettent.* — (*e*) D. M. art. 4. *Et avant que elle soit à port elle demoure.* — (*f*) D. M. art. 4 , *ou ailleurs pour.* — (*g*) D. M. art. 24 , *tems de mueson.* M. R. art. 24 , *et qu'ils jureront.* Id. omet depuis *mès il ne doibt.* — (*i*) D. M. art. 24 et anc. édit. *communaulment.* — (*k*) D. M. art. 24, M. R. et anc. édit. *ne à plus ne à moins; ces mots manquent dans l'art. 4 de D. M.* — (*l*) D. M. art. 24. M. R. et anc. édit. *des vins qu'il aura prins.*

(1) On ne trouve point de règles spéciales sur ce cas dans les lois romaines et dans les Basiliques. Les chapitres XX et XXIV de la troisième partie de la compilation rhodienne l'avoient prévu avec beaucoup de détails, et j'ai même fait observer, page 248, qu'ils contenoient, à cet égard, quelques dispositions contradictoires entre elles ; mais ces chapitres n'admettoient point les matelots à participer aux dommages-intérêts, ou du moins ils gardent le silence sur ce point. Cette participation est juste, et les législations modernes l'ont maintenue.

(2) Cet article est le 22.ᵉ dans l'édition de Garcie et dans celle de Cleirac.

(3) Cette disposition peut fortifier les doutes sur la question de savoir si le prêt à la grosse étoit usité à l'époque où les Rôles d'Oléron furent rédigés. On peut dire, en effet, que si le patron avoit eu la ressource d'emprunter, il n'eût pas été nécessaire qu'il vendît des objets du chargement. Mais, de nos jours encore, où le prêt à la grosse est connu et souvent pratiqué, le patron est réduit, faute de trouver des prêteurs, à vendre des marchandises; l'argument ne seroit donc pas décisif. Je crois, comme je l'ai déjà fait entendre page 324, qu'encore qu'on n'en trouve pas de disposition expresse dans les Rôles d'Oléron, le prêt à la grosse étoit en usage; mais cet usage devoit être rare, précisément parce qu'il suppose une confiance que l'état malheureux de la société ne pouvoit inspirer.

(4) Cette faculté accordée au patron de vendre les marchandises des chargeurs pour les besoins du navire n'est point expressément accordée par le droit romain. Le fr. 2 , § 2 , du titre II du livre XIV du Digeste , *De lege rhodia de jactu*, autorisoit seulement le patron à forcer ceux qui avoient des vivres à les mettre en commun, en cas de nécessité. L'expérience a sans doute fait étendre ce principe à tous les cas analogues.

(5) On peut induire de cet article que le fret des objets jetés dans le cas de l'article 8 étoit dû également.

ART. 24 (1).

Un bachelier est lodeman d'une neef et est louyé à l'amener jesques à le port où l'en la doit descharger (*a*); il avient bien que en cest port (*b*) il y a fermez où l'on met les neefz pour descharger, le mestre est tenu à purveier fourme, lui et ses mariners, et mettre balyngues qui apiergent à plein, ou que la fourme soit bien balinguée, que les marchantz ne eient damage; qar, s'ilz aveient damage, le mestre est tenuz à l'amender s'il ne die reson pour quoy qu'il ne soit (*c*) abatu : et la reson est le lodman a bien fait son deveir quant il a amené la neef à saufveté jesques à la fourme, qar jesques illeqs la debvoit amener, et de cette heure en avant (*d*) le feys est sur le mestre et sur ses compaignons. Et ce est le juggement en ce cas.

Le locman qui s'est engagé à conduire un navire jusqu'au port où la décharge aura lieu, doit accomplir son engagement : s'il existe dans ce port un local clos et sûr où les navires puissent faire leur décharge, le patron est tenu de faire placer des balises apparentes et disposer des cordages ou barricades qui mettent les marchandises à l'abri de tout dommage; car si, par défaut de ces précautions, elles en éprouvoient, c'est à lui de le réparer, s'il a de quoi. La raison principale qui doit le rendre ainsi responsable, est que le locman est quitte de tout engagement, dès qu'il a conduit le navire au lieu destiné à la décharge; car, à compter de ce moment, tout est confié aux soins du patron et des matelots (2). C'est le jugement en ce cas.

ART. 25 (3).

Un lodeman prend une neef à mener à Saint-Malo ou aillours (*e*), s'il faut ou ne la saiche conduire et la neef s'empire par sa faulte et les marchantz eient damage, il est tenu à rendre le damage s'il a par quoi. Et s'il y a d'eux qui la prennent sur leurs testes à conduire et amener, et s'ils la perdent et la perillent (*f*), si le mestre,

Si un locman qui s'est engagé de conduire un navire à Saint-Malo ou ailleurs, manque ou ne sait pas conduire, et que la nef périsse ainsi par sa faute, il est tenu de réparer le dommage éprouvé par les chargeurs (4). Lorsque des locmans ont déclaré répondre, sur leur tête, de la conduite d'un navire, s'ils le perdent ou l'exposent à périr, le patron, les matelots ou marchands qui leur coupent la tête, ne sont passibles d'aucune peine;

(*a*) D. M. ajoute, *et il la met en peril pour descharger.* — (*b*) D. M. *il est point bien en ce port.* — (*c*) D. M. *si ils dient raison pour quoi le maistre soit.* — (*d*) D. M. *jusques illec en avant le fes.* — (*e*) M. R. et anc. édit. *et la neef s'empire par la faulte qu'il ne la saiche mener ou conduire.* — (*f*) M. R. et anc. édit. *s'il a par quoi; et s'il n'a de quoi, il doit avoir la teste coupée et se le meistre, ou aucun des mariniers, ou aucun des marchants.*

(1) Cet article manque dans le manuscrit de Rennes et dans les anciennes éditions. Il est répété deux fois sous les n.os 4 et 24 dans l'édition de D. Morice.

(2) Cet article est un peu obscur dans les manuscrits qui le contiennent. Seroit-ce à cause de cette obscurité que Garcie et après lui Cleirac ne l'ont pas publié, ou bien manquoit-il dans le manuscrit dont le premier de ces auteurs, copié par l'autre, a fait usage? Son antiquité ne peut être révoquée en doute, puisqu'on le trouve dans la traduction castillane. Je crois en avoir rendu le sens avec exactitude. La décision qu'il contient est juste. Le locman n'a pas d'autre mission que de diriger le navire et de l'amener à bon port; mais, dès qu'on y est arrivé, c'est au patron à prendre les mesures convenables pour y être en sûreté.

(3) Cet article est le 24.e dans le manuscrit de Rennes et les anciennes éditions, le 23.e dans celle de Garcie, le 23.e et le 24.e dans celle de Cleirac, le 25.e dans le manuscrit publié par D. Morice.

(4) J'ai fait observer, page 110, que peut-être l'institution de pilotes locmans appartenoit au droit romain. Le *Black Book* ajoute une explication que je n'ai pas cru devoir insérer dans le texte, parce qu'elle ne se trouve dans aucun autre manuscrit; en voici la traduction : « afin qu'un locman ne se charge « pas de la conduite d'un navire s'il n'a bonne et parfaite connoissance du chemin, et n'est en état d'accom- « plir sa conduite. »

ou ascun des mariners ou ascun des marchantz soit qui leur coupent les testes, ils ne sont pas tenuz à poyer d'amendement ; mais toutefois l'on doit bien sçavoir avant l'occire (*a*) s'il a par quoi amender. Et ce est le juggement en ce cas (*b*).

mais, avant de tuer un locman dans ce cas, il est convenable de s'assurer s'il n'a pas de quoi payer (1). C'est le jugement en ce cas.

ART. 26 (2).

Une neef guinde à sa descharge et se met à seiche (*c*), où elle est si jolie que les mariners prennent à leur voille ou au sourtil devant ou derriere ; le mestre lor doit crestre lors louyers veue par veue (*d*) ; et guindent vins et advient (*e*) qu'ilz laissent une broche (*f*) ouverte ou tonnel qu'on guinde (*g*) et ne l'ont mye amarrée o cordes au bout de la neef, et le tonnel defraude et chiet et se part et s'enfonce sur un autre sur quoy il chiet, et sont tous deux perdus ; le mestre et les mariners les doibvent rendre (*h*) as marchantz, et les marchantz doibvent poier (*i*) le fret des deux tonneaulx par reson que l'on lor

Un navire arrive au lieu de décharge et se met à sec, où il est si bien que les matelots s'empressent de le décharger de devant ou derrière. S'il arrive qu'ils laissent ouverte la canelle d'un tonneau que l'on guinde, ou que, ne l'ayant pas bien amarré avec des cordes au bord du navire, le tonneau se détache, tombe et se perde, ou même en tombant heurte contre un autre tonneau, de manière que les deux se perdent, le patron et les matelots doivent en payer le prix aux chargeurs, et les chargeurs doivent, de leur côté, payer le fret, parce qu'ils reçoivent le prix de ces tonneaux perdus sur le pied que les autres sont vendus. Le patron et les matelots doivent appliquer le salaire du guindage à la réparation de ce dommage, au marc la livre, de manière que les chargeurs n'en

(*a*) M. R. et anc. édit. *avant cela faire.* — (*b*) Cet article en forme deux dans le Bl. B.; et la rédaction en est si différente , qu'il m'a paru préférable de les transcrire. *Item. Se ung lodeman prent charge sur luy de amener une nef en aucun port et avient qu'en sa defaulte la nef soit perie et les marchandizes endommagées, le lodeman est tenu de restorer et amander ses dommages tout au long si bien au seigneur de la nef come aux marchantz pour tant que un lodeman ne prendra point lodmanage sur lui, s'il n'ait bon et plaine cognoissance du chemin pour faire et acomplir, Dieu aidant, lodmanage. — Item. Establi est pour coustume de mer, que si une nef est perdue par la defaulte d'un lodeman, les mariners puent, si leur plest, amener le lodeman à la guynda ou à ung autre lien et couper sa teste sans ce qu'en apres le maistro ou nul de ses mariners soit tenu d'en repondre devant aucun juge, pour ce que le lodeman fist grant trayson à son entreprise de lodmanage ; et c'est le jugement en ce cas.* — (*c*) D. M. *et mesaseiche.* — (*d*) M. R. et anc. édit. omettent depuis le maistre &c. — (*e*) D. M. si jolie que elle pend volontiers. Les marchants vont sur la voille ou sur la bastaille devant ou derriere , vins guindent et advient. — (*f*) D. M. aucune fois. — (*g*) D. M. herche. — (*h*) D. M. M. R. qu'ils ont guindé. — (*i*) D. M. et anc. édit. poier.

(1) Cette disposition , sur laquelle j'ai fait quelques observations page 309, n'a peut-être pas, si elle est bien entendue, toute la barbarie qu'elle semble présenter au premier aperçu. D'abord elle n'est relative qu'au cas où un locman a déclaré répondre du navire, et la législation française est encore, sous ce point de vue , conforme aux Rôles d'Oléron. L'article 40 de la loi du 22 août 1790 prononce contre le pilote côtier, *qui a déclaré répondre d'un navire,* la peine de trois ans de galères s'il le perd par impéritie, et la mort s'il le perd volontairement. Il ne seroit peut-être pas exact de croire que l'article des Rôles d'Oléron dont il s'agit ici, donnoit à l'équipage un droit arbitraire de tuer le locman sans forme de procès. On peut supposer au contraire qu'un jugement étoit prononcé d'après des formes dont nous n'avons plus connoissance, mais dont il reste quelques traces dans l'article 68 de l'édit sur l'amirauté de 1584. A cette époque, où assurément il existoit en France des juridictions régulières et des magistrats dignes de leurs fonctions autant par leurs vertus que par leurs lumières et leur indépendance, où la société n'étoit pas réduite à laisser chacun maître de se faire justice à lui-même, on avoit cru pouvoir autoriser le capitaine d'un navire marchand, assisté des sept principaux de l'équipage, à prononcer la peine de mort sans appel contre un crime flagrant commis dans le navire. On doit être moins surpris que ce droit ait existé plusieurs siècles avant, lorsque les moyens de poursuivre et de punir les crimes par le secours des tribunaux étoient presque nuls. Il est probable qu'on rendoit un jugement dans une forme semblable à celle qu'autorisoit et reconnoissoit, plusieurs siècles encore après la rédaction de ces Rôles, l'article 68 de l'édit de 1584, émané de l'autorité royale et enregistré dans les parlemens, qui ne firent aucune remontrance sur cette disposition exorbitante du droit commun.

(2) Cet article est le 25.e dans le manuscrit de Rennes et dans les anciennes éditions, le 24.e dans celle de Garcie et le 27.e dans celle de Cleirac. Il ne se trouve dans aucun des trois manuscrits d'Angleterre.

poye au feur des aultres qui sont vendus. Le mestre et les mariners doibvent mettre lor guindaige premierement à recouvrer (*a*) lor damage, et le remaignant doit estre parti entre eulx par tant chacun doit prendre audit guindaige (*b*) livre à livre; et les seignors de la neef ne doibvent rien perdre, car c'est par la faulte du mestre et des mariners de n'avoir amarré le tonnel (*c*). Et ce est le juggement en ce cas.

perdent rien; car c'est la faute du patron et des mariniers de n'avoir pas bien guindé le tonneau (1). C'est le jugement en ce cas.

ART. 27 (2).

Deux bateaux font compagnie et vont (*d*) aux harans et aux maquereaulx et debvent mettre autretant d'engins l'un comme l'autre, et sont à gré de partir leur gaing par moitié (*e*) entre eulx; et si advient que Dieu fait sa voulenté d'un des bateaux (*f*) et des engins et l'autre eschappe et s'en vient au pays dont il est, et les amis de ceux qui sont morts leur demandent à avoir partie du gaing et des engins, ils auront lor partie du gaing et des engins, par le serment de ceux qui seront eschappés; mais dou vessel ils ne prendront rien (*g*). Et ce est le juggement en ce cas.

Deux navires étant de société pour la pêche des harengs ou maquereaux, chacun doit mettre autant d'engins que l'autre, et le gain doit être partagé également. S'il arrive que, par force majeure, l'un des navires périsse, corps et biens, et que l'autre, s'étant sauvé, revienne au lieu de départ, et que les héritiers de ceux qui sont morts demandent à l'équipage du navire sauvé le partage du gain et les engins, cette part leur sera accordée sur la fixation d'après le serment de ceux qui sont revenus; mais ils n'auront rien dans l'autre navire (3). C'est le jugement en ce cas.

ART. 28 (4).

· *Item*. Ordonné est et estably pour loy et coustume de la mer que, se ung marchant a fretté une nef en quelque port que ce soit, et aviengne que la nef soit empeschée pour deffaulte du maistre ou du seigneur à cellui à qui la nef est, le marchant qui avoit fretté la nef puet requirer le maistre en telle maniere : Je te requirer que tu mettes mes biens ou mes denrées en la

Item. Il est ordonné et établi par la loi et coutume de la mer, que, si un marchand a frété un navire en quelque port que ce soit, et que le navire soit empéché par la faute du patron ou par empêchement du souverain du pays dont le propriétaire du navire est sujet, le fréteur peut requérir le patron en lui disant : *Je te requiers de charger mes biens et denrées dans le navire*. Si le patron répond que le départ du navire est empéché par le fait d'un souverain, le fréteur peut se

---

(*a*) D. M, *guindage à recouvrer.* — (*b*) Anc. édit. omettent depuis *le remaignant &c.* — (*c*) M. R. omet cette fin, depuis *et des mariniers.* — (*d*) M R. *d'aller aux.* — (*e*) M. R. *moitié par moitié.* — (*f*) M. R. *de la gent.* — (*g*) M. R. *ils n'auront nulla chose.*

(1) Le texte original est assez obscur. Du reste , il présente des principes semblables à l'article 10.
(2) Cet article est le 26.e dans le manuscrit de Rennes et dans les anciennes éditions , le 25.e dans celle de Garcie et le 28.e dans celle de Cleirac. Il ne se trouve dans aucun des trois manuscrits d'Angleterre.
(3) On trouve ici l'application des règles du droit commun sur les sociétés.
(4) Cet article est le 25.e dans le manuscrit de l'amirauté anglaise connu sous le nom de *Black Book.* Il ne se trouve dans aucun autre manuscrit ou imprimé.

nef; et le maistre dit que la nef est empeschée de par aucun seigneur; le marchant qui avoit fretté la nef se puet partir
du convenant et affrettement dudit maistre
et affretur à son chois ailleurs, sans ce que
soit tenu audit maistre de rien amender;
et se le marchant ne trouve fret, il puet
bien demander au maistre ses dommages
pour la raison qu'il n'a mye tenuz ses convenant et affrettement dessus ditz; et le
maistre lui doit amender. Et ce est le jugement en ce cas.

départir du contrat d'affrétement et fréter un
autre navire, sans être tenu de donner aucune indemnité au patron; et même, lorsque
l'inexécution de la convention provient du
refus du patron de remplir son engagement,
il a droit, s'il ne trouve point à fréter un navire, de demander au patron des dommages-
intérêts, et celui-ci doit les lui payer (1).
C'est le jugement en ce cas.

ART. 29 (2).

Item. Est estably pour coustume de la
mer, que, se ung marchant a fretté une nef
pour chargier vins à Bordeaux ou ailleurs,
le marchant puet bien chargier toute la nef
à sa droite charge, sans ce que le maistre
de laditte nef ou autre personne quelconque, sans la voulenté dudit marchant,
n'y puet riens mettre ne chargier, forspris
et excepté les vitailles necessaires à laditte
nef pour faire son voyage. Et ce est le jugement en ce cas.

Item. Il est établi, comme coutume de la
mer, que, si un marchand a frété un navire
pour charger des vins à Bordeaux ou ailleurs,
il a droit d'occuper le navire en entier jusqu'au lieu de sa décharge, sans que le patron
ou autre personne quelconque puisse, si ce
n'est avec le consentement de ce fréteur, y
charger rien autre chose que les victuailles
nécessaires pour le voyage (3). C'est le jugement en ce cas.

ART. 30 (4).

Item. Ordonnancé est et estably pour
coustume de la mer, se ung marchant
charge vins en une nef, il peut bien mettre
toute de hularge comment le feroit le
maistre resonnablement et en barelles dedans ladite nef, sans ce que le maistre ou

Item. Il est ordonné et établi pour coutume
de mer, que, si un marchand charge des vins
sur un navire, il a droit d'y mettre une aussi
grande quantité de choses que le patron pourroit en mettre lui-même raisonnablement
dans toute la capacité du navire, sans que
le patron ni aucune autre personne puissent

(1) Cet article présente, pour le cas où l'inexécution est imputable au patron, une décision conforme
aux règles du droit commun sur l'effet des conventions. On trouve des principes analogues dans le
chapitre xx de la troisième partie de la compilation rhodienne. Mais la force majeure provenant de ce
qu'on appelle *fait du souverain*, et, dans les lois du moyen âge, *empêchement de seigneurie*, devoit aussi
être prévue. Notre article donne dans une rédaction un peu obscure, mais que je crois avoir indiqué
sans m'écarter du véritable sens du texte, une solution conforme à la justice et adoptée par les législations modernes. Le silence des articles primitifs sur l'un et l'autre cas avoit sans doute rendu cet article
nécessaire.
(2) Cet article, qui est le 26.º du manuscrit de l'amirauté anglaise, ne se trouve dans aucun autre
manuscrit ou imprimé.
(3) Le cas que cet article prévoit n'avoit fait l'objet d'aucun des articles primitifs. Il est littéralement
conforme à une partie du chapitre xxii de la troisième partie de la compilation rhodienne.
(4) Cet article, qui est le 27.º dans le manuscrit de l'amirauté anglaise, ne se trouve dans aucun autre
manuscrit ou imprimé. Le cas qu'il prévoit et qui est la continuation du précédent n'a été l'objet d'aucun
des articles primitifs.

autre personne quelconque y puet riens mettre ne faire nul empeschement, c'est à savoir dex tonnels J. p. p. et à l'avenant du surplus. Et ce est le jugement en ce cas.

s'y opposer, c'est à savoir.......... et à l'avenant pour le surplus (1). C'est le jugement en ce cas.

ART. 31 (2).

Item. Est estably pour coustume de la mer, que, se les mariners d'une nef soient à portage, chaqun d'eulx aura ung tonnel franc de frett, et s'il y a nul frett de la nef; et se ainsi soit que le marin deffaile et ne face son devoir en la mer, il n'aura riens de franchise; et de ce pourront bien les marchants avoir serment de maistre. Et doit avoir le maistre aussi bon frett des vins ou denrées qui sont gettez come de ceulx qui sont saulvez; raison pourquoy, pour ce que la nef ou son frett porteront lors fais ou gette à son choiz. Et ce est le jugement en ce cas.

Item. Il est établi, comme coutume de la mer, que, si les matelots d'un navire sont loués au fret (3), chacun d'eux aura un tonneau franc de fret : mais, si le navire ne gagne aucun fret, et que ce matelot ait manqué de faire son devoir au cours du voyage, il sera privé de sa franchise; à cet égard, les propriétaires du navire pourront prendre le serment du patron (4). Le patron aura droit d'exiger le fret des vins ou denrées qui seront jetés, comme de ceux qui seront sauvés (5), par la raison que le fret ou le navire, au choix du patron, doivent contribuer aux pertes causées par le jet. C'est le jugement en ce cas.

ART. 32 (6).

Item. Ordonné est et estably pour coustume de la mer, que, se ung marchant frette une nef et la charge de vins, il semble aux mariners que le marchant de droit leur doit donner en chacun lieu où ils arriveront et en chacun jour de double feste un pot de vin ou deux ou troix, les

Item. Il est ordonné, comme coutume de la mer, que, si un marchand frète un navire qu'il charge de vins, les matelots exigent souvent que le chargeur leur donne dans chaque lieu où ils débarquent, ou à chaque jour de double fête, un pot de vin, ou deux ou trois; ils n'y sont fondés sur aucun droit ni loi, et le chargeur ne doit leur donner que

(1) Le manuscrit d'Angleterre dit *Black Book* de l'amirauté, le seul qui contienne cet article, présente une imperfection ou une abréviation que j'ai fidèlement transcrite dans le texte; mais cette lacune n'empêche point de comprendre l'article, qui, du reste, est conforme aux règles du droit commun.

(2) Cet article est le 28.e dans le manuscrit de l'amirauté anglaise. Il ne se trouve dans aucun autre manuscrit ou imprimé.

(3) On a vu, dans l'article 18, que les matelots pouvoient être loués au fret; c'est-à-dire, moyennant une part dans ce que le navire gagnoit par le transport des objets chargés. La conséquence naturelle de cette convention étoit que tout homme de l'équipage payât le fret de ce qu'il chargeoit; car aucun associé ne peut avoir un avantage propre, à l'exclusion des autres. C'est probablement ce qui avoit lieu en France, où l'article dont il s'agit ici n'a jamais été connu. On peut le conclure des dispositions de l'article 26 du titre 1 du livre 11 de l'ordonnance de 1681. Un usage différent paroit avoir été adopté par les auteurs des articles ajoutés dans le *Black Book*, qui ont accordé un port franc à chaque matelot.

(4) Cette décision est littéralement semblable à celle de l'article 18 ci-dessus.

(5) Cette disposition a probablement été adoptée par les rédacteurs des articles faits en Angleterre pour lever un doute. L'article 8, en établissant le principe de la contribution, et en disant, comme celui dont il s'agit en ce moment, que le patron contribuoit, ou pour la valeur du navire, ou pour le fret, à son choix, laissoit entendre suffisamment, selon moi, que le fret des choses jetées étoit dû, avec d'autant plus de raison que l'article 23 le décide expressément pour les choses vendues en cas de nécessité. Cependant il ne s'étoit point exprimé formellement, et le doute avoit pu s'élever.

(6) Cet article est le 29.e dans le manuscrit de l'amirauté anglaise. Il ne se trouve dans aucun autre manuscrit ou imprimé. Quelques mots paroissent omis; mais le sens est facile à comprendre.

mariners, par droit ne loy, ne marchant leur puet donner de courtoisie ce que lui plest. Et ce est le jugement en ce cas.

ce que bon lui semble par pure courtoisie (1). C'est le jugement en ce cas.

ART. 33 (2).

Item. Ordonné est et estably pour coustume de la mer, que, se ung marchant frette une nef, le maistre doit donner au marchant chascun jour ung esquisine se le marchant le demande au maistre; et plus, si la nef est chargée de vins, le maistre lui doit ballier ung page pour regarder ez vins du marchant aussi bien et si souvent comme s'ilz feussent au maistre. Et ce est le jugement en ce cas.

Item. Il est ordonné et établi, comme coutume de la mer, que, si un marchand a frété un navire, le patron doit lui fournir chaque jour la nourriture suffisante (3). De plus, si la nef est chargée de vins, le patron doit fournir un homme pour garder les vins aussi bien et avec autant de soin que s'ils appartenoient à lui-même (4). C'est le jugement en ce cas.

ART. 34 (5).

Item. Ordonné est pour coustume de mer, que, se ung nef arrive en ung port à sa droitturiere descharge, et demoure la nef illecques chargée jusques à XXI jours ouvrables, le maistre puet bien mettre hors sur ung keye; et le maistre doit ordonner et ballier ung de ses mariners au marchant pour prendre garde aux vins ou autres denrées jusques à tant que le maistre soit payé de son frett. Et ce est le jugement en ce cas.

Item. Il est ordonné, comme coutume de mer, que, si un navire arrive en un port à sa droite décharge et y reste chargé plus de vingt-un jours ouvrables, le patron peut mettre les marchandises hors sur un quai, et préposer un de ses agens pour surveiller les vins et denrées jusqu'à ce que le marchand ait payé le fret (6). C'est le jugement en ce cas.

(1) Cette décision, dont on ne trouve l'analogue dans aucune des législations antérieures, ni dans les articles primitifs des Rôles d'Oléron, eut sans doute pour objet d'abolir un abus et d'injustes exigences des matelots. Le chargeur en payant un fret paie non-seulement le prix du transport, mais encore le prix des soins et des peines de l'équipage pour la garde et la surveillance. L'article est conforme aux véritables règles de l'équité et du droit commun.

(2) Cet article est le 30.e du manuscrit de l'amirauté anglaise. Il ne se trouve dans aucun autre manuscrit ou imprimé.

(3) Cette règle ne se trouve dans aucun des articles primitifs; elle est sans doute le résultat d'un usage qui s'étoit introduit, et que les rédacteurs des articles ajoutés en Angleterre ont cru convenable de fixer d'une manière précise.

(4) On ne voit point aussi, dans les articles primitifs, de texte spécial relativement à cette obligation de préposer un homme à la surveillance des vins; mais elle est la conséquence d'un grand nombre de principes disséminés dans ces articles, dont l'objet est d'imposer au patron et à l'équipage l'obligation de veiller à la conservation des choses transportées.

(5) Cet article est le 31.e du manuscrit de l'amirauté anglaise. Il ne se trouve dans aucun autre manuscrit ou imprimé.

(6) Le principe consacré par cet article se trouve implicitement dans le 9.e des articles primitifs, lequel assure au patron la faculté de ne pas se dessaisir des marchandises qu'elles n'aient acquitté leur part de contribution au jet. Cette règle est assurément la conséquence du principe consacré par le fr. 6, § 1, du titre IV du livre XX du Digeste, *Qui potiores in pignore* &c., que le patron a privilége, tant pour son fret que pour toutes les autres dettes de la marchandise. Toutefois, il n'étoit point littéralement écrit dans la compilation primitive; l'expérience a pu faire croire qu'une disposition spéciale étoit nécessaire. Il ne faut pas perdre de vue que l'ignorance des juges exigeoit souvent que les lois ou les coutumes écrites prévissent spécialement des cas dont des juges éclairés auroient trouvé la décision implicite dans le droit commun.

ART. 35 (1).

Item. Ordonné est et estably pour coustume de la mer, que, quant il avient que l'en face getteson d'une nef, il est bien escript à Rome que toutes les marchandises et denrées contenues en la nef devoient partir ou gett, livre pour livre ; et s'il y a hanaps d'argent plus que ung en la nef, il doit partir ou gett ou faire gré, et ung hanap aussi s'il n'est porté à la table pour servir aux mariners ; robe et linge s'ilz soient à tailler, ou s'ilz n'aient esté vestuz, tout partira ou gett. Et ce est le jugement en ce cas.

Item. Il est ordonné et établi, comme coutume de mer, qu'en cas de jet il est bien écrit dans la loi romaine que toutes les marchandises et denrées contenues dans le navire doivent contribuer au jet, livre pour livre ; et s'il y a plus d'un gobelet d'argent dans le navire, les autres doivent contribuer au jet, et même, quand il n'y en auroit qu'un, il doit contribuer, s'il n'est pas destiné à l'usage de la table commune. Les hardes et linges non taillés, ou qui ne sont pas consacrés au vêtement des hommes, doivent aussi contribuer (2). C'est le jugement en ce cas.

ART. 36 (3).

Item. Une navire fluctuans et seiglans par la mer, tant en faict de marchandise que pescherie, si par fortune ou impetuosité de temps elle se rompt, brise, et perist en quelque region et contrée ou coste que ce soit, et le maistre et ses mariniers ou l'un d'eulx eschappe et se saulve, ou les marchans ou marchant, le seigneur du lieu ne doit empescher la salvation du bris et marchandise de ladicte navire par ceulx qui seront eschappez, et par ceulx à qui appartiendra la navire ou marchandise, mais doibt ledict seigneur secourir et aider par luy ou ses subjects lesdicts poures [pauvres] mariniers et marchans à saulver leurs biens, sans rien prendre, sauf toutesfois à remunerer les saulveurs, selon Dieu et raison et conscience et leur estat, et selon que justice ordonnera, combien qu'aucune promesse auroit esté faicte esdicts saulveurs, comme dessus est dit (4).

Et qui fera le contraire, et prendra aucuns des biens desdicts pauvres nauffragans et perdus et destruitz, outre leur gré et volunté, il est excommunié de l'Eglise (5),

(1) Cet article est le 32.e dans le manuscrit de l'amirauté anglaise. Il ne se trouve dans aucun autre manuscrit ou imprimé.

(2) Le principe de la contribution est bien formellement consacré dans le 9.e des articles primitifs ; mais il n'est relatif qu'aux marchandises chargées. L'expérience aura sans doute fait connoître aux rédacteurs des articles ajontés en Angleterre la nécessité d'une règle fort sage d'ailleurs sur la contribution des objets mobiliers appartenant à des chargeurs.

(3) Cet article est le 26.e dans l'édition de Garcie et le 29.e dans celle de Cleirac. Comme tous ceux qui suivent, il ne se trouve que dans les éditions de ces deux auteurs. Le texte de Garcie, que j'ai préféré comme le plus ancien, est assez facile à entendre pour qu'une traduction m'ait paru inutile. J'ai suivi exactement l'édition faite à Poitiers en 1542, toutes celles dont j'ai eu connoissance étant postérieures.

(4) Le rédacteur de cet article fait évidemment allusion à la disposition qui termine l'article 4 de la partie primitive des Rôles d'Oléron. Tout ce qui précède est, au surplus, conforme aux principes du droit romain que j'ai exposés page 77. Plusieurs de ces textes sont cités en marge dans l'édition de Garcie.

(5) Cette disposition se réfère à un grand nombre de décisions canoniques qui excommunioient quiconque pilloit les naufragés : les unes étoient des bulles des souverains pontifes rendues pour certaines localités que je citerai quand je parlerai du droit maritime des pays qu'elles concernent, ou des bulles générales pour toute la chrétienté ; les autres étoient des canons de conciles particuliers, tels que le concile de Nantes dont j'ai parlé page 316, ou de conciles généraux, tels que le concile de Latran de 1179, et autres qui n'ont cessé de fulminer des anathèmes contre la plus horrible violation des droits de l'humanité et de la propriété.

et doibt estre pugny comme un larron, s'il ne faict restitution en brief. Et n'y a coustumes ne statutz quelconques qui puissent engarder d'encourir lesdictes peines. C'est le jugement.

ART. 37 (1).

Item. Une navire, en entrant en aucun havre ou aultrement, par fortune elle se rompt et perist, et mourent les maistres mariniers et marchans; les biens vont à la coste ou demeurent en mer, sans avoir aucune poursuyte de ceulx à qui appartiennent les biens, car ils n'en sçavent rien. En tel cas, qui est tres piteulx, le seigneur doibt mectre gens pour saulver lesdicts biens, et iceulx biens doibt ledict seigneur garder ou mectre en seureté. Et puis doibt faire assavoir ès parens des deffuncts submergés l'adventure, et payer lesdicts saulveurs scelon le travail et peine qu'ils auront prinse, non mye à ses despens, mais desdictes choses saulvées; et le remanent et demeurant doibt ledict seigneur garder ou faire garder entierement, jusques à un an, si plus tost ne viennent ceulx à qui appartiendront lesdictes choses (2). Et le bout de l'an passé, ou plus, s'il plaist audict seigneur attendre, il doibt vendre publicquement et au plus offrant lesdictes choses, et de l'argent receu doibt faire prier Dieu pour les trespassés, ou marier pouvres filles, et faire autres œuvres pitiables scelon raison et conscience (3). Et si ledict seigneur prent des choses quart ny part, il encourra la malediction de nostre mere saincte Eglise, et peines susdictes, sans jamais avoir remission, s'il ne faict satisfaction. C'est le jugement.

ART. 38 (4).

Item. Si une navire se pert en frappant à quelque coste, et il advient que les compaignons se cuident eschapper et saulver, et viennent à la rive de la mer demy noyés, pensant que aucuns leur aident; mais il advient que aucunes foys en beaucoup de lieux qu'il y a des gens inhumains et plus cruels et felons que les chiens et loups enragés, lesquels murtrissent et tuent les poures [pauvres] patiens, pour

---

(1) Cet article est le 27.ᵉ de l'édition de Garcie et le 30.ᵉ de celle de Cleirac.

(2) Le système féodal attribuant les droits de justice et de police aux seigneurs, l'obligation de procéder aux sauvetages leur étoit naturellement imposée. Tels furent sans doute les principes français aussitôt que les rois furent assez éclairés sur leurs intérêts pour abolir la coutume barbare de dépouiller les naufragés. Cependant, comme le droit de s'approprier les objets non réclamés dans le délai légal étoit réservé au Roi, et, par sa concession, à l'amiral de France, il parut, dans la suite, plus convenable et plus juste que les officiers de l'amirauté procédassent aux sauvetages. Mais j'ai déjà dit, page 318, que nous n'avions rien de certain à ce sujet avant l'ordonnance de 1543.

(3) Je ne connois aucune loi française qui ait imposé au fisc l'obligation d'employer en œuvres pies les deniers provenant de la vente des objets que les propriétaires ou leurs ayant-cause n'avoient pas réclamés. Je ne crois même pas que dans le grand nombre de dispositions canoniques faites par les papes ou les conciles pour protéger les naufragés contre l'avidité des habitans des côtes et les injustes prétentions du fisc, il s'en trouve qui parlent de cette obligation, parce que les biens sans maître appartiennent légitimement au premier occupant lorsque la loi ne les attribue pas au fisc. Valin, dans plusieurs endroits de son Commentaire, trouve que cette disposition est singulière, et il a raison : mais la justesse de son esprit auroit dû le conduire à reconnoître que cet article et les suivans ne sont ni une loi, ni une coutume; qu'ils sont contraires à tout ce qui a été et est encore, et qu'on n'y pouvoit voir que les vœux ou, si on le préfère, les rêves d'un homme pieux, oubliant que si la souveraineté a des droits, elle a aussi des charges; et qu'une fois que des choses n'ont point de maître, il est naturel de les attribuer à l'état plutôt qu'au premier occupant.

(4) Cet article est le 28.ᵉ dans l'édition de Garcie et le 31.ᵉ dans celle de Cleirac.

44..

avoir leur argent ou vestemens, et aultres biens. Icelles manieres de gens doibt prendre le seigneur du lieu, et en faire justice et punition, tant en leurs corps que en leurs biens; et doibvent estre mis en la mer et plongés tant que soyent demys mors, et puys les tirer dehors, et les lappider et assommer comme on feroit un chien ou loup (1). Et tel est le jugement.

A R T. 39 (2).

Item. Une navire vient en aucun lieu, et veult entrer en port ou en havre, et elle met enseigne pour avoir un pillote ou un bateau pour la touer dedans, parce que le vent ou marée est contraire; il advient que ceulx qui vont pour amener ladicte navire, ont faict marché pour le pillotage ou touage : mais, parce que en aucuns lieux la mauldicte et damnable coustume court, sans raison, que des navires qui se perdent le seigneur du lieu en prent le tiers ou quart, et les saulveurs ung autre tiers ou quart, et le demourant ès maistres et marchans; ces choses considerées, et pour estre aucunes foys en la bonne grace du seigneur, et aussi pour avoir aucuns des biens de ladicte navire, comme villains traistres et desloyaux, menent ladicte navire sus les pierres tout à leur escient et de leurs certaines malices, et font perdre ladicte navire et marchandise, et feignent à secourir les poures gens, ils sont les premiers à despecer et rompre la navire, et emporter la marchandise, qui est une chose contre Dieu et raison, et, pour estre les bien venus en la maison du seigneur, ilz courent dire et annoncer la poure adventure et perte des marchans; et ainsi vient ledict seigneur avecques ses gens et prent sa part des biens adventurés, les saulveurs l'autre part, et le remenant demeure ès marchans. Mais, veu que c'est contre le commandement de Dieu omnipotent, nonobstant aucune coustume ou ordonnance, il est dict et sententié que le seigneur, les saulveurs, et autres qui prendront aucune chose desdictz biens, seront mauldditz et excommuniés, et punis comme larrons, comme dict est dessus (3). C'est le jugement.

A R T. 40 (4).

Mais des faulx et desloyaux traistres pillottes le jugement est tel, qu'ilz doivent souffrir martyre cruellement; et doit l'on faire des gibbets bien haulx sur le lieu

---

(1) Je ne doute point qu'à l'époque même où le droit de s'emparer des effets des naufragés étoit consacré par les lois civiles, quiconque attentoit à la vie de ces malheureux ne dût être poursuivi et puni comme assassin. Le droit romain, dans lequel la France a si long-temps puisé sa jurisprudence civile et criminelle, contenoit des règles expliquées pages 76 et suiv.; et quoique l'ordonnance de 1681 soit la première loi française dans laquelle des peines soient littéralement écrites, je suis convaincu qu'avant cette ordonnance le crime dont il s'agit étoit poursuivi et puni. Mais jamais le genre de supplice indiqué dans notre article n'a été usité en France : il n'est donc pas possible de le considérer ni comme une coutume constatant des usages, ni comme une loi disposant pour l'avenir.

(2) Cet article est le 29.ᵉ dans l'édition de Garcie; il forme, avec le suivant, le 25.ᵉ de l'édition de Cleirac.

(3) Cet article et le suivant ne sont qu'une assez ridicule amplification de l'article 25 des véritables Rôles d'Oléron. La peine contre l'homme qui faisoit périr malicieusement un navire étoit la mort, que l'équipage victime de cette scélératesse avoit droit de lui donner. Il est clair que, si la punition ne pouvoit pas être infligée de cette manière, parce que l'équipage avoit péri, le droit de prononcer sur le sort du coupable étoit réservé aux tribunaux; c'étoit même ce qu'avoit décidé l'article 48 de l'édit de 1584.

(4) Cet article est le 30.ᵉ dans l'édition de Garcie; dans celle de Cleirac, il est réuni au précédent pour former le 25.ᵉ

propre où ilz ont mis ladicte navire, ou bien près de là, et illecques doibvent les mauldicts pillotes finir honteusement leurs jours; et l'on doibt laisser lesdicts gibbets estre sur ledict lieu en memoire perpetuel et pour faire ballise ès autres navires qui là viendront. C'est le jugement.

ART. 41 (1).

Item. Si ledict seigneur estoit si felon et si cruel, qu'il souffriroit telles manieres de gens, et les soubtiendroit et seroit participant en leurs malices pour avoir les nauffrages, lors ledict seigneur doibt estre prins, et tous ses biens venduz et confisqués en œuvres piteables, pour faire restitution à qui il appartiendra; et doibt estre lié à une esteppe en meillieu de sa maison, et puys on doibt mettre le feu ès quatres cornieres de sa maison, et faire tout brusler, et les pierres des murailles jecter par terre, et là faire la place et le marché pour vendre leurs pourceaulx à jamais perpetuellement (2). C'est le jugement.

ART. 42 (3).

Item. Si une navire estant sur la mer, ou à l'ancre en quelque radde, et par grande tourmente qu'elle endure il convient faire gect pour alleger ladicte navire, et l'on gecte plusieurs biens hors pour soy saulver; sache que ces biens ainsi gectés hors sont à icelluy qui premier les pourra occuper et emporter : mais il est à entendre et sçavoir que les marchans ou maistres et mariniers ayans gecté lesdictes choses sans avoir esperance ne volunté de jamais les recouvrer, et laissent comme choses perdues et delaissées d'eulx, sans jamais en faire poursuyte, et ainsi le premier occupant est seigneur desdictes choses (4). C'est le jugement.

ART. 43 (5).

Item. Une navire a fait gect de plusieurs marchandises; il est à presumer que ladicte marchandise est en coffres, lesquelz coffres sont fermés et bouclés, ou bien des livres lesquelz seroient bien fermés et envelloppés, de paour qu'ilz n'endommageassent en la mer : lors celluy qui a faict ledict gect a encores intention, vouloir et esperance de recouvrer lesdictes choses; et par ce ceulx qui trouveront ces choses sont tenus à restitution à celluy qui en fera la poursuyte, ou bien en

(1) Cet article est le 31.ᵉ dans l'édition de Garcie et le 26.ᵉ dans celle de Cleirac.
(2) Voir la note sur les articles 38 et 39, et ce que j'ai dit page 318.
(3) Cet article est le 32.ᵉ tant dans l'édition de Garcie que dans celle de Cleirac.
(4) Cet article me paroît offrir une nouvelle preuve que la série dont il fait partie n'est point le résultat de la jurisprudence des tribunaux maritimes sur les cas les plus importans et les plus fréquens. Il contient une distinction entre le jet fait *animo derelinquendi* et le jet fait *animo recuperandi*. Cette distinction est vraie, sans doute, en pure spéculation, et le fr. 43, § 11, du titre II du livre XLVII du Digeste, *De furtis*, la contient : mais, comme on l'a vu page 122, elle n'est qu'une simple hypothèse, à l'aide de laquelle le jurisconsulte arrive à la solution d'une question relative au vol. Jamais elle ne s'est présentée ni ne peut se présenter dans la pratique, et notamment dans le cas prévu par notre article, où le jet est fait dans une *tourmente* et *pour soy saulver*.
(5) Cet article est le 33.ᵉ tant dans l'édition de Garcie que dans celle de Cleirac.

faire des aulmosnes pour Dieu, jouxte le conseil d'ung saige homme et discret, et selon conscience (1). C'est le jugement.

ART. 44 (2).

Item. Si une nef par force de temps est contraincte de coupper ses cables ou fillets par bout, et laisser cables et ancres, et faire la vie et gré du vent, ses ancres et cables ne doibvent estre perdus à ladicte nef, s'il y avoit horyn ou bonneau. Et ceulx qui les peschent sont tenuz de les rendre, s'ils sçavent à qui; mais ils doibvent estre payés de leurs peines, selon l'esgard de justice. Mais, parce que l'on ne sçait à qui les rendre, le seigneur y prent sa part comme les saulveurs, et n'en font dire *Pater noster* ni *Ave Maria*, à quoy ilz sont tenuz. Et par ce il a esté ordonné que un chascun maistre de navire aye à mettre et faire engraver dessus les horyns et bonneaux de sa navire son nom, ou de ladicte navire, et du port et havre dont il est (3). Et cela engardera de damner beaucoup d'ames, et fera grand proffit à plusieurs; car tel a laissé son ancre au matin qui se pourra recouvrer au soir. Et ceulx qui le retiendront seront larrons et pirates. C'est le jugement.

ART. 45 (4).

Item. Generallement, si aucune nef par cas d'aucune fortune se rompt et pert, tant le bris que les autres biens de ladicte nef doibvent estre reservez et gardez

(1) Cet article est la continuation du précédent, et a pour objet de faire connoître à quels signes on peut juger que ceux qui font jet ont l'intention de recouvrer les choses sacrifiées. Je n'aurois pas fait de note, s'il ne s'y trouvoit une expression assez extraordinaire : *des livres bien fermés et enveloppés, de peur qu'ils n'endommageassent en la mer.* Ce fait, qui constateroit un commerce sur les livres par voie d'importation ou d'exportation maritime, m'a paru assez embarrassant pour que j'aie dû m'assurer si le mot *livres* n'étoit pas imprimé par erreur, et s'il ne falloit pas substituer quelque mot équivalent à celui de *caisses*, *balles*, *ballots*, ou autres semblables; mais je l'ai trouvé dans toutes les éditions, et les traducteurs étrangers n'en ont pas fait de doute : le traducteur anglais a employé le mot *book*; le traducteur allemand, Bücher; le traducteur italien, *libri*. Je dois donc admettre qu'il s'agit de livres destinés à la lecture. Assurément, si l'on suppose que l'article a été fait du temps d'Eléonore de Guienne, il n'est pas possible de croire qu'à cette époque les livres, c'est-à-dire, les manuscrits, fussent un objet de commerce assez considérable pour qu'il y eût occasion de les jeter, à l'effet de soulager un navire en danger. Cela est moins improbable, si, comme je n'en doute pas, on suppose que la série d'articles dont il s'agit a été faite à la fin du xv.ᵉ siècle ou au commencement du xvi.ᵉ L'imprimerie existoit à cette époque. Par une déclaration du 9 avril 1513, Louis XII avoit accordé des encouragemens à cet art, qu'il qualifie *invention plus divine qu'humaine.* François I.ᵉʳ les avoit confirmés et étendus en 1515; et le même prince avoit, en 1541, fait des réglemens sur l'exercice de la profession d'imprimeur et de libraire. Au temps de Garcie, et en admettant même avec le P. Le Long qu'il ait composé son Routier en 1484, il est constant que les opérations de l'imprimerie avoient multiplié considérablement les livres. Naudé, *Additions à l'histoire de Louis XI,* page 307, atteste que, dès 1474, *tous les bons ouvrages et même beaucoup de médiocres avoient été imprimés plusieurs fois.* Il n'y a donc rien d'étonnant que les livres aient pu faire une partie importante des chargemens maritimes.

(2) Cet article est le 45.ᵉ dans l'édition de Garcie et dans celle de Cleirac. J'ai cru devoir le déplacer pour réunir tout ce qui concerne les naufrages.

(3) Je ne connois aucun réglement qui ait prescrit ces mesures, et je ne sache pas même que dans nos temps modernes, où la police maritime est perfectionnée, elles soient en usage.

(4) Cet article termine la compilation dans l'édition de Garcie et dans celle de Cleirac : mais, comme les dispositions qu'il contient ont avec celles qui précèdent un rapport plus direct qu'avec les articles à la suite desquels Garcie et Cleirac l'ont placé, j'ai cru qu'il n'y avoit aucun inconvénient à déranger l'ordre adopté par ces éditeurs. Au surplus, cet article reproduit les principes des précédens, et seulement il y ajoute une restriction adoptée dans la constitution de Frédéric II de 1220, dans les bulles des souverains pontifes et dans les canons des conciles, par l'effet de laquelle le droit de s'emparer des objets naufragés pouvoit être exercé contre les pirates et les ennemis de la religion chrétienne.

à ceulx à qui ils appartienoient avant le nauffrage, cessant toute coustume contraire. Et tous participans, prenans et consentans oudict nauffrage, s'ilz sont evesques, ou prelats, ou clercs, ilz doibvent estre deposés de leurs offices, et privés de leurs benefices; et s'ilz sont layz, ilz encourront les peines susdictes.

Item. Les choses precedentes se doibvent entendre si ladicte nef ne exerçoit le mestier de pillerie, et que les gens d'icelle ne fussent poinct pyrates, ou escumeurs de mer, ou bien ennemis de nostre saincte foy catholicque; car alors, s'ilz sont pyrates, pilleurs, ou escumeurs de mer, ou Turcs, et autres contraires et ennemis de nostredicte foy catholicque, chascun peut prendre sur telles manieres de gens, comme sur chiens, et peut l'on les desrobber et spolier de leurs biens sans pugnition. C'est le jugement.

ART. 46 (1).

Item. Touchant les poissons gros et ayant lart, qui viennent et sont trouvez mors à la rive de la mer, il fault avoir esgard à la coustume du pays; car le seigneur doibt avoir partie, au desir de la coustume. La raison est bonne; car le subject doibt avoir obeissance et tribut à son seigneur (2). C'est le jugement.

ART. 47 (3).

Item. Le seigneur doibt prendre et avoir sa part desdicts poissons à lart, et non en autre poisson, reservé toutesfois la bonne coustume dudict pays, sur le lieu où ledict poisson aura esté trouvé. Et celuy qui l'a trouvé n'est tenu sinon de le saulver et mettre hors de dangier de la mer, et incontinent le faire assavoir audict seigneur, en le soubmant et requerant qu'il vienne ou envoye querir le droict à luy appartenant oudict poisson. C'est le jugement.

ART. 48 (4).

Item. Si ledict seigneur veult, et aussi s'il est de coustume, il pourra faire apporter et amener à iceluy qui a trouvé ledict poisson au lieu et à la place

---

(1) Cet article est le 35.ᵉ dans l'édition de Garcie et le 37.ᵉ dans celle de Cleirac.

(2) Le droit romain n'avoit point de dispositions sur cet objet, ou plutôt il est évident que l'invention étoit un moyen d'acquérir les poissons échoués, comme toute autre chose trouvée sur le rivage. Plaute fait allusion à ce principe dans son *Rudens*, act. IV, sc. III, et paroît s'amuser aux dépens de ceux qui avoient élevé la prétention qu'en pareil cas l'occupation n'étoit pas nécessaire, et qu'il suffisoit d'avoir aperçu une chose pour en être réputé inventeur, et par suite propriétaire. Le principe attesté par Plaute me paroit n'avoir jamais été modifié; car je ne crois pas que les vers de Juvénal, dans la fameuse satire du turbot, puissent être considérés comme un monument de législation. Il suffit, pour s'en convaincre, de lire le fr. 14 du titre I.ᵉʳ du livre XLI du Digeste, *De adquirendo rerum dominio*. C'est probablement aux temps du moyen âge qu'on peut attribuer cette distinction entre les poissons que chacun peut s'approprier, lorsqu'ils sont trouvés sur le rivage, et les poissons réservés au souverain. Il seroit trop long de rechercher la cause de cette origine, due peut-être à une équivoque sur le droit de propriété des rivages. On aura dit: Le rivage appartient au souverain; donc ce que la mer jette sur le rivage en est l'accessoire et appartient aussi au souverain; et sans doute le peu d'importance de certaines sortes de poissons, ou quelque sentiment d'humanité en faveur des habitans des côtes, aura fait naître la distinction entre les poissons, dont les plus précieux seulement auront été déclarés appartenir au souverain.

(3) Cet article est le 36.ᵉ dans l'édition de Garcie et le 38.ᵉ dans celle de Cleirac.

(4) Cet article est le 37.ᵉ dans l'édition de Garcie et le 39.ᵉ dans celle de Cleirac.

publicque, là où on tient le marché et halle, et non ailleurs. Et là doibt estre ledict poisson mis à pris par ledict seigneur ou l'inventeur, selon la coustume ; et le pris faict, celuy qui n'aura faict le pris aura son election de prendre ou de laisser. Et si l'un d'eulx par fas ou nefas faict perdre à l'autre la valeur d'un denier, il est tenu à restituer. C'est le jugement.

Art. 49 (1).

Item. Si les coustz et fraiz de l'amenage dudict poisson jusques à ladicte place seroient de plus grant somme que ne vauldroit ledict poisson, lors ledict seigneur est tenu de prendre sa part sur le lieu. C'est le jugement.

Art. 50 (2).

Item. Esdicts fraiz et mises ledict seigneur doibt escotter (3) : car il ne doibt pas enrichir de la perte et dommage d'autruy, autrement il pèche. C'est le jugement.

Art. 51 (4).

Item. Si d'aventure ledict poisson trouvé est desrobbé ou perdu par quelque fortune, empres que ledict seigneur l'a visité, ou avant, celuy qui l'a trouvé n'est en rien tenu. C'est le jugement.

Art. 52 (5).

Item. Aucun navire trouve en mer ung poisson à lart, il est totallement à ceulx qui le trouvent, s'il n'a poursuyte, et nul seigneur n'y doibt avoir ny prendre part, combien qu'on l'apporte en sa terre (6). C'est le jugement.

Art. 53 (7).

Item. En toutes autres choses trouvées à la coste de la mer, lesquelles autreffois ont esté possedées par creatures (8), comme vin, huille, et autres marchandises,

---

(1) Cet article est le 38.ᵉ dans l'édition de Garcie et le 40.ᵉ dans celle de Cleirac.
(2) Cet article est le 39.ᵉ dans l'édition de Garcie et le 41.ᵉ dans celle de Cleirac.
(3) Payer sa part proportionnelle, et, comme on dit encore vulgairement, *son écot.* Voir du Cange et Carpentier, *Gloss. med. et infim. latin.* voc. *Escot, Scot, Scotare.*
(4) Cet article est le 40.ᵉ dans l'édition de Garcie et le 42.ᵉ dans celle de Cleirac.
(5) Cet article est le 42.ᵉ dans l'édition de Garcie et le 44.ᵉ dans celle de Cleirac. J'ai cru devoir le placer ici pour compléter tout ce qui concerne le droit sur les poissons.
(6) J'ai expliqué, sur l'article 46, la cause probable qui fit attribuer au souverain du territoire les poissons échoués sur le rivage. Les règles sur l'accessoire, bien ou mal appliquées à ce cas, ne pouvoient être étendues au poisson pris en pleine mer, puisque la mer n'est dans la souveraineté de qui que ce soit ; il n'y avoit donc plus de motifs pour modifier la règle du droit romain sur l'acquisition par la pêche.
(7) Cet article est le 41.ᵉ dans l'édition de Garcie et le 43.ᵉ dans celle de Cleirac.
(8) La distinction, relativement à l'acquisition par invention, entre les choses qui n'ont jamais eu de maître et celles qui en avoient un, lequel est inconnu, se trouve dans tous les principes de notre droit coutumier. Les premières, comme *res nullius*, restées dans la communauté négative, étoient au premier occupant ; les autres, sous le nom d'*épaves*, appartenoient au fisc, sous certaines conditions qui varioient selon les coutumes.

et combien qu'elles auroient esté jectées et delaissées des marchans, et qu'elles devroient estre au premier occupant, touteffois la coustume du pays doibt estre gardée comme des poissons (1) : mais, s'il y a presumption que ces choses soient d'aucun navire qui soit pery, rompu et submergé, lors le seigneur ny l'inventeur ne doibvent rien prendre pour le retenir, mais doibvent faire comme devant est dict, sçavoir est, en faire prier Dieu pour les trespassés, et autres biens spirituels; ou autrement ils encourront les jugemens de Dieu (2). C'est le jugement.

ART. 54 (3).

Item. Si aucun trouve en la mer, ou à l'arenne ou rive de la mer ou fleuve et riviere, aucune chose laquelle jamais ne fust à quelque personne, sçavoir est comme pierres precieuses (4), poissons (5), et herbes marines, que l'on appelle gaismon (6), cela appartient à celuy qui premier le trouve et emporte. C'est le jugement.

ART. 55 (7).

Item. Si aucun va cherchant le long de la coste de la mer pour trouver or ou argent, et il en trouve, il doibt tout rendre sans rien prendre (8). C'est le jugement.

ART. 56 (9).

Item. Si aucun en allant le long de la rive de la mer pour pescher ou autrement, et il advient qu'il trouve or ou argent, il est tenu à restitution (10); mais il se peut payer de sa journée, ou bien, s'il est poure [pauvre], il peut retenir

(1) C'est-à-dire que le seigneur du lieu en a une part et l'inventeur une part, comme on l'a vu dans les articles 46 et suivans.

(2) Sans doute le rédacteur a entendu que ce pieux emploi n'auroit lieu qu'après l'expiration de l'an et jour accordés dans l'article 37 aux propriétaires pour venir revendiquer ce qui leur appartenoit à l'instant du naufrage.

(3) Cet article est le 34.ᵉ dans les éditions de Garcie et de Cleirac.

(4) Cette règle est conforme aux fragmens du droit romain qui ont été recueillis page 85;

(5) Il est probable que le rédacteur n'a entendu parler ici que des poissons trouvés au bord des fleuves, ou s'il s'agit des poissons trouvés sur le rivage de la mer, que de ceux qui n'ont pas fait l'objet des articles 46 et suivans.

(6) Ou plutôt *goémon*, nom donné en Bretagne aux herbes marines, appelées *varech* ou *vraich* sur les côtes de Normandie, et *sar* ou *sart* sur les côtes d'Angoumois et de Poitou.

(7) Cet article est le 43.ᵉ dans l'édition de Garcie et le 35.ᵉ dans celle de Cleirac.

(8) Le rédacteur de cet article a sans doute entendu parler de choses qui ont eu un maître, lesquelles ne peuvent être considérées comme *res nullius*; et l'obligation de rendre suppose que le propriétaire s'est fait connoître. L'article suivant répète la même règle, et la développe en y apportant quelques modifications.

(9) Cet article est le 44.ᵉ dans l'édition de Garcie et le 36.ᵉ dans celle de Cleirac.

(10) Cet article n'est en rapport avec aucun des anciens usages français. Dès qu'il s'agit d'une chose qui a eu un maître, lequel est inconnu, celui qui l'a trouvée n'a pas même le droit de la retenir jusqu'à ce que le véritable propriétaire se présente; et si celui-ci ne se présente pas, l'inventeur n'a pas le droit de se l'approprier. C'est ce qu'atteste Pothier, *Traité de la propriété*, part. 1, chap. 11, sect. 1, art. 4, § 3. La loi des Lombards, chapitre CCLV, obligeoit l'inventeur à faire sa déclaration au juge; une constitution de Guillaume, l'un des rois normands qui régnèrent en Sicile au milieu du XII.ᵉ siècle, imposoit la même obligation, et n'attribuoit au fisc la chose trouvée qu'après un an révolu sans réclamation du propriétaire. La fin de l'article prouve encore ce que j'ai conjecturé page 318, que cette partie de la compilation est l'ouvrage d'un particulier; elle annonce sans doute la pieuse délicatesse de son auteur, mais elle ne constate pas des règles d'une législation ou d'un droit en usage.

I.   45

pour luy ; voire, s'il ne sçait à qui le rendre, il doibt faire assavoir en lieu où il a trouvé ledict argent, et ès lieux circonvoysins et prochains : encores doibt-il prendre conseil de son prelat, de son curé, ou de son confesseur, lesquels doibvent bien regarder et considerer l'indigence et pauvreté de cil qui aura trouvé ledict argent, et la quantité dudict argent, et luy conseiller scelon Dieu et conscience. C'est le jugement.

Donné tesmoing le scel de l'isle d'Oleron establi aux contractz de ladicte isle, le jour du Mardi après la feste de Saint-André, l'an de grace mil deux cent soixante-six (1).

(1) Aucun document ne garantit la vérité de ce certificat, qui ne se trouve ni dans les manuscrits d'Angleterre, ni dans la traduction castillane. La plus ancienne preuve de son existence résulte du manuscrit publié par D. Morice, que ce savant religieux dit être de 1454. Peut-être étoit-ce par une faute de copiste que ce manuscrit date le certificat de 1286, puisque toutes les anciennes éditions imprimées, et le manuscrit de Rennes qui m'a été communiqué, indiquent 1266. Je dois faire observer que, dans ces manuscrits et ces éditions, le certificat est placé à la suite de l'article qui, dans ma collection, porte le n.º 27. J'ai cru devoir ne le rapporter qu'à la fin de la compilation, parce qu'en lui donnant sa place naturelle, j'aurois, sans utilité véritable, interrompu la série des articles, et qu'il n'y avoit aucun inconvénient à prendre ce parti, dès que je donnois les explications nécessaires.

CHAPITRE IX.

Usages maritimes des Pays-Bas méridionaux, appelés Jugemens de Damme *ou* Lois de Westcapelle.

LES régions connues autrefois sous le nom de Belgique, Basse-Germanie, et ensuite sous celui de Pays-Bas, étoient, avant la révolution française, divisées en Provinces-Unies, qui devinrent indépendantes au commencement du XVII.e siècle, et en Pays-Bas proprement dits, ou Flandre, lesquels, à l'exception des parties conquises par Louis XIV, sont restés sous la domination de l'Autriche jusqu'en 1793, et, après avoir été quelque temps incorporés à la France, forment aujourd'hui, avec les ci-devant Provinces-Unies, ce qu'on nomme le royaume des Pays-Bas.

La partie méridionale de ces régions est celle qui paroît s'être la plus anciennement livrée au commerce maritime. La fertilité du pays, la facilité des communications que procuroit la navigation intérieure, les encouragemens que les souverains donnoient à l'industrie manufacturière, concoururent puissamment à fonder et à étendre les relations commerciales qui en étoient la conséquence. Les invasions des Normands et le régime féodal paralysèrent quelque temps ce commerce; les croisades et la révolution qu'elles causèrent en Europe lui donnèrent un nouvel essor. Je ne crois pas, néanmoins, qu'encore bien que, dès le milieu du X.e siècle, il se fût établi de grands marchés en Flandre (1), le commerce extérieur y fût de quelque importance. Ces marchés n'avoient pour objet que les consommations intérieures et les besoins de la vie domestique; les historiens s'accordent à reconnoître que, dans ces premiers temps, la rareté de l'argent en circulation réduisoit les négociations à des échanges.

Mais le commerce de la Flandre paroit avoir été aussi étendu qu'actif dans les XIII.e et XIV.e siècles. Meyer (2) assure qu'en 1381 Bruges étoit fréquentée par les négocians de tous les pays, même les plus éloignés, qui y avoient établi des comptoirs ou fixé leur résidence : « Erat nempe « Flandria totius propè orbis stabile mercatoribus emporium : septemdecim « regnorum negotiatores tum Brugis sua certa habuere domicilia ac sedes, « præter complures incognitas penè gentes quæ undique confluebant. »

---

(1) Meyer, *Annales flandrici*, pag. 18.
(2) *Annales flandrici*, pag. 18. On trouve les mêmes expressions dans Sander, *Flandria illustrata*, t. II, pag. 6.

Il y a peut-être quelque exagération dans ces expressions; elles servent du moins à attester la grande activité du commerce extérieur de Bruges, commerce qui suppose une navigation établie. Ce qui paroîtra surtout digne de l'attention et des recherches des savans, c'est ce qu'on lit dans un ouvrage intitulé, *Chronyk van Vlaendern*, chap. XL, page 462.

Je me borne à offrir la traduction du texte : « Sur la demande des ha-
« bitans de Bruges, en 1310, il (le comte de Flandre) permit dans cette
« ville l'établissement d'une chambre d'assurance, par laquelle les négo-
« cians pussent faire assurer leurs marchandises exposées à des risques sur
« mer ou autre part, moyennant quelques deniers pour cent, ainsi que
« cela se pratique encore. Mais, afin qu'un établissement aussi utile aux
« négocians ne pût être dissous aussitôt que formé, il prescrivit différentes
« lois et formes que les assureurs ainsi que les négocians sont astreints à
« observer (1). »

Dans ce même temps, la ville de Damme, originairement connue sous le nom de *Honds-Damme*, se livroit à un commerce maritime non moins actif (2). Les historiens remarquent surtout qu'on y avoit construit de vastes entrepôts pour les vins de France, dont les Flamands s'approvisionnoient à la Rochelle, ou que les navigateurs des côtes occidentales de la France y apportoient. Ce genre de commerce existoit dès le XIII.e siècle, ainsi que le constatent les statuts maritimes d'Hambourg de 1279, et de Lubeck de 1299, dont l'objet étoit de servir de règle dans les comptoirs que ces villes avoient en Flandre. Il étoit devenu si considérable, que, pendant une guerre de ce pays contre les Anglais, en 1388, ceux-ci arrêtèrent en mer des navires flamands qui portoient neuf mille muids de vin de la Rochelle (3). Les relations de la Flandre, comme intermédiaire entre le nord et le midi de l'Europe à cette époque, ne sont pas moins constantes, puisque les statuts d'Hambourg et de Lubeck, que je viens de citer, parlent du commerce des figues et autres productions des pays méridionaux.

Les villes de Bruges et de Damme étant situées dans les terres, à peu de distance l'une de l'autre, l'Écluse [*Sluys*], dont la chronique en hollandais, de Melis-Stokke, atteste l'existence dès l'année 1296, étoit le port de ces deux villes ; et, par ce moyen, la Flandre servoit d'intermédiaire au commerce entre le midi de l'Europe et les pays septentrionaux.

Cet état de choses et cette pratique des négociations maritimes exigeoient une législation ou du moins une jurisprudence constante. En ce qui con-

---

(1) J'ai fait d'inutiles recherches pour découvrir les lois ou réglemens dont parle l'historien. D'autres seront peut-être plus heureux ; ou si des personnes bienveillantes, qui porteront quelque intérêt au succès et au perfectionnement de cette collection, connoissent ces documens et veulent bien m'en aider, je les publierai dans le chapitre consacré aux anciennes lois maritimes du royaume des Pays-Bas.

(2) Meyer, *Annales flandrici*, pag. 67.

(3) Verhoeven, *Historische Tyd en oordeelkundige Aenteckeningen, mit algemeyne anmerkingen op de zelve*, &c., pag. 14.

cerne la législation , c'est-à-dire , les actes ou réglemens émanés, soit de l'autorité souveraine, soit de la haute administration locale, les plus anciens monumens connus sont les lois maritimes faites au XVI.e siècle par Charles-Quint et Philippe II ; j'en parlerai dans la partie de mon travail consacrée aux législations régulières et positives.

Mais, comme tous les autres pays d'Europe, avant d'être régis par des lois, les Pays-Bas méridionaux adoptèrent des usages ou coutumes que plusieurs écrivains ont publiés, d'après des manuscrits indiquant, les uns, la ville de Westcapelle, et les autres, la ville de Damme.

Ces usages forment vingt-quatre articles littéralement conformes aux vingt-quatre premiers articles de la compilation d'Oléron, dont j'ai traité dans le chapitre précédent. Je dois donc, ainsi que je l'ai promis, examiner ici, relativement à la Flandre, la question que j'ai déjà discutée relativement à l'Angleterre, et rechercher si ces vingt-quatre articles ont été, comme le prétendent quelques auteurs hollandais, rédigés primitivement en Flandre, d'où la France et l'Angleterre les auroient empruntés ;-ou si, comme je le pense, ils ont été empruntés par la Flandre à la France, ou à l'Angleterre, qui elle-même les tenoit de la France.

Ce n'est qu'au commencement du XVIII.e siècle, et tandis que les auteurs, partagés entre les prétentions des écrivains français et des écrivains anglais, ne soupçonnoient pas même l'existence d'un troisième concurrent, qu'Adrien Verwer, négociant hollandais, a élevé des prétentions en faveur des Pays-Bas méridionaux, dans son ouvrage imprimé en 1711 et réimprimé en 1736, sous le titre, *Nederlants See-Rechten.*

A la tête des pièces dont son ouvrage est composé, Verwer a placé la compilation de Wisby, sur laquelle j'ai déjà dit quelques mots page 283, mais qui sera l'objet spécial du chapitre XI. Il déclare qu'il a eu entre les mains des manuscrits qui présentent une série de vingt-quatre articles répondant aux articles 13 jusques et y compris l'article 36 de cette compilation de Wisby, lesquels portoient pour inscription : *Ce sont ici les usages du droit maritime à Damme en Flandre.* Il ajoute que ces manuscrits présentent une seconde série d'articles répondant au 37.e jusques et y compris le 70.e de cette même compilation, intitulés : *C'est ici l'ordonnance que les patrons et les commerçans observent entre eux en droit de navigation à Amsterdam,* ou, selon d'autres manuscrits, *à Enchuysen.*

La première de ces deux séries est celle dont il s'agit en ce moment. Les articles qui la composent sont littéralement conformes, comme je l'ai dit, aux vingt-quatre premiers articles des Rôles d'Oléron. Verwer pense qu'ils appartiennent à la Flandre, et, sur la foi de ces manuscrits, il les appelle *Jugemens de Damme.* Avant lui, Boxhorn, dans ses Additions à la *Chronique de Zélande* par Reygersberg, tome I, page 276, Van Leuwen, *Batavia illustrata ,* page 137, et Smallegange, *Nieuwe Chronyk van*

Zeelande, page 623, avoient publié ces mêmes articles sous le titre de *Lois de Westcapelle*; mais, comme on le verra plus bas, ces auteurs n'avoient point affirmé positivement que la France les eût empruntés à la Flandre. Verwer est le premier, et peut-être le seul, qui ait d'une manière formelle réclamé la priorité pour ce pays.

Du reste, ce que Verwer présente comme Jugemens de Damme, ce que Boxhorn, Van Leuwen et Smallegange donnent comme Lois de Westcapelle, est identique avec les vingt-quatre premiers articles des Rôles d'Oléron. On trouve même, à chaque article, dans les manuscrits flamands que Verwer dit avoir eus entre les mains, dans les traductions manuscrites qui existent en Allemagne, et dans les imprimés, à la seule exception des éditions de Boxhorn et de Smallegange, la formule *Dit is 't Fonnisse*, c'est-à-dire, *Cela est le jugement,* qui accompagne chaque article de la première série des Rôles d'Oléron dans les manuscrits et les anciennes éditions.

Si les dispositions contenues dans les articles dont il s'agit étoient du nombre de ces règles de droit commun sur lesquelles on peut se rencontrer sans s'être entendu, il ne s'agiroit que d'étudier les monumens historiques, et de rechercher si le commerce maritime de Flandre est plus ancien que celui de la Guienne, de la Bretagne et de la Normandie, dont les ports, les produits, les mœurs, la navigation, sont indiqués dans les Rôles d'Oléron. En ne considérant la question que sous ce point de vue, il ne seroit pas difficile, ce me semble, de la résoudre en faveur de la France. Les côtes de la Bretagne et de la Guienne étoient, dès avant la conquête des Gaules par les Romains (1), le théâtre d'un commerce très-actif, et qui ne cessa de fleurir et de s'étendre sous les deux premières races de la monarchie française.

C'est beaucoup plus tard, de l'aveu même de Verwer, que le commerce maritime a fleuri dans la Flandre.

Ainsi, dans la simple hypothèse de deux pays qui, forcés de parer à des besoins semblables, ont pu facilement reconnoître les mêmes principes et consacrer les mêmes règles, sans qu'il y ait eu de la part de l'un copie littérale des lois de l'autre, il faudroit toujours avouer que celui des deux qui a exercé le commerce maritime avant l'autre est présumé avoir rédigé le premier des lois, ou du moins des coutumes; et, sans aucun doute, la priorité appartiendroit à la France.

Mais, entre les vingt-quatre premiers articles des Rôles d'Oléron et ceux que Verwer appelle *Jugemens de Damme,* ou les auteurs des Chroniques de Zélande, *Lois de Westcapelle,* il n'existe pas seulement ressemblance d'idées : les expressions sont conformes, à la seule différence que, dans la plupart des articles dits de Damme et de Westcapelle, le nom de l'Écluse

_____

(1) Melot, *Mémoires sur le commerce de la Gaule.* Acad. des inscript. Mém. t. XVI, pag. 153; t. XVIII, pag. 159; t. XXIII, pag. 149.

est ajouté aux noms des ports français qu'on lit dans les Rôles d'Oléron.
Cette similitude est si littérale, si parfaite, qu'il est impossible que l'un ne
soit pas la traduction de l'autre.

Verwer croyoit, il est vrai, qu'un article de son manuscrit des Jugemens
de Damme ne se trouvoit pas dans les Rôles d'Oléron. Comme cet article
lui avoit paru fort obscur et n'avoit pas été publié par Cleirac, d'après lequel
il a cité les Rôles d'Oléron, il supposoit que la difficulté d'en comprendre le
sens avoit arrêté les traducteurs français; d'où il concluoit que les Rôles
d'Oléron étoient empruntés aux Pays-Bays. Cet article, qui est le 24.ᵉ, ne se
trouve effectivement ni sous ce numéro, ni sous aucun autre, dans l'édition
de Cleirac. Mais, comme je l'ai dit, Cleirac s'est servi d'une mauvaise édition, celle de Garcie. L'article dont il s'agit existe dans le manuscrit de France
publié par D. Morice, dans ceux d'Angleterre, et dans la traduction de
l'Escurial. L'argument de Verwer est donc détruit par le fait.

Je crois, d'ailleurs, qu'on trouve dans la compilation elle-même la preuve
qu'elle n'a pu être faite qu'en France et pour les côtes de France. Verwer,
sans s'apercevoir de l'argument qu'on pouvoit en tirer contre son système,
remarque que tous ces articles sont relatifs à la navigation de l'ouest, c'est-
à-dire, de la mer qui est au-delà du canal d'Angleterre (1).

En effet, il n'y est question que de vins, qui ne sont point une production de Flandre; et la seule mesure de capacité ou d'encombrement qu'on y
désigne est celle de *tonneau*, expression qui appartient primitivement aux
côtes de France, et surtout d'Aquitaine. C'est une observation qu'a faite très-
judicieusement Valin, dont je crois que personne ne pourroit avec fondement combattre l'opinion. « On a, dit-il, emprunté des Bordelais l'usage de
« compter le port d'un navire par tonneaux, et de régler le tonneau à deux
« mille de pesanteur, en prenant pour guide le tonneau de vin, composé
« de quatre barriques de cinq cents pesant chacune.... Les Rochellois ont
« aussi, de tout temps, pratiqué la mesure des Bordelais pour le tonneau,
« et la preuve en résulte de ce qu'ils ont toujours mis tout de même quatre
« barriques au tonneau.... Les Flamands, les Anglais et les Hollandais
« comptent par lest ou last. Le last vaut deux tonneaux chez les premiers,
« et deux tonneaux et demi chez les Hollandais (2). »

On trouve une preuve non moins forte, ce me semble, dans l'article 18.
Il règle la nourriture des matelots, et la fixe différemment selon qu'ils sont
de Bretagne ou de Normandie. La contiguïté de ces provinces rendoit fréquent l'emploi des matelots de l'une sur des navires équipés et chargés dans
l'autre; le but de cet article s'explique donc très-bien dans le système qui
attribue la compilation à la France : mais une disposition de ce genre ne
pouvoit être nécessaire pour la navigation dans les Pays-Bas.

(1) *Nederlants See-Rechten*, note sur l'article 1.ᵉʳ de la compilation de Wisby.
(2) Valin, *Commentaire de l'ordonnance de la marine*, livre ɪɪ, titre x, article 5.

Objectera-t-on que, la Flandre ayant un commerce très-étendu, il a été naturel d'y prévoir des cas relatifs à la navigation en pays étranger? J'en conviens. Mais d'abord pourquoi dans une loi faite pour les Pays-Bas insérer des règles uniquement applicables aux côtes de France, et garder le silence sur ce qui doit avoir lieu en Flandre, Zélande, &c.? D'ailleurs il ne s'agit pas dans cet article 18, de décider comment on nourrira des matelots lorsqu'ils seront dans *tel* ou *tel* pays; il détermine ce qui doit avoir lieu dans la traversée lorsqu'un navire aura été expédié de Bretagne ou de Normandie: il veut que les Bretons, habitués au vin, en reçoivent, mais à ce moyen, qu'ils n'aient droit qu'à un repas; que les Normands, étant habitués à boire de l'eau, ne reçoivent pas de vin, mais aussi qu'ils fassent deux repas. Or, qui ne voit qu'un tel article n'a pu être rédigé que dans un pays d'où dépendoient la Bretagne et la Normandie?

L'article 22 offre encore une pareille preuve tirée des localités. On y fixe un délai de deux semaines, et l'on s'y sert de l'expression *quinze jours*, qui est propre à la France, tandis que dans les pays du Nord on désigne le même espace de temps par *quatorze jours* (1), expression qui précisément se trouve, pour décider le même cas, dans l'article 15 des Usages maritimes des Pays-Bas septentrionaux, qui feront l'objet du chapitre suivant.

Je m'exposerois à des redites fatigantes pour le lecteur, si je rapportois toutes les autres raisons qui militent en faveur de la France; elles sont expliquées dans le chapitre précédent. J'ai dû me borner ici à ce qui pouvoit plus spécialement repousser les prétentions élevées en faveur de la Flandre.

Je ne crois pas même que les auteurs hollandais aient considéré l'opinion de Verwer comme bien fondée, et qu'ils continuent de réclamer une priorité que tout rend si peu vraisemblable; du moins je peux le conjecturer par la lecture des pages 37 et 38 de la dissertation de M. Van Hall, *De magistro navis*, déjà citée plusieurs fois.

D'autres écrivains du Nord, qu'on ne peut soupçonner de partialité pour la France, ont également exprimé une opinion contraire à celle de Verwer. M. Meyer déclare expressément, § 34 de sa dissertation intitulée *Historia legum medii ævi celeberrimarum*, qu'il considère les Rôles d'Oléron comme plus anciens que les Jugemens de Damme: « Historiæ ope facilè inveniemus « jus Oleronense vetustius esse parte Dammensi. » L'auteur d'une notice insérée dans le *Nye Danske Magazin*, n.° 9, à l'occasion de la compilation de Wisby, dont on verra par la suite qu'une partie est la traduction de la première série des Rôles d'Oléron, dit « que les lois de Damme et de West- « capelle sont prises de celles d'Oléron, qui ont été rédigées au milieu du « XII.ᵉ siècle. »

Quelque satisfaisant qu'il fût pour moi de trouver dans un recueil

_____

(1) Voir les lexiques allemands, *voc.* vierzehen Tagen.

auquel concourent les savans les plus distingués du Danemarck, une autorité favorable à mon opinion, j'ai voulu m'assurer si elle étoit partagée par M. Schlegel, dont je connoissois les écrits et la réputation long-temps avant qu'il me fût donné d'éprouver les effets de son obligeance. En 1824, je lui communiquai, par l'entremise de M. le marquis de Saint-Simon, ministre de France à Copenhague, mon projet de publier des antiquités de droit maritime, dont je lui envoyois le plan. Je lui soumis en même temps avec franchise les idées auxquelles je m'étois fixé sur les Rôles d'Oléron; je lui exposai mes motifs pour croire que la propriété en appartenoit à la France, et que les articles publiés par Verwer sous le nom de *Jugemens de Damme*, et par Boxhorn, Smallegange et Van Leuwen, sous le nom de *Lois de Westcapelle*, n'en étoient qu'une copie. Par une lettre du 18 décembre 1824, qui me donnoit les plus favorables encouragemens pour l'exécution de mon entreprise, et de précieux renseignemens sur l'ancien droit maritime de Danemarck, M. Schlegel a eu la bonté de m'assurer qu'il partageoit complétement mon opinion.

« Ayant fait, me dit-il, sur les anciens us et coutumes de notre pays un « mémoire détaillé qui a été lu dans l'académie des sciences de Copenhague, « mes recherches m'ont conduit à traiter des lois de Wisby.... Je ne par- « tage pas le préjugé de beaucoup de savans, qui, guidés par un faux patrio- « tisme, ont mis tout en œuvre pour prouver par des argumens tels quels la « prééminence des lois de leur pays, tantôt pour l'ancienneté, tantôt pour « la bonté. Mais j'ai au contraire défendu l'opinion que les lois de Wisby « sont plus modernes que le Consulat de la mer et les Jugemens d'Oléron, « et j'ai démontré qu'une partie du droit maritime de Wisby a été empruntée « à ces derniers. J'ai combattu surtout l'opinion d'un commerçant d'Amster- « dam, Adrien Verwer, qui a prétendu que tous les articles de la loi de « Wisby, excepté les douze premiers, ont été empruntés, soit des lois mari- « times d'une ville de Flandre autrefois très-commerçante, nommée *Damme*, « dont le port de mer étoit Sluys [l'Écluse], soit des coutumes de la Hol- « lande septentrionale, notamment d'Amsterdam (1); ce qui est d'autant « moins probable, que les articles que cet auteur revendique pour Damme « se trouvent parmi les Rôles d'Oléron, qui doivent ainsi être la source com- « mune et des lois de Wisby et de celles de Damme. »

Une déclaration aussi formelle étoit sans doute une autorité dont je pouvois me contenter; mais le désir de ne rien négliger de ce qui pouvoit éclaircir la question m'a dicté une nouvelle démarche, qui auroit pu paroître importune à M. Schlegel, si son obligeance n'avoit pas été inépuisable. Je l'ai prié de me communiquer un extrait du mémoire dont sa lettre me parloit. Il s'est rendu à ma prière avec une grâce dont je ne puis trop lui témoigner

---

(1) On verra, dans le chapitre suivant, les motifs qui me portent à préférer l'opinion de Verwer à celle de M. Schlegel, en ce qui concerne les articles dits Droit maritime de la Hollande septentrionale.

ma reconnoissance, et m'a transmis, au mois d'août 1825, un extrait qu'il a pris la peine d'écrire en français, en me permettant d'en faire usage.

M. Schlegel commence par établir d'une manière lumineuse un point qui ne sauroit être l'objet d'une contestation entre nous, et sur lequel je crois même qu'il n'y a maintenant aucune divergence parmi les jurisconsultes; savoir, que le Consulat de la mer, les Rôles d'Oléron et le Droit maritime de Wisby, sont des recueils d'usages faits sans l'intervention de l'autorité publique, et auxquels on ne peut donner le nom de *lois*. Il examine ensuite si les Rôles d'Oléron sont antérieurs, ou non, au Consulat de la mer; question que je discuterai lorsque je parlerai de ce dernier document, et sur laquelle je ferai connoître avec détail l'opinion de M. Schlegel, et les restrictions dont elle me semble susceptible. Arrivant à ce qui concerne la nationalité des Rôles d'Oléron, le savant professeur s'exprime ainsi : « Il est, du reste, bien « clair que les Rôles d'Oléron n'ont point été une loi anglaise, comme plu- « sieurs savans anglais le prétendoient; mais il se peut que leurs rois les « aient confirmés comme maîtres de la Guienne, quoique je ne connoisse « aucun document qui le certifie. La raison pourquoi les savans anglais ont « voulu en faire une loi anglaise, est sans doute que les Rôles d'Oléron ont « été adoptés en Angleterre, soit à cause de la grande liaison entre les deux « pays, soit par égard pour leur bonté intrinsèque. » M. Schlegel entre en- suite sur la compilation de Wisby dans quelques détails dont je ferai usage dans le chapitre XI. Il émet sur les douze premiers articles une opinion que j'aurai soin de faire connoître; puis il ajoute : « Adrien Verwer prétend que « les articles suivans, savoir, les articles 13 jusqu'à 36 inclusivement, ont « été empruntés de la loi de Damme, et les articles 37 jusqu'à 70, du droit « maritime d'Amsterdam (1).

« Il est vrai qu'il y a une ressemblance frappante entre les articles 13 jus- « qu'à 36 du droit maritime de Wisby et la loi de Damme, ou plutôt de « Sluys, qui étoit le port de mer de cette ville et de Bruges; mais, en com- « parant ces articles avec les Rôles d'Oléron, on voit qu'ils répondent aux « vingt-deux premiers articles de ces Rôles (2). Cela n'a pas échappé non « plus à M. Verwer, mais cela ne le rebute pas : il prétend sans hésiter que « les Rôles d'Oléron sont empruntés à cette même source (aux lois dites de « Damme); il ne laisse aux commerçans d'Oléron que le foible honneur « d'avoir rédigé les derniers articles sur les biens échoués. Cette hypothèse « est d'autant plus invraisemblable, que, d'après son propre aveu, le com-

---

(1) Ces citations sont faites par M. Schlegel d'après les éditions vulgaires, dans lesquelles la partie correspondante aux Rôles d'Oléron commence effectivement à l'article 13 ; mais elle commence à l'article 15 dans l'édition *princeps*, faite à Copenhague en 1505. C'est ce qui sera expliqué plus amplement dans le chapitre XI.

(2) M. Schlegel a écrit d'après l'édition de Cleirac, laquelle effectivement ne contient que vingt-deux des articles primitifs. A bien plus forte raison ce qu'il dit est-il incontestable, lorsqu'il est prouvé par les manuscrits que les vingt-quatre articles primitifs d'Oléron sont précisément la même chose que les vingt-quatre articles dits de Damme, autrement les articles 13 à 36 de la compilation de Wisby.

« merce de Damme n'a pas été bien étendu avant le XIV.ᵉ siècle, et ce n'est
« que depuis 1330 qu'il s'est formé un lien entre cette ville et Bordeaux en
« France ; au contraire, tout le monde sait que les Rôles d'Oléron, tels que
« Cleirac les a publiés, portent la date de 1266. Il est constant que ces Rôles
« ont été rédigés par écrit plus tôt, cette date me paroissant indiquer seu-
« lement le temps où la copie authentique a été faite, probablement pour
« l'usage de quelque ville qui en aura désiré la communication.... Je conclus
« de ce que je viens de dire que les articles en question dans les lois de
« Wisby et dans les lois maritimes de Damme tirent leur source de celles
« d'Oléron, ou par la voie d'Oléron même, ou par celle d'Angleterre. »

Cette dernière réflexion de M. Schlegel me conduit naturellement à examiner la question, beaucoup moins importante que la première, si les Rôles
d'Oléron, je veux dire les vingt-quatre articles primitifs, auxquels les vingt-
quatre articles de Damme sont semblables, ont été communiqués à la Flandre
par l'Angleterre, ou si elle les tient directement de la France. En faveur
de ce dernier sentiment, on peut dire que, si les relations maritimes de la
Flandre avec l'Angleterre sont anciennes, elles le sont également avec la
France, si même elles ne le sont pas davantage. C'étoit principalement, on
pourroit dire presque exclusivement, pour l'importation des laines et l'introduction des étoffes fabriquées que la Flandre avoit des relations avec l'Angleterre. Elle ne s'y approvisionnoit pas des vins destinés à sa consommation
ou à celle du nord de l'Europe ; et l'on pourra voir, en lisant les vingt-quatre
articles dits *Jugemens de Damme*, que le commerce et les chargemens de
vins y sont seuls indiqués ; que les seuls ports de Bordeaux et de la Rochelle, où précisément les Flamands achetoient ces vins, y sont nommés,
avec la simple addition du port de l'Écluse. On doit remarquer que le texte
publié par Boxhorn contient, comme je le ferai connoître dans les notes,
plusieurs mots français littéralement copiés, accompagnés de leur traduction
en hollandais, avec le mot *ofte*, qui signifie *ou, c'est-à-dire* ; enfin que les
vingt-quatre articles de Damme ne contiennent aucun de ceux qui ont été
ajoutés en Angleterre à la partie primitive de la compilation d'Oléron.

Je suis donc porté à croire que la Flandre tient directement de la France
les articles de droit maritime dont il s'agit

Mais l'époque à laquelle a eu lieu en Flandre cette introduction des Rôles
d'Oléron n'est pas facile à déterminer. Les rapports commerciaux entre les
deux pays sont fort anciens. Sans doute ils ont eu lieu originairement par
terre ; mais, lorsqu'ils eurent acquis une grande étendue, et surtout qu'ils
eurent pour objet l'exportation des vins de Guienne et d'Angoumois, la voie
de la mer dut être la seule usitée. Les événemens politiques ont pu modifier
ou suspendre ces relations ; mais les trèves ou la paix, et les rapports commerciaux que la guerre elle-même n'a pas toujours pour effet d'interdire,
ont pu aussi donner aux Flamands la connoissance des Rôles d'Oléron, dès

les premiers momens où ils ont été rédigés par écrit. Ce qu'il y a de certain, c'est qu'ils y ont été adoptés tels qu'ils se trouvent dans les plus anciens manuscrits, tels qu'ils ont passé en Espagne à une époque qui, suivant les explications données pages 300 et 301, n'est pas postérieure à 1266.

Verwer croit que les Jugemens de Damme ont été compilés avant le XIV.ᵉ siècle. Il en donne un motif qu'il ne m'est pas facile de comprendre. C'est, dit-il, parce que nous y trouvons des passages qui semblent indiquer que la boussole n'étoit pas encore inventée (1).

Je ne crois pas que la lecture la plus attentive de ces articles puisse donner lieu à reconnoître si, ou non, l'on naviguoit sans boussole. Se fonderoit-il sur ce que quelques articles supposent une navigation près des côtes, pour laquelle des pilotes locmans étoient nécessaires? Mais, quelque porté que je sois à croire que la boussole étoit connue en France dès le XII.ᵉ siècle (2), qu'elle a servi aux navigateurs des croisades (3), et qu'elle a pu être en usage sur les côtes de France dès le XIII.ᵉ siècle, je ne peux pas me dissimuler qu'alors, comme à présent, le petit cabotage étoit nécessairement pratiqué, et qu'on avoit besoin alors, comme à présent, des pilotes côtiers pour éviter les dangers des rivages difficiles. Ce qui, d'ailleurs, détruit dans sa base l'opinion de Verwer, c'est la certitude que les Rôles d'Oléron, littéralement semblables aux Jugemens de Damme, sont bien antérieurs au XIV.ᵉ siècle. Peut-être a-t-il voulu fixer l'époque à laquelle Damme a adopté le droit dont il s'agit, et alors il faudroit en conclure que la Flandre le doit à la France, et non la France à la Flandre.

Verwer se fonde sur l'orthographe du manuscrit dont il a fait usage, pour assurer que Damme a adopté ce droit au XIV.ᵉ siècle. Cette preuve ne seroit pas décisive; car il faudroit prouver aussi que ce manuscrit est celui de la première rédaction. Toutefois je n'ai rien à objecter à cette conjecture, qui, d'ailleurs, est sans importance; tous mes efforts n'ont pu parvenir à connoître si le manuscrit qu'il dit avoir eu en communication existe, et où il est déposé. J'ai eu, à cet égard, une correspondance suivie avec M. Froment de Champlagarde, consul général de France dans les Pays-Bas, et avec M. Den Tex, professeur à l'athénée d'Amsterdam, qui ont poussé aussi loin qu'il étoit possible l'obligeance de leurs recherches. Voici ce que ce dernier a bien voulu m'écrire, le 27 novembre 1824 : « J'ai tâché « de savoir ce qu'étoit devenue la famille de Verwer, parce que je soup- « çonnois que peut-être les pièces avoient été transmises à ses héritiers : « mais il y a déjà près d'un siècle que cette famille a disparu d'ici. Il y a « eu autrefois un Verwer qui est allé demeurer dans la Gueldre; mais on « ignore s'il existe encore des membres de cette famille et si les manuscrits

---

(1) *Nederlants See-Rechten*, préface, pag. 8.
(2) *Histoire littéraire de France*, t. IX, pag. 199.
(3) Jac. de Vitriaco, *Hist. Hierosolymitana*, cap. XLIX.

« ont été trouvés dans les papiers de Verwer. Le célèbre avocat Noordkerk,
« qui a vécu long-temps après Verwer, possédoit beaucoup de manuscrits;
« presque tous ont disparu, parce que, dans sa famille, personne n'étoit
« capable de les apprécier. J'ai su que le président Bynkershoeck s'est donné
« beaucoup de peine pour se procurer les manuscrits de Verwer, et que ses
« soins ont été infructueux. »

Les usages de Damme, qu'ils soient parvenus en Flandre par l'Angleterre ou par la France, ont dû facilement être communiqués aux pays
voisins avec lesquels les rapports de langage et de commerce mettoient
cette ville en relation habituelle. Il n'y a donc rien d'étonnant qu'ils aient
été adoptés en Zélande, où ils ont pris le nom de *Lois de Westcapelle*.

Suivant Boxhorn, Van Leuwen et Smallegange, cette ville faisoit un
commerce considérable. On voit, par un diplôme de 1223, que Boxhorn
a inséré dans ses *Additions à la Chronique de Zélande* par Reygersberg,
tome II, que Floris, comte de Hollande et de Zélande, lui accorda plusieurs priviléges. Elle avoit un port très-commode pour l'entrée et la sortie
des navires; ce qui avoit donné à sa navigation une très-grande extension.
Mais, la mer l'ayant successivement envahie, ses habitans furent obligés de
chercher un refuge ailleurs; de sorte que l'ancienne Westcapelle est maintenant sous les eaux.

La position de Westcapelle, à l'époque à laquelle je me reporte pour
parler de ses usages maritimes, dut la mettre sans cesse en relation avec
les villes commerçantes de Flandre, et surtout avec l'Écluse, qui étoit le
port de Damme et de Bruges. Je ne crois pas que le commerce maritime
des Zélandais soit aussi ancien que celui de la Flandre. Toutefois, il est
notoire qu'au XIII.ᵉ siècle ils trafiquoient avec l'Angleterre, d'où ils rapportoient des laines en échange des marchandises qu'ils y introduisoient, puisqu'on trouve une loi d'Édouard I.ᵉʳ, de 1274, qui leur interdit momentané-
ment cette exportation (1).

Boxhorn a publié, dans ses *Additions à la Chronique de Zélande*, des
articles qu'il appelle *lois maritimes de Westcapelle*. Voici comment il s'exprimé : « La situation avantageuse de cette ville lui a fait rédiger ou adopter
« des lois maritimes qui, vu leur sagesse, ont été également observées dans
« d'autres villes de Zélande et ailleurs, de même qu'autrefois les célèbres
« lois rhodiennes ont été adoptées par les Romains maîtres de l'univers....
« Il m'est tombé dans les mains un fragment [*Stuck*] manuscrit de ces lois,
« ayant pour titre : *Extrait des lois maritimes que l'on a coutume d'observer
« à Westcapelle*. Je vais le transcrire, non-seulement pour faire voir l'équité
« de ces lois, mais encore pour prouver que Westcapelle a dû être autre-
« fois une grande ville de commerce. »

_____

(1) Rymer, *Acta, Fœdera*, &c., t. II, part. IV, pag. 30.

Ces articles sont, à l'exception d'un seul (1), une copie littérale de ce que Verwer appelle Jugemens de Damme, et par conséquent ils sont conformes aux Rôles d'Oléron.

Van Leuwen, dans l'ouvrage intitulé *Batavia illustrata*, s'exprime sur Westcapelle dans les mêmes termes que Boxhorn, et termine par ces mots : « Le seul souvenir qui en reste est sa législation maritime, encore estimée, « et qui suffit pour prouver que cette ville a eu autrefois un grand com- « merce. Ces lois maritimes ont été insérées par Boxhorn dans sa Chronique « de Zélande, mais d'une manière partielle, ainsi que je m'en suis convaincu « par un ancien manuscrit qui en contient un bien plus grand nombre et « qui me paroît d'une date antérieure au manuscrit de Boxhorn. »

Mais en cela Van Leuwen se trompe évidemment ; c'est au contraire l'édition de Boxhorn qui contient un article de plus que la sienne. L'erreur de Van Leuwen vient de ce qu'il a considéré comme lois de Westcapelle, et les usages dits de Damme, et les usages des Pays-Bas septentrionaux, qui seront l'objet du chapitre suivant; usages qui appartiennent évidemment à des lieux et à des temps différens. Wagenaar n'a point commis cette erreur dans sa Description d'Amsterdam, imprimée en 1765. Il a publié la partie que je considère comme usages d'Amsterdam ou des Pays-Bas septentrio- naux, dans les additions du tome II ; mais il n'y joint pas les Jugemens de Damme.

Boxhorn et Van Leuwen n'annoncent point que ce qu'ils donnent comme lois de Westcapelle ait été emprunté à Damme; et même il ne paroit pas qu'aucun auteur, avant Verwer, ait songé à cette ville pour lui attribuer la priorité sur Westcapelle. Toutefois, je crois que Verwer a raison. Damme, comme je l'ai dit, étoit en relation de commerce avec la Rochelle, d'où précisément étoient expédiés le plus habituellement les vins destinés à la Flandre; et ces relations remontent au XIII.e siècle. La Rochelle faisoit partie de l'Aquitaine, d'où l'on peut présumer que sont sortis les Rôles d'Oléron. Il est donc naturel que la connoissance de ces usages ait été portée à Damme dès l'instant où les relations de commerce entre la France et la Flandre devinrent assez fréquentes pour donner lieu à quelques contestations. Les habitans de Westcapelle, plus éloignés des côtes occidentales de France, mais qui venoient s'approvisionner à Damme ou à l'Écluse des vins ou denrées de France qu'ils portoient dans le Nord, n'ont pas dû tarder à connoître et à s'approprier ces usages. Je crois donc que si Verwer se trompe, c'est seule- ment en ce qu'il fixe à 1500 (2) le temps où les commerçans de Westcapelle ont adopté les articles de droit maritime introduits et adoptés en Flandre par emprunt aux Rôles d'Oléron. Il ne se fonde ni sur l'histoire, ni sur la

_____

(1) C'est l'article 4, qui ne fait partie ni des Rôles d'Oléron, ni des Jugemens de Damme, mais qu'on trouve dans les Usages maritimes de la Hollande septentrionale.
(2) *Nederlants See-Rechten*, préface, pag. 8.

date du manuscrit dont Boxhorn a fait usage; et je crois, au contraire, que les monumens historiques démentent son assertion. Westcapelle étoit commerçante bien avant 1500, et, comme les autres villes maritimes avec lesquelles elle étoit en relation, elle a dû éprouver la nécessité de suivre des usages qu'un assentiment unanime des navigateurs avoit fait adopter en France, en Espagne, en Angleterre, et jusque dans la Baltique.

En s'appropriant les Rôles d'Oléron, les Flamands s'étoient bornés à ajouter le nom de l'Écluse [Sluys] aux noms des ports français. Les navigateurs de Westcapelle y ont, en outre, fait l'addition d'un article placé entre le 3.ᵉ et le 4.ᵉ; article qui est identiquement le même que l'article 18 des Usages maritimes des Pays-Bas septentrionaux, objet du chapitre suivant.

Ce que j'ai dit pour prouver que les articles connus sous le nom de Jugemens de Damme ou Lois de Westcapelle ne sont qu'une traduction des vingt-quatre premiers articles des Rôles d'Oléron, me conduiroit à ne pas les publier : mais, d'un côté, mon opinion peut n'être pas adoptée généralement; de l'autre, ces usages sont en quelque sorte un original pour le pays dans lequel ils furent introduits. J'ai donc cru qu'entre deux reproches, à l'un desquels je serois nécessairement exposé, je devois préférer celui d'avoir multiplié les documens à celui d'en avoir omis sciemment un seul.

J'ai suffisamment indiqué, dans le cours de ce chapitre, les éditions hollandaises des vingt-quatre articles dont je viens de parler.

La connoissance en ayant été étendue successivement aux villes du littoral de la Baltique, ces articles ont été traduits dans ce qui étoit le langage du pays, le plat-allemand ou bas-saxon, qui, d'ailleurs, différoit peu du hollandais d'alors.

Une de ces traductions existe dans un manuscrit de Lubeck; j'en dois l'indication et une copie à M. le docteur Hach, dont je parlerai plus d'une fois dans le chapitre XI, en faisant connoître tout ce que M. le conseiller Hach son père et lui ont bien voulu faire en ma faveur, relativement aux textes originaux de la compilation de Wisby. Ce manuscrit porte le n.° 65 du musée Dreyerien, nom que la reconnoissance publique a donné à une section des archives de Lubeck, enrichie de manuscrits par les soins du savant Dreyer. Il consiste en quatre-vingt-huit feuilles, d'un papier très-épais, commençant par ces mots : *Item. Jn den Namen der hilgen Drevaldicheyt. So beghynnet sik hir Lubesch Recht.* Item. *Au nom de la Sainte Trinité. Ainsi commence ici le droit de Lubeck.* A la suite de ce titre sont trois cent vingt-six articles précédés chacun d'une rubrique ou sommaire qui en indique l'objet. Immédiatement après le 326.ᵉ article, on lit ces mots, placés en forme de titre ou de rubrique : *Item. Van Zee-Rechte.* Item. *Du droit maritime.* Ce titre est suivi de vingt-quatre articles qui sont la traduction de vingt-trois articles seulement des Rôles d'Oléron, au moyen de ce que l'article 6 est omis et de ce que l'article 15 est divisé en deux. Ils n'ont pas chacun, comme les précédens, un sommaire ou une rubrique, et ne sont distingués l'un de l'autre que par des alinéa (1): mais ils ne portent aucune indication équivalente aux mots, *Ceci est le jugement*, qui sont dans les textes flamands.

D'autres traductions en plat-allemand se trouvent aussi dans trois manuscrits existant à Hambourg, dont je dois la connoissance à M. le docteur Lappenberg, archiviste du sénat. Ce savant a eu la bonté de m'en faire parvenir une copie par l'entremise de M. de Bourboulon, consul de France, qui n'a pas été moins obligeant pour moi à Hambourg que les autres consuls du Roi dans les diverses résidences où j'ai eu des renseignemens à demander. Mais, à la différence du manuscrit de Lubeck, ceux de Hambourg contiennent la seconde série d'articles dont je m'occuperai dans le chapitre suivant.

L'un de ces manuscrits porte la date de 1469, et les autres paroissent par l'écriture être du xv.ᵉ siècle. Dans tous, les articles dont il s'agit sont terminés par la formule *dyt is toffenisse*, sans doute par corruption du mot *vonnisse* ou *fonnisse*, signifiant *cela est le jugement*. M. Lappenberg m'a assuré que le plat-allemand de ces manuscrits dénote qu'il a été fait d'après un texte hollandais. Dans le fait, il n'est pas exactement semblable à celui du manuscrit de Lubeck décrit ci-dessus, dont la traduction est beaucoup plus libre. Cette série d'articles porte, dans les trois manuscrits, le titre : Dyt is dat Waterrecht dat hyr na screven steit. *Ceci est le droit maritime écrit ci-après.* Sur l'un des manuscrits, qui se trouve dans un même volume avec le droit de Hambourg de 1277, de Ditmar de 1402, de Lubeck et de Lunébourg sans dates, on lit, mais d'une main différente et d'une écriture plus moderne, les mots : Altes Wisbuifches Zee-Recht, oder vielmehr dat olde Waterrecht van Stavern und van den Damme in Flandern. *Ancien droit maritime de Wisby, ou plutôt ancien droit maritime de Stavern et de Damme en Flandre.*

Mais, ce qu'il est important de faire observer, dans chacun de ces manuscrits semblables, à la seule exception du manuscrit de 1469, qui a omis l'article 5, les vingt-quatre premiers articles portent seuls l'indication *dyt is toffenisse*. Ils sont séparés par un titre spécial de la série suivante, qualifiée Ordinancie, *ordonnances;* les articles de cette seconde série ont même un numérotage particulier.

Il existe aussi une traduction danoise de ces vingt-quatre articles, réunis, comme dans les manuscrits de Hambourg, aux Usages maritimes des Pays-Bas septentrionaux. Outre qu'elle ne contient pas la traduction des mots *dyt is vonnisse*, les articles de l'une et de l'autre partie y sont divisés et subdivisés de manière à former une série de quatre-vingts numéros. Elle est imprimée pages 433 et suivantes du tome II de la traduction danoise que Sandwig

---

(1) Je dois, pour l'exactitude, faire remarquer que les trois cent vingt-six articles précédens et les vingt-quatre dont il s'agit, sont numérotés depuis 1 jusqu'à 350; mais M. Hach a pris soin de m'avertir que ces numéros avoient été ajoutés après coup et d'une autre main.

a faite des Annales de Chrétien II, rédigées en latin par N. Krag. Elle porte le titre suivant, que je me contente de traduire : « *Droit maritime de Chré-* « *tien III*. Voici le suprême droit maritime, contenant les réglemens aux- « quels les chargeurs, les patrons, les matelots et les navigateurs devront « se soumettre dans tous les points. Donné l'an du Seigneur 1551 (1). » Une note de l'éditeur assure qu'il a publié ce texte d'après une copie que le conseiller d'état Langenbeck avoit fait faire sur un des manuscrits appar- tenant à l'évêque Hersleb. Il est probable, ajoute la note, qu'il est antérieur au temps de Chrétien III. Effectivement, le baron d'Holberg parle, dans son Histoire de Danemarck, tome I.er, page 854, et dans sa Description du Danemarck, page 465, d'un droit maritime rédigé par ordre du roi Jean, qui régna depuis 1481 jusqu'en 1513. Il cite ce droit d'après le Catalogue de la bibliothèque de Resen, où toute vérification est impossible, parce qu'elle a péri dans l'incendie qui ravagea Copenhague le 10 octobre 1708.

Mais que la rédaction de ces quatre-vingts articles soit l'ouvrage du roi Jean, ou, selon d'autres auteurs, de Chrétien II, ou enfin, suivant l'édition de Sandwig, de Chrétien III, elle n'appartiendroit que pour la forme, ou plutôt pour la subdivision des articles, au prince à qui l'on veut l'attribuer; car, dans le fait, elle est une traduction littérale, sauf l'omission des noms de villes, des vingt-quatre articles dont je m'occupe dans ce chapitre, et des trente-quatre qui seront l'objet du chapitre suivant.

Une fois que, par les motifs expliqués ci-dessus, je me suis décidé à pu- blier, sous le nom de *Jugemens de Damme* et de *Lois de Westcapelle*, les articles dont je viens de parler, j'ai dû prendre des mesures pour les accom- pagner d'une traduction française. La langue hollandaise m'est absolument inconnue; j'ai été assez heureux pour trouver un collaborateur instruit et zélé dans M. de Clercq fils, employé au ministère des affaires étrangères. Cet estimable jeune homme, qui a bien voulu concevoir quelque attachement pour moi à l'époque où il suivoit mon cours à la faculté de droit, a eu la complaisance de se charger de tout ce qui, dans cette collection, appar- tient aux langues allemande, plat-allemande et hollandaise.

Nous avons pensé qu'une traduction littérale étoit le plus sûr moyen de mettre les lecteurs à portée de vérifier la similitude parfaite qui existe entre les articles dont il s'agit et la compilation d'Oléron, et d'en tirer les consé- quences. Quant au texte, la priorité que nous avons donnée à celui qu'a publié Verwer est fondée sur ce que son édition est la seule dans laquelle les articles dont il s'agit portent le nom de Damme, conformément au ma- nuscrit dont il a fait usage, et d'ailleurs cette édition est la plus répandue.

Mais on a vu que le même droit maritime qui en Flandre fut appelé

(1) On verra dans le chapitre xi que ce titre est précisément celui de la compilation de Wisby. Sans doute c'est par erreur que Sandwig, dans sa note, dit que la série d'articles publiée par lui diffère de cette compilation; car elle est littéralement conforme aux articles 13 (15 de l'édition de 1505) et suivans.

Jugemens de Damme, a été adopté en Zélande sous le nom de *Lois de Westcapelle.* J'ai cru, pour rendre ma collection complète, devoir publier aussi ces dernières, et j'ai donné la préférence au texte de Boxhorn, adopté et reproduit par Smallegange. Le texte de Van Leuwen est, à quelques légères différences près, qui consistent dans l'orthographe ou l'emploi de mots plus ou moins surannés, le même que celui de Verwer; d'ailleurs rien n'atteste qu'il ait été pris sur un manuscrit fait à Westcapelle. Il n'en est pas ainsi du texte publié par Boxhorn. Cet auteur déclare expressément que son manuscrit étoit intitulé : *Extract uyt de Zeerechten dien men ghewoon is tot Westcapelle te ghebruycken.* « Extrait des lois maritimes que l'on a cou- « tume d'observer à Westcapelle. » Je n'ai pas cru néanmoins qu'il fût néces- saire de l'accompagner d'une traduction; elle n'auroit été qu'une répétition de celle qui est jointe aux articles portant le nom de Damme.

Quoiqu'il existe des différences entre ces deux pièces, elles ne consistent réellement que dans le style : l'une et l'autre sont des traductions du même original; et ce fait, que la simple inspection atteste d'une manière incontes- table, donne, selon moi, une preuve nouvelle que la série d'articles n'est originaire ni de Flandre, ni de Zélande. Un texte original peut subir sans doute, par l'effet des copies successives, quelques altérations, et présenter des variantes; mais c'est à cela que se bornent les différences, ainsi qu'on l'a vu relativement à la compilation rhodienne et aux Rôles d'Oléron. On peut, au contraire, assurer, sans craindre de commettre une erreur, que si, dans le même pays, dans la même langue, des textes offrant le même sens, les mêmes idées, la même forme de rédaction, diffèrent dans les paroles qui expriment ce sens et ces idées, ils sont des traductions d'un original com- mun faites par des traducteurs différens.

Les notes dont ces textes sont accompagnés sont peu nombreuses, parce que le lecteur peut se référer à celles qui accompagnent les Rôles d'Oléron, dont les Jugemens de Damme et de Westcapelle ne sont que des traductions.

DROIT MARITIME

CONNU SOUS LE NOM DE *JUGEMENS DE DAMME*

OU

LOIS DE WESTCAPELLE.

JUGEMENS DE DAMME.

DIT syn de Vonnissen van den Wa-ter-Rechte ten Damme in Vlaenderen.

CE sont les jugemens sur le droit mari-time, faits à Damme en Flandre (1).

VONNISSE I.

Item. Men maket eenen Man tot Schip-per ; ende dat Schip hooret toe harer tween, drien of meer; dat Schip seilt van-daer, ende is bevragtet te seilen in vreem-de Landen, ende komet ter Sluise, te Bordeeus, te Rochelle, te Lissebon of an-derswaer: die Schipper en mag dat Schip niet verkoopen, hy en hebbe Oirlof van den genen dien dat Schip toekomet : maer heeft hy te doene van Victualie, soo mag hy de Touwen wel versetten met Rade syner Schipluiden.

JUGEMENT Ier

Item. On fait un homme maître (2) d'un navire, et le navire appartient à deux, trois ou plusieurs personnes; le navire fait voile du lieu où il est, il arrive à l'Écluse, à Bor-deaux, à la Rochelle, à Lisbonne ou ailleurs, et est frété pour aller en pays étranger (3) : le maître ne peut le vendre, à moins qu'il n'en ait l'autorisation de ceux auxquels ce navire appartient ; mais, s'il a besoin de vivres, il peut bien mettre les agrès en gage avec le conseil de ses matelots.

VONNISSE II.

Item. Een Schip ligt in eener Haven, ende is verbeidende Getijde ende Wind :

JUGEMENT II.

Item. Un navire est amarré dans un port, et attend temps et vent; avant de mettre à la

---

(1) L'édition de Verwer ne porte, ni en tête, ni à la fin de chaque article, la formule *dit is 't Vonnissen*, traduction de celle qui termine chaque article des Rôles d'Oléron. Il est probable qu'elle se trouvoit dans le manuscrit dont il a fait usage, et même il le laisse entendre dans sa préface. Cette formule accompagne chacun des articles de l'édition de Van Leuwen.

(2) Le mot *Schipper,* dans l'usage, correspond au mot *capitaine ;* tandis que le mot *Meester* signifie parti-culièrement *maître* ou *patron.* J'ai cru toutefois qu'il falloit traduire, dans tous ces articles, le mot *Schipper* par *maître,* parce que la plupart des traductions en plat-allemand de ces vingt-quatre articles, soit séparés, soit réunis à la série qui fait l'objet du chapitre suivant, soit contenus dans la compilation de Wisby, ont employé le mot *Meister;* et que Boxhorn et Van Leuwen, qui ont publié ces mêmes vingt-quatre articles sous le nom de *Lois de Westcapelle,* offrent le mot *Meester* au lieu de *Schipper,* ou ces deux mots concurremment.

(3) Une traduction littérale du texte offriroit ces mots : « Le navire fait voile de là (c'est-à-dire, du lieu où « il est arrivé) et est frété pour aller en pays étranger, et il arrive à l'Écluse, à Bordeaux, à la Rochelle, à « Lisbonne ou ailleurs : le patron ne peut &c. » Cet ordre des mots est évidemment le résultat d'une erreur de copiste, qui n'a point été commise dans le texte publié par Boxhorn et par Van Leuwen. L'autorité de ces deux éditions, conformes au texte français des Rôles d'Oléron et à la version castillane, m'a paru assez dé-cisive pour ne pas admettre dans la traduction l'interversion de mots qu'offre le texte de Verwer.

47..

eer hy te seil gaet, is de Schipper schuldig
Raed te nemen met sijne Schipluiden,
ende te seggen; gy Heeren, wy hebben
Wind te seilen : waren daer sommige van
de Schipluiden, die seiden, de Wind en
is niet goed; ende sommige seggen weer,
die Wind is schoon ende goed: die Schipper is schuldig ende pligtig over een te
dragen met de meeste Part van den Volke:
waer't dat die Schipper anders dede, ende
eenige Schade daer af quame aen dat
Schip of des Koopmans Goed, die Schipper sal de Schade hebben ende betalen;
is 't dat hy anders soo veel Goed heeft.
Dit is dat Regt daer af.

voile, le maître est tenu de prendre conseil
des gens de l'équipage, et de dire : Messieurs,
nous avons le vent pour mettre à la voile. S'il
y a parmi les hommes de l'équipage quelques-
uns qui disent, Le vent n'est pas bon, et
d'autres qui disent au contraire, Le vent est
bel et bon, le maître est tenu et obligé de
se conformer à l'avis du plus grand nombre;
s'il arrivoit que le maître en agît autrement,
et qu'il en advînt quelque dommage au navire ou aux marchandises du négociant, le
maître doit supporter et payer ce dommage,
si toutefois il a assez de bien. Ceci est le droit
en ce cas (1).

VONNISSE III.

Item. Breekt een Schip in eenigen
Lande (het sy waer dat het sy) de Schipluiden sijn schuldig dat Goed te bewaren ende te bergen alsoo sy meest ende
best konnen: ende is 't dat sy den Schipper
ende dat Goedt na haer beste Vermogen
helpen, soo is de Schipper schuldig hen
Loon te geven: ende is 't Sake dat hy geen
Geld en heeft, daer mede hy se loonen
kan, soo moet hy se te Lande brengen.
Ende en helpen sy hem niet, hy en is hen
niets schuldig. Ende sy sullen haren Loon
verliesen, als een Schip verloren is : ende
een Schipper en mag de Touwen niet verkoopen, hy en hebbe eerst Oirlof van den
genen dien't toebehoort; ende sal die doen
in goeder Bewaringe tot der gener beste
dien dat Schip toehoort; ende is schuldig
hier by te doen alsoo trouwelijk als hy kan :
ende waert't dat die Schipper anders dede,
soo ware hy schuldig dat te beteren.

JUGEMENT III.

Item. Si un navire fait naufrage en un pays
(peu importe où), les matelots sont tenus
de conserver et sauver les marchandises le
plus et le mieux qu'ils pourront : s'ils aident
de leur mieux le maître au sauvetage des
marchandises, celui-ci est tenu de leur payer
salaire; et s'il arrive qu'il n'ait pas assez d'argent pour payer ce salaire, il doit (2) les conduire en leur pays (3) : s'ils ne l'aident point,
il ne leur doit rien, et ils doivent perdre leurs
salaires de même que le navire est perdu. Le
maître ne peut vendre les agrès du navire,
à moins qu'il n'en ait, au préalable, la permission de ceux auxquels il appartient : mais
il doit les placer en bonne garde pour leur
compte, et il est tenu d'agir en cela avec la
plus grande bonne foi possible; et s'il arrivoit qu'il fît autrement, il seroit tenu de tous
dommages-intérêts.

---

(1) La disposition finale de cet article justifie ma conjecture, que le manuscrit dont Verwer a fait usage
contenoit à la fin de chaque article la traduction des mots français, *ce est le jugement en ce cas.*

(2) Le texte n'est pas conforme au français, où on lit que le patron doit fournir aux matelots, s'ils ont
aidé au sauvetage, de quoi retourner en leur pays; et que si, pour arriver à ce résultat, il n'a deniers suffisans, il pourra engager des choses sauvées pour s'en procurer. Il est probable que la version flamande a
été faite sur un texte français où l'on avoit oublié après les mots *il doit*, ceux-ci, *engager de ce qu'ils
sauveront pour* &c. Les auteurs des versions publiées par Boxhorn et par Van Leuwen avoient sans doute
un manuscrit français plus correct, car elles sont entièrement conformes aux Rôles d'Oléron.

(3) *Le texte porte* te Lande, *c'est-à-dire,* à terre; *mais évidemment il faut sous-entendre* eren, *qui signifie
leur, et traduire* leur pays. *Le mot* eren *se trouve dans les éditions de Boxhorn et de Van Leuwen.*

VONNISSE IV.

Item. Een Schip seilt van der Sluise, oft van anders waer, daer't dan geladen heeft : het gebeurt dat het Schip breekt : soo sijn die Schipluiden schuldig te bergen van den Wijne af andere Goederen, soo sy meest ende best konnen. De Koopluiden ende die Schipper werden met malkanderen on-eens; alsoo dat de Koopluiden willen hebben haer Goed; de Schipper is schuldig hen dat te laten volgen indien dat se den Schipper de Vragt geven ende betalen dat hem genoeget. Maer wil de Schipper, soo mag hy dat Schip wel weder laten maken (by soodanigen Bescheide dat men dat in korten Tijde weder maken kan) ende den Koopman sijn Goed brengen daer hy hem dat gelovet heeft : is 't alsoo dat men dat Schip in korten Tijd niet weder maken en kan, soo mag hy wel een ander Schip huren ende den Koopman sijn Goed brengen : ende die Schipper sal al sijn volle Vracht hebben van alle dat Goed dat daer gebergd is.

VONNISSE V.

Item. Een Schip seilt van eeniger Haven, het sy geladen of ledig; ende is gekomen in een ander Haven : soo mogen die Schipluiden niet uit den Schepe varen sonder Oirlof des Schippers. Want werde dat Schip ende de Goede enigerlei-wijse verargerd, of dat eenige Schade daer aen quame, soo sijnse schuldig die Schade te betalen ende te beteren. Maer ligt dat Schip tot eeniger Stede gemeert met vier Touwen, soo mogen sy wel uit den Schepe gaen ende haestig weder te Schepe komen.

VONNISSE VI.

Item. Het gebeurt dat de Schipluiden haere enen Tijd lang by eenen Schipper

JUGEMENT IV.

Item. Un navire fait voile de l'Écluse ou de tout autre lieu où il a pris chargement; s'il arrive qu'il fasse naufrage, les matelots sont tenus de sauver le vin ou les autres marchandises autant et le mieux qu'ils peuvent. Les négocians et le maître tombent en discussion entre eux, les négocians voulant avoir leurs marchandises; le maître est tenu de les leur laisser enlever, pourvu qu'ils lui paient le fret qui lui revient. Mais si le maître le veut, il peut faire réparer le navire (dans telles circonstances qu'il puisse être réparé en peu de temps) pour transporter les marchandises du négociant au lieu convenu : ou si le navire ne peut être réparé en un bref délai, il peut bien louer un autre navire et transporter les marchandises du négociant; et le maître doit avoir son fret entier de toutes les marchandises qui auront été sauvées (1).

JUGEMENT V.

Item. Un navire fait voile de quelque port, qu'il soit chargé ou sur lest ; et il arrive dans un autre port : les matelots ne peuvent en sortir sans la permission du maître; car, si le navire ou la cargaison éprouve des avaries de quelque manière que ce soit, ou s'il y arrive quelque dommage, ils sont tenus de payer et de réparer ce dommage. Cependant, si le navire est dans quelque lieu, amarré sur quatre câbles, ils peuvent bien sortir du navire, mais ils doivent y rentrer promptement.

JUGEMENT VI.

Item. Il arrive que les matelots s'engagent *pour un temps déterminé envers un maître ;*

---

(1) Voir la note 2 de la page 326, relative à l'article correspondant des Rôles d'Oléron.

verhuren; ende ymand van haer gaet uitten Schepe sonder Oirlof des Schippers, ende drinken sig dronken, alsoo dat'er yemand van hem gewond werd : die Schipper en is niet schuldig haer te laten heelen op des Scheeps Kosten; maer hy vermag se uit den Schepe te laten gaen ende huren eenen ander in sijn Stede : ende is 't Sake dat dese meer wil hebben dande gewondde hebben soude, soo sal dat betalen die daer gewond is, ende sal ook den Schipper weder geven dat hy ontfangen heeft. Maer waer 't Sake dat de Schipper haer uitsonde tot eenigen Dienst des Scheeps ofte Nooddruft : ende sy worden daer over geslagen oft gewond, soo is die Schipper schuldig haer te heelen laten op des Scheeps Kosten.

et quelques-uns d'entre eux sortent du navire sans sa permission et s'enivrent, de sorte que l'un d'eux vient à être blessé : le maître n'est pas tenu de le faire guérir aux frais du navire; même il peut le chasser et en louer un autre à sa place; et si celui-ci veut avoir plus que celui qui a été blessé devoit avoir, ce surplus devra être payé par celui qui a été blessé, lequel devra aussi rendre au maître ce qu'il a reçu de lui (1). Mais, si le maître les a envoyés à terre pour quelque service du navire ou pour quelque nécessité, et que par suite ils viennent à être battus et blessés, le maître est tenu de les faire guérir aux frais du navire.

VONNISSE VII.

Item. Het gebeurt dat des Schippers-Kinderen eenige Krankheid aenkomt; ende syn in des Scheeps Dienst; ende syn alsoo krank dat se van grooter Siekte in den Schepe niet blijven en mogen : soo is die Schipper schuldig haer Oirlof te geven dat se uiten Schepe mogen gaen, ende latense leggen in eene Herberge; ende is ook schuldig haer Ligt te geven daer sy by sien mogen; ende senden hen eenen van de Schipluiden om in der Krankheid te bewaren, of huren eenen anderen Persoon die de Kranken plagt te bewaren : ook is de Schipper schuldig den Kranken soodanige Spijse te geven, als men gewoon is in't Schip te eten; ende

JUGEMENT VII.

Item. Il arrive que les matelots contractent quelque maladie, étant au service du navire; et ils sont tellement malades, que, d'après la gravité du mal, ils ne peuvent rester dans le navire : le maître est tenu dans ce cas de leur accorder la permission de sortir du navire, et de les faire placer dans une auberge; et il est encore tenu de leur donner de la lumière pour y voir, et de leur envoyer un des hommes de l'équipage pour les garder pendant la maladie, ou de louer une autre personne qui a l'habitude de garder les malades : le maître est aussi tenu de donner aux malades la même nourriture que celle que l'on est habitué à avoir dans le navire; et on doit lui (2) donner des mêmes mets qu'on lui donnoit, lorsqu'il étoit en santé et bien portant, et non autrement, à moins que le maître ne le fasse de bonne volonté, car il n'est point tenu de lui

(1) Il y a dans les versions flamandes une addition qui oblige le matelot congédié, pour cause grave, à restituer ce qu'il a reçu d'avance. Le texte français et la version castillane ne la contiennent pas : c'est, je le crois, une nouvelle preuve que les textes flamands ont été rédigés après les rôles d'Oléron; car la disposition est sage, et, quoique résultant du droit commun, elle étoit bonne à énoncer.

(2) A partir de cette phrase, le texte, qui avoit employé le pluriel, emploie le singulier. J'ai cru devoir conserver cette différence. L'original français n'emploie que le singulier. Le traducteur flamand a cru que, la disposition étant générale, le pluriel auroit dû être préféré, et au fond il n'avoit pas tort; mais, par je ne sais quel motif, il n'a pas continué ce mode de traduction, et dans la seconde partie il est revenu à l'emploi du singulier, comme dans l'original. On en verra d'autres exemples. Les manuscrits de Boxhorn et de Van Leeuwen n'offrent pas cette bizarrerie. Quoique cette circonstance puisse, au premier coup d'œil, paroître peu importante, elle est, selon moi, une preuve que les articles ne sont point originaires de Flandre, mais que ce pays a emprunté les Rôles d'Oléron, et qu'il en a été fait différentes traductions.

men sal hem geven van sulker Spijse als men hem gaf doen hy gesond ende wel te passe was : ende anders niet; het en sy des Schippers goede Wille : want hy en is hem anders niet schuldig te geven : ende is 't dat hy beter Spijse hebben wil, die mag hy voor syn eigen Geld koopen laten. Ende is 't Sake dat men Wind ende Weder krijgt, sal men dan t'seile gaen ; want men is niet schuldig de Kranken te verbeiden : ende is 't Sake dat hy te passe ende gesond werd, soo sal hy syne volle Hure ende Loon hebben : maer is 't Sake dat hy sterft : soo sal syn Vrouw ofte Erfgenaem synen Loon ende Hure hebben.

Vonnisse VIII.

Item. Een Schip vaert van der Sluise ofte van andere Steden : het gevalt dat hem Torment toecomt van der Zee; ende en mag niet liden sonder Schade van den Goed te werpen : sy syn't schuldig den Koopluiden te tooghen : ende is 't Sake dat se haren Wille daer toe geven, dan mag men wel werpen. Ende is 't Sake dat de Koopluiden dat niet hebben en willen dat men werpen sal, so en sal de Schipper daerom niet laten te werpen, soo verre als hem anders goed dunkt ; ende selfs't derde van syne Gesellen sweren ende met waeragtigen Eede verklaren wil, wanneer sy te Lande gekomen syn, dat sy't gedaen hebben om te behouden Schip, Lijf ende Goed : ende het Goed dat daer geworpen word, sal werden geprijst van Ponde tot Ponde, en ghedeeld onder den Koopluiden op't Goed dat'er behouden word. Ende die Meester is schuldig daer af te ghelden als van synen Schepe

donner autre chose : mais, s'il veut avoir une meilleure nourriture, il peut la faire acheter de ses propres deniers. Et si l'on vient à avoir vent et temps, on doit alors mettre à la voile ; car on n'est pas tenu d'attendre le malade : et s'il vient à être bien portant et en bonne santé, il doit avoir ses loyers et gages entiers ; mais, s'il vient à mourir, sa femme ou ses héritiers doivent alors avoir les loyers et gages.

Jugement VIII.

Item. Un navire part de l'Écluse ou d'un autre lieu : il arrive qu'une tempête le surprend sur mer, et qu'il ne peut échapper au péril sans jeter des marchandises (1) ; il est nécessaire d'en avertir les négocians ; et s'ils y donnent leur consentement, alors on peut bien jeter. Et si les négocians ne veulent point qu'on procède au jet, le maître ne doit pas pour cela s'abstenir de faire le jet, s'il est d'un avis contraire, et si lui troisième avec ses gens veut jurer et affirmer, sous un serment sincère, lorsqu'ils seront venus à terre, qu'il l'ont fait pour sauver le navire, corps et biens. Les marchandises jetées doivent être estimées livre pour livre, et réparties entre les négocians sur les marchandises qui ont été sauvées ; et le maître est tenu de contribuer, dans la réparation du dommage, pour son navire ou pour son fret (2). Chaque matelot doit alors avoir un tonneau franc ; et s'ils ont plus de marchandises, alors ils doivent aussi contribuer à la réparation du dommage, suivant ce que chacun a dans le navire. Et s'il arrive qu'ils n'aident pas au sauvetage, comme il convient à de bons compagnons en pareil danger, ils ne doivent avoir

---

(1) Verwer, dans sa note sur cet article, dit que *liden* signifie *faire route, naviguer,* et cite quelques vieux textes dans lesquels ce mot est employé dans ce sens ; mais M. de Clercq a pensé qu'il devoit le traduire dans son sens naturel. *Liden,* en hollandais et en plat-allemand, ou *leiden,* en haut allemand, signifie *supporter, endurer, souffrir.* C'est précisément dans ce sens que les versions allemandes de la compilation de Wisby l'ont admis, et ce sens est celui des Rôles d'Oléron.

(2) Le texte de Verwer contenant les mots *en van synre Vraght,* il faudroit traduire *et pour son fret* : mais les textes de Boxhorn et de Van Leuwen portent l'un *of,* l'autre *ofte* ; ce qui signifie *ou.* On peut donc croire que c'est une faute dans le manuscrit dont il a fait usage, d'autant plus que les Rôles d'Oléron disent aussi *ou de son fret.* J'ai cru devoir en conséquence rectifier le texte de Verwer.

ofte van synre Vraght in Versettinge van dese Scaden. Een ygelijk Schipman sal dan een Vat vry hebben; ende hebben sy meer Goeds, so moeten sy ook toeleggen in de Verbeteringe der Schade, na dat'er een ygelijk in heeft. En is 't Sake, dat se malkanderen niet wel en helpen (als goeden Gesellen toebehoort; als men in sulken Nood is), soo sullen sy ook geen Ding vry hebben. Ende dit sal den Schipper by synen Eede beloven werden.

VONNISSE IX.

Item. Het gebeurt dat een Schipper synen Mast afhouwet in grooten Noode als het waeit ende stormt ende groot Onweder is, hy is schuldig te roepen syne Koopluiden ofte den Stierman ende het meerderdeel van't Scheepsvolk, indien daer geene Koopluiden en syn; ende wijsen hen die Nood, ende seggen dat het geschiet om te behouden Schip, Lijf en Goed. Somtijds gebeurt het wel dat hy syne Kabelen houwet, ende moet Anker en Touwen laten varen om te behouden Schip, Lijf ende Goed: hy is alle beide Mast ende Anker schuldig te prijseren van Pond tot Pond als geworpen Goed. Ende die Koopluiden sullen daer mede toe betalen eer sy haer goed uit den Schepe krijgen. Waer 't Sake dat een Schip droog te sitten quam aen den Grond, ende die Schipper beidde om Geschil van hemluiden; ende in't Schip eenige Goeden lekkende worden, daer sal de Schipper geen Schade van lijden, en syn volle Vragt daer van hebben, gelijk als hy heeft van het ander Goed dat in den Schepe is.

VONNISSE X.

Item. Het gevalt dat een Schipper komt tot synder Ontlaed-stede daer hy losse sal: hy is schuldig den Koopluiden te

rien de franc; et sur cela, le maître doit être cru (1) à son serment.

JUGEMENT IX.

Item. Il arrive qu'un maître coupe son mât dans un moment de grand danger, pendant un ouragan, une tempête, ou un gros temps : il est tenu d'appeler les négocians, ou le contre-maître et la majeure partie de l'équipage s'il n'y a point de négocians, de leur montrer le danger, et de dire qu'il agit ainsi pour sauver le navire, corps et biens. Quelquefois il arrive qu'il coupe ses câbles et qu'il est obligé d'abandonner les ancres et câbles pour sauver le navire, corps et biens : on doit estimer, livre pour livre, le mât et l'ancre comme les marchandises jetées ; et les négocians doivent en payer leur quote-part, avant de pouvoir enlever leurs marchandises du navire. Si, le navire se trouvant à sec sur le fond, le maître est forcé d'attendre, à cause des difficultés qu'ils lui font, et que dans le navire quelques marchandises viennent à couler, le maître n'en doit souffrir aucun dommage, et doit recevoir de ces marchandises son fret entier, ainsi qu'il le reçoit du reste des marchandises qui sont dans le navire.

JUGEMENT X.

Item. Il arrive qu'un maître aborde au lieu de son déchargement : il est tenu de montrer aux négocians les câbles et cordes avec les-

(1) Le texte porte *bevolen*, c'est-à-dire, *ordonné*, mot qui, dans cette place, n'auroit aucun sens. Il est probable que c'est une faute de copiste ou d'impression, et qu'il faut lire *beloven*, c'est-à-dire, *cru*. Les manuscrits publiés par Boxhorn et par Van Leuwen portent, l'un, *geloven*, et l'autre, *ghelooven*, signifiant *cru*.

wijsen die Touwen ende Koorden daer hy mede winden sal : ende is daer yet aen gebroken dat moet hy maken laten; want worden daer Vaten of Pypen, of yet anders wat, by Gebreke der Touwen, verloren ; die Schipper en Schipluiden syn schuldig den Koopman die Schade te beteren en te betalen. Ende de Schippersgesellen sullen aen die Schade deilen, overmits dat se nemen Windegeld : ende men is schuldig dat Windegeld te leggen tot Verbeteringe der Schaden : wat dan daer af overblyft, dat sullense deelen onder haerluiden. Ende waer't Sake dat de Touwen braken eer dat sy se den Koopluiden toonden, soo waerense schuldig de Schade altemael te betalen. Maer waer't Sake, dat de Koopluiden seiden dat Touwen sterk ende goed genoeg waren, ende braken sy dan, alsoo dat daer Vaten of Pypen verloren werden, soo is een ygelijk van haer schuldig te betalen aen die Schade, dat is te weten van den genen die haer Goed in den Schepen hebben, elk syn Deel even vele.

VONNISSE XI.

Item. Een Schip dat is ter Sluise oft anderswaer om Wijn te laden, ende seilt alsoo van daer geladen; ende die Schipper ende syne Schipluiden versekeren nochte verwaren die Stellinge of Slote niet soo als behoort : ende het gevalt dat daer Storm ofte Onweder opkomt dat die Stellinge breekt, ende de Bodem vliegt uit den Vate ; ende dat Schip komt daer behouden, daer dat losschen sal : ende de Koopluiden beklagen haer, dat, by den Gebreke der Stellinge ende der Slote, hare Wijn verloren is; die Schipper seit weer, dat het niet van den Gebreke der Stellinge ende der Slote toegekomen is. Maer is 't dat de Schipper dat sweren wil met drie of vier van syne Schipmannen die de Koopluiden daer uit kiesen, dat die

I.

quels il doit guinder ; et s'il y a quelque chose de rompu, il doit le faire réparer ; car si des tonneaux, ou des pipes, ou tous autres objets, viennent à se perdre par le défaut des cordages, le maître et les matelots sont tenus de réparer et de payer le dommage au négociant ; et les gens de l'équipage doivent contribuer au dommage, attendu qu'ils prennent des droits de guindage : on est tenu d'employer les droits de guindage à la réparation du dommage ; et ce qui reste ensuite, ils le doivent partager entre eux. Et s'il arrivoit que les cordes rompissent avant d'avoir été montrées aux négocians, ils seroient tenus de payer le dommage tous ensemble. Mais, si les négocians avoient dit que les cordes sont assez fortes et assez bonnes, et que pourtant elles se rompissent, de manière que des tonneaux ou des pipes se fussent perdus, chacun est tenu alors de supporter le dommage, c'est à savoir, ceux qui ont leurs biens dans le navire, chacun pour sa part et portion.

JUGEMENT XI.

Item. Un navire est à l'Écluse ou ailleurs pour charger du vin, et part de là avec son chargement, et le maître et ses matelots n'assurent ni ne fixent point les attintes et bois d'arrimage ainsi qu'il convient, et il arrive qu'une tempête s'élève ou que le temps devient menaçant, de manière que les planches destinées à l'attintage se rompent et que les tonneaux se défoncent ; et le navire arrive sain et sauf au lieu du déchargement ; et les négocians se plaignent de ce que, par le défaut de l'attintage et de l'arrimage, leurs vins ont été perdus, le maître dit au contraire que la perte n'a pas eu lieu par cette cause. Si le maître veut jurer avec trois ou quatre de ses matelots, choisis par les négocians, que le vin n'a pas été perdu par le défaut de l'arrimage et de l'attintage, il en sera franc et quitte ; et s'ils ne veulent point prêter ce serment, on devra payer au négociant son dommage ; car ils sont tenus de bien fixer l'arrimage et l'attintage

48

Wijn niet verloren en is by den Gebreke der Stellinge ende der Slote, soo sal die Schipper quijt ende vry daer van wesen : ende is 't Sake, dat sy dat niet en willen sweren, soo sal men den Koopman syne Schade opregten : want sy syn schuldig die Stellinge ende Slote te versekeren eer sy van daer scheiden of seilen daer se geladen hebben.

avant de mettre à la voile du lieu où ils ont chargé.

VONNISSE XII.

Item. Een Schipper huret syne Schipluiden ; hy is schuldig die te behouden in goede Vrede, soo dat harer een den anderen niet en misdoe ; ende sal haer Middelaer wesen, alsoo lange hy se met Eten ende Drinken besorgt. Ende die den anderen liegen heet, die heeft verbeurd vier Deniers. Ende heet yemand den Schipper liegen, die sal verbeurd hebben agt Deniers. Waer't Sake dat die Schipper eenen van den Schipmannen sloege metter Hande of metter Vuiste; die Schipman is hem schuldig eenen Slag te verdragen : ende sloege hy hem meer, soo mocht hy hem wel weren : maer sloege een Schipman synen Schipper, die heeft verbeurt hondert Schellingen ofte syne Vuiste.

JUGEMENT XII.

Item. Un maître loue ses matelots : il est tenu de les maintenir en bon accord, de sorte qu'ils ne se fassent aucun mal les uns aux autres; et il doit être leur médiateur, tant qu'il leur donne à boire et à manger (1). Et celui qui en appelle un autre menteur doit une amende de quatre deniers ; et si quelqu'un appelle le maître menteur, celui-là devra payer une amende de huit deniers (2). S'il arrivoit que le maître frappât l'un des hommes de l'équipage avec la main ou le poing, le matelot est tenu de supporter un coup ; et si le maître le frappoit de nouveau, il peut alors se défendre : mais, si un matelot frappoit le maître, il a forfait cent schellings ou son poing.

VONNISSE XIII.

Een Schip is vervragt naer Bordeous te varen of anderswair; ende 't comt dair 't ontladen sel. Die Schipper en die Coopluden maken, onder haren, Paertije om den Cochage : die Schaden syn opter Coopluden, die se nemen an der Coste van Bertaengien van dat men lidet l'Isle de Bas; en syn cleine Schaden. Desgelijx an der Coste van Noormandien, dat men lidet Habel ; van Ingeland en Scotland, dat men lidet Jeremuden ; ende van Vlainderen, dat men passet Caleis.

JUGEMENT XIII.

Un navire est frété pour aller à Bordeaux ou ailleurs, et il arrive au lieu où il doit décharger. Le maître et les négocians ont fait convention que les frais de lamanage seront supportés par les négocians; ceux que l'on paie à la côte de Bretagne pour être piloté près de l'île de Bas sont menus frais; de même à la côte de Normandie pour être piloté près du Havre; ceux d'Angleterre et d'Écosse, pour être piloté près de Yarmouth; et ceux de Flandre, pour que l'on passe Calais.

---

(1) La différence de sens entre cette phrase et l'original français ne peut provenir que de la ponctuation du manuscrit qui a servi à traduire.

(2) Le texte porte le mot *Cochage.* On lit *Togayen* dans Boxhorn; ce qui a plus d'analogie avec le mot français *touage.* Verwer, et, après lui, Langenbeck, se sont efforcés d'expliquer le mot *Cochage* dans le sens de *frais de conserve,* en hollandais *Admiralschep.* J'ai préféré le sens qui résulte de l'original français.

VONNISSE XIV.

Item. Het gevalt dat daer Tweedragt werde tusschen den Schipper ende syne Schipmannen: de Schipper sal bevelen dat Tafellaken weg te nemen voor den genen daer hy Kijf ende Tweedragt aen gehad heeft, ende waerschouwen den Schipman te voren eer hy hem uitten Schepe heet gaen: is 't Sake dat de Schipman den Twist ende Misdaed bied te beteren tot der Schipmannen Seggen van der Tafele; is dan de Schipper soo hoogmoedig dat hy het daer niet by blyven laet, ende heet den Schipman egter uit den Schepe gaen; soo mag die Schipman den Schepe navolgen daer dat lossen sal : daer sal deselve soo goede Hure ontfangen gelijk of hy in des Scheeps Stede geweest had soo verre hy ook dat Gebrek gebeterd hadde. Waer' ook Sake dat de Schipper alsoo goeden Schipman niet en huerde in syne Stede als hy was, ende in eenigerlei Wijse den Schepe of den Goeden Schade aenquame, soo waer' de Schipper schuldig alle die Schade op te regten : heeft hy anders soo vele daer hy mede betalen kan.

VONNISSE XV.

Item. Het gebeurt dat een Schip leit in eender Haven gemeert met Touwen, ende een ander Schip komt met den Getijde ende slaet aen dat Schip dat daer gemeert leit : soo dat van die Slage Schade heeft, en de Wijn dair in den Boem uitvlieget : die Schade is schuldig te syn gedeeld by Prijse onder beide die Schepen : ende die Wijn ofte Goed dat in beide Schepen is, is schuldig te deilen gemeenlijke die Schade onder hemlieden. De Schipper die de Schade gedaen heeft

JUGEMENT XIV.

Item. Il arrive qu'il s'élève une querelle entre le maître et ses matelots : le maître doit ordonner d'ôter la nappe devant celui avec lequel il a eu dispute et querelle, et donner un avertissement au matelot avant de lui ordonner de quitter le navire. Si le matelot offre de réparer la dispute et sa faute au dire des matelots de la table, et qu'alors le maître soit tellement orgueilleux, qu'il ne veuille pas s'en contenter, et qu'il ordonne néanmoins au matelot de sortir du navire, le matelot peut suivre le navire au lieu où il doit décharger : là il devra recevoir d'aussi bons loyers que s'il étoit resté dans le navire et qu'il eût réparé sa faute. S'il arrivoit aussi que le maître ne louât point à sa place un matelot aussi bon qu'il l'étoit, et que d'une manière ou de l'autre le navire ou les marchandises éprouvassent du dommage, alors le maître sera tenu de réparer ce dommage, si d'ailleurs il a de quoi le payer.

JUGEMENT XV.

Item. Il advient qu'un navire est amarré dans un port avec des cordages, et un autre navire arrive avec la marée et heurte contre le navire qui est amarré, de manière que le choc occasione du dommage et que les tonneaux de vins viennent à être défoncés, le dommage doit être réparti par estimation entre les deux navires; et les vins ou marchandises qui sont dans les deux navires doivent supporter le dommage en commun entre eux. Le maître qui a occasioné le dommage est tenu de jurer avec ses matelots qu'il ne l'a pas fait volontairement, et qu'il n'a pas pu l'empêcher : alors (1) il n'est tenu de ne

(1) Les mots *alors il n'est tenu* &c., sont une addition faite en Flandre. Certainement la disposition est juste ; elle est la conséquence des termes qui précèdent. On met les dommages au compte commun des deux navires à cause de l'incertitude sur l'auteur de l'abordage : comme la présomption peut néanmoins avoir lieu contre le navire entrant, on s'en rapporte au serment de l'équipage ; mais, s'il refuse ce serment, il avoue son tort. Ainsi rien de plus raisonnable ; mais l'insertion de ce développement est, selon moi, une preuve que le texte qui le contient est le plus récent.

is schuldig te sweren met synen Schipmannen, dat hy het niet met Willen gedaen en
heeft, ook dat hy daer niet om doen en
konde : soo is hy schuldig, ende en verliest die Schade niet meer dan, half te
betalen : ende en derft hy dat met syne
Schipluiden niet sweren, soo moet hy de
Schade gantsch ende geheel betalen. Dat
is 't Recht daer van.

Dit is de Reden waerom 't Vonnisse also
gemaekt ende gevonden is. Het gevalt dat
men geerne een oud Schip legt in den
Weg van andere goede Schepen, op dat
het van den anderen alle de Schade mochte
hebben indien dat het van den anderen
Schepe gebroken word, maer als men weet
dat de Schade half en half gewijst word,
soo legt men 't geerne uitten wege.

payer que la moitié du dommage, et il ne per-
dra rien de plus; et s'il ne peut prêter ce serment avec les gens de son équipage, il est
obligé de payer le dommage en totalité. Ceci
est le droit en ce cas.

Voici le motif pour lequel ce jugement a
été fait ainsi (1). Il arrive que l'on met volontiers un vieux navire sur la voie d'autres bons
navires pour qu'il puisse avoir la totalité du
dommage lorsqu'il vient à être brisé par ces
autres navires; mais, quand on sait que le
dommage est supporté par moitié, on le met
volontiers hors de la voie.

VONNISSE XVI.

Een schip of twee of meer leggen in een
Haven daer klein Water is, ende plagt
drooge te syn; alsoo dat dat eene Schip
hard by den anderen te sitten komt : soo
is de Schipper van den Schepe, die eerst
aen den Grond komt te sitten, schuldig te
seggen tot den anderen Schipluiden die
hem te na geset hebben, alsoo: Gy, Heeren ligtet uw Anker, want het ligt ons te
nae ende mogt daer Schade van krijgen :
ende is 't dat se dat Anker niet willen ligten,
die Schipper van den Schepe die eerst aan
de Grond komt te sitten die sal met syn
Gesellen dat Anker ligten : willen sy hem
dat niet toelaten, en behinderen en verbieden hem dat, ende daer over Schade
quame by Gebrek van den Ankere; de
Schipper die hem te na heeft geset is
schuldig die Schade op te regten.

JUGEMENT XVI.

Un navire, ou deux, ou plusieurs, se
trouvent dans un port où il y a peu d'eau, et
qui est ordinairement à sec; de sorte que l'un
des navires vient à se trouver placé très-près
d'un autre : le maître du navire qui vient le
premier à se trouver à sec, est tenu de parler
ainsi aux autres matelots qui se sont placés
trop près de lui : Messieurs, levez votre
ancre, parce qu'elle est placée trop près de
nous, et que nous pourrions éprouver des
dommages. Et s'ils ne veulent point lever
l'ancre, le maître du navire qui s'est le premier trouvé à sec peut lever l'ancre avec ses
compagnons : s'ils ne veulent point le lui
permettre, s'ils l'en empêchent et le lui défendent, et qu'il éprouve du dommage à cause
de l'ancre, le maître qui l'avoit placée trop
près de lui est tenu de le réparer.

(1) Cette explication forme, dans l'édition de Boxhorn, un article séparé, portant le nombre 17, à compter des mots Het gevalt : ce qui peut faire conjecturer que son manuscrit est une copie négligée de la traduction des Rôles d'Oléron; car dans aucun manuscrit de ces Rôles cette partie ne forme un article spécial. En supposant qu'il eût été bon (question assurément fort indifférente) de faire un article séparé de cette explication des dispositions précédentes, il auroit fallu du moins commencer l'article aux mots Dit is de Reden, c'est-à-dire, Voici le motif pour lequel &c. Un copiste ignorant a pu seul transcrire l'ar-ticle d'une manière si bizarre, et mettre, par une sorte de routine, le mot item avant les mots Het gevalt, tandis que l'explication commence aux mots Dit is &c.

Ligt een Anker sonder Boeije ende doet Schade ; de gene dien dat Anker toekomt die is schuldig de Schade te betalen : want in sulke Haven sal men Boeijen op syn Anker hebben op dat een ygelijk hem daer voor wagte ende geen Schade daer van en lijde : ende is 't dat men ligt in eene drooge Haven, soo is men schuldig te leggen Boeg-lijnen en ander Touwen.

Si une ancre se trouve sans bouée et occasione du dommage, celui auquel appartient cette ancre est tenu de payer le dommage : car, dans de pareils ports, on doit avoir des bouées sur son ancre pour que chacun y prenne garde et n'en reçoive aucun dommage ; et quand on se trouve dans un port sec, on est tenu de placer des orins et autres cordages (1).

VONNISSE XVII.

Item. Den Schipluiden an de Kust van Bertaengien behoort des Daegs eene Maeltijd ; om deswille dat de Schipper hen geeft Wijn te drinken, varende ende komende. Ende van Noermaendijen behoort twee Maeltijden des Daegs ; om deswille dat sy anders niet dan Water en drinken ; maer wanneer dat Schip komt in Wijnlanden, soo is de Schipper schuldig hen Wijn voor haren Drank te geven. Dit moet ook gedaen worden.

JUGEMENT XVII.

Item. Les matelots de la côte de Bretagne ont droit à un repas par jour, par la raison que le maître leur donne du vin à boire pendant l'aller et le retour ; et ceux de la côte de Normandie ont droit à deux repas par jour, parce qu'ils ne boivent que de l'eau : mais, quand le navire arrive aux pays où croît le vin, le maître est tenu de leur donner du vin à boire. Ceci doit être ainsi fait.

VONNISSE XVIII.

Item. Het gevalt dat een Schip gekomen is daer't laden sal, als te Bordeeus of anderswaer, soo is de Schipper schuldig te vragen synen Schipluiden : Gy, Heeren, legget gy uwe Voeringe ofte Voervragten in ? of latet gy die in de Vragt van den Schepe ? soo syn de Schipluiden schuldig te seggen wat sy doen of laten willen. Ende is 't Sake dat se kiesen soodanige Vragt als dat Schip heeft : sy sullense hebben : Ende

JUGEMENT XVIII.

Item. Il arrive qu'un navire s'est rendu au lieu où il doit charger, comme à Bordeaux ou ailleurs ; alors le maître est tenu de dire à ses matelots : Messieurs, placez-vous dans le navire vos pacotilles ou ports francs, ou les laissez-vous dans le fret du navire ? Alors les matelots sont tenus de déclarer ce qu'ils veulent faire ou laisser ; et s'ils préfèrent avoir le même fret que le navire, ils doivent l'avoir ; et s'ils veulent fréter pour leur propre compte, ils doivent faire leurs affrétemens de manière que le navire n'attende pas après eux ; et si à

---

(1) On trouve dans cet article des développemens qui prouvent que le traducteur flamand a travaillé sur un texte dont la briéveté les rendoit nécessaires. Après les mots *soo is den Schipper van de Schepe*, répondant aux mots du texte français *le maistre de cette neef*, la version flamande ajoute, *die eerst aen den Grond komt* : ce qui signifie *qui le premier vient à se trouver à sec ;* explication qui a pour objet de préciser avec exactitude à qui appartient le droit de requérir les autres navires de lever leurs ancres. Après les mots *anderen Schipluiden*, c'est-à-dire, *aux autres matelots*, seuls mots qu'on lise dans le français, le traducteur flamand ajoute *die hem te na geset hebben*, signifiant *qui sont placés trop près de lui ;* explication qui a aussi pour objet de mieux faire comprendre de quoi il s'agit. La fin de l'article prouve encore le soin que le traducteur a pris de développer le texte. Le français est très-concis ; il dit simplement que *tous ceux qui sont dans un port où il y a peu d'eau doivent mettre à leurs ancres des bouées qui les fassent remarquer :* le traducteur flamand développe cette obligation et ses conséquences avec beaucoup d'étendue. Je suis loin de le critiquer ; en pareille matière, on ne peut trop développer ce que le bon ordre et la sûreté commune prescrivent à chacun de faire : mais tout le monde avouera que le commentaire est nécessairement plus récent que le texte, et que c'est une nouvelle preuve de l'antériorité des Rôles d'Oléron.

willen sy ook bevragt syn by henselven ; soo sullen sy haer gaen bevragten in alsoodaniger Wijse dat het Schip niet naer hen en toeve : ende is 't dat se op't leste geen Vragt en krijgen, de Schipper en sal geen Schade daer van hebben : maer hy is schuldig te wijsen syner Lieden Ruimte en Stede, daer een ygelijk Schipman legge de Wigte syner Voeringe. Ende willen de Schipluiden, soo mogen sy ook wel daer in leggen een Vat Waters ; ende worde't Water dan over Boord geworpen in See, het soude voor Wijn of voor ander Goed gerekend werden van Pond tot Pond.

Item. Werd de Koopluiden haer Goed over Boord geworpen in de See, alsulke Vryheid als de Schipman heeft, sal de Koopman ook hebben.

VONNISSE XIX.

Item. Een Schip komt geladen ende behouden tot synder regter Ontlaedstede, die Schipluiden willen hare Hure hebben, ende daer synder haerder sommigen die nog Kiste noch Matte in't Schip hebben : de Schipper mag haer wel soo lang de Hure onthouden tot dattet Schip gelosset is : ende om't Schip weder te brengen van daer sy quamen, sullen sy versekeren die Vaert te vollbrengen.

VONNISSE XX.

Item. Een Schipper huret syne Schipluiden een Deel om eene Vragt, ende een Deel met Gelde ; sy sien dat het Schip geen Vragt en krijgt tot synen Lande te

la fin ils ne peuvent trouver de fret, le maître ne leur doit aucun dédommagement ; mais il est tenu de montrer à ses gens les places et endroits où chaque matelot peut placer le poids de son port franc. Et si les matelots le veulent, ils peuvent y placer un tonneau d'eau ; et si ensuite l'eau vient à être jetée à la mer, elle sera comptée pour du vin ou autre marchandise, livre pour livre (1).

Item. Quand les biens des négocians sont jetés à la mer, le négociant doit avoir la même franchise que le matelot (2).

JUGEMENT XIX.

Item. Un navire arrive chargé et sauf au lieu de son droit déchargement : les matelots veulent avoir leurs loyers, et il y en a parmi eux quelques-uns qui n'ont à bord ni coffre ni lit ; le maître peut retenir leurs loyers jusqu'à ce que le navire ait été déchargé ; et pour reconduire le navire au lieu de départ, ils doivent fournir caution de parfaire le voyage (3).

JUGEMENT XX.

Item. Un maître loue ses matelots une partie au fret et l'autre pour de l'argent ; ils voient que le navire ne trouve point de fret pour retourner dans son pays, mais qu'il est nécessaire de l'affréter pour un pays plus éloigné :

(1) L'auteur de la version flamande publiée par Verwer a omis ce que dit le texte français, que « les « matelots ont cette faculté afin qu'ils aient plus d'intérêt à la conservation du navire. » Cette omission n'a point été faite dans les versions que Boxhorn et Van Leuwen ont publiées.

(2) Le texte flamand fait une omission qui rend la fin de l'article inintelligible. Le français permet à chaque matelot de céder son droit de portage à des marchands, et les fait jouir dans ce cas de la même franchise que les matelots auroient eue. La version publiée par Verwer a omis la première partie de la phrase ; ce qui ôte à la seconde son sens raisonnable.

(3) La fin de cet article n'a pas été bien traduite par l'auteur de la version publiée par Verwer, ainsi qu'on le verra par une comparaison avec le texte français, qui est plus clair et plus rationnel. Les versions publiées par Boxhorn et Van Leuwen s'y sont mieux conformées.

komen, maer dattet moet voorder bevragtet syn : de gene die daer mede varen om Bevragtinge, die moeten dat Schip volgen. Maer die gene die mede vaert om Geld, die Schipper moet hen die Hure verbeteren, eenen ygelijke daer na dat hy gehuerd is : ware het dan dat hy se besproken had tot eenen bescheidenen Tijd; laden sy naerder dan sy bescheiden syn, sy syn schuldig te hebben hare gantsche Hure. Maer sy moeten dat Schip helpen bringen daer sy't nemen; indien dat het de Schipper hebben wil.

ceux qui naviguent au fret doivent suivre le navire; quant à ceux qui naviguent pour de l'argent, le maître est tenu d'augmenter leurs loyers, chacun suivant le taux auquel il a été loué : s'il les avoit loués pour un temps déterminé, et qu'ils chargeassent dans un lieu plus rapproché que celui pour lequel ils ont été loués, ils ont droit à la totalité de leurs loyers; mais ils doivent aider à reconduire le navire au lieu où ils l'ont monté, si le maître l'exige.

VONNISSE XXI.

Item. Het gevalt dat een Schip legt te Bordeeus of anderswaer; soo mogen twee Schipluiden uitten Schepe gaen, ende nemen een Geregte met haer, uitten Schepe te eten, ende soo vele Broods als sy tot eener Maeltijde opeten mogen : maer sy en mogen geenen Drank uit den Schepe dragen : ende moeten haast weder te Schepe gaen, soo dat het Scheepswerk door haer niet versuimet en werde. Want quame den Schipper Schade aen den Schepe ofte aen des Koopmans Goed by Gebreke van haren Werke; sy syn schuldig dat te beteren : ende dat een of meer van den Gesellen des Schips haer seer deden by Gebreke van Hulpe, soo synse schuldig den genen die hem wee gedaen heeft, te laten gesond maken; tot des Schippers ende des Stuermans ende der anderer Scheepsgesellen Seggen.

JUGEMENT XXI.

Item. Il arrive qu'un navire se trouve à Bordeaux ou ailleurs : alors deux matelots peuvent sortir du navire et prendre un plat avec eux pour le manger hors du navire, et autant de pain qu'ils peuvent en manger à un repas; mais ils ne doivent emporter aucune boisson hors du navire; et ils doivent se hâter de rentrer, de manière que les travaux du navire ne soient pas interrompus par leur faute : car, si le maître éprouvoit quelque dommage à son navire ou aux marchandises des négocians par le défaut de leur aide, ils seroient tenus de le réparer; et si un ou plusieurs des compagnons du navire viennent à être blessés par le défaut d'aide, ils sont tenus de faire guérir ceux qui ont été blessés, au dire du maître et du contre-maître et des autres compagnons du navire.

VONNISSE XXII.

Item. Het gevalt dat een Schipper bevragtet syn Schip eenen Koopman, ende is met hem overeengekomen tot eenen bescheijdenen Termijn dat Schip te laden. Die Koopman ladet dat niet; hy houd dat Schip vijftien Dagen lang, of langer, of dan eenigen Tijd; die Schipper verloos syn Vragt by Gebrek des Koopmans : soo is die Koopman schuldig den Schipper

JUGEMENT XXII.

Item. Il arrive qu'un maître frète son navire à un négociant, qui est convenu avec lui de charger le navire dans un délai déterminé. Le négociant ne charge point le navire; il le retient quinze jours ou plus long-temps, ou un temps quelconque; le maître manque d'affréter par la faute du négociant : dans ce cas, le négociant est tenu de payer au maître tels dommages-intérêts qui seront arbitrés; et les matelots en doivent avoir le quart, et le maître les trois autres quarts, par la raison

alsoodanigen Schade, soo daer op geset
is, op te regten : ende daer van sullen
hebben die Schipluiden dat vierde Deel,
ende de Schipper de andere drie Deelen,
om deswillen dat hy hen den Kost geeft
ende die meeste Sorge dragen moet.

VONNISSE XXIII.

Item. Een Schipper bevragtet syn Schip
ende ladet dat om syne Reise te doen,
ende dat Schip blijft hier binnen alsoo
lange liggen dat den Schipper Geld ge-
breekt; soo mag hy wel te Huis senden
om Geld, maer hy moet geenen goeden
Wind verliggen : want verlage hy den
Wind, hy ware schuldig den Koopman
syne Schade te betalen : maer hy mag wel
nemen van der Koopluiden Wijn ende
verkoopen dien, ende nemen syne Nooddruft daer van. Als nu dat Schip gekomen is tot syne regte Ontlaedstede; de
Wijn, dien de Meester genomen heeft,
is schuldig te syn gerekend alsoo als men
den anderen Wijn verkoopen sal. Ende
alsdan sal die Schipper syne volle Vragt
hebben van den Wijn dien hy verkoft
heeft tot syner Nooddruft als van den
anderen Wijn dien hy ter Stede gebrocht
heeft.

VONNISSE XXIV.

Item. Een Knape is Laeds-age van eenen
Schepe ende is gehuerd dat Schip te brengen daer dat losschen sal : het gevalt wel
dat in de Haven syn Ketenen ende Sloten
daer binnen men de Schepen ontladet :
die Schipper is schuldig den Schipluiden
te versien die Stede daer men dat Schip in
ligt; ende hy sal syne Touwen alsoo setten dat die Koopman geen Schade daer
by en hebbe : want krege die Koopman
Schade by Gebreke der Touwen, soo ware
die Schipper schuldig die Schade op te
regten ende te betalen.

Item. Die Laeds-age sal syne Vaerte gedaen, ende synen loon verdient hebben,

qu'il leur a donné la nourriture et que les
frais les plus grands sont à sa charge.

JUGEMENT XXIII.

Item. Un maître frète son navire et le
charge pour faire son voyage; et le navire
reste si long-temps dans l'intérieur du port,
que le maître vient à manquer d'argent; il
peut envoyer dans son pays pour en avoir :
mais il ne doit pas laisser passer le vent
favorable; car, s'il laissoit passer le vent,
il seroit tenu de payer au négociant le dommage qu'il en souffriroit : mais il lui est permis de prendre du vin appartenant aux négocians et de le vendre, et de prélever sur
le prix les sommes qui lui sont nécessaires.
Mais, lorsque le navire est arrivé au lieu de
sa droite décharge, le vin que le maître a
pris doit être estimé au prix de la vente des
autres vins; et alors le maître doit avoir son
fret entier du vin qu'il a vendu pour ses besoins, comme des autres vins qu'il a transportés à leur destination.

JUGEMENT XXIV.

Item. Un jeune homme est locman d'un
navire, et il est loué pour conduire ce navire au lieu où il doit décharger; il arrive
quelquefois qu'il y a dans le port des chaînes
et des barrières dans l'enceinte desquelles on
décharge les navires : le maître est tenu d'indiquer aux matelots l'endroit où ils doivent
placer le navire, et il doit placer ses câbles
de manière qu'il n'en puisse résulter aucun
dommage pour les négocians; car, si les négocians éprouvoient du dommage par la levée
des câbles, le maître seroit tenu de réparer
et payer ce dommage.

Item. Le locman sera censé avoir fait sa
conduite et avoir gagné ses gages, lorsqu'il

wanneer hy dat Schip heeft gebragt in de Haven tot der Ketenen voor of in Sekerhede ; ende is ook niet schuldig dat voorder te brengen : ende daer na sal die Schipper, ende die Schipluiden, tot den Schepe sien.

aura conduit le navire dans le port devant les chaînes ou en lieu sûr, et il ne sera pas tenu de le conduire plus loin; et ensuite ce doit être au maître et aux matelots à prendre soin du navire.

LOIS DE WESTCAPELLE (1).

I (2).

Eerst. Men maeckt een Meester van een Schip, 't Schip, behoort toe hun tween oft drien, 't Schip vaert uyt den Lande van daert't is, het komt ter Sluys, te Rochelle, Bordeaux, ofte anders, ende is ghevracht te seylen in vreemde Landen, die Meester en mach dat Schip niet verkoopen, hy en hebbe Oorlof van den ghenem die't toebehoort; maer heeft hy te doene van de Victualie, hy mach wel van de Ghetouwen te Pande setten, ofte legghen, by Rade van de Schipmannen.

II (3).

Item. Een Schip licht in de Haven, verbeydende Tijdt ende Windt, ende als't van daen varen sal, die Meester is schuldich Raedt te nemen met synen Schiplieden, seggende, *Wy hebben Weer ende Windt te zeylen :* ware dan yemandt die seyde, dat het quaet Weer ware, die Meester is schuldich over een te dragen metten meesten Ghevolge; ende daede hy anders, hy ware schuldich Schip ende Goedt te gheldene, blijvet achter, op dat hebbet alsoo waer mede.

(1) Boxhorn a publié ce texte dans ses Additions à l'ouvrage intitulé, *Chronijck van Zeelandt,* de Jean Reygersberg, tome I, pag. 276 et suiv. Le style en est très-différent de celui des Jugemens de Damme. On y remarque surtout l'emploi de plusieurs mots français, précédés ou suivis de la traduction. Je les indiquerai dans des notes à mesure qu'ils se présenteront. Les mêmes articles ont été publiés aussi sous le titre de *Lois de Westcapelle* par Van Leuwen, *Batavia illustrata,* tome I, page 137. Le texte est presque le même que celui de Verwer, sauf quelques différences d'orthographe, qu'il est inutile de recueillir. Il en est une cependant qui doit être l'objet d'une observation générale. Dans l'édition de Van Leuwen, et sans doute dans le manuscrit dont il a fait usage, chaque article est précédé ou terminé (car l'édition imprimée laisse du doute) par les mots, *dit is 't Fonnisse,* c'est-à-dire, *ceci est le jugement.* On a vu, page 372, que les manuscrits dont Verwer a fait usage portoient probablement la même formule; mais elle ne se trouve point dans l'édition donnée par Boxhorn, ni dans celle de Smallegange, qui l'a copiée. J'ignore si elle étoit dans le manuscrit dont a fait usage le premier de ces auteurs.

(2) Cet article ne diffère pas d'une manière bien importante pour le fond (car le style n'est point le même) du texte publié par Verwer. Voici cependant deux différences que je crois devoir indiquer. Les Jugemens de Damme disent, comme les Rôles d'Oléron : *Le navire appartient à deux, trois ou plusieurs personnes;* les Lois de Westcapelle, *à une, deux ou trois personnes.* Les Jugemens de Damme désignent *Lisbonne,* que ne désignent pas les Rôles; les Lois de Westcapelle ne contiennent pas ce nom. On peut aussi voir, relativement à une autre différence, la note 3 sur le premier Jugement de Damme, page 371.

(3) Cet article est beaucoup plus abrégé dans les Lois de Westcapelle que dans les Jugemens de Damme. Dans ceux-ci, le texte est une traduction littérale des Rôles d'Oléron : dans les Lois de Westcapelle, c'est une traduction libre, mais exacte pour le sens; la phrase finale, *Ceci est le droit en ce cas,* ne s'y trouve pas.

III (1).

Item. Het Schip breeckt in eenich Landt, tot welcke Stede dat het zy, die Schip-luyden zijn schuldich 't Goedt te behoudene, soo sy best ende meest mogen, ende ist dat sy den Meester helpen, hy is hen schuldich haren Loon, ende en heeft hy geen Gheldt, hy doet van den Goeden die sy behouden; soo moet hy se weder brenghen tot haren Lande; ende en helpen sy hem niet, hy en is henluyden niet schuldich, ende sy sullen haer Loon ofte Huyren verliesen, als 't Schip verlooren is; ende die Schipper ofte die Meester en mach dat Ghetouwe niet verkoopen, hy en heeft eerst Oorlof ofte Bevelenisse van de Meester die 't toebehoort, ende doen dat alsoo loya-lijcken ofte ghetrouwelijcken, als hy 't mach, ende dede hy anders, hy waer 't schuldich te beteren.

IV (2).

Item. Waert dat een Schip met Goet seylde aen die Grondt, ende in Vreese ware te verliesen 't Schip ende 't Goedt, ende men dan ghekrijghen mochte Lichtschepen, omdat Goedt mede uyt te lichten, soo wat dat koste, dat soude 't Schip betalen ende 't Goedt, ghelijckmen Worpgoet ghelde, ende en ware daer gheen Koopman in 't schip alsmen aen de Grondt zeylde, dat soude die Schipper ende twee Schipmannen sweeren; wil-demen hem niet ghelooven noch verdraghen dat het Schip met het Goedt in Vreese was aen den Grondt.

V.

Item. Een Schip vaert van der Sluys ofte van andere Steden, het ghevalt dattet breeckt, men ist schuldich te behouden soo men meest mach van den Wijne ofte andere Goeden; die Koopluyden ende die Meester krijghen Gheschille teghen malkan-der om te ebben haer Goet, sy zijn 't wel schuldich te hebben ghelden sy die Vracht alsoo verde alst den Schipper ofte Meester ghenoeght, maer wilt die Schipper ofte Meester, hy macht doen bereeden dat Schip, ist datmen beteren mach in korten Tijden, ende ist des niet, hy mach een ander Schip huyren ende die Vaert voldoen, ende hy sal hebben syn Vracht van alle die Goeden, die behouden worden by eenigher Manieren.

VI.

Item. Een Schip vaert van eenighe Havene, gheladen ofte ydele, ende is ghekomen in anderen Haven, die Schipluyden en zijn niet schuldich uyt den Schepe te gaen, sonder des Meesters Oorlof : want waert alsoo dat het Schip ergherde ofte verlooren worde by eenighe Avontuyren, sy waren 't schuldich te beteren; maer laghe 't Schip ghemeert aen syn vier Ghetouwen, soo mochten sy wel uyt den Schepe gaen, ende weder Schepe komende te Tijden ende Wijlen.

---

(1) Voir, pour la différence entre ce texte et l'article 3 des Jugemens de Damme, la note 3 de la page 372.

(2) Cet article n'est point dans les Jugemens de Damme et ne fait point non plus partie des Rôles d'Oléron; il se retrouvera dans les Usages maritimes d'Amsterdam, qui seront l'objet du chapitre suivant. Voir ce que j'ai dit à ce sujet page 366. Au moyen de l'insertion de cet article dans les Lois de Westcapelle, leur corres-pondance avec les Jugemens de Damme change; l'article 4 de ceux-ci répond à l'article 5 des premiers, et ainsi de suite. Je n'en ferai point la remarque à chaque article, pour éviter des redites inutiles.

VII.

Item. Het ghebeurt dat Schipluyden hen verhuyren eenen Tijdt haren Schipper, ende eenich van henlieden gaet uytten Schepe sonder Oorlof, ende drincken droncken, ende maken Strijdt ende Twist, het gevalt datter eenighe gewont werden, die Schipper en is niet schuldich die te doen ghenesen op des Scheeps kost, maer by machse uytten Schepe doen, ende huyren eenen anderen in dien Stede van henlieden, ende kosten die meer, sy sullen betalen moeten, ende oock den Schipper weder keeren; maer seyntse die Schipper in eenighen Dienst van den Schepe, daer sy hen quetsen ofte wonden, sy zijn dan schuldich te werden geheelt op des Scheeps Kost.

VIII.

Item. Het ghevalt dat eenich Schipman Sicckheden aenkomt, hen tween ofte hen drien, blijvende in den Dienst van den Schepe, ende sy en moghen van Siecklen in 't Schip niet blijven, die Meester is die schuldich uytten Schepe te doen, ende in een Herberghe te legghen, ende hem te leveren Keerslicht by te siene, ende een van de Schiplieden by em om te bewaren, ofte een ander Mensche te huyren, die hem nuttelijck is, ende henlieden oock te voorsiene van alsulcke Spijse als men in 't Schip behoeft, ende men hem gaf doen sy ghesont waren, ende anders niet, hy en wilt doen. Maer willen sy kostelijcker ofte lieflijcker Spijse hebben dan daer Schepe is, die Meester en is henluyden niet schuldich te leveren, ofte ten ware tot heuren Koste, ende 't Schip en is niet schuldich naer hen te wachten, maer te zeylen alst reedt is, ende ist dat sy ghenesen, soo sullen sy hebben alle hare Huyre, ende sterven sy, haer Wijfs, ofte Erfghenamen, ofte haer Aendeelders (1) sullense hebben.

IX.

Item. Een Schip vaert van der Sluys ofte van andere Steden, het ghevalt dat hem Tormenten toekommen van der Zee, ende en mach niet langher lijden sonder Schade van die Goeden te worpen, sy zijn't schuldich die Kooplieden te tooghen, ende dat sy daeraf segghen haren Wille, dan machmen wel worpen by Avontuere, die Reden tusschen die Kooplieden ende den Schippers ofte Meesters worden te verklaren (2); ende ist dat die Kooplieden niet en willen oorloven ofte ghedooghen te werpen, die Schipper ofte Meester en sal daeromme niet laten te worpen, op dattet hem goet dunckt, sweeren dat drie van sijne Ghesellen als sy te Lande komen, dat sy't daeden omme te behouden haer Lijf, Schip ende Goeden, ende thoonen van datter gheworpen wordt, ende het sal worden gheprijst, Ponde nae Ponde, ende ghedeelt onder den Kooplieden, op't goedt datter behouden wordt; ende die Schipper oft Meester is schuldich daer af te ghelden, als van sijnen Schepe ofte (3) van synen Vracht in Restoore van syne Schade, elck Schipman sal hebben een Vat vry, ende hebben sy meer Goets, dat moet ghelden aen die Schade, naer dat elck daer in heeft, ten zy dat sy hen selven

---

(1) Ces derniers mots, signifiant *ou leurs ayant droit*, ne sont point dans le texte de Verwer.
(2) Ce membre de phrase n'est point dans l'article 8 des Rôles d'Oléron et des Jugemens de Damme; il signifie : « On dressera un procès-verbal énonçant les motifs débattus entre les négocians et le patron. »
(3) Le texte dit, *ou son fret*; le 8.e Jugement de Damme porte, *et son fret.* Voir la note 2 de la page 375.

niet vailjantelijck, suffisantelijck, ofte eerlijck en verweeren in die Noodt, als goede Knapen ofte Persoonen, soo en sullen sy gheen vry Deel hebben, ende men sal den Schipper ghelooven by synen Eede.

X.

Item. Het ghevalt dat een Meester van synen Schepe kerft sijn Mast by grooten Onweere, hy is schuldich te roepen sijn Koopluyden, de Stierman, ende voorts de meestendeel van de Scheepskinderen. Indien datter dan gheen Koopluyden en zijn om hen te thoonen den Noodt, ende dattet is om te behouden Lijf, Schip, en Goedt, ende by wijlen ghevalt dat sy van noode haer Kabelen kerven, ofte laten haer Anckeren staen, om te houden Schip ende Goet; hetis alle beyde, Mast ende Ancker, schuldich ghepresen te wesen van Ponde tot Ponde, als Zeeworp, ende die Koopluyden sullen daer of ghelden eer sy haer Goedt uyt den Schepe doen; ende ghevielt dat het Schip drooghe sate, ende die Meester om 't Gheschil van henlieden beyden, ende in 't Schip eenighe Goedinghen leckende worden, ende Vaten uytliepen, die Schipper sal daer af van de Schade blijven, ende hy sal daer af hebben sijn Vracht, ghelijck als van de andere Goederen.

XI.

Item. Het ghevalt dat een Schipper ofte Meester komt by der Ree daer hy ontladen sal, hy ist schuldich die Koopluyden te tooghen de Koorden ende het Ghetouwe daer hy mede winden sal, ende is daer yet aen te verbeteren, hy moet dat verbeteren. Want worden daer af Pijpen ofte Vaten verlooren by den Ghebreecke van den Ghetouwe, die Schipper ofte Meester, ende die Schiplieden waren schuldich die Schade te beteren, ende die Schipper ofte Meester bysonder meest, want hy Windelgheldt neemt, ende dat Windelgheldt is schuldich te zijn ghedeelt in Restoor ofte Versettinghe der Schaden, ende dat Rammenant ofte Surplus moeten sy deelen onder henlieden; ende braken die Koorden eer syse de Kooplieden toochden, sy zijn schuldich alle die Schade te ghelden; maer segghen die Kooplieden dat het Ghetouwe goet ende sterck is, ende het dan brake, elck eene is schuldich te ghelden aen de Schade, ende elck Koopman sal ghelden sijn Deel elck even vele.

XII.

Item. Een Schipper ter Sluys ofte in andere Steden om Wijn te laden, ende vaert van daene geladen, ende die Schipper noch die Schiplieden en verseeckeren niet haer Fustalen, ende haer Karnieren ende Slooten, alsoo sy schuldich waren van doene, ende het ghevalt datter Storm ofte quaet Weder opkomt, al waer by die Fustalen ende Slooten breecken, ende datter een Vat ofte Pype den Bodem uytvliegt, 't Schip komt behouden, die Kooplieden seggen dat by der Fustalen hare Wijnen verlooren zijn, Meester die seght, dat is niet; ende ist Saecke dat die Meester, ende drie ofte viere van sijn Schiplieden, van sijn Knapen, ofte Volck, die die Kooplieden uytkiesen, sullen doen sweeren dat die Wynen niet verlooren en zijn by Gebreecke ofte Faute van de Fustalen ofte Slooten, die Meester isser af schuldich los ende quijte te zyn; ist dat sy 't niet sweeren en willen, soo zijn sy schuldich Verset ofte Restoor den

Kooplieden te doene van hare Schade, want sy zijn hem schuldich die Fustalen te verseeckeren ende te sluyten als vooren wel ende seecker, eer sy scheyden van daer sy eerst uyt voeren.

XIII.

Item. Hen Meester huyrt Schipluyden, hy is se schuldich te behouden in Payse (1): ende haer Middelaer oft Juge (2) te zijn van alle dat sy malkanderen doen ofte mis-doen, alsoo langhe als hy Wijn ende Broodt ter Tafele legghet, ende wie den anderen heet lieghen, hy verbeurt vier Penninghen; ende heet daer yemandt den Meester ofte Schipper te lieghen den anderen, elck Schipman sal verbeuren cht Penninghen, ende ist dat die Meester een Schipman slaet metter Handt ofte metter Vuyst, hy is hem schuldich een Slach te verdraghen, maer sloech hy hem meer die Schipman, den Meester ofte Schipper, hy verbeurde hondert Schellinghen ofte een Vuyst.

XIV.

Item. Een Schip is bevracht te Boordeus, tot Rochelle ofte anders te zeylen ofte varen, ende het komt daer t'ontladen sal, ende maecken tot haren Parthye togayen, ende die Schade is aen die Kooplieden aen de Kust van Bretaignen, diese nemen sullen van dat lijdt Lijs de Vades, die Schade die men lijdt Thabeys van Noormandien, van Engelandt, ende van Schotlandt, tot dat lijdt Jaermuyden, ende van Vlaenderen datmen past Calis.

XV.

Item. Het ghevalt datter is Discoort (3) ofte Twist tusschen den Meester, syne Schipluyden ofte den Koopluyden (4), ende ist Saecke dat die Koopman ofte den Schipman den Twist biedt te beteren, die Schipmannen segghen, van de Tafele, ende den Schipman is overmoedich dat hy dat niet overvallen en wilt, ende hy doet hem uyt den Schepe gaen, die Schipman mach 't Schip vervolghen tot daer't ontlaet, ende hebben alle goeden Huere al oft hy in't Schip ghebleven ware, te beteren die Misdaet, te segghene van drie Persoonen van der Tafelen, ende en wonne die Meester ofte Schipper niet alsoo goeden Schipman als die, ende hy by eenigher Manieren ofte Avontuyre eenich Goet ofte Schip verloore, die Meester ofte Schipper is schuldich die Schade te beteren, heeft hy alsoo vele Goets daer hy mede betalen mach ofte kan.

XVI.

Item. Het ghevalt dat een Schip legghet in een Coueers ofte Havene ghemeert, ende een ander Schip komt metten Ghetije, ende slaet dat Schip datter ghemeert is, soo dat het van dier slaghe Shade heeft, ende daer af die Wijnen den Bodem uyt vlieght, die Schade is schuldich te zijn ghedeelt by Prijse onder beyde die Schepen, ende die Wijnen ofte ander Goedt dat in beyde die Schepen is, dat schuldich is gedeylt te zijne

---

(1) Le mot *Payse* est évidemment emprunté au français *paix;* le véritable mot hollandais eût été *Vrede.*
(2) Après le mot *Middelaer* le texte ajouté *oft Juge;* ce dernier mot est français.
(3) Le mot *Discoort,* français, est suivi du véritable mot hollandais *Twist,* qui signifie *querelle.*
(4) Cet article comprend dans la même disposition le cas de querelle entre le patron et un des char-geurs; ce qu'on ne trouve ni dans les Jugemens de Damme, ni dans les Rôles d'Oléron.

die Schade ghemeen onder henluyden; die Meester ofte Schipper van den Schepe die
den anderen gheercht heeft, hy is schuldich met syne Schiplieden den Koopluyden
te sweerene, dat hy't niets Willens en daede (1), ende dit is die Redene waerom het
Vonnis ghemaeckt is (2).

XVII.

Item. Het ghevalt datmen een oudt Schip geerne legghet in den Wegh van eenen
beteren Schepe, om van den veranderen alle die Schade te hebben, waert dat van eenen
anderen goede Schepe gheercht, beschadicht, ofte ghebroocken worde, maer als men
weet dat die Schade half ende half ghewyst word, soo leghtment geerne buyten, ende
uytten Weghe.

XVIII (3).

Item. Een Schip twee ofte meer, die legghen in de Haven daer luttel Waters is, soo
dat het een Schip wordt sittende by de andere, die Meester ofte Schipper is schuldich
te segghene den anderen Schipluyden : Ghy Heeren, licht u Ancker; want ghy ons te
na legget, end ewy mogen daer by in Schade komen; ende sy en willen den Ancker niet
lichten, die andere Meesters Schippers, ende heure Schipluyden, gaen ende lichtent,
ende settent wat verder van henluyden, ende ist dat hen die andere verbieden, ende
sy daer Schade by lijden ofte nemen, sy zijn't wel schuldich te beteren redelijcken;
ende legghet daer een Ancker sonder Boeye dat Schade doet, wie dat hy zy, hy ist
schuldich te beteren den Meester van den Schepe, ende ist dat men't leydt in een
drooghe Haven, men is schuldich te legghen Booghlijnen en Ghetouwen, dat men niet
en failgeert ofte verliest.

XIX.

Item. Die Shipperen van Oost-Brittaignen, sy zijn schuldich te hebben een Maeltijt
Daeghs, om datmen in't Varen ende in't Keeren Wijn drinckt, die Noermannen
moeten hebben twee Maeltijden 's Daeghs, om dat sy andersniet en drincken dan Borne
ofte Watere; maer als't Schip komt daer die Wynen wassen, sy zyn schuldich Wijn
te drincken.

XX.

Item. Het ghevalt dat een Schip ghekomen is tot synder Ontlaststede, te Bordeaux,
te Rochelle, oft elders waert, die Meester ofte Schipper is schuldich te vragene den
Schipluyden : Ghy Heeren, legget inne u Vœringe, ofte laedt ghy se in den Vracht van
den Schepe? sy zijn schuldich te segghen ofte te antwoorden wat sy doen willen, ende
ist dat sy kiesen sulcke Vracht te hebben als dat Schip in heeft, sy sullense hebben,
ende sy mogen't doen in Manieren voorsz : dies dat Schip niet daer naer en beydt, dat

---

(1) On a vu dans la note de la page 379 que le 15.ᵉ Jugement de Damme contenoit quelques explications
qui n'étoient point dans l'original français. Ces explications ne sont point dans les Lois de Westcapelle.

(2) Quoique, d'après ce que j'ai dit dans la note de la page 380, il me paroisse évident que les mots *ende
dit is*, &c., appartiennent à l'article suivant, j'ai dû respecter le texte publié par Boxhorn. Van Leuwen n'a
fait qu'un seul article dans son édition ; mais il a suivi la mauvaise ponctuation de Boxhorn.

(3) Au moyen de ce que les articles 16 et 17 des Lois de Westcapelle ont divisé en deux ce qui, dans les
Rôles d'Oléron et dans les Jugemens de Damme, forme un seul article sous le n.º 15, cet article répond à
l'article 16 de ces deux documens. Il contient, comme l'article des Jugemens de Damme, des développemens qui ne se trouvent pas dans les Rôles d'Oléron.

die Meester ofte Schipper daer geen Blame (1) ofte Wederstoot om en heeft, maer by
is hen schuldich te thoonen haer Ruym ende haer Leech, ende elcken Schipman
mach daer in legghen 't Ghewichte van synder Voeringe ende willen sy, sy mogen een
Vat Waters daer in leggen, ende worden over Boordt gheworpen in de Zee, het soude
ghereeckent worden over Wyn ofte over ander Goedt, van Ponde tot Ponde, ende
mochten hen die Schipluyden redelijcken bedraghen in der Zee, alsulcken Vryheden
als die Schipmannen hebben, sullen hebben oock die Koopmannen.

XXI.

Item. Een Schip komt geladen ende behouden tot synder rechter Ontlaetstede, die
Schipluyden willen haer Huyre hebben, ende daer zijn eenige, sy en hebben Bedde,
Noppesacke, noch Schryn, noch Kiste in't Schip, die Meester ofte Schipper mach
houden haer Bedden ende Huyre om 't Schip weder te brenghen van daer sy inne quamen, ofte sy sullen Seeckerheyt doen die Vaert te voldoene.

XXII.

Item. Een Meester ofte Schipper huyrt syn Schipmannen met hem te varen ende
te keeren, die eene sullen hebben haer Voeringhe, ende die ander haer seecker
Gheldt, sy sien dat het Schip gheen Vracht en vindt te Lande te keeren, ende hy moet
van daene varen, soo moeten sy 't Schip volghen, maer die ghene die niet ghehuyrt
enzijn om gheldt, die Schipper ofte Meester moet haer Huye beteren elck naer syn
ghelijcke daer naer dat sy ghehuyrt zijn by Termijnen, ende laden sy naer dat sy hun
schuldich te hebben haer Huyre alle, maer sy moeten helpen 't Schip brenghen daer
sy inne quamen, wilt die Meester ofte Schipper.

XXIII.

Item. Het ghevalt dat een Schip light te Bordeaux, te Rochelle, ofte anders waert,
van sulcken Spijse als men daer in't Schip eet, twee Scheepmannen mogen uytten,
Schepe een Gherechte dragen, ende alsulcken Broodt als daer inne is, naer dat sy eten
mogen tot een Maeltijt; maer sy mogen daer geen Dranck uyt dragen, ende sy moeten
varijncke ofte schier wederkommen, soo dat die Meester ofte Schipper niet verlet en
wordt van des Scheeps Wercke, want name die Meester ofte Schipper Schade by
Ghebreecke ofte Faute (2) van haer Werck, sy moestent beteren, ende waert dat hem
een Schipman quetste by Faute van Hulpe, sy zijn hem schuldich te doen ghenesen,
ende die ghebreecken van henlieden is men schuldich die gesellen van der tafel te beteren, ende te kennen te gheven.

XXIV.

Item. Het ghevalt dat een Meester ofte Schipper bevracht syn Schip eenen Koopman, ende hy bespreect binnen eenen Termijn 't Schip te laden, die Koopman en laedt
het niet, maer hy houdt het Schip, ende die Luyden legghen 15 Daghen ofte langher,
ende een Tydt verliest die Meester ofte Schipper syn Vracht by Faute ofte Ghebreecke

---

(1) Le mot *Blame*, qui est français, est suivi de sa version hollandaise *Wederstoot.*
(2) On trouve ici et dans l'article suivant le mot français *Faute*, avec sa version hollandaise *Ghebreecke.*

van den Koopman, die Koopman is schuldich te beteren den Meester ofte Schipper alle sulcken Schade als daer op gheset wordt, ende daer af sullen hebben die Schipmannen een Vierendeel, omne die Redene dat hy hem haer Kost windt.

XXV.

Item. Een Meester ofte Schipper bevracht syn Schip, ende hy ladet om syn Reyse te doen, ende daer binnen blijvet Schip legghende alsoo langhe dat hem Geldt gebreect, die Meester ofte Schipper mach wel seynden tot synen Lande om Gheldt, maer hy en is niet schuldich eenigen goeden Windt te verleggen, want dede hy dat, hy ware schuldich die Kooplieden haer Schade te beteren, maer hy mach wel nemen van Kooplieden Wijn, ofte van anderen Goeden, ende verkoopen ende nemen syn Nootdruft daer af, ende als by ghekomen sal wesen tot sijnder rechter Ontlaststede, die Wijnen ofte die andere Goederen dat die Meester ofte Schipper daer af ghenomen sal hebben, zijn schuldich ghereeckent te zijn, alsoo als men d'andere Wijnen ofte Goeden verkoopen sal aen de Merct, ende die Meester ofte Schipper sal hebben van desen Wijn ofte Goeden andere sijn Vracht, ghelijck als van andere Goederen.

XXVI.

Item. Een Knape en Leydtsman van eenen Schepe, ende is ghehuyrt 't Schip te brengen daer't ontladen sal, het gevalt dat in de Haven syn Ketenen ofte Sloten daer men binnen den Schepe ontblidet, die Meester ofte Schipper met de Schipmannen zijn schuldich te voorsien die Stede aldaer men die Schepen inne leydt, ende syn Ghetouwen uyt te setten, soo dat die Kooplieden geen Schade en nemen by Gebreeck van de Ghetouwen, oft die Meester ofte Schipper moetent beteren; die Leydtsman sal wel hebben ghedaen syn Vaert ofte Devoir (1), als hy dat Schip heeft ghebracht totter Ketenen, ende niet verder en is hy schuldich te beteren ofte brenghen, ende dan voort meert blijvet dat Schip op de Sorghe van den Stierman, Schipper, ofte Meester, met den Scheepluyden.

(1) Le mot *Devoir* est évidemment français; il répond au mot hollandais *Plight.*

CHAPITRE X.

Usages maritimes des Pays-Bas septentrionaux, appelés
Coutumes d'Amsterdam, d'Enchuysen, de Stavern.

ON a vu, dans les chapitres précédens, comment les Rôles d'Oléron, rédigés en France et portés en Angleterre, où ils ont conservé leur nom jusqu'au point de le donner à des additions qui appartiennent évidemment à ce royaume, sont devenus la loi des Pays-Bas méridionaux, sous le titre de *Jugemens de Damme* ou *Lois de Westcapelle.*

Il n'en a pas été de même dans la partie septentrionale. On y a rédigé une série d'articles dont les uns sont une traduction littérale et quelques autres offrent le sens d'un certain nombre de ceux des Rôles d'Oléron, qui, sans doute, avoient été communiqués à la Hollande par la Flandre. La majeure partie contient ou des règles générales, la plupart empruntées aux législations des villes de la Baltique, ou simplement des mesures locales.

Ces usages portent dans quelques manuscrits le nom de *Stavern*; dans d'autres, celui d'*Enchuysen*; dans la plupart, celui d'*Amsterdam.* Leur texte désigne presque exclusivement cette ville et les ports de Hollande. A la différence des articles adoptés dans les Pays-Bas septentrionaux, qui se rapportent principalement à la navigation des côtes de l'Angleterre et de la France, ceux dont il s'agit sont relatifs à la navigation de la Baltique et du Sund (1).

Il n'est pas facile de déterminer d'une manière positive à quelle époque ces usages ont été rédigés dans l'état où nous les possédons. Si l'on adopte l'opinion de Verwer (2), qui les attribue à la province de Hollande, il faut reconnoître avec lui qu'ils ne sont pas très-anciens. Ce pays, comme il le dit expressément, a été long-temps étranger aux négociations maritimes. Sa population étoit peu considérable; il fournissoit à ses habitans tout ce dont ils avoient besoin, et le foible commerce que les Hollandais pouvoient entretenir avec les Flamands et les Frisons se faisoit par la voie des rivières : leur caractère sembloit même alors les rendre peu propres au commerce maritime. Les premiers essais ont été faits par des commerçans des villes anséatiques, qui, depuis long-temps établis en Flandre, étoient à portée de reconnoître dans la situation de la Hollande la possibilité d'en faire un intermédiaire pour le commerce entre le nord et le midi de l'Europe; car, à cette époque, la navigation avoit fait si peu de progrès et jouissoit de si peu de sécurité,

(1) Verwer, *Nederlants See-Rechten*, pag. 23.
(2) *Nederlants See-Rechten*, préf. pag. 9.

qu'on n'osoit se rendre directement des ports du Portugal et de la France dans les mers du Nord (1).

Il est bien vrai que, dès le XIII.ᵉ siècle, les Hollandais alloient avec les Zélandais à la pêche du hareng. Une charte d'Édouard I.ᵉʳ, de 1295, leur accorda la permission de pêcher sur les bancs d'Yarmouth (2); mais on ne peut donner le nom de commerce maritime à d'aussi modiques opérations. Verwer assure qu'avant l'année 1350 la navigation des Hollandais n'étoit d'aucune importance. M. Hallam va même jusqu'à ne fixer l'origine de leur commerce qu'au XVI.ᵉ siècle (3); mais cette dernière opinion ne paroit pas soutenable. Deux chartes d'Albert roi de Suède, de 1368, accordent aux commerçans d'Amsterdam et d'Enchuysen le droit de s'établir dans ses états, et d'y avoir des magistrats particuliers pour les juger d'après leurs propres lois (4); et l'ordonnance française du mois de février 1461 (5) atteste que depuis long-temps les Hollandais et les Zélandais y faisoient le commerce maritime. Je ne crois pas cependant que ces négociations fussent avant le XV.ᵉ siècle assez considérables pour avoir donné lieu à des lois aussi étendues que celles dont j'ai à parler dans ce chapitre.

Différentes circonstances contribuèrent alors au développement du commerce maritime des Hollandais. Dans les dernières années du XIV.ᵉ siècle, la mer s'ouvrit le passage du Marsdiep, de sorte que les grands navires venant de l'Ouest purent arriver jusqu'à Amsterdam. Les guerres survenues entre la France et la Flandre et divers états du Nord accrurent l'importance du commerce des Hollandais, qui étoient restés neutres. Lorsque les Flamands eurent à soutenir en 1482 une lutte assez longue contre Maximilien d'Autriche, les Hollandais se rangèrent du côté de ce prince, et ce fut une nouvelle cause d'accroissement pour leur commerce, tandis que celui de l'Écluse, port de Damme et de Bruges, étoit interrompu et finit par s'anéantir.

C'est alors sans doute qu'on reconnut le besoin de mettre par écrit les usages maritimes, dont la fréquentation des étrangers, notamment des Flamands, des Zélandais, des commerçans de Lubeck et de Hambourg, avoit donné connoissance, et de les approprier aux localités.

Une charte de Guillaume comte de Flandre, du 4 novembre 1411, laisse présumer que jusqu'à cette époque il n'avoit pas existé à Amsterdam de juridiction chargée de juger, dans des formes spéciales et rapides, les contestations relatives au commerce maritime, puisque par cette charte le grand-bailli et les échevins de la ville reçoivent ce privilége (6).

On peut donc fixer la rédaction des usages dont je m'occupe dans ce

---

(1) Verwer, *Nederlants See-Rechten*, préf. pag. 5.
(2) Rymer, *Acta, Fœdera*, &c. t. I ,.part. III, pag. 149.
(3) *View of the state of Europe during the middle age*, book III, chap. IX.
(4) *Handvesten ofte Privilegien der Stad Amstelredam*, pag. 127.
(5) *Ordonnances du Louvre*, t. XV, pag. 348.
(6) *Handvesten ofte Privilegien der Stad Amstelredam*, pag. 111.

chapitre, au milieu du XV.ᵉ siècle, et par conséquent à un temps postérieur à celui où les Pays-Bas méridionaux avoient déjà adopté les Rôles d'Oléron, sous le nom de *Jugemens de Damme* ou *Lois de Westcapelle.*

Verwer (1), qui est de cette opinion, en donne pour motif que, dans les manuscrits où il a trouvé réunis les articles qu'il appelle *Jugemens de Damme,* et les articles dont il s'agit dans ce chapitre, ceux-ci sont placés les derniers. Cet argument ne me paroît pas concluant. La place d'une pièce dans un recueil fait par des copistes est assez généralement arbitraire, et ce seroit supposer aux compilateurs plus de critique qu'ils n'en avoient réellement. Mais Verwer donne une autre raison plus décisive, en faisant remarquer que ces articles indiquent le Marsdiep, dont l'existence n'est pas antérieure à l'année 1400.

Toutefois il seroit possible d'attribuer à ces articles, au moins en partie, une plus grande ancienneté, si l'on supposoit qu'ils appartiennent à la Frise, comme on peut l'induire d'une des traductions manuscrites existant aux archives de Hambourg, dans laquelle ils sont désignés comme usages de Stavern. Cette ville, située dans la Frise, fut, long-temps avant Amsterdam et les autres ports de Hollande, puissante par le commerce. On sait que les richesses de ses habitans, leur luxe, et la corruption qui en fut la triste conséquence, avoient, pour ainsi dire, passé en proverbe (2). Les relations maritimes de Stavern avec le nord de l'Europe, et notamment avec Hambourg, dans les XIII.ᵉ et XIV.ᵉ siècles, sont attestées par les historiens. Elle en avoit aussi avec la partie méridionale des Pays-Bas, ainsi que le fait observer Verwer, qui rappelle que, dès 1385, une des portes de la ville de Damme avoit le nom de pôrte de Frise (3). Cette indication de Stavern ne paroît pas avoir été connue de Verwer. Néanmoins, après avoir annoncé les conséquences qu'on pouvoit en tirer, je ne dois pas dissimuler qu'elles peuvent être balancées et même détruites par des considérations assez fortes.

Ces manuscrits, d'après M. Lappenberg, à qui j'en dois une copie, ne sont pas antérieurs à la seconde moitié du XV.ᵉ siècle, et sont par conséquent d'un temps assez rapproché de celui où ont été faits les manuscrits portant les noms d'Amsterdam et d'Enchuysen, dont Verwer s'est servi. Or à cette époque Stavern avoit perdu son ancienne importance commerciale, tandis que la navigation des villes de Hollande prenoit un grand développement. L'écriture de la note qui porte le nom de Stavern paroît être du milieu du XVII.ᵉ siècle; on ne peut donc en tirer une preuve bien concluante. Enfin les localités désignées non-seulement dans les manuscrits dont Verwer a fait usage, et dans les autres éditions que je ferai connoître ci-après, mais même dans les traductions en plat-allemand, où se trouve le titre de Stavern, appartiennent à la Hollande, et non à la Frise.

(1) *Nederlants See-Rechten*, préf. pag. 9.
(2) Emmius, *De Frisonum republica*, cap. II.
(3) *Nederlants See-Rechten*, préf. pag. 4.

Néanmoins, à l'appui de l'opinion qui tendroit à attribuer à la ville de Sta-vern, si ce n'est la totalité, au moins une partie de ces usages, on peut répondre que, plus anciennement commerçante qu'aucune des villes de la province de Hollande, elle a dû avoir des usages maritimes ; que, liée par des rapports habituels avec la ville de Damme, où l'on a vu que les Rôles d'Oléron avoient été adoptés, Stavern aura connu cette compilation, en aura adopté le fond, et l'aura seulement rédigée dans une forme nouvelle ; que les Hollandais, au moment où ils se livrèrent à des opérations maritimes, ont emprunté les usages de Stavern, les ont conservés et même augmentés d'articles relatifs à leurs localités propres, et que, si nous les possédons aujourd'hui dans une rédaction évidemment postérieure à 1400, le fond peut en être dû à Stavern.

Quand on ne remonteroit pas jusqu'au temps du commerce maritime de cette ville, on pourroit encore donner à une partie de ces articles une anti-quité plus reculée que le xv.ᵉ siècle, si l'on considère que plusieurs sont copiés littéralement dans les Jugemens de Damme ; qu'un de ces articles, le 18.ᵉ, est inséré dans les Lois de Westcapelle, où il porte le n.° 4 ; que trois autres, les 3.ᵉ, 4.ᵉ et 5.ᵉ, sont joints dans un des manuscrits de Hambourg à la fin des vingt-quatre articles connus sous le nom de *Jugemens de Damme,* et qu'enfin un autre, le 3.ᵉ, indiquoit dans de très-anciens manuscrits (1) le nom de *Ter-Wer,* ville de Zélande, pays qui certainement a eu des lois maritimes avant la Hollande proprement dite.

Mais une question plus importante mérite d'être examinée. Elle consiste à savoir si ces articles, qu'ils aient été ou non rédigés originairement dans les villes maritimes de Hollande ou empruntés par elles à Stavern, n'appar-tiennent pas à une législation étrangère plus ancienne, et si, au lieu d'être originaux, ils ne sont pas simplement des traductions.

Une lecture même superficielle démontrera mieux encore que des raison-nemens l'identité de ces usages maritimes avec une partie de la compilation de Wisby, formant les articles 40 à 63 dans l'édition de Copenhague, im-primée en 1505, ou les articles 37 à 70 dans les éditions postérieures (2). La ressemblance ne consiste pas seulement dans le fond des dispositions, ce qui ne seroit que d'une très-foible considération ; la forme de la rédaction, les expressions, l'indication des lieux, des circonstances, sont identiquement les mêmes.

Je dis *identiquement les mêmes;* car, je dois m'empresser de le déclarer, une simple ressemblance pour le fond des dispositions ne seroit pas à mes yeux une preuve décisive qu'un des pays auroit copié l'autre. Le commerce maritime, quelque part qu'il soit exercé, réclamant les mêmes conditions dans

(1) Tel est celui d'après lequel a été copiée cette partie de la compilation de Wisby, édition de 1505.
(2) La différence dans le nombre des articles n'est pas aussi grande en réalité qu'elle paroît l'être numé-riquement, l'édition de 1505 ayant réuni en un seul des articles qui sont divisés dans les autres édi-tions. Dans le fait, elle n'est que de six articles.

les lois ou dans les coutumes destinées à le régir, non-seulement il y a nécessité de s'occuper des mêmes matières, mais encore il faut presque les traiter dans le même ordre. Cette législation spéciale ayant pour base des principes identiques, et la fréquentation des étrangers dans un pays, en y faisant connoître leurs usages, ayant dû avoir pour résultat que ce pays leur empruntât ce qui manquoit à sa législation, cette réciprocité a fini par donner à toutes les lois maritimes une grande ressemblance.

Mais, lors même qu'un état, en rédigeant ses lois ou ses coutumes maritimes, adoptoit des règles communes à tous les peuples navigateurs, il y inséroit des dispositions dictées par un intérêt propre à ses localités. Si un corps d'usages maritimes, contenant à-la-fois, et des règles générales, et des mesures exclusivement relatives à un pays, se trouve avoir été adopté dans un autre auquel ces mesures locales ne sont pas applicables, il y a donc la plus grande présomption que ce corps de lois et d'usages appartient au pays dont les articles spéciaux indiquent les localités.

Ainsi la seule question est de savoir si l'emprunt a été fait par les rédacteurs de la compilation de Wisby, ou par les rédacteurs des usages maritimes de la Hollande. Verwer décide en faveur de cette dernière ; mais il ne s'est pas occupé du soin de justifier son opinion. A part quelques détails sur l'époque probable à laquelle le commerce maritime a fleuri en Hollande et a pu rendre nécessaire une rédaction d'usages appropriés à ses besoins, il se borne à établir les droits de ce pays sur les articles dont il s'agit, par la considération que les noms d'Amsterdam et d'Enchuysen sont en tête des manuscrits dont il a fait usage. Wagenaar, dans sa *Description d'Amsterdam,* tome II, page 525, dit à peu près la même chose que Verwer. Voici comment il s'exprime : « Dans les différends sur les affaires maritimes, on rendoit déjà fort « anciennement une prompte justice, que l'on nomme, dans les anciens usages, « justice ou droit maritime [*vlut vairdich of vlot vaerdich recht*]. Dans « le premier livre des priviléges de cette ville se trouve enregistrée une or- « donnance sur le droit maritime qui, probablement, a été rédigée au com- « mencement du XV.ᵉ siècle par les négocians et capitaines de cette ville, et « qui, jusque vers la fin du XVI.ᵉ siècle, a formé le droit commun maritime « entre eux, tant à Amsterdam que dans les autres villes maritimes de la « Hollande. »

Il faut l'avouer, ce n'est pas assez pour détruire un préjugé fort ancien, et, je dirois presque, universel, en faveur de Wisby. L'intitulé d'Amsterdam ou d'Enchuysen qui se trouve dans les manuscrits dont Verwer a fait usage, peut être également le résultat, ou de ce que, dans la réalité, les articles dont il s'agit auroient été faits en Hollande, ou de ce que les villes maritimes de Hollande les auroient empruntés et se les seroient appropriés, comme les villes de Flandre se sont approprié les Rôles d'Oléron. Si les articles dont il s'agit sont insérés, suivant l'assertion de Wagenaar, dans le livre des priviléges d'Amsterdam, comme droit propre de cette ville, rien ne prouve que ce ne soit pas le résultat d'un emprunt ; car ces articles font aussi partie de la compilation dite *Droit maritime de Wisby.* Or, comme dans cette parité de conditions l'ancienneté de la possession est naturellement une autorité déterminante, l'importance commerciale de Wisby est antérieure de plusieurs siècles à celle de la Hollande.

C'est précisément la remarque faite par M. Schlegel dans la dissertation dont j'ai déjà donné quelques extraits. Après avoir déclaré qu'il ne partageoit pas la première partie de l'opinion de Verwer relativement à ce que cet auteur appelle *Jugemens de Damme,* le savant professeur s'exprime ainsi sur la seconde partie de cette opinion, c'est-à-dire, sur celle qui concerne les articles dont il s'agit en ce moment :

« Il paroît au premier coup d'œil plus douteux, dit-il, si l'autre partie de
« l'opinion de Verwer est fondée, savoir, que les articles 37 jusqu'à 70 des
« lois de Wisby ont été empruntés aux lois maritimes d'Amsterdam. On
« voit, par l'inscription qui précède l'article 37, laquelle se trouve dans toutes
« les éditions et dans la plupart des traductions des lois de Wisby, que cette
« partie est un ajouté fait au XV.ᵉ siècle, puisqu'il est question, dans l'ar-
« ticle 44, du Marsdiep, qui s'est formé vers l'an 1400. Mais cette inscription
« atteste que cet ajouté a été fait à Wisby même, par les commerçans et
« patrons des navires y rassemblés. Ce qui prouve surtout que l'assertion de
« Verwer est fausse, c'est que dans les articles 48, 49, 50 et 53 des lois
« de Wisby (articles 42, 43, 47, 50 de l'édition *princeps* de Copenhague)
« on parle d'Amsterdam comme d'une ville étrangère ; ce qui ne pourroit
« pas s'expliquer si ces dispositions avoient été faites à Amsterdam même.
« Comment se feroit-il que les Hollandais et les négocians et jurisconsultes
« de Hollande, si jaloux de leur gloire, n'eussent rien fait pour détromper le
« public ; qu'au contraire, dans un si grand nombre d'éditions qui se sont
« faites des lois de Wisby en langue hollandaise, ils aient formellement
« reconnu son originalité, jusqu'au moment où Verwer a fait cette décou-
« verte? » Langenbeck avoit aussi présenté les mêmes objections contre l'opinion de Verwer, qu'il a examinée en détail (1).

Quelle que soit la confiance que m'inspirent les lumières de M. Schlegel, et quelque désir que j'aie de me trouver souvent et en tout de son avis, je ne saurois m'y rendre cette fois. Pour ne point anticiper sur ce que j'aurai à dire dans le chapitre suivant, relativement à l'ensemble de la compilation appelée *Droit maritime de Wisby,* je me bornerai aux seuls argumens que fournit la lecture des articles dont je m'occupe. Ils sont identiquement les mêmes que ceux de la compilation de Wisby dont j'ai indiqué plus haut les numéros. Il ne peut y avoir de difficultés à cet égard entre M. Schlegel et moi.

_____

(1) Anmerkungen über das Hamburgische Schiff- und See-Recht. Einleit.

Ont-ils été faits à Wisby ou en Hollande? Voilà le seul point controversé. Il y auroit de fortes présomptions sans doute que ces articles ne sont pas originaires de Hollande, si, comme le pense M. Schlegel, il résultoit du contenu de ceux qu'il a indiqués, qu'Amsterdam y soit désignée *comme une ville étrangère;* mais à cet égard il a été induit en erreur. Ces articles, ainsi qu'une lecture attentive le lui démontrera sans doute, ont pour objet les intérêts spéciaux de la navigation d'Amsterdam, en prévoyant des accidens qui peuvent arriver, soit dans le port même de cette ville, soit pendant le cours de la navigation, à des navires sortis de ce port. Ainsi Amsterdam et les ports de Hollande n'y sont point désignés comme des lieux *étrangers;* ce sont, au contraire, les localités de Norvége et autres points avoisinant Wisby qui ont cette désignation, puisqu'on y parle de navires venant de ces contrées à Amsterdam.

Un des articles cités par M. Schlegel, le 47.º de l'édition de 1505, offre même une preuve évidente qu'il n'a pu être fait qu'en Hollande. Il prévoit le cas où un patron congédie un matelot sans juste cause; il l'oblige à lui payer pour dédommagement moitié des loyers convenus, et réciproquement, si c'est le matelot qui abandonne le patron sans cause, il doit rendre le double. Jusqu'ici cet article ne présente rien qui se rattache exclusivement à une localité et puisse servir à en découvrir l'origine véritable : mais le reste lève toute incertitude; en voici la traduction littérale : « Si le patron a déjà fait « voile du lieu où il a chargé au dehors, dans le Flie ou le Marsdiep, et « qu'il soit forcé de revenir sur son chemin et de remonter la rivière, le ma- « telot aura droit à la totalité de ses loyers. » Assurément ce n'est point à Wisby et pour Wisby qu'on pouvoit avoir intérêt à prévoir ces circonstances; elles n'ont pu et n'ont dû être prévues que dans un pays où se trouvent le Flie et le Marsdiep.

M. Schlegel a raison sans doute d'objecter à Verwer que l'indication des localités de Hollande n'est pas une preuve décisive, parce que, dans le moyen âge, le pays qui empruntoit les lois ou usages d'un autre, y inséroit les substitutions de noms qu'exigeoit sa propre localité; et je conviens que j'ai fait usage de cette espèce d'argument lorsque j'ai démontré que les Rôles d'Oléron avoient été empruntés à la France par les villes de Damme et de Westcapelle. Mais, dans notre cas, ce raisonnement n'auroit de force que si l'on présentoit des éditions ou des manuscrits de la compilation de Wisby dans lesquels, au lieu des noms de ports et de localités de Hollande, se trouveroient des noms propres à Wisby et à l'île de Gothlande, dont elle est la capitale. Alors, raisonnant par analogie et faisant valoir la considération que, long-temps avant la Hollande, Wisby étoit un entrepôt commercial très-important, il seroit, comme je l'ai dit, naturel de lui attribuer les articles dont il s'agit. Or précisément ces articles portent les seuls noms d'Amsterdam, d'Amelande, de Flie et de Marsdiep, non-seulement dans les textes hollandais, mais même dans les manuscrits et les imprimés de la compilation de Wisby, et notamment dans la plus ancienne édition, celle de 1505 (1).

La preuve que ces usages ont dû être rédigés dans les Pays-Bas septentrionaux et qu'ils avoient pour objet spécial les négociations maritimes dans cette localité, me semble encore résulter de divers articles dont je vais faire connoître l'objet. L'article 20 de la série dont il s'agit ici, lequel est le 56.ᵉ dans les éditions usuelles de la compilation de Wisby, et le 57.ᵉ dans celle de 1505, prévoit le cas où un navire entré dans le Flie ou dans le Marsdiep, baies de Hollande, tire trop d'eau, de manière que des allèges soient nécessaires; il détermine comment les frais en seront supportés. Par quelle singularité les législateurs ou magistrats de Wisby auroient-ils fait des lois pour la Hollande, pays qui leur étoit étranger? et s'ils ont eu la pensée de prévoir cet événement et de régler comment les frais en devoient être supportés, pourquoi n'ont-ils pas indiqué Wisby, Gothlande, ou tout autre port du littoral de la Suède ou du Danemarck?

On trouve surtout dans l'article 24, qui est le 60.ᵉ dans les éditions usuelles de la compilation de Wisby, et le 61.ᵉ dans celle de 1505, une expression décisive. En voici la traduction littérale : « Lorsque des navires « auront doublé l'île d'Amelande et seront entrés dans le Flic ou le Mars- « diep *pour remonter jusqu'ici*, &c. » C'est ce mot *jusqu'ici* qui me paroît remarquable. Le mot *ici*, dans toutes les grammaires, désigne assurément le lieu où se trouve celui qui parle ou qui agit. Si l'article a été fait à Wisby, le mot *ici* désigne Wisby, et alors il doit en résulter la supposition inadmissible que, pour aller dans cette ville, un navire doit entrer dans le Flic et le Marsdiep, littoral de Hollande. Au contraire, si l'article a été fait à Amsterdam, tout s'explique; car il faut qu'un navire qui arrive à Amsterdam, de quelque part qu'il vienne, passe par le Flic ou le Marsdiep (2). Cet argument m'a paru si évident et à-la-fois si simple, que, craignant de me tromper moi-même, j'ai voulu m'assurer si dans tous les manuscrits et imprimés de la compilation de Wisby dont j'ai pu avoir connoissance, on trouvoit uniformément le mot ḥier, signifiant *ici;* partout je l'ai rencontré. J'ai consulté les lexiques allemands et plat-allemands; tous s'accordent à traduire le mot ḥier par *hic, ici,* c'est-à-dire, le lieu où se trouve celui qui parle ou agit. Le texte de l'article cité offre donc la preuve qu'il n'a pu être fait qu'à Amsterdam, et que, s'il a été copié ou imprimé sous le nom de Wisby, c'est comme emprunté à une localité étrangère.

(1) Elle offre même, comme on l'a vu page 396, l'indication d'une ville de Zélande qui n'est nommée dans aucune autre édition; c'est la ville de Ter-Wer, située dans l'île de Walcheren.

(2) M. Meyer a fait valoir les mêmes argumens dans sa dissertation intitulée, *Historia legum maritimarum medii ævi celeberrimarum,* § 38. Je ne connoissois pas son ouvrage lorsque j'ai rédigé ce chapitre; et s'il en étoit autrement, je déclarerois avec franchise ce que je lui aurois emprunté. Je me félicite d'être d'accord avec lui sur ce point, qu'il a traité avec autant de science que de clarté. J'aurai plus d'une fois encore occasion de citer sa dissertation, lorsque je m'occuperai, dans le chapitre suivant, de la compilation dite *Droit maritime de Wisby.*

Quelques-uns de ces argumens, entrevus par Langenbeck, paroissent l'avoir frappé. Après avoir rendu compte de l'opinion de Verwer, il s'exprime ainsi ; je me borne à traduire : « Si cette opinion (de Verwer) ne paroissoit pas « *hétérodoxe,* comme opposée au sentiment général des savans, et sur- « tout des Suédois les plus versés dans la science des antiquités de leur « patrie , et à l'autorité du code maritime suédois de 1667, elle auroit « assez d'apparence de fondement : car les localités indiquées dans ce texte « ne sont point adaptées à Wisby; il n'y est pas même question de cette ville, « tandis qu'on mentionne des lieux et des ports de Hollande. Il est également « remarquable qu'on y parle du Flie et du Marsdiep, lesquels ne se sont « formés qu'en 1400. »

Cependant, puisqu'il ne m'est permis de dissimuler aucune objection contre mon sentiment, je dois faire connoître une difficulté assez sérieuse, qui n'a point, comme on l'a vu, échappé à la sagacité de M. Schlegel; c'est l'espèce d'assentiment général des jurisconsultes et des écrivains de Hollande, qui n'avoient jamais élevé la réclamation faite pour la première fois par Verwer en 1711. A la page 445 du livre hollandais intitulé *Handvesten ofte Privilegien der Stad Amstelredam,* édition de 1748, on trouve un document daté du 9 janvier 1570, contenant une déclaration des magistrats municipaux d'Amsterdam, faite sur l'invitation du gouvernement, qui vouloit connoître les lois et coutumes observées dans cette ville. Voici la traduction de l'article 20 : « *Item.* On observe aussi dans cette ville un droit maritime dans les « affaires des gens de mer et dans ce qui touche au négoce maritime, aux- « quels on applique les coutumes maritimes, en partie d'après les ordon- « nances de S. M., en partie d'après le droit maritime de Wisby, qui est en « usage et observance. »

Le droit de Wisby, auquel ces magistrats faisoient allusion, étoit évidemment la compilation dite *Droit maritime de Wisby,* déjà imprimée sous ce titre en langue hollandaise, en 1532, à Harlingue, si l'on en croit Hadorph dans la préface de sa traduction suédoise de la compilation de Wisby ; car mes démarches pour savoir si cette édition étoit connue en Hollande ne m'ont rien appris sur son existence. Or, comme je l'ai déjà fait observer, les articles que je crois appartenir à la Hollande sont précisément contenus dans cette compilation, depuis et y compris l'article 37 jusques et y compris l'article 70.

Il m'est difficile, je l'avoue, d'expliquer cette singularité. Voici toutefois ma conjecture. Les trente-quatre articles dont il s'agit en ce moment ne forment qu'une partie de la compilation portant le nom de Wisby; les trente-six articles qui les précèdent et les deux derniers qui les suivent dans les traductions hollandaises, étoient probablement considérés comme droit propre de Wisby par des hommes qui n'en connoissoient pas la véritable origine, que je tâcherai d'expliquer dans le chapitre suivant. Probablement les auteurs de la déclaration du 9 janvier 1570 faisoient allusion à cette partie, lorsqu'après avoir dit que leur droit maritime se composoit, 1.° de coutumes, ce qui peut signifier les articles dont je m'occupe dans ce chapitre, lesquels, suivant Wagenaar, étoient inscrits au livre des usages d'Amsterdam [*Keurbook*], 2.° des lois de Sa Majesté, c'est-à-dire, des ordonnances de 1551 et 1563, ils ajoutent qu'en outre on suit le droit maritime de Wisby : ils entendoient sans doute parler de la compilation qui, imprimée à Copenhague en 1505, à Lubeck en 1537, et déjà traduite en hollandais à l'époque de 1570, présentoit un assez grand nombre d'articles différens de ceux que les magistrats venoient de désigner sous le nom de coutumes et d'ordonnances du roi.

Je suis d'autant plus porté à admettre cette présomption, que la charte de 1411, dont j'ai parlé plus haut, suppose à Amsterdam l'existence d'usages maritimes; que les diplômes d'Albert de Suède, de 1368, présentent la même supposition, et qu'enfin Quintin Weytzen, conseiller à la cour de Hollande, mort en 1565, ayant eu aussi occasion de citer dans son Traité des avaries quelques dispositions des articles dont je m'occupe en ce moment, ne leur donne point le titre de droit de Wisby, mais de *coutume* et *commune coutume* [*Costume, gemeen Costume*].

L'objection que je viens de discuter n'est donc pas assez forte pour déshériter la Hollande d'une législation qui me paroît lui appartenir exclusivement. D'ailleurs, aux preuves que j'ai données ci-dessus je dois en ajouter une fondée sur un fait assez remarquable et jusqu'à présent inconnu.

Les articles dont il s'agit sont, dans toutes les traductions plat-allemandes imprimées et dans la plupart des manuscrits de la compilation de Wisby, précédés d'une rubrique ainsi conçue : Hyr na volget de Ordinancie de de Koppman, Schipper unde Schippmanne under anderen hebben vor dem Schipprecht. « Ceci est l'ordonnance que les patrons de navires et les négocians observent « entre eux au sujet du droit maritime. » Mais cette rubrique contient des énonciations plus étendues et très-directement relatives à la question présente, dans deux manuscrits existant à Lubeck, l'un de 1533, l'autre de 1537, sur lesquels je donnerai des détails dans le chapitre suivant. Il me suffit de transcrire cette rubrique : Dyth ijs Ordinantzie de de gemeyne Schyplude unde Koplude myth malckanderen begerende van Schyprechte dat men in Szelant, Hollant, Vlanderen, holdende syn unde myt Wijbwrechte, dat is dat oldeste Waterrechte (1). « Ceci est l'ordonnance que tous les gens de mer et négo« cians ont faite entre eux sur le droit maritime, et qui est observée en « *Hollande, Zélande, Flandre*, avec le droit de Wisby, qui est le plus « ancien droit maritime. »

_____

(1) Ce texte est celui du manuscrit de 1537, dont on verra, dans le chapitre suivant, que j'ai reçu une copie. Voici comment cette rubrique est conçue dans le manuscrit de 1533, dont j'ai obtenu une collation avec le texte que Brokes en a publié en 1765. Dyt ijs de Ordinantie de de gemeine Schipperen unn Koplude myt malkanderen begerende van Schiprechte dat men in Hollant, Selant, Vlanderen, holdende sijn unn myt dat Wijßbuijrechte dat is dat olßte Waterrechte.

Que, dans l'opinion de l'auteur de cette rubrique, il ait existé un droit maritime de Wisby, plus ancien que les articles dont il s'agit; qu'une autre partie de la compilation dans laquelle ces articles sont contenus, ait ou n'ait pas formé cet ancien droit maritime de Wisby, c'est une question : je l'examinerai dans le chapitre suivant. Mais toujours est-il que la rubrique placée dans les manuscrits de 1533 et de 1537, en tête des articles dont je m'occupe ici, atteste qu'ils sont le droit maritime de Hollande, seule chose que j'aie entendu prouver. J'ajouterai que cette rubrique peut expliquer le sens de la réponse des magistrats d'Amsterdam, rapportée plus haut, et corroborer l'explication que j'en ai donnée.

Par suite de cette conviction, j'ai dû publier ces articles dans leur langue originale. Je vais rendre compte des moyens que j'ai employés pour offrir un texte exact.

Verwer, comme je l'ai dit, les a imprimés d'après deux manuscrits, dont l'un portoit le nom d'Amsterdam et l'autre celui d'Enchuysen, et les a accompagnés de notes (1). Van Leuwen les a publiés (2) à la suite des vingt-quatre articles que Werwer appelle Jugemens de Damme : ils forment la troisième partie de la compilation de Wisby en texte hollandais dans le *Boeck der Zeerechten;* enfin on les trouve dans le tome II, page 549, de la *Description d'Amsterdam* par Wagenaar. J'aurois désiré obtenir le secours de quelques manuscrits; mes recherches ayant été infructueuses, j'ai balancé longtemps pour savoir si je devois préférer comme texte d'après lequel la traduction seroit faite, celui que Wagenaar a publié. La raison de préférence auroit pu être fondée sur ce que cet auteur déclare qu'il a copié les articles sur un très-ancien code d'usages [*Keurbook*], déposé aux archives d'Amsterdam, ajoutant que, bien qu'ils aient été imprimés plusieurs fois avec d'autres lois maritimes (ce qui probablement fait allusion au texte hollandais de la compilation de Wisby, contenu dans le *Boeck der Zeerechten*), il croit devoir les publier d'après le *Keurbook*.

Mais, dans le fait, l'édition de Wagenaar offre trois articles de moins et un autre ordre que celle de Verwer, et que tous les manuscrits et éditions de la compilation de Wisby, dont on a vu qu'ils faisoient partie. Indépendamment de ces considérations, l'ouvrage de Verwer est, par son objet, plus connu des jurisconsultes que l'histoire de Wagenaar; on approuvera donc, je l'espère, la préférence que j'ai donnée à son texte. Du reste, pour satisfaire les lecteurs, en n'omettant aucun des documens destinés à les éclairer, j'ai cru devoir publier aussi le texte donné par Wagenaar, qui, à dire vrai, me paroît être un des plus anciens. Il est remarquable surtout que, dans la plupart des articles de ce texte, on lit l'indication générique, *un port, une ville de commerce*, au lieu du nom d'Amsterdam, comme dans les textes

(1) *Nederlants See-Rechten,* pag. 23.
(2) *Batavia illustrata*, pag. 139.

publiés par Verwer et par Van Leuwen. Quant au texte publié par ce dernier, je n'ai pas cru qu'il fût utile de le réimprimer. Il est moins exact; il
a omis notamment trois articles qui sont dans les éditions de Verwer et de
Wagenaar, et ne paroît pas même fournir de variantes utiles.

J'ai indiqué dans le chapitre précédent les traductions plat-allemandes (1)
et la traduction danoise (2) des articles dont il s'agit ici, parce qu'elles
contiennent en même temps les articles appelés Jugemens de Damme. Je ne
connois aucun ouvrage dans lequel ils aient été traduits en langue étrangère
à la Hollande, seuls et sous leur titre spécial d'*Usages d'Amsterdam;* mais
on verra, dans le chapitre suivant, qu'ils ont été traduits dans presque toutes
les langues comme faisant partie intégrante de la compilation de Wisby.

La traduction française annexée au texte de Verwer est, de même que
celle des Jugemens de Damme, l'ouvrage de M. de Clercq, qui a bien voulu
aussi soigner l'impression du texte.

(1) Ces articles ne sont traduits à la suite des Jugemens de Damme que dans les manuscrits de Hambourg.
On a vu, page 367, que celui de Lubeck ne les contenoit pas; probablement leur traduction aura paru
inutile dans cette ville, parce que plusieurs articles, ainsi qu'on le verra dans les notes, sont copiés des
Jugemens de Damme, et que la plupart des autres, qui contiennent des règles générales, sont imités du
droit de Lubeck. Je dois dire cependant que dans le manuscrit de Lubeck le dernier article est suivi d'un
et cætera; ce qui peut laisser croire qu'en cette ville, comme à Hambourg, on possédoit des traductions
des Jugemens de Damme et des Usages de Hollande réunis en un seul corps.

(2) La série d'articles intitulée code de Chrétien III, et attribuée à d'autres rois par quelques auteurs.

DROIT MARITIME

CONNU SOUS LE NOM

DE

COUTUMES D'AMSTERDAM, ENCHUYSEN ET STAVERN.

TEXTE PUBLIÉ PAR VERWER.

Dit is die Ordinancie, die de Scippers en de Coopluden met malkanderen begheren van Scip-Recht.

Ceci est l'ordonnance que les patrons et les négocians observent entre eux sur le droit maritime (1).

ARTICLE PREMIER (2).

Eerst. Waer 't date en Schip brake of dat men 't doorseilde ende quame aen den Grond; waer 't Sake dat den Koopluijden ende den Schipper ende den Schipman goed dochte dat men dat konde in korten Tijd weder reede maken; soo soude men dat weder laten maken, ende brengen den Koopman syn Goed daer hy dat gelovet had; is 't dat hem God spaere voor Ongeval. Ende waer 't Sake dat men dat Schip niet wel weder maken en konde, soo sal die Schipper syne volle Vragt hebben van alle den Goede ende Merken, dat daer gebergt word ende die Schipper den Koopman levert boven Maelvloede, ende

Premièrement. S'il arrive qu'un navire échoue avec bris, ou qu'après avoir été brisé il touche à fond, et que les négocians, le patron et l'équipage soient d'avis qu'il pourroit être facilement réparé, le patron sera tenu d'y procéder sans délai, et de transporter les objets du chargement au lieu convenu, si Dieu les préserve de nouveaux accidens; et si l'on ne peut réparer ni relever le navire, le patron recevra en entier le fret de toutes les marchandises qui seront sauvées et livrées à chaque chargeur en lieu sûr (3), et dont celui-ci profitera. S'il arrivoit que des chargeurs n'eussent pas assez d'argent pour payer le fret au patron, et que celui-ci ne voulût pas leur faire crédit, il pourra retenir leurs marchandises jusqu'à concurrence de son fret, en les appréciant au prix que

(1) Ce titre est le même dans toutes les éditions hollandaises, et dans les traductions manuscrites en plat-allemand qui existent à Hambourg, dont j'ai parlé pages 367 et 403.
(2) Cet article est le premier dans toutes les éditions. Il est semblable, pour le fond, à l'article 4 des Rôles d'Oléron ou Jugemens de Damme.
(3) Verwer, p. 24, explique très-bien le sens de ces mots par l'expression, *ultra terminum accessûs maris.*

den Koopman in syn Proffijt komt. Waer 't Sake dat de Koopluiden geen Geld en hadden dat sy de Vragt den Schipper niet en konden geven, ende die Schipper den Koopman niet gelooven wil, soo magt de Schipper nemen van des Koopmans Goeden, alsoo vele als syne Vragt beloopt, voor alsoo veel Gelds als dat ander Goed in de Markt gegeven word.

des marchandises semblables seront vendues au marché.

ART. 2 (1).

Item. Waer't dat een Schip Nood hadde, soo dat de Schipper begeerde dat men Goed werpen soude, hy en sal niet werpen, sonder hy sal hem eerst bespreken met den Koopmannen in't Schip, wat haer Goeddunken daer toe is : wil de Koopman dat niet toelaten dat men werpen sal, ende dochtet den Schipper Goed ende van den Schipluiden twee of drie dat het soude beter gedaen wesen dat men 't Goed worpe eer dat men soude verliesen Schip, Lijf ende Goed ; soo mag de Schipper wel werpen ende des niet laten. Ende woude die Koopman als men te Lande quame, soo souden die twee of drie, die in den Schepe ende goede Knapen waren, sweren dat het Noodsake was. Waer't Sake dat daer geen Koopman in 't Schip en ware ende men hadde Nood te werpen; soo sal die Schipper overeendragen met die meeste Partije in 't Schip ; wat hen goed dunkt, dat sal men doen mogen.

§ 1. *Item.* Wat dan geworpen word, dat Goed sal men betalen ende gelde na Merkttalen alsoo dat ander Goed, dat in 't Schip is, in de Merkt gegeven werd ; Penning Pennings-Weerde als de Vragt daer van betaeld is.

§ 2. *Item.* De Schipper sal van syn Schip ofte Vragt geven, gelijk die Koop-

Item. Lorsqu'un navire se trouve en danger, et que le patron croit qu'il est nécessaire de jeter des marchandises, il n'y procédera qu'après avoir demandé l'avis des chargeurs qui se trouvent à bord. S'ils ne veulent pas consentir au jet, mais que le patron et deux ou trois hommes de l'équipage croient cette mesure indispensable pour sauver le navire, corps et biens, le patron pourra y faire procéder ; mais, si les chargeurs l'exigent, les deux ou trois hommes de l'équipage, d'une bonne conduite, qui auront été de l'avis du jet, seront tenus, au premier lieu où ils aborderont, d'affirmer sous serment que le jet étoit nécessaire. S'il ne se trouve aucun chargeur à bord, au moment où le jet paroîtra nécessaire, le patron prendra l'avis de la majorité de l'équipage et sera tenu de s'y conformer (2).

§ 1. *Item.* Les marchandises qui auront été ainsi jetées seront remboursées par contribution et d'après les prix que vaudront au marché les autres marchandises qui se trouvent à bord, déduction faite de leur fret.

§ 2. *Item.* Le patron contribuera pour son navire, ou pour son fret, au choix du négo-

---

(1) Cet article est le 4.e dans l'édition de Wagenaar; mais il n'y est point divisé en paragraphes.
(2) Ce paragraphe, le suivant et le commencement du troisième sont une traduction libre d'une partie de l'article 8 des Rôles d'Oléron ou Jugemens de Damme.

man geeft van synen Goede, wat de
Koopman daer af kiesen werd. Ende alsoo
die Schipper syn Schip settet, daer mogen 't die Koopluijden voor nemen op een
Getijde.

§ 3. *Item.* Waer daer eenig Man in
den Schepe daer men Goed werpt, ende
hy hadde Geld ofte ander Goed in syne
Kisten; dat soude hy openbaren eer men
worpe : Ende als hy dat geopenbaert
heeft, soo sal hy gelden te Werpgelde van
syn voorsz Geldt, te rekenen twee Penningen voor een : maer waer daer ander
Goed in de Kisten, dat sal men rekenen
na syne Waerde als dat waerd is.

§ 4. *Item.* Heeft daer ook yemand
Geld in synder Kisten, ende name dat
daer uijt ende name dat om syne Sijde,
hy en soude daer van niet gelden.

§ 5. *Item.* Hadde daer yemand Geld
of ander Goed in syner Kisten ende open-
baerde dat niet eer men werpt; ende die
Kist (daer 't Geld in is) worde dan overge-
worpen in See; men sal se niet hooger
rekenen als drie Schilden alsoo verre als
sy beslagen is ; waerse onbeslagen, soo
sal men se hem betalen na harer Waerde
dat se waerd is.

§ 6. *Item.* Waer't Sake dat daer geworpen werde een Matte met een Bedde
ofte eenen Hoppesak, dat sal men rekenen voor drie Schilden.

§ 7. *Item.* Waer't behoef, dat men
loten soude tot eener Reijse te houden;
men sal dat eerste Beraed vragen met den
Koopman in 't Schip wat syn Goeddunken
daer toe is : ende dogtet den Koopman
niet goed, wat dan den Schipper met den
meesten Hoop goed dunkt te wesen, dat

ciant, de même que les chargeurs contribuent pour leurs marchandises. Et si le patron estime son navire un prix, les chargeurs
pourront le prendre pour ce prix, en faisant
leur option dans le délai d'une marée (1).

§ 3. *Item.* Si à bord d'un navire sur lequel on procède au jet, il se trouve quelqu'un
qui ait de l'argent ou autre valeur dans son
coffre, il sera tenu d'en faire la déclaration
avant le jet : alors il contribuera pour cet argent, en comptant deux deniers pour un (2).
Quant aux autres effets qui se trouveroient
dans les caisses, ils contribueront pour leur
valeur entière.

§ 4. *Item.* Si, dans le cas ci-dessus, quelqu'un a de l'argent dans ses coffres, et qu'il
l'en retire pour le mettre à sa ceinture, il ne
contribuera pas au jet à raison de cet argent.

§ 5. *Item.* Si, dans le cas ci-dessus, la personne qui a de l'argent ou d'autres effets
dans ses coffres, n'en fait pas la déclaration
avant le jet, et que lesdits coffres viennent à
être jetés à la mer, on n'évaluera les coffres
qu'à raison de 3 *schildes*, s'ils étoient garnis
en fer ; et d'après leur valeur réelle, s'ils n'é-
toient pas garnis.

§ 6. *Item.* Si l'on jette un hamac avec un
lit ou une paillasse, on le paiera 3 *schildes*.

§ 7. *Item.* Lorsqu'il y aura lieu de prendre
un pilote côtier (3), on devra consulter les
chargeurs qui se trouveront à bord. S'ils n'y
consentent pas, l'avis du patron et de la majorité de l'équipage l'emportera. S'il n'y a pas
de chargeurs à bord, le patron prendra et
sera tenu de suivre l'avis de la majorité de
son équipage. Les frais de pilotage seront

(1) Le mot *Getijde* a deux significations : l'une, de *délai, époque, saison,* et l'autre, de *marée.* Le
traducteur français du Traité des avaries par Weytzen, page 30, édition de 1703, l'ayant traduit dans ce
dernier sens, j'ai cru devoir m'y conformer.

(2) Wagenaar ajoute : *De même, si l'on jette cet argent, on comptera deux deniers pour un.* Cette
manière de compter étoit, suivant Verwer dans ses notes sur cet article, usitée à Amsterdam.

(3) Verwer, dans une note sur ce mot, pense que *loten* signifie *tirer au sort,* et que cet article se rapporte aux voyages de conserve, dans lesquels le sort désignoit le navire conducteur, *ductor viæ.* Les
versions plat-allemandes ont donné un autre sens à ce mot, et l'ont entendu du pilote côtier.

sal men doen. Ende waer daer geen Koopman in 't Schip; wat den Schipper ende den meesten Hoop des Volx goed dochte, dat soude men doen; ende die soo volgen.

Item. Van Loten-Gelde sal men nemen soo vele als men daer op settet ende redelijk is, ofte als het gewoonlijk is : ende dat Loten-Geld te rekenen en te betalen gelijk den Werp-Gelde.

réglés d'une manière équitable, suivant l'usage, et payés par contribution comme en cas de jet.

ART. 3 (1).

Item. Een Schip seilt van Amsterdam ofte van anderen Steden waer dat het sy; het gevalt dat hy synen Mast of Kabel houwet ofte anders wat, by Onweder binnen of buiten, op dat men dat Schip ende Goed bergen mag : de Schipper is schuldig de-Koopluijden eerst te vragen ende hen dien Nood te klagen en seggen, dat het sy om te behouden Schip, Lijf, en Goed : dat sullen sy rekenen over dat Goed als van werpen. En waer 't dat de Koopman seijde, ik geve daer geen ja-Woord toe; daerom sal 't de Schipper niet laten : maer wanneer hy te Lande gekomen is, sal hy self, met syn derde, sweren dat hy dat van Nood-wegen gedaen heeft.

Item. Un navire part d'Amsterdam ou de tout autre port de dehors; s'il arrive que dans l'intérieur (2) ou à l'extérieur on soit forcé par la tempête de couper un mât, ou un câble, ou toute autre chose, pour sauver le navire et la cargaison, le patron sera tenu de prendre l'avis des chargeurs, de leur faire connoître le danger, et de leur exposer que cela est indispensable pour sauver le navire, corps et biens; le dommage sera alors également réparti sur la cargaison, comme dans le cas de jet. Si le chargeur ne veut point y consentir, le patron n'y procédera pas moins; mais au premier lieu où il abordera, il sera tenu d'affirmer sous serment, avec deux hommes de l'équipage, que la nécessité l'y a forcé.

ART. 4 (3).

Item. Een Schip seilt van Amsterdam of van anderen Steden waer dat het is; een Schipper is ten agteren ende verkoopt Goed op den Bodem; hy is schuldig soo verre die Bodem soo veel te Lande brengt, dat te betalen aen de eerste Markt daer hy aenkomt, binnen veertien Dagen daer na : ende dat sal hy betalen tusschen

Item. Si, un navire étant parti d'Amsterdam ou de tout autre port, il arrive que le patron, ayant besoin d'argent, vende des marchandises, en affectant le corps du navire au paiement, il sera tenu, jusqu'à concurrence de ce que le navire apportera à terre, de rembourser, dans les quatorze jours de son arrivée, la valeur desdites marchandises, d'après le cours moyen du premier marché où il abordera; et si le patron, au

---

(1) Cet article est le 5.e dans la seule édition de Wagenaar. C'est une traduction presque littérale de l'article 9 des Rôles d'Oléron ou Jugemens de Damme.

(2) Cette expression, qu'il a été nécessaire de traduire littéralement, me paroit signifier les mers de Zélande ou de Hollande, c'est-à-dire, les baies ou golfes du pays.

(3) Cet article est le 6.e dans la seule édition de Wagenaar. Il consacre le principe de l'article 23 des Rôles d'Oléron ou Jugemens de Damme sur le paiement des marchandises vendues pour les besoins du navire; mais il offre une théorie sur les conséquences de ce principe dont cet article n'avoit pas même indiqué l'idée. On y trouve surtout, bien plus explicitement que dans les Rôles d'Oléron ou Jugemens de Damme, l'affectation du navire à cette sorte d'emprunt forcé.

den minsten en den meesten. Ende waer 't dat de Schipper den Koopman niet vernoegede, ende hy dat Schip verkochtte, ende eenen anderen Schipper in 't Schip settede ; soo mocht die Koopman dat Schip binnen Jaer en Dag aenspreken en syn Geld daer aen soeken, gelijkerwijs of hy daer tegenwoordig waere. Ende dat sal hy betoogen met des Schippers Segel; soo mag hy daer niet tegen seggen.

lieu de satisfaire le négociant, vend le navire et y met un autre patron, le négociant aura un an et un jour pour poursuivre le navire et pour se faire payer sa créance sur sa valeur, comme si le navire n'avoit point changé de patron (1) : il justifiera de sa créance par la reconnoissance scellée du cachet du premier patron, laquelle ne pourra être contestée par le nouveau patron.

ART. 5 (2).

Item. Een Schipper bevragt syn Schip ende ladet om syne Reijse te doen ; ende hier en binnen blijft dat Schip soo lange liggen dat hem Geld ontbreekt; hy mag wel senden tot synen Lande om Geld ; maer hy moet geenen goeden Wind verleggen : want verlage hy den Wind, hy ware schuldig den Koopman syne Schade te beteren en te betalen. Maer hy mag wel van der Koopluiden Goed tot syner Nooddruft nemen, ende wanneer hy komt daer hy lossen sal, daer sal hy dat Goed betalen tusschen den minsten en den meesten, als dat Goed in de Markt geldt dat in 't selve Schip is : ende de Schipper sal syn volle Vragt daer van hebben.

Item. Si, un patron ayant frété son navire, et pris son chargement pour le mettre en route, il arrive que, par l'effet d'un trop long retard dans le port, il vienne à manquer d'argent, il pourra en envoyer demander dans son pays ; mais il lui est interdit de laisser passer un bon vent, sous peine d'être responsable, envers les chargeurs, du dommage qui en résulteroit pour eux. Mais il lui sera permis de vendre une partie des marchandises des chargeurs pour subvenir à ses besoins ; il en remboursera la valeur, au lieu du déchargement, d'après le prix moyen des marchandises semblables restées à bord, et il en recevra le fret entier.

ART. 6 (3).

Item. Een Schip seilt van eeniger Stede waer dattet is, ende heeft geladen synen vollen Last : soo en mag de Schipper geen goed meer innemen, sonder het en sy met Willen ende Oirlof van den Koopman. Waer 't Sake dat hy eenig Goed inname tegen des Koopmans Weten, soo

Item. Si un navire part d'un lieu quelconque avec un chargement complet, le patron ne peut plus charger de marchandises en route sans l'autorisation et le consentement de ceux dont il a reçu le chargement ; s'il arrivoit qu'il eût chargé ainsi sans leur aveu, il paiera une amende égale à la valeur des choses chargées, à moins qu'il n'ait prévenu

---

(1) Les anciens codes de Lubeck, qui ont admis en faveur du commerce maritime une dérogation à la règle, que les meubles n'ont pas de suite, ont probablement donné l'idée de cet article. Voir Gildemeister, Beyträge zur Kenntniß des vaterländischen Rechts, t. II, pag. 210.

(2) Cet article est le 7.ᵉ dans la seule édition de Wagenaar. C'est une traduction presque littérale de l'article 23 des Rôles d'Oléron ou Jugemens de Damme; il n'est possible d'expliquer cela qu'en reconnoissant que cette compilation est un recueil d'usages appartenant à différentes villes, fait avec peu de critique, et offrant par cela même beaucoup de doubles emplois.

(3) Cet article est le 8.ᵉ dans la seule édition de Wagenaar. Il a beaucoup de ressemblance avec l'un des articles ajoutés en Angleterre à la compilation primitive des Rôles d'Oléron, le 29.ᵉ de mon édition.

heeſt hy verbeurt soo vele Goods als hy heeſt ingenomen : het en ware, dat die Schipper seide ; gy Heeren, ik sal daer alsoo vele Goeds innemen.

les chargeurs qu'il avoit à charger dans tel ou tel endroit telle ou telle quantité de marchandises.

ART. 7 (1).

Item. Het gevalt dat de Schipluiden haer eenen Schipper verhuren ; ende eenige van haer gaen uijtten Schepe sonder Oirlof, ende drinken haer vol; sy kijven ende slaen sik; also dat daer eener gewond werd : de Schipper is niet schuldig hem te heelen laten op des Scheeps-Kost; maer hy mag hem uijtten Schepe heten gaen ende huren eenen ander in die stede : moet hy dan meer geven, sy sullen dat betalen ende den Schipper wedergeven dat se van hem ontfangen hebben : maer send hy se uijt in Scheepsdienste oft Arbeid, ende worden dan gewond, soo sullen sy geheeld Worden op des Scheeps-Kosten.

Item. Si des matelots qui se sont engagés avec le patron (2) sortent du navire sans sa permission, s'enivrent, se querellent, se battent et sont blessés, le patron ne sera pas tenu de les faire soigner aux frais du navire; mais il pourra les renvoyer et en louer d'autres à leur place. S'il est obligé de payer à ceux-ci un plus fort loyer, les matelots renvoyés seront tenus de payer la différence, et de rembourser au patron ce qu'ils en auront reçu; mais si des matelots envoyés à terre pour le service du navire sont blessés, ils seront soignés aux frais du navire.

ART. 8 (3).

Item. Een Schipper winnet syne Schipluiden; dat komt soo, dat hy met eenen van hen te kijven komt ; hy heet den Schipman uijt den Schepe gaen ende geeft hem Oirlof ende weet hem geene openbare Schuld te geven : de Schipman heeft synen halven Loon verdiend. Ende believet den Schipman van den Schipper te scheijden, soo sal hy den Schipper desgelijken, weder doen. Ende ware hy buijten der Haven geseild in der See, of in eene andere Haven buijten dat Vlie of Marsdiep, ende weder op seijlde ende opleijde, soo heeft hy synen vollen Loon verdiend. Woude dan ook die Schipman van den Schipper scheijden soo sal hy hem geven dat hy daer by gebeurd heeft, ende daer nog soo vele toe.

Item. Si un patron vient à se quereller avec des matelots qu'il a engagés, et qu'il veuille les renvoyer du navire et les congédier, mais sans pouvoir les convaincre d'aucun délit positif, les matelots auront droit à la moitié de leurs gages; de même, si un matelot veut quitter le patron, il sera tenu envers lui à une semblable restitution. Si le navire est sorti du port, ou se trouve dans un port situé hors du Flie, ou du Marsdiep, et qu'il en remonte et rentre au lieu du départ, le matelot aura droit à la totalité de ses loyers; dans le même cas, un matelot qui voudra quitter le patron, sera tenu de lui rembourser ce qu'il aura reçu, et autant en sus.

(1) Cet article est le 9.e dans la seule édition de Wagenaar. C'est une copie littérale de l'article 6 des Rôles d'Oléron ou Jugemens de Damme.

(2) L'édition de Wagenaar ajoute *pour un temps déterminé*, comme dans l'article 9 des Jugemens de Damme. Les Rôles d'Oléron ne contiennent point cette addition, qui, en effet, paroit inutile.

(3) Cet article est le 10.e dans l'édition de Wagenaar. Il paroit emprunté aux anciens statuts de Lubeck, ainsi qu'on le verra dans les notes sur l'article 3 de la compilation de Wisby.

ART. 9 (1).

Item. Soo een Schipman hem besteed tot eenen Schipper, met hem te seijlen : soo is hy schuldig des Koopmans Goed te havenen, soo den Schipper, Stuerman ende Vragtman goed dunkt.

Item. Lorsqu'un matelot s'est engagé pour un voyage envers un patron, il est tenu de veiller à la conservation des marchandises des chargeurs, ainsi que le patron, le contre-maître ou l'affréteur le jugeront convenable.

ART. 10.

Item. Men sal geven te Koelgelde van't Last Rogge een groot; alsoo vake als sy se koelen. Ende is 't Sake dat sy de Rogge nochte Weite niet koelen oft havenen, ende wilden verderven laten; sy syn schuldig dat te beteren tot des Schippers ende Stuermans Seggen. Ende van Uijtteschieten een Groot. Ende soo sal hy geene Mattinge hebben van geen Koorn. Van twee hondert Wagenschot, een Groot; van een hondert Knaerhouts, een Grott; van een Vat Assche, eenen Brabanschen..... van een Last Haring, een Groot; van een Last Teer of Pek, die de Schipper voert, een Groot. Dit voirsz. Goed mag de Schipper aen Boord houden tot dat hy van den Koopman synen Wille heeft.

Item. Il sera payé, pour éventer les grains, un gros par chaque last de seigle, toutes les fois qu'il y sera procédé; et si les matelots n'éventent point le seigle et le froment et le laissent échauffer, ils seront tenus de réparer le dommage, au dire du patron et de son second. Ils recevront un gros pour le remuage du grain, et ne pourront prétendre à aucun des restes de balayage. Pour droit de charge de deux cents planches feuillets, ils recevront un gros; pour un cent de bois à faire des douves, un gros; pour un baril de cendre, un denier de Brabant (2); pour un tonneau de harengs, un gros; pour un last de goudron ou de brai, un gros. Le patron pourra retenir les susdites marchandises à bord jusqu'à ce que le négociant l'ait payé de son fret (3).

Item. Voortaen welk Goed daer men een Paleij ombrengt op den Mast, als van een Vat Flasses, twee Grooten; van een half Vat Flasses, een Groot; van een Pak Wandes, twee Grooten; van een Teerling Wandes, een Groot; van een Stuk Wijns, twee Grooten; van eene Pijpe Wijns, een Groot.

Item. Pour les marchandises lourdes qui nécessitent de guinder un palan sur le mât, on paiera, savoir : pour un tonneau de lin, deux gros; pour un demi-tonneau de lin, un gros; pour une balle de toile, deux gros; pour un ballot de toile, un gros; pour un tonneau de vin, deux gros; et pour une pipe de vin, un gros.

ART. 11 (4).

Item. Waer't Sake dat sy der Kooplui-den Goed versuimeden; alle die aen den

Item. Si les matelots ne prennent pas soin des marchandises d'un négociant, tous ceux

---

(1) Cet article forme avec les deux suivans l'article 11 dans l'édition de Wagenaar, mais avec quelques différences de rédaction. Il développe une règle simplement indiquée dans les articles 10 et 20 des Rôles d'Oléron. Il paroît avoir été emprunté aux anciens statuts de Lubeck, comme on le verra dans les notes sur l'article 5 de la compilation de Wisby.

(2) Verwer fait remarquer que son manuscrit a omis le mot *Penning*, lequel effectivement est dans le texte de Wagenaar.

(3) Ce paragraphe est littéralement conforme à une disposition d'un des articles des Rôles d'Oléron ajoutés en Angleterre à la compilation primitive, article qui est le 34.ᵉ de mon édition.

(4) Cet article offre des dispositions semblables à celles de l'article 10 des Jugemens de Damme.

Wind-gelde eenen Groot Gelde deelden, die souden dan ook de Schade beteren.

Item. Is 't dat die Koopman den Schipper of Stuerman vraegde of de Touwen, daerse mede trijssen, souden sterk genoeg wesen : seggen sy, ja, sy syn sterk genoeg; ende die Touwen braken dan; soo ware die Schipper schuldig de Schade, die daer van komen mogt, te betalen. Maer en vraegde 's die Koopman niet, soo soudet wesen als voor geseid is.

qui partagent les droits de guindage et de palan seront tenus de réparer le dommage qu'ils auront causé.

Item. Si le négociant demande au patron ou au contre-maître si les cordages avec lesquels ils guindent et hissent sont assez forts et qu'il réponde affirmativement, mais que néanmoins les cordages cassent, le patron sera tenu de réparer le dommage qui en résultera. Mais si le négociant ne s'en inquiète point, il en sera comme il a été dit ci-dessus.

ART. 12 (1).

Item. Een Schip seilt van Amstelredam of van anderen Steden; ende dat een dat ander aenseijlt, ende en geschied niet met Willen : een ygelijk sal de Schade half gelden ende hebben. Maer geschiedet met Willen, soo soude die, die dat ander Schip aenseilde, die Schade alleen gelden ende beteren.

Item. Si un navire parti d'Amsterdam ou autre port en aborde un autre involontairement, chacun des deux supportera la moitié du dommage; mais, si l'abordage a été fait à dessein, celui qui aura abordé l'autre navire paiera le dommage entier.

ART. 13 (2).

Item. Een Schip lage in een der Haven, t'Amstelredam of anders-waer, ende worde drijvende op een ander Schip : indien 't Schade dede, souden sy de Schade half en half betalen.

Item. Un navire est placé dans un port, à Amsterdam ou autre lieu; il vient à dériver sur un autre navire, et lui occasione du dommage : les deux navires le supporteront par moitié.

ART. 14 (3).

Item. Een Schip komt in een Haven, tot Amstelredam of anders-waer; dat sal eenen Dobber op syn Anker hebben : is dat niet, ende daer Schade van komt, soo sal hy die half beteren.

Item. Un navire arrive dans un port, à Amsterdam ou ailleurs, il doit avoir un orin à son ancre : s'il n'en place point et qu'il en résulte des avaries, il en paiera la moitié.

ART. 15 (4).

Item. Een Schip komt om den Schagen of uit Noorwegen; dat sal men lossen

Item. Les navires venant d'un lieu situé au-delà de Schagen ou de Norvége, ainsi que

(1) Cet article èst le 10.ᵉ dans la seule édition de Van Leuwen. Il a quelque ressemblance avec l'article 15 des Jugemens de Damme. Il paroît emprunté au droit de Lubeck.

(2) Cet article est le 12.ᵉ dans la seule édition de Van Leuwen. Il a quelque ressemblance avec l'article 15 des Rôles d'Oléron ou Jugemens de Damme. Il paroît inutile. L'article précédent contient la même règle, et ce double emploi ne peut guère s'expliquer que par la raison donnée à la note 2 de la page 409.

(3) Cet article est le 11.ᵉ dans la seule édition de Van Leuwen. Il a quelque ressemblance avec l'article 16 des Rôles d'Oléron ou Jugemens de Damme.

(4) Cet article est le 13.ᵉ de l'édition de Van Leuwen ; il forme avec le suivant le 15.ᵉ de celle de Wagenaar.

binnen veertien Dagen ende die Vragt geven : desgelijken alle See-Schepen.

tous autres bâtimens venant de la mer (1), devront être déchargés dans les quatorze jours de leur arrivée, et leur fret devra être payé dans ce délai.

ART. 16 (2).

Item. Een Schip komt van Hamborg of van anders-waer, men sal dat losschen binnen agt Dagen ; ende geven hem syne Vragt.

Item. Tout navire venant de Hambourg ou d'autres villes sera déchargé dans les huit jours, et son fret lui sera payé dans le même délai.

ART. 17 (3).

Item. Een Schip dat ladet op Schoonen of anders-waer; t'is bevragtet naer Vlaenderen of anders-waer in de Markt ; dat komt van Noodsake t'Amstelredam : is 't dat de Schipper dat sweren wil met synen Stuerman ende twee syner Schipmannen, dat het Nood dede; waer dat dan soo dat hy dat Schip niet konde reede maken buiten om te seijlen ; soo sal die Schipper dat Goed in de Markt seinden op des Schippers Vragt, ende des Koopmans tollen.

Item. Si un navire chargé à Schonen ou ailleurs, et frété pour la Flandre ou d'autres marchés, arrive à Amsterdam par suite de détresse ; si le patron offre de jurer avec son contre-maître et deux matelots qu'il y a relâché forcément, et s'il lui est impossible de réparer le navire pour mettre de nouveau à la voile et repartir, il devra envoyer les marchandises au lieu de destination à ses frais : mais le négociant paiera les droits de douanes.

ART. 18 (4).

Item. Een Schipman komt in de Markt met synen Schipper; hy sal by synen Schipper blijven soo lange dat hy gelosset heeft ende wede geballast is, dat het Schip liggen mag.

Item. Un matelot arrive au marché avec son patron ; il est tenu de rester dans le navire, jusqu'à ce qu'il ait été déchargé, et remis sur son lest, afin de pouvoir rester amarré.

ART. 19 (5).

Item. Waer't dat een Schip met Goederen seilde aen den Grond, ende in Sorge stonde om te vergaen, ende most men Licht-Schepen hebben om dat Goed daer uijt te ligten : wat dat kost, sal betalen Schip ende Goed, gelijk Werp-Geld. Ende

Item. Si un navire chargé touche à fond, se trouve en danger de périr, et qu'il soit nécessaire de prendre des alléges pour décharger la cargaison, les frais desdites alléges seront supportés par le navire et la cargaison de même qu'en cas de jet; et s'il ne se trouve aucun chargeur à bord du navire au moment

(1) Je crois que cette expression signifie *pleine mer,* c'est-à-dire, qu'elle doit s'entendre d'un voyage de long cours ou grand cabotage, par opposition à ce qui sera dit dans l'article suivant des navires venant de lieux plus rapprochés.
(2) Cet article est le 14.ᵉ dans l'édition de Van Leuwen et termine le 15.ᵉ dans celle de Wagenaar.
(3) Cet article est le 15.ᵉ dans l'édition de Van Leuwen et le 16.ᵉ dans celle de Wagenaar. Il paroît emprunté au droit de Lubeck.
(4) Cet article est le 16.ᵉ dans l'édition de Van Leuwen et le 17.ᵉ dans celle de Wagenaar. Il a quelques rapports avec l'article 5 des Rôles d'Oléron ou Jugemens de Damme.
(5) Cet article est le 17.ᵉ dans l'édition de Van Leuwen et le 18.ᵉ dans celle de Wagenaar.

waer daer geen Koopman inne, als men aen den grond seïlt, soo sal de Schipper sweren met twee syner Schipmannen dat dat Schip in grooter Vare was aen den Grond, ende dat hy in Sorge was dat Goed te verliesen : is 't dat men 's hem niet en wil verdragen.

de l'accident, le patron sera tenu, si on ne veut le croire sur parole, d'affirmer sous serment avec deux hommes de son équipage que le navire se trouvoit en grand danger et qu'ils craignoient de perdre le navire et la cargaison.

ART. 20 (1).

Item. Waer 't dat een Schip in't Marsdiep of in 't Vlie quame, en ginge soo diep dat het hier met voller Ladinge niet opkomen en konde : ende kreeg men, dan Ligtschepen om dat Schip te lossen : wat die kosten, sal dat Schip betalen twee deelen ende dat goed het derde deel : maer komt dat Schip hier niet op, soo sal dat Schip die Ligtschepen alleen betalen ende loonen.

Item. Un navire arrive dans le Marsdiep ou dans le Flie, et tire tant d'eau, qu'il ne peut remonter jusqu'ici avec son chargement; si on loue des alléges, ce qu'elles coûteront, le navire en paiera les deux tiers, et la cargaison, l'autre tiers : mais, s'il arrivoit que le navire ne remontât pas jusqu'ici, le patron paieroit et solderoit seul les alléges.

ART. 21 (2).

Item. Soo een Schipper dat Goed uijtten Schepe geset heeft, soo mag hy dat wel houden by syn Boord, soo lange dat die Koopman hem die Vragt ende ander Ongeld vernoeget heeft, dat men daer op schuldig mochte wesen; indien dat de Schipper den Koopman niet gelooven en wil.

Item. Un patron, lorsqu'il a déchargé sa cargaison, peut la retenir auprès de son bord, pour son fret et les dépenses qu'on peut lui devoir à raison de ces marchandises, s'il n'en veut faire crédit au chargeur.

ART. 22 (3).

Item. Waer't dat hier Ligtschepen quamen die Goed geligtet hadden uijt Scepen die van der See quamen : die sal men lossen binnen vijf Werke-Dagen na den Dage dat se hier quamen.

Item. Lorsque les alléges qui ont déchargé des navires venant de la mer arriveront ici, on devra les décharger dans le délai de cinq jours ouvrables, à partir du jour de leur arrivée.

ART. 23 (4).

Item. Dat 'er een Scip quame voir een Voirland mit Noode van Weder, beneden

Item. Si un navire battu par le gros temps dépasse le port où il devoit entrer, et

---

(1) Cet article est le 18.ᵉ dans l'édition de Van Leuwen et le 19.ᵉ dans celle de Wagenaar. On ne peut se dissimuler qu'il ne présente quelque contradiction avec l'article précédent ; ce qui fortifie ma conjecture, que cette compilation est composée d'articles puisés dans des sources différentes.

(2) Cet article est le 19.ᵉ dans l'édition de Van Leuwen et le 20.ᵉ dans celle de Wagenaar. Il est semblable à l'un des articles ajoutés en Angleterre à la partie primitive des Rôles d'Oléron, lequel est le 34.ᵉ dans mon édition. On a déjà vu la même règle dans l'article 11 ci-dessus.

(3) Cet article est le 20.ᵉ dans l'édition de Van Leuwen et le 21.ᵉ dans celle de Wagenaar.

(4) Cet article est le 21.ᵉ dans l'édition de Van Leuwen et le 22.ᵉ dans celle de Wagenaar. Il reproduit quelques dispositions du dernier paragraphe de l'article 2 ci-dessus, et même il paroît le contredire.

een meente Havene; en te reede quame aen syn Anker; ende onbekend wair. En wonne men eenen Laeds-Age dat Scip en goed te havenen; wes die Laeds-Age dair van hebben soude, dat souden betalen Scip ende Goed, gelijk Werpgheld.

se trouve forcé de mouiller l'ancre devant un promontoire que le patron ne connoît pas, et que celui-ci prenne un locman pour sauver le navire et la cargaison, les frais de pilotage faits en pareil cas seront supportés par le navire et la cargaison, de même que dans le cas de jet.

ART. 24 (1).

Item. Als Schepen komen in 't Vlie of Marsdiep van Ameland, ende hier op willen wesen : is 't dat men daer eenen Lootsman winnet dat Schip ende Goed daer op te brengen; dan sal de Schipper dien Lootsman den Kost geven, ende die Koopluiden sullen hem loonen van haer Goed.

Item. Lorsque des navires entrent dans le Flie ou dans le Marsdiep de l'île d'Ameland, et veulent remonter jusqu'ici, si l'on engage un pilote pour conduire le navire et la cargaison, le patron est tenu de nourrir ce pilote, et les négocians doivent payer son salaire sur leurs marchandises.

ART. 25 (2).

Een Schipman die synen Schipper ontloopt met synen Gelde dat hy hem gedaen heeft; ende die Schipper kan dat met twee van synen Schipmannen betuijgen; die heeft verbeurt die Galge.

Si un matelot qui a abandonné son patron, emportant l'argent que celui-ci lui avoit donné, peut en être convaincu par le témoignage de deux matelots, il aura mérité la potence.

ART. 26 (3).

Item. Bevoer een Scipper een Scipman mit quaden Feiten; ende die Schipper dat betuigen mochte met twee van syne Schipluiden : dien soude hy Oirlof mogen geven aen dat eerste Land daer hy aenkomt; ende en sal niet hebben verbeurd tegen den Schipman; ende en sal hem ook geenen Loon geven.

Item. Si un patron surprend un matelot en flagrant délit et peut l'en convaincre par le témoignage de deux matelots, il a droit de lui donner son congé au premier pays où il arrivera, sans qu'il doive aucune indemnité au matelot, et sans lui donner aucun gage.

ART. 27 (4).

Item. Waer 't dat een Stuerman oft een Schipman hem bestedet met eenen Schipper; ende die Stuerman ofte Schipman kochte een Schip dat hy selve voeren

Item. Si un pilote ou un matelot qui s'est enrôlé avec un patron, acquiert un navire qu'il veut monter lui-même, il sera libéré de son engagement avec le patron; mais il

(1) Cet article est le 22.ᵉ dans l'édition de Van Leuwen et le 23.ᵉ dans celle de Wagenaar.
(2) Cet article forme avec le suivant le 23.ᵉ de l'édition de Van Leuwen; c'est le 24.ᵉ de celle de Wagenaar. Le principe est emprunté au droit de Lubeck.
(3) Cet article est avec le précédent le 23.ᵉ de l'édition de Van Leuwen; c'est le 25.ᵉ de celle de Wagenaar.
(4) Cet article est le 24.ᵉ dans l'édition de Van Leuwen et le 26.ᵉ dans celle de Wagenaar.

woude : soo sal hy quijt wesen van den
Schipper : maer heeft hy Loon opgebeurd
dat sal hy wederom geven.

sera tenu de rendre les avances qu'il aura
reçues.

ART. 28 (1).

Item. Een Stuerman, of een Schipman
bestedet hem met eenen Schipper; het
gevalt dat die Stuerman of die Schipman
een egte Vrouwe neemt; ende wil aen
Land blijven; hy sal quijt wesen van den
Schipper : maer heeft hy Geld ontfangen,
dat sal hy wedergeven.

Item. Si un pilote ou un matelot qui s'est
engagé à bord d'un navire, prend une femme
en légitime mariage, et veut rester à terre, il
sera libéré de son engagement envers le patron ; mais il sera tenu de lui restituer les
avances qu'il en aura reçues.

ART. 29 (2).

Item. Waer 't dat een Reeder oneens
ware met synen Schipper, ende hy syn
Deel niet reeden en woude van den
Schepe : de Schipper sal dat selfde Schip
voeren op al sulke Huren als den vromen
Knapen goed dogte dat bescheijdelijk
ware.

Item. Si un armateur ne tombe pas d'accord avec le patron et refuse de charger sa
part dans le navire, le patron aura droit d'employer ce navire, en payant le fret, qui sera
fixé par des arbitres, suivant l'équité.

ART. 30 (3).

Item. Waer 't Sake dat hy wat aen 't
Schip vertimmerde, of tot des Scheeps
Behoef wat kogte : dat souden sy betalen
Pennings-Broeder.

Item. Si le patron fait réparer le navire,
ou achète quelque chose pour son service,
les armateurs lui rembourseront ses débour-
sés, chacun d'après son intérêt dans le navire (4).

ART. 31 (5).

Item. Waer 't sake dat de Schipper
soude Borge setten voor dat Schip; soo
ware de Reeder schuldig Borge te setten
voor des Schippers Lijf.

Item. Si le patron est forcé de se porter
caution dans l'intérêt du navire, l'armateur
est tenu, à son tour, de garantir le patron.

ART. 32 (6).

Item. Het gevalt dat het eene Schip
het ander aenseilt met Ongevalle, soo dat

Item. S'il arrive qu'un navire en aborde
un autre par accident, de sorte qu'un des

(1) Cet article est le 25.ᵉ de l'édition de Van Leuwen et le 27.ᵉ dans celle de Wagenaar.
(2) Cet article est le 26.ᵉ dans l'édition de Van Leuwen ; il ne se trouve point dans celle de Wagenaar.
(3) Cet article est le 27.ᵉ dans l'édition de Van Leuwen ; il ne se trouve point dans celle de Wagenaar.
(4) Le texte se sert de l'expression *Pennings - Broeder :* littéralement *deniers frères ;* ce qui est une
locution usitée dans les langues plat-allemande et allemande, pour signifier *dans un rapport égal, avec
égalité proportionnelle.* Voir Richey, *Idioticon Hamburgense,* verb. *Pennings-Broder.*
(5) Cet article est le 28.ᵉ dans l'édition de Van Leuwen ; il ne se trouve point dans celle de Wagenaar.
(6) Cet article, qui est le 2.ᵉ dans l'édition de Wagenaar, ne se trouve pas dans celle de Van Leuwen ;
il traite d'une matière qui a déjà fait l'objet des articles 12 et 13 ci-dessus, mais sans faire double emploi,
parce qu'il a uniquement pour objet de régler le mode de réparation du dommage causé par l'abordage.

dat eene Schip met syne Goederen verloren blijft : soo sal men dat Goed dat in beijde Schepen is (eer dat eenig Schip verloren sy) op Geld setten of waerderen. Dan sal de Waerde van de Goeden van beide Schepen (te samen gesommet) betalen dat verloren Goed, Ponde-Ponde gelijk, Mark-Marke-gelijk. Alsoo sal men ook prijseren de Waerde van beide Schepen, eer die Schade geschiedde : soo sal die Prijs van beiden Schepen (te samen gesommet) betalen dat verloren Schip, Pond-Ponde-gelijk, Mark-Marke-gelijk.

deux vienne à se perdre avec sa cargaison, on estimera les marchandises contenues dans ces navires, suivant leur valeur avant l'accident, et le prix des marchandises perdues devra être réparti sur la valeur des deux cargaisons réunies, livre pour livre, marc pour marc : en outre on estimera de même les deux navires au prix qu'ils valoient avant que le dommage arrivât, et le prix du navire perdu sera réparti sur cette estimation, livre pour livre, marc pour marc.

ART. 33 (1).

Item. Het sy dan Sake dat die Schipper aen gener halver See Nood heeft te werpen van des Koopmans Goed tot des Scheeps Behoef; soo sal men den Koopman betalen dat Goed voor soodanig Geld als dat kostede daer 't die Schipper geladen heeft : ende daer en sal hy geene Vragt van hebben.

Item. Si le patron est obligé de jeter (2) des marchandises pour le salut du navire pendant la première moitié du voyage (3), les marchandises seront remboursées au négociant d'après leur valeur au lieu du chargement, et le patron ne pourra prétendre à aucun fret.

ART. 34 (4).

Item. Het gevalt aen deser halver See, men sal het den Koopman betalen soo die wedergadinge aen der Markt geldet, tusschen den minsten enden den meesten ende daer sal de Schipper syne volle Vragt van hebben.

Item. Si le patron est obligé au jet pendant la seconde moitié de son voyage, on remboursera les marchandises d'après leur cours moyen à la foire (5), et le patron aura droit à la totalité du fret.

(1) Cet article ne se trouve point dans l'édition de Van Leuwen; il forme avec le suivant l'article 3 de celle de Wagenaar.

(2) Verwer fait la remarque que d'autres manuscrits, et précisément tel est celui dont Wagenaar a fait usage, portent *vercopen*, qui signifie *vendre*; mais que le sien portoit *werpen*, qui signifie *jeter* : j'ai donc dû publier le texte et le traduire dans le sens du jet. Weytzen, dans son *Traité des avaries*, paroit faire allusion à cet article dans le sens que lui donne le manuscrit de Verwer; mais, si le sens de ce manuscrit étoit le véritable, il présenteroit une antinomie avec l'article 2, où l'on ne trouve aucune distinction sur le mode d'évaluation des choses jetées, selon que le jet a été fait dans la première ou la seconde moitié du voyage, ni sur le paiement du fret.

(3) Le texte signifie mot à mot, *en l'autre moitié de la mer*. Verwer prétend, d'après Grotius, *Inleydinge tot de Hollandsche Rechts-Geleertheyt*, liv. III, tit. XX, § 47, note 59, que ces mots s'appliquent aux voyages de long cours, par opposition au cabotage dont parle l'article suivant. Je ne crois pas que ce soit le sens véritable de ces articles : ils ont été entendus dans le sens de la traduction que je propose par Weytzen, comme il paroit tant par son texte hollandais que par la traduction française de 1703, page 29.

(4) Voir les notes sur l'article précédent.

(5) C'est-à-dire, au lieu du déchargement, puisque l'hypothèse de cet article est opposée à celle du précédent, d'après lequel les marchandises jetées sont payées à la valeur du lieu de départ.

TEXTE PUBLIÉ PAR WAGENAAR (1).

Dit is die Ordinancie die de Scipheers ende die Coeplude met malkander begheren van Sciprecht (2).

I (3).

In den eersten, wairt dat een Scip brake, jof dat ment doir seylde wair dattet wair dochtet den Coepluden, den Stuerman ende den meerren Hoep van den Gheselscap goet dat ment maken mocht, soe soudet die Scipheer maken, ende bringen den Coepluden hoir Goet, daer hyt hen geloeft hadde des hem God spaerde voir Ongheual, ende wairt dat ment Scip niet wel weder maken en mochte die Scipheer soude dan syn volle Vracht hebben van also veel Goets als die Sciphere den Coepman levert, van des Coepmans Goede bove Maelvloede, ende den Coepmans in syn Profyt coemt, ende wairt dat die Coepman gheen Ghelt by hem en hadde, ende en woudet hem die Scipheer niet belouen so soude die Scipheer van den Goede nemen datter ghebercht wair alsoe vele als syn Vracht beliep voir also veel Ghelts als die Coepman 't sine gave an die Marcte.

II (4).

Item. 'T gevalt dat een Scip dat ander aenzeylt mit Ongheual also dat dat een Scip met sinen Goede blivet verloren so selmen werderen die Goeden in beyde Scepen te Ghelde eer enich Scip verloren was, dan so sel die Prys van beyden Goede te samen ghesommet betalen dat verloren Goed Pond Ponde gelyc Marck Marcke gelyc. Voirt gheliker Wys so selmen prisen die Waerde van beyden Scepen al eer die Scade ghesciede so sel die Prys van beyden Scepen te gader ghesommet betalen dat verloren Scip Pond Ponde gelyc Marck Marcke gelyc.

III (5).

Item. Het sy dat sake dat een Scipheer leyt geladen op ghene syde 't Zees en hy heeft Noet te vercopen van des Coepmans Goede tot des Sceeps Profyt ende dat Scip blivet verloren mit Ongheual so sel die Scipheer betalen den Coepman van al so veel Goets als hy vercoft heeft, alst an die Marct costede dair die Scipheer loet en dair en sal hy ghene Vrachte of hebben.

Voirt vercoept die Scipheer, enigh Goet van des Coepmans Guede an dese Zyde

(1) J'ai indiqué, page 403, la source dans laquelle ce texte étoit pris, et les motifs qui m'avoient porté à ne pas publier un autre texte donné par Van Leuwen. On sent facilement pourquoi je n'ai pas dû joindre une traduction. Des notes suffiront pour indiquer la corrélation avec les articles du texte de Verwer, lequel est accompagné d'une traduction. Quoique les articles ne portent point de numéros dans l'ouvrage de Wagenaar, j'ai cru convenable de les numéroter pour faciliter la collation.

(2) Le titre de cette rubrique est pareil à celui des éditions de Verwer et de Van Leuwen.

(3) Cet article correspond à l'article 1.er des éditions de Verwer et de Van Leuwen.

(4) Cet article est le 32.º dans l'édition de Verwer et ne se trouve point dans celle de Van Leuwen.

(5) Cet article forme les articles 33 et 34 dans l'édition de Verwer et ne se trouve point dans celle de Van Leuwen.

des Zees, dat sel hy den Coepman ghelden als die wedergade an der Market geldet twisschen den minnesten ende den meesten, en dair sel die Scipheer sine volle Vrachte of hebben (1).

IV (2).

Item. Wairt dat een Scip Noet hadde, en die Scipheer begheerde dat ment Goet werpen soude, so en soude men niet werpen mer men soude den Vracthmann eerst vraghen oft syn Wille wair, ende waer 't syn Wille niet ende duchtet die Scipheere goet, ende hem twien of drien van den Scipmans beter ghedaen dan ghelaten, so soude men moghen werpen, ende woude die Coepman als men te Lande quamen so souden sy twee of drie die in den Schepe waren zweren, dattet Noetsake dede, en wair dair ghien Coepman in den Scepe ende men Noet hadde te werpen, so wes dan die Scipheere goet dachte mitten meerren Deel van synen Gheselscap dat soudemen dair toe doen, ende wes Goet datmen werpt dat sel men rekenen alst aen die Market gelt, Penninc Pennincs Broeder van also veele als dair of blivet, als die Vrachte dair of betaelt is, ende die Scipheer sel gelden van sinen Scepe jof van synre Vrachte wes die Coeplude dair of kiesen; ende hoe die Scipheer syn Scip settet dair moghent die Coepluden voir nemen op een Ghetide, ende wairt datter yemant wair in eenen Scepe dair men worpe, ende hadde hy Gelt of ander Goet in synre Kiste dat soude hy openbaren eer datmen worpe, ende als hyt openbairt hadde so soude hy gelden te Werpengelde van sinen Gelde te rekenen twe Penninge voir een ende des gelycx wartet gheworpen so soudement rekenen twe Penningen voir een (3), mar wair dair ander Goet in die Kiste dat soudemen rekenen gheliken ander Goet, alst wairdich wair ende waer datter Ghelt yemant vter Kiste name om syn Syde so en soude men niet dair of ghelden, ende wair datter ymant Gelt of ander goet hadde in der Kiste en hy des niet openbairde als men worpe, ende worde die Kiste dair dat in wair geworpen jof behouden, so en soudemen die Kiste niet hogher ghelden dan drie Scilde also verre als die Kiste beslegen ware ende wairt dat sy onbeslegen wair, so soudemen gelden als sy wairdigh ware, ende wair datter geworpen worde een Matte mit ienen Bedden, dat soude men rekenen voir drie Scilde. Ende wair dats te doen ware datmen loten soude, so soudemen des Raet vraeghen den Coepman, die inden Scepe wair, ende dachtet den Coepman niet goet, wes dan die Sciphere goet dochtte mitten

(1) J'ai dit, dans la note 2 de la page 417, que cet article présentoit un sens tout-à-fait différent de celui des articles auxquels il correspond dans l'édition de Verwer. Il me paroit convenable en conséquence d'en donner la traduction : « *Item.* Si un patron se trouve avec son chargement de l'autre côté de la mer, et « qu'il ait besoin de vendre des marchandises du négociant pour les besoins du navire, et que le navire « vienne à se perdre par malheur, le patron devra payer au négociant la valeur des marchandises qu'il a « vendues, suivant leur prix au marché du lieu où se trouvoit le patron, et il n'en aura aucun fret. En « outre, si le patron vend des marchandises appartenant au négociant de ce côté de la mer, il devra les lui « rembourser, suivant la valeur des marchandises pareilles au marché, entre le plus et le moins, et le « patron devra en toucher le fret entier. » Verwer, dans sa note sur l'article de son édition correspondant à celui-ci, croit que si on l'appliquoit à la vente, et non au jet, il feroit double emploi avec l'article 4 de son texte, 6.º de celui de Wagenaar; mais, en comparant les deux articles, on voit que l'un contient le principe, et l'autre, le mode d'exécution.

(2) Cet article est le 2.º dans les éditions de Verwer et de Van Leuwen. Il est divisé en paragraphes dans l'édition de Verwer seulement : je n'en conclus pas cependant que cet éditeur ait fait cette division de son chef, car on la trouve dans les articles correspondans de la compilation de Wisby.

(3) J'ai déjà fait remarquer, dans la note 2 de la page 407, que le texte de Wagenaar contenoit ici l'addition d'une phrase qui ne se trouve pas dans les autres éditions.

meerren Deel van den Gheselscap dat soude voirt gaen, ende wair dair gheen Coepman in den Scepe wes dan die Sciphere ende den meerren Deel van de gheselscap in de Scepe goet dochte dat soude men dair toe doen te loten, ende van Lotenghelde te nemen, soe veele men dair op set ende redelix is of als dair woenlic is, ende dat Lotegelt te rekenen ende te betalen gheliken dat Werpegelt.

V (1).

Een Scip vairt van enigen Coepstede, het ghevalt dat hi kerft Mast of Kabel of Anker by Onweder binnen of buten om Scip ende Ghoede te bergen die Sciphere is sculdich, den Coepman te vraghen ende hem te claghen sinen (Noot) ende dat is te behoudene Lyf ende Ghoet ende 't Scip, dat sellen sy rekene ouer 't Goet, alse van Werpen, ende wairt dat die Coepman side, Ic en gheue dair ghien jawoert toe dairom en soude die Sciphere dat niet laten mer die Sciphere soude dat zweren als hy te Lande quame mit hem derden, als dattet hem Noetsaken dede.

VI (2).

Een Scip vairt van eeniger Coepstede een Scipheere is t' alteren ende vercoept Guet op den Bodem, so is die Sciphere sculdich also veer als die Bodem also vele te Lande bringhet, dat te betalen an der eerster Market dair hy coemt, binnen viertien Dagen dairna ende dat sel hy betalen twisschen den minnesten ende den meesten ende wairt dat die Scipheere die Coepman niet vol en dede ende den Cogge vercoft ofte een ander Sciphere dair in settede so mocht die Coepman dat Scip aenspreken binnen Jare ende binnen Dage ende syn Gelt dair of hebben ghelikerwys of hy dair ieghenwoirdigh ware, ende dat sel hy betugen mitten Scipheers Zegel, ende so en mag hy dair niet tegens segghen.

VII (3).

Een Scipheer vervraght syn Scip ende laet syn Reyse te doen ende hier en binnen bliuet Scip te legghen, also langhe dat hem Ghelt ghebreect, die Scipheere magh wel sinden in sinen Lande om Gelt, mair hyen moet genen goeden Wynt verlegghen, dede hy 't hy wair sculdich die Coepluden horen Scade te verbeteren, mer hy mach wel vander Coeplude Goet nemen sinen Noetturfte ende als dat Scip coemt, dair hyt lossenen sel, so sel die Sciphere dat goet betalen als dat ander ghelt vten seluen Scepe twisschen den minnesten ende den meesten, ende die Sciphere sel sine volle Vrachte dair of hebben.

VIII (4).

Een Scip zeghelt van enigher Market ende heuet ghelaten sinen vollen Last so en is die Sciphere niet sculdigh eenich ander Goet in te nemen, het en sy by Oirlof

---

(1) Cet article est le 3.e dans les éditions de Verwer et de Van Leuwen. Le texte de Wagenaar n'en diffère que par l'omission du nom d'Amsterdam.

(2) Cet article est le 4.e dans les éditions de Verwer et de Van Leuwen. Le nom d'Amsterdam est également omis.

(3) Cet article est le 5.e dans les éditions de Verwer et de Van Leuwen.

(4) Cet article est le 6.e dans les éditions de Verwer et de Van Leuwen.

vanden Coepman, ende dede hy anders die Sciphere soude verboeren also langhe als dat ghoet wairde dat hy inname, wair dat hy worpte (1), het ten waire dat die Scipheer te voren seyde, ghy Heeren ik zal dair also veel Goets in nemen.

IX (2).

' T gheualt dat hem die Sciplude verhueren ter Tyt (3) mit haren Sciphere ende enich van hemluden gaen vten Scepe buten Oirlof ende drincken droncken ende maken Kyf, het gheualt datter enigh ghewont wert, die Sciphere en is hem niet sculdigh ghenesen te doen op de Sceeps-Coste, mer hy machse vten Scepe doen, ende hueren in der Stede van hun Luden, ende costense meer sy sellent betalen moeten, ende den Sciphere wederkeren, dat sy van hem ontfangen hebben, mer sendetse die Sciphere in enighen Dienste van den Scepe, dair sy hem quetsen of wonden sy syn sculdigh te warden gheheelt op des Sceeps-Coste.

X (4).

' T gheualt dat een Sciphere een Scipman huert ende so comen in enen Twiste, dat die Sciphere een Scipman Oirlof geeft, hy en mach hem (5) openbair Scout gheuen die Scipman heeft verdient half syn Loen, ende ghenoeght die Scipman te sceyden van den Sciphere desgelycx is hy hem weder sculdigh, mar wairt dat hy van der Marct zeylde buten in 't Vlye of in 't Mairsdiep ende weder opzeylde ende op leyde, so hadde die Scipman syn vollen Loen verdient, ende woude die Scipman sceyden van den Scipheer, so soude die Scipman weder gheuen al wat hy op geboert hadde ende also vele dair toe.

XI (6).

Een Scipman wair dat hy vairt met enighen Man so is hy sculdich der Coepluden Ghoet te hauenen als den Sciphere en den Stuerman goet dunct mit ten Vrachtman ende voirt van elken Last Rogge te cuelen enen Groten also dicke, als syse cuelen, ende wairt dat sy den Rogge oft Tarwe niet en hauenen noch cuelen en woude, dat soude sy verbeteren tots Scipheers ende Stuermans Seggen (7) ende van wt te scieten enen groten, ende voir tweehondert Wagenscots enen Groten, ende een hondert Knaerhouts enen Groten, ende van een vas Assches enen Penninge, ende van een Last Harinx enen Groten, ende van een Last Pekes ende Teeres als die Sciphere voert enen Groten, ende dit voirsz Guet dat hier voirsz staet dat mach die Scipman (8) also lange houden an dat Boert, want die Coepman des Scipmans ghemoede

---

(1) Les mots *wair dat hy worpte*, c'est-à-dire, *s'il arrivoit qu'il les jetât*, ne sont point dans les éditions de Verwer et de Van Leuwen ; ils semblent nécessaires pour expliquer les dispositions de cet article.

(2) Cet article est le 7.ᵉ dans les éditions de Verwer et de Van Leuwen.

(3) Le texte porte *ter Tyt*, c'est-à-dire, *pour un temps*, qui n'est pas dans le texte de Verwer, mais qui se trouve dans l'article 6 des Jugemens de Damme, dont celui-ci est une copie.

(4) Cet article est le 8.ᵉ dans les éditions de Verwer et de Van Leuwen.

(5) Le mot *neen*, signifiant *aucune*, paroît omis.

(6) Cet article forme les articles 9, 10 et 11 de l'édition de Verwer, et l'article 9 de celle de Van Leuwen.

(7) Le texte publié par Verwer contient ici sur les résidus du balayage une disposition qui ne se trouve point dans celui de Wagenaar.

(8) Le mot *Scipman*, signifiant *matelot*, est évidemment employé par erreur au lieu de *Sciphere*, signifiant *patron*. Il est aussi employé dans la suite de l'article au lieu de *Coepman*, qui veut dire *marchand*.

heeft, ende voirt welk Guet dair men ene Paleye ombringhet opten Mast van enen Vat Vlasses twee Grote van een half Vat Vlas eene Groten van een Pak Wandes twee Grote ende van eenen Terling enen Groten van een Stucke. Wyns twee Grote van een Pyp Wyns een Groten ende voirt wairt dat sy 't versuymden der Coeplude Ghoet alle die an den Winnegelde deelde, die soude die Scade gheden ende wairt dat die Scipmans vragheden, den Sciphere jof den Stuerman, jof dat Touwe dair sy mede trilen soude starck ghenoegh wair ende sy dan Ja seiden, brake dat Touwe dan so soude die Sciphere den Schade staen, die dair of vallen mochte, mer en vraghent die Scipmans niet, so soude t' wesen als voirsz. is.

XII (1).

Een Scip vairt van enigher Coepstede dat den anderen aenzeghelt syns Ondanckes dat soude die Scade half ghelden, mer dade hy willens so soude hy die dat ander Scip aenzeghelde de Scade alleen ghelden.

XIII (2).

Een Scip dat laghe in enigher Hauene ende worde driuende op een ander Scip, ende hem Scade dede dat souden sy half ende half ghelden.

XIV (3).

Een Scip dat comt in eenre Hauene, dat sel een dobber op syn Ancker hebben, ende wairt dat hys niet en dede ende dair Scade by sciede die schade soude hy half beteren.

XV (4).

Een Scip dat coemt om den Schaghen of wt Noirweghen dat selmen lossenen binnen viertien Daghen, ende sine Vrachte gheuen ende desgelycx alle Scepen vander Zee. Van Hamborch of van anderen Landen, dat selmen lossenen binnen achte Daghen ende hem sine Vrachte te gheuene.

XVI (5).

Een Scip dat ladet tot Schonen of andere wair hy sy verbonden in Vlaenderen of in anderen Marcten ende het coempt tot Aemsterdam van Noetsaken ende dat zweren wil mit sinen Stuerman, ende mit tween Scipmannen dattet hem Noetsaken doet, ende wairt dat die Sciphere dat Scip niet rede en mochte maken buten omme te zeghelen, soo soude hy dat Goet binnen senden op des Scipheers Vrachte en op des Coepmans Tollen.

(1) Cet article porte le même numéro dans l'édition de Verwer; il est le 10.ᵉ dans celle de Van Leuwen, et n'en diffère que par l'omission du nom d'Amsterdam.
(2) Cet article porte le même numéro dans l'édition de Verwer; il est le 12.ᵉ dans celle de Van Leuwen, et n'en diffère que par l'omission du nom d'Amsterdam.
(3) Cet article porte le même numéro dans l'édition de Verwer; il est le 11.ᵉ dans celle de Van Leuwen, et n'en diffère que par l'omission du nom d'Amsterdam.
(4) Cet article forme les articles 15 et 16 de l'édition de Verwer, et 13 et 14 de celle de Van Leuwen.
(5) Cet article est le 17.ᵉ dans l'édition de Verwer et le 15.ᵉ dans celle de Van Leuwen.

XVII (1).

Een Scipman coemt aen der Marcte mit sinen Sciphere, die is sculdigh in dat Scip te bliuen also langhe hent dat Scip losse is ende weder gheballast is, dattet legghen mach.

XVIII (2).

Een Scip dat mit Guede zegelde an den Gronde ende Scip ende Guet in Vresen wair te verliesen, ende mochtmen dan crighen Lichtscepen, 't Guet mede wt te lichten, wat die coste, dat soudet Scip ende Guet betalen, gheliken Werpghelde en wair dair ghien Coepman in als men an den Gronde zeghelde, dat soude die Sciphere ende twee Scipmans zweren, wilment hem niet verdraghen, dattet Scip ende Goet in Vresen was anden Gronde.

XIX (3).

Een Scip dat quame in Mairsdiep of in Vlye dat also diep ghinge dattet hier niet op comen mochte, ende wonnen men dan Lichtscepen, wat die costen, dair of soude 't Scip betalen die tweedeel ende 't Goet dat derdendeel, mer wairt dattet Scip hier niet op en quame, so soude 't Scip alleenig die Lichtscepen alleene betalen ende loenen.

XX (4).

Een Sciphere als hy 't Guet uit sinen Scepe ghesceept heuet so mach hy 't Guet by synre Boert houden, voir sine Vracht ende voir Onghelt dat men dair of sculdich mochte wesen wil hys hem niet ghelouen.

XXI (5).

Vair 't dat hier Lichtscepen quamen die Guet opghelicht hadden uit Scepen die vander Zee quamen die soudemen lossenen binnen V. Werkedaghen na den Dagen dat sy hier quamen.

XXII (6).

Een Scip dat quame voir een Voirlant mit Noden van Weder Beneden een meente Hauenen ende te rede quame aen syn Ancker ende ombekent ware ende wonne men een Leytsage, dat Scip ende Guet te hauenen, wes die Leitsaghe dair van hebbe woude dat soude betalen dat Scip ende Guet gheliken Werpguede.

(1) Cet article est le 18.e dans l'édition de Verwer et le 16.e dans celle de Van Leuwen.
(2) Cet article est le 19.e dans l'édition de Verwer et le 17.e dans celle de Van Leuwen.
(3) Cet article est le 20.e dans l'édition de Verwer et le 18.e dans celle de Van Leuwen.
(4) Cet article est le 21.e dans l'édition de Verwer et le 19.e dans celle de Van Leuwen.
(5) Cet article est le 22.e dans l'édition de Verwer et le 20.e dans celle de Van Leuwen.
(6) Cet article est le 23.e dans l'édition de Verwer et le 21.e dans celle de Van Leuwen.

XXIII (1).

Wat Scepe comen in 't Vlye of in 't Mairsdiep van Ommelant ende hier op wesen willen ende ist dat men dair een Leytsage wint, 't Scip ende Guet hier op te bringhen des sel die Sciphere die Leitsage die Cost gheuen ende die Coepluden sullen die Leytsaghe Ioenen van horen Guede.

XXIV (2).

Een Scipman die syn Sciphere ontliep mit sinen Ghelde dat hy hem ghegeuen hadde des en die Sciphere mochte betugen mit tween Scipmans so hadden die Scip-man die Galghe verdient.

XXV (3).

Een Sciphere benoet enen Scipman mit quaden feyte ende hy en dair af mochte betughen mit tween Scipmans, dien soude hy Oirlof moghen gheuen ant eerste Lant dair die Sciphere quame sonder yet dair an te verboeren teghens den Scipman nogte gien Loen hem te gheuen.

XXVI (4).

Wair dat een Stuerman ofte een Scipman hem bestadede mit enen Sciphere ende die Stuerman ofte die Scipman een Scip cofte dat hy selue voeren woude soe soude hy quyt moghen wesen van den Sciphere mer hadde hy Loen vanden Sciphere opgeboert dat soude hy hem weder gheuen.

XXVII (5).

Ende wairt dat een Stuerman of een Scipman hem bestadede mit enen Sciphere ende die Stuerman oft die Scipman een Wyf name ende op ten Lande bliuen, woude die soude quyt wesen van den Sciphere maer hadde hy Ghelt of Loen van den Sci-phere ontfaen dat soude hy hem weder gheuen.

---

(1) Cet article est le 24.ᵉ dans l'édition de Verwer et le 22.ᵉ dans celle de Van Leuwen.
(2) Cet article est le 25.ᵉ de l'édition de Verwer et la première partie du 23.ᵉ dans celle de Van Leuwen.
(3) Cet article est le 26.ᵉ de l'édition de Verwer et la deuxième partie du 23.ᵉ dans celle de Van Leuwen.
(4) Cet article est le 27.ᵉ dans l'édition de Verwer et le 24.ᵉ dans celle de Van Leuwen.
(5) Cet article est le 28.ᵉ dans l'édition de Verwer et le 25.ᵉ dans celle de Van Leuwen.

CHAPITRE XI.

De la Compilation vulgairement connue sous le nom de Droit maritime de Wisby.

La compilation connue sous le titre allemand $\mathfrak{Hogeste~Water\text{-}Recht~tho~Wisby}$, *Suprême Droit maritime de Wisby*, est présentée par la plupart des jurisconsultes et des historiens du Nord comme le plus ancien monument de droit maritime du moyen âge (1) : j'ai dit, page 283, que ces écrivains la considéroient comme la source de la partie des Rôles d'Oléron à laquelle j'ai donné le nom de partie primitive. Le moment est venu, dans l'ordre de mon travail, de m'en occuper spécialement.

Je me propose d'examiner à quelle époque, où, comment, dans quel but et dans quelle langue a été rédigée cette compilation telle qu'elle nous est parvenue.

Ces questions, qui sans doute ne sont d'aucune importance pour apprécier la sagesse des règles renfermées dans ce document et son autorité dans la jurisprudence, offrent un véritable intérêt sous le rapport historique. Je vais les discuter avec le soin que commande le crédit des opinions que je serai obligé d'apprécier, et quelquefois même de combattre.

Avant tout, je crois qu'il faut être fixé sur un point qui, faute de s'entendre, peut fournir matière à beaucoup de difficultés.

Parmi les anciens monumens de législation suédoise publiés par Hadorph de 1676 à 1687 (2), on trouve un code intitulé $\mathfrak{Wisby~Stadt\text{-}lag~på~Gotland}$, c'est-à-dire, *Lois de la ville de Wisby en Gothlande*, qu'il ne faut point confondre avec le $\mathfrak{Guta\text{-}lag}$, *Lois de Gothlande*, publié aussi dans la même collection par Hadorph, et dont M. Schildener, savant professeur de Gripswald, a donné en 1818 une édition bien plus parfaite. La rédaction du code de Wisby qui nous est parvenue et qu'Hadorph a publiée, fut faite par la médiation et sous les auspices de Magnus fils d'Éric, roi de Suède, de Norvége et de Schonen. Elle eut lieu en deux langues : la gothique, qui

(1) Grotius, *Florum sparsio ad jus Justin.* ad leg. 9, Dig. De lege rhodia; idem, *Proleg. ad Procopium*, pag. 64.— Conring, *De origine juris Germanici*, cap. xix.— Olaüs Magnus, *Hist. gent. septentr.* lib. x, cap. xvi.— Kuricke, *Jus marit. Hanseat.* præf.— Werner, *De avaria*, § 9.— Loccenius, *De jure maritimo*, præf.— Arpe, *Feriæ æstivales*, pag. 266.— Lange, *Brevis Introductio in notitiam* &c. cap. v.— Brokes, *Observ. forenses*, præf. pag. iv.— Westerven, *Het Consulaat van de Zee*, præf.

(2) Ce recueil, en un volume *in-folio*, qui n'est pas sans mérite, sera probablement remplacé bientôt par un autre beaucoup plus complet, dont MM. Collin et Hans, professeurs de droit en Suède, ont annoncé la publication, et que les amateurs d'antiquités du droit recevront avec autant de faveur que de reconnoissance.

étoit celle du pays; l'allemande ou le bas-saxon, aujourd'hui appelé plat-alle-mand, qui étoit la langue des nombreux colons allemands établis à Wisby. Ce dernier texte est le seul qui subsiste.

L'année dans laquelle eut lieu cette rédaction n'est pas connue avec préci-sion, parce que le document placé en tête du code ne porte point de date; mais, Magnus étant devenu roi de Suède de 1319 à 1320, et la promulga-tion du code de Wisby ayant dû précéder la catastrophe survenue à cette ville, qui fut pillée et presque détruite par le roi de Danemarck Walde-mar III, à l'instigation de Magnus lui-même, en 1361, on peut supposer que cette promulgation appartient à la première moitié du XIV.e siècle (1).

Ce code de la ville de Wisby contient, dans la troisième partie du livre III, un assez grand nombre de dispositions sur le droit maritime. Mais on verra bientôt qu'elles ne sont pas la même chose que la compilation $\mathfrak{H}$ogeſte $\mathfrak{W}$ater-$\mathfrak{R}$echt: or c'est de cette compilation qu'il s'agit seulement.

Une fois ce point établi, et le fait rend les raisonnemens inutiles, je dois examiner si la ville de Wisby a eu, soit antérieurement, soit postérieurement à la promulgation du code rédigé sous les auspices du roi Magnus Erikson, une législation maritime qui seroit la même que nous possédons sous le titre $\mathfrak{H}$ogeſte $\mathfrak{W}$ater-$\mathfrak{R}$echt. Je crois avoir suffisamment précisé la question; je vais essayer de la résoudre.

On me pardonnera de n'entrer dans aucun détail sur ce qu'on a pu dire de vrai ou d'exagéré relativement à l'ancienneté de Wisby, à ses richesses, et à son importance commerciale : lorsque, dans l'ordre que je me suis prescrit, je publierai la partie du code ci-dessus indiqué relative au droit maritime, je serai naturellement conduit à son examen ou à la recherche des lois qui l'ont précédé. Je n'ai à m'occuper en ce moment que de la compilation appelée $\mathfrak{H}$ogeſte $\mathfrak{W}$ater-$\mathfrak{R}$echt.

Presque tous les écrivains du Nord lui attribuent une haute antiquité. Invoquant à l'appui de leur sentiment l'opinion de Leibnitz, ils en font remonter l'origine au temps de l'empereur Lothaire de Saxe, c'est-à-dire au XII.e siècle (2).

Le nom de Leibnitz est d'un assez grand poids pour qu'avant tout il soit convenable de s'assurer s'il a dit quelque chose qui puisse servir de fonde-ment aux conséquences qu'on paroît en avoir tirées. A la page 29 de là

---

(1) M. Schildener, dans sa préface du $\mathfrak{G}$ula-$\mathfrak{L}$ag, page xviij, assure que le code de la ville de Wisby est du XIII.e siècle. Dreyer, dans sa dissertation intitulée *Specimen juris publici Lubecensis circa jus nau-fragii*, page 113, le date de 1312. J'ignore sur quelle autorité ils se fondent, et peut-être ont-ils raison tous deux. Dès avant le règne de Magnus, Wisby avoit une législation, ce prince ne paroissant pas avoir fait autre chose que d'en garantir la fixité; ce qui explique l'opinion de M. Schildener. D'un autre côté, il paroît que Birger, dont Magnus devint le successeur en 1320, avoit commencé l'ouvrage que ce dernier acheva; ce qui peut justifier la date de 1312, adoptée par Dreyer. Mais toujours est-il que le code publié par Hadorph est celui qui fut promulgué par la médiation et l'autorité de Magnus; ce qui ne peut être antérieur à 1320.

(2) Lange, *Brevis Introductio in notitiam legum maritimarum*, &c. cap. v. — Brokes, *Observat. forenses*, præf. ad fin.

préface du tome III de son ouvrage intitulé *Scriptores rerum Brunswicarum*, après avoir parlé d'une charte d'Henri le Lion, petit-fils de Lothaire, qui, en 1163 (1), confirma divers droits et priviléges accordés par son aïeul aux habitans de l'île de Gothlande, dont Wisby est la capitale, Leibnitz termine par ces mots : « Porrò, ut in Balthico mari *Wisbyenses,* ita in « Oceano Europæo Oleronenses leges in autoritate fuere penè instar veterum « Rhodiarum ; et ut Henricus Leo Wisbyensibus, ita Otto (2) ejus filius, « nondum imperator, sed adhuc dux Aquitaniæ et comes Pictaviensis, « Oleronis insulæ, ex adverso Pictavorum sitæ, habitatoribus privilegium « dedit. »

Cette sorte de parallèle du droit de Wisby avec le droit maritime d'Oléron, dont on verra que les vingt-quatre articles primitifs sont littéralement contenus dans la compilation ఏ୦ցefte 2Bater-3kecßt, peut, j'en conviens, laisser soupçonner au premier coup-d'œil que Leibnitz entendoit parler de cette compilation : mais, lorsqu'on lit la totalité du § 39, d'où ce passage est extrait, il est évident que cet auteur désigne le code de Wisby intitulé 2Bi8bß Gtabt-Łag. La législation dont il parle est, ainsi qu'il le dit lui-même, celle dont Hadorph a donné une édition : « Has Wisbyensium leges, « quarum præfationem hic posuimus (3), cum aliis Gothlandiæ insulæ le- « gibus (4) edidit Joannes Hadorfius.... Idem in præfatione observavit « leges Wisbyenses originaliter linguâ Germanicâ, dialecto scilicet Saxonum, « fuisse scriptas. » Or quelles sont les lois de Wisby dont Hadorph a donné une édition, *dialecto Saxonum,* c'est-à-dire en plat-allemand? C'est le code Gtabt-Łaǥ. Il a bien publié dans le même recueil la compilation ఏ୦ցefte 2Bater-kecßt, mais en une traduction suédoise seulement ; il n'en a donné aucun texte allemand, ni plat-allemand. Quelle est la loi de Wisby dont Leibnitz transcrit le préambule? C'est le Gtabt-Łaǥ, ainsi qu'on peut le vérifier en comparant le texte qu'il a publié avec celui qui se trouve en tête de l'édition d'Hadorph.

Il est donc évident que Leibnitz n'a rien dit d'applicable à la compilation ఏ୦ցefte 2Bater-kecßt. On ne peut croire qu'elle lui fût inconnue ; et, comme en la lisant il a dû y trouver des indications qui, ainsi qu'on le verra, supposent, au moins pour les articles dans lesquels elles sont contenues, une rédaction du XV.ᵉ siècle, il est impossible de prêter à ce savant l'intention de l'attribuer aux temps de Lothaire et d'Henri le Lion, c'est-à-dire au XII.ᵉ siècle.

(1) On la trouve en entier dans l'ouvrage cité de Leibnitz, dans Lambec, *Rerum Hamburgensium* lib. II, et avec quelques additions, qui ne sont pas sans intérêt, dans Dreyer, *Specimen juris publici Lubecensis de inhumano jure naufragii,* page 112.

(2) On a vu, page 284, que la charte d'Othon, à laquelle Leibnitz fait allusion, ne dit pas un mot de droit maritime, et ne concerne que des priviléges purement civils, des affranchissemens de divers droits féodaux ; je crois, d'ailleurs, avoir prouvé que l'existence des Rôles d'Oléron est antérieure à ce prince.

(3) Le texte plat-allemand de cette préface est à la page 750 du tome III de l'ouvrage de Leibnitz.

(4) Le Ꮹuta-Łaǥ, dont M. Schildener a donné une nouvelle édition en 1818.

Leibnitz, il est vrai, dans le passage que j'ai transcrit ci-dessus, *Porrò, ut in Balthico mari* &c., fait allusion à une législation maritime : mais précisément le code 𝔚𝔦𝔰𝔟𝔶 𝔖𝔱𝔞𝔟𝔱-𝔩𝔞𝔤, publié par Hadorph, contient un titre sur cet objet; et, quoique peu étendu, ce titre présente des dispositions qui ne sont ni sans importance, ni sans mérite (1).

On peut croire même que le droit de Wisby avoit atteint, dès avant la rédaction du XIVe siècle, la seule qui nous soit parvenue, une assez grande perfection pour que des villes du Nord aient voulu l'adopter. En effet, Siegel, *Selecta juris Rigensium cambialis capita*, pages 3 et 4; Arndt, 𝔩𝔦𝔢𝔣𝔩𝔞𝔫𝔡𝔦𝔰𝔠𝔥𝔢 𝔈𝔥𝔯𝔬𝔫𝔦𝔨, tome II, p. 33; Gadebusch, 𝔩𝔦𝔢𝔣𝔩𝔞𝔫𝔡𝔦𝔰𝔠𝔥𝔢 𝔍𝔞𝔥𝔯𝔟𝔲𝔠𝔥𝔢𝔯, tome I, p. 217; et, dans ces derniers temps, Shum, dans son 𝔥𝔦𝔰𝔱𝔬𝔯𝔦𝔢 𝔬𝔣 𝔇𝔞𝔫𝔪𝔞𝔯𝔨, page 613 du tome IX, publié après sa mort par M. Kall, assurent que la ville de Riga adopta la législation de Wisby en 1231.

Quoique leur assertion ne repose que sur une charte rapportée par Gruber, *Origines Livoniæ*, page 269, qui ne dit rien de ce qu'on suppose; quoiqu'elle puisse même être fortement atténuée par le silence d'Olrichts dans la préface de son ouvrage publié en 1773 sur le droit de Riga, je n'entends point la contester en ce moment : mais il est évident que la législation civile et maritime de Wisby dont parlent ces auteurs ne sauroit être la compilation 𝔥𝔬𝔤𝔢𝔰𝔱𝔢 𝔚𝔞𝔱𝔢𝔯-𝔯𝔢𝔠𝔥𝔱, formant une simple série de soixante-six articles dans l'édition *princeps* et de soixante-douze dans les autres (2), puisque Siegel indique un corps de lois divisé en plusieurs livres.

Je crois toutefois que Leibnitz s'est trompé en attribuant à Lothaire et à Henri le Lion le code 𝔚𝔦𝔰𝔟𝔶 𝔖𝔱𝔞𝔟𝔱-𝔩𝔞𝔤, et en considérant la charte de 1163 comme un acte de législation, tandis qu'elle est simplement un acte de pacification entre les naturels du pays nommés *Gothi* et les Allemands formés en colonie, nommés *Teutonici;* une concession de sûretés et d'immunités, faite

---

(1) Les livres premier et second, les deux premières parties du troisième et le quatrième, traitent du droit public et du droit civil proprement dit. On n'y trouve, relativement au droit maritime, que le § 15 du chapitre XXXVII du second livre, concernant les gens de mer qui quittent le navire sans permission du patron. La troisième partie du troisième livre est spécialement consacrée au droit maritime. Elle contient vingt chapitres. Le premier, le second et le troisième sont relatifs à des mesures de police locale du rivage et du port; le quatrième, aux salaires de ceux qui donnent des secours aux naufragés; le cinquième, à la location des navires; le sixième et le septième, au chargement et déchargement des navires, et aux droits de guindage dus aux matelots; le huitième, aux rapports respectifs de ceux qui prennent en société un navire à loyer; le neuvième, aux moyens de constater les chargemens des navires et leur visite avant le départ; le dixième, au jet; le onzième, aux sacrifices de câbles et d'ancres; le douzième, aux naufrages; le treizième, aux objets trouvés en mer; le quatorzième, à l'engagement d'un navire pour sûreté d'une dette; les quinzième et seizième, à la computation des quantités de marchandises chargées et à leur pesage; le dix-septième, aux ventes de navires; le dix-huitième, au paiement du fret; les dix-neuvième et vingtième, aux locations et engagemens des pilotes et matelots. J'ai pensé que cet exposé sommaire étoit utile pour bien fixer les idées, parce que le lecteur, en le comparant avec les articles dont la compilation est composée, sera plus en état de reconnoître que ces deux documens ne peuvent être confondus.

(2) La nomenclature et le nombre des articles n'étant pas les mêmes dans l'édition *princeps* de 1505, dans les éditions vulgaires, dont la plus ancienne est de 1537, et dans celle que Brokes a donnée en 1765, je citerai les articles, dans tout le cours de ce chapitre, d'après les éditions vulgaires. La corrélation sera facile à trouver, d'après les notes dont les textes seront accompagnés.

par un souverain dans ses états à des étrangers qu'il veut y attirer (1). Cette remarque a été faite par Lange et par Brokes, quelque portés qu'ils fussent à rattacher la compilation à de très-anciens documens authentiques (2). Mais l'examen de cette question trouvera plus naturellement sa place lorsque je publierai, dans la suite de cette collection, un extrait du 𝔚𝔦𝔰𝔟𝔶 𝔖𝔱𝔞𝔡𝔱-𝔩𝔞𝔤. La seule chose qui doive en ce moment fixer l'attention, c'est que Leibnitz n'a rien dit qui, dans la saine interprétation de ses expressions, et par la nature des documens dont il parle, puisse être appliqué à la compilation 𝔥𝔬𝔤𝔢𝔰𝔱𝔢 𝔚𝔞𝔱𝔢𝔯-𝔑𝔢𝔠𝔥𝔱.

Les raisons que je viens de donner ne suffisent pas cependant pour détruire d'une manière absolue et sans réplique l'opinion des auteurs qui attribuent une haute antiquité à cette compilation. Il s'ensuivroit sans doute qu'à tort ils ont invoqué en leur faveur le sentiment de Leibnitz, mais non que leur opinion fût erronée, par cela seul qu'elle n'auroit pas l'appui de cette grave autorité.

Le nombre de ces auteurs est grand ; j'en ai cité quelques-uns page 425 : j'aurois pu augmenter considérablement cette nomenclature, si j'avois voulu faire des citations à la relation d'autrui, et si je ne m'étois pas borné à ce qu'il m'a été possible de vérifier. Tous, d'une manière plus ou moins explicite, entendent évidemment parler de la compilation 𝔥𝔬𝔤𝔢𝔰𝔱𝔢 𝔚𝔞𝔱𝔢𝔯-𝔑𝔢𝔠𝔥𝔱. On ne peut dire de leur opinion ce que j'ai dit plus haut de celle de Leibnitz, et la ratta- cher au code 𝔚𝔦𝔰𝔟𝔶 𝔖𝔱𝔞𝔡𝔱-𝔩𝔞𝔤 ; il n'y a pas moyen de s'y méprendre. Ainsi, lorsque Langenbeck (3) avance « que le droit de Wisby réclame la priorité « pour son ancienneté sur tous les autres droits maritimes qui ont succédé « au droit romain en Europe », il entend très-évidemment la compilation dont il s'agit ici, puisqu'il la désigne comme contenant soixante-dix articles et deux additionnels ; lorsqu'à l'appui de son opinion il cite Grotius et Bynkershoek, il est clair qu'à ses yeux c'est de cette compilation que ces auteurs ont entendu parler. Ainsi, lorsque, dans son ouvrage intitulé *Feriæ æstivales*, page 266, Arpe dit que les peuples méridionaux ont adopté le droit de Wisby dans le Consulat de la mer et dans les Rôles d'Oléron, il désigne évidemment la com- pilation, dont vingt-quatre articles sont littéralement conformes aux Rôles d'Oléron et à quelques chapitres du Consulat. Ainsi, lorsque Kuricke se fonde sur cette même ressemblance pour prétendre que les Rôles d'Oléron ont été empruntés au droit de Wisby, il n'a pu entendre parler que de la compilation

---

(1) Les articles de la charte en contiennent le détail : liberté de voyages, protection des tribunaux, affranchissement de péages, promesse de punir ceux qui attenteroient à la personne d'un Gothlandais, affranchissement du droit d'aubaine ; tels sont les avantages concédés. Dans tout cela, il n'y a pas un mot qui, si je peux employer cette expression, soute la législation privée. Le prince accorde des sauvegardes, des sûretés : il demande en retour (ce qui étoit bien évidemment le but politique de tant de générosité) que ceux à qui il les accorde fréquentent le port de sa bonne ville de Lubeck ; mais assurément il ne leur impose ou ne leur concède aucun code de lois civiles, et surtout il ne dit pas un mot de droit maritime, comme l'a très-bien fait remarquer Langenbeck.

(2) Lange, *Brevis Introductio in notitiam* &c. cap. v. — Brokes, *Observ. forenses*, præf. pag. vij.

(3) 𝔄𝔫𝔪𝔢𝔯𝔨𝔲𝔫𝔤𝔢𝔫 ü𝔟𝔢𝔯 𝔡𝔞𝔰 𝔥𝔞𝔪𝔟𝔲𝔯𝔤𝔦𝔰𝔠𝔥𝔢 𝔖𝔠𝔥𝔦𝔣𝔣 𝔲𝔫𝔡 𝔖𝔢𝔢-𝔑𝔢𝔠𝔥𝔱. 𝔈𝔦𝔫𝔩𝔢𝔦𝔱𝔲𝔫𝔤.

$\mathfrak{H}$oge$\mathfrak{fte}$ $\mathfrak{Water}$-$\mathfrak{Recht}$, dont il cite d'ailleurs presque tous les articles. Il en est de même de Loccenius et de Brokes ; la lecture des passages où ils parlent du droit maritime de Wisby, le prouve d'une manière incontestable. Westerven, dans la préface de sa traduction hollandaise du Consulat de la mer, est le seul qui ait, quoique d'une manière un peu vague, élevé quelques doutes, jusqu'au temps où parut l'ouvrage de Verwer, intitulé *Nederlants See-Rechten*.

C'est ici le moment de rendre compte, avec plus de détails que je ne l'ai fait dans les chapitres précédens, du système de ce dernier écrivain, relativement à la compilation de Wisby. J'ai dit, page 357, qu'il en avoit publié une édition hollandaise. Il la réduit à soixante-dix articles, considérant l'addition des deux derniers comme résultat de l'inadvertance des copistes (1). Il prétend que les articles 13 jusques et y compris 36 ne sont pas autre chose que les Jugemens de Damme ; à cet égard, je me suis suffisamment expliqué dans le chapitre IX. Il considère les articles 37 jusques et y compris 70 comme une traduction des Usages maritimes de Hollande, et je me suis également expliqué sur ce point dans le chapitre X. Quant aux articles 1.er jusques et y compris 12, il les considère comme le véritable droit maritime de Wisby. Selon lui, ces trois séries furent originairement copiées l'une à la suite de l'autre sans intention d'en faire un tout ; mais, les copistes subséquens ayant omis de donner aux vingt-quatre articles qu'il appelle Jugemens de Damme, et aux Usages de Hollande, leurs titres particuliers, on a fini par ne voir dans cet ensemble qu'un droit unique attribué à Wisby sur la foi du titre initial.

J'examinerai plus bas cette opinion relativement aux douze premiers articles, et je crois qu'il ne me sera pas difficile d'en démontrer l'erreur. Il suffit dans ce moment de faire observer que l'opinion de Verwer est diamétralement opposée à celle des auteurs qui reportent vers un temps très-éloigné la rédaction de la compilation ; car, plusieurs articles parlant du commerce maritime d'Amsterdam, qui n'est pas ancien, et du Marsdiep, formé, comme on l'a vu page 394, vers l'an 1400, la compilation qui les contient doit être plus récente.

Mais l'assertion de Verwer, faite d'une manière tranchante, et sans qu'il ait pris la peine d'entrer dans une discussion, à laquelle il est convenable de se livrer lorsqu'on veut élever un système nouveau sur la ruine d'opinions anciennes et accréditées, paroît avoir eu peu de partisans (2). Jusque dans ces derniers temps, l'antiquité de la compilation a été présentée comme un fait incontestable par un grand nombre d'écrivains modernes. Je citerai, entre autres, Fischer, $\mathfrak{Geschichte}$ $\mathfrak{des}$ $\mathfrak{deutschen}$ $\mathfrak{Handels}$, tome I, page 736 ; Benecke, $\mathfrak{System}$ $\mathfrak{des}$ $\mathfrak{Assekuranz}$-$\mathfrak{und}$ $\mathfrak{Bodmereiwesens}$, tome I, page 9, et Backer, dans une dissertation latine, intitulée *De periculo quod assecuratoris est*, page 8, qui s'accordent à attribuer la compilation à l'empereur Lothaire et à la

_____

(1) *Nederlants See-Rechten*, page 41.
(2) Elle a cependant été adoptée par Engelbrecht, *Corpus juris nautici*, præf. pag. xij, cet auteur ayant en général copié Verwer, sans autres développemens.

charte de 1163. Je dois même ajouter que des documens législatifs paroissent favorables à ce sentiment. Adolphe de Sleswick-Holstein ayant érigé le bourg d'Husum en ville, lui accorda le droit d'être régi par la compilation Ḫogeſte Water-Recht. On lit dans sa charte (1) que ce droit a été concerté et établi dans l'ancienne et célèbre ville de Wisby en l'île de Gothlande, et qu'il sert de loi dans plusieurs pays. Le préambule du code maritime de Suède de 1667 contient la même assertion; et quoiqu'elle soit moins explicite, il est évident, par ce qu'en disent Brokes et Langenbeck, que c'est bien de la compilation qu'il y est question.

Mais les auteurs des lois ne sont pas, en matière de faits historiques et d'exactitude dans les assertions sur un point d'antiquité littéraire, plus à l'abri d'erreur que les simples écrivains; et j'avoue que je ne peux être aussi scrupuleux que Langenbeck, qui craint, en ayant un avis différent, de choquer l'*autoritatem publicam*. Quel que soit le nombre des autorités, elles doivent céder à l'évidence des faits; et je crois pouvoir affirmer qu'aucun monument historique, aucun manuscrit, aucun imprimé de la compilation, soit par sa date propre, soit par relation avec des manuscrits plus anciens, ne fournit le plus léger indice qui puisse, non pas prouver, mais même donner à présumer qu'elle ait l'antiquité que lui supposent les écrivains dont je viens de parler. En un mot, tous ceux qui défendent cette antiquité se bornent à des allégations successivement copiées, de manière que chacun fait valoir celle du précédent, et que le premier, qui est ainsi la source des opinions subséquentes, n'a d'autre autorité que la sienne propre.

L'existence du code Wisby Stadt-tag me semble d'ailleurs offrir un des plus forts argumens pour mon opinion. La rédaction qui nous en est parvenue, quoique n'étant pas antérieure au XIV.e siècle, atteste l'existence précédente d'une législation confirmée et garantie par différens souverains, et la reporte jusqu'au temps de Magnus Ladélas. Un grand nombre d'articles se réfèrent à des établissemens politiques, judiciaires, administratifs et commerciaux subsistans. Il est donc très-probable que tout ce que ce code contient de règles sur le droit maritime existoit ou dans des lois positives, ou dans des usages pratiqués depuis long-temps; car, j'ai souvent eu occasion d'en faire la remarque, le droit maritime est celui dont les principes sont le moins variables.

Or, si le droit maritime, observé dans la ville de Wisby avant la rédaction du Stadt-tag, avoit consisté dans celui qui compose aujourd'hui la compilation, comment se feroit-il que ce code en différât d'une manière si notable? Comment plus des trois quarts des dispositions contenues dans la compilation ne se trouvent-ils pas dans le code? Une telle omission contrasteroit singulièrement avec le désir de perfectionnement manifesté dans ce

_____

(1) Westphal, *Monumenta inedita*, t. III, col. 96, donne à cette charte la date de 1575; les auteurs du *Corpus statutorum Sleswicensium*, t. II, pag. 674, la placent en 1582.

même code à un point tel, qu'une disposition spéciale du préambule et du livre Ier, chapitre Ier, § 9, ordonne qu'à chacun des deux exemplaires officiels déposés à l'hôtel-de-ville de Wisby il sera annexé des feuillets blancs destinés à recevoir les additions dont l'expérience fera sentir le besoin, et le résumé des cas jugés qui n'auroient pas été prévus (1).

Il ne me paroit donc pas possible de s'arrêter à l'idée qui tendroit à considérer la compilation comme antérieure au XIVe siècle.

Selden, dans son traité *De dominio maris,* livre II, chapitre XXIV, a eu occasion de s'expliquer sur l'opinion qui attribuoit à la compilation de Wisby une grande antériorité sur les Rôles d'Oléron; mais je dois avouer que la raison qu'il donne pour la combattre n'est pas décisive. Il croit que Wisby étoit avant 1266 de trop peu d'importance pour avoir une législation propre, parce que Jean Magnus atteste qu'à cette époque seulement elle a été érigée en ville et ceinte de murs. Cette raison, quoiqu'adoptée par Cleirac et par divers auteurs français et étrangers qui l'ont copié (2), ne me paroitroit pas suffisante, parce qu'avant d'être élevée aux priviléges des villes dans le pays d'où elle dépendoit et avant d'être fortifiée, Wisby a pu être pendant longtemps un port très-fréquenté par les navigateurs.

Emérigon (3) indique une autre raison, qui seroit plus décisive si elle étoit fondée en fait. Il croit que l'article 67 de la compilation est relatif au contrat d'assurance, qui ne paroit pas avoir attiré l'attention des législateurs avant le XVe siècle, quoiqu'il soit probable, ainsi qu'on l'a vu page 356, qu'il a été connu plus tôt; et, raisonnant comme si cet article 67 traitoit du contrat d'assurance, il en a tiré la conséquence que la compilation ne pouvoit être aussi ancienne que le supposent les auteurs cités plus haut.

Mais Emérigon s'est trompé en fait, parce qu'il s'est servi de la traduction inexacte de Cleirac. L'article dont il s'agit ne dit pas un mot d'assurance; en voici la traduction fidèle : « Si le patron a été obligé de se porter caution « dans l'intérêt du navire, l'armateur sera tenu de garantir le patron. » Il est aisé de voir qu'il ne s'agit que de l'obligation d'un commettant ou préposant d'indemniser son commis ou préposé de toutes les obligations contractées par celui-ci pour l'exécution de sa préposition.

Je mets donc ces argumens de coté : l'examen attentif et la discussion critique de chacun des articles de la compilation suffisent, selon moi. Les articles 13 jusqu'à 36, littéralement conformes aux vingt-quatre articles primitifs des Rôles d'Oléron, ou, si l'on veut, des Jugemens de Damme, car ce n'est plus ici le lieu de renouveler la question examinée pages 357 et

---

(1) Hadorph, dans sa préface, déclare que l'exemplaire qu'il a vu contenoit ces feuillets. Des lois de Hambourg, de Riga et de Brème, dont j'aurai occasion de parler dans la suite de ma collection, attestent que cet usage étoit fréquent dans le Nord de l'Europe.

(2) *Us et Coutumes de la mer,* page 3. — Arcère, *Histoire de la Rochelle,* t. I, page 84.— Valin, *Commentaire de l'ordonnance de la marine,* préf. page 10.

(3) *Traité des assurances,* préf. page xij.

suivantes, ne traitent que de la navigation des ports et côtes de l'occident de la France (1). Or ce n'est qu'au XIV.ᵉ siècle que se sont formées des relations commerciales entre ce pays et les habitans des bords de la Baltique (2), par suite desquelles ceux-ci étoient connus sous le nom d'*Osterlings*, non-seulement dans les monumens historiques (3), mais encore dans ceux de la législation (4). Les articles 37 et suivans indiquent le commerce de Hollande et d'Amsterdam, qui, ainsi qu'on l'a vu pages 394 et suivantes, n'est point antérieur au XIV.ᵉ siècle; ils désignent notamment le Marsdiep, qui n'a été formé que vers l'an 1400.

On ne pourroit ni résoudre ni éluder la difficulté en supposant que les lieux dont la désignation nous reporte nécessairement au XIV.ᵉ et même au XV.ᵉ siècle, ont pu être ajoutés après coup dans des pays qui auroient emprunté la législation maritime de Wisby. J'ai fait observer, page 399, qu'il n'existe pas un seul exemplaire plat-allemand de la compilation, soit imprimé, soit manuscrit, où les mêmes noms ne se retrouvent; et c'est une remarque que l'impartialité a dictée à Langenbeck. Il en résulte donc une probabilité qui équivaut, selon moi, à la seule certitude possible en pareille matière, que la compilation dite ᕼᛟᚷᛖᚠᛏᛖ ᛒ𝔞𝔱𝔢𝔯-𝔑𝔢𝔠𝔥𝔱, quels qu'en soient les auteurs, n'est point antérieure au XIV.ᵉ siècle.

C'est aussi l'opinion de M. Schlegel dans le mémoire que j'ai déjà cité. Quoique, d'après ce qu'on a vu dans le chapitre précédent, il soit très-porté à attribuer à Wisby la série d'articles que Verwer et moi considérons comme appartenant à la Hollande, M. Schlegel reconnoît que la compilation, dans l'état où la présentent les manuscrits et les éditions qui nous sont parvenus, n'est pas ancienne. « La marche du commerce, dit-il, prouve, si je ne me trompe, « que la loi de Wisby est plus moderne que les deux autres lois maritimes « (le Consulat et les Rôles d'Oléron). On prétend que la ville de Wisby a été « fondée et qu'elle a commencé à fleurir après que celle de Jonsbourg fut « détruite par le roi de Danemarck Waldemar I.ᵉʳ, surnommé le Grand, en « 1158. Mais il est probable que son commerce n'a pas été très-étendu avant « que les villes anséatiques y eussent fondé des établissemens. Si cette loi « (la compilation) a été originairement en plat-allemand, comme il faut le « croire, et non dans la langue du pays, il est par-là prouvé que les commer- « çans et les navigateurs anséatiques ont eu le plus de part à cette rédaction. »

Néanmoins de ce que cette compilation n'auroit pas la haute antiquité que lui attribuent les auteurs cités plus haut, de ce qu'il n'est pas probable surtout qu'elle soit antérieure au code rédigé sous les auspices de Magnus Érickson, au

(1) Le nom de Lisbonne s'y trouve une fois, comme dans les Jugemens de Damme; ce qui est indifférent, les relations du Nord avec le Portugal n'ayant pas précédé ses relations avec la France.
(2) M. Sartorius, ᚷᛖᛋᚲᚺᛁᚲᚺᛏᛖ ᛞᛖᛋ ᚺᚨᚾᚠᛖᚨᛏᛁᛋᚲᚺᛖᚾ ᛒᚢᚾᛞᛖᛋ, t. I, pag. 248, 311, 382. — M. Meyer, *Historia legum maritimarum medii ævi celeberrimarum*, § 30.
(3) Du Cange, *Glossarium mediæ et infimæ latinitatis*, verb. *Esterlingum*.
(4) Édit de François I.ᵉʳ de 1544; priviléges accordés par Henri II en 1552, et par Henri IV en 1604.

commencement du XIV.ᵉ siècle (1), il ne s'ensuivroit pas nécessairement qu'elle
ne fût point une loi rédigée à Wisby ; elle pourroit l'avoir été à une époque
plus récente, et l'on a vu, page 398, que telle étoit l'opinion de M. Schlegel.

Il n'est, je le sais, ni contraire à la raison, ni hors du cercle des probabilités, que l'autorité, investie du pouvoir législatif, ou du moins de la haute administration, dans la ville de Wisby, ait reconnu la nécessité de développer
les dispositions maritimes contenues dans le Stadt-Lag, et que le résultat du
travail produit par cette nécessité ait donné naissance à la compilation connue
sous le titre Hogeste Water-Recht. Un peuple navigateur est naturellement
porté à perfectionner son droit maritime. Après avoir été gouverné par un
petit nombre de principes insérés dans le code général de ses lois, il peut
reconnoître la nécessité de rédiger un statut spécial pour la navigation. Parmi
les nombreux exemples que je pourrois en donner, je choisirai la Suède,
royaume dont l'île de Gothlande et Wisby sont actuellement une dépendance. Le droit maritime de Suède formoit d'abord le titre VII de l'ancien
code dit *droit des villes*, rédigé vers 1350, et dont Gustave Adolphe ordonna l'impression en 1618 ; mais la nécessité d'en étendre et d'en corriger
les dispositions a porté Charles XI à faire rédiger spécialement le code maritime de 1667.

Il pourroit en avoir été de même dans la ville de Wisby. L'insuffisance du
droit maritime inséré dans le code Stadt-Lag s'étant fait sentir, on auroit pu le
remplacer par la compilation dont il s'agit, comme les villes anséatiques ont
substitué à leur loi maritime de 1591 celle de 1614, comme le Danemarck
a remplacé le code maritime de Frédéric II par le livre IV du code général de
Frédéric IV. Il n'y a certainement rien d'impossible en cela. Mais une possibilité n'est pas un fait ; et puisqu'il s'agit de recherches historiques, c'est à des
faits, ou du moins à des monumens qui s'y rattachent, qu'on doit s'en tenir.
Aucun témoignage historique ne nous apprend, directement ou indirectement, à quelle époque et par qui cette nouvelle loi maritime auroit été rédigée à Wisby. D'après le préambule et les §§ 6, 7, 8 et 9 du chapitre I.ᵉʳ
du livre I.ᵉʳ du Stadt-Lag, le sénat étoit chargé de faire exécuter les lois, et
même de les amplifier : or, loin que la compilation paroisse revêtue de cette
autorité, on voit au contraire qu'elle a été l'ouvrage de simples particuliers,
par ces mots, *ordonnances que les navigateurs et patrons ont faites.* Pour
éluder mon objection, il n'y auroit d'autre ressource que de supposer la
compilation antérieure au code Wisby Stadt-Lag, rédigé dans la première
moitié du XIV.ᵉ siècle. J'ai déjà prouvé que cette hypothèse étoit inadmissible, et la suite de ce que j'ai à dire rendra cette preuve sans réplique.

(1) Stryck, dans son ouvrage intitulé *Usus modernus Pandectarum*, lib. XIV, tit. II, § 1, exprime une
opinion qui rabaisseroit beaucoup cette antiquité. Il ne croit pas que la compilation soit antérieure à 1522,
époque de la prise de Rhodes par les Turcs. Mais il y a évidemment erreur dans la fixation de la date,
puisqu'il existe une édition de 1505. Il ne se trompe pas moins lorsqu'il suppose que le droit rhodien a été
transporté à Wisby ; la seule lecture des deux compilations détruit cette conjecture.

Il me semble qu'en fait d'histoire il faut s'arrêter là où les traditions et les monumens cessent d'offrir quelque chose aux investigations, et ne pas se perdre dans des conjectures, sauf à reprendre et à poursuivre lorsqu'il apparoîtra de nouvelles lumières. Pourquoi attribuer à la ville de Wisby, sur la seule foi de son antiquité, et sur la présomption qu'elle n'a pas dû être dépourvue de lois maritimes complètes et étendues avant le xiv.ᵉ siècle, une compilation que tout démontreroit avoir appartenu à d'autres temps et à d'autres lieux que ceux qu'on suppose ?

J'ai déjà fait voir qu'elle appartient à d'autres temps. Je vais maintenant essayer de prouver qu'elle a pris son origine dans d'autres lieux, et qu'on ne peut sans heurter l'évidence la considérer comme faite à Wisby, ni pour la ville de Wisby.

C'est encore dans la compilation elle-même que j'espère trouver mes preuves ; et pour tout homme de bonne foi, ce mode de discussion est préférable à des présomptions, à des hypothèses et à des raisonnemens vagues.

Toutes les éditions, tous les manuscrits, présentent sous le titre général $\mathfrak{H}$ogeste $\mathfrak{W}$ater-$\mathfrak{R}$echt deux pièces distinctes et désignées chacune par une rubrique propre.

La première, composée de trente-six articles (1), porte un titre qui dans toutes les éditions, à quelques variations près, sans importance dans ce moment, signifie : *Ici commence le suprême* ou *le très-excellent droit maritime.*

Après l'article 36 et en tête du reste de la compilation se trouve une autre rubrique, qui dans toutes les éditions, à quelques variations près pour les termes, signifie : *Voici les ordonnances que les navigateurs et les patrons ont faites entre eux* ; et, ce qui mérite d'être remarqué, l'article placé immédiatement après cette seconde rubrique commence, dans les plus anciens textes, par les mots, *en premier lieu*, tom $\mathfrak{E}$rsten, qualification assez extraordinaire pour un article précédé de beaucoup d'autres.

Cette inspection matérielle présente donc, dans un tout annoncé comme une composition unique, deux parties distinctes ; et cette circonstance seule, qui ne me paroît point avoir assez fixé l'attention, suffit, selon moi, pour élever les doutes les mieux fondés sur le caractère législatif qu'on voudroit attribuer à la compilation totale ; car, si c'étoit une loi, un réglement, même une coutume rédigée sous les auspices de l'autorité publique, on n'y auroit ni inséré ni laissé subsister une division en deux fragmens, chacun sous son intitulé particulier, traitant chacun des mêmes matières, en termes quelquefois identiques pour les mots et presque toujours pour le sens.

Kuricke, Lange et Brokes (2), à qui cette singularité n'avoit point échappé, ont cru pouvoir l'expliquer en disant que la compilation avoit été faite à Wisby

---

(1) Cette partie en forme 39 dans l'édition de 1505, et 34 seulement dans celle de Brokes, de 1765.
(2) Kuricke, *Jus marit. Hanseat.* prooem.— Lange, *Brevis Introductio in notitiam* &c. cap. v, pag. 38.— Brokes, *Observ. forenses*, præf. pag. v.

à différentes époques et en quelque sorte à mesure des besoins. On va voir que cette explication n'a rien de satisfaisant ni de probable.

Si l'on discute séparément ces deux divisions, on trouve que la première se compose à son tour de deux séries d'articles dont la physionomie, si l'on peut employer ce mot, est tout-à-fait différente. Dans les douze premiers (1), on ne cite aucun port de Wisby, ni du pays dont cette ville dépend; tous les lieux cités sont ceux du littoral opposé de la Baltique, et même ces lieux appartiennent exclusivement au territoire de Lubeck.

Dans les articles 13 et suivans, on ne cite également aucun port de Wisby ni du pays dont cette ville fait partie; tous les ports et lieux cités appartiennent à la France : de temps à autre le nom de l'Écluse et une seule fois celui de Lisbonne y sont ajoutés.

Personne ne peut nier qu'il n'y ait en cela quelque chose de bizarre, dont il est nécessaire de rechercher et d'expliquer la cause; car ce seroit supposer une grande crédulité aux lecteurs, que de rejeter cette singularité sur le hasard, ou sur l'inadvertance des rédacteurs. Il est évident que, si cette première moitié étoit une composition unique, les ports cités dans les douze premiers articles le seroient dans les autres. Les événemens prévus dans la plupart de ces articles ne sont pas spéciaux ou particuliers pour *tels* ou *tels* ports; ils peuvent arriver dans quelque navigation que ce soit, et quelle que puisse être la destination du navire.

Mais, s'il est difficile de concevoir et d'expliquer cette bizarrerie dans le système qui considéreroit la première moitié et à bien plus forte raison la totalité de la compilation comme un travail unique, tout s'explique lorsqu'on reconnoît les sources étrangères à Wisby dans lesquelles ont été puisés les articles de cette première partie.

Les douze premiers sont littéralement conformes à un nombre égal d'articles des plus anciens codes de Lubeck. Verwer prétend, il est vrai, comme on l'a vu page 430, que ces douze articles sont le primitif et le véritable droit maritime de Wisby; et je ne dois pas dissimuler que M. Schlegel, dans le mémoire dont j'ai cité quelques fragmens, semble favorable à cette opinion. Mais ce que j'ai dit plus haut du véritable droit maritime de Wisby, tel qu'on le trouve dans le 𝕾𝔱𝔞𝔡𝔱-𝔩𝔞𝔤, me semble fait pour la combattre victorieusement. La comparaison de ces articles avec les codes de Lubeck achevera, je l'espère, de lever tous les doutes.

Je ne me servirai, pour l'établir, que des codes de Lubeck, dont l'existence, antérieure à 1505, date de la plus ancienne copie de la compilation, est constatée authentiquement (2); ce qui explique pourquoi je ne fais point

_____

(1) Ces articles sont au nombre de quatorze dans l'édition de 1505, au moyen de ce que les articles 7 et 11, existant dans cette seule édition, contiennent deux fois une disposition sur le mode de contribution au jet qui se trouve encore dans d'autres articles de la compilation.

(2) J'aurois pu cependant citer le statut officiel de 1586, qui a adopté presque toutes les dispositions maritimes des anciens codes.

usage du premier et du deuxième code publiés par Brokes dans l'appendix de son ouvrage intitulé, *Observationes forenses;* ces deux codes, à part leur imperfection, ne paroissent pas, d'après les renseignemens qu'on m'a fournis, être aussi anciens que le troisième, considéré généralement comme écrit au XV.ᵉ siècle.

L'article 1.ᵉʳ de la compilation, relatif au patron qui engage un matelot déjà engagé par un autre, est une copie textuelle de l'article 96 d'un code de 1348 jusqu'à présent inédit, et de l'article 289 du troisième code publié par Brokes.

L'article 2, relatif à l'homme de mer qui s'est loué pour un service auquel il n'est pas propre, est le même que l'article 28 du droit maritime dont Dreyer attribue la rédaction à Bardewick en 1299, et dont il a publié le texte dans l'appendix de son ouvrage intitulé, *Specimen juris publici Lubecensis,* &c. Ce même article est le 288.ᵉ du troisième code publié par Brokes.

L'article 3, relatif au droit du patron de renvoyer les matelots qu'il a loués, est un résumé des articles 12, 28 et 38 du droit maritime dit de Bardewick ; il forme le 97.ᵉ du code inédit de 1348, et la première partie de l'article 290 du troisième code publié par Brokes.

L'article 4, relatif au droit de guindage dû aux matelots, est une copie, à quelques légers changemens d'expressions près, de l'article 99 du code inédit de 1348, et du 291.ᵉ article du troisième code publié par Brokes.

L'article 6, relatif à la prohibition d'arrêter pour dettes les gens de mer prêts à partir, est le 101.ᵉ du code inédit de 1348 et le 293.ᵉ du troisième code publié par Brokes.

L'article 7, relatif à la durée de l'affrètement d'un navire, est le 216.ᵉ d'un code de 1240 publié par Westphal, *Monumenta inedita,* t. III, col. 639 et suivantes, le 94.ᵉ du code inédit de 1348 et le 287.ᵉ du troisième code publié par Brokes.

L'article 8, relatif aux peines contre ceux qui, sur la Trave, s'emparent indûment d'un bateau appartenant à un autre, est le 53.ᵉ d'un code latin du XII.ᵉ siècle, publié par Westphal, *Monumenta inedita,* tome III, col. 619, le 44.ᵉ d'un autre code latin rédigé peu après le précédent, et publié par Dreyer, dans son ouvrage intitulé, Vermiſchte Abhandlungen &c., le 42.ᵉ du code de 1240, le 100.ᵉ du code inédit de 1348 et le 292.ᵉ du troisième code publié par Brokes.

L'article 9, relatif aux actions à intenter contre des hommes embarqués, est le 84.ᵉ du code de 1240, le 86.ᵉ du code inédit de 1348 et le 278.ᵉ du troisième code publié par Brokes.

L'article 10, relatif à la défense de mettre en gage un navire qu'on a affrété, est le 97.ᵉ du code de 1240, le 88.ᵉ du code inédit de 1348, et le 281.ᵉ du troisième code publié par Brokes.

L'article 11, relatif au partage de la perte d'un navire entre le fréteur et l'affréteur, est une rédaction abrégée des articles 106, 132 et 226 du code de 1240; il répond à l'article 16 du droit maritime dit de Bardewick, à l'article 89 du code inédit de 1348, et à l'article 282 du troisième code publié par Brokes.

L'article 12, relatif à la contribution pour les sacrifices de mâts ou agrès faits par le navire en vue du salut commun, est conforme à l'article 152 du code de 1240, à l'article 93 du code inédit de 1348, et à l'article 286 du troisième code publié par Brokes (1).

Prétendra-t-on que Lubeck a emprunté ces articles à Wisby, en changeant seulement les noms des lieux? Mais ceux qui ont rédigé la compilation de Wisby, si elle est une loi de cette ville, n'auroient pas adopté ces mutations; ils n'avoient aucune raison pour substituer à leurs propres localités celles d'un autre pays, et cependant toutes les copies, tous les imprimés, même l'édition *princeps* de 1505, n'indiquent que des localités de Lubeck.

D'ailleurs, par quelle singularité ces articles, s'ils avoient été composés primitivement à Wisby, contiendroient-ils des règles pour la police du port de Lubeck, sans dire un seul mot de Wisby, tandis que le code 𝔖𝔱𝔞𝔡𝔱-𝔩𝔞𝔤 en contient précisément pour la police du port et du rivage de cette ville? Par quelle singularité une loi faite à Wisby et pour Wisby auroit-elle défendu, comme on le voit dans l'article 6, d'exercer contre des gens de mer embarqués sur un navire la contrainte par corps à Travemunde, qui est le port de Lubeck, à Heringwyck, village qui en dépend? Quel pouvoir le législateur de Wisby avoit-il à Lubeck pour punir, comme le fait l'article 8, celui qui sur la Trave, rivière de Lubeck, se servoit d'une barque sans la permission du propriétaire? Un législateur pose des règles pour la police de son territoire : ce n'est que rarement, et en quelque sorte par accident, qu'il en rédige de spéciales pour ses sujets en pays étranger; et les articles dont je viens de parler n'indiquent rien qui doive les faire considérer comme rédigés pour ce cas exceptionnel.

Ainsi les règles les plus simples de la législation sont violées, si l'on suppose que les articles dont j'ai présenté le tableau ont été primitivement faits à Wisby; tout est expliqué, si l'on reconnoit qu'ils ont été faits à Lubeck.

En appliquant le même mode de discussion aux articles 13 et suivans, qui forment le reste de ce que j'ai appelé le premier fragment, c'est encore par le fait, c'est-à-dire, par une lecture matérielle, qu'on reconnoit qu'à la seule exception de quelques noms de villes dont aucun n'appartient au pays dans lequel Wisby est située, ils sont littéralement conformes à autant

(1) Si l'on veut étendre cette collation à l'édition de 1505, qui, comme je l'ai dit page 436, contient quatorze articles pour cette première partie puisée dans le droit de Lubeck, on trouve que les articles 7 et 11, lesquels sont presque identiques, sont la copie de l'article 97 du code latin publié par Dreyer, de l'article 24 du droit maritime dit de Bardewick, le 88.ᵉ du code de 1240, le 87.ᵉ du code de 1348 et le 280.ᵉ du troisième code publié par Brokes.

d'articles des Rôles d'Oléron, et par conséquent qu'ils n'ont été ni pu être faits à Wisby.

Ils n'y ont pas été faits, parce que, l'existence avouée des Rôles d'Oléron devant, comme on l'a vu dans le chapitre VIII, être reportée au commencement du XII.e siècle, il faudroit, pour prétendre que les Français les tiennent de Wisby, supposer que cette ville les avoit rédigés antérieurement à cette époque; ce qui est difficile à concilier avec l'existence du code promulgué au commencement du XIV.e siècle sous la médiation de Magnus. Il faudroit supposer des rapports commerciaux fréquens et étendus à cette même époque entre le nord de la mer Baltique et l'ouest de la France, par suite desquels ce royaume auroit reçu et transmis le droit maritime dont il s'agit à l'Angleterre et à l'Espagne; ce qui est démenti par l'histoire du commerce, comme on l'a vu page 433. Quand on diroit, pour remonter à une plus ancienne époque, que dans le XII.e siècle, et même dans le précédent, la célébrité des écoles de France (1) y attiroit des étudians du Nord (2), il en résulteroit que les articles dont il s'agit, littéralement conformes aux Rôles d'Oléron, peuvent avoir été connus à Wisby plus tôt que je n'ai supposé; il en résulteroit que la compilation a pu être faite antérieurement au XV.e siècle, ce qui toutefois ne s'accorderoit pas avec la mention du Marsdiep dans les autres articles : mais on ne pourroit en conclure que ceux qu'on trouve dans les Rôles d'Oléron appartiennent à Wisby, et lui ont été empruntés par la France.

J'ajoute que ces articles n'ont pu être faits à Wisby, et ici l'argument que j'ai employé pour établir les droits de Lubeck sur les douze premiers, s'applique dans toute sa force. Quoi! dans une loi faite à Wisby, on se seroit exclusivement occupé de ce qui se passoit à Bordeaux, à la Rochelle, à un tel point que les noms de lieux ajoutés à ceux des côtes de France ne sont pas même des lieux propres à Wisby! Quoi! l'on n'auroit parlé que du commerce des vins à Wisby, où cette denrée n'est point indigène, tandis qu'au contraire le véritable code de Wisby, Stadt-tag, prend ses exemples dans les ports et les productions naturelles du pays! Quoi! dans une île de la Baltique, et dans un temps où les écueils non moins fréquens qu'aujourd'hui étoient plus dangereux par l'impéritie des navigateurs, on n'auroit donné de règles sur les droits, les devoirs, les salaires des pilotes locmans, que relativement au passage devant la Bretagne, la Normandie, et pour les voyages d'Angleterre, d'Écosse et de Flandre! Et, comme si toutes ces invraisemblances avoient besoin d'être fortifiées par une autre bien plus surprenante, on auroit adopté à Wisby une rédaction qui, dans

(1) Westphal, *Monumenta inedita*, t. III, pag. 7.—*Histoire littéraire de France*, t. IX, pag. 9 et 53. — M. de Pastoret, *Disc. prélimin.* du tome XVII des *Ordonnances du Louvre*, pag. xxiv.
(2) Gruber, dans une note de la page 42 de son ouvrage intitulé *Origines Livoniæ*, atteste, d'après plusieurs écrivains du Nord, qu'André Suénon, traducteur de la loi de Scanie du roi Waldemar, avoit étudié en France.

l'état actuel de la compilation, suppose l'ignorance la plus absolue des lieux dont on parle! L'ouvrage prétendu original seroit inintelligible, et l'on prendroit pour un emprunt le texte français qui est clair (1) !

Je ne répète pas ce que j'ai dit dans le chapitre IX pour démontrer que les articles avec lesquels sont identiques ceux dont il s'agit dans ce moment, ont été faits sur les côtes occidentales de France. J'ai prouvé, comme je le crois, qu'on ne peut les attribuer à la Flandre; à plus forte raison ne peut-on les attribuer à Wisby. Ainsi, dans tout autre système que le mien, les invraisemblances s'accumulent à un point tel, que ce seroit abuser de la patience des lecteurs que de prolonger la démonstration.

Concluons donc que la première des deux divisions principales dont il est évident que la compilation dite $\mathfrak{H}ogefte$ $\mathfrak{W}ater=\mathfrak{R}ec\mathfrak{h}t$ se compose, n'appartient point à Wisby.

L'examen de la seconde division fournit les mêmes argumens. Comme la première, elle présente deux parties : l'une, composée des articles 37 à 70, identiques avec ceux que j'ai publiés dans le chapitre précédent sous le nom d'*Usages maritimes des Pays-Bas septentrionaux;* l'autre, composée de deux articles dont on trouve le texte dans les anciens codes de Lubeck. Non-seulement la ville de Wisby, les ports et les mers qui l'avoisinent, n'y sont pas nommés, mais en outre ils portent avec eux la démonstration qu'ils n'ont pu être faits à Wisby, qu'au contraire ils ont dû être rédigés dans un pays situé diamétralement à l'opposé de Wisby. Langenbeck, dans l'ouvrage que j'ai déjà cité plusieurs fois, avoit, comme on l'a vu page 401, fait cette remarque d'une manière générale; je vais en offrir quelques preuves.

Les articles 51 et 52, répondant aux articles 15 et 16 des Usages de Hollande, déterminent le délai pour décharger un navire arrivé à sa destination et pour en payer le fret. Tout navire qui a doublé Schagen, ou qui vient de Norvége, $\mathfrak{f}ommet$ $umme$ ben $\mathfrak{S}c\mathfrak{h}agen$ $efte$ ut $\mathfrak{N}orwegen$ / a quatorze jours pour son déchargement; lorsque le navire vient de Hambourg, le délai est de huit jours.

Si l'on admet que ces deux articles ont été faits à Wisby et pour Wisby, ils présentent une contradiction et une absurdité révoltantes. On sait qu'un navire ne peut se rendre de Hambourg à Wisby sans doubler Schagen, qui est un promontoire de Danemarck : il s'ensuivroit que, d'après l'article 51, le navire, parce qu'il a doublé Schagen, a un délai de quatorze jours, et que cependant, d'après l'article suivant, ce même navire, parce qu'il vient de Hambourg, n'a qu'un délai de huit jours. La navigation de Norvége à Wisby est de simple cabotage; elle s'exécute à l'aide de petits navires qui ont peu de charge : un bref délai pour le débarquement est donc suffisant. Au contraire, la navigation de Hambourg à Wisby est un voyage de pleine mer, qui pouvoit s'appeler de long cours dans le XV.e siècle, et qu'aujourd'hui du moins nous appellerions

(1) C'est ce que démontre la lecture de l'article 27 de la compilation de Wisby, comparé avec l'article 13 des Rôles d'Oléron.

de grand cabotage; elle s'exécutoit avec des navires plus considérables : un plus long délai pour le débarquement étoit nécessaire.

Cette inconséquence avoit frappé ceux même qui ont défendu avec le plus de chaleur l'opinion que la compilation appartient à Wisby. Kuricke avoue qu'il ne peut comprendre et concilier ces articles, parce que, dit-il, les navires qui vont de Hambourg à Wisby sont obligés de doubler Schagen : « Quam differentiam me non capere ingenuè profiteor, præsertim cùm et « hæ naves Schagam prætervehantur, si Wisbyam et in Balthicum mare « tendant et proficiscantur (1). »

Mais ce qui dans ces deux articles, en les supposant loi ou coutume propre à Wisby, paroit contradictoire en soi, et opposé à la situation des lieux, s'explique et s'entend parfaitement, si l'on reconnoit, ainsi que je crois l'avoir prouvé dans le chapitre précédent, que la partie dont il s'agit a été faite en Hollande. Les navires qui viennent de Hambourg dans ce pays n'ont pas besoin de doubler Schagen : ce voyage est pour la Hollande ce que nous appelons de petit cabotage; et au contraire tout ce qui vient de Nor-vége en Hollande est à l'égard de ce pays un voyage de pleine mer, ou de grand cabotage.

Je ne crois pas devoir reproduire les autres argumens que j'ai fait valoir pages 400 et suivantes; j'ai prouvé, non-seulement par une discussion fondée sur les énonciations mêmes de ces articles, mais encore par le texte de deux manuscrits de Lubeck, que cette série d'articles avoit été faite en Hollande pour la Hollande, et qu'elle ne pouvoit avoir été faite ailleurs ni pour un autre pays.

Il me reste à dire quelques mots sur deux autres articles qui sont le 71.ᵉ et le 72.ᵉ de la compilation, lesquels ne font point partie de la série dite *droit maritime des Pays-Bas septentrionaux*, et ne se trouvent dans aucun des manuscrits ou des traductions de ce droit. Je suis encore obligé de déshé-riter Wisby, même de ce foible reste. L'article 71 est une copie littérale de l'article 283 du troisième code publié par Brokes. Quant à l'article 72, c'est la répétition de l'article 1.ᵉʳ de la compilation; répétition dont il n'est pas facile sans doute d'expliquer la cause (2), mais qui n'empêche pas que l'ar-ticle n'appartienne à Lubeck, comme on l'a vu page 437.

On doit donc conclure de ce qui précède, 1.° que la compilation ꟳogeſte Water=Red̨t n'est pas aussi ancienne que le prétendent les auteurs cités plus haut; 2.° qu'elle ne constate point le droit maritime propre à Wisby, droit qui se trouve dans la partie II du livre III du Wisby Stadt=Lag.

Toutefois depuis plus de trois siècles cette compilation existe dans l'état où nous la possédons et sous le titre qu'elle porte encore aujourd'hui; elle est

(1) *Ad jus maritimum Hanseaticum*, tit. XI, art. 1.
(2) M. Meyer, dans sa dissertation intitulée *Historia legum maritimarum medii ævi celeberrimarum*, pag. 73, propose, pour expliquer cette singularité, quelques conjectures, dont je rendrai compte plus bas.

donc par elle-même un fort ancien monument, et, par conséquent, il est convenable de rechercher où, quand et comment elle a pu être faite.

J'avoue que je n'ai que des conjectures à offrir; le lecteur impartial les appréciera.

Je crois d'abord qu'on doit repousser toute hypothèse qui auroit pour résultat de considérer la compilation comme faite par une autorité publique. Les rubriques, initiale, intermédiaire et finale, qu'elle porte, n'annoncent rien de semblable, et même prouvent le contraire, puisqu'on y lit ces mots, *droit, ordonnance, réglemens faits par les navigateurs, les patrons.* Un législateur, un magistrat même, qui rédige une loi ou un réglement, l'intitule de son nom ou de sa qualité; il n'emploie pas, pour le commencement ou la fin, des expressions qui ne peuvent appartenir qu'à un historien qui rapporte ou à un copiste qui transcrit.

Parmi les hypothèses qu'on peut former, deux seulement me paroissent avoir quelque probabilité. L'une et l'autre peuvent être fondées sur un fait incontestable, savoir, que Wisby étoit un port où affluoient des navigateurs de tous les pays, notamment des côtes de la Baltique, de la Hollande, de la Flandre, de l'Angleterre, de la France, de l'Espagne même, ainsi que l'attestent les historiens (1), et que ces étrangers avoient obtenu le privilége d'observer leurs lois propres, comme le prouvent plusieurs documens historiques (2).

On peut croire que les commerçans de ces diverses nations, dont le droit maritime reposoit sur les mêmes principes, ont rédigé un corps de droit commun, pour la rédaction duquel chacun a en quelque sorte fourni son contingent; savoir, les habitans des bords de la Baltique, les articles qu'on a reconnus conformes au droit de Lubeck, pratiqué par tous les navigateurs de l'union anséatique, dont Lubeck étoit le chef-lieu; les Français, les Espagnols, les Anglais, les Flamands, les usages rédigés ou introduits chez eux sous les noms divers de *Rôles d'Oléron, Jugemens de Damme* ou *Lois de Westcapelle;* les Hollandais, leurs usages d'Amsterdam, Enchuysen ou Stavern; que cet ensemble aura formé le code maritime des étrangers, et peut-être même aura fini par être suivi, comme raison écrite et supplément à la loi locale, par les magistrats de Wisby, lorsqu'ils jugeoient les procès des nationaux. Si l'on demande pourquoi ce travail fait à Wisby se trouve rédigé en plat-allemand plutôt que dans la langue du pays, on peut répondre que le plat-allemand y étoit aussi usuel que l'idiome local, et, *si licet parva componere magnis,* qu'on y faisoit indistinctement les conventions dans les deux langues, comme

---

(1) Olaüs Magnus, *Hist. gent. septentr.* lib. II, cap. XXII, s'exprime ainsi : « Confluxere illuc Gothi, « Sueci, Rucci seu Rhuteni, Dani, Prussi, Angli, Scoti, Flandri, Vandali, Saxones, Hispani, singuli « singulæque gentes suos proprios vicos et plateas incolentes, nulli præclusum municipium. » Krantz, *Vandalia,* lib. II, cap. XX, s'exprime dans le même sens.

(2) Dreyer, *Specimen juris publici Lubecensis,* &c. pag. 70.— *Handvesten ofte Privilegien Octroyen Costumen der Stad Amstelredam,* pag. 51. — Gruber, *Origines Livoniæ,* pag. 202.

les Romains stipuloient en latin ou en grec. Indépendamment des preuves historiques qu'il me seroit facile d'accumuler, j'en trouve une dans la manière dont on a vu, page 426, que fut rédigé le code promulgué sous la médiation du roi Magnus. La langue allemande (alors le plat-allemand) étoit probablement la plus usuelle pour les étrangers : c'est ainsi que de nos jours il est tel pays dans lequel des négociations commerciales se font en français, d'autres en anglais, en italien, même entre des commerçans de différentes nations, quoique la langue dont ils se servent ne soit pas celle du pays.

L'hypothèse que je viens d'exposer, à laquelle donneroient quelque probabilité le titre général et les titres particuliers des deux divisions dont se compose la compilation, me paroit cependant difficile à admettre (1). D'abord, une fois qu'il est reconnu, et je crois qu'on n'a plus de doutes raisonnables, que la compilation ne sauroit être antérieure au XV.e siècle, on ne peut se dissimuler que la grande prospérité de Wisby avoit disparu : tout son commerce avoit passé à Dantzick et dans les autres villes de la Hanse, qui avoit ses lois propres, formant le droit commun de presque toutes les villes admises dans la confédération; car il ne faut pas croire que la première loi maritime de cette association célèbre, formée dès le XIII.e siècle, soit celle qui porte la date de 1591. Leibnitz, dans son *Codex juris gentium diplomaticus*, partie I, page 313, rapporte un recès de 1418 qui, indépendamment de diverses règles politiques, en offre aussi quelques-unes sur le droit maritime privé. On m'a assuré qu'un grand nombre d'articles anciens, compris par la suite dans les ordonnances de 1591 et de 1614, avoient été recueillis par le savant Dreyer, et remontoient au XIV.e siècle; ce qui par conséquent rend peu probable, au moins pour les commerçans des villes admises à la confédération, l'hypothèse d'une loi commune à tous les peuples, concertée et rédigée à Wisby.

Mais, en laissant de côté cette considération, quoique d'une assez grande importance, qui ne sent qu'un accord entre les commerçans du nord, du centre et du midi de l'Europe pour se donner une loi commune, sans être impossible, n'étoit pas facile? Cette rédaction, faite par des hommes instruits, si l'on veut, des usages, mais sans caractère public, n'eût pas offert de sanction véritable, ni rien qui pût donner à ce travail l'utilité qu'on devoit en attendre. Un accord entre les gouvernemens divers pouvoit seul atteindre ce but; et un tel accord, que la nouvelle situation de l'Europe ne permet pas même d'espérer aujourd'hui, étoit, je ne crains pas de le dire, impossible au temps où il faut se reporter.

On sait d'ailleurs avec quelle solennité les villes anséatiques rédigèrent leurs lois maritimes de 1591 et de 1614; je crois pouvoir affirmer que la rédaction de la compilation de Wisby par des commerçans de nations bien plus divisées d'intérêt que les villes dont la Hanse se composoit, eût été un

_____

(1) M. Meyer paroît l'admettre dans sa dissertation *Historia legum maritimarum medii ævi celeberrimarum*, § 39.

événement bien plus remarquable aussi; et cependant l'histoire n'en a conservé aucun souvenir.

Si de ces doutes fondés sur l'impossibilité d'un accord je passe à ceux qu'offre l'inspection de la compilation, l'hypothèse devient encore moins probable. Une rédaction faite par la réunion de délégués des commerçans et navigateurs, ou par une assemblée générale, auroit, sinon la perfection, au moins quelques-uns des caractères de l'unité. On n'y liroit pas une série d'articles qui indique exclusivement certaines localités; une autre qui en indique de différentes; une troisième qui ne répète ni les premières ni les secondes indications. Au lieu de dire, je suppose, *le navire expédié pour Bordeaux, pour l'Écluse, pour Amsterdam;* on auroit dit simplement, *le navire expédié pour un port quelconque.*

Il se pourroit, je l'avoue, que la compilation, quoique faite par le concours de tant d'hommes expérimentés, n'offrît pas une perfection et une méthode à laquelle nos lois modernes elles-mêmes ne sont pas toujours arrivées; mais ces imperfections auroient-elles été portées jusqu'au point d'introduire des dispositions absolument opposées à l'état et à la situation des lieux, et souvent contradictoires? La même disposition, quelquefois dans les mêmes termes, quelquefois avec un léger changement de rédaction, seroit-elle répétée deux et jusqu'à trois fois? Y verroit-on surtout, sous un titre et une conclusion commune, deux fractions qui ont chacune leur titre propre, à un point tel qu'on est obligé d'y reconnoître deux compositions distinctes? Je crois donc qu'il n'est pas possible d'admettre l'hypothèse que je viens de discuter.

Je crois plutôt que la compilation est l'ouvrage d'un simple particulier, et voici comme elle a pu être faite. Les usages maritimes suivis dans les Pays-Bas méridionaux, sous le nom de Jugemens de Damme et de Westcapelle, quelle qu'en soit l'origine, et ceux des Pays-Bas septentrionaux, dont j'ai parlé dans les deux chapitres précédens, étoient évidemment connus des navigateurs de la Baltique. Dès le XIII.ᵉ siècle, Lubeck et Hambourg avoient des comptoirs en Flandre; si dans l'origine elles y jouirent d'une juridiction sur leurs nationaux, une charte de 1349, dont Dreyer a publié le texte (1), atteste que dans la suite les souverains de ce pays, en accordant diverses immunités aux commerçans allemands, les obligèrent à reconnoître la juridiction et les lois locales : *Standum est consuetudini et terræ nostræ legi.* Ils avoient donc intérêt à connoître ces lois; et pour les connoître, ils ont dû naturellement les traduire dans leur langue propre. C'est ce qui me paroît expliquer comment une traduction en plat-allemand des vingt-quatre articles adoptés dans les Pays-Bas, sous le nom de Jugemens de Damme, se trouve dans le manuscrit n.° 61 du musée Dreyerien de Lubeck; pourquoi les manuscrits de Hambourg dont j'ai donné la description page 368, contiennent ces mêmes vingt-quatre articles suivis des usages des Pays-Bas septentrionaux; pourquoi

---

(1) *Specimen juris publici Lubecensis de inhumano jure naufragii*, pag. 248.

ces versions plat-allemandes, tout en étant conformes pour le sens, diffèrent dans les expressions, et enfin, ce qu'il est important de remarquer, pourquoi ces manuscrits ne sont pas intitulés, *Droit maritime de Wisby* (1). Si l'on faisoit des recherches dans les archives des villes du littoral de la Baltique, on y trouveroit sans doute de nouvelles preuves de mes conjectures (2).

Différentes causes, toutes également probables, ont dû porter à Wisby une collection des usages maritimes pratiqués en Flandre et en Hollande. Les Allemands, depuis plusieurs siècles, y formoient, en quelque sorte, un corps de nation, ainsi que le constate une addition à la charte de 1163, dont j'ai parlé page 427 (3), et même ils avoient obtenu le privilége extraordinaire que le sénat et les autorités publiques fussent mi-partis entre eux et les naturels du pays (4). Ils ont pu y porter des copies des traductions dont je viens de parler. Les navigateurs de Flandre et de Hollande, dont les relations commerciales avec Wisby sont attestées par le chapitre XV du III.ᵉ livre du 𝔖𝔱𝔞𝔡𝔱𝔩𝔞𝔤 (5), et qui, dans le XIV.ᵉ siècle, s'étant détachés de la ligue anséatique (6), formoient une corporation rivale de cette association, dûrent aussi, pour la décision de leurs contestations et le réglement de leurs transactions privées, d'après les priviléges cités page 394, porter ces mêmes usages à Wisby dans leur propre langue, qui différoit peu du plat-allemand.

Quelque possesseur d'un manuscrit de ces usages maritimes, s'apercevant qu'ils n'avoient pas prévu certains cas réglés par des dispositions disséminées dans les copies des codes de Lubeck qui circulèrent long-temps avant la rédaction officielle de 1586, aura fait un extrait de ces codes pour l'utilité des Allemands et notamment des Lubeckois, qui jouissoient du privilége d'avoir un juge de leur nation (7), et même de communiquer ces avantages à d'autres villes, comme le prouve un acte de 1173 rapporté par Gruber, *Origines Livoniæ*, page 202 : il aura joint cet extrait aux deux séries dont je viens de parler. L'extrait pouvoit sans doute embrasser plus de matières; mais, si ce n'est le discernement, les moyens ont peut-être manqué à son auteur. Avant la rédaction officielle de 1586, les statuts de Lubeck ne consistoient qu'en copies faites par des particuliers sans mission, et offroient de grandes variétés (8). Parmi ceux dont j'ai eu connoissance, les uns contiennent à peine deux ou trois dispositions de droit maritime, d'autres jusqu'à trente et plus. D'ailleurs, ce compilateur ne jugea pas sans doute nécessaire d'emprunter aux

(1) J'ai cependant fait connoître, page 368, que le nom de Wisby, joint à celui de plusieurs villes des Pays-Bas, est en marge d'un seul des trois manuscrits de Hambourg ; mais M. Lappenberg m'a certifié que cette addition, faite d'une main différente, est du XVII.ᵉ siècle, et sans doute un effet des préjugés qui régnoient alors en faveur de Wisby.
(2) L'auteur de l'Histoire du droit de Culm l'atteste, à la page 16.
(3) Dreyer, *Specimen juris publici Lubecensis de inhumano jure naufragii*, pag. 112.
(4) 𝔚𝔦𝔰𝔟𝔶 𝔖𝔱𝔞𝔡𝔱𝔩𝔞𝔤, liv. I, chap. XII.
(5) Il y est question des draps d'Ypres, de Gand, de Bruges, &c.
(6) Mallet, *De la ligue anséatique*, pag. 204.
(7) Dreyer, *De inhumano jure naufragii*, pag. 113. — 𝔚𝔦𝔰𝔟𝔶 𝔖𝔱𝔞𝔡𝔱𝔩𝔞𝔤, part. I, cap. I, §§ 2 et 3.
(8) Seelen, 𝔑𝔞𝔠𝔥𝔯𝔦𝔠𝔥𝔱 𝔳𝔬𝔫 𝔡𝔢𝔪 𝔘𝔯𝔰𝔭𝔯𝔲𝔫𝔤𝔢 𝔲𝔫𝔡 𝔉𝔬𝔯𝔱𝔤𝔞𝔫𝔤𝔢 𝔡𝔢𝔯 𝔅𝔲𝔠𝔥𝔡𝔯𝔲𝔠𝔨𝔢𝔯𝔢𝔶 𝔷𝔲 𝔏ü𝔟𝔢𝔠𝔨, § 27.

codes de Lubeck les articles relatifs à des cas déjà prévus dans la compilation qu'il vouloit seulement compléter.

Dans cette hypothèse (1), il ne faut plus d'efforts, ni pour expliquer les doubles emplois et les articles littéralement semblables ou similaires, si nombreux dans la compilation de Wisby, que, quoiqu'étant composée de 72 articles, elle n'en a pas réellement plus de 50 différens les uns des autres, ni même pour concilier les antinomies ; car ce qui seroit une bizarrerie et une grave imperfection dans un code unique, n'a rien d'extraordinaire ni de choquant dans un recueil de pièces distinctes, indépendantes les unes des autres, et faites dans des pays différens.

La plus ancienne copie qui nous soit parvenue de la compilation, formée de la manière que je viens d'indiquer, est l'édition faite à Copenhague en 1505, c'est-à-dire, dès les premières années de l'introduction de l'imprimerie dans ce pays. L'auteur du manuscrit primitif d'après lequel cette édition a été faite, usa très-certainement de traductions en plat-allemand faites depuis long-temps. On en sera facilement convaincu si l'on compare le style de cette édition avec le plat-allemand tel qu'il étoit écrit au commencement du XVI.ᵉ siècle. Il est probable aussi qu'il ne possédoit pas une copie complète des usages maritimes de Hollande formant la troisième partie de la compilation ; car il a omis six articles qui se trouvent non-seulement dans les éditions hollandaises, mais même dans les traductions en plat-allemand qui existent aujourd'hui à Hambourg.

Des exemplaires de cette édition de Copenhague, ou des copies semblables à celles qui avoient servi à l'imprimer, furent sans doute portées assez promptement dans les villes situées sur la mer Baltique. Deux manuscrits, l'un de 1533 et l'autre de 1537, dont je parlerai bientôt, donnent lieu de le croire.

Je ne peux déterminer quand ou comment la compilation, formée de la manière que je suppose, a reçu le nom de *Droit maritime de Wisby*. Ce qu'il y a de certain, c'est que l'édition de 1505 porte pour titre unique : Her beghnnt dat hoghefte Water-Recht, *Ici commence le suprême droit maritime.* C'est à la fin seulement, avec le millésime d'impression, qu'on lit : Hyr endet dat Gothlansche Water-Recht dat de gemeyne Kopmann unn Schippers geordineret unn gemaket hebben to Wisby, *Ici finit le droit maritime de Gothlande que tous les négocians et patrons de navire ont fait et rédigé à Wisby.*

L'éditeur de Copenhague pourroit donc bien être l'auteur de cette énonciation. Il aura d'abord imprimé tous les articles tels que son manuscrit les

---

(1) M. Meyer, *Diss. laud.* § 30, présente une conjecture assez probable sur la première composition de cette compilation. Il fait remarquer qu'aux XIV.ᵉ et XV.ᵉ siècles, dans les comptoirs de la Hanse, tout membre de la confédération étoit habile à remplir les fonctions d'alderman [*senior*], mais que le greffier [*scriba*] devoit nécessairement être citoyen de Lubeck ; ce qui est effectivement attesté par M. Sartorius, t. I, pag. 195. De là, M. Meyer, supposant, ce qui est très-vraisemblable, que la compilation a dû être faite dans un des comptoirs que les Anséatiques avoient à Wisby, conclut que le greffier lubeckois, auteur du travail, aura placé en tête des deux séries d'articles usités dans les Pays-Bas méridionaux et septentrionaux, des extraits du droit de Lubeck.

indiquoit, avec le seul intitulé *Droit maritime :* peut-être ensuite, soit par charlatanisme, car on n'en manquoit pas plus dans les premiers temps de l'imprimerie qu'à présent (le prologue du prétendu droit rhodien en a donné une preuve), soit seulement parce que le manuscrit lui avoit été apporté de Wisby, il aura terminé son édition par la finale que je viens de transcrire. Je suis même porté à croire qu'il a agi de bonne foi. Quoiqu'en 1505 les relations du Danemarck avec Wisby fussent très-intimes, l'île de Gothlande n'ayant presque pas cessé d'être sous la domination danoise depuis 1366 jusqu'en 1645, cet imprimeur pouvoit, sans même qu'on doive le taxer d'ignorance, ne pas connoître le véritable droit maritime de Wisby, inséré au Stadt-lag, rédigé sous le roi Magnus, code tiré de l'oubli par Hadorph en 1687 seulement. Il a pu croire qu'une série d'articles sur le droit maritime venant de Wisby, rédigée dans une langue non moins usitée à Wisby que la langue nationale, devoit appartenir à cette ville, dont on a vu, page 428, que les lois avoient toujours joui d'une grande réputation dans les pays septentrionaux. Je présume aussi que l'addition du nom de Wisby est l'ouvrage de cet éditeur; car probablement il n'a pas imprimé le manuscrit tel que je suppose qu'il avoit été originairement formé. Cette preuve me paroit résulter de l'article 27, où le mot Kopenhaven, *Copenhague,* remplace évidemment *Bordeaux,* et de l'article 48, où Danske, *Danois,* remplace *Amsterdam,* mots qui devoient se trouver dans l'original, ainsi que l'attestent les Rôles d'Oléron ou Jugemens de Damme, les Usages de Hollande et les éditions ultérieures : cette preuve résulte aussi de quelques autres intercalations dont je parlerai dans les notes sur le texte.

Au surplus, que cette dénomination ait été le fruit de la supercherie ou de la crédulité, elle a pu facilement être adoptée par ceux qui dans la suite ont fait des manuscrits ou des éditions de la compilation. L'indication du nom de Wisby, d'abord mise par le premier imprimeur à la fin de l'édition, aura été insérée par les autres dans le titre même. Une infinité de méprises semblables ont eu lieu sans qu'on sache comment et pourquoi; elles se sont continuées sans plus ample examen, et plus d'une fois elles ont trompé et embarrassé les savans. On connoit le code dit *Lex romana,* donné par les rois bourguignons à ceux de leurs sujets qui suivoient le droit romain. Le premier manuscrit découvert portoit en tête les mots *Papiani responsorum,* évidemment relatifs à des feuilles précédentes et perdues où étoient écrits des extraits de Papinien, toujours désigné par le nom de *Papianus* dans les écrits du moyen âge. Les premiers copistes ont pris ces mots pour le titre du code bourguignon; et cette erreur, à laquelle le grand Cujas a payé le tribut, n'est pas encore tout-à-fait détruite.

Les premiers imprimeurs n'avoient pas l'esprit de critique et de discernement dont les Alde et les Estienne ont fait preuve dans la suite : cette même édition de 1505 en offre plus d'un exemple. L'article 1.er commence par *Item,* mot qui suppose qu'on a déjà dit quelque chose; l'article 7 et l'article 11 sont une copie presque littérale l'un de l'autre. Dans l'article 29 (27 des autres éditions), deux lignes sont omises, parce que le copiste ou peut-être l'imprimeur a trouvé dans le manuscrit, deux lignes plus bas, le même mot, et ne s'est pas aperçu de la lacune. Une autre omission semblable est dans l'article 33 (30 des autres éditions). Dans l'article 40 (37 des autres éditions), le mot *Item* précède le titre *dit is de Ordinancie, voici les ordonnances que les commerçans et patrons ont faites entre eux.*

Je livre ces conjectures au jugement des hommes plus instruits que moi, à ceux surtout qui, habitant la Suède, le Danemarck, ou les bords de la Baltique, sont plus en état de les apprécier ou d'en démontrer l'erreur. Si, contre mon intention, je m'étois trompé, cette erreur n'auroit, du reste, aucune influence sur l'opinion qu'il est permis d'avoir de la compilation en elle-même. Ce qui est bon et sage, de quelque manière qu'il ait été recueilli et nous soit transmis, conserve son caractère de bonté et de sagesse.

La conséquence naturelle de la discussion à laquelle je me suis livré seroit de ne pas publier la compilation de Wisby, puisqu'elle est une réunion de fragmens dont les originaux se trouveront dans ma collection, restitués chacun dans leur place aux pays qui me paroissent les avoir produits.

Je n'ai pas cru cependant devoir prendre ce parti. Quoiqu'à mon sentiment cette compilation soit une traduction, elle jouit depuis plusieurs siècles du privilége d'être considérée et citée partout comme un original, même dans les pays qui en ont fourni les élémens; et le foible inconvénient de reproduire les mêmes choses est bien compensé par l'avantage de n'avoir omis aucun des textes primitifs. J'ai donc dû m'occuper de celui qu'il convenoit d'adopter.

Le véritable est en plat-allemand, je crois en avoir donné des preuves suffisantes; tous les écrivains et les jurisconsultes du Nord l'attestent (1). Pour en obtenir un exact, j'ai dû m'adresser sur les lieux, et c'est ici l'occasion de faire connoître l'obligeance de M. Hach père, docteur en droit, premier conseiller à la cour suprême d'appel des villes libres d'Allemagne séant à Lubeck, et de M. son fils, docteur en droit et procureur au tribunal de la banlieue de Lubeck.

Je dois le précieux avantage de cette connoissance et toutes les facilités de ma correspondance à M. Sadet, long-temps vice-consul de France à Lubeck, aujourd'hui consul à Bréme. Quoique je n'eusse aucun titre auprès de MM. Hach, ils ont mis à me procurer des documens et à résoudre les difficultés dont je les entretenois, un zèle égal à celui qu'ils auroient pu apporter dans un travail entrepris par eux-mêmes, ou pour rendre service à un compatriote. C'est un devoir pour moi de leur offrir ce témoignage public de ma reconnoissance. Si les personnes qui ne dédaignent pas l'étude des antiquités du droit maritime

(1) Lange, *Brevis Introductio in notitiam legum maritimarum* &c., pag. 41. — Brokes, *Observ. forenses*, præf. pag. v.

trouvent quelque chose de bon dans mon travail sur la compilation de Wisby et sur l'ancien droit de Lubeck, ce n'est point à moi qu'elles le devront, c'est à MM. Hach et aux personnes obligeantes dont ils ont bien voulu interroger la science en ma faveur (1); les erreurs et les omissions doivent n'être imputées qu'à ma faute et aux difficultés de ma position.

Pour bien faire connoître les motifs du parti que j'ai pris relativement à la publication du texte plat-allemand, j'ai besoin d'indiquer les éditions imprimées ou manuscrites qui en existent. Ces détails, dont la plupart sont disséminés dans des ouvrages rares ou peu connus, ne sauroient déplaire aux hommes amis des recherches bibliographiques.

L'édition de 1505 est, comme je l'ai déjà dit page 446, la plus ancienne copie. Suivant les auteurs du *Danske Magazin* (2), qui l'ont réimprimée dans le tome V, page 225, de leur savante collection, il n'en existe plus que deux exemplaires, appartenant l'un et l'autre à la bibliothèque royale de Copenhague. M. le marquis de Saint-Simon, ministre de France en Danemarck, a eu la bonté de les examiner, et de me donner des détails qui, réunis à ceux du *Danske Magazin*, serviront à faire connoître ce livre si rare. Il est composé de trente-deux pages petit *in-4.º*, ou peut-être *in-8.º* selon Dreyer. Il ne porte ni avis, ni préface, ni annotation quelconque, ni indication du manuscrit dont s'est servi l'éditeur. Quoique sans nom d'imprimeur, il est sorti évidemment des presses de Gotfrid de Gemen, le premier imprimeur de Copenhague et probablement le seul à cette époque; d'ailleurs, la dernière page porte l'écusson qui servoit à désigner tous les livres sortis de ses presses. L'ouvrage porte un frontispice en langue danoise, 𝔇𝔢𝔫 𝔊𝔲𝔩𝔩𝔞𝔫𝔡𝔰𝔨𝔢 𝔚𝔞𝔱𝔢𝔯-𝔯𝔢𝔠𝔥𝔱 𝔱𝔯𝔶𝔨𝔱𝔦 𝔎𝔦ö𝔟𝔢𝔫𝔞𝔳𝔫 1505, avec les armes de Wisby (3); mais ce frontispice a été ajouté après coup. Chacun de ces deux exemplaires est relié avec la loi de Sééland. M. Schlegel m'a assuré que cette loi ne forme point avec la compilation un même corps, et que l'annexe étoit le résultat du caprice ou du goût des propriétaires.

Le titre véritable, puisqu'on a vu que le frontispice avoit été ajouté, est en tête de la première page. Il consiste dans les seuls mots : 𝔥𝔢𝔯 𝔟𝔢𝔤𝔥𝔶𝔫𝔱 𝔡𝔞𝔱 𝔥𝔬𝔤𝔥𝔢𝔰𝔱𝔢 𝔚𝔞𝔱𝔢𝔯-𝔯𝔢𝔠𝔥𝔱, c'est-à-dire, *Ici commence le suprême* ou *le très-excellent droit maritime*, sans indication de Gothlande, ni de Wisby. Les articles

(1) A l'invitation de M. Hach père, M. Schildner, professeur à Gripswald, a bien voulu me faire connoître le manuscrit de 1541, dont je parlerai plus bas; M. Falck, professeur à Kiel, m'a donné des conseils dont je sens tout le prix; M. Cropp, l'un des collègues de M. Hach à la cour suprême des villes libres, m'a fait espérer des renseignemens sur les anciens monumens du droit anséatique.

(2) Le *Danske Magazin* est un recueil entrepris par des savans de Danemarck, dans la vue de réunir tout ce qui intéresse les antiquités du pays; on y a analysé, et souvent même imprimé totalement, de très-anciens livres publiés en Danemarck. Je dois à M. le marquis de Saint-Simon l'envoi de cet intéressant recueil, et beaucoup d'autres documens qui trouveront leur place dans ma collection; mais un service bien plus grand qu'il m'a rendu, c'est de m'avoir mis en relation avec M. Schlegel, dont le nom est devenu pour moi le synonyme de l'urbanité et de l'obligeance.

(3) Ces armes sont un agneau portant une bannière surmontée d'une croix. On voit par le préambule du code de Wisby, que le roi Magnus avoit donné ces armes à la ville.

sont au nombre de soixante-six , commençant tous, même le premier, par le mot
latin *Item*. La rubrique 𝔇𝔦𝔱 𝔦𝔰 𝔡𝔢 𝔒𝔯𝔡𝔦𝔫𝔞𝔫𝔠𝔦𝔢 &c. est placée entre le 39.ᵉ et
le 40.ᵉ article. A la suite du 66.ᵉ, au-dessous duquel est l'écusson de l'imprimeur, on lit la conclusion finale 𝔥𝔶𝔯 𝔢𝔶𝔫𝔡𝔢𝔱 &c., indiquée page 446 ci-dessus, à
la suite de laquelle sont les mots 𝔤𝔢𝔡𝔯𝔲𝔠𝔨𝔢𝔱 𝔱𝔬 𝔎𝔬𝔭𝔭𝔢𝔫𝔥𝔞𝔳𝔢𝔫 , *anno Domini* MDV.

Après cette édition de 1505 , vient dans l'ordre des dates, pour les textes
plat-allemands, une copie contenue dans un manuscrit de 1533 qui existe
à Lubeck dans la partie des archives appelée musée Dreyerien , n.° 65 ,
sous le titre : 𝔇𝔞𝔱𝔥 𝔩𝔲𝔟𝔰𝔠𝔥𝔢-𝔯𝔢𝔠𝔥𝔱𝔢 ; 2𝔩𝔰𝔬 𝔡𝔢 𝔎𝔢𝔶𝔰𝔰𝔢𝔯 𝔇𝔶𝔰𝔰𝔢𝔯 𝔖𝔱𝔞𝔡𝔱 𝔤𝔢𝔥𝔢𝔤𝔢𝔲𝔢𝔫 𝔥𝔢𝔣𝔣𝔱,
scriptum et completum anno ab incarnatione Salvatoris nostri MDXXXIII.
D'après la description que M. Hach fils a bien voulu me transmettre, ce manuscrit contient le code de Lubeck , publié par Brokes, sous le titre *Codex primus*,
page 1.ʳᵉ et suiv. de l'appendix de son ouvrage, *Observationes forenses*. A la
suite, mais après quelques pages blanches, se trouve une série de dix-huit
articles publiés par Brokes dans le même ouvrage, sous le titre *Successio civilis ;* et enfin à la page 114 commence la compilation de Wisby, distinguée de
ce qui précède par le seul titre : 𝔥𝔶𝔯 𝔟𝔢𝔤𝔶𝔫𝔫𝔢𝔱 𝔡𝔞𝔱 𝔚𝔞𝔱𝔢𝔯 𝔢𝔰𝔱𝔢 𝔖𝔢𝔢-𝔯𝔢𝔠𝔥𝔱 , &c.,
laquelle occupe trente-six pages. Le manuscrit n'a que soixante-trois articles,
et est terminé par les mots , *Scriptum et completum anno* MDXXXIII.

Un manuscrit semblable, portant la date de 1537, existe entre les mains de
M. Petersen, archidiacre de l'ancienne église métropolitaine de Lubeck. Il a eu
l'extrême bonté d'en accorder la communication à M. Sadet pour m'en adresser
une copie; j'ai pu, par ce moyen, acquérir l'assurance que ce manuscrit est
littéralement conforme à celui de 1533. Il contient les mêmes pièces précédées d'un titre presque identique , et finit par les mots : 𝔊𝔥𝔯𝔢𝔲𝔢𝔫 𝔦𝔫𝔱𝔥 𝔶𝔞𝔢𝔯 𝔫𝔞
𝔊𝔬𝔡𝔢𝔰 𝔙𝔬𝔯𝔱𝔥 MV 𝔲𝔫𝔡𝔢 XXXVII, *in urbe;* c'est-à-dire, *Écrit en l'année après
la naissance de Jésus-Christ* MDXXXVII , *dans la ville.*

Ces deux manuscrits ont été évidemment copiés l'un sur l'autre. Tout porte
à croire qu'ils n'ont pas été faits d'après un exemplaire imprimé de l'édition
de 1505 ; car, indépendamment de ce qu'ils ne contiennent pas les articles 5,
11, 24 et 38, ils se distinguent, tant de cette édition que de toutes les
autres, par la rubrique qui précède les articles empruntés au droit maritime
de la Hollande, rubrique dont j'ai donné le texte page 402. Cette dernière
circonstance peut laisser soupçonner que l'éditeur de 1505 a omis arbitrairement cette rubrique , peut-être parce qu'elle lui paroissoit contredire son
système, qui étoit d'attribuer à Wisby la totalité de la compilation. Quoi
qu'il en soit, il est évident que, sauf les omissions indiquées, le texte des
manuscrits de 1533 et de 1537 est littéralement conforme à celui de 1505.

Une édition imprimée à Lubeck en 1537 avoit été indiquée par Dreyer,
𝔈𝔦𝔫𝔩𝔢𝔦𝔱𝔲𝔫𝔤 𝔦𝔫 𝔡𝔦𝔢 𝔩𝔲𝔟𝔦𝔰𝔠𝔥𝔢𝔫 𝔙𝔢𝔯𝔬𝔯𝔡𝔫𝔲𝔫𝔤𝔢𝔫, page 442 , sur la foi de deux écrivains
qu'il citoit. Le silence gardé par Seelen dans son savant ouvrage relatif aux
livres imprimés à Lubeck laissoit néanmoins des doutes sur l'existence de

cette édition. M. le docteur Moenkeberg, ancien bibliothécaire de la chambre de commerce, aujourd'hui sénateur de Hambourg, avec qui M. de Bourboulon, consul de France, avoit eu la bonté de me mettre en rapport, m'a appris qu'elle existe dans le dépôt dont la garde lui étoit confiée, et m'a donné les renseignemens suivans. C'est un *in-8.*ᵉ de vingt-quatre feuillets, dont le premier porte le titre : Dat ys dat hógeste unde óldeste Water-Recht, dat de gemene Kopman und Schippers geordinert unde gemaket hebben to Wißby, dat sick even yber (de thor sewert vorferet) hyr na richten mach. Au-dessous du titre, on voit la gravure d'un vaisseau dans lequel est une personne assise et une autre debout ; le mât porte un pavillon dans lequel est une croix, et à la suite l'indication de l'imprimeur Richolst, année 1537. Cette édition contient soixante-douze articles ; à la suite du 36.ᵉ est la seconde rubrique dont j'ai parlé. Après le 72.ᵉ article, on lit la finale générale Hyr endet dat Godtlandesche Water-Recht, dat de gemene Kopmane unde Schippers geordinert unde gemaket hebben tho Wißby, dat sick ein yber dat na richten mach. Allen Gade de Ehre MDXXXVII. Chaque article porte en tête, après son numéro, le mot Belevinge, *jugement*.

Une édition de 1538, donnée à Dantzick par François Rhode, format *in-8.*ᵉ, est indiquée à la page 16 de l'Histoire de droit de Culm, qui précède les statuts de cette ville, édition de 1745. M. Lagau, vice-consul de France dans cette ville en 1825, et après lui M. Laboutraye, consul à la même résidence, ont eu la complaisance de s'adresser, pour obtenir quelques renseignemens sur cette édition, à M. le professeur Loesching, qui déjà m'en a donné de très-précieux sur l'ancien droit maritime de Dantzick ; mais elle lui est inconnue, et n'existe dans aucun établissement public. Dreyer et les auteurs qui ont cité diverses éditions de la compilation de Wisby, n'en parlent point aussi. Je la crois conforme à l'édition de Lubeck de 1537, parce que Kuricke, qui étoit secrétaire du sénat de Dantzick, dans son commentaire sur la loi maritime des villes anséatiques de 1614, cite très-souvent la compilation, et que toutes ses citations correspondent aux numéros des articles de l'édition de 1537.

Un manuscrit portant la date de 1541 existe dans la bibliothèque de l'université de Gripswald, où il porte le n.º I, 35. M. Hach en a obtenu la communication de M. Schildener et m'en a fait parvenir une copie. La compilation y est précédée d'un livre de la procédure du tribunal inférieur de Lubeck, et d'un code de cette ville, qui est le deuxième de ceux que Brokes a publiés ; le manuscrit est terminé par ces mots : Gheendiget unde vullenbracht ys dyth Boeck avattende der hemmeluart unses Heren Jhesu Christi, *anno Domini* MDXLI. Il est conforme, pour le texte et le nombre des articles, à l'édition de 1537.

M. Kamptz, dans sa Neue Litteratur des Völkerrechts, publiée à Berlin en 1817, dit qu'il a été fait une édition en plat-allemand à Copenhague en 1550. M. Schlegel, à qui j'ai demandé des renseignemens, m'a assuré que cette édition n'avoit jamais existé. Peut-être M. Kamptz a-t-il voulu parler de la traduction danoise imprimée en 1545, dont il sera question plus bas.

, Une édition en plat-allemand paroît avoir été imprimée en 1551 à Amsterdam ; au moins c'est ce qu'atteste Harenberg dans la quatrième lettre sur les raretés qu'il a découvertes dans un voyage en Westphalie. Cette lettre est insérée au tome III, page 395, de l'ouvrage intitulé 𝕳𝖆𝖒𝖇𝖚𝖗𝖌𝖎𝖘𝖈𝖍𝖊 𝖛𝖊𝖗𝖒𝖎𝖘𝖈𝖍𝖙𝖊 𝕭𝖎𝖇𝖑𝖎𝖔𝖙𝖍𝖊𝖐. Suivant cet écrivain, qui assure avoir trouvé l'exemplaire dont il parle dans le cabinet de M. Goering à Minden, l'énonciation finale est celle qui termine la compilation dans l'édition de 1537. Harenberg croit que ce droit maritime est la traduction d'une convention, originairement rédigée en latin, entre les commerçans étrangers à Wisby et les patrons de navires de cette ville ; il ajoute que c'est la loi attribuée par Leibnitz à l'empereur Lothaire. Je me suis suffisamment expliqué à ce sujet pages 427 et suivantes. J'ai désiré quelques renseignemens sur cette édition, et à cet effet j'ai prié M. Désaugiers, consul de France, de faire des recherches à Amsterdam. Il s'est adressé à M. Meyer, auteur du savant *Essai sur les institutions judiciaires des principaux pays de l'Europe.* Ce jurisconsulte a eu la complaisance de prendre des informations auprès de plusieurs de ses confrères de l'institut du royaume des Pays-Bas : ils n'ont pu rien découvrir à ce sujet.

Une autre édition a été imprimée à Lubeck, en 1575, par Jean Balhorn, et n'a été indiquée jusqu'à ce jour par aucun écrivain ; elle existe dans la bibliothèque de la chambre de commerce de Hambourg, et j'en dois encore la description à M. le docteur Moenkeberg. Le titre en est le même que celui de l'édition de 1537, à la seule différence qu'au lieu de 𝕶𝖔𝖕𝖒𝖆𝖓 on lit 𝕶𝖔𝖊𝖕𝖑𝖚𝖉𝖊, au lieu de 𝖂𝖎𝖘𝖇𝖞 on lit 𝖂𝖎𝖘𝖇𝖚, au lieu de 𝖛𝖔𝖗𝖐𝖊𝖗𝖊𝖙 on lit 𝖍𝖆𝖓𝖉𝖊𝖑𝖙, et quelques variations d'orthographe. L'écusson gravé représente un navire avec toutes ses voiles dehors ; le mât porte un pavillon avec l'aigle double, une croix est aux angles supérieurs de toutes les voiles. Le frontispice n'a point de date ; elle se trouve seulement à la fin. M. Moenkeberg m'a assuré que cette édition étoit conforme à celle de 1537, sauf quelques légères différences résultant des changemens survenus dans la langue, dont on a vu des exemples dans le titre. Mais à la fin, à la suite de la formule de clôture, 𝕳𝖞𝖗 𝖊𝖓𝖉𝖊𝖙 &c., après les mots 𝖗𝖎𝖈𝖍𝖙𝖊𝖓 𝖒𝖆𝖈𝖍, on lit ce qui suit : 𝖀𝖓𝖉𝖊 𝖙𝖗𝖆̈𝖚𝖑𝖎𝖈𝖍 𝖞𝖓 𝖉𝖆𝖙 𝖘𝖆𝖘𝖘𝖊𝖘𝖈𝖍𝖊 𝖌𝖊𝖘𝖆𝖙𝖙𝖊𝖙 𝖚𝖓𝖉𝖊 𝖌𝖊𝖉𝖗𝖚𝖈𝖐𝖊𝖙 𝖙𝖍𝖔 𝕷𝖚𝖇𝖊𝖈𝖐 𝖉𝖔̈𝖗𝖈𝖍 𝕵𝖔𝖍𝖆𝖓 𝕭𝖆𝖑𝖍𝖔𝖗𝖓, ce qui signifie : *Fidèlement traduit en saxon et imprimé à Lubeck par Jean Balhorn.* « Ces mots, *traduit en saxon,* m'ont frappé, dit « M. Moenkeberg. Dans l'édition de 1537, il n'est pas question de traduc- « tion, et l'opinion la plus répandue est que l'original a été écrit en bas- « saxon. Je n'ai vu nulle part que l'on connoisse un exemplaire en langue « gothique ou vieux suédois. Langenbeck, dans la préface de son commen- « taire sur le droit maritime de Hambourg, en a déjà fait la remarque. »

On pourroit peut-être ne pas faire un grand cas de ce que dit l'imprimeur Balhorn sur cette *fidèle traduction en saxon;* son habileté critique est fort suspecte, et le proverbe allemand, 𝖛𝖊𝖗𝖇𝖊𝖘𝖘𝖊𝖗𝖙 𝖉𝖚𝖗𝖈𝖍 𝕵𝖔𝖍𝖆𝖓𝖓 𝕭𝖆𝖑𝖍𝖔𝖗𝖓, est connu.

Cependant la remarque de M. Moenkeberg a dû fixer mon attention, et je crois que dans cette circonstance Jean Balhorn vaut mieux que sa renommée. Ce qu'il dit me paroit tout-à-fait exact, non pour la totalité, mais pour la plus grande partie de la compilation. Sans doute, les articles empruntés aux codes de Lubeck ne sont point traduits en saxon, car ils ont été eux-mêmes écrits originairement en cette langue, qui étoit celle de Lubeck ; à moins que Balhorn n'ait voulu dire que le style en a été un peu rajeuni, comme il est facile de le reconnoitre par la comparaison des textes. Mais quant au reste de la compilation, il est bien clair qu'elle est traduite des articles connus dans les Pays-Bas sous le nom de *Jugemens de Damme* ou *Lois de Westcapelle*, et des Usages maritimes d'Amsterdam, Enchuysen ou Stavern. C'est probablement à cette partie, qui forme les cinq sixièmes de la compilation, que s'appliquent, et avec raison, les mots, *traduit en saxon ;* car, pour les Allemands, cette partie venoit de pays étranger ; aucune ville du Nord ne s'en prétendoit auteur à cette époque ; personne ne doutoit alors de la véritable origine de chacune des parties sur lesquelles le temps, l'erreur de quelques écrivains, la crédulité de ceux qui les ont copiés sans autre examen, ont fini par jeter beaucoup d'obscurité.

Je ne sais si, après avoir parlé de cette édition de 1575, sur l'existence de laquelle, nonobstant le silence des bibliographes, il n'est pas possible d'avoir des doutes, je dois indiquer celle dont Dreyer et les auteurs du *Nye Danske Magazin* fixent la date à 1596, sur la foi du catalogue de la bibliothèque de Richey. Il seroit possible, puisqu'on annonce aussi qu'elle a été publiée à Lubeck par Jean Balhorn, que ce fût celle de 1575 qu'on auroit mal datée ; il est probable au moins qu'elle en étoit une réimpression.

Brokes a publié en 1765, dans l'appendix de son ouvrage intitulé *Observationes forenses*, une édition plat-allemande d'après le manuscrit de 1533 existant à Lubeck dans le musée Dreyerien, et d'après celui de 1537 appartenant à M. Petersen. Il n'a point fait connoitre le motif de cette préférence donnée à un texte incomplet. Il n'a pas même eu l'attention d'indiquer, je ne dirai pas les variantes résultant d'une collation avec les autres éditions (on verra plus bas que c'eût été impossible), mais du moins l'existence de ces éditions, la plupart faites à Lubeck, ni les supplémens qu'elles pouvoient naturellement lui offrir. Il a commis une faute plus grave : il a corrigé le texte dont il se servoit, quelquefois avec raison, souvent sans aucun motif, et n'en a point averti ; il a notamment omis une rubrique dont j'ai parlé page 402. Je m'expliquerai plus bas sur la traduction latine dont il a accompagné son texte.

Je mets au dernier rang de cette indication des manuscrits ou éditions en plat-allemand le texte qu'on trouve dans le *Corpus statutorum Sleswicensium*, tome II, pages 675 et suivantes, imprimé à Sleswick en 1795. Il faut sans doute reconnoitre au manuscrit d'après lequel on l'a publié une date fort ancienne, mais elle seroit incertaine ; je ne crois pas, du reste, qu'elle pût être reportée au-delà de l'édition de 1505, ni même de la première édition de Lubeck de 1537. La préface expose, ainsi que je l'ai dit page 431, qu'en 1582 Adolphe duc de Sleswick-Holstein érigea le village d'Husum en bourg, auquel il accorda une juridiction indépendante de celle dont il avoit jusqu'alors relevé, et lui octroya pour loi maritime la compilation de Wisby. Le texte se reporte donc au moins à 1582, et l'on peut, sans rien hasarder, croire qu'à cette époque on employa une des éditions ou un des manuscrits les plus répandus. Dans la réalité, le texte diffère peu du manuscrit de Gripswald et des éditions de Lubeck que je viens de décrire.

Telles sont les éditions imprimées ou les manuscrits de la compilation de Wisby, en idiome appelé bas-saxon ou plat-allemand, dont j'aie connoissance (1); on peut y joindre, comme manuscrits incomplets, celui de Lubeck, et les trois de Hambourg dont j'ai donné la description pages 367 et 368.

Mais, lorsque tous ces matériaux eurent été réunis, à l'aide d'une correspondance souvent ralentie par les distances, et plus souvent interrompue par les diverses fonctions auxquelles j'ai été appelé ou par les soins qu'exigeoit le reste de ma collection, j'ai reconnu que la discussion sur l'origine et l'époque de la compilation, quoiqu'assez épineuse pour un Français, n'étoit pas la partie la plus délicate de mon travail; et, tout en éprouvant, pour le choix du texte, l'embarras des richesses plutôt que la pénurie des documens, cette abondance est devenue elle-même une source de difficultés.

Les éditions et les copies de manuscrits que je suis parvenu à réunir, présentent de très-grandes variétés de textes. Ces variétés ne consistent pas simplement dans des additions ou des suppressions, dans des changemens et des déplacemens de quelques mots, dans le rajeunissement d'expressions surannées, d'où résulteroit une collation semblable à celle que j'ai faite pour la compilation rhodienne et pour les Rôles d'Oléron. Il y a entre ces divers textes une différence totale de locutions, de constructions grammaticales et d'expressions employées pour traduire le même fond. MM. Moenkeberg et Lappenberg m'avoient déjà communiqué cette remarque, lorsqu'ils voulurent bien me rendre compte de leurs tentatives pour parvenir à faire, comme je les en avois priés, une collation des éditions de 1537 et de 1575 avec le texte de 1505, contenu dans le *Danske Magazin*, et avec l'édition donnée par Brokes en 1765.

Ces différences sont presque insensibles en ce qui concerne les articles empruntés aux codes de Lubeck; mais en ce qui concerne le reste de la compilation, elles sont portées à un point tel, qu'une collation de textes devient impossible, parce qu'encore bien que tous s'accordent sur le fond des idées, ils diffèrent dans la manière de les rendre.

---

(1) Pour n'avoir à me reprocher aucune omission, j'ajoute que Lange, dans son ouvrage intitulé *Brevis Introductio* &c., page 39, indique un manuscrit de 1555, appartenant alors au pasteur Jacques de Méllé. Je n'ai pu obtenir aucun renseignement à cet égard à Lubeck.

Cette singularité mérite d'être remarquée, parce qu'à mes yeux elle est une nouvelle preuve que la compilation n'est point un ouvrage original. Voici comment on peut l'expliquer. Les articles empruntés aux codes de Lubeck, ayant été composés en plat-allemand, ne sont pas traduits, mais reproduits dans leur langue naturelle. Il n'a donc dû se glisser dans les copies que de légères différences causées ou par des omissions, ou par des transpositions de mots, ou par la substitution de quelques termes plus récens à des termes anciens. Il n'en a pas été ainsi de la partie empruntée aux Rôles d'Oléron, ou, si l'on veut, aux Jugemens de Damme et aux Usages maritimes de Hollande. Ces morceaux ayant, par les raisons que j'ai expliquées page 446, été traduits dans plusieurs villes du littoral de la Baltique, chaque traducteur avoit employé les locutions ou les formes de langage qui lui étoient propres; et cela ne surprendra personne : dans les langues les plus parfaites et les mieux fixées, des écrivains d'une égale habileté traduisent le même ouvrage avec des expressions différentes, quoique dans le même sens.

On peut classer les éditions et les manuscrits dont j'ai rendu compte, en deux familles, si je peux employer ce mot, que leur style rend tout-à-fait étrangères entre elles.

L'édition de 1505 ne diffère pas seulement des autres par le langage, qui est bien plus suranné et d'un plat-allemand moins pur; elle en diffère encore par sa contexture générale et par le nombre des articles, qui est de soixante-six (1), et dont aucun ne porte en tête ni à la fin le mot Belevinge, *jugement*.

La série d'articles empruntée aux codes de Lubeck, qui est de douze seulement dans les éditions et les manuscrits de la seconde famille, en forme quatorze dans cette édition de 1505. Dans la série empruntée aux Rôles d'Oléron, ou, si l'on veut, aux Jugemens de Damme, un de ces articles, le 15.ᵉ, est divisé en deux; ce qui fait que cette partie comprend vingt-cinq articles, depuis le 15.ᵉ jusqu'au 39.ᵉ inclusivement. La partie composée des Usages de Hollande, commençant par l'article 40 et finissant par l'article 64, ne forme que vingt-quatre articles au lieu de trente-quatre; mais, au moyen de ce que plusieurs sont réunis en un seul, il n'en manque réellement que six, qui sont les 65.ᵉ, 66.ᵉ, 67.ᵉ, 68.ᵉ, 69.ᵉ et 70.ᵉ des éditions et des manuscrits de la seconde famille. Les articles 65 et 66 sont les mêmes que les deux derniers de toutes les autres éditions.

Les manuscrits de Lubeck de 1533 et de 1537, qui ont l'un et l'autre servi de type à l'édition donnée par Brokes, appartiennent à la même famille. Le texte en est littéralement le même, à la seule différence que ces deux manuscrits ont omis les articles 7, 11, 24, 38, et que, d'un autre côté, ils

---

(1) Verwer, *Nederlants See-Rechten*, page 33, et après lui M. Meyer, page 50 de la dissertation que j'ai déjà citée, ont dit qu'elle consiste en soixante-douze articles, et que les éditions postérieures en sont des réimpressions : les textes feront sans peine connoître l'erreur dans laquelle ces écrivains sont tombés.

coupent en deux l'article 48 et l'article 62. Ces manuscrits peuvent servir à corriger les fautes de l'édition de 1505; car ils n'offrent pas, à proprement parler, de variantes.

Les autres manuscrits et toutes les éditions, depuis celle de Lubeck de 1537, forment la seconde famille. Ils contiennent soixante-douze articles. La partie empruntée aux codes de Lubeck est de douze; celle des Rôles d'Oléron, de vingt-quatre, depuis et y compris le 13.ᵉ jusques et y compris le 36.ᵉ; la partie empruntée aux Usages maritimes de Hollande, de trente-quatre, depuis et y compris le 37.ᵉ jusques et y compris le 70.ᵉ Les deux derniers sont semblables aux deux derniers de l'édition de 1505, et des manuscrits de 1533 et de 1537.

Les manuscrits et les éditions de cette seconde famille se ressemblent à un point tel, qu'ils sont évidemment la copie les uns des autres, sauf les changemens que l'orthographe et les mutations de la langue ont pu apporter: tous, sans exception, portent en tête de chaque article le mot $\mathfrak{Belevinge}$, *jugement*, précédé ou suivi du numéro d'ordre. Le style n'a rien de commun avec l'édition de 1505, ni avec les manuscrits de 1533 et de 1537.

Essayer d'expliquer la cause de cette différence notable entre la compilation, telle qu'elle fut imprimée en 1505, et cette même compilation telle qu'elle a été constamment réimprimée depuis l'édition de Lubeck de 1537, est une chose qui me paroit impossible. Il suffit que le fait soit constant. Voici la seule conjecture probable. Si l'on admet, sur la foi d'Hadorph, qu'une édition hollandaise ait paru à Harlingue en 1532, il peut se faire qu'un exemplaire ou une copie manuscrite de l'édition de 1505 ayant été porté en Hollande, on y ait reconnu que la partie empruntée aux Usages de ce pays n'étoit pas complète; qu'on y ait imprimé une compilation plus ample, et que cette édition hollandaise ait été la source de celles qui se sont succédé en plat-allemand depuis 1537. Dans cette hypothèse, on comprendroit très-bien pourquoi Balhorn avoit mis sur le frontispice de son édition: *Fidèlement traduit en saxon*.

Dans cet état, M. de Clerq, mon collaborateur, a partagé mon opinion qu'il valoit mieux courir le risque de faire quelque chose de superflu, que de mériter le reproche d'avoir omis des documens utiles aux savans. Nous avons, en conséquence, pris la résolution d'offrir deux textes.

Par le moyen du premier, on possédera la compilation telle qu'elle a existé dans le temps le plus voisin de sa rédaction, ou du moins telle que la présente la plus ancienne des copies connues. Le second texte fera connoître les changemens que cette première rédaction a éprouvés.

Pour la publication du premier texte, nous avons fait usage de la réimpression de l'édition de 1505 contenue dans le tome V du *Danske Magazin*. Cependant nous avons reconnu dans ce texte des fautes, dont quelques-unes ont pu être corrigées à l'aide des manuscrits de 1533 et de 1537. Lorsque ces manuscrits contenoient aussi des fautes qu'il y avoit évidente nécessité de corriger, j'indique dans des notes les motifs des corrections adoptées par M. de Clercq, ou ses doutes lorsqu'il n'a pas cru devoir prendre sur lui de faire un changement.

Quant au second texte, nous avons suivi le manuscrit de Gripswald : l'édition contenue dans le *Corpus statutorum Slesvicensium*, ainsi que celles de 1537 et de 1575, qui existent à la bibliothèque de la chambre de commerce de Hambourg, ont servi à en vérifier l'exactitude.

Mais deux traductions étoient évidemment inutiles, puisqu'elles auroient reproduit deux fois la même chose. M. de Clercq n'a donc traduit que le texte de 1505, parce qu'il est le plus ancien, et qu'il présente d'ailleurs les mêmes décisions et le même sens que les textes plus modernes : mais j'aurai soin d'indiquer dans des notes les différences, d'ailleurs peu considérables, qui se rencontrent dans ceux-ci, et de renvoyer par une collation du second texte aux articles du premier auquel est jointe la traduction.

On reconnoîtra peut-être qu'il étoit difficile de faire mieux dans un pays aussi éloigné des sources. Il me reste à donner une notice des différentes traductions de la compilation.

La langue hollandaise est celle qui offre la plus ancienne, s'il est vrai qu'il en ait été imprimé une à Harlingue en 1532. Elle m'est connue seulement par la citation qu'en fait Hadorph dans la préface de la traduction suédoise dont je parlerai plus bas : tous mes soins pour en vérifier l'existence ont été inutiles.

Il en existe une aussi en hollandais qui a été souvent réimprimée dans le livre intitulé *'t Boeck der Zee-Rechten*; j'ignore si c'est la même que celle de 1532. Elle offre le même sens et le même nombre d'articles que le manuscrit de Gripswald et les éditions de Lubeck et d'Husum, avec cette différence que, dans le *Boeck der Zee-Rechten*, les articles sont précédés chacun d'une rubrique destinée à en faire connoître l'objet. Cette traduction est également insérée à la page 147 du recueil intitulé *Handvesten, Privilegien, Handelingen, Costuymen ende Willekeuren der Stad Amsterdam*, &c. imprimé en 1624 (1). Brokes assure que Westerveen a publié une traduction hollandaise de la compilation, accompagnée d'une préface et des passages des auteurs qui en ont parlé avec éloge; il la date de 1704, *in-4.*° Je crois qu'il a confondu avec la compilation de Wisby le Consulat de la mer, dont Westerveen a donné une traduction en 1704. Verwer a donné aussi un texte hollandais dans son ouvrage *Nederlants See-Rechten*; j'en ai suffisamment parlé dans ce chapitre et dans le précédent. Le texte publié par Verwer a été imprimé avec des notes, la plupart empruntées à cet auteur,

---

(1) Dreyer, Einleitung in die Lübischen Verordnungen, t. I, page 443, et Brokes, *Observationes forenses*, præf. pag. vj, citent cette édition comme étant de 1639, et disent que la compilation se trouve à la page 417. Peut-être y a-t-il eu aussi une édition de 1639. Je n'ai pu en avoir connoissance.

dans l'ouvrage hollandais de Le Clercq, intitulé *Algemeene Verhandelingen van de Herschappy der Zee*, page 162.

S'il faut en croire Hadorph, il auroit été publié une traduction anglaise de la compilation en 1536. Je ne peux rien affirmer à ce sujet. M. Ellis, secrétaire du Musée britannique, à qui M. le baron Séguier a bien voulu s'adresser de ma part, a répondu qu'il n'en avoit aucune connoissance. Une traduction anglaise plus récente existe dans le recueil intitulé *A General Treatise of the dominion of the sea*, et dans celui qui a pour titre *Laws, Ordinations of the admiralty jurisdiction;* mais elle a été faite d'après la version française publiée par Cleirac, laquelle, comme on le verra plus bas, est extrêmement incomplète et défectueuse. On peut en conclure, ou que la traduction de 1536 n'a point existé, ou qu'elle est tombée dans un oubli absolu en Angleterre.

J'ai déjà parlé d'une traduction danoise imprimée à Copenhague en 1545. Son extrême rareté avoit porté les auteurs du *Danske Magazin* à douter qu'elle existât; cependant plusieurs littérateurs de Danemarck et un catalogue de la bibliothèque du couvent d'Odensée l'indiquoient. Les doutes ont été levés dans le *Nye Danske Magazin*, tome I.er, page 257. On y lit que cette traduction se trouve à la bibliothèque royale de Copenhague, qui l'a achetée à la vente du conseiller d'état Luxdorph. Cet amateur y avoit inscrit la note suivante : *Hic libellus inter meos rarissimus , nec aliud unquam exemplar vidi, nec ullum hominem cognitum habeo aut habui qui viderit.* Cet exemplaire et celui du couvent d'Odensée sont probablement les seuls qui existent. Voici la description de l'exemplaire de la bibliothèque royale de Copenhague, d'après les renseignemens que je dois à M. le marquis de Saint-Simon. C'est un ouvrage *in-8.°* de quarante-huit pages. Sur le frontispice, au-dessous des lettres I. N. R. I., est le titre danois, Her efter følger den høgeste oc elste Waterret, som den mennige Kiøbmand oc Skipper haffuer ordinereth oc giort vdi Wesby paa Gudland, at huer som bruger oc bierger seg til Søes skal vide at rette seg effter, qu'on peut traduire ainsi :
« Le suprême et très-ancien droit maritime que tous les négocians et patrons
« ont concerté et réglé à Wisby en Gothlande, afin que ceux qui fréquentent
« la mer l'observent et s'y conforment. » Au-dessous se trouvent les armes de l'archevêque de Drontheim en Norvége. Au revers de ce premier feuillet une traduction libre en langue danoise des versets 2 et 6 du chapitre XIII du livre de la Sagesse, et des versets 9 et 10 du chapitre XL de l'Ecclésiastique. La traduction se trouve au deuxième folio, sous le titre : Her begindes den høgeste oc elste Watterreth aff Wesby, c'est-à-dire, *Ici commence le suprême et très-ancien droit de Wisby.* Les articles sont numérotés 1.er, 2.e, 3.e, 4.e, &c. jusqu'au 66.e, après lequel on lit le mot *finis,* et en langue danoise, Prentet y Kiøbenhaffn aff Hans Wingaardt, anno D. M. D. xlv, c'est-à-dire, *Imprimé à Copenhague, chez Hans Wingaardt, l'an du Seigneur MDXLV.*

Quant à l'exemplaire de la bibliothèque du couvent d'Odensée, il est semblable à celui que je viens de décrire, sinon qu'au lieu des armes de l'archevêque de Drontheim il porte les armes de Danemarck.

Les auteurs du *Nye Danske Magazin,* en réimprimant cette traduction, y ont joint un grand nombre de notes. Presque toutes indiquent en quoi le traducteur s'est écarté de l'édition de 1505, et les différences principales qui existent entre la traduction et un exemplaire plat-allemand imprimé à Lubeck en 1596, qu'ils disent avoir appartenu à Richey et qu'ils considèrent comme une réimpression de l'édition de 1537; mais, l'exemplaire étant incomplet, ils n'ont pu faire la conférence de la totalité.

La traduction de 1545 ressemble à l'édition *princeps* de 1505, en ce qu'elle ne contient point ceux des articles du droit maritime de Hollande que j'ai indiqués page 455, comme manquant dans cette édition. Néanmoins le traducteur a évidemment consulté l'édition faite à Lubeck en 1537: ainsi la série des articles empruntés au droit de Lubeck, qui dans l'édition de 1505 est de quatorze, n'est que de douze dans la traduction; ainsi, l'édition de 1505 ayant divisé en deux d'une manière fort ridicule un article qui répond à l'article 15 des Rôles d'Oléron ou Jugemens de Damme, le traducteur danois, à l'exemple de l'éditeur de 1537, n'en a fait qu'un seul. Quelquefois il a ajouté des mots ou de courtes explications qui ne se trouvent ni dans le texte de 1505 ni dans l'édition de 1537. La rubrique qui, dans l'édition de 1505, précède l'article 40, et, dans les autres éditions, l'article 37, n'est conforme dans la traduction danoise à aucun de ces textes. C'est le même sens, il est vrai; mais ce ne sont pas les mêmes termes. Le traducteur a très-bien reconnu que l'article dernier de la compilation, le 66.e dans l'édition de 1505, ou le 72.e dans les autres éditions, étoit une répétition littérale de l'article 1.er; en conséquence, il ne l'a pas traduit.

On pourroit conclure de cette collation que, le traducteur danois, qui a travaillé sur un texte de soixante-six articles, en ayant supprimé trois, savoir, le 7.e, le 11.e et le 66.e, et en ayant réuni deux en un seul, sa traduction ne devroit offrir que soixante-deux articles; mais, comme il a divisé en deux les articles 46, 47 et 63 de l'édition de 1505, se conformant en cela à l'édition de Lubeck de 1537, il s'ensuit que sa traduction offre soixante-cinq articles. Je pourrois aussi mettre au rang des traductions danoises la compilation désignée par quelques écrivains sous le nom de code de Chrétien III; mais je me suis suffisamment expliqué, page 369, au sujet de ce document.

La première traduction en allemand proprement dit que je connoisse a été publiée par l'Estocq dans son ouvrage intitulé Auszug der Historie des allgemeinen und Preußischen See-Rechts, page 73, d'après un manuscrit de Kœnigsberg portant la date de 1580, ainsi que l'assure Sahme dans sa préface sur l'ouvrage de l'Estocq. Cette traduction, si elle est complète et fidèle, a dû être faite sur un texte différent de tous ceux dont j'ai parlé plus haut; ou si, comme je le crois, elle n'est qu'un extrait, on peut présumer qu'il n'a pas été fait d'après l'édition de 1505, mais plutôt d'après l'un de celles de 1537 ou de 1575 : en effet, il contient trois articles omis dans l'édition de 1505. Il n'indique le nom de Wisby ni dans le titre, ni à la fin; il est intitulé simplement : Alhie hebet sich an das Waſſer-Recht, darnach man die Sehefahrende Mannes mag richten, unnd endtscheiden unnd volget. « Ici commence « le droit maritime, servant à juger les gens qui naviguent sur mer, d'après « lequel on décide et que l'on suit. » Il ne porte point en tête, comme les textes plat-allemands dont j'ai rendu compte, la série de douze ou quatorze articles empruntés aux codes de Lubeck; il commence par l'article 1.er des articles empruntés aux Rôles d'Oléron. Mais, au lieu de vingt-quatre, il n'en contient que vingt-deux, ayant omis l'article 13, lequel, ainsi qu'on l'a vu page 333, est extrèmement défectueux dans la plupart des manuscrits et des imprimés français, et l'article 24, dont la traduction n'étoit pas facile pour des hommes à qui l'usage du français étoit peu familier; ces deux articles sont précisément ceux que Garcie et Cleirac ont omis dans leurs éditions des Rôles d'Oléron. Chaque article de cette série est terminé dans cet extrait par les mots Das et quelquefois Diſ iſt das Recht davon, Ceci est le droit en ce cas. A la suite de cette partie, en continuation de numéros, se trouvent vingt-un articles des coutumes de Hollande, sous le titre : Diſ iſt die Ordinatio, die die Schippers und Kauffleuthe under sich haben vom Schiff-Rechte, Ceci est l'ordonnance que les patrons et négocians ont entre eux sur le droit maritime. Ils répondent à cette même série, telle que l'offrent les éditions de 1537 et années postérieures, à la seule différence que le traducteur a réuni plusieurs articles ensemble et a omis les 41.e et 43.e; ils ne sont point accompagnés, comme les précédens, de la formule, Ceci est le droit en ce cas. A la suite de cette série, on trouve l'indication d'un jugement rendu à Kœnigsberg en 1522; et de suite, sans séparation, les articles 1, 2 et 5 de la série des articles appartenant à Lubeck, ainsi qu'un article qui est le 65.e dans l'édition de Copenhague et le 71.e dans les autres éditions, lequel est également emprunté aux codes de Lubeck.

Il est difficile d'expliquer ce qui a donné lieu à ce choix d'articles; on peut dire seulement qu'il a été fait avec quelque discernement. Les articles de la série appartenant aux usages de Hollande qui ont été omis, ont dû l'être à dessein, parce que dans la réalité ils forment double emploi avec d'autres de la série précédente que le traducteur a employés.

C'est sans doute aussi à dessein que ce traducteur n'a employé que trois des douze premiers articles appartenant aux codes de Lubeck. La législation de Kœnigsberg ayant été empruntée à Lubeck, comme il est facile de le reconnoître en comparant le code du duché de Prusse, publié en 1620, avec le statut officiel de Lubeck de 1586, plusieurs de ces douze articles faisoient déjà partie de la loi commune, et le traducteur, ne s'occupant que de recueillir des usages supplémentaires, aura exclu de son choix ce qui étoit contenu dans les lois en vigueur.

Quoiqu'à l'époque où cette traduction a été faite, époque qui doit être postérieure à 1522, puisqu'une des décisions analysées porte cette date, la langue allemande, comme toutes les langues vivantes, n'eût pas acquis la perfection qu'elle a maintenant, ce document ne peut être mis au rang des pièces plat-allemandes; il n'est point évidemment écrit dans cet idiome, mais en haut-allemand du XVI.e siècle.

Marquard a publié en 1662 une traduction de la compilation entière en allemand; elle est à la page 674 du tome II de son ouvrage intitulé *De jure mercatorum et commerciorum*. Lange présume avec raison (1) que Marquard a traduit sur une des versions hollandaises; en effet, chaque article de sa traduction est précédé de rubriques qui ne se trouvent que dans celles-ci.

Engelbrecht a aussi donné une traduction allemande dans son *Corpus juris nautici*, page 77; il s'est borné, ainsi qu'il le dit dans sa préface, à traduire l'édition hollandaise de Verwer.

Hadorph a publié une traduction suédoise en 1689. Persuadé que la compilation appartenoit à Wisby et avoit dû y être promulguée en langue du pays, il annonce que ce droit maritime ne se trouve plus dans sa vieille langue maternelle gothique, mais seulement en vieux saxon, c'est-à-dire, en plat-allemand, imprimé à Copenhague en 1505. Il ajoute qu'il avoit d'abord eu l'intention de traduire ce texte; qu'il commença même; mais qu'éprouvant de trop grandes difficultés à raison de son incorrection, laquelle n'est cependant pas, comme on le verra, assez grande pour rendre le tout inintelligible, il avoit pris pour guide une version hollandaise, parce qu'elle lui paroissoit plus exacte et plus conforme à l'allemand de Marquard.

Une autre traduction suédoise, faite en 1549 par Michel Agricola, évêque d'Abo, est indiquée par Hadorph; mais il laisse entendre qu'elle n'a pas été imprimée (2). Il ajoute, du reste, qu'Agricola avoit aussi pris pour texte de sa traduction l'édition hollandaise faite à Harlingue en 1532, ou la traduction anglaise de 1536.

On ne peut véritablement appeler traduction ce que Cleirac a donné en français dans les *Us et Coutumes de la mer*. Il ne s'est pas contenté de n'être pas littéral, souvent il s'est borné à indiquer simplement le sens des articles, et presque toujours il a supprimé les passages qui lui ont paru trop difficiles. Il est probable qu'il a travaillé sur une version hollandaise, d'abord

---

(1) *Brevis Introductio in notitiam legum nauticarum*, &c. pag. 39.
(2) Dreyer, dans son ouvrage Einleitung in die Lübischen Verordnungen, page 443, assure que la traduction suédoise publiée par Hadorph est celle qu'avoit faite Michel Agricola; Lange l'avoit dit aussi, *Brevis Introductio in notitiam* &c., page 41, et cette opinion a été reproduite par Brokes, *Observationes forenses*, præf. pag. vj: mais je crois qu'ils se trompent. Hadorph me paroit avoir dit le contraire dans sa préface, et il indique la traduction qu'il publie comme son ouvrage propre.

parce que la division des articles de sa traduction est la même, et en second lieu parce qu'au nombre des livres qu'il cite comme sources du droit maritime il indique précisément le *Boeck der Zee-Rechten*, dont toutes les éditions contiennent la compilation en hollandais.

Il en est de même de la traduction italienne qu'on trouve dans l'ouvrage intitulé *Biblioteca di gius nautico*, tome I.er, page 154, et dans le cinquième volume du traité de Baldasseroni, *Delle Assicurazioni marittime*, page 589; l'une et l'autre sont faites d'après celle de Cleirac.

Enfin une traduction latine a été publiée par Brokes, en regard de son édition indiquée page 453. Cette traduction est d'un style clair et pur. Brokes dit assez formellement qu'il n'en est pas l'auteur. Il est possible que ce soit celle que Lange déclare avoir faite(1) et qui a dû être trouvée dans ses manuscrits. Ce jurisconsulte avoit pris pour guide la traduction allemande de Marquard : or précisément le latin que Brokes a mis en regard de son édition *plat-allemande* est tout-à-fait conforme à l'allemand de Marquard. Je ne veux point allonger cette dissertation par des preuves multipliées que la traduction latine publiée par Brokes n'a pas été faite d'après le texte auquel il l'a annexé; ces preuves trouveront mieux leur place dans les notes dont mon édition sera accompagnée.

La traduction que je publie est l'ouvrage de M. de Clercq, qui s'est attaché à la rendre littérale et exacte autant que la langue française le permet, plutôt qu'à la faire élégante. La justice et la reconnoissance me commandent de faire connoître ce que je dois à cet estimable collaborateur, qui non-seulement m'a fourni des renseignemens philologiques dont j'ai fait usage dans cette dissertation et dans les notes, mais encore qui m'a donné les solutions d'un grand nombre de difficultés pour lesquelles la connoissance de l'allemand et du plat-allemand étoit nécessaire. M. de Clercq a bien voulu aussi soigner l'impression des textes. Il s'est conformé pour l'orthographe de celui de 1505 à l'édition du *Danske Magazin;* et pour le second texte, à la copie que j'ai obtenue de Gripswald. Ainsi l'on ne doit pas être surpris de trouver souvent le même mot différemment orthographié. Les auteurs du *Danske Magazin* ont mis des lettres capitales à tous les substantifs : quoique cet usage ne soit pas très-ancien, et qu'il ait été peut-être observé rarement dans les manuscrits, je m'y suis conformé; mais j'ai supprimé quelques capitales qui ne devoient pas subsister d'après cette règle, et qui sans doute se rencontrent dans les imprimés par suite de l'habitude qu'avoient autrefois les copistes de mettre en tête de chaque ligne une lettre capitale.

(1) *Brevis Introductio in notitiam legum nauticarum*, &c. pag. 44.

DROIT MARITIME

CONNU SOUS LE NOM DE

LOIS DE WISBY.

TEXTE DE L'ÉDITION DE 1505 (1).

Her beghynt dat Hogheste Water-Recht.

Ici commence le suprême droit
maritime (2).

ARTICLE PREMIER (3).

Item. Wor eyn Schipper winnet eynen
Sturman ebber eynen Leytsager efte eynen
Schipman, deme syn se plichtich stine
Reyse vul to donde, also se em ghelauet
hebben. Were dat se des nicht en holden,
so scal he deme Schipperen sin gantze Lon
webber gheven, dat he op gheboret heft.
Dar to scal he geven van synes sulues
Ghelde half so vele als em ghelauet was.

Item. Lorsqu'un patron engage un contre-
maître, ou un pilote, ou un matelot, ceux-ci
sont tenus d'accomplir le voyage, ainsi
qu'ils le lui ont promis. Celui qui n'exécute
pas son engagement est tenu de restituer au
patron tout le loyer qu'il en a reçu; en outre, il donnera, de son argent, la moitié de
ce qui lui aura été promis. Nul ne devra non
plus débaucher ou embaucher le contre-
maître, le pilote ou le matelot d'un autre :

(1) L'objet principal, et je pourrois dire unique, des notes est d'indiquer, 1.º la corrélation d'articles
entre le texte de 1505 et les autres éditions de la compilation ; 2.º d'expliquer le motif des corrections peu
nombreuses, mais nécessaires, qu'il a été indispensable d'introduire dans le texte de 1505 ; 3.º d'exposer les
raisons de douter sur l'exactitude de quelques mots que M. de Clercq n'a pas cru devoir corriger lorsqu'il ne pouvoit justifier ses corrections que par des conjectures ; 4.º de présenter les différences les plus
remarquables qui existent entre l'édition de 1505, le manuscrit de Gripswald, celui d'Husum, publié dans
les statuts de Sleswick, et les éditions faites à Lubeck en 1537 et 1575, auxquelles je donne, pour
éviter d'ennuyeuses répétitions, le nom d'éditions vulgaires ; quelquefois aussi les variantes les plus remarquables de la traduction danoise de 1547 et de la version allemande publiée par l'Estocq. Les chiffres des
notes qui ont un rapport direct avec le texte considéré en lui-même sont placés immédiatement après
les mots auxquels ces notes se réfèrent; les autres sont placés dans la traduction. J'ai cru toutefois qu'une
série unique pouvoit être adoptée sans inconvénient.

(2) Voici le titre dans les manuscrits de 1533 et de 1537 ; les mots entre parenthèses indiquent la différence entre le second manuscrit et le premier : Hier (hyr) beghnnet dat (dath) Water effte Seerecht (Sjeerecht)
unde is dat oldeste (hogeste) unde hogeste (dat eldeste) Recht (Water effte Sjeerecht) van Wiisborn (Wiisbaw).
« Ici commence le droit nautique ou maritime, et c'est le suprême et très-ancien droit (nautique *ou* mari-
« time) de Wisby. » Je donnerai les titres des textes de la seconde famille dans les notes du second texte.

(3) L'article porte ce numéro dans tous les manuscrits et toutes les éditions. La traduction allemande
publiée par l'Estocq, dont j'ai parlé page 459, le place à la suite du dernier de la compilation, et même
il en est séparé par un cas jugé à Kœnigsberg en 1522. Il est emprunté au droit de Lubeck, et se trouve
dans le code inédit de 1348, article 95'; dans le deuxième code publié par Brokes, article 122 ; dans le
troisième publié par le même auteur, article 289.

Ock en fcal neen [Schipper] (1) des anderen
Stûrman, Leytfagen efte Schipman entwin-
nen efte onderhuren (2) : Weret dat yenich
Man dat dede, he fcal ene weder van fick
antwarden deme jenen, de ene to dem erften
gewonnen heft, edder he fcal dat mit fii-
neme Rechte bewaren, dat he ene aller erften gewunnen hebbe. Unde de ghewunnen
efte gehûret was, fcal fyneme Schipperen
de Reyfe vul doen, unn umme fiine Miifs-
daet, dat he fick tween Heren vorbut efte
vorhûrde, fo licht dat an deme Schipper,
wat he en gheuen wil edder nicht van fii-
neme Lone, wente he yb to rechte dar mede
verlaren heft.

s'il arrive que quelqu'un le fasse, il devra
remettre l'individu embauché à celui qui l'a
engagé le premier (3), à moins qu'il n'affirme
sous serment qu'il l'a engagé avant tout
autre. Et celui qui étoit engagé ou loué sera
tenu d'accomplir le voyage convenu avec
son patron ; et à cause du délit qu'il a commis en promettant ou s'engageant à deux
maîtres, il dépendra de son patron de ne
lui payer qu'une partie de ses loyers, ou
même rien, attendu que le fait du double
engagement lui fait perdre tout droit à ses
loyers.

ART. 2 (4).

Item. Is dar jemant, yb fy Stûrman effthe Leytfaghe edder Schippman, de
fick (5) beftedet, unn fynes Amptes nicht
en kan, mach men des ene vorwinnen myt
tween der yenen, de binnen der Bort fyn,
he fcal dem Schipperen fyn Gelt wedder
gheuen, unde dar tho halff fo vele, alzo
he em to Lone efte to fiiner Hûre ghelauet
habbe.

Item. Si quelqu'un s'engage comme contre-
maître, pilote ou matelot, et qu'il ne sache
pas remplir son emploi, s'il peut en être convaincu par deux (6) des personnes qui se
trouvent à bord, il sera tenu de rendre au
patron l'argent qu'il en a reçu, en y ajoutant
la moitié de ce qui lui a été promis pour gages
ou loyers.

(1) Ce mot est omis dans tous les manuscrits et dans toutes les éditions, et les mots des anderen y sont
placés entre Stûrman et Leytfagen ; ce qui signifieroit littéralement, *aucun pilote ne peut débaucher le contre-
maître ou matelot d'un autre*. Or tel ne peut être le sens, puisque le pilote n'est qu'un employé principal, qui est loué par un patron, mais qui ne loue personne pour son service. Le texte des statuts de
Lubeck justifie la correction ; d'ailleurs la faute ne se trouve point dans les versions hollandaises.

(2) Le texte porte onderhuren, ce qui ne peut être qu'une faute : elle a été corrigée d'après les manuscrits de 1533 et de 1537, où on lit underhuren, ce qui est le même mot, parce qu'on écrivoit indifférem-
ment onder ou under.

(3) Le traducteur danois de 1547 a ajouté à cette disposition les mots : *et le matelot paiera, à titre de
dommages-intérêts, autant d'argent qu'il en avoit reçu d'avance pour gages*.

(4) Cet article est le second dans tous les manuscrits et toutes les éditions. Il est réuni à l'article précédent et sans numéro dans la traduction allemande publiée par l'Estocq. Il est emprunté aux codes de
Lubeck, et forme l'article 96 du code inédit de 1348, le 121.e du deuxième code publié par Brokes, et
le 288.e du troisième.

(5) M. de Clercq a cru qu'il falloit lire de fick, comme dans le manuscrit d'Husum, encore que le mot
de ne se trouve dans aucun autre. Les codes de Lubeck, qui ont fourni l'article, s'expriment ainsi : Iffet Sake
dat ein Stûrmann, efte Leidtfagen efte ein Schipmann, edder Boßmann fick beftedet, c'est-à-dire, *s'il est qu'un
ou s'il arrive qu'un pilote, locman, matelot ou marinier se loue*, et, dans cette forme de langage, la
construction grammaticale exigeoit seulement le mot fick, *se* ; mais le rédacteur de la compilation ayant
employé une autre forme, en disant is dar yemant, *s'il y a quelqu'un*, cette construction de la phrase
exigeoit qu'on mît de, *qui*, devant le mot fick, *se*. La langue française offriroit un exemple de ces deux
formes d'expression. Dans le vieux langage, on disoit, *s'il est ainsi qu'un homme se loue*, c'est-à-
dire, *s'il arrive qu'un homme se loue* ; on voit un exemple de cette locution dans les Rôles d'Oléron,
notamment dans les articles 8, 14 et 15. Mais, si l'on adopte l'autre forme, en disant, *s'il y a quelqu'un QUI se loue*, alors le relatif *qui*, dont on n'avoit pas eu besoin dans la première manière de
parler, doit nécessairement précéder *se* dans la seconde forme.

(6) Les manuscrits de Gripswald et d'Husum, ainsi que les éditions vulgaires, disent, tween edder teeen,
deux ou trois, et le traducteur danois a adopté cette substitution.

Art. 3 (1).

Item. Binnen der Hauen mach eyn Scipper synes Schipmans los werden myt halffuen Lone, vn buten der Hauen mit gantseme Lone, alzo verne also he eme neynen Broke bewisen mach.

Item. Dans l'intérieur des ports, un patron ne peut renvoyer un matelot qu'en lui payant la moitié de ses gages ; et hors des ports, qu'en lui payant ses gages entiers, à moins qu'il ne puisse le convaincre de quelque délit (2).

Art. 4 (3).

Item. Dk en scal nymant, vp deme Lande slapen bi Nacht, ane des Scippers Orloff, by twen Groten Tornoysen. Noch en scal dat Boot noch Espinck nemande voren van deme Holke by der Nacht by twen Groten Tornoysen, ane (5) des Schippers Orlof.

Item. Personne ne devra coucher à terre la nuit sans la permission du patron, sous peine de 2 gros tournois (4) d'amende. Personne ne devra non plus détacher la chaloupe ou le canot du navire pendant la nuit sans la permission du patron, sous peine de 2 gros tournois d'amende.

Art. 5 (6).

Item. Dk scal man gheuen tho Schoaewort vor islyke Last swares IV Penningen [inn vnn IV Penningen] (8) vt, vnn van der

Item. On paiera à Schonewort (7), par chaque laste pesant, 4 deniers pour la charge et 4 pour la décharge, et par laste de ton-

(1) Cet article porte le même numéro dans tous les manuscrits ou éditions. Il est emprunté aux codes de Lubeck, où il forme partie de l'article 97 du code inédit de 1348, l'article 123 du deuxième code publié par Brokes, et partie de l'article 290 du troisième. Il n'est point dans la traduction publiée par l'Estocq.

(2) La version latine publiée par Brokes ne contient point cette fin : also verne &c., *à moins qu'il* &c.

(3) Cet article porte le même numéro dans tous les manuscrits ou éditions. Il est emprunté au droit de Lubeck, et forme le reste de l'article 97 du code inédit de 1348, l'article 124 du deuxième code et le reste de l'article 290 du troisième code publiés par Brokes. La première partie est réunie à l'article 1.er, qui se trouve sans numéro dans la traduction allemande publiée par l'Estocq, ainsi que je l'ai dit note 3 de la page 463; mais, au lieu de nymant, *personne*, cette traduction porte kein Kauffman, *nul négociant*.

(4) La monnoie connue sous le nom de *gros tournois*, ou *tournois*, est une monnoie française, comme le reconnoissent un grand nombre d'auteurs, qu'il est inutile de citer sur un point non contesté. Je n'entends pas conclure de cette circonstance que l'article dont il s'agit n'appartienne pas à Lubeck; car on voit par le Glossaire de du Cange, voc. *Tornesius*, que cette monnoie avoit cours dans toute l'Europe. Mais ce mot n'a pu être inséré dans un code de Lubeck qu'à une époque où la monnoie française étoit assez accréditée sur les bords de la Baltique pour qu'on l'ait adoptée comme monnoie de compte dans un pays qui ne dépendoit pas de la France. Je regrette beaucoup de n'avoir pu trouver dans nos bibliothèques l'ouvrage de Dreyer intitulé Sammlung vermischter Abhandlungen &c. qui contient un écrit de Mellens sur les monnoies de Lubeck ; j'y aurois probablement appris l'époque où ce mode de compter a été adopté. Il me paroit certain qu'on ne peut le reporter avant le XIII.e siècle, et cette petite circonstance prouve encore contre l'excessive antiquité attribuée par certains auteurs à la compilation de Wisby.

(5) Au lieu de ene qui se trouve dans le texte, M. de Clercq a mis ane, comme au commencement de l'article; les manuscrits de 1533 et de 1537 y substituent, effte eth sy by, *ou que cela soit avec*.

(6) Cet article porte le même numéro dans tous les manuscrits et dans toutes les éditions. Il est emprunté au droit de Lubeck, et forme l'article 128 du deuxième et l'article 291 du troisième code publiés par Brokes. Il n'est point dans la traduction allemande publiée par l'Estocq.

(7) La Scanie. Ce pays est, comme on sait, une partie de la Suède, qui a été long-temps sous la domination du Danemarck, et qui en 1656 a été rendue à la Suède.

(8) Ces quatre mots ne se trouvent ni dans le texte de l'édition de 1505, ni dans celui des manuscrits de 1533 et de 1537, de Gripswald et d'Husum. M. de Clercq les a ajoutés sur la foi des codes de Lubeck. Sans cette addition, les matelots seroient payés pour la charge et la décharge des tonneaux vides, et seulement pour la décharge des tonneaux pleins : or n'y a-t-il pas la même raison de les payer pour la charge dans ce dernier cas ? Le dictionnaire plat-allemand imprimé à Brême, de 1767 à 1771, définit précisément le droit dont il s'agit ici, qu'il nomme, comme notre article, Winne-Geld, *droit de palan*, « une rétribution qu'il « falloit payer au patron ou à l'équipage du navire pour charger et décharger les marchandises. »

Laſt lebbigher Tonnen 1 Penning in vnn 1 Penning vt, vmme dat de Schipmannen arbeybet with vnn inne vor er Winneghelt.

neaux vides, 1 denier pour la charge et 1 denier pour la décharge, sommes allouées aux matelots pour leurs droits de palan (1) en chargeant et en déchargeant.

ART. 6 (2).

Item. Of ſcal nemant deme Schipperen, wan he rede is tho der Herinck-Wik ebber to Trauenmünde to ſegelende, ſynen Stůrman ebber Leydſaghen ebber Schipman vte der Bort nemen vmme Schult, de he ſchuldich is, men were dar van ſyneme Gude ichtes in deme Schepe, dat ſcal man dar vth antworden by beſworen Eyden, vmme ſyne Schult dar mede tho betalen. Vnde de ienne, de dar gewunnen is, de ſcal ſyne Reyſe holden, alze de ghelauet is; des ſcal de Schipper eyn Richter weſen.

Item. Lorsqu'un patron se trouvera à Heringwick ou à Travemunde (3), prêt à faire voile, nul ne pourra arrêter à son bord, pour cause de dettes, son contre-maître, pilote ou matelot; mais, s'il y a à bord des effets appartenant au débiteur, on sera tenu, après avoir reçu le serment du créancier, de lui en délivrer jusqu'à concurrence de la dette. Et celui qui est engagé sera tenu d'accomplir son voyage, ainsi qu'il l'a promis; le patron servira de juge (4).

ART. 7 (5).

Item. Weret dat yennich Gud in der Tiit der Noot vnde vmme Stormes willen efte Onwedders willen worde gheworpen with deme Schepe in der Zee, dat Gud ſcal be-

Item. S'il arrivoit que dans un moment de danger, et pour cause de tempête ou de gros temps, des marchandises fussent jetées du navire à la mer, ces marchandises seront

---

(1) La traduction danoise dit seulement à *titre de prime*, et les savans auteurs du *Nye Danske Magazin*, dans la note 9, supposent que le traducteur n'avoit pu deviner la signification du mot Winneghelt, qui est traduit, comme on l'a vu, par *droit de palan*. Peut-être cette réflexion est-elle trop sévère. Il y a des variantes dans les manuscrits. Les éditeurs des Statuts de Sleswick indiquent après le mot Wingeldt une différence entre leur manuscrit et les autres où on lit Primgeldt, *droit de prime;* il est probable que la traduction danoise a été faite sur un manuscrit de cette seconde espèce.

(2) Cet article porte le même numéro dans tous les manuscrits et dans toutes les éditions, et se trouve sans numéro dans la traduction allemande publiée par l'Estocq. Il est emprunté aux codes de Lubeck, et forme le 101.ᵉ du code inédit de 1348, le 126.ᵉ du second code publié par Brokes et le 293.ᵉ du troisième.

(3) La traduction danoise ajoute, *ou ailleurs*, addition qui ne se trouve dans aucun autre texte. La traduction allemande publiée par l'Estocq a omis les mots *Heringwick* et *Travemunde*. Voir ce que j'ai dit relativement à l'indication de ces localités, page 438.

(4) Il ne m'est pas possible d'expliquer autrement que par des conjectures le véritable sens de cette expression. Je serois porté à croire qu'on a voulu dire par-là que le patron recevra le serment du créancier, appréciera le montant de sa créance, la valeur des effets, et tiendra équitablement la balance entre les parties. J'aurai occasion de revenir sur ce point dans les notes sur l'article 10. Peut-être aussi a-t-on voulu dire seulement que le patron jugera de l'utilité qu'il y aura pour lui de garder le matelot ou de laisser le créancier libre d'arrêter son débiteur.

(5) Cet article ne se trouve que dans la seule édition de 1505. Il a sans doute paru inutile à ceux qui ont fait des copies ou des éditions postérieures, parce que les mêmes dispositions se retrouvent presque littéralement dans les articles 14 et 41. La traduction danoise l'a également omis. Il ne se trouve pas non plus dans la traduction allemande publiée par l'Estocq. La première partie est, pour le sens, et souvent même pour les expressions, semblable à l'article 11, que nous verrons plus bas être emprunté à Lubeck : mais la seconde me paroît une addition du rédacteur; car M. de Clercq n'a pu la découvrir dans aucun des codes de Lubeck publiés par Westphal, Dreyer et Brokes. J'ai voulu vérifier si l'on n'en trouveroit pas quelques traces dans les manuscrits inédits, notamment dans celui de 1348. M. Hach, dont l'obligeance est plus grande que ne l'ont été mes importunités, m'a assuré que cet article ne s'y trouvoit pas, mais seulement l'article 11, comme on le verra plus bas.

talet werden, alzo erbaren Mannen spreken vnn seggen, dat ith ghelben moghe in sodaner Stede, dar he dat Gud voren wolbe to vörkopen. Vnde ok dat Schip vnde alle dat Gud, dat in deme Schepe is beholden, dat scal man werdighen, vnde [deme] solk (2) Gud wert so gentliken wt gheworpen, de is deme Schipperen dat Schiplon plichtich, dat (3) is geheten Schiplagaghe (4), ghelik efte he syn Gudh beholden hadde.

payées d'après leur valeur au lieu où elles devoient être conduites pour être vendues (1), suivant le dire et prononcé d'experts. Et on estimera également le navire et toutes les marchandises qui ont été conservées; et le propriétaire des marchandises ainsi totalement jetées devra en payer au patron le fret, c'est-à-dire, le loyer du navire, comme si les marchandises avoient été conservées.

ART. 8 (5).

Item. Hüret eyn Man eyn Schip, vmme in deme Sommer Daghe tho bruken, de Sommer nympt Eynde tho sunte Martins Daghe; kumpt he ben in de Hauene, dar he dat Schip wan, so is he lebbich, dar he aff gehüret heft. Is he ouer to sunte Martens Daghe anders wore, dat sy in der See ebber in eyner Hauen, dat he des nicht keren en kan, so is he ane Ware, beth so lange dat he kamen moghe, dar he dat Schip ghewunnen efte gehüret heft.

Item. Si quelqu'un affrète un navire pour l'employer pendant l'été, cette saison se termine à la Saint-Martin; s'il est rentré à cette époque dans le port où il a loué le navire, il est libéré de son engagement envers le fréteur : mais, si à la Saint-Martin il se trouve ailleurs, soit en mer, soit dans un port, sans qu'on puisse lui en imputer la faute, il ne peut être inquiété, tant qu'il n'aura pas pu retourner dans le lieu où il a loué ou affrété le navire.

ART. 9 (6).

Item. We eynes anderen Mannes Pram nympt, vnn in de Trauene mede vareth sunder siine Wytscop, wil de dat vorderen,

Item. Si quelqu'un prend la prame d'un autre, et s'en sert sur la Trave (7) à son insu, à moins que ce ne soit pour cause d'incendie

(1) Jusqu'ici l'article est, pour le sens, et souvent même pour les expressions, conforme à l'article 11 ci-après, lequel est emprunté aux codes de Lubeck. Le reste est une addition dont l'idée a pu être fournie par l'article 34 des Usages d'Amsterdam, formant l'article 70 de la compilation dans les manuscrits de Gripswald et d'Husum, ainsi que dans les éditions vulgaires, mais qui n'est point dans l'édition de 1505, ni dans les manuscrits de 1533 et de 1537.

(2) M. de Clercq a pensé que le sens exigeoit de faire précéder ce mot du mot deme, celui à qui.

(3) Le texte porte dar au lieu de dat, ce qui est une faute évidente que M. de Clercq a corrigée.

(4) Les savans auteurs du Danske Magazin pensent que Lagaghe est ici pour Lackbge, qui signifie coulage; mais, en admettant cette opinion, il est évident que la phrase n'auroit aucun sens. Le mot Schiplaghe, d'où par corruption, ou peut-être par une faute de copiste, on a fait ici Schiplagaghe, signifie loyer d'un navire. On peut voir le Glossarium Suio-gothicum de Ihre, voc. Skiplega, que cet auteur traduit par naulum. Le mot Schiptaghe est employé en plat-allemand dans le code de la ville de Wisby, Wisby Stadt-Lag, livre III, partie III, chapitre IX. Toutefois, n'osant m'en rapporter à moi-même, j'ai communiqué à M. Hach mon opinion sur la note du Danske Magazin; il a bien voulu m'assurer qu'il considéroit les mots dat is geheten Schiplagaghe comme une note.

(5) Cet article est le 7.e dans tous les manuscrits et toutes les éditions, au moyen de ce qu'ils ont omis le précédent. Il est littéralement conforme à l'article 207 du premier code publié par Brokes, 120 du deuxième code et 287 du troisième, à l'article 216 du code de 1240 publié par Westphal, et à l'article 94 du code inédit de 1348. Il ne se trouve point dans la traduction allemande publiée par l'Estocq.

(6) Cet article est le 8.e dans tous les autres manuscrits ou éditions. Il est conforme à l'article 57 du code latin publié par Westphal, 44 d'un autre code latin publié par Dreyer, 43 du premier code publié par Brokes, 125 du deuxième code et 292 du troisième, 42 du code de 1240 publié par Westphal, et 100 du code inédit de 1348. Il n'est point dans la traduction allemande publiée par l'Estocq.

(7) La Trave est une rivière du Holstein, qui se jette dans la mer à Travemunde, ville dépendante de Lubeck, dont il a déjà été parlé dans la note 3 de la page précédente. Une prame est une sorte de bateau.

beß be Pram iß , fo fcal be anber em Hůre ghenen , vnn beß fo wert he loß mit IV ß. tho botenbe, funber ib tame van Wure efte anber (1) Notfaten.

ou autre force majeure, il sera tenu d'en payer le loyer au propriétaire, si celui-ci l'exige; il pourra s'en libérer en offrant 4 schelings.

ART. 10 (2).

Item. We vmme Schult tho vorberenbe ebber vmme eyne anber Sate tumpt an een Schip vnbe fiine Kleghe voret vor beme Schippere vnn Schipluben vnn Volte, be in beme Schepe fynt, vnn richtet be Schippere bem Kleghere na Schepes Rechte vmme Schult ebber vmme anber Saten, be ienne be beffe Sate efte Schult vorberet, be en iß nicht plichtich iennigher Tughe anberß to bringhenbe, men he fcal gheneten ber beften Tughe, be he yme Schepe vinbet vnn hebben mach. Geliter. Wiiß iffet oct vmme Tughe to bringen buten Lanbß, alfo hier vor ghefecht (6) iß.

Item. Si quelqu'un se présente à bord d'un navire pour demander le paiement d'une dette ou tout autre objet, et qu'après avoir exposé sa demande au patron, aux matelots et autres gens qui se trouvent à bord (3), le patron juge, d'après les principes du droit maritime sur les dettes ou autres matières, il ne sera pas tenu de produire d'autres témoins, mais il pourra se servir des témoins les meilleurs (4) qu'il trouvera et pourra avoir dans le navire. Lorsqu'il y aura lieu de produire des témoins en pays étranger (5), il en sera de même qu'il est dit ci-dessus.

(1) Les manuscrits de 1533 et de 1537 ne portent point le mot anber, *autre;* ce qui est une omission de peu d'importance.

(2) Cet article est le 9.ᵉ dans tous les autres manuscrits et éditions. Il est littéralement conforme à l'article 84 du code de Lubeck de 1240 publié par Westphal, 86 du code inédit de 1348, 85 du premier code publié par Brokes, 113 du deuxième code et 278 du troisième. Il ne se trouve point dans la traduction allemande publiée par l'Estocq.

(3) Cette sorte de juridiction accordée à l'équipage tient à des mœurs et à des circonstances sur lesquelles je dois avouer que je n'ai pas assez de lumières pour m'expliquer avec étendue. On verra dans la suite de cette collection plusieurs lois du moyen âge qui établissoient sur les navires des consuls chargés d'y rendre la justice. Peut-être, dans les anciens usages de Lubeck, auxquels cet article a été emprunté, la juridiction étoit-elle attribuée au patron et à l'équipage. Je n'ai pu encore recueillir assez de renseignemens sur ce point : si j'en obtiens, ils trouveront naturellement place dans ce que je dirai sur le droit maritime de Lubeck.

(4) Cette traduction est le résultat d'une correction dans le texte, dont il est nécessaire de rendre compte. Le texte, dans tous les manuscrits et toutes les éditions, porte befeten, *établis.* Ce mot ainsi traduit, et il ne paroît pas, d'après les lexiques, qu'il puisse recevoir un autre sens, sembleroit se référer aux conditions d'être domicilié et même propriétaire d'immeubles pour être admis en témoignage, ainsi qu'on le voit dans les articles 74, 155 et 205 du premier code de Lubeck publié par Brokes, dans l'article 113 du second et 278 du troisième, dans le 84.ᵉ du code de 1240 publié par Westphal, et dans le 86.ᵉ du code inédit de 1348. Mais précisément l'objet de notre article, puisé aussi dans des codes de Lubeck, est de modifier le droit commun en matière maritime : c'est ce qui est évident par la simple lecture, et ce qui est très-bien expliqué dans une savante dissertation allemande sur le droit maritime, qui est à la page 209 du tome II de l'ouvrage intitulé, Beyträge zur Kenntniß des Vaterländischen Rechts, publié en 1808 par M. Gildemeister, actuellement sénateur de Brême. Les trois codes de Lubeck, auxquels notre article est emprunté, disent beften, qui, d'après tous les lexiques, signifie *meilleurs,* ou *les meilleurs que possible.* On voit donc que la correction d'une seule lettre ôte à l'article la contradiction que produit le mot befeten, *établis.* Tels sont les motifs qui ont porté M. de Clercq à corriger le texte.

(5) Cette disposition, qui, au premier aspect, paroît un empiétement sur la juridiction territoriale, s'explique par ce que j'ai dit page 445, savoir, que Lubeck et les villes anséatiques, en général, avoient obtenu dans un grand nombre de pays la faculté d'instituer des juges qui prononçoient entre leurs concitoyens d'après leurs propres lois. C'est encore ce qui se fait d'après le droit public conventionnel ou coutumier de l'Europe : lorsqu'il s'agit de quelques différends entre des capitaines et leurs équipages, les consuls de leur nation prononcent. Les capitulations de la France avec la Porte Ottomane vont plus loin : d'après l'article 22 de celles de 1740, les ambassadeurs et consuls français rendent en toute matière la justice à leurs nationaux *suivant leurs us et coutumes.*

(6) Le texte porte gh·fecth, faute que M. de Clercq a corrigée d'après les manuscrits de 1533 et de 1537.

ART. 11 (1).

Item. We in Waters Not syn Gud wer-pet, dat Gud mot dat Schip vnde de Lûde, de bar Gud in deme Schepe hebben, na Marcktalen gelden, na deme alze eyn yewe-licf Gud mochte gelden in der Hauene, dar se dachten to wesende mit dat Gud.

Item. Si, dans un moment de détresse, on jette des marchandises à la mer, ces marchandises doivent être payées au marc la livre par le navire et les gens qui ont des marchandises à bord, suivant la valeur de semblables marchandises dans le port où l'on avoit l'intention de les transporter.

ART. 12 (2).

Item. Welf Man eyn Schip hûret to eyner befchydener Tyd, dat en mach he nicht vorfetten noch vorfopen nemande dar mede to fegelende, noch icht anders dar mede to doen, funder allene dat he ith io wol vorhûren mach, weme he wil, beth to der befcheyden Tyt.

Item. Celui qui a affrété un navire pour un temps déterminé ne peut le mettre en gage ni le vendre à un autre pour naviguer ou en faire tout autre usage; mais il peut bien le sous-louer à qui bon lui semblera jusqu'à l'époque convenue.

ART. 13 (3).

Item. Dar eyn Man fyn Schip wt deyt welfe Lûden vmme (4) dat Schip to vor-fchepen, vnde he na der Lude Willen varet, wert dat Schip to broken in der Reyse, de Vrachtlûde fcholen em gheuen halue Schaden.

Item. Si quelqu'un frète son navire à plusieurs personnes pour naviguer et qu'il navigue au gré des affréteurs, si le navire vient à faire naufrage, ceux-ci seront tenus de lui payer la moitié du dommage (5).

(1) Cet article ne se trouve que dans la seule édition de 1505. Il reproduit la première partie de l'article 7, littéralement conforme aux articles 97 du code latin publié par Dreyer, 88 du code de 1240, 87 du code inédit de 1348, 89 du premier code publié par Brokes, 114 du deuxième et 280 du troisième. Il ne se trouve point dans la traduction allemande publiée par l'Estocq.

(2) Les manuscrits et les éditions autres que celle de 1505 ne contenant pas les articles 7 et 11, cet article y porte le n.° 10; il est emprunté aux codes de Lubeck, et forme le 97.e du code de 1240, 88.e du code inédit de 1348, 98.e du premier code publié par Brokes, 115.e du deuxième et 281.e du troisième. Il ne se trouve pas dans la traduction allemande publiée par l'Estocq.

(3) Cet article, qui est le 11.e dans les autres manuscrits et éditions, est emprunté aux codes de Lubeck, où il forme l'article 89 du code inédit de 1348, le 134.e du premier code publié par Brokes, la seconde partie du 115.e du deuxième code, et le 282.e du troisième. Il ne se trouve pas dans la traduction de l'Estocq.

(4) L'édition de 1505 et les manuscrits de 1533 et de 1537 portent vnde. M. de Clercq, autorisé d'ailleurs par les manuscrits de Gripswald et d'Husum, a pensé que le sens de la phrase exigeoit vmmt. La faute provient probablement d'une interprétation fautive de l'abréviation du manuscrit primitif.

(5) Tous les manuscrits et toutes les éditions portent le mot Schaden; la version danoise et les autres ont traduit dans ce sens; mais il me semble que de fortes raisons militent pour la substitution du mot Vracht, fret. En premier lieu, l'équité. Il ne s'agit pas d'un navire péri par la faute de l'affréteur; car, dans ce cas, il devroit le payer entièrement au fréteur : il s'agit donc d'une perte par fortune de mer, et alors l'axiome res perit domino reçoit son application. On auroit pu même prétendre que l'affréteur ne devoit point de fret, conformément au § 6 du fr. 15 du titre II du livre XIX du Digeste, Locati, conducti; mais j'ai dit, page 325, que, dans le moyen âge, ce principe avoit été diversement modifié. Notre article, en substituant Vracht à Schaden, auroit donc été une modification au moyen de laquelle les affréteurs, par une sorte de composition, devoient payer la moitié du fret. En second lieu, l'article a été évidemment emprunté aux codes de Lubeck, et les trois codes cités plus haut contiennent tous le mot Vracht, fret, au lieu de Schaden, perte. J'avois en conséquence soumis à M. Hach mon projet de corriger le texte d'après ces codes; mais il n'a pas été de cet avis. L'unanimité des manuscrits et des éditions l'a porté à croire que le mot Schaden avoit été employé à dessein. Il pense que cette obligation imposée aux affréteurs de supporter la moitié de la perte est fondée sur ce que le fréteur, qui à cette époque étoit le patron, n'auroit agi que par leur volonté, vnde he na der Lute Willen varet. Je me suis conformé à ce conseil.

ART. 14 (1).

Item. Verluſt men eynen Maſt efte Se=
gel in der Segelinghe van Vnghelücke, des
en boruen de [in dem Schepe] (2) ſyn nicht
gelden. Wert ſe oner dorch Noot gehouwen
vnde geworpen, ſo ſcal dat Schip vnde dat
Gud gelben na Marcktalen alle Koplude vnde
de Schipper mede.

Item. Si, en faisant route, on vient à
perdre un mât ou une voile par accident,
les chargeurs qui sont dans le navire ne seront pas tenus de les payer; mais, si c'est
par détresse qu'on les coupe et les jette, tous
les négocians et le patron y contribueront
au marc la livre de la valeur du navire et
des marchandises.

ART. 15 (3).

Item. Effte men meket (4) eynen Man
eyn Meiſter van eyneme Schepe, dat Schip
dat hort to erer twen efte dren, dat Schip
dat vart vt deme Lande van ban vnde kamet
to der Sluſſ, to Bordewes, to Rotzeel, to
Liſſeboen, efte anders war, vnde iß ghe=
vrachtet thpo ſegelende in ander Landen, de
Meyſter mach dat Schip nicht vorcopen, he

Item. On institue quelqu'un patron d'un
navire appartenant à deux ou trois (5) personnes : ce navire part, et arrive à l'Écluse,
à Bordeaux, à la Rochelle, à Lisbonne, ou
ailleurs, et est frété pour d'autres pays (6);
le patron ne pourra vendre le navire sans
le consentement des propriétaires ou de ceux
qui en sont copropriétaires (7). Mais, s'il a
besoin de victuailles ou de vivres (8), il

(1) Cet article est le 12.e dans les autres manuscrits et éditions. Il est emprunté aux codes de Lubeck, où il est le 152.e du code de 1240, le 93.e du code inédit de 1348, le 154.e du premier code publié par Brokes, le 119.e du deuxième et le 286.e du troisième. Il ne se trouve point dans la traduction allemande publiée par l'Estocq.

(2) Le texte de 1505 porte de em ſyn; et les manuscrits de 1533 et 1537, deme ſyne : mais la phrase n'au-roit pas de sens, si on ne lisoit, de in dem Schepe ſyn, *qui sont dans le navire*, comme dans les articles cités des codes de Lubeck, ou bien, comme dans les manuscrits d'Husum et de Gripswald, deſſen [des en] dorven ſe ehn [en] nicht [nicht] gelden [*al.* dat dorven de Koeplüde nicht bethalen], *ils* [les affréteurs] *ne sont pas tenus de les payer*.

(3) Cet article est le 13.e dans les autres manuscrits ou éditions. Il est le 1.er dans la traduction alle-mande publiée par l'Estocq. C'est une copie de l'article 1.er des Rôles d'Oléron et de l'article 1.er des Juge-mens de Damme.

(4) Le texte porte medet, que les auteurs du *Danske Magazin* traduisent en allemand par miethet, *loue.* M. de Clercq, sur la foi des manuscrits de 1533 et de 1537, a substitué meket, *fait, institue.*

(5) Les éditions vulgaires ajoutent *ou quatre.* Les manuscrits de Gripswald et d'Husum portent twen [twoen] dren [dreen] edder mer [mehr], *deux, trois, ou un plus grand nombre.*

(6) Les manuscrits de Gripswald, d'Husum, et les éditions vulgaires, portent iß gefrachtet to ſegelen in frömbe Lande vnde kumpt tho Sluſe, &c., *est frété pour des pays étrangers et arrive à l'Écluse,* &c. Cette inter-version existe dans la version hollandaise publiée par Verwer, mais non dans les autres, ni dans la traduc-tion allemande publiée par l'Estocq.

(7) Les manuscrits de Gripswald et d'Husum et les éditions vulgaires se bornent à dire, van den ijennen den dat Schipp to kumpt, *de ceux à qui appartient le navire,* et cela paroit plus en harmonie avec le commencement de l'article : mais, en se reportant à l'époque où ces usages ont été introduits, époque très-ancienne, puisque cet article est une copie de l'article 1.er des Rôles d'Oléron, il faut remarquer que presque toujours le patron étoit copropriétaire. Dans cette hypothèse, en traduisant den yennen deme au singulier, le premier membre de phrase seroit celui du cas où, le patron n'ayant qu'un copropriétaire, le navire est à deux, et le second membre, pour le cas où le navire appartient à plusieurs; mais, si l'on traduit den yennen par le pluriel, le mot *copropriétaires* doit désigner ceux qui réunissent la majeure partie.

(8) Les manuscrits de Gripswald et d'Husum, ainsi que les éditions vulgaires, disent, men hefft he Gebreck (alſo Betalinge to donde); *mais s'il est dans le besoin (comme pour paiement à faire).* Les mots alſo &c. sont entre parenthèses dans les manuscrits de Gripswald et d'Husum. Les manuscrits de 1533 et de 1537 et la traduction danoise sont conformes au texte de l'édition de 1505, et ce texte est à son tour bien plus conforme que les autres aux Rôles d'Oléron.

hebbe Orloff van den yennen, deme dat
Schip (1) to hort, efte de dar eyn Part in
deme Schepe to hort. Men heft he Broke van
Wittalie efte Koft, fo mach he wol van den
Touwe to Pande fetten efte legghen, by Rade
van den Schipmannen.

pourra mettre ou déposer en gage une partie de ses agrès, après avoir pris l'avis des
matelots.

ART. 16 (2).

Item. Eyn Schip licht in eyner Hauene,
vnde is vorbeydende Tyd vnde Wint, vnde
alze ith denne varen fcal efte fegelen, fo is
de Meyfter fchuldich to nemende Rath myt
fynen Schipluden vnde en to (3) feggende:
Gy Heren, my duncket, dat wy hebben guden Wint to fegelende. Were dat yennich
von den Schipmannen feden, de Wint were
nicht gut, vnde de andere van den Schipmannen feggen, dat de Wint vnde dat Wedder is gud, de Meyfter is fchuldich vnde
plichtich ouer eyn to dreghende mit der
meyften Partye van den Schipluden. Vnde
dede he anders, he were fchuldich Schip vnde
Gud tho geldende, bleue id verloren, vn
heft he alfo vele, wor mede he dat betalen
mach (4).

Item. Lorsqu'un navire qui attend dans
un port temps et vent favorables sera prêt à
appareiller ou à mettre à la voile, le patron
sera tenu de prendre conseil de ses matelots, et de leur dire : Messieurs, il me semble
que nous avons bon vent pour mettre à la
voile. S'il arrivoit que quelques-uns des matelots répondissent que le vent n'est pas bon,
et que les autres prétendissent que le temps
et le vent sont bons, le patron sera tenu de
se conformer à l'avis de la majorité de son
équipage. S'il en agit autrement, et que le
navire vienne à périr, il sera tenu de payer
le navire et les marchandises, s'il a des moyens
suffisans pour les payer.

ART. 17 (5).

Item. Tobrickt eyn Schip in yennighen
Lande, to welker Stede ith fy, de Schiplude
fyn plichtich dat Gud to behodende alzo fe
beft moghen vun meyft. Is dat fe em helpen berghen, de Meyfter is en plichtich ere

Item. Si un navire fait naufrage (6) dans
quelque pays que ce soit, les gens de l'équipage seront tenus de sauver les marchandises le mieux et le plus qu'ils pourront.
S'ils aident le patron au sauvetage, celui-ci
leur devra leurs salaires; et s'il n'a pas

(1) Le manuscrit de 1533 omet depuis nicht vorcopen jusqu'à to hort, sans doute parce que la ressemblance du mot Schip a trompé le copiste. Dans le manuscrit de 1537, la lacune consiste seulement dans
l'omission des mots he hebbe Orloff van den yennen : mais ce manuscrit substitue à nicht vorcopen les mots
nicht vorpanden ; ce qui signifieroit *ne point mettre en gage*, et contrediroit le reste de l'article. Brokes, qui
a fait usage de ces deux manuscrits, a suppléé la lacune, sans en indiquer l'existence.

(2) Cet article est le 14.e dans les autres manuscrits et éditions ; il est le 2.e dans la traduction allemande
publiée par l'Estocq, mais la fin n'y est pas intelligible. C'est une copie de l'article 2 des Rôles d'Oléron et
des Jugemens de Damme.

(3) La particule to est deux fois de suite dans l'édition de 1505, ainsi que dans les manuscrits de 1533
et de 1537 ; M. de Clercq a cru devoir en supprimer une. Il auroit pu aussi la laisser subsister, mais en la
plaçant devant en, comme dans les manuscrits de Hambourg, dont j'ai parlé page 368.

(4) Les manuscrits de Gripswald et d'Husum, ainsi que les éditions vulgaires, ajoutent ces mots remarquables, dat is dat Recht darvan, *cela est le droit en ce cas*, traduction de la formule qui, comme on l'a vu,
termine chaque article des Rôles d'Oléron. On a vu, à la note 1 de la page 372, que ces mots étoient aussi
dans le texte des Jugemens de Damme.

(5) Cet article est le 15.º dans les autres manuscrits et éditions ; il est le 3.e dans la traduction allemande
publiée par l'Estocq. C'est le 3.c des Rôles d'Oléron et des Jugemens de Damme.

(6) La traduction danoise ajoute, oc driffuer til Lands, *ou échoue à la côte*.

Lon; vnde en heft he neyn Ghelt [so mach he wol verfetten] van deme Gude, dat se em hulpen berghen, so mach he se webber bringhen to eren Lande (1). Vnde en helpen se eme nicht berghen, so en is he en nicht schuldich, vnn se scholen ere Lon vorlesen, also id Schip is vorloren. Wnn de Meyster en mach dat Tow nicht vorkopen, he en hebbe Orloff van den gennen, de id to hort, vnn he scal dar by doen alzo truweliken, alzo he mach ; vnde dede he anders, he were dat schuldich to beteren.

Item. Eyn Schip baret van der Slus efte van anderen Steden, id gheuelt, dat ith breket, men is schuldich to bewarende, alzo men meyst mach, van deme Wine efte van deme anderen Gude. De Koplude vnde de Meister werden in groten Twist, de Koplude teghen den Meister, vmme ere Gud to hebbende ; se syn plichtich ere Gud to hebbende, gelden se de Bracht, alzo verne dat em noget deme Schipper. Men wil de Scipper, men mach doen gheteyden dat Schip, is dat ment beteren mach in korten

d'argent, il pourra bien mettre en gage des marchandises qu'ils l'ont aidé à sauver, afin de pouvoir les ramener dans leur pays. Et s'ils ne l'aident pas au sauvetage, il ne leur doit rien, et ils perdront leurs gages (2), de même que le navire a été perdu. Le patron ne peut vendre les agrès, à moins qu'il n'en ait la permission de ceux auxquels ils appartiennent (3). Et il agira dans ces circonstances avec la plus grande probité possible; et s'il agit autrement, il sera responsable du dommage qui en résultera.

ART. 18 (4).

Item. Un navire part de l'Écluse ou d'un autre endroit; il vient à se briser : on est tenu de sauver du vin ou des autres marchandises le plus que l'on pourra. Les négocians et le patron viennent à avoir de grandes contestations, les négocians demandant au patron à prendre leurs marchandises. Ils auront le droit de les avoir, en payant le fret à la satisfaction du patron: mais, si le patron le veut, on pourra réparer le navire, pourvu que cela puisse se faire dans un court délai; et si cela ne peut avoir lieu, il aura la faculté de louer un autre navire pour accomplir le voyage (5), et il recevra la totalité

(1) Le texte de 1505 et tous les autres manuscrits et éditions présentent ici une lacune que j'ai déjà signalée, note 2 de la page 372, à l'occasion du texte correspondant des *Jugemens de Damme.* L'article des Rôles d'Oléron qui en est le type, est très-clair : « Si le patron n'a point d'argent, il pourra *mettre* « *en gage ce qui sera nécessaire pour se procurer de quoi* les ramener [les matelots] en leur pays. » Le premier traducteur a omis les mots imprimés en caractères italiques, et cette omission rend la phrase inintelligible ; car, dans le sens littéral qui résulteroit de l'omission, l'article décideroit que si le patron n'a pas d'argent, il *pourra*, ou, selon d'autres textes, il *devra* ramener ses matelots dans leur pays. Or comment y parviendroit-il ? Quelle singulière faculté que celle qui seroit donnée au patron de ramener chez eux les matelots, parce qu'il n'a pas d'argent ! M. de Clercq a cru qu'une très-courte intercalation des mots fo mach he wol verfetten, placée après Ghelt, rendroit à la phrase son véritable sens, tel qu'il résulte de l'original des Rôles d'Oléron. Cette observation sert à prouver de plus en plus que les textes plat-allemands ont été faits d'après des versions hollandaises.

(2) Les manuscrits de Gripswald et d'Husum, ainsi que les éditions vulgaires, placent un point après les mots allemands vnde scholen dat miffen, *et ils les perdront* [*leurs gages*]. Ils commencent la phrase suivante par les mots : Wen dat Schip vorlaren &c. Cette ponctuation donneroit le sens suivant : *S'ils ne l'aident pas* [*le patron*] *au sauvetage*, *il ne leur doit rien*, *et ils perdront leurs gages. Lorsque le navire a péri*, *le patron ne peut vendre les agrès*, &c. On voit qu'il n'en résulte pas une différence notable.

(3) Les manuscrits de Gripswald et d'Husum et les éditions vulgaires ajoutent : vnde fcal to doen [dohn] in gude [gode] Bewaringe [Vorwahringe] tho der tjeanen besten den [denen] dat Schipp tho hort, *il les mettra en bonne garde pour le mieux dans les intérêts des propriétaires du navire.* Cette addition, conforme aux Rôles d'Oléron, est ainsi conçue dans la traduction publiée par l'Estocq : « Et il sera tenu de mettre les « agrès en sûreté jusqu'à ce qu'il connoisse la volonté du propriétaire du navire. »

(4) Cet article est le 16.e dans les autres manuscrits et éditions; il est le 4.e dans la traduction allemande publiée par l'Estocq. C'est une copie de l'article 4 des Rôles d'Oléron et des Jugemens de Damme.

(5) Les manuscrits de Gripswald et d'Husum, ainsi que les éditions vulgaires, disent, van [vnd] dem Kopmanne fijn Gudt brüngen, *et transporter les marchandises du négociant.*

Tyden, vnde en is des nicht, he mach eyn
anber Schip huren vnde be Vart vullen
boen, vnde he scal hebben alle syne Vracht
van alle beme Gube, bat bar beholben wert
by enigher Manieren.

du fret des marchandises qui auront été saú-
vées de quelque manière que ce soit (1).

ART. 19 (2).

Item. Eyn Schip vart van ienigber
Hauen, gheladen efte ybel, vnde is kamenbe
in ene anber Hauene, be Schiplube syn
nicht plichtich vte beme Schepe to gande
funber bes Meisters Orloff. Wente weret bat
bat Schip vorergerbe efte verloren worbe bi
yenigher leye Euenture, se werent schulbich
to beterenbe. Men licht bat Schip ghemeret
myt vier Touwen, so moghen se wol vte
beme Schepe gan vnde webber kamen to ber
Tyb.

Item. Un navire part d'un port, chargé ou
sur son lest, et arrive dans un autre port ;
les gens de l'équipage ne doivent pas sortir
du navire sans la permission du patron. Si le
navire venoit à éprouver du dommage ou à
se perdre par quelque accident, ils seroient
tenus de réparer ce tort. Mais, lorsque le
navire sera amarré sur ses quatre câbles, ils
pourront sortir du navire, pourvu qu'ils
rentrent à l'heure d'ordre.

ART. 20 (3).

Item. [Jbt] gheualt (4), bat Schipluben
sik vorhuren eren Meyster to ber Tyb, vnde
yenich van ben gan wt beme Schepe funber
Orloff, vnde brincken sik bruncken, bol vnde
vol, vnde maken Kyf efte Twist, yb gheualt,
bat bar yenich wert ghewunbet, be Meister
en is em nicht plichtich tho boen ghenesen
effte be Wunben heel to maken vppe bes
Schepes Kost, efte ok nicht vp bes Kopmans Kost. Men he mach se vte beme Schepe
boen, vnde huren anbere in ere Stebe, vnde
kosten se mere, bat scholen se betalen, vnn
beme Mester webber gheuen, wat se vnt-
fanghen hebben. Mer senbet se be Meister

Item. Si des matelots se sont loués à leur patron pour un certain temps, et que quelques-
uns d'entre eux sortent du navire sans permission et s'enivrent jusqu'à perte de raison, et
s'engagent dans des querelles et des disputes
par suite desquelles quelques - uns d'entre
eux (5) soient blessés (6), le patron n'est pas
tenu de les faire guérir ou panser aux frais
du navire, ni à ceux des affréteurs (7) : au
contraire, il pourra les renvoyer du navire et
en engager d'autres à leur place ; et si ceux-
ci coûtent davantage, les matelots renvoyés
seront tenus de payer la différence, et de
restituer au patron ce qu'ils auront reçu d'a-
vance. Mais si le patron envoie des matelots
à terre pour le service du navire, et qu'ils

---

(1) Ces derniers mots, by enigher Manieren, *de quelque manière que ce soit,* ne sont ni dans les textes
de Gripswald et d'Husum, ni dans les éditions vulgaires. La traduction danoise offre des expressions différentes, mais le même sens.

(2) Cet article est le 17.ᵉ dans les autres manuscrits et éditions, et le 5.ᵉ dans la traduction allemande
publiée par l'Estocq. Il est la copie de l'article 5 des Rôles d'Oléron et des Jugemens de Damme.

(3) Cet article ne se trouve pas dans les manuscrits de 1533 et de 1537, ni dans l'édition de Brokes, qui,
comme je l'ai dit page 453, a été faite d'après ces manuscrits. Il est le 18.ᵉ dans les autres manuscrits et
éditions. C'est la copie du 6.ᵉ article des Rôles d'Oléron et des Jugemens de Damme.

(4) Le texte a omis avant ce mot la particule ibt, *il,* qui est nécessaire au sens. Elle a été rétablie
d'après les autres éditions plat-allemandes et les textes de Gripwald et d'Husum.

(5) Il y a dans les textes de Gripswald et d'Husum, vnn kijuen vnbe stan sik, aiso bat bar ijemant van en &c.,
et se disputent et se battent, en sorte que quelques-uns d'entre eux &c.

(6) La traduction danoise a omis les mots, *par suite desquelles quelques-uns d'entre eux soient blessés.*

(7) Les textes de Gripswald et d'Husum, ainsi que les éditions vulgaires, ne contiennent pas ces derniers mots ; ils ne sont pas non plus dans la traduction publiée par l'Estocq. La traduction danoise a fait la
même suppression.

in ienighen Denſt van deme Schepe, dar ſe krighen Sleghe effte Wunden, ſo iß de Meiſter plichtich (1) en to heſende vppe des Schepes Koſt.

reçoivent des coups ou des blessures, le patron sera tenu de les faire guérir aux frais du navire (2).

<h2 style="text-align:center">ART. 21 (3).</h2>

Item. Id gheuallet, dat ienich Schip-man in Krancheit kumpt, erer twen efte dren, bliuende in deme Denſte van deme Schepe, vnn ſe en moghen van Krancheit in dat Schip nicht bliuen, de Meiſter iß en plichtich vte deme Schepe to brenghende, vnn in ene Herberghe to legghende, vnde eme tho ſchaffende Lichten efte Kerſſen bi to ſpende, vnn eynen van den Schipluden bi em to weſende vmme to vorwarende, efte eynen anderen Mynſche to hurende, de em vorwaret, vnn en vor to ſeynde mit ſodaner Spiſe, alſo men in dat Schip behouet, vnde alſo men ene gaf, do ſe gheſunt weren, vnde anders nicht, he en willet doen, vnde wil-len ſe koſteliker Spyſe hebben, ſo en iß de Meiſter nicht plichtich em to geuende, ſe en

Item. Il arrive qu'un, deux ou trois (4) matelots viennent à tomber malades au service du navire, et ne peuvent rester à bord à cause de la maladie : le patron est tenu de les faire transporter à terre et de les placer dans une auberge (5), et de leur fournir de la lumière ou des chandelles pour y voir (6), et de leur envoyer un homme de l'équipage pour rester avec eux et les garder, ou de louer un autre homme pour les garder (7), et de leur fournir la même nourriture que l'on a dans le navire et qu'ils recevoient quand ils étoient en santé, et rien autre chose, à moins qu'il ne veuille faire plus (8); et si les matelots désirent une nourriture plus recherchée, le patron n'est pas tenu de la leur donner, à moins que ce ne soit à leurs propres dépens ; et le navire ne sera pas forcé de les attendre, mais il devra faire voile quand il sera prêt. S'ils guérissent, ils

---

(1) Il y a dans le texte, ſo iß de Meiſter nicht plichtich ; ce qui conduiroit à traduire, *le patron ne sera pas tenu*. M. de Clercq a pensé que nicht étoit en cet endroit le résultat d'une faute de copiste, et le sens l'indique clairement. L'article suppose deux cas dans lesquels le matelot est blessé : par sa faute, ou sans sa faute. Au premier cas, le patron n'est pas tenu de le faire guérir, nicht plichtich &c.; au second cas, il en est tenu, puisque le matelot a été blessé en faisant son service : c'est donc évidemment une erreur d'avoir dit encore nicht plichtich; la négation doit être supprimée. Cette faute ne se trouve pas dans les textes de Gripswald et d'Husum, ni dans les éditions vulgaires ; et quand ils la contiendroient, il faudroit encore la corriger d'après les Rôles d'Oléron ci-après.

(2) Cet article se retrouve presque littéralement dans l'article 46 ci-après. Kuricke en a donné une traduction latine très-exacte dans son commentaire sur l'article 1.er du titre xiv de l'ordonnance hanséatique de 1614.

(3) Cet article est le 18.e dans les manuscrits de 1533 et de 1537 et dans l'édition de Brokes; il est le 19.c dans les autres manuscrits et éditions, et le 7.e dans la traduction allemande publiée par l'Estocq. C'est la copie de l'article 7 des Rôles d'Oléron et des Jugemens de Damme.

(4) Les mots twen efte dren, *deux ou trois*, sont omis dans les textes de Gripswald et d'Husum, ainsi que les éditions vulgaires.

(5) Les textes de Gripswald et d'Husum disent, Orloff to geuen dat ſe veth dem Schepe mogen gaen vnde laten ſe leggen in ſijne Herberge, *de leur permettre de quitter le navire et de les placer dans une auberge*.

(6) Dans la traduction publiée par l'Estocq, il y a, fleiſsig bey im ʒu ſein, *être assidu près de lui*. Cette différence provient probablement d'une difficulté que l'auteur de cette version a éprouvée en traduisant d'après le hollandais ou le plat-allemand. Ces textes, littéralement conformes à l'original français, obligent le patron à fournir au matelot malade, de la chandelle *pour y voir*, by to ſpende. Au lieu de traduire ces mots par l'allemand bey ʒu ſehen, le traducteur a cru que le mot ſpende étoit l'infinitif correspondant au verbe allemand ſeyn, *être*, et, pour compléter le sens à sa manière, il a arbitrairement ajouté fleiſsig, *assidu*, de sorte qu'il impose au patron l'obligation d'être assidu près du malade ; ce dont l'article, ni dans son texte français primitif, ni dans les versions hollandaises et plat-allemandes, ne dit pas un mot.

(7) Ce membre de phrase n'est point dans le manuscrit d'Husum, ni dans la version allemande de l'Estocq.

(8) Les textes de Gripswald et d'Husum, ainsi que les éditions vulgaires, ajoutent, Wenſe he ijs em anders nicht [nichts] plichtich to geuende, *parce qu'il n'est pas obligé de lui donner autre chose.*

weren vp ere egene Kost (1). Vnde dat Schep
is nicht plichtich na en to beybende, men
tho segelende, wen id rede is. Vnn isset dat
se ghenesen, so schole se hebben alle ere
Hure; vnde steruen se, ere Wijf efte ere
Eruen scholent hebben.

auront l'intégralité de leurs loyers ; en cas de
décès, la totalité en sera payée à leurs veuves
ou à leurs héritiers.

ART. 22 (2).

Item. Eyn Schip varet van der Slus
efte van anderen Steden, id geualt dat eyn
Storm to kamet woth der Zee, vnn he en
mach nicht wesen sunder Schaden van Gude
to werpende : de Meister is plichtich den
Kopluden tho thoghende de Nood; de Koplude seggen eren Willen to deme Scipper,
denne mach men wol werpen, by Euenturen twyssschen den Kopluden vnde deme
Schipper; vnn isset dat de Kopluden nicht
willen hebben, dat men werpen scal, de
Meister scal dar vmme dat Werpen nicht
laten, ofte (5) dat em gud dúncket; erer

Item. Un navire part de l'Écluse ou d'un
autre lieu : il arrive qu'une tempête s'é-
lève sur la mer, et que le patron ne peut,
sans s'exposer à de grands dommages, se
dispenser de jeter des marchandises; le pá-
tron (3) sera tenu de faire part du danger
aux négocians. Si ceux-ci lui font connoître
leur consentement, alors on pourra procéder au jet, suivant ce qui aura été convenu
entre les négocians et le patron (4); si les négocians ne veulent pas consentir au jet, le
patron ne s'en abstiendra pas pour cela, s'il le
juge indispensable, pourvu que lors de leur
arrivée à terre, deux ou trois des gens de
l'équipage (6) affirment sous serment que le

(1) Le texte de 1505 et celui des manuscrits de 1533 et de 1537 portent, vp [vppe] des Meisters Kost,
c'est-à-dire, *aux frais du patron* ; ce qui est évidemment un contre-sens. En effet, comment, après avoir
dit que le patron leur doit les mêmes alimens que ceux qu'ils recevoient en santé, *et rien de plus s'il
ne veut*, auroit-on ajouté que si le matelot malade veut des alimens plus délicats, il les obtiendra aux
dépens de ce même patron? La traduction latine publiée par Brokes, auprès d'un texte qui présente
l'erreur palpable que je viens d'indiquer, est très-exacte : *Si æger liberaliorem victum desiderat, sua
ære illum comparare necesse habet*. La raison en est que Brokes n'est point l'auteur de la traduction, et
que cette traduction n'a pas été faite d'après le texte en regard duquel il la publioit, mais d'après une
version flamande ou plat-allemande des éditions vulgaires, qui ne contiennent pas la même faute que
l'édition de 1505 et les manuscrits de 1533 et de 1537. Cette faute ne se trouve pas non plus dans les textes
de Gripswald et d'Husum; M. de Clercq n'a pas cru qu'on pût hésiter à la corriger.

(2) Cet article est le 19.e dans les manuscrits de 1533 et de 1537 et dans l'édition de Brokes, le 20.e
dans les autres manuscrits et éditions, et le 8.e dans la traduction allemande publiée par l'Estocq. C'est une
copie de l'article 8 des Rôles d'Oléron et des Jugemens de Damme.

(3) Les manuscrits de Gripswald et d'Husum, ainsi que les éditions vulgaires, ajoutent, vnde Schiplude,
et l'équipage du navire.

(4) Dans le texte de 1505 et des manuscrits de 1533 et de 1537, le membre de phrase qui commence
par by Euenturen présente beaucoup d'obscurité. On peut l'attribuer ou à l'omission de quelques mots ou à
l'imperfection de la langue; mais les expressions correspondantes des manuscrits de Gripswald et d'Husum
servent à le faire comprendre. On lit dans ces manuscrits et dans les éditions vulgaires : denne mach men wol
werpen, bij den Reden vnde Euenturen dasuluest vorhandelt, *alors on pourra procéder au jet, suivant les dires
et les circonstances qui auront été débattus à cet égard*. C'est dans ce sens que le membre de phrase
dont il s'agit a été traduit par M. de Clercq; ce qui m'a paru préférable au parti que Brokes a pris de le
supprimer, quoiqu'il l'eût trouvé dans les manuscrits de 1533 et de 1537 dont il faisoit usage. Ce membre
de phrase est une addition faite par ceux qui ont traduit originairement en plat-allemand l'article 8 des
Rôles d'Oléron ou Jugemens de Damme, dans lesquels on ne trouve pas ce développement.

(5) Le texte de 1505 et les manuscrits de 1533 et de 1537 portent vppe, *pour*; ce qui ne peut s'accorder
avec le sens, qui exige une expression conditionnelle, telle que si, *pourvu que*. Les manuscrits de
Gripswald et d'Husum et les éditions vulgaires portent so verne, *pour autant que*, si. En général, il y a
de l'obscurité dans cette phrase du texte, et peut-être provient-elle du déplacement de quelques mots;
mais le sens est facile à saisir, et une traduction même littérale n'en peut offrir un autre que celui des
Rôles d'Oléron et des Jugemens de Damme.

(6) Les manuscrits de Gripswald et d'Husum, ainsi que les éditions vulgaires, disent, sulff drubbe van
sinen Gesellen, *le patron, lui troisième des gens de l'équipage*.

twen efte dren tho ſwerende van ſynen
Gheſellen, wan ſe ſynt tho Lande kamen,
dat ſe ith beden tho beholden ere Liff, Schip
vnde Gud, vnde togen denne dat dar gheworpen wart, vnde dat ſcal werden gheprifet
van Punden to Punden vnde gedelet vnder
den Kopluden, vppe dat dat beholden wart,
vnde der Meiſter is dar ock ſculdich aff tho
gheldende, alzo van ſyneme Schepe efte van
ſyner Bracht, in eyner Vorſettinghe van
ſyneme Schaden. Vnde eyn iſlik Schipman
ſcal hebben eyn Vat vryg in deme Schepe,
vnde hebben ſe mer Gudes, dat mot man
delen an den Schaden, na dat dar iſlik inne
heft; id en ſy dat ſe ſick nicht erlicken vor-
werven in der Noot efthe in den Storm alzo
gude Knapen vnn Gheſellen, ſo en ſcholen
ſe nene Vrigheit hebben im Schepe, vnde
men ſcal des deme Meiſter louen by ſynen
Eyde.

jet a eu lieu pour sauver le navire corps et
biens, et qu'ils déclarent ce qui a été jeté.
L'estimation en sera faite livre pour livre, et
le dommage sera réparti entre les négocians
sur ce qui aura été sauvé, et le patron sera
tenu de contribuer à la réparation du dommage pour son navire ou pour son fret (1).
Chacun des matelots aura un tonneau franc
dans le navire; et s'ils ont plus de marchandises, cet excédant contribuera à la perte,
suivant la part qui en appartiendra à chacun.
Mais si, pendant le danger ou la tempête, ils
ne se sont pas comportés en bons matelots
et compagnons, dans ce cas ils n'auront aucune exemption d'avaries, et le patron en
sera cru à cet égard sur son serment.

ART. 23 (2).

Jtem. Jb gheuallet, dat de Meiſter
van deme Schepe houwet den Maſt by gro-
teme Vnweder vnn Storm, he is plichtich
tho ropende ſyne Kopluden, vnde en to togende de Noot vnde dat 't is (3) tho beholdende Lif vnde Gud vnde Suntheit. Gheuallet ok, dat ſe er Kabelen karnen van Nots
weghen, vnde laten ere Ancker varen, vmme

Item. S'il arrive que le patron d'un navire
coupe le mât par suite de gros temps ou de
tempête, il est tenu de convoquer ses affréteurs, et de leur montrer le danger, en leur
faisant observer qu'il agit ainsi pour sauver
corps, biens et santé; de même, s'il arrive
que, par détresse, on coupe les câbles ou
qu'on abandonne les ancres pour sauver le
navire et la cargaison, on devra estimer, livre

(1) Les textes de Gripswald et d'Husum, ainsi que les éditions vulgaires, s'expriment ainsi : vnde wiſen
van dem dat dar ghewarpen ijs vnde dat Gud dat dar geworpen wert, ſchal men gelden na den Prijſe alſe dat ander
Gud in dat Marcket gegeuen wert vnn men ſchal (dat gelden) dat reken van Pundt to Punde, darna dat eijn ijeder
darinne hefft in mede Beterlinge des Schaden, vnde de &c.; et donnera preuve de ce qui a été jeté, et la marchandise jetée sera estimée au prix que la marchandise sauvée sera vendue au marché, et cela sera
calculé pour la réparation du dommage, livre pour livre, au prorata de l'intérêt de chacun. Quant aux
derniers mots de la phrase, les manuscrits et éditions de la seconde famille portent, vnde gude Fracht, ET
le bon fret. Cette leçon est celle du texte flamand publié par Verwer, comme je l'ai fait remarquer
page 375; mais le texte de 1505 et les manuscrits de 1533 et de 1537, en disant efte van ſyner Bracht,
OU pour son fret, sont plus conformes au texte original des Rôles d'Oléron, et même aux versions flamandes publiées par Boxhorn et par Van Leuwen. L'article 2 des Usages d'Amsterdam, qui sera le 41.e
de la compilation de Wisby, dit aussi, OU pour son fret. Les traductions plat-allemandes des Rôles d'Oléron
ou Jugemens de Damme qui existent à Hambourg, portent, often van ſiner Bracht, OU pour son fret; mais
celle de Lubeck, n.o 61 du musée Dreyerien, porte, vnn Bracht, ET fret. Ainsi ces traductions ont varié
selon la copie flamande dont les traducteurs faisoient usage. Voir la note 4 de la page 490.

(2) Cet article est le 20.e dans les manuscrits de 1533 et de 1537 et dans l'édition de Brokes. Il est le 21.e
dans les autres manuscrits et éditions, et le 9.e dans la traduction allemande publiée par l'Estocq. C'est une
copie de l'article 9 des Rôles d'Oléron et des Jugemens de Damme.

(3) Le texte dit seulement dat is, ce qui est évidemment une faute. Le sens commande de suppléer le
mot ib ou if, cela, qui s'écrit souvent par un f précédé d'une apostrophe. Il est probable que le copiste
a omis ce 't par la ressemblance de la lettre qui précédoit. Dans le fait, les manuscrits de Gripswald et
d'Husum, ainsi que les éditions vulgaires, portent ijb.

tho beholdende Schip vnde Gud, so is men albeyde Mast vnde Ancker [schuldich] (1) tho prisende van Punde tho Punden, also se werpen; vnde so scholen de Koplüde dar aff gelden, ere se er Gud wte deme Schepe boet. Vnde weret dat dat Scip broghe sete, vnde de Meister beydede vmme Gheschel van synen Luden, vnn int Schip yenich Gud leckende worde vnder deme Wate lepe, de Meister scal dar sunder Schaden van bliuen, vnn scal dar van hebben synen Vracht, ghelick also van deme anderen Gude.

pour livre, le mât et les ancres comme dans le cas du jet, et les affréteurs les paieront par contribution avant de retirer leurs marchandises du navire. Si, le navire se trouvant à sec, les affréteurs empêchoient le patron de décharger par suite des difficultés qu'ils lui susciteroient (2), et que pendant cet intervalle les marchandises vinssent à couler, le patron ne sera pas responsable de ce dommage, et il aura le fret de ces marchandises comme de toutes les autres (3).

ART. 24 (4).

Item. Dat gheuallet so, dat eyn Meyster kumpt by de Stede bar he entladen scal, he is plichtich den Kopluden to togende de Corden vnn dat Ghetow dar he mede winden scal; is dar wat valsches mede, he mod id beteren. Wente worden dar Vaten edder Pipen to braken bi den Ghebreken de Touwen, be Meister vnn de Schipluden sint

Item. Lorsqu'un patron sera arrivé au lieu de son déchargement, il sera tenu de montrer aux affréteurs les cordages et les agrès avec lesquels il voudra décharger : s'il y en a d'avariés, il doit les faire reparer; si des barriques ou des pipes (5) viennent à se défoncer par le vice des guindages, le patron et les gens de l'équipage sont tenus de bonifier le dommage, et le patron doit y contri-

(1) Ce mot, nécessaire pour le sens, ne se trouve point dans les manuscrits de 1533 et de 1537, conformes à l'édition de 1505; mais les manuscrits de Gripswald et d'Husum le contiennent.

(2) L'auteur de la traduction latine publiée par Brokes ne paroît pas avoir bien compris le sens du texte, en traduisant *nec nautarum auxilium in promptu sit.* Il est assez extraordinaire que Brokes ait laissé subsister ce contre-sens sans faire au moins une note, quoique le texte qu'il publioit en regard dût le lui faire apercevoir, et que, dans le Glossaire abrégé qu'il a joint à son ouvrage, il eût présenté le véritable sens des mots beydede et Gheschel. On peut croire, d'après une note des auteurs du *Danske Magazin*, t. V, page 234, et du *Nye Danske Magazin*, t. I.er, page 207, qu'ils ont entendu le texte dans le même sens que la traduction latine, persuadés sans doute que beydede signifioit *demandât, prît*, et Gheschel, *aide*. Mais ces mots n'ont pas cette signification. Brokes, dans son Glossaire, dit que beyden signifie *pede stare*; d'après le dictionnaire brémois, beyden signifie *attendre, attente, mansio*. Brokes dit aussi que Gheschel signifie *discordia*, c'est-à-dire, *débat, contestation.* D'un autre côté, les mots synen Luden ne peuvent signifier que *ses affréteurs*, comme s'il y avoit synen Kopluden, et non pas *ses matelots*, synen Schipluden. D'après ces explications, rien de plus aisé que d'entendre le texte dans le sens de l'article 9 des Rôles d'Oléron, dont il est la traduction : *si le patron demeure par l'effet de la contestation d'eux*; ou, comme le dit le vieux français des Rôles, *et le mestre demourât pour leur débat (des marchands).* S'il étoit possible d'admettre une autre interprétation, et de traduire comme l'auteur de la version latine publiée par Brokes, l'article n'auroit pas un sens raisonnable : car, le patron répondant de ses gens et des résultats de leur refus de service, il n'y auroit aucun motif de faire retomber la perte sur les chargeurs; il est juste au contraire que ceux-ci supportent les conséquences de leurs mauvaises contestations.

(3) La première partie de cet article est déjà dans l'article 14 ci-dessus.

(4) Cet article ne se trouve point dans les manuscrits de 1533 et de 1537 ni dans l'édition de Brokes. Il n'est pas facile d'expliquer cette omission, parce que cet article ne fait point double emploi avec d'autres de la compilation. Il n'étoit pas cependant inconnu à Lubeck; car il est compris dans la traduction des Rôles d'Oléron ou Jugemens de Damme, insérée au manuscrit 61 du musée Dreyerien, dont j'ai donné la description page 367. Cet article est le 22.e dans les manuscrits de Gripswald et d'Husum, ainsi que dans les éditions vulgaires, et le 10.e dans la traduction allemande publiée par l'Estocq. Il reproduit l'article 10 des Rôles d'Oléron et des Jugemens de Damme.

(5) Les manuscrits de Gripswald et d'Husum, ainsi que les éditions vulgaires, ajoutent, edder sus ichteswas [ichteswes], *ou quelque autre chose.*

plichtich to beterende den Schaden, vnn de
Meister mot an' delen, wente he nympt
Windegelt; vnde dat Windegelt is schuldich
syn ghedelet in Versettinghe der Schaden
ersten (2), vnde dat remandel (3) mot stin
ghedelet vnder en allen. Vnn breken de Tou=
wen, er dat se [se] (4) den Kopman toghe=
ten, so sint se alle (5) den Kopluden to gel=
dende. Men segghen de Koplude, dat dat
Ghetowe is goet vnn stark vnde brickt denne,
so is elick schuldich to lenerende mank sik den
Schaden, islik (6) Copman gelden stin Del
enenghelike (7).

huer pour ce qu'il reçoit des droits de guindage (1); ces droits doivent d'abord être employés au paiement du dommage, et le reste
doit être réparti entre eux tous; et si les
cordages viennent à se rompre sans avoir
été montrés aux négocians, tous doivent
payer la perte qui en est résultée pour les
négocians. Mais si les négocians disent que
les cordages sont bons et forts, et que cependant ils viennent à rompre, chacun sera
tenu de supporter le dommage qui en résultera; chaque négociant y contribue pour une
part proportionnelle.

Art. 25 (8).

Item. Eyn Ship is to der Slueff effte in
anderen Steden, vmme Wiin to ladende,
vnn varet van dannen ghelaben, vnn de
Meister efthe stine Schipluden ene vorsekeren
nicht ere Futstalle noch ere Slote, also se
plichtich sint tho donde, vnn id genallet, dat
Storm efte quat Webber vp kamet, so dat
de Futstalle to breket, vnn de Baten efte
Pipen de Bobbem vth vleghet, vnn dat
Schip kumpt beholden ouer, de Koplude
seggen, dat bi den Futstalle er Wiin sy vorlaren, de Meister secht, dat des nicht en is:
vnn is id Sake, dat de Meister sulff drudde
eber sulf verde van synen Schipluden, de be
Koplude dar vth kesen, willen sweren, dat

Item. Un navire est à l'Écluse, ou dans
un autre lieu, pour y charger des vins, et
en part avec son chargement; le patron et les
gens négligent de bien placer les attintes
et de fermer les écoutilles, ainsi qu'il est
de leur devoir, et il arrive que, par tempête
ou mauvais temps, l'arrimage se dérange,
que les futailles ou les pipes se défoncent,
et que, le navire étant arrivé à bon port, les
négocians prétendent que leurs vins se sont
perdus par le défaut d'arrimage, tandis que
le patron soutient le contraire : si le patron
et trois ou quatre de ses gens, choisis par
les négocians, consentent à affirmer sous serment que les vins ne se sont pas perdus par
le vice des attintes et des écoutilles, le patron ne sera pas inquiété pour ce fait. Mais,
s'ils ne veulent point faire cette attestation

---

(1) Le manuscrit d'Husum substitue à cette phrase celle-ci : und de Schipper schal ahne ehme den Schaden delen, in deme dat se nehmen Windegeldt, et le patron fera la répartition du dommage, sans l'y comprendre [le chargeur], attendu que c'est le patron et l'équipage qui perçoivent le salaire du guindage. La même phrase se trouve dans le manuscrit de Gripswald, à l'exception des mots ahne ehme, sans lui, c'est-à-dire, sans y comprendre le chargeur, lesquels sont remplacés par la particule explétive en.

(2) L'édition de 1505 et les manuscrits de 1533 et de 1537 portent erst in, ce qui est une faute évidente.

(3) L'édition de 1505 porte druddendel, le tiers. M. de Clercq a substitué remandt, le reste. Cette correction, justifiée par le sens, est fondée sur les textes de Gripswald et d'Husum et sur les éditions vulgaires,
qui portent was [wes] den darvan averbliifft, ce qui alors en reste. La traduction publiée par l'Estocq
porte remanet, et les manuscrits de Hambourg remenand, le restant.

(4) L'addition du mot se, les, nécessaire pour compléter le sens, est justifiée par les manuscrits de
Hambourg.

(5) Il faut sous-entendre schuldich, obligés, qui se trouve dans les textes de Gripswald et d'Husum,
ainsi que dans les éditions vulgaires; mais M. de Clercq n'a pas cru indispensable d'ajouter ce mot.

(6) Il faut sous-entendre avant ce mot, to weten, savoir, qu'on trouve dans les manuscrits de Gripswald
et d'Husum, ainsi que dans les éditions vulgaires. Le mot savoir est dans les Rôles d'Oléron.

(7) M. de Clercq a substitué enenghelike à enen ghelike, qui lui a paru être une faute du texte. Ceux de
Gripswald et d'Husum portent ghemeijnliken vnder en [ehn], en commun entre eux.

(8) Cet article est le 21.e dans les manuscrits de 1533 et de 1537 et dans l'édition de Brokes. Il est le 23.e
dans les autres manuscrits et éditions, et le 11.e dans la traduction allemande publiée par l'Estocq. C'est la
traduction de l'article 11 des Rôles d'Oléron et des Jugemens de Damme.

de Wiin nicht vorlaren ſy bi den Gebroke van den Futſtallen noch van den Sloten, de Meiſter ſcal dar quit af weſen. Vnn is id, dat ſe nicht willen ſweren, ſo ſyn ſe ſculdich den Kopluden to beterende vnde tho vorſettende, wente ſe ſyn ſculdich de Futſtallen to vorſekerende vn to ſlutende ere Slote wol vun ſeker, er ſe ſcheden van dar ſe laden.

sous serment, ils seront tenus de payer et bonifier aux négocians les avaries qu'ils ont souffertes; car ils sont tenus de bien placer les attintes et de bien fermer les écoutilles avant de partir du port de leur chargement.

ART. 26 (1).

Item. Huret eyn Meiſter ſiine Schiplude, he is ſe plichtich to beholdende in Vrede, vnn ere Middeler tho weſende van allen, dat ſe malkanderen miſſdoen, ſo lange dat he ene Brot vnn Wiin tor Tafelen lecht. Vnn de den anderen lochent, de vorboret IV Penning; vnde lochent ienich den Meiſter efte de Meiſter eynen Schipman, iſlik vorboret VIII Penning. Vnn iſſet Sake dat de Schipper ienighen Schipman ſleyt mit der (4) Hant efte mit der Fuſt, he is em plichtich eynen Slach to vordraghende; men ſloghe he ene mer, ſo mot he ſick wol weren. Vnde ſloghe eyn Schipman den Schipper, de vorborede hundert Skilling, efte ſyn Fuſt.

Item. Quand un patron a loué des matelots, il est tenu de les maintenir en paix (2), et de leur servir de médiateur dans tous les démêlés qu'ils peuvent avoir entre eux (3), tant qu'il leur sert du pain et du vin à table. Celui qui injuriera ses camarades paiera une amende de quatre deniers; et si un matelot injurie le patron, ou si le patron injurie un matelot, l'offenseur paiera une amende de huit deniers. S'il arrive que le patron frappe un matelot de la main ou du poing, celui-ci devra endurer un coup: mais, si le patron continue à frapper, le matelot pourra se défendre; et si un matelot frappe le patron, il paiera cent schelings d'amende, ou aura le poing coupé.

ART. 27 (5).

Item. Worde eyn Schip vorfrachtet tho

Item. Si un navire est frété pour aller à

(1) Cet article est le 22.ᵉ dans les manuscrits de 1533 et de 1537 et dans l'édition de Brokes. Il est le 24.ᵉ dans les autres manuscrits et éditions, et le 12.ᵉ dans la traduction allemande publiée par l'Estocq. C'est la traduction de l'article 12 des Rôles d'Oléron et des Jugemens de Damme.

(2) Les textes de Gripswald et d'Husum et les éditions vulgaires ajoutent, ſo dat ecer eijn dem anderen niicht miſſdoe, *de manière que l'un ne cause pas de dommage à l'autre.*

(3) Les textes de Gripswald et d'Husum, ainsi que les éditions vulgaires, omettent les mots, van allen, dat ſe malkanderen miſſdoen, *de tous les démêlés qu'ils peuvent avoir entre eux.*

(4) M. de Clercq a substitué, d'après les manuscrits de 1533 et de 1537, mit der à mitter, qui lui a paru une faute.

(5) Cet article est le 23.ᵉ dans les manuscrits de 1533 et de 1537 et dans l'édition de Brokes. Il est le 25.ᵉ dans les autres manuscrits et éditions; il ne se trouve pas dans la traduction allemande publiée par l'Estocq. C'est une copie de l'article 13 des Rôles d'Oléron et des Jugemens de Damme. On a vu, page 333, combien cet article avoit été maltraité dans les manuscrits de l'original français. On ne peut donc être surpris de l'obscurité qu'il présente dans les traductions faites hors de la France: tous les auteurs qui en ont parlé s'accordent à dire qu'il est difficile à comprendre et que les textes sont fautifs. Brokes, qui publioit le texte des manuscrits de 1533 et de 1537, semblable à celui de 1505, n'a pas cru devoir le traduire, et l'auteur de la traduction latine qu'il a accolée à son texte y avoit renoncé. Voici en effet ce qu'on lit en regard de ce texte: « Si....... Reliqua desunt in hoc articulo, qui, primo intuitu, nimis « obscurus esse videtur. Perspicuus verò est omni illi qui accuratam de situ locorum in eodem memo- « ratorum notitiam habet, insimulque animadvertit agi hic de ipsa ductorum mercede, singulis locis ab iis « quorum merces ibi exponuntur, mercatoribus solvenda. » Le résultat de mes conférences avec M. de Clercq, qui étoit bien mieux que moi en état de distinguer en quoi consistoient les fautes de texte et comment il falloit les corriger, a produit celui que je propose, dans lequel on verra qu'un très-petit nombre de corrections a suffi pour que l'article présentât une traduction parfaitement exacte de l'article 13 des Rôles d'Oléron.

Ropmanhauen (1) to varende efte anders wor, vnn ith kamet bar it vntladen scal, vnde maken Zerte-Partie (2) tho gaber vmme (3) den Schaden (4), syn vppe de Koplube : an der Coste van Britanien de se nemen scal, vmme (5) dat men lyt hiis de Babes (6) syn (7) clene de Schade (8); dat men lyt Cales (9) van Normandien; van Engeland vnn van Schotland, vmme (10) dat men let Jernemube ; van Vlanderen, dat man past Calis.

Copenhague ou ailleurs, et il arrive au lieu de sa décharge, et ils font charte-partie entre eux que les frais de lamanage seront sur les marchands; sont frais de petit lamanage en la côte de Bretagne, ceux qu'on prend pour passer l'île de Bas ; en la côte de Normandie [ceux qu'on prend] pour passer Calais; en la côte d'Angleterre et d'Écosse [ceux qu'on prend] pour passer Yarmouth; en la côte de Flandre [ceux qu'on prend] pour passer Calais.

(1) Par respect pour le texte de l'édition de 1505 et des manuscrits de 1533 et de 1537, j'ai laissé subsister le mot Ropmanhauen. On y reconnoit facilement une substitution de lieu qui démontre que la compilation est empruntée aux Rôles d'Oléron, et empruntée maladroitement; car les localités indiquées dans cet article ne conviennent ni à Copenhague, ni à Wisby, mais bien à des ports de France.

(2) L'édition de 1505 et les manuscrits de 1533 et de 1537 portent tho [to] ere Partie, ce qui n'a aucun sens; mais le mot Partie met sur la voie de la correction. On peut supposer que les mots tho ere Partie sont une copie informe, par l'ignorance des copistes ou de l'imprimeur, du mot Zerte-partie ou Carte-partie, qui, dans la langue allemande, répond au mot français charte-partie. Voir le dictionnaire plat-allemand imprimé à Brême, t. V, page 310.

(3) Le texte porte vnde ben. C'est une faute que Brokes a senti la nécessité de corriger, et les autres éditions justifient son opinion. Peut-être cette faute n'a-t-elle été que le résultat de l'ignorance des copistes, qui auront mal rendu le mot vmme, écrit en abréviation dans le texte original, et en auront fait le mot vnde.

(4) Pour rendre le texte conforme à l'original français, il faudroit substituer à Schaden le mot Lacmanage, mot qui, dans la traduction plat-allemande des Rôles d'Oléron qui existe à Lubeck, n.º 61 du musée Dreyerien, exprime le mot français lodmanage, lamanage, ou, comme dans les textes de la seconde famille, Lodsmangelt, qui, dans l'allemand actuel, signifie lamanage. Mais, en supposant, comme il est probable, que l'édition de 1505 soit une traduction du hollandais, Schaden doit être conservé, parce que le rédacteur des Jugemens de Damme, ayant mal traduit ou peut-être mal lu le mot français lodmanage, l'a pris pour dommage, et l'a traduit par Scaden. Du reste, la correction m'a paru d'autant moins indispensable, que Schaden est un mot générique servant à exprimer ce qu'en France nous appelons avaries. Or, dans les usages anciens, et notamment dans le nord de l'Europe, les frais de lamanage étoient avarie, ou commune, ou improprement dite, ainsi que l'attestent Weytsen Van Avarijen, et ses glossateurs, §§ 4 et 5; Kuricke, Jus maritimum Hanseaticum, tit. VIII, procem.; Loccenius, De jure maritimo, lib. II, tit. VIII, n. 3; Vinnius ad Peckium, sur le fr. 1.er du titre II du livre XIV du Digeste, De lege rhodia de jactu; Marquard, De jure mercatorum, lib. III, cap. IV, n. 11: rien ne s'oppose donc à ce qu'en laissant subsister Schaden on le traduise par frais de lamanage, la généralité du mot étant restreinte et spécialisée par ce qui suit, ceux qu'on prend, ce qui ne peut s'appliquer qu'à des pilotes côtiers. Brokes, en conservant le mot Schaden, le traduit dans sa note par salarium ductoris.

(5) Mêmes motifs que dans la note 3 pour substituer vmme à vnde. Les textes de Gripswald et d'Husum portent wenn, quand.

(6) L'édition de 1505 porte ces mots, ainsi que les manuscrits de 1533 et de 1537. Quoiqu'on ne les trouve dans aucun lexique plat-allemand, ils ne m'ont pas paru devoir être corrigés. Il est évident qu'ils signifient l'île de Bas, située vis-à-vis la côte de Bretagne, et dont le nom a été traduit dans le hollandais de Boxhorn par les mots Lys de Vades et dans celui de Van Leuwen par Lys de Bades. Le manuscrit d'Husum porte Lollebad; mais une variante placée entre parenthèses indique que d'autres manuscrits portoient l'île Bas. Le manuscrit de Gripswald porte Lilledos.

(7) Le texte porte vnde syn, et sont. On a vu, page 332, qu'effectivement le mot et se trouvoit dans quelques manuscrits français ; mais c'est une faute que d'autres manuscrits servent à rectifier. Le sens exclut évidemment ce mot. M. de Clercq a donc cru devoir supprimer vnde.

(8) Voir la note 4 ci-dessus; les mêmes motifs s'appliquent ici pour laisser subsister Schade, quoique les manuscrits de Gripswald et d'Husum, ainsi que les éditions vulgaires, portent Loßmant [Loßmanße], locmans.

(9) M. de Clercq a laissé subsister ce mot, qui est dans tous les manuscrits et dans toutes les éditions plat-allemandes. Il faut remarquer néanmoins que Calais n'est point à la proximité de la côte de Normandie, et d'ailleurs il en est question plus bas. Le véritable mot devroit être Guernesaie, comme on le trouve dans tous les manuscrits des Rôles d'Oléron, ou du moins il faudroit, comme dans les Jugemens de Damme, Havel, qui signifie le Havre de Grâce, partie du littoral de la Normandie.

(10) Mêmes motifs que dans la note 3 pour substituer vmme à vnde.

ART. 28 (1).

Item. Jd geualt, dat dar Twist ist twi-
schen den Meister vnn den Schipluden (2),
de Meister scal bouelen Schoen-laken van
voer de Scipman to donde ieghen eme, dar
he Strit ieghen heft gehad, er he eme het
vte synem Schepe gan, vnn is dat Sake, dat
de Schipman den Twist vnn Missedaet but
to verbeterende to des Schipman seggent
van der Tafelen, vnn de Meister is auermodich, dat he dar nicht na vragen wil, vnn
het ene gaen vte deme Schepe, de Schipman
mach deme Schepe volghen, dar id vnladet,
vnn hebben alzo gode Hure, efte he int
Schip ghekamen were to beterende de Misdaet, to seggende van den de der Tafelen
syn. Vnde en wunne de Meister nicht alzo
gud ein Schipman, alzo de were, vnde
he by ienighen Euenture ienich Schipp efte
Gud vorlore, so is de Meister schuldich den
Schaden to betalende, heft he alzo vele
Gudes mede tho betalende.

Item. Il arrive qu'il s'élève une querelle
entre le patron et les matelots; le patron sera
tenu de faire retirer la nappe devant le matelot avec lequel il aura eu la dispute, avant
de le chasser du navire; et si le matelot
offre de réparer la querelle et le délit, à la
satisfaction de ses compagnons de table, mais
que le patron soit présomptueux au point
de ne pas vouloir admettre d'excuses, et lui
ordonne de quitter le bord, le matelot pourra
suivre le navire jusqu'au lieu du déchargement, et il recevra ses loyers comme s'il étoit
venu à bord pour réparer sa faute à la satisfaction de ses compagnons de table; et si le
patron ne loue pas un aussi bon matelot à sa
place, et que, par quelque accident, son navire ou sa cargaison vienne à éprouver des
avaries, il sera tenu de payer le dommage,
s'il a de quoi acquitter cette dette.

ART. 29 ET 30 (3).

Item. Jth gheualt, dat eyn Schip licht
in eyner Hauene gemeret [myt Touwen vnde
eyn ander Schip kumpt mit Gethynge vnde
fleyt an dat Schip dat dar gemeret] (4)

Item. Il arrive qu'un navire se trouve
amarré dans un port, et qu'un autre navire,
entrant avec la marée, aborde le navire
amarré, de manière que celui-ci éprouve des

(1) Cet article est le 24.e dans les manuscrits de 1533 et de 1537 et dans l'édition de Brokes. Il est le
26.e dans les autres manuscrits et éditions, et le 13.e dans la version allemande publiée par l'Estocq. C'est
la traduction de l'article 14 des Rôles d'Oléron et des Jugemens de Damme.

(2) Le texte porte Kopluden; mais c'est une faute évidente, qui se trouve dans l'édition de 1505 comme
dans les manuscrits de 1533 et de 1537. Brokes, dont l'édition a été donnée d'après ces manuscrits, en a
corrigé le texte sans en avertir. Sa correction, justifiée par le sens et l'objet de l'article, surtout par l'original français, l'est aussi par les textes de Gripswald et d'Husum, ainsi que par les éditions vulgaires.
La version danoise a également fait cette correction, et les auteurs du Nye Danske Magazin n'ont pas
manqué de faire remarquer la faute qu'offroit l'édition de 1505.

(3) Ces deux articles, que j'ai dû réunir par les motifs expliqués ci-après, sont les 25.e et 26.e dans les
manuscrits de 1533 et de 1537 et dans l'édition de Brokes. Ils forment le 27.e dans les autres manuscrits et
éditions, et le 14.e dans la traduction allemande publiée par l'Estocq. Ils sont la copie de l'article 15 des
Rôles d'Oléron et des Jugemens de Damme. L'édition que Boxhorn et Smallegange ont donnée des Lois
de Westcapelle ayant divisé cet article en deux, il est probable que quelque manuscrit semblable porté
dans le Nord a été cause de cette même division lors de la première rédaction de la compilation de Wisby.
La division est si absurde, que je n'ai pas dû la conserver.

(4) Tout ce qui est entre des crochets manque dans l'édition de 1505 et dans les manuscrits de 1533 et
de 1537. Il est évident que c'est la faute du premier copiste, qui, trompé par la répétition du mot gemeret,
a omis ce qui est marqué. Brokes a réparé cette omission, mais sans en avertir. Elle n'a point été commise
dans les manuscrits de Gripswald et d'Husum, ainsi que dans les éditions vulgaires. M. de Clercq a rempli
cette lacune d'après leurs textes, en s'aidant de celui de Brokes, qui paroît s'être servi des textes hollandais. Les auteurs du Danske Magazin indiquent cette lacune sans y suppléer.

licht, so dat id van deme Slaghe Scha=
ben nymmpt, vnde de Wiin, de in deme
Schepe (1) licht, be Bodeme vt vleghen,
be Schade is onder (2) beyben gebelet by
Prise, vnde de Wiin efte dat Gud dat is in
beyben Schepen, be Schipper is schuldich
mit synen Kopluden (3) tho belende den
Schaben manck sick. De Meister van deme
Schepe be bat anber Deel heft, is schuldich
myt synen Schipluden tho swerende, dat se
bat nicht mit Willen beben. Vnde dit is be
rebelike Ordinancie, war vmme dat bit geor=
bineret vnn ghemaket is : id gheualt(5) bat
men eyn olt Schip licht in ben Wech gerne
van ben besten Schepe, vmme van ben an=
bern Schepen alle ben Schaden tho heb=
bende (6), weret bat id van eynneme anderen
Schepe ghebroken worde; men alse men weet,
dat be Schade halff vnn halff worde ghe=
priset, so licht men gerne dat olde Schip
buten Weghe.

avaries par suite de la secousse, et que les
tonneaux de vin qui se trouvent à bord se
défoncent, le dommage sera réparti entre
les deux navires par estimation; les vins ou
les autres marchandises chargés à bord des
deux navires seront également estimés, et le
patron et ses affréteurs répartiront entre eux
le dommage souffert. Le patron ainsi que les
matelots du navire qui supportera l'autre moitié du dommage seront tenus d'affirmer sous
serment qu'ils n'ont pas agi avec prémédita-
tion (4). Et voici le bon motif pour lequel il
a été ordonné et fait ainsi : il arrive que
l'on place à dessein un vieux navire sur le
passage de bons navires, pour que ceux-ci
paient la totalité du dommage s'il vient à être
brisé par eux ; mais, dès qu'on sait que le
dommage est réparti par moitié sur chacun
des deux navires, on tâche au contraire de
placer le vieux navire à l'écart.

ART. 31 (7).

Item. Eyn Schip effte twe Schepen
effte meer be ligghen in eyner Hauen, bar
luttick Waters is, so bat bat eyne Schip
wert sittende bi bat ander, be Meister van

Item. Un, deux ou plusieurs navires se
trouvent dans un port où il y a peu d'eau, de
sorte qu'un navire vient à se trouver placé
très-près de l'autre; le patron de ce navire

(1) Le texte de 1505 et les manuscrits de 1533 et de 1537 portent, an deme Schepe; ce qui signifieroit,
près de son bord. La faute est évidente; car il s'agit de vins placés *dans le navire*, et non *près du navire.*
La traduction plat-allemande des manuscrits d'Hambourg dit, be bar ynne is, *qui est là dedans;* c'est d'ailleurs le véritable sens du texte original des Rôles d'Oléron et des Jugemens de Damme.
(2) Le texte et les manuscrits de 1533 et de 1537 portent bet, *les;* M. de Clercq y a substitué onber, *entre.*
(3) Le texte de 1505 et les manuscrits de 1533 et de 1537 portent Schipluben, *matelots;* ce qui est évidemment une faute : le sens et le texte de l'original des Rôles d'Oléron et des Jugemens de Damme en
indiquoient la correction.
(4) Les manuscrits de Gripswald et d'Husum, ainsi que les éditions vulgaires, ajoutent: vnde ock bat he
bar nicht vmme boen [bohn] konde, so is he schuldich vnn plichtich ben Schaben nicht meer [mehr] wen halff to
betalende vnde boer [borf] he bat milt synen Schipluben nicht sweren [schweren], so moth he ben Schaben gantz vnn gar
betalen; bat ise bat Recht bar van ic.; *et qu'il n'a pu l'empêcher, alors il n'est obligé de payer que la moitié
du dommage; mais, s'il ne peut le jurer avec son équipage, alors il doit payer la totalité du dommage.
Ceci est le droit en ce cas,* &c. Ce dernier membre de phrase est omis dans la traduction allemande publiée
par l'Estocq.
(5) Ce paragraphe, précédé du mot Item, forme, comme je l'ai dit plus haut, l'article 30 de l'édition de
1505, et, par une singularité que peut seule expliquer l'ignorance des copistes, on a placé à la fin de l'article 29 les mots vnde bit is &c., qui annoncent un développement des dispositions précédentes, développement qu'ils ont néanmoins placé dans l'article 30. Les manuscrits de 1533 et de 1537 contiennent la même
faute. La traduction danoise la laisse subsister en partie. Elle place bien la totalité sous un seul numéro;
mais elle coupe l'alinéa au mot id ghevalt, qu'elle fait précéder du mot Item.
(6) L'édition de 1505 place ici un point. Il est évident qu'il ne faut qu'une virgule, comme dans les
manuscrits de 1533 et de 1537.
(7) Cet article est le 27.e dans les manuscrits de 1533 et de 1537 et dans l'édition de Brokes; il est le 28.e
dans les autres manuscrits et éditions, et le 15.e dans la traduction allemande publiée par l'Estocq. C'est
une copie de l'article 16 des Rôles d'Oléron et des Jugemens de Damme.

deme Schepe is plichtich to seggende to ben anderen Scipluden : Gy Heren luchtet iuwe (1) Ancker, wente gy sint ons to na ghelecht, wente wi mochten dar van in Schaden kamen. Wnn se en willen ere Ancker nicht luchten, de ander Meister vnn syne Schiplude gan tho vn luchten ere Ancker, vnn legghen beth vorwardes van en, vnn isset dat se en vorbebet dat Ancker nicht to luchtenbe, vnn se dar van in Schaden kamen, so sint se plichtich den Schaden to betalende. Wnn licht yenich an der Ancker sunder Boye, dat Schaden boet, wes dat id sy, he is schuldich to beterende. Wn isset bat men in eyner broghen Hauen lecht, so is men schuldich [to leggen] (4) Bolline vnde Ghetowe, dat id nicht en feyle.

est tenu de dire aux gens de l'autre équipage : Messieurs, levez vos ancres, parce que vous êtes trop près de nous, et qu'il en pourroit résulter des avaries pour nous. Et si ceux-ci ne veulent pas lever les ancres, le patron du premier navire et ses matelots peuvent aller lever les ancres et les placer plus loin des leurs ; et si les autres les empêchent de lever les ancres, et qu'il en résulte du dommage, ils seront tenus de le payer (2). Et si quelqu'un est à l'ancre sans avoir placé de bouées, s'il en arrive du dommage, quel qu'il soit, il est tenu de le réparer (3). Et quand on se trouve dans un port sec, on est tenu de placer des orins et des aloignes pour ne point être en défaut.

ART. 32 (5).

Item. Schiplude van der Kost van Bartanien be syn plichtich tho hebbende eyne Maltid des Dages vnn Win to drincken; be Norman twe Maltid des Daghes, vmme dat se anders nicht en brinken den Water to eren Dranck ; men als dat Schip kumpt, dar Wiin waffet, be Meister is en plichtich to eren Dranck Wiin tho gheuen.

Item. Les matelots de la côte de Bretagne ont droit à un repas par jour et à boire du vin ; et les Normands (6) à deux repas, parce qu'ils n'ont d'autre boisson que de l'eau : mais, aussitôt que le navire arrive près d'un pays où il croit du vin, le patron est tenu de donner du vin à ses matelots (7).

ART. 33 (8).

Item. Id gheualt, bat eyn Schip gekamen is to syner rechten Wntlastinge, tho

Item. Il advient qu'un navire est arrivé au véritable lieu de son déchargement, à Bor-

(1) Le texte porte iwe; c'est une faute qui a été corrigée d'après les manuscrits de 1533 et de 1537.
(2) Brokes a fait ici un alinéa qui n'existe pas dans les manuscrits de 1533 et de 1537.
(3) La version danoise ajoute, *puisque dans cette position il est tenu d'avoir des bouées.*
(4) Il étoit nécessaire d'ajouter les mots to leggen, sans lesquels la phrase n'auroit pas de sens. Cette correction, justifiée d'ailleurs par les manuscrits de Gripswald et d'Husum, a été faite par Brokes dans le texte qu'il a publié d'après les manuscrits de 1533 et de 1537, lesquels portent, so is men schuldich Boye the vinde Ghetouve, expression qui ne seroit pas moins incomplète.
(5) Cet article est le 28.e dans les manuscrits de 1533 et de 1537 et dans l'édition de Brokes ; il est le 29.e dans les autres manuscrits et éditions, et le 16.e dans la traduction allemande publiée par l'Estocq. C'est une copie de l'article 17 des Rôles d'Oléron et des Jugemens de Damme.
(6) Dans les manuscrits de Gripswald et d'Husum, au lieu de Normannen, on lit Beermannen. Je m'expliquerai sur cette variante dans les notes sur le second texte.
(7) La traduction danoise se borne à dire : *Ceux qui boivent de l'eau ont droit à deux repas, et il en sera de même à l'égard de ceux de Normandie.* On peut conclure de cette dernière expression que le traducteur avoit sous les yeux un des textes de la seconde famille, dans lesquels l'article finit effectivement par ces mots : bergelijcken od ben van Normandijen, *il en sera de même à l'égard de ceux de Normandie.*
(8) Cet article est le 29.e dans les manuscrits de 1533 et de 1537 et dans l'édition de Brokes ; il est le 30.e dans les autres manuscrits et éditions, et le 17.e dans la traduction allemande publiée par l'Estocq. C'est une copie de l'article 18 des Rôles d'Oléron ou des Jugemens de Damme.

Borderos of anders war, de Meister is schul=
dich tho vragende synen Schipluden: Gy
Heren legget iuwe Voringe oft verachtet
gy (1) se, vnn lat gy se in be Vracht van
deme Schepe. Se syn schuldich to seggende,
wat se don willen, vnn isset se lesen alsulke
Vracht-tho hebbende [alse dat Schip hefft,
so schollen se se hebben]; vnn willen [se ock
befrachtet sijn bij en seluen] (2), so se
moghen doen in Manieren, dat dat Schip
nicht na en licht, vnn vinden se des na nene
Vracht, de Meister scal dar nene Webberstot
aff hebben, men he is en plichtich tho wi=
sende ere Rum vnde ere Set; vnn islik Schip=
mann mach dar in leggen dat Ghewichte
van syner Voringhe; vnn willen se, so mo=
ghen se dar in legghen eyn Vat Waters, be
Mester vnn de Schipmanne, vnde wert ith
ouer gheworpen in der See, dat scolde ghere=
kent werden vor Win efte vor anber Gud
van Punde to Punden, vnn mochten eme
rebeliken bedragen in See: vnde koft den (5)
enigem Kopman (6) alsulken Vrede, alse
Schipmanne hebben, alzo scal ock hebben
be Kopman.

deaux ou autre part: le patron est tenu de
dire à ses matelots: Messieurs, voulez-vous
charger vous-mêmes votre port-franc, ou y
renoncez-vous et le laissez-vous dans le fret
du navire? Ils sont tenus de déclarer leur
volonté: s'ils préfèrent avoir le même fret
que le navire, ils l'auront; et s'ils veulent
charger eux-mêmes, ils devront le faire de
manière à ne pas retarder le départ du navire: et si, en conséquence, ils ne trouvent
pas de fret, le patron n'en éprouvera aucun
désagrément; mais il est tenu de leur assigner une place convenable, et chaque matelot peut y placer le poids de son port-franc.
Le patron et les matelots (3) peuvent, s'ils le
veulent, y placer un tonneau d'eau, qui sera,
au cas où il viendroit à être jeté, compté
pour du vin ou autre marchandise, livre pour
livre, s'ils se comportent loyalement à la
mer (4); et si un commerçant achète le
droit du matelot, la même franchise que
celui-ci auroit eue appartiendra au commerçant.

(1) Le texte porte aff verachtet by, et le manuscrit de 1537, aff verachtet be. La correction faite par M. de Clercq, commandée par le sens, est autorisée par le manuscrit de 1533. Les textes de Gripswald et d'Husum, ainsi que les éditions vulgaires, portent: edder verfrachtet se, edder latet se gan van Fracht van dem Schepe; littéralement, ou frétez-le, ou laissez-le aller sur le fret du navire.

(2) Tout ce qui est placé entre des crochets manque dans le texte de 1505 et dans les manuscrits de 1533 et de 1537. Brokes, qui a fait usage de ces derniers, avoit reconnu la nécessité de suppléer cette omission, qui rend la phrase incomplète. Il y a procédé, à l'aide sans doute des éditions hollandaises, et même il a annoté de sa main cette correction sur le manuscrit de 1533, qui est aux archives de Lubeck. M. de Clercq a cru devoir, à son exemple, suppléer ce membre de phrase; mais il en a pris le texte dans les manuscrits de Gripswald et d'Husum.

(3) Les textes de la seconde famille ne font pas mention du patron, et disent seulement, vnde willen de Schipludde, so mogen se &c., les matelots peuvent, s'ils le veulent, &c.

(4) C'est le sens qu'aident à donner les Rôles d'Oléron, qui sont évidemment l'original.

(5) M. de Clercq a substitué koft, acheter, à Kost, nourriture, ce mot n'ayant ici aucune signification: il a aussi substitué den, à eux, aux mots to doen, de faire, qui étoient également insignifians. Cette correc-tion est justifiée par les traductions plat-allemandes des Jugemens de Damme qui existent à Hambourg et par l'original des Rôles d'Oléron. M. de Clercq a cru aussi qu'il étoit nécessaire de placer deux points après See, pour couper la phrase de manière à lui donner un sens.

(6) Brokes a supprimé tout ce qui précède, depuis vnn mochten, quoique ce passage fût dans les manus-crits de 1533 et de 1537. Il a même écrit de sa main sur le manuscrit de 1533, omittatur. Il s'y est décidé sans doute pour mettre en harmonie avec son texte le latin fait d'après le hollandais, où effectivement ces deux phrases ne se trouvent pas. Les manuscrits d'Husum, de Gripswald, et les éditions vulgaires, ne les contiennent pas non plus; mais la fin de cet article y forme, comme dans les textes hollandais, un alinéa distinct, précédé du mot Item, qui commence par cette phrase: Worde der Koplüde [ere] Gudt aver Bordt geworpen in de [der] Sehe [See], si les marchandises des négocians viennent à être jetées à la mer. On a vu, page 382, que le texte des Jugemens de Damme étoit incomplet, et les notes précédentes ont fait connoître que le texte de 1505 et des manuscrits de 1533 et de 1537, plus conforme aux Rôles d'Oléron que les autres traductions, avoit besoin de quelques corrections pour être intelligible.

ART. 34 (1).

Item. Eyn Schip kamet gheladen vnde beholden to syner rechter Vntladinghe, de Schiplude willen hebben ere Hure, vnde syn etlicke, de noch wedder Bedden noch Kisten hebben int Schip, de Meister mach ere Dinck Hure (2) beholden vmme dat Schip weder to bringende, dar (4) se her quemen, est Sekerheit to donde ere Wort vnn Vart to holdende.

Item. Un navire étant arrivé sain et sauf, avec son chargement, au lieu de son déchargement, les matelots exigent leurs loyers; s'il y en a parmi eux qui n'ont encore ni lits ni coffres dans le navire, le patron peut retenir leurs loyers (3) pour qu'ils reconduisent le navire au lieu de son départ, ou bien ils donneront sûreté qu'ils tiendront leur parole et qu'ils achèveront le voyage.

ART. 35 (5).

Item. Eyn Meyster huret syne Schipmanne, enen to voren vnn to keren sullen hebben ere Voringhe, d'ander (6) vmme Gelt; se seen dat dat Schip nene (7) Vracht vint to Lande to keren vnn mot van banne varen [de ijennen de mede varen vmme Befrachtijnge de moten dem Schepe volgen] (8), men de genne de gehuret (9) sint vmme

Item. Un patron loue ses matelots pour l'aller et le retour, les uns au fret, les autres à loyer; les matelots voient que le navire ne peut trouver de fret pour le retour, et qu'il est forcé d'aller plus loin pour trouver un fret : ceux qui sont engagés au fret doivent le suivre; mais le patron est tenu d'augmenter les loyers de ceux qui voyagent pour de l'argent, chacun dans la proportion de ce

(1) Cet article est le 30.ᵉ dans les manuscrits de 1533 et de 1537 et dans l'édition de Brokes; il est le 31.ᵉ dans les autres manuscrits et éditions, et le 18.ᵉ dans la traduction allemande publiée par l'Estocq. C'est une copie de l'article 19 des Rôles d'Oléron ou des Jugemens de Damme.

(2) Le texte de 1505 porte Drinck Hure, *loyers pour boire.* La correction que M. de Clercq a adoptée est autorisée par les manuscrits de 1533 et de 1537, et commandée par le sens.

(3) Les manuscrits de Gripswald, d'Husum, ainsi que les éditions vulgaires, ajoutent les mots, [beth] so lange dat dat Schip getosset ijs vnde &c. *jusqu'à ce que le navire soit déchargé et &c.* La version danoise se borne à dire, *pour lui servir de garantie qu'ils accompliront le voyage entièrement.*

(4) Le texte de 1505 porte dat; M. de Clercq y a substitué dar, les manuscrits de 1533 et de 1537 autorisant cette correction.

(5) Cet article est le 31.ᵉ dans les manuscrits de 1533 et de 1537 et dans l'édition de Brokes; il est le 32.ᵉ dans les autres manuscrits et éditions, et le 19.ᵉ dans la traduction allemande publiée par l'Estocq. C'est une copie de l'article 20 des Rôles d'Oléron ou des Jugemens de Damme.

(6) Il y a dans le texte van de, *alors les*, ce qui seroit un non-sens; ces mots ont sans doute été mis par erreur de copiste, au lieu de d'ander, *les autres*, qu'exige le sens. Les auteurs du *Nye Danske Magazin* avoient aussi fait la remarque que l'original de 1505 étoit inintelligible.

(7) Le texte porte schone, qui signifie *beau, bon.* M. de Clercq, n'y voyant qu'un non-sens, a pensé qu'à l'exemple de Brokes il falloit substituer nene, *aucun*, que commande le sens et qui se trouve dans le texte de Gripswald. Celui d'Husum porte keine, qui signifie également *aucun*, mais qui est plus moderne.

(8) Le texte de 1505 ainsi que les manuscrits de 1533 et de 1537 offrent ici une lacune que Brokes a cru nécessaire de remplir. J'ignore où il a puisé les mots dont il s'est servi; peut-être a-t-il traduit en plat-allemand ce que lui offroit une version hollandaise. M. de Clercq a pensé qu'il valoit mieux employer le texte du manuscrit de Gripswald. Sans cette correction, la phrase est inintelligible; en l'admettant, elle offre fidèlement le même sens que les Jugemens de Damme et que l'original des Rôles d'Oléron. Hadorph s'étoit borné à faire observer que le texte de 1505 étoit moins étendu que le texte hollandais dont il faisoit usage pour sa traduction suédoise. Le texte d'Husum offre la même lacune.

(9) Ce mot, dans le texte de 1505 et dans les manuscrits de 1533 et de 1537, est précédé du mot nicht, et, comme on l'a vu dans la note précédente, ces textes ont omis tout ce qui a été suppléé par M. de Clercq, depuis de pennen jusqu'à men de. Mais, même avec l'omission de ces mots, l'admission de nicht n'offre point un sens raisonnable et complet; et avec les mots intercalés sur la foi de toutes les autres éditions, nicht présenteroit un contre-sens.

Ghelt, de Meyster mot en ere Hure vorbeteren isliken na syneme ghelike, dar na dat se gehuret syn by Termynen. Labben se narne, se syn sy schuldich to hebbende alle ere Hure; men se moten dat Schip helpen bringhen dar se ith nemen, isset dat de Meyster wil hebben.

qu'il reçoit par terme (1). S'ils chargent dans un lieu plus rapproché, ils doivent avoir la totalité de leurs loyers ; mais ils sont tenus d'aider à reconduire le navire au lieu du départ, si le patron l'exige.

ART. 36 (2).

Item. Jb ghevalt, dat eyn Schip licht to Bordewes est anders wor, van alfulker Spise, alfo men dar eth int Schip, twe Schipmanne moghen eyn Gerichte vte deme Schepe breghen, vnn alfulk Brot, alze dar inne is, dar na dat se moghen eten to eneme Male. Men se mogten dar nenen Dranck vt dregen, vnde se moten brabe wedder kamen to Schepe, dat se deme Meister nicht vortornen (4). Vnn neme de Meister Schade van erent weghen by Ghebreke, se scholent beteren, vnde dat [sick] eyn Schipman sloghe (5) bi Ghebreck van Hulpe, se syn eine plichtich tho donde Hulpe tho ghenesende, vnde ere Ghebreck van em to beterende deme Meyster vnde den Ghesellen van der Tafelen [to Ghenoege] (6).

Item. Il arrive qu'un navire se trouve dans le port de Bordeaux ou autre port : deux matelots pourront emporter du navire un plat, composé des mets qui forment la nourriture ordinaire de l'équipage, ainsi que du pain tel qu'on en mange à bord, jusqu'à concurrence de ce qu'on peut en manger à un repas ; mais ils ne peuvent emporter aucune boisson , et ils doivent promptement rentrer à bord, afin de ne point mettre le patron en colère (3). Et si, faute de leur aide, il arrivoit quelque dommage au patron, ils le bonifieront; et si un matelot vient à être blessé par défaut d'assistance , ils seront tenus de lui fournir des secours pour sa guérison , et de réparer le tort qu'ils lui ont causé, au dire du patron et des compagnons de la table.

(1) Le texte s'écarte ici des Rôles d'Oléron ; il est assez probable qu'à l'époque où ces rôles ont été rédigés, on ne connoissoit pas, ou du moins on ne faisoit pas fréquemment usage sur les côtes occidentales de France de la location au mois. Elle étoit sans doute en usage dans le Nord à l'époque à laquelle les Rôles d'Oléron y ont été introduits, et c'est ce qui explique la différence entre ces Rôles et la compilation, dans laquelle Termynen, terme, me paroit désigner une location au mois ou pour une période de temps quelconque. Les manuscrits de Gripswald et d'Husum remplacent cette disposition par la suivante : ijbt were den dat he se bespraken hadde to einer beschelijben Zijdt, à moins qu'il ne les ait engagés pour un temps déterminé.

(2) Cet article est le 32.e dans les manuscrits de 1533 et de 1537 et dans l'édition de Brokes ; il est le 33.e dans les autres manuscrits et éditions, et le 20.e dans la traduction allemande publiée par l'Estocq. C'est la copie de l'article 21 des Rôles d'Oléron ou des Jugemens de Damme.

(3) Au lieu de cette phrase , on lit dans les manuscrits de Gripswald et d'Husum, ainsi que dans les éditions vulgaires, so dat des Schepes Werck dorch se nicht vorsumet werde, de sorte que le travail du navire ne soit pas négligé par leur faute ; ce qui est plus conforme au texte des Rôles d'Oléron et des Jugemens de Damme.

(4) M. de Clercq a traduit vortornen par mettre en colère. On ne peut donner un autre sens à ce mot. La différence entre ce sens et celui des Rôles d'Oléron n'est pas d'une très-grande importance.

(5) Sloghe signifie frappoit , donnoit un coup. Le sens de la phrase exige évidemment un verbe réciproque. M. de Clercq a substitué sick, se, à ene , particule explétive qui se trouvoit dans le texte , mais qui n'auroit aucun objet. A ce moyen , la phrase donne le même sens que les Rôles d'Oléron. Les manuscrits de Gripswald et d'Husum , ainsi que les éditions vulgaires , portent sick wehe tede, se faisoit du mal. Brokes, sentant la nécessité de corriger les manuscrits de 1533 et de 1537 dont il faisoit usage, a substitué tede sick Schaden à sloghe.

(6) Les mots to Ghenoege, à la satisfaction , au dire , sont indispensables pour achever la phrase, dont le sens, expliqué par les Jugemens de Damme et l'original des Rôles d'Oléron, est que la réparation envers le blessé sera arbitrée. Les manuscrits de Gripswald et d'Husum, ainsi que les éditions vulgaires, portent tho des Schippers... seggentt, qui en sont l'équivalent.

ART. 37 (1).

Item. [Jb] (2) gheualt, bat eyn Meyster vracht syn Schip eyneme Kopmanne, vn bespreken by eneme Termyne bat Schip to labende; de Kopmans en ladens nicht, vnde holden bat Schip vnde Lude XV Daghen efte lengher, vnde de Tyd vorlefet sick, vnde de Meyster syne Vracht, by Ghebreke van deme Kopmanne, de Kopman is schuldich to beterende deme Meyster alsulken Schade, alse bar vp ghefet vnde gheordineret wert. Vnde baraff scholen hebben de Schipmanne bat Verendel, vnn de Meister bat ander, bar vmme bat he ene ere Kost wint.

Item. Il arrive qu'un patron frète son navire à un négociant, et qu'ils conviennent d'un certain délai dans lequel le chargement devra s'effectuer. Les affréteurs ne chargent pas, et retiennent le navire et les gens quinze jours (3) ou plus long-temps, et le temps s'écoule et le patron perd son fret par la faute de l'affréteur (4) : celui-ci est tenu de dédommager le patron ainsi qu'il sera arbitré et ordonné. Et les matelots auront le quart de ces indemnités, et le patron le reste, parce que c'est lui qui leur fournit la nourriture.

ART. 38 (5).

Item. Eyn Meyster vorvrachtet syn Scip vnde ladet, vmme syne Reyse dar mede to bonde, vnde hyr en binnen bliuet bat Schip ligghende, alzo langhe bat em Geldes ghebreckt, de Meyster mach wol senden to synem Lande vmme Gelt; men he en mot neynen guden Wint vorliggen vnde vorsumen. Dede he bat, he were plichtich vnn schuldich deme Kopmanne den Schaden to beterende. Men he mach wol nemen van deme Kopmanne Win efte Gud vnde vorkopen, vnde nemen syne Nottorft efte Behof

Item. Un patron frète son navire et prend un chargement pour faire un voyage, et le navire reste ici dans le port si long-temps qu'il vient à manquer d'argent : le patron peut envoyer dans son pays pour en faire venir; mais il ne doit perdre ni laisser passer aucun vent favorable; s'il le faisoit, il seroit tenu d'indemniser le marchand du dommage qui en résulteroit. Mais il est permis au patron de prendre du vin ou des marchandises (6) du marchand, de les vendre, et de prélever sur le prix jusqu'à concurrence de ses besoins. Aussitôt que le navire sera arrivé à son véritable lieu de déchargement, le patron

(1) Cet article est le 33.ᵉ dans les manuscrits de 1533 et de 1537 et dans l'édition de Brokes; il est le 34.ᵉ dans les manuscrits de Gripswald et d'Husum, ainsi que dans les éditions vulgaires, et le 21.ᵉ dans la traduction allemande publiée par l'Estocq. C'est la copie littérale du 22.ᵉ article des Rôles d'Oléron ou des Jugemens de Damme.

(2) Le mot ib a été suppléé, d'après les manuscrits de Gripswald et d'Husum, pour compléter le sens de la phrase.

(3) Il n'est pas hors de propos de fixer de nouveau l'attention sur cet emploi des mots XV Daghen, quinze jours, qui n'est point conforme aux usages des pays du Nord, où l'on emploie, pour exprimer un délai de deux semaines, l'expression vierzehn Tagen, quatorze jours. On a vu, page 360, l'argument qu'il étoit possible d'en tirer pour établir que cette série d'articles n'appartient point aux pays maritimes de l'Allemagne ou du Nord.

(4) Les auteurs du Nye Danske Magazin font, dans la note 123, l'observation que le commencement de cet article de la traduction danoise diffère pour les expressions du texte de 1505 et des autres éditions plat-allemandes; toutefois le sens en est le même.

(5) Cet article ne se trouve point dans les manuscrits de 1533 et de 1537, ni par conséquent dans l'édition de Brokes. Peut-être y a-t-il été omis parce qu'il est presque littéralement dans l'article 44, qui est le 39.ᵉ de ces manuscrits. Il est le 35.ᵉ dans les autres manuscrits et éditions vulgaires, et le 22.ᵉ dans la traduction allemande publiée par l'Estocq. C'est la copie du 23.ᵉ article des Rôles d'Oléron ou des Jugemens de Damme.

(6) Les manuscrits de Gripswald et d'Husum, ainsi que les éditions vulgaires, ne contiennent pas ces mots, efte Gud, ou marchandises.

dar aff. Alzo dat Schip ghecommen [is] (1) tho syner rechter Vntlastinghe, den Win, den be Meyster ghenomen heft, is [he] (2) schul= dich. to geldende (3), efte to betalende, alzo men den anderen Win vorkopen scal, vnn be Meister scal hebben van deffeme Wine syne Vracht, ghelick alze van deme anderen Wine.

sera tenu de rembourser ou de payer le vin qu'il a pris au même prix que l'on vendra le reste des vins, et le patron recevra son fret du vin vendu comme du surplus de la car- gaison.

A R T. 39 (4).

Item. Eyn Knape is Leytsman van eyneme Schepe, vnde is ghehüret tho brin= genbe dat Schip, dar ith vntladen scal, ith gheualt, dat in der Hauene sint Keden effte Slote efte anders wat, dar men bynnen de Schepen vntladen scholde, de Meister is sculdich deme Schipmannen de Stede to vorsyende, dar men de Schepe in licht, vnn syn Ghetouwen wt setten, soo dat de Kop= luben nenen Schaden nemen (6) by Ghe= breck van deme, de de Meyster mochte bete= ren; de Laytsman (7) scal syne Vart hebben, alze he dat Schip heft ghebracht to de Ke= den, vnn nicht vurder is he ith plichtich to bringhende; vnde dan so bliuet dat Schip vp den Meyster vnde vp de Schiplude ligghen.

Item. Un homme est locman d'un navire et est loué pour conduire ce navire au lieu de son déchargement. Il arrive que dans le port il se trouve des chaînes, ou des barrières, ou autres choses (5) en dedans desquelles les navires doivent être déchargés : le patron est tenu de montrer aux matelots l'endroit où le navire doit être placé et amarré, de ma- nière que les chargeurs n'éprouvent aucun dommage par le défaut des cordages ; car s'ils en éprouvoient, ce seroit à la charge du patron. Le locman recevra le prix de son voyage aussitôt qu'il aura conduit le navire devant les chaînes, et il n'est pas tenu de le conduire au-delà : et alors la conduite du navire est abandonnée au patron et aux ma- telots.

(1) Le sens commande l'addition du verbe auxiliaire is; elle est justifiée par les textes de Gripswald et d'Husum.

(2) L'addition du mot he, il, est nécessaire pour le sens de la phrase. Les textes de Gripswald et d'Husum portent de Schipper, le patron.

(3) Le texte imprimé de 1505, le seul que nous ayons pu consulter, puisque cet article n'est point dans les manuscrits de 1533 et de 1537, contient, après geldende, un membre de phrase ainsi conçu : alze men den anderen Win, den de Meyster ghenomen heft, is schuldich to geldende, comme on est tenu de rembourser le reste du vin que le patron a pris. Ce membre de phrase est évidemment une répétition provenant d'une erreur du copiste ou de l'imprimeur. Il n'existe ni dans les manuscrits de Gripswald et d'Husum, ni dans les éditions vulgaires; il ne se trouve point non plus dans les traductions hollandaises et dans la version allemande de l'Estocq. M. de Clercq s'est cru, d'après ces autorités, fondé à le supprimer, et cette suppression est justifiée par les traductions plat-allemandes des Jugemens de Damme qui existent à Lubeck et à Hambourg, par ces mêmes Jugemens et par l'original des Rôles d'Oléron.

(4) Cet article est le 34.e dans les manuscrits de 1533 et de 1537 et dans l'édition de Brokes ; il est le 36.e dans les autres manuscrits et éditions. Il ne se trouve pas dans la traduction allemande publiée par l'Estocq. C'est la copie de l'article 24 des Rôles d'Oléron ou des Jugemens de Damme.

(5) Les mots efte anders wat, ou autres choses, ne sont pas dans les manuscrits de Gripswald et d'Hu- sum, ni dans les éditions vulgaires.

(6) Il est assez probable qu'il manque ici quelque chose dans le texte de 1505 et dans les manuscrits de 1533 et de 1537. Peut-être faudroit-il lire, comme dans les textes d'Husum et de Gripswald, wenfe nehme de Kopmann Schaden, by Gebrecke des Touwes, so wehre de Schipper schuldich &c., car, si le négociant éprou- voit quelque dommage par le défaut de cordages, le patron seroit tenu &c. Cependant, comme l'incorrec- tion du texte n'empêche pas de le comprendre facilement, M. de Clercq n'a pas cru devoir y faire de changement; mais il l'a traduit d'une manière qui s'accorde avec les autres, sans forcer le sens de celui de 1505. On a vu, page 340, que cet article étoit obscur dans l'original français.

(7) Avant ces mots, les manuscrits de Gripswald et d'Husum placent le mot Item.

Dit is de Ordinancie, de de gemene Schipperen vnde Koplüde myt malkander
begerende (1) van Schiprechte (2).

Ceci est l'Ordonnance que tous les
Patrons et Négocians ont faite entre
eux au sujet du droit maritime.

ART. 40 (3).

Tome ersten, weret dat eyn Schip breke
ofte dat men it vorseygelde wor dat it were,
duchte dat den Schipluden vnn den Sturman
vnn den mereren Hope van der Selschop
gud, dat ment maken mochte, so scholdet
de Schipper maken vnn bringhen den Kopluden ere Gud, bar he id ene ghelauet
habbe, des ene God sparede vor Vngeual.
Vnn weret dat men dat Schip nicht konde
webber maken, so scolde de Schipper synen
vollen Vracht hebben van al deme Gude, vnn
marken dat mit enem Godes Penninghe, wes
bar gewunnen were, des bar aff so vele ghe-
berget worde. Vnn weret dat be Kopman
neyn Gelt bi sick habbe, vnde wolde eme de
Schipper nicht belouen, so scolde de Schip-

En premier lieu (4), si un navire vient à
faire naufrage (5), ou s'il vient à échouer, en
quelque parage que cela soit, si les matelots, et le pilote, et la majorité de sa compagnie (6), pensent qu'il puisse être réparé, le
patron sera tenu de se conformer à cet avis
et de transporter les marchandises des affréteurs au lieu convenu, si Dieu le préserve
de nouvelles infortunes. Et s'il est impossible
de réparer le navire, le patron recevra la totalité du fret de toutes les marchandises [sau-
vées] (7), et il prendra un denier à Dieu (8)
pour constater ce qui est dû d'après la quantité des marchandises sauvées. Et si le négociant n'a pas d'argent sur lui, et que le patron ne veuille pas lui faire crédit, ce dernier
prendra des marchandises sauvées jusqu'à
concurrence de la valeur de son fret, au prix

(1) Le texte porte bogerende; ce qui est une faute, qui ne se rencontre point dans les manuscrits de 1533 et de 1537.

(2) Ce titre est placé dans l'édition de 1505 après le chiffre 40. Il est précédé du mot Item et imprimé comme partie de l'article qui le suit immédiatement. J'ai cru pouvoir le rétablir tel qu'il doit être. Il est presque littéralement le même dans les manuscrits de Gripswald, d'Husum, et dans les éditions vulgaires. Dans les manuscrits de 1533 et de 1537, il est, comme dans l'édition de 1505, placé après le mot Item, et en outre il offre des différences importantes, dont j'ai tiré argument page 402 pour prouver que cette série d'articles appartient aux Pays-Bas septentrionaux. La version danoise donne le titre suivant : Denne effterskrefne Ordinantie som Kiöbmendt Stippere Stiffmendt oc Bodzmendt kaller StiffsRet ; Ordonnance ci-après écrite, que les négocians, les patrons et armateurs appellent droit maritime.

(3) Cet article est le 35.e dans les manuscrits de 1533 et de 1537 et dans l'édition de Brokes; il est le 37.e dans les autres manuscrits et éditions, et le 23.e dans la traduction allemande publiée par l'Estocq. C'est la copie de l'article 1.er des Usages maritimes d'Amsterdam.

(4) Ces mots ne se trouvent point dans les manuscrits de Gripswald et d'Husum, dans les éditions vulgaires, ni dans la traduction allemande publiée par l'Estocq.

(5) Les manuscrits de Gripswald et d'Husum, ainsi que les éditions vulgaires, ajoutent : vnde qweme an Grundt, et prend fond.

(6) Les manuscrits de Gripswald et d'Husum, ainsi que les éditions vulgaires, disent : den Kopluden, dem Schipper vnde dem Schipmanne, les affréteurs, le patron et le matelot.

(7) Il est évident qu'il ne s'agit ici que des marchandises sauvées : la construction de cette phrase est très-différente dans les textes de la seconde famille, qui se rapprochent beaucoup plus des textes hollandais. En place du mot marken, que M. de Clercq a traduit par constater, on lit dans ces différens textes Mercke ou Mercken, mot qui paroît employé comme substantif, et qui dès-lors ne peut signifier que marchandises, ou ballots de marchandises que nous appelons vulgairement colis, quoique cette signification ne soit pas usuelle. Malgré les difficultés d'une traduction littérale, le sens de cette disposition est facile à saisir dans tous les textes.

(8) Le texte de 1505 et les manuscrits de 1533 et de 1537, ainsi que ceux de Gripswald et d'Husum, contiennent uniformément l'expression assez singulière, Godes Penninghe, denier à Dieu, qui ne se trouve pas dans les textes hollandais. Il est difficile de l'expliquer autrement que par des usages qui me sont inconnus. Au surplus, cette addition n'empêche point d'entendre très-bien le sens de l'article.

per van beme Gube nemen , bat bar ghe-
barget were, alzo vele alze fyne Bracht tho
lepe, vor alfo vele Geldes, alzo be Kopman
bat fyne geuen konbe an be Market.

que le négociant auroit pu les vendre au
marché.

ART. 41 (1).

Jtem. Weret bat eyn Schip Noot heb-
de, vnn be Schipper begerbe, bat men bat
Gut werpen fcholbe, fo fcolbe men it nicht
werpen , men fcholbe ben Brachtmannen
erften vragen, eft it ere Wille were, vnbe
weret ere Wille nicht, vnn buchte ib beme
Schippere gub, vnn van beme Schipluben twen ofte bren, beter geban wen gela-
ten, fo fcal men benne moghen (3) werpen. Vnbe wolbe be Kopman, alzo men tho
Lanbe queme, fo fcholben be twe efte bre,
be in beme Schepe weren, fweren, bat ith
Notfake was. Vnbe were bar neyn Kopman
in beme Schepe, vnn men Noot habbe to
werpenbe, wes benne beme Schipperen gub
buchte mit beme meyfte Dele fyner Selfcopp,
bat fcholbe men boen. Vnbe wes bat men
worpe, bat fcholbe men reken, alze ith an
beme Markebe gelt, Penning Penninges
brober (5) van alzo vele, alzo bar aff bliuet,
alze be Bracht af betalt is ; vnbe be Schipper fcal gelben van fyneme Schepe efte van
fyner Bracht : vnbe willen be Koplubeu bar
af kofen, wo bat be Schipper fyn Scip fettet, bar moghen be Koplube vornemen vp
en Ghetibe. Vnbe weret bat yemant were
in enem Schepe, bar men worpe, vnbe habbe

Item. Lorsqu'un navire se trouvera dans
un cas de détresse, et que le patron voudra
faire jeter des marchandises, on ne procédera pas au jet avant d'avoir demandé aux
affréteurs s'ils y consentent; et si ceux-ci s'y
refusent, mais que le patron et deux ou trois
matelots pensent qu'il vaut mieux y procéder que de s'en abstenir (2), le jet aura lieu néanmoins. Et si les négocians l'exigent, lorsque
l'on sera arrivé à terre, deux ou trois des matelots qui se trouvoient à bord affirmeront
sous serment que cela étoit indispensable. Et
s'il ne se trouvoit aucun négociant à bord,
et que l'on eût besoin de procéder au jet, on
fera ce que le patron et la majeure partie de
son équipage jugeront convenable. Et ce qui
aura été jeté sera estimé au prix du lieu du
débarquement , et réparti par contribution
proportionnelle sur ce qui restera, déduction
faite du fret; et le patron contribuera pour
son navire ou son fret (4). Et si les négocians
le veulent, ils auront la faculté de prendre
le navire, au prix de l'estimation du patron,
dans le délai d'une marée. Et si , au moment du jet, il se trouve dans le navire quelqu'un qui ait de l'argent ou d'autres marchandises dans ses coffres, il sera tenu d'en faire
la déclaration avant le jet; et , s'il l'a ainsi déclaré, il contribuera au jet de son propre
argent , en comptant deux deniers pour un.
Et de même, si on jette son argent, on comptera également deux deniers pour un (6). Et

(1) Cet article est le 36.e dans les manuscrits de 1533 et de 1537 et dans l'édition de Brokes; il est le 38.e
dans les autres manuscrits et éditions, et le 24.e dans la traduction allemande publiée par l'Estocq. C'est la
copie de l'article 2 des Usages maritimes des Pays-Bas septentrionaux.

(2) Les manuscrits de Gripswald et d'Husum , ainsi que les éditions vulgaires, disent : wen bat men fcholbe
vorlefen bat Schipp, Lifff vnbe Gubt, que de s'exposer à voir périr le navire corps et biens.

(3) Le texte porte moghe; mais il est évident que ce verbe, qui signifie pouvoir, oser, doit être à l'infinitif, comme dans les manuscrits de 1533 et de 1537.

(4) Les manuscrits de Gripswald et d'Husum, ainsi que les éditions vulgaires et la traduction publiée
par l'Estocq , ajoutent : geliite fo be Kopman glifft van finem Gube, wes be Kopman barvan kefen wert, de même que
le négociant contribue pour sa marchandise , au choix du négociant : mais les manuscrits de Gripswald
et d'Husum disent , van finem Schepe gubt vnbe van ber Fracht, pour son navire ET son fret ; ce qui est une
erreur évidente, puisqu'ils ajoutent , au choix du négociant.

(5) Le texte porte brb', ce qui est sans doute une abréviation de brober que portent les manuscrits de
1533 et de 1537. Voir sur cette expression Penning Penninges brober la note 4 de la page 416.

(6) Cette disposition, qu'on lit dans le texte hollandais de Wagenaar, ne se trouve ni dans les manuscrits de Gripswald et d'Husum , ni dans les éditions vulgaires, ni dans la traduction publiée par l'Estocq.

he Gelt efte ander Gud in fyner Kiften, dat fcolde he apenbaren, er man dat worpe; vnde alze he ith geapenbaret habbe, fo fcholde he ghelden to Werpe Gelde van fyne eygene Gelde tho rekenen II Penninghen vor eynen; vnde des ghelikes wordet gheworpen, fo fcolbe men ith ok rekenen II Penningh vor eynen. Men were dar ander Gud in der Kiften, dat fcholde men rekenen ghelik anderem Gude, alzo ith werdich were. Vnde weret dat dar yemant vt der Kiste neme vmme fyne Siben, fo fcolde men dar van nicht gelden. Vnde weret dat dar yemant Gelt efte ander Gud habbe in fyner Kiften, vn he des nicht openbarede, er dat men worpe, worde de Kiste, dar dat inne were, gheworpen efte beholden, fo fcholde men de Kiste nicht hogher reken den III Schilde, alfo verne alfe fe beflaghen were, vnn were fe onbeflaghen, fo fcholde men fe gelden, alfe fe werdich were, vnde weret, dat dar gheworpen worde eyne Matte mit eynen Bedde, dat fcolde men rekenen vor III Schilde. Vnde were ith tho doude, dat ment laten fcholde, fo fcolde men des Rad vraghen deme Kopman, de in deme Schepe weren, vnn eme duchtet deme Kopmanne nicht gud wefen, den deme Schipperen gud duchte vnn deme meften Del van der Selfchop, dat fcholde voert gaen; vnn were dar neyn Kopman in deme Schepe, wes denne deme Scipperen vnde deme meiften Dele van deme Selfchop guth duchte wefen, dat fcholde men dar to bon to late (2); vnn van late Gelde tho nemen, wo vele men dar vp fettet, vnn redelick is, vnn alzo dar eyne Wonheit is, vnde betalen like Werpgelde.

si les coffres contenoient d'autres marchandises, celles-ci seront estimées suivant leur valeur réelle, ainsi que le reste de la cargaison. Et si quelqu'un prend des objets contenus dans son coffre pour en garnir ses côtés, ces objets ne contribueront pas au jet. Et si quelqu'un ayant de l'argent ou autres marchandises dans son coffre ne les déclare pas avant le jet, soit que le coffre vienne à être jeté, soit qu'il soit conservé, on n'estimera pas le coffre à plus de trois schildes (1), s'il est garni en fer, et suivant sa valeur, dans le cas où il ne seroit pas garni; et si l'on jette un hamac avec un lit, on le paiera trois schildes. Et lorsqu'il s'agira de faire piloter un navire, on demandera l'avis des négocians qui se trouvent à bord; et si ceux-ci ne le jugent pas convenable, ce que le patron et la majeure partie de l'équipage croiront nécessaire sera fait; et s'il n'y a aucun négociant à bord, ce que le patron et la majeure partie de l'équipage jugeront convenable sera fait; et on paiera les frais de pilotage au prix stipulé, honnête et fixé par l'usage, pour être remboursés comme argent de jet.

A R T. 42 (3).

Jtem. Eyn Schip varet van Amfterdam   *Item.* Un navire part d'Amsterdam ou de

(1) D'après Frisch, voc. Schilde, c'étoit une espèce de monnoie répondant à la valeur du *thaler.* Dans son acception primitive, Schild signifie *écusson.* Le même mot aura été appliqué à des monnoies qui portoient les armes ou écussons de l'autorité souveraine. Voir le *Glossarium Suio-gothicum* d'Ihre, voc. Stilling, et le Glossaire ajouté par Brokes à ses *Observationes forenses,* voc. Schild.

(2) M. de Clercq a pensé qu'un point et virgule après *to late* seroit préférable à la virgule que le texte de 1505 place avant; d'autant plus que la disposition suivante forme un alinéa dans les textes hollandais.

(3) Cet article est le 37.e dans les manuscrits de 1533 et de 1537 et dans l'édition de Brokes, le 39.e dans les autres éditions, et le 25.e dans la traduction allemande publiée par l'Estocq. C'est la copie de l'article 3 des Usages maritimes des Pays-Bas septentrionaux.

efte van der Vere efte van anderen Steden, ith gheuallet, bat he keruet ben Maſt efte Kabel ofte anberd wat bi Onweber binnen efte buten, vmme bat Schip vnn bat Gud mebe to berghenbe, be Schipper iß plich-tich ben Kopluben to vragenbe vn en to flagenbe ſyne Noot, vnn bat iß to beholben Liif, Schip vnn Gub, vnbe bat ſcolen ſe reken ouer bat Gub alze van werpenbe. Vnn weret bat be Kopman febe, If en geue bar nen Jaword to, bar vmme ſcolbe bat be Schipper nicht laten, men be Schipper ſcolbe bat ſweren, alzo he to Lanbe queme, ſulf brubbe, bat ib em Notfake bebe.

Ter-Weer (1), ou autres villes ; il arrive que, dans l'intérieur ou au dehors (2), le gros temps force le patron à couper le mât, le câble, ou autre chose, pour sauver le navire et la cargaison : le patron est tenu de demander conseil aux négocians, de leur représenter le danger et la nécessité de cette action pour sauver le navire corps et biens ; et le dommage sera réparti sur toute la cargaison, comme dans le cas du jet. Et si les négocians refusent leur consentement, le patron n'y procédera pas moins ; mais il sera tenu, au premier lieu de son débarquement, d'affirmer sous serment, lui troisième, que la nécessité l'y a forcé.

ART. 43 (3).

Item. Eyn Schip varet van Amſterbam efte van anberen Steden, be Scipper iß to achter, vnbe vorkopet Gub vt dem Bodeme, ſo iß be Scipper ſchulbich, alzo verne alzo be Bodeme alze to Lanbe bringet, bat to betalenbe an beme erſten Market, bar he kumpt binnen XIV Daghen bar na, vnbe bat ſcal he betalen twiſſchen beme mynſten vnbe beme meſten. Vnbe weret bat be Schipper beme Kopmanne nicht vol en bebe, vnbe bat Schip vorkofte, efte eynen anberen bar in ſettebe, ſo mochte be Kopman bat Scip an ſpreken binnen Jar binnen Daghe, vnbe ſyn Gelt bar af hebben, likerwild efte he bar gegenwarbich were, vnbe bat ſcal he

Item. Un navire part d'Amsterdam ou d'autres villes : le patron éprouve des besoins (4), et vend des marchandises en affectant le corps du bâtiment à leur remboursement ; dans ce cas, le patron sera tenu, jusqu'à concurrence de ce que le navire apportera à terre, de rembourser les marchandises vendues, dans les quatorze jours (5) de son arrivée au premier marché, et il les paiera entre le prix le plus bas et le prix le plus élevé. Et si le patron ne remplit pas ses engagemens envers le négociant, et vend le navire ou se substitue un autre patron, le négociant pourra suivre le navire pendant un an et un jour, et il devra recevoir son argent comme si le premier patron étoit encore sur le navire ; et pour prouver

(1) L'édition de 1505 et les manuscrits de 1533 et de 1537 sont les seuls qui portent le nom de cette ville de la Zélande, où peut-être l'article a été fait originairement. Dans les premiers temps, ce nom aura été inscrit ; par la suite, on l'aura supprimé, pour donner à l'article une origine purement hollandaise. Cette remarque, peu importante du reste, est une nouvelle preuve que l'édition de 1505 et les manuscrits de 1533 et de 1537 appartiennent à la même famille et ont une commune origine. On voit encore par cet article que la traduction latine publiée par Brokes n'a pas été faite sur le texte qu'il a donné d'après les manuscrits de 1533 et de 1537 ; mais il a omis les mots efte van ber Vert pour rendre ce texte conforme à la traduction, évidemment faite sur un texte de la seconde famille, ou sur un texte hollandais.

(2) Sans doute, comme je l'ai déjà fait remarquer page 408, le mot à l'intérieur signifie les baies ou mers intérieures du pays, et au dehors, l'extérieur de ces baies ; c'est ce qu'explique d'ailleurs l'article 47 ci-après. Une note marginale des éditeurs des Statuts de Sleswick apprend que quelques éditions ajoutent après binnen efte buten les mots bem Scheye, du navire. Cette leçon donneroit un sens très-différent, puisqu'il faudroit traduire dans l'intérieur ou à l'extérieur du navire. J'avoue que ce sens est peu probable.

(3) Cet article est le 38.e dans les manuscrits de 1533 et de 1537 et dans l'édition de Brokes ; il est le 40.e dans les autres manuscrits et éditions, et le 28.e dans la traduction publiée par l'Estocq. C'est la copie de l'article 4 des Usages maritimes de la Hollande septentrionale.

(4) Zo achter ſyn signifie littéralement être arriéré. Voir Kilian, Dict. etymolog. ling. Teuton. h. v.

(5) Voir ce que j'ai dit, page 360 et note 3 de la page 487, sur cette expression, qui dénote une rédaction faite en Hollande ou dans tout autre pays du Nord.

betugen mit des Schippers Segel, vnde so en mach de Schipper dar nicht yegen seggen.

sa créance, il produira le sceau du patron, et le nouveau patron ne pourra contester son droit.

ART. 44 (1).

Item. Eyn Schipper brachtet syn Schip, vnn blinet dat Schip ligghende also langhe, dat em Gheldes ghebreket, de Schipper mach wol senden to syneme Lande vmme Gelt; men he mot nenen guden Wint vorliggen; dede he dat, he were den Kopluden schuldich eren Schaden to beteren. Men he mach wol nemen van der Kopluden Gude sine Nottorft; vnn wan dat Schip kamet, dar ith loffen scal, so scal de Schipper dat Gud betalen, also dat ander gelt (4) van deme suluen Schepe twisschen deme mynsten vnn deme mesten; vnn de Schipper scal dar syne Bracht van hebben vol vnn al.

Item. Un patron frète son navire (2), et reste si long-temps dans le port, qu'il vient à manquer d'argent : le patron pourra en envoyer chercher dans son pays ; mais il ne doit manquer aucun bon vent. S'il le faisoit, il seroit tenu de réparer aux négocians le dommage qu'il leur causeroit. Mais il lui est permis de prendre sur les marchandises des négocians jusqu'à concurrence de ses besoins ; et lorsque le navire arrivera au lieu de son déchargement, le patron paiera ces marchandises au prix moyen que vaudront (3) les autres marchandises chargées dans le même navire ; et le patron en recevra son fret plein et entier.

ART. 45 (5).

Item. Eyn Schip segelt van enen Markede vnn heft geladen synen vollen Last, so is de Schipper nicht plichtich ienich Gud anders in tho nemende, ith en sy vorlouet van den Kopluden, vnn dede he anders, de Scipper scolde it vorboten, also lange als dat Gud warde, dat he habbe in genamen, ib en were, dat de Schipperfede : Gy Heren, if scal dar so vele Gudes in nemen, anders scolde he it vorbeteren.

Item. Un navire part d'un marché (6) où il a pris un chargement complet ; le patron ne pourra charger aucune autre marchandise, à moins que les négocians n'y consentent ; et si le patron en agit autrement, il paiera, à titre de dommages-intérêts, la valeur des marchandises qu'il aura ainsi chargées, à moins qu'il n'ait prévenu les négocians, en leur disant : *Messieurs, je dois prendre tant de marchandises dans tel lieu ;* sinon, il paiera des dommages-intérêts.

(1) Cet article est le 39.e dans les manuscrits de 1533 et de 1537 et dans l'édition de Brokes ; il est le 41.e dans les autres manuscrits et éditions. C'est une copie de l'article 5 des Usages maritimes des Pays-Bas septentrionaux. Il est presque littéralement semblable à l'article 38, et les auteurs du *Nye Danske Magazin*, note 150, en ont fait la remarque. Il ne se trouve pas dans la traduction publiée par l'Estocq.

(2) Les manuscrits de Gripswald et d'Husum, ainsi que les éditions vulgaires, ajoutent : vnde labet dat sine Reise, tho bonde, *et prend son chargement pour faire son voyage.* Cette addition se trouve également dans les textes hollandais.

(3) Les manuscrits de Gripswald et d'Husum, ainsi que les éditions vulgaires, ajoutent : in dem Merckende [Markede], *au marché.* Cette addition se trouve aussi dans les textes hollandais.

(4) Le texte porte Gelt, *argent;* peut-être seroit-il préférable de lire Gud, *marchandise.* Mais on peut facilement admettre l'ellipse de ce mot, après dat ander, *les autres, le reste,* et lire gelt, dérivé du verbe gelden, *valoir.*

(5) Cet article est le 40.e dans les manuscrits de 1533 et de 1537 et dans l'édition de Brokes ; il est le 42.e dans les autres manuscrits et éditions, et le 27.e dans la traduction allemande publiée par l'Estocq. C'est une copie de l'article 6 des Usages maritimes des Pays-Bas septentrionaux.

(6) Les manuscrits de Gripswald et d'Husum, ainsi que les éditions vulgaires, portent : van ijennligher Stede wat [wohr] dat ijs, *d'un endroit quel qu'il soit.* Il n'est pas hors de propos de faire remarquer que le mot Markede, *marché,* désigne plus spécialement les villes d'entrepôt ou de marché, les villes où il y avoit des *foires ;* car le véritable sens du mot Markede est *foire, marché.*

ART. 46 (1).

Item. Jd geualt, dat welke Schiplude
fik vorhuren tor Tyd ereme Scipperen, vnn
ienich van den gan vt deme Scepe sunder
Orloff, vnn brincken sik bruncken vnn maken Kif; it geuallet, dat bar yenich wert
gewundet : de Scipper is em nicht plichtich
to helpende, dat se ghenesen vppe des
Scippes (3) Kost, men he mach se vte deme
Schepe doen vnde huren ander in ere Stede.
Vnn kosten se mere, se scollent betalen, vnde
deme Schipperen wedder gheuen, wes se
van em hebben entfanghen. Men sende se de
Schipper in yenigen Denst van des Schepes
Behoff, bar se van worden gewundet, men
scal se helen vppe des Scepes Kost.

Item. Il arrive que quelques matelots s'engagent envers leur patron pour un temps déterminé (2), et que quelques-uns d'entre eux
sortent du navire sans permission, s'enivrent
et s'engagent dans des querelles; il arrive
que quelques-uns soient blessés : le patron
n'est pas dans l'obligation de les faire secourir pour les faire guérir aux frais du navire ; mais il peut les chasser de son bord
et en louer d'autres à leur place. Et si ceux-ci
coûtent davantage, ceux-là paieront le surplus, et restitueront au patron ce qu'ils en
ont reçu. Mais s'ils viennent à être blessés
étant envoyés quelque part par le patron
pour le service du navire, ils seront guéris
aux frais du navire.

ART. 47 (4).

Item. [Jd] (5) gheuallet, dat eyn Schipper eynen Schipman huret, vnde se kamen
in Twidracht, dat de Schipper deme Scipman Orloff gifft, he mach em [nene] (6)
openbar Schult gheuen, de Schipman heft
halff vordenet syn Lou, vnde noget deme
Schipmanne to scheben van deme Schipperen, des gheliken is he eme plichtich. Men
were he van der Market gesegelt buten int
Vle efte int Mersdep, vnde weder vp se-

Item. Il arrive qu'un patron loue un matelot, et qu'il vient à se quereller avec lui au
point qu'il le congédie, sans pouvoir le convaincre d'aucun tort évident : le matelot aura
droit à la moitié de ses gages; et s'il plaît au
matelot de quitter le patron, il sera envers
lui dans la même obligation. Mais, s'il a déjà
fait voile du marché au dehors, dans le Flie
ou le Marsdiep, et qu'il revienne sur son
chemin et rentre au port, le matelot aura
droit à la totalité de ses loyers. Et si un

(1) Cet article est le 41.ᵉ dans les manuscrits de 1533 et de 1537 et dans l'édition de Brokes; il est le
43.ᵉ dans les autres manuscrits et éditions. C'est une copie de l'article 7 des Usages maritimes des Pays-Bas
septentrionaux. Il ne se trouve point dans la traduction allemande publiée par l'Estocq. Il est une répétition de l'article 20; les auteurs du *Nye Danske Magazin* en ont fait la remarque, note 155.

(2) Les mots tor Tyd, *pour un temps déterminé*, ne se trouvent pas dans les manuscrits de Gripswald
et d'Husum, ni dans les éditions vulgaires. On ne les trouve pas non plus dans le texte des Usages des
Pays-Bas septentrionaux publié par Verwer; mais, comme je l'ai fait observer page 410, ils sont dans
celui qu'a publié Wagenaar. En général, le texte de cet auteur est celui qui a le plus de ressemblance avec
la compilation de Wisby, telle que l'offrent l'édition de 1505 et les manuscrits de 1533 et de 1537.

(3) Le texte porte des Scippers, *du patron ;* ce qui est évidemment une faute, constatée tant par le sens
que par l'original hollandais, et même par les Rôles d'Oléron, auxquels la Hollande a emprunté cet article.
La même faute existe dans les manuscrits de 1533 et de 1537 et dans celui de Gripswald; mais elle n'existe
pas dans le manuscrit d'Husum.

(4) Cet article est le 42.ᵉ dans les manuscrits de 1533 et de 1537 et dans l'édition de Brokes; il est le
44.ᵉ dans les autres manuscrits et éditions, et le 28.ᵉ dans la traduction allemande publiée par l'Estocq. C'est
une copie de l'article 8 des Usages maritimes des Pays-Bas septentrionaux.

(5) Le sens exige l'addition de ce mot, qui se trouve dans les manuscrits de 1533 et de 1537.

(6) Ce mot, qui manque dans le texte, est exigé par le sens, et la correction est autorisée par le texte
hollandais, qui est l'original, ainsi que par les manuscrits de Gripswald et d'Husum. Brokes l'a omis parce
qu'il n'étoit pas dans le manuscrit dont il a fait usage; mais le latin qu'il a placé en regard est conforme
au texte hollandais.

gelbe vnn op legge, so habbe de Schipman syne bulle Hure vordenet. Vnn wolde de Scipman van deme Schipper to vorne, so scolde he weder geuen allent, wes he geboret habbe vnde half also vele dar to.

matelot veut quitter son patron [dans les mêmes circonstances], il sera tenu de restituer tout ce qu'il avoit touché et la moitié en sus (1).

ART. 48 (2).

Item. Eyn Schipman wor he varet mit yenighen Manne, he is plichtich den Kopluden ere Gud to hauenen, alze deme Schippere vnde deme Sturmanne gut dunctet myt dem Brachtmanne, vnde de Schipman scal hebben van ysliker Last Roggen to colende enen Groten, vnn also vake alse se colen. Vnn weret dat se den Roggen efte Terwe (4) nicht hauenen efte colen en wolden, dat scolen se vorbeteren to des Schippers Seggen vnn des Sturmans, vnn wt tho scheten eynen Groten (5), vnde vor twe [hundert] (6) Wagenschotes eynen Groten; vnde eyn [hundert] (8) Knarre Holtes eynen Groten, vnn van enen Vaten Asches (9) enen Groten (10), van eyner Last Heringes eynen Groten, vnde van eyner Last Pekes efte Teres eynen Groten, also de Schipper voret eynen

Item. Un matelot, en quelque lieu et avec quelque patron qu'il navigue, est tenu de prendre soin des marchandises des négocians, ainsi que le patron, le contre-maître et l'affréteur le jugeront à propos (3), et les matelots auront, pour éventer le seigle, un gros par laste, chaque fois qu'ils l'éventeront. Et s'ils ne veulent pas rafraîchir ou éventer le seigle ou le froment, ils seront tenus de réparer le dommage qui en résultera, au dire du patron et du contre-maître; et pour décharger le blé à la pelle, ils recevront un gros; pour décharger deux cents feuillets de chêne, un gros; pour un cent de planches de sciage, un gros (7); pour un baril de cendres, un gros; pour un laste de harengs, un gros; pour un laste de goudron ou de braie, un gros, si le patron conduit un grand navire : et le patron peut retenir les marchandises ci-dessus désignées près de son bord, jusqu'à ce que le négociant

(1) Les manuscrits de Gripswald et d'Husum, ainsi que les éditions vulgaires, disent : vnde dar so vele tho, et une fois autant.

(2) Cet article est le 43.e et le 44.e dans les manuscrits de 1533 et de 1537 et dans l'édition de Brokes; il forme les 45.e, 46.e et 47.e des autres manuscrits et éditions, et le 29.e de la traduction allemande publiée par l'Estocq. Il réunit les articles 9, 10 et 11 des Usages maritimes des Pays-Bas septentrionaux.

(3) La traduction allemande publiée par l'Estocq omet ce membre de phrase.

(4) Le manuscrit de 1537 ajoute, entre deux parenthèses, ces mots : dat ys Korne, c'est-à-dire, le blé.

(5) Les manuscrits de 1533 et de 1537 portent n Grofen, et font ensuite une addition assez importante : men so schall he neen Mathschuddynck hebben van neneme Kornen, mais alors ils n'auront plus aucun prélèvement en nature sur les grains. Cette phrase est, à quelques légères différences près, dans les manuscrits de Gripswald et d'Husum, ainsi que dans les éditions vulgaires, et la traduction danoise la contient aussi.

(6) Le sens exige l'addition de ce mot, comme dans les manuscrits de 1533 et de 1537.

(7) Cette disposition est omise dans le manuscrit d'Husum.

(8) Il faut encore ajouter le mot hundert, exigé par le sens. Cette fois, il ne se trouve pas dans les manuscrits de 1533 et de 1537. Peut-être qu'autrefois ce mot étoit naturellement sous-entendu par le signe d'écriture employé pour exprimer le chiffre. Brokes a indiqué en note la nécessité de cette addition, justifiée par le manuscrit de Gripswald, par les autres éditions plat-allemandes et par la traduction allemande que l'Estocq a publiée.

(9) Le texte de 1505 et celui du manuscrit de 1533 portent Blasches, dont aucun lexique ne donne la signification. Toutes les autres éditions portent Asches, cendres; ce qui est justifié par les articles 16 du Statut maritime de Hambourg de 1270, et 20 de celui de Lubeck de 1299, lesquels ont le même objet que notre article. Dans toutes les langues du Nord, le même mot signifie cendres. Voir Ihre, Glossarium Suio-gothicum, voc. Ast. Brokes a fait la correction, en substituant Asches à Blasches, que porte le manuscrit de 1533 dont il a principalement fait usage. La faute est moins considérable dans le manuscrit de 1537; il porte Blasses, lin : mais ce mot forme alors double emploi avec la disposition suivante.

(10) Les manuscrits de Gripswald et d'Husum, les éditions vulgaires et les textes hollandais, portent eynen Brandandeschen. Il paroit que l'usage étoit de désigner par ce mot un denier de Brabant, en supprimant par ellipse le mot Penning. Voir à ce sujet la note 2 de la page 411.

groten Holk (1), vnde dit vorschreuen Gut mach
de Schipper beholden bi der Boert, so lange dat
de Kopman des Schipman Willen heft (2).
Item. Welk Gut dar men eyne Polleyen vmme bringet [van] (3) eyn Vat Vlasses twe
Grote, van den haluen Vate eyn Grote, van
enen Packe Wandes twe Groten, van enen
Terling Wandes eynen Groten, van eneme
Stucke Wiines twe Grote, van eyner Pipen
Wines eynen Grote. Vnde weret dat se id
vorsumede der Kopluden Gud alle de an deme
Wingelbe belben, de scolben ben Schaden
ghelben. Vnde weret dat de Schipmans
vragheden deme Schipperen efte deme Sturmanne, efte eyn Touwe, dar se mede triften
scolben, starke ghenoch were, vnn he sede ia,
vnn brese denne dat Tow, so scholbe de
Schipper denne den Schaden staen, de dar
aff vallen mochte, men vraghede de Schipmans nicht, so scholbe ith wesen, als vor
gescreuen is.

ait obtenu le consentement des matelots.
Item. Pour les marchandises qui exigent l'emploi d'un palan, pour un baril de lin, deux
gros; pour un demi-baril, un gros; pour
une balle de draps, deux gros; pour un ballot
de draps, un gros; pour une barrique de
vin, deux gros; pour une pièce de vin, un
gros. Et s'ils négligent les marchandises des
négocians, tous ceux qui ont part aux droits
de décharge contribueront au paiement du
dommage. Et si les matelots (4) demandent
au patron ou au contre-maître si un cordage avec lequel ils doivent hisser est assez
fort, et que celui-ci réponde affirmativement, mais que le cordage vienne néanmoins à se rompre, le patron sera responsable du dommage qui pourra en résulter;
mais, s'ils n'ont point fait de question à ce
sujet, il en sera comme il est écrit ci-dessus.

Art. 49 (5).

Item. Eyn Schip varet van Danske efte
van anderen Steden, vnn weret so, dat eyn
Schip den anderen an segelde synes Vnwil-
len deme (7) scolbe de Schabe half gelden.

Item. Un navire part d'un port danois (6)
ou autre, et il arrive qu'un autre navire
l'aborde involontairement; le dommage sera
payé par moitié: mais, si celui qui a abordé

(1) M. de Clercq n'a pas cru devoir s'écarter, dans la traduction, du texte de 1505 et des manuscrits de 1533 et de 1537; seulement, d'après ces manuscrits, il a supprimé le point qui se trouvoit avant 49. Il est probable néanmoins que ces textes sont altérés, et que celui des manuscrits et éditions de la seconde famille est préférable. Le voici: Van tween Last Theeres edder Peles, so dar de Schipper voet, eijnen Groten; dijth &c., *par deux lastes de goudron ou de brai que le patron conduit, un gros; les* &c.
(2) Après ce mot commence l'article 44 dans les manuscrits de 1533 et de 1537.
(3) Le mot van, de, pour, manque dans le texte de 1505 et dans les manuscrits de 1533 et de 1537. Il est commandé par le sens, et justifié par les manuscrits d'Husum et de Gripswald.
(4) Si l'on admettoit que les rédacteurs primitifs entendoient reproduire la disposition de l'article 10 des Jugemens de Damme, le texte devroit porter Kopmans, *marchands,* au lieu de Schipmans, *matelots,* ainsi que je l'ai dit note 8 de la page 421; mais, tous les manuscrits et éditions plat-allemands portant uniformément Schipmans, M. de Clercq n'a pas cru pouvoir faire de correction, ni, comme le pensent les éditeurs des Statuts de Sleswick, traduire ce mot par *marchands.* On peut même croire que Schipmans a été mis à dessein, et qu'on a voulu, après avoir imposé aux matelots l'obligation de contribuer aux avaries résultant du guindage, déclarer que, s'ils ont fait les questions convenables au patron, celui-ci sera SEUL responsable.
(5) Cet article est le 45.e dans les manuscrits de 1533 et de 1537 et dans l'édition de Brokes; il est le 48.e dans les autres manuscrits et éditions, et le 30.e dans la traduction allemande publiée par l'Estocq. C'est une copie de l'article 12 des Usages maritimes des Pays-Bas septentrionaux.
(6) Le texte de 1505 et les manuscrits de 1533 et de 1537 sont les seuls qui contiennent le mot Danske. Tous les autres manuscrits et éditions portent Amsterdamme. Brokes, tout en écrivant Danske, a traduit par *Amstelodamo.* Les éditeurs du *Danske Magazin* croient que Danske signifie *Dantzig.* Je pense qu'il signifie un port *danois* ou *de Danemarck;* ce qui est naturel dans une édition faite à Copenhague. Hadorph est de ce sentiment, et remarque avec raison que l'article ainsi rédigé présente une fausse hypothèse.
(7) Il vaudroit mieux eyn ijgelic, ou ijstlic, *chacun,* comme dans les textes de Gripswald et d'Husum.

Men dede he dat willens, de dat ander Schip an segelde, so scolde he den Schaden allene gelden.

l'autre l'a fait à dessein, il paiera seul le dommage.

ART. 50 (1).

Item. Eyn Schip dat dar leghe in eyner Hauen to Amsterdame efte to anderen Steden, vnde worde driuende vp eyn ander Schip, vn em Schaden dede, dat scolde half vnn half gelden.

Item. Un navire qui se trouve dans un port, à Amsterdam ou dans d'autres villes, vient à dériver sur un autre navire, et lui cause des avaries ; le dommage sera supporté par moitié.

ART. 51 (2).

Item. Eyn Schip kumpt in eyne Hauen, dat scal enen Dobber hebben vp synen Ancker. Vnde weret dat he des nicht en dede, vn dar Schaden by schedhe, den Schaden scolde he half beteren.

Item. Un navire arrive dans un port (3) : le patron devra faire placer une bouée sur son ancre ; et s'il le néglige, et qu'il en résulte des avaries, il paiera la moitié du dommage.

ART. 52 (4).

Item. Eyn Schip kamet vmme den Schagen efte vt Norwegen, dat scal men lossen binnen XIV Dagen, vn syne Vracht geuen, vnn des gelikes alle Schepe van der Zee.

Item. Un navire qui a doublé Schagen, ou qui vient de la Norvége, devra être déchargé dans les quatorze jours (5), et son fret payé dans ce délai ; il en sera de même de tous les navires venant de la mer.

ART. 53 (6).

Item. Eyn Schip kamet van Hamborgh efte van anderen Steden, dat scal men lossen binnen VIII Dagen, vnn sine Vracht geuen.

Item. Un navire qui vient de Hambourg (7) ou d'autres villes devra être déchargé dans les huit jours, et son fret payé dans le même délai.

(1) Cet article est le 46.e dans les manuscrits de 1533 et de 1537 et dans l'édition de Brokes ; il est le 49.e dans les autres manuscrits et éditions, et le 31.e dans la traduction allemande publiée par l'Estocq. C'est une copie de l'article 13 des Usages maritimes des Pays-Bas septentrionaux.

(2) Cet article est le 47.e dans les manuscrits de 1533 et de 1537 et dans l'édition de Brokes ; il est le 50.e dans les autres manuscrits et éditions, et le 32.e dans la traduction allemande publiée par l'Estocq. C'est la copie de l'article 14 des Usages maritimes des Pays-Bas septentrionaux.

(3) Les manuscrits de Gripswald et d'Husum, ainsi que les éditions vulgaires, ajoutent : drijvende tho Amsterdam edder anders wor [wohr], *flottant vers Amsterdam ou ailleurs.* Cette addition n'est pas dans la traduction publiée par l'Estocq.

(4) Cet article est le 48.e dans les manuscrits de 1533 et de 1537 et dans l'édition de Brokes ; il est le 51.e dans les autres manuscrits et éditions, et le 33.e dans la traduction allemande publiée par l'Estocq. C'est la copie de l'article 15 des Usages maritimes des Pays-Bas septentrionaux.

(5) Il n'est pas inutile de faire remarquer ici la différence d'expressions de cet article et de l'article 37, où le délai de deux semaines est exprimé par XV Dagen, parce qu'il est originaire de France. Voir ce que j'ai dit à ce sujet page 360, note 3 de la page 487, et page 492, note 5.

(6) Cet article est le 49.e dans les manuscrits de 1533 et de 1537 et dans l'édition de Brokes ; il est le 52.e dans les autres manuscrits et éditions, et le 34.e dans l'édition allemande publiée par l'Estocq. C'est une copie de l'article 16 des Usages maritimes des Pays-Bas septentrionaux.

(7) Voir, page 440, les conséquences que j'ai tirées de cet article et du précédent, pour prouver qu'ils n'ont pu être faits à Wisby et qu'ils sont évidemment originaires de la Hollande.

ART. 54 (1).

Item. Eyn Schip licht in Schone efte anders wor, dat it is vorbunden in Vlanderen efte in ander Market, vn kamet tho Amsterdamme van Notsaken, vnn [de Schipper] (2) dat sweren wil mit syneme Stûrmanne vnn mit twen anderen Schipmannen, be in beme Scepe syn, dat so eme Notsake bebe. Vnn weret, dat be Scipper [dat Schip] (3) nicht rede mochte maken buten vmme so to segelenbe, so scolbe he dat Gub binnen senden vp bes Schipperen Vracht vnbe vp bes Kopmans Tolle.

Item. Un navire est à Schonen ou autre part, et est frété pour la Flandre ou ailleurs; il arrive par force majeure à Amsterdam, et le patron consent à affirmer sous serment, avec son contre-maître et deux autres matelots qui se trouvent à bord, qu'il y a eu nécessité de faire cette relâche; et s'il est impossible au patron de réparer le navire pour se rendre à sa destination (4), il devra envoyer les marchandises par les voies de l'intérieur, à ses frais, sauf les droits de douanes (5), qui seront pour le compte du négociant.

ART. 55 (6).

Item. Eyn Schipman kumpt tho Amsterbam mit synen Schipperen, be is plichtich in bat Schip to bliuenbe alzo langhe tor Tyt, alse bat Schip geloffet wert, vnn weber gheballastet is, bat it liggen mach.

Item. Un matelot arrivé à Amsterdam (7) avec son patron est tenu de rester dans le navire jusqu'à ce qu'il soit déchargé, et relesté pour pouvoir rester dans le port.

ART. 56 (8).

Item. Weret bat eyn Schip segelbe mit Gube an Grunt, vnn bat Schip vnbe Gut in Vresen were to vorlesen, vnn mocht men benne krighen luchte Pramen, bat Gut mebe vt to luchtenbe; wat bat kostet, bat scal Scip vnbe Gut betalen gelik Werpgelbe. Vnn were bar neyn Kopman inne, als men (9)

Item. S'il arrivoit qu'un navire chargé prît fond, et que la perte du navire et de la cargaison fût à craindre, et que l'on pût se procurer des alléges pour décharger la cargaison, ce que cela coûtera, le navire et la cargaison le paieront comme argent de jet. Et s'il n'y avoit aucun négociant à bord au moment où le navire est échoué, le patron et

---

(1) Cet article est le 50.ᵉ dans les manuscrits de 1533 et de 1537 et dans l'édition de Brokes; il est le 53.ᵉ dans les autres manuscrits et éditions, et le 35.ᵉ dans la traduction allemande publiée par l'Estocq. C'est une copie de l'article 17 des Usages maritimes des Pays-Bas septentrionaux.

(2) Le sens commandoit l'addition de ces mots, qui ne sont point dans l'édition de 1505 ni dans les manuscrits de 1533 et de 1537. Elle est autorisée par les manuscrits d'Husum et de Gripswald et par les textes hollandais.

(3) Le sens commandoit cette addition, justifiée par les manuscrits d'Husum et de Gripswald.

(4) La version danoise ajoute : *dans le délai qu'il a promis.*

(5) Une note est inscrite en marge dans le manuscrit d'Husum; je me borne à en donner la traduction : « Les frais de voiture seront déduits du fret, mais le négociant paiera les droits d'entrée »; ce qui est sans doute une explication de la disposition finale de l'article.

(6) Cet article est le 51.ᵉ dans les manuscrits de 1533 et de 1537 et dans l'édition de Brokes; il est le 54.ᵉ dans les autres manuscrits et éditions, et le 36.ᵉ dans la traduction allemande publiée par l'Estocq. C'est une traduction de l'article 18 des Usages maritimes des Pays-Bas septentrionaux.

(7) Les textes de Gripswald et d'Husum et les éditions vulgaires disent : in 't Marct, *au marché.*

(8) Cet article est le 52.ᵉ dans les manuscrits de 1533 et de 1537 et dans l'édition de Brokes; il est le 55.ᵉ dans les autres manuscrits et éditions, et le 37.ᵉ dans la traduction allemande publiée par l'Estocq. C'est la copie de l'article 19 des Usages maritimes des Pays-Bas septentrionaux.

(9) Le texte de 1505 porte athmen. C'est une faute d'impression que M. de Clercq a corrigée d'après les manuscrits de 1533 et de 1537.

an ben Grunbe segelbe, so scolbe be Scip=
per vnn twe Scipmans (1) sweren, wolbe
men itß nicht vorbregen, bat it Schip vnn
Gut an Grunbe was.

deux matelots affirmeront sous serment, si on
ne veut pas les croire sur parole, que le navire
ayant sa cargaison a effectivement touché (2).

ART. 57 (3).

Item. Weret bat eyn Schip queme int
Mersbiep efte int Vle, bat alzo bep ginghe,
bat it nicht vp kamen mochte vnn hürebe
benne luchte Schepe, wat bat (4) koste, bat
scolbe bat Schip betalen be twe Del, vnn
bat Gut bat brubben Del. Men [weret] (5)
bat bat Schip hyr benne nicht vp en queme,
so scolbe bat Schip allene be luchte Scepe
betalen.

Item. S'il arrivoit qu'un navire vînt dans
le Marsdiep ou dans le Flie, qu'il tirât trop
d'eau pour pouvoir monter, et qu'on louât
des alléges, ce qu'il en coûtera sera payé, les
deux tiers par le navire et l'autre tiers par
la cargaison. Mais si, malgré cette précaution, le navire ne parvient pas à remonter
jusqu'ici, il supportera seul les frais d'alléges.

ART. 58 (6).

Item. Alze eyn Scipper vte synen Sche=
pe gheschepet heft, so mach he bat Gub bi
syner Bort beholben vor syne Bracht vnn
vor syn Vngelt, wat man bar van mach
sculbich wesen, wil em be Scipper bes nicht
belouen.

Item. Lorsqu'un patron a déchargé son
navire, il peut conserver les marchandises
près de son bord pour sûreté de ce qui lui
reste dû de son fret et des frais de conservation, s'il ne veut pas faire crédit.

ART. 59 (7).

Item. Weret bat hyr luchte Scepe que=
men, be bat Gub vt gheluchtet habben vte
ben Scepen, be vte ber See quemen, be scolbe
men lossen binnen viif Daghen na beme
Daghe, bat se hyr quemen.

Item. Si des alléges qui ont allégé des navires venant de la mer (8) arrivent ici avec
des marchandises, on sera tenu de les décharger dans les cinq jours de leur arrivée (9).

(1) Le texte de 1533 porte, par erreur, Kopmans. Brokes a fait la correction en marge du manuscrit.

(2) Les manuscrits de Gripswald et d'Husum, ainsi que les éditions vulgaires, terminent ainsi l'article :
bat bat Schipp in groten Baren was an Grunbe, unbe bat se in Fruchten was bat Gubt so vorlesenbe, *que le
navire étoit effectivement en grand danger et qu'il craignoit de perdre la cargaison.*

(3) Cet article est le 53.ᵉ dans les manuscrits de 1533 et de 1537 et dans l'édition de Brokes ; il est le 56.ᵉ
dans les autres manuscrits et éditions, et le 38.ᵉ dans la traduction allemande publiée par l'Estocq. C'est
une copie de l'article 20 des Usages maritimes des Pays-Bas septentrionaux.

(4) Le texte de 1505 porte bar, ce qui est une faute évidente.

(5) L'addition de ce mot, qui manque aussi dans les manuscrits de 1533 et de 1537, est commandée par
le sens. La construction de la phrase est différente dans les textes d'Husum et de Gripswald et dans les
éditions vulgaires, de sorte que cette addition n'y est point nécessaire.

(6) Cet article est le 54.ᵉ dans les manuscrits de 1533 et de 1537 et dans l'édition de Brokes ; il est le 57.ᵉ
dans les autres manuscrits et éditions, et le 39.ᵉ dans la traduction allemande publiée par l'Estocq. C'est une
copie de l'article 21 des Usages maritimes des Pays-Bas septentrionaux.

(7) Cet article est le 55.ᵉ dans les manuscrits de 1533 et de 1537 et dans l'édition de Brokes ; il est le 58.ᵉ
dans les autres manuscrits et éditions, et le 40.ᵉ dans la traduction allemande publiée par l'Estocq. C'est une
copie de l'article 22 des Usages maritimes des Pays-Bas septentrionaux.

(8) Ces derniers mots ne se trouvent point dans les manuscrits de Gripswald et d'Husum, ni dans les
éditions vulgaires.

(9) Les manuscrits de Gripswald et d'Husum, ainsi que les éditions vulgaires, disent : bar na alse se van
bem Schepe kamen sijnb, *du jour qu'ils se sont éloignés du navire.*

Art. 60 (1).

Item. Weret dat dar eyn Schip queme vor eyn Vorlant mit Node des Weders by nebben eyn mante Hauene, vnde rede vor sin Ancker, vnn vnbekant were, vnn hûrde eynen Leytzagen, dat Schip hyr vp to bringende, wes de Leitzage hyr van hebben scolde, dat scolde betalen Schip vnn Gud gelik Werpgelde.

Item. S'il arrivoit qu'un navire, poussé par un gros temps, arrivât devant un promontoire au-dessous d'un port de relâche habituel et mouillât sur ses ancres, et que, ne connoissant pas ces parages, le patron louât un pilote côtier pour conduire le navire jusqu'ici, ce qui devra être payé au pilote sera remboursé par le navire et la cargaison comme argent de jet (2).

Art. 61 (3).

Item. Wat Schepen kamen int Vlee efte int Mersdep van Vmmeland (4), vnd hir vp willen wesen, vnn isset, dat men dar vp eynen Leytsagen wynnet, dat Schip vnn Gut vp to bringhende, des scal de Schipper deme Leytsagen de Kost gheuen, vnde de Koplûde scholen eme lonen van ereme Gude.

Item. Lorsque des navires auront doublé l'île d'Amelande, et seront entrés dans le Flie ou le Marsdiep pour remonter jusqu'ici, et qu'ils prendront un pilote pour conduire à bon port le navire et la cargaison, le patron sera tenu de nourrir le pilote, et les négocians de lui payer son salaire sur leurs marchandises (5).

Art. 62 (6).

Item. Weret dat eyn Schipman synen Schipperen entlepe myt syneme Gelde, dat he em ghegheuen habbe, vnde des de Schipper konde betûgen myt twen Schipmans, so habbe de Schipman de Galge vordenet.

Item. Beuonde eyn Schipper eynen Schipmanne myt quaden Fayte efte Misdaet, vnde he dat mochte betugen mit twen Schipmans, deme scholde he Orloff moghen geuen an dat erste Lant, dar de Scipper queme, sunder yet dar wedder tho segghende van deme Schipmanne, noch neyn Lon efte Hure eme to gheuende.

Item. Si un matelot vient à abandonner son patron en emportant les avances qu'il en a reçues, et que le patron puisse l'en convaincre par deux matelots, le matelot déserteur aura mérité la potence.

Item. Si un patron prend un matelot en flagrant délit ou crime, et qu'il puisse l'en convaincre par deux matelots, il pourra le congédier au premier lieu où il abordera, malgré toute opposition du matelot, sans lui donner ni gages ni loyers.

---

(1). Cet article est le 56.e dans les manuscrits de 1533 et de 1537 et dans l'édition de Brokes ; il est le 59.e dans les autres manuscrits et éditions, et le 41.e dans la traduction allemande publiée par l'Estocq. C'est la copie de l'article 23 des Usages maritimes des Pays-Bas septentrionaux.

(2) Les textes de la seconde famille présentent dans l'ordre des mots des différences qui ne changent rien au sens. J'aurois pu faire la même réflexion sur quelques autres articles.

(3) Cet article est le 57.e dans les manuscrits de 1533 et de 1537 et dans l'édition de Brokes ; il est le 60.e dans les autres manuscrits et éditions, et le 42.e dans la traduction allemande publiée par l'Estocq. C'est la copie de l'article 24 des Usages maritimes des Pays-Bas septentrionaux.

(4) Le texte d'Husum contient, entre parenthèses, la variante Amelant, au lieu de Ummelant ; dans la traduction danoise il y a Vinlanden, ce qui est probablement une faute d'impression.

(5) Kuricke, *Jus maritimum Hanseaticum*, tit. III, article 17, concilie très-bien cet article avec le précédent ; et, dans le fait, ils ont chacun un objet spécial.

(6) Cet article forme les 58.e et 59.e dans les manuscrits de 1533 et de 1537 et dans l'édition de Brokes ; il est le 61.e et le 62.e dans les autres manuscrits et éditions. C'est une copie des articles 25 et 26 des Usages maritimes des Pays-Bas septentrionaux. La traduction allemande publiée par l'Estocq réunit en un seul article, sous le n.º 43, cet article et les deux suivans.

ART. 63 (1).

Item. Weret dat eyn Stûrman efte eyn Schipman sik bestede to eynen Scipper, vnn de Stûrman efte Scipman eyn Schip kofte, dat he suluen voren wolde, so scholde he quib mogen wesen van deme Schipperen, vnn wat he (2) vp geboret habbe, scholde (3) he em weder geuen.

Item. Si un contre-maître ou un matelot, après s'être engagé envers un patron, achète un navire pour le conduire lui-même, il sera libéré de son engagement avec son patron, et devra lui rembourser les avances qu'il en a reçues (4).

ART. 64 (5).

Item. Weret dat eyn Stûrman efte Schipman sik bestebede (6) to eynen Scip= peren, vnn de Stûrman efte Scipman eyn Wyf neme, vnn vp dat Land bliuen wolde, de scolde (7) quib wesen; men habbe he Gelt vp geboret, dat scholde he deme Scipperen wedder ghenen.

Item. Si un contre-maître ou un matelot, après s'être engagé envers un patron, prend une femme et veut rester à terre, il sera li-béré de ses engagemens; mais, s'il a reçu de l'argent d'avance, il devra le rembourser au patron.

ART. 65 (8).

Item. Deyt yenich Man myt syneme Schepe Schaden eneme anderen myt Seyge= lende, wert he beklaget, de den Schaden heft gheban, vnde vor he dat sweren myt synen Eyde an den Hilgen, dat it em leyt were, vnde den Schaden nicht bewaren mochte,

Item. Si un navire cause des avaries à un autre par abordage, et que l'on porte plainte contre celui qui a causé le dommage, et que celui-ci consente à affirmer, sous serment par les saints (9), qu'il en a regret, et qu'il n'a pu empêcher le dommage qu'il a causé, il paiera la moitié des avaries; et, s'il ne fait point

(1) Cet article est le 60.e dans les manuscrits de 1533 et de 1537 et dans l'édition de Brokes; il est le 63.e dans les autres manuscrits et éditions, et fait partie de l'article 43 dans la traduction allemande publiée par l'Estocq. C'est une copie de l'article 27 des Usages maritimes des Pays-Bas septentrionaux.

(2) Le texte de 1505 porte se. C'est une faute dont les manuscrits de 1533 et de 1537 autorisent la correction.

(3) Le texte de 1505 porte solde. Cette faute a été corrigée d'après les manuscrits de 1533 et de 1537.

(4) La version danoise ajoute, ee voere qvit der medt, au moyen de quoi il sera quitte.

(5) Cet article est le 61.e dans les manuscrits de 1533 et de 1537 et dans l'édition de Brokes; il est le 64.e dans les autres manuscrits et éditions, et fait partie de l'article 43 dans la traduction allemande publiée par l'Estocq. C'est une copie de l'article 28 des Usages maritimes des Pays-Bas septentrionaux.

(6) Le texte de 1505 dit bostedebe. C'est une faute, qu'indique suffisamment le mot bestedede, employé dans l'article précédent. Les manuscrits de 1533 et de 1537 on autorisent la correction.

(7) Le texte de 1505 et les manuscrits de 1533 et de 1537 emploient les pluriels wolben et scolben. Le sens commande le singulier.

(8) Cet article est le 62.e dans les manuscrits de 1533 et de 1537 et dans l'édition de Brokes; il est le 71.e dans les autres manuscrits et éditions, et sans numéro dans la traduction allemande publiée par l'Estocq. Il est presque identique avec l'article 51 ci-dessus. Il a été emprunté aux codes de Lubeck, où il forme l'article 133 du premier code publié par Brokes, 116 du deuxième et 283 du troisième. Entre l'article précé-dent et celui-ci se trouvent, dans les textes de Gripswald et d'Husum, et dans les éditions vulgaires, six articles, littéralement conformes aux articles 29, 30, 31, 32, 33 et 34 des Usages maritimes des Pays-Bas septentrionaux. Ces six articles sont également omis dans la traduction danoise. Trois de ces articles seulement (29, 30 et 31) sont dans la traduction allemande publiée par l'Estocq, où ils forment l'article 43. J'en donnerai la traduction dans les notes sur le second texte.

(9) Ces mots an den Hilgen, par les saints, ne sont pas dans les textes de Gripswald et d'Husum ni dans les éditions vulgaires.

fo fcal he eme ben Schaden half betalen, vn bor he bes nicht waren vnn fweren an ben Hilgen, fo fcal he em ben Schaden al hel gelben.

cette attestation sous serment par les saints, il paiera la totalité du dommage.

A R T. 66 (1).

Item. Wor eyn Schipper wynnet eynen Sturman ebber Leitfaghen efte. Schipman, beme fint fe plichtich ere Reyfe vul to bonbe, als fe em gelauet hebben. Weret bat fe bes nicht wolben holben, fo fcal he beme Schipperen webber gheuen, alzo wi vor ghefecht vnbe georbineret hebben.

Item. Quand un patron a loué un contremaître, ou un pilote, ou un matelot, ceux-ci sont tenus de parfaire tout le voyage, ainsi qu'ils le lui ont promis. En cas de refus, ils rembourseront le patron, ainsi que nous l'avons dit et ordonné plus haut.

Hyr eynbet bat Gotlanfche Water Recht (2), bat be gemeyne Ropman vnn Schippers georbineret vnn ghemaket hebben to Wifby, bat fik alle Man hyr na richten mach.

Ici finit le droit maritime de Gothlande, que tous les négocians et patrons ont rédigé et fait à Wisby pour que tout le monde ait à s'y conformer.

Gebrucket to Roppenhauen, Anno Domini M. D. V.

Imprimé à Copenhague, l'an du Seigneur 1505.

(1) Cet article est le 63.e dans les manuscrits de 1533 et de 1537, ainsi que dans l'édition de Brokes, et le 72.e dans les textes de Gripswald, d'Husum, et dans les éditions vulgaires. Il offre une copie littérale de l'article 1.er; c'est sans doute par ce motif qu'on ne le trouve pas dans la traduction danoise, ni dans l'allemande publiée par l'Estocq. Je ne saurois expliquer les motifs qui ont causé ce double emploi; M. Meyer a présenté à ce sujet des conjectures dont j'ai rendu compte page 446.

(2) Le manuscrit de 1533 porte Hyr enbiget fik bat Water effte See-Recht; celui de 1537, All yr enbiget fik bat Water effte See-Recht; le reste comme dans le texte de 1505. J'ai donné, page 451, la formule de clôture des éditions vulgaires et du manuscrit de Gripswald. Dans le texte d'Husum, elle est remplacée par un mandement d'exécution émané du prince qui, comme on l'a vu pages 431 et 454, concéda au bourg d'Husum la compilation de Wisby pour lui servir de droit maritime. Je n'ai pas cru nécessaire de la transcrire ni de la traduire; elle est absolument étrangère à la compilation dont il s'agit ici de donner le texte. J'en rendrai compte lorsque je traiterai du droit maritime du Danemarck et des pays qui en dépendent. La traduction danoise présente à la suite de son article 66, qui est le 65.e du texte de 1505, la même formule que cette édition. Elle n'a pas été traduite dans la version allemande que l'Estocq a publiée.

TEXTE

D'APRÈS LE MANUSCRIT DE GRIPSWALD DE 1541 (1).

Ditth iß dat hogeste vnde oldeste Waterrecht dat de gemeijne Kopman vnde Schippers geordineret vnde gemakett hebben tho Wiijßbw, dat sick eijn ijder (de thor Szeewert vorkeret) hijr na rijchten mach (2).

De Erste Beleuijnghe (3).

Wor eijn Schijpper huret eijnen Sturman, Boßman ebber Leijdtßagen dem sijnt se plichtich sijne Reijße vul tho donde, alse se em gelauet hebben; weret dat se des nijcht en helden, so schal he dem Schijpperen sijn gantze Loen webber geuen dat he vpgeboret hefft; dar to schal he geuen van sijnes sulues Gelde halff so vele alse em gelauet was. Dck en schal neijn [Schijpper] des andern Sturman (4), Leijtßagen efft Schijppman entwijnnen effte vnberhuren; were dat (5) ijnnich Man dat dede, de schal ene webber van sick antwerben dem ijnnen

<hr/>

(1) J'ai déjà eu occasion de dire que les manuscrits et éditions de la compilation de Wisby formoient deux familles très-distinctes, dont j'ai indiqué les caractères page 455. L'édition de 1505 et les manuscrits de 1533 et de 1537, d'après lesquels a été faite l'édition publiée par Brokes en 1705, forment la première famille; j'en ai donné le texte, accompagné d'une traduction. Les manuscrits de Gripswald et d'Husum, ainsi que toutes les autres éditions dont j'ai rendu compte pages 450 et suivantes, forment la seconde famille, et c'est ce texte que je publie maintenant. J'ai donné la préférence au manuscrit de Gripswald, daté de 1541, quoiqu'un peu moins ancien que la première des éditions vulgaires, laquelle est de 1537, parce qu'il est très-exact, et qu'il y a toujours l'avantage à multiplier les divers textes d'un document ancien. Les notes peu nombreuses que j'y joins ont pour objet d'indiquer la corrélation des articles de ce second texte avec ceux du premier, de justifier quelques corrections qui ont paru indispensables à M. de Clercq, d'en indiquer d'autres qu'il n'a pas cru devoir prendre sur lui, et de renvoyer, pour éviter des redites fatigantes, aux notes du premier texte dans lesquelles j'ai fait connoître en quoi le second texte en différoit. Le manuscrit ne place pas de capitales à tous les mots substantifs, et a employé cette sorte de lettre très-arbitrairement. M. de Clercq a cru devoir adopter une règle uniforme, ainsi que je l'ai annoncé page 462. Quant à la ponctuation, tout le monde sait qu'elle est, en général, ou vicieuse ou nulle dans les anciens manuscrits; M. de Clercq l'a rectifiée d'après le sens et les autres textes.

(2) Ce titre est le même que portent les éditions vulgaires sur leur frontispice, comme on l'a vu page 451. Ces mêmes éditions ont en outre sur le premier folio, immédiatement avant l'article 1.er, un titre moins étendu, que voici : Hyr beginnet dat högeste vnde dat öldeste Water-Recht van Wißby. L'édition d'Husum commence par le texte de l'ordonnance qu'à concède à la juridiction de ce bourg l'ancien droit maritime de Wisby; ordonnance dont voici l'intitulé : Begnadung des Wickbildes Husum mit dem olden Seherechte van Wißbuy. Ce n'est point le moment de donner ce document, qu'on trouve imprimé dans le *Corpus statutorum Sleswicensium*, t. II, pages 675 et suivantes. A la suite de cette ordonnance se trouve la compilation, sans autre titre que celui qui est ci-dessus, Hier begunnet &c. L'orthographe en est plus moderne que celle du manuscrit de Gripswald, et quelques mots y sont rajeunis. Les éditeurs ont indiqué par le signe *al.* entre parenthèses quelques variantes d'une très-foible importance.

(3) Le mot Beleuijnghe, *jugement*, précède chaque article dans tous les textes de la seconde famille; c'est même un des caractères qui les distinguent essentiellement de ceux de la première.

(4) Le texte porte neijn Sturman, des andern Leijtßagen. Voir, pour les motifs de la correction, la note 1.re de la page 464.

(5) Le manuscrit porte were dar, *s'il y a*. Le sens exige were dat, *s'il est que, s'il arrive que.*

de ene thom erſten wunnen hefft; ebber he ſchal dat mijt ſijnen Rechte beholden dat he ene alder erſten (1) wunnen hefft; vnde de gewunnen effte gehuret was ſchal ſijnen Schipperen de Reijſe holden vnde vmme ſijner Mijſſedaet dat he ſick twen Heren vorhurde, ſo lijcht dat an dem Schippern wat he em geuen wijll effte nijcht van ſijnen Lone, wente he ijth tho Rechte vorlaren hefft (2) darmede.

De ander Beleuijnghe (3).

Item. Jſß dar ijemant, id ſij Sturmann ebber Leijtßage effte Schijpmann, [de] (4) ſick beſtediget vnde ſijnes Amptes nicht en kan, vnde [mach me] (5) dat betugen mijt twen ebber dren de bijnnen der Bort ſijn, he ſchal dem Schipperen ſijn Gelt wedder geuen vnde dar to halff ſo vele alſe he em gelauet habbe tho Lone ebber thor Hure.

De drubbe Beleuijnghe (6).

Item. Bijnnen der Hauen mach eijn Schipper ſijnes Schijpmans loes werden mijt haluen Lone, vnn buten der Hauen mijt gantzen Lone ſo verne he em nenen Broke beweijſen kan.

De veerde Beleuijnghe (7).

Item. Ock ſchal nemant vp dem Lande ſlapen bij Nachte ane des Schipperen Vorlöff bij twen Groten Tornoſen; ock ſchal dat Böth effte Eſpijnk nemant voren van dem Schepe bij Nachte bij twen Groten Thornoſen, ſunder ijdt ſij des Schipperen ſijn Wijlle.

De voffte Beleuijnghe (8).

Item. Ock ſchal men geuen tho Schone vor ijſlike Laſt ſwars IV Penningen (9) [inn vnn IV Penningen] (10) vth, vnde van der Laſt lebbeger Tunnen I Penning in vnn I Penning vth, darvmme dat de Schijpman arbeijdet vth vnn in vor 'r Wijngelt.

(1) Le texte de 1505 porte ceſten. M. de Clercq l'a corrigé sur la foi des manuscrits de 1533 et de 1537.

(2) Le manuscrit porte heff; il faut évidemment, comme dans le manuscrit d'Husum, hefft, troisième personne de l'indicatif présent du verbe hebben, *avoir*.

(3) Cet article porte le même numéro dans l'édition de 1505 et dans les manuscrits de 1533 et 1537.

(4) Le mot de a été ajouté au texte par les raisons expliquées page 464, note 5. A la vérité, cette addition n'auroit pas été nécessaire, si au commencement de l'article on lisoit dat au lieu de dar; ce qui est possible, parce que dans les anciens manuscrits les r et les t sont formés à peu près de la même manière. Cependant, même dans cette hypothèse, il y auroit une correction à faire dans le texte; il faudroit iſſet ou id idt, *s'il est*, au lieu de iß, *est :* on a vu toutefois, dans plusieurs notes sur le texte de 1505, que les anciens manuscrits offrent assez fréquemment l'ellipse du mot id ou idt. Mais dar se trouve dans le texte de l'édition de 1505 et des manuscrits de 1533 et de 1537, où par ce motif M. de Clercq a ajouté de devant ſick; il se trouve aussi, suivi de de ſick, dans le texte d'Husum : telles sont les raisons qui ont décidé M. de Clercq à conserver dar, en ajoutant de avant ſick.

(5) Le sens exige l'addition des mots mach me, *que l'on puisse;* dans le texte d'Husum, il y a dat betäget werde, *que cela soit prouvé.*

(6) Cet article porte le même numéro dans l'édition de 1505 et dans les manuscrits de 1533 et de 1537.

(7) Cet article porte le même numéro dans l'édition de 1505 et dans les manuscrits de 1533 et de 1537.

(8) Cet article porte le même numéro dans l'édition de 1505 et dans les manuscrits de 1533 et de 1537.

(9) Le texte emploie le signe d, qui dans l'allemand et les langues du Nord signifie la fraction monétaire duodécimale appelée Penning, de même que ce signe exprime le mot *denier* dans les langues formées du latin. J'ai cru qu'il étoit plus convenable de substituer Penning à ce signe.

(10) Voir, pour les motifs de cette addition, la note 8 de la page 465.

De ſoſte Beleuijnghe (1).

Item. Ock ſchal nemant beme Schijpperen, wen he rebe ijß tho ber Herinckwijck ebber to Trauemunbe to ſegelenbe, ſijnen Sturman, Schijppman ebber Leijtſagen vth ber Bort nemen vmme Schult bat he ſchulbich ijß, men were bar van ſijnem Gübe ijchtes in beme Schepe bat ſchal men bar uth antwerben bij geſwaren Eeben vmme ſijne Schult bar mebe to betalen; vnbe be ijnnen be bar gewunnen ijß, ſchal ſijne Reijſe holben alſo he gelauet hefft; beß ſchal be Schijpper eijn Richter ſijn.

De ſouenbe Beleuijnghe (2).

Item. Huret eijn Man eijn Schijp in beme Szomerbage to bruken, be Somer nijmpt eijn Enbe tho ſunte Martenß Dage; kumpt he ben in be Hauen bar he bat Schijp wan, ſo ijß he lebbich bar he ijb off gehuret hefft. Iß he auer tho ſunte Martenß Dage anberß wor, bat ſij iu ber See ebber in eijner Hauen, bar he beß nicht keren kan, ſo ijß he ane Bare beth ſo lange bat he kamen moghe bar he bat Schijp gehuret hefft.

De achte Beleuijnghe (3).

Item. We eijneß anberen Manneß Pram nijmpt vnn in ber Trauen mebe varet ſunber ſijn Weten, wijl be bat vorberen beß be Pram ijß, ſo ſchal be anber em Hure geuen, vnbe beß wert he loeß (4) mijt IV Schijllijnck (5) tho bötenbe, ſunber ijb kame van Büre effte anber Notſaken.

De negenbe Beleuijnghe (6).

Item. We vmme Schulbt to vorberen ebber vmme ene anber Sake kumpt an eijn Schijpp, vnbe ſijne Clage vöret vor bem Schijpperen vnbe Schijppluben vnbe Volke be in bem Schepe ſijnt, vnbe richtet be Schijpper ben Klager na Schepeß Rechte vmine Schult ebber vmme anber Sake, be ijnne be buſſe Sake effte Schult vorbert be ijß nicht plichtich ijeniger Tvge anberß [to] (7) brijngenbe, men he ſchal geneten ber beſten (8) Tvge be he in bem Schepe vijnbet vnbe hebben mach; gelijker Wijſe ijſſet ock vmme Tvge to brijngen buthen Lanbeß alſo hijr vor geſecht ijß.

De X Beleuijnghe (9).

Item. Welck Man eijn Schijp huret to eijner beſcheben Tijbt, bat mach he nijcht vorſetten ebber vorkopen nemanbe bar mebe to ſegelenbe, noch ijchteß anberß barmebe to

(1) Cet article porte le même numéro dans l'édition de 1505 et dans les manuscrits de 1533 et de 1537.

(2) Cet article est le 8.e dans l'édition de 1505, et le 7.e dans les manuscrits de 1533 et de 1537.

(3) Cet article est le 9.e dans l'édition de 1505, et le 8.e dans les manuscrits de 1533 et de 1537.

(4) Le manuscrit porte *wert loeß he*; c'est une transposition d'article qui ne peut être attribuée qu'à l'erreur d'un copiste. Elle est corrigée d'après les textes de 1505, de 1533 et de 1537, ainsi que d'après celui d'Husum.

(5) M. de Clercq a substitué Schillinc au signe ß qui est dans le manuscrit.

(6) Cet article est le 10.e dans l'édition de 1505, et le 9.e dans les manuscrits de 1533 et de 1537.

(7) Le mot *to* n'est pas dans le texte; M. de Clercq l'a ajouté d'après le conseil de M. Hach, et cette addition est justifiée par le texte d'Husum.

(8) Le texte porte beſeten, *établis*. J'ai fait connoître, dans la note 4 de la page 468, les motifs qui avoient porté M. de Clercq à substituer beſten, *meilleurs, les meilleurs que possible*, dans le texte de 1505. Les mêmes raisons l'ont décidé à faire cette correction dans le second texte.

(9) Cet article est le 12.e dans l'édition de 1505, et le 10.e dans les manuscrits de 1533 et de 1537.

doen, funder alleijne dat he ijbt ijo wol vorhuren mach weme he wijl, wente to der beſcheijden Lijdt.

De elffte Beleuijnghe (1).

Jtem. Dar eijn Man ſijne Schijp uth deijt welcken Lude om dat Schijp to vorschepen onde he na der Lude Wijllen vareth, wert dat Schijp tobraken in der Reijſe de Frachtlude ſcholen em geuen haluen Schaden (2).

De XII Beleuijnghe (3).

Jtem. Vorluſt men eijne Maſt ebber Segel in der Segelijnge van Ungelucke des en doruen ſe en nijcht gelden; wart he ouerſt borch Noth gehouwen effte geworpen, ſo ſchal dat Schijp onde dat Gudt gelden na Marktale, alle Koplube onde be Schijpper mebe.

De XIII Beleuijnghe (4).

Jtem. Men maket eijnen Man tho eijnen Schijpperen, onde dat Schijp horet to erer twen dren ebber mer, dat Schijpp ſegelt van banne onde ijs gefrachtet to ſegelen in frömbe Lande (5), onde kumpt tho Sluſe, tho Vordeus, tho Roſſel, tho Lijſſebon ebber anders wor, de Schijpper mach dat Schijpp nicht vorkopen, he hebbe benne Vorlöff van den ijennen ben dat Schijpp to kumpt; men hefft he Gebreck (alſo Betalinge to donde) (6), ſo mach he Louwe wol vorſetten mijt Rabe ſijner Schijplube.

De XIV Beleuijnghe (7).

Jtem. Eijn Schijp lijcht in eijner Hauen onde ijs vorbeijdende (8) Webber vnn Wijnth,

(1) Cet article est le 13.ᵉ dans l'édition de 1505, et le 11.ᵉ dans les manuscrits de 1533 et de 1537.

(2) J'ai expliqué, note 5 de la page 469, les raisons qu'il y auroit de substituer Bracht, *fret*, à Schaden, *perte*. Mais l'unanimité des manuscrits et éditions de la compilation, qui portent Schaden, quoique les codes de Lubeck, dans lesquels cet article est copié, portent Bracht, m'a décidé à laisser subsister Schaden. M. Hach, ainsi que je l'ai dit, pense que les rédacteurs qui, par le changement d'un seul mot, ont introduit cette différence de sens entre notre article et celui qui en est la source, ont voulu prévoir le cas où le patron, se conformant à la volonté, peut-être même aux caprices de l'affréteur, perdroit son navire, et qu'ils ont eu l'intention de lui accorder une indemnité égale à la moitié du dommage. Je propose cette explication, n'en trouvant pas de meilleure : mais je ne dois pas dissimuler qu'elle peut paroître insuffisante; car, dans cette hypothèse, le patron devroit recevoir une indemnité totale.

(3) Cet article est le 14.ᵉ dans l'édition de 1505, et le 12.ᵉ dans les manuscrits de 1533 et de 1537.

(4) Cet article est le 15.ᵉ dans l'édition de 1505, et le 13.ᵉ dans les manuscrits de 1533 et de 1537.

(5) Voir sur la différence de ce texte avec ceux de 1505, de 1533 et de 1537, la note 6 de la page 470.

(6) J'ai déjà fait connoître, dans la note 8 de la page 470, la différence entre ce texte et ceux de 1505, de 1533 et de 1537. Ces derniers présentent exactement le sens des Jugemens d'Oléron, en disant, *mais s'il a besoin de victuailles*, conformément au flamand, *maer heeft hy te doen van Victualie.* Les textes de la seconde famille disent, *mais s'il est dans le besoin*, *comme pour paiemens à faire*, men hefft he Gebreck (alſo Betalinge to donde). Faut-il attribuer cette différence à l'erreur d'un premier copiste qui a écrit Betalinge, *paiement*, pour Victualije, *victuailles*, ou à l'intention de donner à la disposition un sens plus étendu? J'inclinerois pour le premier sentiment, parce que cette partie de la compilation qui est empruntée aux Rôles d'Oléron est parvenue dans le Nord par la voie de la Flandre, dont les textes portent *Victualie*, et que ce mot se trouve dans les traductions plat-allemandes de Lubeck et de Hambourg, dont j'ai parlé page 367. Je dois faire observer néanmoins que, les Rôles d'Oléron disant simplement *s'il a mestier* [besoin] *d'argent*, le texte de Gripswald ainsi que les autres éditions de la seconde famille paroissent mieux rentrer dans l'idée de l'original français.

(7) Cet article est le 16.ᵉ dans l'édition de 1505, et le 14.ᵉ dans les manuscrits de 1533 et de 1537.

(8) Au lieu de l'infinitif vorbeijden qui se trouve dans les textes de la seconde famille, le sens paroit exiger le gérondif vorbeijdende, employé dans l'édition de 1505 et dans les manuscrits de 1533 et de 1537.

vnde er he to Segel geijt is de Schijpper plichtich Radt to nemen mijt fijnen Schijpluden vnde feggen: ghij Heren, wij hebben Wijnt to fegelen; vnn weren nu etlike van den Schip=luden bede feden: de Wijnt ijs nicht gudt, vnde etlike feggen dat Wedder vnde Wijnt ijs schon vnde gudt, de Schijpper is schuldich vnde plichtich auer eijn to dregen mijt den meiften Parten van dem Folke. Wen de Schijpper anders bede vnde dar ijenich Schade off qweme an dat Schipp edder an des Kopmans Gudt, de Schijpper schal den Schaden beteren vnde betalen, wo anders he fo vele Gudes hefft. Dat is dat Recht darvan (1).

De XV Beleuijnghe (2).

Item. Thobrijckt eijn Schipp in ijenigem Lande (ijb feij wor it feij), de Schijplude fijnt schuldich dat Gudt to redden vnn bergen alfe fe meijft vnde beft konen, vnde ijs dath fe dem Schijpperen vnde deme Gude na erem beften Vormoghe helpen, fo ijs de Schijpper schuldich ere Loen to geuen; vnde ijs ijdt Sake dat he neijn Gelt hefft dar he fe mede lonen kan, fo [mach he wol verfetten van deme Gude dat fe em hulpen berghen vnde] (3) moth he fe wedder to Lande brijnghen; vnn helpen fe em nijcht fo scholen fe ock neijn Loen entfangen vnde scholen dat mijffen (4). Wen dat Schip vorlaren ijs, fo mach de Schijpper de Touwe nicht vorkopen he hebue denne Vorlöff, vnde schal fe doen in gude Bewarijnge tho der ijennen beften den dat Schipp tho hort (5), vnde ijs schul=dich hijrbij to dönde alfo truwelijken alfe he kan, vnn wen de Schijpper anders bede, fo were he schuldich dat tho betheren.

De XVI Beleuijnghe (6).

Item. Eijn Schipp fegelt van der Slus edder van anders wor dar ijd denne geladen hefft, ijdt begijfft fick dat dat Schip thobrijckt, fo fijnt de Schijplude schuldich to bergen van dem Wijne edder van anderen Gude fo fe meijft vnde beft konen; de Koplude vnde de Schijpper werden mijt malckander vneijns alfo dat de Koplude wijllen hebben ere Gudt, vnde dat ijs en de Schijpper schuldich in dem dat fe dem Schijpperen de Fracht geuen vnde betalen ene dat em genoget. Men wijl de Schijpper, fo mach he dat Schip wol wedder laten maken, bij fodanen Befchede dat men dat in korten Tijden wedder maken kan, vnde dem Kopman fijn Gudt to brijngende dar he en dat gelauet hefft; is ijd auer fo nicht dath men dat Schip in kort nijcht wedder maken kan, fo mach he wol eijn ander Schip huren vnn dem Kopmanne fijn Gudt brijngen vnde de Schijpper schal fijne vulle Fracht hebben van alle dem Gude dat dar geborgen ijs (7).

(1) Voir sur la fin de cet article la note 4 de la page 471.
(2) Cet article est le 17.ᵉ dans l'édition de 1505, et le 15.ᵉ dans les manuscrits de 1533 et de 1537.
(3) M. de Clercq a cru qu'une addition étoit nécessaire pour donner à cet article un sens conforme au texte correspondant des Rôles d'Oléron, dont il est évidemment la traduction. La construction grammaticale de la phrase dans laquelle cette addition est insérée exigeoit qu'elle fût plus étendue que celle qui a été faite dans l'article 17 de l'édition de 1505, page 472. Le texte d'Husum contient la même lacune.
(4) Voir la note 2 de la page 472 sur la ponctuation de cette phrase, et la légère différence qu'elle produit entre ce texte et celui de 1505.
(5) J'ai fait remarquer, dans la note 3 de la page 472, que le membre de phrase commençant par vnde schal &c. rendoit cette phrase plus conforme aux Rôles d'Oléron et aux Jugemens de Damme, que celui de 1505, où il est omis.
(6) Cet article est le 18.ᵉ dans l'édition de 1505, et le 16.ᵉ dans les manuscrits de 1533 et de 1537.
(7) Voir, sur une légère différence entre la fin de cet article et le texte correspondant de l'édition de 1505, les notes 5 de la page 472 et 1 de la page 473.

De XVII Beleuijnghe (1).

Jtem. Eijn Schijp segelt van ijeniger Hauen (idt sij geladen effte ijdell), vnn ijs kamen in eijne ander Hauen, so moge de Schiplude nicht uth dem Schepe varen sunder Vorloff des Schijpperen; wente worde dat Schijp vnde Gudt ijeniger Wijs geargert edder sust Schade dar an qweme, se sijnt schuldich den Schaden to betalen vnde beteren; auer licht dat Schijp to eijner Stede gemeret mijt IV Touwen, so mogen se wol uth dem Schepe gaen vnde drade webber to Schepe kamen.

De XVIII Beleuijnghe (2).

Jtem. Ijdt gefelt dat de Schijplude sijck eijne Tijd lanck to eijnem Schijpperen vorhuren vnde ijemant van en ga vth dem Schepe sunder Vorloff des Schijpperen, vnde drijncket sick bruncken vnde vul, vnn kijuen vnde slan sick, also dat dar ijemant van en gewunth wert (3), de Schijpper en ijs nicht schuldich ene laten helpen vnde helen vp des Schepes Kost (4), men he mach se vth dem Schepe laten gan, vnde huren eijnen anderen in de Stede, vnde ijs ijd Sake dat de meer wijllen hebben wen de vorigen habben, so schal dat de betalen de dar gewunth ijs vnde deme Schijpperen webber geuen dat he entfanghen hefft; auer were dat Sake dat de Schijpper se vthsande in ijnnigen Denste des Schepes Nottrofft, vnn se worden dar auer geslagen edder gewunnth, so ijs de Schijpper schuldich se tho helen laten vp des Schepes Kost.

De XIX Beleuijnghe (5).

Jtem. Ijdt begijfft sick dat den Schijpkijnderen ijennijge Kranckheijt ankumpt vnde sijnt in des Schepes Denst vnde sijnt also kranck dat se van groten Wedagen in dem Schepe nicht blijuen mogen, de Schijpper ijs schuldich en Orloff to geuen dat se vth dem Schepe mogen gaen, vnde laten se leggen in eijne Herberge, vnde ijs ock plichtich eijn Licht to geuende dar se bij seen moge, vnde senden em eijnen van den Schipluden ene in der Kranckheijt tho warende, edder huren eijnen anderen Personen de de Kranken plecht to warende; ock ijs de Schijpper schuldich dem Krancken sodann Spijse to geuende alse men gewonlick ijs ijnt Schijp to etende vnde men schal em geuen van sulcker Spijse alse men em gaff bo he gesunth vnde wol tho passe was, vnde geuen em ock anders nicht, ijdt sij den des Scheppers gude Wijlle, wente he ijs em anders nicht plichtich to geuende. Vnde ijs dat he beter Spijse hebben wijl, de mach he vor sijn Gelt egenlick kopen laten, vnde ijsset Sake dat men Wijnt vnde Webber kricht vnde schal den to Segel gaen, wente men ijs nicht schuldich des Kranken to vorbeijdende; vnde ijs ijt Sake dat he to passe vnde gesunth wert, so schal he sijne vulle Hure vnde Loen hebben, ouerst ijsset Sake dat he steruet, so schal sijne Frouwe edder sijne Eruen sijn Loen vnde Hure hebben.

(1) Cet article est le 19.º dans l'édition de 1505, et le 17.º dans les manuscrits de 1533 et de 1537.

(2) Cet article est le 20.º dans l'édition de 1505, et a été omis dans les manuscrits de 1533 et de 1537.

(3) Voir, sur la différence peu essentielle entre le sens de ce membre de phrase et celui correspondant de l'édition de 1505, la note 5 de la page 473.

(4) Voir, sur une autre différence entre ce texte et celui de 1505, la note 7 de la page 473.

(5) Cet article est le 21.º dans l'édition de 1505, et le 18.º dans les manuscrits de 1533 et de 1537. On trouvera dans les notes 4, 5 et 8 de la page 474, l'indication de quelques variantes peu importantes entre cet article et l'article correspondant de l'édition de 1505.

De XX Beleuijnghe (1).

Item. Eijn Schijp fegelt van der Sluß edder van anderen Steden, idt begijfft fijck dat ijd mijt Storme vnn Wijnde auerfallen wert, vnde men wert der haluen alfo bedwungen dat men Gud werpen moth, fo fijnt de Schijpper vnde Schijplude den Kopluden fchuldich to wijfen de Sake vnde Noth worvmme dat men werpen moth, vnn ijß ijd Sake dat fe eren Wijllen dar to geuen, tenne mach men wol werpen, bij den Reden vnde Euenturen dofulueft vorhandelt; vnde ijß ijd Sake dat de Koplude nicht hebben wijllen dat men werpen fchal, fo fchal ijdt de Schijpper darvmme nijcht laten, fo verne ijd em anderß gudt dunctet, vnde fchal fulff drubbe van fijnen Gefellen fweren up dat hillige Ewangelium wen fe to Lande ghekamen fijnth dat fe ijd gedaen hebben vmme to holden Schijp, Lijff vnde Gudt, vnde wijfen van dem dat dar gheworpen ijß; vnde dat Gudt dat dar geworpen wert fchal men gelden na dem Prijße alfe dat ander Gudt in dat Marctet gegeuen wert, vnn men fchal dat gelden (dat reken) (2) van Punbt to Punde, darna dat eijn ijeder barijnne hefft, in mede Veterijnge deß Schaden; vnde de Schijpper fchal van fijnem Schepe vnde gude Fracht (3) geuen gelijck alß de Kopman beijt van fijnem Gude. Eijn ijder Schijpmann fchal eijn Vath frijg hebben, vnde hebben fe meer Gudes fo moten fe ock mede to leggen in der Veterijnge deß Schaden darna dat eijn ijder ijnne hefft; vnde ijffet Sake dat fe vnder anderen nicht wol helpen (alfo guden Gefellen tobehort) wen men in fulken Roden ijß, fo fchullen fo ock nicht frijes hebben, vnn dijt fchall dem Schijpper bij fijnem Eede belouet werden.

De XXI Beleuijnghe (4).

Item. Idt begijfft fick dat eijn Schijpper fijne Maft houwet in groten Roden, alfe wen ijd stormet vnde groth Vnwedder ijß, he ijß fchuldich to ropen fijne Koplude vnde wijfen enen de Nodt vnde feggen dat ijd fij gefcheen vmme to beholden Schijp, Lijff vnde Gudt. Vnderweijlen kumpt ijdt wol dat he fijne Kabelen houwet vnde moth Ancker vnde Touwe varen laten vmme to beholden Schijp, Lijff vnde Gudt, he ijß alle beijde Maft vnde Ancker fchuldich to warderen van Punde to Punde alfe Werp Gud, vnde de Koplude fcholen dar van gelden eer fe ere Gudern vth dem Schijpp krijgen. Weer ijdt Sake dat eijn Schijp

(1) Cet article est le 22.e dans l'édition de 1505, et le 19.e dans les manuscrits de 1533 et de 1537. Voir sur quelques variantes de peu d'importance les notes 3, 4, 5 et 6 de la page 475.

(2) M. de Clercq a placé les mots dat reken entre parenthèses, parce qu'ils forment un double emploi, ayant la même signification que dat gelden : cependant le verbe reken, *compter*, seroit peut-être mieux placé ici que le mot gelden, qui signifie *estimer, calculer à prix d'argent*; il se trouve employé seul dans le texte d'Husum.

(3) J'ai fait connoître, dans la note 1 de la page 476, la différence essentielle entre ce texte et celui de 1505, d'après lequel le patron contribue *pour son navire* ou *pour son fret;* au contraire, nous voyons ici le patron contribuer *pour son navire* ET *pour son fret.* La première version est plus conforme aux Rôles d'Oléron ; voir la note 2 de la page 429. Les mots gude Fracht, qui sont dans ce texte et dans tous ceux de la seconde famille, méritent quelque attention. Si gude est un substantif, il ne peut signifier que *marchandises ;* alors Gude Fracht signifieroit *fret de marchandises :* mais M. de Clercq n'a trouvé nulle part cette expression; partout le mot Fracht est employé seul. Peut-être, en admettant que Gude signifie *marchandises,* les mots Gude Fracht signifient-ils le fret de marchandises confiées par des chargeurs, par opposition au fret des portages de matelots dont il est question dans quelques articles, notamment dans l'article 31 (33 de l'édition de 1505). Si l'on pense, ce dont je doute, que gude soit un adjectif, alors il signifie *bon :* or, que veulent dire ces mots *bon fret ?* à moins qu'on n'entende par-là le fret réellement perçu, et non pas seulement le fret promis, parce qu'en effet tout fret promis n'est pas pour cela un fret payé, les chargeurs ne payant pas le fret des objets perdus par force majeure.

(4) Cet article est le 23.e dans l'édition de 1505, et le 20.e dans les manuscrits de 1533 et de 1537.

drogh to ſijttende qweme an de Grundt, vnde de Schijpper beijde na ſijner Lude Geſchel, wen denn dar ijnnich Gudt leckende wurde ijm Schepe, dar ſchal de Schijpper nenen Schaden van hebben, vnde he ſchal ſijne vulle Fracht darvan hebben gelijck alſe van dem anderen Gude dat in dem Schepe ijß.

De XXII Beleuijnghe (1).

Item. Iſdt begijfft ſick dat eijn Schijpper kumpt to ſijner Entlade-Stede dar dat (2) loſſen ſchal, he ijß ſchuldich den Kopluden tho wijſende de Touwe vnde Kordeln dar he mede wijnden ſchal, vnde ijß dar ijchteswas an thobraken, dat moth he beteren laten, wente worden dar van Vate edder Pijpen edder ſuß ijchteswas bij Gebrake der Touwen vorlaren, de Schijpper vnde Schijplude ſijnt ſchuldich dem Kopmanne den Schaden to beteren vnde betalen; vnn de Schijpper ſchal en den Schaden delen in dem dat ſe nemen Wijndegelt, vnde men ijß ſchuldich dat Wijndegelt tho leggende to mede Beterijnge des Schaden; was den dar van auer blijfft dat ſcholen ſe delen vnder en Luden. Weer ijdt Sake dat de Touwe tobraken er dat ſe [ſe] (3) den Kopluden wijſeden, ſe weren ſchuldich den Schaden altomale tho beteren. Wer ijdt Sake dat de Kopman ſede dat de Touwe ſtark vnde gudt genoch weren vnde breken ſe denne, alſo dat dar Vate edder Pijpen vorlaren worden, ſo ijß eijn ijder ſchuldich to delen an den Schaden, dat ijß to weten van den ijennen de er Gud in dem Schepe hebben ghemeijnliken vnder en.

De XXIII Beleuijnghe (4).

Item. Eijn Schipp dat ijß thor Sluß edder anders wor vmme Wijn to ladende vnde ſegelt alſo van dar geladen vnde de Schijpper vnde ſijne Schijplude vorſekeren noch vorwaren de Stellijnge effte Slote ſo ijd ſick behort; ijdt begijfft ſick dat dar Storm edder Unwedder vpkumpt dat de Stellijnghe tobrickt vnde de Boddem flucht vth dem Vate, vnn dat Schijp dat kumpt beholden Reijſe (5) dar dat loſſen ſchal, vnde de Koplude beklagen ſick dat bij dem Gebrecke der Stellinge vnde der Slote ere Wijn vorlaren ſij, de Schijpper ſacht dat dat nijcht en ſij van dem Ghebrecke der Stellinge vnde der Slote to kamen : ijſſet dat de Schijpper dat ſweren wijl mijt III edder IV Schijpmannen dat de Wijn nijcht vorlaren ſij bij dem Gebrecke der Stellijnge vnde der Slote, ſo ſchal de Schijpper qwijdt vnde frijg dar van weſen; vnde ijß ijd Sake dat he nijcht ſweren dör mijt tween ſijner Schijpmanne (de de Kopman dartho vth keſett), ſo ſchall he dem Kopmanne ſijnen Schaden vprichten wente ſe ſijnt ſchuldich dem Kopmanne de Stellijnge vnde Slote to vorſekerende er ſe van dar ſcheijden edder ſegelen dar ſe geladen hebben.

De XXIV Beleuijnghe (6).

Item. Eijn Schijpper huret ſijne Schijplude, he ijß plichtich ſe tho beholdende in

---

(1) Cet article est le 24.ᵉ dans l'édition de 1505, et ne se trouve pas dans les manuscrits de 1533 et de 1537.
(2) Le mot dat, pronom neutre, se rapporte évidemment à Schijp, *navire*, qui est sous-entendu.
(3) Voir dans la note 4 de la page 478 le motif de l'addition du mot ſe.
(4) Cet article est le 25.ᵉ dans l'édition de 1505, et le 21.ᵉ dans les manuscrits de 1533 et de 1537.
(5) Cette expression suppose une ellipse, et doit signifier *après avoir fait un bon voyage*, ou *après un voyage heureux*. Le mot Reijſe ne se trouve pas dans le texte d'Husum.
(6) Cet article est le 26.ᵉ dans l'édition de 1505, et le 22.ᵉ dans les manuscrits de 1533 et de 1537. J'ai fait connoître dans les notes 2 et 3 de la page 479 quelques variantes de peu d'importance.

guben Wrede, so dat erer eijn dem anderen nicht mißboe, vnde schal er Mijbdeler vnde Richter wesen de wijle dat he se mijt Eethen vnde Drijncken besorgen moth; vnde welcker de den anderen legen heth de hefft vorborth IV Penninge (1); vnde heth ijemant den Schijpper ebber de Schijpper heth den Schijpmann legen, de schal vorborth hebben VIII Penninge. Weer dat Sake dat de Schijpper eijnen van den Schijpmannen sloge mijt der Handt ebber mijt der Fust, de Schijpman ijß em schuldich eijnen Slach to vordregende, vnde sloge he ene mer so mochte he sick wol weren; men sloge ijennich Schijpman sijnen Schijpper, de hefft vorborth hundert (2) Schijllijnck effte sijne Handt.

De XXV Beleuijnghe (3).

Item. Eijn Schijpp ijß gefrachtet tho Bordeus thor Sluß ebber anders wor, vnde ijdt kumpt dar ijdt lossen ebber (4) entladen (5) schal, vnde me maket Partije vmme dat Loßmangelt; kumpt vp den Kopman an de Kust (6) van Brijthanijen de se nemen wen dar vorbij (7) ijß Lijssebos (8) dar ijdt klene Loßmant sijn (9) sijnt, wenth dat me vorbij ijß Kalis vnde Normandijen van Engelant, went tho (10) Schottlandt wen dar vorbij ijß Fiernemuude (11) vnde Flanderen.

De XXVI Beleuijnghe (12).

Item. Ibt geualt dat dar Twedracht wert twijsschen dem Schijpper vnde sijnem Schijpmanne, de Schijpper schal beuelen dat Taffellaken wech tho nemende vor dem ijennen dar he Kijff vnde Twedracht mede gehatt hefft, vnde warnen den Schijpman dremael thovorn er he en vth dem Schepe hete gaen; ijß ijd Sake dat de Schijpman den Twijst vnde Mijssedaet bäth tho beteren tho des Schijpmans seggent van der Taffelen; ijß den de Schijpper so auermodich dat he ijdt dar nicht wijl blijuen laten vnde heth den Schijpman vth dem Schepe gan, so mach he dem Schepe na volgen dar dat lossen schal; darsuluest schal he so gude Hure entfangen ghelijck weer he in dem Schepe stedes gewest, vnn so verne he ock de Vndaet gebetert habbe; weer ijdt ock Sake dat de Schijpper also guden Schijpman nicht en hurende in sijne Stabe alse he waß, vnde ijenigerwijß dem Schepe ebber den Guderen Schaden anqweme, so were de Schijpper plichtich vnn schuldich all den Schaden vp to rijchten, hefft he anders so vele dar he mede betalen kan.

---

(1) Voir dans la note 9 de la page 504 le motif de la substitution du mot Penninge au signe ð.

(2) Le manuscrit porte hundere: c'est une faute de copiste qui a été corrigée d'après le texte d'Husum.

(3) Cet article est le 27.e dans l'édition de 1505, et le 23.e dans les manuscrits de 1533 et de 1537. Les textes de Gripswald, d'Husum, et les éditions imprimées à Lubeck en 1537 et 1575, offrent des variantes diverses, et chacun de ces textes est plus mauvais que celui de 1505, qui, comme on l'a vu page 480, est intelligible au moyen de quelques légères corrections. Je donne ici exactement le texte du manuscrit de Gripswald, sans m'y permettre le plus léger changement. J'indiquerai successivement les variantes entre ce texte et les autres de la même famille.

(4) Le texte d'Husum porte und, et, au lieu de ebber, ou.

(5) Les mots ebber entladen sont omis dans l'édition de 1575.

(6) L'édition de 1575 porte dem Koff, ce qui paroît une faute évidente.

(7) Le texte d'Husum porte seulement by.

(8) Les éditions de 1537 et de 1575 portent Lillebas; et le texte d'Husum, Lallebas.

(9) L'édition de 1537 porte Loßmantsye; celle de 1575, Loßmansse; et celle d'Husum, Loßmansye.

(10) L'édition de 1575 porte beth tho, ce qui a le même sens.

(11) L'édition de 1575 porte Jernude, et l'édition d'Husum, Jervemunde.

(12) Cet article est le 28.e dans l'édition de 1505, et le 24.e dans les manuscrits de 1533 et de 1537.

Dat XXVII Beleuijnghe (1).

Item. Jbt begijfft sick dat eijn Schijp licht in eijner Hauen gemeret mijt Touwen vnde eijn ander Schijp kumpt mijt Gethijnge vnde sleijt an (2) dat Schijp dat dar ge=meret licht, so dat van dem Slage ben dat eijne Schijp dem anderen gijfft den Baten ebber Pijpen de Böddem vthflegen, den Schaden scholen se delen na dem Prijse, dat (3) dar Wijn in beijden Schepen ijs, den ijs men schuldich to delende an den Schaden; ijsst dat se dat anders anslan, so schal de Schijpper de den Schaden gedaen hefft dat sweren mijt tween sijner Schijpmannen dat en dat leijbt ijs vnde dat he ijbt nijcht mijth Wijllen gedaen hefft vnde ock dat he dar nijcht vmme doen konde, so ijs he schuldich vnn plichtich den Schaden nijcht meer wen halff to betalende, vnde doer he dat mijt sijnen Schijpluden nicht sweren, so moth he den Schaden gantz vnn gar betalen dat ijs dat Recht dar van, tc. (4). Hijr na volget de Sake wor vmme dat desse Beleuijnge gemaket vnde also ghefunden ijs. Jbt geualt dat men gerne eijn olt Schijp lecht in den Wech vor andern guden Schepen vp dat ijbt van den anderen alle den Schaden mochte hebben in dem dat ijbt van eijnem anderen Schepe gebrake worde; men alse men weth dat de Schade halff gereket wert, so lecht men ijbt gerne vth deme Wege.

Dat XXVIII Beleuijnghe (5).

Item. Eijn Schijp effte twe effte meer lijggen in eijner Haue dar kleijn Water ijs, vnde plecht droge to seijnde, also dat dat eijne Schijp harde bij dem anderen tho liggende kumpt, so ijs de Schijpper van dem Schepe de ersten an Grundt kumpt to sijttende schuldich to seggende tho den anderen Schijpluden de en to na gesatt hebben, also: Ghij Heren, luchtet ijuwen Ancker wente he lijgt vns tho na vnde wij mochten dar Schaden van nemen; vnn ijsst dat se den Ancker nijcht wijllen luchten, de Schijpper van dem Schepe [de] (6) ersten an Grundt is kamen to sijttende, de schal mijt sijnen Gesellen dat Ancker luchten. Wijllen se en dat (7) nicht steden vnde hijnderen vnde vorbeden em dat, vnde he dar auer in Schade qweme bij Gebreke van dem Ancker, de Schijpper de en tho na hefft gesatt, is schuldich den Schaden vp to richten. Lijcht eijn Ancker sunder Boijen vnn beijt Schaden, dem ijennen dem de Ancker tokumpt de ijs schuldich den Schaden to beteren, wente in solcken Hauen schal men Boijen vp sijnen Ancker hebben vp dat eijn ijder sick dar vor to baren (8) weth vnn nenen Schaden dar van lijde, vnde ijs dat men lijcht in eijner drogen Haue, so ijs men schuldich tho leggende Vochlijnen vnde Getouwen.

---

(1) Cet article répond aux articles 29 et 30 de l'édition de 1505, aux 25.e et 26.e des manuscrits de 1533 et de 1537. J'ai expliqué, page 482, note 5, les motifs qui m'avoient porté à n'en faire qu'un article dans le premier texte. Tous ceux de la seconde famille justifient le parti que j'ai pris.

(2) Ces deux mots, sleijt an, nécessaires au sens de l'article, paroissent avoir été omis dans le manuscrit qui a servi aux éditeurs d'Husum, lesquels se sont bornés à suppléer le mot an entre parenthèses.

(3) Le mot ijst, s'il est, doit être sous-entendu devant dat, que.

(4) Voir la note 4 de la page 482.

(5) Cet article est le 31.e dans l'édition de 1505, et le 27.e dans les manuscrits de 1533 et de 1537.

(6) M. de Clercq a ajouté le mot de, qui: cette addition, commandée par le sens, est justifiée par le commencement de l'article. Le texte d'Husum contient le mot welcker, dont la signification est la même.

(7) M. de Clercq a pensé que dat, qui, devoit, comme dans le texte d'Husum, être substitué à dar, là, où.

(8) Baren doit signifier ici se mettre en garde contre, éviter. Ce verbe devroit être écrit, comme dans l'édition d'Husum, wahren ou waren, car varen ne signifie en général que conduire. Cet emploi du V au lieu du W, et réciproquement, est une faute de copiste qui se reproduit ailleurs. Je n'ai pas cru qu'il fût nécessaire d'en renouveler l'observation.

De XXIX Beleuijnghe (1).

Item. Den Schijpluden van ber Kuſt van Brijthanijen behort des Dages eijne Male=
tijdt vmme deswijllen dat de Schijpper en gijfft Wijn to drijnken to varende vnde kamende,
vnde ben Beermannen (2) behort twe Maletijdt des Dages vmme deswijllen dat ſe anders
nicht wen Waters brijncken; men wen dat Schijp kumpt in Wijnlande, ſo ijs de Schijpper
ſchuldich Wijn vor eren Dranck to geuende; dergelijcken ock den van Normandijen.

De XXX Beleuijnghe (3).

Item. Ijbt begijfft ſick dat eijn Schijp gekamen ijs bar ijb hen gefrachtet ijs ebber
bar (4) ijb entladen ſchal alſe tho Bordeus effte anders wor, ſo ijs de Schijpper ſchuldich
[tho] (5) ſeggende to ſijnen Schijpluden : Ghij Heren, legget in ijuwe Vorijnge ebber vor=
frachtet ſe ebber latet ſe gan van ber Fracht van bem Schepe; ſo ſijnt de Schijplude ſchuldich
to ſeggende wat ſe boen ebber laten wijllen; vnde ijs ijt Sake bat ſe wijllen hebben ſobane
Fracht alſe bat Schijp hefft, ſo ſcholen ſe ſe hebben vnde wijllen ſe ock befrachtet ſijn bij
en ſeluen, ſo ſcholen ſe frachten in all ſobaner Wijſe bat bat Schijp nijcht na en tôue;
vnde ijſſt bath ſe vp be Naheijt nene Fracht en kregen, de Schijpper ſchal nenen Schaden
bar van hebben, men he ijs ſchuldich to wijſende ſijner Lube Rume vnde ere Steden bar
eijn ijber Schijpman mach leggen de Wijchte ſijner Vorijnge; vnde wijllen be Schijplube,
ſo mogen ſe ock wol barijnne leggen eijn Bath Waters, vnde worde dat Water den auer
Bordt geworpen in be See, id ſcholde vor Wijn ebber vor ander Gudt gerekentt werden
van Punde tho Punden. **Item.** Wörbe der Koplube eer Gudt auer Bordt geworpen in
be See ſulcke Frijheijt alſe be Schijpman hefft ſchal be Kopman ock hebben.

De XXXI Beleuijnghe (6).

Item. Eijn Schijpp kumpt geladen vnde beholden to ſijner rechter Stede bar ijbt hen
gefrachtet ijs, be Schijplube wijllen er Hure hebben, vnde bar ſijnth erer etlijke be (7) wer

(1) Cet article est le 32.e dans l'édition de 1505, et le 28.e dans les manuscrits de 1533 et de 1537.
(2) J'ai fait remarquer, note 6 de la page 483, que, dans les textes de la seconde famille, ce mot
Beermann étoit substitué à Normannen, qui se trouve dans les textes de la première, et que cette substitution
ne peut être le résultat d'une erreur de copiste, puisque l'article finit par une disposition relative aux matelots de Normandie. Que peut donc signifier le mot Beermannen? M. Hach, que j'ai consulté, pense qu'il est
dérivé de Beermann [Fährman], qui signifie *passeur, bachoteur*, et la traduction allemande de l'Estocq vient
à l'appui de cette supposition. M. de Clercq a pensé que cette explication n'étoit pas tout-à-fait satisfaisante. Il est bien vrai que le dictionnaire brémois, t. I.er, page 352, explique Färſchip par *bac*, Farensman
par *matelot* et Farensvolt par *équipage*; mais tous ces mots se rapportent évidemment à la navigation des
rivières, et l'article est relatif à une navigation sur mer. Ne peut-on pas supposer que l'article, évidemment emprunté aux Jugemens de Damme ou Lois de Westcapelle, a été traduit sur un manuscrit qui
avoit été, comme on le faisoit fréquemment alors, adapté à la ville ou au port de *Weer* ou *Ter-Weer*, dont
le nom se trouve dans les articles 42 du texte de 1505 et 37 des manuscrits de 1533 et de 1537? Alors
Beermannen signifieroit les matelots du pays de Wer. J'ai dû me borner à présenter ces deux conjectures;
ce n'est qu'à l'aide de connoissances locales, qui me manquent, qu'on peut décider cette question, heureusement peu importante.
(3) Cet article est le 33.e dans l'édition de 1505, et le 29.e dans les manuscrits de 1533 et de 1537.
(4) Le sens exigeoit ici la substitution de bar, *où*, au mot bat, *qui*. Cette faute n'existe pas dans le texte
d'Husum.
(5) M. de Clercq a cru qu'il falloit ajouter le mot tho, *de*, avant le verbe ſeggende; cette addition, autorisée par l'édition d'Husum, est commandée par le sens.
(6) Cet article est le 34.e dans l'édition de 1505, et le 30.e dans les manuscrits de 1533 et de 1537.
(7) Le manuscrit porte ber, qui signifie *des*, ou *à la*. M. de Clercq a pensé qu'il falloit lire, comme
dans le texte d'Husum, be, *qui*.

Kiſten noch Matten ijnth Schipp hebben, de Schipper mach en wol ſo lange [de Huer vorentholden beth ſo lange] (1) bat dat Schip geloſſet ijs, vnde brijngen ijbt webber to der ſuluen Stebe dar ſe bar in qwemen, ebber ſe ſcholen vorſeteren de Wart tho vullenbrijngen.

De XXXII Beleuijnghe (2).

Item. Eijn Schipper huret ſijne Schijplude, eijn Deel vmme eijn Fracht vnde eijn Deel mijth Gelde, ſe ſeen bat dat Schipp nene Fracht krigt tho ſijnem Lande tho kamenbe, men bat moth forber gefrachtet ſijn; be ijennen be bar (3) mede varen vmme Befrachtijnge, de moten bem Schepe volgen, men (4) de ijennen de bar (5) mede varen vmme Gelt de Schipper de moth en de Huer vorbeteren, eijnem ijberen barna bat he gehuret ijs, ijbt were ben bat he ſe beſpraken habbe to eijner beſcheijben Tijbt. Laben ſe neger wen (6) er beſcheden wordt ſijnt, ſe ſijnt ſchuldich to hebbende ere gantze Huer, men ſe moten bat Schip helpen brijnghen dar bat liggen ſchal, indem bat ijb be Schipper hebben wijl.

De XXXIII Beleuijnghe (7).

Item. Ijbt begijfft ſick dat eijn Schipp licht tho Vordeus ebber anders wor, ſo mogen twe Schijplude vth bem Schepe gaen vnde nemen eijn Gerichte mijt ſick vth bem Schepe van ſulcker Spijſe als men gewonlick ijs in bem Schepe to ethende vnde ſo vele Brobes alſe ſe tho eijner Maltijbt vp ethen mogen, men ſe mogen neen Gebrencke vth bem Schepe dregen vnn moten brabe webber to Schepe gaen, ſo bat des Schepes Werck borch ſe nicht vorſumet werbe; wente neme be Schipper Schaben an bem Schepe ebber an des Kopmans Gube bij erem Gebreke, ſe ſijnt ſchuldich dat to verbeteren; wen eijn ebber meer van den Geſellen des Schepes ſick wen beben vormijbbelſt erem Gebrecke des Werckes, ſo ſijnt ſe ſchuldich dem ijennen be ſick wen gedaen hefft laten gheſundt macken, tho des Schippers vnn des Sturmans vnde to der anderen Schepes Geſellen Seggentt.

De XXXIV Beleuijnghe (8).

Item. Ijbt begijfft ſick dat eijn Schipper vorfrachtet ſijn Schijp eijnem Kopmanne vnde ijs mijt eme auer eijn gekamen tho eijner beſcheijben Tijbt bat Schijp to laden, be

---

(1) M. de Clercq a cru qu'il étoit nécessaire d'ajouter les mots placés entre deux crochets, mots qui se trouvent dans le texte d'Husum. Sans cette addition, le verbe mach en wol, *peut bien*, se trouveroit sans régime. L'omission a probablement été faite par un copiste qu'aura trompé la répétition des mots ſo lange.

(2) Cet article est le 35.e dans l'édition de 1505, et le 31.e dans les manuscrits de 1533 et de 1537.

(3) Le manuscrit porte be be; ce qui ne peut être qu'une faute de copiste. Le premier be signifie *ceux*, mais le second n'auroit aucun sens; il faut donc lire bar, qui rapproché de mebe signifie *là*, *avec*, c'est-à-dire, avec le navire. Cette correction est justifiée par le texte d'Husum, qui dans la phrase suivante, où le manuscrit de Gripswald reproduit la même faute, contient les mots be bar mebe.

(4) Le texte d'Husum omet la phrase suivante, qui est cependant nécessaire au sens de l'article : be ijennen be bar mebe varen vmme Befrachtijnge be moten bem Schepe volgen, men, &c. *ceux qui naviguent avec le navire au fret sont obligés de le suivre, mais* &c. Il est probable que cette omission provient du copiste, qui aura été trompé par la similitude des mots be ijennen.

(5) Voir la note 3 ci-dessus sur la correction de ce mot.

(6) Le manuscrit porte wer; ce qui ne peut être qu'une faute de copiste. Il faut lire wen, *que*, comme dans le texte d'Husum.

(7) Cet article est le 36.e dans l'édition de 1505, et le 32.e dans les manuscrits de 1533 et de 1537.

(8) Cet article est le 37.e dans l'édition de 1505, et le 33.e dans les manuscrits de 1533 et de 1537.

Kopman ladet ijdt nicht, de holt dat Schip XV (1) Dage lanck edder lenger effte sus ijen=
nijge Tijdt, de Schijpper vorluft sijne Bracht bij Gebreck des Kopmans, so ijs de Kopman
schuldich dem Schijpper densuluen Schaden (so dar vp gesettet ijs) vp to richten, vnde
darvan scholen hebben de Schijppelude dat veerde Deell vnde de Schijpper schal hebben dat
drudde Deell (2) vmme deswijllen dat he de meste Sorge dregen moth.

De XXXV Beleuijnghe (3).

Jtem. Eijn Schijpper frachtet sijn Schijp vnn ladet dat vmme sijne Reijse to doende,
vnde dat Schijpp blijfft hijr bijnnen also lange lijggen dat dem Schijpper Geldes ghebrijckt,
so mach he wol to Huß senden vmme Geldt, men he moth nenen guden Wijnt vorlijggen;
wente vorlege he den Wijndt, he were schuldich dem Kopmanne sijnen Schaden to beleg=
gende, men he mach wol nemen van der Koplude Wijn vnde vorkopen den vnde nemen
sijne Nottrofft dar van; so nu dat Schijpp gekamen ijs to sijner rechten Entlade=Stede,
so ijs de Schijpper schuldich den Wijn to betalende (den he to sijner Nottrufft genamen
hefft) vor sodann Geldt alse de ander Wijn geldt de darsulueft vorkofft wert, vnde
alsdenn schal de Schijpper sijne vulle Fracht sowol hebben van deme Wijne den he
vorkofft hefft tho sijner Nottrufft, alse van den anderen Wijne den he (4) thor Stede
gebracht hefft.

De XXXVI Beleuijnghe (5).

Jtem. Eijn Knape ijs Leijdesmann van eijnem Schepe vnde ijs gehuret dath Schijp
to brijngende dar dat lossen schal, idt geuelt wol dat in den Hauen sijnt Keden vnd Slote,
darvmme dat wen de Schepe dar in leggen vnde vthladen schal, de Schijpper ijs schul=
dich den Schijpluden to vorseende de Stede dar men dat Schijp in lecht, vnde he schal
sijne Touwe also setten dat de Kopman nenen Schaden dabeij neme; wente neme de
Kopman Schaden bij Gebreke des Touwes, so weer de Schijpper schuldich den Schaden
vp tho richten vnn betalen. Jtem. De Leijdesmann schal sijne Warth gedaen vnde sijn
Loen vordenth hebben wen he dath Schijp hefft gebracht in de Haue vor Sekerheijden
vnde ijs ock nijcht schuldich dat forder to brijngende, vnde dar na schal de Schijpper vnde
Schijplude tho dem Schepe seen.

Hijr na volget de Ordinancie de de Kopman, Schijpper vnde Schijpmanne vnder
anderen hebben vor dem Schijpprecht (6).

De XXXVII Beleuijnghe (7).

Jtem. Were dat so dath eijn Schijp breke edder dat men ijdt dorchsegelt vnde
qweme an Grundt, were ijdt Sake dat den Kopluden dem Schijpper vnde dem Schijp=

---

(1) Le texte porte ѷ, qui signifie xv. J'ai cru qu'il n'y avoit pas d'inconvénient à exprimer les nu-
mérales en caractères romains.

(2) Les éditeurs des Statuts de Sleswick indiquent comme variante du texte d'Husum les mots de dre Deele,
les trois parts. Cette leçon est préférable; car les mots de drudde Deell signifieroient le tiers.

(3) Cet article est le 38.ᵉ dans l'édition de 1505; il manque dans les manuscrits de 1533 et de 1537.

(4) Le manuscrit porte heu, ce qui ne peut être qu'une faute de copiste; il faut lire he, il, comme
dans le texte d'Husum.

(5) Cet article est le 39.ᵉ dans l'édition de 1505, et le 34.ᵉ dans les manuscrits de 1533 et de 1537.

(6) Voir la note 2 de la page 489 sur la collation de cette rubrique avec celle des autres textes.

(7) Cet article est le 40.ᵉ dans l'édition de 1505, et le 35.ᵉ dans les manuscrits de 1533 et de 1537.

manne gubt bechte dat men dat konde in kort webber maken laten, vnbe brijngen bem Kopmanne sijn Gubt bar he gelauet habbe, wo en Gobt sparbe vor Vngeuall, vnbe wer ijb Sake dat men dat Schijpp nijcht wol webber maken konbe, so schall de Schijpper sijne vulle Fracht hebben van alle dem Ghube, vnd merke dat bar geborgen ijs vnbe mijt einem Gobes-Penning (1) gewonnen ijs. Wer ijb Sake dat de Koplube neen Gelbt habben dat se de Fracht bem Schijpper [nijcht konden geuen vnn de Schijpper] (2) bem Kopmanne nicht belouen wijll, so mach de Schijpper nemen van bes Kopmans Gube, na Vorlopijnge so vele alse dat anber Gub in bem Merckebe gegeuen wert.

De XXXVIII Beleuijnghe (3).

Item. Weer ijbt dat eijn Schijpp Nobt habde, so dat de Schijpper begerbe dat men dat Gub werpen scholbe, he schall nijcht werpen, sunber he schal sick ersten besprefen mijt den Kopman ijnth Schijpp wat er Gubtbunckent bar to ijs; wijll de Kopman dat nijcht steben dat men werpen schall vnbe duchte bem Schijpper gubt vnbe van de Schijpluben tween ebber bren dat beth gebaen wesen dat men dat Gub wörpe, wen dat men scholbe vorlesen dat (4) Schijpp Lijff vnbe Gubt, so mach de Schijpper wol werpen, vnn bes nicht laten, vnn bem Kopmanne bar nijcht vmme fragen; vnbe wolbe de Kopman alse men tho Lanbe qweme, so scholben be twe ebber bren be in bem Schepe weren sweren dat ijbt Nobtsake was. Item. Wer ijbt Sake dat dar neen Kopman ijnt Schijpp wer, vnbe men habbe Noth tho werpenbe, so schal de Schijpper auer eijnbregen mijt ber meijsten Partijen ijnt Schijp; wat en gubt buncket dat schal men boen mogen. Item. Wat den geworpen wert, bat Gubt schal men betalen nade gelben na Marktalen, alse bat anber Gubt dat ijnt Schijp ijs int Market gegenen wert Pennijnck Pennijnck Werbe, wen de Fracht bar van betalt ijs. Item. De Schijpper schal benne van sijnem Schepe-Gubt (5) vnbe van ber Fracht geuen, gelijke so be Kopman gijfft van sijnem Gube, wes be Kopman barvan kesen wert; vnbe alse be Schijpper sijn Schijpp settet, bar mogen 't (6) be Koplube vornemen vp ene Tijbt. Item. Wer dar ijennich Man in dem Schepe dar men Gubt wörpe vnbe he hebbe Gelb ebber anber Gubt in ber Kijsten dat scholbe he apenbaren eer me wörpe; wen he bat apenbart hefft, so schal he to Werygelbe gelden twe Pennijnge vor eijnen, vnbe wer bar ock anber Gubt in ber Kijsten dat schall men reken na sijnem Werbe als dat wert ijs. Item. Hefft bar ock ijemant Gelt iu sijner Kijsten, vnbe neme bat bar vth vnbe neme dat vmme sijne Sijbe, he (7) scholbe bar (8) nijcht van gelben. Item. Habbe bar ijemant Gelb ebber anber Gubt in sijner Kijsten, vnbe apenbaerbe bat nijcht eer men werpet, vnbe be Kijste (bar bat Gelbt in ijs) worbe ben auer geworpen in be See, men schal se nijcht hoger reken als bre Schijlde, also verne se beschlagen ijs; were se auer vnbeslagen, so

(1) Voir sur ce mot, qui ne se trouve pas dans toutes les éditions, la note 8 de la page 489.

(2) L'addition des mots entre crochets est commandée par le sens et justifiée par le texte d'Husum. Il est probable que le copiste, trompé par le mot Schipper, répété dans deux lignes, en a passé une.

(3) Cet article est le 41.e dans l'édition de 1505, et le 36.e dans les manuscrits de 1533 et de 1537.

(4) Le manuscrit porte ba au lieu de bat, faute qui n'existe pas dans le texte d'Husum.

(5) Au lieu de Schepe-Gubt, il faut, comme dans le texte d'Husum, Schepe-Gubt, en allemand Schiffsgut, qui signifie tout ce qui tient à la propriété du navire, c'est-à-dire, le navire, les agrès et les apparaux.

(6) Le manuscrit porte bat mogen; mais le sens exige, comme dans le texte d'Husum, bar mogen it, ou bar mogen 't, pour cela, pour ce prix, ils peuvent &c.

(7) Le manuscrit porte hen; il faut lire he, il, comme dans le texte d'Husum.

(8) Le manuscrit porte bat; le sens exige, comme dans le texte d'Husum, le mot bar, qui rapproché de van signifie de cela, y. La similitude des lettres t et r a donné lieu à plusieurs fautes de ce genre.

schall men se gelden na erer Werde, wat se wert ijs. Item. Weer ijdt Sake dat dar
geworpen worde eijne Matte mijth eijnem Bedde edder mijt eijnem Noppensacke, dat schal
men reken vor dre Schijlde. Vnn weer ijdt Behoff dat men loten scholde tho eijner Reijse
to holdende, men schal dat ersten beradtfragen mijt den Kopmanne ijnt Schipp wat er
Gudtdunckent dar to ijs, wat dem mesten Hupen Gudtdunckent wesen dat schal men don;
vnde wer dar neen Kopman ijm Schepe, wat dem Schipper vnde dem meijsten Hupen
des Volckes gudt duchte, dat scholde men doen vnn dem se volgen. Item. Van Loten=
Gelde schal men nemen so vele alse men dar vp settet vnde redelick ijs edder alse ijdt
gewanlick ijs, vnde dat Lote=Geldt to reken vnde to betalen ghelijke dem Werpgelbe.

De XXXIX Beleuijnghe (1).

Item. Eijn Schipp segelt vau Amsterdam edder van ander Steden, wor dat sij, idt
geuelt dat he sijne Mast edder Kabel houwet edder anders wat bij Unweeder, bijnnen
edder buten (2), vp dat men dat Schipp vnde Gudt bergen mach, so ijs he schuldich den
Kopluden ersten to fragen, vnde en de Nodt klagen, vnde seggen dat ijd sij vmme to
beholden Schipp, Lijff vnde Gudt, dat scholen se reken auer dat Gudt alse van Werpen;
vnde dat de Kopman sede: ick geve dar neen Jiawort tho, darvmme schal dat de Schipper
nijcht laten, men wen he to Lande kamen ijs, schall he sulff drubbe sweren dat he dat
van Nodt ghedaen hefft.

De XL Beleuijnghe (3).

Item. Eijn Schip segelt van Amsterdam edder van anderen Steden, wor dat ijs,
he ijs tho achter vnde vorkofft dat Gudt vp dem Boddem, he ijs schuldich, so verne de
Boddem so vele to Lande brijnget, dat to betalen an den ersten Markt dar he kumpt
bijnnen XIV Dagen dar na, vnde dat schal he betalen twijschen den mijnsten vnde meijsten;
vnde weer dat so dat de Schipper den Kopman nicht vornogende vnde he dat Schip
vorkoffte, effte eijnem anderen Schipper ijnth Schepe settede, so mochte de Kopman dat
Schip bijnnen Jaer vnde Dach anspreken, vnde sijn Geldt daranne soken, gelijkerwijs
ijfft he dar ijegenwardich wer, vnde dat schal he betugen mijt des Schijppers Segel; so
mach he dar nicht entijegen (4) seggen.

De XLI Beleuijnghe (5).

Item. Eijn Schipper vorfrachtet sijn Schip vnde ladet dat sijne Reijse to donde, vnn
hijr bijnnen blijfft dat Schip also lange liggen dat em Geldes entbrickt, he mach wol
senden to sijnem Lande vmme Gelt, men he moth nenen guden Wijnt vorlijgghen; wente
vorlege he den Wijnt, he were schuldich dem Kopmanne sijnen Schaden to beteren vnde
to betalen; iedoch he mach wol van der Koplude Gudt to sijner Nottrofft nemen, vnde
wen he kumpt dar he lossen schal, dar schal he dat Gud betalen twijschen den mijnsten
vnde den meijsten, alse dat Gudt in dem Merkende geldt dat in dat sulue Schipp ijs,
vnde de Schipper schal sijne vulle Fracht darvan hebben.

---

(1) Cet article est le 42.e dans l'édition de 1505, et le 37.e dans les manuscrits de 1533 et de 1537.
(2) Voir la note 2 de la page 492.
(3) Cet article est le 43.e dans l'édition de 1505, et le 38.e dans les manuscrits de 1533 et de 1537.
(4) Le manuscrit porte entijngen; c'est une faute qui a été corrigée d'après le texte d'Husum.
(5) Cet article est le 44.e dans l'édition de 1505, et le 39.e dans les manuscrits de 1533 et de 1537.

De XLII Beleuijnghe (1).

Item. Eijn Schlip segelt van ijennijgher Stede wat dat ijs dat hefft geladen sijne vulle Last, so mach de Schipper neen Gud mer in nemen, sunder ijdt sij mijt Wijllen vnde Vulbordt des Kopmans; wer dat Sake dat he ijennich Gudt in neme ijegen des Kopmans Weten, so hefft he vorborth so vele Gudes alse he hefft in genamen, sunder he mochte dat also beschreben hebben: ick schall dar so vele Gudes in nemen.

De XLIII Beleuijnghe (2).

Item. Ijdt gevelt dat sick de Schijplude deme Schijpper vorhuren, vnde ijennijge van en gaen vth dem Schepe sunder Orloff vnde drynken sick vull, se kijuen vnde slan sick also dat dar eijner gewundet wert, de Schipper ijs nicht schuldich en to laten heijlen vp des Schijppes Kost (3), men he mach en vth deme Schepe heten gaen, vnde huren eijnen anderen in de Stede. Moth he den meer geuen, se scholen dat betalen vnde dem Schijpper wedder geuen dat se van em entfangen hebben; men sendt he se vth in des Schepes Denste ebber Werue, vnde worden den gewundet, so scholen se geheelet werden vp des Schepes Kost.

De XLIV Beleuijnghe (4).

Item. Eijn Schijpper wijnbt sijne Schijplude, dat kumpt so dat he mijt eijnen van en tho [kiuen] (5) kumpt, he heth den Schijpman vth deme Schepe gaen vnde giifft eme Orloff, vnde weth em nene apenbaer Schuldt to geuende, de Schijpman hefft sijn halue Loen vorbentt, vnde beleuet dem Schijpmanne van dem Schijpper tho scheijbende, so schal he dem Schipper des gelijken so wedber boen, vnde weer he buten der Haven ghesegelt in der See ebber in eijne ander Haue ebber in dat Flee, Marßdeepp, so hefft he sijn vull Loen vorbenth; wolde dar ock de Schijpman van dem Schijpper scheijben, so schal he em wedber geuen dat he van em vpgebort hefft vnde dar so vele tho.

De XLV Beleuijnghe (6).

Item. So eijn Schijpman sijck bestebet to eijnem Schijpperen mijt em to segelnde, so ijs he schuldich des Kopmans Gudt to bewarende so dem Schijpper, Sturmanne vnde Frachtmanne gudt dunket.

De XLVI Beleuijnghe (7).

Item. Men schal geuen tho Kolegelbe van der Last Roggen eijnen Groten, also vaken

(1) Cet article est le 45.e dans l'édition de 1505, et le 40.e dans les manuscrits de 1533 et de 1537.

(2) Cet article est le 46.e dans l'édition de 1505, et le 41.e dans les manuscrits de 1533 et de 1537.

(3) Le manuscrit porte Schijppers Kost, *frais du patron;* il est évident qu'il faut lire, comme à la fin de l'article, Schepes Kost, ou du moins Schijppes Kost, *frais du navire.* Voir la note 3 de la page 494.

(4) Cet article est le 47.e dans l'édition de 1505, et le 42.e dans les manuscrits de 1533 et de 1537.

(5) Le mot kiuen, *se quereller, se disputer,* est nécessaire pour donner un sens à la phrase. Le copiste l'a probablement omis par inadvertance. Il se trouve dans le texte d'Husum.

(6) Cet article forme la première partie de l'article 48 dans l'édition de 1505; il est le 43.e dans les manuscrits de 1533 et de 1537.

(7) Cet article forme la seconde partie de l'article 48 dans l'édition de 1505; il est le 44.e dans les manuscrits de 1533 et de 1537.

alfe fe ben kolen, vnde iß ijbt Sake bat fe ben Roggen noch Weijten nijcht kolen ebber bewaren, vnbe vorberven laten, fe fijnt fchuldich to beteren tho des Schijppers vnbe Stur= mans Seggent; vnbe vth fcheten, II Groten; vnbe fo fchal he nene Mattiinge hebben van nenen Korn; vor twe hundert Wagenfchott eijnen Groten, vor eijn hundert Knar= holtes eijnen Groten (1), van eijn Vath Afchen eijn Vrabandefchen, van eijner Laft Heriinges eijnen Groten, van tween Laft Theeres ebber Pekes, fo bar be Schijpper vort, eijnen Groten (2); bijth vorfchreven Gubt mach be Schijpman an Worth holden, fo lange bat [be] (3) Kopmann bes Schijpmans (4) Wijllen hefft. Item. Welck Gubt bar men eijn Polleii vpbriinget (5), alfe van eijn Vath Flaffes II Grothen, van eijn halff Vath eijnen Groten, vnbe eijn Pack Wanbes II Grothen, van eijn Terliing Wanbes eijnen Groten, vnbe van eijn Stuk Wijns II Groten, van eijner Pijpen Wijns eijnen Groth.

De XLVII Beleuiinghe (6).

Item. Weer ijbt Sake bat fe ber Koplube Gubt vorfumeben, alle be an bem Wijnbe= gelbe (7) belebed be fcholen benne ock ben Schaben beteren. Item. Iifft (8) bat be Schijp= mans bem Schijpper effte Sturman fragebeen effte be Touwe bar fe mebe trijßen fcholben ftarck genoch were, feggen fe ija, fe fijnt ftarck genoch, vnbe bat Touwe tobreke benne, fo wer be Schijpper fchulbich ben Schaben (be bar van kamen mochte) tho leggenbe; men fra= geben be Schijpmans nicht, fo fcholbe ijbt wefen alfe vor gefecht iß.

De XLVIII Beleuiinghe (9).

Item. Eijn Schijp fegelt van Amfterbamme ebber van anberen Steben vnbe bat eijn bat anber anfegelt vnbe gefchee nijcht mijt Wijllen, eijn iiflick (10) fchal ben Schaben halff gelben vnbe hebben, men ghefchege ijbt mijt Willen, fo fcholbe be be bat anber Schijp anfegelnbe ben Schaben alleijne gelben vnbe beteren.

De XLIX Beleuiinghe (11).

Item. Eijn Schijp lege in eijner Have tho Amfterbam effte anbers wor, vnbe worbe

(1) Cette disposition est omise dans le texte d'Husum.
(2) Voir la note 1 de la page 496.
(3) Le sens exige l'addition de l'article be, le, qui se trouve dans le texte d'Husum.
(4) Une variante relevée par les éditeurs des Statuts de Sleswick indique qu'un manuscrit porte le mot Schijppers au lieu de celui de Schijpmans. Voir la note 8 de la page 421.
(5) Le manuscrit porte vpbriinget, faute dont le texte d'Husum autorise la correction.
(6) Cet article est la troisième partie de l'article 48 dans l'édition de 1505; il est réuni avec le précédent pour former le 44.e dans les manuscrits de 1533 et de 1537.
(7) Le texte porte Wijne to Gelbe; c'est probablement une faute de copiste, et ces mots doivent être rem-placés par Wijnbegelbe, droit de palan. Cette correction est autorisée par les textes de l'édition de 1505 et des manuscrits de 1533 et de 1537. Cette faute existe également dans le texte d'Husum: il paroît même, d'après une variante indiquée par les éditeurs, que les copistes de quelques manuscrits ont pré-sumé qu'il s'agissoit de marchandises, et que le mot Wijne signifioit vin; car ils y ont substitué Waren, marchandises; leçon qui rendroit l'article inintelligible en cette partie.
(8) M. de Clercq a substitué iifft, s'il est, à iifft, si, mot qui semble être ici, comme dans le texte d'Husum, une faute de copiste; car le mot iifft ou efft, si, ne devroit pas être suivi de bat, que, tandis que cette particule est nécessaire après iifft. Voir ci-dessus l'article 27, ligne 5, et l'article 28, ligne 6.
(9) Cet article est le 49.e dans l'édition de 1505, et le 45.e dans les manuscrits de 1533 et de 1537.
(10) Voir la note 7 de la page 496: ijgelick, jewelick et iiflick ont le même sens.
(11) Cet article est le 50.e dans l'édition de 1505, et le 46.e dans les manuscrits de 1533 et de 1537.

drijvende vp eijn anber Schijp vnbe bém Schaben bebe, se scholben ben Schaben halff vnbe halff gelben.

De L Beleuijnghe (1).

Item. Eijn Schijp kumpt in eijner Hauen brijuenbe tho Amsterbam ebber anders wor, bat schal eijn Dobber vp sijn Anker hebben; is bath nijcht vnbe bar Schabe van kumpt, so schal he ben Schaben halff beteren.

De LI Beleuijnghe (2).

Item. Eijn Schijp kumpt van Hamborch ebber anders wor, men schal bat lossen bijnnen VIII Dagen vnn be Fracht vthgeuen.

De LII Beleuijnghe (3)

Item. Eijn Schijp kumpt vmme ben Schagen effte vth Norwegen, bat schal men lossen bijnnen XIV Dagen vnn be Fracht geuen; bes gelijken alle See-Schepe.

De LIII Beleuijnghe (4).

Item. Eijn Schijpp bat labet to Schone ebber anders, ijbt ijs gefrachtet in Flan-beren effte anders wor ijnt Marckt, bat kumpt van Nobtsaken to Amsterbam, is [ibt] bat [be] (5) Schijpper bat sweren wijl mijt sijnem Sturmanne vnbe twe sijner Schijp-mans bat ijbt Nobt bebe; wer bat benne so bat he bat Schijpp nijcht konbe rebe maken buten vmme to segelnbe, so schal be Schijpper bat Gubt ijnt Marckt senben vp bes Schepes Bracht vnbe bes Kopmans Tollen.

De LIV Beleuijnghe (6).

Item. Eijn Schijpman kumpt in't (7) Marckt mijt sijnem Schijpper, he schal bij sijnnen Schijpper blijuen so lange bat he gelosset hefft vnbe webber gheballastet ijs bat ijbt lijggen mach.

De LV Beleuijnghe (8).

Item. Weer bat so bat eijn Schijpp mijt Gube segelbe an be Grunbt vnbe in Bruchten weer to vorganbe, vnn mochte men lebbijge Schepe hebben bat Gub bar vth tho luchten; wat bat kostet, bat schal betalen Schijp vnbe Gubt, gelijck Werpgelbe; vnn wer bar neen Kopman ijnne wen me an Grunbt segelt, so schal be Schijpper sweren mijt twen sijner

---

(1) Cet article est le 51.º dans l'édition de 1505, et le 47.º dans les manuscrits de 1533 et de 1537.
(2) Cet article est le 52.º dans l'édition de 1505, et le 48.º dans les manuscrits de 1533 et de 1537.
(3) Cet article est le 53.º dans l'édition de 1505, et le 49.º dans les manuscrits de 1533 et de 1537.
(4) Cet article est le 54.º dans l'édition de 1505, et le 50.º dans les manuscrits de 1533 et de 1537.
(5) L'addition de la particule ibt, *cela*, et de l'article be, *le*, est commandée par le sens et justifiée par le texte d'Husum.
(6) Cet article est le 55.º dans l'édition de 1505, et le 51.º dans les manuscrits de 1533 et de 1537.
(7) M. de Clercq a ajouté après in, *dans*, la lettre 't, abréviation de l'article bat, *le*, qui est exigé par le sens. Le texte d'Husum porte inbt, ce qui revient au même.
(8) Cet article est le 56.º dans l'édition de 1505, et le 52.º dans les manuscrits de 1533 et de 1537.

Schipmans, dat dat Schipp in groten Varen was an Grundt, vnde dat he in Fruchten was dat Gudt to vorlesende dat men en bes [nijcht] (1) wijl vorbregen.

De LVI Beleuijnghe (2).

Item. Were dat (3) eijn Schipp ijnt Marßdepe edder ijnt Flee qweme vnde gijnge so beepp dat ijdt nijcht fleten konde, vnde wunne me den luchte Schepe dat Schip to lossende, wat dat koftet schal dat Schipp betalen twe Dele vnde dat Gudt dat drubde Dell; men kumpt dat Schijp nijcht wedder vp, so schal dat Schipp de luchte Schepe alleijne betalen.

De LVII Beleuijnghe (4).

Item. So eijn Schijpper dat Gudt vth deme Schepe gesettet hefft, so mach he dat wol beholden tho sijner Vort, so lange dat de Kopman en de Vracht vnde ander Vngeldt vornoget hefft dat men dar vp schuldich mochte wesen, in dem dat de Schijpper dem Kop-manne nijcht louen wijll.

De LVIII Beleuijnghe (5).

Item. Wor luchte Schepe kamen de Gudt geluchtet hebben, de schal men lossen bijnnen vijff Dagen dar na, alse se van dem Schepe kamen sijnth.

De LIX Beleuijnghe (6).

Item. Jifft eijn Schipp mijt Noben kumpt vor eijn Vorlandt tho rijden an sijn Ancker, in eijne gemeijne Haue vnde de Sturman dar vnbekanth ijß, vnde wunne me denn eijnen (7) Leijdeßman dat Schipp vnde Gudt to der Haue tho brijngende, wat de Leijdeßman dar van hebben schal, dat (8) schal dat Schip vnn Gudt betalen gelijck Werppgelde.

De LX Beleuijnghe (9).

Item. Wen Schepe kamen ijnth Flee edder Marßdeepp van Vmmelandt, vnde bar (10) vp wijllen wesen, so men dar eijnen Loßman wijnneth dat Schipp vnde Gudt dar vp

---

(1) Les textes de Gripswald et d'Husum ne contiennent pas cette négation, nécessaire au sens de la phrase. Les éditeurs des Statuts de Sleswick, sans proposer de correction, citent la traduction d'Engelbrecht qui a été faite d'après les textes hollandais où se trouve la négation.

(2) Cet article est le 57.ᵉ dans l'édition de 1505, et le 53.ᵉ dans les manuscrits de 1533 et de 1537.

(3) Le manuscrit porte bar; c'est une faute évidente, que M. de Clercq a corrigée d'après le texte d'Husum.

(4) Cet article est le 58.ᵉ dans l'édition de 1505, et le 54.ᵉ dans les manuscrits de 1533 et de 1537.

(5) Cet article est le 59.ᵉ dans l'édition de 1505, et le 55.ᵉ dans les manuscrits de 1533 et de 1537.

(6) Cet article est le 60.ᵉ dans l'édition de 1505, et le 56.ᵉ dans les manuscrits de 1533 et de 1537.

(7) Le manuscrit porte eijben. C'est évidemment une faute de copiste; il faut lire eijnen, un.

(8) Au lieu de bar, là, M. de Clercq a mis bat, cela, qui est exigé par le sens et qui se trouve dans le texte d'Husum.

(9) Cet article est le 61.ᵉ dans l'édition de 1505, et le 57.ᵉ dans les manuscrits de 1533 et de 1537.

(10) Le manuscrit de Gripswald et le texte d'Husum sont les seuls où se trouve le mot bar, là. Dans tous les autres textes, on lit hyr, ici. On a vu, page 400, quelles conséquences j'en avois tirées pour établir que la seconde partie de la compilation appartient aux Pays-Bas septentrionaux, et non à Wisby. Le copiste du texte d'après lequel les manuscrits de Gripswald et d'Husum ont été faits, a-t-il aperçu la question? Frappé de la contradiction qui existoit entre l'idée que présente le mot hyr, ici, appliqué à la navigation du Marsdiep, et l'opinion générale qui attribuoit l'article à Wisby, a-t-il cru devoir substituer bar, là? Cette substitution seroit-elle l'effet d'une erreur ou une simple variante indifférente?

tho briingen, des schal de Schipper dem Loßmanne de Kost geuen vnde de Koplude scholen en lonen van erem Gelde.

De LXI Beleuiinghe (1).

Item. Eiin Schiipman (2) de siinem Schipper entlopt miit siineme Gelde dat he eme ghedaen hefft, vnde de Schipper kan dat miit twen siiner Schiiplude betugen, he hefft vordentt den Galgen.

De LXII Beleuiinghe (3).

Item. Eiin Schiipman (4). **Item.** Weer dat so dat (5) de Schipper eiinen Schiip- man befunde miit qwaden Diingen (6), vnde de Schipper dat betugen mochte miit twen siiner Schiipmannen, de Schiipman de schal Orloff hebben an dat erste Landt dar he an kumpt, vnde schall niicht hebben vorbort iiegen dem Schiipper vnde schall ock neen Loen hebben.

De LXIII Beleuiinghe (7).

Item. Wer dat eiin Sturman effte Schiipman siick bestede tho eiinem Schiipper, vnn de Sturman edder Schiipman koffte eiin Schiipp dat he suluen voren wolde, so scholde he qwiidt wesen van dem Schiipper; men hefft he Loen vpgeboert, dat schal he dem Schiipper wedder geuen.

De LXIV Beleuiinghe (8).

Item. Eiin Sturman effte Schiipman bestedet siick tho eiinem Schiipper, iidt begiifft siick dat de Sturman edder de Schiipman eiine echte Frouwe niimpt vnde wiil an Landt bliiuen, he schal qwiidt wesen van dem Schiipper; men hebben se Geldt entfangen, dat scholen se wedder geuen.

De LXV Beleuiinghe (9).

Item. Were dat (10) eiin Reder uneiins weer miit siinem Schiipper vnde wolde van

---

(1) Cet article commence le 62.e de l'édition de 1505; il est le 58.e des manuscrits de 1533 et de 1537.

(2) Le manuscrit porte *Schiip*, *navire*; ce qui est une faute évidente. Voir la note 4 ci-après.

(3) Cet article forme la seconde partie de l'article 62 dans l'édition de 1505; il est le 59.e dans les ma- nuscrits de 1533 et de 1537.

(4) Ce commencement d'article se trouve dans le manuscrit sans aucun complément; il paroît évident que ces deux mots ont été mis ainsi pour servir de correction à l'article précédent, dans lequel on a vu que M. de Clercq a substitué *Schiipman* à *Schiip*.

(5) Le manuscrit porte *dar*; c'est une faute évidente, qui a été corrigée d'après le texte d'Husum.

(6) Kuricke, *Jus marit. Hanseat.* tit. XIV, art. 1, traduit ces mots par *lues venerea*. Le texte de 1505 et l'original hollandais résistent à ce sens. Voir le dictionnaire brémois, t. 1.er, page 358, et t. III, page 389.

(7) Cet article est le 63.e dans l'édition de 1505, et le 60.e dans les manuscrits de 1533 et de 1537.

(8) Cet article est le 64.e dans l'édition de 1505, et le 61.e dans les manuscrits de 1533 et de 1537.

(9) Cet article ne se trouve ni dans l'édition de 1505, ni dans les manuscrits de 1533 et de 1537. Il forme l'article 29 des Usages d'Amsterdam; en voici la traduction : « *Item.* Si un armateur venoit à avoir des « discussions avec son patron, et si, par méchanceté, il ne vouloit pas contribuer pour sa part à l'arme- « ment du navire, le patron aura le droit de se servir du navire moyennant le fret qui sera arbitré « par des gens probes. »

(10) Le manuscrit porte *dar*; c'est une faute évidente, qui a été corrigée d'après le texte d'Husum.

Boßhelit wegen sijn Part Schepes nijcht mijt em reden, de Schipper schal dat suluiige Schijp voren vmme sulcke Hur, alse framen Knapen gudt duchte.

De LXVI Beleuiinghe (1).

Item. Weer dat Sake dat he was ijnt Schijp vorbuwede, edder tho des Schepes Behoeff wat koffte, dat scholen se betalen, Pennijnck Pennijges Brober.

De LXVII Beleuiinghe (2).

Item. Weer ijdt Sake dat de Schijpper scholde Borge setten vor dat Schijppe, so weer de Reder schuldich Borgen tho setten vor des Schijppers Lijff.

De LXVIII Beleuiinghe (3).

Item. Ijdt begijfft sick dat eijn Schijp dat ander ansegelt mijt Vnfalle, also dat dat eijne Schijp mijt sijnem Gude vorlaren blijfft, so schal men dat Gudt dat in den beijben Schepen ijs (eer dat ijennijge Schijp vorlaren sij) vp Gelt setten effte war= beren, denne schal de Weerde der Guder van beijden Schepen (thosamen gesummert) betalen dat vorlaren Gudt, Punbt Punde gelijck, Marck Marcke gelijck. Also schal men ock prijsen de Weerde van beijden Schepen (eer de Schade gescheen sij), so schal be Prijß van beijben Scheepen (thosame gesummert) betalen dat vorlaren Schijpp, Punbt Punde gelijck, Marck Marcke gelijck.

De LXIX Beleuiingh (4).

Item. Ijdt sij denn Sake dat de Schijpper licht ghelaben an ijenner Sijben der See vnn hefft he Nobt to vorkopende van des Kopmans Gube to des Schepes Behoff, vnde bat Schijp blijfft borch Vngeval vorlaren, so schall be Schijpper dem Kopmanne betalen

---

(1) Cet article n'est point dans l'édition de 1505, ni dans les manuscrits de 1533 et de 1537. Il forme l'article 30 des Usages d'Amsterdam : en voici la traduction : « *Item.* S'il a fait faire des réparations au « navire, ou s'il a fait des achats pour l'utilité du navire, ils [les propriétaires] lui rembourseront ses « dépenses, chacun proportionnellement. »

(2) Cet article n'est point dans l'édition de 1505, ni dans les manuscrits de 1533 et de 1537. Il forme l'article 31 des Usages d'Amsterdam ; en voici la traduction : « *Item.* Si le patron a été obligé de se « porter caution pour le navire, l'armateur sera tenu de fournir des cautions pour dégager le patron. »

(3) Cet article n'est point dans l'édition de 1505, ni dans les manuscrits de 1533 et de 1537. Il forme l'article 32 des Usages d'Amsterdam ; en voici la traduction : « *Item.* S'il arrive qu'un navire en aborde « un autre par cas fortuit, de sorte qu'un des deux navires périsse avec la cargaison, on estimera et « on évaluera à prix d'argent les marchandises qui étoient dans les navires avant que l'un périt, et la « valeur des marchandises perdues sera répartie et payée sur la valeur des marchandises des deux navires « livre pour livre et marc pour marc. On estimera de même la valeur des deux navires avant le sinistre, « et la valeur du navire perdu sera répartie et payée livre pour livre et marc pour marc sur celle des « deux navires. »

(4) Cet article n'est point dans l'édition de 1505, ni dans les manuscrits de 1533 et de 1537. Il forme l'article 33 des Usages d'Amsterdam ; en voici la traduction : « *Item.* Si un patron, se trouvant avec son « chargement de l'autre côté de la mer, a été dans la nécessité de vendre des marchandises appartenant « à l'affréteur pour les besoins du navire, et que ce navire vienne à se perdre par cas fortuit, le patron « sera tenu de rembourser à l'affréteur la valeur des marchandises vendues, au cours du lieu où il les avoit « chargées, et ne recevra aucun fret. »

dat Gudt dat he vorkofft hefft, vor sobann Geldt alse dat kostede dar de Schipper gheladen hefft, vnde dar schal he nene Fracht van hebben.

De LXX Beleuiinghe (1).

Item. So de Schipper vorkoffte ijennijch Gudt van des Kopmans Gude an dese
Halue der See, dat (2) schal he dem Kopmanne betalen, so de Wedbergabijnghe ijnt
Marckt gelbt, twijsschen den mijnsten vnde den meijsten, vnde dar schal denn de Schipper
sijne Fracht van hebben.

De LXXI Beleuiinghe (3).

Item. So ijennich Man mijt sijnem Schepe Schaden dede eijnem anderen mijt
Segelende, wert he beclaget de den Schaden gedaen hefft, wijl he dat sweren vnde mijt
sijnem Eede beholden dath ijdt em leijtt ijs, vnde den Schaden nicht bewaren mochte, so
schal he den Schaden halff betalen vnde wijl he des nijcht mijt sijnem Eede beholden vnde
sweren, so schal he den Schaden gantz vnde ghaer betalen.

De LXXII Beleuiinhge (4).

Item. Wor eijn Schipper hurt eijnen Sturman, Leijdtsagen edder Boßman, de
sijnt schuldich vnn plichtig dem Schipper sijne Reijse to holdende, alse se em gelauet
hebben; weret Sake dath se des nicht holden wolden, so schal he dem Schipper wedder
geuen, alse wij vor gesecht vnn geordineret hebben. Amen.

Hijr endiget sijck dat Godtlandesche Waterrecht dat de ghemeijne Kopman vnde
Schippers gheordineret hebben tho Wijßbij dat sic eijn ijder darna rijchten mach(5).

Gheendiget vnde vullenbracht ijs dijth Boeck am Auende der Hemmeluart vnses
Heren Jhesu Christi. Anno Domini 1541.

<hr>

(1) Cet article n'est point dans l'édition de 1505, ni dans les manuscrits de 1533 et de 1537. Il forme l'article 34 des Usages d'Amsterdam; en voici la traduction : « *Item.* Lorsque le patron aura vendu des « marchandises appartenant à l'affréteur, de ce côté de la mer, il lui en remboursera la valeur au cours « moyen, sur le marché, des marchandises de même espèce, et il en recevra le fret. »
(2) M. de Clercq a mis *bat* au lieu de *bar*, qui est une faute évidente, laquelle ne se rencontre pas dans le texte d'Husum.
(3) Cet article est le 65.ᵉ dans l'édition de 1505, et le 62.ᵉ dans les manuscrits de 1533 et de 1537.
(4) Cet article est le 66.ᵉ dans l'édition de 1505, et le 63.ᵉ dans les manuscrits de 1500 et de 1537.
(5) Voir, sur les formules finales de clôture dans les différentes éditions, la note à la page 502.

FIN DU TOME PREMIER.

FAUTES A CORRIGER.

Page liv, ligne 1, *au lieu de* occidentales, *lisez* orientales.

Page 170, ligne 11, *au lieu de* Synopsis minor, *lisez* Synopsis major.

Pages 284 et 285, le manuscrit auquel on donne le n.° 2254 porte le n.° 2454.

Page 290, ligne 5, *au lieu de* 1132, *lisez* 1152.

Page 334, ligne dernière de la traduction, *au lieu de* n'excitât, *lisez* excitât.

Page 378, article 12, supprimez le chiffre 2 indiquant une note, et placez-le à l'article 13, après le mot *lamanage*.

Page 402, ligne 32, *au lieu de* orbinanҗie, *lisez* be orbinanҗie.

Page 451, ligne 36, *au lieu de* avattenbe, *lisez* am Auenbe.

Page 464, l'auteur a, par mégarde, laissé subsister quelquefois l'u au lieu du v dans les mots vnn, vnbe et leurs composés.

www.ingramcontent.com/pod-product-compliance
Lightning Source LLC
Chambersburg PA
CBHW031717210326
41599CB00018B/2416